제 5 판

스탈의 필수 정신약리학

신경과학적 기초와 임상 적용

Stephen M. Stahl

제 5 판

스탈의 필수 정신약리학

신경과학적 기초와 임상 적용

정도운, 김성진 옮김

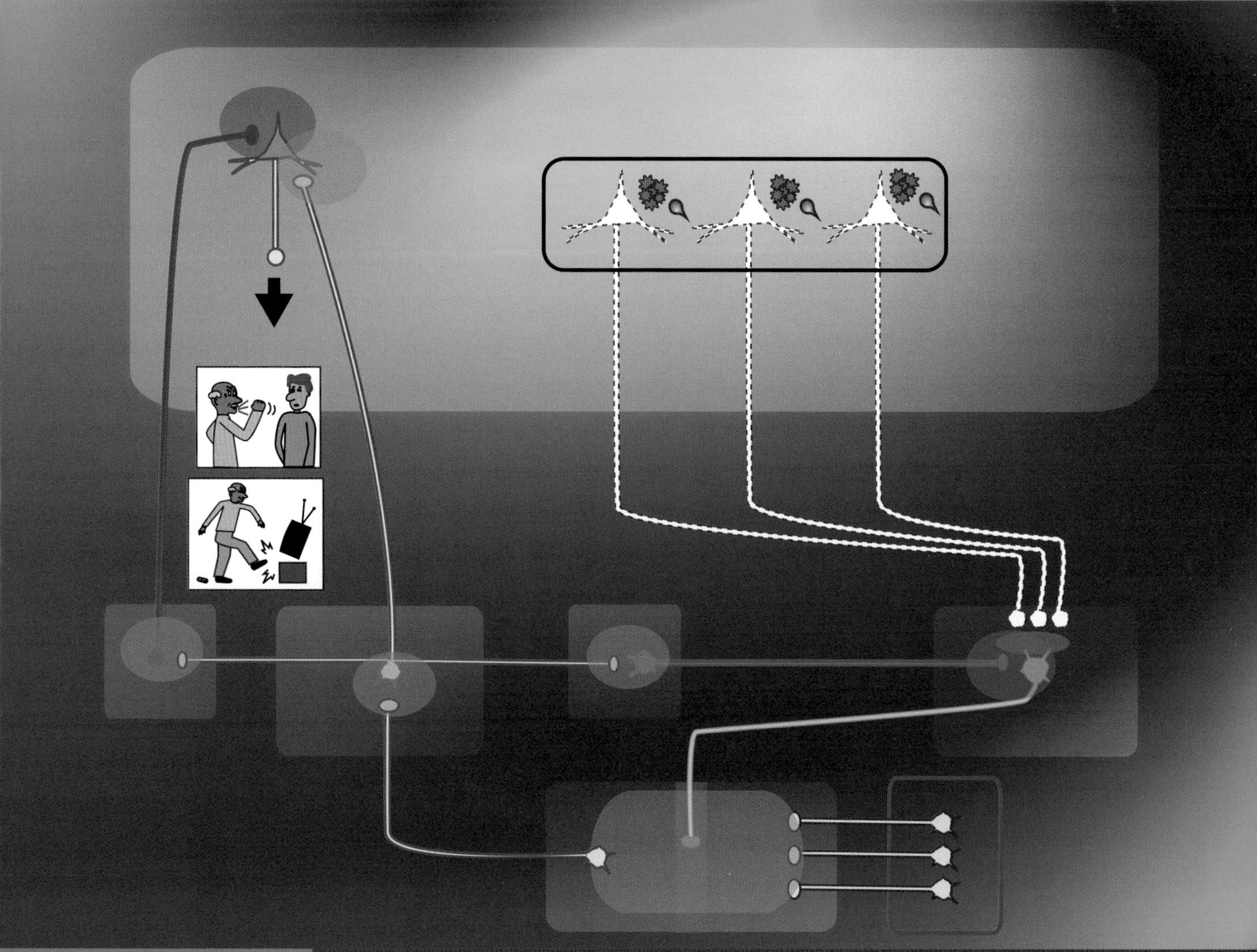

Σ 시그마프레스

스탈의 필수 정신약리학 제5판

발행일 | 2025년 1월 10일 1쇄 발행

저　자 | Stephen M. Stahl
역　자 | 정도운, 김성진
발행인 | 강학경
발행처 | (주)시그마프레스
디자인 | 이상화, 우주연, 김은경
편　집 | 김문선, 김은실, 이지선
마케팅 | 문정현, 송치헌, 최성복, 김성옥

등록번호 | 제10－2642호
주소 | 서울시 영등포구 양평로 22길 21 선유도코오롱디지털타워 A401~402호
전자우편 | sigma@spress.co.kr
홈페이지 | http://www.sigmapress.co.kr
전화 | (02)323－4845, (02)2062－5184～8
팩스 | (02)323－4197

ISBN | 979-11-6226-484-3

Stahl's Essential Psychopharmacology, 5th Edition

* 책값은 책 뒤표지에 있습니다.

역자서문

스탈의 필수 정신약리학은 1996년 초판이 출판된 이후 지난 30년간 정신의학 서적 중 최고의 베스트셀러라고 해도 과언이 아니다. 이 책은 정신질환의 신경과학적 기초와 향정신성 약물의 작용 기전을 설명해주는 정신약리학 입문서이다. 간결하고 명확하게 설명해주는 저자만의 독특한 삽화와 '포니 익스프레스', '골디락스 해법', '펩포'와 같은 다양한 비유를 들어 복잡하고 어려운 정신약리학의 내용을 이해하기 쉽게 정리해준다. 정신약리학을 처음 접하는 비전문가에게는 더없이 좋은 입문서이자 교과서이며, 빠르게 진화하고 발전하는 정신약리학의 최신 지식을 새롭게 배우려는 과학자, 임상의사, 정신건강 전문가에게 필수적인 개념을 제시하고 재미있게 접근할 수 있는 장을 마련한다.

이 책을 번역하면서 우리말 의학용어와 띄어쓰기는 대한의사협회 의학용어위원회의 의학용어집 제6판을 기준으로 삼았으며, 아직 우리말 용어로 정립되지 않은 용어는 신경정신과 용어집(2011) 등 전문학회에서 발행한 용어집과 학술지를 참고하여 사용하였고, 뉴런(신경세포), 시냅스(연접)처럼 우리말 용어가 있으나 아직 임상 현장에서 더 익숙하게 사용하는 용어는 그대로 사용하였다. 또한 구분하여 사용할 적당한 우리말 용어가 없는 경우는 기존 우리말 용어를 중복으로 사용한 경우도 있는데, 예를 들어 'arousal'과 'wakeful'은 모두 '각성'으로, 'dementia with Lewy bodies'와 'Lewy body dementia'는 '루이소체 치매'로 번역하였다. 대한의사협회 의학용어위원회 등 여러 학술단체에서 우리말 의학용어를 정착시키기 위해 많은 노력을 기울이고 있으나, 빠르게 발전하는 기초과학과 임상의학 분야의 새로운 용어를 한글화하는 데에는 아직 많은 어려움이 있다.

이 번역서에서는 또 하나의 생소한 시도를 하였는데, 삽화와 표의 영어 의학용어 중 상당수를 원본 그대로 두었다는 점이다. 아직 많은 정신건강 전문가들이 영어 의학용어에 익숙하다 보니 우리말 의학용어로만 작성된 번역서를 보는 것에 오히려 다소 불편함을 느끼는 것이 현실이다. 이런 상황을 고려하여 우리말 용어와 영어 용어를 모두 표기하려고 본문과 삽화의 설명 부분은 우리말 용어를 사용하였고, 삽화와 표에는 영어 용어를 그대로 두는 낯선 방법을 선택하였다. 우리말 의학용어와 영어 의학용어를 교차로 사용함으로써 우리말 용어에 더 익숙해지게 하려는 의도이다.

번역서를 준비하면서 원서의 일부 사소한 오류를 수정하였다. 원서는 제5판까지 출판하면서 수많은 수정과 교정을 거쳤음에도 작은 오류들이 발견되는데, 많은 시간과 노력을 들여 최선을 다해 교정하였지만 초판인 번역서에 얼마나 많은 오류들이 있을지 걱정된다.

끝으로 힘든 시기에도 불구하고 다양한 조언과 꼼꼼한 교정으로 도와준 이태윤 · 정재영 선생님께 감사의 말씀을 전하며, 번역서가 완성될 때까지 잘 이끌어주고 번역서의 완성도를 떨어뜨릴 수도 있는 역자의 요구를 이해하고 용인해준 (주)시그마프레스 편집부에 다시 한 번 감사의 말씀을 전한다. 앞으로 좋은 정신건강 전문 서적들을 한글로 읽어볼 수 있는 기회가 더 많아졌으면 하는 바람이다.

저자서문

제5판의 새로운 점은 무엇인가

스탈의 필수 정신약리학 제5판에서는 책의 모든 그림이 새로운 색상, 음영, 윤곽선으로 수정되고, 새로워지고, 갱신되었음을 알 수 있다. 그림의 절반가량을 완전히 새로 추가하였다. 기분안정제를 기분장애 치료제로 통합하면서 장의 수가 하나 줄었다. 본문 자체와 그림 및 표는 총 개수와 길이가 거의 동일하지만, 모든 장을 광범위하게 대부분 편집하였으며, 변경된 내용의 세부사항을 아래에 나열하였다. 참고문헌의 수가 2배로 늘어났다. 전체적으로 14개 약물의 새로운 용도와 적응증을 제시하였고, 18개의 최신 약물을 소개하고 논의하였다.

제4판 이후 추가되거나 변경된 주요 내용은 다음과 같다.

- 기초 신경과학 장에서 간섭 RNA(iRNA)를 새롭게 다루었다.
- 약물을 용도가 아닌 작용기전에 따라 명명하는 신경과학 기반 명명법을 반영하도록 모든 장을 재구성하였다.
- 예를 들면 우울증 치료제는 '항우울제'가 아니라 '항우울 작용을 하는 모노아민 재흡수 억제제'이며, 정신병 치료제는 '항정신병 약물'이 아니라 '항정신병 작용을 하는 세로토닌/도파민 길항제'가 된다.
- 정신병 장에는 아래의 내용이 포함된다.
  - 직접 및 간접 선조체 도파민 경로에 대한 새로운 내용
  - 미량아민, 수용체, 약리학에 대한 새로운 내용
  - 정신병에 대한 고전적 도파민 이론의 개정
  - 정신병에 대한 두 가지 새로운 이론(세로토닌과 글루타메이트)
  - 조현병 정신병 외에 치매 관련 정신병 및 파킨슨병 정신병에 대한 내용
  - 루라시돈, 카리프라진, 브렉스피프라졸을 포함하여 이미 승인된 약물의 새로운 적응증에 대한 최신 내용
  - 승인된 루마테페론 및 개발 중인 자노멜린, 피마반세린, 미량아민 관련 수용체 1형(TAAR1) 작용제, 롤루페리돈 등 다섯 가지 정신병 치료 신약에 대한 내용
  - 모든 약물에 대한 수용체 결합 자료의 갱신
  - 지연이상운동증과 새로운 치료제인 듀테트라베나진 및 발베나진에 대한 최신 내용
  - 이제는 우울증에 더 자주 사용되는 정신병 치료제인 세로토닌-도파민 약물 사용에 대한 새로운 내용
- 기분장애 장에는 아래의 내용이 포함된다.
  - 혼재성 기분 상태에 대한 새로운 내용
  - 감마아미노뷰티르산 A($GABA_A$) 수용체 아형 및 신경활성 스테로이드 결합부위에 대한 새로운 내용
  - 우울증에서 신경영양 성장인자 및 신경가소성에 대한 새로운 내용
  - 우울증에서 염증에 대한 새로운 내용
  - 기분안정제의 재정의
  - 레보밀나시프란, 보티옥세틴의 새롭거나 확장된 내용
  - 우울증에서 인지증상 치료에 대한 새로운 내용
  - 신약: 신경활성 스테로이드, 케타민/에스케타민, 덱스트로메토르판 조합, 덱스트로메타돈
  - 브렉스피프라졸, 케타민, 에스케타민을 통한 모노아민 재흡수 억제제의 증강치료와 치료저항성에 대한, 그리고 카리프라진과 피마반세린 임상시험에 대한 새로운 내용
  - 케타민, 에스케타민 등을 통한 *N*-메틸-D-아스파르트산(NMDA) 길항제 치료 후 발생하는 신경가소성 후속 변화의 새로운 가설에 대한 확장된 내용
  - 양극성 우울증 치료의 새로운 적응증 및 신약 루라시

돈, 카리프라진에 대한 확장된 내용
- 불안 장에는 아래의 내용이 포함된다.
  - 강박장애를 충동성 장으로 이동하였다.
  - 외상후 스트레스장애(PTSD)를 불안장애가 아닌 외상성 장애로 다룬다.
  - 불안장애가 아닌 불안 증상에 대해 강조하였다.
  - GABA에 대한 설명을 기분 장으로 이동하였다.
  - 개별 불안장애의 치료에 대한 논의를 개정하였다.
  - 불안 증상에 대한 정신치료와 정신약리학의 결합을 새롭게 강조하였다.
- 통증 장에는 아래의 내용이 포함된다.
  - 섬유근육통 진단에 대한 새로운 기준
- 수면 장에는 아래의 내용이 포함된다.
  - 오렉신 신경과학에 대한 보다 확장된 내용
  - 히스타민 신경과학에 대한 확장된 내용
  - 수면/각성주기 전반에 걸친 신경전달물질에 대한 보다 확장된 내용
  - 수면유도를 위한 여러 기전 약물의 다양한 역치 수준에 대한 개념을 제시하였다.
  - 신약 렘보렉산트를 포함한 이중 오렉신 수용체 길항제에 대한 확장된 내용
  - 기면증에 대한 새로운 H_3 히스타민 길항제인 피톨리산트에 대한 논의
  - 새로운 각성촉진 노르에피네프린-도파민 재흡수 억제제(NDRI)인 솔리암페톨에 대한 논의
  - 하루주기리듬에 대한 확장된 논의
- 주의력결핍 과잉행동장애(ADHD) 장에는 아래의 내용이 포함된다.
  - 메틸페니데이트와 암페타민의 새로운 여러 가지 제형에 대한 내용
  - 빌록사진 등 곧 출시될 신약에 대한 논의
  - ADHD에서 자극제의 효능에 필요한 역치 수준에 대한 개념을 제시하였다.
  - ADHD에서 신경발달에 대한 확장된 내용
- 치매 장에는 아래의 내용이 포함된다.
  - 아세틸콜린 및 콜린 수용체에 대한 새로운 내용
  - 치매에서 기억, 정신병, 초조 회로에 대한 이론을 소개하였다.
  - 아밀로이드 연쇄반응 가설을 예전만큼 강조하지 않았다.
  - 모든 원인에 의한 치매의 정신병에서 피마반세린, 알츠하이머병의 초조에서 브렉스피프라졸 및 덱스트로메토르판/부프로피온 등 치매의 행동증상에 대해 새롭게 등장하는 치료법에 대해 강조하였다.
  - 알츠하이머병에 대한 확장된 내용 및 혈관성 치매, 루이소체 치매, 전두측두엽 치매, 파킨슨병 치매, 임상 특성, 신경병리학에 대한 새로운 내용
- 충동성, 강박성, 물질남용 장에는 아래의 내용이 포함된다.
  - 치료저항성 우울증에서 정신치료와 환각제/해리제의 기발한 조합에 대한 새로운 내용
  - 아편유사제 사용장애 및 치료에 대해 확장된 최신 내용
  - 엔도카나비노이드 신경전달물질 체계 및 여흥, 남용, 치료를 위한 대마 사용에 대한 확장된 최신 내용
  - 엑스터시 및 실로시빈에 대한 최신 정보
  - 충동강박장애에 대한 최신 정보

제5판에서 변경되지 않은 점은 무엇인가

새로운 제5판에서 변경되지 않은 것은 지난 네 개 판본의 교훈적인 방식, 즉 정신약리학의 기초를 단순하고 쉽게 읽을 수 있는 형태로 제시하려는 시도이다. 질병 기전과 약물 기전의 최신 공식을 강조하였다. 참고문헌은 제4판보다 2배로 늘었지만, 이전 판본과 마찬가지로 본문은 원저를 광범위하게 참조하기보다는 교과서와 종설, 몇 가지 엄선된 원저를 인용하였고, 각 장마다 제한된 추천 목록을 제시하였지만 독자가 보다 복잡한 교과서 및 전문 문헌을 참고할 수 있도록 준비했다.

정보의 구성은 독자를 위한 프로그램 학습 원칙, 즉 반복

과 상호작용을 지속적으로 적용하여 기억을 향상시킬 수 있게 하였다. 따라서 초보자는 먼저 그림과 그림에 대한 설명만 검토하면서 처음부터 끝까지 훑어보는 방식으로 이 책에 접근하는 것이 좋다. 본문에서 다루는 거의 모든 내용은 그림으로 확인할 수 있다. 각 장의 그림을 모두 살펴본 후에는 책의 처음으로 돌아가 전체 본문을 읽으면서 동시에 그림을 복습하는 것이 좋다. 본문을 다 읽은 후에는 책에 있는 다양한 그림을 참조하는 것만으로 책 전체를 빠르게 다시 복습할 수 있다. 이러한 교재 사용 방법은 반복 요소와 그림을 통한 시각적 학습의 상호작용을 통해 어느 정도 프로그램 학습을 만들어낼 수 있다. 특히 주로 '시각적 학습자'(즉 개념을 읽는 것보다 시각화하는 것을 통해 정보를 더 잘 기억하는 사람)에게는 그림을 통해 학습한 시각적 개념이 글로 배운 추상적 개념을 강화할 수 있기를 바란다. 이미 정신약리학에 익숙한 사람이라면 이 책을 처음부터 끝까지 쉽게 읽을 수 있다. 본문과 그림 사이를 오가며 상호작용하여야 한다. 본문 전체를 검토한 후에는 그림을 다시 한 번 살펴봄으로써 책 전체를 간단히 복습할 수 있어야 한다.

필수 정신약리학 서적과 교육 서비스 제품군은 어떻게 성장해왔는가

필수 정신약리학 서적의 확장

필수 정신약리학 제5판은 이 연작의 대표작이지만, **필수 정신약리학** 시리즈가 더욱 확장되었기 때문에 이게 전부는 아니다. 관심 있는 사람은 **필수 정신약리학** 제5판과 함께 제공되는 수십 권의 책과 광범위한 온라인 정보를 모두 이용할 수 있다. 현재 여섯 권의 처방자 지침서가 있다.

- 향정신성 약물의 경우, 현재 제7판까지 발간된 **스탈의 필수 정신약리학: 처방자 지침서**
- 아동 및 청소년에게 특별히 사용되는 향정신성 약물의 경우, **스탈의 필수 정신약리학 처방자 지침서: 아동 및 청소년**
- 신경학 약물의 경우, **필수 신경약리학: 처방자 지침서**, 제2판
- 진통제의 경우, **필수 통증약리학: 처방자 지침서**
- 특히 법의학 환경에서 심각한 정신질환을 치료하기 위한 약물의 경우는 새 책인 **복잡한 치료저항성 정신병의 관리**(Michael Cummings와 공저)
- 영국의 경우, 영국의 진료 유형에 맞는 향정신성 약물에 대한 **케임브리지 처방자 지침서**(Sep Hafizi, Peter Jones와 공저)가 곧 출간될 예정이다.

교과서와 처방자 지침서가 임상에서 어떻게 적용되는지 궁금한 사람을 위해 현재 세 권의 사례연구 책이 출간되어 있다.

- **사례연구: 스탈의 필수 정신약리학**, 필자의 임상진료 사례 40례 수록
- **사례연구**, 제2판, 뉴욕주립대학교 시러큐스 캠퍼스의 Tom Schwartz 진료 사례
- **사례연구**, 제3판, 캘리포니아주립대학교 리버사이드 캠퍼스 정신과 사례(Takesha Cooper, Gerald Maguire와 공저)

자신의 전문성을 객관적으로 평가하고자 하는 교사와 학생, 미국 정신과 전문의 재인증을 위한 인증 학점을 유지하고자 하는 경우, 교육 설계와 교수법에 대한 배경지식을 얻고자 하는 사람을 위해 두 권의 책이 준비되어 있다.

- **스탈의 정신과 자가평가시험: 임상의사를 위한 객관식 문제**, 제3판
- **의학 교육 모범 사례**

정신약리학의 전문 주제에 대한 확장된 시각 자료에 관심이 있는 사람을 위해 **스탈의 일러스트레이션 시리즈**가 있다.

- **항우울제**
- **항정신병 약물: 정신병, 조증, 우울증의 치료**, 제2판
- **기분안정제**
- **불안, 스트레스, PTSD**
- **주의력결핍 과잉행동장애**
- **만성통증과 섬유근육통**
- **물질남용과 충동장애**
- **폭력: 신경 회로, 유전학, 치료**
- **수면 및 수면각성장애**
- **치매**

실용적이고 심층적인 관리 정보와 지침을 제공하는 안내서 시리즈가 새롭게 출시되었다.

- 클로자핀 안내서(Jonathan Meyer와 공저)
- 향정신성 약물 농도 안내서(Jonathan Meyer와 공저)
- 자살예방 안내서(Christine Moutier, Anthony Pisani와 공저)

마지막으로 하위 전문 분야 주제에 대한 편집 시리즈가 계속 늘어나고 있다.

- 실용적 정신약리학(근거기반 연구를 치료에 적용하기, Joe Goldberg와 공저)
- 정신의학에서의 폭력(Katherine Warburton과 공저)
- 정신질환의 비범죄화(Katherine Warburton과 공저)
- 악, 테러리즘, 정신의학(Donatella Marazitti와 공저)
- 차세대 항우울제
- 필수 근거기반 정신약리학, 제2판
- 필수 CNS 약물 개발
- 정신과 의사를 위한 케임브리지 신경과학 교과서(Mary-Ellen Lynall, Peter Jones와 공저)

온라인 옵션

필수 정신약리학 온라인

이제 필수 정신약리학 온라인(www.stahlonline.org)을 통해 이 모든 책과 부가적인 기능에 접근할 수 있다. 또한 www.stahlonline.org는 *CNS Spectrums*(www.journals.Cambridge.org/CNS)에도 연결되어 있다. 저자가 편집장을 맡고 있는 이 학술지는 신경과학 교육연구소(NEI)의 공식 학술지이며, NEI 회원에게 온라인을 통해 무료로 제공된다. 이 학술지는 정신의학, 정신건강, 신경학, 신경과학, 정신약리학 분야의 최신 주제에 대한 읽기 쉽고 삽화가 포함된 종설을 제공한다.

NEI 웹사이트, www.neiglobal.com

- 이 책과 스탈 시리즈의 다른 책에 대한 CME 크레딧에 접속하라.
- 스탈의 필수 정신약리학의 모든 내용을 다루는 평가기반 자격증 프로그램인 마스터 정신약리학 프로그램에 접속하라.
- 이 책에 수록된 모든 삽화를 다운로드할 수 있는 파워포인트 슬라이드를 구입하라.

지금이 신경과학과 정신건강 분야에 있어 매우 흥미로운 시기이며, 현재의 치료법을 활용하고 정신약리학 분야를 변화시킬 미래의 약물을 예측할 수 있는 흥미로운 기회가 임상의사에게 주어지고 있다는 것을 독자가 인식할 수 있기를 바란다. 이 매혹적인 여행의 첫걸음을 내딛는 당신을 응원한다.

스티븐 스탈 Stephen M. Stahl

멘토이자 동료이며 과학적 아버지인

대니얼 프리드먼 Daniel X. Freedman**을 추모하며**

샤킬라Shakila**에게**

차례

6 기분장애와 신경전달물질 네트워크 노르에피네프린과 감마아미노뷰티르산

7 기분장애의 치료: 소위 '항우울제'와 '기분안정제'

8 불안과 외상 그리고 치료

9 만성 통증과 치료

10 수면 및 각성장애 그리고 치료: 히스타민과 오렉신에 대한 신경전달물질 네트워크

11 주의력결핍 과잉행동장애와 치료

12 치매: 원인, 대증요법, 아세틸콜린 신경전달물질 네트워크

13 충동성, 강박성, 중독

1 화학적 신경전달

현대 정신약리학은 주로 화학적 신경전달에 관한 이야기이다. 약물이 뇌에 미치는 작용을 이해하고, 질병이 중추신경계에 미치는 영향을 파악하고, 정신약물의 행동 결과를 해석하려면 화학적 신경전달의 언어와 원리에 능통해야 한다. 정신약리학을 공부하는 학생에게 이 사실의 중요성은 아무리 강조해도 지나치지 않다. 이 장은 책 전체의 토대가 되며, 오늘날 과학계에서 가장 흥미로운 주제 중 하나인 질환과 약물이 중추신경계에 어떻게 작용하는지에 대한 신경과학의 여정을 위한 지침이 된다.

신경전달의 해부학적 기초와 화학적 기초

신경전달이란 무엇인가? 신경전달은 해부학적, 화학적, 전기적 등 다양한 방식으로 설명할 수 있다. 신경전달의 해부학적 기초는 뉴런neuron(그림 1-1부터 1-3까지)과 시냅스synapse(그림 1-4)라고 부르는 뉴런 사이의 연결이다. 이것은 때때로 해부학적으로 구성된 신경계, 뉴런 사이에 '내장된' 시냅스 연결의 복합체라고도 불리며, 수천수만 개의 케이블 안에 수백만 개의 전화선이 있는 것과 다르지 않다. 따라서 해부학적으로 구성된 뇌는 '전선'이 꽂혀 있는 곳은 어디든(즉 시냅스에) 전기 자극을 전달하는 복잡한 배선도이다. 시냅스는 뉴런의 여러 부위에서 형성될 수 있는데, 한 뉴런의 축삭axon에서 다른 뉴런의 가지돌기dendrite까지(축삭가지돌기 시냅스)뿐만 아니라 한 뉴런의 축삭에서 다른 뉴런의 세포체soma까지(축삭세포체 시냅스), 심지어 한 뉴런의 축삭에서 다른 뉴런의 축삭까지, 특히 수신 뉴런의 축삭 시작과 끝에서 형성될 수도 있다(축삭축삭 시냅스)(그림 1-2). 이러한 시냅스는 첫 번째 뉴런의 축삭에서 두 번째 뉴런의 가지돌기, 세포체, 축삭까지 한 방향으로만(즉 선행성anterograde) 소통이 이루어지도록 구조적으로 설계되어 있기 때문에 '비대칭적'이라고 한다(그림 1-2 및 1-3). 이는 시냅스전 요소와 시냅스후 요소가 다르다는 것을 의미한다(그림 1-4). 구체적으로 말하자면, 신경전달물질neurotransmitter은 시냅스전 신경 종말에 장전된 총의 탄약처럼 포장되어 있다가 시냅스후 뉴런으로 발사되어 수용체를 표적으로 삼게 된다.

뉴런은 뇌의 화학적 소통 세포이다. 인간 뇌는 수백억 개의 뉴런으로 구성되어 있으며, 각 뉴런은 수천 개의 다른 뉴런과 연결되어 있다. 따라서 뇌에는 시냅스라고 알려진 수

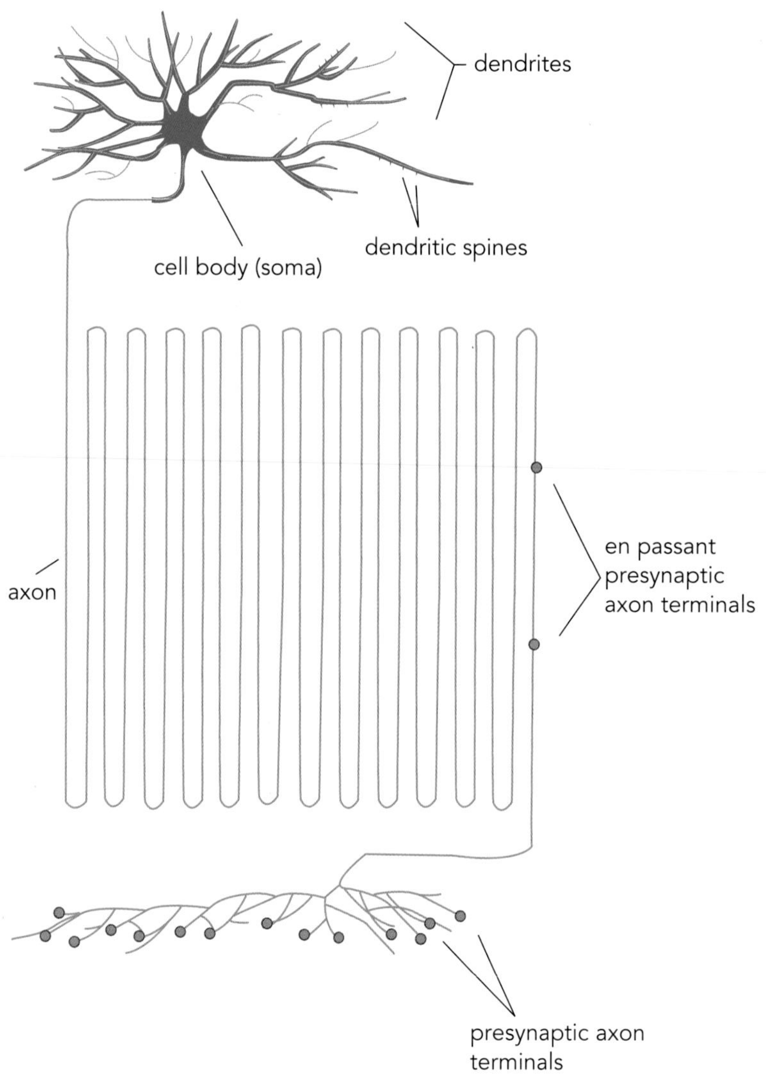

그림 1-1 뉴런의 일반적인 구조. 이것은 뉴런의 일반적 구조에 대한 예술가적 표현이다. 모든 뉴런은 소마라고 하는 세포체를 가지고 있는데, 소마는 신경의 명령 센터이고 세포의 핵을 포함하고 있다. 또한 모든 뉴런은 정보를 주고받을 수 있도록 구조적으로 설정되어 있다. 뉴런은 지나가거나 끝날 때 시냅스전 종말을 형성하는 축삭을 통해 정보를 전송한다.

조 개의 특수한 연결이 있다. 뉴런은 다양한 크기, 길이, 모양을 가지며, 이것이 뉴런의 기능을 결정한다. 뇌 내의 국소화도 기능을 결정한다. 뉴런이 기능불량이면 행동증상이 나타날 수 있다. 약물이 신경세포의 기능을 변화시키면 행동증상이 완화되거나, 악화되거나, 생성될 수 있다.

뉴런의 일반적인 구조

이 책에서는 뉴런을 그림 1-1부터 1-3까지 처럼 일반적인 구조로 묘사하는 경우가 많지만, 실제로는 많은 뉴런이 뇌에서의 위치와 기능에 따라 독특한 구조를 가지고 있다. 한편 모든 뉴런은 소마soma라고 하는 세포체를 가지고 있으며, 가지돌기를 통해, 때로는 가지돌기의 가시spine를 통해, 때로는 정교하게 가지를 뻗은 가지돌기의 '나무'를 통해 다른 뉴런으로부터 정보를 수신하도록 구조적으로 설정되어 있다(그림 1-2). 또한 뉴런은 지나가거나en passnant(그림 1-1) 끝날 때(시냅스전 축삭 종말, 그림 1-1부터 1-4까지) 시냅스전 종말을 형성하는 축삭을 통해 다른 뉴런으로 정보를 전송하도록 구조적으로 설정되어 있다.

신경전달은 해부학적 하부구조를 가지고 있지만, 근본적으로 매우 세련된 화학적 작용이다. 따라서 해부학적으로 구

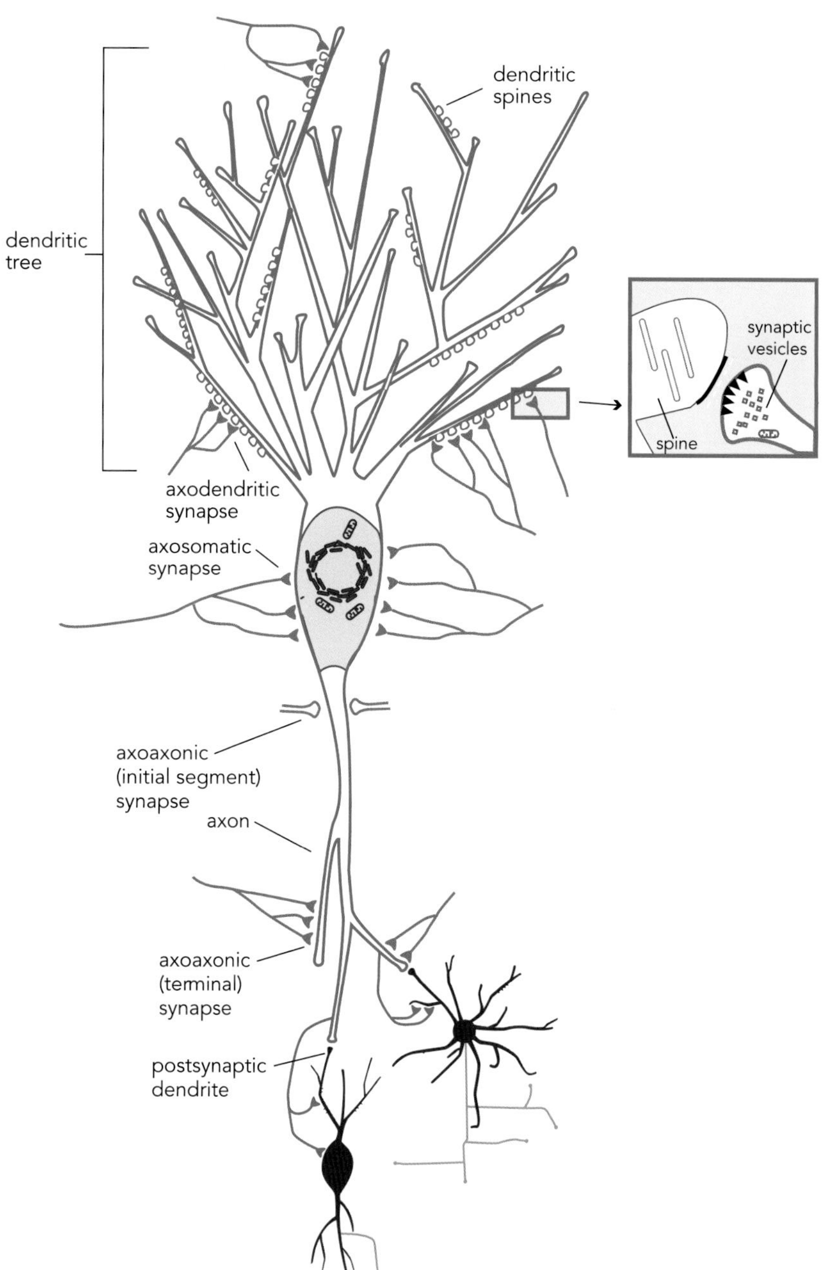

그림 1-2 축삭가지돌기, 축삭세포체, 축삭축삭 연결. 뉴런은 이동한 후 시냅스를 형성한다. 이 그림에서 볼 수 있듯이 시냅스 연결은 두 뉴런의 축삭과 가지돌기 사이(축삭가지돌기)뿐만 아니라 축삭과 세포체 사이(축삭세포체) 또는 두 뉴런의 축삭 사이(축삭축삭)에도 형성될 수 있다. 소통은 첫 번째 뉴런의 축삭에서 두 번째 뉴런의 가지돌기, 세포체, 축삭으로 선행성anterograde으로 이루어진다.

성된 신경계를 보완하는 것이 **화학적으로 구성된 신경계**이며, 신경전달의 화학적 기초를 형성한다. 즉 화학적 신호가 어떻게 부호화되고, 해독되고, 변환되고, 전달되는지를 형성한다. 정신약물은 신경전달에 관여하는 주요 분자를 표적으로 삼기 때문에 화학적 신경전달 원리를 이해하는 것은 정신약물이 어떻게 작용하는지를 파악하는 데 필수적인 요건이다. 신경전달에 영향을 미치는 특정한 화학적 부위를 표적으로 하는 약물에 대해서는 제2장과 3장에서 논의한다.

화학적으로 구성된 신경계를 이해하는 것은 '신경생물학적 지식을 갖춘' 임상의사가 되기 위한 전제 조건이다. 다시 말해 뇌 회로, 기능적 뇌영상, 유전학에 대한 흥미롭고 새로운 발견을 임상진료에 적용할 수 있고, 정신질환과 그 증

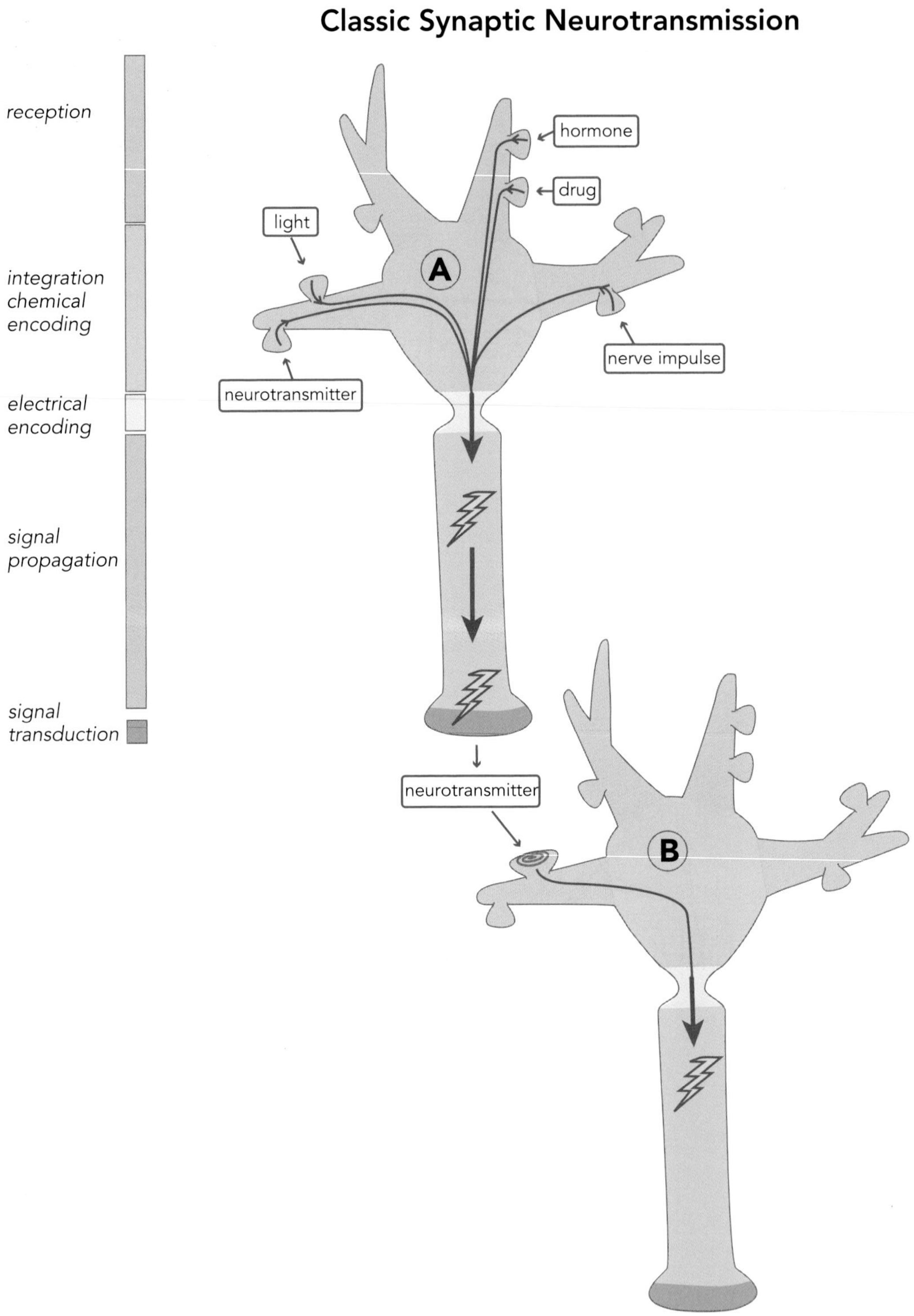

Classic Synaptic Neurotransmission

reception
integration
chemical
encoding
electrical
encoding
signal
propagation
signal
transduction

hormone
drug
light
A
nerve impulse
neurotransmitter
neurotransmitter
B

그림 1-3 고전적 시냅스 신경전달. 고전적 시냅스 신경전달에서 시냅스전 뉴런의 자극(예: 신경전달물질, 빛, 약물, 호르몬, 신경 자극)은 전기 자극을 발생시켜 축삭 종말로 보낸다. 이러한 전기 자극은 화학적 전령으로 전환되어 시냅스후 뉴런의 수용체를 자극하기 위해 방출된다. 따라서 뉴런 내의 소통은 전기적일 수 있지만 뉴런 간의 소통은 화학적이다.

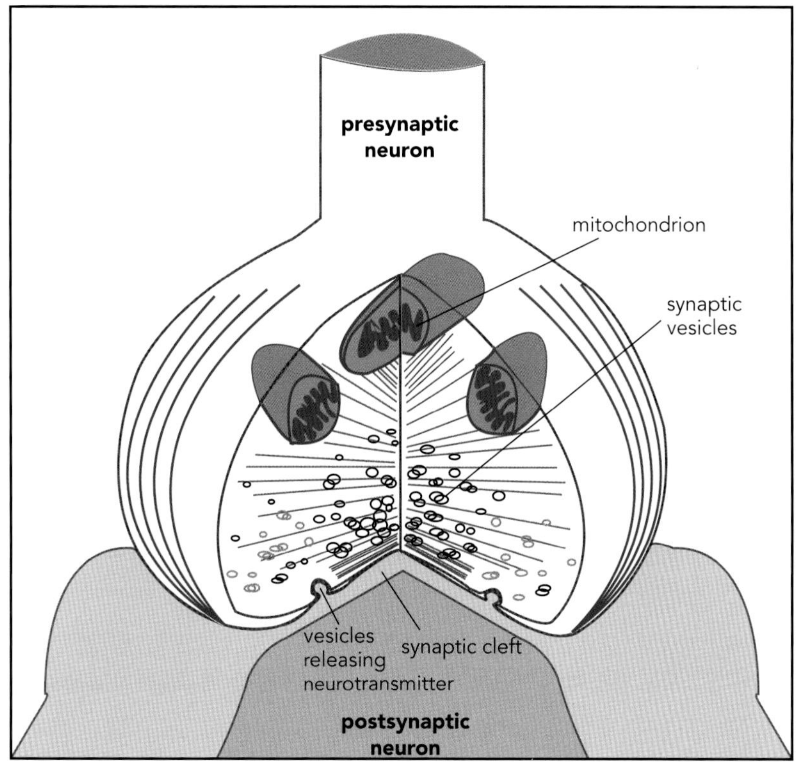

그림 1-4 확대된 시냅스. 시냅스를 개념적으로 확대하여 화학적 신경전달을 가능하게 하는 특수 구조를 보여준다. 구체적으로 시냅스전 뉴런은 축삭 종말을 보내 시냅스후 뉴런과 시냅스를 형성한다. 시냅스전 뉴런으로부터 신경전달을 위한 에너지는 미토콘드리아에서 공급된다. 화학적 신경전달물질은 시냅스전 뉴런의 발화 시 방출될 준비가 된 작은 소포에 저장된다. 시냅스 틈새는 시냅스전 뉴런과 시냅스후 뉴런 사이의 틈으로, 뉴런 사이의 연결을 강화하는 단백질과 스캐폴딩 및 분자 형태의 '시냅스 접착제'를 포함하고 있다. 수용체는 이 틈새의 양쪽에 존재하며 화학적 신경전달의 핵심 요소이다.

상을 진단하고 치료하는 방식을 잠재적으로 개선할 수 있는 능력을 갖추기 위해서도 필요하다. 이 책의 나머지 부분에서는 특정 뇌 영역에서 신경전달의 화학적 원리와 이러한 원리가 다양한 특정 향정신성 약물로 치료하는 여러 가지 특정 정신질환에 어떻게 적용되는지에 대해 논의한다.

화학적 신경전달의 원리

신경전달물질

뇌에는 알려진 또는 추정되는 신경전달물질이 12가지 이상 있다. 정신약리학자에게는 향정신성 약물이 표적으로 삼는 여섯 가지 핵심 신경전달물질 시스템을 아는 것이 특히 중요하다.

세로토닌serotonin
노르에피네프린norepinephrine
도파민dopamine
아세틸콜린acetylcholine
글루타메이트glutamate
감마아미노뷰티르산γ-aminobutyric acid, GABA

각각의 신경전달물질은 해당 신경전달물질을 표적으로 하는 구체적인 약물과 관련된 임상 장에서 자세히 논의한다.

히스타민과 각종 신경펩타이드 및 호르몬처럼 중요한 신경전달물질이고 신경조절제이기도 한 다른 신경전달물질도 이 책의 관련 임상 장에서 간략하게 언급된다.

일부 신경전달물질은 약물과 매우 유사하여 '신의 약전God's pharmacopeia'이라고 불린다. 예를 들어 뇌가 자체적으로 모르핀morphine(즉 베타-엔도핀β-endorphin)과 마리화나marijuana(즉 엔도카나비노이드endocannabinoid)를 만든다는 사실은 잘 알려져 있다. 심지어 뇌는 자체적으로 프로작Prozac, 자낙스Xanax, 환각제hallucinogen를 만들 수도 있다! 약물은 종종 뇌의 천연 신경전달물질을 모방하며, 일부 약물은 천연 신경전달물질보다 먼저 발견되었다. 이를테면 모르핀은 베타-엔도핀이 발견되기 전부터 임상진료에서 사용되었고, 카나비노이드 수용체cannabinoid receptor와 엔도카나비노이드가 발견되기 전부터 마리화나를 피웠으며, 벤조디아제핀benzodiazepine인 바륨Valium(디아제팜diazepam)과 자낙스Xanax(알프라졸람alprazolam)는 벤조디아제핀 수용체가 발견되기 전에 처방되었고, 항우울제인 엘라빌Elavil(아미트리프틸린amitriptyline)과 프로작Prozac(플루옥세틴fluoxetine)은 세로토닌 수송체 부위가 분자적으로 명확해지기 전에 임상진료에 진입했다. 이는 중추신경계에 작용하는 대부분의 약물이 신경전달 과정에 작용한다는 점을 강조한다. 실제로 이것은 뇌가 자체 화학물질을 사용할 때 뇌 자체의 작용과 유사한 방식으로 분명히 나타난다.

어떤 뉴런에 대한 입력에는 다양한 신경 회로에서 나오는 다양한 신경전달물질이 포함될 수 있다. 기능 회로 내에서 뉴런에 대한 이러한 입력을 이해하면 치료제를 선택하고 조합하는 데 합리적인 근거를 제공할 수 있다. 이 주제는 다양한 정신질환에 대한 각 장에서 광범위하게 논의된다. 현대의 정신약리학자가 정신질환 환자의 비정상적인 신경전달에 영향을 미치려면 특정 회로의 뉴런을 표적으로 삼아야 할 수도 있다는 것이 이 아이디어의 핵심이다. 이러한 뉴런 네트워크는 다양한 신경전달물질을 통해 정보를 주고받기 때문에, 특히 단일 신경전달물질 기전을 가진 단일 약물이 증상 완화에 효과적이지 않은 경우 정신질환 환자에게 여러 신경전달물질에 작용하는 복합 약물을 사용하는 것이 합리적일 뿐만 아니라 필요할 수 있다.

신경전달: 고전적, 역행성, 체적

고전적 신경전달classic neurotransmission은 뉴런이 축삭을 통해 세포의 한 부분에서 같은 세포의 다른 부분으로 전기 자극을 보내는 전기적 과정으로 시작된다(그림 1-3의 뉴런 A 참조). 그러나 이러한 전기 자극은 다른 뉴런으로 직접 전달되지 않는다. 뉴런 사이의 고전적 신경전달은 한 뉴런이 두 번째 뉴런의 수용체에 화학적 전령chemical messenger 또는 신경전달물질을 던지는 방식으로 이루어진다(그림 1-3의 뉴런 A와 뉴런 B 사이의 시냅스 참조). 이러한 현상이 시냅스 연결 부위에서만 일어나는 것은 아니지만, 이곳에서 자주 발생한다. 인간 뇌에는 1,000억 개의 뉴런이 각각 다른 뉴런과 수천 개의 시냅스를 만들어 약 1조 개의 화학적 신경전달 시냅스를 형성한다.

시냅스에서 이러한 모든 뉴런 간의 소통은 전기적이지 않고 화학적으로 이루어진다. 즉 첫 번째 뉴런의 전기 자극은 화학적 신경전달의 첫 단계인 흥분-분비 결합excitation-secretion coupling으로 알려진 과정을 통해 두 번째 뉴런과의 시냅스에서 화학적 신호로 변환된다. 이 과정은 **시냅스전** 축삭 종말에서 두 번째 **시냅스후** 뉴런까지 주로 한 방향으로만 발생하지만 배타적이지는 않다(그림 1-2 및 1-3). 마지막으로 신경전달은 첫 번째 뉴런의 화학적 정보가 두 번째 뉴런에서 전기 자극으로 다시 변환되거나, 더 세련되게는 첫 번째 뉴런의 화학적 정보가 두 번째 뉴런 내에서 추가 화학적 전령의 연쇄반응을 유발하여 해당 뉴런의 분자 및 유전적 기능을 변화시킴으로써 두 번째 뉴런에서 계속된다(그림 1-3).

화학적 신경전달의 흥미로운 점은 시냅스후 뉴런이 시냅스전 뉴런에 '응답'할 수 있다는 발견이다. 이는 시냅스에서 두 번째 뉴런에서 첫 번째 뉴런으로의 역행성 신경전달retrograde neurotransmission을 통해 이루어진다(그림 1-5, 오른쪽 패널). 일부 시냅스에서 역행성 신경전달물질로 특별히 생성되는 화학 물질에는 시냅스후 뉴런에서 합성되는 엔도카나비노이드(EC, '내인성 마리화나'라고도 함)가 있다. 그런 다음 방출되어 카나비노이드 1(CB1) 수용체와 같은 시냅스전 카나비노이드 수용체로 확산된다(그림 1-5, 오른쪽 패널). 또 다른 역행성 신경전달물질로는 시냅스후에서 합성되고, 시냅스후 막에서 시냅스전 막으로 확산되어 시냅스전 막에 있는 고리일인산구아노신cyclic guanosine monophosphate, cGMP 민감 표적과 상호작용하는 기체성

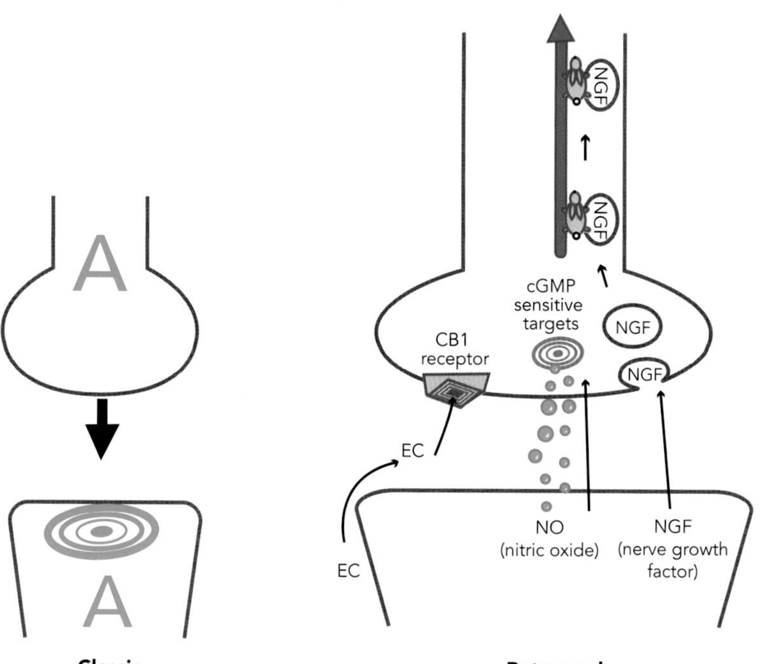

그림 1-5 역행성 신경전달. 모든 신경전달이 고전적이거나, 선행성이거나, 위에서 아래로, 즉 시냅스전에서 시냅스후로 진행되는 것만은 아니다(왼쪽). 시냅스후 뉴런은 또한 시냅스후 뉴런에서 시냅스전 뉴런으로 역행성 신경전달을 통해 아래에서 위로 시냅스전 뉴런과 소통할 수 있다(오른쪽). 일부 시냅스에서 역행성 신경전달물질로 특별히 생성되는 몇몇 신경전달물질로는 시냅스후 뉴런에서 합성되어 방출된 후 시냅스전 카나비노이드 수용체인 카나비노이드 1(CB1) 수용체로 확산되는 엔도카나비노이드(EC 또는 내인성 마리화나), 시냅스후 뉴런에서 합성되고 시냅스후 막에서 시냅스전 막으로 확산되어 시냅스전 막의 고리일인산구아노신(cGMP) 민감 표적과 상호작용하는 기체 신경전달물질인 산화질소(NO), 시냅스후 부위에서 방출되고 시냅스전 뉴런으로 확산되어 소포에 흡수된 후 역행성 수송시스템을 통해 세포핵으로 다시 운반되어 그곳에서 유전체와 상호작용하는 신경성장인자(NGF)와 같은 신경영양인자 등이 있다.

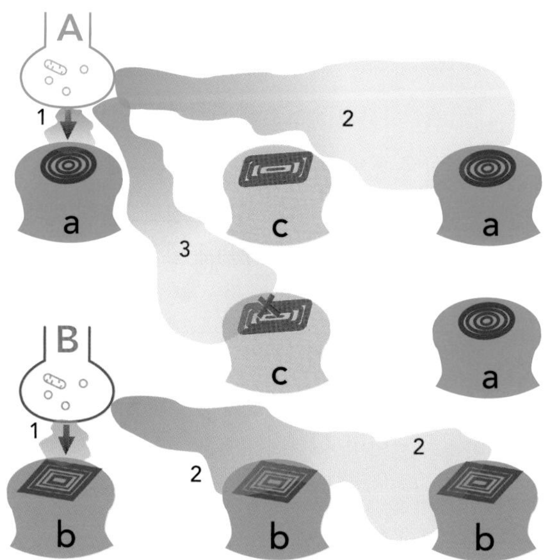

그림 1-6 체적 신경전달. 신경전달은 시냅스 없이도 일어날 수 있는데, 이를 체적 신경전달 또는 비시냅스 확산이라고 한다. 이 그림에서는 해부학적으로 구성된 2개의 시냅스(뉴런 A와 B)가 해당 시냅스후 수용체(a와 b, 1)와 소통하는 모습을 보여준다. 그러나 해부학적으로 구성된 신경계의 시냅스 연결에서 멀리 떨어져 있는 신경전달물질 A, 신경전달물질 B, 신경전달물질 C에 대한 수용체도 있다. 신경전달물질 A 또는 B가 파괴되기 전에 시냅스에서 멀리 확산될 수 있다면, 자신의 시냅스에서 멀리 떨어진 다른 일치하는 수용체 부위와 상호작용할 수 있다(2). 신경전달물질 A 또는 B가 이를 인식할 수 없는 다른 수용체(수용체 c)를 만나면 그 수용체로 확산되더라도 해당 수용체와 상호작용하지 않는다(3). 따라서 한 뉴런에서 다른 뉴런으로 보낸 화학적 전령은 확산을 통해 자신의 시냅스에서 멀리 떨어진 부위까지 퍼져나갈 수 있다. 신경전달은 일치하는 신경전달물질의 확산 반경 내에 있는 호환 가능한 수용체에서 일어날 수 있다. 이는 특정 기지국의 송신 반경 내에서 작동하는 휴대전화를 사용한 현대 통신방식과 유사하다. 이러한 개념을 화학적으로 구성된 신경계라고 하며, 신경전달은 화학적 '퍼프'에서 발생한다. 따라서 뇌는 전선의 집합체일 뿐만 아니라 정교한 '화학적 수프'이기도 하다.

신경전달물질 산화질소(NO)가 있다(그림 1-5, 오른쪽 패널). 세 번째 유형의 역행성 신경전달물질은 신경성장인자nerve growth factor, NGF와 같은 신경영양인자neurotrophic factor로, 시냅스후 부위에서 방출된 후 시냅스전 뉴런으로 확산되어 소포에 흡수된 후 역행 수송 시스템을 통해 세포핵으로 다시 운반되어 그곳에서 유전체genome와 상호작용한다(그림 1-5, 오른쪽 패널). 이러한 역행성 신경전달물질이 시냅스전 뉴런에 어떤 영향을 미치는지, 그리고 이것이 시냅스전 뉴런과 시냅스후 뉴런 사이의 소통을 어떻게 수정하거나 조절하는지는 현재 활발히 연구되고 있는 주제이다.

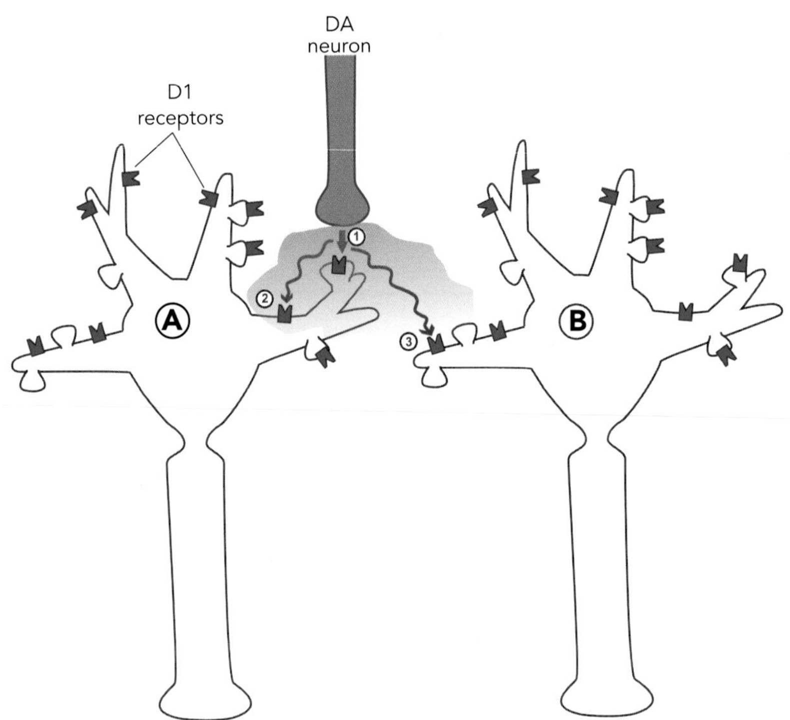

그림 1-7 체적 신경전달: 도파민. 체적 신경전달의 한 예로 전전두엽피질에서 도파민(DA)의 신경전달을 들 수 있다. 전전두엽피질에는 도파민 재흡수 펌프가 거의 없기 때문에 도파민은 인근 수용체 부위로 확산될 수 있다. 따라서 시냅스후 뉴런 A를 표적으로 하는 시냅스에서 방출된 도파민(화살표 1)은 재흡수 펌프가 없어 더 자유롭게 확산되며, 같은 뉴런이지만 도파민이 방출된 시냅스의 외부에 있는 인접 가지돌기의 도파민 수용체(화살표 2)에도 도달할 수 있다. 이 그림에는 도파민이 인접한 뉴런의 시냅스외 수용체(화살표 3)에 도달하는 모습도 나와 있다.

시냅스에서의 '역방향' 또는 역행성 신경전달 외에도 시냅스가 전혀 필요 없는 신경전달도 있다! 시냅스가 없는 신경전달을 체적 신경전달volume neurotransmission 또는 비시냅스 확산 신경전달nonsynaptic diffusion neurotransmission이라고 한다(그림 1-6에서 1-8에 예시가 나와 있다). 한 뉴런이 다른 뉴런으로 보내는 화학적 전령은 확산을 통해 시냅스에서 멀리 떨어진 곳까지 퍼져나갈 수 있다(그림 1-6). 따라서 신경전달은 특정 기지국의 송신 반경 내에서 작동하는 휴대전화를 사용한 현대 통신방식과 다르지 않으며, 신경전달물질의 확산 반경 내에 있는 모든 호환 수용체에서 일어날 수 있다(그림 1-6). 이 개념은 화학적으로 구성된 신경계의 일부이며, 여기서 신경전달은 화학적 '퍼프puff'에서 발생한다(그림 1-6부터 1-8까지). 따라서 뇌는 전선의 집합체일 뿐만 아니라 정교한 '화학적 수프chemical soup'이기도 하다. 화학적으로 구성된 신경계는 다양한 신경전달물질 수용체에 작용하는 약물의 작용을 매개하는 데 특히 중요한데, 그 이유는 그러한 약물이 해부학적으로 구성된 신경계에서 시냅스에 위치한 수용체뿐만 아니라 관련 수용체가 있는 곳이면 어디든 작용하기 때문이다. 체적 신경전달을 조절하는 것은 실제로 여러 향정신성 약물이 뇌에서 작용하는 주요한 방법일 수 있다.

체적 신경전달의 좋은 예는 전전두엽피질prefrontal cortex에서의 도파민 작용이다. 이곳에는 신경전달 중에 전전두엽피질에서 방출된 도파민의 작용을 종료시키는 도파민 재흡수 수송펌프(도파민 수송체dopamine transporter, DAT)가 거의 없다. 이는 도파민 재흡수 펌프가 풍부하게 존재하는 선조체striatum와 같은 뇌의 다른 영역과는 매우 다르다. 따라서 전전두엽피질의 시냅스에서 도파민 신경전달이 일어나면, 이러한 '유출' 부위에 시냅스가 없더라도 도파민은 해당 시냅스에서 자유롭게 번져 주변 도파민 수용체로 확산되어 수용체를 자극할 수 있다(그림 1-7).

체적 신경전달의 또 다른 중요한 예는 모노아민monoamine

autoreceptor
synaptic vesicles
dendritic monoamine

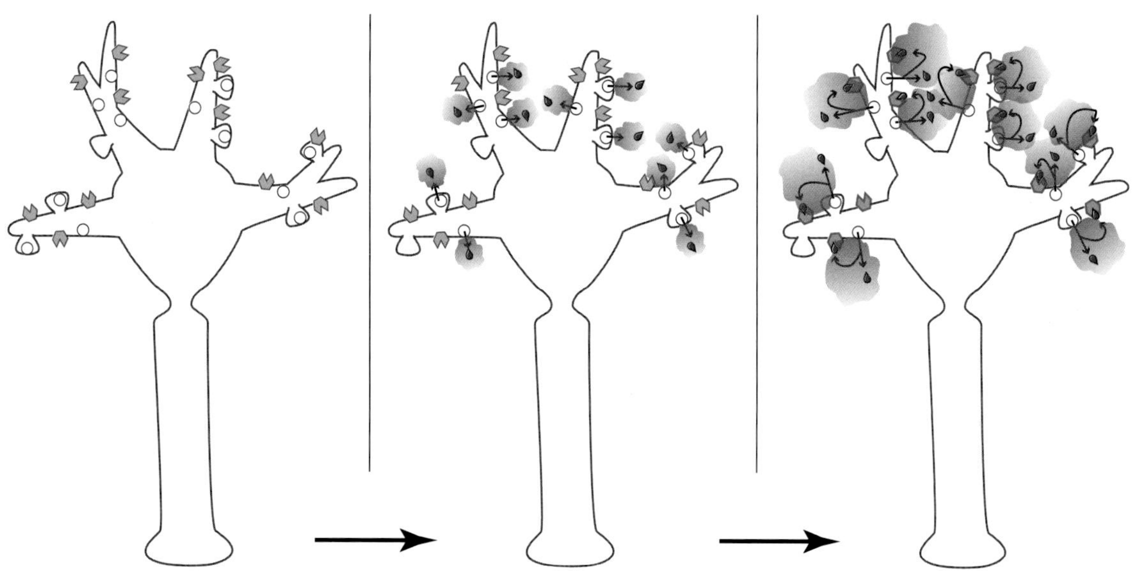

그림 1-8 체적 신경전달: 모노아민 자가수용체. 체적 신경전달의 또 다른 예로는 모노아민 뉴런의 자가수용체를 들 수 있다. 뉴런의 가지돌기와 세포체에 있는 자가수용체(왼쪽 패널의 뉴런 위쪽)는 일반적으로 해당 뉴런의 축삭(왼쪽 패널의 뉴런 아래쪽)에서 신경전달물질의 방출을 억제하여 해당 뉴런을 통해 위에서 아래로 흐르는 자극 흐름을 억제한다. 이 뉴런의 가지돌기에서 방출된 모노아민(가운데 패널의 뉴런 위쪽)은 자가수용체에 결합하여(오른쪽 패널의 뉴런 위쪽) 해당 뉴런의 신경 자극 흐름을 억제한다(오른쪽 패널의 뉴런 아래쪽). 이러한 작용은 체적 신경전달로 인해 발생하며, 이들 뉴런의 세포체가지돌기 영역에 시냅스 신경전달이 없음에도 불구하고 발생한다.

뉴런의 자가수용체autoreceptor 부위이다(그림 1-8). 뉴런의 세포체가지돌기 말단(그림 1-8의 뉴런 위쪽)에는 뉴런의 축삭 말단(그림 1-8의 뉴런 아래쪽)으로부터 신경전달물질의 방출을 억제하는 자가수용체가 있다. 일부 회귀 축삭 곁가지recurrent axon collateral 및 다른 모노아민 뉴런은 세포체가지돌기 수용체를 직접 자극할 수 있지만, 이러한 소위 세포체가지돌기 자가수용체도 가지돌기 방출로부터 신경전달물질을 받는 것으로 보인다(그림 1-8, 가운데 및 오른쪽 패널). 여기에는 시냅스나 시냅스 소포가 없으며, 신경전달물질이 뉴런의 가지돌기에서 자체 수용체를 통해 아직 밝혀지지 않은 기전에 따라 '누출'되는 것으로 보인다. 가지돌기 자가수용체에 의한 뉴런 조절의 본질은 제7장에서 나중에 설명하겠지만, 이론상으로 많은 항우울제의 작용기전과 연관되어 있어 관심이 집중되고 있다. 여기서 중요한 점은 모든 화학적 신경전달이 시냅스에서 일어나는 것은 아니라는 점이다.

흥분-분비 결합

첫 번째(또는 시냅스전) 뉴런의 전기 자극은 **흥분-분비 결합**excitation-secretion coupling으로 알려진 과정을 통해 시냅스에서 화학 신호로 변환된다. 일단 전기 자극이 시냅스전 축삭 단자에 침입하면 그곳에 저장된 화학적 신경전달물질이 방출된다(그림 1-3 및 1-4). 전기 자극은 신경세포막을 가로지르는 이온 전하를 변화시킴으로써 **전압민감 나트륨통로**voltage-sensitive sodium channel, VSSC와 **전압민감 칼슘통로**voltage-sensitive calcium channel, VSCC 등 이온통로를 연다. 나트륨이 축삭 막의 나트륨통로를 통해 시냅스전 신경으로 흘러 들어가면, 활동전위의 전하가 축삭을 따라 이동하여 시냅스전 신경 종말에 도달하면 칼슘통로도 열린다. 칼슘이 시냅스전 신경 종말로 흘러 들어가면 내막에 고정된 시냅스

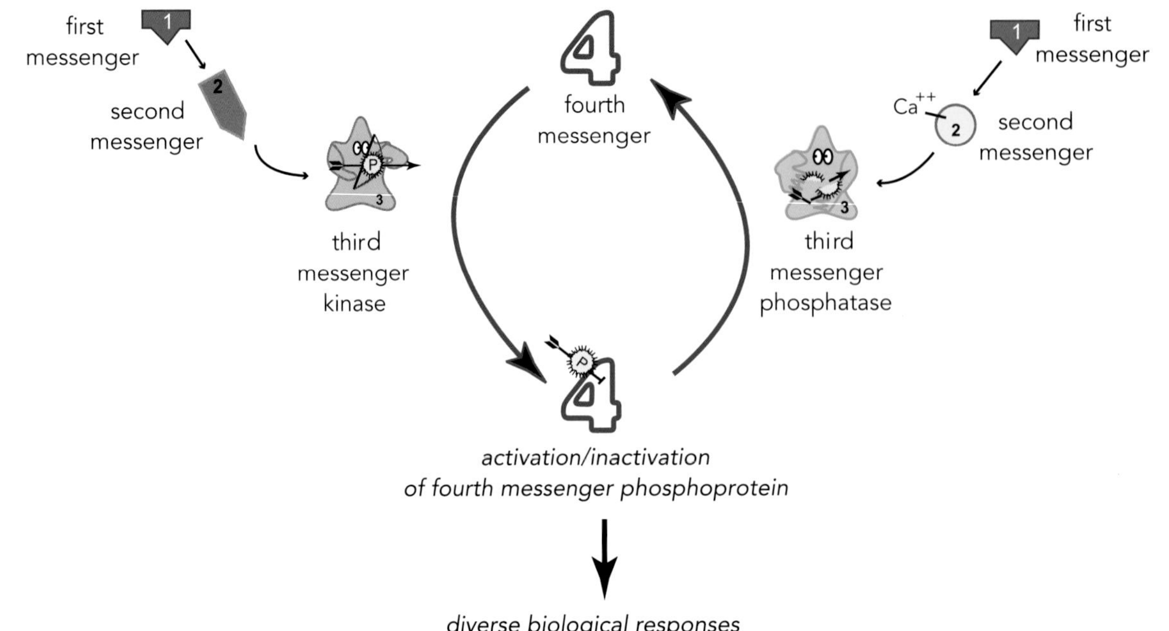

그림 1-9 신호전달 연쇄반응. 시냅스후 수용체의 자극에 따라 발생하는 일련의 연쇄반응을 신호전달이라고 한다. 신호전달 연쇄반응은 단백질에 인산기를 추가하여 인단백질을 생성하는 인산화효소로 알려진 3차 전령 효소를 활성화할 수 있다(왼쪽). 다른 신호전달 연쇄반응은 인단백질에서 인산염을 제거하는 인산염 분해효소로 알려진 3차 전령 효소를 활성화할 수 있다(오른쪽). 이들 각각을 활성화시키는 두 신경전달물질 사이의 균형에 의해 나타나는 인산화효소와 인산염 분해효소 활성의 균형은 유전자 발현과 시냅스 생성과 같은 다양한 생물학적 반응으로 변환되는 후속 화학적 활성의 정도를 결정한다.

소포가 화학 물질을 시냅스 안으로 흘리게 된다. 신경전달물질의 사전 합성과 첫 번째 뉴런의 시냅스전 축삭 종말에 신경전달물질의 저장에 의해 화학적 소통을 위한 길이 열린다.

따라서 흥분-분비 결합은 뉴런이 전기 자극을 화학적 사건으로 변환하는 방식이다. 이는 전기 자극이 시냅스전 뉴런에 들어가면 매우 빠르게 일어난다. 시냅스전 뉴런의 화학적 메시지를 시냅스후 뉴런에서 신경전달물질과 연결된 이온통로를 열어 다시 전기적 화학적 메시지로 변환하는 것도 가능하다. 또한 이것은 화학적 신경전달물질이 이온통로를 열어 뉴런으로의 전하 흐름을 변화시키고, 궁극적으로 시냅스후 뉴런의 활동전위를 변화시킬 때 매우 빠르게 발생한다. 따라서 신경전달 과정은 화학 신호를 전기 신호로, 전기 신호를 다시 화학 신호로 끊임없이 변환하는 과정이다.

신호전달 연쇄반응

개요

신경전달은 시냅스에서 시냅스전 축삭과 시냅스후 뉴런 사이의 소통보다 훨씬 더 큰 과정의 일부로 볼 수 있다. 즉 신경전달은 시냅스전 뉴런의 유전체(그림 1-3의 뉴런 A)에서 시냅스후 뉴런의 유전체(그림 1-3의 뉴런 B)로, 그리고 역행성 신경전달을 통해 시냅스후 뉴런의 유전체에서 시냅스전 뉴런의 유전체로 다시 소통하는 것으로도 볼 수 있다(그림 1-5의 오른쪽 패널). 이러한 과정에는 시냅스전 뉴런과 시냅스후 뉴런 모두에서 신호전달 연쇄반응signal transduction cascade이라고 하는 긴 문자열의 화학적 메시지가 포함된다.

따라서 화학적 신경전달에 의해 촉발되는 신호전달 연쇄반응은 신경전달물질의 1차 전령에서 시작하여 2차, 3차, 4차, 그 이상의 전령으로 진행되는 수많은 분자를 포함한다(그림 1-9부터 1-30까지). 초기 사건은 1초 이내에 발생하지만, 장기적인 결과는 활성화되는 데 몇 시간에서 며칠이 걸리는 후속 전령에 의해 매개되는데, 며칠 또는 심지어 시냅스나 뉴런의 수명 동안 지속될 수 있다(그림 1-10). 신호전달 연쇄반응은 특화된 분자가 일련의 기수rider 역할을 하

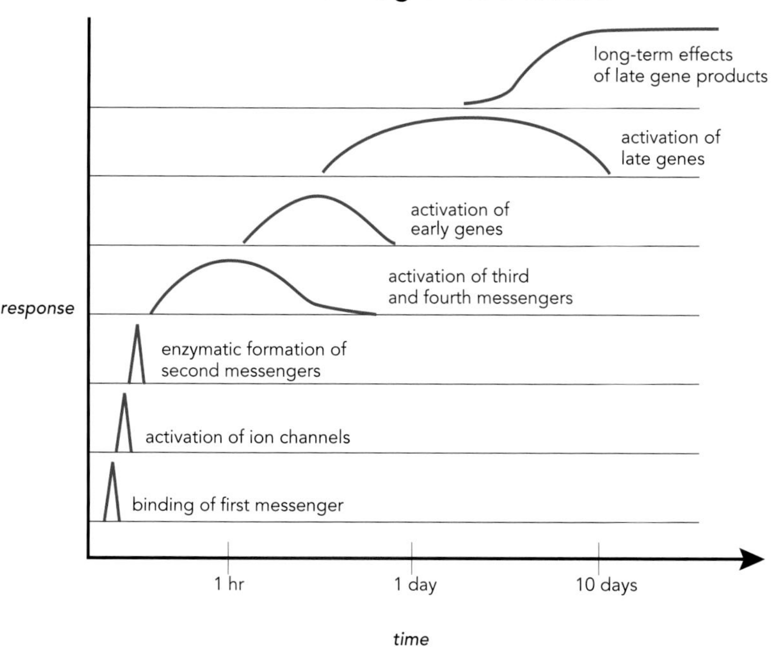

그림 1-10 신호전달의 시간 경과. 신호전달의 시간 경과가 여기에 나와 있다. 이 과정은 1차 전령의 결합(아래쪽)으로 시작하여 이온통로의 활성화 또는 2차 전령의 효소 생성으로 이어진다. 이는 차례로 3차 및 4차 전령의 활성화를 유발할 수 있으며, 종종 인단백질이다. 이후 유전자가 활성화되면 새로운 단백질이 합성되어 뉴런의 기능을 변화시킬 수 있다. 일단 시작되면 단백질 활성화 또는 새로운 단백질 합성으로 인한 기능적 변화는 적어도 며칠 동안 지속될 수 있으며, 어쩌면 훨씬 더 오래 지속될 수도 있다. 따라서 화학적 신경전달에 의해 촉발된 신호전달 연쇄반응의 궁극적인 효과는 지연될 뿐만 아니라 오래 지속된다.

여, 메시지가 유전자 발현gene expression이나 '잠자는' 분자와 비활성 분자의 활성화와 같은 기능적 목적지에 도달할 때까지, 다음 특화된 분자에게 메시지를 전달하는 분자 '포니 익스프레스pony express'와 어느 정도 비슷하다(예: 그림 1-9부터 1-19까지 참조).

그림 1-9에는 1차 전령 신경전달물질에서 여러 '분자 기수'를 거쳐 다양한 생물학적 반응을 생성하는 분자 '포니 익스프레스'의 개요가 나와 있다. 구체적으로 왼쪽의 1차 전령 신경전달물질은 화학적 2차 전령 생산을 활성화하고, 이는 다시 4차 전령 단백질에 인산기phosphate group를 추가하여 인단백질phosphoprotein을 생성하는 인산화효소kinase로 알려진 효소인 3차 전령을 활성화한다(그림 1-9, 왼쪽). 또 다른 신호전달 연쇄반응은 오른쪽에 표시되어 있는데, 1차 전령 신경전달물질이 이온통로를 열어 칼슘이 뉴런에 들어가 이 연쇄반응 시스템의 2차 전령 역할을 할 수 있도록 한다(그림 1-9, 오른쪽). 그런 다음 칼슘은 오른쪽에 있는 다른 3차 전령, 즉 인산염 분해효소phosphatase라는 효소를 활성화하여 4차 전령인 인단백질에서 인산기를 제거함으로써 왼쪽에 있는 3차 전령의 작용을 역전시킨다. 인산화효소와 인산염 분해효소 활성의 균형은 각각을 활성화하는 두 신경전달물질 사이의 균형으로 신호가 전달되며, 이 균형에 따라 유전자 발현과 시냅스 형성 등 다양한 생물학적 반응을 유발할 수 있는 활성 4차 전령으로 전환되는 후속 화학적 활성의 정도가 결정된다(그림 1-9). 화학적 및 전기적 메시지가 전달되는 연쇄반응 내의 각 분자 부위는 정신질환과 관련된 기능불량이 일어날 수 있는 잠재적 위치이며, 향정신성 약물의 잠재적 표적이기도 하다. 따라서 여러 신호전달 연쇄반응의 다양한 요소는 정신약리학에서 매우 중요한 역할을 한다.

뇌에서 가장 중요한 네 가지 신호전달 연쇄반응이 그림 1-11에 나와 있다. 여기에는 G단백질연결G-protein-linked 시스템, 이온통로연결ion-channel-linked 시스템, 호르몬연결hormone-linked 시스템, 뉴로트로핀연결neurotrophin-linked 시스템이 포함된다. 이 네 가지 중요한 신호전달 연쇄반응에는 각각 많은 화학적 전령이 있으며, G단백질연결 연쇄반응과 이온통로연결 연쇄반응은 신경전달물질에 의해 촉발된다(그림 1-11). 오늘날 임상에서 사용되는 많은 향정신성 약물은 이 두 가지 신호전달 연쇄반응 중 하나를 표적으로 한다. G단백질연결 시스템을 표적으로 하는 약물은 제2장에서, 이온통로연결 시스템을 표적으로 하는 약물은 제3장에서 설명한다.

2차 전령 형성

네 가지 신호전달 연쇄반응(그림 1-11)은 각각 세포외 1차 전령에서 세포내 2차 전령으로 메시지를 전달한다. G단백질연결 시스템의 경우 2차 전령은 화학 물질이지만, 이온통로연결 시스템의 경우 2차 전령은 칼슘과 같은 이온일 수 있다(그림 1-11). 일부 호르몬연결 시스템의 경우 호르몬이 세포질에서 수용체를 발견하고 이에 결합하여 호르몬-핵 수용체 복합체를 형성할 때 2차 전령이 형성된다(그림 1-11). 뉴로트로핀의 경우, 복잡한 이름의 알파벳 수프를 가진 인산화효소인 단백질을 포함하여 다양한 2차 전령의 복잡한

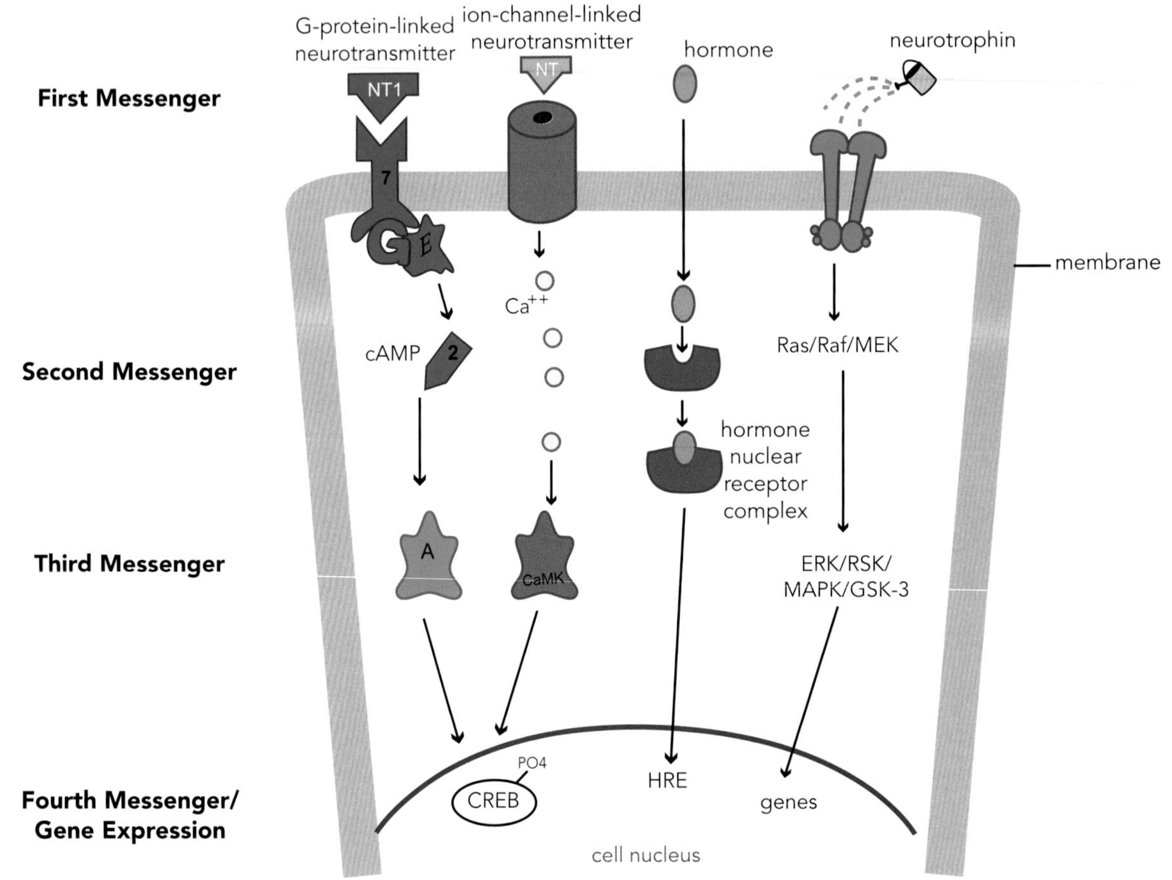

그림 1-11 다양한 신호전달 연쇄반응. 뇌에서 가장 중요한 네 가지 신호전달 연쇄반응이 여기에 나와 있다. 여기에는 G단백질연결 시스템, 이온통로연결 시스템, 호르몬연결 시스템, 뉴로트로핀연결 시스템이 포함된다. 각 신호전달 시스템은 고유한 수용체에 결합하는 서로 다른 1차 전령으로 시작하여 매우 다른 2차, 3차, 후속 화학적 전령의 활성화로 이어진다. 다양한 신호전달 연쇄반응이 존재하기 때문에 뉴런은 다양한 화학적 전령 시스템에 놀라울 정도로 다양한 생물학적 방식으로 반응할 수 있다. 신경전달물질(NT)은 왼쪽의 G단백질연결 시스템과 이온통로연결 시스템을 모두 활성화하며, 이 두 시스템은 모두 cAMP 반응요소결합 단백질(CREB)이라는 단백질을 인산화하여 세포핵에 있는 유전자를 활성화한다. G단백질연결 시스템은 cAMP와 단백질 인산화효소 A를 포함하는 연쇄반응을 통해 작동하는 반면, 이온통로연결 시스템은 칼슘과 칼슘/칼모듈린 인산화효소(CaMK)라는 다른 인산화효소를 활성화하는 능력을 통해 작동한다. 에스트로겐 및 기타 스테로이드와 같은 특정 호르몬은 뉴런에 들어가 세포질에서 수용체를 찾아 결합하여 호르몬-핵 수용체 복합체를 형성할 수 있다. 이 복합체는 세포핵으로 들어가 호르몬 반응 요소(HRE)와 상호작용하여 특정 유전자의 활성화를 유발할 수 있다. 마지막으로 맨 오른쪽의 뉴로트로핀 시스템은 알파벳으로 이루어진 복잡한 이름을 가진 일련의 인산화효소를 활성화하여 시냅스 생성 및 뉴런의 생존과 같은 기능을 제어할 수 있는 유전자 발현을 촉발한다. Ras는 G단백질이고, Raf는 인산화효소이며, 이 연쇄반응의 다른 요소들도 단백질이다. (MEK는 MARK 인산화효소/ERK 인산화효소, ERK는 세포외 신호조절 인산화효소 자체, RSK는 리보솜 S6 인산화효소, MAPK는 유사분열촉진제 활성화 단백질 인산화효소 자체, GSK-3는 당원 합성효소 인산화효소 3의 약자이다.)

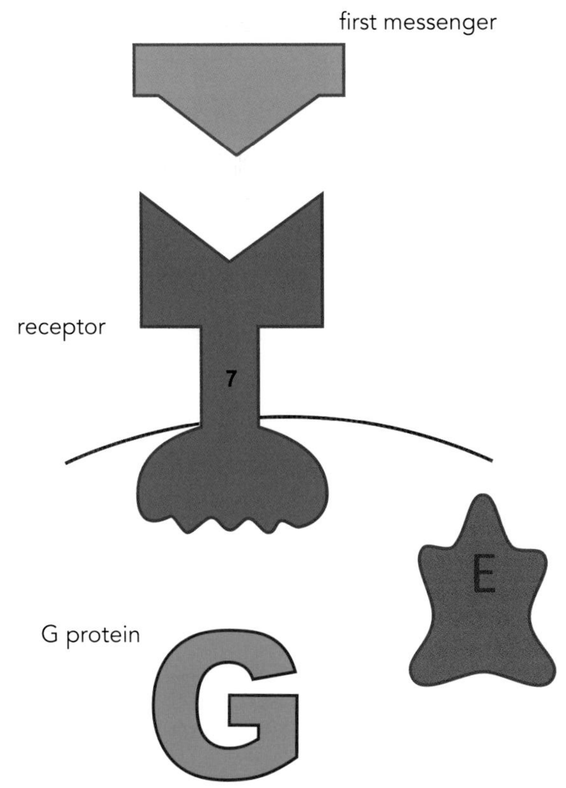

그림 1-12 **G단백질연결 시스템의 요소.** 여기에는 G단백질연결 2차 전령 시스템의 네 가지 요소가 나와 있다. 첫 번째 요소는 신경전달물질 자체로, 1차 전령이라고도 한다. 두 번째 요소는 G단백질연결 신경전달물질 수용체로 7개의 막경유 부위를 가진 단백질이다. 세 번째 요소인 G단백질은 연결 단백질이다. 네 번째 요소는 활성화되면 2차 전령을 합성할 수 있는 효소이다.

집합이 존재한다(그림 1-11).

시냅스전 뉴런으로부터 나온 세포외 1차 신경전달물질이 시냅스후 뉴런에서 세포내 2차 전령으로 변환되는 것은 G단백질연결 시스템과 같은 몇몇 2차 전령 시스템에서 자세히 알려져 있다(그림 1-12부터 1-15까지). 이 2차 전령 시스템에는 네 가지 핵심 요소가 있다.

- 1차 전령 신경전달물질
- 모두 7개의 막경유transmembrane 영역 구조를 갖는 수용체 슈퍼패밀리에 속하는 신경전달물질 수용체(그림 1-12부터 1-15에 수용체의 숫자 7로 표시)
- 신경전달물질 수용체(7)의 특정 형태와 2차 전령을 합성할 수 있는 효소 시스템(E)에 모두 결합할 수 있는 G단백질

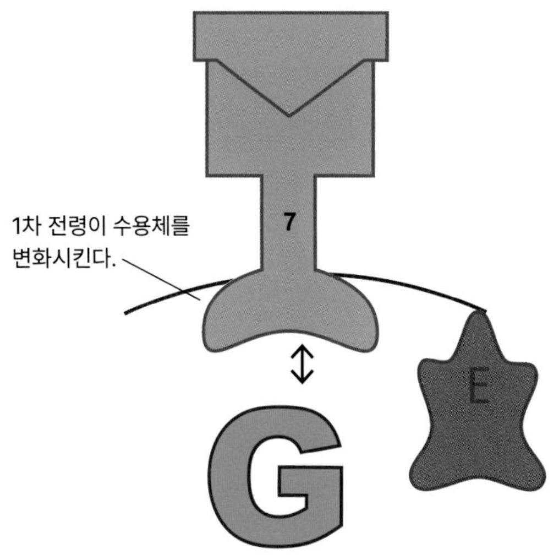

그림 1-13 **1차 전령.** 이 그림에서 신경전달물질은 수용체에 결합되어 있다. 1차 전령은 수용체가 G단백질에 결합할 수 있도록 수용체의 형태를 변형시켜 자신의 역할을 수행하는데, 여기서는 수용체가 신경전달물질과 같은 색으로 변하고 아래쪽의 모양이 바뀌어 G단백질과 결합할 수 있게 된 것으로 표시되어 있다.

- 2차 전령을 위한 효소 시스템 자체(그림 1-12부터 1-15까지)

첫 번째 단계는 신경전달물질이 수용체에 결합하는 것이다(그림 1-13). 수용체(7)가 녹색으로 변하고 하단의 모양이 바뀌는 것으로 알 수 있듯이 수용체의 형태가 바뀌어 이제 G단백질과 잘 맞을 수 있게 된다. 다음은 이 새로운 형태의 수용체-신경전달물질 복합체에 G단백질이 결합하는 과정이다(그림 1-14). 두 수용체, 즉 신경전달물질 수용체 자체와 세포내막과 관련된 또 다른 유형의 수용체로 생각할 수 있는 G단백질은 서로 협력한다. 이러한 협력은 그림 1-14에서 G단백질이 녹색으로 변하고, 오른쪽에서 그 형태가 바뀌어 2차 전령을 합성하는 효소(E)와 결합할 수 있게 된 것으로 표시하였다. 마지막으로 효소(이 경우 아데닐산 고리화효소adenylate cyclase)는 G단백질에 결합하여 2차 전령 역할을 하는 고리일인산아데노신cyclic adenosine monophosphate, cAMP을 합성한다(그림 1-15). 이는 그림 1-15에서 효소가 녹색으로 변하면서 cAMP(숫자 2가 표시된 상징)를 생성하는 것으로 표시하였다.

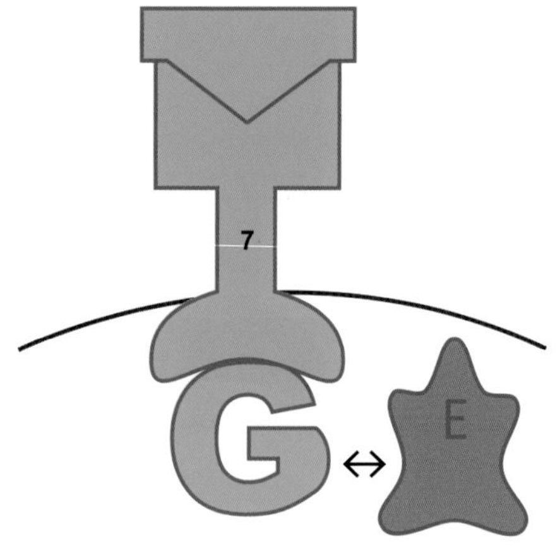

수용체에 결합한 G단백질은 형태가 바뀌어 2차 전령을 합성할 수 있는 효소와 결합할 수 있다.

그림 1-14 G단백질. 2차 전령을 생성하는 다음 단계는 변형된 신경전달물질 수용체가 G단백질에 결합하는 것이다. 여기서는 G단백질이 신경전달물질 및 수용체와 동일한 색으로 변하는 것으로 묘사되었다. 이원 복합체인 신경전달물질-수용체 복합체가 G단백질에 결합하면 G단백질에 또 다른 구조적 변화가 발생하는데, 이번에는 G단백질의 오른쪽 모양이 변하는 것으로 표현되었다. 이렇게 하면 G단백질이 2차 전령을 합성할 수 있는 효소와 결합할 수 있는 준비가 된다.

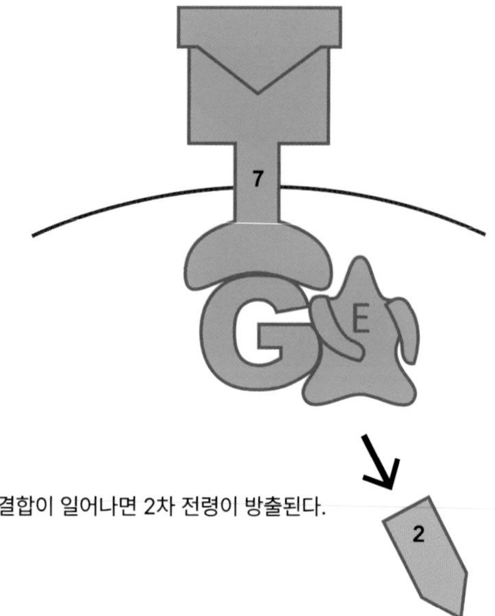

이 결합이 일어나면 2차 전령이 방출된다.

그림 1-15 2차 전령. 2차 전령 형성의 마지막 단계는 삼원 복합체인 신경전달물질-수용체-G단백질이 전령 합성 효소와 결합하는 것으로, 여기서는 효소가 삼원 복합체와 같은 색으로 변하는 것으로 묘사되었다. 일단 이 삼원 복합체에 효소가 결합하면 활성화되어 2차 전령을 합성할 수 있게 된다. 따라서 네 가지 요소가 모두 협력하여 사원 복합체로 묶여 2차 전령이 생성되는 것이다. 따라서 1차 전령의 정보는 수용체-G단백질-효소 매개체를 통해 2차 전령으로 전달된다.

Activating a Third-Messenger Kinase through Cyclic AMP

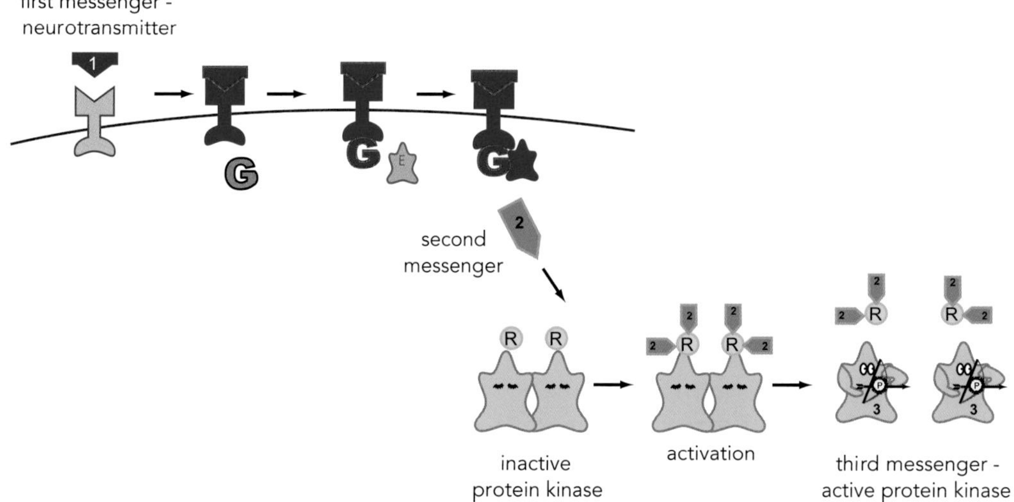

그림 1-16 3차 전령 단백질 인산화효소. 이 그림은 2차 전령 cAMP를 통한 3차 전령 단백질 인산화효소의 활성화를 보여준다. 신경전달물질은 앞서 그림 1-12부터 1-15에서 볼 수 있듯이 2차 전령(cAMP)을 생성하여 유전자를 활성화하는 과정을 시작한다. 일부 2차 전령은 단백질 인산화효소로 알려진 세포내 효소를 활성화한다. 이 효소는 또 다른 효소 복사본 및 2개의 조절 단위(R)와 짝을 이룰 때 비활성 상태로 표시된다. 이 경우 2차 전령의 두 복사본이 조절 단위와 상호작용하여 단백질 인산화효소 이합체에서 분리된다. 이러한 분리는 각 단백질 인산화효소를 활성화하여 이 효소가 다른 단백질을 인산화할 수 있도록 준비시킨다.

2차 전령을 넘어 인단백질 전령으로

최근 연구는 2차 전령과 그것이 세포 기능에 미치는 궁극적인 영향 사이의 복잡한 분자적 연결 고리를 밝히기 시작했다. 이러한 연결 고리는 구체적으로 그림 1-9, 1-11, 1-16부터 1-30까지 나타낸 신호전달 연쇄반응의 3차, 4차, 후속 화학적 전령이다. 그림 1-11에 표시된 네 가지 종류의 신호전달 연쇄반응 각각은 고유한 수용체에 결합하는 서로 다른 1차 전령으로 시작될 뿐만 아니라 매우 다른 2차, 3차, 후속 화학적 전령의 활성화로 이어진다. 다양한 신호전달 연쇄반응이 존재하기 때문에 뉴런은 다양한 화학적 메시지 시스템에 놀라울 정도로 다양한 생물학적 방식으로 반응할 수 있다.

신호전달의 궁극적인 표적은 무엇인가? 신호전달의 두 가지 주요 표적은 인단백질과 유전자이다. 유전자로 가는 길에 있는 중간 표적의 대부분은 그림 1-18과 1-19에 표시된 4차 전령 인단백질과 같은 인단백질로, 신호전달이 그들을 깨워 활동할 수 있을 때까지 뉴런에 휴면 상태로 있다.

그림 1-9에 표시된 신호전달 표적으로서 4차 전령 인단백질의 작용은 그림 1-16부터 1-19까지에서 더 자세히 볼 수 있다. 따라서 하나의 신호전달 경로는 2차 전령인 cAMP를 통해 3차 전령인 인산화효소를 활성화할 수 있고(그림 1-16), 또 다른 신호전달 경로는 2차 전령인 칼슘을 통해 3차 전령인 인산염 분해효소를 활성화할 수 있다(그림 1-17). 인산화효소 활성화의 경우, 2차 전령의 두 복사본이 휴면 또는 '수면' 중인 단백질 인산화효소의 각 조절 단위regulatory unit를 표적으로 삼는다(그림 1-16). 일부 단백질 인산화효소가 비활성 상태일 때는 조절 단위와 결합해 있는 동안 이합체dimer(효소의 두 복사본)로 존재하며, 활성화되지 않는 구조로 표현된다.

이 예에서 2개의 cAMP 복사본이 각 조절 단위에 결합하면 조절 단위가 효소에서 분리되고, 이합체는 2개의 효소 복사본으로 분리되며, 이제 단백질 인산화효소가 활성화되어 인산기를 4차 전령 인단백질에 쏠 준비가 된 활과 화살로 표현된다(그림 1-16).

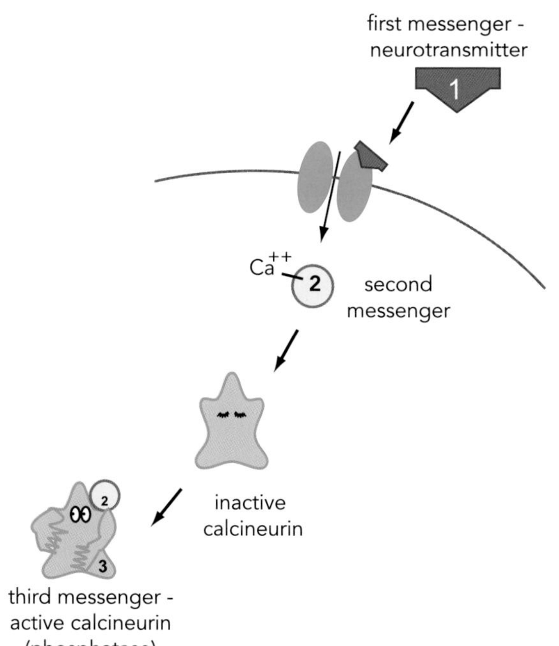

그림 1-17 **3차 전령 인산염 분해효소.** 이 그림은 2차 전령 칼슘을 통한 3차 전령 인산염 분해효소의 활성화를 보여준다. 여기에는 칼시뉴린으로 알려진 비활성 인산염 분해효소에 칼슘이 결합하여 이를 활성화함으로써 4차 전령 인단백질에서 인산염을 제거할 수 있도록 준비하는 모습이 나와 있다.

한편 그림 1-17에서 단백질 인산화효소의 천적, 즉 단백질 인산염 분해효소도 형성되고 있다. 또 다른 1차 전령은 여기에서 이온통로를 열어 2차 전령인 칼슘이 들어가 인산염 분해효소인 칼시뉴린calcineurin을 활성화한다. 칼슘이 있으면 칼시뉴린이 활성화되어 4차 전령인 인단백질에서 인산기를 떼어낼 준비가 된 가위로 표현된다(그림 1-17).

인산화효소와 인산염 분해효소 간의 충돌은 그림 1-18과 1-19에서 일어나는 일을 비교하면 알 수 있다. 그림 1-18에서는 3차 전령 인산화효소가 리간드작동ligand-gated 이온통로, 전압작동voltage-gated 이온통로, 효소 등과 같은 다양한 4차 전령 인단백질에 인산염을 붙이고 있다. 그림 1-19에서는 3차 전령 인산염 분해효소가 인산염을 떼어내고 있다. 때때로 인산화는 휴면 상태의 인단백질을 활성화하는 반면, 다른 인단백질의 경우 탈인산화가 활성화할 수도 있다. 4차 전령 인단백질의 활성화는 신경전달물질의 합성을 변화시키고, 신경전달물질 방출을 변화시키고, 이온의 전도도conductance를 변화시키며, 일반적으로 화학적 신경전달 장치를 준비 상태 또는 휴면 상태로 유지할 수 있다. 4차 전령 인산화효소와 인산염 분해효소의 인산화와 탈인산화 사이의 균형은 화학적 신경전달 과정에 중요한 많은 분자를 조절하는 데 중요한 역할을 한다.

2차 전령을 넘어 유전자 발현을 촉발하는 인단백질 연쇄반응으로

신경전달이 종종 변경하고자 하는 궁극적인 세포 기능은 유전자를 켜거나 끄는 유전자 발현gene expression이다. 그림 1-11에 표시된 네 가지 신호전달 연쇄반응은 모두 유전자 전사transcription에 영향을 미치는 마지막 분자로 끝난다. 신경전달물질에 의해 촉발된 두 연쇄반응은 모두 조절 단위의 인산화에 반응하는 CREB 시스템에 작용하는 것을 보여준다(그림 1-11, 왼쪽). CREB는 cAMP 반응요소결합단백질cAMP response element-binding protein로 유전자, 특히 급속 초기발현유전자immediate gene or immediate early gene로 알려진 유전자의 발현을 활성화할 수 있는 세포핵의 전사인자transcription factor이다. G단백질연결 수용체가 단백질 인산화효소 A를 활성화하면 이 활성화된 효소가 세포핵으로 이동하여 CREB에 인산기를 붙임으로써 전사인자를 활성화하고 주변 유전자가 활성화되도록 한다. 이렇게 하면 유전자가 먼저 RNA로, 그 다음에는 유전자에 의해 부호화된 단백질로 발현된다.

흥미롭게도 세포내 2차 전령인 칼슘 농도를 높이는 이온통로연결 수용체가 인산화하여 CREB를 활성화할 수도 있다. 칼슘과 상호작용하는 칼모듈린으로 알려진 단백질은 칼슘/칼모듈린 의존성 단백질 인산화효소라고 하는 특정 인산화효소의 활성화를 유도할 수 있다(그림 1-11). 이 효소는 그림 1-9, 1-17, 1-19에 표시된 인산염 분해효소와는 완전히 다른 효소이다. 여기서는 인산염 분해효소가 아닌 인산화효소가 활성화된다. 활성화되면 이 인산화효소는 세포핵으로 이동하여 G단백질 시스템에 의해 활성화된 인산화효소와 마찬가지로 CREB에 인산기를 추가하고 전사인자를 활성화하여 유전자 발현을 촉발할 수 있다.

따라서 칼슘은 인산화효소와 인산염 분해효소를 모두 활성화할 수 있다는 점을 명심하는 것이 중요하다. 인산화효소와 인산염 분해효소는 매우 다양하고 때로는 혼란스러운 배열을 가지고 있으며, 인산염 분해효소와 인산화효소는 서로 다른 기질substrate을 표적으로 하기 때문에 칼슘 작용의 최종 결과는 어떤 기질이 활성화되는지에 따라 달라진다. 따라서 다양한 신호전달 연쇄반응의 순 효과net effect를 이해하려면 논의 중인 특정 신호전달 연쇄반응과 그 연쇄반응에서 전령 역할을 하는 특정 인단백질을 염두에 두는 것이 중요하다. 그림 1-11에 표시된 사례에서는 G단백질 시스템과 이온통로 시스템이 함께 작용하여 더 많은 활성화된 인산화효소를 생성하고 이에 따라 CREB이 더 많이 활성화된다. 그러나 그림 1-9와 그림 1-16부터 1-19까지는 두 시스템이 서로 반대로 작동하고 있다.

유전자는 그림 1-11의 호르몬 신호전달 연쇄반응의 궁극적인 표적이기도 하다. 에스트로젠estrogen, 갑상샘thyroid, 코티솔cortisol과 같은 일부 호르몬은 세포질 수용체에 작용

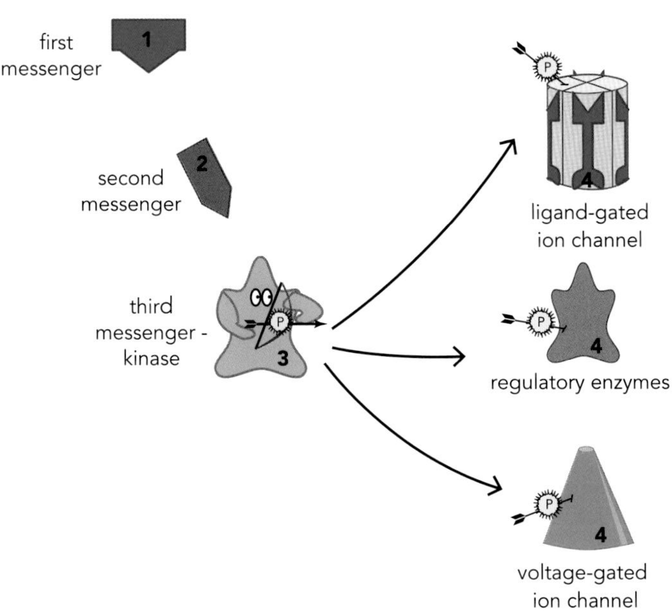

그림 1-18 3차 전령 인산화효소는 중요 단백질에 인산염을 붙인다. 여기서 3차 전령 인산화효소의 활성화는 리간드작동 이온통로, 전압작동 이온통로, 여러 가지 조절 효소와 같은 다양한 인단백질에 인산염을 추가한다. 일부 인단백질에 인산기를 추가하면 인단백질이 활성화되는 반면 다른 단백질의 경우에는 비활성화된다.

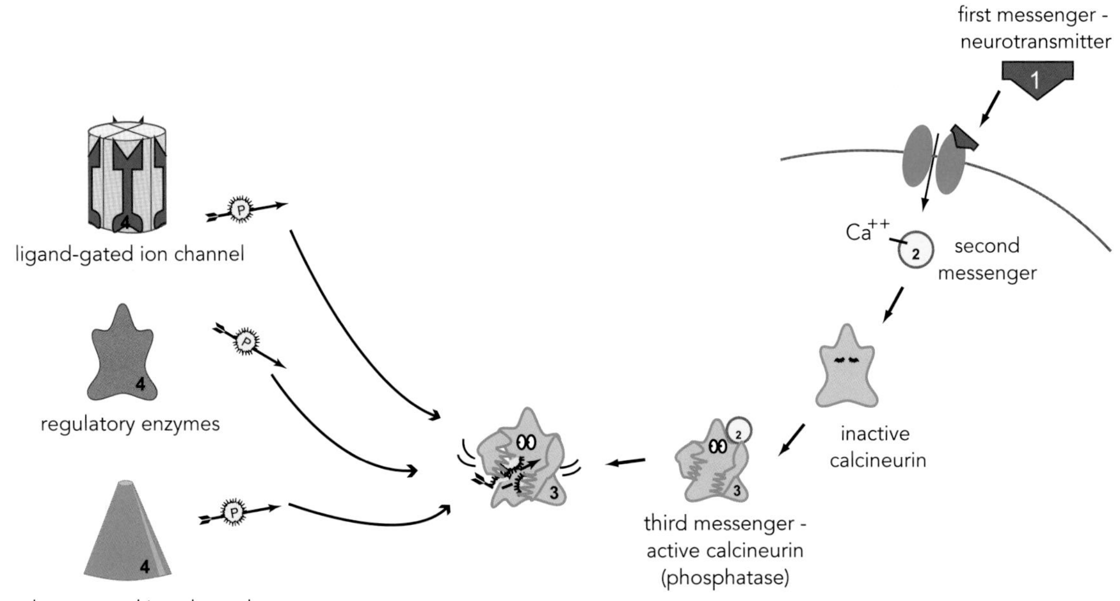

그림 1-19 3차 전령 인산염 분해효소는 중요 단백질에서 인산염을 제거한다. 그림 1-18과 달리 여기서는 3차 전령이 인산염 분해효소이며, 이 효소는 리간드작동 이온통로, 전압작동 이온통로 및 여러 가지 조절 효소와 같은 인단백질에서 인산기를 제거한다. 일부 인단백질에서 인산기를 제거하면 인단백질이 활성화되는 반면 다른 인단백질은 비활성화된다.

하여 결합한 후 호르몬-핵 수용체 복합체hormone-nuclear receptor complex를 생성하여 세포핵으로 이동하고, 유전자에 영향을 미칠 수 있는 요소(호르몬 반응 요소hormone-response element, HRE라고 함)를 찾은 다음, 전사인자로 작용하여 인근 유전자의 활성화를 유발한다(그림 1-11).

마지막으로 끔찍한 이름을 가진 후속 신호 연쇄반응 전령에 의한 매우 복잡한 신호전달 시스템이 뉴로트로핀neurotrophin과 관련 분자에 의해 활성화된다. 1차 전령인 뉴로트로핀에 의해 이 시스템이 활성화되면 대부분 인산화효소인 효소가 활성화되고, 하나의 인산화효소가 다른 인산화효소를 활성화하여 마침내 그중 하나가 세포핵의 전사인자를 인산화하여 유전자를 전사하기 시작한다(그림 1-11). Ras는 혼란스러운 이름을 가진 일련의 인산화효소를 활성화하는 G단백질이다. 자세한 내용에 관심이 있는 사람들을 위해 설명하자면, 이 연쇄반응은 Ras가 Raf를 활성화하는 것으로 시작하여, MEK(MAPK 인산화효소/ERK 인산화효소MAPK kinase/ERK kinase)를 인산화하고 활성화하며, ERK(세포외 신호조절 인산화효소 자체extracellular signal-regulated kinase itself), RSK(리보솜 S6 인산화효소 ribosomal S6 kinase), MAPK(유사분열촉진제 활성화 단백질 인산화효소 자체mitogen-activated protein kinase itself), GSK-3(글리코겐 합성효소 인산화효소 3glycogen synthase kinase 3)를 활성화하여 궁극적으로 유전자 발현에 변화를 일으킨다. 혼란스러운가? 사실 이름을 아는 것이 중요한 것이 아니라, 뉴로트로핀이 인산화효소에 이어 인산화효소를 활성화하는 중요한 신호전달 경로를 촉발하여 궁극적으로 유전자 발현을 변화시킨다는 점을 기억하는 것이 중요하다. 이 신호전달 경로는 다양한 뇌 회로에서 학습, 기억, 심지어 질병 발현에 필요한 가소성 변화뿐만 아니라 시냅스 생성 및 세포 생존과 같은 뉴런의 여러 중요한 기능을 조절하는 유전자의 발현을 담당할 수 있기 때문에 알아둘 가치가 있다. 약물과 환경은 모두 유전자 발현을 표적으로 삼으며, 이러한 작용이 정신질환의 원인과 효과적인 정신질환 치료의 작용기전에 어떻게 기여하는지는 이제 막 이해되기 시작하였다.

한편 매우 다양한 유전자가 이 네 가지 신호전달 경로 모두의 표적이 된다는 사실을 아는 것이 가장 중요하다. 여기에는 신경전달물질의 합성 효소를 만드는 유전자부터 성장인자, 세포골격 단백질, 세포부착 단백질, 이온통로, 수용체, 세포내 신호전달 단백질 자체에 이르기까지 매우 다양하다. 그림 1-11에 표시된 신호전달 경로 중 하나에 의해 유전자가 발현되면 이러한 단백질의 복사본이 더 많이 또는 더 적게 만들어질 수 있다. 이러한 단백질의 합성은 뉴런이 다양하고 많은 기능을 수행하는 데 있어 매우 중요한 요소임이 분명하다. 뉴런 내에서는 네 가지 주요 신호전달 연쇄반응에 의해 촉발되는 유전자 발현으로 인해 개체의 행동을 변화시키는 수많은 다양한 생물학적 작용이 이루어진다. 시냅스 생성, 시냅스 강화, 신경 생성, 세포 사멸, 피질 회로의 정보처리 효율성 증가 또는 감소와 같은 뉴런 반응부터 학습, 기억, 항우울제 투여에 대한 항우울제 반응, 정신치료를 통한 증상 감소, 심지어 정신질환 발생과 같은 행동 반응에 이르기까지 그 범위는 매우 광범위하다.

신경전달이 유전자 발현을 촉발하는 방법

유전자는 어떻게 자신이 부호화한 단백질을 발현하는가? 앞선 논의는 신호전달의 분자 '포니 익스프레스'에 신경전달물질-수용체 복합체의 화학 정보로 부호화된 메시지가 어떻게 분자 기수에서 분자 기수로 전달되어 시냅스후 뉴런의 유전체에 있는 적절한 인단백질 우편함(그림 1-9 및 1-16에서 1-19)이나 DNA 우편함(그림 1-11 및 1-20에서 1-30)으로 전달되는지 보여주었다. 뉴런의 기능을 변경하는 가장 강력한 방법은 어떤 유전자를 켜거나 끄는지를 바꾸는 것이므로 신경전달이 유전자 발현을 조절하는 분자 기전을 이해하는 것이 중요하다.

신경전달 표적으로 삼을 수 있는 잠재적 유전자는 몇 개나 될까? 인간 유전체는 23개 염색체에 300만 개의 염기쌍으로 이루어진 DNA 내에 약 2만 개의 유전자가 있는 것으로 추정된다. 그러나 놀랍게도 유전자는 DNA의 몇 퍼센트만 차지한다. 나머지 96%는 단백질을 부호화하지 않기 때문에 '쓰레기junk' DNA라고 불렸지만, 이제는 이러한 DNA 부분이 구조를 구성하고 유전자의 발현 및 침묵silencing 여부를 조절하는 데 중요하다는 사실이 알려졌다. 우리가 가지고 있는 유전자의 수뿐만 아니라 그것이 발현되는지, 언제, 얼마나 자주, 어떤 상황에서 발현되는지가 신경세포 기능을 조절하는 데 중요한 요소인 것으로 보인다. 이러한 유전자 발현의 동일한 요소들이 현재 정신약리학적 약물의 작용과 중추신경계 내 정신질환 기전의 기초가 되는 것으로 생각된다.

유전자 발현의 분자 기전

화학적 신경전달은 신경전달물질에 의한 수용체 점유를 3차, 4차, 후속 전령의 생성으로 전환하여 결국 유전자를 켜는 전사인자를 활성화한다(그림 1-20부터 1-30까지). 대부분의 유전자는 **부호화 영역**coding region과 유전자 전사(즉 DNA가 RNA로 전사되는 과정)의 증폭자enhancer 및 촉진유전자promotor가 있는 **조절 부위**regulatory region의 두 가지 영역으로 구성되어 있다(그림 1-20). DNA의 부호화 영역은 해당 RNA를 만들기 위한 직접적인 주형template이다. DNA는 RNA **중합효소**RNA polymerase라는 효소의 도움으로 RNA로 '전사'된다. 그러나 RNA 중합효소가 활성화되어야만 하고, 그렇지 않으면 작동하지 않는다.

다행히도 유전자의 조절 부위가 이를 가능하게 할 수 있다. 유전자에는 **증폭자 요소**와 **촉진유전자 요소**(그림 1-20)가 있어서 전사인자의 도움을 받아 유전자 발현을 시작할 수 있다(그림 1-21). 전사인자 자체는 인산화되어 유전자의 조절 부위에 결합할 수 있을 때 활성화될 수 있다(그림 1-21). 그러면 RNA 중합효소가 활성화되고 유전자의 부호화 부분이 전령 RNAmessenger RNA, mRNA로 **전사**된다(그림 1-22). 물론 일단 전사된 전령 RNA는 해당 단백질로 **번역**translation된다(그림 1-22). 그러나 아래에 설명된 것처럼 단백질로 번역되지 않고, 그 대신 조절 기능을 발휘하는 RNA도 상당수 존재한다.

일부 유전자는 급속 초기발현유전자immediate early gene로 알려져 있다(그림 1-23). 이 유전자들은 cJun 및 cFos(그림 1-24 및 1-25)와 같은 이상한 이름을 가지고 있으며 '류신 지퍼leucine zipper'라는 계열에 속한다(그림 1-25). 이러한 급속 초기발현유전자는 전군에 앞서 신속하게 전투에 투입되는 특수작전 부대처럼 신경전달물질의 입력에 신속하게 반응하는 역할을 한다. 따라서 이러한 급속 초기발현유전자의 신속배치 부대는 그들이 부호화하는 단백질을 만들어 신경전달 신호에 가장 먼저 반응한다. 이 예에서는 cJun 및 cFos 유전자에서 나오는 Jun 및 Fos 단백질이다(그림 1-24). 이 단백질들은 핵 단백질로, 핵에 존재하며 핵에서 작동한다. 이들은 신경전달을 받은 후 15분 이내에

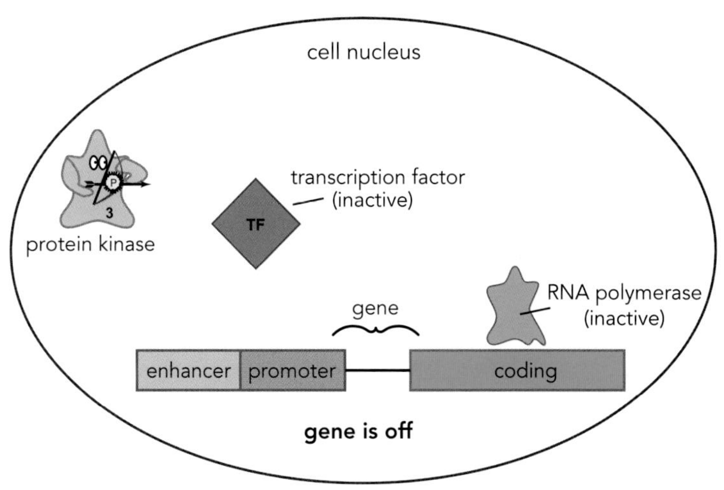

그림 1-20 유전자의 활성화 제1부: 유전자가 꺼짐. 여기에 표시된 유전자 활성화 요소에는 효소인 단백질 인산화효소, 유전자를 활성화할 수 있는 단백질의 일종인 전사인자, 유전자가 전사될 때 DNA에서 RNA를 합성하는 효소인 RNA 중합효소, 증폭자 및 촉진유전자 영역과 같은 DNA의 조절 부위, 마지막으로 유전자 자체가 포함된다. 이 특정 유전자는 전사인자가 아직 활성화되지 않았기 때문에 꺼져 있다. 이 유전자의 DNA에는 조절 부위와 부호화 부위가 모두 포함되어 있다. 조절 부위에는 증폭자 요소와 촉진유전자 요소가 모두 포함되어 있어 활성화된 전사인자와 상호작용할 때 유전자 발현을 시작할 수 있다. 부호화 부위는 유전자가 활성화되면 해당 RNA로 직접 전사된다.

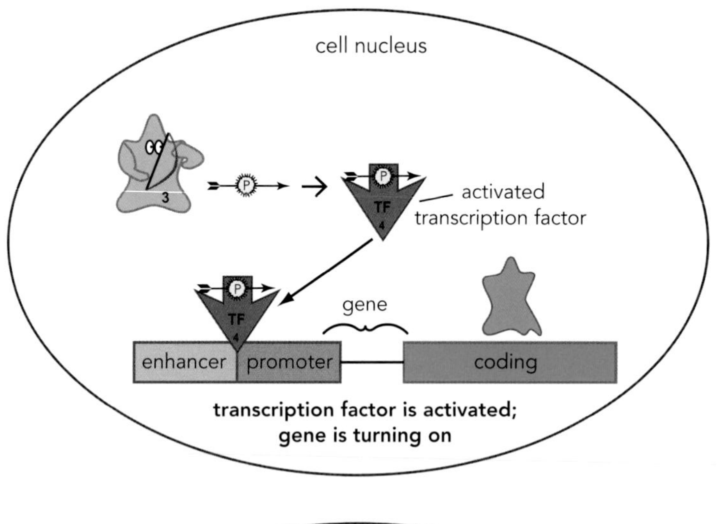

그림 1-21 유전자의 활성화 제2부: 유전자가 켜짐. 이제 단백질 인산화효소에 의해 인산화되어 유전자의 조절 부위에 결합할 수 있게 되었기 때문에 전사인자가 활성화된다.

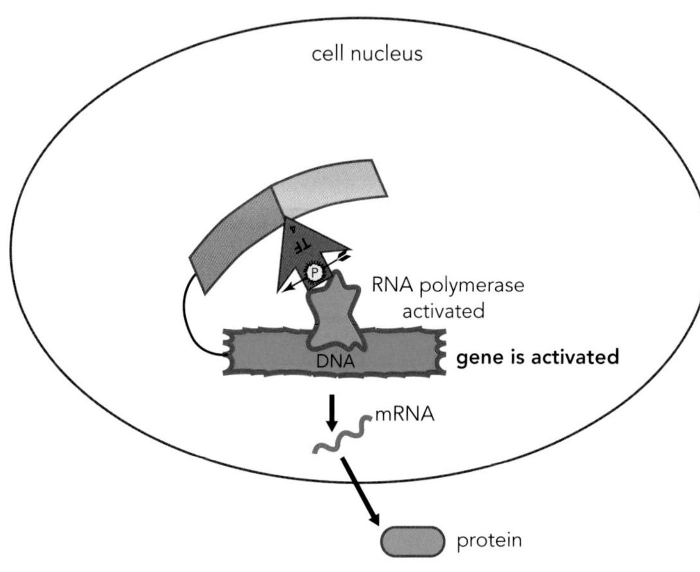

그림 1-22 유전자의 활성화 제3부: 유전자 산물. 이제 전사인자가 유전자의 조절 부위에 결합하여 RNA 중합효소를 활성화하므로 유전자 자체가 활성화된다. 따라서 유전자는 전령 RNA(mRNA)로 전사되고, 이는 다시 해당 단백질로 번역된다. 따라서 단백질은 특정 유전자가 활성화된 결과물이다.

Third Messenger Activating a Transcription Factor for an Early Gene

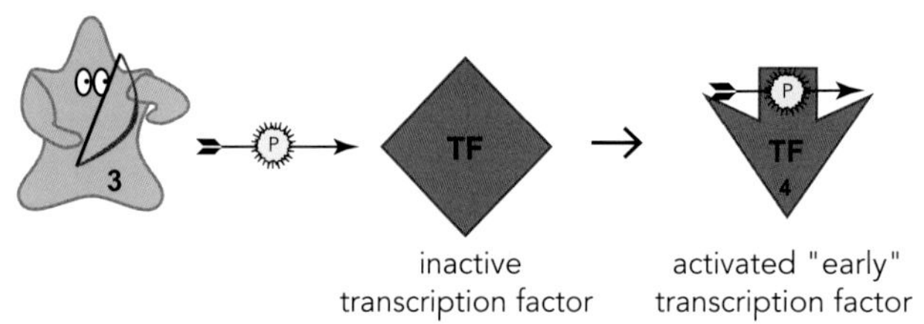

그림 1-23 급속 초기발현유전자. 일부 유전자는 급속 초기발현유전자로 알려져 있다. 여기에는 3차 전령 단백질 인산화효소가 전사인자 또는 4차 전령을 활성화하고, 초기발현유전자를 차례로 활성화할 수 있는 모습이 나와 있다.

시작되지만, 30분에서 1시간 동안만 지속된다(그림 1-10).

Jun과 Fos가 팀을 이루면 류신 지퍼 유형의 전사인자를 형성하고(그림 1-25), 이 전사인자는 나중에 발현되는 여러 종류의 후기발현유전자를 활성화한다(그림 1-26, 1-27, 1-29). 따라서 Fos와 Jun은 훨씬 더 많은 비활성 유전자의 군대를 깨우는 역할을 한다. 어떤 개별 '후기발현' 군인 유전자가 유전자 전시 근무에 투입되는지는 여러 가지 요인에 따라 달라지는데, 그중 가장 중요한 것은 어떤 신경전달물

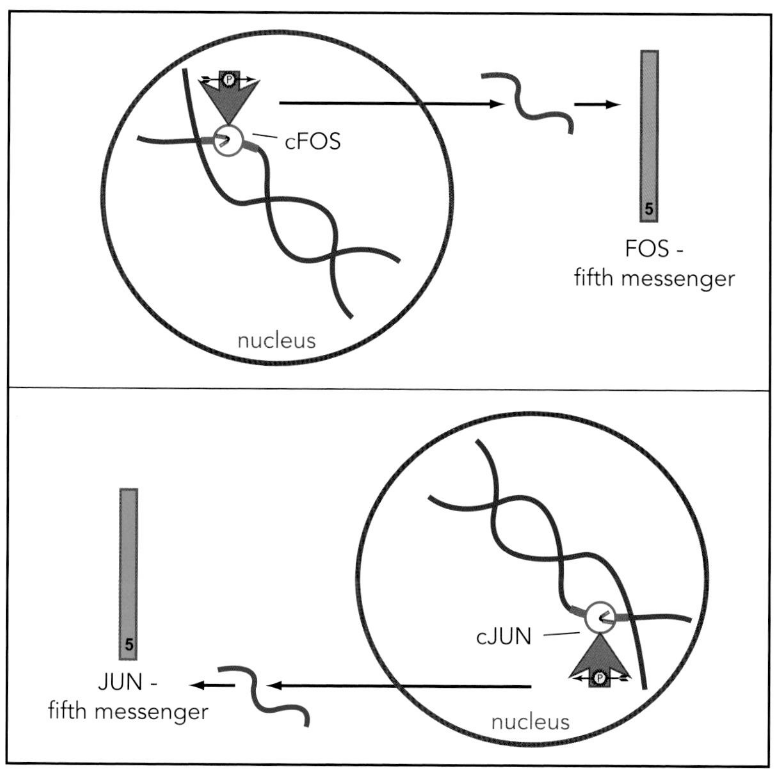

그림 1-24 **초기발현유전자가 후기발현유전자를 활성화하는 과정 제1부.** 위쪽 패널에서 전사인자가 급속 초기발현유전자 cFos를 활성화하여 단백질 산물인 Fos를 생성하고 있다. cFos 유전자가 활성화되는 동안, 아래쪽 패널에 표시된 것처럼 또 다른 급속 초기발현유전자인 cJun이 동시에 활성화되어 단백질인 Jun을 생성하고 있다. Fos와 Jun은 5차 전령으로 생각할 수 있다.

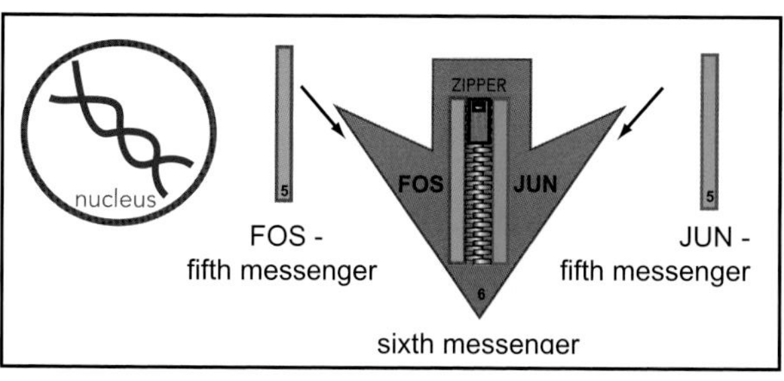

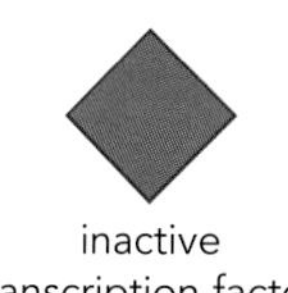

그림 1-25 **초기발현유전자가 후기발현유전자를 활성화하는 과정 제2부.** Fos 단백질과 Jun 단백질이 합성되면 파트너로 협력하여 Fos-Jun 결합단백질을 생성할 수 있으며, 이 단백질은 이제 후기발현유전자의 6차 전령 전사인자로 작용한다.

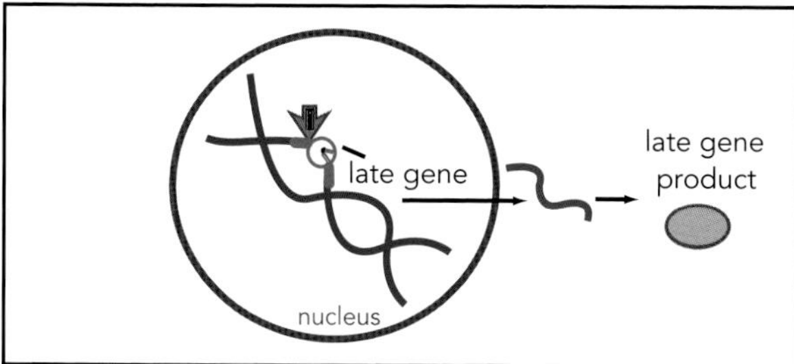

그림 1-26 **초기발현유전자가 후기발현유전자를 활성화하는 과정 제3부.** Fos-Jun 전사인자는 류신 지퍼라는 단백질 계열에 속한다. 활성화된 초기발현유전자 cFos와 cJun의 산물로 형성된 류신 지퍼 전사인자는 이제 유전체로 돌아가 다른 유전자를 찾는다. 이 유전자는 다른 유전자보다 늦게 활성화되기 때문에 후기발현유전자라고 부른다. 따라서 초기발현유전자의 산물 자체가 전사인자일 때 초기발현유전자는 후기발현유전자를 활성화한다. 후기발현유전자의 산물은 효소, 수송인자, 성장인자와 같이 뉴런에 필요한 모든 단백질이 될 수 있다.

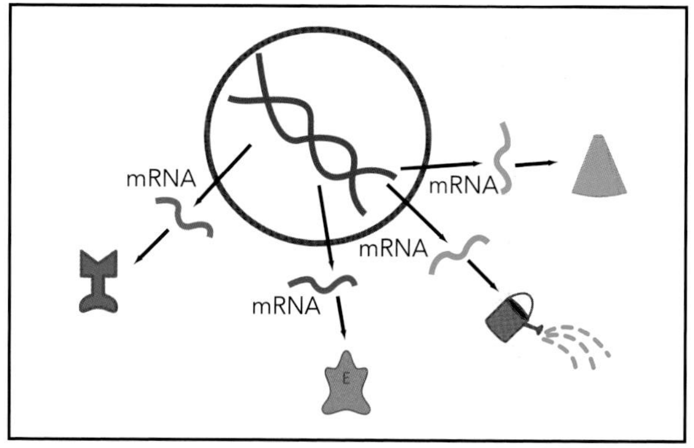

그림 1-27 **후기발현유전자 활성화의 예.** 수용체, 효소, 신경영양 성장인자, 이온통로는 모두 각각의 유전자가 활성화되어 발현되고 있다. 이러한 유전자 산물은 수 시간 또는 수일 동안 신경세포의 기능을 계속 변화시킨다.

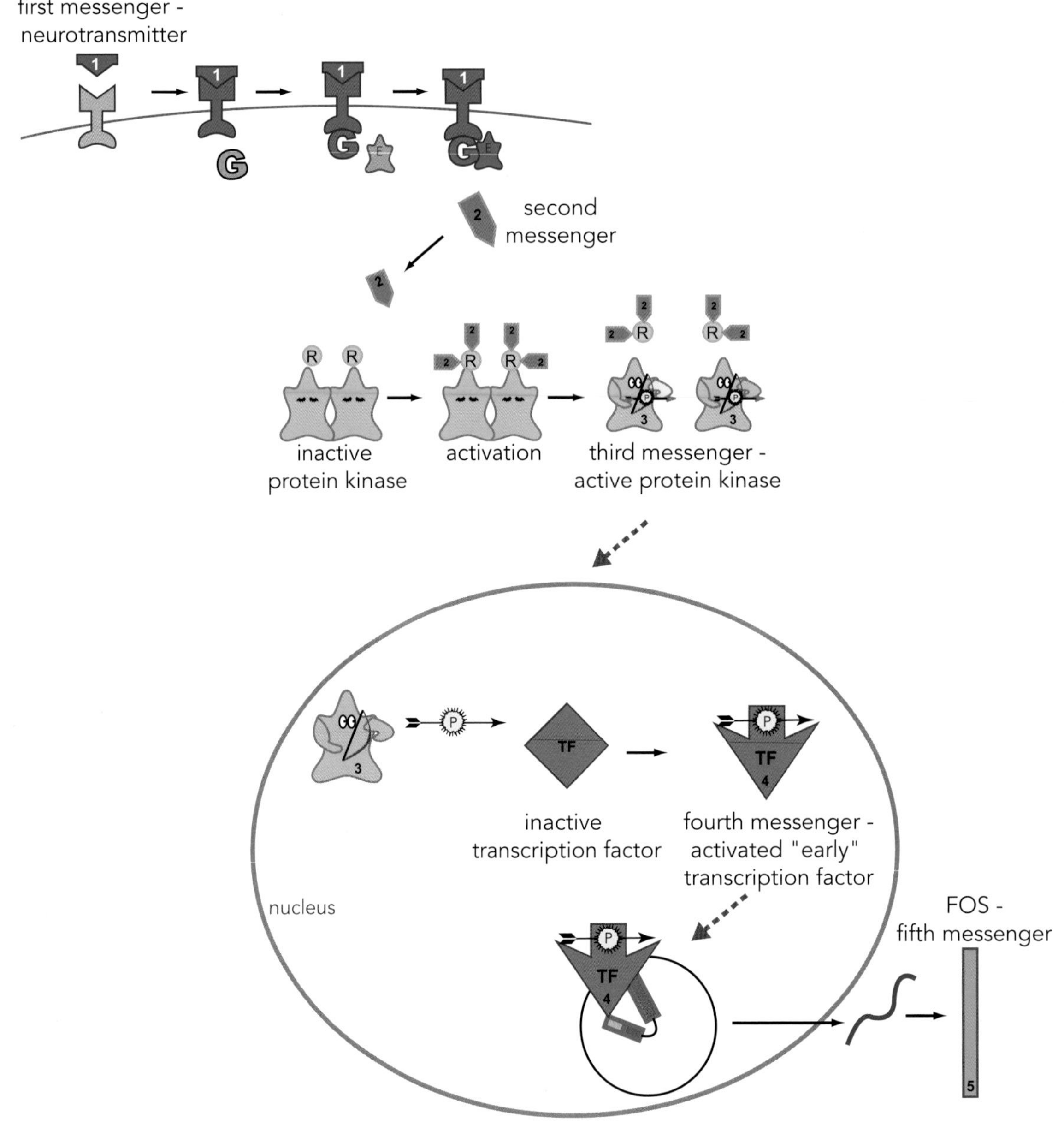

그림 1-28 **신경전달물질에 의한 유전자 조절.** 이 그림은 신경전달물질에 의한 유전자 조절을 1차 전령인 세포외 신경전달물질, 2차 전령인 세포내 신경전달물질, 3차 전령인 단백질 인산화효소, 4차 전령인 전사인자, 5차 전령인 단백질(초기발현유전자의 유전자 산물)에 이르기까지 요약한 것이다.

질이 메시지를 보내는지, 얼마나 자주 메시지를 보내는지, 같은 뉴런의 다른 부분과 동시에 대화하는 다른 신경전달물질과 협력하여 작동하는지 또는 반대되는 방식으로 작동하는지 여부이다. Fos와 Jun이 서로 협력하여 류신 지퍼 유형의 전사인자를 형성하면 효소부터 수용체, 구조 단백질에 이르기까지 생각할 수 있는 모든 것을 만드는 유전자를 활성화할 수 있다(그림 1-27 참조).

요약하면 신경전달물질인 1차 전령에서 일어나는 사건을 유전자 전사를 통해 추적할 수 있다(그림 1-9, 1-11, 1-28, 1-29). 1차 전령인 신경전달물질에서 2차 전령인 cAMP가

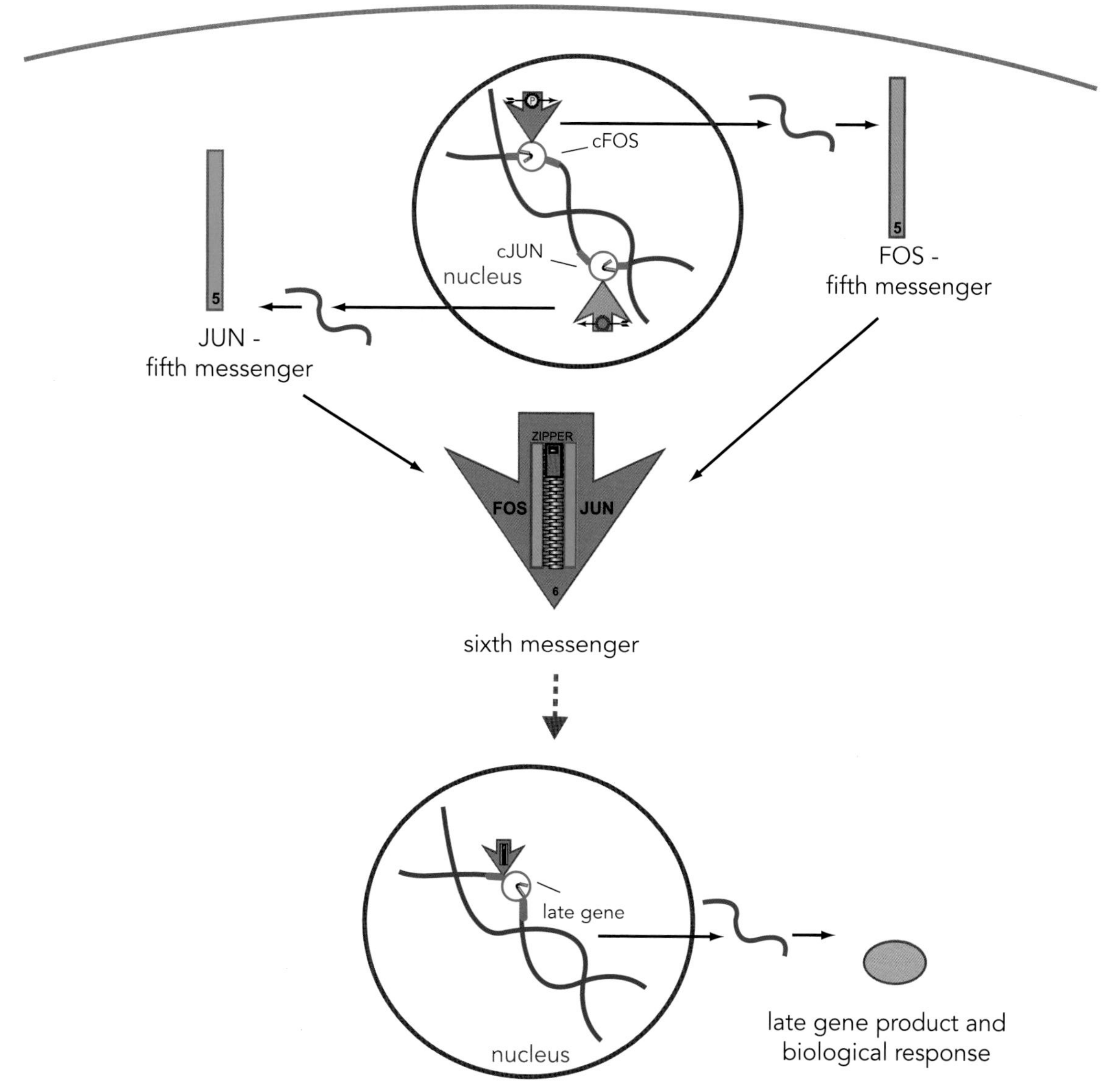

그림 1-29 후기발현유전자 활성화하기. 이 그림은 후기발현유전자가 활성화되는 과정을 요약한 것이다. 맨 위에는 급속 초기발현유전자인 cFos와 cJun이 발현되고, 이들의 5차 전령 단백질 산물인 Fos와 Jun이 형성된다. 다음으로 Fos와 Jun이 협력하여 류신 지퍼라는 전사인자가 만들어지고, 이 두 전사인자가 결합하여 6차 전령을 형성한다. 마지막으로 이 전사인자는 후기발현유전자를 활성화하여 자신의 유전자 산물을 발현하고 후기발현유전자 산물에 의해 촉발되는 생물학적 반응을 일으킨다.

형성되면(그림 1-28), 3차 전령인 단백질 인산화효소와 상호작용할 수 있다. cAMP는 이 효소가 비활성 또는 수면 상태에 있을 때 결합하고 이를 깨워 단백질 인산화효소를 활성화한다. 활성화된 3차 전령 단백질 인산화효소의 임무는 전사인자를 인산화하여 활성화하는 것이다(그림 1-28). 활성 단백질 인산화효소는 세포핵으로 바로 이동하여 잠자고 있는 전사인자를 찾는다. 인산염을 전사인자에 붙임으로써 단백질 인산화효소는 해당 전사인자를 '깨워' 4차 전령을 형성할 수 있다(그림 1-28). 일단 전사인자가 깨어나면 유전자에 결합하여 단백질 합성(이 경우에는 급속 초기발현유전자의 산물)을 일으키고, 이것이 5차 전령으로 기능한다. 이러한 유전자 산물 2개가 서로 결합하여 또 다른 활성화된 전사인자를 형성하는데, 이것이 바로 6차 전령이다(그림 1-29). 마지막으로 6차 전령은 활성화된 유전자의 7차 전령 단백질 산물로 생각할 수 있는 후기발현유전자 산물의 발현을 유발한다. 이 후기발현유전자 산물은 뉴런의 기능에 중요한 생물학적 반응을 매개한다.

물론 세포핵으로 이어지는 신경전달물질에 의해 유도된 분자 연쇄반응은 자체 수용체의 합성뿐만 아니라 다른 신경전달물질에 대한 효소 및 수용체를 포함한 다른 많은 중요한 시냅스후 단백질의 합성에도 변화를 일으킨다. 유전자 발현의 변화가 연결과 이러한 연결이 수행하는 기능의 변화로 이어진다면, 유전자가 어떻게 **행동을 수정**할 수 있는지 쉽게 이해할 수 있다. 신경 기능의 세부사항과 신경 기능에서 파생되는 행동은 유전자와 유전자가 생성하는 산물에 의해 제어된다. 정신적 과정과 그로 인해 발생하는 행동은 뇌 뉴런 사이의 연결에서 비롯되므로 유전자는 행동에 상당한 통제력을 발휘한다. 하지만 행동이 유전자를 수정할 수 있을까? 학습은 물론 환경으로부터의 경험은 실제로 어떤 유전자가 발현되는지를 변화시켜 신경세포 연결에 변화를 일으킬 수 있다. 이러한 방식으로 인간의 경험, 교육, 정신치료는 특정 시냅스 연결의 분포와 '강도'를 변화시키는 유전자의 발현을 변화시킬 수 있다. 이는 다시 원래의 경험에 의해 유발되고 촉발된 유전적 변화에 의해 매개되는 장기적인 행동 변화를 일으킬 수 있다. 따라서 유전자는 행동을 수정하고, 행동은 유전자를 수정한다. 유전자는 신경세포의 기능을 직접 조절하지 않는다. 그보다는 신경세포 기능을 생성하는 단백질을 직접 조절한다. 기능의 변화는 단백질 합성의 변화가 일어나고 그로 인한 사건들이 일어나기 시작할 때까지 기다려야 한다.

후성유전

유전은 세포가 특정 유형의 RNA로 전사하거나 특정 단백질로 번역할 수 있는 DNA 부호이다. 그러나 인간 유전체에 약 2만 개의 유전자가 있다고 해서 모든 유전자가 발현된다는 의미는 아니며, 뇌에서도 마찬가지이다. 후성유전epigenetics은 어떤 유전자가 실제로 특정 RNA와 단백질로 만들어지는지, 아니면 무시되거나 침묵되는지를 결정하는 병렬 시스템이다. 유전체가 모든 단백질 '단어' 사전이라면, 후성유전체는 그 '단어'를 일관된 내용으로 배열한 '이야기'이다. 모든 잠재적 단백질의 유전체 어휘는 뇌에 있는 1,000억 개 이상의 뉴런에서 모두 동일하며, 실제로 인체의 200개 이상의 세포 유형에서도 모두 동일하다. 따라서 정상 뉴런이 정신질환에서 기능불량 뉴런으로 변하는 과정과 뉴런이 간세포가 아닌 뉴런으로 되는 과정의 줄거리는 어떤 특정 유전자가 발현되거나 침묵하는지에 달려 있다. 또한 뉴런의 기능불량은 비정상적인 뉴클레오티드 서열을 가진 유전자의 영향을 받는데, 이 유전자가 발현되면 정신질환을 유발한다. 따라서 뇌는 어떤 유전자를 물려받았는지뿐만 아니라 비정상적인 유전자가 발현되는지, 심지어 정상 유전자가 침묵해야 할 때 발현되는지 또는 발현되어야 할 때 침묵하는지 여부에 따라 달라진다. 신경전달, 유전자 자체, 약물, 환경은 모두 어떤 유전자가 발현되거나 침묵하는지를 조절하며, 따라서 이 모두는 뇌의 이야기가 학습과 기억 같은 설득력 있는 서사가 될지, 약물남용, 스트레스 반응, 정신질환과 같은 안타까운 비극이 될지, 약물이나 정신치료를 통한 정신질환의 치료적 개선이 될지에 영향을 미친다.

후성유전의 분자 기전은 무엇인가

후성유전적 기전은 세포핵에 있는 염색질chromatin의 구조를 수정하여 유전자를 켜고 끈다(그림 1-30). 세포의 특성은 근본적으로 염색질단위nucleosome로 구성된 물질인 염색질에 의해 결정된다(그림 1-30). 염색질단위는 히스톤histone이라는 단백질 8개 세트를 DNA가 감싸고 있다(그림 1-30). 유전자가 읽히는지(즉 발현되는지) 또는 읽히지 않는지(즉 침묵하는지)에 대한 후성유전적 제어는 염색질의 구조를 수정함으로써 이루어진다. 이를 수행할 수 있는 화학적 변형에는 메틸화methylation뿐만 아니라 아세틸화acetylation, 인산화phosphorylation 등이 포함되며, 이러한 과정은 신경전달, 약물, 환경에 의해 조절된다(그림 1-30).

예를 들어 DNA 또는 히스톤이 메틸화되면 염색질이 압축되어 DNA의 촉진유전자 부위에 대한 분자 전사인자의 접근을 차단하는 역할을 하며, 그 결과 이 영역의 유전자가 침묵하고 발현되지 않아 RNA나 단백질이 생성되지 않는다(그림 1-30). 침묵한 DNA는 특정 세포의 특성의 일부가 아닌 분자적 특징을 의미한다.

히스톤은 히스톤 메틸기 전달효소histone methyltransferase라는 효소에 의해 메틸화되고, 이는 히스톤 메틸기 제거효소histone demethylase라는 효소에 의해 역전된다(그림 1-30). 히스톤의 메틸화는 유전자를 침묵시키는 반면, 히스톤의 탈메틸화는 유전자를 활성화시킬 수 있다. DNA도 메틸화될 수 있으며 이것 역시 유전자를 침묵시킨다. DNA의 탈메틸화는 이를 역전시킨다. DNA의 메틸화는 DNA 메틸기 전달효소DNA methyltransferase, DNMT에 의해 조절되고, DNA의 탈메틸화는 DNA 메틸기 제거효소DNA demethylase에 의해 조절된다(그림 1-30). 메틸기 전달효소에는 여러 가지 형태가 있으며, 이들은 모두 S-아데노실-메티오닌S-adenosyl-methionine, SAMe을 통해 L-메틸폴레이트L-methylfolate로부터 기증받은 메틸기를 기질에 부착한다(그림 1-30). 예를 들어 신경전달, 약물, 환경이 메틸화에 영향을 미치면, 유전자가 후성유전적으로 침묵하는지 또는 발현하는지 여부가 조절된다.

DNA의 메틸화는 결국 히스톤 아세틸기 제거효소histone deacetylase, HDAC라는 효소를 활성화하여 히스톤의 탈아세틸화로 이어질 수 있다. 히스톤의 탈아세틸화는 유전자 발현에 대한 침묵 작용도 한다(그림 1-30). 메틸화 및 탈아세틸화는 마치 분자 관문이 닫힌 것처럼 염색질을 압축하여 유전자를 활성화하는 전사인자가 촉진유전자 부위에 접근할 수 없으므로, 유전자가 침묵하여 RNA로 전사되거나 단백질로 번역되지 않는다(그림 1-30). 반면에 탈메틸화와 아세틸화는 정반대로 마치 분자 관문이 열린 것처럼 염색질을 압축 해제하여, 전사인자가 유전자의 촉진유전자 부위에 도달하여 활성화할 수 있도록 한다(그림 1-30). 따라서 활성화된 유전자는 특정 세포의 분자적 특성의 일부가 된다.

후성유전이 현상을 유지하거나 변화시키는 방법

일부 효소는 세포의 현상 유지를 위해 노력한다. DNA 메틸기 전달효소 1(DNMT1)과 같은 효소는 DNA의 특정 영역의 메틸화를 유지하고 다양한 유전자를 일생 동안 조용히 유지시킨다. 예를 들어 이 과정은 세포가 다른 세포로 분열할 때를 포함하여 뉴런을 항상 뉴런으로, 간세포를 항상 간세포로 유지한다. 아마도 메틸화는 한 세포 유형에는 필요하지만 다른 세포 유형에는 필요하지 않은 유전자에서 유지되는 것으로 추정된다.

예전에는 세포가 분화되면 유전자 활성화와 유전자 침묵의 후성유전적 패턴이 그 세포의 일생 동안 안정적으로 유지된다고 생각했다. 그러나 이제는 성숙하고 분화된 뉴런에서 후성유전이 변화할 수 있는 다양한 상황이 존재한다는 것이 알려졌다. 뉴런의 초기 후성유전적 패턴은 실제로 신경발달 동안에 각 뉴런에 평생 동안의 고유한 '특성'을 부여하도록 설정되지만, 이제 일부 뉴런의 스토리라인은 일생 동안 변화무쌍한 호를 그리는 자신의 서사적 경험에 반응하여 후성유전체epigenome에 새로운 변화를 일으키는 것으로 나타난다. 뉴런에 일어나는 일(아동 학대, 성인 스트레스, 식이 결핍, 생산적인 새로운 만남, 정신치료, 약물남용, 향정신성 치료제 등을 경험하는 것처럼)에 따라 이전에 침묵했던 유전자가 활성화되거나 이전에 활성화되었던 유전자가 침묵할 수 있는 것으로 보인다(그림 1-30). 이런 일이 발생하면 뉴런의 특성에 유리하거나 불리한 변화가 모두 일어날 수 있다. 학습(예: 공간 기억 형성spatial memory formation)을 하거나 정신약리학적 치료제의 치료작용을 경험하기 위해 유리한 후성유전적 기전이 촉발될 수 있다. 반면에 남용 약물에 중독되거나, 공포 조건화, 불안장애 또는 만성 통증질환과 같은 다양한 형태의 '비정상적 학습'을 경험하기 위해 불리한 후성유전적 기전이 촉발될 수 있다.

이러한 후성유전적 기전이 범죄현장에 어떻게 작용하는지는 여전히 매력적인 신경생물학적, 정신의학적 미스터리로 남아 있다. 그럼에도 불구하고 많은 과학 탐정들이 이러한 사건을 연구하고 있으며, 후성유전적 기전이 어떻게 정신질환의 매개체가 되는지 보여주기 시작했다. 또한 후성유전적 기전을 활용하여 중독을 치료하고, 두려움을 없애고, 만성 통증질환을 예방할 수 있는 가능성도 있다. 그리고 '점차 더 복잡해지고', 질병을 돌이킬 수 없게 되고, 원치 않는 운명을 향해 끊임없이 나아가기 전에 고위험군을 식별하여 조현병과 같은 정신질환의 진행을 예방할 수 있을 가능성도 존재한다.

성숙한 세포에서 후성유전체 패턴의 현상을 변화시키는

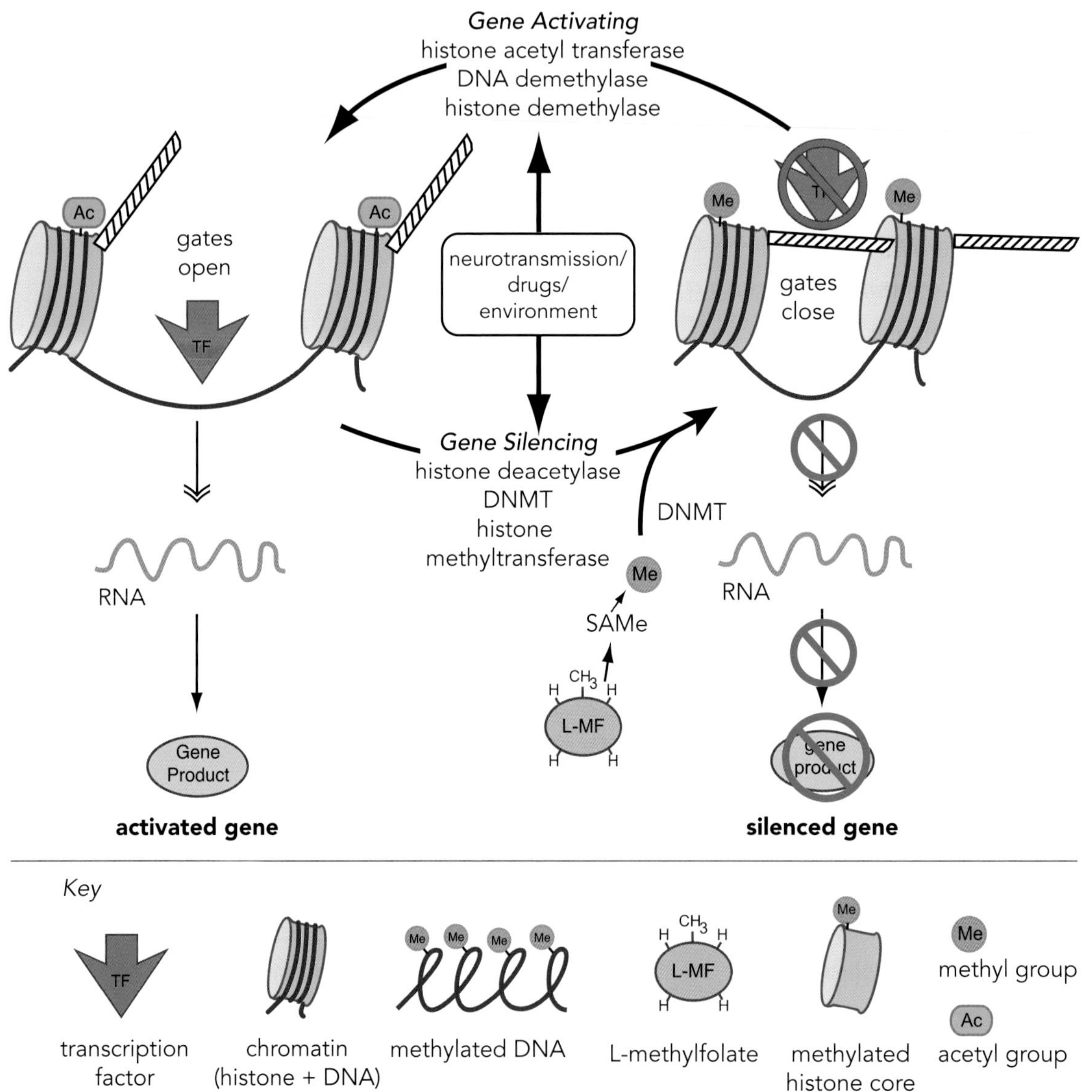

그림 1-30 **유전자 활성화 및 침묵.** 히스톤의 아세틸화 및/또는 탈메틸화에 의해 분자 관문이 열리면 전사인자가 유전자에 접근하여 유전자를 활성화할 수 있다. 분자 관문은 L-메틸폴레이트에서 유래된 메틸 공여체인 SAMe가 제공하는 탈아세틸화 및/또는 메틸화에 의해 닫힌다. 이렇게 하면 전사인자가 유전자에 접근하지 못하여 유전자가 침묵하게 된다. Ac: acetyl, Me: methyl, DNMT: DNA methyltransferase, TF: transcription factor, SAMe: S-adenosyl-methionine, L-MF: L-methylfolate.

기전 중 하나는 DNMT2 또는 DNMT3로 알려진 DNMT 효소의 일종에 의한 새로운 DNA 메틸화를 통해 이루어진다(그림 1-30). 이러한 효소는 성숙한 뉴런에서 이전에 활성화되었던 신경세포 유전자를 표적으로 삼아 침묵시킨다. 물론 이전에 활성화된 유전자 근처에서 히스톤을 탈아세틸화하면 동일한 작용, 즉 침묵을 유발할 수 있으며, 이 작용은 HDAC에 의해 매개된다. 반대로 유전자의 탈메틸화 또는 아세틸화는 모두 이전에 침묵했던 유전자를 활성화한다. 진짜 문제는 스트레스, 약물, 식단 등 환경에 반응하여 수천 개의 유전자 중 어떤 유전자를 침묵시키거나 활성화할지를 뉴런이 어떻게 알 수 있느냐는 것이다. 정신질환이 발생하면 이 과정이 어떻게 잘못될 수 있을까? 이 부분은 뒤틀린 수수께끼로 남아 있지만, 일부 신경세포의 이야기가 어떻게 정신적 비극으로 발전하는지 이해하고자 하는 다양한 연구자들이 이미 매우 흥미로운 탐구 작업을 수행해 왔다. 이러한 연구는 주요 신경세포 특성의 후성유전을 치료적으로 변경하여 이야기가 행복한 결말로 끝날 수 있도록 함으로써 다양한 정신질환의 서사를 다시 쓸 수 있는 발판을 마련할 수 있다.

RNA에 대한 간략한 설명

선택적 잘라이음

위에서 언급한 바와 같이, 2만 개의 유전자를 부호화하는 RNA는 전령 RNAmRNA라고 불리며, DNA와 단백질 사이의 중간 역할을 한다. 2만 개의 유전자가 2만 개의 단백질만 만드는 것처럼 보일 수 있지만, 그렇지 않다. mRNA를 단백질로 발전시키는 것은 영화 제작자가 영화를 만드는 것과 비슷한 과정이라는 것이 밝혀졌다. 즉 영화 제작소가 처음에 기록된 그대로 영화를 충실하게 개발하는 것처럼 mRNA는 DNA의 작용을 기록한다. DNA 전사의 경우 이 '초고'를 1차 전사라고 한다(그림 1-31). 그러나 영화 촬영의 원본 영상이 영화로 바로 '번역'되지 않는 것처럼, 많은 경우 '가공되지 않은' mRNA도 바로 단백질로 번역되지 않는다. 이제 흥미로운 부분인 편집이 시작된다. 영화 제작자가 라이브 촬영이 끝나면 영화 필름을 편집하고 이어 맞추어 서로 다른 시퀀스로 구성하고 일부는 편집실에 남겨두는 것처럼, mRNA가 '잘라이음'될 수 있다는 것이 밝혀졌다. 이어 맞춘 mRNA의 경우 이러한 부분은 단백질로 번역되지 않는다(그림 1-31). 영화에서 결말이 달라지거나 짧은 예고편으로 편집될 수 있는 것처럼 이 '선택적 잘라이음alternative splicing'은 하나의 유전자가 많은 단백질을 생성할 수 있음을 의미한다(그림 1-31). 따라서 부분적으로는 RNA 편집 덕분에 뇌의 진정한 분자적 다양성은 20,000개의 유전자보다 현저하게 더 크다.

RNA 간섭

mRNA와는 다른 형태의, 단백질 합성을 위한 부호화를 하지 않는 대신 직접적인 조절 기능을 하는 RNA가 존재하는 것으로 알려져 있다. 여기에는 리보솜 RNAribosomal RNA, rRNA, 전달 RNAtransfer RNA, tRNA, 작은 핵 RNAsmall nuclear RNA, snRNA와 함께 많은 다른 비부호화 RNA(예: 머리핀 모양을 하고 있어 작은 머리핀 RNAsmall hairpin RNA라고 하며 때로는 마이크로 RNAmicroRNA, miRNA라고도 부름, 간섭 RNAinterference RNA, iRNA, 작은 간섭 RNAsmall interfering RNA, siRNA)가 포함된다. miRNA가 DNA에서 전사되면 단백질로 번역되지 않는다. 대신 머리핀 고리를 형성한 다음 엑스포틴exportin이라는 효소에 의해 세포질로 내보내져 '다이서dicer'라는 효소에 의해 잘게 쪼개진다(그림 1-32). 그런 다음 작은 조각의 iRNA는 RISC라는 단백질 복합체에 결합하고, 이 복합체는 차례로 mRNA에 결합하여 단백질 합성을 억제한다(그림 1-32). 따라서 RNA의 형태는 단백질 합성을 유도할 수도 있고 차단할 수도 있다. 미래의 치료제는 헌팅턴병Huntington's disease과 같은 유전 질환에서 단백질 합성을 억제하기 위해 iRNA를 활용할 수 있을 것이다.

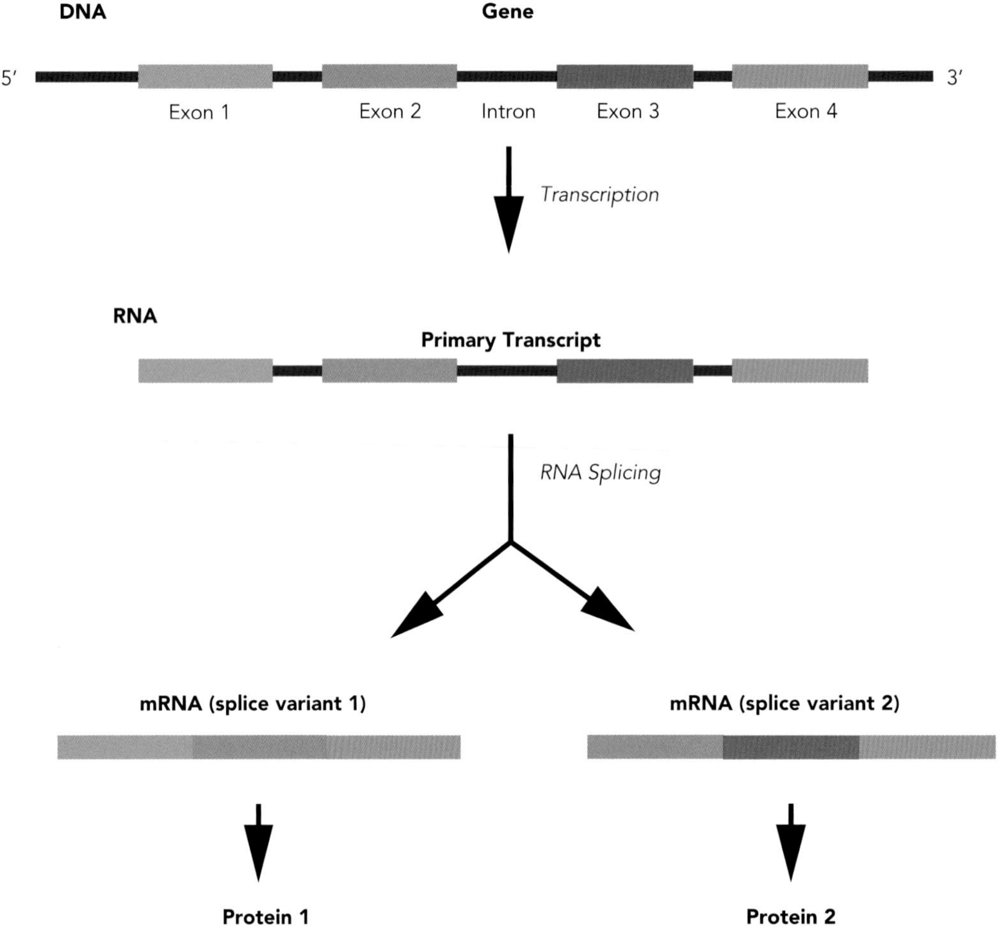

그림 1-31 선택적 잘라이음. DNA가 전령 RNA(mRNA)로 전사될 때 이를 1차 전사체transcript라고 한다. 1차 전사체는 단백질로 번역될 수 있지만, 때때로 중간 단계에서 특정 부분이 재구성되거나 완전히 제거된 채로 mRNA가 잘라이음되는 경우가 있다. 이는 하나의 유전자가 2개 이상의 단백질을 생성할 수 있음을 의미한다.

요약

독자는 이제 화학적 신경전달이 정신약리학의 기초라는 것을 인식해야 한다. 신경전달물질은 매우 다양하며, 모든 뉴런은 시냅스전에서 시냅스후로 고전적 비대칭 신경전달을 통해 다수의 신경전달물질로부터 입력을 받는다. 뇌의 수조 개에 달하는 시냅스에서 일어나는 시냅스전에서 시냅스후로의 신경전달은 화학적 신경전달의 핵심이지만, 일부 신경전달은 시냅스후 뉴런에서 시냅스전 뉴런으로 역행하며, 체적 신경전달과 같은 다른 유형의 신경전달은 시냅스를 전혀 필요로 하지 않는다.

독자는 또한 신경전달물질에 의해 촉발된 복잡한 분자 연쇄반응으로 인해 전달된 메시지가 메시지를 받는 뉴런 내부로 분자 단위로 전달되어 결국에는 전달된 메시지를 수행하기 위해 해당 세포의 생화학적 기계장치를 변화시키는 세련된 과정을 이해할 수 있어야 한다. 따라서 화학적 신경전달의 기능은 시냅스전 신경전달물질이 시냅스후 수용체와 소통하는 것이 아니라 **시냅스전 유전체가 시냅스후 유전체와 대화하는 것이다**(즉 DNA에서 DNA로, 시냅스전 '통제 센터'에서 시냅스후 '통제 센터'로 그리고 반대 방향으로).

화학적 신경전달의 메시지는 세 가지 순차적인 '분자 포니 익스프레스' 경로를 통해 전달된다. (1) 시냅스전 유전체에서 신경전달물질 및 이를 지원하는 효소와 수용체의 합성

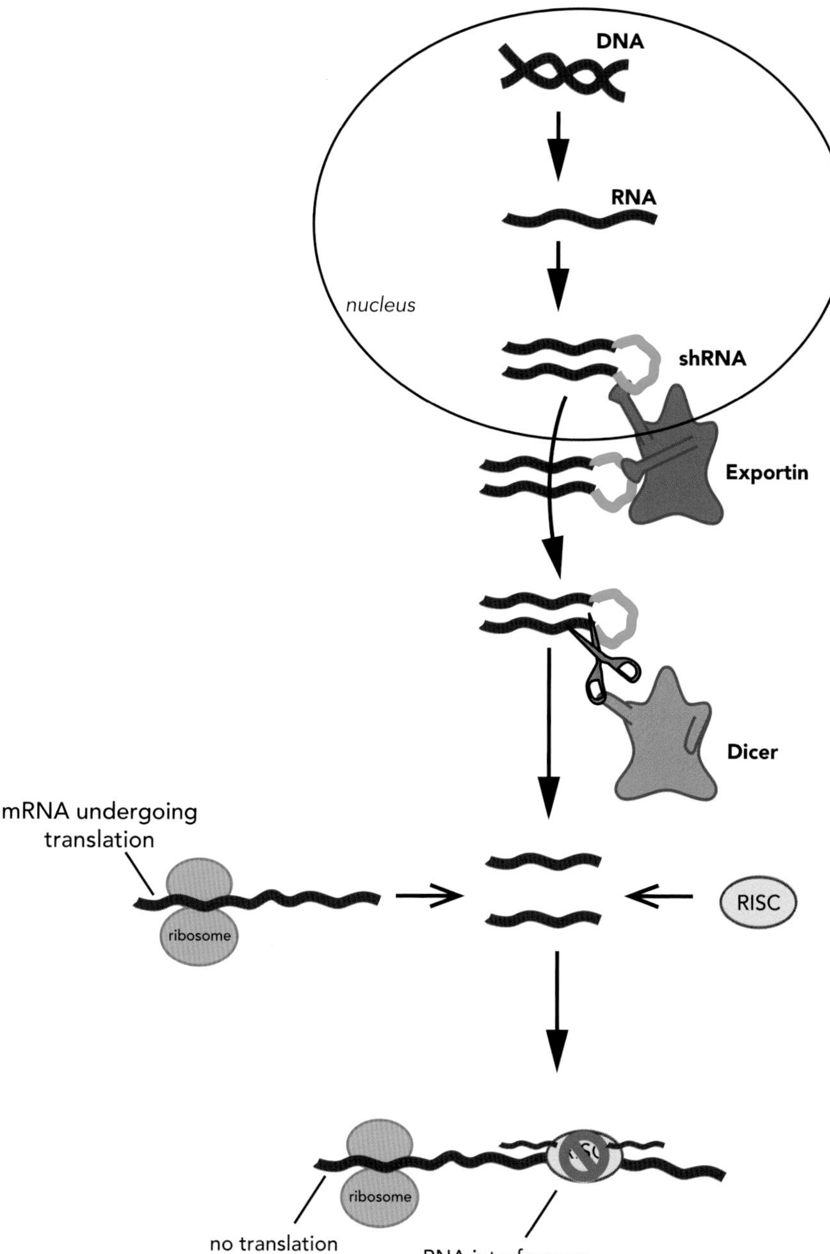

그림 1-32 RNA 간섭. 일부 형태의 RNA는 단백질 합성을 위한 부호화를 하지 않고 대신 조절 기능을 한다. 그림에서 보는 바와 같이 작은 머리핀 RNA(shRNA)는 DNA에서 전사되지만 단백질로 번역되지는 않는다. 대신 머리핀 고리를 형성하고 효소 엑스포틴에 의해 세포질로 내보내진 후 효소 다이서에 의해 잘게 잘린다. 이 작은 조각들은 RISC라는 단백질 복합체에 결합하고, 이 복합체는 다시 mRNA에 결합하여 단백질 합성을 억제한다.

과 포장에 이르는 시냅스전 신경전달물질 합성 경로, (2) 수용체 점유에서 2차 전령을 통해 유전체로 연결되어 시냅스후 유전자를 켜는 시냅스후 경로, (3) 새로 발현된 시냅스후 유전자에서 시작하여 시냅스후 뉴런 전체에 생화학적인 결과의 분자 연쇄반응으로 정보를 전달하는 또 다른 시냅스후 경로가 그 예이다.

이제 신경전달은 신경전달물질이 수용체에 결합하거나 이온의 흐름이 바뀌거나 2차 전령이 생성된다고 해서 끝나는 것이 아니라는 사실을 분명히 알 수 있다. 이러한 사건들은 모두 시냅스전 신경전달물질이 방출된 후 수 밀리초에서 수 초 내에 시작되고 종료된다. 신경전달의 궁극적인 목표는 시냅스후 표적 뉴런의 생화학적 활동을 심오하고 지속적인 방식으로 변경하는 것이다. 시냅스후 DNA는 분자 포니익스프레스 전령이 가지돌기에 위치한 시냅스후 수용체에서 뉴런 내의 인단백질 또는 시냅스후 뉴런의 세포핵에 있는 전사인자 및 유전자로 전달될 때까지 기다려야 하기 때문에, 신경전달이 시냅스후 표적 뉴런의 생화학적 과정에 영향을 미치기 시작하려면 시간이 오래 걸릴 수 있다. 신경전달물질이 수용체를 점유한 후 유전자 발현까지 걸리는 시간은 보통 몇 시간이 걸린다. 게다가 신경전달에 의해 촉발된 마지막 전령(전사인자라고 불림)은 유전자 작용의 맨 처음 시작에 불과하기 때문에, 이 전사인자가 촉발하는 일련의 생화학적 사건들을 통해 유전자 활성화가 완전히 구현되는 데에는 더 오랜 시간이 걸린다. 이러한 생화학적 사건들은 신경전달이 발생한 후 수 시간에서 수일 후에 시작될 수 있으며, 일단 시작되면 며칠 또는 몇 주 동안 지속될 수 있다.

따라서 시냅스전 뉴런으로부터 한 번의 짧은 화학적 신경전달이라도 몇 시간에서 며칠이 걸리는 심오한 시냅스후 반응을 유발할 수 있으며, 이 반응은 며칠에서 몇 주 또는 심지어 평생 지속될 수 있다. 이러한 화학적 신경전달의 전체 과정에서 생각할 수 있는 모든 구성 요소는 약물에 의해 변형될 수 있는 후보물질이다. 대부분의 향정신성 약물은 신경전달물질 자체 또는 그 효소와 특히 수용체 수준에서 화학적 신경전달을 제어하는 과정에 작용한다. 미래의 향정신성 약물은 의심할 여지 없이 생화학적 연쇄반응, 특히 시냅스전/후 유전자의 발현을 조절하는 요소에 직접 작용할 것이다. 또한 정신 및 신경질환은 화학적 신경전달의 이러한 측면에 영향을 미치는 것으로 알려져 있거나 추정되는 질환이다. 뉴런은 학습, 삶의 경험, 유전적 프로그래밍, 후성유전적 변화, 약물, 질병에 반응하여 평생 동안 시냅스 연결을 동적으로 수정하며, 화학적 신경전달은 이러한 모든 중요한 과정을 조절하는 핵심적인 측면이다.

2 정신약리학적 약물 작용의 표적으로서 수송체, 수용체, 효소

향정신성 약물은 다양한 작용기전을 가지고 있지만, 모두 신경전달에 중대한 영향을 미치는 특정 분자 부위를 표적으로 삼는다. 따라서 향정신성 약물의 작용 원리를 파악하려면 신경전달의 해부학적 구조와 화학적 기질을 이해해야 한다(제1장). 오늘날 임상에서 사용되는 필수 향정신성 약물은 100가지가 넘지만(스탈의 필수 정신약리학: 처방자 지침서*Stahl's Essential Psychopharmacology: the Prescriber's Guide* 참조), 이러한 모든 치료제의 작용 부위는 몇 가지에 불과하다(그림 2-1). 구체적으로 향정신성 약물의 약 1/3은 신경전달물질의 수송체 중 하나를 표적으로 하고, 또 다른 1/3은 G단백질에 결합된 수용체를 표적으로 하며, 효소를 표적으로 하는 약물은 10%에 불과하다. 이 장에서는 이 세 가지 작용 부위에 대해 모두 설명할 것이다. 나머지 향정신성 약물은 다양한 유형의 이온통로를 표적으로 하며, 이에 대해서는 제3장에서 설명할 것이다. 따라서 몇 가지 분자 부위가 신경전달을 조절하는 방법을 숙달하면 정신약리학자는 거의 모든 정신약리학적 치료제의 작용기전에 대한 이론을 이해할 수 있다.

실제로 이러한 분자 표적은 현재 향정신성 약물이 명명되는 방식의 기초를 형성한다. 즉 향정신성 약물의 이름을 치료적 적응증(예: 항우울제, 항정신병 약물 등)이 아닌 약리적 작용기전(예: 세로토닌 수송 억제제, 도파민 D_2 길항제, 세로토닌 $5HT_{2A}$ 길항제)에 따라 명명하려는 현대적 움직임이 일어나고 있는 중이다. 많은 약물이 원래 용도를 훨씬 넘어서는 적응증(예: 우울증에 사용되는 항정신병 약물)에 사용되기 때문에, 치료 적응증에 대한 약물 명명은 끝없는 혼란을 초래했다. 따라서 이 책에서는 가능한 한 치료 적응증이 아닌 작용기전에 기반한 새로운 약물 명명법(신경과학기반 명명법neuroscience-based nomenclature)을 사용할 것이다. 이 장과 다음 장에서는 향정신성 약물이 표적으로 삼는 알려진 모든 기전에 대해 설명하며, 이는 약물 명칭의 기초를 형성한다.

마지막으로 향정신성 약물의 많은 표적에 대해 알려진 유전적 변이가 있기 때문에, 이러한 유전적 변이가 해당 표적에 작용하는 약물에 대해 환자가 좋은 임상 반응을 보이거나 부작용을 일으킬 확률을 어느 정도 증가 또는 감소시킬 수 있는지 알아내려는 노력이 계속되고 있다. 이러한 과정을 약물유전체학pharmacogenomics이라고 부른다. 향정신성 약물 표적의 유전적 변이를 임상적으로 적용하기 위한 과학적 기반은 여전히 발전하고 있지만, 이 책 전체에서 특정 표적을 설명할 때에는 현재의 통찰을 간략하게 언급할 것이다.

약물 작용의 표적으로서 신경전달물질 수송체

분류 및 구조

신경세포막은 일반적으로 외부 분자의 침입과 내부 분자의 누출을 막는 장벽 역할을 함으로써 뉴런의 내부 환경을 일정하게 유지하는 역할을 한다. 그러나 세포 기능의 필요에 따라 특정 분자의 흡수뿐만 아니라 배출도 허용하려면 세포막의 선택적 투과성이 필요하다. 신경전달 중에 뉴런에서 방출되는 신경전달물질이 좋은 예이며, 많은 경우 방출 후 재포획 기전을 통해 시냅스전 뉴런으로 다시 운반되기도 한다. 이러한 재포획 또는 재흡수는 신경전달물질이 후속 신경전달에 재사용될 수 있도록 하기 위해 이루어진다. 또한 뉴런 내부로 들어간 대부분의 신경전달물질은 다시 운반되어 시냅스 소포에 저장되고, 대사metabolism로부터 보호되며, 향후 신경전달 때 즉각적으로 사용될 수 있다.

두 가지 유형의 신경전달물질 수송(시냅스전 재흡수와 소포 저장)은 모두 12개 막경유 영역 단백질로 구성된 '슈퍼패밀리'에 속하는 분자 수송체를 활용한다(그림 2-1A 및 2-2). 즉 신경전달물질 수송체는 세포막을 12번 드나드는 구조라는 공통점이 있다(그림 2-1A). 이러한 수송체는 막을 가로질러 신경전달물질을 운반하기 전에 신경전달물질과 결합하는 수용체의 일종이다.

최근 신경전달물질 수송체의 구조에 대한 세부사항이 밝혀지면서 신경전달물질 수송체의 하위 분류가 제안되었다. 즉 신경전달물질의 원형질막 수송체에는 크게 두 가지 하위 분류가 있다(표 2-1 및 2-2). 이러한 수송체 중 일부는 시냅스전에 있고 다른 일부는 신경교세포막에 있다. 첫 번째 하위 분류는 용질 운반체 SLC6 유전자군solute carrier SLC6 gene family으로 불리는 나트륨/염화물 결합 수송체sodium/chloride-coupled transporter로 구성되며, 모노아민

The Five Molecular Targets of Psychotropic Drugs

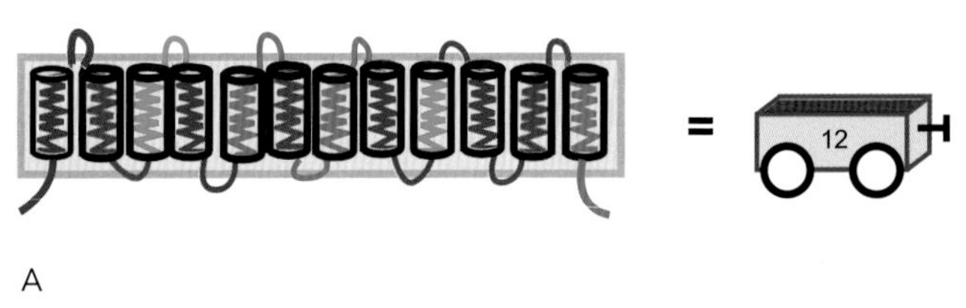

A

12 transmembrane region transporter ~ 30% of psychotropic drugs

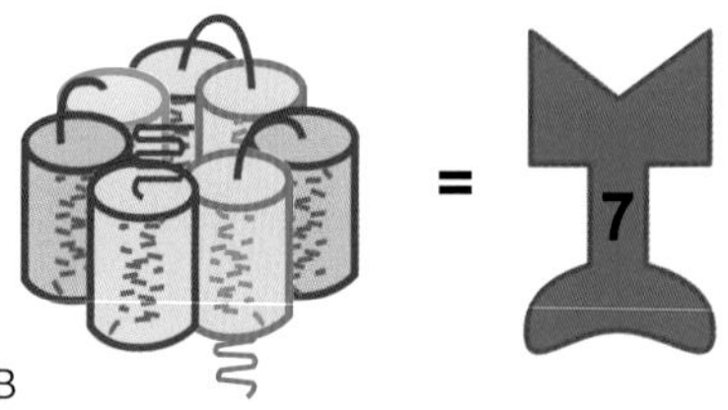

B

7 transmembrane region G-protein linked ~ 30% of psychotropic drugs

C

Enzyme ~ 10% of psychotropic drugs

D

4 transmembrane region ligand-gated ion channel ~ 20% of psychotropic drugs

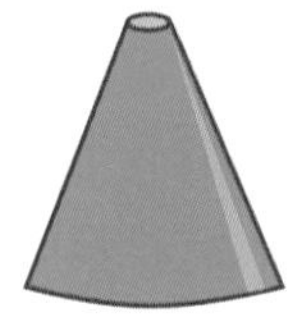

E

6 transmembrane region voltage-gated ion channel ~ 10% of psychotropic drugs

그림 2-1 향정신성 약물의 분자 표적. 임상진료에서 사용되는 광범위한 향정신성 약물의 주요 작용 부위는 몇 가지에 불과하다. 향정신성 약물의 약 1/3은 신경전달물질의 12개 막경유 영역 수송체 중 하나를 표적으로 하고(A), 다른 1/3은 G단백질에 연결된 7개 막경유 영역 수용체를 표적으로 한다(B). 나머지 1/3의 향정신성 약물의 작용 부위에는 효소(C), 4개 막경유 영역 리간드작동 이온통로(D), 6개 막경유 영역 전압작동 이온통로(E)가 있다.

표 2-1 시냅스전 모노아민 수송체

수송체	공통 약어	유전자군	내인성 기질	거짓 기질
Serotonin transporter	SERT	SLC6	Serotonin	Ecstasy (MDMA)
Norepinephrine transporter	NET	SLC6	Norepinephrine	Dopamine Epinephrine Amphetamine
Dopamine transporter	DAT	SLC6	Dopamine	Norepinephrine Epinephrine Amphetamine

MDMA = 3.4-methylenedioxymethamphetamine

표 2-2 뉴런 및 신경교세포 GABA 및 아미노산 수송체

수송체	공통 약어	유전자군	내인성 기질
GABA transporter 1 (neuronal and glial)	GAT1	SLC6	GABA
GABA transporter 2 (neuronal and glial)	GAT2	SLC6	GABA beta-alanine
GABA transporter 3 (mostly glial)	GAT3	SLC6	GABA beta-alanine
GABA transporter 4 also called betaine transporter (neuronal and glial)	GAT4 BGT1	SLC6	GABA betaine
Glycine transporter 1 (mostly glial)	GlyT1	SLC6	Glycine
Glycine tranporter 2 (neuronal)	GlyT2	SLC6	Glycine
Excitatory amino acid transporters 1–5	EAAT1–5	SLC1	L-glutamate L-aspartate

인 세로토닌serotonin, 노르에피네프린norepinephrine, 도파민dopamine 수송체(표 2-1 및 그림 2-2A)와 신경전달물질 감마아미노뷰티르산γ-aminobutyric acid, GABA 및 아미노산 글라이신glycine 수송체(표 2-2 및 그림 2-2A)를 포함한다. 두 번째 하위 분류는 고친화성 글루타메이트 수송체high-affinity glutamate transporter로 구성되며, 용질 운반체 SLC1 유전자군이라고도 한다(표 2-2 및 그림 2-2A).

또한 신경전달물질의 **세포내 시냅스 소포 수송체**에는 세 가지 하위 분류가 있는데, 1) 세로토닌 · 노르에피네프린 · 도파민 · 히스타민을 위한 소포 모노아민 수송체vesicular monoamine transporter, VMAT와 소포 아세틸콜린 수송체vesicular acetylcholine transporter, VAChT로 구성된 SLC18 유전자군, 2) SLC32 유전자군과 소포 억제 아미노산 수송체vesi-cular inhibitory amino acid transporter, VIAAT, 3) SLC17 유전자군과 vGluT1-3 같은 소포 글루타메이트 수송체vesicular glutamate transporter로 분류된다(표 2-3 및 그림 2-2B).

향정신성 약물의 표적으로서 모노아민 수송체 (SLC6 유전자군)

모노아민의 재흡수 기전은 각기 다른 모노아민 뉴런에서 고유한 시냅스전 수송체(그림 2-2A)를 이용하지만, 3개의 모노아민 뉴런과 히스타민 뉴런 모두의 시냅스 소포막에는 동일한 소포 수송체(그림 2-2B)가 존재한다. 즉 모노아민 세로토닌에 대한 고유한 시냅스전 수송체는 SERT (serotonin transporter), 노르에피네프린에 대한 고유한 시냅스전 수송체는 NET(norepinephrine transporter), 도파민에 대한 고유한 시냅스전 수송체는 DAT(dopamine transporter)로 알려져 있다(표 2-1 및 그림 2-2A). 이 세 가지 모노아민은 모두 소포 모노아민 수송체 2vesicular monoamine transporter 2, VMAT2로 알려진 동일한 소포 수송체에 의해 각 뉴런의 시냅스 소포 내로 수송된다(그림 2-

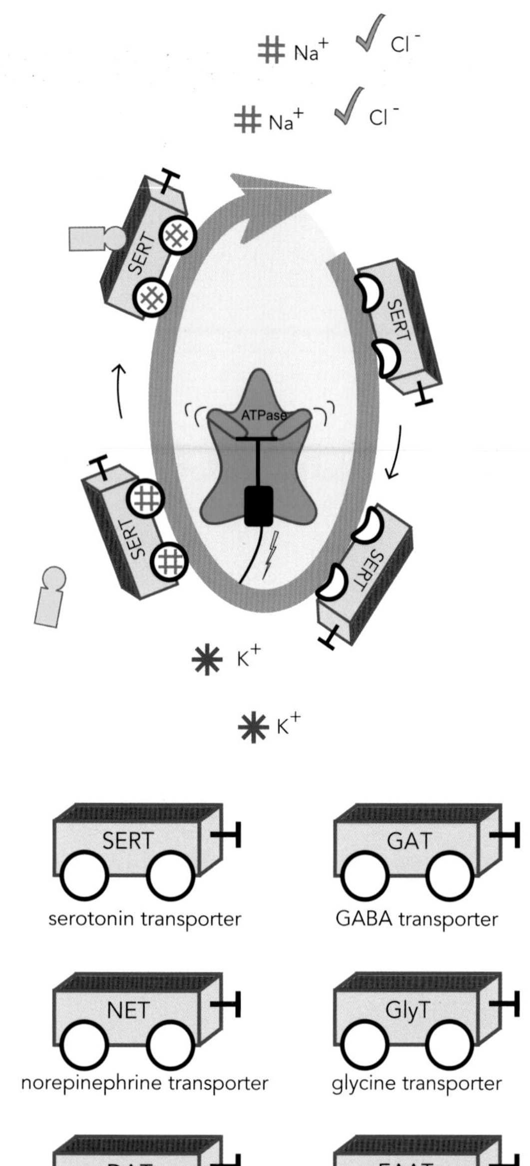

그림 2-2A **나트륨-칼륨 ATP분해효소.** 많은 신경전달물질이 시냅스전 뉴런으로 이동하는 것은 수동적이지 않고 오히려 에너지가 필요하다. 이 에너지는 나트륨 펌프라고도 불리는 효소인 나트륨-칼륨 ATP분해효소에 의해 공급된다. 나트륨-칼륨 ATP분해효소는 나트륨을 뉴런 밖으로 지속적으로 퍼내어 내리막 경사를 만든다. 나트륨의 '내리막' 수송은 신경전달물질의 '오르막' 수송과 결합되어 있다. 많은 경우 염화물의 공동수송과 칼륨의 역수송이 수반되기도 한다. 신경전달물질 수송체의 예로는 세로토닌 수송체(SERT), 노르에피네프린 수송체(NET), 도파민 수송체(DAT), GABA 수송체(GAT), 글라이신 수송체(GlyT), 흥분성 아미노산 수송체(EAAT) 등이 있다.

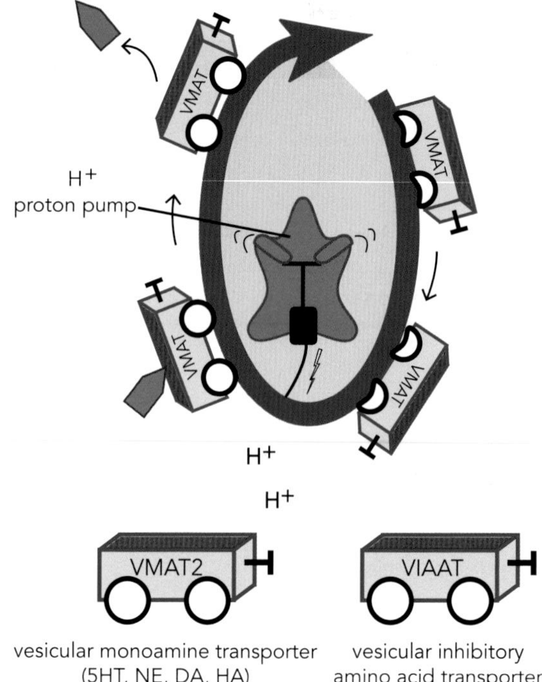

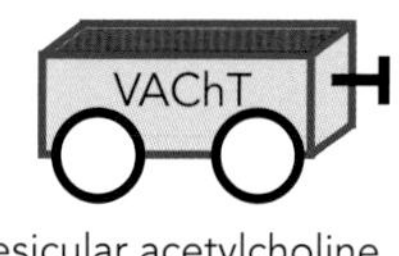

그림 2-2B **소포 수송체.** 소포 수송체는 양성자 ATP분해효소 또는 양성자 펌프를 사용하여 신경전달물질을 시냅스 소포에 포장한다. 양성자 펌프는 에너지를 사용하여 양전하를 띤 양성자를 시냅스 소포 밖으로 지속적으로 퍼낸다. 그러면 시냅스 소포 내부의 전하를 일정하게 유지하면서 신경전달물질을 시냅스 소포 안으로 운반할 수 있다. 소포 수송체의 예로는 세로토닌(5HT) · 노르에피네프린(NE) · 도파민(DA) · 히스타민(HA)을 수송하는 소포 모노아민 수송체(VMAT2), 아세틸콜린을 운반하는 소포 아세틸콜린 수송체(VAChT), GABA를 운반하는 소포 억제성 아미노산 수송체(VIAAT), 글루타메이트를 운반하는 소포 글루타메이트 수송체(VGluT)가 있다.

2B 및 표 2-3).

이 세 가지 신경전달물질의 시냅스전 수송체 SERT, NET, DAT는 아미노산 서열과 모노아민에 대한 결합 친화력이 독특하지만, 각 시냅스전 모노아민 수송체는 자신의 뉴런과 일치하는 아민 이외의 아민에 대해서도 상당한 친화력을 가지고 있다(표 2-1). 따라서 다른 수송 가능한 신경전달물질이나 약물이 특정 모노아민 수송체 근처에 있는 경우, 이들은 뉴런으로 운반할 수 있는 특정 수송체에 편승하

표 2-3 소포 신경전달물질 수송체

수송체	공통 약어	유전자군	내인성 기질
Vesicular monoamine transporters 1 and 2	VMAT1 VMAT2	SLC18	Serotonin Dopamine Histamine Norepinephrine
Vesicular acetylcholine transporter	VAChT	SLC18	Acetylcholine
Vesicular inhibitory amino acid transporter	VIAAT	SLC32	GABA
Vesicular glutamate transporters 1–3	vGluT1–3	SLC17	Glutamate

여 시냅스전 뉴런으로 운반될 수도 있다.

예를 들어 노르에피네프린 수송체 NET는 노르에피네프린뿐만 아니라 도파민 수송에도 친화력이 높고, 도파민 수송체 DAT는 도파민뿐만 아니라 암페타민 수송에도 친화력이 높으며, 세로토닌 수송체 SERT는 세로토닌뿐만 아니라 '엑스터시Ecstasy'(남용 약물 3,4-메틸렌디옥시메스암페타민3,4-methylenedioxymethamphetamine, MDMA)의 수송에도 높은 친화력을 가지고 있다(표 2-1).

신경전달물질은 어떻게 운반되는가? 모노아민을 시냅스전 뉴런으로 모으려면 에너지가 필요하기 때문에, 모노아민은 시냅스전 뉴런으로 수동적으로 이동하지 않는다. 이 에너지는 나트륨의 '내리막' 수송(농도 경사를 내린다)과 모노아민의 '오르막' 수송(농도 경사를 올린다)을 결합하는 SLC6 유전자군의 수송체에 의해 공급된다(그림 2-2A). 따라서 모노아민 수송체는 실제로 나트륨 의존성 공동수송체이며, 대부분의 경우에 염화물chloride의 추가 공동수송과 일부 경우에 칼륨potassium의 역수송을 수반한다. 이 모든 것은 나트륨을 뉴런에서 지속적으로 퍼내어 나트륨의 내리막 경사를 만드는 '나트륨 펌프sodium pump'라고도 하는 효소인 나트륨-칼륨 ATP분해효소sodium-potassium adenosine triphosphatase의 활성에 모노아민 수송을 결합함으로써 가능하다(그림 2-2A).

최근 SLC6군의 모노아민 신경전달물질 수송체의 구조는 모노아민뿐만 아니라 2개의 나트륨 이온에 대한 결합 부위도 가지고 있는 것으로 제안되었다(그림 2-2A). 또한 이들 수송체는 이합체dimer 또는 서로 협력하는 2개의 복사본copy으로 존재할 수 있지만, 이들이 협력하는 방식은 아직 잘 알려져 있지 않아 그림에 나타내지는 않았다. 이 수송체에는 단극성 우울증unipolar depression 치료에 사용되는 많은 선택적 세로토닌 재흡수 억제제selective serotonin reuptake inhibitor, SSRI 및 기타 관련 약제와 같은 여러 약물에 대해 잘 정의되지 않은 다른 결합 부위가 있다. 이러한 약물이 수송체에 결합하면 모노아민의 재흡수를 억제한다. 이러한 약물은 기질 부위(모노아민 자체가 수송체에 결합하는 부위)에 결합하지 않고 뉴런으로 운반되지 않으므로 알로스테릭allosteric(즉 '다른 부위')이라고 한다.

나트륨이 없는 경우 모노아민 수송체는 모노아민 기질에 대한 친화도가 낮으며, 이 경우 나트륨이나 모노아민 모두 결합하지 않는다. 그 예를 그림 2-2A에서 세로토닌 수송체 SERT로 나타냈는데, 나트륨의 결합이 없음을 수송체 '사륜차'에 공기가 빠진 타이어로 묘사하였고, 수송체는 나트륨이 없을 때 세로토닌에 대한 친화력이 낮기 때문에 기질 결합 부위에 세로토닌이 결합하지 않는다. 이 수송체를 억제하는 약물의 알로스테릭 부위도 비어 있다(그림 2-2A의 앞쪽 좌석). 그러나 나트륨 이온이 있는 그림 2-2A에서는 나트륨 결합에 의해 타이어가 '팽창'되어 세로토닌이 SERT의 기질 부위에도 결합할 수 있다. 이제 세로토닌이 세로토닌 뉴런으로 다시 수송되고, 나트륨과 염화물이 경사를 내려가 뉴런으로 공동수송되고, 칼륨이 뉴런 밖으로 역수송될 수 있는 상황이 준비되었다(그림 2-2A). 만약 약물이 억제성 알로스테릭 부위, 즉 그림 2-2A의 SERT 수송체 사륜차의 앞쪽 좌석에 결합하면[예: 선택적 세로토닌 재흡수 억제제 플루옥세틴fluoxetine(프로작Prozac)과 같은 약물] 세로토닌 수송체 SERT의 기질 세로토닌에 대한 친화도가 감소하고 세로토닌 결합이 방지된다.

이것이 왜 중요할까? 시냅스전 모노아민 수송체를 차단하면 해당 신경전달물질을 사용하는 모든 시냅스에서 신경전달에 큰 영향을 미친다. 그림 2-2A에서 시냅스전 신경전달물질 수송체에 의한 신경전달물질의 정상적인 재포획은 시냅스에 이 신경전달물질이 축적되는 것을 방지한다. 일반적으로 시냅스전 뉴런에서 방출된 신경전달물질은 시냅스 수용체에서 잠시 춤을 추고, 모노아민이 수송체를 타고 시냅스전 뉴런으로 다시 올라오기 때문에 파티는 곧 끝난다(그림 2-2A). 이러한 신경전달물질의 정상적인 시냅스 활동을 강화하거나 감소된 시냅스 활동을 회복하려면, 그림 2-2A에서와 같이 이러한 수송체를 차단하면 된다. 이것은 그다지 극적인 일이 아닌 것처럼 보일 수 있지만, 사실 이러한 화학적 신경전달의 변화, 즉 시냅스 모노아민 작용의 강화는 주의력결핍 과잉행동장애attention deficit hyperactivity disorder, ADHD를 치료하는 대부분의 약물을 포함하여 모노아민 수송체를 차단하는 모든 약물의 임상 효과의 근간이 되는 것으로 생각된다. 메틸페니데이트methylphenidate, 암페타민amphetamine과 같은 ADHD 치료용 '자극제stimulant'와 남용 약물인 코카인cocaine은 모두 DAT와 NET에 작용한다. 또한 단극성 우울증을 치료하는 대부분의 약물은 SERT, NET, DAT 또는 이러한 수송체의 일부 조합에 작용한다. 그러나 이러한 약물을 단순히 '항우울제antidepressant'라고 부르는 것은 잘못된 명칭인데, 모든 형태의 우울증에 대한 1차 치료제가 아니며, 단극성 우울증 외에도 매우 많은 다른 적응증에 사용되기 때문이다. 특히 모노아민 수송체를 차단하는 많은 약물은 단극성 우울증 치료에만 효과가 있는 것이 아니다. 이들은 범불안장애generalized anxiety disorder에서부터 사회불안장애social anxiety disorder와 공황장애panic disorder에 이르기까지 다양한 형태의 불안을 치료하기 위해 사용되고, 섬유근육통fibromyalgia, 대상포진후 신경통postherpetic neuralgia, 당뇨병 말초 신경병성 통증diabetic peripheral neuropathic pain 및 기타 통증 질환의 신경병성 통증을 감소시키기 위해 사용되며, 섭식장애eating disorder, 충동강박장애impulsive-compulsive disorder, 강박장애obsessive-compulsive disorder, 외상후 스트레스장애posttraumatic stress disorder와 같은 외상 및 스트레스 관련 장애의 개선에도 사용된다. 추가적인 치료작용도 있다. 또한 일부 형태의 우울증, 특히 양극성 우울증bipolar depression과 혼재성 양상이 동반된 우울증depression with mixed features은 모노아민 수송체를 차단하는 약물로 1차 치료가 되지 않는다. 모노아민 수송체를 차단하는 약물을 더 이상 단순히 '항우울제'라고 부르지 않는 것은 당연하다!

모노아민 수송체 억제제가 치료하는 질환의 높은 유병률을 감안하면, 이러한 약물이 가장 자주 처방되는 향정신성 약물 중 하나라는 것은 놀라운 일이 아닐 수 있다. 실제로 미국에서만 매일 매시간 매분 매초마다 모노아민 수송 억제제가 처방되고 있다는 추산도 있다(연간 수백만 건의 처방이 이루어지고 있다)! 또한 현재 처방되는 100여 가지 필수 향정신성 약물 중 약 1/3이 세 가지 모노아민 수송체 중 하나 이상을 표적으로 삼아 작용한다. 따라서 모노아민 수송체와 다양한 약물이 이 수송체에 어떻게 작용하는지를 이해하는 것이 정신약리학에서 중요한 약물 중 한 종류의 작용원리를 파악하는 데 왜 그렇게 중요한지 알 수 있을 것이다.

향정신성 약물의 표적으로서 기타 신경전달물질 수송체 (SLC6 및 SLC1 유전자군)

위에서 자세히 설명한 세 가지 모노아민 수송체 외에도 다양한 신경전달물질 또는 그 전구체에 대한 수송체가 몇 가지 더 있다. 여기에는 10여 개의 추가 수송체가 포함되지만, 임상적으로 사용되는 향정신성 약물 중 이러한 수송체에 결합하는 것으로 알려진 약물은 단 하나뿐이다. 따라서 신경전달물질 아세틸콜린의 전구체인 콜린에 대한 시냅스전 수송체는 존재하지만, 이 수송체를 표적으로 하는 약물은 알려져 있지 않다. 또한 도처에 존재하는 억제성 신경전달물질인 GABA를 위한 GAT1-4로 알려진 여러 수송체도 있다(표 2-2). 이러한 아형이 시냅스전 뉴런, 인접 신경교세포, 시냅스후 뉴런에 정확히 국소화되는지에 대한 논쟁이 계속되고 있지만, GABA의 주요 시냅스전 수송체는 항경련제 티아가빈tiagabine에 의해 선택적으로 차단되어 시냅스 GABA 농도를 증가시키는 GAT1 수송체라는 것은 분명하다. 이러한 시냅스 GABA의 증가는 항경련 작용 외에도 불안, 수면장애, 통증에 대한 치료작용을 할 수 있다. 이 수송체의 다른 억제제는 임상용으로 사용할 수 없다.

마지막으로 글라이신과 글루타메이트라는 두 가지 아미노산 신경전달물질에 대한 수송체는 여러 가지가 있다(표 2-2). 조현병 및 기타 질환을 치료하기 위한 새로운 약물이 임상시험 중이지만, 글라이신 수송체를 차단하는 것으로 알려진 약물은 아직 임상진료에서 사용되지 않고 있다. 글라이신 수송체는 콜린 및 GABA 수송체와 함께 모두 모노아민 수송체와 같은 계열인 SLC6 유전자군의 구성원이며, 구조가 유사하다(그림 2-2A 및 표 2-1, 2-2). 반면 글루타메이트 수송체는 SLC1이라는 독특한 군에 속하며, SLC6군의 수송체와 비교하여 다소 독특한 구조와 다소 다른 기능을 가지고 있다(표 2-2).

특히 흥분성 아미노산 수송체 1-5excitatory amino acid transporter, EAAT1-5(표 2-2)로 알려진 글루타메이트 수송체는 여러 가지가 있다. 시냅스전 뉴런, 시냅스후 뉴런, 신경교세포에 대한 이러한 다양한 수송체의 정확한 국소화는 아직 연구 중이지만, 글루타메이트가 신경교세포로 흡수되는 것은 글루타메이트가 방출된 후 재사용을 위해 재포획하는 핵심 시스템으로 잘 알려져 있다. 글루타메이트가 신경교세포로 운반되면 글루타메이트가 글루타민glutamine으로 전환되고, 글루타민은 시냅스전 뉴런으로 들어가 다시 글루타메이트로 재전환된다. 임상진료에서 사용되는 약물 중 글루타메이트 수송체를 차단하는 약물로 알려진 것은 없다.

SLC6 유전자군에 의한 신경전달물질 수송과 SLC1 유전자군에 의한 글루타메이트 수송의 한 가지 차이점은 글루타메이트가 나트륨과 공동수송할 때 염화물을 공동수송하지 않는 것으로 보인다는 점이다. 또한 글루타메이트 수송은 거의 항상 칼륨의 역수송을 특징으로 하는 반면, SLC6 유전자군 수송체는 항상 그렇지는 않다. 글루타메이트 수송체는 SLC6 수송체처럼 이합체dimer가 아닌 삼합체trimer로 함께 작용할 수 있다. 이러한 차이의 기능적 중요성은 아직 모호하지만, 글루타메이트 수송체를 표적으로 하는 임상적으로 유용한 정신약리학적 치료제가 발견되면 더 분명해질 수 있다. 글루타메이트 신경전달을 강화하기보다는 감소시키는 것이 더 바람직할 수 있기 때문에, 치료 표적으로서 글루타메이트 수송체의 향후 유용성 또한 불분명하다.

히스타민과 신경펩타이드 수송체는 어디에 있는가

모든 신경전달물질이 재흡수 수송체에 의해 조절되는 것이 아니라는 점은 흥미로운 관찰이다. 중추 신경전달물질인 히스타민은 시냅스전 수송체가 없는 것으로 보인다(모노아민이 사용하는 것과 동일한 수송체인 VMAT2에 의해 시냅스 소포 안으로 수송되기는 하지만, 그림 2-2B 참조). 따라서 히스타민의 비활성화는 전적으로 효소에 의한 것으로 생각된다. 재흡수 펌프와 시냅스전 수송체가 발견되지 않았기 때문에 신경펩타이드도 마찬가지일 수 있으며, 따라서 이러한 종류의 신경전달물질에 대한 수송체는 없는 것으로 생각된다. 신경펩타이드의 비활성화는 확산, 격리, 효소 파괴에 의한 것이고, 시냅스전 수송에 의한 것은 아닌 것으로 보인다. 향후 이러한 신경전달물질 중 일부에 대한 수송체가 발견될 가능성은 항상 존재하지만, 현재로서는 히스타민이나 신경펩타이드에 대한 시냅스전 수송체는 알려져 있지 않다.

소포 수송체: 아형 및 기능

모노아민을 위한 소포 수송체(VMAT)는 SLC18 유전자군의 일원이며, 위에서 이미 논의한 바 있다. 이는 그림 2-2B

에 표시되어 있고 표 2-3에 나열되어 있다. 아세틸콜린의 소포 수송체(역시 SLC18 유전자군의 일원이지만, VAChT로 알려져 있음)는 그림 2-2B에 나와 있고 표 2-3에 나열되어 있다. GABA 소포 수송체는 SLC32 유전자군에 속하며, VIAAT(소포 억제 아미노산 수송체, 그림 2-2B 및 표 2-3에 표시됨)라고 불린다. 마지막으로 글루타메이트에 대한 소포 수송체인 vGluT1-3(소포 글루타메이트 수송체 1, 2, 3)은 SLC17 유전자군에 속하며, 그림 2-2B에 표시되어 있고 표 2-3에 나열되어 있다. 시냅스 소포막 내에 있고, 기전이 불확실하고, 기질이 불분명한 새로운 12개 막경유 영역 시냅스 소포 수송체는 SV2A 수송체라고 불리며, 항경련제 레베티라세탐levetiracetam과 결합하여 신경전달물질 방출을 방해하여 발작seizure을 감소시키는 것으로 추정된다.

신경전달물질은 어떻게 시냅스 소포 안으로 들어갈까? 소포 수송체의 경우, 신경전달물질의 저장은 에너지를 사용하여 양전하를 띤 양성자를 시냅스 소포 밖으로 지속적으로 퍼내는 '양성자 펌프proton pump'로 알려진 양성자 ATP분해효소proton ATPase에 의해 촉진된다(그림 2-2B). 그런 다음 신경전달물질은 퍼내는 양성자의 양전하를 소포 내부의 자체 양전하로 대체하여 경사에 따라 농축될 수 있다. 따라서 신경전달물질은 수송되기보다는 '역수송'(즉 양성자가 밖으로 능동 수송되는 동안 안으로 들어가 소포 내부의 전하를 일정하게 유지하는 방식)된다. 이 개념은 양성자와 교환하여 도파민을 운반하는 VMAT에서 볼 수 있으며 그림 2-2B에 나와 있다. 시냅스전 막의 모노아민 수송체가 나트륨 및 염화물과 함께 모노아민을 공동수송하지만, 양성자 펌프가 아닌 나트륨-칼륨 ATP분해효소(나트륨 펌프)의 도움을 받는 그림 2-2A와 대비된다.

향정신성 약물의 표적으로서 소포 수송체(SLC18 유전자군)

아세틸콜린(SLC18 유전자군), GABA(SLC32 유전자군), 글루타메이트(SLC17 유전자군)의 소포 수송체는 인간이 사용하는 어떤 약물도 표적으로 삼는 것으로 알려져 있지 않다. 그러나 SLC18 유전자군의 모노아민에 대한 소포 수송체(VMAT)는 특히 도파민 뉴런에서 암페타민(수송 기질로서)과 테트라베나진tetrabenazine 및 그 유도체인 듀테트라베나진deutetrabenazine과 발베나진valbenazine(억제제로서, 제5장 참조)을 포함한 여러 약물의 표적이 된다. 따라서 암페타민은 위에서 설명한 모노아민 수송체와 여기에서 설명한 VMAT의 두 가지 표적을 가지고 있다. 반면 메틸페니데이트와 같은 다른 ADHD 치료제와 소위 '자극제'로 불리는 남용 약물 코카인은 모노아민 수송체만을 표적으로 하며, 세로토닌 수송체에서 SSRI에 대해 설명한 것과 거의 동일한 방식으로 작용한다.

G단백질연결 수용체

구조와 기능

향정신성 약물의 또 다른 주요 표적은 G단백질과 연결된 수용체 분류이다. 이러한 수용체는 모두 7개의 막경유 영역 구조로 되어 있어 막을 7번 가로지르는 구조이다(그림 2-1). 각 막경유 영역은 신경전달물질의 결합 부위를 포함하는 중앙 중심부 주위에 모여 있다. 약물은 신경전달물질 결합 부위 또는 수용체의 다른 부위(알로스테릭 부위)에서 상호작용할 수 있다. 이는 수용체에서 정상적으로 발생하는 신경전달물질의 기능을 부분적으로 또는 전체적으로 모방하거나 차단하여 수용체 작용의 광범위한 변화를 초래할 수 있다. 따라서 G단백질연결 수용체에서의 약물 작용은 어떤 인단백질이 활성화 또는 비활성화되는지, 이어서 어떤 효소, 수용체, 이온통로가 신경전달에 의해 수정되는지를 결정하는 후속 분자 반응을 변화시킬 수 있다. G단백질연결 수용체에서의 약물 작용은 또한 후속 유전자의 발현 또는 침묵 여부를 결정하여 시냅스 형성부터 수용체 및 효소 합성, G단백질연결 수용체를 가진 뉴런에 의해 신경지배받는 후속 뉴런과의 소통에 이르기까지 어떤 단백질이 합성되고 어떤 신경 기능이 증폭되는지 결정할 수 있다.

G단백질연결 수용체의 신경전달에 대한 이러한 작용은 신호전달 및 화학적 신경전달에 관한 제1장에 자세히 설명되어 있다. G단백질연결 수용체에 작용하는 약물이 이러한

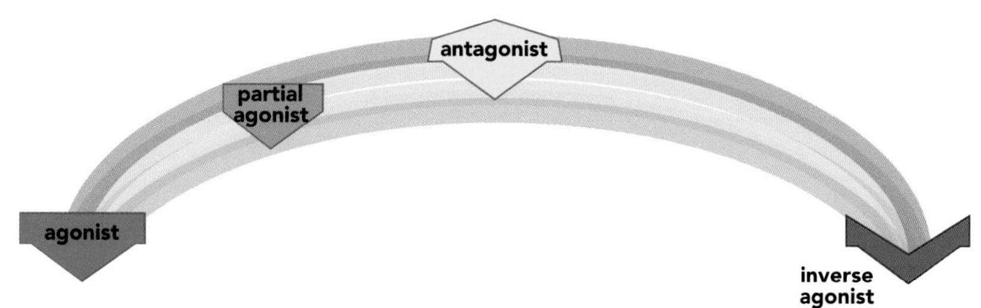

그림 2-3 **작용제 스펙트럼.** 여기에는 작용제 스펙트럼이 나와 있다. 자연적으로 생성되는 신경전달물질은 수용체를 자극하므로 작용제이다. 일부 약물도 수용체를 자극하므로 작용제 역할을 한다. 약물이 천연 신경전달물질보다 수용체를 덜 자극할 수 있는데, 이를 부분작용제 또는 안정제라고 한다. 길항제는 작용제의 작용을 차단하기 때문에 작용제와 반대라고 생각하는 것이 일반적인 오해이다. 그러나 길항제는 작용제의 작용을 막기는 하지만, 작용제가 없을 때에는 자체적으로 아무런 활성이 없다. 이러한 이유로 길항제는 때때로 '침묵'이라고 불린다. 반면에 역작용제는 작용제와 반대되는 작용을 한다. 즉 작용제를 차단할 뿐만 아니라 작용제가 없을 때 활성을 기준선 수준 이하로 감소시킬 수 있다. 따라서 작용제 스펙트럼은 완전작용제에서 부분작용제, '침묵' 길항제, 마지막으로 역작용제에 이른다.

수용체에서 발생하는 신호전달을 어떻게 조절하는지를 이해하려면 제1장에서 설명한 대로 특정 신경전달물질의 신호전달에서 G단백질연결 수용체의 기능과 그 역할에 대해 잘 알고 있어야 한다. 약물에 의한 G단백질연결 수용체의 신호전달 변화는 정신적 증상에 중대한 영향을 미칠 수 있기 때문에 이를 이해하는 것이 중요하다. 실제로 임상진료에서 사용되는 향정신성 약물의 가장 일반적인 작용은 하나 이상의 G단백질연결 수용체의 작용을 수정하여 치료작용 또는 부작용을 초래하는 것이다. 다양한 약물의 표적이 되는 10여 개 이상의 G단백질연결 수용체에 대해서는 이어지는 여러 임상 관련 장에서 설명할 것이다. 여기에서는 다양한 약물이 이러한 수용체를 일반적으로 어떻게 자극하거나 차단하는지 설명하고, 책 전체에서 특정 G단백질연결 수용체에 작용하는 특정 약물이 어떻게 독특한 정신적 증상을 개선하고 특징적인 부작용을 유발하는지에 대해 보여줄 것이다.

향정신성 약물의 표적으로서 G단백질연결 수용체

G단백질연결 수용체는 많은 신경전달물질 및 많은 향정신성 약물과 상호작용하는 대규모 슈퍼패밀리 수용체이다(그림 2-1B). 이러한 수용체를 아형subtype으로 분류하는 방법은 여러 가지가 있지만, 임상진료에서 사용되는 향정신성 약물로 특정 수용체를 표적으로 삼고자 하는 임상의사가 이해해야 할 가장 중요한 것은 약리적 아형이다. 즉 천연 신경전달물질은 모든 수용체 아형에서 상호작용하지만, 많은 약물은 신경전달물질 자체보다 특정 수용체 아형에만 선택적으로 작용하기 때문에, 약물이 구체적으로 상호작용하는 수용체의 약리적 아형을 정의할 수 있다. 이는 신경전달물질이 모든 문을 여는 만능 열쇠이고, 약리적으로 특정 수용체 아형에 상호작용하는 선택적 약물은 하나의 문만 여는 특정 열쇠 역할을 한다는 개념과 다르지 않다. 여기서는 약물이 '작용제 스펙트럼agonist spectrum'이라고 불리는 G단백질연결 수용체의 약리적 아형들에 걸쳐 다양한 방식으로 상호작용한다는 개념을 발전시킬 것이다(그림 2-3).

작용제 없음

'작용제 스펙트럼'의 중요한 개념은 작용제가 없다고 해서 G단백질연결 수용체에서 신호전달이 전혀 일어나지 않는다는 것을 의미하지는 않는다는 것이다. 작용제는 G단백질연결 수용체의 형태 변화를 일으켜 완전한 수용체 활성화, 즉 완전한 신호전달을 유도하는 것으로 생각된다. 작용제가 없는 경우에도 동일한 형태 변화가 일부 수용체 시스템에서 여전히 발생할 수 있지만, 매우 낮은 빈도로만 발생한다. 이를 **기본구성 활성**constitutive activity이라고 하며, 특히 수용체 밀도가 높은 뇌 영역과 수용체 시스템에서 나타날 수 있다. 따라서 매우 낮은 빈도로 발생하지만 수용체의 수가 많

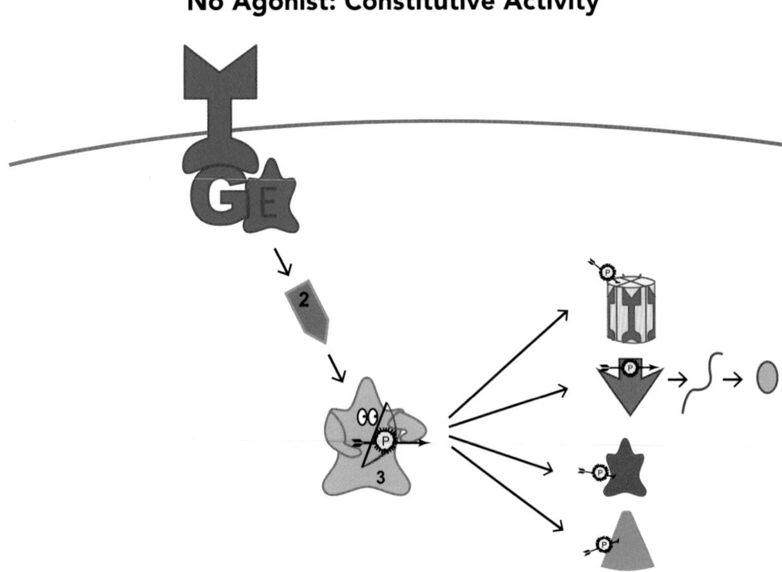

그림 2-4 기본구성 활성. 작용제가 없다고 해서 G단백질연결 수용체와 관련된 활성이 없다는 의미가 아니다. 오히려 작용제가 없는 경우 수용체의 형태가 낮은 수준의 활성, 즉 기본구성 활성으로 이어진다. 따라서 신호전달은 여전히 발생하지만 그 빈도는 낮다. 이러한 기본구성 활성이 감지 가능한 신호전달로 이어지는지 여부는 해당 뇌 부위의 수용체 밀도에 의해 영향을 받는다.

은 경우 감지 가능한 신호전달 출력을 생성할 수 있다. 이는 그림 2-4에서 작지만 없는 것은 아닌 신호전달의 양으로 표시된다.

작용제

작용제agonist는 G단백질연결 수용체에 형태 변화를 일으켜 2차 전령의 합성을 최대한으로 활성화한다(즉 **완전작용제** full agonist의 작용)(그림 2-5). 완전작용제는 일반적으로 자연적으로 생성되는 신경전달물질 자체로 대표되지만, 일부 약물은 천연 신경전달물질만큼 완전한 방식으로 작용할 수도 있다. 화학적 신경전달의 관점에서 이것이 의미하는 바는 후속 신호전달의 전체 배열이 완전작용제에 의해 촉발된다는 것이다(그림 2-5). 따라서 후속 단백질은 최대로 인산화되고 유전자는 최대로 영향을 받는다. 어떤 원인에 의한 신경전달 결핍으로 인해 G단백질연결 수용체에서 신경전달물질의 작용제 작용이 상실되면, 이 풍부한 후속 화학적 걸작이 사라지게 된다. 따라서 이러한 자연적인 작용을 회복시키는 작용제는 신호전달이 감소하여 바람직하지 않은 증상을 초래하는 상태에서 잠재적으로 유용할 수 있다.

완전작용제로 작용하여 G단백질연결 수용체를 자극하는 방법에는 크게 두 가지가 있다. 첫째, 몇몇 약물은 G단백질연결 수용체 자체의 신경전달물질 부위에 **직접** 결합하여 완전작용제와 동일한 신호전달 효과를 나타낼 수 있다(표 2-4 참조). 이를 직접작용 작용제direct-acting agonist라고 한다. 둘째, 많은 약물이 **간접적**으로 작용하여 천연 완전작용제인 신경전달물질 자체의 수치를 높일 수 있으며(표 2-5), 이렇게 증가된 천연 작용제는 G단백질연결 수용체의 신경전달물질 부위에 결합한다. 신경전달물질 비활성화 기전이 차단되면 완전작용제의 양이 증가한다. 간접 완전작용제 작용의 가장 두드러진 예로는 모노아민 수송체 SERT, NET, DAT와 GABA 수송체 GAT1의 억제가 있으며 이미 위에서 설명하였다. 간접 완전작용제 작용을 달성하는 또 다른 방법은 신경전달물질의 효소적 파괴를 차단하는 것이다(표 2-5). 여기에는 모노아민 산화효소monoamine oxidase, MAO와 아세틸콜린에스터분해효소acetylcholinesterase라는 효소를 억제하는 두 가지 예가 있는데, 이에 대해서는 이후 장에서 더 자세히 설명할 것이다.

길항제

반면에 신경전달물질에 의한 과자극 상태처럼 완전작용제 작용이 너무 과할 수 있으며, 신호전달 연쇄반응의 최대 활성화가 항상 바람직하지 않을 수도 있다. 이러한 경우 천연

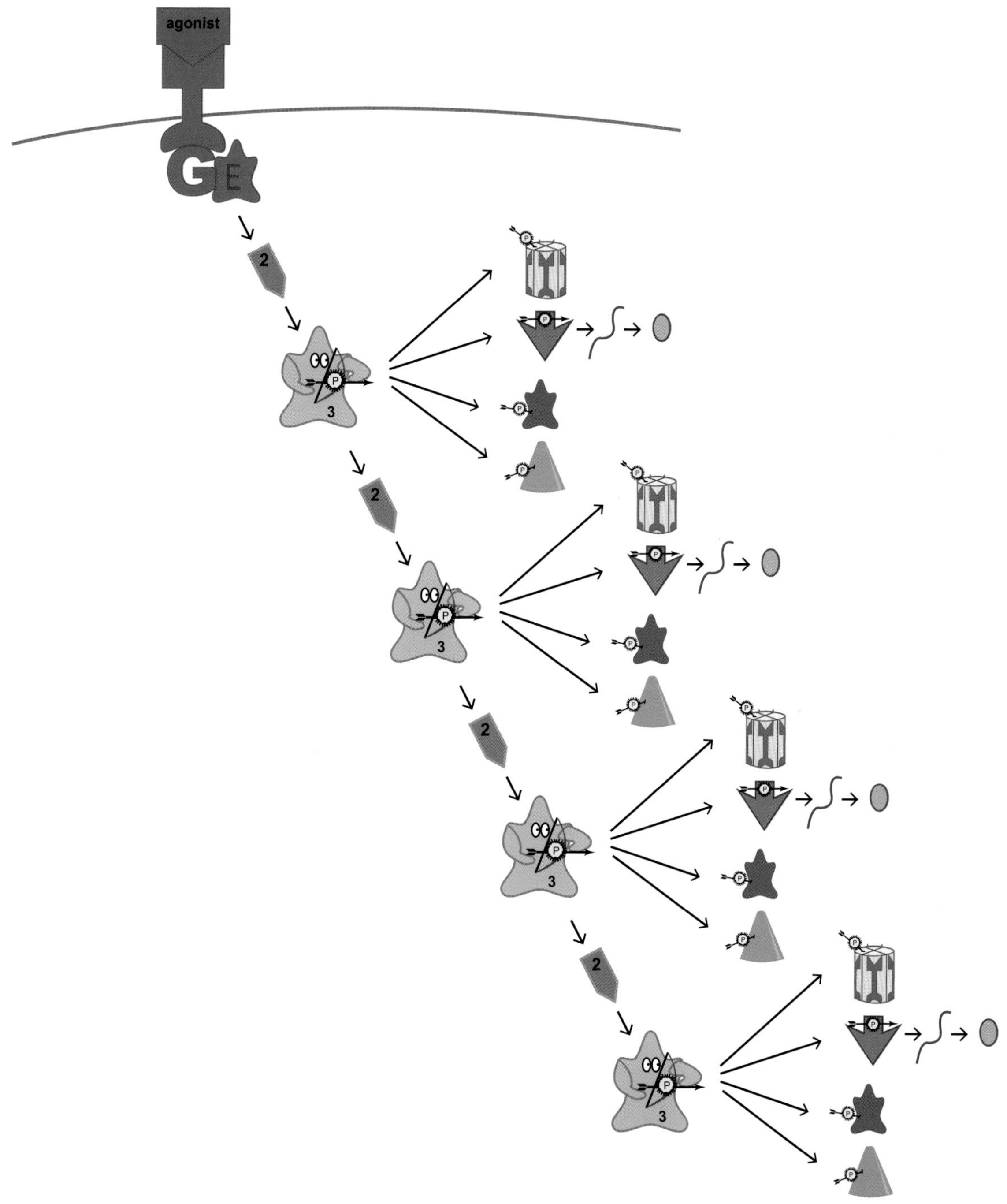

그림 2-5 완전작용제: 최대 신호전달. 완전작용제가 G단백질연결 수용체에 결합하면 형태 변화를 일으켜 신호전달을 최대화한다. 따라서 단백질의 인산화 및 유전자 활성화와 같은 신호전달의 모든 후속 효과가 최대화된다.

표 2-4 향정신성 약물이 직접 표적으로 삼는 주요 G단백질연결 수용체

신경전달물질	직접 표적으로 삼는 G단백질 수용체 및 약리적 아형	약리적 작용	치료작용
도파민	D_2	길항제 또는 부분작용제	항정신병, 항조증
세로토닌	$5HT_{2A}$	길항제 또는 역작용제	파킨슨병 정신병에 대한 항정신병 작용
			치매 관련 정신병에 대한 항정신병 작용
			약물로 유발된 파킨슨증 감소
			조현병의 음성증상 감소 가능성
			양극성 장애에서 기분안정제 및 항우울제 작용 가능성
			불면 및 불안 개선
		작용제	정신병유사 작용
			특히 정신치료를 수반하는 경우 난치성 우울증 및 기타 장애의 실험적 치료
	$5HT_{1B/1D}$	길항제 또는 부분작용제	인지증진 및 항우울 작용 가능성
	$5HT_{2C}$	길항제	항우울
	$5HT_6$	?	?
	$5HT_7$	길항제	인지증진 및 항우울 작용 가능성
	$5HT_{1A}$	부분작용제	약물로 유발된 파킨슨증 감소
			항불안
			SSRI/SNRI의 항우울 작용 강화
노르에피네프린	Alpha 2	길항제	항우울 작용
		작용제	ADHD의 인지 및 행동장애 개선
	Alpha 1	길항제	수면(악몽) 개선
			알츠하이머병의 초조 개선
			기립성 저혈압 및 진정의 부작용
GABA	GABA-B	작용제	탈력발작catalepsy
			기면증narcolepsy으로 인한 졸림
			서파수면 증가의 가능성
			만성 통증 및 섬유근육통의 통증 감소
			알코올사용장애 및 알코올 금단증상에 대한 가능한 유용성
멜라토닌	MT_1	작용제	불면 및 일주기 리듬의 개선
	MT_2	작용제	불면 및 일주기 리듬의 개선
히스타민	H_1	길항제	불안 및 불면에 대한 치료효과
			진정 및 체중 증가의 부작용
	H_3	길항제/역작용제	주간 졸림 개선
아세틸콜린	M_1	작용제	인지증진 및 항정신병
		길항제	진정 및 기억력 장애의 부작용
	M_4	작용제	항정신병
	$M_{2/3}$	길항제	구강 건조, 흐려 보임, 변비, 요 저류
			대사 조절장애(이상지질혈증 및 당뇨병)에 기여할 가능성
	M_5	?	?
오렉신 A, B	Ox1,2	길항제	불면에 대한 수면제

표 2-5 신경세포 및 신경교세포 GABA 및 아미노산 수송체

신경전달물질	직접 표적으로 삼는 G단백질 수용체 및 약리적 아형	약리적 작용	치료작용
도파민	$D_{1,2,3,4,5}$ 작용제 작용	도파민 재흡수 억제/ 메틸페니데이트 및 암페타민에 의한 방출	ADHD, 우울, 각성의 개선
세로토닌	$5HT_{1A}$ 작용제(시냅스전 세포체가지돌기 자가수용체) $5HT_{2A}$ 작용제(시냅스후 수용체; 아마도 $5HT_{1A}$, $5HT_{2C}$, $5HT_6$, $5HT_7$ 시냅스후 수용체)	SSRI/SNRI에 의한 세로토닌 재흡수 억제	항우울, 항불안
	$5HT_{2A/2C}$ 작용제	MDMA에 의한 세로토닌 분비	PTSD의 '공감제emphatogen' 실험적 치료, 특히 정신치료와 병행함
노르에피네프린	모든 노르에피네프린 수용체 작용제	노르에피네프린 재흡수 억제	항우울, 신경병증 통증, ADHD
아세틸콜린	M_1(아마도 M_2~M_5)	아세틸콜린에스터분해효소 억제를 통한 모든 아세틸콜린 수용체에서 아세틸콜린 자체를 증가시키는 작용제	알츠하이머병의 인지

ADHD: attention deficit hyperactivity disorder, SSRIs: selective serotonin reuptake inhibitors, SNRI: serotonin norepinephrine reuptake inhibitor, PTSD: posttraumatic stress disorder, MDMA: 3.4-methylenedioxymethamphetamine.

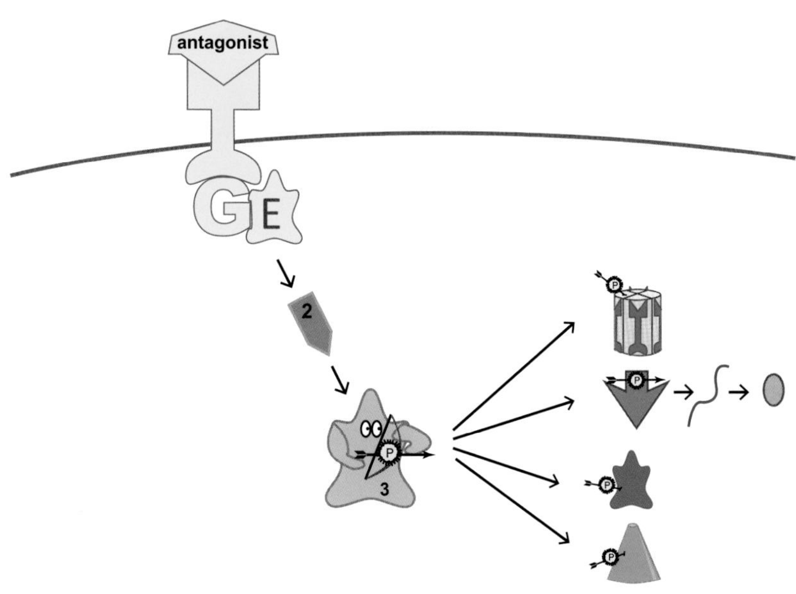

그림 2-6 **'침묵' 길항제.** 길항제는 작용제(완전 및 부분)가 G단백질연결 수용체에 결합하는 것을 차단하여 작용제가 최대 신호전달을 유발하는 것을 방지하고, 그 대신 수용체의 형태를 작용제가 없을 때와 동일한 상태로 되돌려놓는다. 또한 길항제는 역작용제의 결합을 차단한 다음, 수용체의 형태를 기준 상태로 되돌림으로써 역작용제의 효과를 역전시킨다. 길항제는 작용제가 없는 경우 신호전달에 아무런 영향을 미치지 않는다.

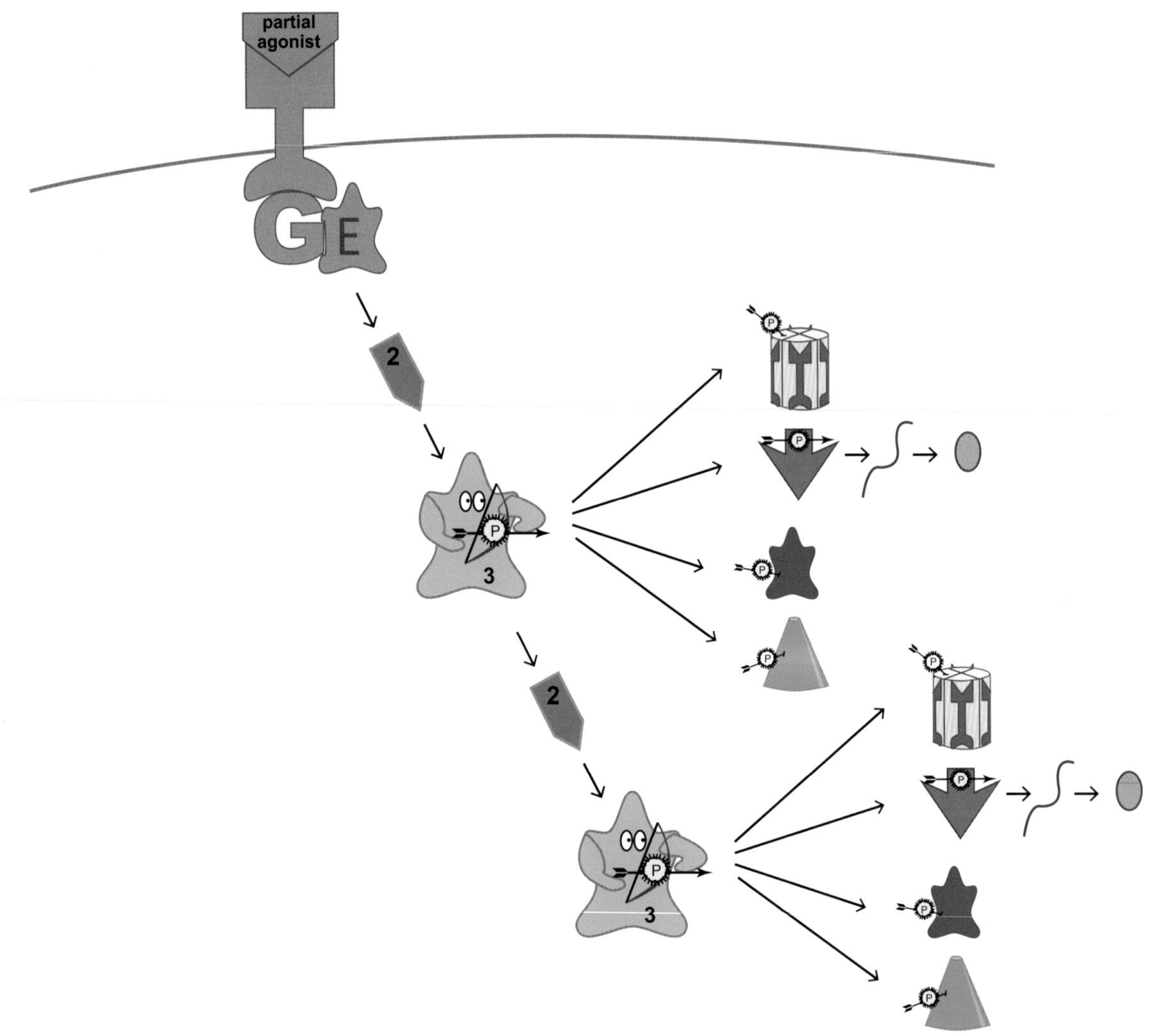

그림 2-7 부분작용제. 부분작용제는 G단백질연결 수용체를 자극하여 신호전달을 향상시키지만, 완전작용제처럼 최대 신호전달로 이어지지는 않는다. 따라서 완전작용제가 없는 경우, 부분작용제는 신호전달을 증가시킨다. 그러나 완전작용제가 있는 경우, 부분작용제는 실제로 다양한 후속 신호의 강도를 낮춘다. 이러한 이유로 부분작용제를 안정제라고 부르기도 한다.

신경전달물질 작용제의 작용을 차단하는 것이 바람직할 수 있다. 이것이 길항제의 특성이다. 길항제antagoinist는 G단백질연결 수용체에 형태 변화를 일으켜 신호전달에 아무런 변화를 일으키지 않으며, 작용제가 없을 때 존재했을 수 있는 '기본구성' 활성의 양에 변화를 일으키지 않는다(그림 2-4와 그림 2-6 비교). 따라서 진정한 길항제는 '중립적'이며, 자체적인 작용이 없기 때문에 '침묵'이라고도 불린다.

임상진료에서는 직접작용 완전작용제보다 G단백질연결 수용체의 중요한 길항제가 훨씬 더 많다(표 2-4 참조). 길항제는 정신질환에서 치료작용의 매개체로, 또한 바람직하지 않은 부작용의 원인으로 잘 알려져 있다(표 2-4). 이들 중 일부는 역작용제inverse agonist(아래 참조)로 판명될 수 있지만, 임상진료에서 사용되는 대부분의 길항제는 단순히 '길항제'로 특징지어진다.

길항제는 작용제 스펙트럼의 모든 작용을 차단한다(그림 2-3). 작용제가 있는 경우 길항제는 작용제의 작용을 차단

완전작용제
조명이 최대로 밝음

부분작용제
조명이 희미하지만 여전히 빛남

작용제 없음
조명이 꺼짐

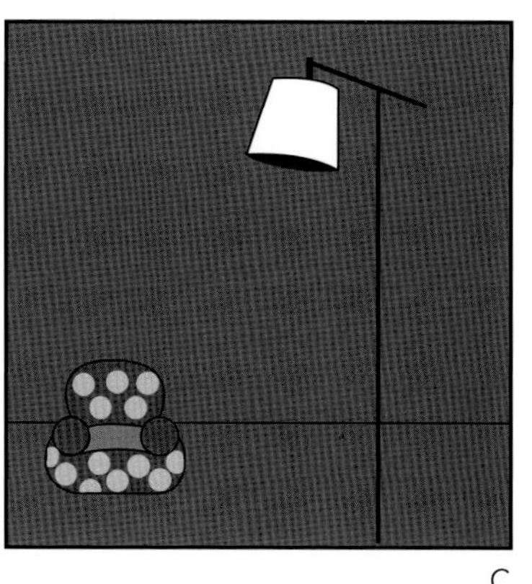

그림 2-8 작용제 스펙트럼: 가변저항기. 작용제 스펙트럼에 대한 유용한 비유는 가변저항기에 의해 제어되는 조명이다. 완전작용제가 조명 스위치를 완전히 켜면 조명이 가장 밝아진다(왼쪽 패널). 부분작용제는 순 작용제로도 작용하여 조명을 켜지만, 부분작용제의 가변저항기에 미리 설정된 정도에 따라 부분적으로만 조명이 켜진다(가운데 패널). 조명이 이미 켜져 있는 경우, 부분작용제는 조명을 '어둡게' 하여 순 길항제로 작용한다. 완전 또는 부분작용제가 없는 경우, 이 상황은 조명이 꺼져 있는 것과 유사하다(오른쪽 패널).

하지만, 그 자체로는 아무것도 하지 않는다(그림 2-6). 길항제는 단순히 수용체 형태를 작용제가 없을 때와 같은 상태로 되돌릴 뿐이다(그림 2-4). 흥미롭게도 길항제는 부분작용제의 작용도 차단한다(다음 절에서 더 자세히 설명함). 부분작용제는 완전작용제와 작용제가 없을 때 수용체의 기본 형태 사이의 중간 형태로 G단백질연결 수용체에 형태 변화를 일으키는 것으로 생각된다(그림 2-7 및 2-8). 길항제는 G단백질연결 수용체를 작용제가 없을 때와 동일한 형태로 되돌려놓음으로써 부분작용제의 작용을 역전시킨다(그림 2-4). 마지막으로 길항제는 역작용제를 역전시킨다('역작용제' 절에서 더 자세히 설명함). 역작용제는 수용체를 완전히 비활성화하고 심지어 기본구성 활성까지 제거하는 수용체의 형태적 상태를 생성하는 것으로 생각된다(그림 2-9). 길항제는 신경전달물질 작용제가 없을 때 수용체에 존재하는 것과 같은 기본구성 활성을 허용하는 기준 상태baseline state로 되돌려놓는다(그림 2-6).

따라서 진정한 길항제는 그 자체로 활성이 없다는 것을 쉽게 알 수 있으며, 이러한 길항제를 '침묵'이라고 부르는 이유도 알 수 있다. 침묵 길항제는 약물에 의해 유발된 G단백질연결 수용체(그림 2-3 및 2-10)의 형태 변화 전체 스펙트럼을 동일한 위치(그림 2-6), 즉 작용제가 없을 때 존재하는 형태(그림 2-4)로 되돌린다.

부분작용제

길항제보다는 강하지만 완전작용제보다는 약한 신호전달을 생성할 수 있다. 완전작용제 작용에서 이득을 약간 낮추지만 완전히 0으로 만들지는 않는 것이 부분작용제partial agonist의 특성이다(그림 2-7). 이 작용은 또한 침묵 길항제 작용에서 이득을 약간 높이는 것으로 볼 수 있지만, 완전작용제까지는 아니다. 부분작용제가 작용제 스펙트럼에서 완전작용제 또는 침묵 길항제에 얼마나 가까운지에 따라 부분작용제가 후속 신호전달 반응에 미치는 영향이 결정된다.

작용제와 길항제 사이에서 원하는 '부분성'의 정도, 즉 부분작용제가 작용제 스펙트럼에서 어디에 위치해야 하는지는 시행착오와 함께 논쟁의 여지가 있는 문제이다. 이상적인 치료제는 G단백질연결 수용체를 통한 신호전달이 너무 '뜨겁지도' 않고 그렇다고 너무 '차갑지도' 않은, '딱 적당한' 상태일 수 있으며, 이를 '골디락스Goldilocks' 해법이라고 부르기도 한다(그림 2-7). 이러한 이상적인 상태는 원하는 완전작용과 침묵 길항작용 사이의 균형에 따라 임상 상황마다 달라질 수 있다.

이론상으로 '불협화음' 뉴런이 정신적 증상을 매개하는 경우와 같이 뇌 전체에 걸쳐 신경전달이 불안정한 경우에는 G단백질연결 수용체 출력이 너무 많거나 너무 적은 후속 작용 사이 어딘가에서 안정화되는 신호전달 상태를 찾는 것이 바람직할 수 있다. 이러한 이유로 부분작용제는 너무 많은 완전작용제 작용과 작용제 작용이 전혀 없는 양극단 사이에서 안정적인 해결책을 찾을 수 있는 이론적 역량을 갖추고 있기 때문에 '안정제stabilizer'라고도 불린다(그림 2-7).

부분작용제는 완전작용제보다 효과가 적기 때문에 부분작용은 부분적인 임상 효능을 의미한다는 뜻에서 '약한'이라고도 불린다. 이는 경우에 따라서는 확실히 가능하지만, 이러한 종류의 치료제의 잠재적인 안정화 및 '조율' 작용을 이해하고, 일부 개별 치료제에만 적용될 뿐 전체 약물에 대한 임상 작용을 암시하는 용어로 사용하지 않는 것이 더 정교한 이해이다. 몇몇 부분작용제가 임상진료에서 활용되고 있으며(표 2-4), 더 많은 약물이 임상개발 중이다.

부분작용제에 대한 비유로서 빛과 어둠

원래 신경전달물질은 전등 스위치처럼 수용체에서만 작용하여 신경전달물질이 있을 때 전원을 켜고 신경전달물질이 없을 때 전원을 끄는 것으로 생각했다. 이제 우리는 G단백질연결 수용체군을 포함한 많은 수용체가 조절기처럼 기능할 수 있다는 사실을 알게 되었다. 즉 완전작용제는 조명을 완전히 켜지만(그림 2-8A), 부분작용제는 조명을 부분적으로만 켠다(그림 2-8B). 완전작용제나 부분작용제가 모두 존재하지 않으면 방은 어두워진다(그림 2-8C).

각 부분작용제에는 분자에 설계된 고유한 설정점이 있기 때문에 더 많은 양을 투여해도 조명을 더 밝게 켤 수 없다. 아무리 많은 양의 부분작용제를 투여해도 일정 수준의 밝기만 나타낸다. 일련의 부분작용제는 부분적인 정도가 서로 다르기 때문에 이론상으로는 '꺼짐'에서 '켜짐'까지의 범위 내에서 모든 밝기 정도를 포함할 수 있지만, 각 부분작용제는 자신만의 고유한 밝기 정도를 가지고 있다.

부분작용제의 흥미로운 점은 자연적으로 생성되는 완전작용제인 신경전달물질의 양에 따라 순 작용제net agonist 또는 순 길항제net antagonist로 나타날 수 있다는 것이다. 따라서 완전작용제 신경전달물질이 없는 경우 부분작용제는 순 작용제가 된다. 즉 안정 상태resting state에서 부분작용제는 G단백질연결 2차 전령 시스템에서 신호전달 연쇄반응의 어느 정도 증가를 유발한다. 그러나 완전작용제 신경전달물질이 존재하면 동일한 부분작용제가 순 길항제가 된다. 즉 완전 신호 출력의 수준을 더 낮은 수준으로 감소시키지만 0은 아니다. 따라서 부분작용제는 부족한 신경전달물질의 활성을 촉진하는 동시에 과도한 신경전달물질의 활성을 차단할 수 있으며, 이것이 부분작용제를 안정제라고 부르는 또 다른 이유이다.

다시 전등 스위치의 비유로 돌아가서, 작용제가 없고 전등 스위치가 꺼져 있으면 방은 어두워진다(그림 2-8C). 방에 천연 완전작용제가 가득하고 전등 스위치가 완전히 켜져 있으면 방은 밝게 빛난다(그림 2-8A). 천연 완전작용 신경전달물질이 없는 어두운 방에 부분작용제를 추가하면 조명이 켜지지만, 부분작용제가 가변저항기에 작용하는 한도 내에서만 조명이 켜진다(그림 2-8B). 따라서 어두운 방을 출발점으로 삼았을 때 부분작용제는 순 작용제 역할을 한다. 반면에 조명이 완전히 켜진 방에 부분작용제를 추가하면 조명을 중간 수준의 밝기까지 낮추는 효과가 있을 것이다(그림 2-8B). 이는 조명이 완전히 켜진 방에 비해 상대적으로 순 길항 효과이다. 따라서 어두운 방과 밝은 방에 부분작용제를 추가하면 두 방의 조명이 같은 밝기가 된다. 밝기의 정도는 부분작용제의 특성에 따라 부분적으로 켜진 정도이다. 그러나 어두운 방에서는 부분작용제가 순 작용제로 작용하는 반면, 밝은 방에서는 부분작용제가 순 길항제로 작용한다.

동일한 분자에 작용제와 길항제가 있다는 것은 치료법에 있어 매우 흥미로운 차원이다. 이 개념은 부분작용제가 이론상으로 완전작용제가 결핍된 상태뿐만 아니라 과잉인 상태도 치료할 수 있다는 제안으로 이어진다. 부분작용제와 같은 약제는 신경전달물질 활성의 과잉과 결핍이 혼합된 상태를 동시에 치료할 수 있을지도 모른다.

역작용제

역작용제inverse agonist는 단순한 길항제 이상이며, 중립적이지도 않고, 침묵하지도 않는다. 이러한 작용제는 G단백질연결 수용체에 형태 변화를 일으켜 완전히 비활성화된 형태로 안정화시키는 것으로 생각되는 작용을 한다(그림 2-9). 따라서 이러한 형태는 작용제가 없거나(그림 2-4) 침묵하는 길항제가 존재할 때(그림 2-6) 발생하는 것보다 훨씬 적은 신호전달의 기능적 감소(그림 2-9)를 일으킨다. 역작용제의 결과는 G단백질연결 수용체 시스템의 기본구성 활성까지 차단하는 것이다. 물론 특정 수용체 시스템에 기본구성 활성이 없는 경우, 즉 수용체가 낮은 밀도로 존재하는 경우에는 활성 감소가 일어나지 않고 역작용제가 길항제처럼 보일 수 있다.

따라서 여러 면에서 역작용제는 작용제와 **정반대**의 작용을 한다. 작용제가 기준선보다 신호전달을 증가시킨다면, 역작용제는 신호전달을 감소시키며 심지어는 기준선 수준 이하로도 감소시킨다. 따라서 작용제 및 길항제와 달리 **역작용제**는 작용제처럼 신호전달을 증가시키지도 않고(그림 2-5), 길항제처럼 신호전달을 증가시키는 작용제를 차단하지도 않는다(그림 2-6). 오히려 역작용제는 작용제와 반대되는 작용, 즉 수용체가 기준 신호전달 수준을 감소시키게 하는 방식으로 수용체에 결합한다(그림 2-9). 임상적 관점에서 역작용제와 침묵 길항제 사이의 관련 차이점이 무엇인지는 명확하지 않다. 실제로 세로토닌 2A 길항제 및 히스타민 1 길항제/항히스타민제와 같이 오랫동안 침묵 길항제로 여겨져 온 일부 약물은 뇌의 일부 영역에서 실제로 역작용제로 판명될 수 있다. 따라서 침묵 길항제와 임상적으로 구별가능한 역작용제의 개념은 여전히 진화하고 있으며, 길항제와 역작용제의 임상적 구별은 아직 명확히 밝혀지지 않았다.

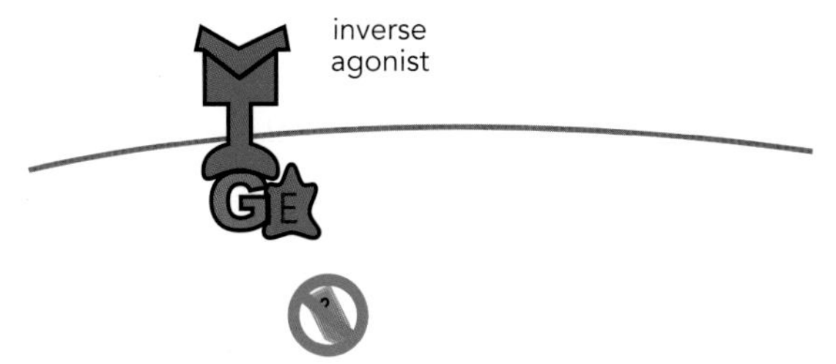

그림 2-9 **역작용제.** 역작용제는 G단백질연결 수용체에 형태 변화를 일으켜 비활성 상태로 만든다. 이로 인해 작용제뿐만 아니라 길항제 또는 작용제가 없을 때와 비교하여 신호전달이 감소한다. 역작용제의 영향은 해당 뇌 영역의 수용체 밀도에 따라 달라진다. 즉 수용체 밀도가 너무 낮아 기본구성 활성이 감지 가능한 신호전달로 이어지지 않는다면, 기본구성 활성의 감소는 별다른 효과가 없을 것이다.

요약하면 G단백질연결 수용체는 작용제 스펙트럼을 따라 작용하며, 약물은 이러한 수용체의 형태 변화를 일으켜 완전작용제부터 부분작용제, 침묵 길항제, 역작용제에 이르기까지 어떤 상태도 만들 수 있다(그림 2-10). 이 스펙트럼을 따라 신호전달의 스펙트럼을 고려하면(그림 2-10), 작용제 스펙트럼의 각 지점에 있는 작용제가 왜 그렇게 서로 다른지, 그리고 임상적 작용이 왜 그렇게 다른지 쉽게 이해할 수 있다.

정신약리학적 약물 작용의 부위로서 효소

신호전달에 관해 제1장에서 자세히 살펴보았듯이, 효소는 화학적 신경전달의 여러 측면에 관여한다. 모든 효소는 효소 억제제로 작용하는 약물의 이론적 표적이다. 그러나 실제로 정신약리학의 임상진료에서 사용되는 현재 알려진 약물 중 소수의 약물만이 효소 억제제이다.

효소 활성은 한 분자를 다른 분자, 즉 기질substrate을 생성물product로 전환하는 것을 말한다(그림 2-11). 각 효소의 기질은 생성물과 마찬가지로 매우 독특하고 선택적이다. 기질(그림 2-11A)은 효소로 와서 효소의 활성 부위active site(그림 2-11B)에 결합한 후 생성물(그림 2-11C)이라는 변화된 분자 실체로 떠난다. 효소의 억제제는 다른 효소에 비해 매우 독특하고 선택적으로 작용한다. 효소 억제제가 존재하면 효소는 기질에 결합할 수 없다. 억제제의 결합은 비가역적(그림 2-12)이거나 가역적(그림 2-13)일 수 있다.

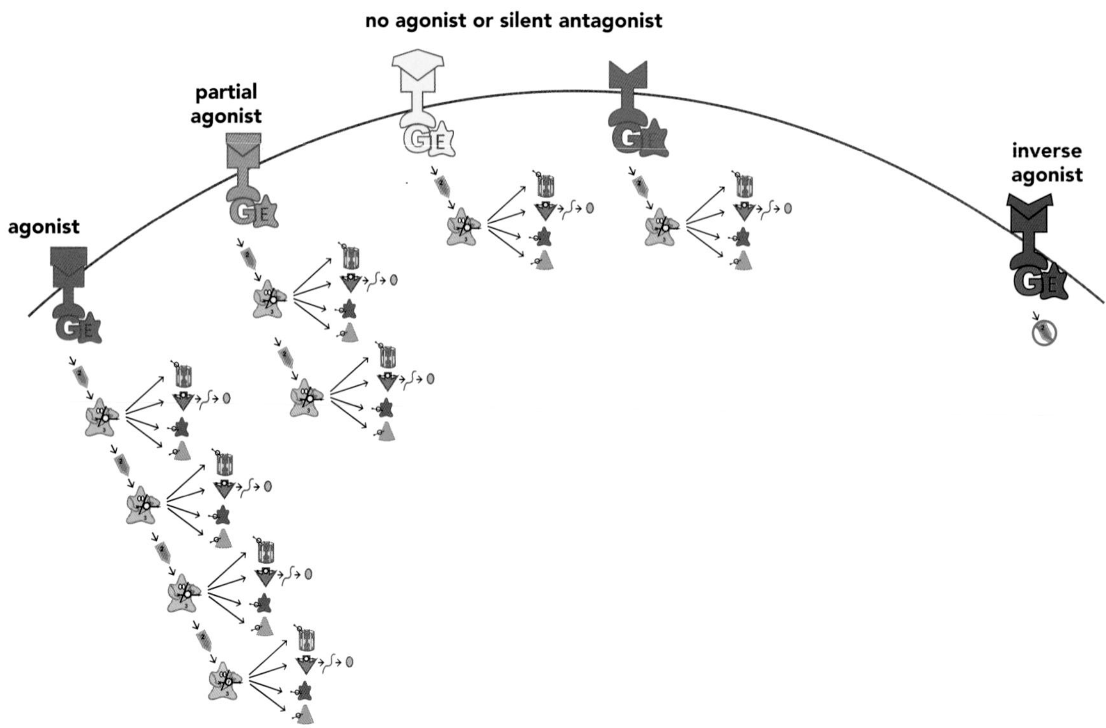

그림 2-10 **작용제 스펙트럼.** 이 그림은 작용제 스펙트럼의 의미를 요약한 것이다. 완전작용제는 최대 신호전달을 유발하는 반면, 부분작용제는 작용제가 없을 때보다 신호전달을 증가시키지만 완전작용제에 비해서는 감소시킨다. 길항제는 기본구성 활성을 유도하므로 작용제가 없으면 효과가 없고, 작용제가 있으면 신호전달을 감소시킨다. 역작용제는 작용제와 기능적으로 반대되는 것으로, 실제로 작용제가 없을 때보다 신호전달을 감소시킨다.

비가역적 억제제가 효소에 결합하면 기질에 의해 대체될 수 없으므로 해당 억제제는 비가역적으로 결합한다(그림 2-12). 이는 기질이 가위로 자를 수 없는 사슬(그림 2-12A)로 결합하는 것으로 묘사된다(그림 2-12B). 비가역적 유형의 효소 억제제는 효소 단백질에 공유결합하고, 비가역적으로 결합하여 효소를 영구적으로 억제하고, 따라서 효소를 영원히 기능하지 못하게 함으로써 본질적으로 효소를 '죽이기' 때문에 '자살 억제제'라고도 불린다(그림 2-12). 이 경우 효소 활성은 새로운 효소 분자가 합성될 때만 회복된다.

그러나 가역적 효소 억제제의 경우, 효소의 기질은 효소와의 결합을 위해 가역적 억제제와 경쟁하여 말 그대로 효소로부터 밀어낼 수 있다(그림 2-13). 효소에 대한 친화력이 더 높거나 더 높은 농도로 존재하는지에 따라 기질과 억제제 중 어느 것이 '승리'하는지 또는 우세한지가 결정된다. 이러한 결합을 '가역적'이라고 한다. 가역적 효소 억제제는 끈으로 결합하는 것으로 묘사된다(그림 2-13A). 기질이 가위로 끈을 자르고(그림 2-13B) 효소 억제제를 대체하고, 기질의 끈으로 효소 자체와 결합할 수 있는 것으로 묘사된다(그림 2-13C).

이러한 개념은 잠재적으로 모든 효소 시스템에 적용될 수 있다. 몇몇 효소들은 신호전달뿐만 아니라 신경전달물질의 합성과 파괴를 포함하여 신경전달에 관여한다. 현재 임상진료에서 사용되는 향정신성 약물의 표적으로 알려진 효소는 모노아민 산화효소monoamine oxidase, MAO, 아세틸콜린에스터분해효소acetylcholinesterase, 당원 합성효소 인산화효소glycogen synthase kinase, GSK 등 소수의 효소뿐이다. MAO 억제제는 제7장 기분장애의 치료에서, 아세틸콜린에스터분해효소 억제제는 제12장 치매에서 더 자세히 논

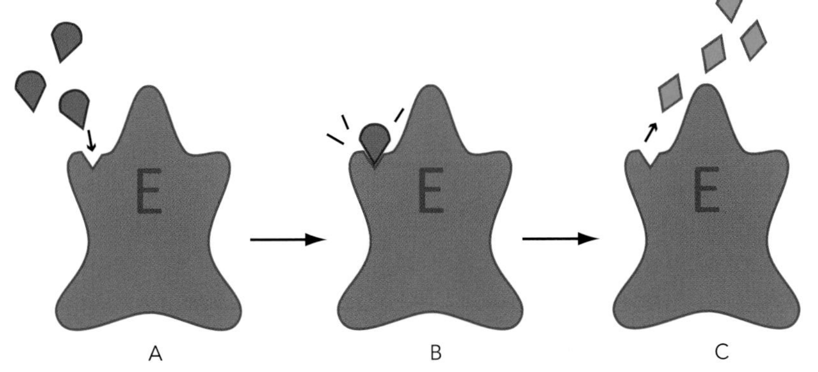

그림 2-11 **효소 활성.** 효소 활성은 한 분자를 다른 분자로 전환하는 것이다. 따라서 기질 분자의 효소적 변형에 의해 기질이 생성물로 전환되는 것을 말한다. 효소에는 기질이 특이적으로 결합할 수 있는 활성 부위가 있다(A). 그러면 기질은 효소의 활성 부위를 찾아 결합하여(B) 분자 변형이 일어나 기질이 생성물로 바뀐다(C).

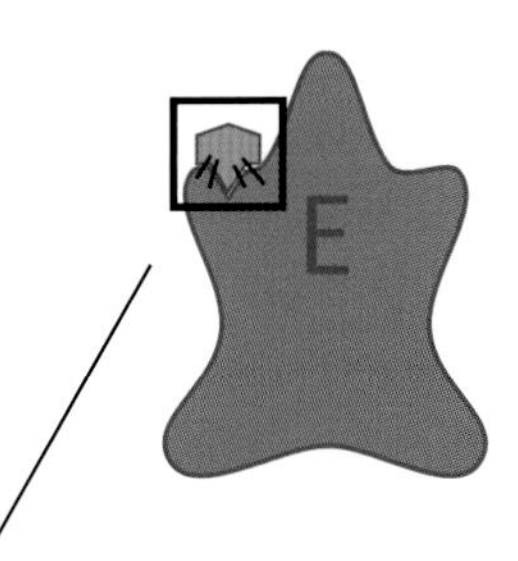

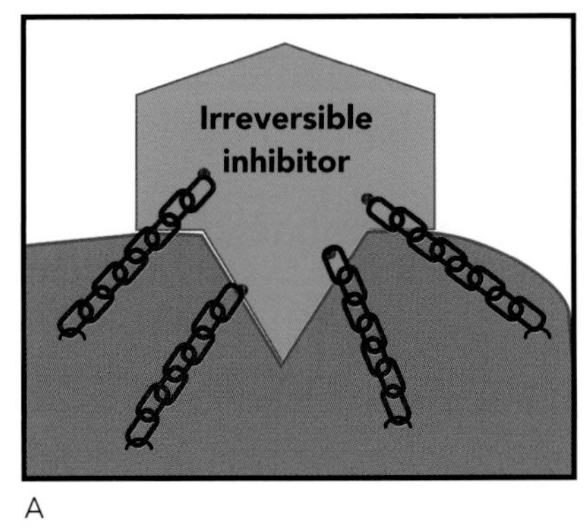

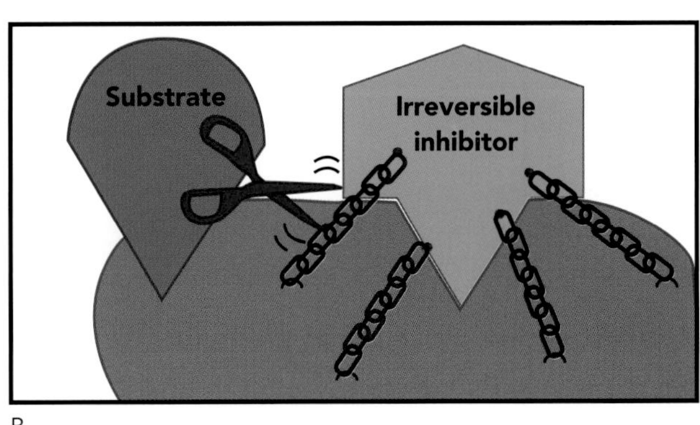

그림 2-12 **비가역적 효소 억제제.** 일부 약물은 효소 억제제이다. 여기에는 효소의 비가역적 억제제가 사슬로 효소에 결합한 것으로 묘사되어 있다(A). 경쟁 기질은 효소로부터 비가역적 억제제를 제거할 수 없으며, 가위가 억제제의 사슬을 자르려고 시도하다가 실패한 것으로 묘사되어 있다(B). 효소는 비가역적 억제제에 결합함으로써 본질적으로 자살하기 때문에, 이러한 비가역적 효소 억제는 영구적으로 고정되어 '자살 억제제'의 작용이라고도 불린다. 효소 활성은 세포의 DNA에 의해 다른 효소 분자가 합성되지 않는 한 회복될 수 없다.

의할 것이다. GSK와 관련하여 간단히 설명하면, 항조증제인 리튬lithium은 신경영양인자neurotrophic factor의 신호전달 경로에서 이 중요한 효소를 표적으로 삼을 수 있다(그림 2-14). 즉 일부 뉴로트로핀, 성장인자 및 기타 신호전달 경로는 특정 후속 인단백질인 GSK-3라는 효소를 통해 작용하여 세포 사멸을 촉진한다(소위 세포자멸사유발 작용proapoptotic action). 리튬은 이 효소를 억제할 수 있는 능력이 있다(그림 2-14B). GSK-3의 억제가 생리적으로 관련이 있을 수 있는데, 이는 이 작용이 신경보호 작용, 장기 가소성long-term plasticity을 유발할 수 있고, 리튬과 관련된 것으로 알려진 항조증 및 기분 안정 작용에 기여할 수 있기 때문이다. 또한 항조증제 발프로에이트valproate와 우울증의

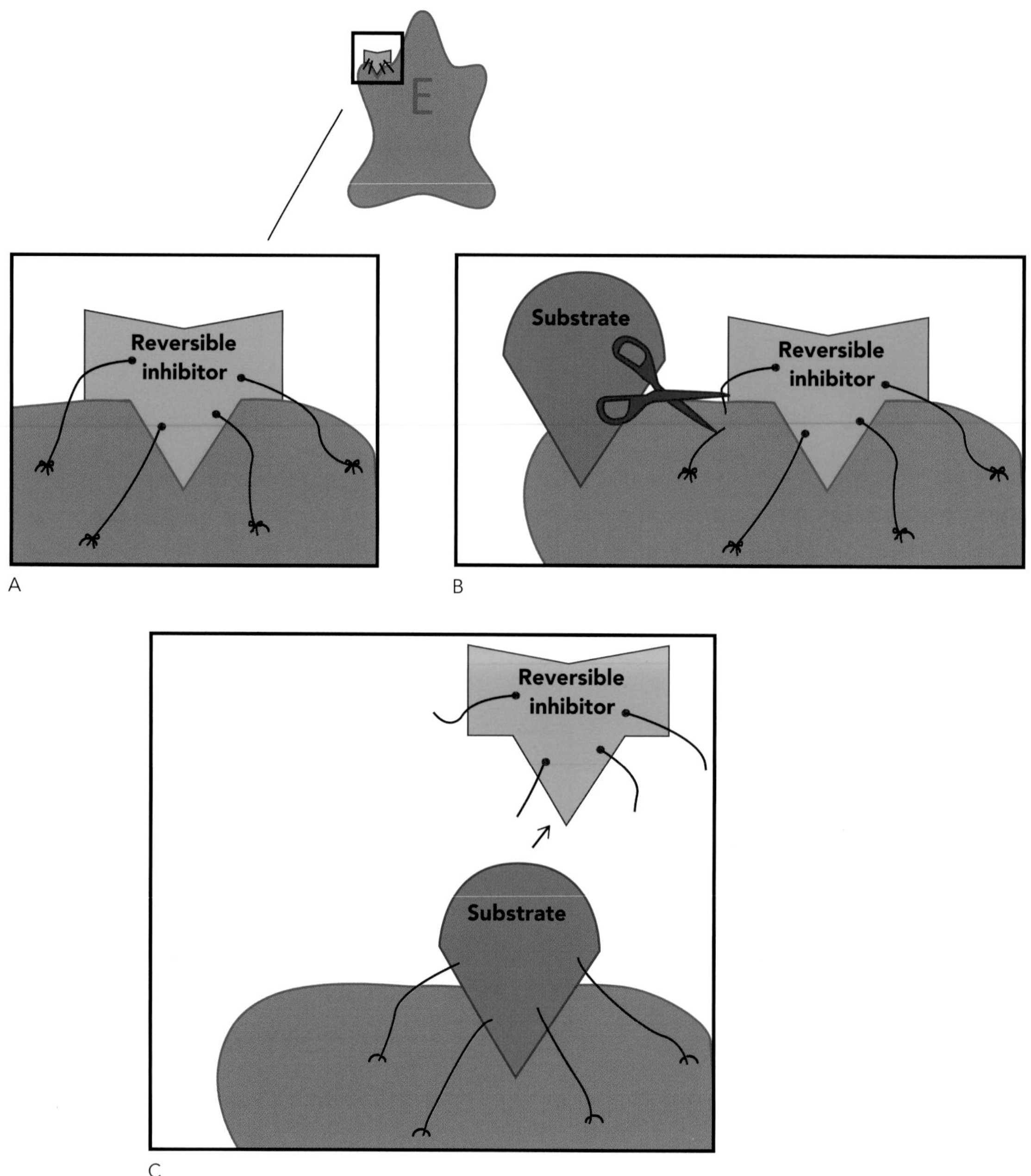

그림 2-13 가역적 효소 억제제. 다른 약물은 가역적 효소 억제제로서, 효소에 끈으로 결합하는 것으로 묘사되어 있다(A). 가역적 억제제는 동일한 효소에 대해 경쟁 기질에 의해 도전받을 수 있다. 가역적 억제제의 경우, 기질의 분자적 특성은 가역적 억제제를 제거할 수 있으며, 이는 가역적 억제제와 효소를 결합하는 끈을 가위로 자르는 것으로 묘사된다(B). 효소 억제를 역전시키기 위해 성공적으로 경쟁하는 기질의 결과는 기질이 억제제를 대체하여 밀어내는 것이다(C). 기질에 이러한 능력이 있기 때문에 억제가 가역적이라고 한다.

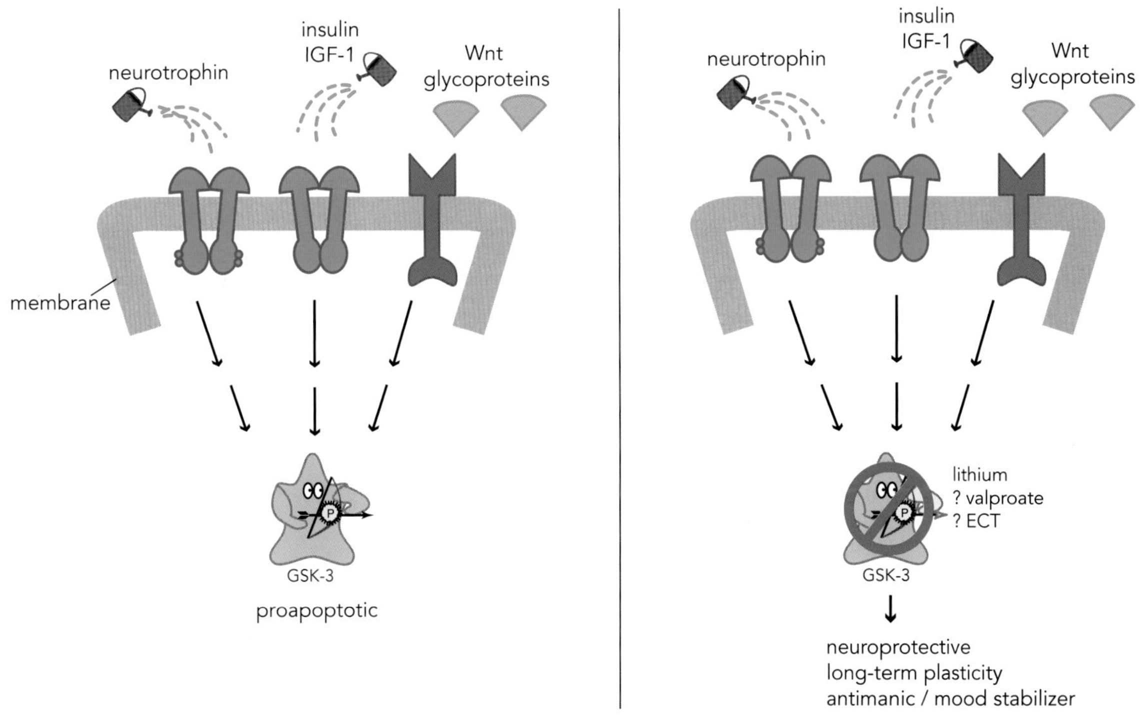

그림 2-14 **수용체 티로신 인산화효소.** 수용체 티로신 인산화효소receptor tyrosine kinase는 새로운 향정신성 약물의 잠재적 표적이다. 왼쪽: 일부 뉴로트로핀, 성장 인자 및 기타 신호 경로는 당원 합성효소 인산화효소(GSK-3)라는 효소인 후속 인단백질을 통해 작용하여 세포 사멸을 촉진한다(세포자멸사유발 작용). 오른쪽: 리튬과 일부 기타 기분안정제는 이 효소를 억제하여 신경보호 작용과 장기 가소성을 유발할 수 있을 뿐만 아니라 기분 안정 작용에도 기여할 수 있다.

신경자극치료인 전기경련요법electroconvulsive therapy, ECT도 GSK-3에 작용할 가능성이 있다(그림 2-14B). 새로운 GSK-3 억제제의 개발이 진행 중이다.

향정신성 약물의 표적으로서 사이토크롬 P450 약물 대사 효소

약동학적pharmacokinetic 작용은 사이토크롬 P450cytochrome P450, CYP450 효소계로 알려진 간 및 장의 약물 대사 시스템을 통해 매개된다. 약동학은 신체가 약물을 흡수, 분배, 대사, 배설하기 위해 어떻게 작용하는지를 연구하는 학문이다. CYP450 효소와 이 효소가 나타내는 약동학적 작용은 약물의 약력학적pharmacodynamic 작용과 대조되어야 하며, 후자는 이 책에서 주로 강조하는 부분이다. 이 장의 앞부분과 제3장에서 논의할 특정 약물 표적에 대한 약력학적 작용은 향정신성 약물의 작용기전으로 알려져 있으며, 약물의 치료효과와 부작용을 설명한다. 그러나 대부분의 향정신성 약물은 기질, 억제제 및/또는 유도제로서 CYP450 약물 대사 효소를 표적으로 하므로, 이러한 효소와 향정신성 약물과의 상호작용에 대해 간략히 살펴보는 것이 순서이다.

그림 2-11부터 2-13까지 삽화로 설명한 바와 같이 CYP450 효소는 기질을 생성물로 전환하는 효소와 동일한 원리를 따른다. 그림 2-15는 향정신성 약물이 왼쪽의 장 벽을 통해 흡수된 후, 간에서 큰 파란색 효소로 보내져 생체내변환biotransform을 거쳐 다시 혈류로 보내져 신장을 통해 몸 밖으로 배설되는 개념을 보여준다. 특히 장 벽이나 간에서, CYP450 효소는 약물 기질을 혈류 내에서 생체내변환된 생성물로 전환시킨다. 장 벽과 간을 통과한 약물은 혈류 내에

서 부분적으로는 변하지 않은 약물로, 부분적으로는 생체내 변환된 생성물로 존재한다(그림 2-15).

몇 가지 알려진 CYP450계가 있다. 향정신성 약물 대사에 가장 중요한 여섯 가지 효소가 그림 2-16에 나와 있다. 알려진 CYP450 효소는 30가지가 넘으며, 아마도 발견과 분류를 기다리는 효소는 더 많을 것이다. 모든 개인이 동일한 유전적 형태의 CYP450 효소를 가지고 있는 것이 아니며, 지금은 약물유전학 검사를 통해 개인별 효소 유형을 쉽게 확인할 수 있다. 이러한 효소는 다수의 향정신성 약물의 분해를 총체적으로 담당하며, 서로 다른 CYP450 효소를 부호화하는 유전자의 변이는 이러한 효소의 활성을 변화시켜 표준 용량에서 약물농도의 변화를 초래할 수 있다. 대부분의 사람은 주요 CYP450 효소의 약물 대사 속도가 '정상'이고 이를 '정상대사자extensive metabolizer'라고 하며, 대부분의 약물 용량은 이러한 개체를 위해 설정된다. 그러나 일부 개체는 이러한 효소의 유전적 변이를 가지고 있어 중간대사자intermediate metabolizer 또는 대사능저하자poor metabolizer일 수 있으며, 효소 활성이 감소하여 약물농도 상승, 약물 간 상호작용, 활성 대사 산물의 양이 감소할 위험이 증가될 수 있다. 이러한 환자는 변이 CYP450 효소에 의해 대사되어서 약물의 표준 용량보다 적은 양이 필요할 수 있다. 반면에 일부 환자는 효소 활성이 증가하고 치료약물 농도가 낮으며 표준 용량에서 약효가 떨어지는 빠른 대사자ultra-rapid metabolizer일 수도 있다. 유전적 변이를 알 수 없는 경우, 향정신성 약물의 효능과 부작용이 달라질 수 있다. CYP450 효소의 유전자는 이제 쉽게 측정할 수 있고, 특정 약물의 용량을 늘리거나 줄여야 할 환자를 예측하는 데 사용할 수 있기 때문에 정신약리학 실제에서는 특히 표준 용량의 향정신성 약물에 반응하지 않거나 내약성이 없는 환자에서는 약물 대사를 위한 유전자 측정으로 점점 더 옮겨가고 있다. 이를 약물유전체학 사용을 위한 환자 유전형 분석genotyping이라고 한다. 혈중 약물의 실제 농도를 감지할 수 있는 치료약물 농도감시therapeutic drug monitoring와 유전형 분석을 결합하여, 어떤 CYP450 효소 유형이 존재하는지에 대한 유전자 검사로부터의 예측을 확인하는 것이 때로는 유용하다. 약물유전체 검사와 치료약물 농도감시(표현형 분석phenotyping이라고도 함)를 함께 사용하면, 특히 치료저항성 환자를 관리하는 데 도움이 될 수 있다.

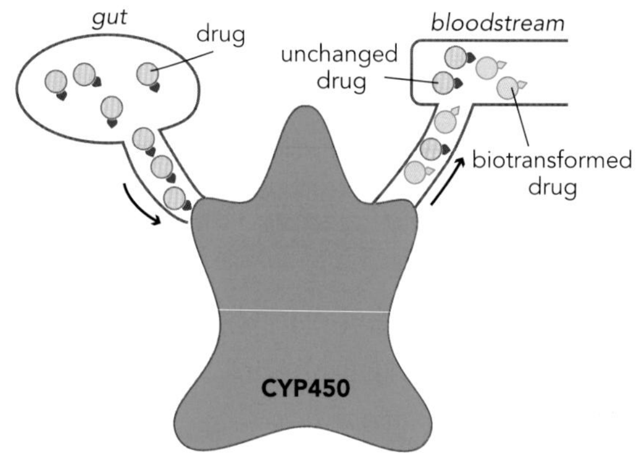

그림 2-15 CYP450. 사이토크롬 P450(CYP450) 효소 시스템은 향정신병 약물을 포함한 많은 약물의 체내 대사 과정을 매개한다. 장 벽이나 간에 있는 CYP450 효소는 약물을 혈류에서 생체내변환된 산물로 전환한다. 장 벽과 간을 통과한 약물(왼쪽)은 일부는 변하지 않은 약물로, 일부는 생체내변환된 약물로 존재한다(오른쪽).

CYP450 효소와 그 유전적 변이에 의해 매개되는 약물 상호작용은 지속적으로 발견되고 있으며, 약물을 조합하는 임상의사는 이에 주의를 기울여야 하며, 따라서 어떤 약물

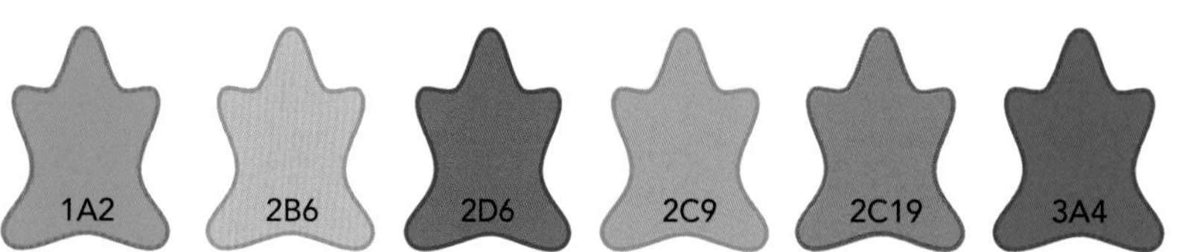

그림 2-16 여섯 가지 CYP450 효소. 사이토크롬 P450(CYP450) 시스템은 여러 가지가 있는데, 군, 아형, 유전자 산물에 따라 분류된다. 가장 중요한 여섯 가지 효소가 여기에 표시되어 있으며, CYP450 1A2, 2B6, 2D6, 2C9, 2C19, 3A4가 포함된다.

상호작용이 중요한지 지속적으로 최신 정보를 습득해야 한다. 여기에서는 CYP450 효소계의 약물 상호작용에 대한 일반적인 개념만 제시하지만, 구체적인 내용은 처방하기 전에 포괄적이고 최신의 종합적인 참고 자료(예: 이 책의 동반자인 **스탈의 필수 정신약리학: 처방자 지침서**)에서 확인해야 한다.

요약

임상진료에서 사용하는 향정신성 약물의 거의 3분의 1은 신경전달물질 수송체에 결합하고, 또 다른 3분의 1은 G단백질연결 수용체에 결합한다. 이 장에서는 이 두 가지 분자 작용 부위, 신경전달에 미치는 영향, 이들 부위에 작용하는 다양한 특정 약물에 대해 모두 살펴보았다.

구체적으로 두 가지 하위 분류의 신경전달물질을 위한 원형질막 수송체와 세 가지 하위 분류의 신경전달물질을 위한 세포내 시냅스 소포 수송체가 있다. 모노아민 수송체(세로토닌의 경우 SERT, 노르에피네프린의 경우 NET, 도파민의 경우 DAT)는 단극성 우울증, ADHD, 불안에서 통증에 이르는 다수의 기타 질환 등을 치료하는 알려진 대부분 약물의 주요 표적이다. 이 세 가지 모노아민에 대한 소포 수송체는 소포 모노아민 수송체 2(VMAT2)로 알려져 있는데, 이 수송체는 시냅스 소포에 모노아민과 히스타민을 저장할 뿐만 아니라 최근 지연이상운동증tardive dyskinesia과 같은 운동장애 치료를 위해 도입된 약물에 의해 억제되기도 한다.

G단백질 수용체는 향정신성 약물의 가장 흔한 표적이며, 그 작용은 치료효과와 부작용을 모두 유발할 수 있다. 이들 수용체에 대한 약물 작용은 완전작용제 작용, 부분작용제 작용, 길항 작용, 심지어 역작용제 작용에 이르기까지 다양한 스펙트럼으로 나타난다. 천연 신경전달물질은 완전작용제이며, 임상진료에서 사용되는 일부 약물도 마찬가지이다. 그러나 G단백질연결 수용체에 직접 작용하는 대부분의 약물은 길항제로 작용한다. 일부는 부분작용제로 작용하고 일부는 역작용제로 작용한다. G단백질연결 수용체에서 상호작용하는 각 약물은 해당 수용체의 형태 변화를 일으켜 작용제 스펙트럼에서 작용할 위치를 정의한다. 따라서 완전작용제는 신호전달과 2차 전령 형성을 최대한으로 활성화하는 형태 변화를 일으킨다. 한 가지 새로운 개념은 부분작용제의 개념으로, 작용제와 어느 정도 비슷하게 작용하지만 그 정도는 덜하다. 길항제는 수용체를 기준 상태에서 안정화시키는 형태 변화를 일으켜 '침묵'을 유발한다. 작용제 또는 부분작용제가 있는 경우, 길항제는 수용체가 기준 상태로 돌아가게 하여 작용을 역전시킨다. 새로운 수용체 작용은 역작용제의 작용으로 수용체의 모든 활동, 심지어 기준 작용까지 멈추게 하는 수용체의 형태를 만든다. 작용제 스펙트럼을 이해하면 임상적 작용을 포함하여 신호전달에 대한 후속 결과를 예측할 수 있다.

마지막으로 소수의 향정신성 약물은 치료효과를 위해 효소를 표적으로 삼는다. 신경전달물질의 합성과 파괴, 신호전달 등 신경전달에 관여하는 효소는 여러 가지가 있지만, 실제로 향정신성 약물이 표적으로 삼는 효소는 세 가지에 불과한 것으로 알려져 있다. 향정신성 약물의 대부분은 사이토크롬 P450 약물 대사 효소를 표적으로 하며, 이는 약동학적 개요와 관련이 있지만 약력학적 개요와는 관련이 없다.

3 정신약리학적 약물 작용의 표적으로서 이온통로

많은 중요한 정신약리학적 약물들이 이온통로를 표적으로 한다. 시냅스 신경전달의 중요한 조절자로서 이온통로의 역할은 제1장에서 다루었다. 여기서는 이러한 분자 부위를 표적으로 삼으면 시냅스 신경전달에 어떤 변화가 일어나고, 이것이 다양한 향정신성 약물의 치료작용과 어떻게 연결되는지 논의한다. 특히 리간드작동 이온통로ligand-gated ion channel와 전압민감 이온통로voltage-sensitive ion channel를 정신약리학적 약물 작용의 표적으로 다룰 것이다.

정신약리학적 약물 작용의 표적으로서 리간드작동 이온통로

리간드작동 이온통로, 이온성 수용체, 이온통로연결 수용체

리간드작동 이온통로, 이온성 수용체ionotropic receptor, 이온통로연결 수용체ion-channel-linked receptor라는 용어는 사실 동일한 수용체/이온통로 복합체에 대한 서로 다른 용어이다. 이온은 일반적으로 전하를 띠기 때문에 막을 통과할 수 없다. 뉴런 안팎으로 이온의 출입을 선택적으로 제어하기 위해 뉴런의 막은 다양한 종류의 이온통로로 구성되어 있다. 정신약리학에서 가장 중요한 이온통로는 칼슘calcium, 나트륨sodium, 염화물chloride, 칼륨potassium을 조절한다. 많은 이온통로는 다양한 약물에 의해 변형될 수 있으며, 이 장에서 이에 대해 논의할 것이다.

이온통로에는 두 가지 주요 분류가 있으며, 각 분류에는 여러 가지 이름이 있다. 한 분류의 이온통로는 신경전달물질에 의해 열리며, **리간드작동 이온통로**, **이온성 수용체**, **이온통로연결 수용체**라는 이름으로 불린다. 이러한 통로와 관련 수용체에 대해서는 이어서 논의할 것이다. 다른 주요 분류의 이온통로는 막을 가로지르는 전하 또는 전압에 의해 열리며 **전압작동**voltage-gated 또는 **전압민감 이온통로**voltage-sensitive ion channel라고 하며, 이 장의 뒷부분에서 논의할 것이다.

문지기gatekeeper 역할을 하는 수용체에서 신경전달물질 리간드의 작용에 의해 열리고 닫히는 이온통로는 그림 3-1에 개념적으로 나와 있다. 신경전달물질이 이온통로의 문지기 수용체에 결합하면 해당 신경전달물질이 수용체의 형태 변화를 일으켜 이온통로를 열게 한다(그림 3-1A). 수용체에 결합하는 신경전달물질, 약물, 호르몬을 **리간드**(말 그대로 '묶는')라고 부르기도 한다. 따라서 수용체의 개폐를 조절하는, 수용체에 연결된 이온통로를 리간드작동 이온통로라고 부르기도 한다. 이러한 이온통로도 수용체이기 때문에 이온통로는 이온성 수용체 또는 이온통로연결 수용체라고도 불린다. 이 용어들은 여기서 리간드작동 이온통로와 혼용하여

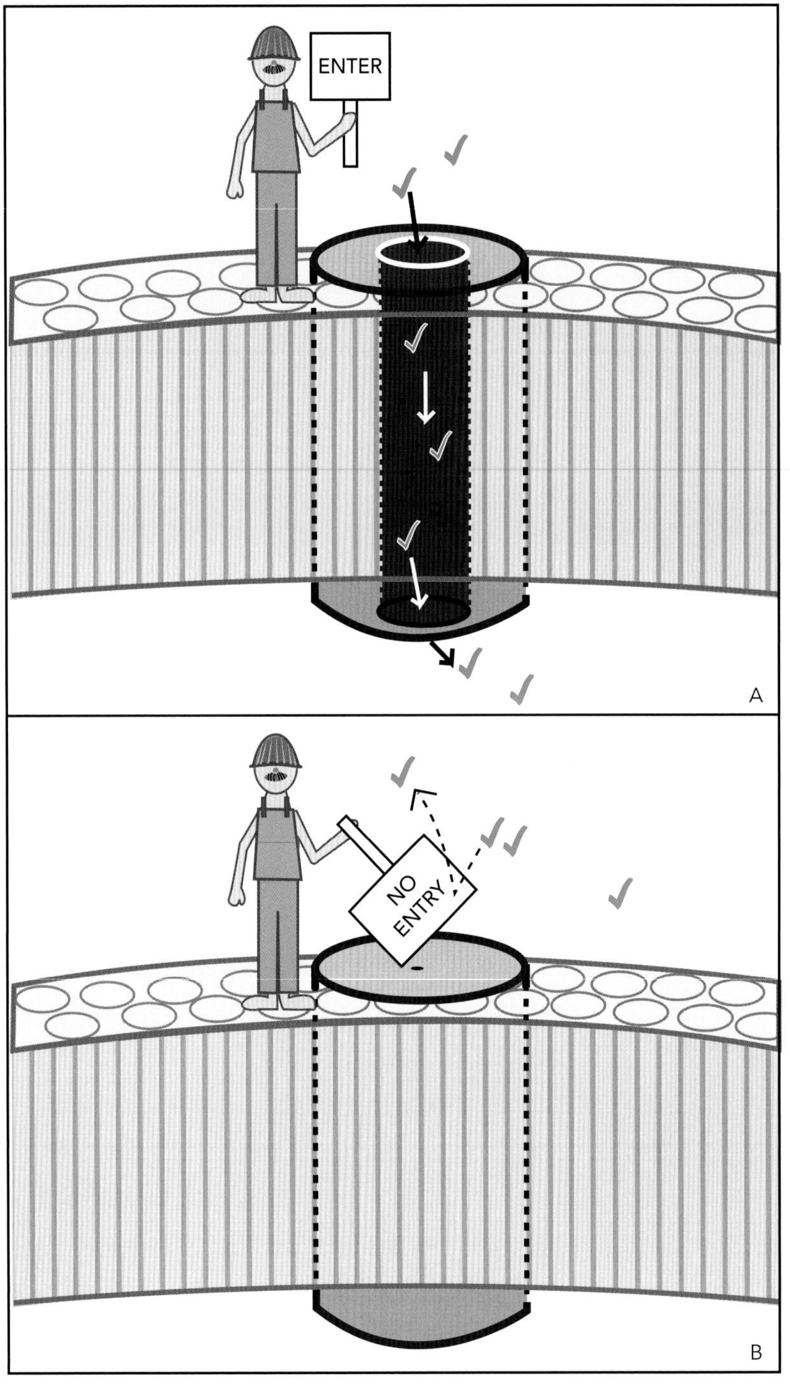

그림 3-1 리간드작동 이온통로 문지기. 이 도식은 리간드작동 이온통로를 보여준다. 패널 A에서 수용체는 신경전달의 지시에 따라 통로를 열어 이온이 세포로 이동할 수 있도록 하는 분자 문지기 역할을 하고 있다. 패널 B에서 문지기는 이온이 세포 안으로 들어가지 못하도록 통로를 닫아두고 있다. 리간드작동 이온통로는 이온통로를 형성하는 수용체의 일종으로 이온통로연결 수용체 또는 이온성 수용체라고도 불린다.

사용할 것이다.

다수의 약물이 이러한 수용체/이온통로 복합체 주변의 여러 부위에서 작용하여 수용체/이온통로 작용의 다양한 변형을 초래한다. 이러한 변형은 통로를 통한 이온의 흐름을 즉각적으로 변화시킬 뿐만 아니라 지연을 통해서도 수용체에서 시작되는 신호의 전달로 인해 발생하는 후속 반응을 변화시킬 수 있다. 이러한 후속 작용은 제1장에서 광범위하게 논의되었으며, 인단백질의 활성화 및 비활성화, 효소의 활성, 수용체의 민감도, 이온통로의 전도도 변화를 모두 포함한다. 다른 후속 작용은 유전자 발현의 변화로 인해 어떤 단백질이 합성되고 어떤 기능이 증폭되는지의 변화를 포함한다. 이러한 기능은 시냅스 생성에서부터 수용체 및 효소 합성, 이온성 수용체가 있는 뉴런에 의해 신경지배를 받는 후속 뉴런과의 소통 등에 이르기까지 다양할 수 있다. 리간드작동 이온통로에 작용하는 약물이 이러한 수용체에서 발생하는 신호전달을 어떻게 변화시키는지 이해하려면 독자는 제1장에서 설명한 신호전달 경로의 기능을 잘 알고 있어야 한다.

약물에 의한 이온성ionotropic/ionotrophic 수용체의 신호전달 변화는 정신적 증상에 중대한 영향을 미칠 수 있다. 벤조디아제핀benzodiazepine과 같은 불안 및 불면증 치료에 사용되는 많은 약물을 포함하여 현재 임상진료에서 사용되는 향정신성 약물의 약 5분의 1은 이 수용체에 작용하는 것으로 알려져 있다. 이온성 수용체는 이온의 흐름을 즉시 변화시키기 때문에 이 수용체에 작용하는 약물은 거의 즉각적인 효과를 나타낼 수 있으며, 그렇기 때문에 이 수용체에 작용하는 많은 불안 및 수면 치료제는 임상적으로 즉각적인 효과를 나타낼 수 있다. 이는 제2장에서 설명한 G단백질연결 수용체에 작용하는 많은 약물의 작용과는 대조적인데, 그중 일부는 신호전달 연쇄반응을 통해 활성화된 세포 기능의 변화가 시작될 때까지 기다려야 해서 필요한 임상 효과(예: 기분에 대한 작용)가 지연되어 나타날 수 있다. 여기에서는 다양한 약물이 수용체/이온통로 복합체 주변의 다양한 분자 부위를 어떻게 자극하거나 차단하는지 설명할 것이다. 이 책 전반에 걸쳐 특정 이온성 수용체에 작용하는 특정 약물이 특정 정신질환에 어떻게 특정한 작용을 하는지 보여줄 것이다.

리간드작동 이온통로: 구조와 기능

리간드작동 이온통로는 수용체인가, 이온통로인가? 대답은 '둘 다'이다. 리간드작동 이온통로는 수용체의 일종인 동시에 이온통로를 형성하기도 한다. 그렇기 때문에 통로(리간드작동 이온통로)뿐만 아니라 수용체(이온성 수용체 및 이온통로연결 수용체)라고도 불린다. 이러한 용어들은 이온통로/수용체의 이중 기능을 포착하기 위한 것으로, 수용체/이온통로 복합체가 두 가지 이상의 용어로 사용되는 이유를 설명할 수 있다.

리간드작동 이온통로는 이온통로 주위에 아단위subunit로 조립된 여러 개의 긴 아미노산 가닥으로 구성된다. 이러한 아단위에는 신경전달물질에서 이온, 약물에 이르기까지 모든 것을 위한 다수의 결합 부위로 이루어져 있다. 즉 이들 복합 단백질에는 일부 이온이 통로를 통과하여 이동하고, 다른 이온들이 통로에 결합하는 여러 부위들이 있으며, 하나의 신경전달물질 또는 2개의 공동전달체가 별개의 독특한 결합 부위에서 작용하는 곳들이 있고, 통로 개방의 민감도를 높이거나 낮추는 다수의 알로스테릭 조절제allosteric modulator(예: 신경전달물질이 결합하는 부위와 다른 부위에 결합하는 천연 물질 또는 약물)를 위한 부위들도 존재한다.

오합체 아형

많은 리간드작동 이온통로는 5개의 단백질 아단위로 조립되며, 이것이 바로 오합체라고 불리는 이유이다. 리간드작동 이온통로의 오합체 아형pentameric subtype에 대한 아단위는 각각 4개의 막경유 영역transmembrane region을 가지고 있다(그림 3-2A). 이러한 막 단백질은 막을 네 번 드나든다(그림 3-2A). 이들 아단위의 복사본 5개가 선택되면(그림 3-2B), 이들은 함께 모여 이온통로를 가운데 두고 완전한 기능을 하는 오합체 수용체를 형성한다(그림 3-2C). 수용체 부위는 각 아단위의 다양한 위치에 있으며, 일부 결합 부위는 통로 내에 있지만 많은 부위는 통로 외부의 다른 위치에 존재한다. 이러한 오합체 구조는 $GABA_A$ 수용체, 니코틴 콜린 수용체, 세로토닌 $5HT_3$ 수용체, 특정 글라이신 수용체에서 전형적으로 나타난다(표 3-1). 오합체 리간드연결 이온통로에 직접 작용하는 약물은 표 3-2에 나열되어 있다.

이 구조가 충분히 복잡하므로, 오합체 이온성 수용체는

표 3-1 오합체 리간드작동 이온통로

4개의 막경유 영역 5개의 아단위	
신경전달물질	수용체 아형
Acetylcholine	Nicotinic receptors (e.g. α_7 nicotinic receptors; $\alpha_4\beta_2$ nicotinic receptors)
GABA	$GABA_A$ receptors (e.g. α_1 subunits; γ subunits; δ subunits)
Glycine	Strychnine-sensitive glycine receptors
Serotonin	$5HT_3$ receptors

실제로 많은 다양한 아형을 가지고 있다. 오합체 이온성 수용체의 아형은 5개의 아단위 각각이 완전히 구성된 수용체로 조립되기 위해 어떤 형태로 선택되었는지에 따라 정의된다. 즉 4개의 막경유 아단위 각각에 대해 여러 가지 아형이 존재하며, 이를 통해 완전하게 구성된 수용체의 여러 상이한 집합체를 조합할 수 있다. 천연 신경전달물질은 이온성 수용체의 모든 아형에 결합하지만, 임상진료에서 사용되는 일부 약물과 임상시험에서 사용되는 많은 약물은 이러한 아형 중 하나 이상에 선택적으로 결합할 수 있지만 다른 아형에는 결합하지 못한다. 이는 기능적 및 임상적 결과를 초래

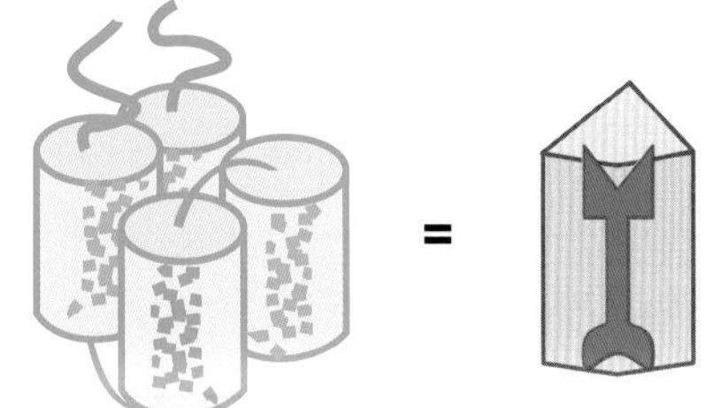

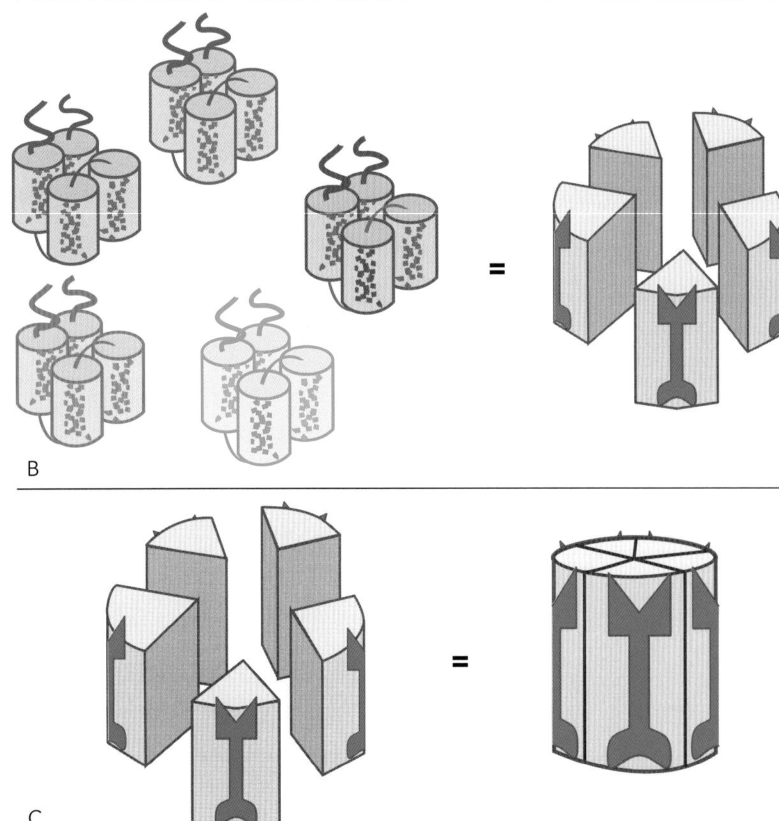

그림 3-2 리간드작동 이온통로 구조. 패널 A에서 보는 것처럼 오합체 리간드작동 이온통로의 단일 아단위의 4개 막경유 영역이 무리를 형성한다. 이 아단위를 위한 상징이 패널 A의 오른쪽에 표시되어 있으며, 5개의 아단위 복사본이 함께 모여(패널 B) 가운데에 기능적인 이온통로를 형성한다(패널 C). 리간드작동 이온통로는 통로의 내부와 외부에 있는 5개의 아단위 모두에 수용체 결합 부위가 있다.

할 수 있다. 특정 수용체 아형과 이에 선택적으로 결합하는 특정 약물은 특정 임상적 용도를 다루는 장에서 설명할 것이다.

사합체 아형

이온성 글루타메이트 수용체는 방금 설명한 오합체 이온성 수용체와는 다른 구조를 가지고 있다. 글루타메이트에 대한 리간드작동 이온통로는 그림 3-2A에 표시된 4개의 완전한 막경유 영역이 아니라 3개의 완전한 막경유 영역과 안쪽으로 굽은 네 번째 고리를 가진 아단위로 구성된다(그림 3-3A). 이러한 아단위 복사본 4개가 선택되면(그림 3-3B), 이들은 함께 모여 이온통로를 감싸고 있는 4개의 안쪽으로 굽은 고리와 함께 중앙에 완전한 기능을 하는 이온통로를 형성한다(그림 3-3C). 따라서 사합체tetrameric 이온통로의 아형(그림 3-3)은 오합체pentameric 이온통로의 아형(그림 3-2A)과 유사하지만, 아단위가 5개가 아닌 4개만 있다. 수용체 부위는 각 아단위의 다양한 위치에 있으며, 일부 결합 부위는 통로 내에 있지만 많은 부위는 통로 외부의 다른 위치에 존재한다.

이 사합체 구조는 α-아미노-3-하이드록시-5-메틸-4-이소옥사졸-프로피온산α-amino-3-hydroxy-5-methyl-4-isoxazole-propionic acid, AMPA, 카이네이트kainate, *N*-메틸-D-아스파르트산*N*-methyl-D-aspartate, NMDA 아형으로 알려진 이온성 글루타메이트 수용체의 전형적인 형태이다(표 3-3). 사합체 이온성 글루타메이트 수용체에 직접 작용하는 약물은 표 3-2에 나열되어 있다. 해당 수용체에 작용하는 선택적 작용제 및 해당 아형을 구성하는 특정 분자 아단위에 따른 글루타메이트 수용체 아형이 표 3-3에 나열되어 있다. 이온성 글

표 3-2 향정신성 약물이 직접 표적으로 삼는 주요 리간드작동 이온통로

신경전달물질	직접 표적으로 삼는 리간드작동 이온통로 수용체 아형	약리적 작용	약물 분류	치료작용
아세틸콜린	Alpha$_4$ Beta$_2$ 니코틴	부분작용제	Nicotinic receptor partial agonist (NRPA) (varenicline)	금연
GABA	GABA$_A$ 벤조디아제핀 수용체	완전작용제, 위상성phasic 억제	Benzodiazepines	항우울
	GABA$_A$ 비벤조디아제핀 PAM 부위	완전작용제, 위상성 억제	"Z DRUGS"/hypnotics (zolpidem, zaleplon, zopiclone, eszopiclone)	불면 개선
	GABA$_A$ 신경스테로이드 부위 (벤조디아제핀 둔감성)	완전작용제, 긴장성tonic 억제	Neuroactive steroids (allopregnanolone)	분만후 우울증 속효성 항우울 마취
글루타메이트	NMDA NAM 통로 부위/ Mg^{++} 부위	길항제	NMDA glutamate antagonist (memantine)	알츠하이머병의 인지증진
	NMDA 열린 통로 부위	길항제	PCP/phencyclidine Ketamine Dextromethorphan Dextromethadone	해리성 환각제 마취 거짓숨뇌 정동pseudobulbar affect 알츠하이머병의 초조 속효성 항우울 치료저항성 우울증
세로토닌	5HT$_3$	길항제	Mirtazapine Vortioxetine	인지증진 항우울
	5HT$_3$	길항제	Anti-emetic	화학요법으로 유발된 구토의 감소

표 3-3 사합체 리간드작동 이온통로

3개의 막경유 영역과 1개의 안쪽으로 굽은 고리 4개의 아단위	
신경전달물질	수용체 아형
Glutamate	AMPA (e.g. GluR1–4 subunits)
	KAINATE (e.g. GluR5–7, KA1–2 subunits)
	NMDA (e.g. NMDAR1, NMDAR2A–D, NMDAR3A subunits)

AMPA: α-amino-3-hydroxy-5-methyl-4-isoxazole-propionic acid, NMDA: *N*-methyl-D-aspartate.

루타메이트 수용체에 대한 아형 선택적 약물은 연구 중이지만, 현재 임상진료에서 사용되지는 않는다.

작용제 스펙트럼

제2장에서 광범위하게 논의한 G단백질연결 수용체에 대한 작용제 스펙트럼의 개념은 리간드작동 이온통로에도 적용될 수 있다(그림 3-4). 따라서 **완전작용제**는 수용체의 형태를 변경하여 해당 결합 부위에서 허용하는 최대 빈도로 이온통로를 개방한다(그림 3-5). 그러면 이 결합 부위가 매개할 수

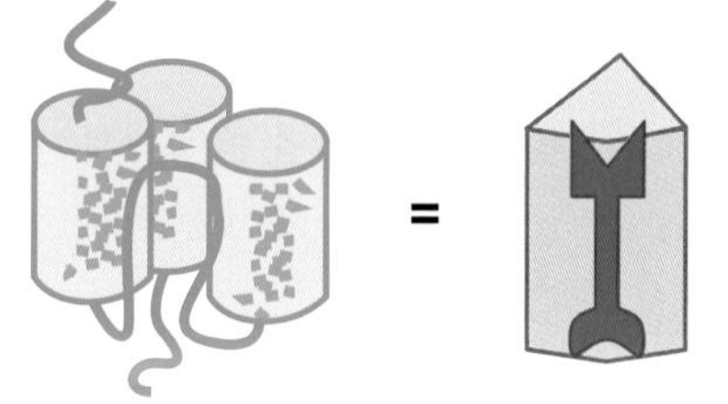

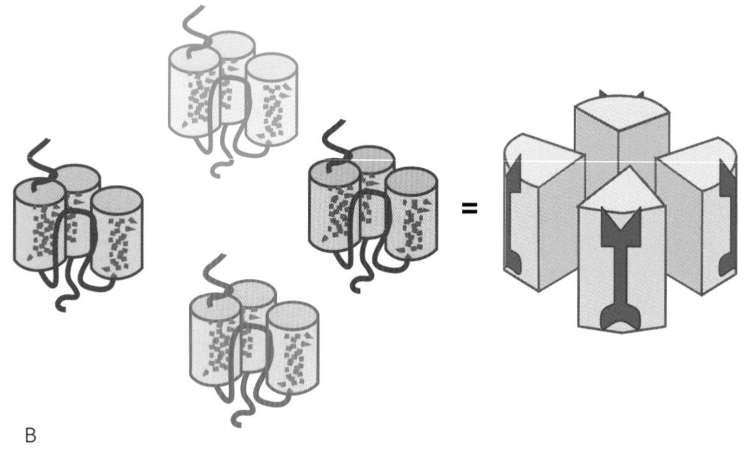

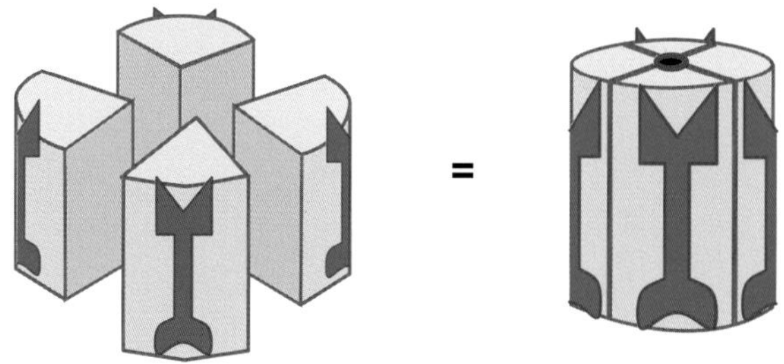

그림 3-3 사합체 리간드작동 이온통로 구조. 사합체 리간드작동 이온통로의 단일 아단위가 패널 A에서 무리를 형성하는 것으로 표시되어 있으며, 이 아단위의 상징은 패널 A의 오른쪽에 표시되었다. 이 아단위의 복사본 4개가 함께 모여(패널 B) 가운데에 기능적인 이온통로를 형성한다(패널 C). 리간드작동 이온통로는 통로 내부와 외부에 있는 4개의 아단위 모두에 수용체 결합 부위가 있다.

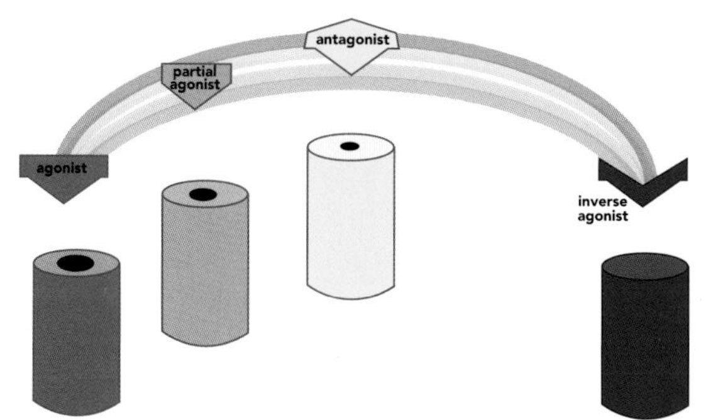

그림 3-4 작용제 스펙트럼. 이온통로에 대한 작용제 스펙트럼과 그에 상응하는 효과가 여기에 나와 있다. 이 스펙트럼은 해당 결합 부위에서 허용하는 최대 빈도로 통로를 개방하는(단순화를 위해 더 넓은 개방으로 묘사함) 작용제(맨 왼쪽)부터, 통로를 자주 개방하지 않고 안정 상태를 유지하는 길항제(스펙트럼 가운데)와 이온통로를 폐쇄 및 비활성 상태로 만드는 역작용제(맨 오른쪽)에 이르기까지 다양하다. 작용제와 길항제 사이에는 부분작용제가 있는데, 이는 안정 상태에 비해 이온통로 개방의 정도와 빈도를 증가시키지만 완전작용제만큼은 아니다. 길항제는 작용제 스펙트럼의 모든 것을 차단하여 각각의 경우에 이온통로를 안정 상태로 되돌릴 수 있다.

있는 최대량의 후속 신호전달이 촉발된다. 이온통로는 완전작용제만 사용할 때보다 훨씬 더 많이(즉 더 자주) 열릴 수 있지만, 이를 위해서는 나중에 설명할 두 번째 수용체 부위인 양성 알로스테릭 조절제positive allosteric modulator, PAM의 도움이 필요하다.

길항제는 안정 상태resting state에서 수용체를 안정화시키는데(그림 3-6B), 이는 작용제가 없을 때의 수용체 상태와 동일하다(그림 3-6A). 길항제의 존재와 부재 사이에 차이가 없기 때문에 길항제는 중성 또는 침묵이라고 한다. 안정 상태는 완전히 닫힌 이온통로가 아니므로 작용제가 없는 경우(그림 3-6A)는 물론 길항제가 있는 경우(그림 3-6B)에도 통로를 통해 어느 정도의 이온 흐름이 있다. 이는 작용제가 존재하지 않거나 길항제가 존재하더라도 통로가 가끔씩 드물게 개방되기 때문이다. 이를 기본구성 활성constitutive activity이라고 하며, G단백질연결 수용체에 대한 제2장에서도 논의하였다. 이온통로연결 수용체의 길항제는 작용제의 작용을 역전시키고(그림 3-7), 수용체 형태를 안정 기준 상태로 되돌리지만, 기본구성 활성을 차단하지는 않는다.

부분작용제는 수용체 형태에 변화를 일으켜 이온통로가

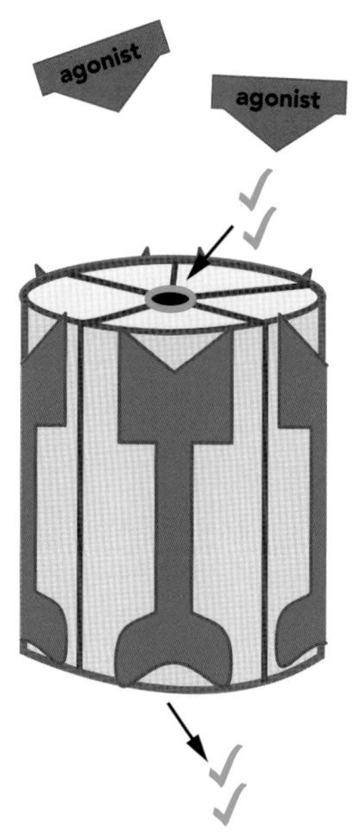

작용제가 없을 때 안정 상태의 통로

A

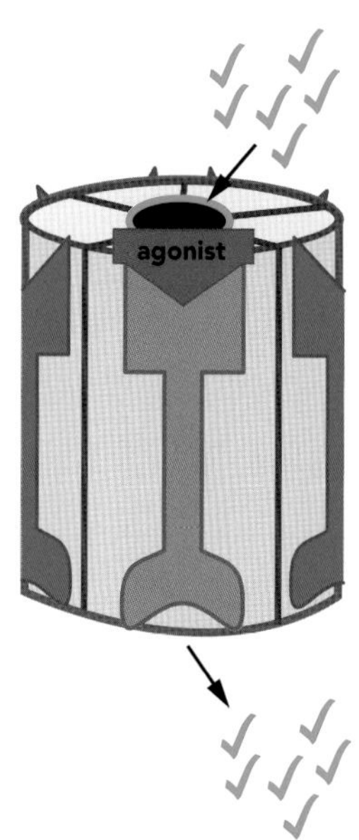

작용제가 수용체에 결합하고 통로가 더 자주 열린다.

B

그림 3-5 작용제의 작용. 패널 A에서는 이온통로가 안정 상태에 있으며, 이 기간 동안 통로가 드물게 열린다(기본구성 활성). 패널 B에서는 작용제가 리간드작동 이온통로의 결합 부위를 차지하여 통로가 열리는 빈도를 증가시킨다. 이것은 빨간색 작용제가 수용체를 빨간색으로 바꾸고 이온통로를 여는 것으로 표현되었다.

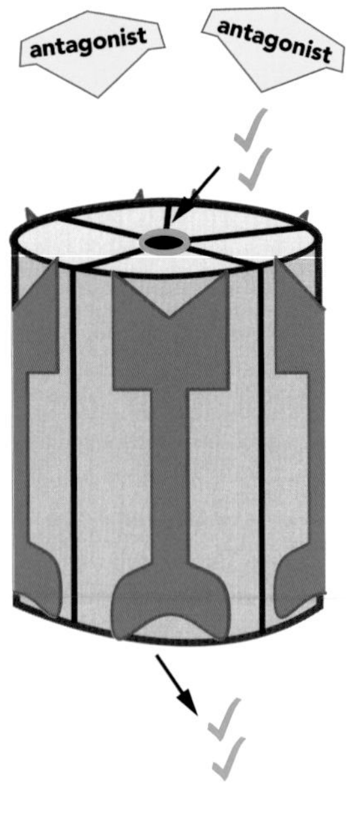

안정 상태의 통로

A

길항제가 수용체에 결합하지만,
작용제가 없는 안정 상태에 비해
통로의 개방 빈도에 영향을 미치지 않는다.

B

그림 3-6 **단독으로 작용하는 길항제.** 패널 A에서는 이온통로가 안정 상태에 있으며, 이 기간 동안 통로가 드물게 열린다. 패널 B에서는 리간드 작동 이온통로에 작용제에 의해 정상적으로 점유되었던 결합 부위를 길항제가 점유하고 있다. 그러나 이에 대한 결과는 없으며, 이온통로는 안정 상태에 비해 통로의 개방 정도나 빈도에 영향을 미치지 않는다. 이는 노란색 길항제가 결합 부위에 붙어 수용체를 노란색으로 바꾸지만, 이온통로의 상태에는 영향을 미치지 않는 것으로 표현되었다.

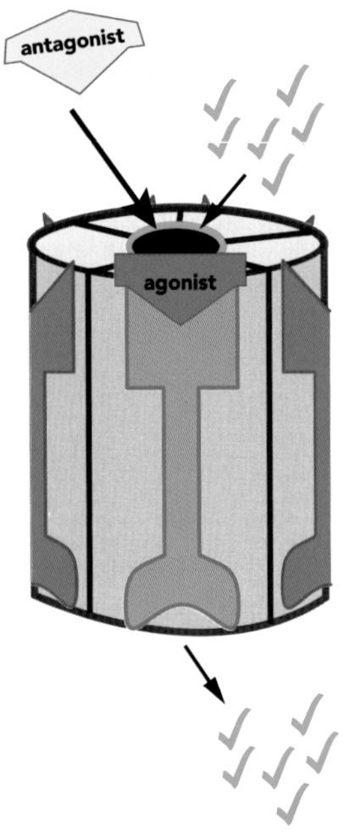

작용제는 통로를 더 자주 열리게 한다.

A

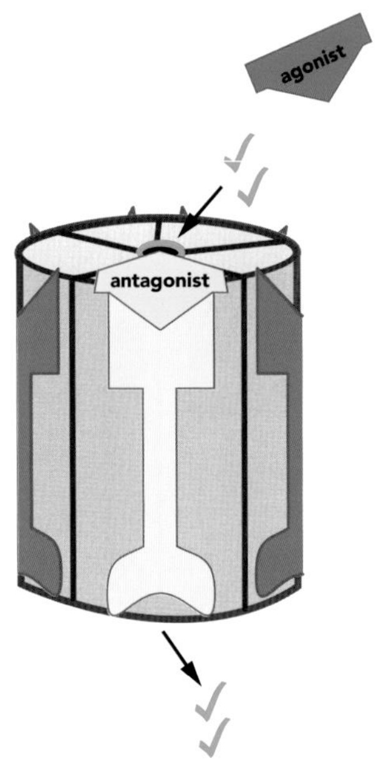

길항제가 대신하여 통로를
다시 안정 상태로 전환한다.

B

그림 3-7 **작용제가 있을 때 작용하는 길항제.** 패널 A에서 이온통로는 작용제에 의해 결합되어 안정 상태보다 더 높은 빈도로 열리게 된다. 이것은 빨간색 작용제가 수용체를 빨간색으로 바꾸고 결합 부위에 붙어 이온통로를 여는 것으로 표현되었다. 패널 B에서는 노란색 길항제가 우세하여 빨간색 작용제를 결합 부위에서 밀어내어 작용제의 작용을 역전시키고 안정 상태를 회복시킨다. 따라서 이온통로는 작용제가 작용하기 전의 상태로 돌아간다.

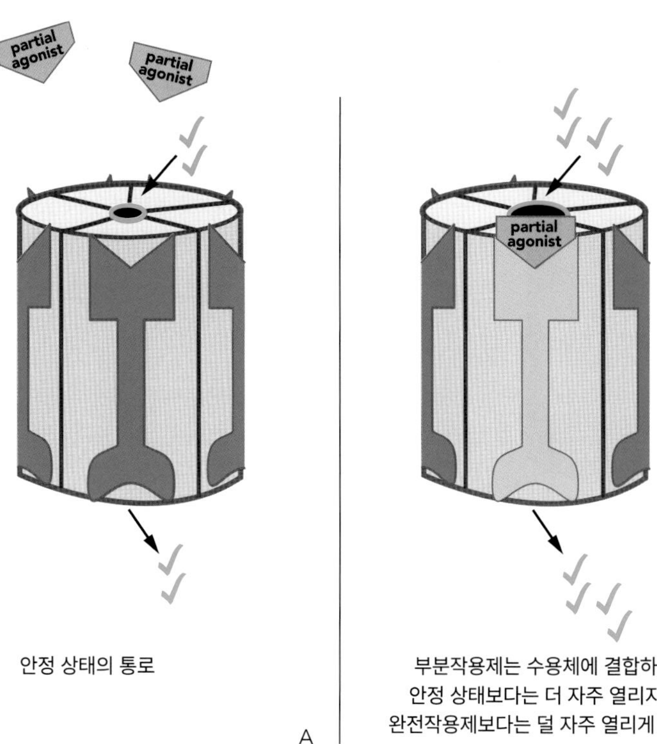

그림 3-8 **부분작용제의 작용.** 패널 A에서는 이온통로가 안정 상태에 있으며 드물게 열린다. 패널 B에서 부분작용제는 리간드작동 이온통로의 결합부위를 점유하고, 이온통로가 안정 상태보다 더 큰 범위와 더 높은 빈도로 열리도록 형태 변화를 일으키지만, 완전작용제가 있을 때보다는 덜하다. 이는 주황색 부분작용제가 수용체를 주황색으로 바꾸고, 이온통로를 완전히 열지 않고 부분적으로만 여는 것으로 묘사되었다.

3

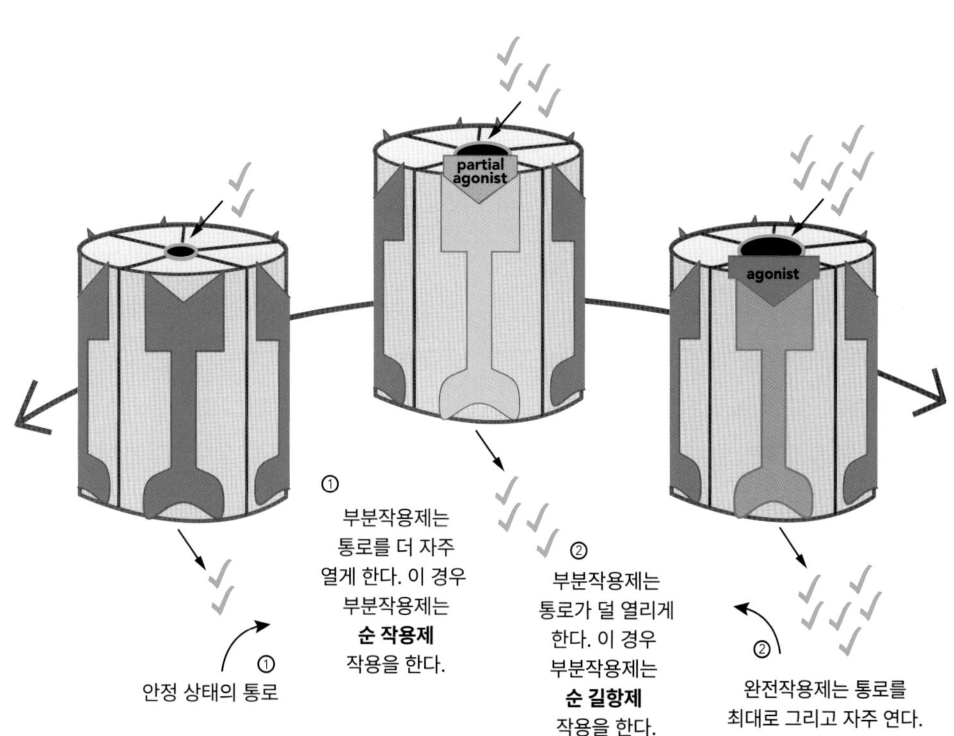

그림 3-9 **부분작용제의 순 효과**net effect**.** 부분작용제는 존재하는 작용제의 양에 따라 순 작용제 또는 순 길항제로 작용한다. 완전작용제가 없는 경우(맨 왼쪽), 부분작용제는 안정 상태에 비해 통로를 더 자주 열게 하므로 부분작용제는 순 작용제로 작용한다(왼쪽에서 오른쪽으로 이동). 그러나 완전작용제가 있는 경우(맨 오른쪽), 부분작용제는 완전작용제에 비해 통로 개방 빈도를 감소시키므로 순 길항제로 작용한다(오른쪽에서 왼쪽으로 이동).

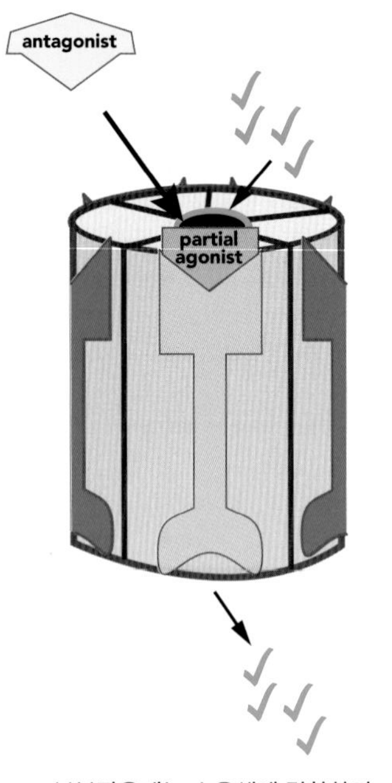

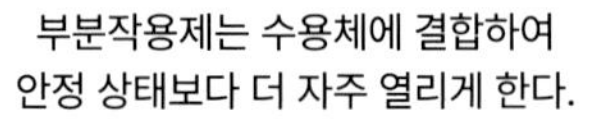

부분작용제는 수용체에 결합하여
안정 상태보다 더 자주 열리게 한다.
A

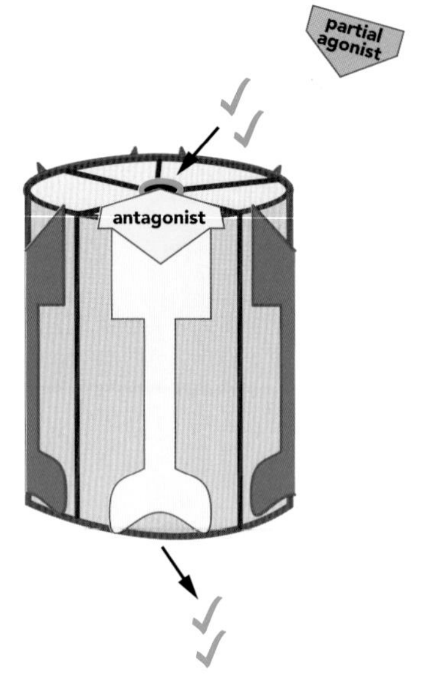

길항제는 통로가 기준 상태로
돌아가도록 한다.
B

그림 3-10 부분작용제가 있을 때 작용하는 길항제. 패널 A에서는 부분작용제가 결합 부위를 점유하여 이온통로가 안정 상태보다 더 자주 열리게 한다. 이는 주황색 부분작용제가 결합 부위에 붙어 수용체가 주황색으로 변하고, 이온통로가 부분적으로 개방되는 것으로 표현되었다. 패널 B에서는 노란색 길항제가 우세하여 주황색 부분작용제를 결합 부위에서 밀어내어 부분작용제의 작용을 역전시킨다. 따라서 이온통로는 안정 상태로 돌아간다.

안정 상태보다 더 많이 더 자주 열리지만, 완전작용제가 있을 때보다는 덜 열린다(그림 3-8 및 3-9). 길항제는 완전작용제를 역전시키는 것과 마찬가지로 부분작용제를 역전시켜 수용체를 안정 상태로 되돌려놓는다(그림 3-10). 따라서 부분작용제는 이온 흐름과 후속 신호전달을 생성하는데, 이는 작용제가 없을 때의 안정 상태보다는 높지만 완전작용제보다는 낮은 상태이다. G단백질연결 수용체의 경우와 마찬가지로, 이 부분작용제가 작용제 스펙트럼에서 완전작용제 또는 침묵 길항제에 얼마나 가까운지에 따라 부분작용제가 후속 신호전달 반응에 미치는 영향이 결정된다.

이상적인 치료제는 제2장에서 '골디락스Goldilocks' 해법이라고 불리는, 너무 뜨겁지도 너무 차갑지도 않은 딱 적당한 이온 흐름과 신호전달을 가져야 한다. 이 개념은 리간드작동 이온통로에도 적용할 수 있다. 이러한 이상적인 상태는 원하는 완전작용과 침묵 길항작용 사이의 균형에 따라 임상 상황마다 달라질 수 있다. 뇌 전체에 걸쳐 신경전달이 불안정한 경우, 이러한 균형을 찾으면 수용체 출력이 너무 많거나 너무 적은 후속 작용 사이 어느 지점에서 안정화될 수 있다. 이러한 이유로 부분작용제는 너무 많은 완전작용제 작용과 작용제 작용이 전혀 없는 극단 사이에서 안정적인 해결책을 찾을 수 있는 이론적 능력을 가지고 있기 때문에 '안정제stabilizer'라고도 불린다(그림 3-9).

G단백질연결 수용체의 경우와 마찬가지로, 리간드작동 이온통로의 부분작용제는 자연적으로 생성되는 완전작용제인 신경전달물질의 양에 따라 순 작용제net agonist 또는 순 길항제net antagonist로 나타날 수 있다. 따라서 완전작용제인 신경전달물질이 없는 경우 부분작용제는 순 작용제가 된다(그림 3-9). 즉 안정 상태에서 부분작용제는 이온통로연결 수용체에서 이온 흐름과 후속 신호전달 연쇄반응을 어느 정도 증가시키기 시작한다. 그러나 완전작용제인 신경전달물질 작용제가 존재하면 동일한 부분작용제가 순 길항제가 된다(그림 3-9). 즉 전체 신호 출력의 수준을 더 낮은 수준으로 감소시키지만 0은 아니다. 따라서 부분작용제는 부족한 신경전달물질의 활동을 촉진하는 동시에 과도한 신경전달물질의 활동을 차단할 수 있으며, 이것이 부분작용제를 안정제라고 부르는 또 다른 이유이다. 리간드작동 이온통로

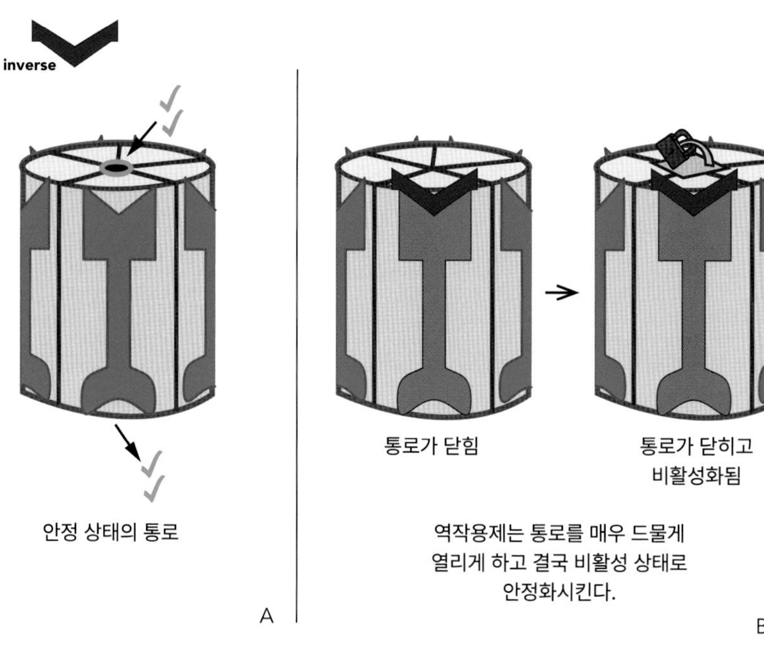

그림 3-11 역작용제의 작용. 패널 A에서는 이온통로가 안정 상태에 있으며 드물게 열린다. 패널 B에서는 역작용제가 리간드작동 이온통로의 결합 부위를 점유하여 이온통로를 닫게 한다. 이는 작용제의 작용과 반대되는 것으로, 보라색 역작용제가 수용체를 보라색으로 바꾸고, 이온통로를 닫는 것으로 표현되었다. 결국 역작용제는 이온통로를 비활성 상태로 안정화시키며, 이는 통로 자체의 자물쇠로 표현되었다.

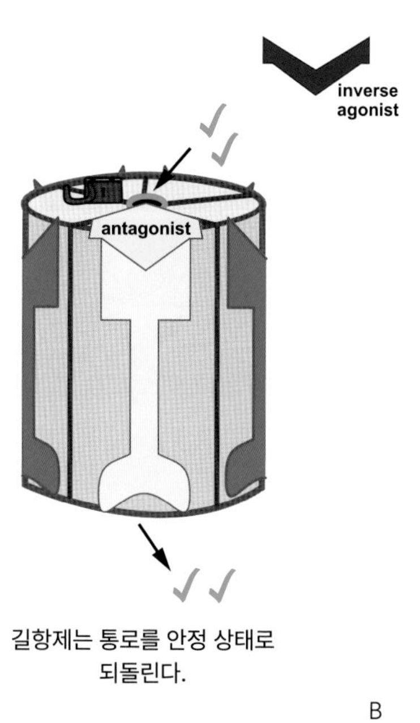

그림 3-12 역작용제가 존재할 때 작용하는 길항제. 패널 A에서는 역작용제가 리간드작동 이온통로의 결합 부위를 차지하여 이온통로가 비활성 상태로 안정화되었다. 이는 보라색 역작용제가 수용체를 보라색으로 바꾸고, 이온통로를 닫고 자물쇠를 잠그는 것으로 표현되었다. 패널 B에서는 노란색 길항제가 우세하여 보라색 역작용제를 결합 부위에서 밀어내어 이온통로를 안정 상태로 되돌린다. 이러한 방식으로 역작용제의 작용에 미치는 길항제의 영향은 작용제의 작용에 미치는 영향, 즉 이온통로를 안정 상태로 되돌리는 것과 유사하다. 그러나 역작용제가 있는 경우 길항제는 통로 개방 빈도를 증가시키는 반면, 작용제가 있는 경우 길항제는 통로 개방 빈도를 감소시킨다. 따라서 길항제는 그 자체로는 아무 작용도 하지 않지만, 작용제 또는 역작용제의 작용을 되돌릴 수 있다.

에서 작용하는 동일한 분자의 작용제와 길항제는 치료제에 있어 매우 흥미로운 새로운 차원이다. 이 개념은 부분작용제가 이론상으로 완전작용제가 부족한 상태뿐만 아니라 완전작용제가 과잉인 상태도 치료할 수 있다는 제안으로 이어진다. 제2장의 G단백질연결 수용체에 대한 논의에서 언급했듯이, 리간드작동 이온통로의 부분작용제는 이론상으로 신경전달물질 활성의 과잉과 결핍이 혼합된 상태도 치료할 수 있다. 리간드작동 이온통로의 부분작용제는 이제 막 임상진료에서 사용되기 시작했으며(표 3-2), 여러 가지가 임상개발 중이다.

리간드작동 이온통로의 **역작용제**는 단순 길항제와 다르며 중성도 아니고 침묵도 아니다. 역작용제는 G단백질연결 수용체와 관련하여 제2장에서 설명하였다. 리간드작동 이온통로의 역작용제는 이러한 수용체에서 먼저 통로를 닫은 다음 비활성 형태로 안정화시키는 형태 변화를 일으키는 것으로 생각된다(그림 3-11). 따라서 이러한 비활성 형태(그림 3-11B)는 안정 상태(그림 3-11A)에 비해 이온 흐름과 그에 따른 신호전달의 기능적 감소를 일으키며, 이는 작용제가 없거나 침묵 길항제가 존재할 때 발생하는 것보다 훨씬 적다. 길항제는 역작용제로 인한 이러한 비활성 상태를 역전시켜 통로를 안정 상태로 되돌려놓는다(그림 3-12).

따라서 여러 면에서 역작용제는 작용제와 정반대의 역할을 한다. 작용제가 기준선보다 신호전달을 증가시키면, 역작용제는 기준선 수준 이하로 신호전달을 감소시킨다. 또한 안정 상태를 안정화시키는 길항제와 대조적으로 역작용제는 비활성 상태를 안정화시킨다(그림 3-11 및 3-13). 역작용제의 비활성 상태가 이온성 수용체에서 침묵 길항제의 안정 상태와 임상적으로 구별될 수 있는지는 아직 명확하지 않다. 한편 역작용제는 여전히 흥미로운 약리적 개념으로 남아 있다.

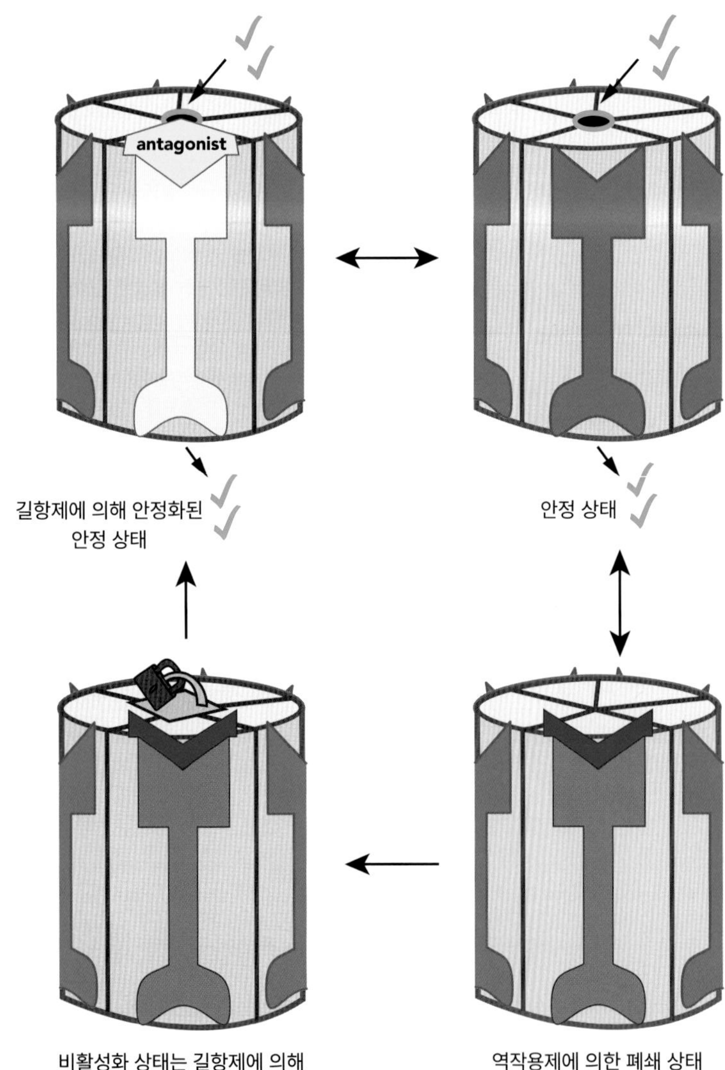

그림 3-13 **길항제에 의해 역전된 역작용제 작용.** 길항제는 리간드작동 이온통로의 형태 변화를 일으켜 수용체를 안정 상태(왼쪽 위), 즉 작용제나 역작용제가 없을 때와 같은 상태(오른쪽 위)로 안정화시킨다. 역작용제는 이온통로를 닫는 형태 변화를 일으킨다(오른쪽 아래). 역작용제가 오랜 시간 동안 결합되면, 결국 이온통로가 비활성 형태로 안정화될 수 있다(왼쪽 아래). 이런 비활성 이온통로의 안정화된 형태는 길항제에 의해 빠르게 역전될 수 있으며, 이온통로를 안정 상태로 재안정화시킨다(왼쪽 위).

요약하면 이온통로연결 수용체는 작용제 스펙트럼을 따라 작용하며, 이러한 수용체의 형태 변화를 일으켜 완전작용제부터 부분작용제, 침묵 길항제, 역작용제에 이르기까지 어떤 상태라도 만들 수 있는 약물들을 설명하였다(그림 3-4). 이 스펙트럼을 따라 신호전달의 스펙트럼을 고려하면, 작용제 스펙트럼의 각 지점에 있는 작용제가 왜 서로 다른지, 그리고 임상적 작용이 왜 그렇게 다른지 쉽게 이해할 수 있다.

리간드작동 이온통로의 다양한 상태

리간드작동 이온통로의 상태는 위에서 설명한 작용제 스펙트럼에 의해 결정되고, 그림 3-4부터 3-13까지에 표시된 상태보다 훨씬 더 많다. 지금까지 논의한 상태는 작용제 스펙트럼에 걸쳐 작용하는 약제를 급성 투여할 때 주로 발생하는 상태이다. 이러한 상태는 완전작용제가 유발하는 형태 변화로 인한 이온통로의 최대 개방부터 역작용제가 유발하는 이온통로의 최대 폐쇄에 이르기까지 다양하다. 이 스펙트럼에 걸친 약제의 급성 작용으로 인한 이러한 형태 변화는 특히 약제에 만성적으로나 과도한 노출이 있을 때 수용체가 적응할 수 있는 능력이 있기 때문에 시간이 지남에 따라 변화할 수 있다.

그림 3-14에 표시된 안정 상태, 개방 상태, 폐쇄 상태에 대해 이미 설명하였다. 가장 잘 알려진 적응 상태는 그림 3-14에 표시된 탈민감화desensitization와 비활성inactivation 상태이다. 비활성은 역작용제의 급성 투여로 인해 발생할 수 있는 상태로 이미 간략하게 논의하였다. 이온통로의 급격한 형태 변화로 시작하여 처음에는 닫히지만 시간이 지나면 비활성 형태로 안정화된다. 이는 길항제에 의해 상대적으로 빠르게 되돌릴 수 있어 이온통로가 안정 상태로 재안정화된다(그림 3-11부터 그림 3-13까지).

탈민감화는 그림 3-14에 표시된 리간드작동 이온통로의 또 다른 상태이다. 이온통로연결 수용체 탈민감화는 작용제의 장기간 노출에 의해 발생할 수 있으며, 수용체가 과도한 자극으로부터 자신을 보호하는 방법일 수 있다. 리간드작동 이온통로에서 작용하는 작용제는 먼저 통로를 여는 수용체 형태의 변화를 유도하지만, 작용제가 지속적으로 존재함으로 인해 시간이 지남에 따라 작용제가 여전히 존재하더라도 수용체가 작용제에 대한 반응을 본질적으로 중단하는 또 다른 형태 변화를 초래한다. 그러면 이 수용체는 탈민감화된 것으로 간주된다(그림 3-14 및 3-15). 이러한 탈민감

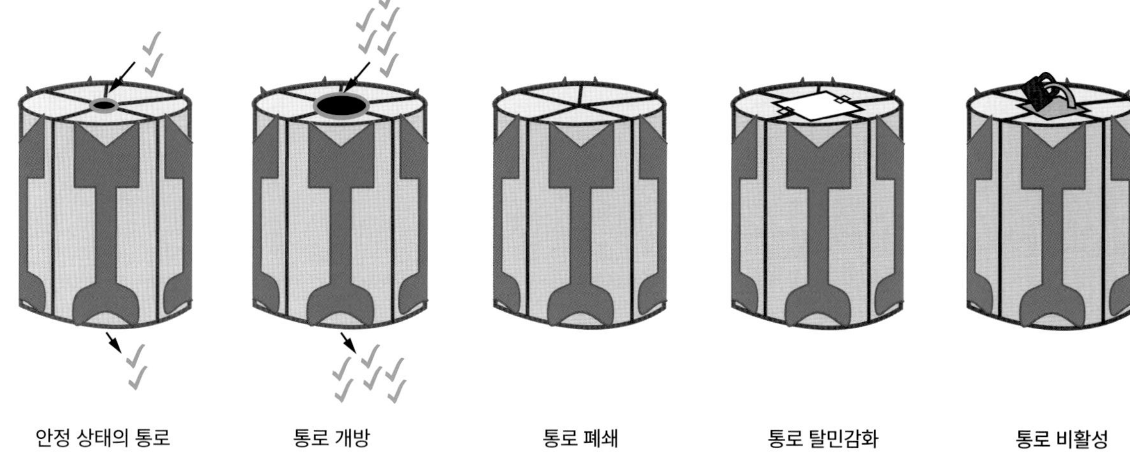

그림 3-14 리간드작동 이온통로의 다섯 가지 상태. 여기에는 리간드작동 이온통로의 잘 알려진 다섯 가지 상태가 요약되어 있다. 안정 상태에서는 리간드작동 이온통로가 드물게 열리면서 결과적으로 신호전달을 감지할 수 있거나 감지하지 못할 수도 있는 기본구성 활성이 발생한다. 통로 개방 상태에서는 리간드작동 이온통로가 열려 통로를 통한 이온 전도도를 허용하여 신호전달로 이어진다. 통로 폐쇄 상태에서는 리간드작동 이온통로가 닫혀 이온 흐름이 발생하지 않으므로 신호전달이 감소하여 안정 상태에서 생성되는 것보다 훨씬 적어진다. 통로 탈민감화 상태는 작용제가 여전히 결합되어 있더라도 수용체가 작용제에 대한 반응을 멈추는 적응 상태이다. 통로 비활성 상태는 오랜 시간 동안 닫혀 있던 이온통로가 비활성 형태로 안정화되는 상태이다.

화 상태는 처음에는 작용제를 제거하면 비교적 빠르게 되돌릴 수 있다(그림 3-15). 그러나 작용제가 몇 시간씩 훨씬 더 오래 머무르면 수용체는 단순 탈민감화 상태에서 비활성 상태로 전환된다(그림 3-15). 이 상태는 단순히 작용제를 제거한다고 해서 되돌릴 수 없는데, 작용제가 없는 상태에서 수용체가 다시 작용제에 대한 새로운 노출에 민감해지는 안정 상태로 돌아가는 데에도 몇 시간이 걸리기 때문이다(그림 3-15).

비활성 상태는 일반적으로 내인성 신경전달물질인 아세틸콜린에 반응하는 리간드작동 이온통로인 니코틴 콜린 수용체에서 가장 잘 특징지어질 수 있다. 아세틸콜린은 풍부한 아세틸콜린에스터분해효소acetylcholinesterase에 의해 빠르게 가수분해되므로 니코틴 수용체를 탈민감화하거나 비활성화할 기회가 거의 없다. 그러나 니코틴은 아세틸콜린

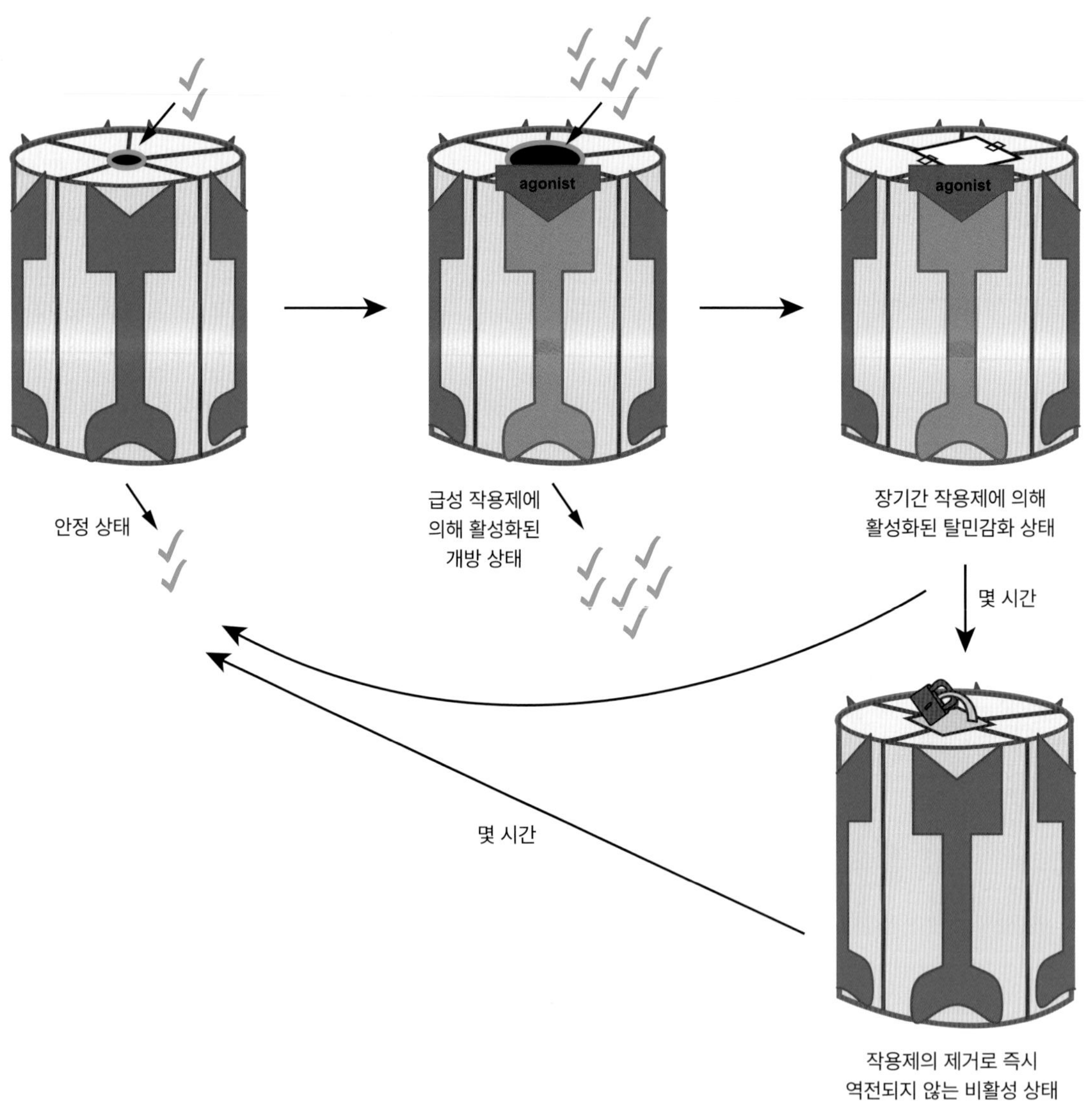

그림 3-15 작용제에 의한 개방, 탈민감화, 비활성화. 작용제는 리간드작동 이온통로를 더 자주 열게 하여 안정 상태에 비해 이온 전도도를 증가시킨다. 작용제에 장기간 노출되면 리간드작동 이온통로는 작용제가 여전히 결합되어 있더라도 작용제에 더 이상 반응하지 않는 탈민감화 상태가 될 수 있다. 작용제를 신속하게 제거하면 이 상태를 상당히 빠르게 되돌릴 수 있다. 그러나 작용제가 더 오래 머무르면 이온통로의 비활성화로 이어지는 형태 변화를 일으킬 수 있다. 이 상태는 작용제를 제거해도 즉시 회복되지 않는다.

에스터분해효소에 의해 가수분해되지 않으며, 니코틴 콜린 수용체를 매우 깊고 지속적으로 자극하여 담배 한 개비를 피우는 데 걸리는 시간 정도에 수용체가 빠르게 탈민감화될 뿐만 아니라 대부분의 흡연자가 다음 담배를 피우는 시간 동안 수용체가 지속적으로 비활성화되는 것으로 유명하다. 담배의 길이가 왜 그 정도이며, 대부분의 흡연자가 깨어 있는 약 16시간 동안 하루에 한 갑(20개비)을 피우는 이유가 궁금했던 적이 있는가? 이 모든 것은 여기에 설명된 니코틴 수용체의 수용체 작용 특성에 맞게 니코틴의 투여량을 조절하는 것과 관련이 있다. 니코틴 및 기타 물질에 대한 중독은 충동성과 약물남용에 관한 제13장에서 더 자세히 설명할 것이다. 작용제에 의해 유도되는 다양한 수용체 상태 사이의 이러한 전환은 그림 3-15에 나와 있다.

알로스테릭 조절: PAM 및 NAM

리간드작동 이온통로는 그것에 결합하는 신경전달물질보다 더 많은 것에 의해 조절된다. 즉 신경전달물질은 아니지만 신경전달물질이 결합하는 부위와 다른 부위에서 수용체/이온통로 복합체에 결합할 수 있는 다른 분자들이 존재한다. 이러한 부위를 **알로스테릭**(문자 그대로 '다른 부위')이라고 하며, 여기에 결합하는 리간드를 알로스테릭 조절제 allosteric modulator라고 한다. 이러한 리간드는 신경전달물질이 없을 때는 자체적으로 거의 또는 전혀 활성이 없기 때문에 신경전달물질이라기보다는 조절제이다. 따라서 알로스테릭 조절제는 신경전달물질이 있을 때만 작동한다.

알로스테릭 조절제는 두 가지 형태가 있다. 하나는 신경전달물질의 작용을 촉진하여 양성 알로스테릭 조절제 positive allosteric modulator, PAM라고 하며, 다른 하나는 신경전달물질의 작용을 차단하여 음성 알로스테릭 조절제 negative allosteric modulator, NAM라고 부른다.

구체적으로, 신경전달물질이 해당 부위에 결합하지 않는 동안 PAM 또는 NAM이 알로스테릭 부위에 결합하면,

3

그림 3-16 양성 알로스테릭 조절제. 알로스테릭 조절제는 이온통로연결 수용체의 신경전달물질 부위 이외의 부위에 결합하는 리간드이다. 알로스테릭 조절제는 자체적인 활성은 없지만, 신경전달물질의 작용을 강화(양성 알로스테릭 조절제 또는 PAM)하거나 차단(음성 알로스테릭 조절제 또는 NAM)한다. 작용제가 결합되어 있는 상태에서 PAM이 해당 부위에 결합하면, 작용제만 결합되어 있을 때보다 통로가 훨씬 더 자주 열리므로 더 많은 이온이 세포 안으로 들어올 수 있다.

PAM과 NAM은 아무 일도 하지 않는다. 그러나 신경전달물질이 해당 부위에 있는 동안 PAM이 알로스테릭 부위에 결합하면, 리간드작동 이온통로에 형태 변화를 일으켜 완전작용제 단독으로 작용할 때보다 훨씬 더 자주 통로를 열게 된다(그림 3-16). 이것이 바로 PAM을 '양성'이라고 부르는 이유이다. PAM의 좋은 예로는 벤조디아제핀이 있다. 이러한 리간드는 $GABA_A$ 유형의 리간드작동 염화물 이온통로에서 GABA(γ-aminobutyric acid)의 작용을 강화한다. $GABA_A$ 부위에 결합한 GABA는 이온통로를 열어 염화물 이온 급속흐름chloride ion flux을 증가시키고, $GABA_A$ 수용체 복합체의 다른 곳에 있는 벤조디아제핀 수용체에서 작용제로 작용하는 벤조디아제핀은 이온통로를 더 많이 또는 더 자주 열어 염화물 이온 급속흐름 측면에서 GABA의 효과가 증폭되도록 한다. 임상적으로 이는 불안을 감소시키고, 수면을 유도하고, 경련을 차단하고, 단기 기억을 차단하고, 근육을 이완시키는 것으로 나타난다. 이 예에서 벤조디아제핀은 PAM 부위에서 완전작용제로 작용한다.

반면 신경전달물질이 작용제 결합 부위에 있는 동안 NAM이 알로스테릭 부위에 결합하면, NAM은 리간드작동 이온통로에 형태 변화를 일으켜 신경전달물질이 단독으로 작용할 때 일반적으로 발생하는 작용을 차단하거나 감소시킨다(그림 3-17). 이것이 바로 NAM을 '음성'라고 부르는 이유이다. NAM의 한 예로 벤조디아제핀 역작용제가 있다. 이는 아직 실험 단계에 불과하지만, 예상대로 벤조디아제핀 완전작용제와 반대 작용을 하여 이온통로를 통한 염화물 전도도를 크게 감소시켜 공황 발작, 경련, 일부 기억력 개선 등 벤조디아제핀 완전작용제와 반대되는 임상 효과를 유발한다. 따라서 동일한 알로스테릭 부위에서 리간드가 완

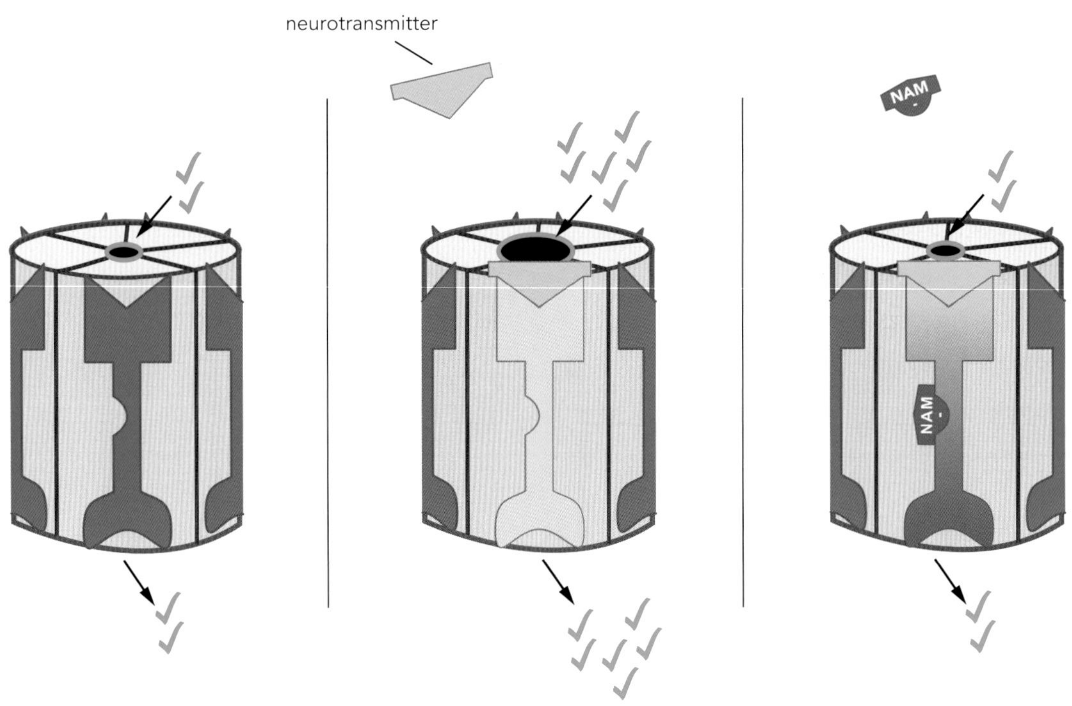

그림 3-17 음성 알로스테릭 조절제. 알로스테릭 조절제는 이온통로연결 수용체의 신경전달물질 부위 이외의 부위에 결합하는 리간드이다. 알로스테릭 조절제는 자체 활성은 없지만, 신경전달물질의 작용을 강화(양성 알로스테릭 조절제 또는 PAM)하거나 차단(음성 알로스테릭 조절제 또는 NAM)한다. 작용제가 결합되어 있는 상태에서 NAM이 해당 부위에 결합하면, 작용제만 결합되어 있을 때보다 통로가 훨씬 덜 열리므로 더 적은 이온이 세포 안으로 들어올 수 있다.

전작용제인지 역작용제인지에 따라 NAM 또는 PAM 작용을 할 수 있다. NMDA 수용체에 대한 NAM에는 펜사이클리딘phencyclidine(PCP, '엔젤 더스트angel dust'라고도 함)이 있는데, 치료저항성 우울증과 자살 사고suicidal thought의 치료제로도 사용되는 마취제 케타민ketamine과 구조적으로 관련되어 있다. 이러한 약제는 칼슘통로 내부의 한 부위에 결합하지만, 통로가 열려 있을 때만 통로로 들어가 차단할 수 있다. PCP나 케타민이 NAM 부위에 결합하면 글루타메이트/글라이신 공동전달이 통로를 여는 것을 방지한다.

정신약리학적 약물 작용의 표적으로서 전압민감 이온통로

구조와 기능

모든 이온통로가 신경전달물질 리간드에 의해 조절되는 것은 아니다. 실제로 신경 전도nerve conduction, 활동전위action potential, 신경전달물질 방출의 중요한 측면은 모두 **전압민감**voltage-sensitive 또는 **전압작동** 이온통로voltage-gated ion channel로 알려진 다른 종류의 이온통로에 의해 매개된다. 이온통로가 존재하는 막을 가로지르는 이온 전하ionic charge 또는 전압 전위voltage potential에 의해 개폐가 조절되기 때문에 전압민감 또는 전압작동 이온통로라고 부른다. 활동전위라고 알려진 뉴런의 전기 자극은 신경전달의 다양한 신경화학적 및 전기적 사건의 합산에 의해 촉발된다. 이에 대해서는 신경전달과 신호전달의 화학적 기초를 다룬 제1장에서 광범위하게 논의되었다.

전기적 활동전위는 그림 3-18에 나와 있다. 첫 번째 단계는 나트륨이 부족하고 음전하를 띠는 뉴런의 내부 환경으로, 나트륨이 '내리막'으로 밀려드는 것이다(그림 3-18A). 이는 전압작동 나트륨통로가 문을 열고 나트륨을 들여보낼 때 가능하다. 몇 밀리초 후, 나트륨의 급격한 유입으로 인한 전압 전위의 변화에 의해 전압작동 이온통로가 열리면서 칼슘통로도 동일한 방법으로 작동된다(그림 3-18B). 마지막으로 활동전위가 사라진 후, 뉴런의 기준 내부 전기적 환경이 회복되는 동안 나트륨이 다시 밖으로 배출되면서 칼륨이 칼륨통로를 통해 세포내로 다시 들어온다(그림 3-18C). 현재 여러 향정신성 약물이 전압민감 나트륨통로voltage-sensitive sodium channel, VSSC와 전압민감 칼슘통로voltage-sensitive calcium channel, VSCC에 작용하는 것으로 알려졌거나 추정되고 있다. 여기서는 이러한 종류의 이온통로에 대해 설명할 것이다. 칼륨통로는 향정신성 약물의 표적이 되는 것으로 잘 알려져 있지 않으므로 강조하지 않을 것이다.

전압민감 나트륨통로

이온통로 구조의 여러 차원은 VSSC와 VSCC가 유사하다. 둘 다 통로 자체인 '세공pore'이 있어 이온이 막의 한쪽에서 다른 쪽으로 이동할 수 있다. 그러나 전압작동 이온통로는 막의 단순한 구멍이나 세공보다 더 복잡한 구조를 가지고 있다. 이 통로는 아단위를 구성하는 아미노산의 긴 가닥들로 이루어져 있으며, 4개의 서로 다른 아단위가 연결되어

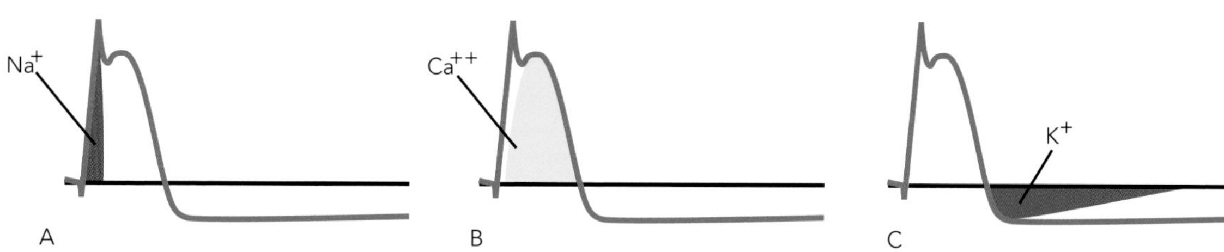

그림 3-18 활동전위의 이온 성분. 여기에는 활동전위의 이온 성분이 그림으로 표시되어 있다. 먼저 전압민감 나트륨통로가 열려 음전하를 띠는 뉴런의 내부 환경으로 '내리막' 나트륨이 유입된다(A). 나트륨 유입으로 인한 전압 전위의 변화는 전압민감 칼슘통로가 열리도록 촉발하여 칼슘 유입을 허용한다(B). 마지막으로 활동전위가 사라진 후, 나트륨이 배출되는 동안 칼륨이 세포로 유입되어 뉴런의 기준 내부 전기적 환경이 회복된다(C).

α 아단위로 알려진 중요한 세공을 형성한다. 또한 다른 단백질들은 4개의 아단위와 연결되어 있으며, 이들은 조절 기능을 하는 것으로 보인다.

이제 전압민감 이온통로를 처음부터 만들고, 이 통로를 구성하는 단백질의 각 부분에 대해 알려진 기능을 설명할 것이다. 세공을 형성하는 단백질의 아단위에는 6개의 막경유 구역이 있다(그림 3-19). 막경유 구역 4는 막을 가로지르는 전하 차이를 감지할 수 있으므로 전압민감 통로에서 전기적으로 가장 민감한 부분이다. 따라서 막경유 구역 4는 전압계와 같은 기능을 하며, 막을 가로지르는 이온 전하의 변화를 감지하면 나머지 단백질에 알림을 주고, 이온통로의 형태 변화를 시작하여 이온통로를 열거나 닫을 수 있다. 이와 같은 일반적인 구조는 VSSC(그림 3-19A)와 VSCC(그림 3-19B) 모두에 존재하지만, 단백질 아단위의 정확한 아미노산 서열은 VSCC와 VSSC를 비교하면 분명히 다르다.

전압민감 이온통로의 각 아단위에는 막경유 구역 5와 6 사이에 세포외 아미노산 고리가 있다(그림 3-19). 이 아미노산 부분은 '이온 필터' 역할을 하며 세공의 외부 개구부를 덮을 수 있는 위치에 있다. 이것은 왼쪽 그림에서 나트륨통로를 통해 나트륨 이온만 걸러지고, 오른쪽 그림에서 칼슘통로를 통해 칼슘 이온만 걸러지도록 분자적으로 구성된 여과기로 설명할 수 있다(그림 3-19).

이 단백질의 나트륨통로 버전의 복사본 4개가 서로 연결되어 VSSC의 하나의 완전한 이온통로 세공을 형성한다(그림 3-20A). 이 4개의 아단위를 하나로 묶는 아미노산의 세포질 고리는 나트륨통로의 다양한 기능을 조절하는 부위이다. 예를 들어 VSSC의 세 번째와 네 번째 아단위 사이의 연결기 고리에는 통로를 닫는 '마개' 역할을 하는 아미노산이 있다. 아미노산 사슬의 공처럼 이 '세공 비활성제'는 세공의 내막 표면에서 통로를 막는다(그림 3-20A 및 B). 이는 세공의 구멍을 물리적으로 막는 것으로, 마치 욕조의 배수구를 막는 욕조 마개를 연상시킨다. VSSC의 세공 형성 단위는 그림 3-20B에서 상징으로 보여주는데, 세공 중앙에 구멍이 있고 내부에서 구멍을 막을 준비가 된 세공 비활성제가 있다.

이 책에 나오는 많은 그림에서 전압작동 이온통로는 세포의 바깥쪽이 그림의 위쪽에 있는 경우가 많은데, 그림 3-20A와 B에 이온통로가 표시된 방식도 같다. 이 책에서는 그림 3-20C에 표시된 방향과 같이 뉴런의 안쪽이 위쪽에 있고 뉴런의 바깥쪽, 즉 시냅스가 아래쪽에 있는 시냅스전 막에 통로가 표시되는 경우가 종종 있을 것이기 때문에, 여기서는 세포의 안쪽이 그림의 위쪽에 있는 경우의 모습도

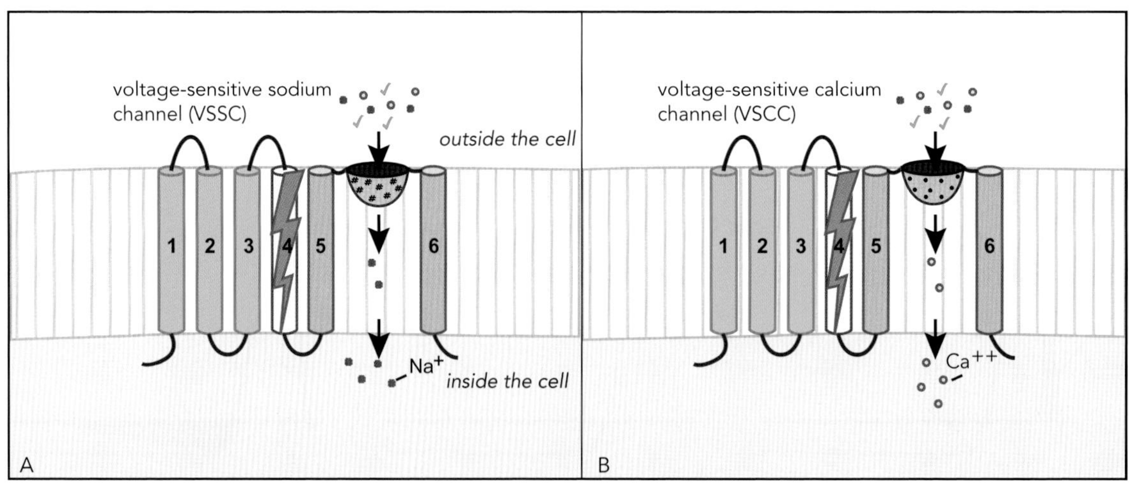

그림 3-19 전압민감 나트륨 및 칼슘통로의 이온 필터. α 세공 단위의 막경유 구역 5와 6 사이의 세포외 고리는 이온 필터 역할을 한다(여기서는 여과기로 묘사함). (A) 나트륨 이온만 세포로 유입되도록 허용하는 이온 필터를 가진 전압민감 나트륨통로의 α 세공 단위를 보여준다. (B) 칼슘 이온만 세포로 유입되도록 허용하는 이온 필터를 가진 전압민감 칼슘통로의 α 세공 단위를 보여준다.

4개의 아단위가 결합하여 전압민감 나트륨통로(VSSC)의 나트륨에 대한 α 세공 아단위 또는 통로를 형성한다.

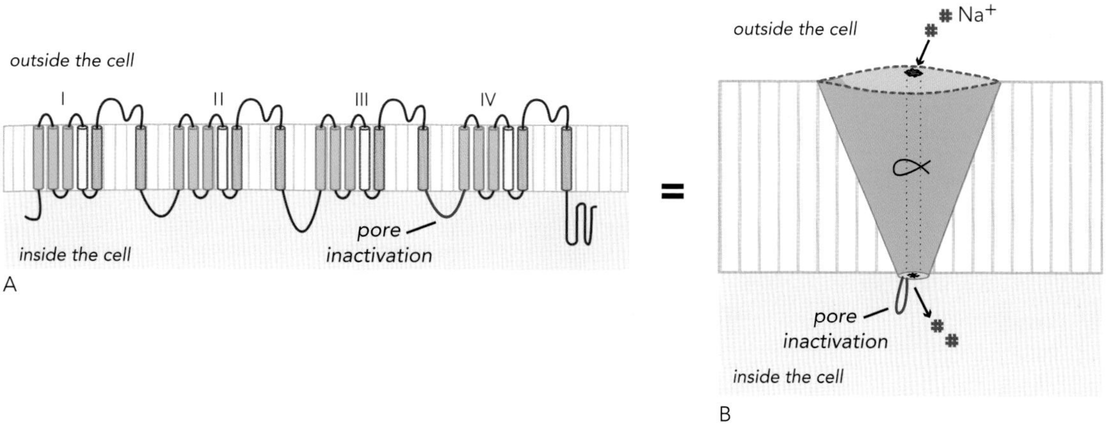

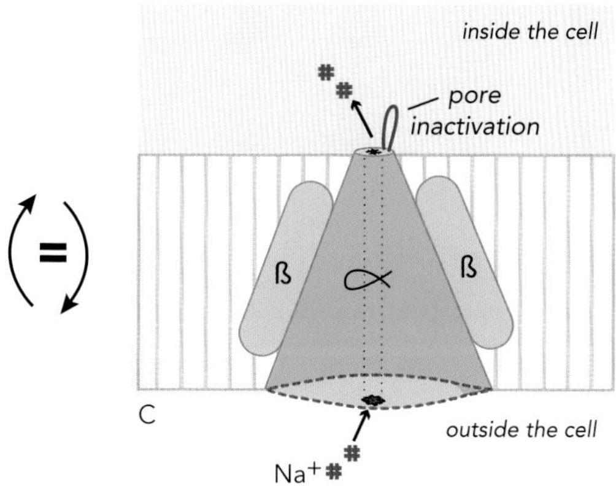

그림 3-20 전압민감 나트륨통로의 α 세공. 전압민감 나트륨통로의 α 세공은 4개의 아단위로 구성된다(A). 세 번째와 네 번째 아단위 사이의 세포내 고리에 있는 아미노산은 세공 비활성제 역할을 하여 통로를 '막는다'. 세포외 부분이 위에 있는(B), 그리고 세포내 부분이 위에 있는(C) α 단위의 상징 모양이 그림에 표시되어 있다.

보여준다. 두 경우 모두 통로가 닫혀 있거나 비활성화되면 나트륨이 뉴런 밖으로 빠져나가고, 통로가 열려 있고 활성화되어 있고 세공이 세공비활성 아미노산 고리로 막혀 있지 않으면 나트륨 흐름의 방향이 뉴런 안으로 들어간다.

전압민감 나트륨통로는 하나 이상의 조절 단백질(일부는 β 단위라고 부름)을 가질 수 있으며, 막경유 영역에 위치하고 α 세공 형성 단위 옆에 있다(그림 3-20C). 이러한 β 아단위의 기능은 명확하게 밝혀져 있지 않지만, α 단위의 작용을 수정하여 통로의 개폐에 간접적으로 영향을 미칠 수 있다. β 단위는 인단백질일 수 있으며, 인산화 또는 탈인산화 상태에 따라 이온통로 조절에 얼마나 많은 영향을 미치는지를 조절할 수 있다. 실제로 α 단위 자체도 인단백질일 수 있으며, 그 자체의 인산화 상태가 신호전달 연쇄반응에 의해 조절되어 이온 환경 변화에 대한 이온통로의 민감도를 높이거나 낮출 수 있는 가능성이 있다. 이는 제1장에서 신호전달 연쇄반응의 일부로 논의되었으며, 이온통로는 경우에 따라 신경전달에 의해 촉발된 3차, 4차, 후속 전령 역할을 할 수 있다. β 아단위와 α 아단위 자체에는 다양한 향정신성 약물, 특히 항경련제anticonvulsant가 작용하는 다양한 부위가 있을 수 있으며, 그중 일부는 기분안정제mood stabilizer나

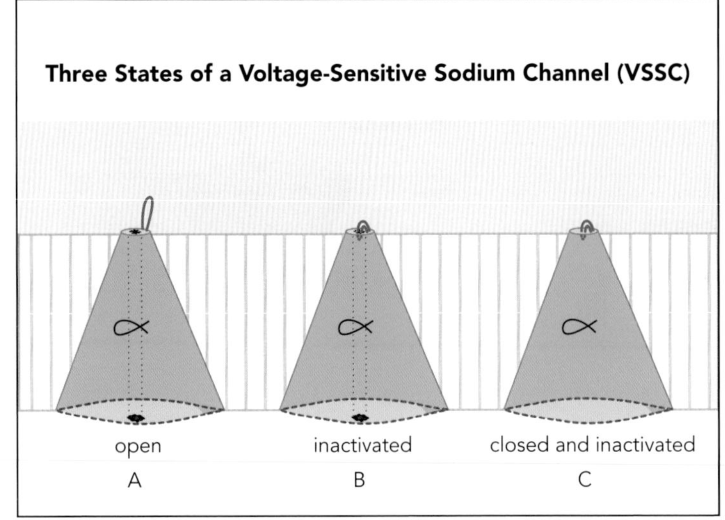

그림 3-21 전압민감 나트륨통로의 상태. 이온통로가 열려 있고 활성화되어 있으며 이온이 α 단위를 통해 흐르는 개방 상태일 수 있다(A). 전압민감 나트륨통로는 통로가 아직 닫히지 않았지만 세공 비활성제에 의해 '막혀' 이온의 흐름을 막는 비활성 상태일 수도 있다(B). 마지막으로 이온통로의 형태 변화로 인해 세 번째 상태인 이온통로가 닫힐 수 있다(C).

만성 통증 치료제로도 유용하다. 구체적인 약물에 대해서는 기분안정제와 통증에 관한 장에서 더 자세히 설명할 것이다.

그림 3-21에는 VSSC의 세 가지 상이한 상태가 나와 있다. 통로가 열려 있고 활성 상태인 경우, α 단위를 통해 최대 이온 흐름이 가능한 상태이다(그림 3-21A). 나트륨통로가 이온 흐름을 중지해야 하는 경우, 이를 수행할 수 있는 두 가지 상태가 있다. 한 상태는 매우 빠르게 작용하여 세공 비활성제가 제자리로 재빨리 뒤집어져 통로가 아직 닫히지도 않은 상태에서 이온 흐름을 매우 빠르게 멈춘다(그림 3-21B). 또 다른 비활성 상태에서는 이온통로의 형태가 변화하면서 실제로 통로가 닫힌다(그림 3-21C). 세공 비활성 기전은 빠른 비활성화를 위한 것일 수 있고, 통로 폐쇄 기전은 보다 안정적인 비활성 상태를 위한 것일 수 있지만, 완전히 명확하지는 않다.

나트륨통로에는 많은 아형이 있지만, 뇌에서의 위치 차이, 기능 차이, 약물 작용 차이에 따라 서로 어떻게 구별되는지에 대한 세부사항은 이제 막 밝혀지기 시작했다. 정신약리학자에게 현재 관심의 대상은 다양한 나트륨통로가 여러 항경련제의 작용 부위일 수 있다는 사실이며, 그중 일부는 기분 안정 및 통증 감소 특성을 가지고 있다. 현재 사용 가능한 대부분의 항경련제는 여러 작용 부위를 가지고 있을 가능성이 높은데, 다양한 유형의 이온통로에서 여러 작용 부위가 포함된다. 특정 약물의 구체적인 작용은 특정 질환을 다루는 장에서 설명할 것이다.

전압민감 칼슘통로

VSCC와 VSSC는 이름뿐만 아니라 많은 측면에서 유사하다. 나트륨통로와 마찬가지로 VSCC도 6개의 막경유 구역이 있는 아단위를 가지고 있으며, 구역 4는 전압계 역할을 하고 구역 5와 6을 연결하는 세포외 아미노산이 이온 필터 역할을 한다(그림 3-19). 다만 이번에는 나트륨이 아닌 칼슘이 세포 안으로 들어올 수 있도록 하는 여과기 역할을 한다(그림 3-19B 참조). 물론 나트륨통로와 칼슘통로의 정확한 아미노산 서열은 다르지만 전체적인 조직과 구조는 매우 유사하다.

전압작동 나트륨통로와 마찬가지로 VSCC도 4개의 아단위를 연결하여 세공을 형성하며, 칼슘통로의 경우 α_1 단위라고 한다(그림 3-22A 및 B). 아미노산의 연결 가닥은 칼슘통로 기능을 조절할 수 있는 기능적 활성도 가지고 있지만, 이 경우에는 나트륨통로와 다르다. 즉 앞에서 VSSC에 대해 설명한 것처럼 VSCC를 위해 마개 역할을 하는 세공 비활성제는 없고, 대신 VSCC의 두 번째와 세 번째 아단위를 연결하는 아미노산이 시냅스 소포를 연결하여 '올가미' 역할을

4개의 아단위가 결합하여 전압민감 칼슘통로(VSCC)의 칼슘에 대한 α_1 세공 아단위 또는 통로를 형성한다.

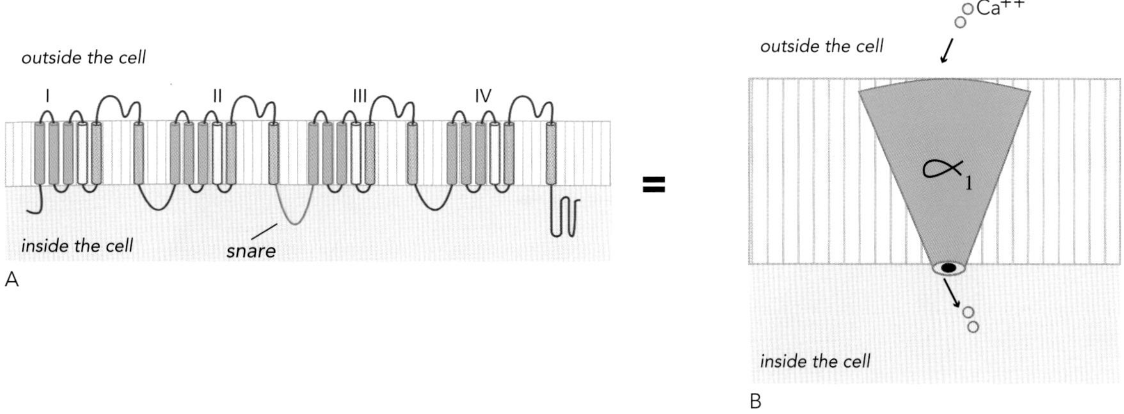

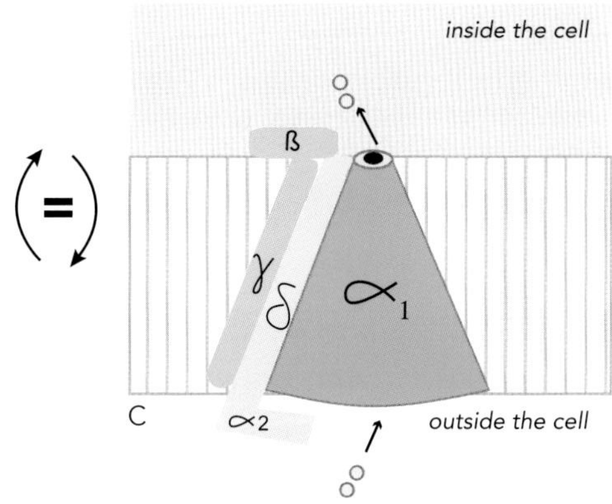

그림 3-22 전압민감 칼슘통로의 α_1 세공. α_1 단위라고 하는 전압민감 칼슘통로의 α 세공은 4개의 아단위로 구성된다(A). 두 번째와 세 번째 아단위 사이의 세포질 고리에 있는 아미노산은 시냅스 소포와 연결되는 올가미 역할을 하여 신경전달물질 방출을 조절한다(A). 세포외 부분이 위에 있는(B), 그리고 세포내 부분이 위에 있는(C) α_1 단위의 상징 모양이 여기에 표시되어 있다.

하며, 시냅스 신경전달 중에 시냅스로의 신경전달물질 방출을 조절한다(그림 3-22A 및 그림 3-23). 그림 3-22B에서는 칼슘통로의 방향이 세포의 바깥쪽이 위쪽에 있지만, 그림 3-22C에서는 세포의 안쪽이 위쪽에 오도록 전환하여 공간에서 다양한 구성으로 이 통로가 어떻게 보일 수 있는지 독자가 확인할 수 있도록 했다. 모든 경우에 이온 흐름의 방향은 통로가 열려 이온 흐름이 발생할 때 세포외부에서 내부로 향한다.

γ, β, $\alpha_2\delta$라고 불리는 여러 단백질이 VSCC의 α_1 세공 형성 단위 옆에 있다(그림 3-22C). 여기에는 막에 걸쳐 있는 γ 단위, 세포질에 있는 β 단위, $\alpha_2\delta$라는 흥미로운 단백질이 표시되어 있는데, $\alpha_2\delta$는 막경유 부분인 δ 부분과 세포외 부분인 α_2 부분의 두 부분으로 구성되어 있다(그림 3-22C). VSCC의 α_1 세공 형성 단위와 관련된 이 모든 단백질들의 기능은 이제 막 이해되기 시작했지만, 이미 $\alpha_2\delta$ 단백질이 항경련제 프레가발린pregabalin과 가바펜틴gabapentin과 같은 특정 향정신성 약물의 표적이며, $\alpha_2\delta$ 단백질이 이온통로의 형태 변화를 조절하여 이온통로의 개폐 방식을 바꾸는 데 관여할 수 있다는 것이 알려져 있다. 예상한 대로 VSCC에는 여러 가지 아형이 있다(표 3-4). VSCC의 종류가 방대하다는 것은 '칼슘통로'라는 용어가 너무 일반적이며, 실제로 혼동될 수 있음을 나타낸다. 예를 들어 이전 부분에서 논

시냅스전 전압민감 N 또는 P/Q 칼슘통로 개방:
신경전달물질 방출 촉발

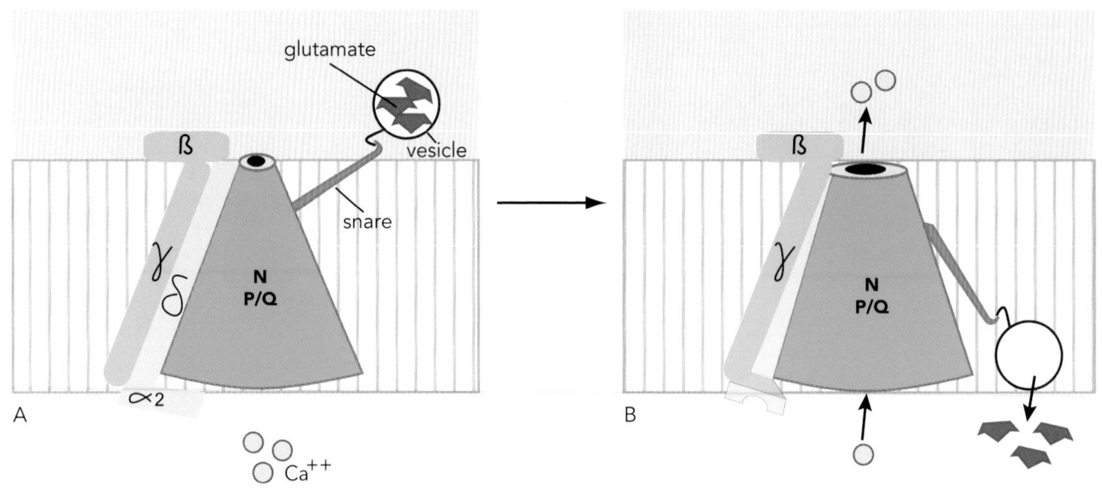

그림 3-23 N 및 P/Q 전압민감 칼슘통로. 정신약리학과 관련성이 가장 높은 전압민감 칼슘통로를 N 및 P/Q 통로라고 한다. 이러한 이온통로는 시냅스전 단계에 존재하며, 신경전달물질 방출 조절에 관여한다. α_1 단위의 두 번째와 세 번째 아단위를 연결하는 세포내 아미노산은 시냅스 소포에 거는 올가미를 형성한다(A). 신경 자극이 도착하면 올가미가 '발사'되어 신경전달물질 방출로 이어진다(B).

의한 리간드작동 이온통로, 특히 글루타메이트 및 니코틴 콜린 이온성 수용체와 관련된 칼슘통로는 여기서 논의하는 VSCC와는 완전히 다른 종류의 이온통로에 속한다. 앞서 언급했듯이 이전에 논의한 이온통로와 관련된 칼슘통로를 리간드작동 이온통로, 이온성 수용체, 이온통로연결 수용체라고 하여 VSCC와 구별한다.

정신약리학에서 가장 관심을 갖는 VSCC의 특정 아형은 시냅스전 단계에 위치하고, 신경전달물질 방출을 조절하며, 특정 향정신성 약물의 표적이 되는 유형이다. 이러한 VSCC의 아형 명칭이 표 3-4에 나와 있으며, 이러한 통로를 N 또는 P/Q 통로라고 한다.

또 다른 잘 알려진 VSCC의 아형은 L 통로이다. 이 통로는 그 기능이 여전히 밝혀지고 있는 중추신경계뿐만 아니라 혈압을 조절하는 디하이드로피리딘dihydropyridine '칼슘통로 차단제'로 알려진 약물군이 혈압을 낮추는 치료용 항고혈압제로서 상호작용하는 혈관 평활근vascular smooth muscle에도 존재한다. R 통로와 T 통로도 관심의 대상이며, 일부 항경련제와 향정신성 약물도 이 통로에서 상호작용할 수 있지만, 이들 통로의 정확한 역할은 아직 밝혀지지 않고 있다.

시냅스전 N 및 P/Q VSCC는 시냅스 소포에 분자적 '올가미'로 연결되어 있기 때문에 신경전달물질 방출을 조절하는 데 특별한 역할을 한다(그림 3-23). 즉 이러한 통로는 말 그대로 시냅스 소포에 연결되어 있다. 일부 전문가들은 시냅스 소포 탄환에 신경전달물질이 가득 들어 있어(그림 3-23A) 신경 자극이 도착하는 즉시 시냅스후 뉴런을 향해 발사될 준비가 되어 있는 총에 비유하기도 한다(그림 3-23B). 그림 3-24에는 N, P/Q VSCC와 시냅스 소포를 연결하는 분자적 연결고리, 소위 올가미 단백질snare protein의 구조적 세부사항이 나와 있다. 만약 약물이 통로가 열리고 칼슘이 유입되는 기능을 방해하면, 시냅스 소포는 전압작동 칼슘통로에 묶여 있는 상태가 유지된다. 따라서 신경전달을 방지할 수 있으며, 이는 통증, 발작, 조증, 불안과 같이 과도한 신경전달 상태에서 바람직할 수 있다. 이것은 특정 항경련제의 작용을 설명할 수 있다.

실제로 시냅스전 전압민감 N 및 P/Q 통로의 존재 이유는 신경전달물질 방출이다. 신경 자극이 시냅스전 영역을 침범하면 막을 가로지르는 전하가 변화하여 VSCC가 열리고 칼

표 3-4 전압민감 칼슘통로의 아형

유형	세공 형성	위치	기능
L	$Ca_v1.2, 1.3$	Cell bodies, dendrites	Gene expression, synaptic integration
N	Ca_v 2.2	*Nerve terminals* Dendrites, cell bodies	*Transmitter release* Synaptic integration
P/Q	Ca_v 2.1	*Nerve terminals* Dendrites, cell bodies	*Transmitter release* Synaptic integration
R	Ca_v 2.3	*Nerve terminals* Cell bodies, dendrites	*Transmitter release* Repetitive firing, synaptic integration
T	Ca_v 3.1, 3.2, 3.3	Cell bodies, dendrites	Pacemaking, repetitive firing, synaptic integration

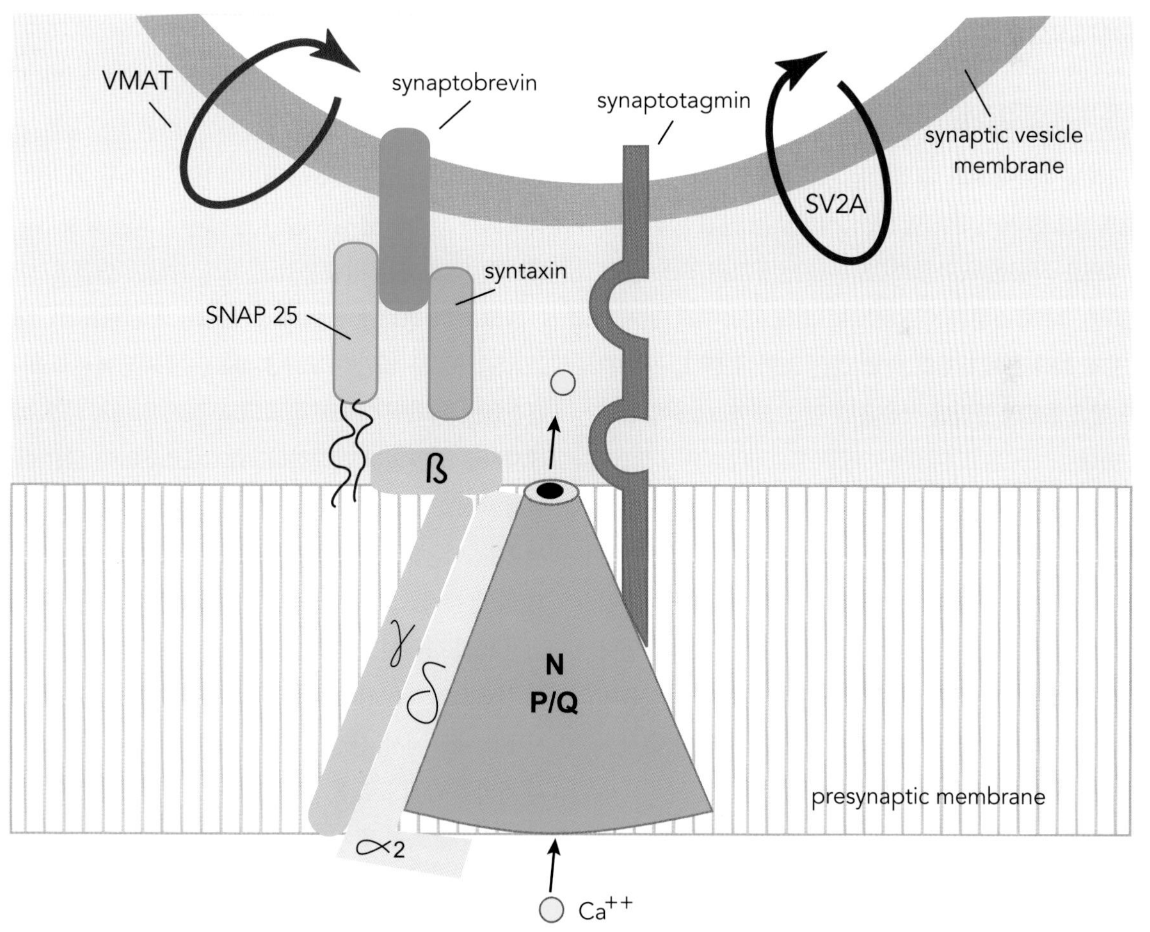

그림 3-24 올가미 단백질. 전압민감 칼슘통로를 시냅스 소포와 연결하는 단백질, 즉 올가미 단백질이 그림에 표시되어 있으며, 여기에는 SNAP 25 (synaptosomal-associated protein 25), 시냅토브레빈, 신택신, 시냅토태그민 등이 있다. 왼쪽에는 VMAT(소포성 모노아민 수송체)가 표시되어 있다. 또 다른 수송체인 SV2A는 오른쪽에 나와 있다. 이 수송체의 메커니즘은 아직 명확하지 않지만, 항경련제 레베티라세탐levetiracetam이 이 부위에 결합하는 것으로 알려져 있다.

슘이 유입되어 시냅스 소포가 시냅스전 막에 붙은 후 합쳐지면서 신경전달물질이 시냅스로 분출되어 신경전달에 영향을 미친다(그림 3-25 및 3-26). 전기 자극이 화학적 메시지로 전환되는 것은 칼슘에 의해 촉발되며, 이를 흥분-분비 결합이라고도 한다.

항경련제는 다양한 VSSC 및 VSCC에 작용하는 것으로 생각되며, 이는 관련 임상 장에서 더 자세히 논의할 것이다. 이러한 항경련제 중 다수는 만성 통증에서 편두통까지, 양극성 조증에서 양극성 우울증과 양극성 유지기까지, 불안 및 수면 보조제에 이르기까지 정신약리학에서 여러 가지 용도로 사용된다. 이러한 구체적인 응용 분야와 가설상의 작용기전에 대한 자세한 내용은 다양한 정신질환을 다루는 임상 장에서 심도 있게 살펴볼 것이다.

이온통로와 신경전달

리간드작동 이온통로와 전압작동 이온통로의 다양한 아형이 개별적으로 제시되어 있지만, 실제로는 신경전달 중에 협력적으로 작동한다. 이러한 모든 이온통로의 작용이 잘 조율되면, 뇌의 소통은 이온통로에 의해 가능해진 전기적 메시지와 화학적 메시지의 마법 같은 조합이 된다. 신경전달 중 이온통로의 통합된 작용은 그림 3-25와 3-26에 설명되어 있다.

모든 입력을 통합한 다음 이를 전기 자극으로 변환하는 뉴런의 능력에 의한 화학적 신경전달의 시작은 제1장에서 설명했다. 이제 이온통로가 이 과정에 어떻게 관여하는지 보여줄 것이다(그림 3-26). 뉴런이 다른 뉴런으로부터 입력을 받아 통합한 후 이를 활동전위로 부호화하면, 그다음에는 축삭을 따라 늘어선 VSSC를 통해 신경 자극이 축삭을 따라 전송된다(그림 3-25).

활동전위는 도화선에 불을 붙이는 것으로 설명할 수 있으며, 도화선은 축삭의 초기 구역에서 축삭 종말까지 연소된다. 도화선의 연소 가장자리의 움직임은 차례로 열리는 일련의 VSSC에 의해 수행되며, 나트륨이 뉴런 안으로 들어가는 것을 허용한다. 그런 다음 이렇게 생성된 전기 자극은 일렬로 다음 VSSC로 전달된다(그림 3-25). 전기 자극이 축삭 종말에 도달하면, 이미 시냅스 소포가 장착되어 발화할 준비가 된 시냅스전 신경세포막의 VSCC를 만나게 된다(그림 3-25의 뉴런 A의 축삭 말단 참조).

전기 자극이 VSCC의 전압계에 의해 감지되면 칼슘통로가 열려 칼슘이 유입되고, 신경전달물질이 흥분-분비 결합을 통해 시냅스전 축삭 종말로부터 시냅스 화학물질 집단으로 방출된다(그림 3-25의 뉴런 A의 축삭 종말 및 그림 3-26의 확대된 그림 참조). 흥분-분비 결합 과정에 대한 자세한 내용은 그림 3-26에 나와 있으며, 시냅스전 종말을 침범하려는 활동전위부터 시작하여, 닫혀 있지만 시냅스 소포에 올가미를 걸고 있는 준비된 VSCC 옆에 닫힌 VSSC가 있는 모습을 볼 수 있다(그림 3-26A). 신경 자극이 축삭 종말에 도착하면, 먼저 앞쪽 나트륨통로의 개방에 의해 전달되는 양전하 파동이 VSSC에 부딪히고, 이를 나트륨통로의 전압계가 감지한다(그림 3-26B). 그러면 표시된 마지막 나트륨통로가 열리면서 나트륨이 유입된다(그림 3-26C). 나트륨 유입의 결과는 칼슘통로 근처의 전하를 변화시키고, 이는 VSCC의 전압계에 의해 감지된다(그림 3-26D). 다음으로 칼슘통로가 열린다(그림 3-26E). 이 시점에서 화학적 신경전달이 비가역적으로 촉발되고 전기적 메시지가 화학적 메시지로 변환되기 시작한다. VSCC로부터의 칼슘 유입은 이제 VSCC, 시냅스 소포, 신경전달물질 방출 기계 근처에서 칼슘 이온의 국소 농도를 증가시킨다(그림 3-26F). 이렇게 하면 시냅스 소포가 시냅스전 막 내부에 붙은 다음 시냅스전 막과 합쳐져 신경전달물질 내용물을 막 밖으로 분출하여 시냅스로 분비된다(그림 3-26G). 이 놀라운 과정은 많은 시냅스 소포에서 신경전달물질을 방출하는 많은 VSCC에서 거의 즉각적으로 동시에 일어난다.

지금까지 화학적 신경전달의 순차적 현상 중 약 절반만 설명하였다. 나머지 절반은 시냅스의 반대쪽에서 발생한다. 즉 방출된 신경전달물질의 수신은 이제 뉴런 B에서 일어나고(그림 3-25), 이는 뉴런 B에서 또 다른 신경 자극을 설정할 수 있다. 신경 자극 생성부터 뉴런 A를 따라 신경 종말

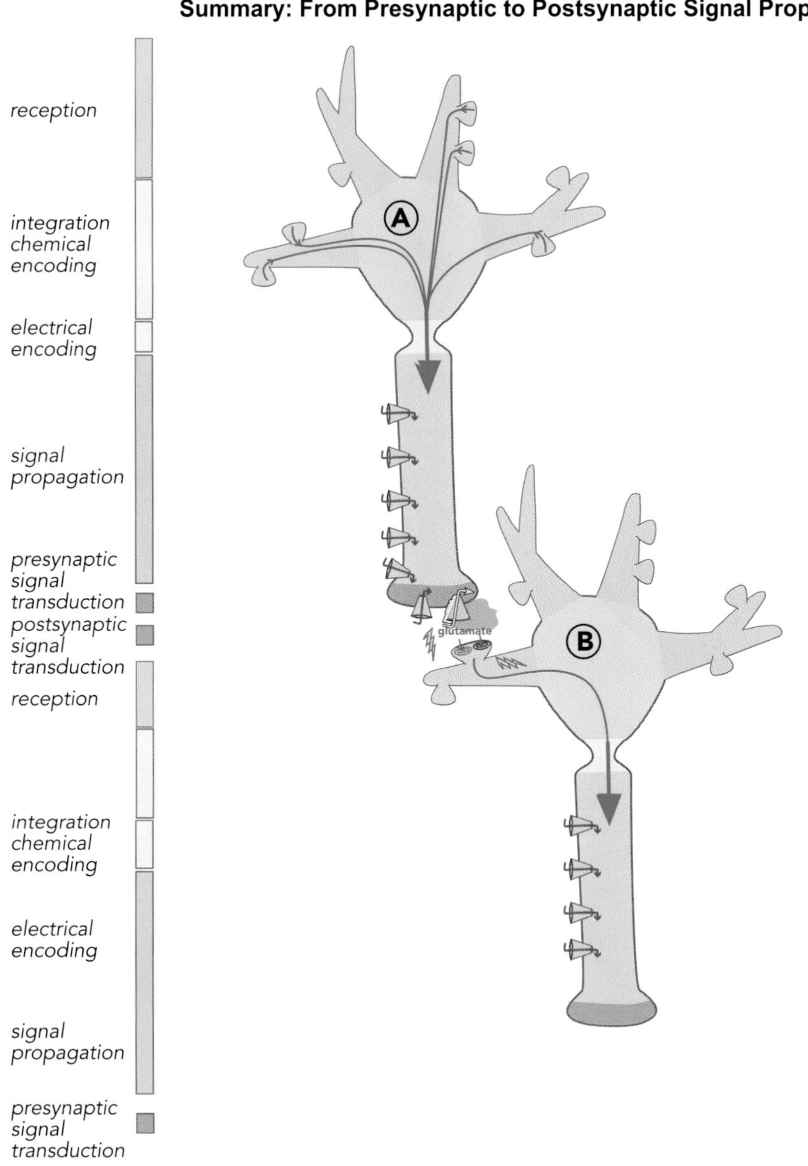

그림 3-25 **신호 전파.** 시냅스전 뉴런에서 시냅스후 뉴런으로의 신호 전파를 요약한 것이다. 뉴런 A에서 신경 자극이 발생하면, 전압민감 나트륨통로를 통해 축삭을 따라 활동전위가 전달되어, 축삭 종말의 신경전달물질로 가득 찬 시냅스 소포와 연결된 전압민감 칼슘통로에 도달한다. 전압민감 칼슘통로가 열리고 그에 따라 칼슘이 유입되면, 시냅스로 신경전달물질이 방출된다. 뉴런 B의 가지돌기에 있는 시냅스후 수용체에 신경전달물질이 도착하면 해당 뉴런의 막이 탈분극되고, 결과적으로 시냅스후 신호 전파가 시작된다.

까지 신경 자극을 전달한 다음 화학적 신경전달을 뉴런 B로 보내고, 마지막으로 이 두 번째 신경 자극을 뉴런 B를 따라 전파하는 전체 과정이 그림 3-25에 요약되어 있다. 시냅스전 뉴런 A의 VSSC가 전기 자극을 전파한 다음, 시냅스전 뉴런 A의 VSCC가 신경전달물질인 글루타메이트를 방출한다. 시냅스후 뉴런 B의 가지돌기에 있는 리간드작동 이온통로는 이 화학적 입력을 수신하고, 이 화학적 메시지를 다시 뉴런 B의 VSSC에 의해 신경 자극으로 변환하여 뉴런 B에 전파한다. 또한 시냅스후 뉴런 B의 리간드작동 이온통로는 글루타메이트 화학 신호를 장기 강화작용long-term

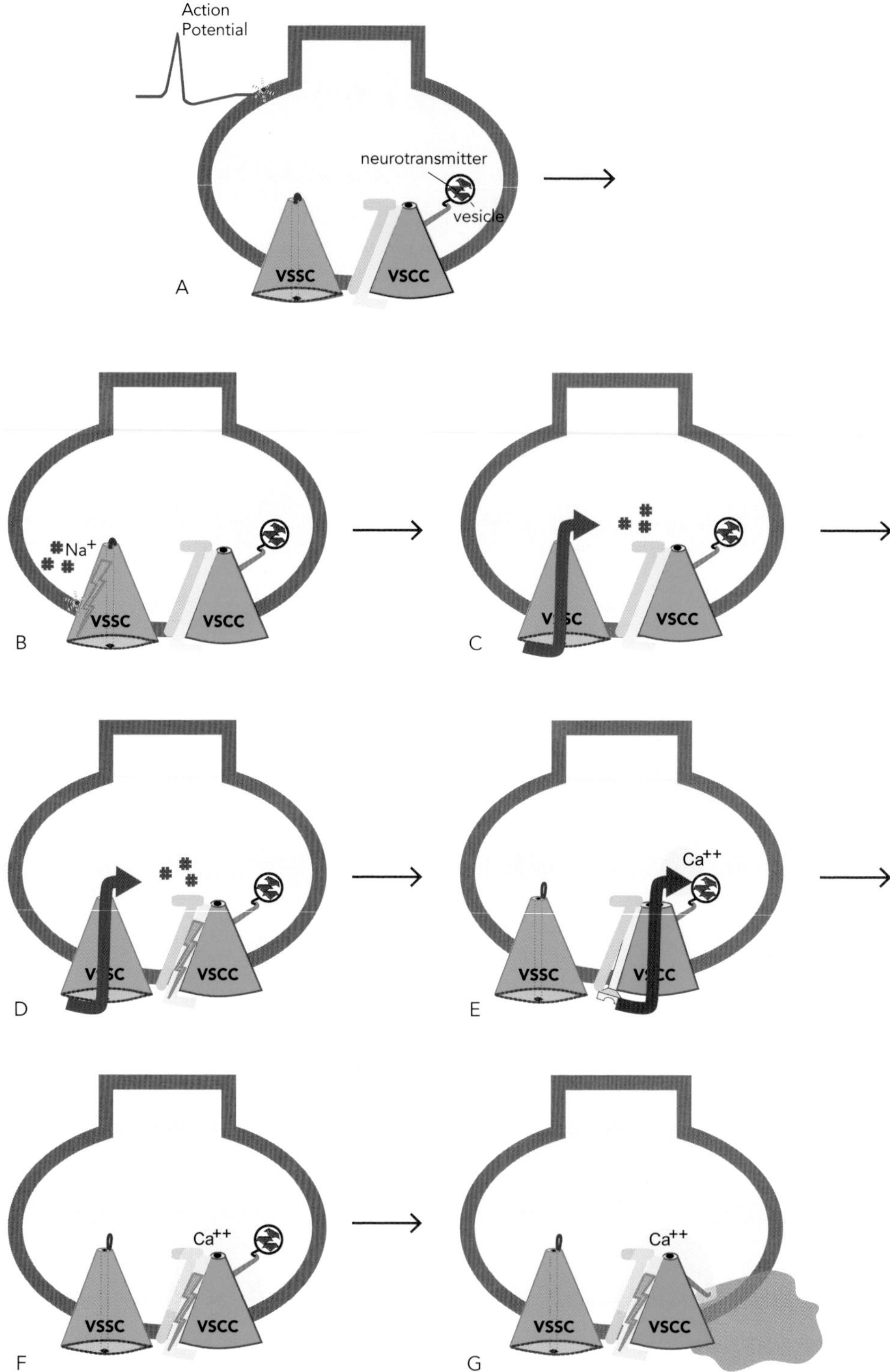

그림 3-26 흥분-분비 결합. 흥분-분비 결합에 대한 자세한 내용이 여기에 나와 있다. 활동전위는 뉴런에 의해 부호화되어 축삭을 따라 전압민감 나트륨통로를 통해 축삭 종말로 전송된다(A). 이 통로에서 방출된 나트륨은 축삭 종말에서 전압민감 나트륨통로를 촉발하여 열고(B), 시냅스전 뉴런으로 나트륨이 유입되도록 한다(C). 나트륨 유입은 전압민감 칼슘통로의 전하를 변화시켜(D), 칼슘통로를 열고 칼슘 유입을 허용한다(E). 뉴런 내 칼슘 농도가 증가함에 따라(F), 시냅스 소포가 시냅스전 막에 붙은 후 합쳐지면서 신경전달물질이 방출된다(G).

potentiation이라는 다른 유형의 전기 현상으로 변환하여 뉴런 B의 기능에 변화를 일으킨다.

요약

이온통로는 많은 향정신성 약물의 주요 표적이다. 이러한 표적은 화학적 신경전달과 신호전달 연쇄반응의 핵심 조절 인자이기 때문에 놀라운 일이 아니다.

이온통로에는 리간드작동 이온통로와 전압민감 이온통로라는 두 가지 주요 종류가 있다. 리간드작동 이온통로의 개방은 신경전달물질에 의해 조절되는 반면, 전압작동 이온통로의 개방은 이온통로가 존재하는 막을 가로지르는 전하에 의해 조절된다.

리간드작동 이온통로는 이온통로이자 수용체이다. 일반적으로 이온통로연결 수용체뿐만 아니라 이온성 수용체라고도 불린다. 리간드작동 이온통로의 한 하위 분류는 오합체 구조를 가지며, $GABA_A$ 수용체, 니코틴 콜린 수용체, $5HT_3$ 수용체, 특정 글라이신 수용체를 포함한다. 리간드작동 이온통로의 다른 하위 분류는 사합체 구조를 가지며, AMPA, 카이네이트, NMDA 아형을 비롯한 많은 글루타메이트 수용체를 포함한다.

리간드는 완전작용제부터, 부분작용제, 길항제, 역작용제에 이르기까지 작용제 스펙트럼에 걸쳐 리간드작동 이온통로에서 작용한다. 리간드작동 이온통로는 작용제로 작용하는 신경전달물질뿐만 아니라 수용체의 다른 부위에서 상호작용하는 분자에 의해서도 조절될 수 있으며, 양성 알로스테릭 조절제(PAM)로서 신경전달물질 작용제의 작용을 강화하거나, 음성 알로스테릭 조절제(NAM)로서 신경전달물질 작용제의 작용을 약화시킬 수 있다. 또한 이러한 수용체는 개방, 안정, 폐쇄, 비활성, 탈민감화 등 여러 가지 상태로 존재한다.

두 번째 주요 이온통로는 막을 가로지르는 전압 전하에 의해 열리고 닫히기 때문에 전압민감 이온통로 또는 전압작동 이온통로라고 부른다. 정신약리학자들이 관심을 갖는 이 부류의 주요 통로는 전압민감 나트륨통로(VSSC)와 전압민감 칼슘통로(VSCC)이다. 다수의 항경련제가 이러한 통로의 다양한 부위에 결합하며, 이러한 기전을 통해 항경련 작용을 발휘할 뿐만 아니라 기분안정제, 만성 통증 치료제, 불안 치료제, 수면 효과로도 작용할 수 있다.

4 정신병, 조현병, 신경전달물질 네트워크 도파민, 세로토닌, 글루타메이트

정신병psychosis은 정의하기 어려운 용어이며, 안타깝게도 매체뿐만 아니라 정신건강 전문가들 사이에서도 자주 오용되고 있다. 정신병의 개념에는 낙인과 두려움이 자리 잡고 있으며, 때로는 '미쳤다'라는 경멸적인 용어를 사용하기도 한다. 이 장에서는 정신병적 증상에 대한 일반적인 설명을 제공하고, 모든 형태의 정신병이 도파민, 세로토닌, 글루타메이트 신경전달물질 시스템과 어떻게 연관되어 있는지에 대한 주요 이론을 살펴볼 것이다. 조현병schizophrenia에 중점을 두고 특정 정신병적 장애psychotic disorder의 개요가 제시되어 있지만, 정신병이 정의적 특징defining feature이거나 부수적 특징associated feature인 모든 질환에 대한 진단기준을 나열하지는 않았다. 독자는 해당 정보를 얻기 위해 **정신질환의 진단 및 통계 편람***Diagnostic and Statistical Manual of the American Psychiatric Association*, DSM 및 **국제질병분류***International Classification of Diseases*, ICD와 같은 표준 참고자료를 참조하기 바란다. 여기서는 조현병을 강조하지만, 정신병을 치료하는 다양한 약물(제5장에서 논의)의 표적이 되는 다양한 장애와 관련된 증후군으로서 정신병에 접근할 것이다.

정신병의 증상

정신병은 여러 가지 정신질환과 연관될 수 있는 증후군syndrome, 즉 여러 가지 증상이 혼합된 상태이지만, DSM이나 ICD와 같은 진단 체계에서는 특정 질환 그 자체는 아니다. 최소한 정신병은 망상delusion과 환각hallucination을 의미한다. 망상은 합리적 근거가 불충분하고 합리적 논증이나 반대 증거에 의해 변경될 수 없는 고정된 신념(종종 기괴한)을 말한다. 환각은 실제 외부 자극 없이 발생하지만 정상적인 지각과 마찬가지로 생생하고 선명한데 자발적으로 통제할 수 없는 모든 감각 양식, 특히 청각에 대한 지각 경험이다. 망상과 환각은 정신병의 특징이며, 흔히 정신병의 '양성증상positive symptom'이라고 불린다. 또한 정신병에는 와해된 언어disorganized speech, 와해된 행동disorganized behavior, 현실검증력reality testing의 심각한 왜곡, 감퇴된 감정 표현diminished emotional expression, 동기motivation 저하와 같은 소위 정신병의 '음성증상negative symptom'과 같은 다른 증상도 포함될 수 있다.

정신병 자체는 조현병의 일부이든 다른 장애의 일부이든 편집적이거나, 와해되거나/흥분되거나, 우울할 수 있다. 또한 지각 왜곡perceptual distortion과 운동장애motor disturbance는 모든 유형의 정신병과 연관될 수 있다. **지각 왜곡**에는 환각적 음성에 의한 고통스러움, 비난이나 처벌을 위협하는 목소리를 들음, 환상을 봄, 촉각이나 미각 또는 후각의 환각을 보고함, 익숙한 사물과 사람이 변한 것 같다고 보고함 등이 포함된다. **운동장애**는 기묘하고 경직된 자세, 명백한 긴장 징후, 부적절한 웃음이나 낄낄거림, 기묘한 반복적 몸짓, 혼잣말이나 자신에게 중얼거리거나 속삭임, 마치 목소리가 들리는 것처럼 두리번거림 등이다.

편집성 정신병paranoid psychosis의 경우 환자는 편집성 투사, 적대적 호전성, 과대 팽창성을 보인다. 이러한 유형의 정신병은 조현병과 약물로 유발된 정신병에서 종종 발생한다. **편집성 투사**paranoid projection에는 망상적 신념에 대한 집착, 사람들이 자신에 대해 이야기하고 있다는 믿음, 자신이 박해를 받고 있거나 음모가 꾸며지고 있다는 믿음, 사람이나 외부 세력이 자신의 행동을 통제한다는 믿음 등이 포함된다. 파킨슨병 정신병Parkinson's disease psychosis, PDP에서는 독특한 유형의 편집 망상, 즉 배우자가 부정하다거나 배우자 또는 사랑하는 사람이 자신의 물건을 훔치고 있다고 믿는 망상이 나타날 수 있다. **적대적 호전성**hostile belligerence은 적대감의 언어적 표현, 경멸하는 태도를 표현함, 적대적이고 음침한 태도를 분명히 드러냄, 과민성과 투덜거림 표현, 문제에 대해 다른 사람을 비난하는 경향, 분노의 감정 표현, 불평과 결점 찾기, 사람에 대한 의심 표현 등을 말한다. 이 역시 특히 조현병과 약물로 유발된 정신병에서 나타날 수 있다. **과대 팽창성**grandiose expansiveness은 우월한 태도를 보이거나, 칭찬하고 찬양하는 목소리를 듣거나, 자신이 특별한 힘을 가지고 있거나 잘 알려진 인물이라고 믿거나, 신성한 사명을 가지고 있다고 믿는 것으로 조현병과 조증 정신병에서 흔히 볼 수 있는 증상이다.

와해된/흥분된 정신병disorganized/excited psychosis에서는 개념적 와해, 지남력장애, 흥분이 나타난다. **개념적 와해**conceptual disorganization는 부적절하거나 지리멸렬한 대답을 하거나, 주제에서 벗어나거나, 신조어를 사용하거나, 특정 단어나 구를 반복하는 등의 특징을 보일 수 있다. 모든 정신병적 장애는 와해를 보일 수 있다. **지남력장애**disorientation는 현재 위치, 계절, 연도, 자신의 나이를 알지 못하는 것으로 치매와 관련된 정신병이나 약물로 유발된 상태에서 흔히 나타난다. **흥분**excitement은 절제 없이 감정을 표현함, 급하게 말함, 고양된 기분을 나타냄, 거만한 태도, 자신이나 자신의 증상을 극화함, 시끄럽고 거친 말을 함, 과잉 행동이나 안절부절증을 보임, 과도한 말을 함 등이다. 흥분은 특히 조증이나 조현병의 특징적인 증상일 수 있다.

우울 정신병depressive psychosis은 정신운동지연, 무감동, 불안한 자기 처벌과 비난이 특징이다. **정신운동지연**psychomotor retardation과 **무감동**apathy은 느린 말, 자신의 미래에 대한 무관심, 고정된 얼굴 표현, 느린 움직임, 최근 기억의 결함, 말이 막힘, 자신이나 자신의 문제에 대한 무감동, 초라한 외모, 낮거나 속삭이는 말투, 질문에 대답하지 못함 등으로 나타난다. 이는 정신병의 음성증상과 구별하기 어려울 수 있다. **불안한 자기 처벌**anxious self-punishment과 **비난** blame은 자신을 비난하거나 자책하는 경향, 특정 문제에 대한 불안, 막연한 미래 사건에 대한 걱정, 자기 비하의 태도, 우울한 기분의 표현, 죄책감과 후회의 표현, 자살 사고와 원치 않는 생각과 특정 공포에 대한 집착, 무가치함이나 죄책감 등으로 정신병적 우울증에서 흔히 볼 수 있는 증상이다.

요약하면 '정신병'이란 개인의 의사 능력, 정동 반응, 현실 인식 능력, 의사소통 능력, 타인과의 관계 능력에 장애가 있는 일련의 증상으로 간주할 수 있다. 정신병적 증상군에 대한 이 간략한 논의는 정신병적 장애의 진단 기준을 구성하지 않는다. 이는 독자에게 다양한 정신병적 질환과 관련된 행동 장애의 특성에 대한 개요를 제공하기 위해 정신병의 다양한 유형과 원인의 일부로 발생할 수 있는 여러 유형의 증상을 설명하기 위한 것일 뿐이다.

정신병의 세 가지 주요 가설과 신경전달물질 네트워크

정신병에 대한 도파민 가설은 잘 알려져 있으며, 실제로 정신약리학에서 가장 오래 지속되는 고전적 가설 중 하나가 되었다. 하지만 정신병과 연관된 신경전달물질은 도파민만이 아니다. 조현병뿐만 아니라 파킨슨병, 다양한 형태의 치매, 다수의 정신병유사제 등과 관련된 정신병까지 여러 형태의 정신병의 병태생리와 치료에 글루타메이트와 세로토닌 신경 네트워크가 관련되어 있다는 증거가 점점 더 많아지고 있다. 따라서 현재 정신병과 가설상으로 연관된 세 가지 주요 신경전달물질 시스템이 있다(그림 4-1 및 표 4-1). 다음은 도파민, 글루타메이트, 세로토닌의 세 가지 신경전달물질 네트워크에 대한 뉴런 경로와 수용체의 광범위한 설명과 함께 이 세 가지 가설 각각에 대한 논의이다.

정신병과 조현병의 고전적 도파민 가설

지난 50년 동안 정신건강 임상의사나 연구자에게 어떤 신경전달물질이 정신병과 관련이 있는지 물었다면, 명쾌한 대답은 도파민, 특히 중뇌변연 경로mesolimbic pathway의 D_2 도파민 수용체에서의 도파민 과활성이었을 것이다. 암페타민에 의한 도파민의 방출은 조현병의 정신병과 유사한 편집성 정신병을 유발하고(표 4-1 참조), 도파민 D_2 수용체를 차단하는 약물은 50년 이상 모든 형태의 정신병 치료의 주류를 이루어왔기 때문에 정신병에 대한 소위 도파민 가설은 타당성이 있다. 더구나 도파민 이론은 매우 강력한 것으로 입증되었기 때문에, 정신병의 모든 양성증상이 중뇌변연 경로의 과도한 도파민으로 인해 발생하며, 따라서 모든 치료는 이 경로의 도파민 D_2 수용체를 차단해야 한다고 일부 사

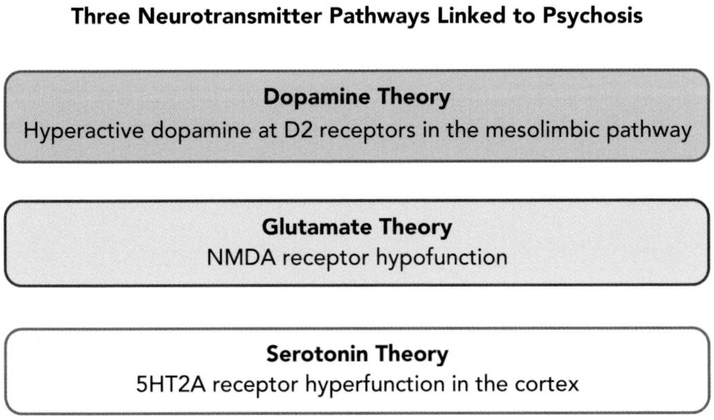

Three Neurotransmitter Pathways Linked to Psychosis

Dopamine Theory Hyperactive dopamine at D2 receptors in the mesolimbic pathway
Glutamate Theory NMDA receptor hypofunction
Serotonin Theory 5HT2A receptor hyperfunction in the cortex

그림 4-1 정신병과 연관된 신경전달물질 경로. 정신병은 이론상으로 세 가지 주요 신경전달물질 경로와 연관되어 있다. 장기간 지속된 도파민 이론은 중뇌변연 경로의 과활성 도파민 2(D_2) 수용체라는 개념을 중심으로 한다. 글루타메이트 이론은 전전두엽피질의 중요 시냅스에서 *N*-메틸-D-아스파르트산(NMDA) 수용체가 저활성 상태이며, 이는 중뇌변연 도파민 경로의 후속 과활성을 유발할 수 있다고 제안한다. 세로토닌 이론은 특히 피질의 세로토닌 2A($5HT_{2A}$) 수용체에서 세로토닌 과활성이 있으며, 이 또한 중뇌변연 도파민 경로의 과활성을 초래할 수 있다고 가정한다. 이 세 가지 경로 중 하나 이상이 정신병의 발병에 관여할 가능성이 높다.

표 4-1 도파민 및 세로토닌 수용체 작용제와 NMDA 글루타메이트 수용체 길항제를 정신병적 증상과 연결하는 약리적 모델

	정신자극제 (코카인, 암페타민)	해리 마취제 (PCP, 케타민)	환각제 (LSD, 실로시빈)
제안된 기전	도파민 D_2 작용제	NMDA 길항제	세로토닌 $5HT_{2A}$ 작용제 (더 작은 범위의 $5HT_{2C}$)
환각의 주요 유형	환청	환시	환시
가장 빈번하게 연관되는 망상	편집	편집	신비주의
질병 인식	없음	없음	있음

D_2: dopamine 2, PCP: phencyclidine, NMDA: *N*-methyl-D-aspartate, LSD: lysergic acid diethylamide, 5HT: 5-hydroxytryptamine (serotonin).

람들은 여전히 당연하게 (잘못) 여길 수 있다. 그러나 정신병에는 중뇌변연 도파민보다 훨씬 더 많은 것이 있으며, 제5장에서 논의하는 것처럼 정신병 치료에는 D_2 길항제보다 훨씬 더 많은 것이 있다. 정신병뿐만 아니라 정신병을 치료하는 약물에 대한 고전적 가설과 최신 도파민 가설을 검토하기 전에 도파민 신경전달을 완전히 이해하는 것이 중요하므로, 도파민 수용체와 뇌 회로에 대한 논의부터 시작할 것이다.

도파민 신경전달물질 네트워크

조현병에서 도파민의 잠재적 역할을 이해하기 위해 먼저 도파민이 어떻게 합성되고, 대사되고, 조절되는지 살펴본 다음, 도파민 수용체의 기능을 보여주고, 마지막으로 뇌에서 주요 도파민 경로의 국소화를 보여줄 것이다.

도파민 뉴런의 도파민 합성과 비활성화

도파민 뉴런은 신경전달물질 도파민을 사용하며, 도파민은 타이로신 펌프 또는 수송체를 통해 세포외 공간과 혈류에서 뉴런으로 흡수한 아미노산 타이로신tyrosine으로부터 도파민 신경 종말에서 합성된다(그림 4-2). 타이로신은 속도 제한 효소인 타이로신 수산화효소tyrosine hydroxylase, TOH에 의해, 그리고 다음 DOPA 카복실기제거효소DOPA decarboxylase, DDC에 의해 도파민으로 변환된다(그림

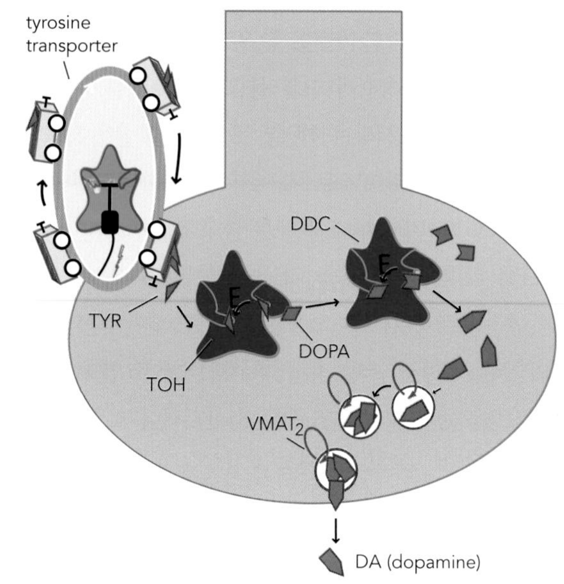

그림 4-2 도파민 합성. 도파민의 전구물질인 타이로신(TYR)은 타이로신 수송체를 통해 도파민 신경 종말로 흡수되어 타이로신 수산화효소(TOH)에 의해 DOPA로 전환된다. 그런 다음 DOPA는 DOPA 카복실기제거효소(DDC)에 의해 도파민으로 전환된다. 합성 후 도파민은 소포 모노아민 수송체(VMAT2)를 통해 시냅스 소포에 포장되어 신경전달 중에 시냅스로 방출될 때까지 시냅스 소포에 저장된다.

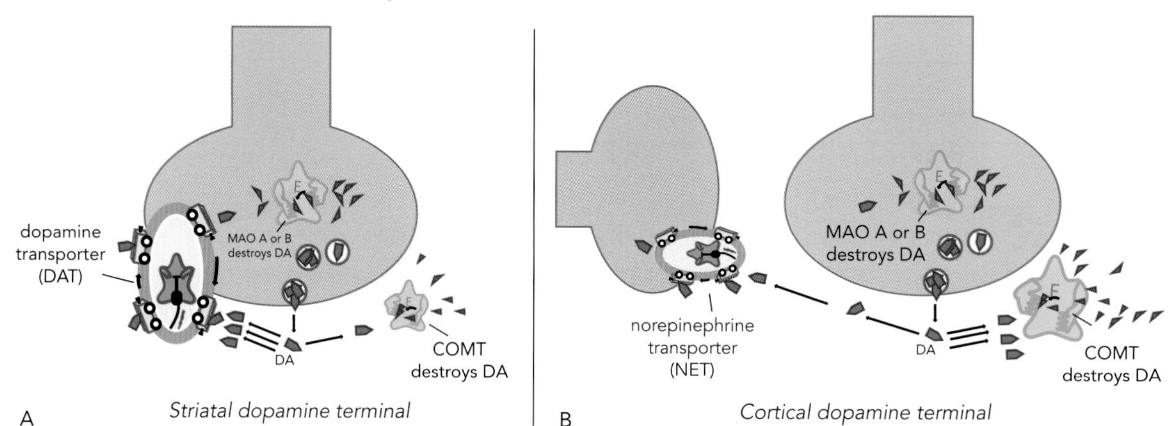

그림 4-3 도파민 작용의 종료. 도파민의 작용은 다양한 기전을 통해 종료될 수 있다. (A) 도파민은 도파민 수송체(DAT)를 통해 시냅스 틈새에서 시냅스전 뉴런으로 다시 운반되어 나중에 사용하기 위해 재포장될 수 있다. 반면 도파민은 카테콜-*O*-메틸기 전달효소(COMT)를 통해 세포외에서 분해될 수도 있다. 도파민을 분해하는 다른 효소로는 시냅스전 뉴런 내의 미토콘드리아 및 신경교세포와 같은 다른 세포에 존재하는 모노아민 산화효소 A(MAO-A)와 모노아민 산화효소 B(MAO-B)가 있다. (B) 전전두엽피질에서는 DAT가 상대적으로 희박하기 때문에, 도파민 비활성화의 주된 방법은 세포내에서는 MAO-A 또는 MAO-B를 통해, 세포외에서는 COMT를 통해 이루어진다. 도파민은 시냅스에서 멀리 확산되어 인접 뉴런의 노르에피네프린 수송체(NET)에 의해 흡수될 수도 있다.

4-2). 그런 다음 도파민은 소포 모노아민 수송체vesicular monoamine transporter, VMAT2에 의해 시냅스 소포에 흡수되어 신경전달 중에 사용될 때까지 시냅스 소포에 저장된다. 시냅스 소포의 저장소를 빠져나간 과잉 도파민은 모노아민 산화효소 Amonoamine oxidase A, MAO-A 또는 모노아민 산화효소 BMAO-B에 의해 뉴런 내에서 파괴될 수 있다(그림 4-3A).

선조체striatum와 일부 다른 뇌 영역에서 도파민 종말은 도파민에 고유한 시냅스전 수송체(재흡수 펌프)인 도파민 수송체dopamine transporter, DAT를 가지고 있다. 이 수송체

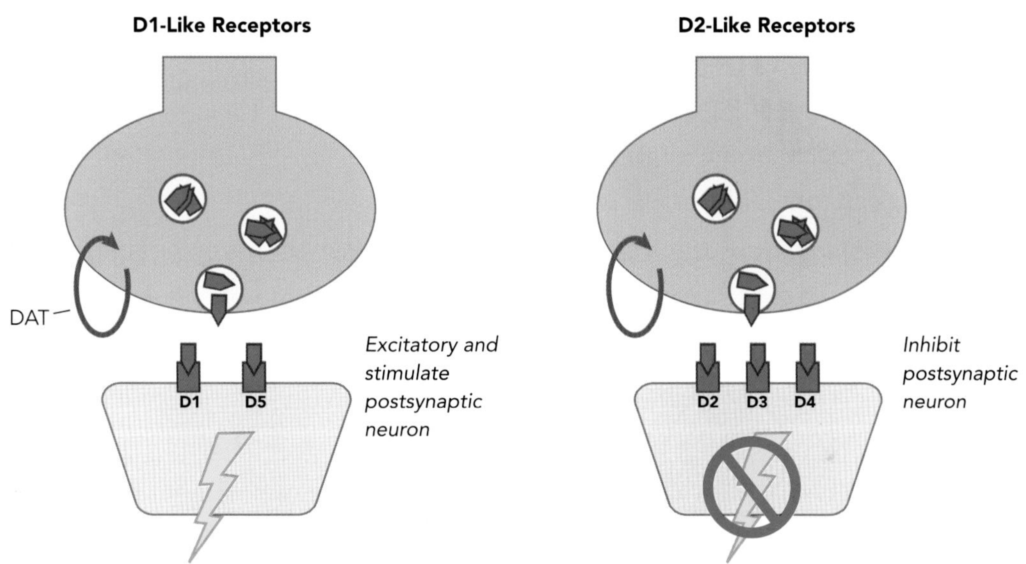

그림 4-4 시냅스후 도파민 수용체. 시냅스후 도파민 수용체에는 두 가지 그룹이 있다. D_1과 D_5 수용체를 포함하는 D_1 유사 수용체는 흥분성 수용체이므로 시냅스후 뉴런을 자극한다. D_2, D_3, D_4를 포함하는 D_2 유사 수용체는 억제성 수용체이므로 시냅스후 뉴런을 억제한다.

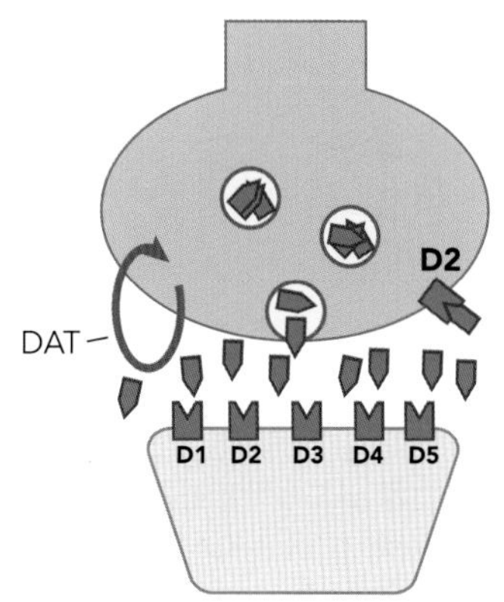

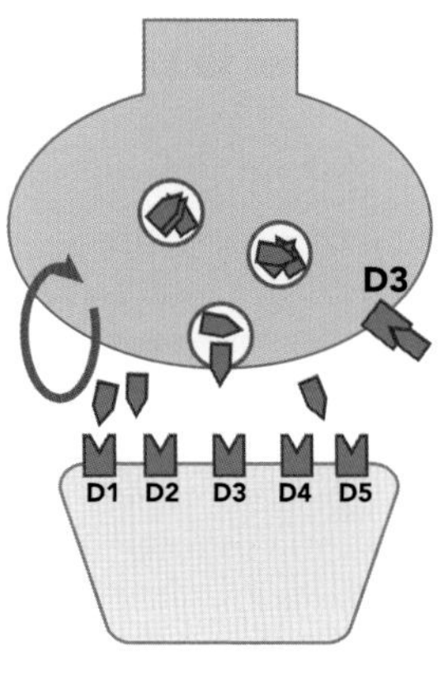

그림 4-5 시냅스전 도파민 수용체. 도파민 2와 도파민 3도 시냅스전 단계에 위치하며, 억제성 작용으로 인해 추가 도파민 방출을 억제하는 자가수용체 역할을 한다. D_2 자가수용체는 D_3 자가수용체보다 도파민에 덜 민감하므로 D_2 자가수용체가 활성화되려면(왼쪽) D_3 자가수용체가 활성화되는(오른쪽) 것보다 더 높은 농도의 시냅스 도파민이 필요하다.

는 도파민을 시냅스에서 시냅스전 신경 종말로 재빨리 되가져가서 나중에 다른 신경전달에 재사용할 수 있도록 시냅스 소포에 다시 저장하여 도파민의 시냅스 활동을 종결시킨다(그림 4-3A). DAT가 존재하는 시냅스에서 도파민이 비활성화되는 주요 경로는 DAT이며, 부차적인 비활성화는 세포외에서 카테콜-*O*-메틸기 전달효소catechol-*O*-methyltransferase, COMT에 의한 것이다.

모든 도파민 뉴런의 축삭 종말에 DAT가 고밀도로 존재하지는 않는다(그림 4-3B). 예를 들어 전전두엽피질 prefrontal cortex에서는 DAT가 상대적으로 희박하기 때문에 이러한 시냅스에서는 다른 기전, 주로 COMT에 의해 도파민이 비활성화된다(그림 4-3B). DAT가 존재하지

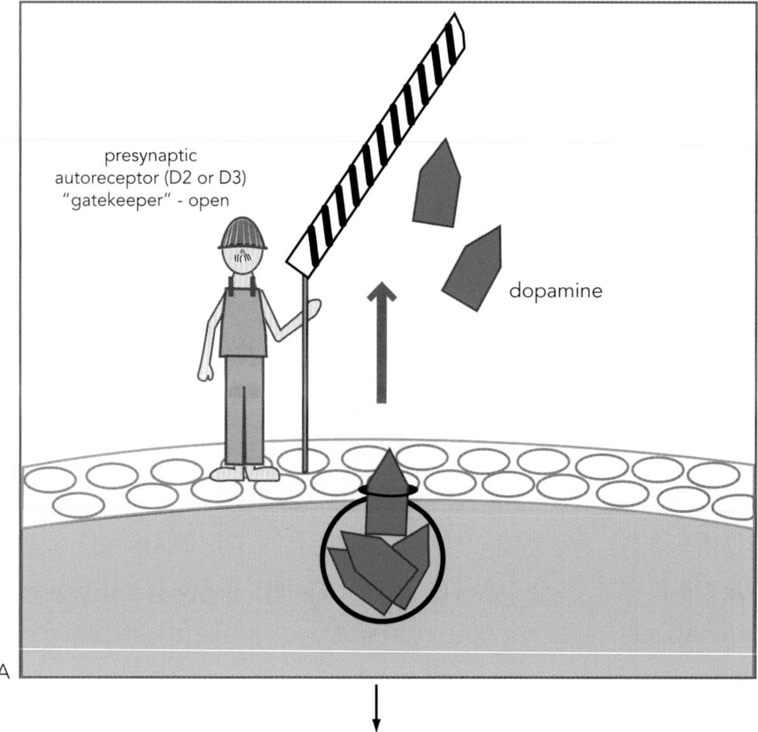

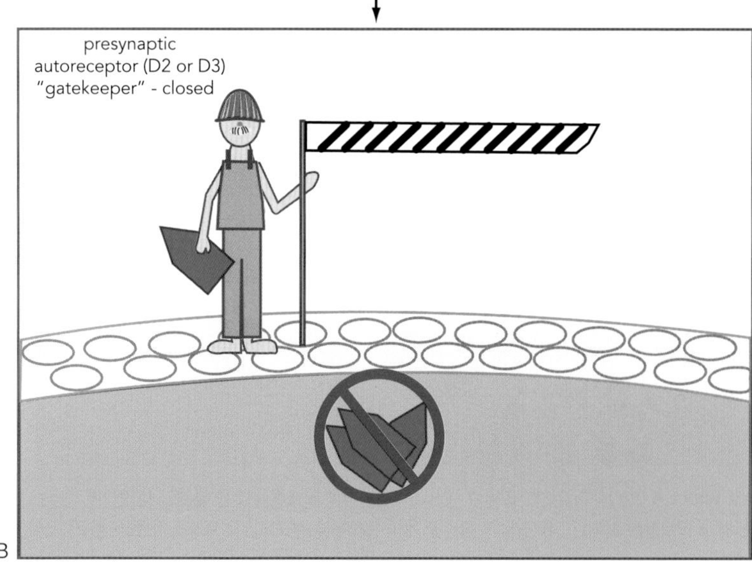

그림 4-6 시냅스전 도파민 자가수용체. 시냅스전 D_2 및 D_3 자가수용체는 도파민의 '문지기'이다. (A) 도파민 자가수용체가 도파민과 결합하지 않은 경우(문지기의 손에 도파민이 없는 경우), 분자 출입구가 열려 도파민 방출을 허용한다. (B) 도파민이 도파민 자가수용체에 결합하면(이제 문지기의 손에 도파민이 있음), 분자 출입구가 닫히고 도파민이 방출되지 않는다.

않는 경우, 도파민은 방출된 시냅스로부터 인접한 노르에피네프린norepinephrine, NE 뉴런에 도달하여 NE 수송체norepinephrine transporter, NET와 마주칠 때까지 멀리 확산될 수 있으며, 이 수송체는 도파민을 '거짓' 기질로 노르에피네프린 뉴런으로 수송하여 도파민을 비활성화한다(그림 4-3B).

도파민 수용체

도파민 수용체는 도파민 신경전달의 핵심 조절자이다(그림 4-4). 도파민 수용체의 두 가지 유형인 도파민 수송체(DAT)와 소포 모노아민 수송체(VMAT2)에 대해서는 이미 언급했다. 최소 다섯 가지 약리적 아형과 여러 개의 분자 동질형태isoform를 포함하여 많은 추가 도파민 수용체가 존재한다(그림 4-4). 현재 도파민 수용체는 두 그룹으로 나뉜다. 첫 번째 그룹은 D_1과 D_5 수용체를 둘 다 포함하는 D_1 유사 수용체이다. D_1 유사 수용체는 흥분성 수용체이며, 아데닐산 고리화효소adenylate cyclase와 양성으로 연결되어 있다(그림 4-4, 왼쪽). 두 번째 그룹은 D_2, D_3, D_4 수용체를 포함한 D_2 유사 수용체이다. D_2 유사 수용체는 억제성이고, 아데닐산 고리화효소와 음성으로 연결된다(그림 4-4, 오른쪽). 따라서 신경전달물질 도파민은 어떤 도파민 수용체 아형과 결합하는지에 따라 흥분성 또는 억제성일 수 있다.

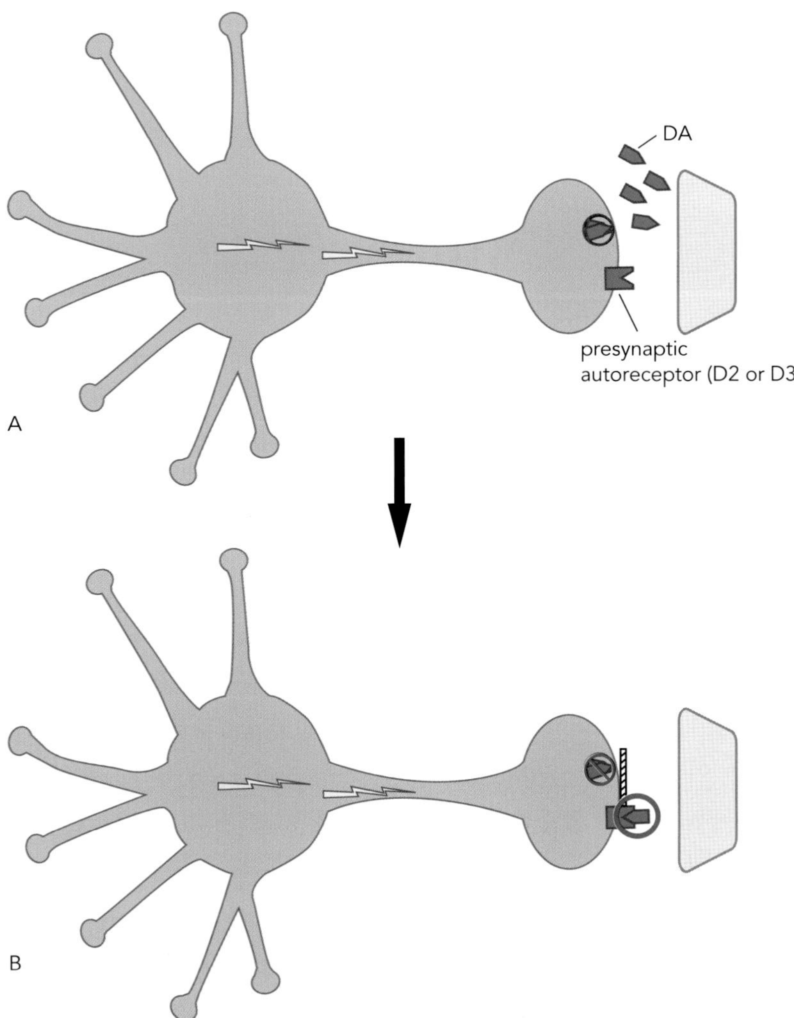

그림 4-7 시냅스전 도파민 자가수용체. 시냅스전 D_2 및 D_3 자가수용체는 그림과 같이 축삭 종말에 위치할 수 있다. 시냅스에 도파민이 축적되면(A), 도파민은 자가수용체에 결합하여 도파민 방출을 억제할 수 있다(B).

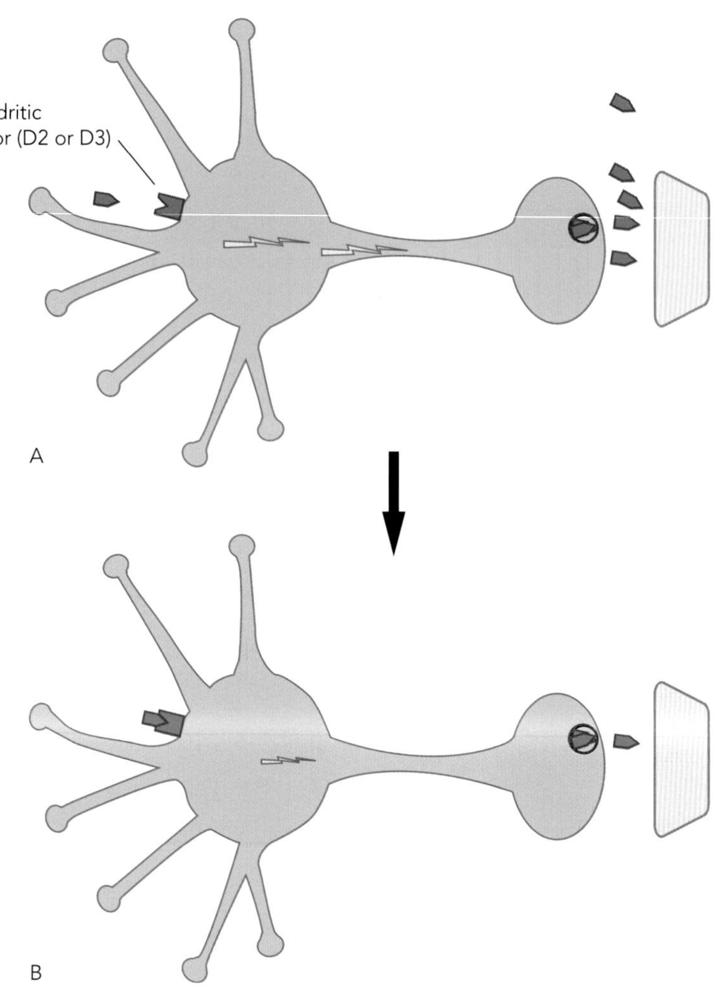

그림 4-8 세포체가지돌기 도파민 자가수용체. D_2 및 D_3 자가수용체는 그림과 같이 세포체가지돌기 영역에 위치할 수도 있다. 도파민이 이 수용체에 결합하면 도파민 뉴런의 신경자극 흐름이 차단되고(B의 뉴런에서 번개 모양이 사라진 것이 보임), 이로 인해 더 이상의 도파민 방출이 중단된다.

다섯 가지의 도파민 수용체는 모두 시냅스후에 위치할 수 있지만(그림 4-4), D_2 및 D_3 수용체는 둘 다 시냅스전에 위치할 수도 있으며(그림 4-5), 시냅스전에서는 억제성 작용으로 인해 추가 도파민 방출을 억제하는 자가수용체 역할을 한다. 그림 4-5에서 D_2 시냅스전 자가수용체가 있는 시냅스(왼쪽)에 D_3 시냅스전 자가수용체가 있는 시냅스(오른쪽)보다 더 많은 도파민이 축적된 것을 볼 수 있다. 이는 D_3 수용체가 도파민에 더 민감하기 때문에, D_3 수용체를 활성화하고 추가 도파민 방출을 차단하는 데 D_2 시냅스전 수용체가 있는 뉴런에 비해 더 적은 농도의 시냅스 도파민이 필요하다. 시냅스전 D_2/D_3 수용체는 '문지기' 역할을 하여 도파민이 점유하고 있지 않을 때 도파민 방출을 허용하거나 (그림 4-6A), 도파민이 시냅스에 쌓여 문지기 시냅스전 자가수용체를 점유할 때 도파민 방출을 억제하는 역할을 한다(그림 4-6B). 이러한 수용체는 축삭 종말에 위치하거나(그림 4-7), 반대쪽 끝인 도파민 뉴런의 세포체가지돌기 영역에 위치한다(그림 4-8). 두 경우 모두 시냅스전 단계로 간주되며, 이러한 D_2 또는 D_3 자가수용체의 점유는 음성되먹임 negative feedback 입력 또는 도파민 뉴런에서 도파민이 방출될 때 제동 작용을 제공한다(그림 4-7B 및 4-8B).

따라서 도파민 뉴런은 어떤 도파민 수용체가 존재하느냐에 따라 매우 다르게 조절될 수 있다. 이는 D_3 시냅스전 자가수용체가 있는 시냅스가 D_2 시냅스전 자가수용체가 있는 시냅스와는 다른 방식으로 도파민 방출이 조절되는 것(그

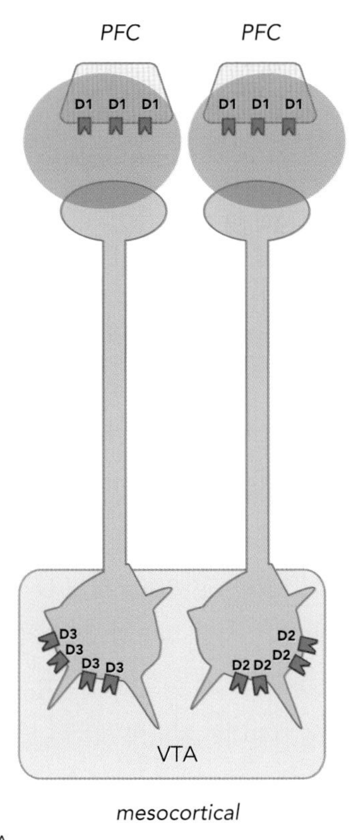

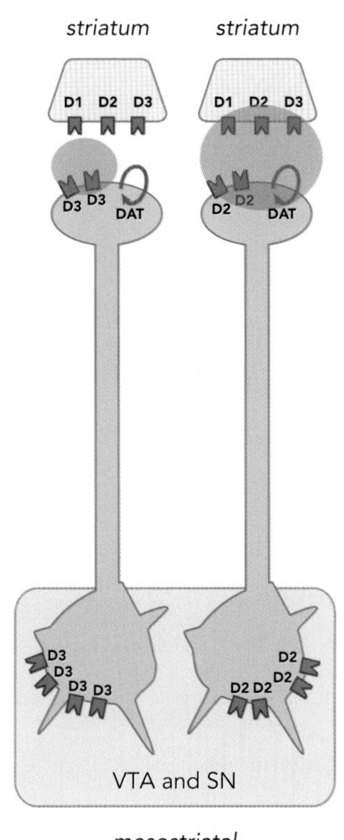

그림 4-9 중뇌피질 뉴런과 중뇌선조체 뉴런 비교. (A) 중뇌피질 뉴런은 배쪽뒤판구역(VTA)에서 전전두엽피질(PFC)로 투사한다. VTA에서 도파민 방출은 세포체가지돌기 D_2 및 D_3 자가수용체에 의해 조절된다. 그러나 PFC에는 도파민 방출을 억제하는 D_2 또는 D_3 시냅스전 자가수용체가 거의 없을 뿐만 아니라 시냅스에서 도파민을 제거하는 도파민 수송체(DAT)도 거의 없다. 따라서 도파민은 시냅스로부터 더 자유롭게 확산될 수 있다(큰 파란색 구름으로 표시). 시냅스후에서 주된 도파민 수용체는 흥분성인 D_1이다. (B) 중뇌변연 뉴런(VTA에서 선조체로 투사)에서의 도파민 방출은 VTA의 세포체가지돌기 D_3 자가수용체와 선조체의 시냅스전 D_3 자가수용체 및 DAT에 의해 조절된다(왼쪽). 흑질선조체 뉴런[흑질(SN)에서 선조체로 투사]에서의 도파민 방출은 SN의 세포체가지돌기 D_2 자가수용체와 선조체의 시냅스전 D_2 자가수용체 및 DAT에 의해 조절된다(오른쪽). D_2 자가수용체는 D_3 자가수용체보다 도파민에 덜 민감하므로 확산 반경이 더 넓다(파란색 구름의 크기 비교로 표시). 선조체에는 시냅스후 D_1, D_2, D_3 수용체가 모두 존재한다.

림 4-5)뿐만 아니라, 중뇌피질mesocortical 도파민 뉴런과 중뇌변연mesolimbic 및 흑질선조체nigrostriatal(중뇌선조체 mesostriatal) 뉴런을 나란히 비교할 때(그림 4-9)가 전형적인 예이다. 뇌간brainstem의 배쪽뒤판구역ventral tegmental area, VTA에서 발생하여 전전두엽피질로 투사되는 중뇌피질 도파민 뉴런은 VTA의 세포체에 D_2 또는 D_3 자가수용체가 있지만, 전전두엽피질에는 시냅스전 또는 시냅스후 D_2/D_3 수용체가 드문드문 존재한다(그림 4-9A). 전전두엽피질의 축삭 종말에 자가수용체가 없으면 이 기전에 의해 도파민 방출이 차단되지 않으므로, 도파민의 큰 파란색 구름에서 볼 수 있듯이 도파민이 방출되는 시냅스 밖으로 더 자유롭게 확산된다. 또한 이미 언급한 바와 같이, 중뇌피질 도파민 뉴런은 전전두엽피질의 시냅스전 신경 종말에 DAT가 거의 없거나 아예 없다. 시냅스 도파민을 시냅스전 뉴런으로 되돌리는 DAT가 없거나 시냅스 도파민이 축적될 때 도파민 방출을 차단하는 D_2/D_3 시냅스전 자가수용체가 없으면(그림 4-9A), DAT와 D_2/D_3 자가수용체가 있는 종말에 비해 시냅스전 종말로부터의 도파민 확산 반경이 더 넓어진다(그림 4-9B에서 파란색 구름의 크기 참조). 전전두엽피질의 주된 시냅스후 수용체는 D_1 수용체이고, D_1 수용체는 도파민에 가장 덜 민감하므로 D_2 또는 D_3 수용체에 비해 활성화되기 위해서는 더 높은 농도의 도파민이 존재해야 하기 때문에 이는 아마도 좋은 현상일 것이다. 도파민의 더 큰 확산은 또한 체적 신경전달의 가능성을 의미하므로(제1장 및 그림 1-6, 1-7 참조), 한 시냅스전 종말에서 나온 도파민은 전전두엽피질에서 확산 반경 내 어디에서나 D_1 수용체와 소통할 수 있으므로 방출된 시냅스를 넘어선 곳까지 전달할 수 있다. 반면에 중뇌선조체 도파민 뉴런은 시냅스전 D_2 또는 D_3 수용체를 가지고 있는데, 이 수용체는 VTA와 흑질substantia nigra에 있는 세포체뿐만 아니라 선조체의 시냅스전 신경 종말 및 시냅스후 부위에도 존재한다(그림 4-9B). 더구나 도파민 뉴런의 선조체에 있는 시냅스전 신경 종말에

DAT가 존재한다. 앞서 언급한 바와 같이, D_2 자가수용체를 가진 뉴런은 D_3 자가수용체를 가진 뉴런에 비해 확산 반경이 더 넓어 선조체에서 도파민 방출을 조절할 수 있는 다양한 가능성을 제공한다(그림 4-9B).

고전적 도파민 경로와 주요 뇌 영역

그림 4-10에는 뇌의 다섯 가지 고전적 도파민 경로가 나와 있다. 여기에는 융기깔때기 도파민 경로, 시상 도파민 경로, 흑질선조체 도파민 경로, 그리고 도파민 가설에서 가장 중요한 중뇌피질 및 중뇌변연 도파민 경로가 포함된다. 신경과학의 발전으로 조현병에서 이러한 경로를 바라보는 보다 최근의 정교한 방법들이 제안되고 있지만, 우선 고전적 접근 방식을 검토해 볼 것이다.

융기깔때기 도파민 경로

시상하부hypothalamus에서 뇌하수체 전엽anterior pituitary gland으로 투사되는 도파민 뉴런은 융기깔때기 도파민 경로tuberoinfundibular dopamine pathway로 알려져 있다(그림 4-11). 일반적으로 이 뉴런은 긴장성tonic으로 활동하며 프로락틴prolactin 방출을 억제한다. 그러나 분만 후 상태에서는 도파민 뉴런의 활동이 감소한다. 따라서 모유 수유 중에 프로락틴 수치가 상승하여 젖분비가 이루어질 수 있다. 병변이나 약물에 의해 융기깔때기 도파민 뉴런의 기능이 중단되면 프로락틴 수치도 상승할 수 있다. 프로락틴 수치 상승은 젖분비과다galactorrhea(유방 분비물), 여성형 유방gynecomastia(특히 남성의 유방 비대), 무월경amenorrhea(배란 및 월경 기간의 상실), 성기능 장애와 같은 기타 문제와 관련이 있다. 이러한 문제는 도파민 D_2 수용체를 차단하는 많은 정신병 약물치료 후에 발생할 수 있으며, 이에 대해서는 제5장에서 자세히 논의할 것이다. 치료받지 않은 조현병의 경우 융기깔때기 경로의 기능이 상대

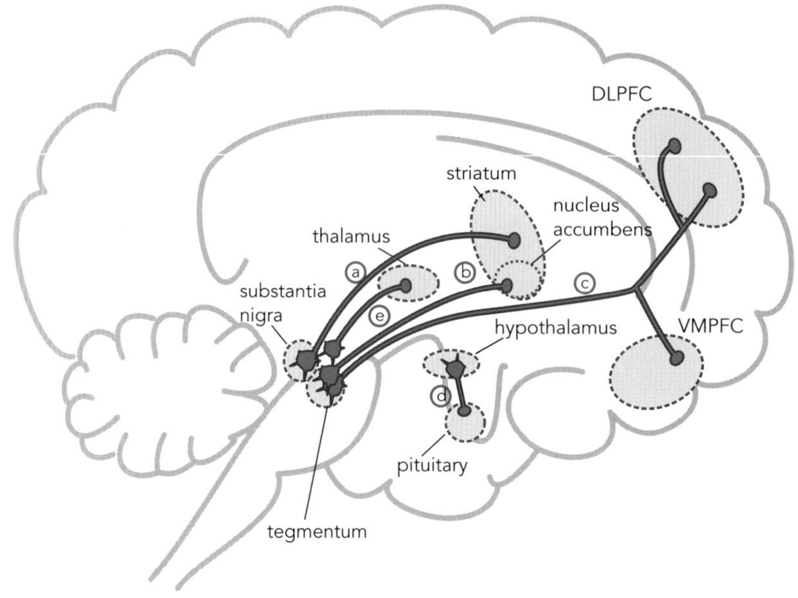

그림 4-10 뇌의 다섯 가지 도파민 경로. (a) 흑질에서 기저핵basal ganglia 또는 선조체로 투사되는 흑질선조체 도파민 경로는 추체외로 신경계의 일부이며, 운동 기능과 움직임을 제어한다. (b) 중뇌변연 도파민 경로는 중뇌 배쪽뒤판구역(VTA)에서 뇌 변연계의 일부인 기댐핵으로 투사되어 유쾌한 감각, 남용 약물의 강력한 이상행복감, 정신병의 망상 및 환각과 같은 많은 행동에 관여하는 것으로 생각된다. (c) 중뇌피질 도파민 경로 또한 중뇌 VTA에서 투사되지만 축삭을 전전두엽피질 영역으로 보내어 조현병의 인지증상(등가쪽 전전두엽피질, DLPFC) 및 정동증상(배안쪽 전전두엽피질, VMPFC)을 매개하는 역할을 할 수 있다. (d) 융기깔때기 도파민 경로는 시상하부에서 뇌하수체 전엽으로 투사되어 프로락틴 분비를 제어한다. (e) 다섯 번째 도파민 경로는 수도관주위 회색질, 배쪽중뇌, 시상하부핵, 가쪽팔결핵을 포함한 여러 부위에서 시작하여 시상으로 투사된다. 그 기능은 현재 잘 알려져 있지 않다.

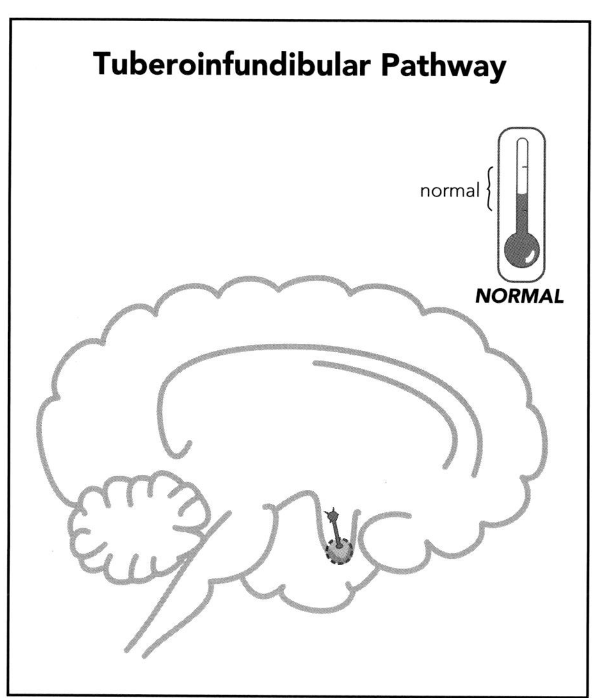

그림 4-11 융기깔때기 도파민 경로. 시상하부에서 뇌하수체 전엽으로 이어지는 융기깔때기 도파민 경로는 순환계로 가는 프로락틴 분비를 조절한다. 도파민은 프로락틴 분비를 억제한다. 치료받지 않은 조현병에서 이 경로의 활성화는 '정상'으로 여겨진다.

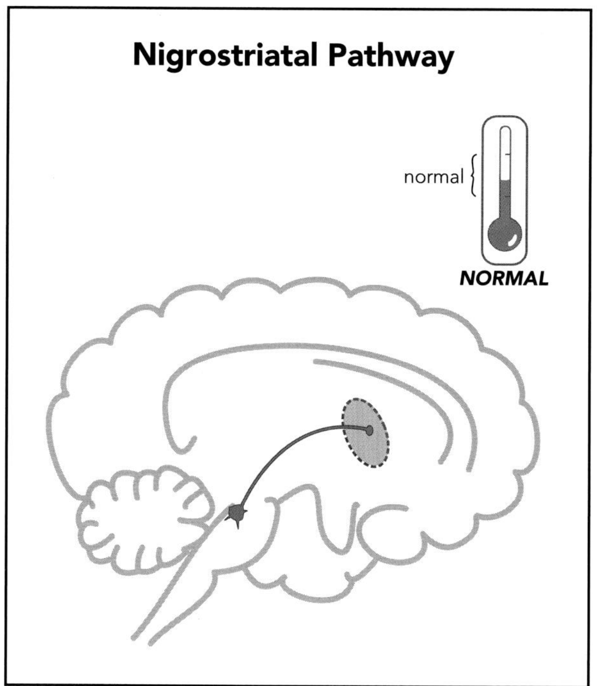

그림 4-12 흑질선조체 도파민 경로. 흑질선조체 도파민 경로는 흑질에서 기저핵 또는 선조체로 투사된다. 추체외로 신경계의 일부이며, 운동 조절에 중요한 역할을 한다. 도파민이 결핍되면 떨림, 경직, 운동불능/운동완만 증상을 가진 파킨슨증을 일으킬 수 있다. 도파민이 과다하면 틱과 이상운동증과 같은 운동과다 운동장애가 발생할 수 있다. 치료받지 않은 조현병에서는 이 경로의 활성화가 '정상'인 것으로 여겨진다.

적으로 보존될 수 있다(그림 4-11).

시상 도파민 경로

최근 영장류의 시상을 신경지배하는 도파민 경로가 서술되었다. 시상 도파민 경로thalamic dopamine pathway는 수도관주위 회색질periaqueductal gray matter, 배쪽중뇌ventral mesencephalon, 다양한 시상하부핵hypothalamic nuclei, 가쪽팔곁핵lateral parabrachial nucleus을 포함한 여러 부위에서 발생한다(그림 4-10). 이 경로의 기능은 아직 연구 중이지만, 시상을 통해 피질과 다른 뇌 영역으로 전달되는 정보를 제어하여 수면 및 각성 기전에 관여하는 것 같다. 현재로서는 조현병에서 이 도파민 경로의 비정상적인 기능에 대한 증거는 없다.

흑질선조체 도파민 경로

또 다른 주요 도파민 경로는 흑질선조체 도파민 경로nigrostriatal dopamine pathway로 뇌간의 흑질에 있는 도파민 세포체에서 투사되어 축삭은 선조체에서 종결된다(그림 4-12). 고전적으로 흑질선조체 도파민 경로는 추체외로 신경계의 일부로 간주되어 왔으며, 피질-선조체-시상-피질cortico-striato-thalamo-cortical, CSTC 회로 또는 고리에서 시상과 피질의 연결을 통해 운동움직임motor movement을 제어하는 것으로 여겨져 왔다(그림 4-13A). 도파민이 선조체의 CSTC 고리와 운동움직임을 조절하는 방법에 대한 보다 정교한 해부학적 모델은 그림 4-13B부터 그림 4-13F까지에 '직접' 및 '간접' 도파민 경로로 표시되어 있다. 소위 직접 경로(그림 4-13B 왼쪽과 그림 4-13C 및 4-13E에 표시됨)는 흥분성 D_1 도파민 수용체가 밀집되어 있으며(그림 4-13E, 그림 4-4, 왼쪽 참조), 선조체에서 내창백핵globus pallidus interna으로 직접 투사되어 움직임을 자극한다('이동' 경로)(그림 4-13C). 소위 간접 경로(그림 4-13B 오른쪽과 그림 4-13D 및 4-13F에 표시됨)는 억제성 D_2 도파민 수용체가 밀집되어 있으며(그림 4-13F, 그림 4-4, 오른쪽 참조), 외창백핵globus pallidus externa과 시상밑핵subthalamic nucleus을 통해 내창백핵으로 간접적으로 투사된다. 일반적으로 이 경로는 운동움직임을 차단한다('정지' 경로)(그림 4-13D 참조). 도파민은 간접 경로의 D_2 수용체에서 이 작용을 억제하며(그림 4-13F), 이는 정지 경로에 '멈추지 마라' 또는 '더 가라'고 말하는 것이다. 요점은 도파민은 직접 및 간접 운동 경로 모두에서 운동움직임을 자극한다는 것이다. 이러한 경로들의 출력을 동기화하면 운동움직임을 원활하게 실행할 수 있는 것으로 생각된다.

현재로서는 조현병에서 이 도파민 경로의 비정상적인 기능에 대한 증거는 없지만(그림 4-12 및 4-13), 이러한 운동 경로에 도파민이 결핍되면 경직rigidity, 운동불능/운동완만akinesia/bradykinesia(즉 움직임이 없거나 느려짐), 떨림tremor을 특징으로 하는 파킨슨병을 포함한 운동장애를 유발할 수 있다. 선조체에서 도파민 결핍은 가설상으로 좌불안석akathisia(일종의 안절부절)과 근긴장이상증dystonia(특히 얼굴과 목의 비틀림 움직임)을 유발하는 기전에도 관여할 수 있다. 이와 같은 운동장애는 이 경로에서 D_2 도파민

Classic CSTC (Cortico-Striato-Thalamo-Cortical) Loop

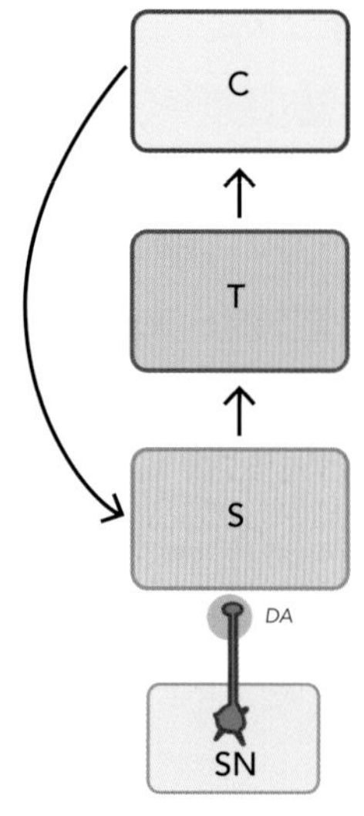

C = cortex
T = thalamus
S = striatum
SN = substantia nigra

그림 4-13A **피질-선조체-시상-피질(CSTC) 고리.** 가장 간단한 용어로, 흑질선조체 도파민 경로는 피질-선조체-시상-피질 고리라고 알려진 회로에서 시상 및 피질과의 연결을 통해 운동움직임을 제어하는 것으로 여겨진다.

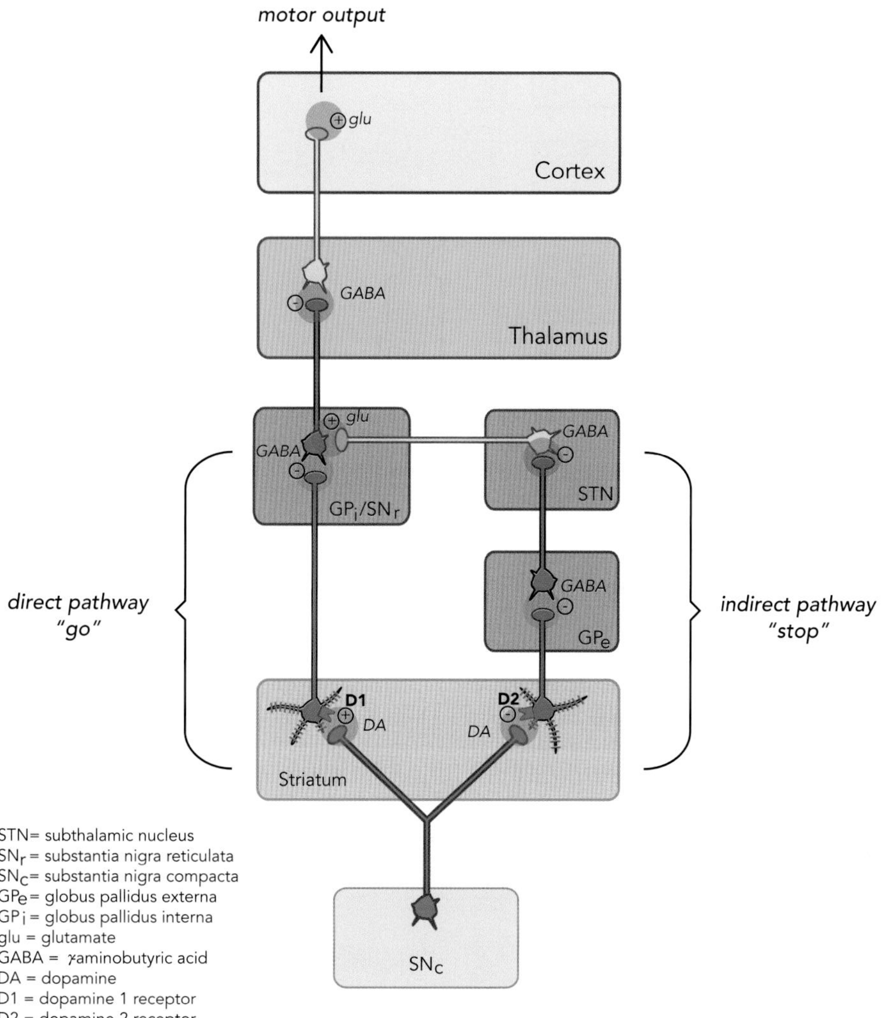

그림 4-13B **운동 제어를 위한 직접 및 간접 도파민 경로.** 운동움직임의 도파민 조절을 위한 직접 경로(왼쪽)는 흥분성 D_1 수용체가 밀집해 있으며, 선조체에서 내창백핵까지 투사되어 운동 자극을 초래한다. 운동움직임의 도파민 조절을 위한 간접 경로(오른쪽)는 외창백핵과 시상밑핵을 통해 내창백핵으로 투사된다. 이 경로는 억제성 D_2 수용체가 밀집해 있으며, 일반적으로 운동움직임을 차단한다.

수용체를 차단하고, 약물로 유발된 파킨슨증drug-induced parkinsonism(더 널리 알려져 있지만 훨씬 덜 정확한 이름인 추체외로 증상extrapyramidal symptom, EPS이라고도 불린다)의 원인이 될 수 있는 약물에 의해 재현할 수 있다. 이에 대해서는 제5장 정신병 치료제에서 더 자세히 논의할 것이다.

너무 적거나 너무 많은 도파민 활성은 운동장애를 유발할 수 있다. 따라서 흑질선조체 경로에서 도파민의 과활성은 무도증chorea, 이상운동증dyskinesia, 틱tic(헌팅턴병Huntington's disease, 뚜렛증후군Tourette syndrome 등의 상태에서)과 같은 다양한 운동과다 운동장애hyperkinetic movement disorder의 기저에 있는 것으로 생각된다. 레보도파levodopa를 이용한 파킨슨병 치료에 의한 흑질선조체 경로의 D_2 도파민 수용체의 만성 자극은 비정상적인 과운동 및 이상운동(레보도파로 유발된 이상운동증levodopa-

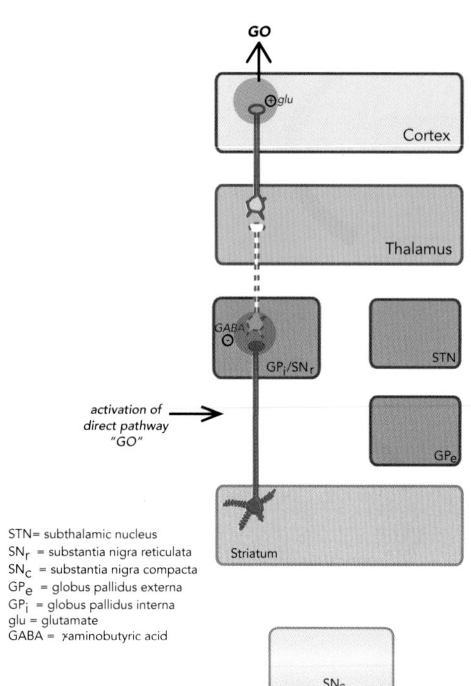

그림 4-13C 직접(이동) 도파민 경로의 활성화. 선조체에서 내창백핵으로 투사된 감마아미노뷰티르산(GABA) 뉴런이 활성화된다. 방출된 GABA는 시상으로 투사된 또 다른 GABA 뉴런의 활동을 억제한다. 시상에서 GABA가 방출되지 않으면, 글루타메이트 뉴런이 활성화되어 피질로 글루타메이트를 방출하여 운동을 자극한다.

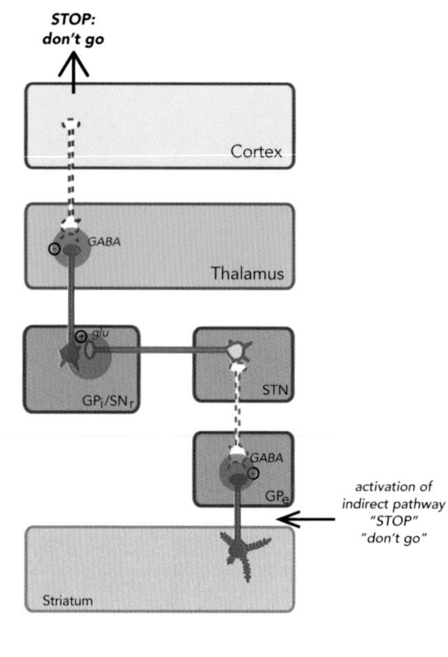

그림 4-13D 간접(정지) 도파민 경로의 활성화. 선조체에서 외창백핵으로 투사된 감마아미노뷰티르산(GABA) 뉴런이 활성화된다. 방출된 GABA는 시상밑핵(STN)으로 투사된 또 다른 GABA 뉴런의 활동을 억제한다. STN에서 GABA가 방출되지 않으면, 글루타메이트 뉴런이 활성화되어 내창백핵으로 글루타메이트를 방출하고, 이 글루타메이트는 다시 시상으로 GABA를 방출하도록 GABA 뉴런을 자극한다. 그런 다음 GABA는 글루타메이트 뉴런에 결합하여 피질로 글루타메이트가 방출되는 것을 억제하여 움직임을 억제한다.

induced dyskinesia, LID라고 함)의 출현의 기초가 되는 것으로 추정된다. 흑질선조체 경로에서 동일한 D_2 도파민 수용체를 만성적으로 차단하면 지연이상운동증tardive dyskinesia으로 알려진 또 다른 운동과다 운동장애가 발생하는 것으로 추정된다. 지연이상운동증과 그 치료에 대해서는 제5장 정신병 치료제에서 자세히 논의할 것이다.

중뇌변연 도파민 경로

중뇌변연 도파민 경로mesolimbic dopamine pathway는 뇌간brainstem(즉 중뇌mesencephalon)의 VTA에 있는 도파민 세포체에서 변연계의 일부인 배쪽선조체의 기댐핵nucleus accumbens으로 투사된다(그래서 중뇌변연)(그림 4-10 및 4-14 A~D). 이 경로에서 방출되는 도파민은 동기, 쾌락, 보상을 비롯한 여러 가지 정상적인 감정 행동에 중요한 역할을 하는 것으로 생각된다(그림 4-14A). 지나치게 단순화한 것일 수도 있지만, 중뇌변연 도파민 경로는 사실 모든 보상과 강화의 최종 공통 경로일 수 있으며, 여기에는 미식, 성극치감, 음악 감상의 즐거움과 같은 정상적인 보상(그림 4-14A)뿐만 아니라 보상이 너무 많거나(그림 4-14B 및 C) 너무 적을 때(그림 4-14D) 경험하는 감정 또한 포함된다. 이 경로에서 너무 많은 도파민은 정신병의 양성증상(그림 4-14C)과 물질남용substance abuse의 인위적 보상(약물로 유발된 '황홀경high')을 유발하는 것으로 알려져 있다(제13장의 약물남용에 대한 논의 참조). 반면 이 경로에서 너무 적은 도파민은 단극성 및 양극성 우울증과 같은 상태와 조현병의 음성증상에서 볼 수 있는 무쾌감증anhedonia, 무감

D1 Stimulation of Go Pathway

GO
glu
Cortex
Thalamus
GABA
GP_i/SN_r
STN
GP_e
D1 stimulation of "GO" pathway - "go more"
D1
DA
Striatum
SN_c
STN= subthalamic nucleus
SN_r = substantia nigra reticulata
SN_C= substantia nigra compacta
GPe = globus pallidus externa
GPi = globus pallidus interna
glu = glutamate
GABA = γ-aminobutyric acid
DA = dopamine
D1 = dopamine 1 receptor

그림 4-13E 이동 경로의 도파민-1 수용체 자극. 흑질선조체 경로에서 방출된 도파민은 내창백핵으로 투사된 감마아미노뷰티르산(GABA) 뉴런의 시냅스 후 D_1 수용체와 결합한다. 이는 직접(이동) 경로의 위상성phasic 활성화를 유발하여 본질적으로 '더 이동하라'고 지시한다.

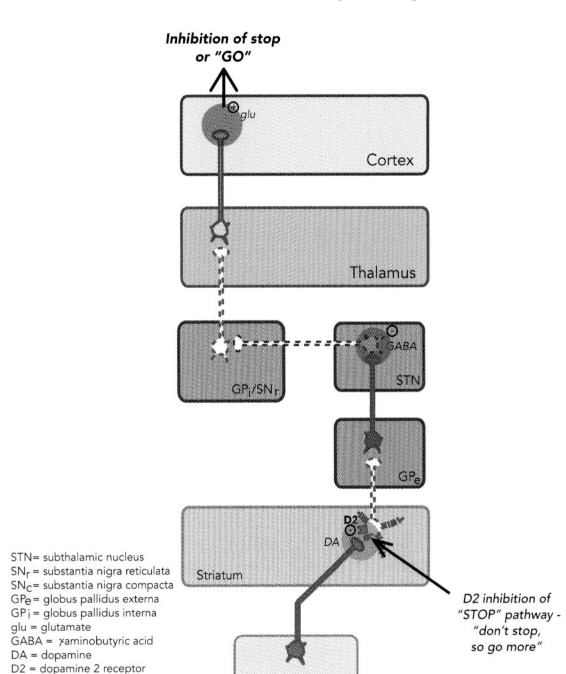

그림 4-13F 정지 경로의 도파민-2 수용체 억제. 흑질선조체 경로에서 방출된 도파민은 외창백핵으로 투사된 감마아미노뷰티르산(GABA) 뉴런의 시냅스 후 D_2 수용체에 결합한다. 이로 인해 간접(정지) 경로가 억제되어 오히려 '이동하라'고 지시한다.

동apathy, 에너지 부족lack of energy 증상이 유발된다(그림 4-14D).

정신병 양성증상에 대한 고전적 도파민 가설: 중뇌변연 도파민항진증

위에서 언급한 바와 같이, 중뇌변연 도파민 경로의 과활성('도파민항진증hyperdopaminergia')은 정신병의 최종 공통 경로로서 양성 정신병 증상(즉 망상 및 환각)을 가설상으로 설명하며, 이러한 증상이 조현병, 약물로 유발된 정신병의 일부이든지, 조증, 우울증, 파킨슨병, 치매에 양성 정신병 증상이 동반되는지 여부에 관계없이 설명할 수 있다. 중뇌변연 도파민 뉴런의 과활성은 정신병의 양성증상과 관련된 모든 질환에서 충동적, 초조, 공격적, 적대적 증상을 유발하는 데에도 역할을 할 수 있다(그림 4-15). 중뇌변연 도파민 과활성은 코카인 및 메스암페타민과 같은 정신자극제의 직접적인 약리적 결과일 수 있지만, 조현병, 조증, 우울증, 파킨슨병, 알츠하이머병 및 기타 치매와 관련된 정신병에서 중뇌변연 도파민 과활성은 전전두엽 회로와 그곳의 글루타메이트 및 세로토닌 뉴런뿐만 아니라 도파민 뉴런의 조절 장애의 간접적인 결과일 수 있다. 이러한 뇌 회로는 글루타메이트와 세로토닌에 대한 다음 절에서 자세히 논의된다.

조현병의 정신병 양성증상에 대한 도파민 가설의 새로운 발전

고전적으로 흑질에서 등쪽선조체(그림 4-12)로의 도파민 투사는 운동움직임을 조절하고, VTA에서 배쪽선조체(기댐핵)까지의 감정을 조절하는 경로와 평행한 것으로 간주되어 왔다(그림 4-14A). 간단히 말해 운동움직임은 등쪽 또는 '위쪽' 선조체('신경과의사의 선조체')가 담당하고, 감정은 배쪽 또는 '아래쪽' 선조체('정신과의사의 선조체')가 담당한다는 개념이다(그림 4-16A). 이러한 개념은 주로 설치

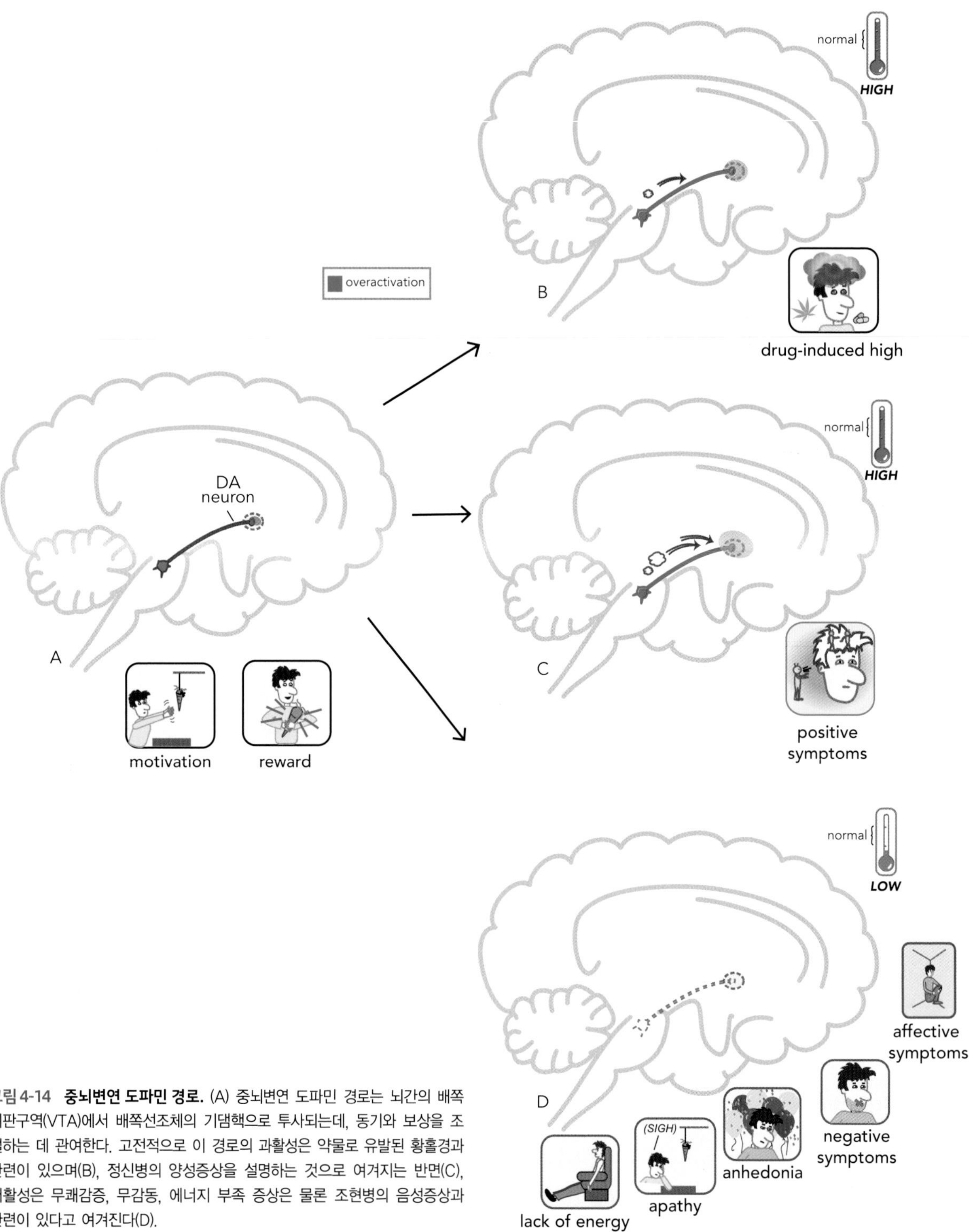

그림 4-14 중뇌변연 도파민 경로. (A) 중뇌변연 도파민 경로는 뇌간의 배쪽뒤판구역(VTA)에서 배쪽선조체의 기댐핵으로 투사되는데, 동기와 보상을 조절하는 데 관여한다. 고전적으로 이 경로의 과활성은 약물로 유발된 황홀경과 관련이 있으며(B), 정신병의 양성증상을 설명하는 것으로 여겨지는 반면(C), 저활성은 무쾌감증, 무감동, 에너지 부족 증상은 물론 조현병의 음성증상과 관련이 있다고 여겨진다(D).

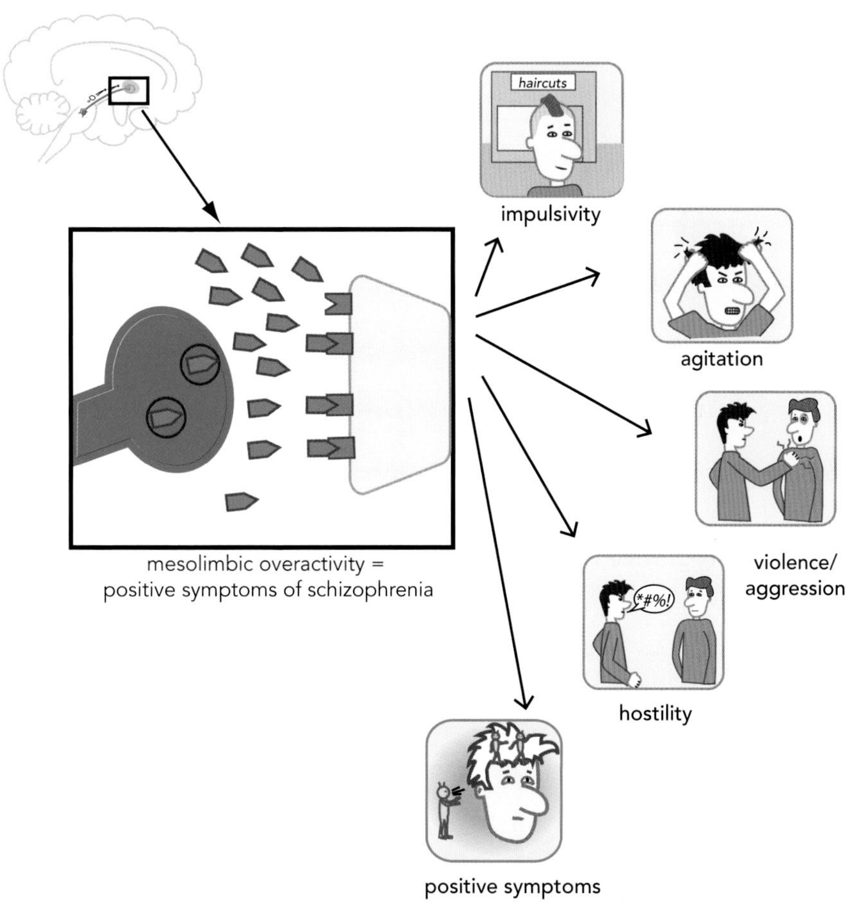

그림 4-15 중뇌변연 도파민 가설. 중뇌변연 도파민 경로에서 도파민 뉴런의 과활성은 망상 및 환각과 같은 정신병의 양성증상을 이론상으로 매개한다. 중뇌변연 과활성은 충동성, 초조, 폭력/공격성, 적대감과도 관련이 있을 수 있다.

류를 대상으로 한 해부학 및 약리학 연구와 인간을 대상으로 한 약물 연구를 통해 도출된 것이다. 경험적으로 가치가 있을지라도, 인간 뇌영상 연구의 최근 결과는 해부학적 차이가 기능(운동 대 감정)과 상관관계가 있는 독립된 전용 경로에 대한 생각을 수정할 필요가 있음을 보여준다. 즉 약물을 복용하지 않은 조현병 환자의 선조체에서 도파민 활동의 뇌영상은 독특하게 배쪽선조체에서 예상되는 도파민항진증이 나타나지 않았다. 대신 도파민항진증은 VTA가 아니라 흑질로부터 입력을 받는 연관 선조체associative striatum라고 불리는 선조체의 중간 부분에 특별히 존재할 수 있다(그림 4-16B). 이러한 결과는 조현병의 도파민항진증을 이해하기 위해서는 도파민 경로의 보다 정교한 공식화가 필요할 수 있음을 시사한다. 즉 VTA뿐만 아니라 아마도 특히 안쪽 및 가쪽 흑질에서 투사되는 도파민항진증이 조현병의 양성증상을 매개하는 데 중요할 수 있다(그림 4-16B). 이러한 결과는 등쪽선조체와 흑질선조체 경로가 운동 요소뿐만 아니라 감정 요소도 가지고 있다는 사고의 괄목할 만한 발전을 보여준다. 강박행위와 습관도 이론상으로 등쪽선조체에 국한시킨다(제13장에서 논의함). 따라서 등쪽선조체가 모두 운동 기능만 하는 것은 아닐 수 있고, 단지 신경과의사의

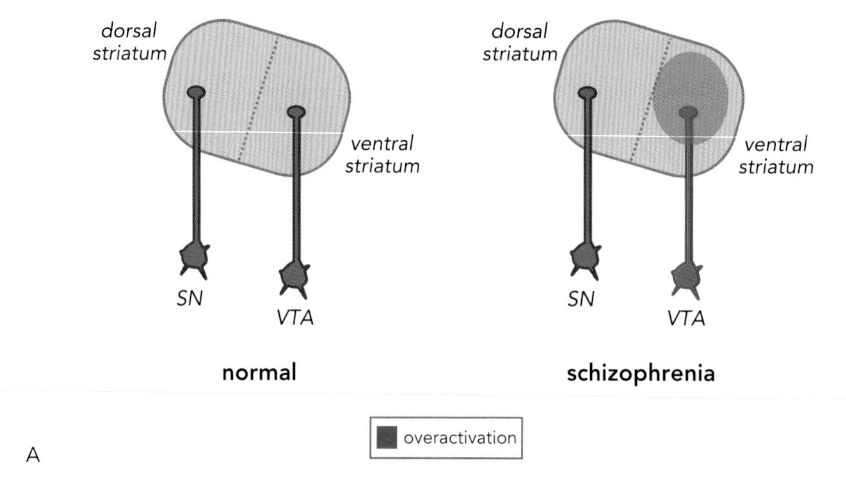

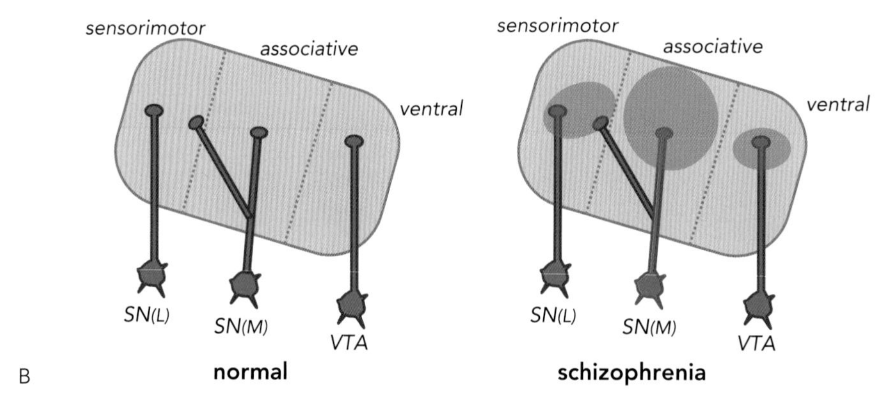

SN(L) substantia nigra lateral
SN(M) substantia nigra medial
VTA ventral tegmental area

그림 4-16 통합적 허브 중뇌선조체 도파민항진증. (A) 선조체 기능에 대한 고전적 이해는 등쪽선조체는 운동움직임을 조절하고 배쪽선조체는 감정을 조절하며, 배쪽선조체에서 도파민의 과활성은 조현병의 양성증상과 관련이 있다는 것이다. (B) 약물치료를 받지 않은 조현병 환자의 뇌영상 자료는 배쪽선조체에서 도파민 활성이 변하지 않을 수 있지만, 대신 배쪽뒤판구역(VTA)이 아닌 흑질로부터 입력을 받는 연관 선조체라고 하는 선조체의 중간 부분에서 과활성할 수 있음을 시사한다. 흑질선조체와 중뇌변연 투사를 분리하기보다는 중뇌선조체 경로라는 개념이 더 적합할 수 있다.

선조체만이 아닐 수 있다. 선조체는 또한 감정 조절에도 중요한 역할을 할 수 있다. 결론은 중뇌에서 선조체로의 투사를 별개의 독특한 기능을 가진 평행 경로로 생각하기보다(그림 4-16A처럼), 뇌영상으로부터의 새로운 개념에 대해서 VTA-흑질 복합체가 통합적인 허브이며, 그 경로를 흑질선조체/중뇌변연이 아닌 중뇌선조체로 생각할 수 있다는 것이다(그림 4-16B). 이러한 의미에서 조현병의 도파민항진증은 단순히 중뇌변연이라기보다는 중뇌선조체에 해당한다.

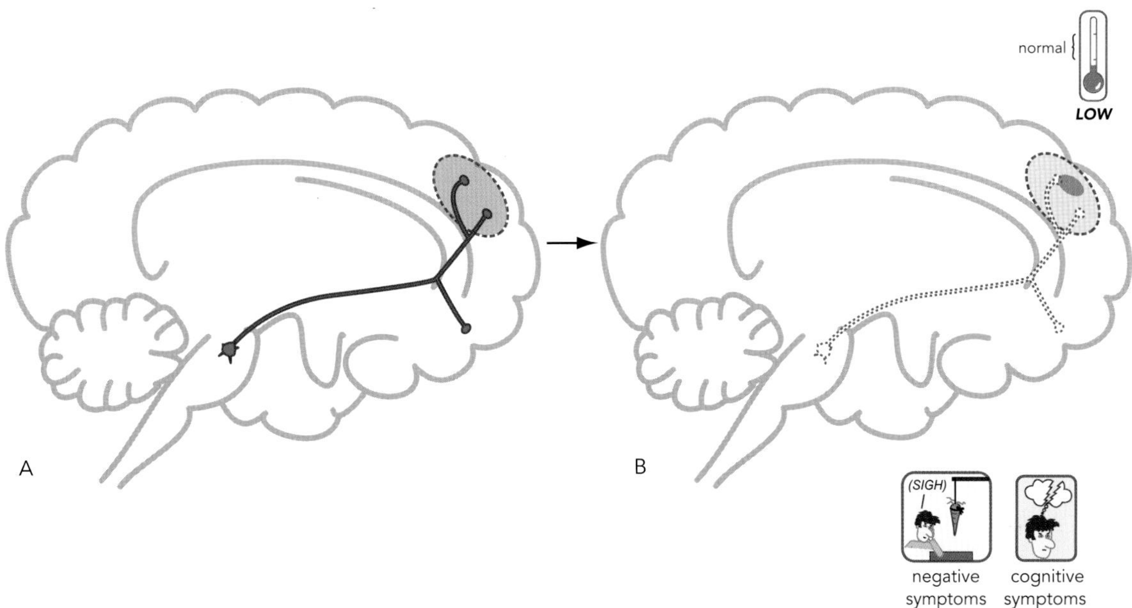

그림 4-17 등가쪽 전전두엽피질(DLPFC)로 가는 중뇌피질 경로. 중뇌피질 도파민 경로는 배쪽뒤판구역(VTA)에서 전전두엽피질로 투사된다. 특히 DLPFC로 투사는 인지 및 집행기능과 관련이 있으며(A), 이 경로의 저활성은 고전적으로 조현병의 인지 및 일부 음성증상과 관련이 있는 것으로 여겨진다(B).

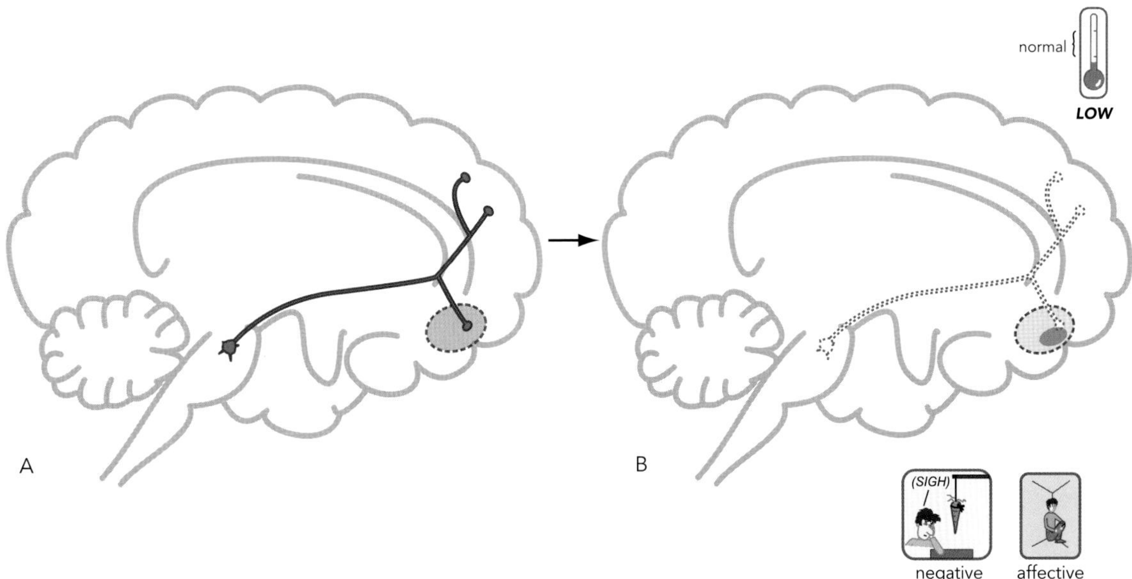

그림 4-18 배안쪽 전전두엽피질(VMPFC)로 가는 중뇌피질 경로. 중뇌피질 도파민 경로는 배쪽뒤판구역(VTA)에서 전전두엽피질로 투사된다. 특히 VMPFC로 투사는 감정 및 정동과 관련이 있으며(A), 이 경로의 저활성은 조현병의 음성 및 정동증상과 관련이 있다(B).

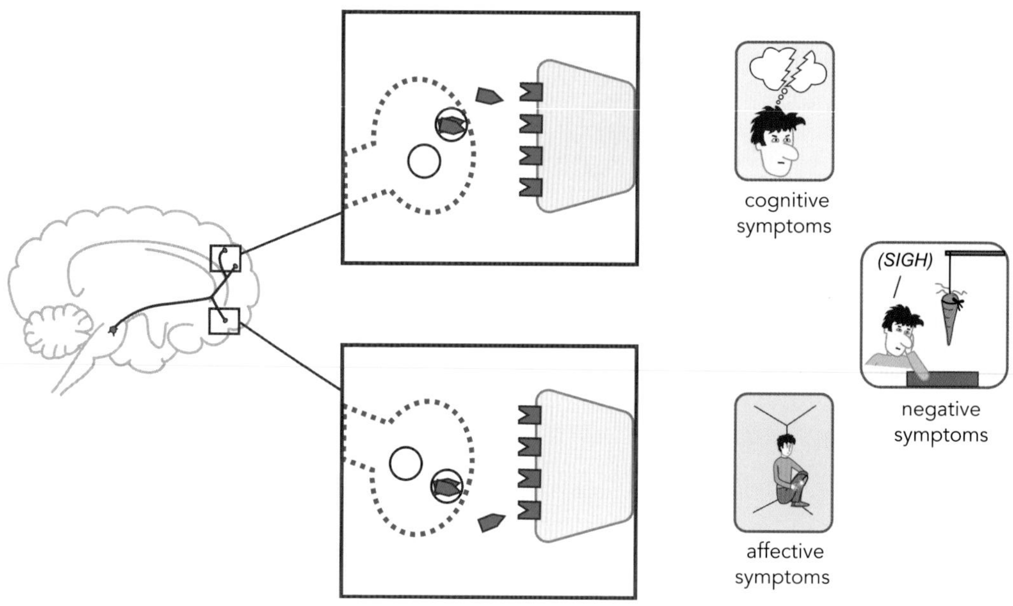

그림 4-19 중뇌피질 도파민 가설. 중뇌피질 도파민 경로에서 도파민 뉴런의 저활성은 이론상으로 조현병의 인지, 음성, 정동증상을 매개한다.

조현병의 고전적 도파민 가설에 대한 추론: 중뇌피질 도파민저하증과 조현병의 인지, 음성, 정동증상

VTA의 세포체에서 발생하지만 전전두엽피질 영역으로 투사되는 또 다른 도파민 경로는 **중뇌피질 도파민 경로** mesocortical dopamine pathway로 알려져 있다(그림 4-17부터 4-19까지). 등가쪽 전전두엽피질dorsolateral prefrontal cortex, DLPFC로 가는 이 경로의 가지는 인지 및 집행기능을 조절하는 것으로 추정되며(그림 4-17), 반면 배안쪽 전전두엽피질ventromedial prefrontal cortex, VMPFC로 가는 이 경로의 가지는 감정과 정동을 조절하는 것으로 추정된다(그림 4-18). 조현병 증상을 매개하는 데 있어 중뇌피질 도파민 경로의 정확한 역할은 아직 논란의 여지가 있지만, 많은 연구자들은 조현병의 인지 및 일부 음성증상은 등가쪽 전전두엽피질로 향하는 중뇌피질 투사에서 도파민 활성의 결핍으로 인한 것일 수 있고(그림 4-17), 정동 및 기타 음성증상은 배안쪽 전전두엽피질로 향하는 중뇌피질 투사에서 도파민 활성의 결핍으로 인한 것일 수 있다고 생각한다(그림 4-18). 음성증상으로 제안되는 행동 결핍 상태는 확실히 중뇌피질 도파민 투사의 활성 부족 또는 적절한 기능 부족을 의미하며, 이는 글루타메이트에 대한 다음 절에서 설명하는 것처럼 *N*-메틸-D-아스파르트산N-methyl-D-aspartate, NMDA 글루타메이트 시스템의 신경발달 이상에 의한 결과라는 것이 유력한 이론이다.

정신병과 조현병의 글루타메이트 가설

정신병의 글루타메이트 이론은 글루타메이트 수용체의 NMDA 아형이 전전두엽피질의 주요 시냅스에서 기능이 저하되어 있다고 제안한다(표 4-1 및 그림 4-1). 조현병의 신경발달 이상, 알츠하이머병 및 기타 치매의 신경퇴행 이상, 해리성 마취제인 케타민ketamine과 펜사이클리딘phencyclidine, PCP과 같은 약물의 NMDA 수용체 차단 작용으로 인해 NMDA 글루타메이트 기능이 와해될 수 있다(그림 4-1 및 표 4-1). 글루타메이트 기능이상이 다양한 질환에서 정신병의 양성, 음성, 인지증상을 어떻게 유발할 수 있는지, 또한 글루타메이트 기능이상이 이전 절에서 논의한 후속 도파민항진증을 유발할 수 있는지 이해하기 위해 먼저 글루타메이트와 그 수용체 및 경로를 검토할 것이다.

글루타메이트 신경전달물질 네트워크

글루타메이트는 중추신경계의 주요 흥분성 신경전달물질이며, 사실상 모든 중추신경계 뉴런을 흥분시키고 켤 수 있기 때문에 뇌의 '마스터 스위치'로 간주되기도 한다. 최근 몇 년 동안 글루타메이트는 조현병, 일반적인 정신병의 양성증상, 우울증을 포함한 여러 다른 정신질환의 가설적 병태생리에서 핵심적인 이론적 역할을 담당하고 있다. 또한 현재 조현병과 우울증 치료를 위한 새로운 정신약리학적 치료제의 주요 표적이다. 따라서 글루타메이트의 합성, 대사, 수용체 조절, 주요 경로는 뇌 기능에 매우 중요하며, 여기에서는 이를 검토할 것이다.

글루타메이트 합성

글루타메이트 또는 글루탐산은 아미노산 신경전달물질이다. 글루타메이트는 신경전달물질이 아니라 단백질 생합성을 위한 아미노산 구성 요소로서 주로 사용된다. 신경전달물질로 사용되는 경우, 신경교세포에서 글루타민으로부터 합성된다. 신경교세포는 신경전달 중에 글루타메이트가 방출된 후 더 많은 글루타메이트의 재활용과 재생을 돕기도 한다. 글루타메이트 뉴런의 시냅스 소포에서 글루타메이트가 방출되면 시냅스의 수용체와 상호작용한 다음, 흥분성 아미노산 수송체excitatory amino acid transporter, EAAT로 알려진 재흡수 펌프에 의해 인접한 신경교세포로 운반된다(그림 4-20A). 시냅스전 글루타메이트 뉴런과 글루타메이트 신경전달의 시냅스후 부위에도 EAAT가 있을 수 있지만(그림에 표시되지 않음), 이러한 EAAT는 신경교세포의 EAAT 만큼 글루타메이트 재활용 및 재생에 중요한 역할을 하는 것으로 보이지는 않는다(그림 4-20A).

글루타메이트는 신경교세포로 재흡수된 후 글루타민 합성효소glutamine synthetase(그림 4-20B의 화살표 3)라고 알려진 효소에 의해 신경교세포내에서 글루타민으로 전환된다. 글루타메이트가 단순히 재사용되는 것이 아니라 글루타

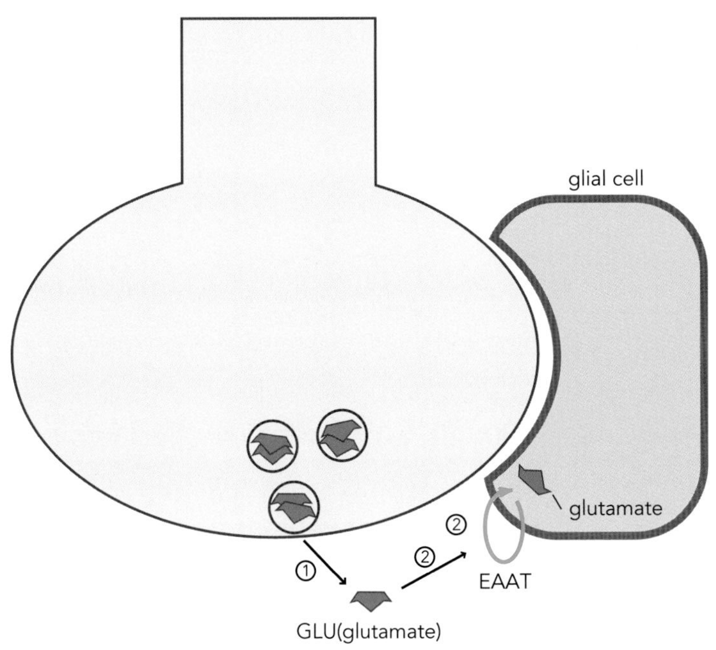

그림 4-20A 글루타메이트의 재활용과 재생 제1부. 시냅스전 뉴런에서 글루타메이트가 방출된 후(1), 흥분성 아미노산 수송체(EAAT)를 통해 신경교세포로 흡수된다(2).

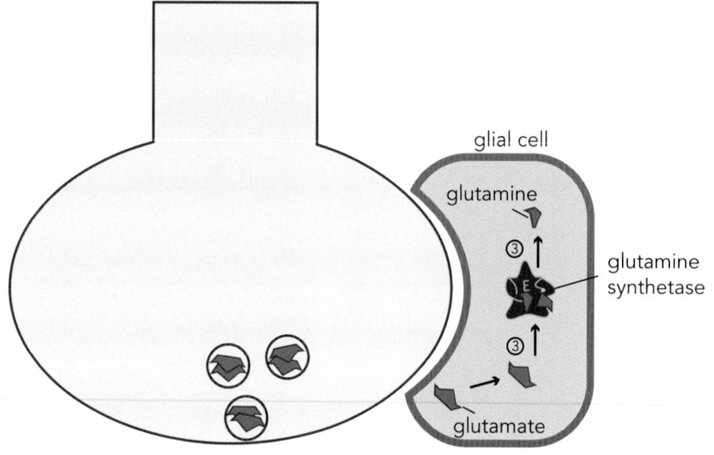

그림 4-20B 글루타메이트의 재활용과 재생 제2부. 신경교세포에 들어가면 글루타메이트는 글루타민 합성효소에 의해 글루타민으로 전환된다(3).

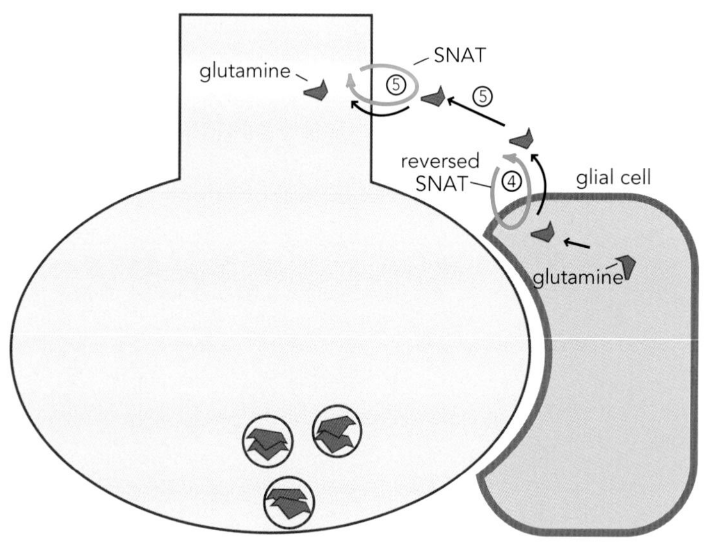

그림 4-20C 글루타메이트의 재활용과 재생 제3부. 글루타민은 신경교세포 특정 중성 아미노산 수송체(SNAT)에 의해 역수송 과정을 통해 신경교세포에서 방출된 다음(4), 글루타메이트 뉴런의 SNAT에 의해 흡수된다(5).

민으로 전환되어, 단백질 합성을 위한 공급원으로 소실되지 않고 신경전달물질 사용을 위한 공급원에 보관될 수 있다. 글루타민은 특정 중성 아미노산 수송체specific neutral amino acid transporter, SNAT(그림 4-20C의 화살표 4)로 알려진 수송체 또는 펌프를 통한 역수송에 의해 신경교세포에서 방출된다. 또한 글루타민은 신경교세포 알라닌-세린-시스테인 수송체alanine-serine-cysteine transporter, ASC-T로 알려진 두 번째 수송체에 의해 신경교세포 밖으로 운반될 수 있다(그림에 표시되지 않음). 신경교세포 SNAT와 ASC-T가 안쪽 방향으로 작동하면, 글루타민과 다른 아미노산을 신경교세포 안으로 운반한다. 여기서 이들은 역방향으로 작용하여 글루타민이 신경교세포에서 나와 다른 유형의 안쪽 방향으로 작동하는 뉴런 SNAT를 통해 뉴런 안으로 이동하여 재흡수된다(그림 4-20C의 화살표 5).

일단 뉴런 내부에 들어가면, 글루타민은 신경전달물질로 사용하기 위해 미토콘드리아에 있는 글루타민 분해효

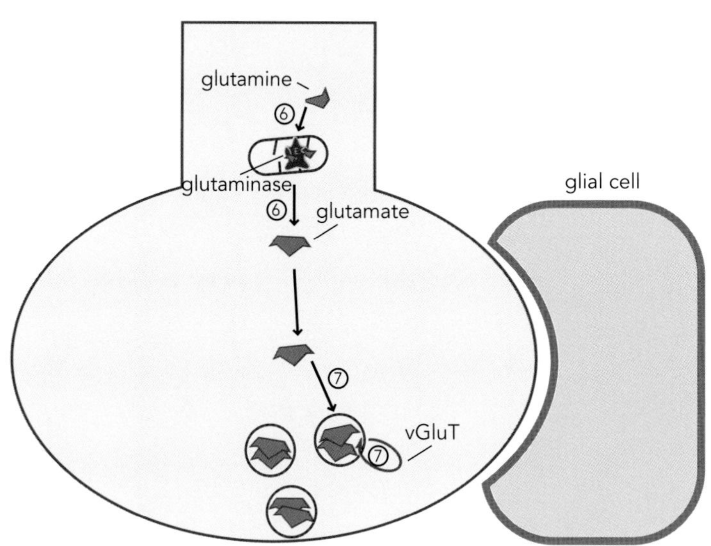

그림 4-20D 글루타메이트의 재활용과 재생 제4부. 글루타민은 시냅스전 글루타메이트 뉴런 내에서 글루타민 분해효소에 의해 글루타메이트로 전환되고(6), 소포 글루타메이트 수송체(vGluT)에 의해 시냅스 소포 내로 흡수되어 향후 방출을 위해 저장된다.

소glutaminase라고 불리는 효소에 의해 다시 글루타메이트로 전환된다(그림 4-20D의 화살표 6). 그런 다음 글루타메이트는 소포 글루타메이트 수송체vesicular glutamate transporter, vGluT(그림 4-20D의 화살표 7)를 통해 시냅스 소포 내로 운반되어 신경전달 중에 방출될 수 있도록 저장된다. 일단 방출되면, 글루타메이트의 작용은 다른 신경전달물질 시스템에서처럼 효소 분해가 아니라 뉴런이나 신경교세포의 EAAT에 의해 제거되어 중단되고, 전체 사이클이 다시 시작된다(그림 4-20A~D).

글루타메이트 공동전달체 글라이신과 D-세린의 합성

글루타메이트 시스템은 글루타메이트의 주요 수용체 중 하나가 기능하기 위해서는 글루타메이트 외에 공동전달체cotransmitter가 필요하다는 점에서 흥미롭다. 이 수용체는 다음에서 설명하는 NMDA 수용체이며, 공동전달체는 아미노산인 글라이신glycine이거나(그림 4-21), 글라이신과 밀접하게 연관된 또 다른 아미노산인 D-세린D-serine이다(그림 4-22).

글라이신은 글루타메이트 뉴런에서 합성되지 않는 것으로 알려져 있으므로, 글루타메이트 뉴런은 글라이신 뉴런이나 신경교세포로부터 NMDA 수용체에 필요한 글라이신을 얻어야 한다(그림 4-21). 글라이신 뉴런은 글루타메이트 시냅스에 소량의 글라이신만 공급하는데, 이는 글라이신 뉴런이 방출하는 대부분의 글라이신이 2형 글라이신 수송체type 2 glycine transporter, GlyT2로 알려진 일종의 글라이신 재흡수 펌프에 의해 해당 뉴런으로 다시 흡수되기 때문이다(그림 4-21).

따라서 인접한 신경교세포는 글루타메이트 시냅스에 사용할 수 있는 대부분의 글라이신을 공급하는 것으로 생각된다. 글라이신 자체는 1형 글라이신 수송체(GlyT1)에 의해 시냅스에서 글루타메이트 뉴런으로 흡수될 뿐만 아니라 신경교세포로 흡수될 수 있다(그림 4-21). 글라이신은 또한 신경교세포 특정 중성 아미노산 수송체(SNAT)에 의해 신경교세포로 흡수될 수 있다. 글라이신은 신경교세포의 시냅스 소포 내에 저장되는 것으로 알려져 있지 않지만, 아래에서 배우게 되는 것처럼 동반 신경전달물질인 D-세린은 신경교세포 내의 어떤 종류의 저장 소포 내에 저장되는 것으로 생각된다. 그럼에도 불구하고 신경교세포의 세포질에 있는 글라이신은 어떻게든 시냅스로 방출될 수 있으며, 글라이신은 역행 GlyT1 수송체를 타고 글루타메이트 시냅스

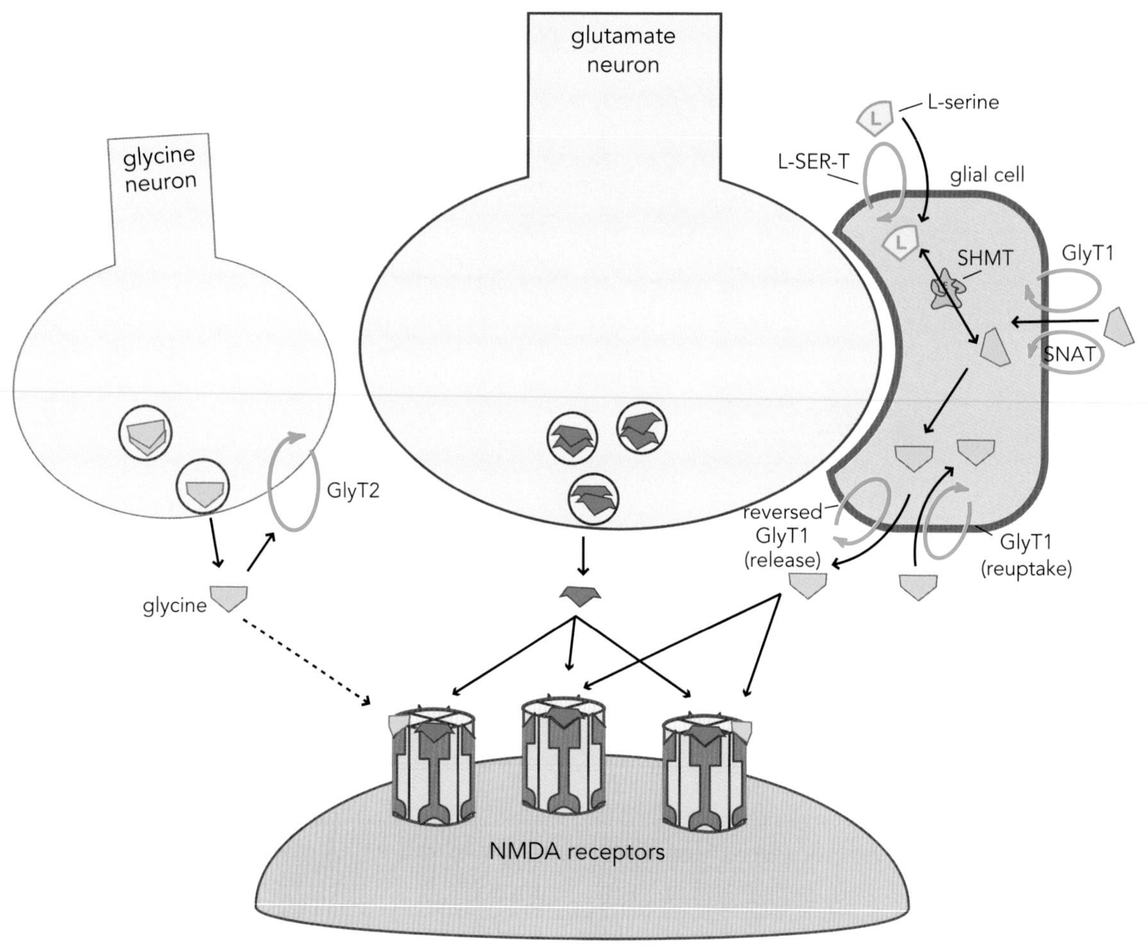

그림 4-21 NMDA 수용체 공동전달체 글라이신의 생성. NMDA 수용체에서 글루타메이트의 작용은 부분적으로 글라이신 또는 D-세린과 같은 공동전달체의 존재 여부에 의존한다. 글라이신은 음식물의 아미노산에서 직접 유래될 수 있으며, 글라이신 수송체(GlyT1) 또는 특정 중성 아미노산 수송체(SNAT)에 의해 신경교세포로 운반될 수 있다. 글라이신은 글라이신 뉴런과 신경교세포 모두에서 생성될 수 있다. 글라이신 뉴런에서 방출되는 대부분의 글라이신은 글라이신 시냅스에서만 사용되고, 많은 글라이신이 글루타메이트 시냅스로 확산되기 전에 글라이신 2 수송체(GlyT2)를 통해 시냅스전 글라이신 뉴런으로 다시 흡수되기 때문에, 글라이신 뉴런은 글루타메이트 시냅스에서 소량의 글라이신만 공급한다. 신경교세포에서 생성된 글라이신은 글루타메이트 시냅스에서 더 큰 역할을 한다. 글라이신은 아미노산 L-세린이 L-세린 수송체(L-SER-T)를 통해 신경교세포로 흡수된 후 세린 하이드록시메틸기 전달효소(SHMT)에 의해 글라이신으로 전환될 때 신경교세포에서 생성된다. 글라이신은 GlyT1에 의한 역수송을 통해 신경교세포에서 글루타메이트 시냅스로 방출된다. 그런 다음 세포외 글라이신은 GlyT1을 통해 다시 신경교세포로 운반된다.

로 이동하여 신경교세포 밖으로 빠져나간다(그림 4-21). 일단 바깥으로 나간 글라이신은 재흡수 펌프로 기능하며 시냅스 글라이신의 작용을 종료하는 주요 기전인 내부로 향한 GlyT1을 통해 신경교세포로 다시 들어갈 수 있다(그림 4-21). GlyT1 수송체는 글루타메이트 뉴런에도 존재할 가능성이 있지만, 글루타메이트 뉴런에서 방출되거나 저장되는 글라이신의 특성은 잘 알려져 있지 않다(그림 4-21). 글라이신은 또한 아미노산 L-세린에서 합성될 수 있는데, 세포외 공간, 혈류, 식이에서 유래된 L-세린은 L-세린 수송체 L-serine transporter, LSER-T에 의해 신경교세포로 운반되고, 신경교세포 효소인 세린 하이드록시메틸기 전달효소serine hydroxymethyl-transferase, SHMT에 의해 L-세린이 글라이신

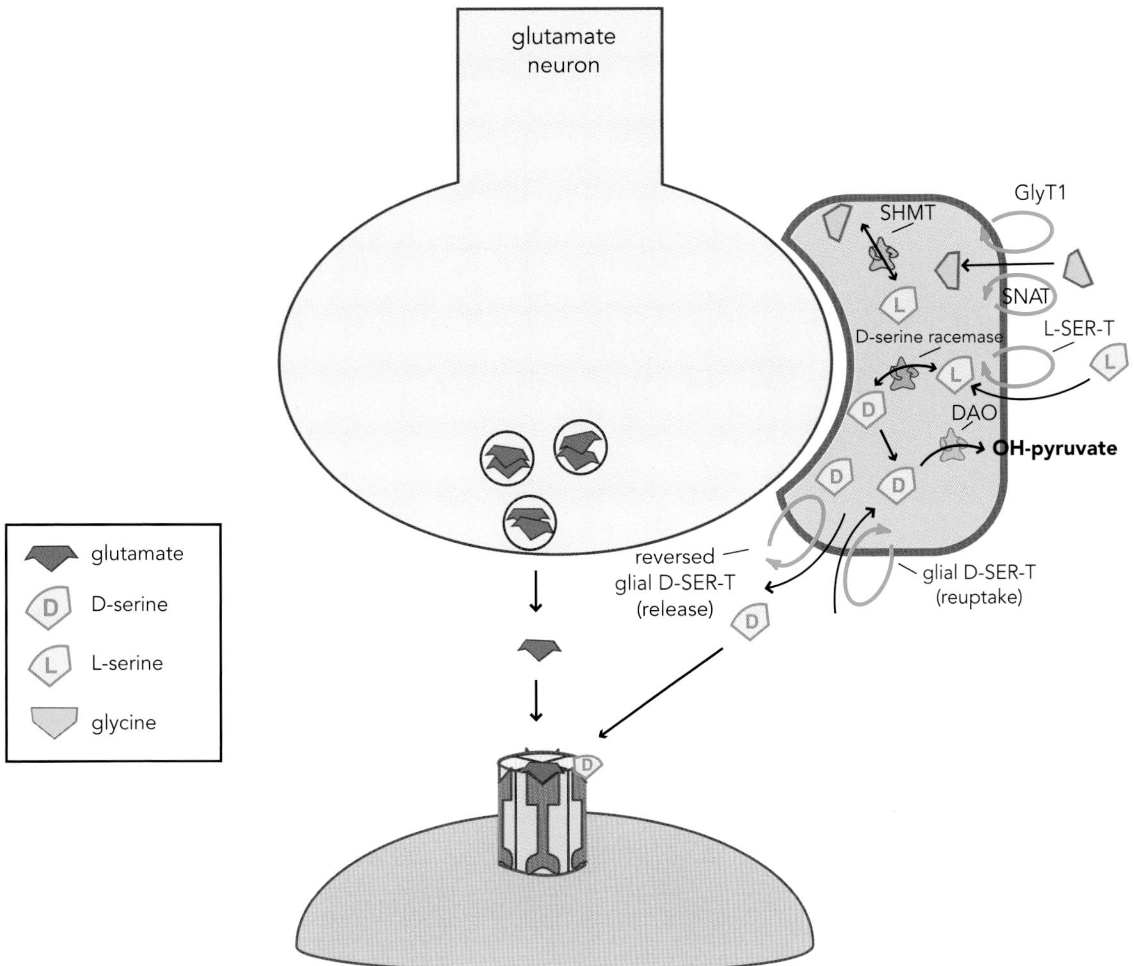

그림 4-22 NMDA 수용체 공동전달체 D-세린의 생성. 글루타메이트가 NMDA 수용체에서 일부 효과를 발휘하기 위해서는 글라이신 또는 D-세린이 있어야 한다. 신경교세포에서 세린 라세미화효소가 L-세린을 D-세린으로 전환한 다음, 신경교세포 D-세린 수송체(glial D-SER-T)의 역수송을 통해 글루타메이트 시냅스로 방출한다. L-세린이 신경교세포에 존재하는 것은 L-세린 수송체(L-SER-T)를 통해 운반되거나 세린 하이드록시메틸기 전달효소(SHMT)를 통해 글라이신에서 L-세린으로 전환된 결과이다. 일단 D-세린이 시냅스로 방출되면 D-SER-T라는 재흡수 펌프에 의해 신경교세포로 다시 흡수된다. 신경교세포내의 과잉 D-세린은 D-세린을 하이드록시피루베이트(OH-pyruvate)로 전환하는 효소인 D-아미노산 산화효소(DAO)에 의해 파괴될 수 있다.

으로 전환될 수 있다(그림 4-21). 이 효소는 양방향으로 작용하여 L-세린을 글라이신으로 전환하거나 글라이신을 L-세린으로 전환한다.

공동전달체인 D-세린은 어떻게 생성될까? D-세린의 거울상 아미노산인 L-세린을 포함하여 알려진 20가지 필수 아미노산은 모두 L-아미노산인 반면, D-세린은 D-아미노산이라는 점에서 특이하다. 우연히도 D-세린은 NMDA 수용체의 글라이신 부위에 대한 친화력이 높고, 신경교세포에는 D-세린 라세미화효소racemase라는 D-세린과 L-세린 사이를 오갈 수 있는 효소를 통해 일반 L-세린을 신경전달 아미노산인 D-세린으로 전환할 수 있는 효소가 장착되어 있다(그림 4-22). 따라서 D-세린은 글라이신 또는 L-세린에서 유래될 수 있으며, 둘 다 자체 수송체에 의해 신경교세포로 운반된 다음 효소 SHMT에 의해 글라이신이 L-세린으로

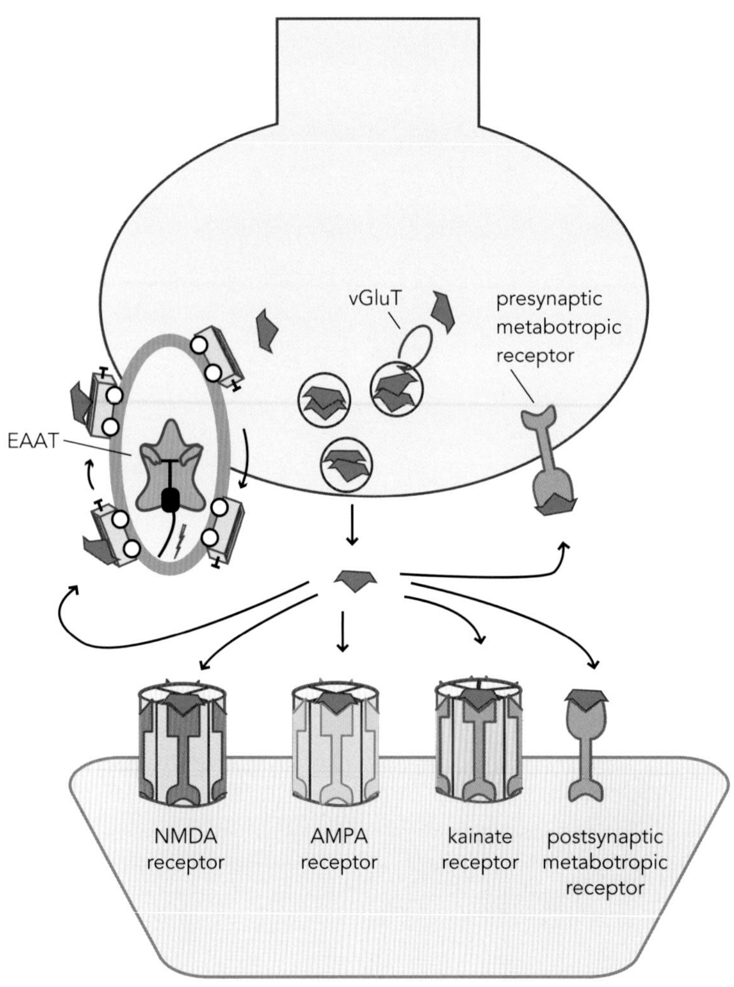

그림 4-23 글루타메이트 수용체. 여기에는 글루타메이트의 신경전달을 조절하는 글루타메이트 수용체가 나와 있다. 흥분성 아미노산 수송체(EAAT)는 시냅스전 단계에 존재하며, 시냅스에서 과잉 글루타메이트를 제거하는 역할을 담당한다. 글루타메이트 소포 수송체(vGluT)는 글루타메이트를 시냅스 소포 내로 운반하여 향후 신경전달에 사용될 때까지 저장한다. 대사성 글루타메이트 수용체(G단백질과 연결됨)는 시냅스전 또는 시냅스후 모두에 존재할 수 있다. 세 가지 유형의 시냅스후 글루타메이트 수용체는 이온통로에 연결되어 있으며, 리간드작동 이온통로로 알려져 있다. *N*-메틸-D-아스파르트산(NMDA) 수용체, α-아미노-3-하이드록시-5-메틸-4-이소옥사졸-프로피온산(AMPA) 수용체, 카이네이트 수용체는 모두 수용체에 결합하는 작용제의 이름을 따서 명명되었다.

전환되고, 마지막으로 D-세린 라세미화효소에 의해 L-세린이 D-세린으로 전환된다(그림 4-22). 흥미롭게도 이렇게 생성된 D-세린은 신경교세포에 있는 일종의 소포에 저장되었다가 역행성 신경교세포 D-세린 수송체D-serine transporter, D-SER-T를 통해 방출되어 NMDA 수용체를 포함하는 글루타메이트 시냅스에서 신경전달을 위해 사용될 수 있다. D-세린의 작용은 내부로 향해 작동하는 신경교세포 D-SER-T를 통한 시냅스 재흡수뿐만 아니라 D-세린을 비활성 히드록시피루베이트hydroxypyruvate로 전환하는 D-아미노산 산화효소D-amino acid oxidase, DAO에 의해서도 종료된다(그림 4-22). 뇌에서 D-아미노산 산화효소 활성제D-amino acid oxidase activator, DAOA로 알려진 DAO의 활성제를 만드는 방법에 대해서는 다음 절에서 논의할 것이다.

글루타메이트 수용체

글루타메이트 수용체에는 여러 가지 유형이 있으며(그림 4-23 및 표 4-2), 시냅스전 재흡수 펌프(EAAT)와 시냅스 소포로 글루타메이트를 운반하는 소포 수송체(vGluT)는 둘다 수용체의 일종이다. 다양한 수송체의 일반적인 약리적 특성은 제2장에서 논의하였다. 시냅스전 뉴런과 시냅스후 뉴런에도 대사성 글루타메이트 수용체metabotropic glutamate receptor가 있다(그림 4-23). 대사성 글루타메이트 수용체는

표 4-2 글루타메이트 수용체

대사성			
Group I	mGluR1		
	mGluR5		
Group II	mGluR2		
	mGluR3		
Group III	mGluR4		
	mGluR6		
	mGluR7		
	mGluR8		
이온성(리간드작동 이온통로; 이온통로연결 수용체)			
기능적 분류	**유전자군**	**작용제**	**길항제**
AMPA	GluR1	Glutamate	
	GluR2	AMPA	
	GluR3	Kainate	
	GluR4		
Kainate	GluR5	Glutamate	
	GluR6	Kainate	
	GluR7		
	KA1		
	KA2		
NMDA	NR1	Glutamate	
	NR2A	Aspartate	
	NR2B	NMDA	MK801
	NR2C		Ketamine
	NR2D		PCP (phencyclidine)

G단백질과 연결된 글루타메이트 수용체이다. G단백질연결 수용체의 일반적인 약리적 특성은 제2장에서 논의하였다.

대사성 글루타메이트 수용체에는 세 가지 그룹으로 분류되는 최소 여덟 가지 아형이 있다(표 4-2). 연구에 따르면 그룹 II 및 그룹 III 대사성 수용체는 시냅스전 단계에서 글루타메이트 방출을 차단하는 자가수용체로 작용할 수 있다(그림 4-23 및 4-24). 따라서 이러한 시냅스전 자가수용체를 작용제로서 자극하는 약물은 글루타메이트 방출을 감소시킬 수 있다. 반면에 그룹 I 대사성 글루타메이트 수용체는 주로 시냅스후에 위치하여 다른 시냅스후 글루타메이트 수용체와 상호작용하여 흥분성 글루타메이트 신경전달 중에 글루타메이트에 대한 리간드작동 이온통로 수용체에 의해 매개되는 반응을 촉진하고 강화할 수 있다(그림 4-23).

선택적으로 결합하는 작용제의 이름을 따서 명명된 글루타메이트에 대한 NMDA, AMPA(α-아미노-3-하이드록시-5-메틸-4-이소옥사졸-프로피온산α-amino-3-hydroxy-5-methyl-4-isoxazole-propionic acid), 카이네이트kainate 수용체는 모두 수용체의 리간드작동 이온통로 계열에 속한다(그림 4-23 및 표 4-2 참조). 이러한 리간드작동 이온통로는 이온성 수용체 또는 이온통로연결 수용체라고도 한다. 리간드

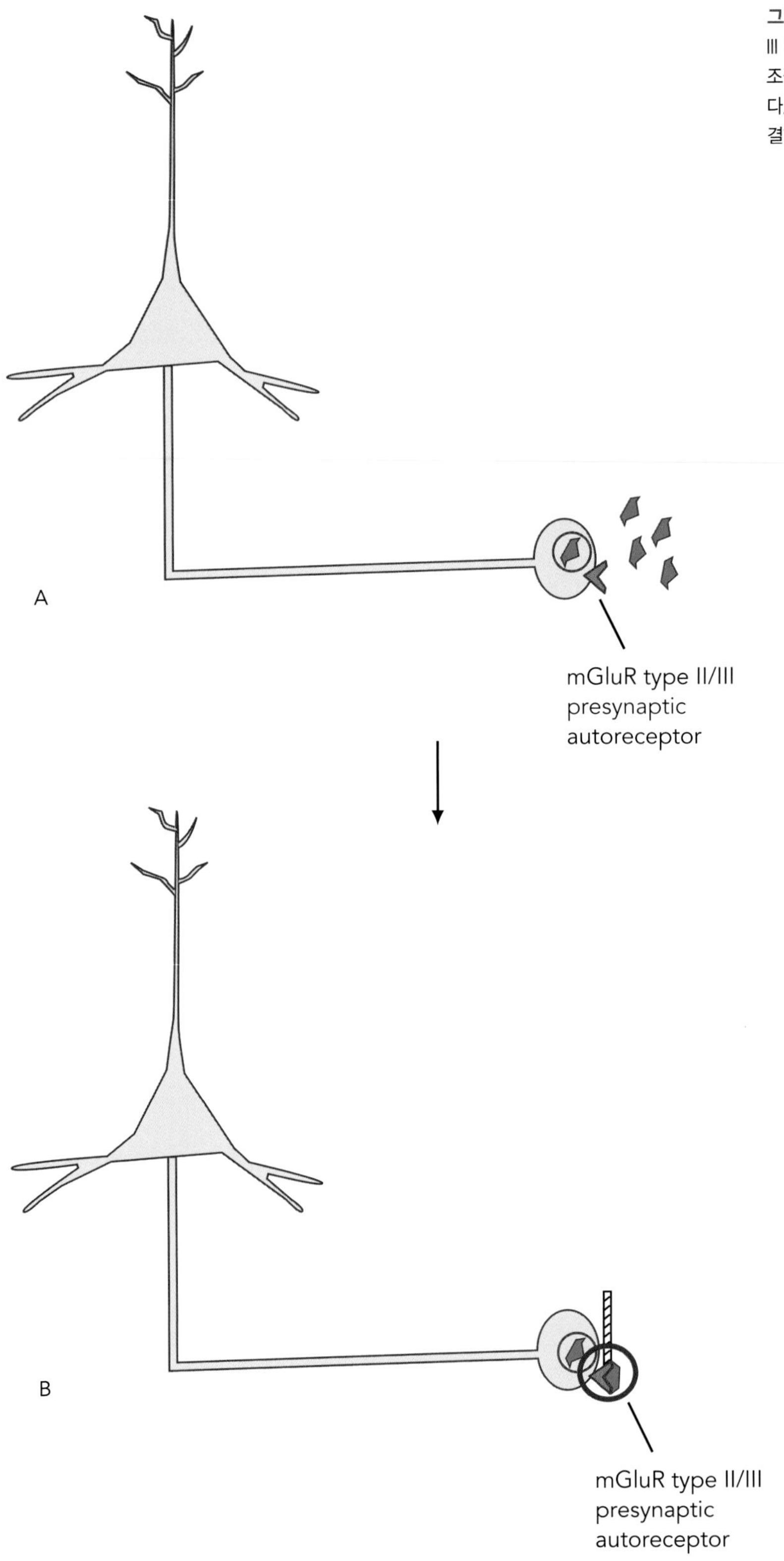

그림 4-24 대사성 글루타메이트 자가수용체. 그룹 II 및 III 대사성 글루타메이트 수용체는 글루타메이트의 방출을 조절하는 자가수용체로서 시냅스전 단계에 존재할 수 있다. 시냅스에 글루타메이트가 축적되면(A), 자가수용체에 결합하여 글루타메이트 방출을 억제할 수 있다(B).

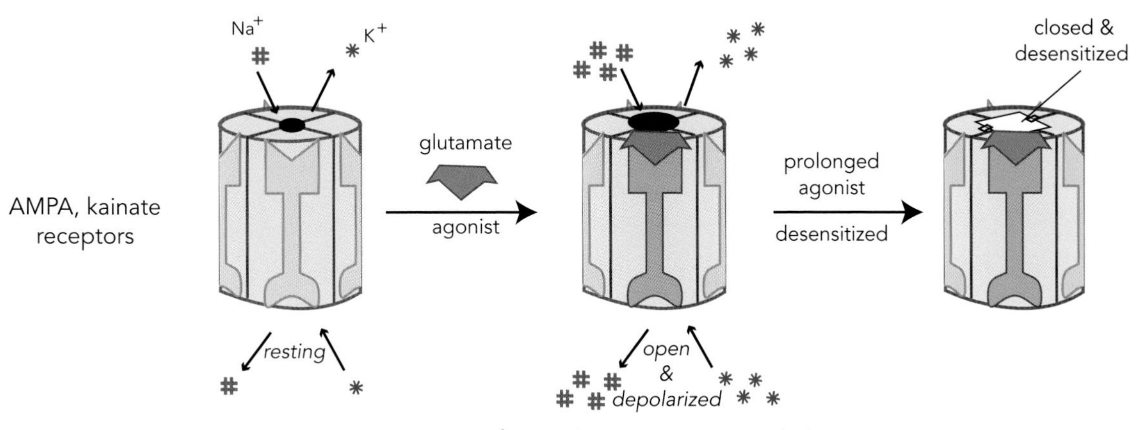

그림 4-25 **AMPA 및 카이네이트 수용체에서 글루타메이트.** 글루타메이트가 AMPA 및 카이네이트 수용체에 결합하면 빠른 흥분성 신경전달과 막 탈분극이 발생한다. 작용제 글루타메이트의 지속적인 결합은 수용체 탈민감화로 이어져 통로가 닫히고 일시적으로 작용제에 반응하지 않게 된다.

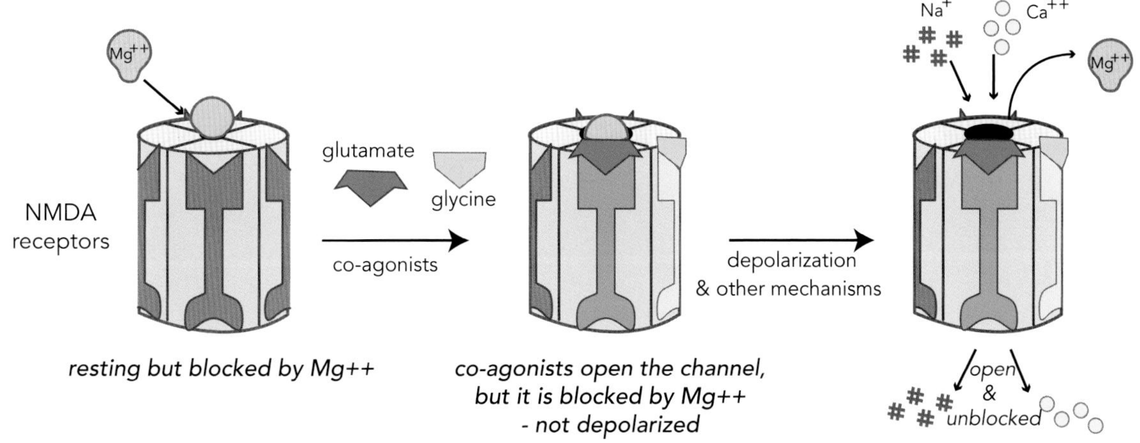

그림 4-26 **음성 알로스테릭 조절제로서 마그네슘.** 마그네슘은 NMDA 글루타메이트 수용체에서 음성 알로스테릭 조절제이다. NMDA 글루타메이트 수용체가 열리려면 글루타메이트와 글라이신이 모두 존재해야 하며, 이 둘은 수용체의 다른 부위에 결합한다. 마그네슘도 결합하고 막이 탈분극되지 않으면 글루타메이트와 글라이신의 영향을 방지하여 이온통로가 열리지 않는다. 통로가 열리려면 탈분극으로 마그네슘이 제거되어야 하며, 글루타메이트와 글라이신은 모두 리간드작동 이온통로 복합체의 해당 부위에 결합되어 있어야 한다.

작동 이온통로의 일반적인 약리적 특성은 제3장에서 논의하였다. 이들은 시냅스후 수용체이며, 글루타메이트에 의해 촉발되는 흥분성 시냅스후 신경전달을 조절하기 위해 함께 작용하는 경향이 있다. 특히 AMPA 및 카이네이트 수용체는 빠른 흥분성 신경전달을 매개하여 나트륨이 뉴런으로 들어가 뉴런을 탈분극시킬 수 있다(그림 4-25). 안정 상태의 NMDA 수용체는 일반적으로 칼슘통로를 막는 마그네슘에 의해 차단된다(그림 4-26). NMDA 수용체는 다음의 세 가지 일이 동시에 일어날 때만 글루타메이트 신경전달의 시냅스후 작용을 촉발하도록, 칼슘이 뉴런으로 들어가게 개방할 수 있는 흥미로운 유형의 '동시발생 탐지기'이다(그림 4-26 및 4-27). 즉 (1) 글루타메이트가 NMDA 수용체의 결합 부위를 차지하고, (2) 글라이신 또는 D-세린이 NMDA 수용체의 결합 부위에 결합하고, (3) 탈분극이 일어나 마그네슘 마개가 제거될 때이다. NMDA 칼슘통로가 열릴 때 활성화되는 NMDA 수용체의 여러 중요한 신호 중 일부는 이 장

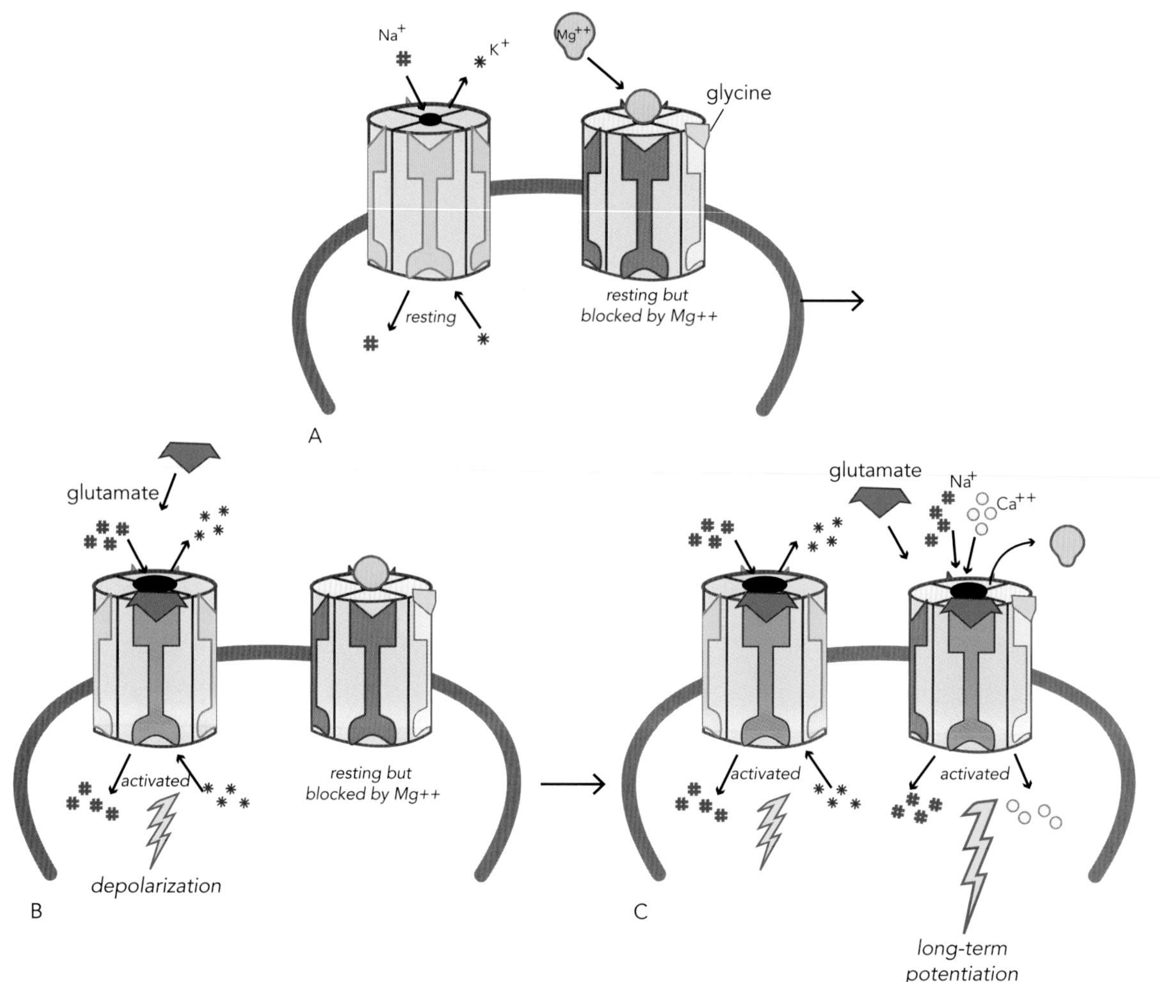

그림 4-27 글루타메이트 수용체를 통한 신호 전파. (A) 왼쪽은 나트륨통로가 안정 상태에 있는 AMPA 수용체로, 칼륨과 교환하여 최소한의 나트륨만 세포로 들어갈 수 있다. 오른쪽은 마그네슘이 칼슘통로를 막고 있고 결합 부위에 결합한 글라이신이 있는 안정 상태의 NMDA 수용체이다. (B) 글루타메이트가 도착하면 AMPA 수용체와 결합하여 나트륨통로를 열어 가지돌기 안으로 나트륨 유입과 가지돌기 밖으로 칼륨 유출을 증가시킨다. 이로 인해 막이 탈분극되고 시냅스후 신경 자극이 유발된다. (C) 막의 탈분극은 칼슘통로에서 마그네슘을 제거한다. 이는 글라이신이 있을 때 글루타메이트가 NMDA 수용체에 결합하는 것과 동반하여 NMDA 수용체가 열리고 칼슘이 유입되도록 한다. NMDA 수용체를 통한 칼슘 유입은 장기 학습, 시냅스 형성, 기타 신경세포 기능에 관여할 수 있는 현상인 장기 강화작용에 기여한다.

의 뒷부분에서 설명할 장기 강화작용long-term potentiation과 시냅스 가소성synaptic plasticity을 포함한다.

뇌의 주요 글루타메이트 경로

글루타메이트는 어디에나 존재하는 흥분성 신경전달물질이며, 뇌의 거의 모든 뉴런을 흥분시킬 수 있는 것 같다. 그렇기 때문에 '마스터 스위치'라고도 불린다. 그럼에도 불구하고 정신약리학 특히 조현병의 병태생리와 특별히 관련이 있는 약 6개의 특정 글루타메이트 경로가 있다(그림 4-28). 이는 (a) 피질-뇌간, (b) 피질-선조체, (c) 해마-기댐핵, (d) 시상-피질, (e) 피질-시상, (f) 피질-피질(직접), (g) 피질-피질(간접) 등이다.

(a) **피질-뇌간 글루타메이트 경로:** 매우 중요한 하행 글루타메이트 경로는 글루타메이트 피질 피라미드 뉴런에서 세로토닌의 솔기raphe, 도파민의 배쪽뒤판구역(VTA)과 흑질, 노르에피네프린의 청반locus coeruleus을 포함

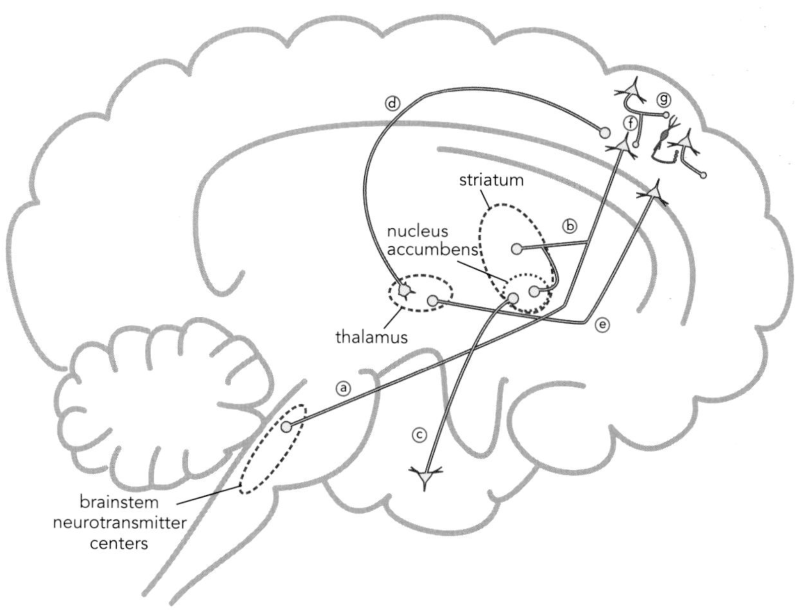

그림 4-28 뇌의 글루타메이트 경로. 글루타메이트는 사실상 뇌의 모든 뉴런에서 작용할 수 있지만, 주요 글루타메이트 경로는 특히 조현병과 관련이 있다. (a) 피질-뇌간 글루타메이트 투사는 전전두엽피질의 피질 피라미드 뉴런에서 뇌간 신경전달물질 센터(솔기, 청반, 배쪽뒤판구역, 흑질)로 투사되는 하행 경로로, 신경전달물질 방출을 조절한다. (b) 또 다른 하행 글루타메이트 경로는 전전두엽피질에서 선조체 복합체로 투사된다(피질-선조체 글루타메이트 경로). (c) 배쪽 해마에서 기댐핵까지 글루타메이트 투사도 있다. (d) 시상-피질 글루타메이트 경로는 시상에서 상행하여 피질의 피라미드 뉴런에 신경지배한다. (e) 피질-시상 글루타메이트 경로는 전전두엽피질에서 시상으로 하행한다. (f) 피질 내 피라미드 뉴런은 신경전달물질 글루타메이트를 통해 서로 직접 소통할 수 있으며, 이러한 경로는 직접 피질-피질 글루타메이트 경로로 알려져 있고 흥분성 경로이다. (g) 피질 내 피라미드 뉴런은 또한 GABA 사이신경세포를 통해 소통할 수 있으며, 이러한 간접 피질-피질 글루타메이트 경로는 억제성 경로이다.

한 뇌간 신경전달물질 센터로 투사된다(그림 4-28의 경로 a). 이 경로는 피질-뇌간 글루타메이트 경로이며, 신경전달물질 방출의 주요 조절자이다. 이러한 흥분성 피질-뇌간 글루타메이트 뉴런에 의한 뇌간 내 모노아민 뉴런의 직접 신경지배는 신경전달물질 방출을 **자극**하는 반면, 뇌간 내 감마아미노뷰티르산(GABA) 사이신경세포interneuron를 통한 흥분성 피질-글루타메이트 뉴런에 의한 모노아민 뉴런의 간접 신경지배는 신경전달물질 방출을 **차단**한다.

(b) **피질-선조체 글루타메이트 경로:** 피질 피라미드 뉴런의 두 번째 하행 글루타메이트 출력은 선조체 복합체로 투사된다(그림 4-28의 경로 b). 이 경로는 피질-선조체 글루타메이트 경로로 알려져 있다. 이 하행 글루타메이트 경로는 선조체 복합체의 다른 부분에 있는 중계소로 향하는 GABA 뉴런에서 종결되며, 이 중계소는 창백핵globus pallidus이라고 불린다.

(c) **해마-기댐핵 글루타메이트 경로:** 또 다른 주요 글루타메이트 경로는 해마hippocampus에서 기댐핵nucleus accumbens으로 투사되며, 해마-기댐핵 글루타메이트 경로라고 알려져 있다(그림 4-28의 c). 특정 이론은 이 특별한 경로를 조현병과 연결시킨다(아래 참조). 피질-선조체 글루타메이트 경로(그림 4-28의 b)와 마찬가지로, 해마 글루타메이트가 기댐핵으로 투사되는 경로(그림 4-28의 c)도 GABA 뉴런에서 종결되며, 이 뉴런은 다시 창백핵에 있는 중계소로 투사된다.

(d) **시상-피질 글루타메이트 경로:** 시상-피질 글루타메이트 경로(그림 4-28의 d)는 시상에서 피질로 정보를 다시 가져오며, 종종 감각 정보를 처리하는 역할을 한다.

(e) **피질-시상 글루타메이트 경로:** 피질-시상 글루타메이트 경로로 알려진 다섯 번째 글루타메이트 경로는 시상으로 직접 되돌아 투사되어 뉴런이 감각 정보에 반응하는 방식을 지시할 수 있다(그림 4-28의 경로 e).

(f) **직접 피질-피질 글루타메이트 경로:** 마지막으로 피질 내에는 많은 피질-피질 글루타메이트 경로의 복합체가 존재한다(그림 4-28, 경로 f 및 g). 한편 피라미드 뉴런은 자체 신경전달물질인 글루타메이트의 직접적인 시냅스 입력을 통해 대뇌 피질 내에서 서로를 흥분시킬 수 있다(그림 4-28의 f).

(g) **간접 피질-피질 글루타메이트 경로:** 반면 피라미드 뉴런은 간접 입력, 즉 GABA를 방출하는 사이신경세포를 통해 다른 피라미드 뉴런을 억제할 수 있다(그림 4-28의 g).

정신병의 NMDA 글루타메이트 기능저하 가설: 전전두엽 피질 내 GABA 사이신경세포의 글루타메이트 시냅스에서 NMDA 신경전달 결함

NMDA 수용체와 시냅스는 뇌 전체에 편재하지만, 정신병의 NMDA 글루타메이트 기능저하 이론에 따르면, 정신병은 특정 부위, 즉 전전두엽피질의 특정한 GABA 사이신경세포에서 글루타메이트 시냅스의 기능장애로 인해 발생할 수 있다(그림 4-28의 g와 그림 4-29A, 4-29B, 4-29C 참조). 기능장애는 가설상으로 조현병의 신경발달 문제(그림 4-29B, 상자 1A)나, 케타민/펜사이클리딘 남용의 약물 독성(그림 4-29B, 상자 1B)이나, 치매의 신경퇴행 문제(그림 4-29C)로 인해 발생할 수 있다.

우선 글루타메이트와 GABA 뉴런 사이에서 이러한 부위의 정상적인 신경전달을 방해하는 것은 가설상으로 조현병에서 유전적 및 환경적으로 프로그램된 신경발달 이상 때문일 수 있다(그림 4-29A의 상자 1과 그림 4-29B의 상자 1A 비교). 이러한 억제성 GABA 사이신경세포의 기능 상실(그림 4-29B, 상자 2)은 후속 신경지배하는 글루타메이트 뉴런을 '탈억제' 상태로 만들어 과활성을 유발한다(그림 4-29B의 상자 3 참조). 조현병에서 GABA 뉴런의 다른 문제는 자체 신경전달물질인 GABA를 만드는 효소에 결함(즉 글루탐산 카복실기제거효소glutamic acid decarboxylase, GAD67의 활성 감소)이 있어 피라미드 뉴런의 시냅스후 축삭 시작 부분에 있는 α_2 아단위를 포함하는 $GABA_A$ 수용체의 시냅스후 양이 보상적으로 증가한다는 것일 수 있다(그림 4-29B의 상자 2와 그림 4-29A의 상자 2 비교).

케타민과 펜사이클리딘(PCP)은 조현병의 정신병과 일부 동일한 임상적 특징을 가진 정신병을 유발할 수 있다(표 4-1). 또한 두 약제 모두 이온통로 내부의 부위에서 길항제로서 NMDA 수용체를 차단한다(그림 4-30). 두 약물의 정신병유사 작용의 작용기전은 조현병의 신경발달 이상에 대한 가설로 제기된 것과 같은 GABA 사이신경세포의 동일한 부위에서 NMDA 수용체를 차단하는 것으로 추정된다(그림 4-29B의 상자 1A 및 1B 비교). 조현병의 경우, NMDA 기능저하는 유전적 및 환경적 입력에 의해 신경발달적으로 발생하는 것으로 추정되는 반면(그림 4-29B, 상자 1A), 케타민/PCP 정신병의 경우, NMDA 기능저하는 NMDA 수용체에 직접적으로 급성 및 가역적 약리 작용이 일어나기 때문에 발생하는 것으로 추정된다(그림 4-29B, 상자 1B).

알츠하이머병 및 기타 유형의 치매를 유발하는 신경퇴행성 질환에서는 아밀로이드 판amyloid plaque, 타우 매듭tau tangle, 루이소체Lewy body의 축적 및/또는 뇌졸중stroke이 질병이 진행됨에 따라 뉴런을 점진적으로 제거한다(그림 4-29C). 치매 환자의 절반까지는 임상 경과 중 어느 시점에서 정신병을 경험할 수 있다(치매의 행동증상에 대한 자세한 내용은 제12장 참조). 왜 일부 치매 환자는 정신병을 경험하고 다른 환자는 그렇지 않을까? 한 가지 가설은 치매 관련 정신병 환자의 경우 신경퇴행이 전전두엽피질의 일부 글루타메이트 피라미드 뉴런과 GABA 사이신경세포를 제거하는 방식으로 진행된다는 것인데, 다른 글루타메이트 피라미드 뉴런은 적어도 일시적으로는 손상되지 않은 채로 남아 있을 수 있다(그림 4-29C). 이는 이론상으로는 동일한 연결성 장애dysconnectivity를 일으키지만(그림 4-29C), 조

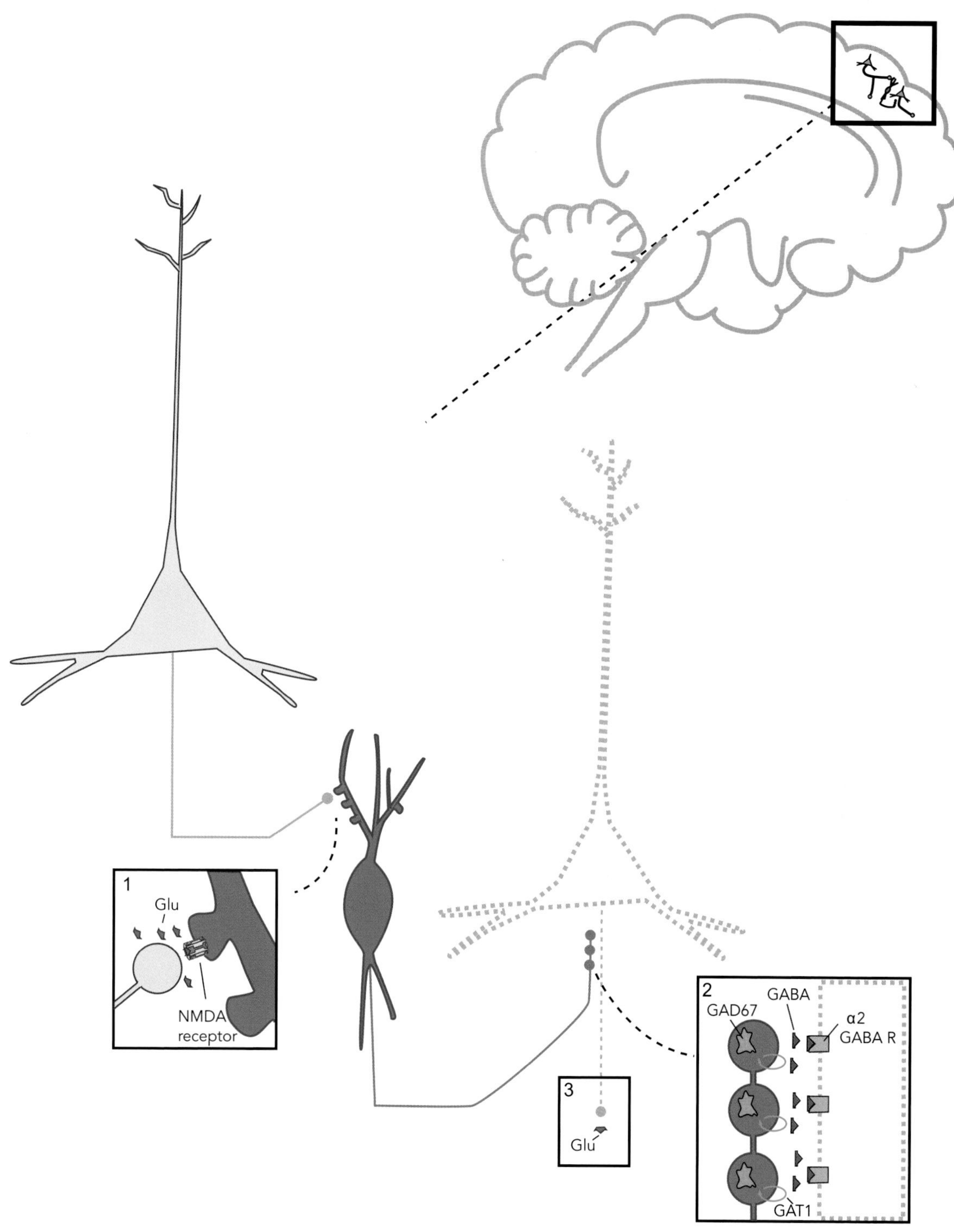

그림 4-29A 정신병에서 글루타메이트 기능장애의 가설적 부위 제1부. 여기에는 GABA 사이신경세포를 통해 소통하는 피질 내 피라미드 뉴런을 확대하여 자세히 보여준다. (1) 글루타메이트는 피질 내 피라미드 뉴런에서 방출되어 GABA 사이신경세포의 NMDA 수용체와 결합한다. (2) 그런 다음 GABA는 사이신경세포에서 방출되어 다른 글루타메이트 피라미드 뉴런의 축삭에 위치한 α_2 아형의 GABA 수용체와 결합한다. (3) 이것은 피라미드 뉴런을 억제하여 피질 글루타메이트의 방출을 감소시킨다.

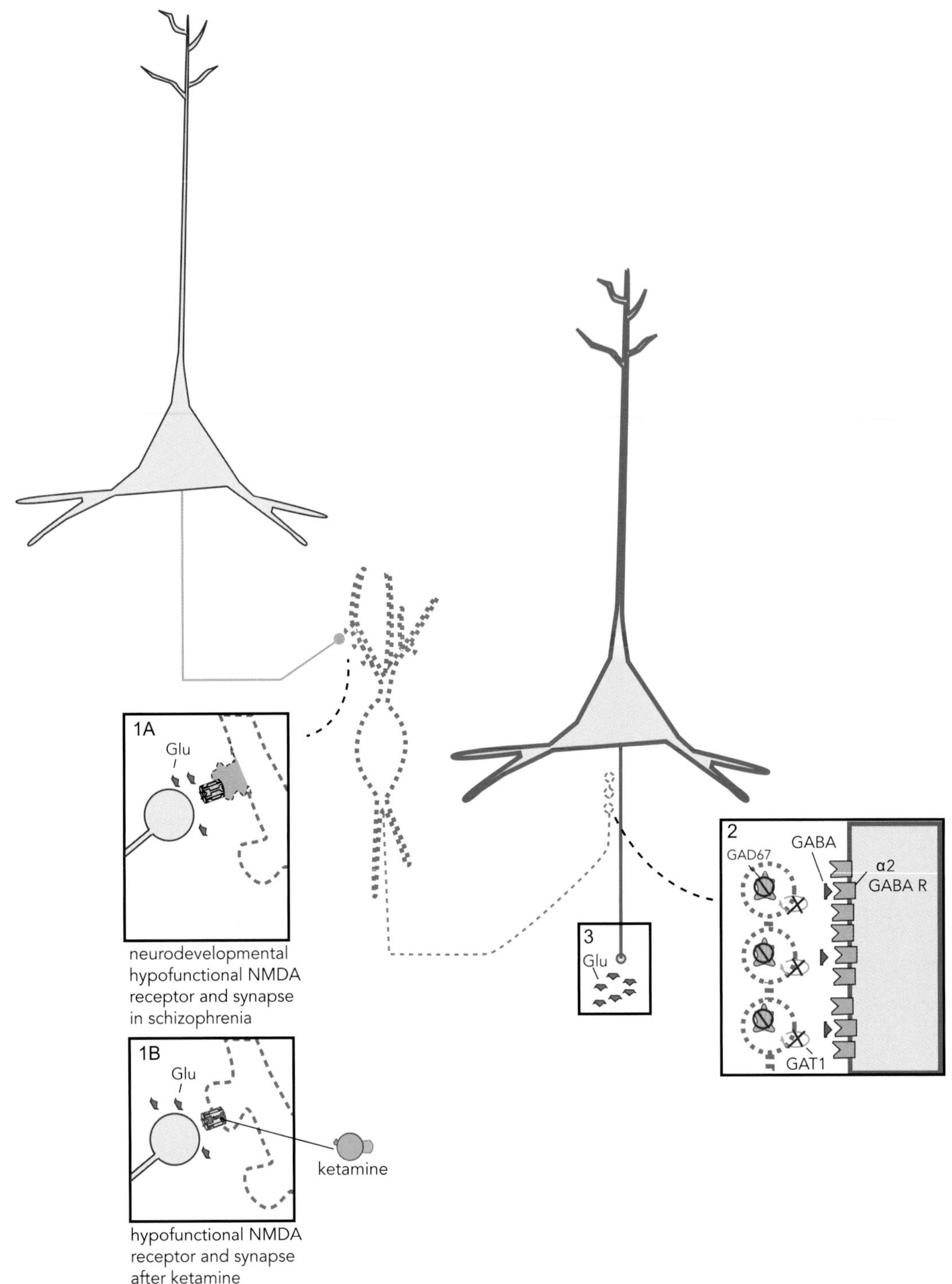

그림 4-29B 정신병에서 글루타메이트 기능장애의 가설적 부위 제2부. 여기에는 NMDA 수용체 기능저하가 있는 상태에서 GABA 사이신경세포를 통해 소통하는 피질 내 피라미드 뉴런을 확대하여 자세히 보여준다. (1) 피질 내 피라미드 뉴런에서 글루타메이트가 방출된다. 그러나 일반적으로 결합하는 NMDA 수용체 기능저하로 인해 글루타메이트가 수용체에서 효과를 발휘하지 못한다. 이는 신경발달 이상(1A) 또는 케타민이나 펜사이클리딘 남용으로 인한 약물 독성(1B) 때문일 수 있다. (2) 이것은 사이신경세포에서 GABA 방출을 방해하여 다른 글루타메이트 뉴런의 축삭에 있는 α_2 GABA 수용체의 자극이 일어나지 않게 한다. (3) GABA가 축삭의 α_2 GABA 수용체에 결합하지 않으면 피라미드 뉴런은 더 이상 억제되지 않는다. 대신 탈억제되고 과활성되어 피질로 과도한 글루타메이트를 방출한다.

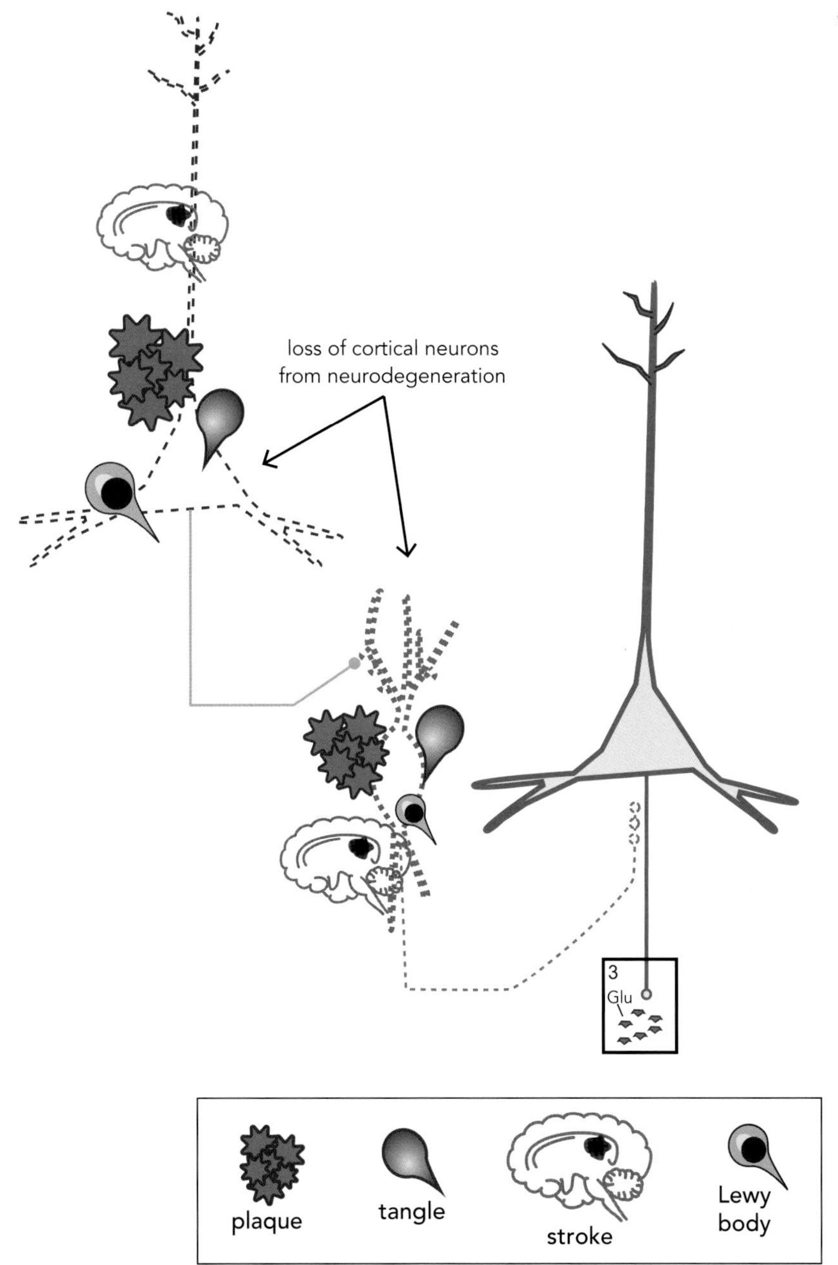

그림 4-29C 정신병에서 글루타메이트 기능장애의 가설적 부위 제3부. 여기에는 치매와 관련된 신경퇴행이 있는 상태에서 GABA 사이신경세포를 통해 소통하는 피질 내 피라미드 뉴런을 확대하여 자세히 보여준다. 모든 치매 환자가 정신병 증상을 보이는 것은 아니다. 증상이 나타나는 환자의 경우 아밀로이드 판, 타우 매듭 및/또는 루이소체의 축적과 관련된 신경퇴행은 물론 뇌졸중으로 인한 손상으로 인해 일부 글루타메이트 피라미드 뉴런과 GABA 사이신경세포가 파괴되고, 다른 뉴런은 적어도 일시적으로 손상되지 않은 채로 남아 있을 수 있다. 그 결과 조현병(그림 4-29B, 상자 1A 참조)이나 케타민 남용(그림 4-29B, 상자 1B 참조)에서와 같이 피질에서 과도한 글루타메이트 활동이 발생할 수 있다.

현병(그림 4-29B, 상자 1A)과 케타민/PCP 정신병(그림 4-29B, 상자 1B)과는 다른 기전에 의해 발생한다. 가설상으로 이것은 오직 일부 치매 환자에서만 발생하며, 특히 후속 도파민 뉴런을 조종하는 글루타메이트 뉴런을 그대로 둔 신경세포의 퇴화 패턴을 가진 환자에게서만 발생한다고 가정한다. 이러한 특정 글루타메이트 뉴런을 보존하는 것의 중요성은 아래에 자세히 설명되어 있다. 일부 뉴런을 제거하면서 다른 뉴런을 보존하면, 치매의 신경퇴행이 진행됨에 따라 왜 특정 환자에서만 정신병이 발생하는지 그 이유를 설명할 수 있다.

정신병의 NMDA 글루타메이트 기능저하 가설과 정신병의 도파민 가설의 연관성

조현병, 케타민/PCP 독성, 치매에서 글루타메이트 피라미드 뉴런과 특정 GABA 사이신경세포의 가설적 연결성 장애가 도파민 활성에 미치는 결과는 무엇일까(그림 4-29A, 4-29B, 4-29C)? 간단한 대답은 이론상으로 정신병의 도파민 가설에 대해 위에서 이미 논의한 것과 동일한 도파민 과활성을 유발한다는 것이다.

특정 글루타메이트 뉴런은 VTA/중뇌선조체 도파민 뉴런을 직접적으로 신경지배하며, 어떤 원인으로 인해 GABA 억제 기능이 상실되면 과활성되며, 해당 도파민 뉴런의 중뇌선조체 투사로부터 과도한 도파민 방출을 자극한다(그림 4-31부터 4-34까지). 이전 절에서 논의한 바와 같이, 신경발달적으로 결핍된 NMDA 시냅스(그림 4-29B, 상자 1A)가 조현병에서 후속 글루타메이트 과활성을 유발하는 것으로 가정한다(그림 4-31 및 4-32). PCP/케타민 남용에서는 시냅스에 직접 작용하는 약물(그림 4-29B, 상자 1B)이 후속 글루타메이트 과활성을 유발하고(그림 4-33), 치매에서는 신경퇴행이 피질 뉴런(그림 4-29C)을 제거하여 글루타메이트 과활성을 유발한다(그림 4-34). 결국 어떤 원인으로 인한 글루타메이트 과활성(그림 4-31부터 4-34까지)은 이론상으로 도파민 과활성과 정신병의 양성증상을 초래한다.

전전두엽피질로부터 과활성 글루타메이트 출력은 조현병

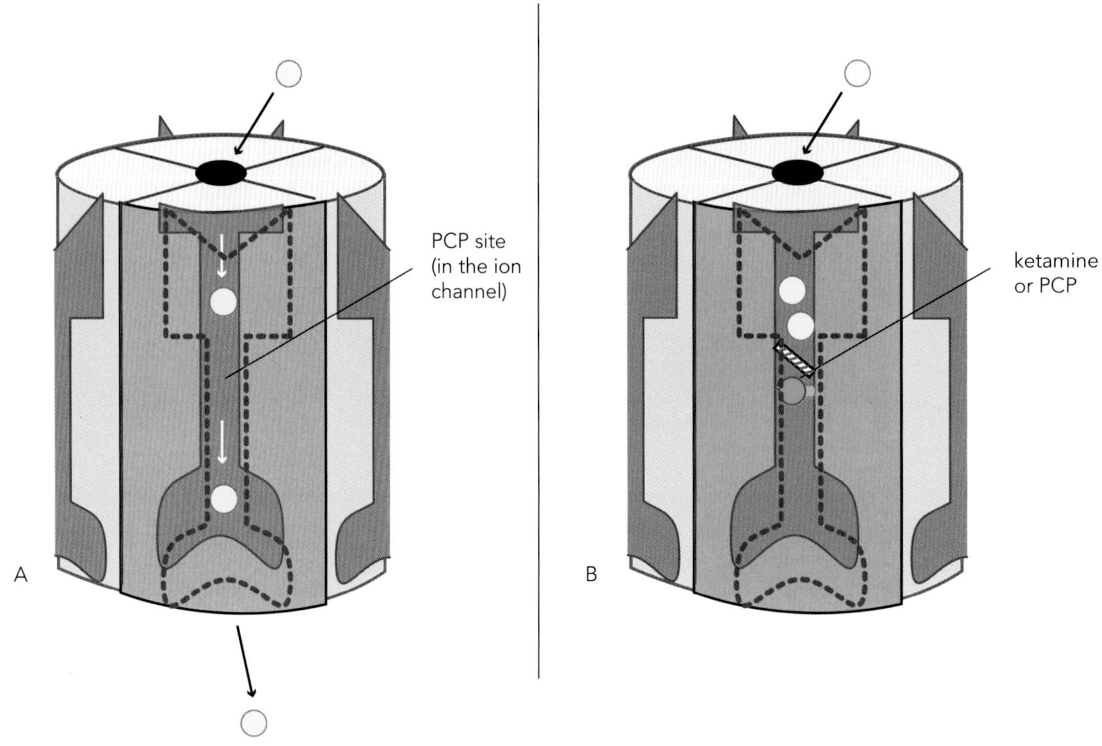

그림 4-30 **PCP와 케타민의 작용 부위.** 마취제 케타민은 NMDA 수용체의 개방형 통로 구조에 길항제로서 결합한다. 특히 이 수용체의 칼슘통로 내부의 한 부위에 결합하는데, 이 부위는 펜사이클리딘(PCP)이 길항제로서 결합하는 곳이기도 하므로 종종 PCP 부위라고도 한다.

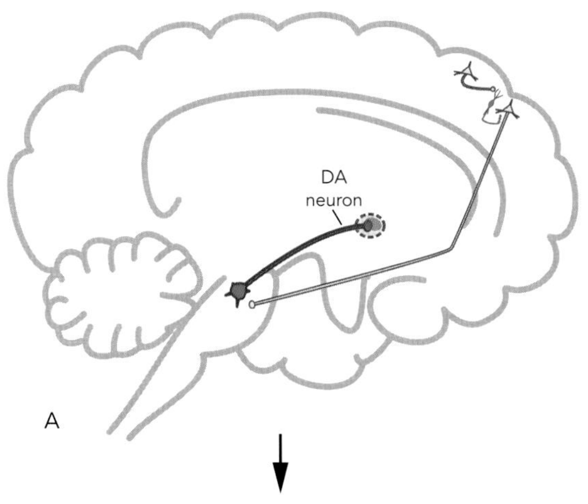

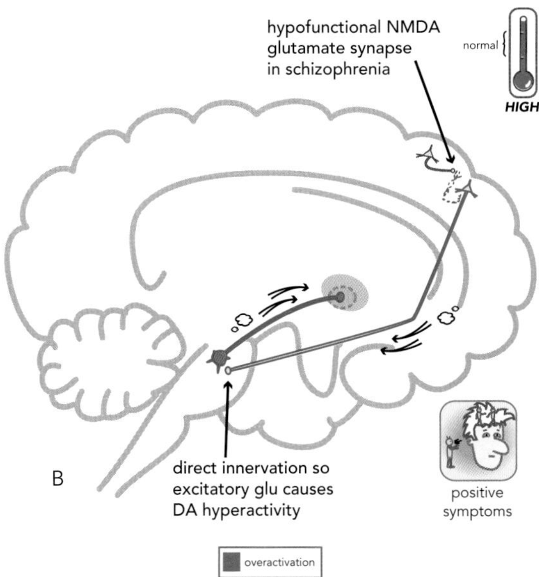

그림 4-31 조현병에서 NMDA 수용체 기능저하와 정신병 제1부. (A) 피질 뇌간 글루타메이트 투사는 배쪽뒤판구역(VTA)의 중뇌변연 도파민 경로와 소통하여 기댐핵의 도파민 방출을 조절한다. (B) 만약 피질 GABA 사이신경세포의 NMDA 수용체가 저활성 상태이면, GABA 방출이 억제되고 VTA로 향하는 피질 뇌간 경로가 과활성되어, VTA에서 글루타메이트가 과도하게 방출될 수 있다. 이로 인해 중뇌변연 도파민 경로가 과도하게 자극되어 기댐핵에서 도파민이 과도하게 방출된다. 이것이 정신병의 양성증상과 관련이 있다고 생각되는 중뇌변연 도파민 과활성의 이론상의 생물학적 근거이다.

의 경우 양성증상뿐만 아니라 음성증상도 이론상으로 충분히 설명할 수 있다. NMDA 기능저하부터 글루타메이트 과활성으로 이어지는 연쇄반응이 도파민 방출을 강화하면(그림 4-31) 정신병의 양성증상을 유발하지만, 가설상으로 두번째 글루타메이트 뉴런 집단이 다른 VTA 뉴런 집합, 즉 중뇌선조체/중뇌변연이 아닌 중뇌피질로 투사되는 경우가 있다(그림 4-35). 이 회로는 실제로 도파민 방출을 억제하는데, 이는 가설상으로 선조체로 향하는 중뇌선조체/중뇌변연 투사에는 없지만 전전두엽피질로 향하는 중뇌피질 도파민 투사를 위해 VTA에 위치하는 주요 GABA 사이신경세포 때문이다(그림 4-31B와 4-35B 비교). 그림 4-35B에서 중뇌피질 도파민 뉴런을 신경지배하는 이러한 특정 글루타메이트 뉴런의 과활성은 중뇌선조체 도파민 뉴런을 신경지배하는 글루타메이트 뉴런 집단에 대해 논의한 것과 반대되는 효과, 즉 도파민 방출 감소로 이어질 수 있으며, 이는 가설상으로 정신병의 음성, 인지, 정동증상을 유발할 수 있다(그림 4-35B).

정신병과 조현병의 세로토닌 가설

정신병의 세로토닌 이론은 세로토닌(5-하이드록시트립타민 5-hydroxytryptamine, 5HT) 활성, 특히 세로토닌 $5HT_{2A}$ 수용체에서의 과활성/불균형이 정신병을 일으킬 수 있다고 제안한다(표 4-1 및 그림 4-1). 정신병의 양성증상을 일으키는 5HT 기능장애는 조현병의 신경발달 이상, 파킨슨병은 물론 알츠하이머병 및 기타 치매의 신경퇴행, LSD, 메스칼린mescaline, 실로시빈psilocybin과 같은 약물로 인해 가설상으로 유발될 수 있다(그림 4-1 및 표 4-1). 흥미롭게도 세로토닌 불균형과 관련된 정신병은 환시가 더 많은 반면, 도파민과 주로 관련된 정신병은 환청이 더 많은 경향이 있다. $5HT_{2A}$ 수용체에서 세로토닌의 과활성이 어떻게 다양한 질환에서 정신병의 양성증상을 유발할 수 있는지 이해하기 위해서 우선 세로토닌과 세로토닌의 광범위한 수용체 및 경로를 검토할 것이다.

세로토닌 신경전달물질 네트워크

5HT(5-하이드록시트립타민)로 더 잘 알려진 세로토닌은 향정신성 약물이 가장 많이 표적으로 삼는 뇌 네트워크를 조절하는 모노아민 신경전달물질이다. 예를 들면 정신병과

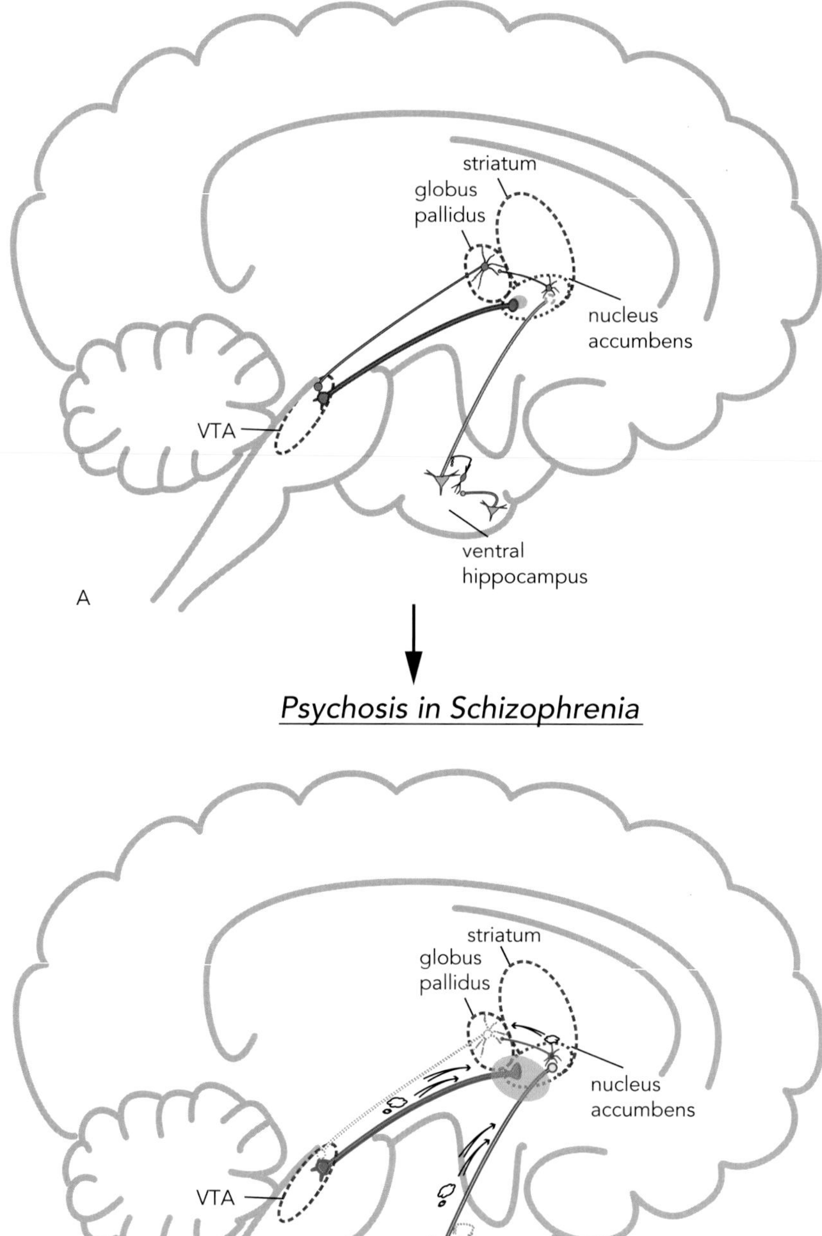

그림 4-32 조현병에서 NMDA 수용체 기능저하와 정신병 제2부. 배쪽 해마의 글루타메이트 시냅스에 있는 NMDA 수용체의 기능저하는 중뇌변연 도파민 과활성에도 기여할 수 있다. (A) 배쪽 해마에서 방출된 글루타메이트는 GABA 사이신경세포의 NMDA 수용체와 결합하여 GABA의 방출을 자극한다. GABA는 기댐핵으로 투사된 피라미드 글루타메이트 뉴런의 수용체와 결합하여 기댐핵에서 글루타메이트가 과도하게 방출되는 것을 방지한다. 기댐핵에서 글루타메이트의 정상적인 방출은 창백핵으로 투사된 GABA 뉴런이 정상적으로 활성할 수 있게 하고, 배쪽뒤판구역(VTA)으로 투사된 GABA 뉴런의 정상적인 활성을 다시 가능하게 한다. 이는 VTA에서 기댐핵으로 가는 중뇌변연 도파민 경로의 정상적인 활성화로 이어진다. (B) 만약 배쪽 해마 GABA 사이신경세포의 NMDA 수용체가 저활성이면, 기댐핵으로 가는 글루타메이트 경로가 과활성되어 기댐핵에서 글루타메이트의 과도한 방출을 일으킨다. 이로 인해 창백핵으로 투사된 GABA 뉴런이 과도하게 자극되어 창백핵에서 VTA로 가는 GABA의 방출이 억제된다. 이는 중뇌변연 도파민 경로의 탈억제를 일으키고 따라서 기댐핵에서 도파민이 과도하게 방출된다.

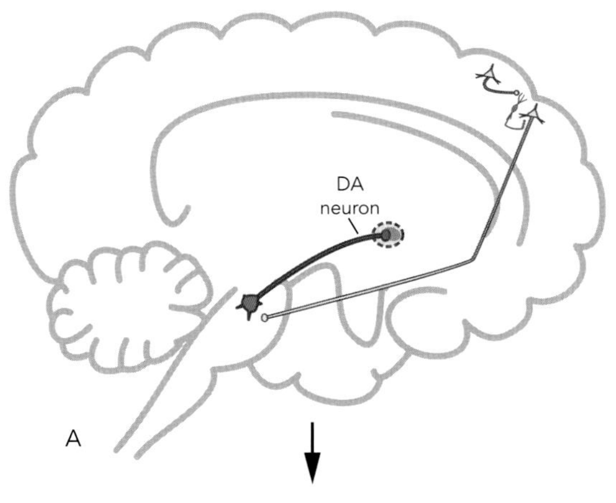

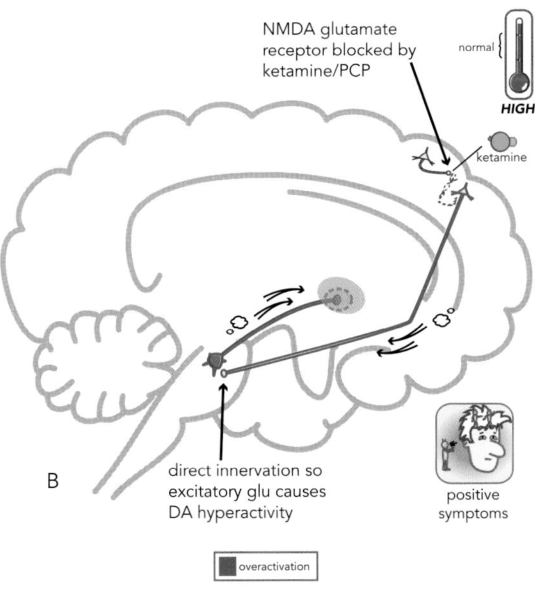

그림 4-33 케타민 남용에서 NMDA 수용체 차단과 정신병. (A) 피질 뇌간 글루타메이트 투사는 배쪽뒤판구역(VTA)의 중뇌변연 도파민 경로와 소통하여 기댐핵의 도파민 방출을 조절한다. (B) 만약 케타민이 피질 GABA 사이신경세포의 NMDA 수용체를 차단하면, GABA 방출이 억제되고 VTA로 향하는 피질 뇌간 경로가 과활성되어, VTA에서 글루타메이트가 과도하게 방출된다. 이로 인해 중뇌변연 도파민 경로가 과도하게 자극되어 기댐핵에서 도파민이 과도하게 방출된다.

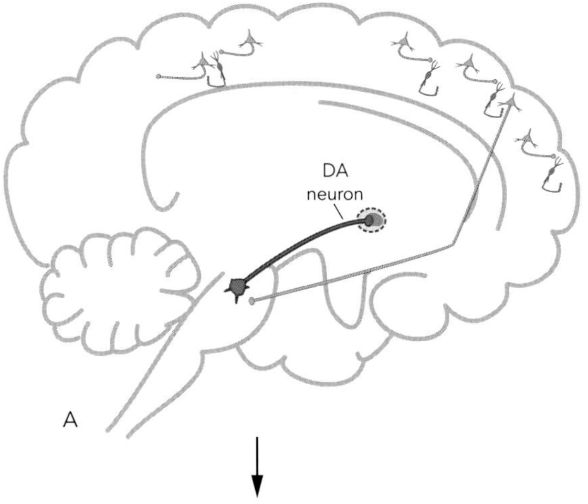

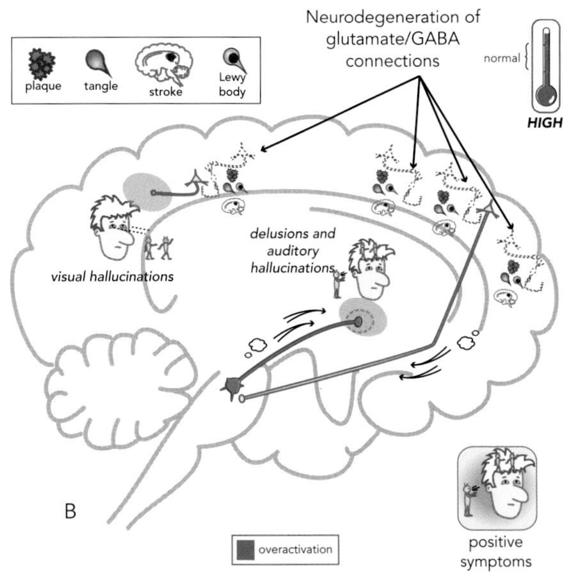

그림 4-34 치매에서 신경퇴행과 정신병. (A) 피질 뇌간 글루타메이트 투사는 배쪽뒤판구역(VTA)의 중뇌변연 도파민 경로와 소통하여 기댐핵의 도파민 방출을 조절한다. (B) 신경퇴행으로 인해 일부 글루타메이트 뉴런과 일부 GABA 사이신경세포가 파괴되지만 다른 뉴런은 파괴되지 않는다면, 이는 다양한 뇌 영역에서 글루타메이트의 과도한 방출로 이어질 수 있다. VTA에서는 중뇌변연 도파민 경로를 과도하게 자극하여 기댐핵에서 도파민이 과도하게 방출되어 망상과 환청이 발생할 수 있다. 시각 피질에서는 글루타메이트 과활성이 환시를 일으킬 수 있다.

기분을 치료하는 대부분의 약물은 아니지만 많은 약물이 어떤 식으로든 세로토닌 네트워크를 표적으로 삼는다. 따라서 세로토닌 신경전달에 대한 철저한 이해는 정신병에서 기분에 이르기까지 광범위한 정신약리학의 가장 중요한 원리를 파악하는 데 매우 중요하다.

세로토닌 합성과 작용 종료

5HT의 합성은 아미노산 트립토판tryptophan으로 시작되며, 이는 혈장에서 뇌로 운반되어 5HT 전구체 역할을 한다(그림 4-36). 그런 다음 두 가지 합성 효소가 트립토판을 세

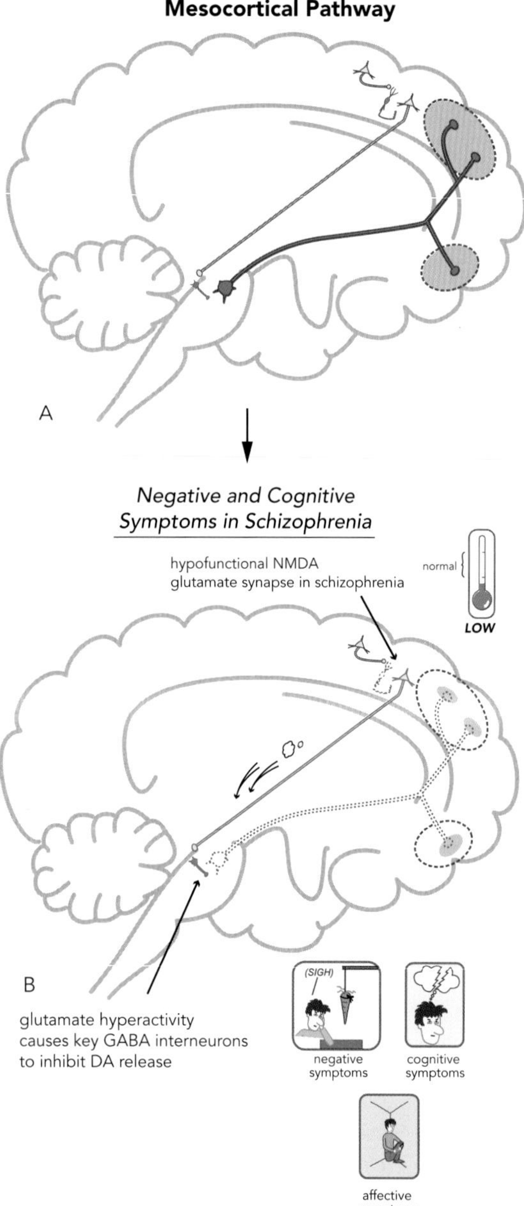

그림 4-35 NMDA 수용체 기능저하와 조현병의 음성증상. (A) 피질 뇌간 글루타메이트 투사는 배쪽뒤판구역(VTA)에서 GABA 사이신경세포를 통해 중뇌피질 도파민 경로와 소통하여, 전전두엽피질에서 도파민 방출을 조절한다. (B) 만약 피질 GABA 사이신경세포의 NMDA 수용체가 저활성이면, VTA로 가는 피질 뇌간 경로가 과활성되어 VTA에서 글루타메이트가 과도하게 방출된다. 이는 뇌간 GABA 사이신경세포의 과도한 자극으로 이어져 중뇌피질 도파민 뉴런의 억제로 이어진다. 이는 전전두엽피질에서 도파민 방출을 감소시키고 정신병의 음성증상에 대한 이론상의 생물학적 근거이다.

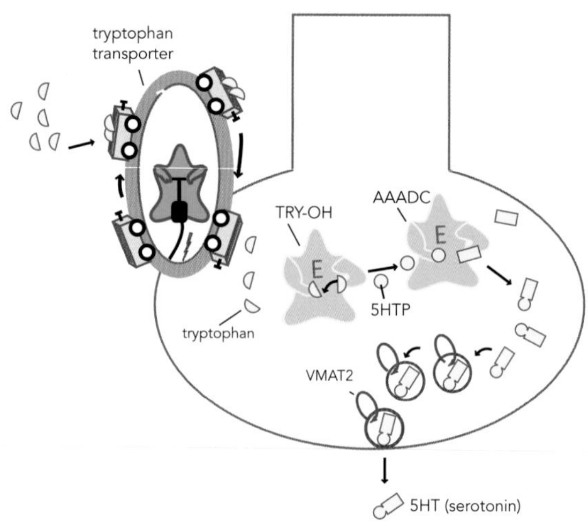

그림 4-36 세로토닌의 생성. 세로토닌(5-하이드록시트립타민, 5HT)은 아미노산 전구물질인 트립토판이 세로토닌 뉴런으로 운반된 후 효소로부터 생성된다. 세로토닌 뉴런으로 운반된 트립토판은 트립토판 수산화효소(TRY-OH)에 의해 5-하이드록시트립토판(5HTP)으로 전환되고, 이는 방향족 아미노산 카복실기제거효소(AAADC)에 의해 5HT로 전환된다. 그런 다음 세로토닌은 소포 모노아민 수송체(VMAT2)를 통해 시냅스 소포에 흡수되어 신경 자극에 의해 방출될 때까지 머무르게 된다.

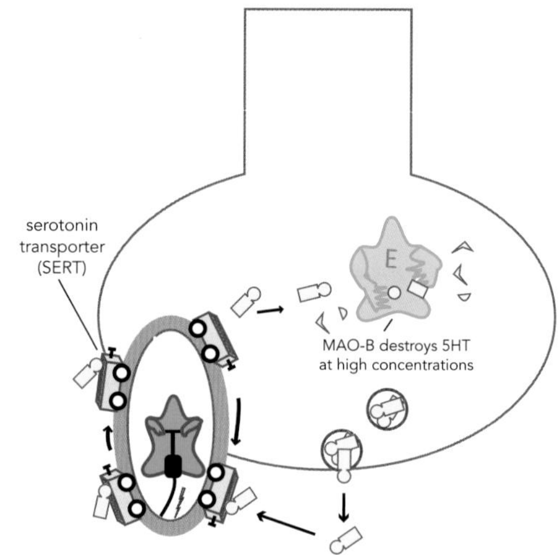

그림 4-37 세로토닌 작용의 종결. 세로토닌(5HT)의 작용은 고농도로 존재할 때 뉴런 내의 모노아민 산화효소 B(MAO-B)에 의해 효소적으로 종결된다. 이 효소는 세로토닌을 비활성 대사산물로 전환한다. 또한 시냅스에서 세로토닌을 제거하여 시냅스전 뉴런으로 되돌려 보내는 세로토닌 수송체(SERT)라고 하는 세로토닌에 선택적으로 작용하는 시냅스전 수송펌프가 있다.

로토닌으로 전환한다. 먼저 트립토판 수산화효소tryptophan hydroxylase, TRY-OH가 트립토판을 5-하이드록시트립토판(5HTP)으로 전환한 다음, 방향족 아미노산 카복실기제거효소aromatic amino acid decarboxylase, AADC가 5HTP를 5HT로 전환한다(그림 4-36). 합성 후 5HT는 소포 모노아민 수송체(VMAT2)에 의해 시냅스 소포 내로 흡수되어 신경전달 중에 사용될 때까지 저장된다.

5HT는 모노아민 산화효소(MAO)에 의해 효소적으로 파괴되어 비활성 대사산물로 전환되면 작용이 종료된다(그림 4-37). 세로토닌 뉴런 자체는 모노아민 산화효소 B(MAO-B)를 포함하지만, 5HT에 대한 친화력이 낮아서 5HT는 세포내 농도가 높을 때만 효소적으로 분해된다. 또한 5HT 뉴런에는 세로토닌을 시냅스에서 시냅스전 신경종말로 퍼 올려 다른 신경전달에 사용하기 위해 시냅스 소포에 다시 저장할 수 있는 세로토닌 수송체(SERT)라고 하는 시냅스전 세로토닌 수송펌프가 있어 세로토닌의 작용을 종결한다(그림 4-37). 도파민 뉴런 중 일부는 도파민 수송체(DAT)를 포함하지 않는 것과 달리 모든 5HT 뉴런은 SERT를 포함하는 것으로 생각된다. 또한 SERT를 부호화하는 유전자에는 기능적 다형성functional polymorphism이 있는데, 시냅스 세로토닌의 양을 변화시키고 SERT를 차단하는 우울증 치료제를 투여할 때, 어떤 환자가 반응이 적고 부작용이 발생할 가능성이 높은지 예측하는 데 도움이 될 수 있기 때문에 관심이 집중되고 있다. 이에 대해서는 제7장 기분장애의 치료에서 더 자세히 논의할 것이다.

5HT 수용체: 개요

세로토닌에는 12개 이상의 수용체가 있으며, 그중 최소 절반 이상에서 임상적 관련성이 알려져 있다(그림 4-38). 세로토닌 뉴런 자체에 있는 5HT 수용체는 소수에 불과하고($5HT_{1A}$, $5HT_{1B/D}$, $5HT_{2B}$)(그림 4-38부터 4-41까지), 그 목적은 시냅스전 세로토닌 뉴런을 직접 조절하는 데 있으며, 특히 발화와 자체 세로토닌의 방출 및 저장을 조절한다. 혼란스러울 수 있지만, 동일한 수용체가 알려진 모든 5HT 수용체와 마찬가지로 시냅스후에도 존재할 수 있다. 먼저 시냅스전(세로토닌 뉴런 자체에 위치)에 있는 5HT 수용체가 세로토닌을 조절하는 방법을 설명한 다음, 시냅스후 5HT 수용체가 후속 뇌 회로의 네트워크에서 다른 모든 신

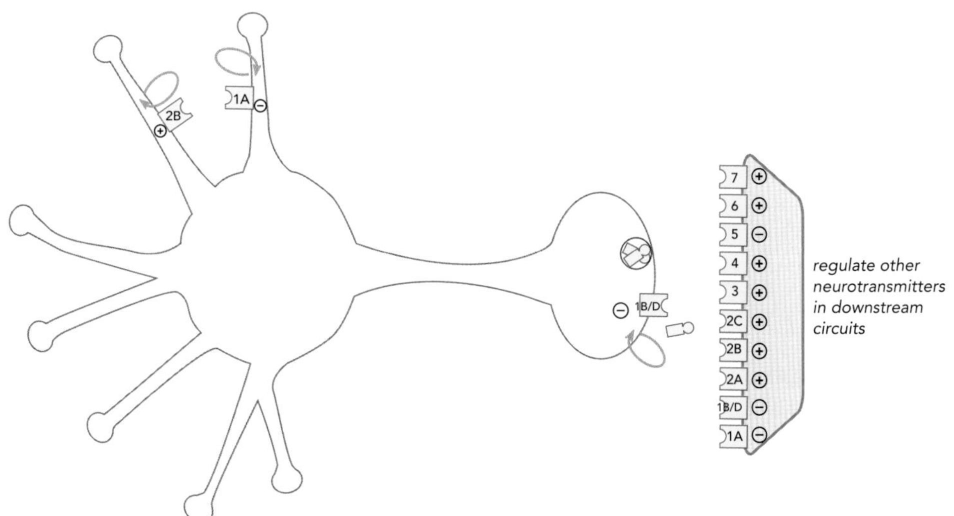

그림 4-38 세로토닌 수용체. 시냅스전 세로토닌(5HT) 수용체에는 $5HT_{1A}$, $5HT_{1B/D}$, $5HT_{2B}$가 있으며, 모두 자가수용체 역할을 한다. 또한 후속 회로에서 다른 신경전달물질을 조절하는 다수의 시냅스후 세로토닌 수용체가 있다.

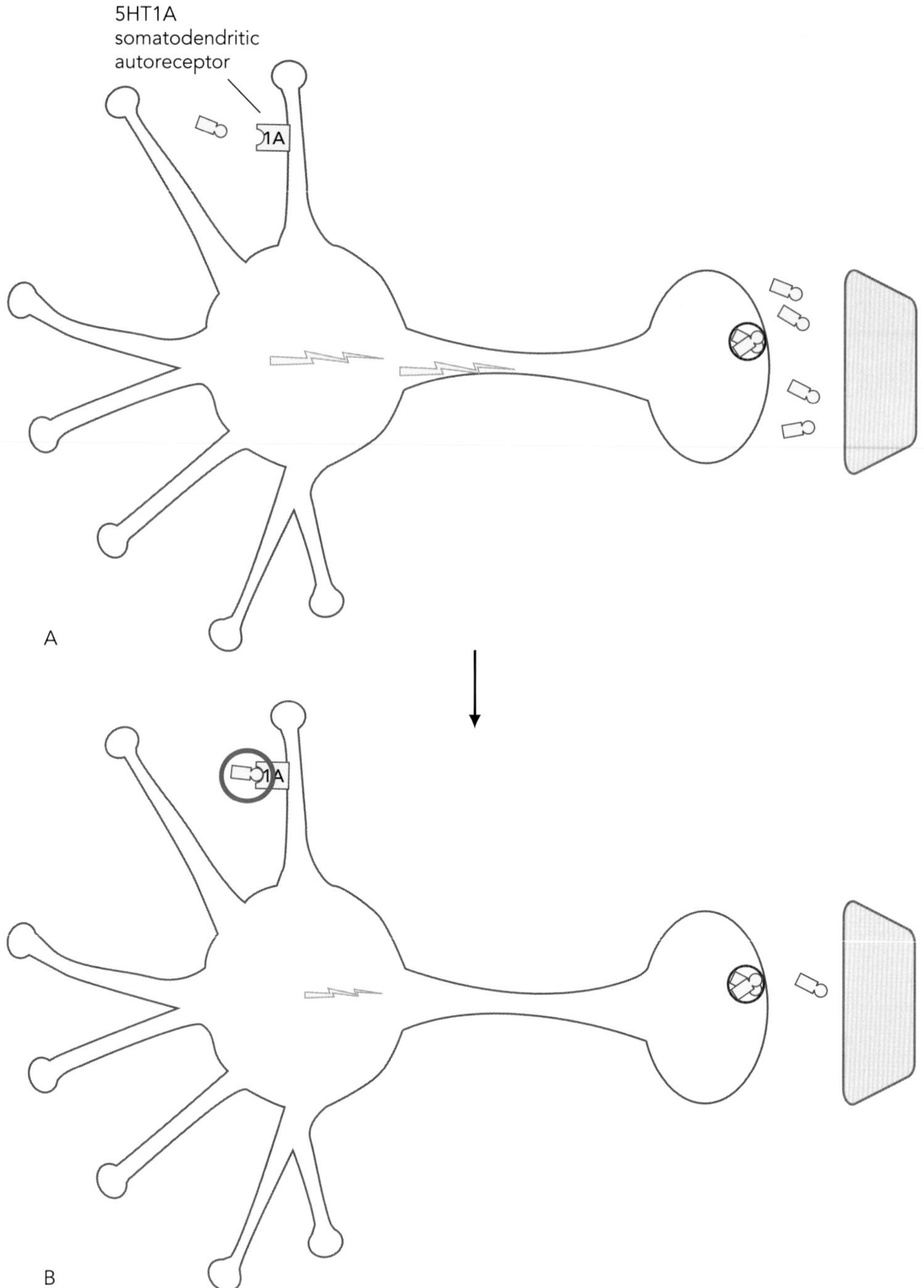

그림 4-39 세로토닌(5HT) 1A 자가수용체. (A) 시냅스전 $5HT_{1A}$ 수용체는 세포체와 가지돌기에 위치한 자가수용체이므로 세포체가지돌기 자가수용체라고 부른다. (B) 세로토닌이 세포체가지돌기에 방출되면 $5HT_{1A}$ 수용체와 결합하여 5HT 신경 자극 흐름의 차단을 유발하며, 여기서는 전기 활성 감소와 오른쪽 시냅스에서 5HT 방출 감소로 묘사되어 있다.

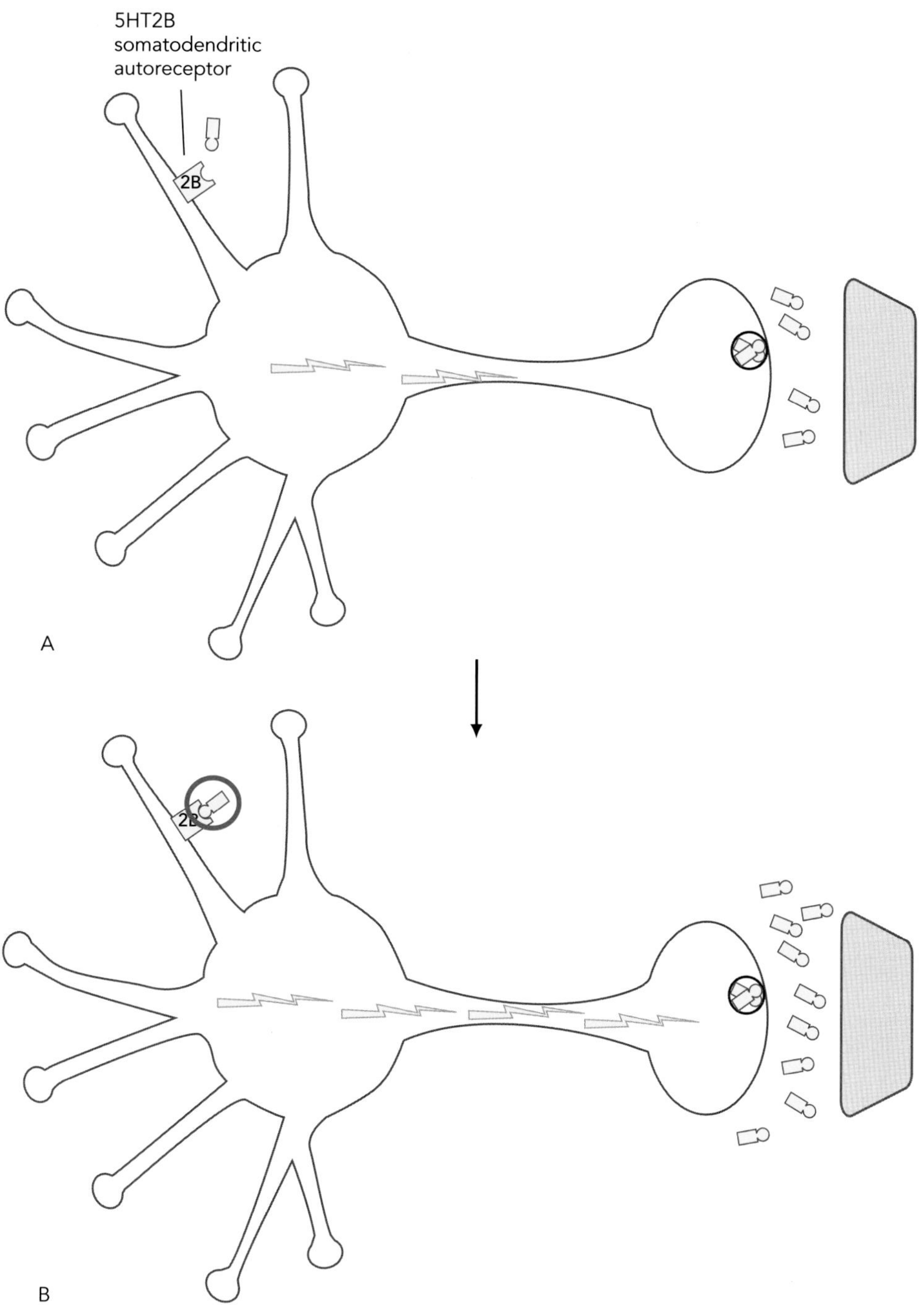

그림 4-40 세로토닌(5HT) 2B 자가수용체. (A) 시냅스전 $5HT_{2B}$ 수용체는 세포체와 가지돌기에 위치한 자가수용체이므로 세포체가지돌기 자가수용체라고 부른다. (B) 5HT가 세포체가지돌기에 방출되면 $5HT_{2B}$ 수용체와 결합하여 5HT 신경 자극 흐름을 증가시키며, 여기서는 그림 오른쪽에 전기 활성 증가와 오른쪽 시냅스에서 5HT 방출 증가로 묘사되어 있다.

경전달물질을 본질적으로 어떻게 조절하는지에 대해 논의할 것이다.

시냅스전 수용체: 세로토닌을 조절하는 세로토닌

모든 모노아민 뉴런과 마찬가지로 세로토닌 뉴런은 축삭 종말(축삭 종말 자가수용체)과 가지돌기 및 세포체(세포체가지돌기 자가수용체)에 모두 수용체가 있어 세로토닌 방출을 조절한다(그림 4-38부터 4-41까지). 둘 다 시냅스전 단계로 간주된다. 도파민(이 장의 앞부분과 그림 4-5부터 4-8까지) 및 노르에피네프린(제6장 및 그림 6-14부터 6-16까지) 뉴런은 양쪽 끝에 동일한 수용체가 있는 반면, 세로토닌 뉴런의 경우 축삭 종말 수용체($5HT_{1B/D}$)(그림 4-38 및 4-41)는

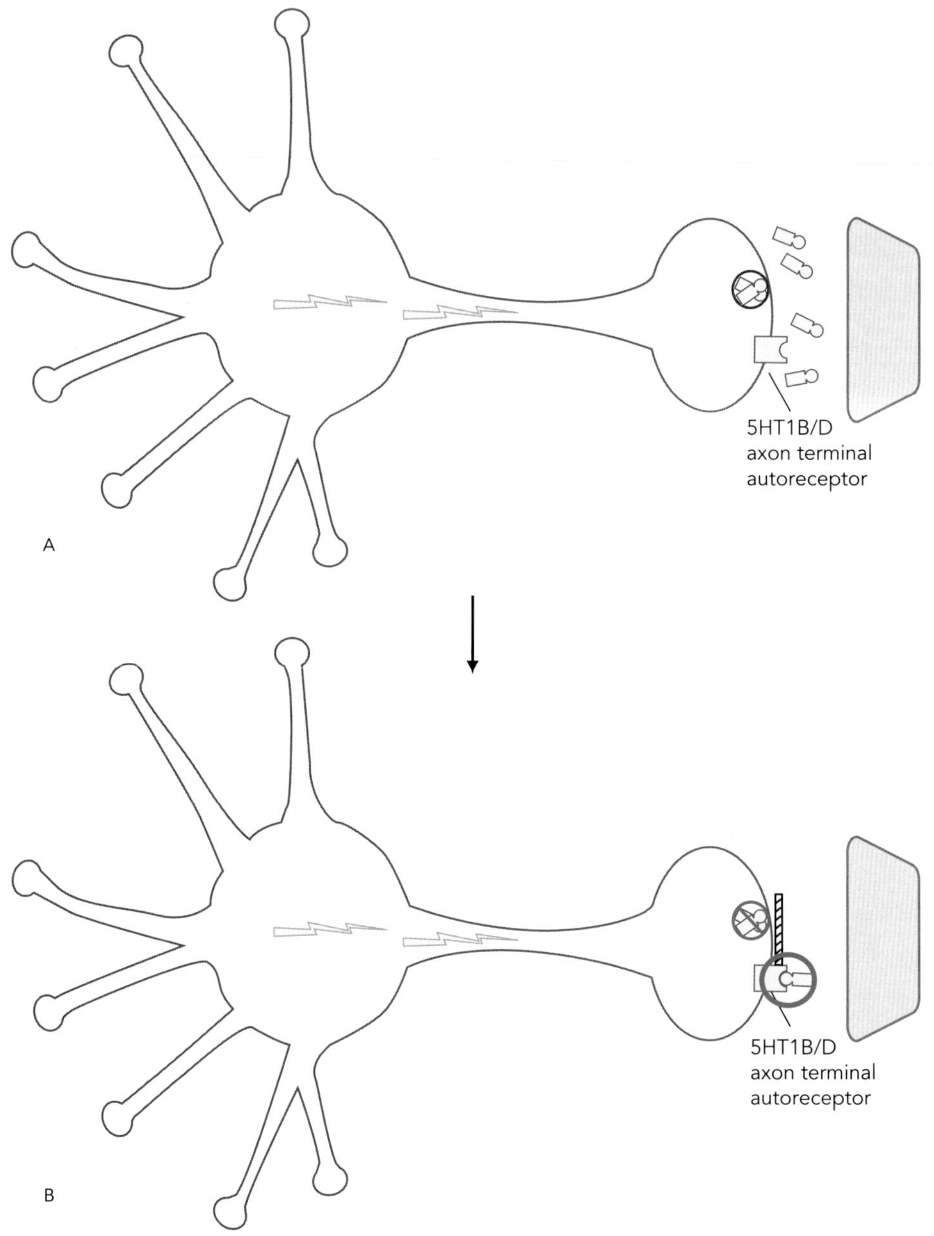

그림 4-41 세로토닌(5HT) 1B/D 자가수용체. 시냅스전 $5HT_{1B/D}$ 수용체는 시냅스전 축삭 종말에 위치한 자가수용체이다. 시냅스에서 5HT의 존재를 감지하여 더 이상의 5HT 방출을 차단하는 역할을 한다. 시냅스에 5HT가 축적되면(A) 자가수용체에 결합하여 세로토닌 방출을 억제할 수 있다(B).

세포체가지돌기 수용체($5HT_{1A}$ 및 $5HT_{2B}$)(그림 4-38부터 4-40까지)와는 다르다.

시냅스전 $5HT_{1A}$ 수용체

중뇌 솔기midbrain raphe의 세로토닌 뉴런의 가지돌기와 세포체에 위치하며(그림 4-39A), 이 시냅스전 세포체가지돌기 $5HT_{1A}$ 수용체는 가지돌기에서 방출되는 세로토닌을 감지한다. 전형적 시냅스전 신경 종말이 있는 뉴런의 반대쪽 끝에서 세로토닌이 어떻게 방출되는지는 아직 완전히 이해되지 않았지만, 이는 세로토닌 뉴런이 시냅스전 종말에서 방출을 조절하는 중요한 과정인 것으로 보인다. 5HT가 세포체가지돌기로 방출되면, $5HT_{1A}$ 자가수용체가 활성화되어 세로토닌 뉴런을 통한 신경 자극의 흐름이 느려지고, 축삭 종말에서 세로토닌 방출이 감소한다(그림 4-39B). 이러한 시냅스전 $5HT_{1A}$ 세포체가지돌기 자가수용체의 하향 조절downregulation 및 탈민감화desensitization가 세로토닌 재흡수를 차단하는 약물의 항우울 작용에 결정적인 것으로 생각된다(제7장 기분장애의 치료에서 논의).

시냅스전 $5HT_{2B}$ 수용체

최근에 5HT 뉴런의 세포체가지돌기 영역이 $5HT_{1A}$ 수용체와 **반대되는** 작용을 하는 두 번째 수용체인 $5HT_{2B}$ 수용체(그림 4-40)에 의해 조절된다는 사실이 밝혀졌다. 즉 $5HT_{2B}$ 수용체는 세로토닌 뉴런을 **활성화**하여 신경 자극의 흐름을 **더 많이** 일으키고, 시냅스전 신경 종말에서 세로토닌 방출 **증가**를 유발한다. 따라서 현재로서는 $5HT_{2B}$ 수용체가 '피드포워드feed forward' 수용체인 반면, $5HT_{1A}$ 수용체는 '음성되먹임negative feedback' 수용체인 것으로 보인다. 중뇌 솔기의 어떤 5HT 뉴런이 $5HT_{1A}$ 수용체를 포함하고 있는지, 어떤 뉴런이 $5HT_{2B}$ 수용체를 포함하고 있는지, 그리고 어떤 뉴런이 두 수용체를 모두 포함하고 있는지는 아직 명확하지 않다. 분명한 것은 $5HT_{2B}$ 수용체와 이에 작용하는 약물에 대해 밝혀진 것이 훨씬 더 많다는 것이다. 그러나 뇌 전체의 세로토닌 시냅스전 신경 종말에서 발생하는 세로토닌 활성과 세로토닌 방출의 양을 조절하는 데에는 시냅스전 세포체가지돌기 $5HT_{1A}$와 $5HT_{2B}$ 수용체 작용 사이의 균형이 중요할 것으로 보인다.

시냅스전 $5HT_{1B/D}$ 수용체

축삭 종말의 시냅스전 5HT 수용체는 $5HT_{1B/D}$ 아형을 가지며, 5HT의 존재를 감지하는 음성되먹임 자가수용체로서 작용하여 추가적인 5HT 방출과 5HT 신경 자극 흐름을 차단한다(그림 4-41). 시냅스에서 축삭 종말의 시냅스전 5HT 수용체에 의해 5HT가 감지되면, **종말 자가수용체**라고도 하는 $5HT_{1B/D}$ 수용체를 통해 작동한다(그림 4-41). $5HT_{1B/D}$ 종말 자가수용체의 경우, 이 수용체를 5HT가 점유하면 5HT 방출이 차단된다(그림 4-41B).

시냅스후 세로토닌은 후속 뇌 회로에서 다른 신경전달물질을 조절한다

각 신경전달물질은 시냅스전 부위에서 자신의 합성과 방출을 제어할 뿐만 아니라 시냅스후 작용과 뇌 회로의 네트워크를 통해 다른 신경전달물질의 작용도 제어하는 것으로 밝혀졌다. 따라서 만약 모든 신경전달물질이 다른 모든 신경전달물질을 조절한다면 매우 복잡해진다! 더 이상 시냅스에서만 작용하는 신경전달물질은 생각할 수 없으며, 신경전달물질은 또한 다른 신경전달물질을 제어하면서 다른 신경전달물질에 의해 제어되는 뇌 회로에서 시냅스 간 작용도 한다. 그렇다면 만약 수용체가 사방에 널려 있고 각 수용체가 서로 다른 부위에서 서로 다른 일을 한다면, 수용체에 작용하는 약물의 순 효과net effect가 무엇인지 어떻게 파악할 수 있을까? 더군다나 동일한 신경전달물질이 다른 회로와 다른 시냅스에서 완전히 다른 일을 한다면, 세로토닌과 관련된 정신질환을 어떻게 이해할 수 있을까?

부분적인 답은 한 걸음 물러서서 뇌 신경전달물질 시스템의 놀라운 복잡성을 충분히 인식하는 것이며, 우리는 이러한 신경전달물질 시스템이 정상적인 느낌과 감정의 기질로서 그리고 정신질환의 증상으로서 이론상으로 어떻게 작동하는지에 대해 겨우 표면적으로 다루기 시작했을 뿐이다.

여기에서는 다양한 뉴런 네트워크의 서로 다른 교점node에 있는 서로 다른 신경전달물질뿐만 아니라 이러한 뉴런 네트워크 내의 교점 또는 연결 지점에서 동일한 신경전달물질에 대해 서로 다른 수용체 아형을 사용하여 서로 소통하는 뉴런 네트워크를 통해 작용함으로써, 신경전달물질이 어떻게 서로의 신경전달을 조절하는지에 대해 간략하게 살펴볼 것이다. 가설상으로 신경망이 비효율적인 정보처리를 경험할 때(즉 '조율이 안 된 상태'라고 할 수 있음), 이는 부분적으로 정신질환의 증상을 매개한다. 이 개념의 추론은 약물이 특정 수용체 아형에 작용하여 이러한 뉴런 네트워크를 '조율'하면 뉴런 네트워크의 정보처리 효율을 개선하여 정신질환의 증상을 줄일 수 있는 잠재력을 가지고 있다는 것이다. 표현이 지나치게 단순화되고 다소 환원주의적이지만, 이 논의는 정신질환과 이를 치료하는 약물이 그저 시냅스의 '화학적 불균형'이라는 현재의 낡은 개념에서 한 걸음 더 나아간 것이다. 정신질환의 현대 신경생물학과 치료를 고려할 때, 우리가 알고 있는 것에 대해 겸손한 태도를 유지하면서 19세기에 악마의 사전*The Devil's Dictionary*(Ambrose Bierce 지음)이 마음을 어떻게 정의했는지 상기하는 것이 좋을 것이다.

> 마음MIND(명사): 뇌에서 분비되는 신비한 형태의 물질. 마음의 주요 활동은 자신의 본성을 확인하려는 노력에 있으며, 이러한 시도의 무가치함은 자신을 알 수 있는 것이 오직 자신밖에 없다는 사실 때문이다.

5HT 네트워크 구축

세로토닌은 모든 신경전달물질과 마찬가지로 다른 뉴런 및 뉴런이 방출하는 신경전달물질과 후속에서 상호작용한다(그림 4-42 및 4-43). 따라서 세로토닌이 방출된 후 일어나는 일은 세로토닌이 어떤 수용체와 상호작용하는지에 따라 달라질 뿐만 아니라(그림 4-42의 아홉 가지 세로토닌 수용체 참조), 어떤 뉴런과 소통하는지에 따라, 그리고 뉴런이 방출하는 신경전달물질에 따라 크게 달라진다[그림 4-42의 글루타메이트 및 GABA 뉴런과의 상호작용 그리고 그림 4-43의 글루타메이트, GABA, 노르에피네프린(NE), 도파민(DA), 히스타민(HA), 아세틸콜린(ACh)과의 상호작용 참조]. 세로토닌이 조절할 수 있는 모든 선택사항에 주목하라. 세로토닌은 상호작용하는 세로토닌 수용체 아형과 시냅스후 뉴런 자체가 흥분성 신경전달물질인 글루타메이트를 방출하는지, 억제성 신경전달물질인 GABA를 방출하는지에 따라 흥분하거나 억제할 수 있다. 세로토닌이 흥분성 및 억제성 상황에서 동시에 신경전달을 할 때 어느 쪽이 더 우세할까? 간단한 대답은 특정 수용체가 특정 위치에서 발현되는지 여부, 수용체의 밀도(희박하게 분포된 수용체에 비해 밀집된 수용체에서 반응 가능성이 더 높음), 세로토닌에 대한 수용체의 민감성, 세로토닌 뉴런의 발화율과 방출량(일부 수용체는 다른 수용체보다 낮은 수준의 세로토닌에 더 민감함)에 따라 달라지는 것 같다는 것이다. 마지막으로 상호작용이 직접적인지[예: 세로토닌이 글루타메이트 뉴런(그림 4-42, 왼쪽) 또는 GABA 뉴런(그림 4-42, 오른쪽)에 직접 작용하는 경우], 간접적인지[예: 세로토닌이 글루타메이트 뉴런을 신경지배하는 GABA 뉴런을 통해 글루타메이트 뉴런에 간접적으로 작용하는 경우(그림 4-42, 오른쪽)]에 따라 달라진다. 노르에피네프린, 도파민, 히스타민, 아세틸콜린도, 특히 그들의 세포체에, 세로토닌 뉴런으로부터 직접 입력을 받거나 글루타메이트 및/또는 GABA 뉴런을 매개체로 하여 간접적으로 입력을 받을 수 있다(그림 4-43). 따라서 세로토닌 뉴런과 수용체에 직접 작용하는 약물은 세로토닌 자체에 영향을 미칠 뿐만 아니라 다른 모든 신경전달물질에 중대한 후속 영향을 미칠 수 있음을 쉽게 알 수 있다. 어떤 신경전달물질이 어떤 우선순위에 따라 영향을 받는지, 어떤 부위에서 영향을 받는지는 현재 집중적인 연구 대상이다. 그러나 이러한 네트워크와 그것의 구성 방식은 특정 신경전달물질의 특정 수용체에 먼저 직접적으로 작용하는 약물이 모든 종류의 신경전달물질에 중대한 순 효과를 미칠 수 있는 이유를 설명할 수 있다. 신경망에 대해 조금만 이해하면 두 가지 이상의 작용기전을 가진 약물(또는 두 가지 이상의 서로 다른 작용을 가진 두 가지 약물)을 자주 투여하는 것이 추가/상승 효과 또는 상쇄/길항 효과를 가져올 수

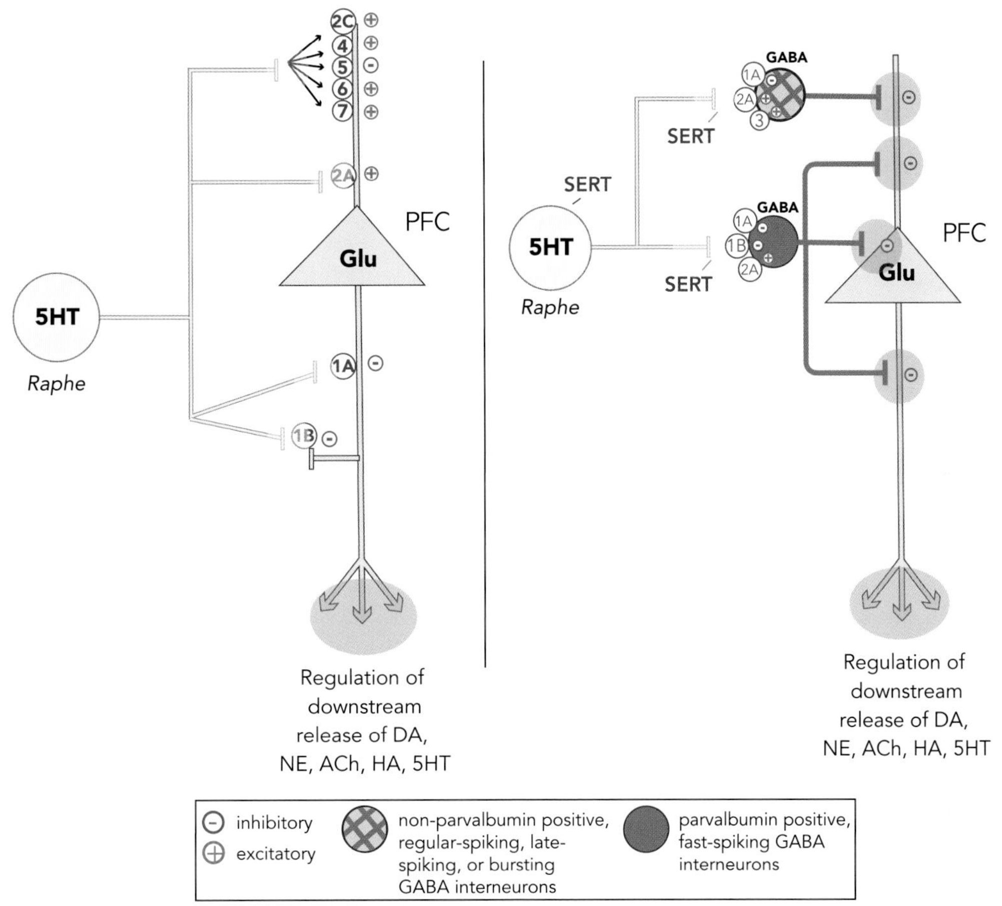

그림 4-42 세로토닌(5HT)은 글루타메이트 방출을 직간접적으로 조절한다. 대부분의 5HT 수용체 아형은 시냅스후 이종 수용체이며, 여러 신경전달물질을 방출하는 뉴런에 존재하므로, 모든 신경전달물질과 마찬가지로 세로토닌은 다수의 신경전달물질의 후속 방출을 조절할 수 있다. 왼쪽: 글루타메이트 피라미드 뉴런에 대한 5HT의 직접적인 영향은 흥분성(예: $5HT_{2A}$, $5HT_{2C}$, $5HT_4$, $5HT_6$, $5HT_7$ 수용체에서)과 억제성($5HT_{1A}$, $5HT_5$, 그리고 아마 시냅스후 $5HT_{1B}$ 이종 수용체에서) 모두로 작용할 수 있다. 글루타메이트 뉴런은 대부분의 다른 신경전달물질의 뉴런과 시냅스를 형성하여 신경전달물질의 후속 방출을 조절한다. 오른쪽: 글루타메이트 출력은 억제성 GABA 사이신경세포의 5HT 수용체에 의해 간접적으로 제어될 수도 있다. 글루타메이트 뉴런을 자극하고 억제하는 방법이 매우 다양하고, 일부 5HT 수용체는 글루타메이트 뉴런과 GABA 사이신경세포에 모두 존재하기 때문에(예: $5HT_{2A}$) 글루타메이트 방출에 상반된 작용을 하여, 다양한 수용체에서 5HT의 통합된 작용이 글루타메이트 출력을 '조율'하고 균형을 유지하는 역할을 할 수 있는 것으로 보인다. 글루타메이트 방출에 대한 5HT의 순 효과는 5HT 수용체 아형의 부위 및 세포 발현 패턴, 5HT 수용체의 밀도, 5HT의 국소 농도에 따라 달라진다.

있는 이유를 파악하기 위한 기초가 될 수 있다. 이는 약물의 효능과 부작용에 대한 상응하는 효과에 반영된다.

$5HT_{1A}$ 수용체

$5HT_{1A}$ 수용체는 다른 신경전달물질의 방출을 촉진할 수 있다(그림 4-44). $5HT_{1A}$ 수용체는 항상 억제성이지만, 시냅스후 GABA 뉴런에 국한되어 있는 경우가 매우 많으므로 이 경우 순 후속 효과는 실제로 흥분성이다(그림 4-44). 예를 들어 $5HT_{1A}$ 수용체는 전전두엽피질의 GABA 사이신경세포에 위치하며, 이러한 GABA 사이신경세포는 글루타메이트 뉴런에서 신경전달물질 방출을 억제하는 역할을 한다(그림 4-42B 참조). 다른 GABA 사이신경세포에 위치한 $5HT_{1A}$ 수용체도 노르에피네프린, 도파민, 아세틸콜린 뉴

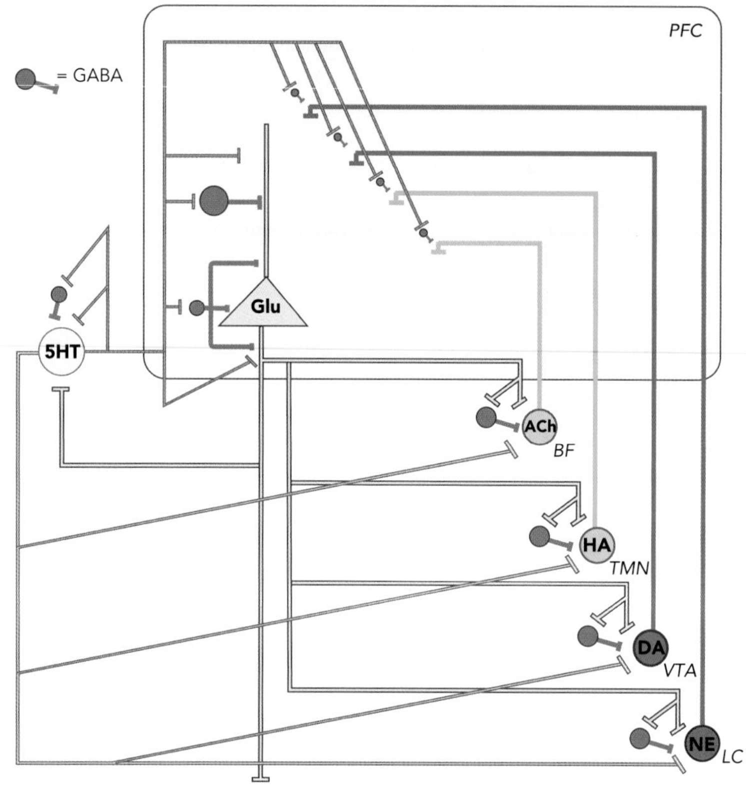

그림 4-43 세로토닌(5HT)은 뉴런 네트워크에서 상호작용하여 모든 주요 신경전달물질 시스템을 조절한다. 5HT 회로는 등쪽 및 중앙 솔기핵을 포함한 개별적인 뇌간 핵에서 시작한다. 이 회로는 전전두엽피질(PFC)과 노르에피네프린의 청반(LC), 도파민의 배쪽뒤판구역(VTA), 히스타민의 시상하부 융기유두핵tuberomammillary nucleus, TMN, 아세틸콜린의 기저전뇌basal forebrain, BF 등 다른 신경전달물질 뉴런의 세포체 위치들을 포함하여 광범위한 피질 및 피질하 뇌 영역에 투사된다. 이러한 연결을 통해 5HT 네트워크는 스스로를 조정할 뿐만 아니라 거의 모든 다른 신경전달물질 네트워크에 직간접적으로 영향을 미칠 수 있다. 따라서 5HT 네트워크가 기분, 수면, 식욕 등 다양한 행동을 조절하는 것으로 생각되거나, 5HT 네트워크의 조절 장애가 많은 정신질환과 관련되어 있다는 것은 그리 놀라운 일이 아니다.

런의 시냅스전 종말에서 신경전달물질 방출을 억제한다. 그림 4-44A는 긴장성 GABA 방출이 낮으면, 노르에피네프린, 도파민, 아세틸콜린 방출도 그에 상응하는 낮은 기준선만 허용하는 기준 상태baseline state를 보여준다. 그러나 세로토닌이 GABA 사이신경세포에 위치한 $5HT_{1A}$ 수용체로 방출되면(그림 4-44B), 이 수용체 작용이 GABA 사이신경세포를 억제하여 억제성 GABA 방출을 감소시키고, 후속의 노르에피네프린, 도파민, 아세틸콜린 방출이 증가할 수 있게 한다. 따라서 이러한 $5HT_{1A}$ 수용체에서의 세로토닌 작용은 후속의 노르에피네프린, 도파민, 아세틸콜린 방출을 촉진한다. 이어지는 장에서 설명하겠지만 정신병, 기분, 불안을 치료하는 많은 향정신성 약물은 $5HT_{1A}$ 작용제 또는 부분작용제이다.

$5HT_{1B}$ 수용체

$5HT_{1B}$ 수용체는 억제성이며, 특히 이 수용체가 노르에피네프린, 도파민, 히스타민, 아세틸콜린 뉴런의 시냅스전 신경 종말에 있을 때 해당 신경전달물질 방출을 억제할 수 있다(그림 4-45). 뉴런이 자체 신경전달물질로 사용하는 것 이외의 다른 신경전달물질에 대한 수용체가 존재하는 경우 이를 '이종 수용체heteroreceptor'(말 그대로 다른 수용체)라고 부른다. $5HT_{1B}$ 수용체가 세로토닌이 아닌 시냅스전 신경 종말에 존재하는 경우, 그것은 억제성이며 다른 신경전달물질의 방출을 막는 역할을 한다(그림 4-45A). 기준 상태에서는 전전두엽피질의 네 가지 다른 뉴런인 노르에피네프린, 도파민, 히스타민, 아세틸콜린에서 일정량의 신경전달물질이 방출되는 것으로 보인다(그림 4-45A). 그러나 세로토닌

GABA Inhibiting Norepinephrine, Dopamine, and Acetylcholine Release

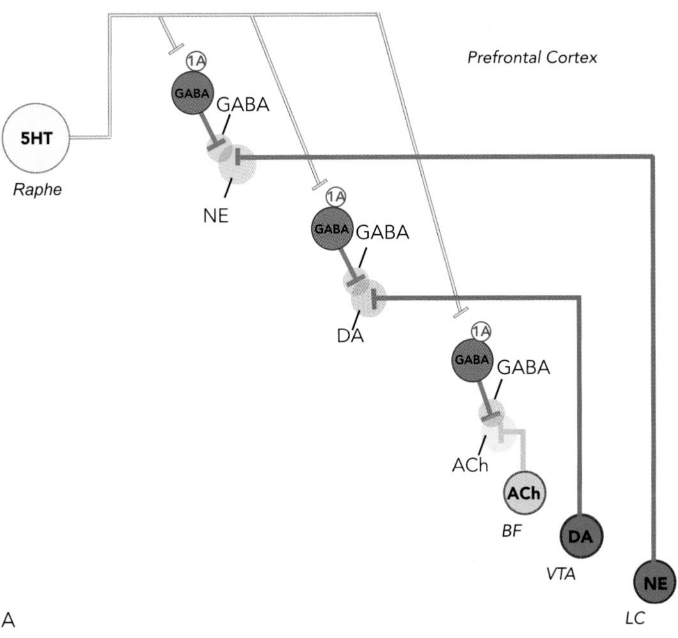

5HT1A Stimulation Increases Release of Norepinephrine, Dopamine, and Acetylcholine

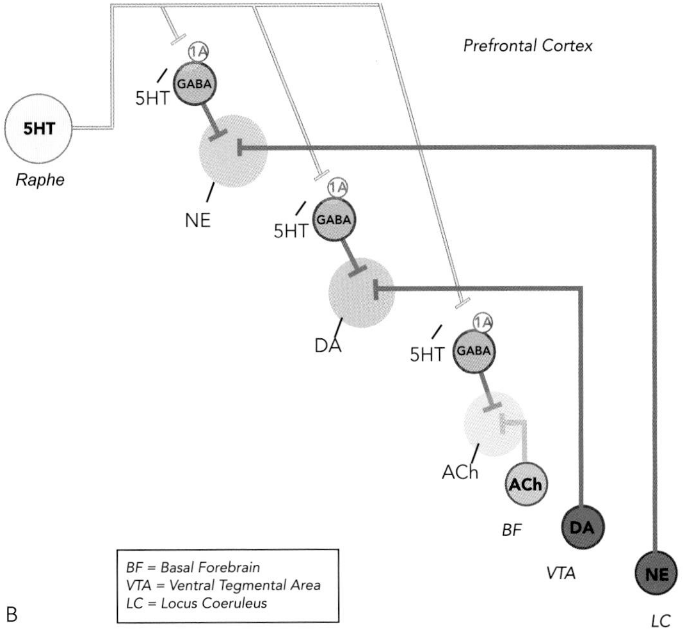

그림 4-44 **세로토닌(5HT) 1A 자극은 다른 신경전달물질의 방출을 간접적으로 증가시킨다.** (A) 전전두엽피질에 있는 GABA 사이 신경세포의 $5HT_{1A}$ 이종 수용체는 노르에피네프린(NE), 도파민(DA), 아세틸콜린(ACh)의 방출을 간접적으로 조절할 수 있다. (B) $5HT_{1A}$ 수용체의 자극은 억제성이며, 이들 수용체에 세로토닌이 결합하면 GABA 출력이 감소하고 결과적으로 노르에피네프린, 도파민, 아세틸콜린 방출이 탈억제될 수 있다.

5HT1B Presynaptic Regulation of NE, DA, HA, and ACh in Prefrontal Cortex

Baseline Neurotransmitter Release

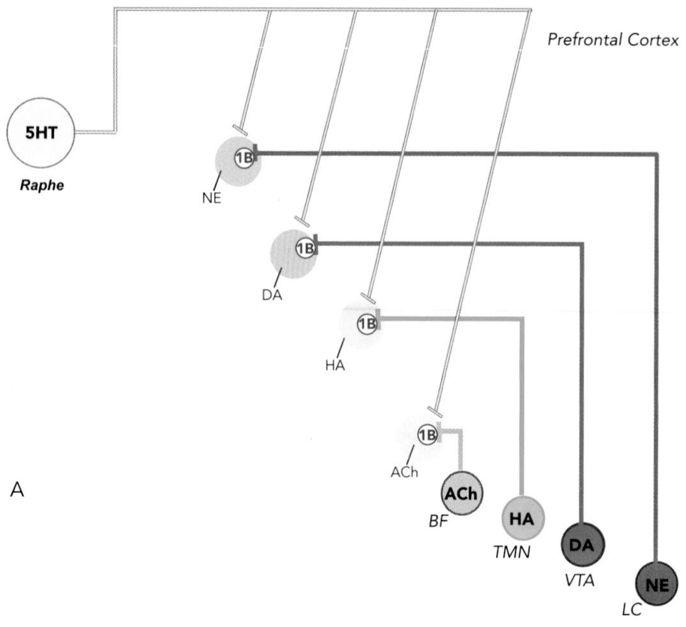

5HT1B Inhibits Neurotransmitter Release

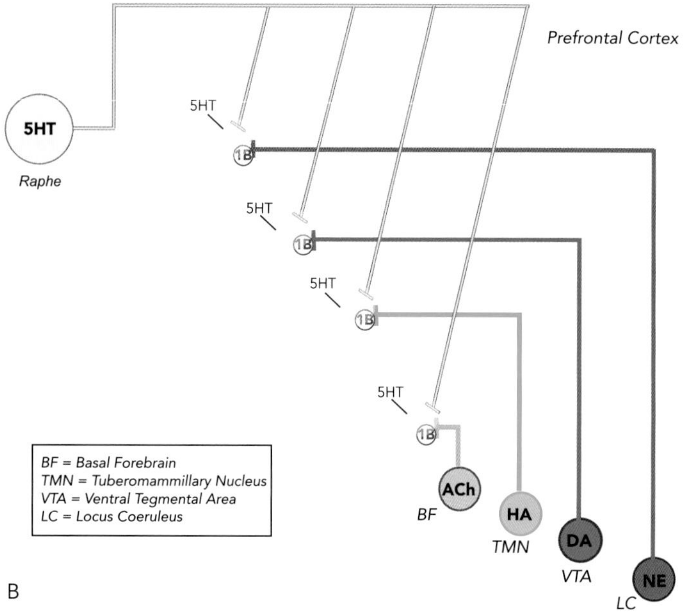

그림 4-45 세로토닌(5HT) 1B 자극은 다른 신경전달물질의 방출을 감소시킨다. (A) 노르에피네프린(NE), 도파민(DA), 아세틸콜린(ACh), 히스타민(HA) 뉴런의 시냅스전 신경 종말에 있는 $5HT_{1B}$ 수용체는 이론상으로 이러한 신경전달물질의 방출을 조절할 수 있다. (B) ACh, HA, DA, NE 뉴런에 대한 $5HT_{1B}$ 이종수용체의 자극은 억제성이며, 이들 수용체에서 세로토닌이 결합하면 신경전달물질의 방출이 잠재적으로 감소할 수 있다.

5HT2A Receptors Regulate Glutamate Release – But It's Complicated

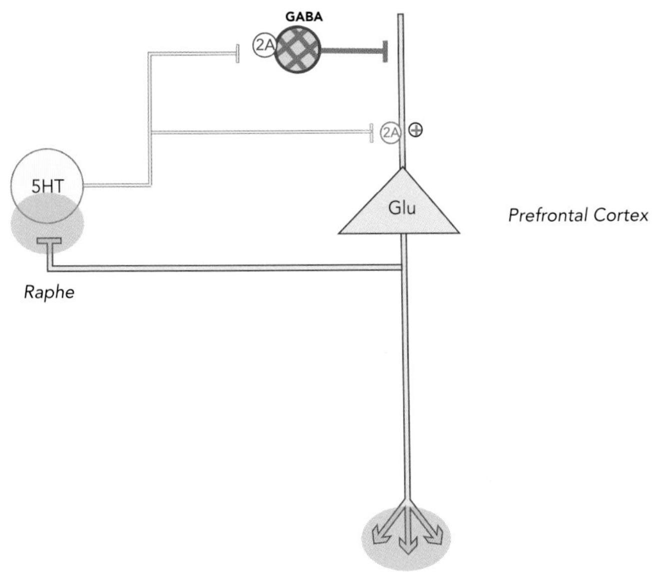

Regulation of downstream release of DA, NE, ACh, HA

A

GABA

2A

⊕

⊖

2A

5HT

Glu

Prefrontal Cortex

Raphe

non-parvalbumin positive, regular-spiking, late-spiking, or bursting GABA interneurons

Opposite effect on downstream release of DA, NE, ACh, HA

B

그림 4-46 세로토닌(5HT) 2A 자극은 글루타메이트 방출을 촉진하고 억제한다. $5HT_{2A}$ 수용체는 항상 흥분성이지만 국소화에 따라 글루타메이트 방출을 자극하거나 억제할 수 있다. (A) $5HT_{2A}$ 수용체는 글루타메이트 피라미드 뉴런에 위치하며, 이 수용체의 자극을 통해 글루타메이트 방출을 증가시킬 수 있다. (B) 그러나 $5HT_{2A}$ 수용체는 GABA 사이신경세포에도 존재하며 자극을 받으면 글루타메이트의 GABA 억제를 유발한다. 따라서 글루타메이트 신경전달에 대한 $5HT_{2A}$ 자극 또는 $5HT_{2A}$ 길항작용의 순 효과는 수용체의 밀도 및 5HT의 국소 농도를 포함한 여러 요인에 따라 달라진다.

4

이 시냅스전 억제성 $5HT_{1B}$ 이종 수용체로 방출되면, 이 네 가지 신경전달물질의 방출이 감소한다(그림 4-45B). 따라서 세로토닌은 $5HT_{1B}$ 수용체에서 노르에피네프린, 도파민, 히스타민, 아세틸콜린의 방출을 억제한다. 이 네 가지 신경전달물질의 방출을 촉진할 수도 있는 $5HT_{1B}$ 길항제로 알려진 몇 가지 약물은 우울증 치료에 사용되며, 기분장애의 약물 치료에 관한 제7장에서 자세히 논의할 것이다.

$5HT_{2A}$ 수용체

$5HT_{2A}$ 수용체는 다른 신경전달물질의 방출을 촉진하거나 억제할 수 있다. 즉 $5HT_{2A}$ 수용체는 항상 흥분성이긴 하지만, 뇌에서 그 위치가 가변적이기 때문에 이 수용체는 다양한 후속 신경전달물질의 방출을 촉진하거나 억제할 수 있다는 것을 의미한다. 예를 들어 $5HT_{2A}$ 수용체가 글루타메이트 뉴런에 국한되어 있는 경우, 일반적으로 글루타메이트 뉴런의 정단 가지돌기apical dendrite에 위치하며 흥분성이어서 후속 표적에서 흥분성 글루타메이트 방출을 유도한다(그림 4-46A). 반면 글루타메이트 뉴런을 신경지배하는 GABA 사이신경세포에 $5HT_{2A}$ 수용체가 있는 경우, GABA 사이신경세포에 흥분성 $5HT_{2A}$가 입력되면 GABA가 방출되고, 이 GABA는 그것이 신경지배하는 글루타메이트 뉴런을 억제하여 글루타메이트 뉴런의 후속 뉴런에 반대 효과를 가져온다(그림 4-46B). 정신병과 기분을 치료하는 많은 약물은 $5HT_{2A}$ 길항제 특성을 가지고 있으며, 제5장의 정신병 치료제와 제7장의 기분장애 치료제에서 광범위하게 논의될 것이다. 또한 대부분의 환각제는 $5HT_{2A}$ 작용제 특성을 가지고 있으며, 이는 약물남용에 관한 제13장에서 논의할 것이다.

$5HT_{2C}$ 수용체

$5HT_{2C}$ 수용체는 일반적으로 후속 신경전달물질의 방출을 억제한다. $5HT_{2C}$ 수용체는 흥분성 시냅스후 수용체이며, 대부분 GABA 사이신경세포에 존재한다(그림 4-47A 및 4-47B). 이것은 GABA 사이신경세포가 어디로 가든지 $5HT_{2C}$ 수용체는 순 억제 효과가 있다는 것을 의미한다. 예를 들어 $5HT_{2C}$ 수용체가 있는 GABA 사이신경세포가 후속의 노르에피네프린 또는 도파민 뉴런을 신경지배할 때 5HT의 순 효과는 노르에피네프린과 도파민 방출을 억제하는 것이다(그림 4-47A의 전전두엽피질에서 노르에피네프린과 도파민의 기저 수준과 그림 4-47B의 $5HT_{2C}$ 수용체에서 세로토닌 방출 후 노르에피네프린과 도파민의 수준을 비교). $5HT_{2C}$ 수용체의 작용제는 비만을 치료할 수 있고, $5HT_{2C}$ 수용체의 길항제는 정신병과 기분장애를 치료할 수 있다.

$5HT_3$ 수용체

혈액-뇌 장벽 외부의 뇌간 화학수용체 유발구역brainstem chemoreceptor trigger zone에 위치한 $5HT_3$ 수용체는 메스꺼움과 구토를 중추적으로 매개하는 역할로 잘 알려져 있다. 그러나 중추신경계의 다른 곳, 특히 전전두엽피질에서 $5HT_3$ 수용체는 특정 유형의 GABA 사이신경세포에 국한되어 있다[특히 파브알부민parvalbumin이라는 칼슘 염료와 결합하지 않는 특성과 규칙적 극파regular-spiking, 후기 극파late-spiking, 돌발파bursting와 같은 특징적인 GABA 사이신경세포 발화 패턴을 가진다(그림 4-42, 오른쪽 참조)]. $5HT_{2C}$ 수용체와 마찬가지로 $5HT_3$ 수용체도 그것이 신경지배하는 GABA 뉴런을 흥분시키며, 이는 또한 GABA 사이신경세포가 어디로 가든지 $5HT_3$ 수용체가 순 억제 효과를 발휘한다는 것을 의미한다.

$5HT_3$ 수용체는 피질 수준에서 아세틸콜린과 노르에피네프린의 방출을 특이적으로 억제한다(그림 4-48). 즉 $5HT_3$ 수용체를 포함한 사이신경세포가 시냅스전 아세틸콜린 및 노르에피네프린 뉴런의 신경 종말에서 종결되어 이를 억제한다(그림 4-48A에서 낮은 수준의 GABA 방출을 하는 기준 상태는 아세틸콜린 및 노르에피네프린 방출을 낮은 수준으로 허용한다). 흥분성 $5HT_3$ 수용체에서 세로토닌이 사이신경세포를 흥분시켜 GABA 방출이 증가하면, 아세틸콜린과 노르에피네프린 방출은 감소한다(그림 4-48B). 따라서 $5HT_3$ 수용체에 작용하는 세로토닌은 아세틸콜린과 노르에피네프린 방출을 모두 억제한다. 우울증을 치료하는 일부

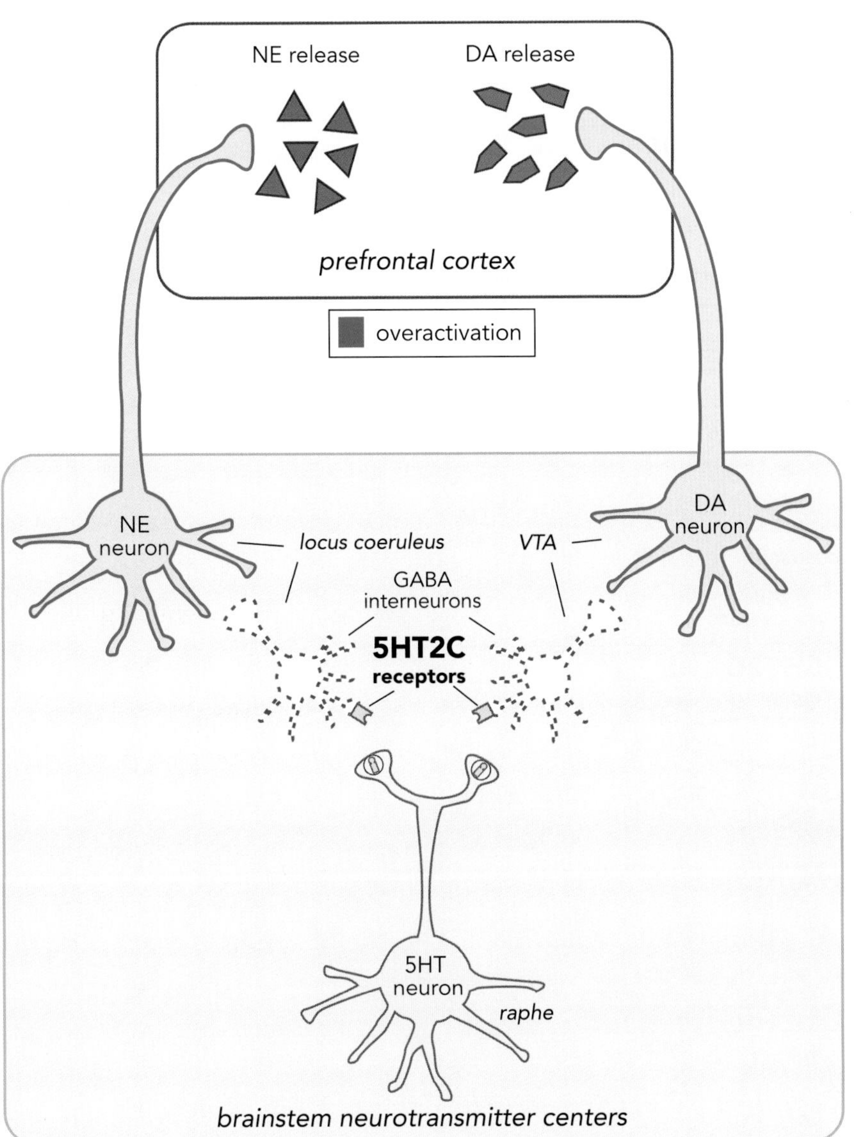

그림 4-47A 세로토닌(5HT) 2C 자극 제1부. 흥분성 $5HT_{2C}$ 수용체는 대부분 GABA 사이신경세포에 존재한다. 세로토닌이 결핍되면 GABA 수용체가 자극되지 않으므로 후속 뉴런[이 경우 전전두엽피질로 투사된 노르에피네프린(NE) 및 도파민(DA) 뉴런]이 활성화된다.

약물을 포함한 $5HT_3$ 길항제는 반대 효과, 즉 아세틸콜린과 노르에피네프린의 방출을 촉진하는 효과가 있을 것으로 예상된다(제7장에서 자세히 논의).

전전두엽피질에서 흥분성 글루타메이트 출력에 대한 더 중요한 조절 중 하나는 $5HT_3$ 수용체를 통해 5HT 입력을 받는 GABA 사이신경세포에 의한 긴장성 억제tonic inhibition이다(그림 4-49A). 이러한 $5HT_3$ 수용체에 대한 5HT 입력이 증가하면 글루타메이트 피라미드 뉴런의 발화율이 감소한다(그림 4-49B). 이는 글루타메이트가 신경지배하는 수많은 후속 부위에 대한 글루타메이트의 흥분성 효과를 감소시킬 뿐만 아니라, 특히 중뇌 솔기midbrain raphe 수준에서 세로토닌 뉴런에 대한 글루타메이트의 흥분성 되먹임 고리도 감소시킨다(그림 4-49B). 따라서 이 회로는 세로토닌이 글루타메이트를 조절할 뿐만 아니라(즉 GABA 사이신경세포에서 $5HT_3$ 수용체 작용에 의한 글루타메이트 방출 감소) 글루타메이트가 세로토닌을 상호조절하는 한 가

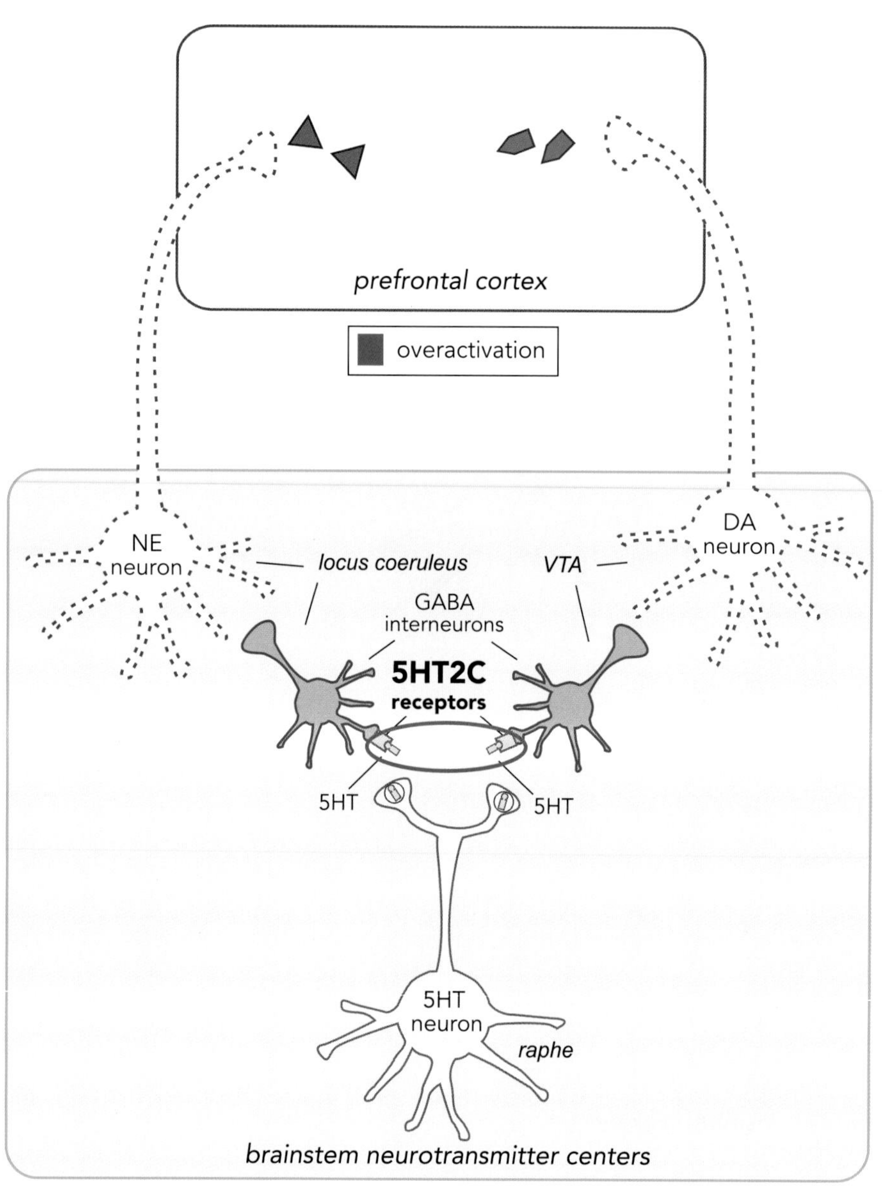

그림 4-47B 세로토닌(5HT) 2C 자극 제2부. GABA 사이신경세포의 $5HT_{2C}$ 수용체에 세로토닌이 결합하면 전전두엽 피질에서 노르에피네프린(NE)과 도파민(DA) 방출이 억제된다.

지 방법을 보여준다(즉 솔기에 있는 세로토닌 세포체에 대한 글루타메이트 작용으로 인해, 세로토닌 방출을 정상적으로 흥분시키는 되먹임 고리에서 이제는 세로토닌에 의한 글루타메이트 방출 억제로 감소됨). 이는 신경전달물질이 서로 상호 조절하는 간단한 예시일 뿐이다.

$5HT_6$ 수용체

$5HT_6$ 수용체는 시냅스후 수용체이며, 아세틸콜린 방출 및 인지 과정 제어의 핵심 조절자일 수 있다. 이 수용체를 차단하면 실험 동물의 학습과 기억이 향상되므로, $5HT_6$ 길항제는 조현병, 알츠하이머병 및 기타 장애의 인지증상에 대한 새로운 인지증진제pro-cognitive agent로 제안되었다.

$5HT_7$ 수용체

$5HT_7$ 수용체는 시냅스후 흥분성 수용체이며, 위에서 논의한 $5HT_{1A}$, $5HT_{2C}$, $5HT_3$ 수용체와 마찬가지로 억제성

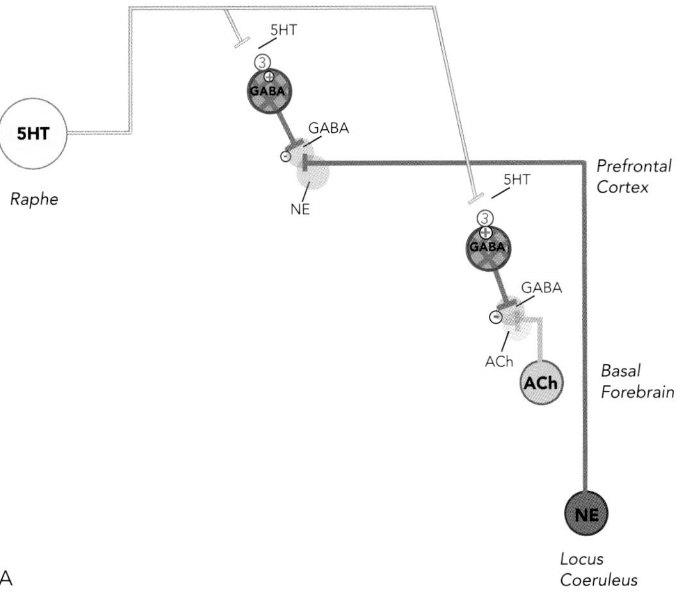

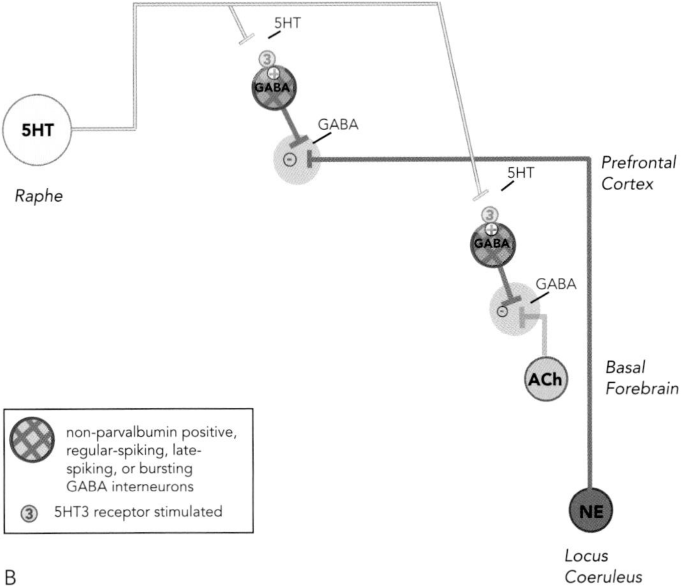

그림 4-48 세로토닌(5HT) 3 자극은 노르에피네프린과 아세틸콜린 방출을 억제한다. 전전두엽피질의 GABA 사이신경세포 종말에 위치한 흥분성 $5HT_3$ 수용체는 노르에피네프린(NE)과 아세틸콜린(ACh)의 방출을 조절할 수 있다. (A) 기준 상태에서 긴장성tonic GABA 방출은 낮은 수준의 NE과 ACh 방출을 허용한다. (B) 5HT가 방출되면 GABA 뉴런의 $5HT_3$ 수용체에 결합하여 노르아드레날린 뉴런과 콜린 뉴런으로 GABA를 위상성phasic 방출하여 각각 NE과 ACh의 방출을 감소시킨다.

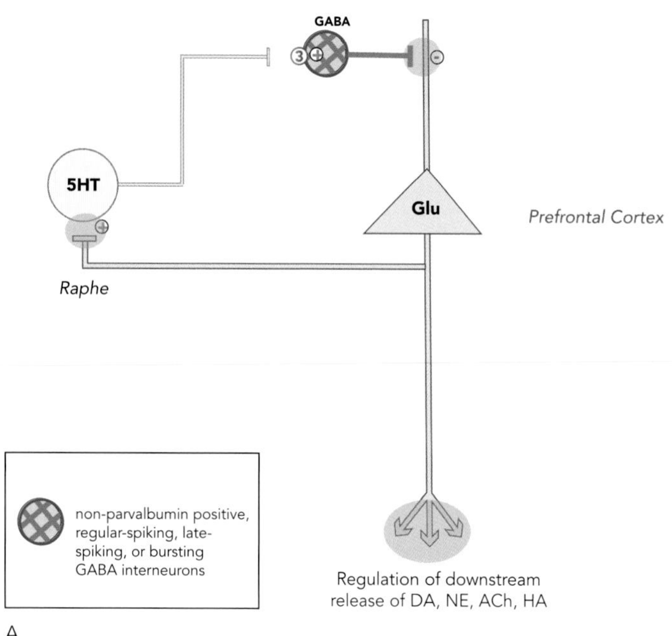

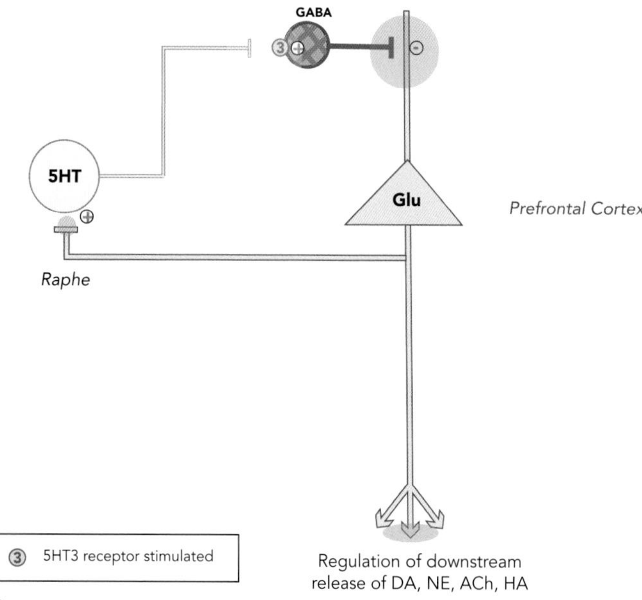

그림 4-49 세로토닌(5HT) 3 자극은 세로토닌 방출을 억제한다. 전전두엽피질의 GABA 사이신경세포 종말에 위치한 흥분성 $5HT_3$ 수용체는 글루타메이트의 방출을 조절하고, 글루타메이트는 다시 세로토닌의 방출을 조절할 수 있다. (A) 기저상태에서 낮은 수준의 세로토닌 방출은 피라미드 글루타메이트 뉴런과 시냅스를 형성하는 GABA 사이신경세포의 $5HT_3$ 수용체를 자극한다. 글루타메이트 방출은 후속 도파민(DA), 노르에피네프린(NE), 아세틸콜린(ACh), 히스타민(HA)의 방출을 조절한다. 글루타메이트는 또한 솔기에서 5HT 방출을 조절한다. (B) 5HT의 농도가 높을 때, GABA 사이신경세포의 $5HT_3$ 수용체에서 자극을 받으면 GABA 방출이 증가한다. GABA는 글루타메이트 피라미드 뉴런을 억제하여 글루타메이트 배출을 감소시킨다. 흥분성 글루타메이트의 방출이 감소한다는 것은 5HT를 포함한 신경전달물질의 후속 방출이 결과적으로 감소할 수 있음을 의미한다.

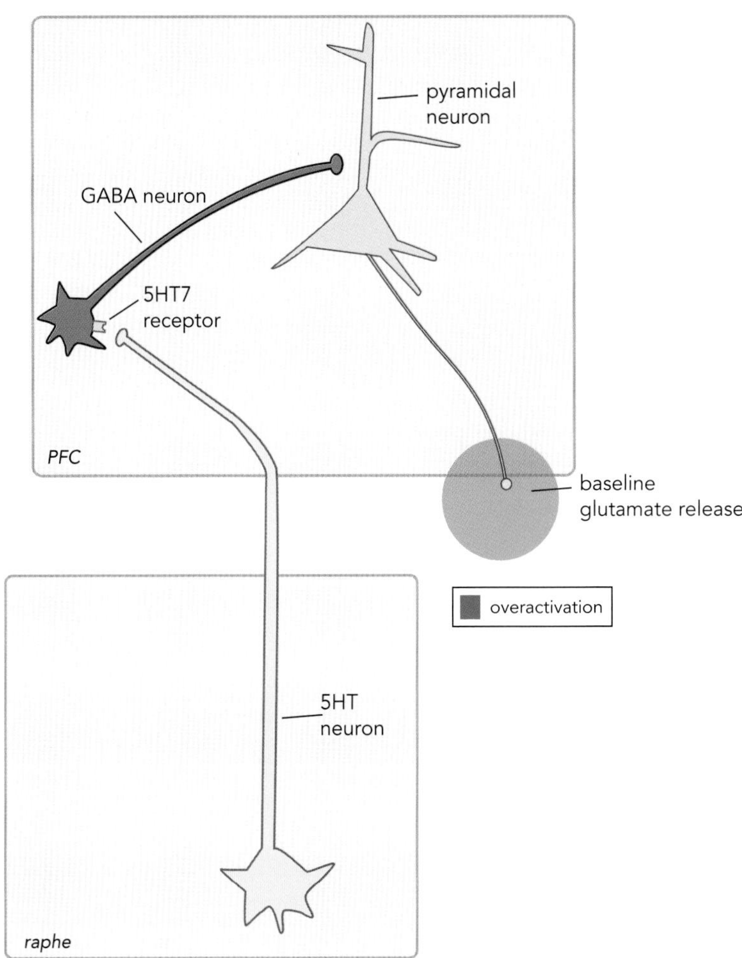

그림 4-50A 세로토닌(5HT) 7 자극은 글루타메이트 방출을 억제한다 제1부. $5HT_7$ 수용체는 글루타메이트 피라미드 뉴런과 시냅스를 형성하는 GABA 사이신경세포에 위치한다. 세로토닌이 없는 경우, 긴장성 GABA 방출은 정상적인 글루타메이트 후속 방출을 초래한다.

GABA 사이신경세포에 주로 국한되어 있다. GABA 사이신경세포에 국한된 다른 수용체와 마찬가지로 $5HT_7$ 수용체도 일반적으로 후속 신경전달물질의 방출을 억제한다. $5HT_7$ 수용체는 특히 피질 수준에서 글루타메이트의 방출을 억제한다(그림 4-50B). 즉 $5HT_7$ 수용체를 포함하는 피질 사이신경세포는 글루타메이트 피라미드 뉴런의 정단 가지돌기apical dendrite에서 종결된다(그림 4-50A에서 $5HT_7$ 수용체가 활성화되지 않은 상태에서 정상 수준의 글루타메이트 방출이 있는 기준 상태 참조). 세로토닌이 이러한 피질 GABA 사이신경세포의 $5HT_7$ 수용체에 결합하면 글루타메이트 방출이 억제된다(그림 4-50B).

$5HT_7$ 수용체는 또한 뇌간 솔기 수준에서 세로토닌 방출을 조절한다(그림 4-51A 및 4-51B). 즉 세로토닌 뉴런에서 나온 회귀 곁가지recurrent collateral가 세로토닌 세포체를 신경지배하는 GABA 뉴런을 신경지배하기 위해 거꾸로 고리를 만든다. 기준 상태에서는 세로토닌 방출이 이 억제성 되먹임 시스템의 영향을 받지 않는다(그림 4-51A). 그러나 세로토닌 방출이 높아지면 회귀 곁가지에서 세로토닌 방출이 활성화되어 그곳의 $5HT_7$ 수용체를 자극한다(그림 4-51B). 이는 GABA 방출을 활성화하고, 이는 다시 세로토닌 뉴런의 세포체에서 억제 작용을 통해 추가적인 세로토닌 방출을 억제한다(그림 4-51B). $5HT_7$ 길항제는 정신병 및 기

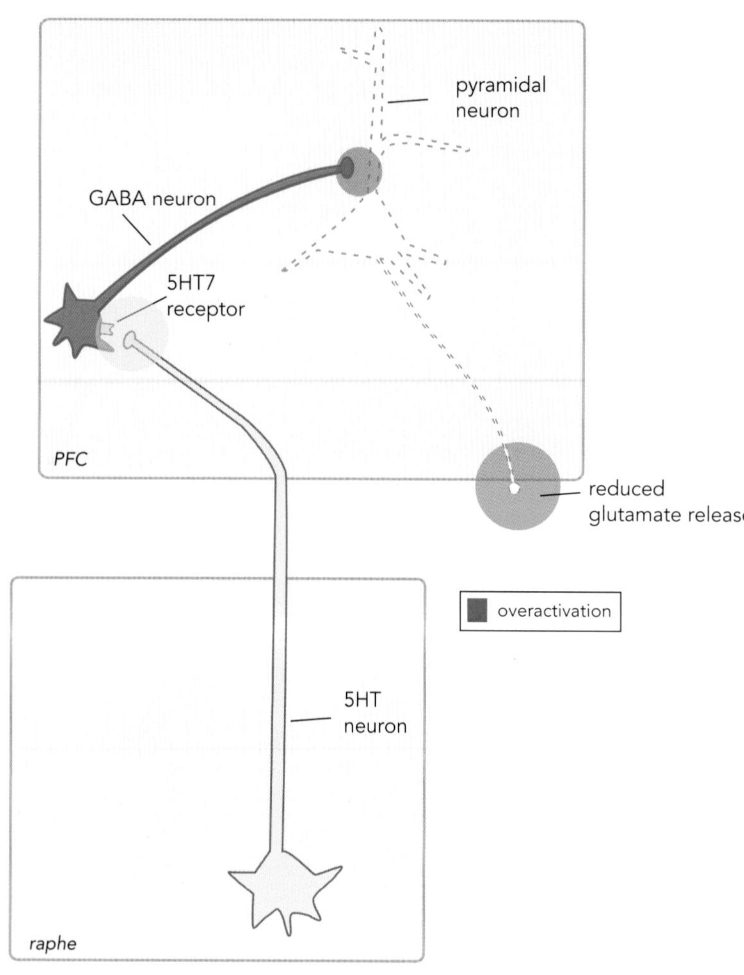

그림 4-50B 세로토닌(5HT) 7 자극은 글루타메이트 방출을 억제한다 제2부. 세로토닌이 GABA 사이신경세포의 $5HT_7$ 수용체에 결합하면 위상성 GABA 방출이 글루타메이트 방출의 억제로 이어진다.

분 치료에 사용되며 제7장에서 더 자세히 논의할 것이다.

정신병의 세로토닌 기능항진 가설

도파민 가설의 눈부심이 정신병에 대한 다른 설명의 가능성에 대해 우리의 눈을 멀게 했다면, 파킨슨병이나 알츠하이머병으로 인한 이차성 정신병 환자에게는 딜레마를 만들었다. D_2 차단제 치료가 파킨슨병의 움직임을 악화시키고 알츠하이머병의 뇌졸중과 사망 위험을 증가시켜 이런 환자들에게 해를 줄 수 있기 때문이다. 최근까지 모든 정신질환은 중뇌변연 도파민 과다로 인한 것이며, 모든 치료는 D_2 수용체를 차단할 필요가 있다는 것이 정설이었다. 이러한 특징짓기는 조현병 환자에게는 잘 작용하지만, 정신병이 있는 파킨슨병이나 치매 환자에게는 이상적이지 않은데, 정신병에 사용할 수 있는 유일한 약물이 그들에게는 상대적으로 금기였기 때문이다.

세로토닌 수용체와 시냅스는 뇌 전체에 편재하지만, 정신병의 세로토닌 기능항진 가설에 따르면 정신병은 위에서 논의한 글루타메이트 피라미드 뉴런의 흥분성 $5HT_{2A}$ 수용체 자극의 불균형으로 인해 발생할 수 있으며, 이는 VTA/중뇌선조체 통합 허브 도파민 뉴런과 시각 피질 뉴런을 직접 신경지배한다(그림 4-52A~D 및 그림 4-53부터 4-55까지 참조). 환각제인 LSD, 메스칼린, 실로시빈은 모두 강력한

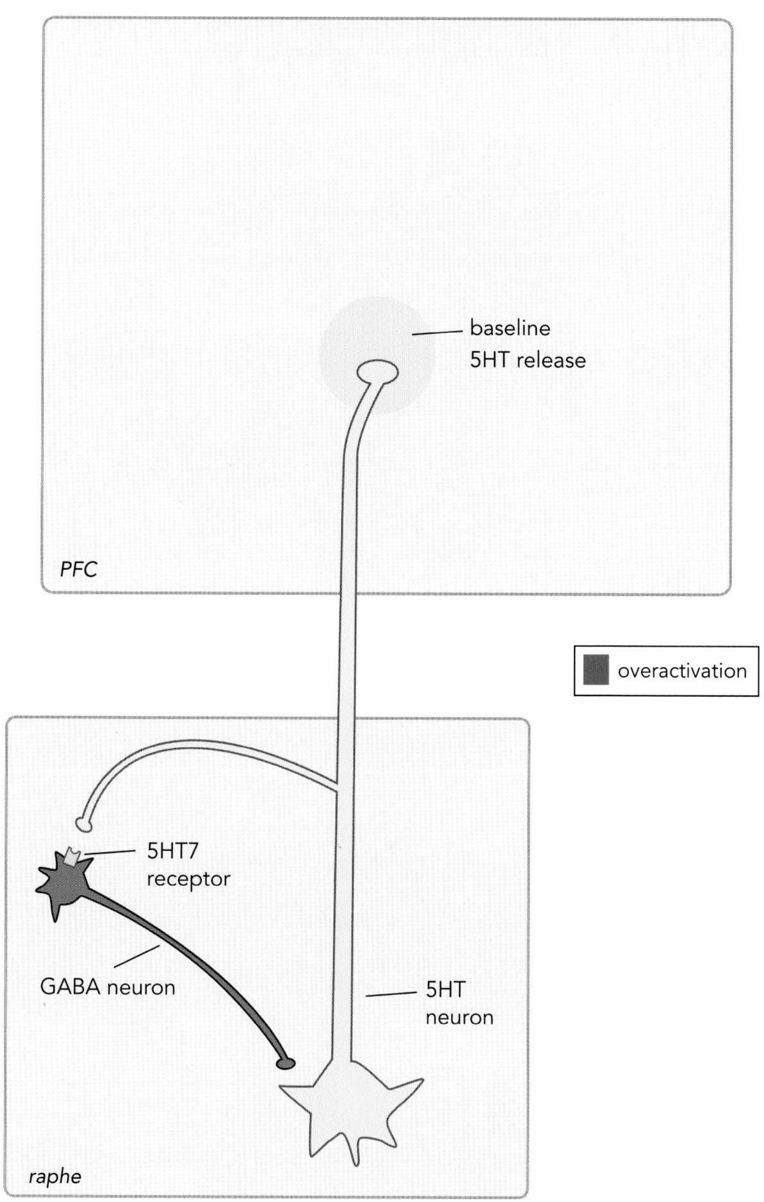

그림 4-51A 세로토닌(5HT) 7 자극은 세로토닌 방출을 억제한다 제1부. 흥분성 $5HT_7$ 수용체는 솔기의 GABA 사이신경세포에 위치하여 세로토닌 방출을 조절할 수 있다. $5HT_7$ 수용체가 점유되지 않으면 세로토닌이 전전두엽피질(PFC)로 방출된다.

$5HT_{2A}$ 작용제로서 전전두엽 및 시각 피질 $5HT_{2A}$ 수용체를 과도하게 자극하여 정신병, 해리성 경험, 특히 환시를 유발하는 것으로 오랫동안 알려져 왔다(그림 4-52A와 4-52B 비교, 그림 4-53 참조). 이러한 증상은 $5HT_{2A}$ 길항제에 의해 차단될 수 있으며, 이는 환각제가 $5HT_{2A}$ 자극에 의해 정신병을 유발한다는 것을 보여준다.

$5HT_{2A}$ 과자극이 정신병을 유발한다는 세로토닌 기능항진 가설의 다음 연결고리는 파킨슨병 환자의 최대 절반이 (특히 병의 말기에) 이환되는 파킨슨병 정신병(PDP) 연구이다. 살아 있는 PDP 환자의 신경영상뿐만 아니라 사후 검사에서도 파킨슨병의 전형적인 운동증상을 유발하는 흑질 선조체 경로의 운동 선조체에 도파민 신경 종말 소실뿐만

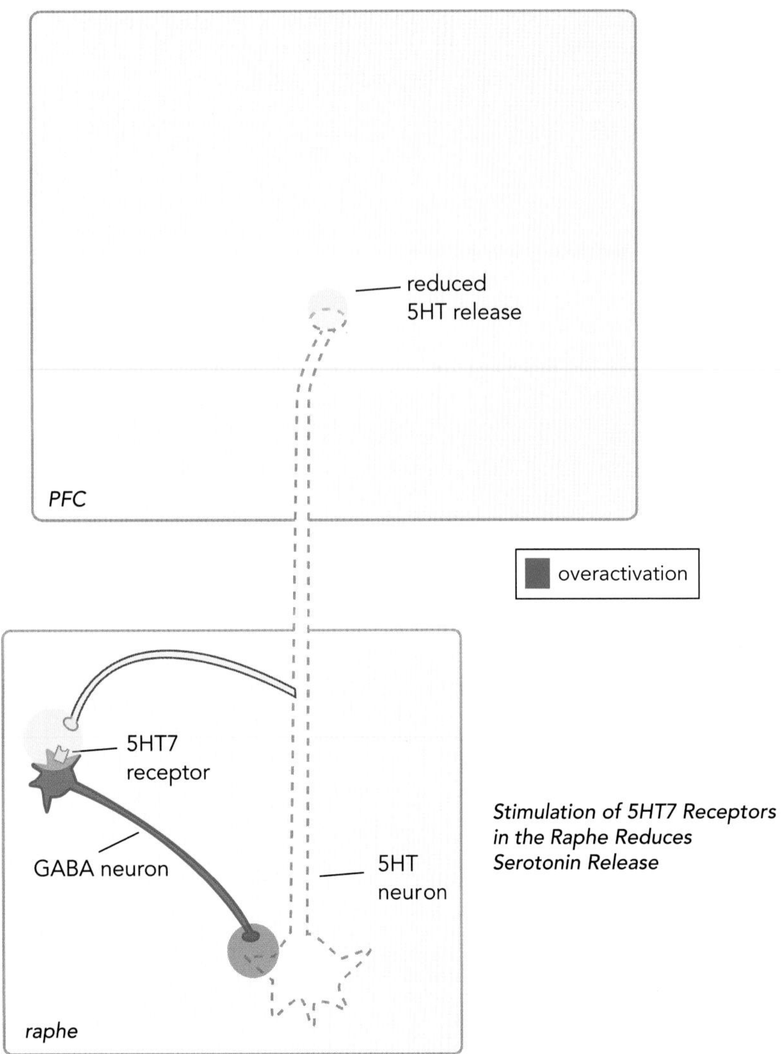

그림 4-51B 세로토닌(5HT) 7 자극은 세로토닌 방출을 억제한다 제2부. 세로토닌이 솔기핵에서 GABA 뉴런을 신경지배하는 $5HT_7$ 수용체에 결합하면 억제성 GABA가 방출되어 추가적인 세로토닌 방출이 차단된다.

아니라 전전두엽 및 시각 피질의 세로토닌 신경 종말 소실도 확인되었다(그림 4-52C). 세로토닌과 세로토닌 신경 종말의 소실은 피질에서 상향조절되고 너무 많은 $5HT_{2A}$ 수용체를 초래하며, 이는 아마도 세로토닌 소실을 극복하려는 헛된 시도일 것이다(그림 4-52C). $5HT_{2A}$ 수용체의 과잉은 피질에 남아 있는 세로토닌의 글루타메이트 가지돌기에 대한 흥분성 작용의 불균형을 초래하고, 결과적으로 정신병 증상을 유발한다(그림 4-52C 및 4-54). $5HT_{2A}$ 길항제 작용을 하는 약물은 이러한 PDP 증상을 차단할 수 있으며, 이에 대해서는 제5장의 정신병 치료제에서 자세히 설명할 것이다. 이러한 관찰은 PDP가 파킨슨병의 질병 과정에 의한 $5HT_{2A}$ 수용체의 기능불량 및 상향조절로 인해 발생하는 $5HT_{2A}$ 수용체에서의 세로토닌 기능항진과 관련이 있음을 입증함으로써 정신병의 세로토닌 기능항진 가설을 뒷받침한다.

치매의 정신병과 $5HT_{2A}$ 수용체에서 세로토닌 기능항진과의 연관성은 $5HT_{2A}$ 수용체의 과자극이라고 추정되는 환각제 정신병이나 PDP에서 발생하는 것과는 다른 것으로

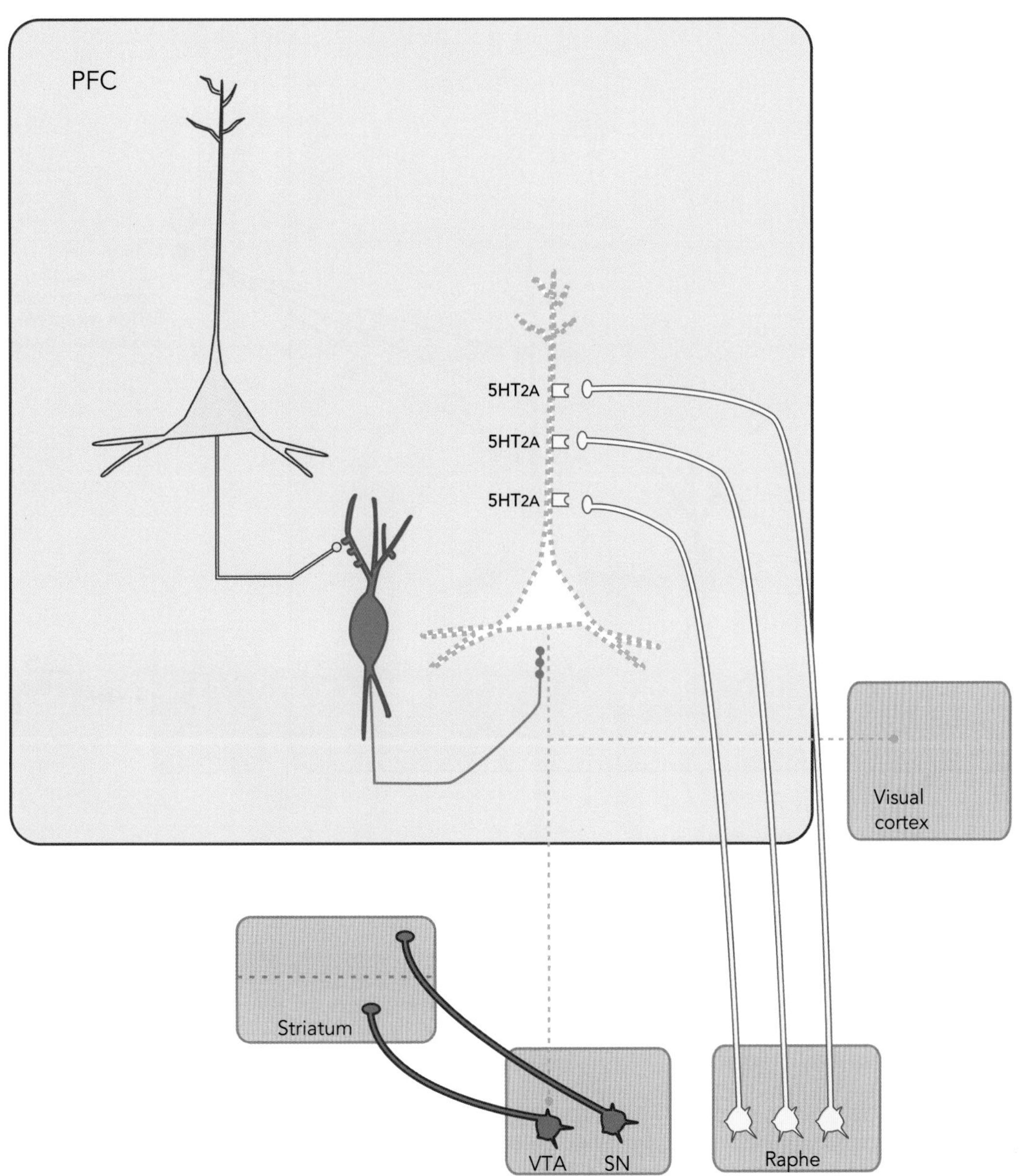

그림 4-52A 세로토닌(5HT) 2A 수용체와 정신병: 기준 상태. 전전두엽피질(PFC)의 글루타메이트 피라미드 뉴런은 배쪽뒤판구역(VTA)과 시각 피질로 투사된다. 글루타메이트 피라미드 뉴런의 활성은 솔기핵에서 투사하는 세로토닌 뉴런 및 PFC의 GABA 사이신경세포에 의해 조절된다. 기준 상태에서 흥분성 $5HT_{2A}$ 수용체가 자극되지 않고 GABA 신경전달이 긴장성일 때, 글루타메이트 뉴런은 활성화되지 않는다.

보인다. 치매 관련 정신병에서는 PDP에서와 같이 $5HT_{2A}$ 수용체의 상향조절에 대한 일관된 증거가 없다. 대신 치매에서는 뇌졸중으로 인한 손상뿐만 아니라 판, 매듭, 루이소체의 축적이 가설상으로 피질 뉴런을 제거하고, 살아남은 글루타메이트 뉴런에 대한 억제 부족으로 이어진다(그림 4-29C 및 그림 4-52D). 만약 VTA/중뇌선조체 통합 허브와 시각 피질로 투사하는 생존한 글루타메이트 뉴런으로 오는 정상적인 $5HT_{2A}$ 자극에 대응할 만큼 충분한 GABA 억제가 이

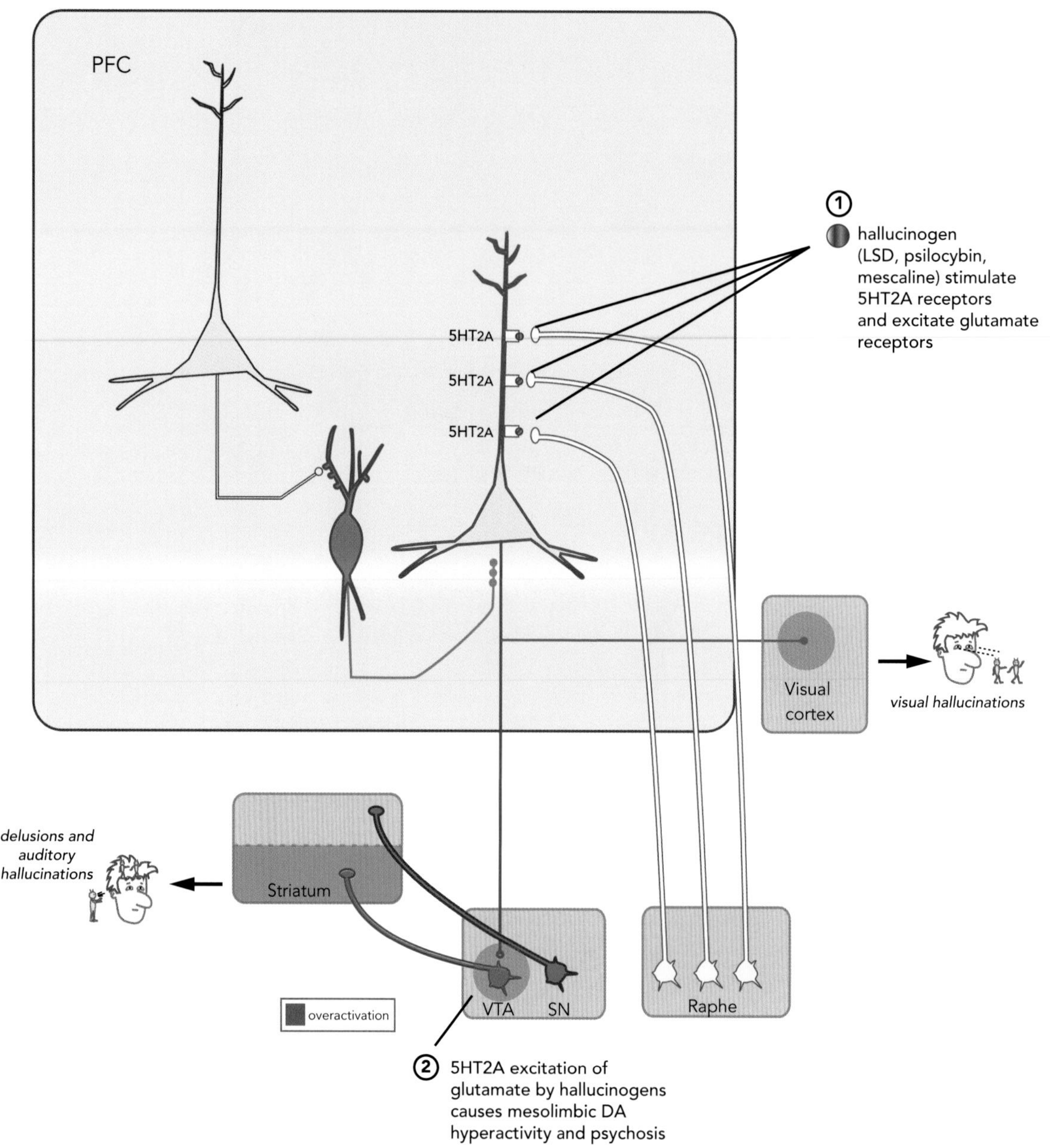

그림 4-52B 세로토닌(5HT) 2A 수용체와 정신병: 환각제. LSD, 실로시빈, 메스칼린과 같은 환각제는 $5HT_{2A}$ 작용제이다. (1) 이러한 약물이 전전두엽피질(PFC)의 글루타메이트 피라미드 뉴런에 있는 $5HT_{2A}$ 수용체를 자극하면 글루타메이트 뉴런의 과활성화를 유발한다. (2) 결과적으로 배쪽뒤판구역(VTA)으로 글루타메이트가 방출되면, 중뇌변연 도파민(DA) 경로의 과활성화를 유발하여 망상과 환청을 초래한다. 시각 피질에서 글루타메이트가 과도하게 방출되면 환시를 일으킬 수 있다.

루어지지 않으면, 이론상으로 이러한 강화된 출력은 치매 환자에게 정신병을 유발한다(그림 4-52D 및 4-55). 지금은 선택적 $5HT_{2A}$ 길항작용이 치매와 관련된 정신병을 감소시키는 것으로 알려져 있다. 이것은 아마 신경퇴행으로 인해 GABA 억제 기능을 상실한 생존 글루타메이트 뉴런에 대한 정상적인 $5HT_{2A}$ 자극을 낮추기 때문인 것으로 추정된

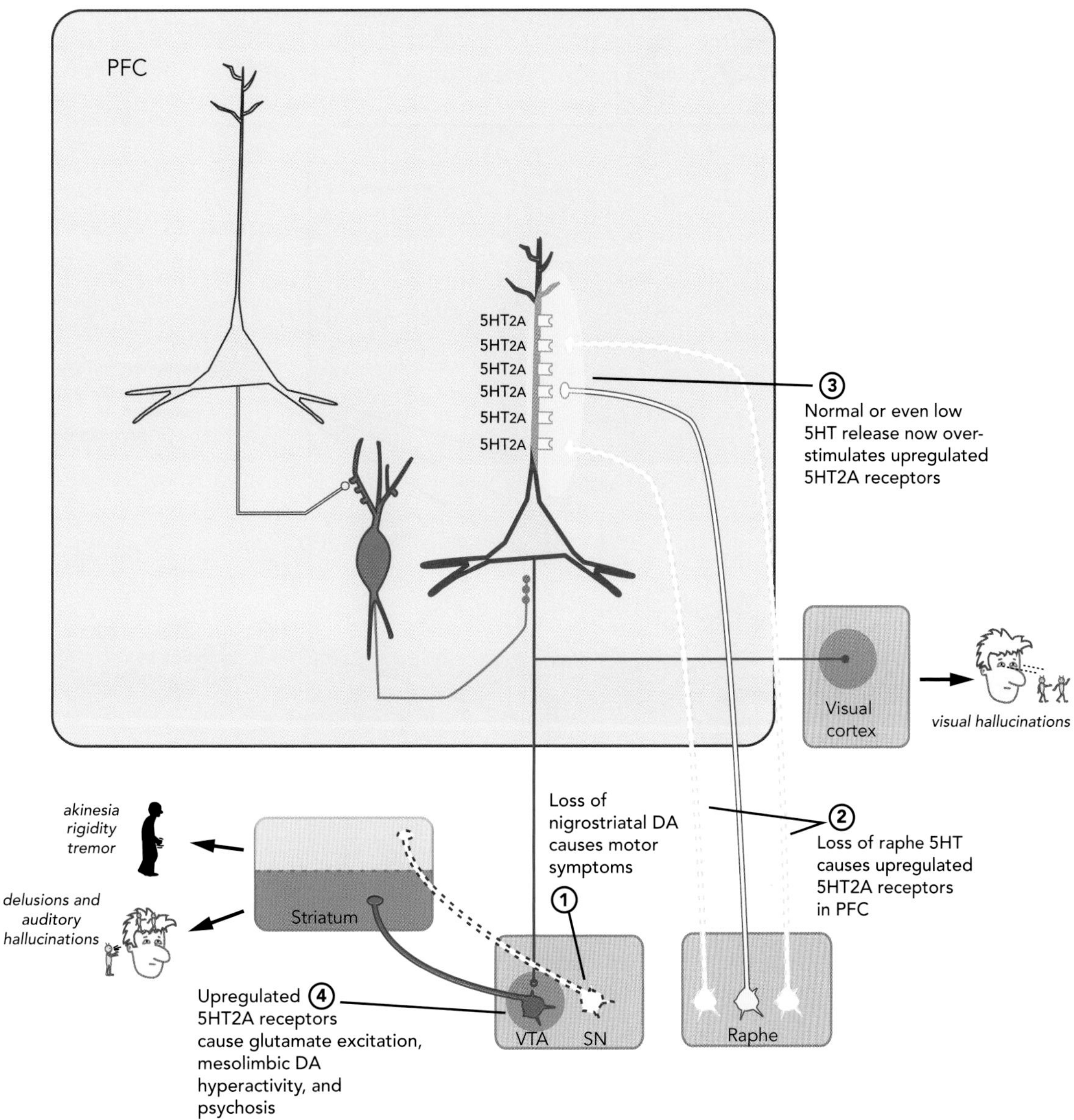

그림 4-52C 세로토닌(5HT) 2A 수용체와 정신병: 파킨슨병 정신병. (1) 흑질선조체 도파민 뉴런의 소실은 운동불능, 경직, 떨림과 같은 파킨슨병의 운동증상을 유발한다. (2) 파킨슨병은 또한 솔기에서 전전두엽피질(PFC)로 투사되는 세로토닌 뉴런의 소실을 유발한다. (3) 이는 $5HT_{2A}$ 수용체의 상향조절로 이어지며, 이 경우 정상 또는 심지어 적은 세로토닌 방출이 수용체를 과도하게 자극하여 글루타메이트 피라미드 뉴런의 과활성화를 일으킬 수 있다. (4) 배쪽뒤판구역(VTA)으로의 과도한 글루타메이트 방출은 중뇌변연 도파민 경로의 과활성을 유발하여 망상과 환청을 초래한다. 시각 피질에서 글루타메이트가 과도하게 방출되면 환시를 일으킬 수 있다.

다. 이는 가설상으로 살아남은 글루타메이트 뉴런의 출력을 재조정하여 $5HT_{2A}$ 길항작용과 뉴런 자극의 감소가 GABA 억제 상실을 보상할 수 있도록 한다. 치매 관련 정신병의 $5HT_{2A}$ 길항제 치료에 대해서는 제5장과 치매의 행동증상 치료에 대한 제12장에서 더 자세히 논의할 것이다.

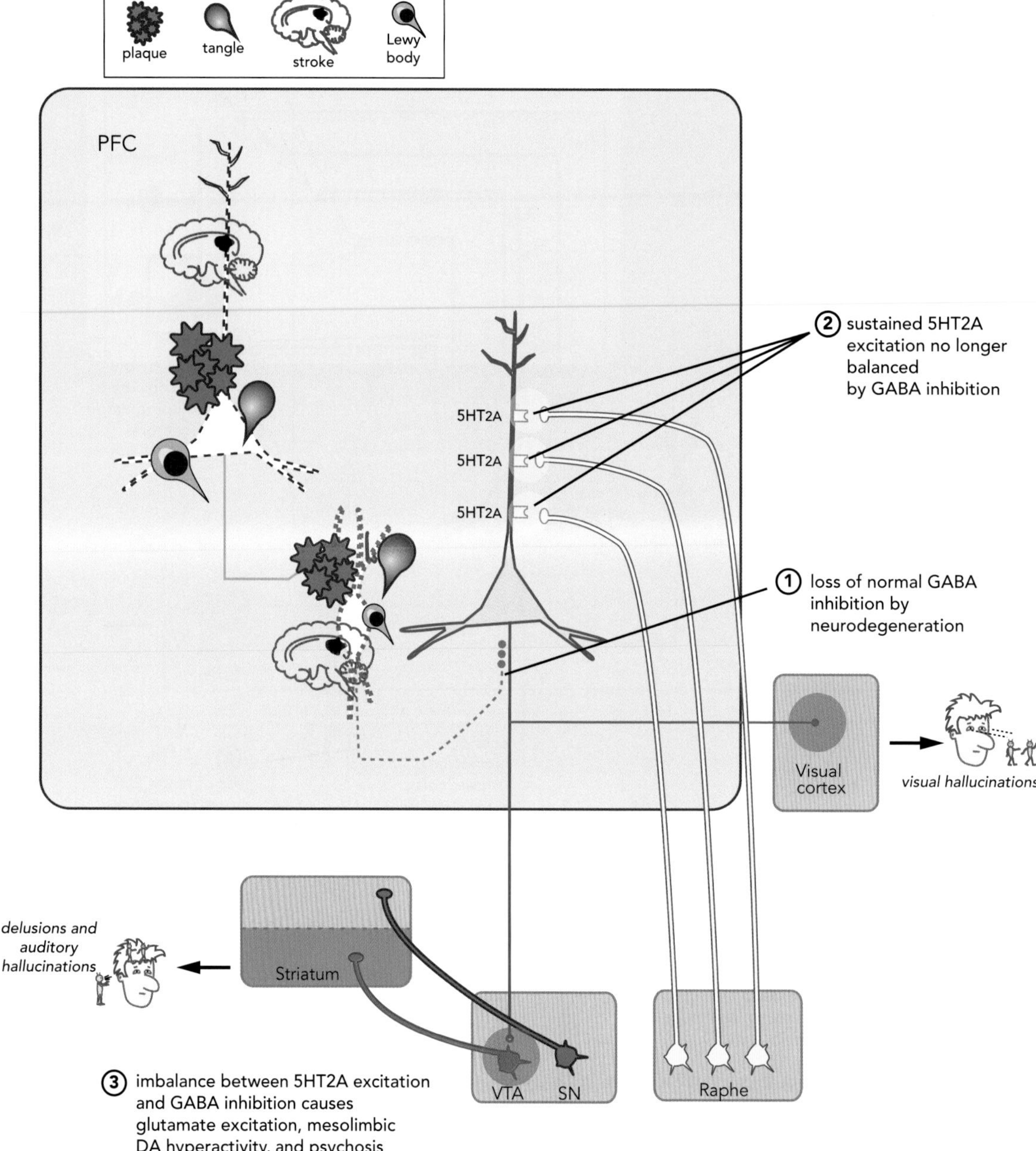

그림 4-52D 세로토닌(5HT) 2A 수용체와 정신병: 치매. (1) 아밀로이드 판, 타우 매듭 및/또는 루이소체의 축적과 뇌졸중으로 인한 손상은 일부 글루타메이트 피라미드 뉴런과 GABA 사이신경세포를 파괴하는 반면, 다른 뉴런은 그대로 남겨둘 수 있다. GABA 억제의 상실은 글루타메이트 피라미드 뉴런에 대한 제어의 균형을 무너뜨린다. (2) 흥분성 $5HT_{2A}$ 수용체 자극의 효과가 GABA 억제에 의해 상쇄되지 않으면, 글루타메이트 신경전달이 순 증가한다. (3) 배쪽뒤판구역(VTA)으로의 과도한 글루타메이트 방출은 중뇌변연 도파민 경로의 과활성을 유발하여 망상과 환청을 초래한다. 시각 피질에서 글루타메이트가 과도하게 방출되면 환시를 일으킬 수 있다.

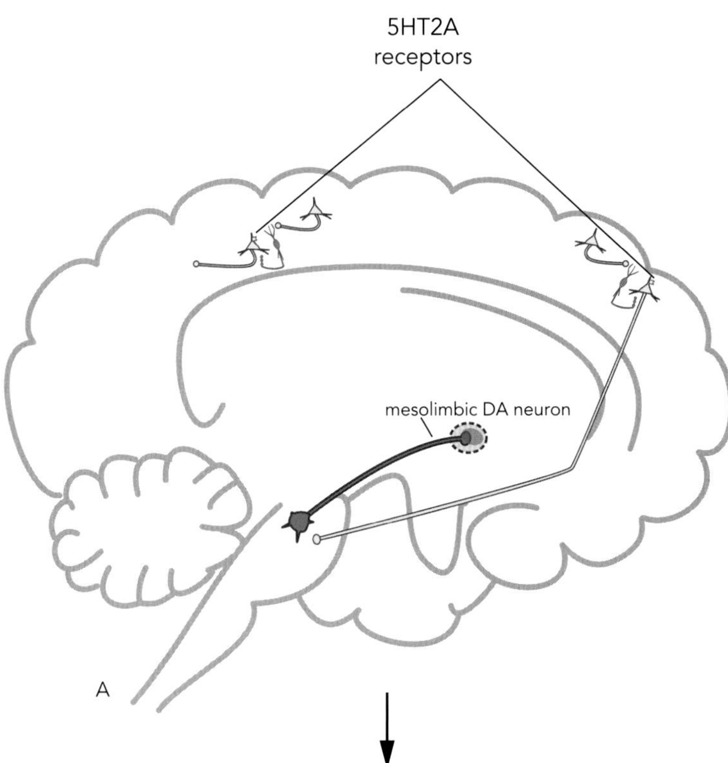

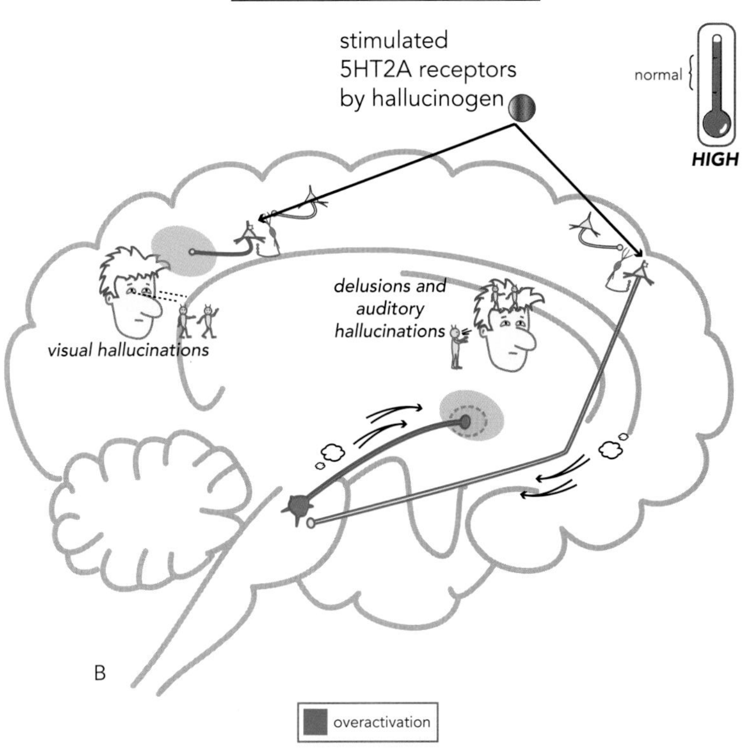

그림 4-53 세로토닌(5HT) 2A 수용체와 정신병: 환각제. (A) 전전두엽피질에서 배쪽뒤판구역(VTA)으로 투사된 피질-뇌간 글루타메이트 경로와 시각 피질의 간접 피질-피질 글루타메이트 경로가 표시되어 있다. 두 경로의 활성은 솔기핵에서 투사된 세로토닌 뉴런과 전전두엽피질의 GABA 사이신경세포에 의해 조절된다. 기준 상태에서 글루타메이트 뉴런의 흥분성 $5HT_{2A}$ 수용체에 대한 정상적인 자극은 같은 뉴런의 GABA 수용체에 대한 긴장성 자극과 균형을 이루며, 따라서 순 효과는 글루타메이트 뉴런의 정상적인 활성화이다. (B) LSD, 실로시빈, 메스칼린과 같은 환각제는 $5HT_{2A}$ 작용제이다. 이러한 약물이 전전두엽피질에 있는 글루타메이트 피라미드 뉴런의 $5HT_{2A}$ 수용체를 자극하면 글루타메이트 뉴런이 과활성화된다. VTA로의 과도한 글루타메이트 방출은 중뇌변연 도파민(DA) 경로의 과활성을 유발하여 망상과 환청을 초래한다. 시각 피질에서 글루타메이트가 과도하게 방출되면 환시를 일으킬 수 있다.

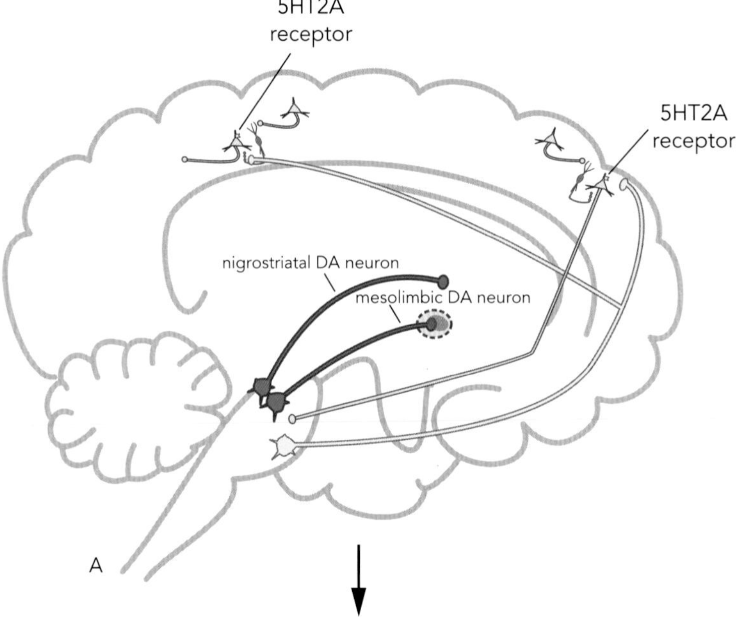

Psychosis in Parkinson's Disease

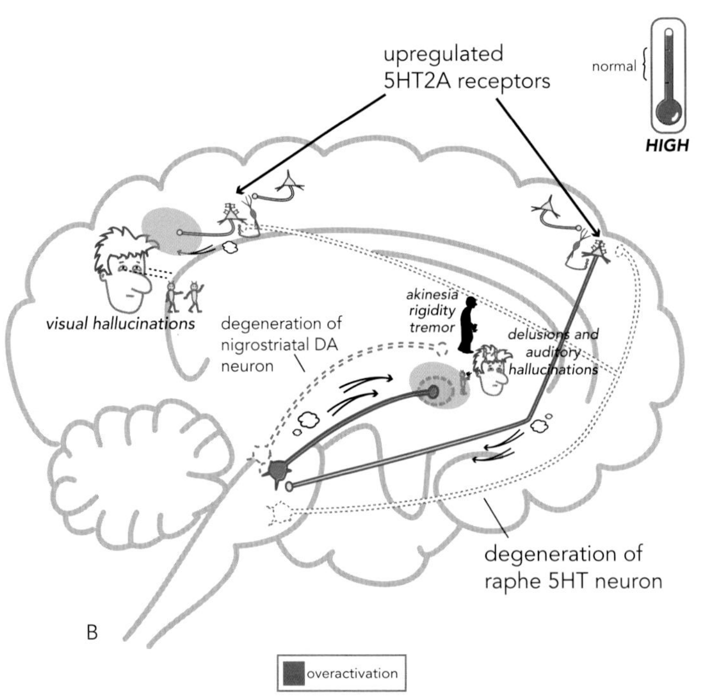

그림 4-54 세로토닌(5HT) 2A 수용체와 정신병: 파킨슨병 정신병. (A) 전전두엽피질에서 배쪽뒤판구역(VTA)으로 투사된 피질-뇌간 글루타메이트 경로와 시각 피질의 간접 피질-피질 글루타메이트 경로가 여기에 나와 있다. 두 경로의 활성은 솔기핵에서 투사된 세로토닌 뉴런과 전전두엽피질의 GABA 사이신경세포에 의해 조절된다. 기준 상태에서 글루타메이트 뉴런의 흥분성 $5HT_{2A}$ 수용체에 대한 정상적인 자극은 같은 뉴런의 GABA 수용체에 대한 긴장성 자극과 균형을 이루며, 따라서 순 효과는 글루타메이트 뉴런의 정상적인 활성화이다. (B) 흑질선조체 도파민 뉴런의 소실은 운동불능, 경직, 떨림과 같은 파킨슨병의 운동증상을 유발한다. 파킨슨병은 또한 솔기에서 전전두엽피질과 시각 피질로 투사되는 세로토닌 뉴런의 소실을 유발한다. 이로 인해 전전두엽피질에 있는 글루타메이트 피라미드 뉴런의 $5HT_{2A}$ 수용체가 상향조절되며, 이 경우 정상 또는 심지어 적은 세로토닌 방출이 이러한 수용체를 과도하게 자극할 수 있다. VTA로의 과도한 글루타메이트 방출은 중뇌변연 도파민(DA) 경로의 과활성을 유발하여 망상과 환청을 초래한다. 시각 피질에서 글루타메이트가 과도하게 방출되면 환시를 일으킬 수 있다.

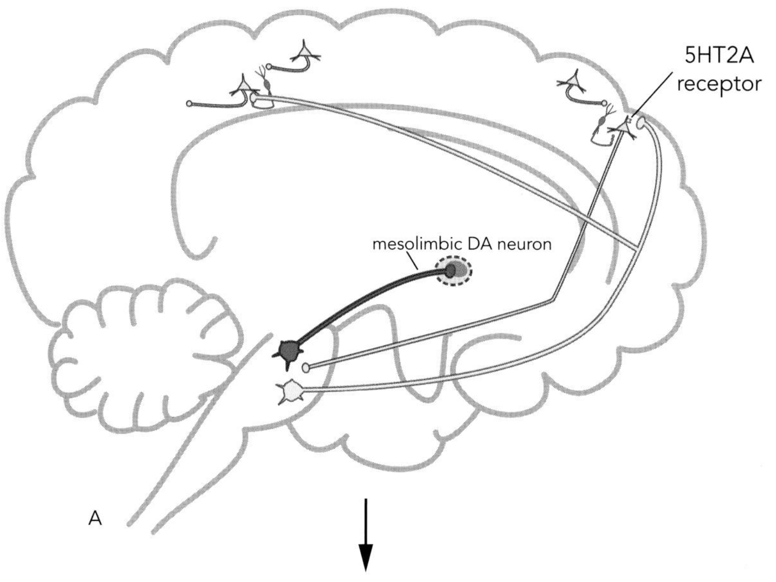

Psychosis in Dementia

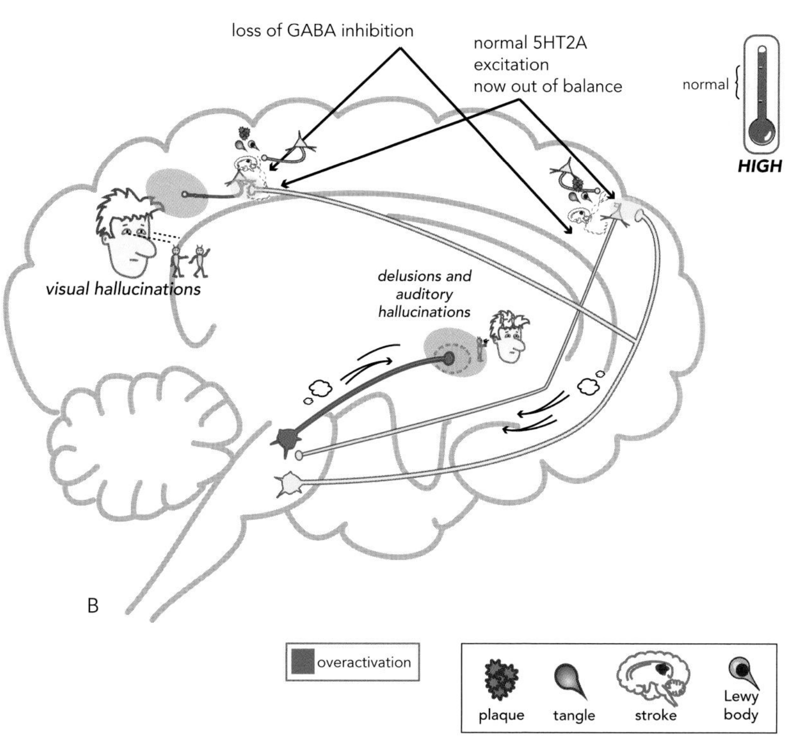

그림 4-55 세로토닌(5HT) 2A 수용체와 정신병: 치매. (A) 전전두엽피질에서 배쪽뒤판구역(VTA)으로 투사된 피질–뇌간 글루타메이트 경로와 시각 피질의 간접 피질–피질 글루타메이트 경로가 여기에 나와 있다. 두 경로의 활성은 솔기핵에서 투사된 세로토닌 뉴런과 전전두엽피질의 GABA 사이신경세포에 의해 조절된다. 기준 상태에서 글루타메이트 뉴런의 흥분성 $5HT_{2A}$ 수용체에 대한 정상적인 자극은 같은 뉴런의 GABA 수용체에 대한 긴장성 자극과 균형을 이루며, 따라서 순효과는 글루타메이트 뉴런의 정상적인 활성화이다. (B) 아밀로이드 판, 타우 매듭 및/또는 루이소체의 축적과 뇌졸중으로 인한 손상은 일부 글루타메이트 피라미드 뉴런과 GABA 사이신경세포를 파괴하는 반면 다른 뉴런은 그대로 남겨둘 수 있다. 흥분성 $5HT_{2A}$ 수용체 자극의 효과가 GABA 억제에 의해 상쇄되지 않으면, 글루타메이트 신경전달이 최종적으로 증가한다. VTA로의 과도한 글루타메이트 방출은 중뇌변연 도파민 경로의 과활성을 유발하여 망상과 환청을 초래한다. 시각 피질에서 글루타메이트가 과도하게 방출되면 환시를 일으킬 수 있다.

$5HT_{2A}$ 수용체에서 세로토닌 기능항진의 정신병 가설과 정신병의 도파민 가설의 연관성

글루타메이트 피라미드 뉴런에 가상의 과도하거나 불균형한 $5HT_{2A}$ 자극을 가하면 도파민 활성에 어떤 결과가 초래될까? 간단한 대답은 이론상으로 정신병의 도파민 가설과 정신병의 NMDA 기능저하 가설에 대해 이미 위에서 설명한 것과 매우 동일한 도파민 과활성을 유발한다는 것이다(그림 4-52부터 4-55까지).

즉 VTA 도파민 뉴런을 직접적으로 신경지배하는 글루타메이트 뉴런이 파킨슨병에서 세로토닌 뉴런의 신경퇴행으로 인해 세로토닌 입력을 소실하거나 어떤 원인으로든 신경퇴행으로 인해 GABA 억제를 소실하면, 조현병에서 발생하는 것처럼 해당 도파민 뉴런의 중뇌선조체 투사로부터 과도한 도파민 방출을 자극하고, 과활성 상태가 된다(그림 4-52부터 4-55까지 참조).

정신병에서 도파민, NMDA, 세로토닌 신경전달에 관한 요약 및 결론

요약하면 이론상으로 환각 및 망상과 관련된 세 가지 상호 연결된 경로가 있다. 이는 (1) VTA/중뇌선조체 통합 허브에서 배쪽선조체까지 이어지는 중뇌변연/중뇌선조체 경로의 D_2 수용체에서의 도파민 과활성, (2) 전전두엽피질에서 GABA 억제 기능이 소실된 GABA 사이신경세포에서의 NMDA 수용체 저활성, (3) 대뇌 피질에서 글루타메이트 뉴런의 $5HT_{2A}$ 수용체에서의 세로토닌 과활성/불균형이다.

세 가지 뉴런 네트워크와 신경전달물질은 모두 서로 연결되어 있으며, $5HT_{2A}$와 NMDA 수용체의 작용은 가설상으로 후속 중뇌변연 도파민 경로의 과활성을 초래할 수 있다. 이 기능장애 정신병 회로의 어느 한 교점을 표적으로 삼는다면 이론상으로 다양한 원인의 정신병을 치료할 수 있다.

정신병적 장애의 원형으로서 조현병

조현병은 가장 흔하고 가장 잘 알려져 있으며, 원형적인 정신병적 증상을 나타내기 때문에 원형적인 정신병적 장애이다. 조현병은 전 세계 어디에서나 인구의 약 1%에 영향을 미치며, 의학계에서 가장 치명적인 질병 중 하나이다. 청소년기와 초기 성인기에 발병하는 조현병은 가장 역동적이고 발달에 중요한 인생의 시기와 일치한다. 하지만 이 질병은 만성적인 경과를 보이며, 평생 지속되는 현저한 기능장애, 25~30년의 수명 단축, 일반 인구의 3~4배에 달하는 놀라운 사망률을 보인다. 이 모든 불행의 정점은 조현병 환자의 5%가 자살로 사망한다는 사실이다. 이 책에서 설명하는 치료는 증상을 개선할 수는 있지만 대부분의 환자를 정상 기능으로 되돌리지는 못하며, 필연적으로 환자와 가족이 이 질병의 참화로 인해 느끼는 고통을 적절히 감소시키지도 못한다.

조현병은 최소 1개월 이상의 양성증상(예: 망상, 환각, 와해된 언어, 극도로 와해된 또는 긴장성 행동) 또는 음성증상을 포함하여 6개월 이상 지속되는 장애로 정의한다.

양성증상은 표 4-3에 나열되어 있고 그림 4-56에 나와 있다. 조현병의 이러한 증상은 극적일 수 있고, 환자가 보상작용에 실패했을 때 정신병적 삽화가 갑자기 발생할 수 있으며(흔히 현실에서 벗어난다는 의미에서 정신병적 '단절 psychotic break'이라고 함), 약물로 가장 효과적으로 치료할 수 있는 증상이기 때문에 종종 강조된다. **망상**은 양성증상의 한 유형으로, 일반적으로 지각이나 경험에 대한 잘못된 해석을 수반한다. 조현병에서 망상의 가장 흔한 내용은 피해이지만, 관계(즉 어떤 대상이 자신을 지칭한다고 잘못 생각하는 것), 신체, 종교, 과대 등 다양한 주제를 포함할 수 있다. **환각** 또한 양성증상의 한 유형이며(표 4-3), 모든 감각 양식(예: 청각, 시각, 후각, 미각, 촉각)에서 발생할 수 있지만, 환청이 조현병에서 가장 흔하고 특징적인 환각이다. 양성증상은 일반적으로 정상 기능의 **과잉**을 반영하며, 망상 및 환각 외에도 언어 및 의사소통의 왜곡이나 과장(와해된 언어)뿐만 아니라 행동 관찰의 왜곡이나 과장(극도로 와해된 또는 긴장성 또는 초조한 행동)이 포함될 수 있다. 양성증상은 극적으로 나타나고, 종종 환자를 의료 전문가와 법집행 기관의 주의를 끌게 하는 원인이 되고, 조현병 약물치료의 주요 대상이기 때문에 잘 알려져 있다.

조현병의 **음성증상**은 표 4-4 및 4-5에 나열되어 있고 그림 4-56에 나와 있다. 일반적으로 음성증상에는 최소 다섯 가지 유형이 있고 모두 문자A로 시작한다(표 4-5).

무언증alogia – 의사소통 기능 장애, 사고와 언어의 유창성과 생산성이 제한됨

정동 둔화 또는 둔마affective blunting or flattening – 감정 표현의 범위와 강도가 제한됨

비사회성asociality – 사회적 욕동 및 상호작용이 감소됨

무쾌감증anhedonia – 즐거움을 경험하는 능력이 감소됨

무의욕avolition – 욕구, 의욕, 끈기 감소, 목표 지향적 행동의 시작이 제한됨

조현병의 음성증상은 일반적으로 둔마된 정동blunted affect, 감정적 위축emotional withdrawal, 빈약한 치료적 소통관계poor rapport, 수동성passivity 및 무감동적 사회적 위축apathetic social withdrawal, 추상적 사고의 어려움difficulty in abstract thinking, 상동 사고stereotyped thinking, 자발성 부족lack of spontaneity과 같은 정상 기능의 저하로 간주된다. 조현병의 음성증상은 장기간의 입원 및 사회적 기능저하와 관련이 있다. 이후 논의하겠지만 조현병의 음성증상, 조현병의 인지증상, 조현병의 정동/기분증상, 특히 우울증, 그리고 정신병을 치료하는 약물의 부작용(제5장에서 논의) 간의 차이를 설명하는 것은 상당히 어려울 수 있다. 연구에서는 음성증상, 인지증상, 정동증상을 측정하기 위해 공식

표 4-3 조현병과 정신병의 양성증상

망상
환청
언어 및 의사소통의 왜곡 또는 과장
와해된 언어
와해된 행동
긴장성 행동
초조

표 4-4 조현병의 음성증상

둔마된 정동
감정적 위축
빈약한 치료적 소통관계
수동성
무감동적 사회적 위축
추상적 사고의 어려움
자발성 부족
상동 사고
무언증: 사고와 언어의 유창성과 생산성이 제한
무의욕: 목표 지향적 행동의 시작이 제한
무쾌감증: 즐거움의 부족
주의력 장애

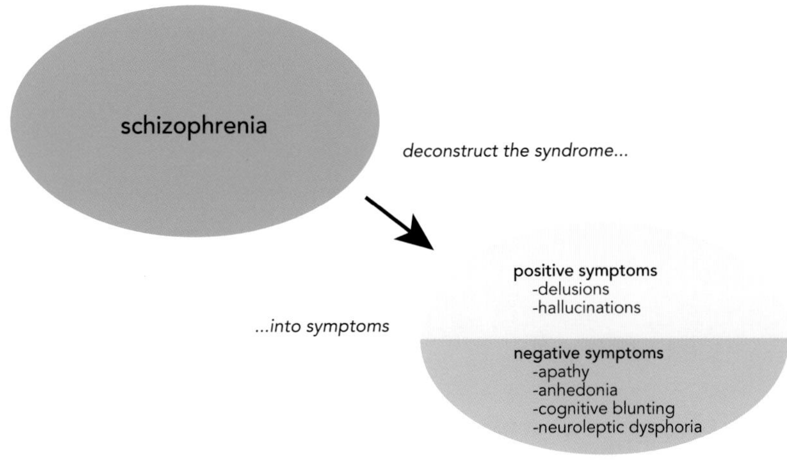

그림 4-56 양성 및 음성증상. 조현병 증후군은 일반적으로 양성증상과 음성증상의 두 가지 주요 범주로 나뉘는 여러 가지 증상이 혼합되어 있다. 망상 및 환각과 같은 양성증상은 정신병 증상의 발생을 반영하며, 극적일 수 있고 현실과의 접촉 상실을 반영할 수 있다. 음성증상은 사물에 대한 흥미를 잃고 즐거움을 느끼지 못하는 등 정상적인 기능과 느낌의 상실을 반영한다.

표 4-5 음성증상은 무엇인가?

영역	설명 용어	해석
의사소통의 기능장애	무언증	언어 빈곤(예: 말이 거의 없음, 단어를 거의 사용하지 않음)
정동의 기능장애	둔마된 정동	감정(지각, 경험, 표현)의 범위 감소(예: 무감각하거나 공허함을 느낌, 감정적 경험을 거의 기억하지 못함, 좋거나 나쁘거나)
사회화의 기능 장애	무사회성	사회적 욕동 및 상호작용 감소[예: 성적 관심이 거의 없음, 친구가 거의 없음, 친구와 시간을 보내는 데 관심이 거의 없음(또는 함께 보내는 시간이 거의 없음)]
쾌락 수용 능력의 기능 장애	무쾌감증	즐거움을 경험하는 능력 감소(예: 이전의 취미나 관심사를 불쾌하게 여김)
동기의 기능장애	무의욕	욕구, 의욕, 끈기 감소(예: 일상 과제를 수행하고 완료하는 능력 저하, 개인 위생 상태가 좋지 않을 수 있음)

적인 평가 척도를 사용할 수 있지만, 임상진료에서는 관찰만으로(그림 4-57) 또는 몇 가지 간단한 질문(그림 4-58)을 통해 대부분 음성증상을 식별하고 모니터링하는 것이 더 실용적일 수 있다. 음성증상은 조현병 증후군의 일부일 뿐만 아니라, 조현병의 전체 진단 기준에 부합하지 않고 조현병의 전체 증후군이 시작되기 전에 발생하는 아증후군의 증상으로 시작되는 '전구증상prodrome'의 일부일 수도 있다. 전구 음성증상은 정신병의 첫 징후가 나타날 때 치료를 시작할 수 있도록 고위험 환자에서 오랜 시간 동안 감지하고 모니터링하는 것이 중요하다. 음성증상은 조현병이 시작된 후 정신병적 삽화 사이에 지속될 수 있으며, 양성증상이 없는 경우에도 사회적 및 직업적 기능을 저하시킬 수 있다.

조현병의 양성증상과 음성증상을 넘어서

조현병 진단 기준의 일부로 공식적으로 인정되지는 않았지만, 수많은 연구에서 조현병의 증상을 양성 및 음성증상뿐만 아니라 인지증상, 정동증상, 공격적 증상 등 다섯 가지 차원으로 세분화한다(그림 4-59). 이것은 아마도 조현병의 증상을 설명하는 복잡하더라도 좀 더 정교한 방식일 것이다.

조현병의 **인지증상**에는 주의attention 및 정보처리information processing 장애, 언어 유창성verbal fluency(즉 자발적인 말하기 능력) 장애, 계열 학습serial learning(항목 목록 또는 일련의 사건) 문제, 집행기능을 위한 경각성vigilance for executive functioning 장애(즉 주의 집중 및 주의 지속, 집중력, 우선순위 지정, 사회적 단서에 기반한 행동

관찰만으로 확인되는 주요 음성증상

A 

언어 감소: 환자는 말의 양이 제한되어 있고, 단어와 비언어적 반응을 거의 사용하지 않는다. 또한 단어의 의미가 거의 전달되지 않을 때, 말의 내용이 빈약할 수 있다.*

B 

빈약한 몸단장: 환자의 몸단장 및 위생 상태가 불량하거나, 옷이 더럽거나 얼룩져 있거나, 환자에게서 냄새가 난다.*

C 

제한된 시선 맞춤: 환자가 면담자와 시선을 거의 마주치지 않는다.*

*스펙트럼의 더 심한 끝에 있는 환자에 대한 증상이 설명되어 있다.

그림 4-57 관찰을 통해 확인되는 음성증상. 조현병의 일부 음성증상(예: 언어 감소, 빈약한 몸단장, 제한된 시선 맞춤 등)은 환자를 관찰하는 것만으로도 파악할 수 있다.

몇 가지 질문을 통해 확인되는 주요 음성증상

A

감정적 반응성 감소: 환자가 감정이나 표정 변화를 거의 보이지 않으며, 질문을 받았을 때 감정적 경험을 거의 기억하지 못한다.*

B

흥미 감소: 흥미와 취미가 감소하고, 흥미를 자극하는 것이 거의 없거나 전혀 없으며, 삶의 목표가 제한되어 있고 목표를 진행하지 못한다.*

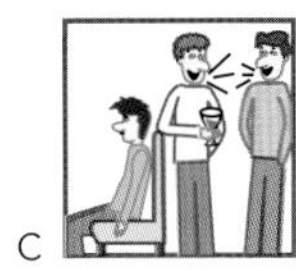

C

사회적 욕동 감소: 환자가 사회적 접촉을 시작하려는 욕구가 감소하고 친구나 친밀한 관계가 거의 없거나 전혀 없을 수 있다.*

*스펙트럼의 더 심한 끝에 있는 환자에 대한 증상이 설명되어 있다.

그림 4-58 질문을 통해 확인되는 음성증상. 조현병의 다른 음성증상들은 간단한 질문으로 확인할 수 있다. 예를 들어 간단한 질문을 통해 감정적 반응 정도, 취미 또는 삶의 목표 추구에 대한 관심 수준, 사회적 접촉을 시작하고 유지하려는 욕구를 파악할 수 있다.

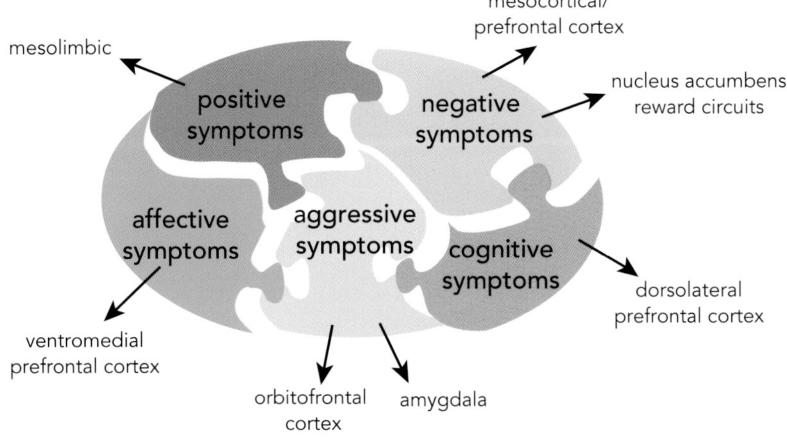

그림 4-59 증상 영역의 국소화. 조현병의 다양한 증상 영역은 양성, 음성, 인지, 정동, 공격적 증상이라는 다섯 가지 차원으로 세분화할 수 있다. 이러한 각 증상 영역은 가설상으로 고유한 뇌 영역에 의해 매개될 수 있다.

조절의 어려움)가 포함된다. 조현병의 주요 인지증상은 표 4-6에 나열되어 있다. 인지증상은 첫 번째 정신병이 발병하기 전에 시작되며, 예상보다 낮은 IQ 점수로 나타난다. 이후 본격적인 정신병이 발병하기 전인 전구기 동안 IQ와 인지력이 악화되고, 조현병이 진행되는 동안 점진적으로 악화된다. 조현병의 인지증상에는 단기 기억장애와 같이 치매에서 흔히 볼 수 있는 증상이 포함되지 않으며, 대신 조현병의 인지증상에는 목표 표현 및 유지, 주의 자원 할당, 수행 평가 및 모니터링, 문제해결을 위한 기술 활용의 어려움을 포함한 '집행기능장애executive dysfunction'가 강조된다.

정동증상은 종종 조현병과 관련이 있지만, 이것이 반드시 동반된 불안장애나 정동장애의 전체 진단 기준을 충족하는 것은 아니다. 그럼에도 불구하고 우울한 기분, 불안한 기분, 죄책감, 긴장, 과민성, 걱정은 조현병에 자주 동반된다. 이러한 다양한 증상은 주요우울장애, 다양한 불안장애, 정신병적 우울증, 양극성장애, 조현정동장애, 기질성 치매, 아동기 정신병적 장애, 치료저항성 우울증, 치료저항성 양극성장애, 치료저항성 조현병 등에서도 두드러지게 나타나는 특

표 4-6 조현병의 인지증상

목표를 표현하고 유지하기 어려움
주의 자원 할당의 어려움
주의 집중의 어려움
주의 지속의 어려움
기능 평가의 어려움
수행 모니터링의 어려움
우선 순위 지정의 어려움
사회적 단서에 기반한 행동 조절의 어려움
계열 학습의 어려움
손상된 언어 유창성
문제해결의 어려움

징이다. 조현병의 정동증상, 특히 우울한 기분, 무쾌감증, 의욕 결여, 즐거움의 결여 등의 증상은 조현병의 음성증상 및 동반된 기분장애나 불안장애와 구별하기가 상당히 어려울 수 있다.

정동증상이 발생하면 반드시 치료해야 한다. 조현병의 경우 정신병의 양성증상에 대한 전통적인 약물로 정동증상이 충분히 개선되지 않을 때, 현재의 정동증상 완화뿐만 아니라 불행히도 조현병 환자에서 매우 흔한 자살을 예방하기 위해 불안 및/또는 우울증 치료에 사용되는 약물(예: 선택적 세로토닌 재흡수 억제제, SSRI)을 추가하는 것을 고려할 수 있다. 조현병의 질병 자체에 대한 약물 치료는 없으며, 조현병 증상에 대한 약물 치료만 있다. 따라서 가능하면 조현병의 정동증상이 동반된 기분장애나 불안장애의 전체 기준에 도달하지 않더라도 치료를 고려해야 한다. 비록 조현병 환자의 정동증상은 우울이나 불안에 대한 약물 치료에 매우 잘 반응할 수 있지만, 이런 동일한 치료는 진정한 음성증상에 대해서는 그다지 효과적이지 않다.

노골적인 적대감, 공격성 및 신체적 학대, 노골적인 폭력, 언어적 학대 행동, 성적 행동화, 자살을 포함한 자해 행동, 방화 및 기타 재산 피해와 같은 **공격적 증상**은 모두 조현병에서 발생할 수 있다. 공격성은 초조와 다른데, 공격성은 의도적인 위해를 가하는 경향이 있는 반면, 초조는 종종 불쾌한 긴장과 과민성 상태를 동반하는 고조된 정신운동 또는 언어 활동의 보다 비특이적이고 방향성이 없는 상태이다. 조현병에서는 특히 양성증상이 통제 불능일 때 초조함과 공격성이 양성증상과 함께 나타날 수 있으며, 정신병을 치료하는 약물로 양성증상이 감소하면 초조와 공격성이 모두 개선되는 경우가 많다.

초조와 공격성은 치매 환자에서도 나타날 수 있지만, 양성 정신병 증상과 구별해야 한다. 이는 조현병의 정신병 치료와도 다르고 치매의 정신병 치료와도 다른 치매의 초조에 대한 새로운 치료가 발전하고 있기 때문이다. 초조와 공격성에 대한 치료는 제5장의 정신병 치료와 제12장의 치매의 행동증상 치료에서 더 자세히 논의할 것이다. 공격성 증상은 양극성장애, 아동기 정신병, 경계성 성격장애, 반사회적 성격장애, 약물남용, 주의력결핍 과잉행동장애, 아동의 품행장애 등과 같은 충동 조절에 문제가 있는 다양한 다른 질환에서도 나타날 수 있다.

조현병의 경우, 공격성의 일종인 폭력성이라는 주제는 논란의 여지가 있다. 조현병 환자가 총기 난사 사건의 빈번한 폭력 가해자라는 고정관념은 이 질환에 대한 낙인의 원인이 되는 유감스러운 과장이다. 실제로 대부분의 조현병 환자는 폭력적이지 않으며, 가해자보다는 범죄 피해자가 될 가능성이 더 높다. 그러나 일부 연구에 따르면, 비록 증가율이 크지 않을지라도 조현병 환자가 일반인보다 폭력을 더 자주 저지르며, 이러한 폭력은 종종 적절한 약물 치료의 결여와 물질남용과 관련이 있는 것으로 나타났다.

놀랄 것도 없이 폭력을 저지르는 조현병 환자는 종종 형사사법제도에 연루된다. 이는 적절한 외래 치료가 부족하고 지역사회에 조현병 환자를 치료할 수 있는 단기 위기 및 입원 병상이 부족하다는 안타까운 현실을 반영하는 것일 수 있다. 미국에서 가장 큰 '정신건강기관'이 구치소와 교도소이기 때문에 우리가 조현병과 같은 심각한 정신질환을 '범죄화'했다는 것은 충격적인 사실이다. 예를 들어 로스앤젤레스 카운티 구치소의 트윈 타워, 라이커스섬의 뉴욕시 구치소, 시카고 쿡 카운티 구치소는 미국에서 가장 큰 정신건강시설이다. 미국 전역의 구치소와 교도소에 수감된 200만 명의 수감자 중 최대 1/4이 심각한 정신질환을 앓고 있다. 조현병 환자가 구치소와 교도소에서 치료를 받기는 하지만, 이러한 치료는 교정 환경에서 표준 이하의 치료로 널리 알려져 있으며, 교정 환경 자체가 본질적으로 치료에 역행하는 환경이다. 게다가 출소 후 환자는 약을 복용하지 않고 노숙을 하는 경우가 많으며, 결국 다른 폭력 범죄로 다시 체포된다. 캘리포니아에서는 중범죄로 체포되어 질병 때문에 재판을 받을 능력이 없는incompetent 것으로 판명된 중증 정신질환 환자 및 이전에 15회 이상 체포된 적이 있는 중증 정신질환 환자의 수가 증가하고 있으며, 이들 중 절반은 체포 전 6개월 동안 약물을 포함한 지급가능 정신건강 서비스 reimbursable mental health service를 이용하지 못했고, 절반은 보호받지 못한 채 노숙 상태에 놓여 있는 것으로 나타났다. 다행히도 플로리다주 마이애미의 성공적인 프로그램을 모델로 한 혁신적인 치료 프로그램은 환자를 구치소나 교도소가 아닌 주거 시설에서 치료를 받도록 하는 전환 프로그램을 통해 조현병 치료를 비범죄화하려고 시도한다.

그럼에도 불구하고 일단 구치소, 교도소, 주립 법의학 병원에 수감되면, 조현병 환자는 폭력을 자주 경험하고 폭력을 유발할 수 있다. 이는 시설이 폭력적인 환경이라는 사실 때문이기도 하고, 시설에 입소하는 중증 정신질환 환자가 전체 환자 중 폭력을 행사할 가능성이 가장 높은 소수의 환자라는 사실 때문이기도 하다. 조현병 환자가 전체 인구의 약 1%라면, 인구가 약 4,000만 명인 캘리포니아주에는 약 40만 명의 조현병 환자가 있는 것으로 추정된다. 캘리포니아에서 최대 20만 명이 수감되어 있고 그중 아마도 25%(또는 대략 4만 명)가 정신병 약물치료가 필요한 중증 정신질환을 앓고 있다면, 이는 캘리포니아 전체 조현병 환자의 10%가 교도소나 구치소에 수감되어 있다는 것을 의미하며, 이들은 약물치료를 받지 않거나 약물남용할 때 폭력을 행사할 가능성이 가장 높은 사람들일 것이다.

더 적은 수의 조현병 환자들은 폭력적인 중범죄를 저지른 후 재판을 받을 능력이 없거나 정신이상자로 판정되어 캘리포니아의 5개 주립 법의학 병원 중 한 곳으로 이송된다. 이 환자들은 수천 명에 불과하며, 아마 캘리포니아 전체 조현병 환자의 1%에 불과하다. 안타깝게도 이들은 조현병 환자 중 가장 폭력적인 집단이다. 애초에 폭력적인 중범죄로 인해 주립 법의학 병원에 입원하게 되었으니 놀라운 일은 아니다. 연구에 따르면 이러한 환경에서의 폭력은 실제로 범죄를 조장하는 위험과 관련이 있으며, 이러한 폭력의 많은 원동력은 정신병의 양성증상이 아니라 시설 환경에서 생활하는 것이 범죄화의 과정이라는 것을 시사한다. 일단 주립 법의학 병원에 입원하면 치료를 받고 약물을 복용하더라도 폭력적인 행동을 계속하는 경우가 많다. 그러나 주립 법의학 병원에 입원한 조현병 환자라고 해서 모두 폭력적인 것은 아니며, 입원 기간 중 약 1/3만이 폭력적인 행위를 저지르며, 대개 첫 120일 이내에 단 한 번의 사건에 그친다. 실제로 주립 법의학 병원 환자 중 약 3%(최대 수백 명 또는 캘리포니아의 조현병 환자 10만 명당 1명 미만)가 주립 법의학 병원 내에서 약 40%의 폭력을 저지르며, 절반은 직원에게, 절반은 다른 환자에게 폭력을 행사한다. 따라서 조현병 환자 중 극히 일부만이 많은 폭력을 저지르고 있으며, 폭력 환자의 수는 언론에 의해 빈번히 과장된다. 그럼에도 불구하고 주립 법의학 병원에서 일하는 것은 매우 위험할 수 있으며, 이러한 환경에서 환자로 생활하는 것도 마찬가지이다. 주립 법의학 병원, 구치소, 교도소에서는 조현병 환자의 폭력성을 치료하는 것이 매우 중요할 수 있다. 환자가 이러한 환경을 벗어났을 때 폭력을 예방할 수 있기 때문이다.

전문가들은 모든 형태의 폭력을 한데 묶기보다는 시설에 수용된 조현병 환자의 폭력을 충동적, 약탈적, 정신병적 등 세 가지 유형으로 분석한다(그림 4-60). 일반적으로 명령 환각 및/또는 망상을 동반하는 정신병의 양성증상과 관련된 **정신병적 폭력**은 환자들이 정신병적 질환을 앓고 있다는 사실에도 불구하고 실제로 시설 환경에서 가장 흔하지 않은 유형의 폭력이다(그림 4-60). 이는 아마도 시설 환경에서의 치료가 양성증상에 효과적인 경우가 많기 때문인 것으로 추정된다. 그러나 시설 환경에서 가장 흔한 형태의 폭력은 실제로 **충동적 폭력**이며, 흔히 스트레스에 대한 반응으

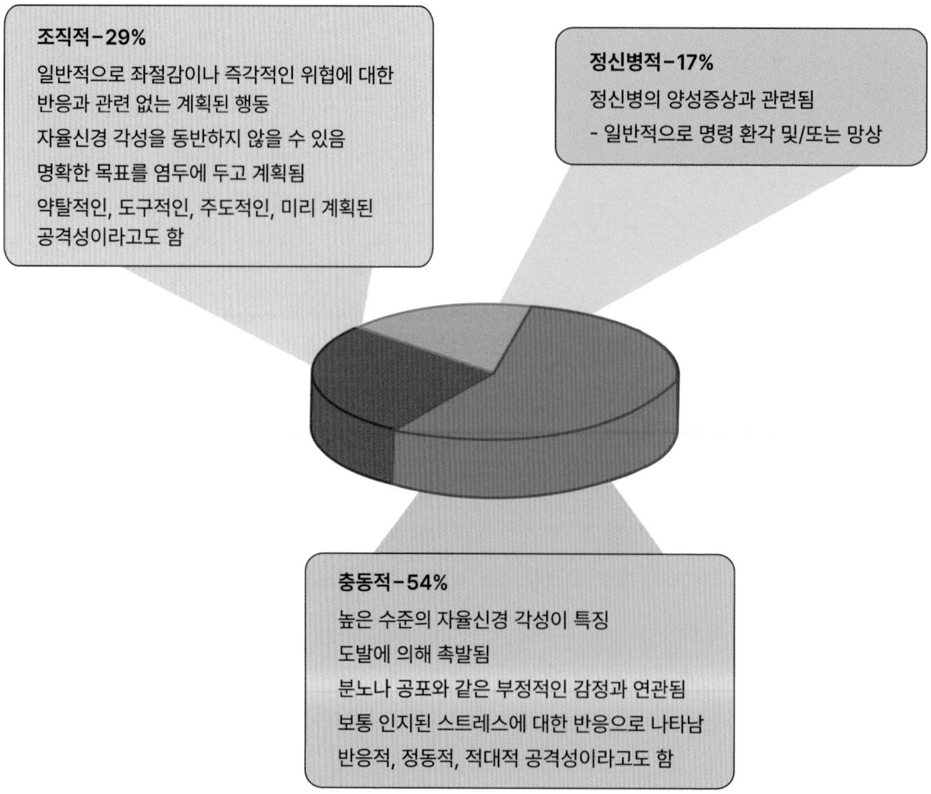

그림 4-60 폭력의 세 가지 유형. 폭력에는 정신병적 폭력, 충동적 폭력, 조직적/사이코패스 폭력 등 최소한 세 가지 유형이 있다. 정신병적 폭력은 정신병의 양성증상과 관련이 있다. 가장 흔한 형태의 폭력은 충동적인 것으로, 자율신경 각성과 관련이 있으며, 종종 스트레스, 분노, 두려움에 의해 촉발되는 경우가 있다. 조직적 또는 사이코패스 폭력은 계획적이며, 자율신경 각성을 동반하지 않는다.

로 도발에 의해 촉발되고, 분노나 공포와 같은 부정적인 감정과 관련이 있기 때문에 양성증상을 치료한다고 해서 모든 폭력을 평정하지는 못한다(그림 4-60). 이러한 이유로 충동적 폭력은 반응적, 정동적, 적대적 공격성이라고도 불린다. 정신병적 폭력보다 더 흔한 세 번째 형태의 폭력은 **사이코패스 또는 조직적 폭력**이며, 일반적으로 좌절감이나 즉각적인 위협에 대한 반응과 관련이 없는 계획된 행동이다(그림 4-60). 정신병적 폭력과 충동적 폭력이 감정적 각성을 동반하는 '열혈형'이라면, 조직적 폭력은 '냉혈형'으로 명확한 목표를 염두에 두고 계획되었기 때문에 자율신경 각성을 동반하지 않는다(그림 4-60). 조직적 폭력은 사이코패스 또는 반사회적 성격을 가진 환자에게서 흔히 볼 수 있으며, 정신병적 증상보다는 범죄를 조장하는 행동과 더 관련이 있다. 그럼에도 불구하고 시설 환경에 있는 정신병 환자도 사이코패스 성향이 있을 수 있고 조직적 폭력을 저지를 수 있으며, 이를 관리하기 위해 약물보다는 감금 형태가 필요할 수 있다. 클로자핀이나 고용량의 조현병 표준 치료제와 같은 특정 치료도 또한 기저 정신병적 장애를 가진 환자에서 정신병적 또는 충동적 폭력에 유용할 수 있지만, 행동 개입은 폭력과 관련된 좋지 않은 충동성과 연계성이 있는 폭력을 예방하는 데 특히 도움이 될 수 있다(즉 환경으로부터의 도발을 줄이는 것). 조현병의 충동적 및 조직적 폭력은 특히 상습 공격자의 소수 집단에서 조현병의 양성증상이 통제 불능일 때의 정신병적 폭력처럼 도파민 D_2 과활성과 명확하게 관련되지 않는다. 캘리포니아 주립 법의학 병원에 있는 관리가 매우 어려운 이런 상습 공격자들은 기저 정신병적 질환이 있고, 조직적 폭력보다는 정신병적 또는 충동적 폭력을 보이며, 일반적으로 조현병과 관련된 것 이상의 인지적 결핍이 있다. 공격성과 폭력은 충동성과 강박성에 관한 제13장에서 보다 자세히 논의되며, 또한 제12장에서 치매의 양성증상 또는 정신병과 구별되며 초조와도 구별된다.

조현병의 원인은 무엇인가

조현병의 원인은 본성(즉 유전)인가, 양육(즉 환경 또는 후성유전)인가? 조현병은 신경발달 질환인가, 신경퇴행 질환인가? 현대의 대답은 이 모든 것에 대해 부분적으로 '그렇다'일 수 있다.

유전과 조현병

정신질환의 현대 이론은 단일 유전자가 주요 정신질환을 일으킨다는 개념을 오래전에 포기했다(그림 4-61). 유전자는 정신질환이나 정신적 증상, 행동, 성격, 기질을 직접적으로 부호화하지 않는다. 대신 유전자는 단백질과 후성유전적 조절인자를 직접 부호화한다(그림 1-31 및 1-32 참조). 유전자의 작용이 정신질환을 일으키기 위해서는 유전자 자체(그림 4-62, 왼쪽 위)와 환경적 스트레스 요인(그림 4-62, 오른쪽 위) 간에 '공모'를 해야 한다고 생각된다(그림 4-62, 아래). 따라서 현재 이론에 따르면, 정신질환의 위험 유전자를 많이 물려받으면 정신질환의 터전을 마련하지만, 그 자체가 정신질환을 유발하지는 않는다. 더 정확히 말하면 개인이 정신질환에 걸릴 위험은 유전되지만, 정신질환이 유전되지는 않는다는 것이다. 이러한 위험이 명백한 정신질환으로 발전할지 여부는 위험 유전자를 가진 개인에게 환경에서 어떤 일이 일어나는지에 따라 결정된다는 가설이 있다.

최근의 증거는 각각 1% 미만의 작은 기여도를 가진 수백 개의 특정 유전자 포트폴리오가 함께 조현병의 위험성을 부

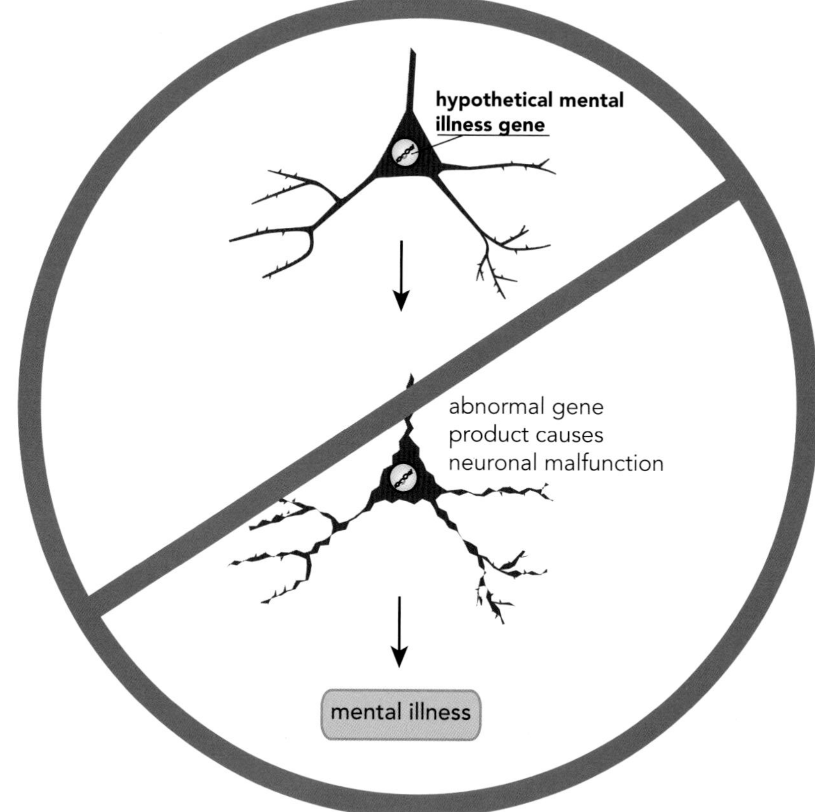

그림 4-61 **유전성 질환의 고전적 이론.** 유전성 질환의 고전적 이론에 따르면 단 하나의 비정상 유전자도 정신질환을 일으킬 수 있다. 즉 비정상 유전자가 비정상 유전자 산물을 생성하고, 그 결과 신경세포의 기능불량으로 이어져 정신질환을 직접적으로 유발한다는 것이다. 그러나 그러한 유전자는 아직 발견되지 않았으며, 더 이상 그러한 유전자를 발견할 수 있을 것이라는 기대도 없다. 이 가설 위에 빨간색 삭제 표시로 나타내었다.

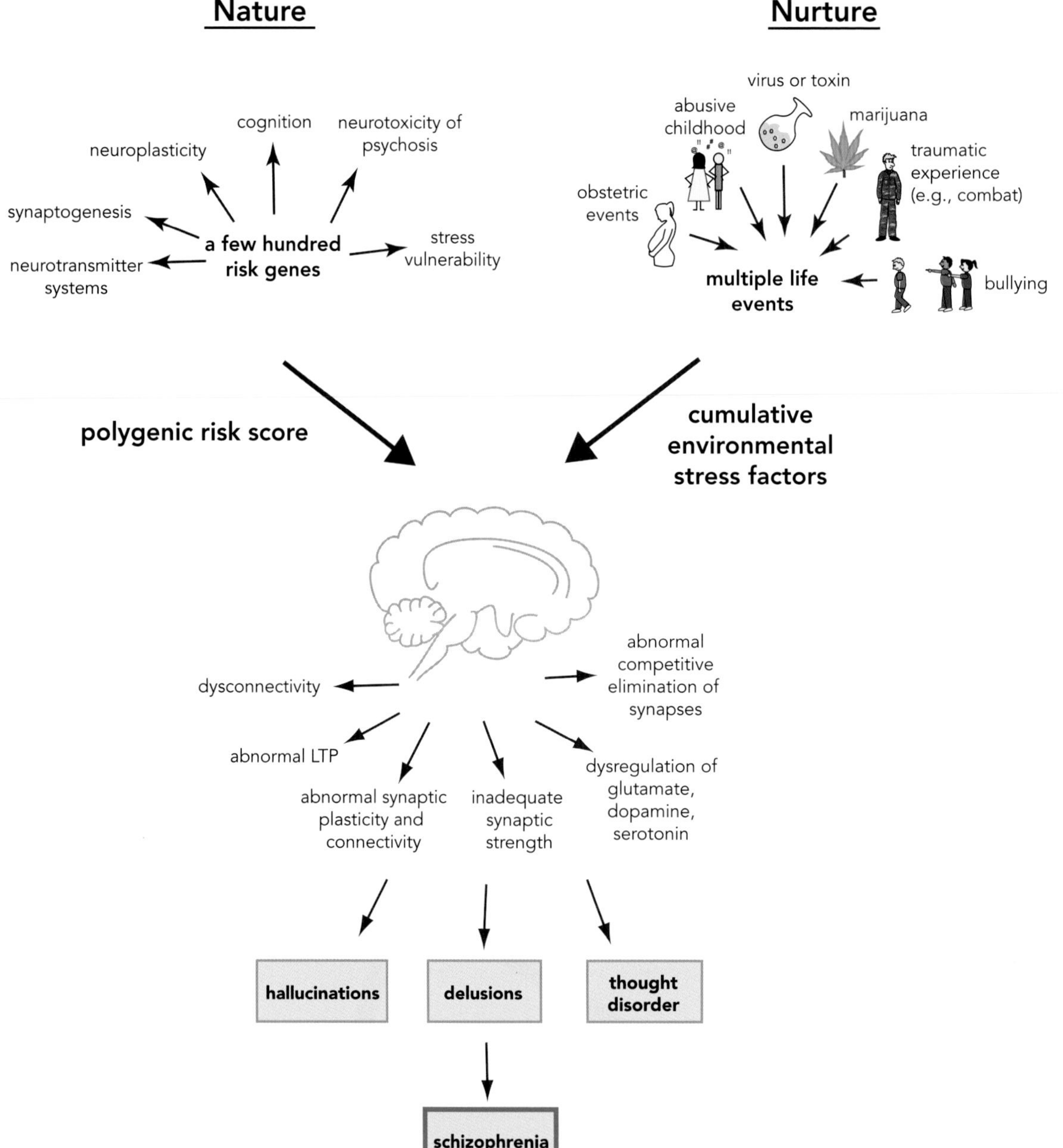

그림 4-62 조현병의 본성과 양육. 조현병은 유전적(본성) 요인과 후성유전적(양육) 요인 모두의 결과로 발생할 수 있다. 즉 여러 유전적 위험 요인을 갖는 개인에게 후성유전적 변화를 일으키는 여러 스트레스 요인이 결합되어 연결성 장애, 비정상적 장기 강화작용(LTP), 시냅스 가소성 감소, 부적절한 시냅스 강도, 신경전달 조절장애 및 시냅스의 비정상적인 경쟁적 제거의 형태로 비정상적인 정보처리 과정을 가질 수 있다. 그 결과 환각, 망상, 사고 장애와 같은 정신적 증상이 나타날 수 있다.

여할 수 있음을 시사한다(표 4-7). 이러한 모든 위험 유전자의 기능은 완전히 알려지지 않았지만, 신경전달물질 시스템, 시냅스 생성, 신경가소성, 신경발달, 인지, 정신병의 신경독성, 스트레스 취약성 등 뇌의 주요 측면을 조절하는 것으로 추정된다(그림 4-62, 왼쪽 위). 이러한 복잡성을 다루는 한 가지 방법은 알려진 수백 개의 위험 유전자 중 개인

표 4-7 조현병과 관련된 생물학적 기능에 관여하는 일부 감수성 위험 유전자 후보군

유전자	설명
글루타메이트 신경전달 및 시냅스 가소성	
GRIA1	빠른 시냅스 신경전달을 매개하는 이온성 글루타메이트 수용체
GRIN2A	글루타메이트 작동 이온통로 단백질 및 시냅스 가소성의 핵심 매개체
GRM3	조현병의 잠재적 약물 표적으로 광범위하게 연구되고 있는 주요 흥분성 신경전달물질 수용체 중 하나인 글루타메이트 대사성 수용체 3을 부호화
칼슘통로 및 신호전달	
CACNA1C	전압작동 칼슘통로의 α_1 아단위를 부호화
CACNB2	전압작동 칼슘통로 중 하나
신경발생	
SOX2	신경발생에 필수적인 전사인자
SATB2	인지 발달에 필수적이며 장기 가소성에 관여

이 가지고 있는 모든 비정상 유전자를 합산하여 조현병 발병 위험이 얼마나 되는지를 나타내는 '다유전자 위험 점수 polygenic risk socre'를 계산하는 것이다. 이렇게 단순화하고 알려진 모든 위험 유전자의 기여도를 더해도 조현병 발병 위험의 일부만 설명할 수 있다. 나머지 위험을 구성하는 요소는 무엇일까? 조현병의 경우 다양한 환경적 스트레스 요인, 특히 대마cannabis 사용, 초기 아동기 역경과 같은 감정적 트라우마 경험, 왕따, 산과적 사건, 수면 박탈, 이민 등이 있다(그림 4-62, 오른쪽 위). 예를 들어 이주민이 많은 도시에서 정신병 발병률이 더 높은 것으로 나타났는데, 그러한 도시 중 하나인 런던에서는 이주민과 그들의 자녀를 인구조사에서 제외하면 정신병 발병률이 1/3로 떨어진다. 다른 연구들은 유럽 도시에서 대마 사용 빈도와 정신병 발병률 사이에는 높은 상관관계가 있으며, 아무도 고농도 대마를 피우지 않는다면 유럽 전역의 전체 초발 정신병 사례의 12%를 예방할 수 있다는 것을 보여준다. 특정 도시로 보면 런던에서 32%, 암스테르담에서 50%의 초발 정신병이 감소할 것으로 추정된다.

조현병에 대한 유전적 위험을 가진 사람에게 환경이 어떻게 조현병을 유발할까? 그 답은 환경이 위험 유전자가 발현되는 신경 회로에 부하를 가하고, 이러한 회로가 압력을 받아 기능불량을 일으킨다는 가설이다(그림 4-62, 아래). 또한 이러한 동일한 스트레스 요인이 정상 유전자까지 기능불량을 일으키고, 이 모든 것이 합쳐져 비정상적인 신경가소성 및 시냅스 생성을 유발할 수 있다(그림 4-62, 아래). 어떻게 그럴 수 있을까? 정신질환을 일으키는 **정상** 유전자가 있는가? 가설상으로는 환경적 스트레스 요인(그림 4-62, 오른쪽 위)이 후성유전(그림 1-30)이라 불리는 과정을 통해 다양한 결정적인 정상 유전자를 침묵시켜야 할 때 발현시키거나, 발현되어야 할 때 침묵하게 만드는 경우라면 그렇다. 환경적 스트레스 요인과 정상 유전자가 비정상 유전자와 함께 조현병의 원인에 관여한다는 가장 좋은 증거 중 일부는 조현병 환자의 일란성 쌍둥이 중 절반만이 조현병에 걸린다는 것이다. 따라서 동일한 유전자를 가지고 있다는 것만으로는 조현병을 일으키는 데 충분하지 않으며, 후성유전도 작용하여 영향을 받지 않은 쌍둥이는 발현하지 않을 수 있는 일부 비정상적인 유전자를 영향을 받은 쌍둥이는 발현할 뿐만 아니라, 잘못된 시기에 일부 정상 유전자를 발현하거나 잘못된 시기에 다른 정상 유전자를 침묵시키는 등 이러한 요인들이 함께 작용하여 한 쌍둥이에게는 조현병을 유발하지만 다른 쌍둥이에게는 그렇지 않을 수 있다.

요약하면 조현병과 같은 정신질환은 결함이 있는 DNA를 가진 **비정상** 유전자가 부호화하는 단백질과 조절 인자의 구조와 기능에 결함을 일으키는 생물학적 작용의 총체적인 결과일 뿐만 아니라(그림 4-62, 왼쪽 위), 비정상 유전자와 정상적으로 기능하는 단백질과 조절 인자를 만들지만 잘못된 시기에 활성화되거나 침묵하는 정상 유전자 모두에 작용하는 환경 때문인 것으로 여겨지고 있다(그림 4-62, 오른쪽 위). 다른 말로 하면 조현병은 본성과 양육 모두에 의한 결과이다(그림 4-62, 아래).

조현병: 신경발달, 신경퇴행, 아니면 둘 모두의 문제인가

조현병의 경우 항상 두 가지 주요한 의문이 생긴다.

(1) 본성과 양육의 체계가 청소년기 무렵에 조현병의 완전한 발병을 어떻게 이끌까?

(2) 어떤 종류의 신경생물학적 과정이 이 질환의 기저에 깔려 있어서 본성과 양육의 결과가 조현병이 발병할 때는 신경발달적인 것처럼 보이지만, 이 병의 전체 경로 동안에는 신경퇴행적인 것처럼 보일 수 있는가?

조현병의 신경발달 이론과 신경퇴행 이론에 대해 지금부터 논의할 것이다.

신경발달과 조현병

현대의 연구 결과는 조현병에서 뇌가 시냅스 연결을 만들고, 유지하고, 수정하는 방법에 출생부터 무엇인가가 잘못되어 있음을 강력하게 시사한다. 이에 대한 명백한 징후는 조현병 전체 진단 기준의 시작을 알리는 정신병적 단절이 명백하게 시작되기 전 환자의 인지적 결핍, IQ 저하, 기묘함, 사회적 결핍 등을 포함한다. 조현병의 신경발달에 어떤 문제가 있는지 파악하기 위해서는 먼저 정상적인 신경발달에 대한 이해가 중요하다. 정상 신경발달의 개요는 그림 4-63에 나와 있다. 수태 후 줄기세포는 미성숙 뉴런으로 분화한다. 형성된 뉴런 중 소수만이 발달 중인 뇌에 포함되도록 선택된다. 나머지는 세포자멸사apoptosis라고 불리는 과정 동안에 자연적으로 죽는다. 뇌가 필요 이상으로 많은 뉴런을 왜 만드는지, 그리고 어떤 뉴런을 발달 중인 뇌에 포함시킬지 어떻게 결정하는지는 여전히 미스터리로 남아 있다. 하지만 뉴런 선택 과정의 이상이 스펙트럼의 중증 극단에 해당하는 자폐증, 지적장애(이전에는 정신지체로 알려짐), 조현병부터 스펙트럼의 경증~중등도 극단에 해당하는 주의력결핍 과잉행동장애(ADHD), 난독증에 이르는 신경발달 장애의 원인이 될 수 있다는 것은 확실하다. 어쨌든 선택된 뉴런은 이동하여 다른 유형의 뉴런으로 분화하며, 그 후 시냅스 생성(시냅스 연결 형성)이 일어난다(그림 4-63). 일부 뇌 영역에서 일생 동안 새로운 뉴런이 계속 형성된다 하더라도 대부분의 신경발생(즉 새로운 뉴런의 탄생), 뉴런 선택, 뉴런 이동은 출생 전에 발생한다. 출생 후 뉴런의 분화와 수초화뿐만 아니라 시냅스 생성은 일생 동안 계속된다. 단지 출생 전이나 아동기뿐만 아니라 성인기에 걸친 이 모든 기간에 이러한 신경발달 과정(그림 4-63)의 붕괴는 가설상으로 다양한 정신적 증상과 질병을 초래할 수 있다.

조현병의 경우 시냅스 생성과 뇌 재구축의 신경발달 과정이 잘못되었다는 의혹이 있다. 시냅스는 일반적으로 출생부터 6세 사이에 엄청난 속도로 형성된다(그림 4-64). 뇌의 재구축은 일생 동안 일어나지만, 경쟁적 제거competitive elimination로 알려진 과정을 통해 아동기 후반과 청소년기에 가장 활발하게 이루어진다(그림 4-63 및 4-64). 시냅스의 경쟁적 제거와 재구축은 사춘기와 청소년기에 최고조에 달하며, 일반적으로 아동기에 존재했던 시냅스의 약 절반에서 3분의 2 정도만 성인이 되어서도 살아남게 된다(그림 4-63 및 4-64). 정신병 양성증상의 시작(정신병적 '단절')은 시냅스의 경쟁적 제거와 재구축이 최고조에 달하는 이 중요한 신경발달 시기를 뒤이어 일어나기 때문에, 이러한 과정의 이상이 부분적으로 조현병 발병의 기저에 있을 수 있다는 의혹이 제기되고 있다.

비정상적인 경쟁적 제거가 조현병의 발병과 악화에 어떻게 기여할 수 있는지 이해하기 위해서는 뇌가 어떤 시냅스를 유지하고 어떤 시냅스를 제거할지를 어떻게 결정하는지 고려하는 것이 중요하다. 일반적으로 글루타메이트 시냅스가 활성화되면 *N*-메틸-D-아스파르트산(NMDA) 수용체가 장기 강화작용(LTP)으로 알려진 전기적 현상을 촉발한다(그림 4-65 참조). 글루타메이트 시냅스와 수용체, 이온통

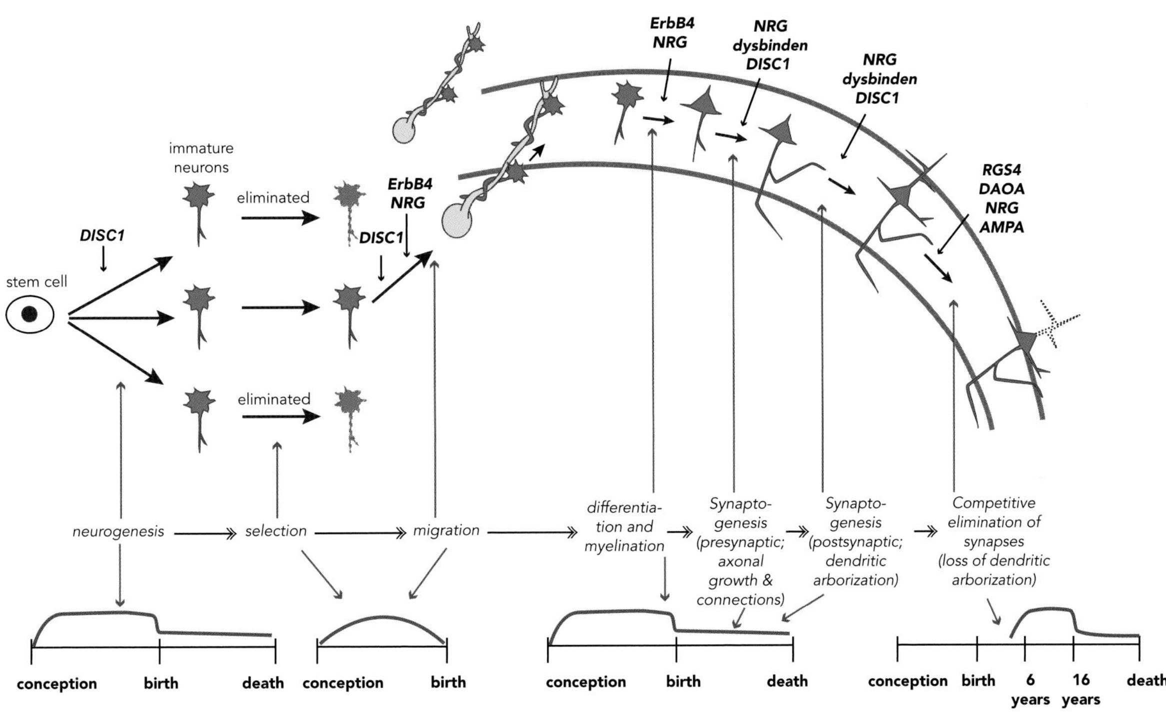

그림 4-63 신경발달의 개요. 뇌의 발달 과정이 여기에 나와 있다. 수태 후 줄기세포는 미성숙 뉴런으로 분화한다. 선택된 뉴런은 이동하여 다른 유형의 뉴런으로 분화하며, 그 후 시냅스 형성이 일어난다. 대부분의 신경발생, 신경세포 선택, 신경세포 이동은 출생 전에 일어나지만, 성인에서도 일부 뇌 영역에서 새로운 신경세포가 형성될 수 있다. 출생 후 뉴런의 분화와 수초화, 시냅스 형성은 평생 동안 계속된다. 뇌의 재구성은 일생 동안 일어나지만, 경쟁적 제거로 알려진 과정은 소아기와 청소년기에 가장 활발하게 이루어진다. 신경 발달 과정에 관여하는 주요 유전자로는 DISC1(disrupted in schizophrenia-1), ErbB4, 뉴레귤린 neuregulin, NRG, 디스빈딘dysbindin, G단백질 신호전달 조절인자 4regulator of G-protein signaling 4, RGS4, D-아미노산 산화효소 활성화제(DAOA), α-아미노-3-하이드록시-5-메틸-4-이속사졸-프로피온산(AMPA) 유전자가 있다.

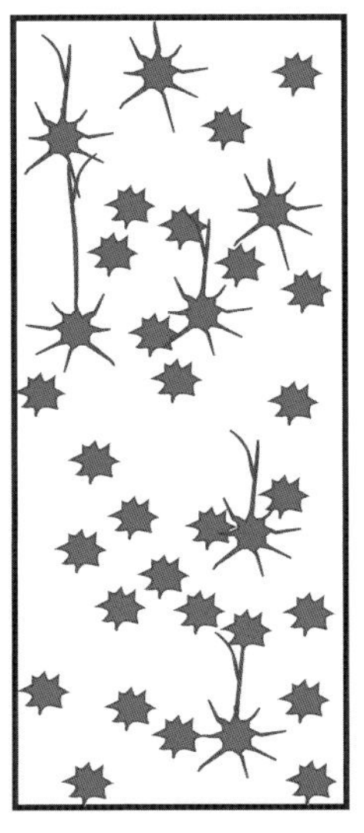

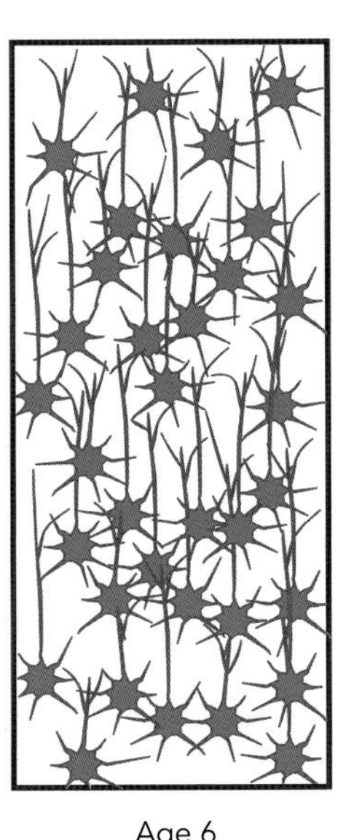

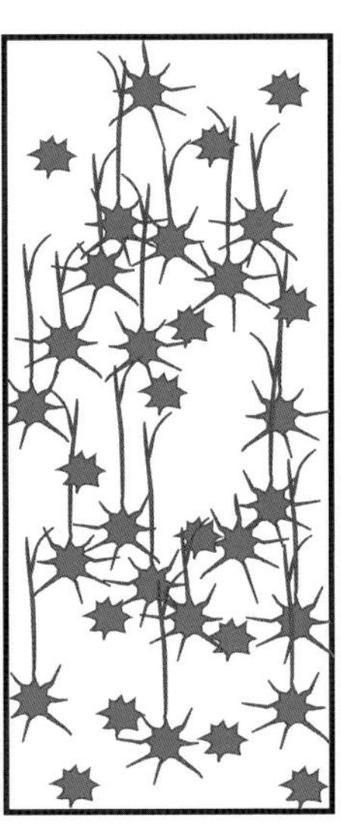

그림 4-64 연령별 시냅스 형성. 시냅스는 출생부터 6세 사이에 엄청난 속도로 형성된다. 시냅스의 경쟁적 제거와 재구성은 사춘기와 청소년기에 정점에 달하며, 소아기에 존재하는 시냅스의 약 절반에서 3분의 2가 성인기까지 살아남는다.

로, 신경가소성 및 시냅스 생성 과정에 수렴하는 유전자 산물의 도움으로 LTP는 일반적으로 신경전달을 더 효율적으로 만드는 시냅스의 구조적 및 기능적 변화로 이어지며, 이를 시냅스의 '강화'라고도 부른다(그림 4-65, 위). 여기에는 글루타메이트에 대한 α-아미노-3-하이드록시-5-메틸-4-이소옥사졸-프로피온산(AMPA) 수용체의 숫자 증가와 같은 시냅스 구조의 변화가 포함된다. AMPA 수용체는 글루타메이트 시냅스에서 흥분성 신경전달과 탈분극을 매개하는

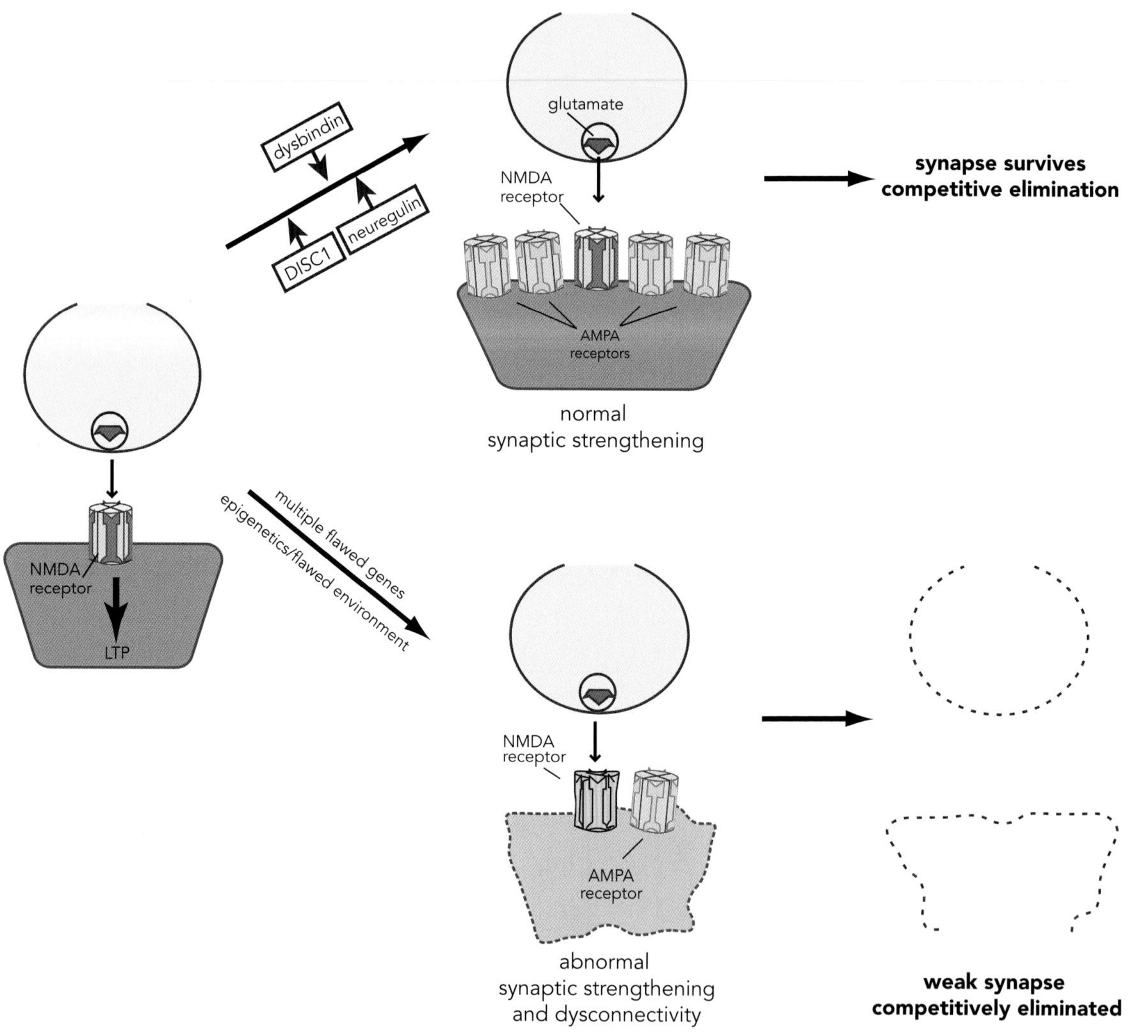

그림 4-65 조현병의 신경발달 가설. 디스빈딘, DISC1(disrupted in schizophrenia-1), 뉴레귤린은 모두 글루타메이트 시냅스의 '강화'에 관여한다. 정상적인 상황에서 활성 글루타메이트 시냅스의 *N*-메틸-D-아스파르트산(NMDA) 수용체는 장기 강화작용(LTP)을 촉발하여 시냅스의 구조적 및 기능적 변화를 일으켜 시냅스를 더 효율적으로 만들거나 '강화'시킨다. 특히 이 과정에서 글루타메이트 신경전달을 매개하는 데 중요한 역할을 하는 α-아미노-3-하이드록시-5-메틸-4-이속사졸-프로피온산(AMPA) 수용체의 수가 증가한다. 시냅스가 정상적으로 강화된다는 것은 시냅스가 경쟁적 제거 동안에도 살아남는다는 것을 의미한다. 만약 글루타메이트 시냅스 강화를 조절하는 유전자가 비정상적이고 환경적 자극과 결합하면, NMDA 수용체의 기능저하를 유발하여 결과적으로 LTP가 감소하고 AMPA 수용체가 줄어들 수 있다. 이러한 비정상적인 시냅스 강화와 연결성 장애는 경쟁적 제거에서 살아남지 못하는 약한 시냅스로 이어질 수 있다. 이는 이론상으로 조현병 발병 위험 증가로 이어질 수 있으며, 이러한 비정상적인 시냅스는 조현병 증상을 매개할 수 있다.

데 중요한 역할을 한다. 따라서 AMPA 수용체가 많다는 것은 '강화된' 시냅스를 의미할 수 있다. 자주 사용되는 시냅스 연결은 빈번한 LTP와 그에 따른 강력한 신경가소성 영향을 개발하여 '함께 발화하는 신경은 함께 연결된다'는 옛말처럼 시냅스를 강화한다(그림 4-65, 위). 그러나 시냅스 강화를 조절하는 유전자에 어떤 문제가 생긴다면, 이들 시냅스의 덜 효과적인 사용을 초래하고, NMDA 수용체를 저활성 상태로 만들며(그림 4-29B), 이는 시냅스후 뉴런에 비효율적인 LTP와 더 적은 AMPA 수용체 이동 조절trafficking로 이어질 수 있다(그림 4-65, 아래). 이런 '약한' 시냅스는 이론상으로 회로에서 비효율적인 정보처리를 유발하고 조현병의 증상을 유발할 수 있다.

시냅스 강도의 또 다른 중요한 측면은 이것이 특정 시냅스의 제거 또는 유지 여부를 결정할 가능성이 있다는 것이다. 구체적으로 효율적인 NMDA 신경전달과 많은 AMPA 수용체를 가진 '강한' 시냅스는 살아남는 반면, AMPA 수용체가 적은 '약한' 시냅스는 제거 대상이 될 수 있다(그림 4-65). 이는 뇌 회로를 정상적으로 형성하여 가장 중요한 시냅스가 강화될 뿐만 아니라, 지속적인 선택 과정에서 살아남아 가장 효율적이고 자주 활용되는 시냅스는 유지되고 비효율적이고 거의 활용되지 않는 시냅스는 제거된다. 하지만 조현병에서 중요한 시냅스들이 적절하게 강화되지 않으면, 시냅스의 부당한 제거로 이어질 수 있고, 소통이 효율적으로 이루어져야 할 시냅스 연결이 끊긴 회로에서 정보 흐름이 방해받는 연결성 장애가 발생할 수 있다(그림 4-65). 청소년기 동안 '약하지만' 중요한 시냅스의 갑작스럽고 치명적인 경쟁적 제거는 이 시기에 조현병이 발병하는 이유를 설명할 수도 있다. 신경가소성 및 시냅스 생성 과정에 수렴하는 유전자의 이상으로 인해 중요한 시냅스가 강화되지 않으면, 청소년기 동안 이러한 중요한 시냅스가 실수로 제거되어 재앙적인 결과, 즉 조현병 증상이 시작될 수 있다. 이는 태어날 때부터 존재하는 유전적으로 프로그램된 연결성 장애가 청소년기 이전의 많은 추가적인 약한 연결의 존재로 인해 가려지고, 결함 있는 연결을 보상하기 위해 활발하게 작용하며, 청소년기에 시냅스의 정상적인 경쟁적 제거로 인해 그 보상이 파괴되면 조현병이 나타나는 이유를 설명할 수 있다. 따라서 청소년기에 적절한 시냅스를 형성하지 못하고 중요한 시냅스를 경쟁적으로 잘못 제거하는 비정상적인 신경발달은 조현병이 왜 신경발달의 중요한 단계에서 완전히 파국적으로 발병하는지, 그리고 특히 조현병이 완전히 발병할 무렵에 조현병이 왜 신경발달 장애의 측면을 갖는지에 대한 부분적인 해답을 제공할 수 있다.

신경퇴행과 조현병

많은 조현병 환자는 진행성이고 내리막의 경과를 가지는데, 특히 유용한 치료를 일관되게 사용하지 않고 정신병을 치료하지 않은 기간이 길어질 경우에 그렇다(그림 4-66). 이러한 관찰은 이 질환이 본질적으로 신경퇴행성일 수 있다는 개념으로 이어진다. 조현병이 비정상적인 신경발달로 시작되는 것처럼 보이지만, 질병이 진행됨에 따라 신경퇴행성인 것처럼 보일 수 있다. 다시 말해 청소년기 동안 시냅스가 만들어지고 극적으로 수정되는 방식이 조현병의 완전한 발병을 신경발달로 개념화할 수 있는 방법을 잠재적으로 설명한다면, 성인기 동안 보다 조직적인 방식으로 시냅스가 만들어지고 수정되는 방식은 장기적인 조현병의 경과를 신경퇴행으로 개념화할 수 있는 방법을 잠재적으로 설명할 수 있다.

앞서 언급한 바와 같이, 일반적으로 청소년기에는 뇌 시냅스의 거의 절반이 제거된다(그림 4-64). 하지만 흔히 인정받지 못하는 것은 성인기에 당신의 피질에 있는 시냅스의 약 7%가 매주 소실되며 다른 곳으로 대체될 수 있다는 것이다! 성인기에 이러한 과정이 장기간에 걸쳐 진행되다면, 성인의 뇌 발달에 전반적이고 누적적인 영향을 미치거나 부족할 수 있으며, 점진적으로 쇠퇴하는 임상 경과와 심지어 뇌 위축으로 나타날 수 있다고 상상할 수 있다(그림 4-66). 즉 시냅스의 강화 또는 약화는 시냅스가 처음 형성될 때만 일어나는 것이 아니라, 개인이 어떤 경험을 하는지에 따라서 시냅스를 얼마나 자주 사용 또는 방치하느냐에 대한 일종의 지속적인 리모델링으로서 일생 동안 계속된다. 특히 글루타

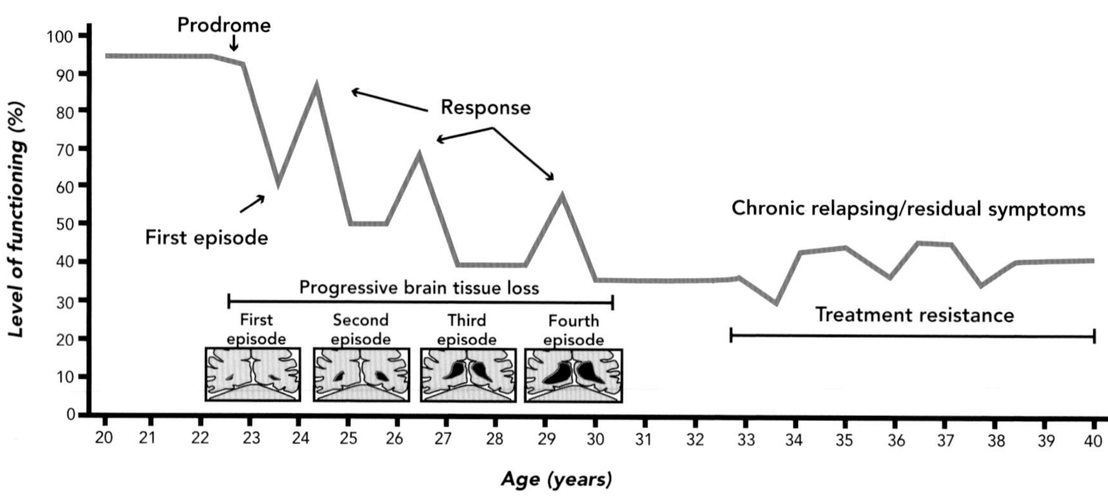

그림 4-66 조현병의 질병 경과. 조현병은 신경발달 장애로 시작될 수 있지만, 진행성 특성으로 인해 신경퇴행 장애일 수도 있음을 시사한다. 시냅스의 강화와 약화는 일생에 걸쳐 일어난다. 조현병에서 비정상적인 시냅스 형성이 정상적인 시냅스가 '사용'되더라도 강화되지 못하게 하거나 '잘못된' 시냅스가 강화되어 유지될 수 있다. 정신병적 단절의 반복적인 삽화는 조현병에서 뇌 조직의 점진적인 소실 및 치료 반응성 상실과 관련이 있다는 증거가 있다.

메이트 시냅스의 강화 또는 약화는 글루타메이트 시냅스의 NMDA 수용체 및 기능성에 대한 '활동 의존적' 또는 '사용 의존적' 또는 '경험 의존적' 조절의 한 예이다. 옛말에 '사용하거나 잃거나'라는 말이 있다. 조현병에서는 환자가 시냅스를 '사용'하고 있더라도 비정상 시냅스 생성이 정상 시냅스를 강화하지 못하게 할 가능성이 있다. 또한 '잘못된' 시냅스는 '사용'되고 강화되는 반면, 완전한 기능에 중요한 시냅스는 사용되지 않아 해당 연결이 제공했을 기능도 함께 상실되어 점진적인 내리막 경과를 가져올 가능성도 있다. 정신병의 양성증상을 완화하지 않고 지속되도록 허용하는 것이 조현병의 반복적인 정신병적 단절(보통 반복적인 입원을 동반함)과 관련된 뇌 조직의 점진적인 소실을 가속화한다는 증거가 축적되고 있다(그림 4-66).

특히 NMDA 수용체와 글루타메이트 시냅스에서 이러한 지속적인 역학의 이상은 대부분의 환자에서 조현병의 경과가 왜 진행성이며 시간이 지남에 따라 변화하는지, 즉 무증상 기간에서 전구기(아마도 젊은 뇌에 원래 결핍된 시냅스가 있을 수 있음), 그리고 첫 번째 정신병(시냅스 리모델링이 급격히 가속화되고 잘못된 시냅스가 제거되는 시기)에 이르는 과정을 설명할 수 있다(그림 4-66). 조현병의 내리막 경로를 보여주는 한 가지 강력한 증거는 시간이 지남에 따라 치료 반응성과 뇌 구조에 어떤 일이 일어나는지이다. 정신병이 처음 발병했을 때에는 정신병 치료제에 대한 강력한 치료 반응이 나타나고 뇌가 지극히 정상적으로 보일 수 있다(그림 4-66의 첫 번째 삽화 뇌 참조). 그러나 종종 약물 중단으로 인해 정신병 삽화의 횟수가 증가함에 따라, 정신병 약물에 대한 치료 반응이 감소하고 구조적 신경영상에서 관찰되는 뇌 조직의 점진적 소실이 동반될 수 있다(그림 4-66의 두 번째, 세 번째, 네 번째 삽화 및 동반된 뇌 영상 참조). 마지막으로 환자는 회복되지 않고 음성 및 인지증상이 만연한 상태로 진행될 수 있으며, 정신병 약물치료에 대한 상대적 저항성을 가지고, 신경영상으로 관찰되는 훨씬 더 극적인 뇌 퇴행 징후를 동반할 수 있다.

좋은 소식은 치료받지 않은 정신병 기간을 줄이면 조현병의 진행을 늦출 수 있다는 증거가 있으며, 심지어 조현병에서 완전한 정신병 증상이 나타나기 전에 전조 증상 또는 전구 증상을 치료하면 언젠가 병의 발병을 완전히 예방하거나 늦출 수 있다는 희망이 있다는 것이다. 일반적으로 정신약리학에서는 증상을 완화하는 치료가 질병을 조절할 수 있다는 개념이 새롭게 떠오르고 있다. 조현병 증상을 치료하는 동일한 치료제를 전조 증상이 있거나 경미한 전구 증상만 있는 고위험군에게 투여할 경우 조현병 발병을 예방할 수 있는지 여부는 아직 이론에 머물러 있다. 그러나 이미 조현병이 발병한 환자를 지속적으로 치료하는 것이 조현병 치료의 표준이 된 것은 분명해 보이며, 이는 첫 삽화 이후 반복적인 재발로 인한 경과 악화, 뇌 조직 소실, 자살 시도 3배 증가, 치료저항성 등을 예방하거나 늦출 수 있는 가능성을 극대화하기 위한 것이다.

조현병의 신경발달적 발병과 신경퇴행적 진행은 모든 정신질환에서도 그러한가? 다행히도 그렇지 않다. 이 장의 다음 부분에서 간략히 논의하겠지만, 조현병은 가장 흔하고 잘 알려진 정신병이지만 정신병과 동의어는 아니며, 정신병의 여러 원인 중 하나일 뿐이며 각각 고유한 발병 및 질병 경과를 보인다. 조현병의 자연사와 질병 경과는 일반적으로 다른 모든 정신병과 동일하지 않지만, 심각한 형태의 양극성 정신병은 때때로 심각한 형태의 조현병과 함께 묶여 '중증 정신질환serious mental illness, SMI'으로 지칭되기도 한다. 이러한 형태의 정신병은 모두 노숙자, 조기 사망, 심지어는 형사사법제도에서의 감금 등 끔찍한 기능적 결과를 초래할 수 있다. 조현병은 인구의 거의 1%가 앓고 있으며, 미국에서는 매년 30만 건 이상의 급성 조현병 삽화가 발생하고 있다. 조현병 환자의 25~50%가 자살을 시도하고, 이 중 최대 10%가 자살에 성공하며, 이로 인한 사망률은 일반 인구보다 8배나 높다. 조현병 환자의 기대 여명은 자살뿐만 아니라 조기 심혈관 질환으로 인해 일반 인구보다 20~30년 더 짧을 수 있다. 조현병 환자의 조기 심혈관 질환으로 인한 사망률 증가는 유전적 요인과 비만 및 당뇨병으로 이어지는 흡연, 건강에 해로운 식습관, 운동 부족과 같은 생활양식 요인으로 인해 발생하지만, 안타깝게도 일부 항정신병 약물 치료 자체가 비만과 당뇨병의 발병률을 증가시켜 심장병 위험을 증가시키는 원인이 될 수도 있다. 미국에서는 전체 사회보장 급여일수의 20% 이상이 조현병 환자 치료에 사용되고 있다. 미국에서만 조현병으로 인한 직간접적인 비용이 매년 수백억 달러에 달하는 것으로 추산된다. 미국에서 이러한 비용의 대부분은 이미 논의한 바와 같이 적절한 외래 치료나 장기입원 병원의 부족으로 인해 조현병 환자에게 주거와 치료를 제공하는 법원, 구치소, 교도소, 주립 및 법의학 병원의 형사사법제도가 부담하고 있다. 이는 환자를 형사사법제도에서 지역사회 주거 및 치료로 전환하기 시작한 혁신적인 외래 환자 전환 프로그램으로 인해 변화하고 있을 수 있으며, 이는 노숙자 및 치료 없이 회전문 방식의 수감으로 대체하는 것보다 훨씬 저렴하고 인도적이고 효과적일 수 있다.

기타 정신병적 질환

정신병적 장애는 정신병적 증상을 정의적 특징defining feature으로 하지만, 정신병적 증상이 있더라도 진단에 필수적이지 않은 다른 몇 가지 질환도 있다. 정신병의 존재가 진단의 정의적 특징으로 요구되는 질환에는 조현병, 물질/약물치료로 유발된(즉 약물로 유발된) 정신병적 장애, 조현양

표 4-8 정신병이 정의적 특징인 질환

조현병
물질/치료약물로 유발된 정신병적 장애
조현양상장애
조현정동장애
망상장애
단기 정신병적 장애
공유 정신병적 장애
다른 의학적 상태로 인한 정신병적 장애
아동기 정신병적 장애

표 4-9 정신병이 부수적 특징인 질환

조증
우울증
인지장애
알츠하이머병 및 기타 치매
파킨슨병

상장애, 조현정동장애, 망상장애, 단기 정신병적 장애, 공유 정신병적 장애, 다른 의학적 상태로 인한 정신병적 장애, 아동기 정신병적 장애가 포함된다(표 4-8). 정신병적 증상이 **부수적 특징**associated feature으로 동반되거나 동반되지 않을 수 있는 질환에는 기분장애(양극성 조증 및 여러 유형의 우울증), 파킨슨병(파킨슨병 정신병, PDP라고 함), 알츠하이머병 및 기타 형태의 치매와 같은 여러 인지장애가 포함된다(표 4-9).

조현병의 증상이 반드시 조현병에만 유일한 것이 아니다. 조현병 이외의 여러 질환이 그림 4-59에 나와 있고 여기에서 설명한 조현병의 다섯 가지 증상 차원 중 일부를 공유할 수 있다는 점을 인식하는 것이 중요하다. 따라서 파킨슨병, 양극성장애, 조현정동장애, 정신병적 우울증, 알츠하이머병과 기타 기질성 치매, 아동기 정신병적 장애, 약물로 유발된 정신병 등을 포함하여 조현병 외에도 다수의 질환이 **양성증상**(망상 및 환각)을 나타낼 수 있다. 조현병 이외의 질환, 특히 기분장애 및 치매에서도 **음성증상**이 나타날 수 있으며, 이러한 질환에서는 감소된 언어, 빈약한 눈맞춤, 감소된 감정 반응성, 흥미 감소, 사회적 욕동 감소와 같은 음성증상과 다른 질환에서 발생하는 인지 및 정동증상을 구분하기 어려울 수 있다. 조현병이 **인지증상**을 보이는 유일한 질환은 확실히 아니다. 자폐증, 뇌졸중 후(혈관성 또는 다발성 경색) 치매, 알츠하이머병, 기타 여러 기질성 치매(파킨슨병/루이소체 치매, 전두측두엽/픽 치매 등), 주요우울장애와 양극성 우울증을 포함한 기분장애도 다양한 형태의 인지 기능장애와 연관될 수 있다.

기분 관련 정신병, 정신병적 우울증, 정신병적 조증

단극성 우울증에서 양극성장애에 이르기까지 기분장애는 기분 증상과 함께 정신병 증상이 동반될 수 있다. 조현병이 우울한 기분, 불안한 기분, 죄책감, 긴장, 과민성, 걱정 등의 증상을 동반할 수 있다는 사실은 이미 논의하였다. 따라서 조현병에는 정동증상이 있을 수 있고, 기분장애에는 정신병적 증상이 있을 수 있다. 요점은 정신병적 증상이 나타나면 치료를 받아야 하고, 정동증상이 나타나면 역시 치료를 받아야 현재의 정동증상을 완화할 뿐만 아니라 안타깝게도 조현병 환자에게서 흔히 발생하는 자살을 예방할 수 있다는 것이다.

파킨슨병 정신병

파킨슨병은 현저한 운동증상과 함께 시작된다. 운동증상은 흑질에 α-시누클레인α-synuclein을 함유한 루이소체가 침착되어 발생하는 것으로 알려져 있다. 그러나 파킨슨병은 절반 이상이, 특히 치매가 동반된 환자에게서 망상과 환각을 동반한 정신병으로 진행하는데, 이를 파킨슨병 정신병Parkinson's disease psychosis, PDP이라고 한다. PDP의 원인은 여러 가지가 제시되고 있는데, 가장 유력한 이론은 대뇌피질과 중뇌 솔기의 세로토닌 세포체에 루이소체가 축적된다는 것이다(그림 4-52C 및 4-54). 파킨슨병에서 정신병은 병원 입원, 요양원 입소, 사망률의 큰 위험 요인이며, 정신병 발병 후 파킨슨병 환자의 3년 사망률이 약 40%에 달한다.

PDP는 파킨슨병 환자에서 단순한 조현병이 아니다. 첫째, PDP의 환각은 청각보다는 시각(예: 사람, 동물이 보임)인 경향이 있다. 둘째, 망상은 특정 유형의 피해 신념(예: 누군가 특히 사랑하는 사람이 자신을 해치거나 훔치거나 속이려 한다는 인상) 또는 질투(예: 배우자가 바람을 핀다는 인상)의 경향이 있다. 셋째, 이러한 환각과 망상의 거짓된 본질에 대한 병식은 처음에 유지되는데, 이는 정신질환에서 정신병의 특징은 아니다. PDP는 $5HT_{2A}$ 수용체의 상향조절을 동반한 세로토닌과 도파민의 불균형으로 개념화되며, $5HT_{2A}$ 길항제로 치료할 수 있다(그림 4-52C 및 그림 4-54).

치매 관련 정신병

전 세계 인구가 고령화되고 치매의 끊임없는 행진을 막을 수 있는 알려진 질병 원인 조정 치료제가 없는 상황에서, 치매 환자의 생존 기간이 길어지고 치매가 진행됨에 따라 치매의 행동증상이 점점 더 주목받고 있다. 초조와 정신병은 특히 중요하고 흔하며, 장애를 일으키는 치매의 행동증상으로, 치매에서 서로 구별하기 어려울 수 있다. 그러나 이러한 다른 행동에 대한 신경 경로도 다르고, 치료도 발전하고 있기 때문에 가능한 한 구분하는 것이 중요하다. 치매에서의 초조는 치매에 관한 제12장에서 자세히 논의할 것이다. 이 장에서는 치매의 정신병에 대해서만 간략하게 다루었다. 정신병은 일반적으로 망상 및/또는 환각의 존재로 정의되지만, 많은 치매 특히 알츠하이머병에서 더 흔하게 나타나는 것은 망상이다. 알츠하이머병에서 망상의 5년 유병률이 50%가 넘는다. 그러나 루이소체 치매의 경우, 환자들은 종종 PDP의 특징적인 환시, 망상과 동일한 증상을 가지고 있는데, 대뇌 피질의 루이소체 침착이 두 질환 모두에서 정신병의 원인으로 생각되기 때문에 그리 놀라운 일은 아니다.

약리적인 관점에서는 정신병의 증상을 유발하는 뇌 경로의 붕괴를 일으키는 것이 무엇인지는 거의 중요하지 않을 수 있다. 경로가 어디에서 붕괴되며 어떤 경로가 붕괴되는지가 훨씬 더 중요할 수 있다. 즉 아밀로이드 판, 타우 매듭, 작은 뇌졸중, 루이소체가 대뇌 피질의 글루타메이트-GABA 연결을 붕괴시키든 또는 세로토닌-글루타메이트 연결을 붕괴시키든, 붕괴가 후속 도파민 과활성과 망상 및 환각 증상으로 이어지는 한 문제가 되지 않을 수 있다(그림 4-52D 및 4-55). 다른 경로에서 동일한 병리학적 상태가 발생하면, 환자는 아마도 정신병이 아니라 기억장애나 초조 같은 치매의 다른 증상을 경험할 수 있다.

대뇌 피질의 해마이행앞부presubiculum의 세로토닌은 비정신병성 치매 환자에 비해 정신병성 치매 환자에서 낮은 것으로 보고되고 있기 때문에, 알츠하이머병 치매 환자는 정신병에 세로토닌 구성 요소가 있을 수 있다. 더구나 $5HT_{2A}$ 수용체 유전자의 *C102* 대립유전자도 알츠하이머병의 정신병과 관련이 있을 수 있다. 또한 정신병이 있는 알츠하이머 환자는 안쪽측두-해마이행앞부 영역medial temporal-presubicular area과 중간전두피질middle frontal cortex에 판과 매듭이 훨씬 더 많고, 내후각피질entorhinal cortex 및 측두피질temporal cortex에 비정상적인 이중 나선 미세섬유-타우 단백질paired helical filament-tau protein 수치가 5배 더 높다. 이러한 병변이 글루타메이트-GABA-세로토닌-도파민 회로의 조절을 붕괴시키면 정신병의 원인이 될 것으로 예상할 수 있다(그림 4-52D 및 4-55).

요약

이 장에서는 정신병에 대한 간략한 설명과 정신병의 세 가지 주요 이론, 즉 도파민, 글루타메이트, 세로토닌(5HT)과 관련된 이론에 대한 광범위한 설명을 제공했다. 뇌의 주요 도파민, 글루타메이트, 세로토닌 경로가 모두 설명되어 있다. 중뇌변연 도파민 시스템의 과활성은 정신병의 양성 증상을 매개할 수 있으며, 조현병과 같은 일부 정신질환에서 전전두엽피질과 해마에 있는 파르브알부민 함유 GABA 사이신경세포의 NMDA 글루타메이트 수용체 기능저하와 관련이 있을 수 있다. 중뇌피질 도파민 시스템의 저활성은 조현병의 음성, 인지, 정동증상을 매개할 수 있으며, 다른 GABA 사이신경세포의 NMDA 수용체 기능저하와도 관련이 있을 수 있다. 세로토닌 신경전달의 불균형, 특히 피질의 $5HT_{2A}$ 수용체에서의 과도한 활성은 파킨슨병의 정신병을 설명할 수 있다. GABA 억제를 무력화시키는 신경퇴행 과정으로 인해 대뇌 피질의 글루타메이트 뉴런에서 발생하는 세로토닌과 GABA 신경전달의 불균형은 $5HT_{2A}$ 수용체에 작용하는 세로토닌에 의한 글루타메이트 뉴런의 과도한 흥분을 유발할 수 있으며, 이는 $5HT_{2A}$ 길항제에 의해 완화될 수 있다.

이 장에서는 도파민, 글루타메이트, 세로토닌의 합성, 대사, 재흡수, 수용체에 대해 모두 설명하였다. 파킨슨병 및 치매와 관련된 정신병에 특화된 $5HT_{2A}$ 수용체처럼, D_2 수용체는 정신병을 치료하는 약물의 표적이 된다. NMDA 글루타메이트 수용체는 신경전달물질인 글루타메이트뿐만 아니라 공동전달체인 글라이신 또는 D-세린과의 상호작용도 필요하다.

유전적 및 환경적/후성유전적 영향으로 인해 유발되는 NMDA 수용체 함유 시냅스의 연결성 장애는 조현병의 원인에 대한 주요 가설이며, 글루타메이트 과활성과 NMDA

수용체 기능저하뿐만 아니라 후속 중뇌변연 도파민 증가와 중뇌피질 도파민의 감소를 포함한다. 뉴런 연결성과 시냅스 생성을 조절하는 수많은 질병 감수성 유전자susceptibility gene가 조현병의 가설적인 핵심 생물학적 결함을 나타낼 수 있다.

5 정신병, 기분 등의 도파민과 세로토닌 수용체 표적화: 소위 '항정신병 약물'

이 장에서는 정신병, 조증, 우울증 치료를 위해 도파민 수용체, 세로토닌 수용체 또는 두 수용체를 모두 표적으로 하는 약물을 살펴본다. 또한 이러한 약제가 작용하는 많은 추가 신경전달물질 수용체에 대해서도 살펴본다. 이 장에서 다루는 약물은 전통적으로 '항정신병 약물'이라고 불렸지만, 같은 약제가 정신병보다 기분장애에 훨씬 더 자주 사용되지만 '항우울제'로 분류되지 않기 때문에, 이 용어는 이제 시대에 뒤떨어지고 혼란스러운 것으로 간주된다. 앞서 언급했듯이, 이 책에서는 임상적응증이 아닌 약리적 작용기전에 따라 약물의 이름을 붙이는 현대 신경과학기반 명명법neuroscience-based nomenclature을 사용하려고 노력했다. 따라서 이 장에서 논의되는 약물은 '항정신병 작용'이 있지만 '항정신병 약물'이라고 부르지 않으며, '항우울 작용'이 있지만 '항우울제'라고 부르지 않는다. 대신 이 장에서는 오늘날 정신과에서 가장 광범위하게 처방되는 항정신성 약물 중 하나인 도파민 수용체와 세로토닌 수용체를 표적으로 하는 약물, 즉 정신병 치료제로 시작하여 이후 조증, 양극성 우울증, 치료저항성 단극성 우울증 치료제로 용도가 더욱 확대된 약물에 대해 검토한다. 앞으로는 외상후 스트레스장애(PTSD), 치매의 초조 등에도 이러한 약물 중 적어도 일부가 사용될 예정이다. 여기서는 이러한 약제의 약리적 특성이 어떻게 여러 약제들을 하나의 큰 계열로 구성하는지뿐만 아니라, 각 개별 약제가 어떻게 다른 모든 약제로부터 고유하게 만드는 결합 특성을 가지고 있는지에 대해 여러 측면에서 논의한다. 정신병과 기분장애 치료제에 대한 이 장에서는 이러한 약물을 처방하는 방법과 같은 실용적인 쟁점이 아니라 작용기전의 기본적인 약리적 개념을 강조하므로, 독자는 실제 처방 정보를 위해서는 표준 참조 편람 및 교과서를 참조하기 바란다(예를 들면 이 책의 동반자인 **스탈의 필수 정신약리학: 처방자 지침서** 참조).

여기에서 소개하는 약리적 개념은 무엇보다 먼저 도파민 및 세로토닌 수용체 시스템과의 상호작용, 둘째로 다른 신경전달물질 시스템과의 상호작용을 바탕으로 독자가 각각의 서로 다른 약제를 사용하는 방법에 대한 근거를 이해하는 데 도움이 될 것이다. 이러한 상호작용은 종종 이 군에 속하는 다양한 약물의 치료작용과 부작용을 모두 설명할 수 있다. 각 개별 약물에 대한 전체 범위의 수용체 상호작용을 이해하면, 한 약물을 다른 약물과 구별하여 특정 약물의 약리적 기전을 개별 환자의 치료적 및 내약성 요구 사항에 맞게 조정하여 약물치료를 맞춤화할 수 있는 기반을 마련할 수 있다.

중뇌변연/중뇌선조체 도파민 D_2 수용체 표적화는 항정신병 작용을 유발

정신병, 특히 조현병 치료제로 승인된 약물은 어떻게 작용하는가? 조현병과 기타 정신질환에 대한 초기의 효과적인 치료는 정신병의 신경생물학적 기초나 정신병을 경험적으로 치료한 효과적인 약물의 작용기전에 대한 과학적 지식보다는 약 70년 전 우연한 임상 관찰에서 비롯된 것이다. 따라서 진정 신경안정제sedating tranquilizer를 제외하고 정신병에 정말 효과적인 최초의 약물은 1950년대에 항히스타민 특성의 약물(클로르프로마진chlorpromazine)이 정신병을 호전시킨다는 것을 관찰하고, 이 잠정적인 항히스타민제를 조현병 환자에게 시험하면서 우연히 발견되었다. 클로르프로마진은 실제로 항히스타민 작용을 하지만, 조현병에 대한 치료효과는 항히스타민 특성에 의해 매개되지 않는다. 일단 클로르프로마진이 정신병 치료에 효과적인 약물이지만 진정을 유발하는 능력에 비례하지 않는다는 것이 관찰되자, 항정신병 작용기전을 밝히기 위해 실험에 기초하여 시험하였고, 도파민 D_2 수용체 길항작용으로 확인되었다(그림 5-1 및 5-2).

시험 과정 초기에 클로르프로마진을 비롯한 이 시대의 다른 정신병 치료제는 모두 실험 동물의 운동움직임motor movement이 느려지거나 없어지고 행동적 무관심을 보이는 극단적인 형태의 '신경이완neurolepsis'을 유발하는 것으로 밝혀졌다. 사실 최초의 정신병 치료제는 주로 실험 동물에서 이러한 효과를 야기하는 능력에 의해 처음 발견되었고, 따라서 항정신병 특성을 가진 약물을 때로는 '신경이완제neuroleptics'라고 부른다. 신경이완은 인간에서도 이러한 약물에 의해 발생하며, 정신운동 둔화, 감정 고요함, 정동 무관심이 특징이며, 치료되지 않은 질병 자체와 관련된 일차 음성증상을 모방하기 때문에 '이차' 음성증상이라고도 한다(그림 4-56에서 4-59 및 표 4-4와 4-5 참조). 오늘날 우리는 신경이완과 이차 음성증상이 동기와 보상을 정상적으로 매개하는 D_2 수용체를 차단함으로써(그림 5-2B) 적어도 부분적으로는 발생할 가능성이 있다는 것을 알고 있으며, 이는 도파민의 과도한 방출로 인한 정신병의 양성증상을 매개하는 것으로 생각되는 D_2 수용체를 동시에 차단하기 위한 원치 않는 '사업 수행 비용'이다(그림 5-2A 참조).

1970년대에 이르러 항정신병 특성을 가진 모든 '신경이완제'의 주요 약리적 특성은 D_2 수용체(그림 5-1 및 그림 5-2B), 특히 중뇌변연/중뇌선조체mesolimbic/mesostriatal

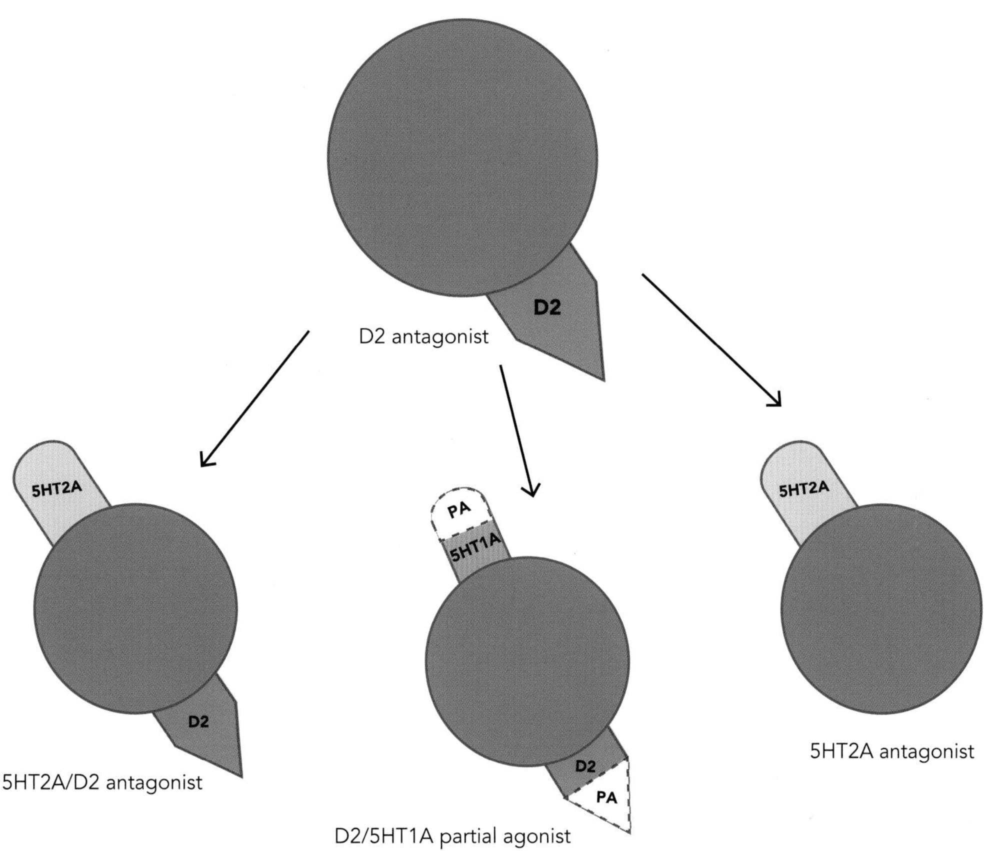

그림 5-1 정신병 치료제의 치료 기전. 정신병 치료를 위해 최초로 밝혀진 기전은 도파민-2(D_2) 길항작용이었고, 수십 년 동안 사용 가능한 정신병 치료제는 모두 D_2 길항제였다. 오늘날에는 D_2 길항작용과 세로토닌 2A($5HT_{2A}$) 길항작용의 결합, D_2 부분작용(PA)과 세로토닌 1A($5HT_{1A}$) 부분작용의 결합, $5HT_{2A}$ 길항작용 단독 등 추가적인 기전을 가진 많은 약제를 이용할 수 있다.

도파민 경로(그림 5-2B, 그림 4-15 참조)를 차단하는 능력이라는 것이 널리 인식되기 시작했다. 이러한 약리적 특성은 많은 최신 약제에 의해 유지되고 있으며, 그중 일부는 D_2 길항작용에 매우 강력한 세로토닌 2A($5HT_{2A}$) 길항작용 및/또는 $5HT_{1A}$ 부분작용을 추가하고, 일부는 D_2 길항작용을 D_2 부분작용으로 대체하며, 가장 최근에는 $5HT_{2A}$ 길항작용만 있고 D_2 표적화를 완전히 제거한 약제들도 있다(그림 5-1). 새로운 약제의 세로토닌 수용체 표적화 효과와 부분작용 효과는 아래에서 자세히 논의할 것이다. 또한 다음 절에서는 다양한 뇌 회로에서 세로토닌 및 도파민 수용체 표적화가 정신병 및 기타 질환의 치료효과뿐만 아니라 부작용을 어떻게 매개하는지에 대해서도 설명한다. 이러한 약물은 우선 몇 가지 일반적인 군으로 분류한 다음 각 개별 약물에 대해 논의할 것이다.

중뇌변연/중뇌선조체 및 중뇌피질 경로 도파민 D_2 수용체 표적화는 이차 음성증상을 유발

중뇌변연 도파민 D_2 수용체 표적화로 인한 이차 음성증상

중뇌변연/중뇌선조체 도파민 경로의 도파민 2(D_2) 수용체는 이 경로에서 도파민의 과도한 방출로 인한 정신병의 양성증상을 매개할 뿐만 아니라(그림 4-14, 4-15 및 5-2A 참조) 동기 및 보상 조절에 중요한 역할을 하는 것으로 추정된다(그림 4-14 및 5-2B). 실제로 배쪽 감정 선조체ventral emotional striatum에 있는 중뇌변연/중뇌선조체 도파민 뉴

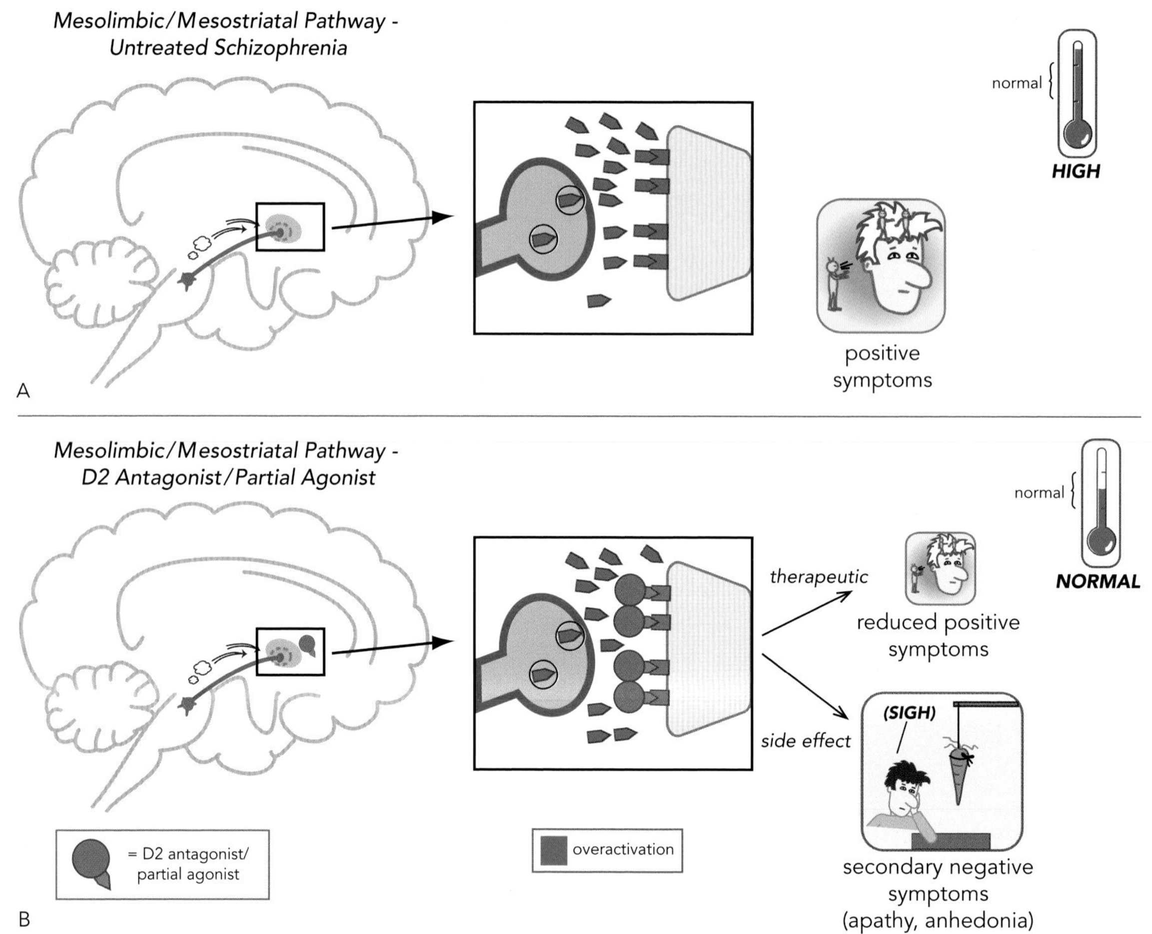

그림 5-2 중뇌변연/중뇌선조체 도파민 경로와 D_2 길항제. (A) 치료받지 않은 조현병에서는 중뇌변연/중뇌선조체 도파민 경로가 과활성되어 있는 것으로 추정되며, 여기서는 경로를 빨간색으로 나타내고 시냅스에서 도파민이 과도하게 분비되는 것으로 표시하였다. 이는 망상 및 환각과 같은 양성증상을 일으킨다. (B) D_2 길항제 또는 부분작용제를 투여하면 도파민이 D_2 수용체에 결합하는 것을 차단하여 이 경로의 과활성을 감소시켜 양성증상도 감소시킨다. 그러나 중뇌변연/중뇌선조체 도파민 경로는 동기와 보상을 조절하는 역할도 하기 때문에 D_2 수용체 차단은 무감동과 무쾌감증 같은 이차 음성증상을 유발할 수 있다.

런의 주요 표적인 기댐핵nucleus accumbens은 뇌의 '쾌락 중추'로 널리 간주된다. 기댐핵으로 가는 중뇌변연 도파민 경로는 흔히 보상과 강화의 최종 공통 경로로 간주되며(지나친 단순화이긴 하지만), 정상적인 보상(예: 맛있는 음식을 먹는 즐거움, 성극치감, 음악 감상)뿐만 아니라 약물남용의 인위적 보상도 포함된다(제13장의 약물남용에 대한 논의 참조).

정상적인 중뇌변연 D_2 수용체 자극이 쾌락의 경험과 관련이 있고(그림 4-14), 과도한 중뇌변연 D_2 수용체 자극이 정신병의 양성증상과 관련이 있다면(그림 5-2A), D_2 길항작용/부분작용은 조현병의 양성증상을 감소시킬 뿐만 아니라 동시에 보상 기전을 차단할 수 있다(그림 5-2B에 모두 표시됨). 이런 일이 발생하면 환자는 냉담하고, 즐거움을 느끼지 못하며, 사회적 상호작용에서 동기 부여, 흥미, 기쁨이 결핍될 수 있는데, 이는 조현병의 음성증상과 매우 유사한 상태이다. 그러나 이러한 음성증상은 질병이 아닌 약물로 인해 발생하므로 '이차' 음성증상이라고 한다. D_2 차단제를 투여하면, 위에서 이미 언급한 바와 같이 D_2 길항제/부분작용제에 의해 유해 행동 상태가 동시에 나타날 수 있는데, 이는 조현병 자체에서 나타나는 음성증상과 매우 유사하기 때문에 '신경이완제로 유발된 결핍 증후군'이라고도 하며, 동물의 '신경이완'을 연상시킨다. 중뇌변연 도파민 경로의 차단은 정신병의 양성증상을 개선하는 데 때때로 필요하지만(그림 5-2A), 무쾌감, 무감동, 기타 음성증상의 악화를 초래하여 환자에게 막대한 '사업 수행 비용'을 부과할 수 있다(그림 5-2B). 정신병 약물치료로 인한 쾌감 상실을 동반한 음성증상의 악화는 환자가 이러한 무감동과 즐거운 경험의 결핍을 극복하려고 시도할 수 있기 때문에, 조현병에서 흡연 및 약물남용의 높은 발생률을 부분적으로 그럴듯하게 설명해준다. 감정둔마와 음성증상의 악화는 환자가 D_2 차단제 복용을 중단하는 데 기여할 수 있다.

음성증상의 치료에는 D_2 차단제의 용량을 줄이거나 내약성이 더 좋은 D_2 차단제로 전환하는 것이 포함되며, 우울증 치료제를 비롯한 일부 부가 약물이 음성증상을 줄이는 데 도움이 될 수 있다. 이후 개별 약제에 대한 절에서 논의하는 바와 같이, $5HT_{2A}$ 길항제와 도파민 3(D_3) 부분작용제를 비롯한 여러 가지 다른 약제가 음성증상에 대해 다양한 개발

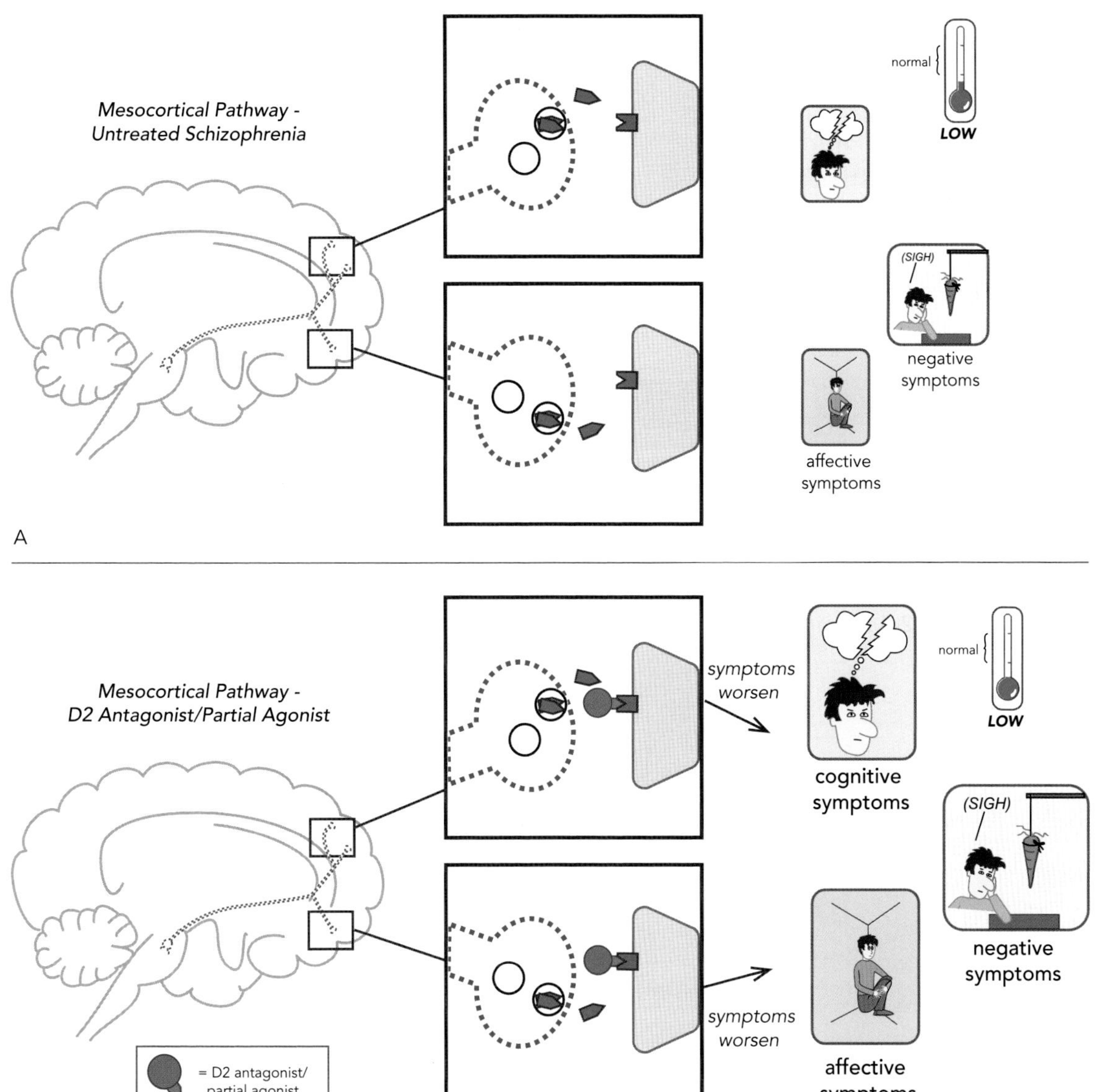

그림 5-3 중뇌피질 도파민 경로와 D_2 길항제. (A) 치료받지 않은 조현병에서 등가쪽 전전두엽피질(DLPFC)과 배안쪽 전전두엽피질(VMPFC)로 향하는 중뇌피질 도파민 경로는 저활성으로 추정되며, 여기서는 경로의 윤곽선을 점선으로 표시하였다. 이 경로의 저활성은 조현병의 인지증상(DLPFC), 음성증상(DLPFC 및 VMPFC), 정동증상(VMPFC)과 관련이 있다. (B) D_2 길항제 또는 부분작용제를 투여하면 이 경로의 활성이 더욱 감소하여 잠재적으로 이러한 증상들이 악화된다.

단계에 있다.

중뇌피질 도파민 D_2 수용체 표적화로 인한 이차 음성증상

음성증상(그림 5-3A)은 중뇌피질mesocortical 도파민 경로의 D_2 길항제/부분작용제에 의해 악화될 수 있다(그림 5-3B). 또한 정신병 치료제는 조현병에서 가설상으로 도파민이 이미 결핍되어 있는 중뇌피질 도파민 경로(그림 5-3B)에 존재하는 D_2 수용체를 차단한다(그림 4-17에서 4-19 참조). 비록 피질에는 D_2 수용체의 밀도가 낮지만, 이는 조현병의 음성증상뿐만 아니라 중뇌피질 도파민 경로에서 도파민 작용과 연관된 인지 및 정동증상을 유발하거나 악화시킬 수 있다(그림 5-3B).

융기깔대기 도파민 D_2 수용체 표적화는 프로락틴 상승을 유발

융기깔대기tuberoinfundibular 도파민 경로의 도파민 2 수용체도 D_2 길항제를 투여하면 차단되며, 이는 혈장 프로락틴 수치를 상승시켜 고프로락틴혈증hyperprolactinemia이라

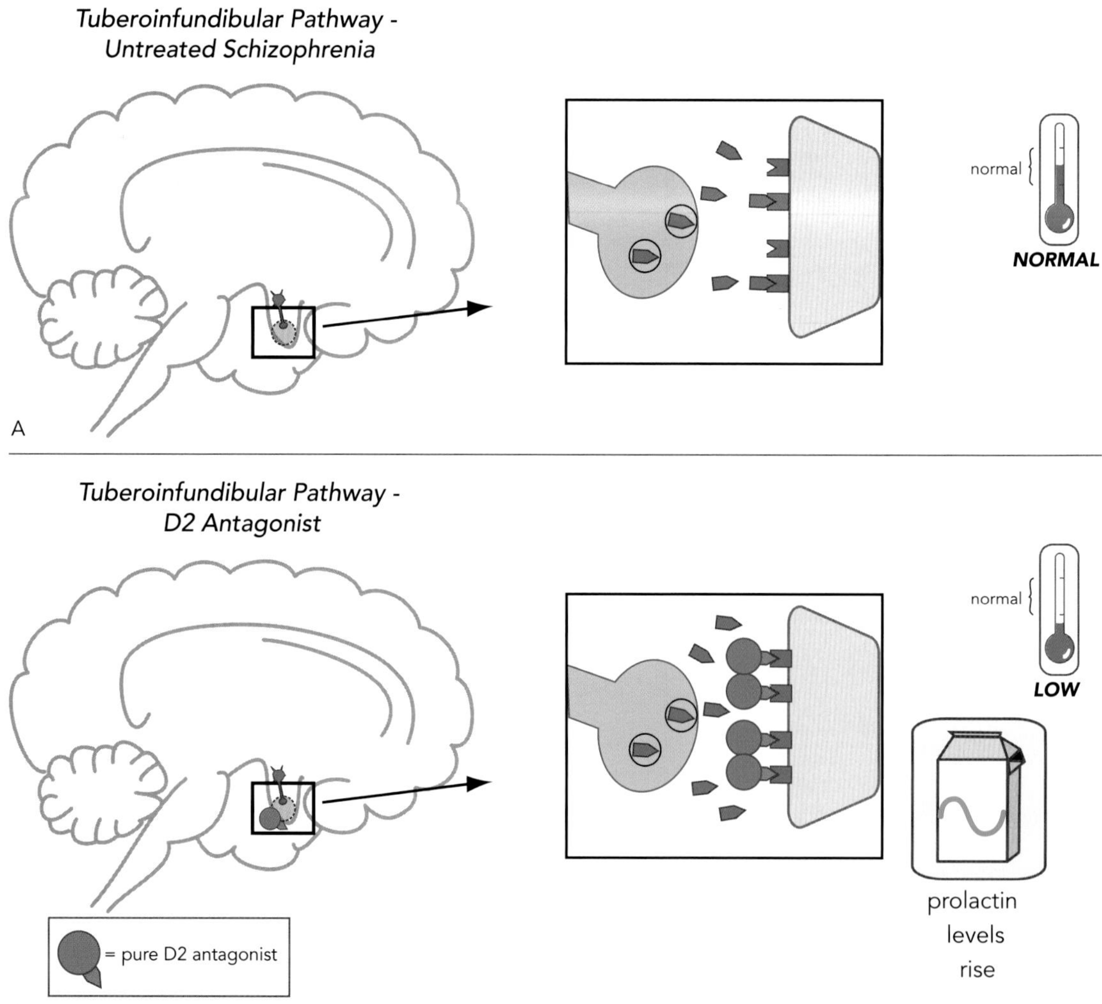

그림 5-4 융기깔때기 도파민 경로와 D_2 길항제. (A) 시상하부에서 뇌하수체로 투사되는 융기깔때기 도파민 경로는 치료받지 않은 조현병에서 이론상으로 '정상'이다. (B) D_2 길항제는 도파민이 D_2 수용체에 결합하는 것을 방지하여 이 경로의 활성을 감소시킨다. 이는 프로락틴 수치 상승을 유발하고, 젖분비과다(유방 분비물) 및 무월경(불규칙한 월경 주기)과 같은 부작용과 연관된다.

고 불리는 상태를 유발한다(그림 5-4). 이는 여성뿐만 아니라 남성에게도 여성형 유방gynecomastia 또는 유방 비대라는 질환과 관련이 있을 수 있으며, 여성에게는 젖분비과다galactorrhea(즉 유방 분비물)와 무월경amenorrhea(즉 월경이 불규칙하거나 없는 상태)이라는 또 다른 질환과 관련이 있을 수 있다. 따라서 고프로락틴혈증은 여성의 생식능력에 지장을 줄 수 있다. 고프로락틴혈증은 특히 에스트로겐 대체요법을 하지 않는 폐경 후 여성의 경우 뼈의 무기질 제거를 더 빠르게 진행할 수 있다. 프로락틴 수치 상승과 관련된 다른 가능한 문제로는 성기능 장애와 체중 증가가 있을 수 있지만, 이러한 문제를 일으키는 프로락틴의 역할은 명확하지 않다.

흑질선조체 도파민 D_2 수용체 표적화는 운동 부작용을 유발

운동 부작용은 흑질선조체nigrostriatal 운동 경로의 D_2 수용체를 차단하는 D_2 길항제/부분작용제에 의해 발생한다(그림 5-5). 파킨슨병에서 변성되는 것과 동일한 경로인 흑

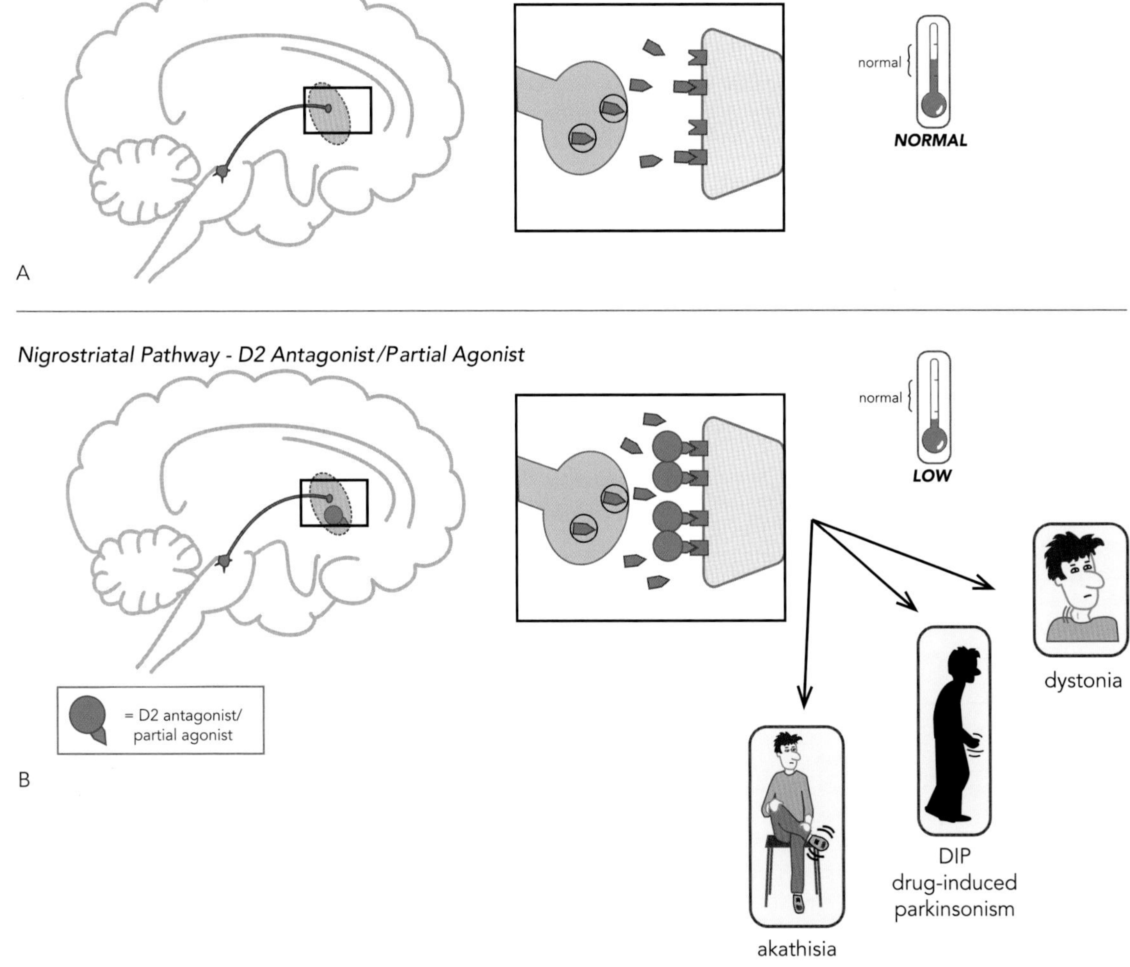

그림 5-5 흑질선조체 도파민 경로와 D_2 길항제. (A) 흑질선조체 도파민 경로는 이론상으로 치료받지 않은 조현병에서는 영향을 받지 않는다. (B) D_2 수용체를 차단하면 도파민이 이곳에 결합하지 못하여 약물로 유발된 파킨슨증(떨림, 근육경직, 움직임의 둔화 또는 상실), 좌불안석(운동 안절부절증), 근긴장이상증(비자발 비틀림 및 수축)과 같은 운동 부작용을 일으킬 수 있다.

질선조체 경로에서 D_2 수용체가 급성으로 차단되면, 떨림tremor, 근육경직muscular rigidity, 움직임의 둔화(운동완만bradykinesia) 또는 움직임의 상실(운동불능akinesia) 등 파킨슨병과 유사한 증상이 나타나기 때문에 약물로 유발된 파킨슨증drug-induced parkinsonism, DIP으로 알려진 질환이 발생할 수 있다(그림 5-5B). 흔히 D_2 수용체 차단제로 인한 비정상적인 운동증상을 한데 묶어 추체외로증상extrapyramidal symptom, EPS이라고 부르지만, EPS는 D_2 길항제/부분작용제의 운동 부작용을 설명하기에는 시대에 뒤떨어진 상대적으로 부정확한 용어이다. D_2 차단제로 유발된 모든 움직임을 EPS로 한데 묶는다는 것은 운동증상마다 임상양상이 다를 수 있고, 중요한 것은 치료도 크게 다를 수 있다는 사실을 놓칠 수 있다. EPS보다 더 정확한 용어로는 DIP뿐만 아니라 좌불안석akathisia(운동 안절부절증motor restlessness) 및 근긴장이상증dystonia(비자발 비틀림 및 수축)이 있으며, 이는 D_2 길항제/부분작용제의 급성 투여로 인해 발생할 수 있으며 아래에서 논의한다.

또 다른 비정상적인 비자발 운동장애involuntary movement disorder는 흑질선조체 도파민 경로에서 D_2 수용체의 만성적인 차단으로 인해 발생할 수 있으며, 이는 지연이상운동증tardive dyskinesia, TD이다('지연'이라고 부르는 이유는 D_2 차단으로 인한 다른 운동증상과 달리 이러한 비정상적인 비자발 움직임은 발병이 늦고 지연되며, 종종 수개월에서 수년간의 치료 후에 나타나기 때문이다)(그림 5-6). TD는 D_2 차단제로 만성 치료를 받은 후에야 나타나며 비가역적일 수 있다. 주로 얼굴과 혀에 비자발적이고 지속적인 움직임으로 구성되며, 지속적인 씹기, 혀 내밀기, 얼굴 찡그리기뿐만 아니라 팔다리 움직임이 빠르고, 갑작스럽고, 무도증모양(춤)처럼 보일 수 있다. 안타깝게도 DIP와 TD는 아래에서 설명하는 바와 같이 본질적으로 반대되는 약리 작용과 매우 다른 치료를 한다는 사실에도 불구하고 종종 EPS로 묶여 서로 구분하기 어렵게 만든다. 이제 DIP와 TD 모두에 대한 치료가 존재하므로, 적절한 치료가 이루어질 수 있도록 이를 구분하는 것이 그 어느 때보다 중요해졌다. D_2 차단제

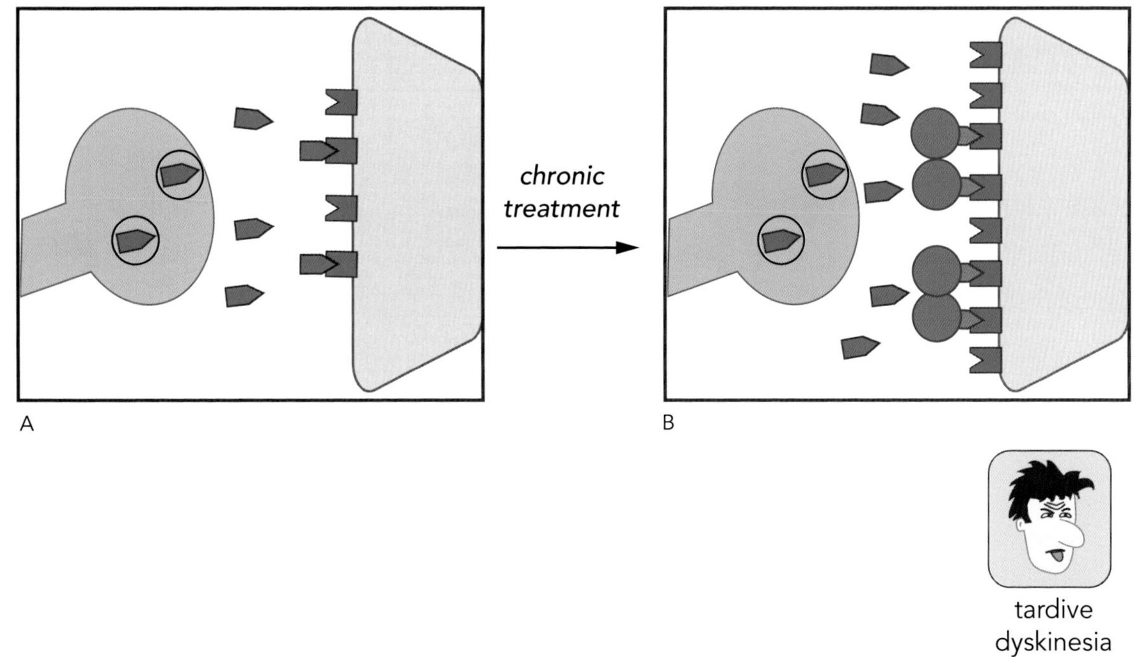

그림 5-6 지연이상운동증. (A) 도파민은 흑질선조체 경로의 D_2 수용체에 결합한다. (B) 흑질선조체 도파민 경로에서 D_2 수용체의 만성 차단은 해당 수용체의 상향조절을 유발할 수 있고, 얼굴과 혀의 움직임(예: 혀 내밀기, 얼굴 찡그리기, 씹기)뿐만 아니라 빠르고 갑작스러운 팔다리 움직임이 특징인 지연이상운동증으로 알려진 운동과다 운동장애를 일으킬 수 있다.

의 운동 부작용이 제대로 완화되지 않는 것은 환자들이 약물 치료를 중단하는 주요 원인이다.

약물로 유발된 파킨슨증

정신병에 대한 D_2 수용체를 표적으로 하는 약물의 가장 흔한 부작용은 약물로 유발된 파킨슨증drug-induced parkinsonism으로, 위에서 설명한 것처럼 떨림, 근육경직, 움직임의 둔화(운동완만) 또는 움직임의 상실(운동불능)이 나타난다. DIP의 고전적 치료는 '항콜린제', 즉 무스카린 콜린 수용체muscarinic cholinergic receptor, 특히 시냅스후 M_1 수용체를 차단하는 약물을 사용하는 것이다. 이 접근법은 선조체에서 도파민과 아세틸콜린 사이의 정상적인 상호 균형을 활용한다(그림 5-7A). 흑질선조체 운동 경로의 도파민 뉴런은 콜린 사이신경세포에 시냅스후 연결을 형성한다(그림 5-7A). D_2 수용체에 작용하는 도파민은 일반적으로 시냅스후 흑질선조체 콜린 뉴런에서 아세틸콜린 방출을 억제한다(그림 5-7A). D_2 차단제를 투여하면 도파민이 더 이상 아세틸콜린 방출을 억제할 수 없으므로, 콜린 뉴런에서 아세틸콜린 방출이 탈억제된다(그림 5-7B의 강화된 아세틸콜린 방출 참조). 이는 다시 중간 가시모양 GABA 뉴런에서 시냅스후 무스카린 콜린 수용체의 더 많은 흥분으로 이어지며, 이는 가설상으로 움직임의 억제와 DIP 증상(운동불능, 운동완만, 경직, 떨림)을 부분적으로 유발한다. 그러나 아세틸콜린의 강화된 후속 방출이 무스카린 콜린 수용체에서 항콜린제에 의해 차단되면, 이는 가설상으로 선조체에서 도파민과 아세틸콜린 사이의 정상적인 균형이 부분적으로 회복되고 DIP가 감소한다(그림 5-7C).

경험적으로 항콜린제는 임상진료에서 DIP, 특히 세로토닌 작용이 없는 일부 오래된 D_2 차단제로 인해 유발된 DIP를 감소시키는 데 효과가 있다. 반면에 항콜린제(일반적

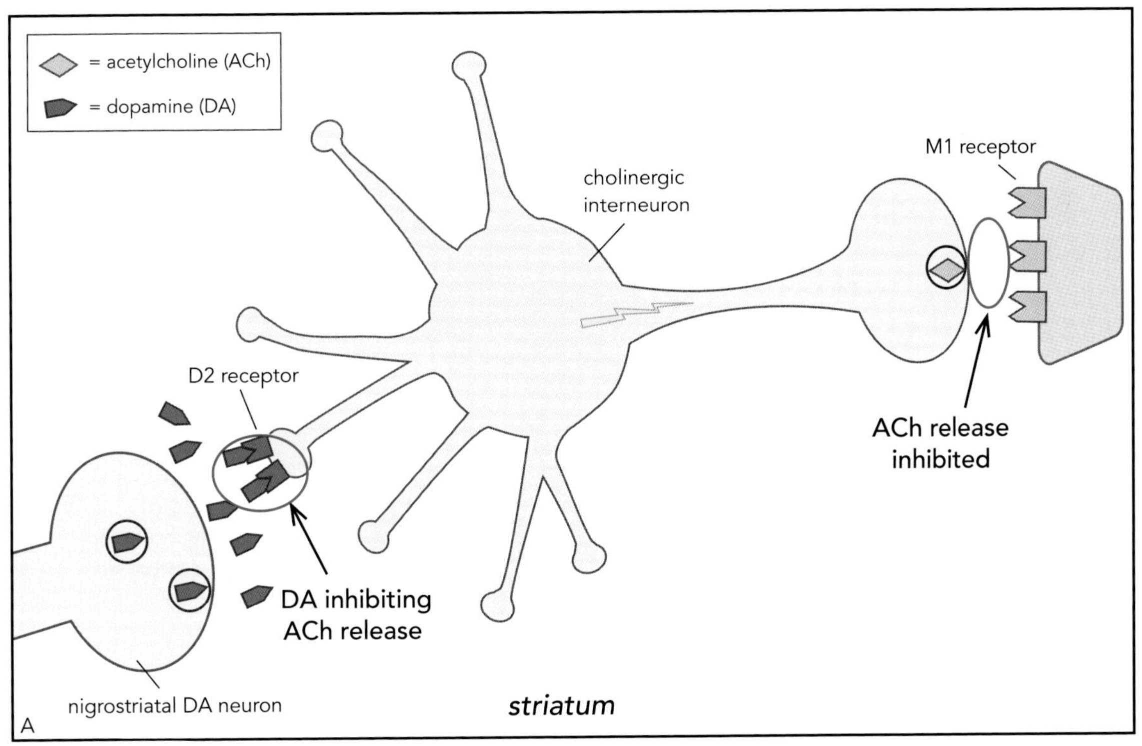

그림 5-7A 도파민과 아세틸콜린의 상호 관계. 도파민과 아세틸콜린은 흑질선조체 도파민 경로에서 상호 관계를 맺고 있다. 이곳의 도파민 뉴런은 콜린 뉴런의 가지돌기와 시냅스후 연결을 만든다. 일반적으로 D_2 수용체에 도파민이 결합하면 아세틸콜린 활성을 억제한다(오른쪽의 콜린 축삭에서 아세틸콜린이 방출되지 않음).

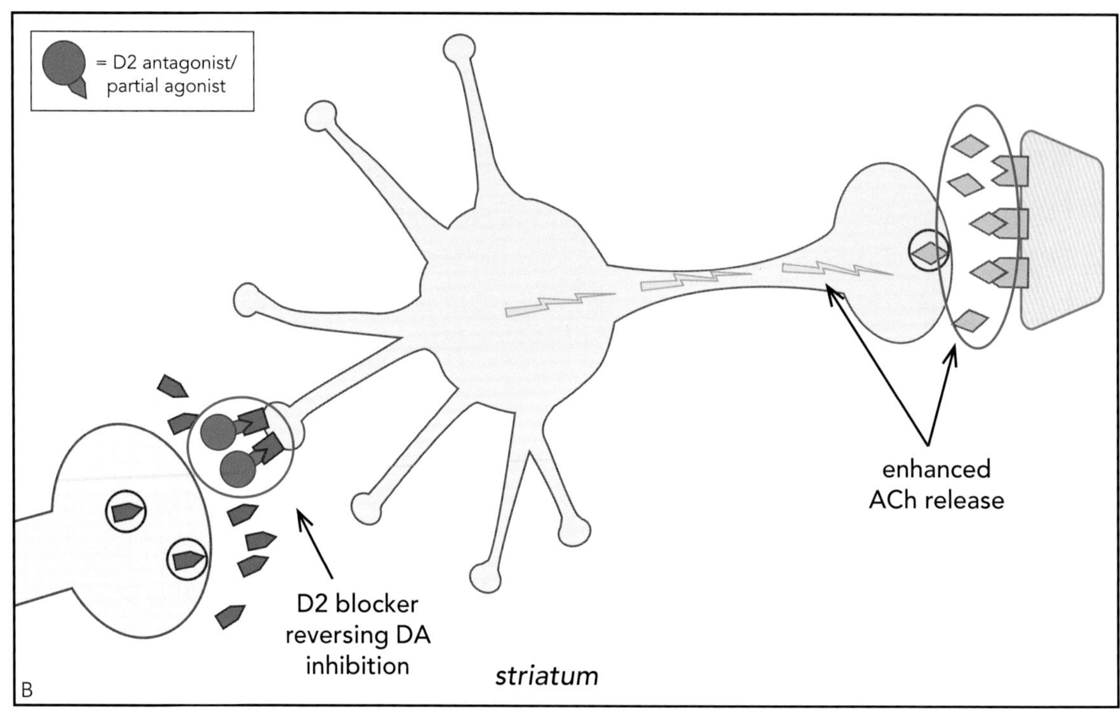

그림 5-7B 도파민, 아세틸콜린, D_2 길항작용. 도파민은 일반적으로 아세틸콜린 활성을 억제하기 때문에 도파민 억제를 제거하면 아세틸콜린 활성이 증가한다. 그림과 같이 왼쪽의 콜린 가지돌기에서 D_2 수용체가 차단되면, 오른쪽의 콜린 축삭에서 아세틸콜린 방출이 증가한다. 이는 약물로 유발된 파킨슨증의 발생과 관련이 있다.

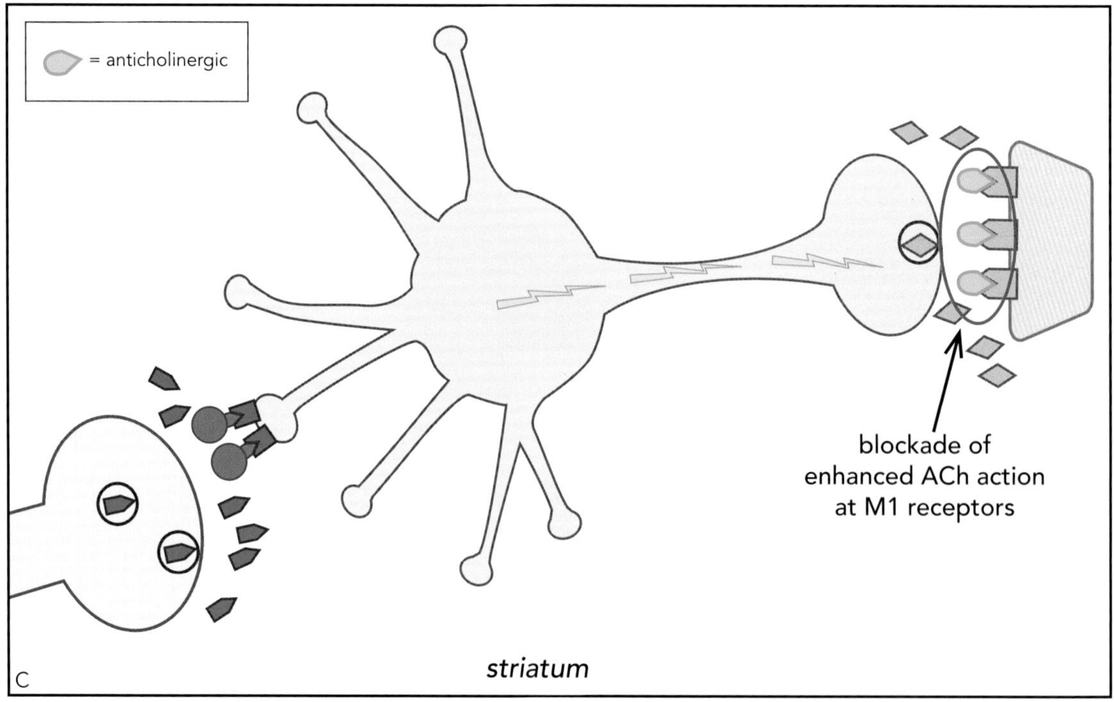

그림 5-7C 길항작용과 항콜린제. D_2 수용체가 차단되었을 때 발생하는 과활성에 대한 한 가지 보상책은 항콜린제로 무스카린 콜린 수용체를 차단하는 것이다(맨 오른쪽의 항콜린제에 의해 차단되는 M_1 수용체). 이는 가설상으로 도파민과 아세틸콜린 사이의 정상적인 균형을 부분적으로 회복하여 약물로 유발된 파킨슨증의 증상을 줄일 수 있다.

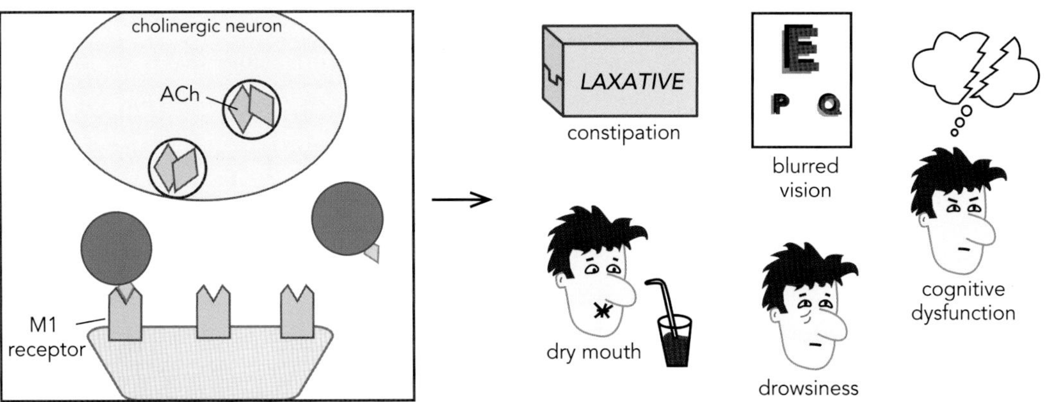

그림 5-8 **무스카린 콜린 수용체 차단의 부작용.** 무스카린 콜린 수용체를 차단하면 약물로 유발된 파킨슨증을 줄일 수 있지만, 변비, 흐려 보임, 구강 건조, 졸음, 인지기능이상(기억 및 집중 문제, 인지처리 둔화)과 같은 부작용도 유발할 수 있다.

으로 사용되는 벤즈트로핀benztropine 등) 투여에 따른 많은 잠재적 문제들이 있다. 즉 구강 건조, 흐려 보임blurred vision, 요저류urinary retention, 변비 등의 말초 부작용은 물론 기억과 집중의 문제 및 인지처리 둔화와 같은 인지기능이상과 졸음을 포함한 중추 부작용이 있다(그림 5-8). 아래에서 각 개별 약제에 대해 논의하는 것처럼, 문제를 더욱 복잡하게 만드는 것은 많은 정신병 치료제가 항콜린 특성을 가지고 있다는 점이다. 더군다나 많은 환자들이 항콜린 특성을 가진 향정신성 및 비향정신성 약물을 병용하고 있다. 따라서 임상의사는 특정 환자의 총 항콜린 부담에 대해 반드시 주의를 기울여야 하고, 또한 정상적인 인지기능을 방해하고, 마비장폐색증paralytic ileus이라는 생명을 위협하는 장 운동성 저하로 이어질 수 있는 부작용에 대해서도 주의해야 한다. 모든 것을 감안할 때, 오늘날 D_2 차단제를 복용하는 많은 환자들은 총 항콜린 부담에 관하여 과잉투약을 받고 있다. 항콜린 특성이 없는 다른 정신병 치료제를 사용하거나, 항콜린 약물을 중단하거나, 항콜린 특성은 없지만 DIP 증상을 완화할 수 있는 아만타딘amantadine을 사용하는 등 이러한 약제를 대체할 수 있는 방법을 모색해야 한다.

아만타딘의 작용기전은 NMDA 글루타메이트 수용체에 대한 약한 길항작용으로 생각되며, 직접 및 간접 선조체 운동 경로 모두에서 도파민 활성의 후속 변화를 유발하는 것으로 생각된다. 실제 작용기전이 무엇이든 간에 아만타딘은 DIP 개선에 유용할 수 있으며, 또한 TD 및 파킨슨병의 레보도파levodopa 치료로 인한 레보도파로 유발된 이상운동증에도 유용하다는 일부 증거가 있다.

약물로 유발된 급성 근긴장이상증

때때로 D_2 차단제, 특히 세로토닌이나 항콜린 특성이 없는 D_2 차단제에 노출되면 근긴장이상증dystonia이라는 질환을 유발할 수 있으며, 종종 D_2 차단제에 처음 노출되었을 때에 도 일어날 수 있다. 근긴장이상증은 얼굴, 목, 몸통, 골반, 팔다리, 심지어 눈의 근육이 간헐적으로 연축intermittent spasmodic을 일으키거나 지속적으로 비자발적 수축sustained involuntary contraction을 한다. 약물로 유발된 근긴장이상증은 무섭고 심각할 수 있지만, 다행히도 항콜린제를 근육주사로 투여하면 거의 항상 20분 이내에 효과가 있다. 이 질환의 원인과 치료는 움직임 조절을 위한 운동 선조체에서 도파민과 아세틸콜린 사이의 균형이 임상적으로 중요하다는 것을 보여주는 다른 예이다(그림 5-7A, 5-7B 및 5-7C).

D_2 차단제의 만성 치료는 지연이상운동증의 증상인 후기 발병 근긴장이상증을 유발할 수 있으며, 지연근긴장이상증tardive dystonia이라고도 한다. 항콜린제는 이 질환에 거의

효과가 없고, 이러한 형태의 근긴장이상증을 악화시킬 수 있으므로 TD 치료가 필요하다.

좌불안석

좌불안석akathisia은 D_2 차단제 치료 후 흔히 나타나는 운동 안절부절 증후군이다. 좌불안석은 주관적인 특징과 객관적인 특징을 모두 가지고 있다. 주관적으로는 내적 안절부절이나 정신적 불안감 또는 불쾌감이 있다. 객관적으로는 가만히 있지 못하는 움직임이 있는데, 가장 대표적인 것은 발을 좌우로 흔들기, 서 있을 때 제자리 걷기 또는 행진하기, 서성거림 등과 같은 하지의 움직임이다. 때때로 약물로 유발된 좌불안석은 기저 정신질환의 일부인 초조 및 반복적인 가만히 있지 못하는 움직임과 구별하기 어려울 수 있다. 좌불안석은 항콜린 약물로 특별히 효과적으로 치료되지 않으며, 대신 β-아드레날린 차단제나 벤조디아제핀으로 더 효과적으로 치료되는 경우가 많다. 세로토닌 2A 길항제도 도움이 될 수 있다.

신경이완제 악성증후군

드물지만 잠재적으로 치명적인 합병증이 D_2 수용체 차단으로 발생할 수 있는데, 이는 부분적으로 흑질선조체 운동 경로의 D_2 수용체 차단으로 인한 것일 수 있다. 이를 '신경이완제 악성증후군neuroleptic malignant syndrome'이라고 하며, 극도의 근육 경직, 고열, 혼수 상태, 심지어 사망과도 관련이 있다. 일부에서는 신경이완제 악성증후군이 가장 극단적인 형태의 DIP라고 여기는데, 다른 이들은 근육을 포함한 세포막에 대한 D_2 차단제의 독성 합병증이라고 가설을 세운다. 이 증상은 D_2 차단제 중단, 단트롤렌dantrolene과 같은 근이완제, 도파민 작용제뿐만 아니라 집중적인 내과적 치료가 필요한 응급 상황에 해당한다.

지연이상운동증

병태생리

전반적으로 세로토닌 수용체 작용이 거의 또는 전혀 없는 D_2 길항제를 계속 복용하는 환자의 약 5%에서 매년 지연이상운동증tardive dyskinesia, TD가 발생하며(즉 5년 동안에 환자의 약 25%), 이는 20대 초반에 시작되어 평생 치료가 필요한 질환에 대해 그다지 고무적인 전망은 아니다. 노인 환자의 경우 D_2 길항제에 노출된 첫해에 TD 발병 위험이 25%까지 높아질 수 있다. 세로토닌 수용체 작용을 가진 새로운 항정신성 D_2 약물을 복용하는 많은 환자가 과거에 전형적 항정신병 약물도 복용했기 때문에 추정치를 구하기가 더 어렵다. 그럼에도 불구하고 최신 D_2 길항제/$5HT_{2A}$ 길항제 또는 D_2/$5HT_{1A}$ 부분작용제만 복용했을 가능성이 높은 환자의 경우, TD 발생률은 예전 약물의 절반 정도일 수 있다. 이러한 새로운 약제는 아래에서 자세히 논의되는 기전을 통해 DIP를 완화할 수도 있다. 이러한 기전은 $5HT_{2A}$ 길항작용과 $5HT_{1A}$ 부분작용이다. 아마도 이러한 약물이 DIP를 완화하는 기전은 TD 발생 가능성도 완화하는 역할을 할 수 있다.

정신병 치료제를 복용하는 사람 중 누가 TD에 걸리며, 어떻게 이런 일이 발생하는가? 일부 증거에 따르면 급성 D_2 차단으로 DIP에 가장 취약한 사람이 만성 D_2 차단으로 TD에 가장 취약한 사람일 수 있다고 한다. 한 가지 이론은 차단에 가장 민감한 흑질선조체 D_2 수용체가 D_2 수용체 차단에 대한 반응으로 초민감성supersensitivity이라는 바람직하지 않은 신경가소성neuroplasticity의 한 형태를 촉발한다는 것이다(그림 5-6). D_2 수용체 차단이 충분히 일찍 제거되면 TD가 역전될 수 있다. 이론상으로 이러한 반전은 수용체를 차단하던 항정신병 약물이 제거되면 흑질선조체 경로의 D_2 수용체 수나 민감도가 정상으로 적절히 회복되어 초민감성 D_2 수용체가 '재설정'되기 때문이다. 그러나 장기간 치료 후 D_2 수용체를 차단하는 약물을 중단하더라도 D_2 수용체가 정상으로 되돌리지 못하는 경우가 있다. 이로 인해 D_2 차단제 투여 여부에 관계없이 비가역적이고 지속적인 TD로 이어진다.

흥미롭게도 운동 선조체motor striatum의 D_2 수용체는 조현병에서 D_2 길항제/부분작용제에 의한 만성 차단과 마찬가

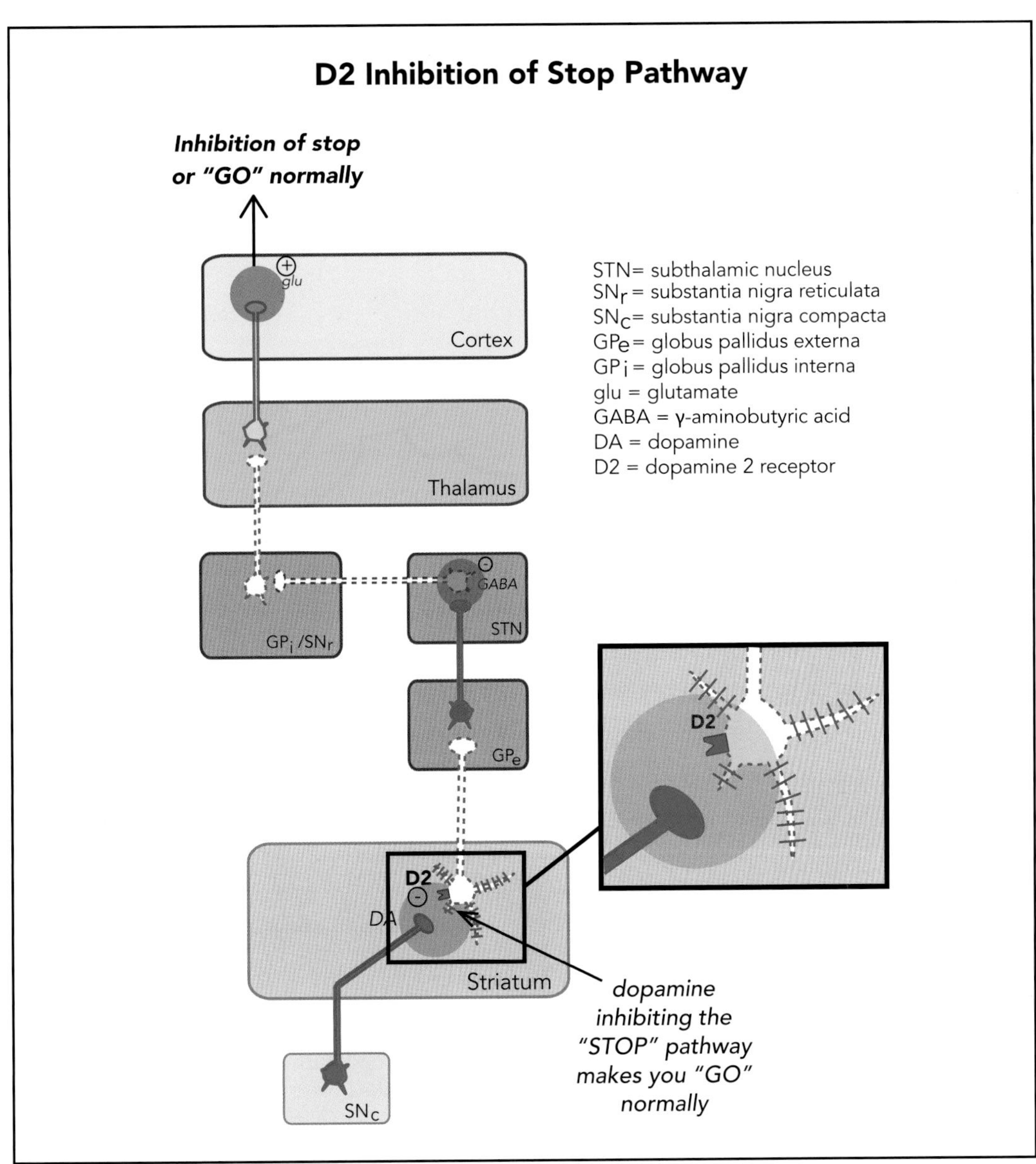

그림 5-9A 정지 경로의 D_2 수용체 억제. 흑질선조체 경로에서 방출된 도파민은 외창백핵으로 투사되는 감마아미노뷰티르산(GABA) 뉴런의 시냅스후 D_2 수용체에 결합한다. 이로 인해 간접(정지) 경로가 억제되어 '이동'이라고 지시한다.

지로 파킨슨병에서 레보도파에 의한 만성 자극에 거의 동일한 방식으로 반응하는 것으로 보인다. 즉 파킨슨병에서 레보도파를 만성 투여하면 TD와 매우 유사하게 보이는 레보도파로 유발된 이상운동증이 발생할 수 있으며, 이상한 형태의 선조체 가소성과 비정상적 뉴런 '학습'이라는 유사한 병태생리를 공유할 수 있다. 여기서의 교훈은 아마도 운동 선조체의 도파민 수용체를 엉망으로 만들지 말아야 한다는 것이며 아니면 결과가 뒤따를 수 있다는 것이다!

흑질선조체 도파민 시스템에서의 D_2 길항제/부분작용제 효과에 대한 보다 자세한 설명은 그림 5-9A, 5-9B, 5-9C에 나와 있다. 이 설명은 제4장에서도 소개하였으며, 그림 4-13B, 4-13C, 4-13D, 4-13E, 4-13F에 삽화로 설명하였다. 흑질선조체 도파민 경로의 일부 신경가닥, 특히 연관 선조체associative striatum 내측으로의 투사는 변연(감정)계의

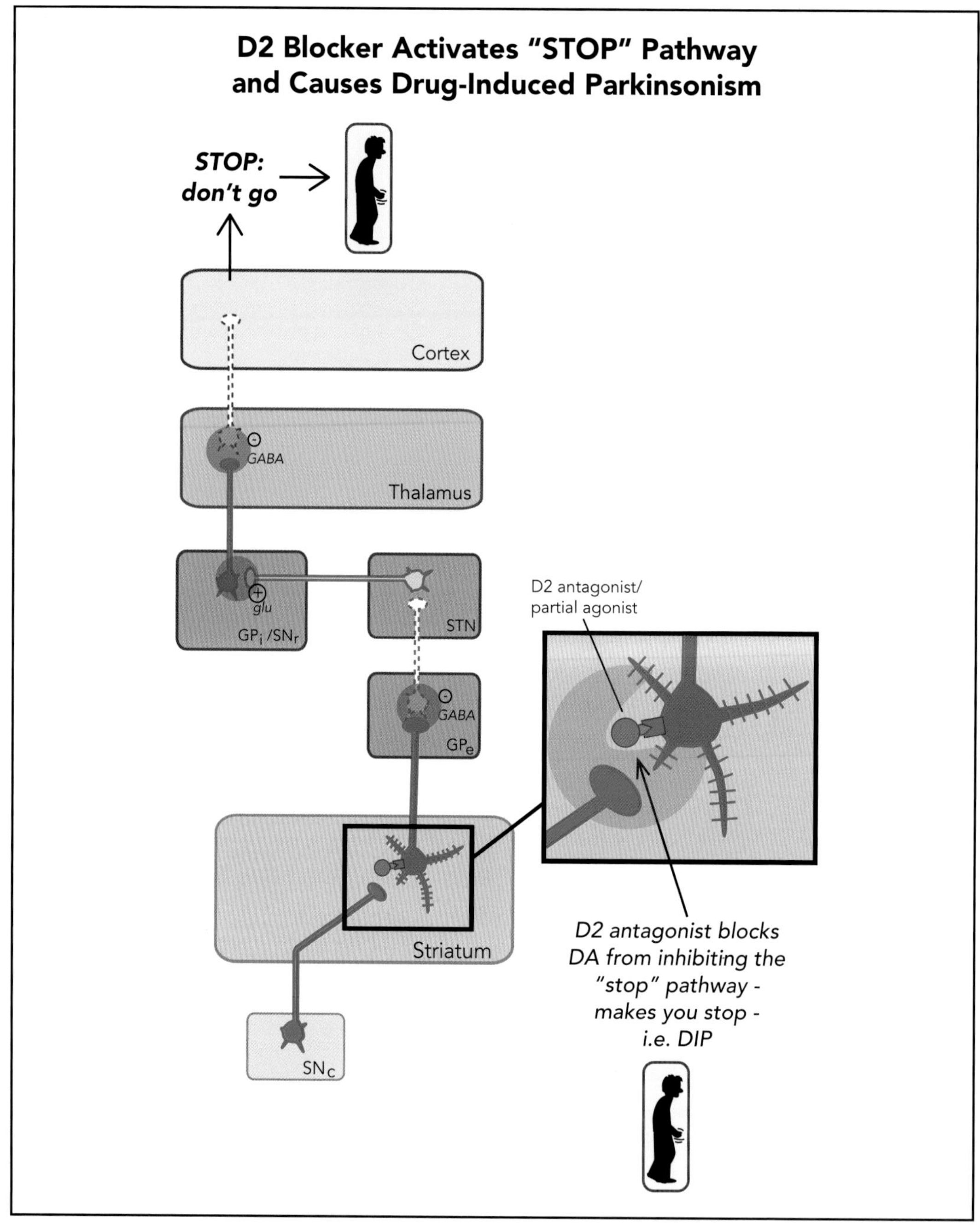

그림 5-9B D₂ 수용체 차단은 정지 경로를 활성화. 흑질선조체 경로에서 방출된 도파민이 외창백핵으로 투사되는 감마아미노뷰티르산(GABA) 뉴런의 시냅스후 D_2 수용체에 결합하는 것이 차단된다. 이는 간접(정지) 경로의 억제를 방지한다. 다시 말해 D_2 길항제는 간접(정지) 경로를 활성화한다. 너무 많이 정지하면 약물로 유발된 파킨슨증이 발생할 수 있다.

일부로서 과활성되어 정신병의 양성증상에 기여할 수 있다(그림 4-16B 참조). 다른 흑질선조체 도파민 투사, 특히 감각운동 선조체sensorimotor striatum로의 투사는 추체외로 신경계의 일부이고 운동움직임을 제어하며, 그림 5-9A, 5-9B, 5-9C에 묘사된 흑질선조체 도파민 뉴런이 여기에 해당한다.

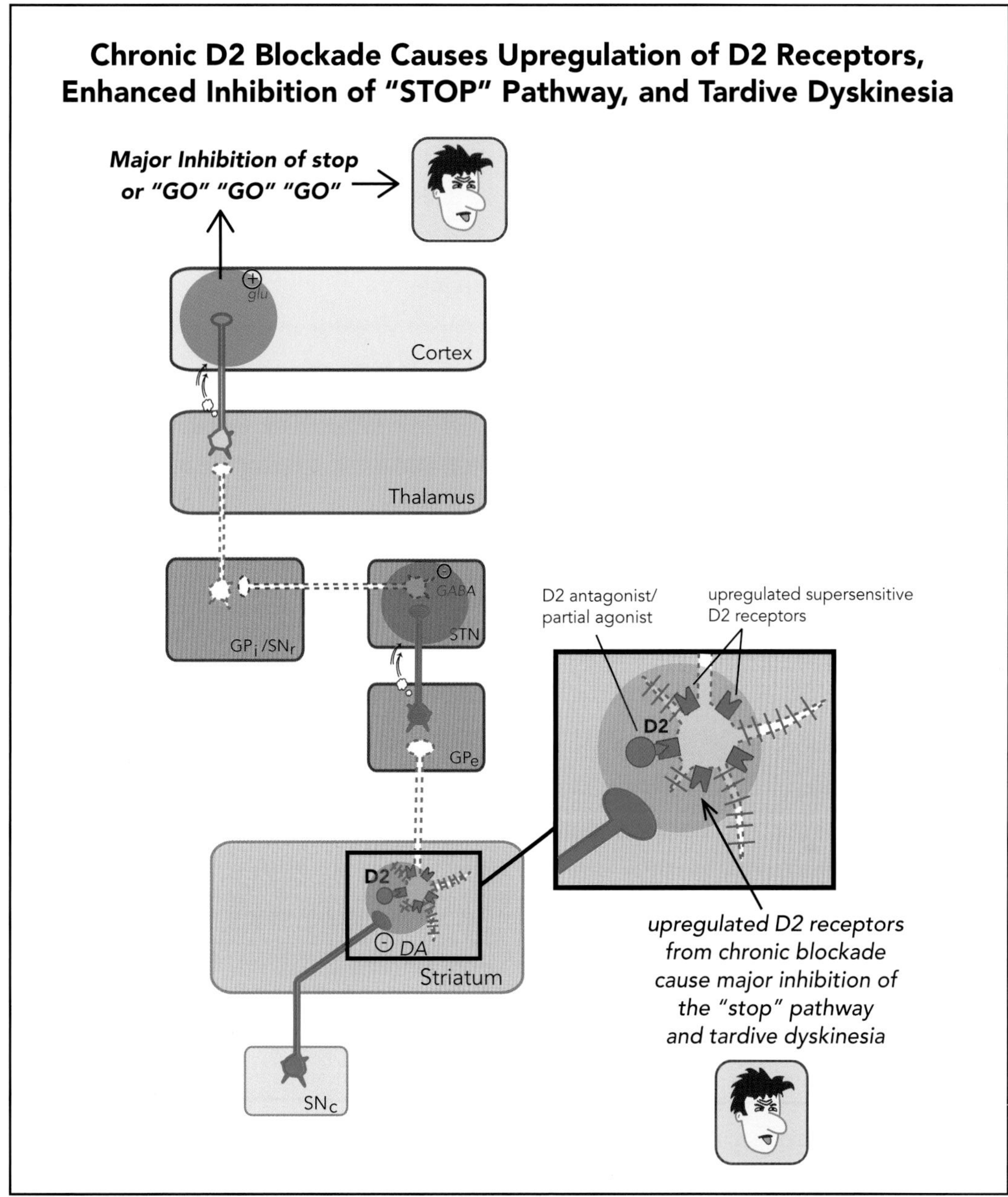

그림 5-9C 만성 D_2 수용체 차단과 정지 경로의 과억제. 흑질선조체 경로에서 방출된 도파민이 외창백핵으로 투사되는 감마아미노뷰티르산(GABA) 뉴런의 시냅스후 D_2 수용체에 결합하는 것이 차단된다. 이러한 수용체의 만성 차단은 수용체의 상향조절을 일으킬 수 있으며, 상향조절된 수용체는 도파민에 '초민감'할 수도 있다. 도파민은 이제 간접(정지) 경로에서 억제 효과를 발휘할 수 있으며, 실제로 '정지' 신호가 너무 많이 억제되어 '이동' 신호의 과활성이 유발되고, 지연이상운동증의 운동과다 비자발 움직임으로 이어질 수 있다.

일반적으로 도파민은 이 경로에 존재하는 수용체 아형인 간접 운동경로의 D_2 수용체에서 작용한다. 소위 간접 경로는 '정지' 작용을 위한 경로이기도 하다(그림 4-13F 및 5-9A). D_2 수용체는 억제성이기 때문에 도파민은 정지 경로를 억제한다. 도파민이 이 경로에서 '이동'이라고 말하는 멋진 방법이다(그림 4-13B 및 5-9A). 따라서 간접 경로의 D_2 수용체에 작용하는 도파민은 '이동' 신호를 촉발한다.

도파민의 이러한 작용이 차단되면 어떻게 될까? 급성 D_2

길항제/부분작용제를 투여하면, 이러한 약물이 '정지' 경로에서 도파민의 작용을 억제하기 때문에 '이동'이라고 말하는 도파민의 능력이 차단된다. 이를 다른 말로 표현하면, D_2 길항제는 간접 경로에서 '정지'라고 말한다는 것이다(그림 5-9B). 만약 '정지'가 너무 많으면 결과적으로 DIP가 될 수 있다(그림 5-9B). 전문 용어로 말하자면 D_2 차단제의 존재로 인해 간접 경로의 D_2 수용체에서 도파민 작용에 의해 '정지'가 억제되지 않으면 움직임이 '정지'되며, 때때로 DIP의 느리고 경직된 움직임이 발생할 정도로 움직임이 '정지'된다(그림 5-9B).

만약 이러한 상황이 지속되면, 운동 선조체의 간접 경로에 있는 D_2 수용체는 가설상으로 그림 5-9B처럼 급성 D_2 수용체 차단에 반응한다. D_2 차단이 만성화될 때 TD가 발생하도록 '학습'된다(그림 5-9C). 이에 대한 이론적 기전은 간접 운동경로에서 과도한 수의 D_2 수용체가 증식하는 것이다(그림 5-9C). 아마도 도파민 시스템은 더 많은 D_2 수용체를 만들어 약물로 유발된 차단을 극복하려는 헛된 시도에 관여하게 된다(그림 5-9C). 그 결과는 도파민에 대한 간접 경로의 초민감성이다. 증명하기는 어려웠지만 동물 모델과 조현병 환자의 양전자방출단층촬영positron emission tomography, PET 영상에 따르면, 운동 선조체의 만성 D_2 차단이 초민감성 D_2 수용체 상향조절을 유발하며, 이는 TD 환자에서 가장 많이 발생한다. 무슨 일이 일어나고 있든 이는 방금 설명한 급성 D_2 수용체 차단(그림 5-9B)과 반대되는 상황(그림 5-9C)으로 이어진다. 즉 급성 D_2 차단으로 인한 정지 신호의 억제가 충분하지 않은 대신(그림 5-9B), 만성 D_2 차단으로 인한 정지 신호의 억제는 너무 많다(그림 5-9C). 상황은 DIP의 느린 경직된 움직임(그림 5-9B)에서 TD의 빠른 운동과다 비자발 움직임(그림 5-9C)으로 바뀌었다.

간접 경로가 지나친 정지에서 지나친 이동으로 전환을 유발하는 기전은 무엇일까? 대답은 비정상적 신경가소성이 간접 경로에 너무 많고 너무 민감한 D_2 수용체의 증식을 유발하는 것일 수 있다는 것이다(그림 5-9C). 이제 갑자기 D_2 수용체에 도파민이 충분하지 않은 대신(그림 5-9B), 너무 많은 D_2 수용체에 너무 많은 도파민이 있다(그림 5-9C). 운동 선조체는 이를 '정지' 신호의 과도한 억제로 해석하여 '충분하지 않은 정지'와 '너무 많은 이동'으로 해석한다. 따라서 선조체에서 나오는 뉴런 자극은 더 이상 강제적인 속도 제한이 없으며, 따라서 TD의 비자발적 운동과다 움직임이 나타난다.

TD의 비정상적 비자발 움직임의 출현은 신경학적 검사와 비정상적 비자발 움직임 척도Abnormal Involuntary Movement Scale, AIMS와 같은 평가 척도를 사용하여 주기적으로 구체적으로 모니터링해야 한다. 비록 자주 시행되지는 않을지라도, 모범 규준은 이러한 약물을 복용하는 모든 사람의 움직임을 추적 관찰하는 것이다. 유감스럽게도 이것은 특히 우울증 치료를 받는 환자에서 시행되지 않는다. 오히려 기분장애 환자가 TD의 위험성이 더 높을 수 있다. 누구에게 사용되든 지에 관계없이 동일한 약물이라는 점을 염두에 두어야 한다.

치료

뇌가 만성 D_2 차단을 보상하려는 비정상적인 시도로 TD를 말 그대로 '학습'하고 이로 인해 간접 경로에서 원치 않는 도파민 과자극이 발생한다면, TD는 도파민 신경전달을 낮추는 중재에 반응하도록 이상적으로 설정된 질환으로 보일 수 있다. 어떻게 하면 될까?

한 가지 방법은 D_2 길항제의 용량을 늘려서 새롭게 상향조절되고 초민감화된 다수의 D_2 수용체를 차단하는 것이다. 이 방법은 일부 환자에게는 단기적으로 효과가 있을 수 있지만, 더 즉각적인 부작용과 향후 TD를 더욱 악화시킬 수 있는 가능성을 감수해야 한다. 또 다른 치료 가능성은 운동 시스템이 저절로 정상으로 재조정되어 운동장애가 회복되기를 바라며 문제의 D_2 길항제를 중단하는 것이다. 기저 정신병이 없는 많은 환자는 D_2 길항제/부분작용제의 중단을 견딜 수 있지만, 대부분의 정신병 환자는 D_2 길항제/부분작용제의 중단을 견디지 못할 수 있다. 또한 TD 뇌는 비정상적인 신경가소성 학습을 잘 '잊을' 수 없는 것으로 보이며 일부 환자, 특히 TD 움직임이 시작된 직후에 D_2 차단을 중단한 환자만이 TD의 반전을 경험할 가능성이 높다. 실제로 대부분의 환자는 D_2 차단이 제거되면 움직임이 즉각적으로 악화되는 것을 경험하는데, 이는 D_2 길항제 치료가 전혀 없는 상태에서 완전히 차단 해제된 도파민 작용 때문이다. 따라서 TD 치료에서 D_2 길항제 중단은 종종 선택사항이 아니다.

최근의 발전은 소포 모노아민 수송체 2형vesicular monoamine transporter type 2, VMAT2을 억제함으로써 TD를 성공적으로 치료할 수 있다는 것을 보여준다. 시냅스로 방출되는 신경전달물질의 시냅스전 수송체는 제2장에서 논의하였다(표 2-3 및 그림 2-2A와 2-2B 참조). 이러한 수송체는 시냅스전 축삭 종말에 국한되어 있으며, 많은 우울증 치료제의 표적이 되는 '재흡수 펌프'로 잘 알려져 있다(그림 2-2A 및 2-2B, 제6장 우울증 치료제의 모노아민 재흡수 차단제에 대한 논의 참조). 뉴런 내부에 있는 신경전달물질에 대한 수송체도 존재하는데, 이러한 뉴런 내 수송체는 시냅스 소포에 위치하며 소포 수송체라고 불린다. GABA, 글루타메이트, 글라이신, 아세틸콜린, 모노아민 등 여러 종류의 소포 수송체가 확인되었다(제2장 및 그림 2-2A와 2-2B 참조). VMAT2로 알려진 특정 수송체는 도파민, 노르에피네프린, 세로토닌, 히스타민 뉴런 내부의 시냅스 소포에 위치한다. VMAT2는 신경전달 중에 방출이 필요할 때까지 뉴런 내 신경전달물질을 저장하는 역할을 한다(그림 5-10A). 또한 VMAT2는 암페타민 및 '엑스터시'(MDMA; 3,4-메틸렌디옥시메탐페타민)와 같은 특정 약물을 '가짜' 기질로 수송할 수 있으며, 이러한 가짜 기질은 '진짜' 천연 신경전달물질과 경쟁하여 수송을 차단할 수 있다. 이에 대해서는 제11장의 주의력결핍 과잉행동장애에 대한 자극제 치료와 제13장의 약물남용에서 더 자세히 논의된다. 시냅스 소포는 에너지를 필요로 하는 양성자 펌프를 통해 속공간(내부)에서 낮은 pH를 생성한다(제2장 및 그림 2-2A와 2-2B). 낮은 pH는 시냅스 소포에서 신경전달물질을 격리하는 원동력으로 작용한다.

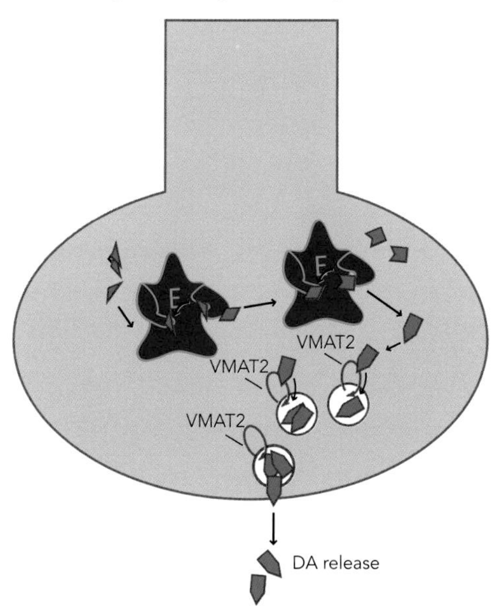

그림 5-10A **소포 모노아민 수송체 2(VMAT2)와 도파민.** VMAT2는 시냅스 소포에 위치한 뉴런 내 수송체이다. VMAT2는 도파민을 포함한 뉴런 내 모노아민을 시냅스 소포 안으로 가져가 신경전달 중 방출이 필요할 때까지 저장한다.

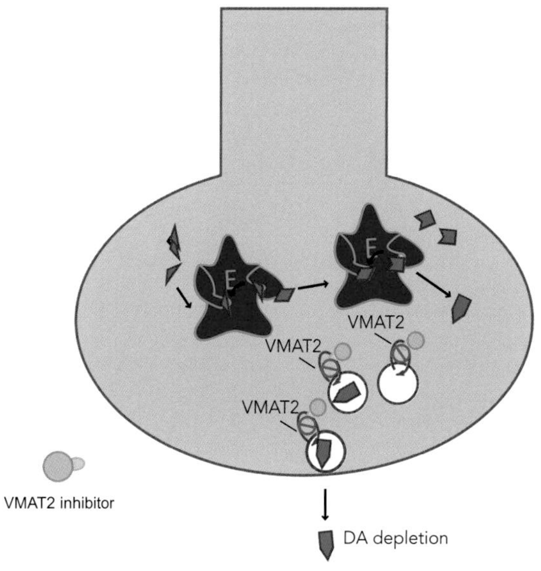

그림 5-10B **VMAT2 억제로 인한 도파민 고갈.** VMAT2를 억제하면 도파민이 시냅스 소포에 흡수되는 것을 막을 수 있다. 따라서 뉴런 내 도파민이 대사되어 도파민 저장의 고갈로 이어진다.

VMAT에는 실제로 두 가지 유형이 있다. VMAT1은 말초 및 중추신경계 모두의 뉴런 시냅스 소포에 국한되어 있고, VMAT2는 중추신경계 뉴런의 시냅스 소포에만 위치한다. VMAT 억제제에는 두 가지 유형이 알려져 있는데, 하나는 VMAT1과 VMAT2를 비가역적으로 억제하는 레세르핀reserpine이고, 다른 하나는 VMAT2만 가역적으로 억제하는 테트라베나진tetrabenazine 관련 약물이다. 이것이 테트라베나진 관련 약물이 아닌 레세르핀이 기립저혈압(레세르핀은 한때 고혈압에 사용됨), 코 막힘, 가려움, 위장관 부작용과 같은 말초 부작용과 빈번하게 연관되는 이유이다. VMAT2는 여러 신경전달물질(도파민, 노르에피네프린, 세로토닌, 히스타민)을 시냅스 소포 내로 운반하지만, 테트라베나진은 임상 용량에서 도파민 운반에 우선적으로 영향을 미친다(그림 5-10B). 테트라베나진 관련 약물이 시냅스전 소포로의 도파민 수송을 차단하면, 시냅스전 뉴런 내의 모노아민 산화효소(MAO)에 의해 도파민이 빠르게 분해되어 VMAT2 억제 정도에 비례하여 시냅스전 도파민의 고갈이 발생한다(그림 5-10B).

테트라베나진 자체는 실제로 카보닐기 환원효소carbonyl reductase에 의해 4개의 활성 다이하이드로 대사산물dihydro metabolite로 전환되는 비활성 전구약물이며, 이 4개 대사산물은 모두 CYP450 2D6에 의해 비활성화된다(그림 5-11A). 테트라베나진에 의한 VMAT2 억제의 대부분은 결국 +β-다이하이드로 거울상체enantiomer에 의해 이루어지며, 이는 VMAT2를 억제하는 대사산물 중 VMAT2에 대해 가장 큰 역가potency를 가지고 있기 때문이다(그림

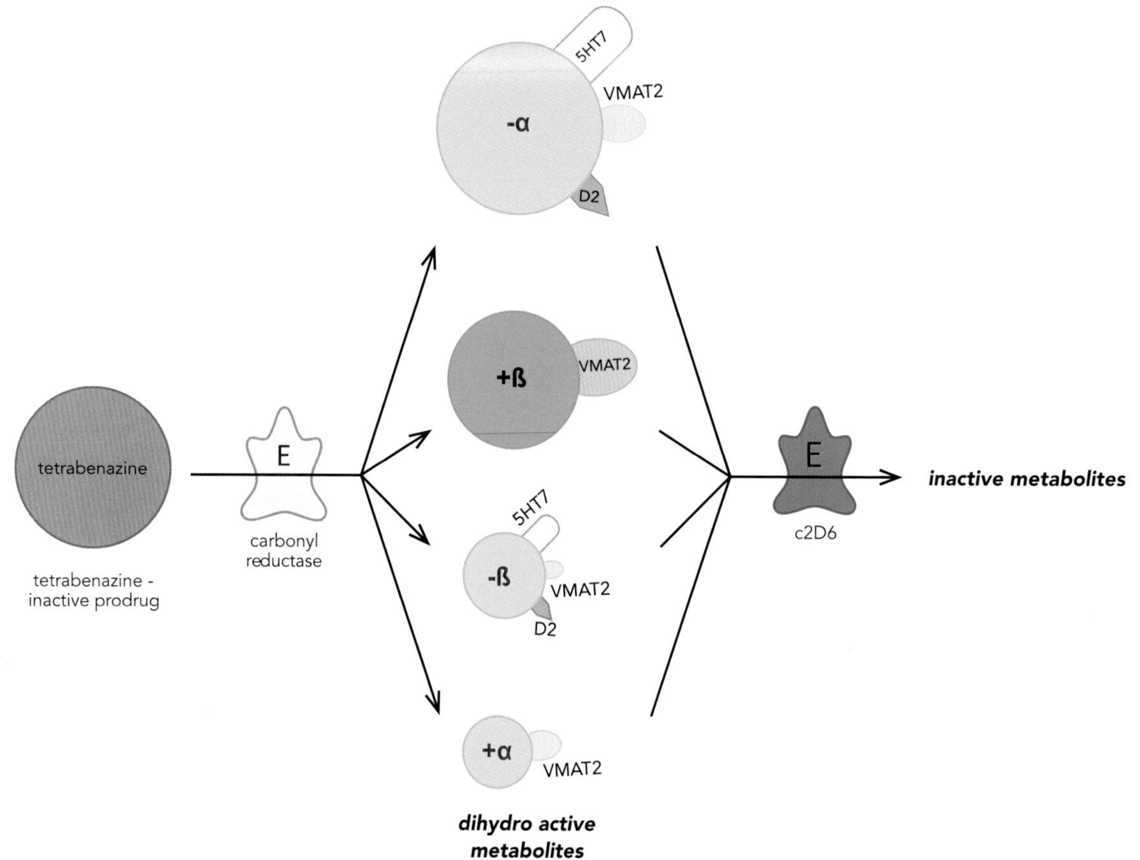

그림 5-11A 테트라베나진 역가. 테트라베나진은 비활성 전구약물이며, 카보닐기 환원효소에 의해 대사되면 4개의 활성 다이하이드로 대사산물이 생성되고, 이 대사산물들은 모두 CYP450 2D6에 의해 비활성 대사산물로 전환된다. 네 가지 활성 대사산물 중 +β-다이하이드로 거울상체는 VMAT2에 대해 가장 큰 역가를 가지고 있어 테트라베나진의 치료효과의 대부분을 담당한다. 다른 활성 대사산물은 그림과 같이 추가적인 수용체 작용을 가진다.

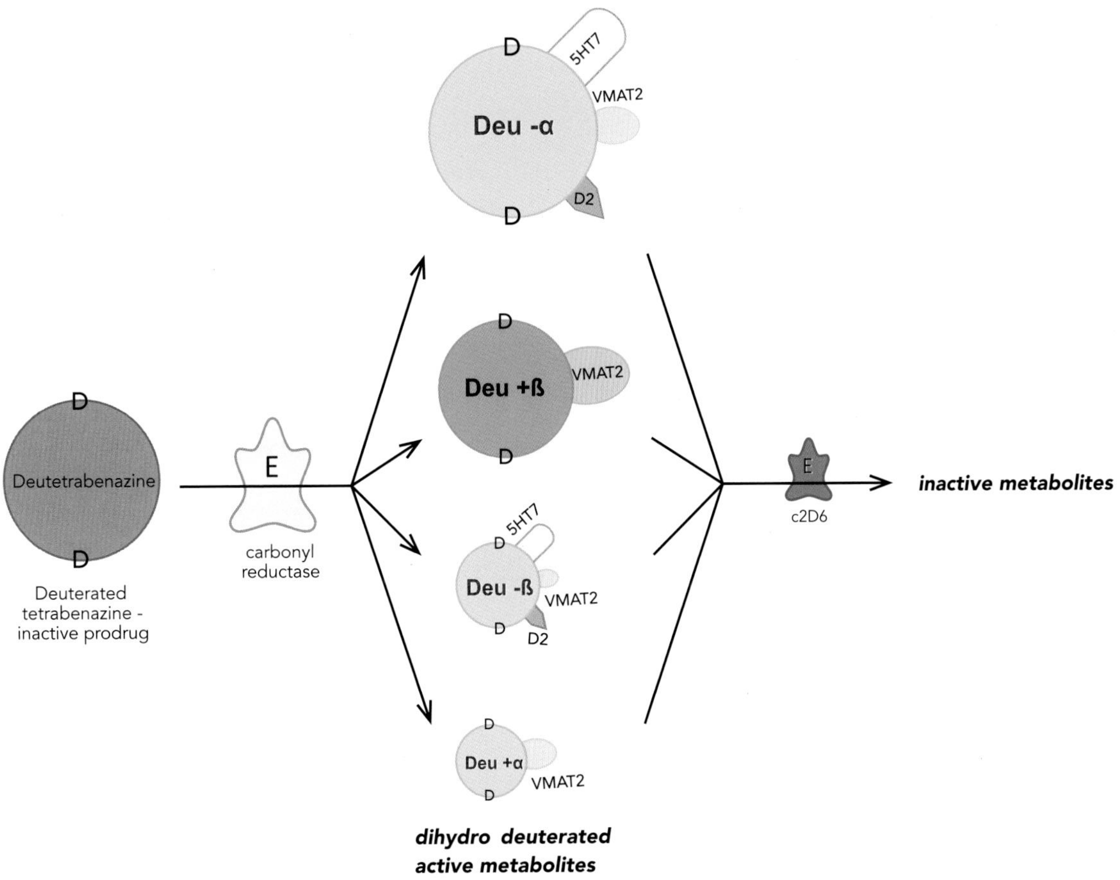

Deu -α
5HT7
VMAT2
D2
Deu +ß
VMAT2
Deutetrabenazine
Deuterated tetrabenazine - inactive prodrug
E
carbonyl reductase
Deu -ß
5HT7
VMAT2
D2
Deu +α
VMAT2
dihydro deuterated active metabolites
E
c2D6
inactive metabolites

그림 5-11B 듀테트라베나진 역가. 중수소화는 약물의 수소 원자 중 일부를 중수소로 치환하는 과정이다. 중수소는 양성자 하나와 중성자 하나를 가지고 있으므로 수소 질량의 2배이다. 수소를 중수소로 치환하면 CYP450 2D6에 덜 적합한 기질이 된다(그림 5-11A에 비해 더 작은 c2D6 효소로 표시됨). 따라서 반감기가 길어지고, 투약 빈도가 감소하며, 최고 용량 부작용이 감소한다.

valine
+α tetrabenazine
E
hydrolysis
valine
+α tetrabenazine
E
carbonyl reductase
VMAT2
+α dihydro tetrabenazine
E
2D6
inactive metabolites

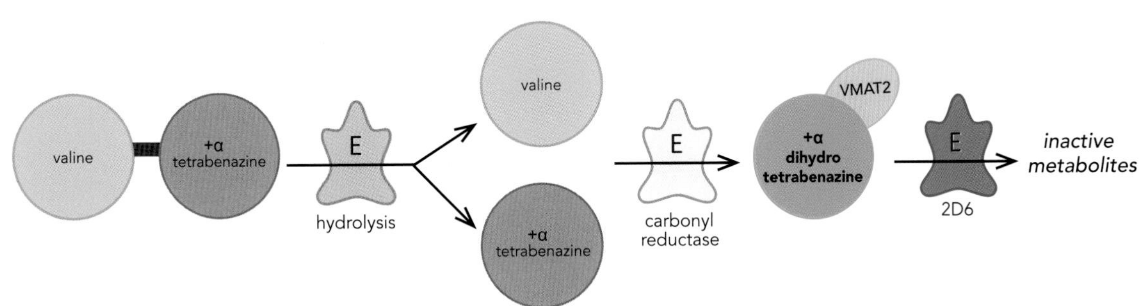

그림 5-11C 발베나진 역가. 발베나진은 테트라베나진의 +α 거울상체에 아미노산 발린이 연결된 테트라베나진이다. 발베나진은 삼켰을 때 발린과 +α 테트라베나진으로 가수분해된 후 카보닐기 환원효소에 의해 +α-다이하이드로 테트라베나진으로 빠르게 전환된다. 가수분해가 느리기 때문에 반감기가 길고, 하루에 한 번 복용하면 된다.

5-11A). 테트라베나진은 TD 치료제로 승인되지 않았지만, 관련된 운동과다 운동장애, 즉 헌팅턴병의 무도증chorea 치료제로 승인되었다. 테트라베나진의 단점은 반감기가 짧아 하루에 세 번 복용해야 하며, 진정 작용과 약물로 유발된 파킨슨증을 포함한 최고 용량 부작용peak-dose side effect이 있고, 고용량으로 가기 위해서는 CYP450 2D6 빈약대사자

poor metabolizer를 위한 유전자 검사가 필요하며, 헌팅턴병 치료에 사용할 경우 우울증과 심지어 자살 위험이 있다는 것이다.

최근 CYP450 2D6에 좋은 기질인 약물을 CYP450 2D6에 좋지 않은 기질로 전환하여 반감기를 늘리고, 투약 횟수를 줄이며, 최고 혈장 농도를 낮추는 중수소화deuteration라는 기발한 방법이 발견되었다. 중수소화는 약물의 수소 원자 일부를 중수소로 대체하는 과정이다. 중수소는 양성자 1개와 중성자 1개로 구성된 핵을 가진 수소의 안정 동위원소로, 양성자 1개만 포함된 일반적인 수소 핵 질량의 2배에 달한다. 이러한 치환으로 인해 약물이 CYP450 2D6에 덜 적합한 기질이 되어 반감기 증가, 투약 빈도 감소(하루 3회에서 2회로), 최고 용량 부작용 감소 등 위에서 언급한 비중수소화 테트라베나진의 모든 문제점을 줄인다. 상업적인 측면에서 볼 때, 중수소화는 비중수소화 의약품의 특허 기간을 재개할 수 있고, 의약품 개발에 대한 인센티브를 창출할 수 있다. 듀테트라베나진deutetrabenazine이라고 불리는 중수소화 테트라베나진의 또 다른 장점은 헌팅턴병뿐만 아니라 TD 치료에 대한 특정 규제승인regulatory approval을 받았고, 전체 용량 범위를 투여하기 위해 더 이상 유전자 검사를 할 필요가 없으며, TD 치료에 대한 자살 경고 문구가 없다는 것이다. 단점은 하루 두 번 투여해야 하고, 음식과 함께 복용해야 한다는 점이다.

듀테트라베나진의 대사산물(그림 5-11B)은 비중수소화

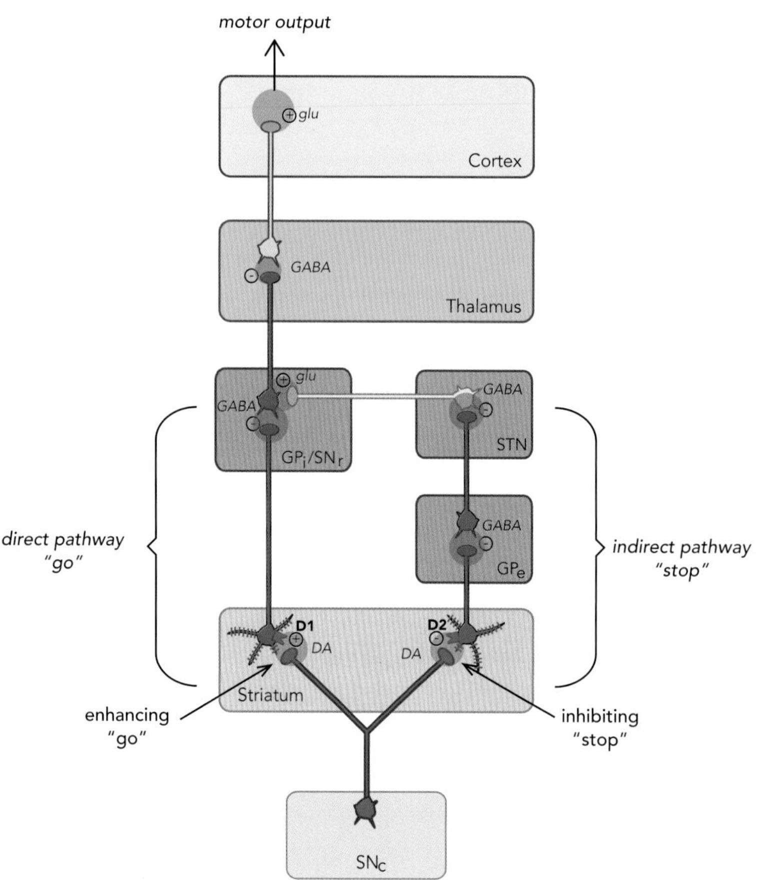

그림 5-12A 도파민에 의한 운동움직임의 정상 조절. 도파민은 직접(이동) 및 간접(정지) 경로 모두를 통해 운동움직임을 조절한다. 직접 경로(그림의 왼쪽)에서는 선조체로 방출된 도파민이 GABA 뉴런의 D_1 수용체와 결합한다. 이는 GABA 방출을 자극하여 궁극적으로 피질에서 글루타메이트 방출로 이어져 운동 출력을 향상시킨다. 간접 경로(그림의 오른쪽)에서는 선조체로 방출된 도파민이 GABA 뉴런의 D_2 수용체와 결합한다. 이는 GABA 방출을 억제하여 '정지' 경로를 억제하고, 따라서 운동 출력을 향상시킨다.

테트라베나진(그림 그림 5-11A)의 대사산물과 동일하다. 테트라베나진과 듀테트라베나진 모두 +β-다이하이드로 거울상체 외에도 −α- 및 −β-다이하이드로 거울상체가 상당한 농도로 존재하며, 이들은 추가적인 수용체 작용, 특히 $5HT_7$ 수용체에 대한 길항작용 및 정도는 덜하지만 D_2 수용체 길항작용을 수행한다(그림 그림 5-11A 및 5-11B).

테트라베나진의 또 다른 형태는 발베나진valbenazine으로, 아미노산 발린valine이 테트라베나진의 +α 거울상체와 연결되어 있기 때문에 붙여진 이름이다. 발베나진은 삼키면 발린과 +α-테트라베나진으로 가수분해hydrolysis되며, 이는 카보닐기 환원효소에 의해 테트라베나진의 +α 다이하이드로 거울상체로만 빠르게 전환되어 4개의 활성 거울상체 중 VMAT2를 가장 선택적으로 강력하게 억제한다(그림 5-11C). 발베나진은 가수분해가 느리기 때문에 반감기가 길고, 하루에 한 번 투여할 수 있다. 발베나진은 TD 치료제로 승인되었으며 유전자 검사가 필요 없고, 음식과 함께 복용할 필요가 없으며, 하루 한 번 복용하고, 자살 경고가 없다.

직접 경로와 간접 경로 모두에서 TD에 대한 VMAT2 억제 작용기전의 보다 자세한 설명이 그림 5-12A부터 5-12D까지에 나와 있다. 그림 5-12A에서 왼쪽 아래의 도파민은

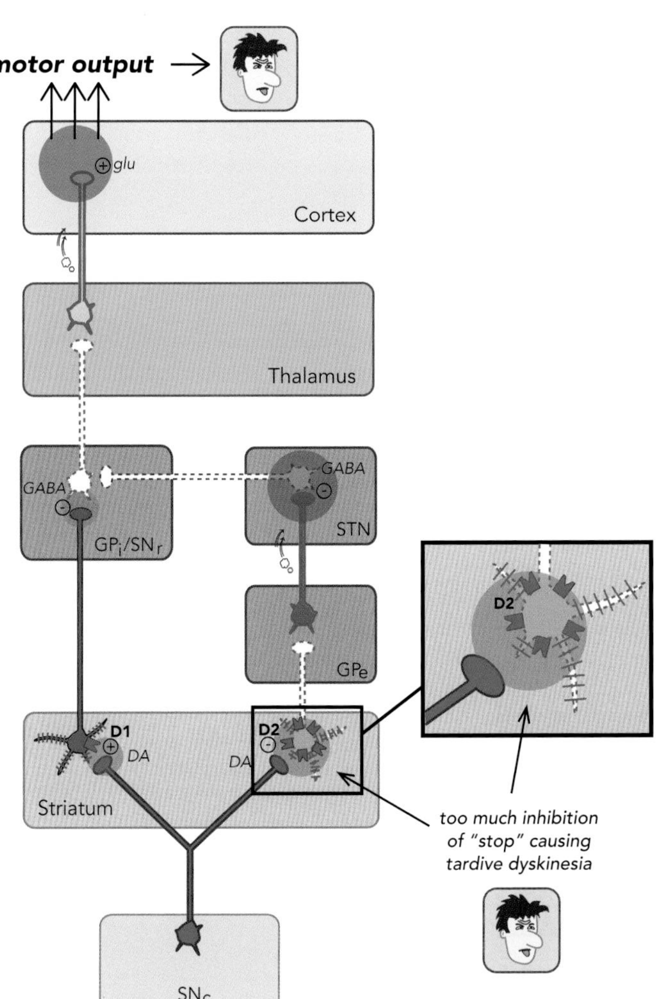

그림 5-12B 간접 경로에서 도파민 2 수용체의 상향조절. D_2 수용체의 만성 차단은 수용체의 상향조절로 이어질 수 있으며, 상향조절된 수용체는 도파민에 초민감할 수도 있다. 간접(정지) 경로에서는 '정지' 신호가 너무 많이 억제되어 '이동' 신호가 과활성되고 지연이상운동증의 운동과다 비자발 움직임으로 이어질 수 있다.

D_1 수용체의 직접 경로에서 '이동'을 촉진하고, 오른쪽 아래의 도파민은 D_2 수용체의 간접 경로에서 '정지'를 억제하는 정상 운동 상태를 보여준다. 선조체는 직접 및 간접 경로에서 도파민 방출을 촉진하거나 감소시켜 근육이 움직이거나 멈춰야 하는 움직임과 자세를 순서에 따라 그리고 시간에 따라 변화하는 방식으로 원활하게 수행하도록 조율함으로써 정상 운동움직임을 조절한다(그림 5-12A).

그림 5-12B는 TD가 발생했을 때의 상황을 보여주는데, 간접 경로의 오른쪽 아래에 있는 D_2 수용체의 상향조절로 인해 정지가 지나치게 억제되어 '이동, 이동, 이동'이라는 메시지를 유발하고, 그 결과 TD의 운동과다 비자발 움직임이 발생한다. 이것은 위에서도 설명했고 그림 5-9C에도 나와 있다.

그림 5-12C와 5-12D는 TD에서 VMAT2 억제의 작용기전을 보여준다. TD 치료를 위해서 VMAT2를 차단하려고 어떤 형태의 테트라베나진을 선택하든, TD에 대한 효능과 내약성 간의 최상의 균형을 위해서는 90% 이상 높은 수준의 VMAT2 억제가 필요할 수 있다. VMAT2 억제는 D_2 수

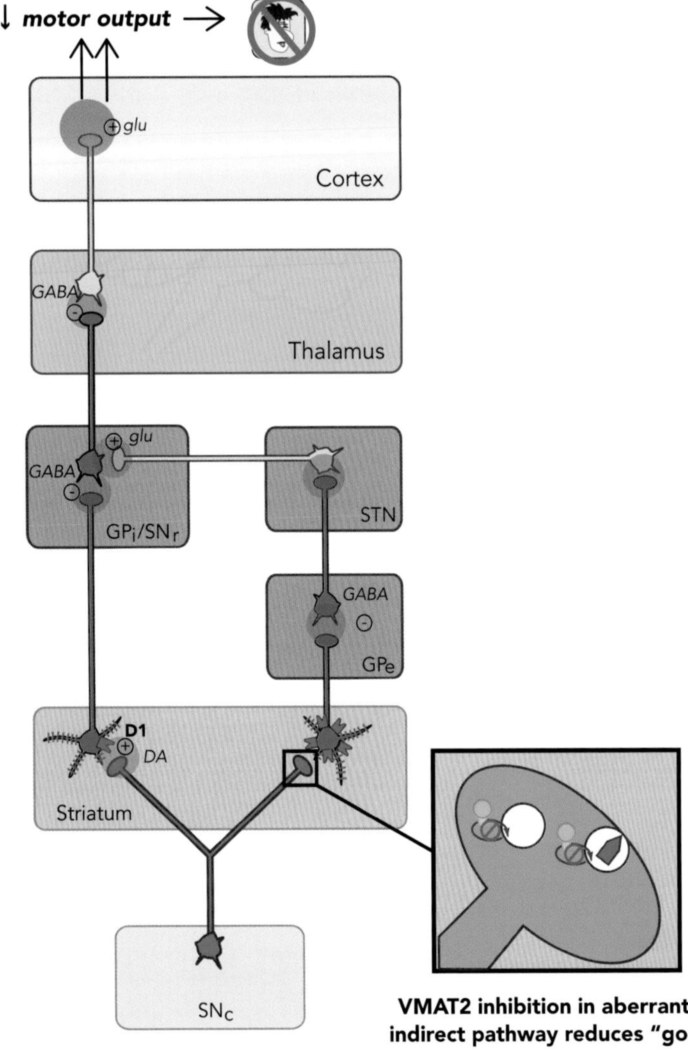

그림 5-12C 간접(정지) 경로에서 VMAT2 억제. VMAT2 억제는 도파민 출력을 감소시켜 간접(정지) 경로에서 억제성 D_2 수용체의 과자극을 감소시킬 수 있다. 이는 간접(정지) 경로를 탈억제하여 지연이상운동증의 운동과다 움직임을 감소시킬 수 있다.

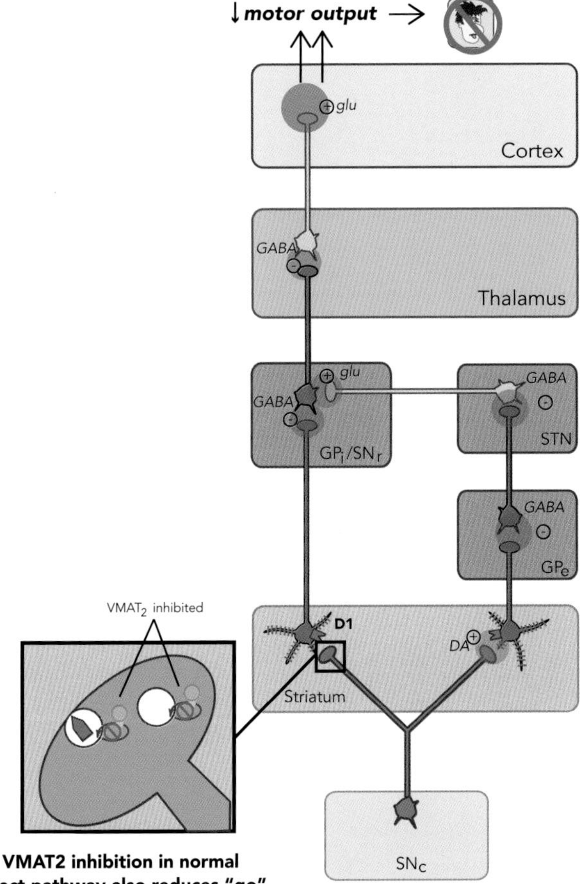

그림 5-12D 직접(이동) 경로에서 VMAT2 억제. VMAT2 억제는 도파민 출력을 감소시켜 직접(이동) 경로에서 흥분성 D_1 수용체의 활성화를 감소시킬 수 있다. 이는 직접(이동) 경로를 억제하여 지연이상운동증의 운동과다 움직임을 감소시킬 수 있다.

용체를 차단하지 않고 도파민 자극을 감소시키는 기전이다. 따라서 이 작용은 간접 경로에서 D_2 수용체의 과자극을 감소시켜(그림 5-12C의 오른쪽 아래), 해당 경로의 정지 신호를 덜 억제한다. 그러나 D_1 수용체에서 도파민에 의해 '이동' 신호가 정상적으로 증폭되는 직접 경로에서도 VMAT2 억제의 이점이 있다(그림 5-12A). 이러한 D_1 수용체와 직접 추체외로 경로(그림 5-12A)가 TD의 병리 부위가 아닐지라도 (그림 5-9C 및 5-12B 참조), 이들은 정상적으로 움직임에 대한 '이동' 신호를 유도하므로(그림 5-12A), VMAT2 억제를 통해 이곳의 도파민을 낮추면 직접 경로에서 발생하는 '이동' 신호도 낮아질 것으로 예상할 수 있다(그림 5-12D). 간접 경로에서 발생하는 더 많은 '정지' 신호와 결합하여(그림 5-12C) 비정상적인 비자발 운동과다를 유발하는 운동 출력은 두 경로에서 도파민 고갈 영향의 조합으로 인해 강력하게 감소한다(그림 5-12C 및 5-12D). 따라서 VMAT2 억제는 직접 및 간접 운동 경로(그림 5-12C 및 5-12D) 모두에서 도파민의 '이동' 추진을 '다듬어서' 만성 D_2 수용체 차단 후 간접 경로에서만 발생하는 비정상적인 '학습'을 보상하는 것으로 보인다(그림 5-9C 및 5-12B). 이것이 장기적으로 질병을 교정하고, 증상적으로만 움직임을 치료하는 것이 아니라 되돌릴 수 있을지 여부는 반드시 TD에서 VMAT2 억제에 대한 장기적인 연구를 통해 결정되어야 한다.

도파민 D_2 수용체 표적화 약물: 소위 1세대 또는 전형적 '항정신병 약물'

정신병 치료에 사용된 초기 약물의 목록이 표 5-1에 나와 있다. 이 중 몇 가지는 오늘날에도 여전히 임상에서 사용되고 있다. 일반적으로 1차 치료제로 사용되지는 않지만, 전통적인 D_2 길항제는 최신 정신병 치료제에 반응하지 않는 환자와 주사제(속효성 주사제와 장기지속형 주사제 모두)가 필요한 환자에게 여전히 사용되고 있다. 1세대 정신병 치료제 중 일부는 경구용과 주사제로 모두 사용 가능하며, 많은 임상의사가 여전히 이러한 약물을 사용해본 경험이 있으며, 심지어 치료저항성이고 치료가 어려운 환자들에게 선호하기도 한다. 이러한 최초의 정신병 약물(표 5-1)을 흔히 '전통적', '고전적' 또는 '1세대' 항정신병 약물이라고 부르지만, 혼란을 줄이기 위해 '항정신병 약물'이 아닌 '항정신병 작용을 가진' 약물로 계속 언급할 것이다. 동일한 약물이 양극성 조증, 정신병적 조증, 정신병적 우울증, 뚜렛증후군, 심지어 위식도역류를 포함한 위장관질환, 당뇨병으로 인한 위마비gastroparesis, 항암 화학요법으로 인한 메스꺼움과 구토를 예방/치료하는 등 다른 많은 질병을 치료하는 데도 사용되기 때문이다. 그래서 단지 항정신병 작용만이 아니다! 정신병 치료제의 최초의 약물 그룹에 속하는 약물의 현대적 명명법은 'D_2 길항제'로, 이는 항정신병 작용뿐만 아니라 모든 용도에 공통된 약리적 기전이기 때문이다.

D_2 길항제는 무스카린 콜린 길항작용(앞에서 설명, 그림 5-8 참조), 항히스타민 작용(H_1 길항작용), α_1-아드레날린 길항작용(그림 5-13) 등 다양한 다른 약리적 특성을 가지고 있다. 이러한 추가적인 약리적 특성은 치료효과보다는 부작용과 훨씬 더 관련이 있다. 무스카린 콜린 수용체 차단은 앞서 논의한 바와 같이 구강건조, 시야흐림, 마비장폐색증paralytic ileus의 위험과 관련이 있고(그림 5-8), H_1 히스타민 수용체 차단은 체중 증가 및 진정과 관련이 있으며(그림 5-13A), α_1-아드레날린 수용체 차단은 진정 및 기립저혈압과 같은 심혈관 부작용과 관련이 있다(그림 5-13B). 많은 D_2 길항제가 항콜린, 항히스타민, α_1 길항제의 세 가지 작용을 모두 가지고 있기 때문에 아세틸콜린, 히스타민, 노르에피네프린 등 각성 경로에 있는 여러 신경전달물질을 동시에 차단하여 진정 효과를 크게 높일 수 있다(그림 5-14). 이 세 가지 수용체에 특히 강한 결합력을 가진 약제(예: 클로르프로마진)는 항정신병 작용에 더하여 진정이 필요할 때 종종 투여된다. 그러나 일부 임상 상황에서 진정이 필요하더라도 이것이 항상 바람직한 것은 아니다. 전통적 D_2 길항제(표 5-1)는 무스카린, 히스타민, α_1-아드레날린 수용체를 차단하는 능력이 다양하다. 예를 들어 널리 사용되는 전통적 항정신병 약물인 할로페리돌haloperidol은 항콜린 또는 항

표 5-1 정신병 치료에 사용된 초기 약제들

일반명	상품명	설명
Chlorpromazine	Thorazine	Low potency
Cyamemazine	Tercian	Popular in France; not available in the US
Flupenthixol	Depixol	Depot; not available in the US
Fluphenazine	Prolixin	High potency; depot
Haloperidol	Haldol	High potency; depot
Loxapine	Loxitane	
Mesoridazine	Serentil	Low potency; QTc issues; discontinued
Perphenazine	Trilafon	High potency
Pimozide	Orap	High potency; Tourette syndrome; QTc issues; second line
Pipothiazine	Piportil	Depot; not available in the US
Sulpiride	Dolmatil	Not available in the US
Thioridazine	Mellaril	Low potency; QTc issues; second line
Thiothixene	Navane	High potency
Trifluoperazine	Stelazine	High potency
Zuclopenthixol	Clopixol	Depot; not available in the US

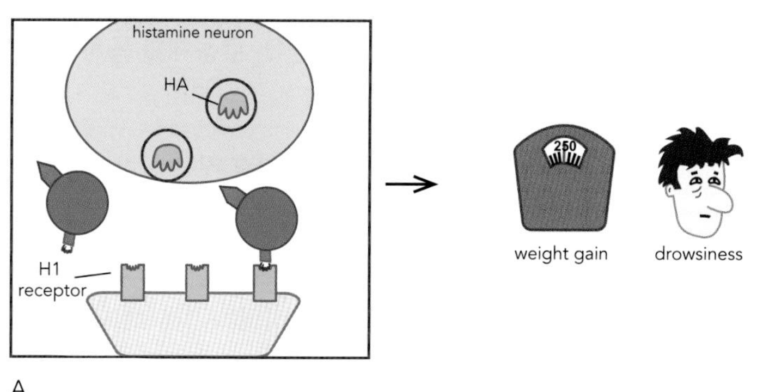

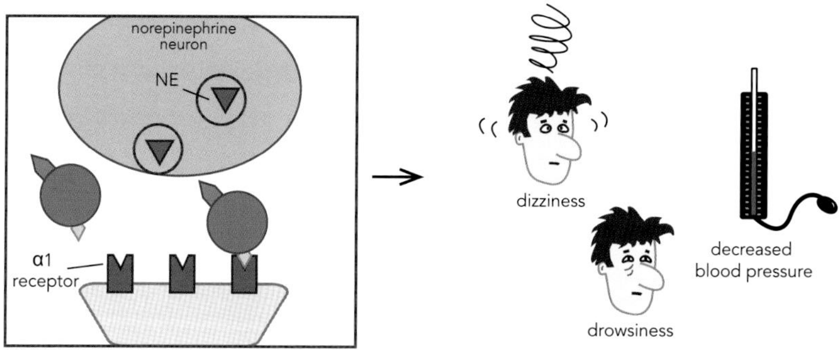

그림 5-13 히스타민 1 및 α_1-아드레날린 수용체 차단. 대부분의 D_2 길항제는 추가적인 약리적 특성을 가지고 있으며, 특정 수용체 프로필은 약제마다 다르며 다양한 부작용 프로필에 기여한다. 초기 D_2 길항제 중 다수는 H_1 수용체(A)를 차단하여 체중 증가와 졸음을 유발할 수 있고/있거나 α_1 아드레날린 수용체(B)를 차단하여 어지러움, 졸음, 혈압 저하를 유발할 수 있다.

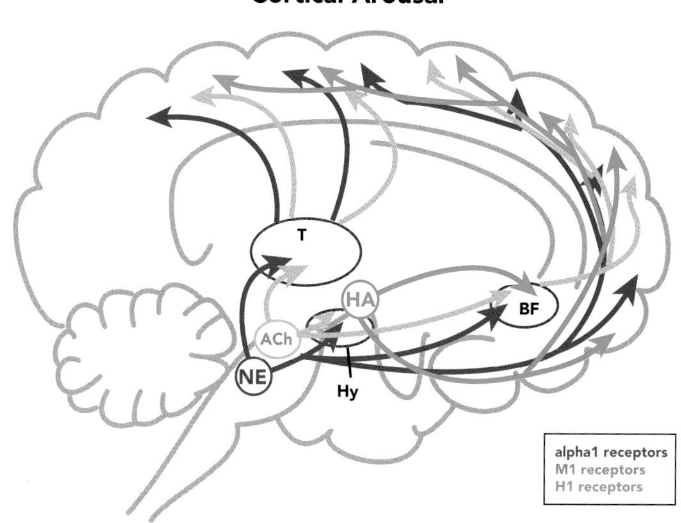

그림 5-14 피질 각성에 관여하는 신경전달물질. 신경전달물질인 아세틸콜린(ACh), 히스타민(HA), 노르에피네프린(NE)은 모두 신경전달물질 중추와 시상(T), 시상하부(Hy), 바닥앞뇌(BF), 피질을 연결하는 각성 경로에 관여한다. 따라서 이들 수용체에서의 약리적 작용이 각성에 영향을 미칠 수 있다. 특히 무스카린 M_1, 히스타민 H_1, α_1-아드레날린 수용체의 길항작용은 모두 진정 효과와 관련이 있다.

히스타민 결합 활성이 상대적으로 거의 없다. 이 때문에 전통적 D_2 길항제는 전반적인 치료 프로필은 다르지 않더라도 부작용 프로필이 다소 다르다. 즉 일부 D_2 차단제는 다른 약물보다 진정 효과가 더 강하고, 일부 약물은 다른 약물보다 심혈관 부작용을 유발하는 능력이 더 강하며, 일부 약물은 다른 약물보다 DIP 및 기타 운동장애를 유발하는 능력이 더 강하다. 무스카린 콜린 차단 정도가 다르면 일부 D_2 길항제가 다른 약물보다 DIP를 생성하는 경향이 적은 이유를 설명할 수 있다. 즉 DIP를 유발할 가능성이 더 높은 D_2 길항제는 일반적으로 항콜린 특성이 약한 약제인 반면, DIP를 덜 유발하는 D_2 차단제는 항콜린 특성이 더 강한 약제이다. 이러한 후자의 약제는 D_2 길항제 특성에 수반되는 일종의 '고유한' 항콜린 특성을 가지고 있다. 이러한 약제를 사용하면 DIP가 덜 발생할 수 있지만, 변비 위험과 생명을 위협하는 마비장폐색증 발생 가능성이 더 높으며, 특히 항콜린 특성을 가진 다른 약제와 함께 사용할 경우 위장관 상태와 장운동에 대한 더 많은 모니터링이 필요하다. 1세대 D_2 길항제 계열의 일부 약제에 대해서는 다음 절에서 보다 자세히 논의한다.

세로토닌 2A 수용체와 도파민 D_2 수용체를 동시에 표적화하거나 하지 않는 약물

D_2 길항제 특성을 가진 1세대 고전적 정신병 치료제의 효능과 내약성을 개선하기 위해, 항정신병 작용을 하는 새로운 종류의 약물은 D_2 길항작용과 세로토닌(5HT) 2A 길항작용을 결합한 것으로, 소위 2세대 항정신병 약물 또는 비정형 항정신병 약물이라고 불린다. 여기서는 '항정신병 약물' 또는 '비정형 항정신병 약물'이 아닌 항정신병 특성을 가진 $5HT_{2A}$ 길항제/D_2 길항제라고 부른다. 항정신병 특성을 가진 더 새로운 종류의 약물은 D_2 길항작용 없이 $5HT_{2A}$ 길항작용을 가진 약제이다. 일부 전임상연구에 따르면 알려진 모든 $5HT_{2A}$ 길항제는 실제로는 $5HT_{2A}$ 수용체에 대한 길항제가 아니라 역작용제(제2장 및 그림 2-9와 2-10 참조)일 수 있다(그림 5-15). 역작용제(제2장 및 그림 2-9와 2-10)와 $5HT_{2A}$ 수용체 길항제(그림 2-6와 2-10) 사이에 어떤 임상적 차이가 있는지 명확하지 않으므로, 여기서는 이러한

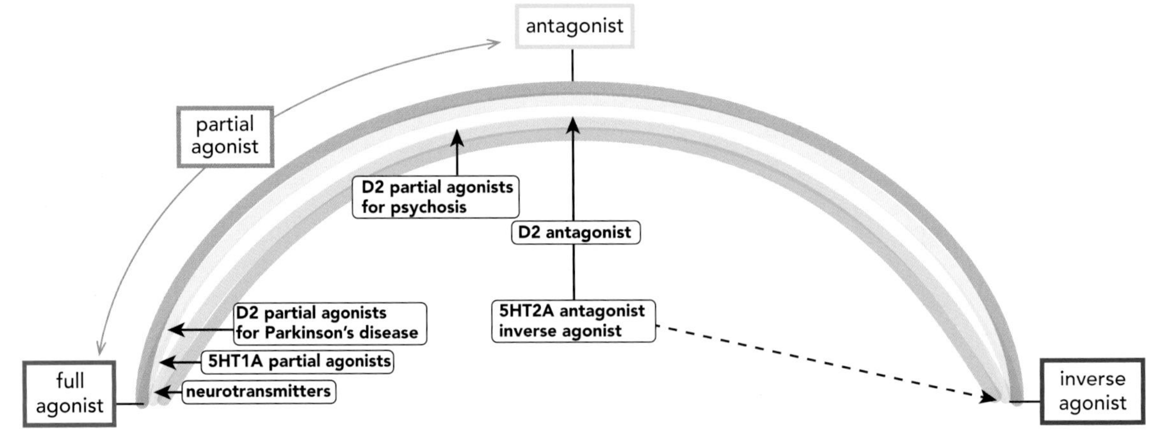

그림 5-15 **정신병 치료 약물의 작용제 스펙트럼.** 정신병 치료에 사용되는 약물은 스펙트럼을 따라 분류할 수 있으며, 어떤 약물은 침묵 길항제에 가까운 작용을 하고, 어떤 약물은 완전작용제에 가까운 작용을 한다. 도파민 2(D_2) 결합의 경우, 효현작용이 너무 강한 약제는 정신병유사제일 수 있어 정신병 치료에는 적합하지 않을 수 있지만 파킨슨병에는 유용할 수 있다. D_2 길항제와 마찬가지로 스펙트럼의 길항제 쪽에 더 가까운 D_2 부분작용제가 정신병 치료에 선호될 수 있다. 정신병 치료에 사용되는 많은 약물은 D_2 결합과 함께 또는 D_2 결합이 없는 세로토닌 $5HT_{2A}$ 길항제이다. 일부 전임상 결과는 이 약들이 실제로 역작용제일 수 있음을 시사하지만, 이러한 구분의 임상적 중요성은 불분명하다. $5HT_{1A}$ 부분작용제는 정신병 치료에 사용되는 많은 약물, 특히 많은 D_2 부분작용제의 공통적인 특성이기도 하다.

약제를 '길항제'라는 더 간단한 용어를 사용하여 계속 언급할 것이다.

세로토닌 $5HT_{2A}$ 수용체의 길항제는 D_2 길항제의 효과와 부작용을 모두 개선하는 것으로 보인다.

- **조현병:** 임상시험은 D_2 길항작용/부분작용을 가진 약물에 선택적 $5HT_{2A}$ 길항작용을 추가하면 조현병의 양성증상이 개선될 수 있다는 것을 보여준다. 또한 $5HT_{2A}$/D_2 길항제가 D_2 수용체에 대한 역가에 비해 $5HT_{2A}$ 수용체에 대한 역가가 더 강할수록 양성증상을 치료하는 데 필요한 D_2 길항작용의 정도가 낮아지고 약물의 내약성도 더 좋아질 수 있다는 징후가 있다. 이러한 가능성에 대해서는 더 많은 연구가 필요하다.
- **파킨슨병 정신병과 치매 관련 정신병:** 세로토닌 $5HT_{2A}$ 수용체의 길항작용만으로도 파킨슨병 정신병과 치매 관련 정신병처럼 다른 원인의 정신병에 대한 단일요법으로 유용할 만큼 충분한 항정신병 작용을 제공하는 것으로 보이며, D_2 길항작용과 부작용을 완전히 피할 수 있다.
- **조현병의 음성증상:** 임상시험은 선택적 $5HT_{2A}$ 길항제를 단독으로 투여하거나 D_2 길항작용/부분작용을 가진 약물에 선택적 $5HT_{2A}$ 길항제를 추가하면 조현병의 음성증상이 개선될 수 있는 것을 보여준다.
- **운동 부작용:** D_2 길항작용에 $5HT_{2A}$ 길항제 작용을 추가하면 약물로 유발된 파킨슨증처럼 원치 않는 운동 부작용을 줄일 수 있는 것으로 입증되었다.
- **고프로락틴혈증:** D_2 길항작용에 $5HT_{2A}$ 길항제 작용을 추가하면 D_2 수용체 차단으로 인한 프로락틴 상승을 줄일 수 있다.

$5HT_{2A}$ 길항제를 추가하면 D_2 차단의 부작용이 개선되고 D_2 차단의 항정신병 약효가 향상되는 이유는 무엇일까? 간단한 대답은 $5HT_{2A}$ 길항작용이 일부 경로에서 D_2 길항작용에 대항하여 해당 부위에서 더 많은 도파민 방출을 유발함으로써 부작용을 유발하는 원치 않는 D_2 길항작용을 일부 역전시키기 때문일 수 있다는 것이다. 반면 다른 뇌 회로의 구성이 다르기 때문에 $5HT_{2A}$ 길항제는 다른 회로에서 D_2 길항제의 효능을 강화하여 양성증상을 개선할 수 있다. 이제 이에 대해 설명할 것이다.

세 가지 후속 경로에서 도파민 방출의 $5HT_{2A}$ 수용체 조절

$5HT_{2A}$ 길항제를 추가하면 부작용 부담을 줄이면서 정신병을 치료할 수 있는 완전히 새로운 종류의 약물이 만들어지는 이유를 이해하기 위해서는 $5HT_{2A}$ 수용체의 약리, 수용체의 위치, $5HT_{2A}$ 수용체가 차단되면 도파민에 어떤 일이 일어나는지를 파악하는 것이 핵심이다. 모든 $5HT_{2A}$ 수용체는 시냅스후 및 흥분성 수용체이다. 이 논의에서 중요한 $5HT_{2A}$ 수용체는 피질 글루타메이트 피라미드 뉴런의 세 가지 개별 집단에 위치한 수용체이며, 모두 $5HT_{2A}$ 수용체에서 세로토닌에 의해 자연적으로 자극을 받아 글루타메이트를 방출한다. 이 3개의 개별적인 하행 글루타메이트 뉴런 집단은 세 가지 다른 도파민 경로를 조절한다(그림 5-16).

글루타메이트 피라미드 뉴런의 한 집단은 정신병의 양성증상을 매개하는 **감정 선조체**emotional striatum로 투사하는 중뇌변연/중뇌선조체 도파민 뉴런을 **직접적으로** 신경지배한다(그림 5-16A). 이와 매우 동일한 경로가 제4장에서 광범위하게 논의되었으며, 그림 4-29A~C에서 4-45까지 삽화로 설명되어 있다. 그림 5-16A에 묘사된 글루타메이트 뉴런은 정신병 양성증상의 최종 공통 경로에 있는 동일한 글루타메이트 뉴런이다(그림 4-29B, 4-52C, 4-52D, 4-54, 4-55). 구체적으로 이 뉴런은 정신병의 양성증상을 일으키는 모든 원인의 후속에 있는 가설상의 최종 공통 경로이다. 조현병에서는 GABA 사이신경세포의 글루타메이트 수용체 기능 저하로 인한 것이며(그림 4-29B), 치매 관련 정신병에서는 동일한 GABA 사이신경세포의 소실로 인한 것이며(그림 4-52D 및 그림 4-55), 파킨슨병 정신병에서는 세로토닌의 과도한 작용으로 인한 것이며(그림 4-52C 및 그림 4-54), 환각제 정신병에서는 세로토닌 수용체의 과도한 자극으로 인한 것이다(그림 4-52B 및 그림 4-53). 모든 경우에서 이 글루타메이트 뉴런 집단의 활성을 증가시키는 모든 것은 가설상으로 중뇌변연/중뇌선조체 도파민 뉴런으로

5

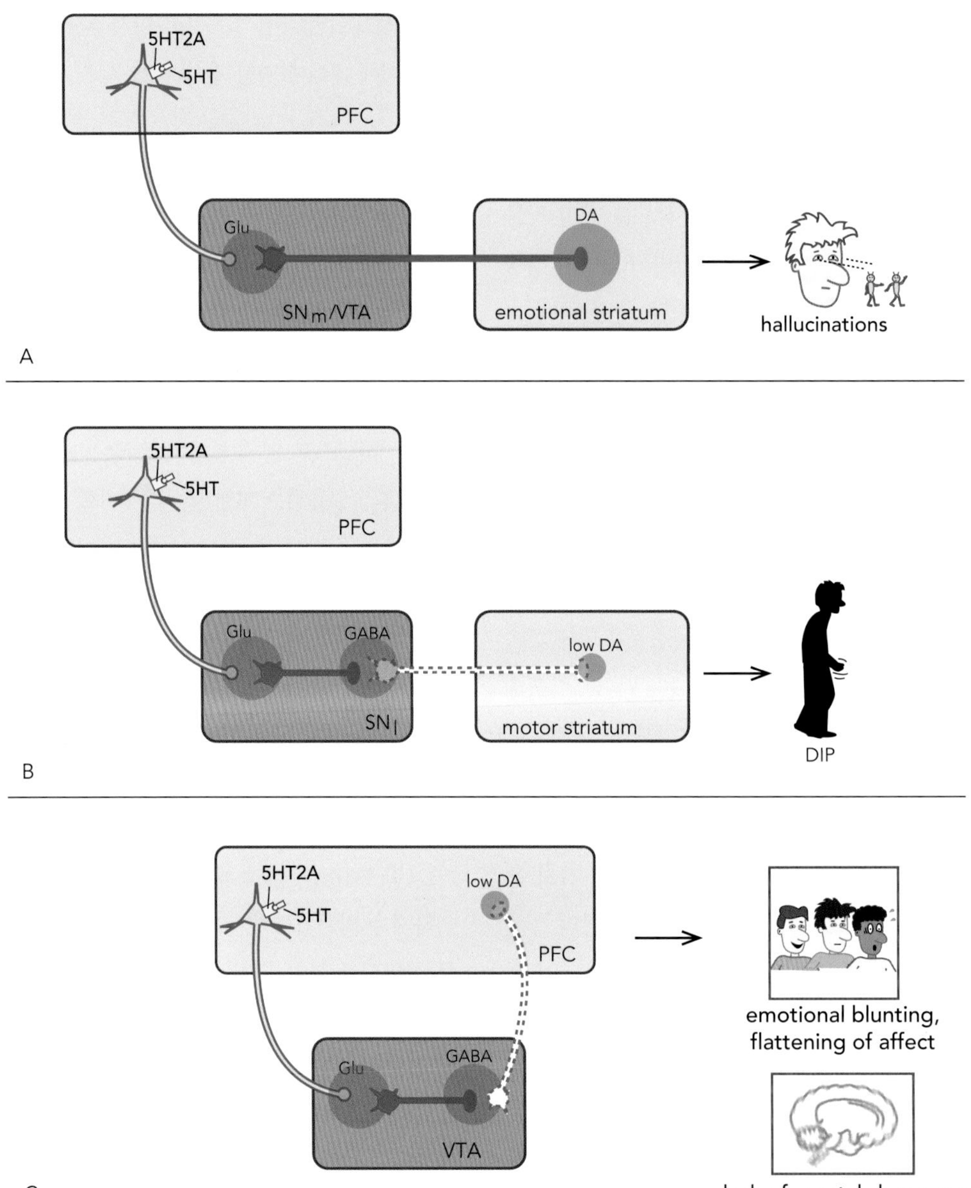

그림 5-16 후속 도파민(DA) 방출의 5HT$_{2A}$ 수용체 조절. 시냅스후 흥분성 5HT$_{2A}$ 수용체는 하행 글루타메이트 뉴런의 세 가지 개별 집단에 존재하기 때문에 정신병 치료와 관련이 있다. (A) 5HT$_{2A}$ 수용체는 하행 글루타메이트 피라미드 뉴런에 위치하며, 감정 선조체로 투사되는 중뇌변연/중뇌선조체 도파민 뉴런을 직접적으로 신경지배한다. 이 경로의 과활성은 정신병의 양성증상을 유발할 수 있다. (B) 5HT$_{2A}$ 수용체는 하행 글루타메이트 피라미드 뉴런에 위치하며, 흑질에 있는 GABA 사이신경세포를 통해 흑질선조체 도파민 뉴런을 간접적으로 신경지배한다. 이러한 5HT$_{2A}$ 수용체의 과도한 자극은 운동 선조체의 도파민 방출이 감소하고 약물로 유발된 파킨슨증과 같은 부작용을 일으킬 수 있다. (C) 5HT$_{2A}$ 수용체는 하행 글루타메이트 피라미드 뉴런에 위치하며, 배쪽뒤판구역(VTA)의 GABA 사이신경세포를 통해 중뇌피질 도파민 뉴런을 간접적으로 신경지배한다. 이러한 5HT$_{2A}$ 수용체의 과도한 자극은 전전두엽피질(PFC)에서 도파민 방출이 감소하여 인지기능장애는 물론 감정 둔화, 둔마된 정동과 같은 음성증상을 유발할 수 있다. SN$_m$: medial substantia nigra, VTA: ventral tegmental area, SN$_l$: lateral substantia nigra

부터 도파민의 후속 방출로 이어져 정신병의 양성증상을 유발할 것이다(그림 5-16A).

가장 일반적인 치료는 이 회로의 끝, 즉 감정 선조체의 D_2 수용체에서 과도한 도파민 방출을 차단하는 것이다. 그러나 D_2와 $5HT_2$ 길항제 특성을 모두 가지거나 $5HT_{2A}$ 길항제 특성만 선택적으로 가진 약물을 사용하여, 이 회로의 시작 부분(그림 5-17A, 왼쪽 위)에 있는 $5HT_{2A}$ 수용체를 $5HT_{2A}$ 길항제로 차단함으로써 세로토닌의 흥분성 신호를 감소시킬 수도 있다(그림 5-1). 그림 5-16A에 표시된 특정 글루타메이트 뉴런에서 이러한 작용이 일어나면 이론상으로 감정 선조체에서 도파민 방출이 감소하며(그림 5-17A, 오른쪽), 이는 직접적인 D_2 수용체 차단과는 다른 기전으로 독립적

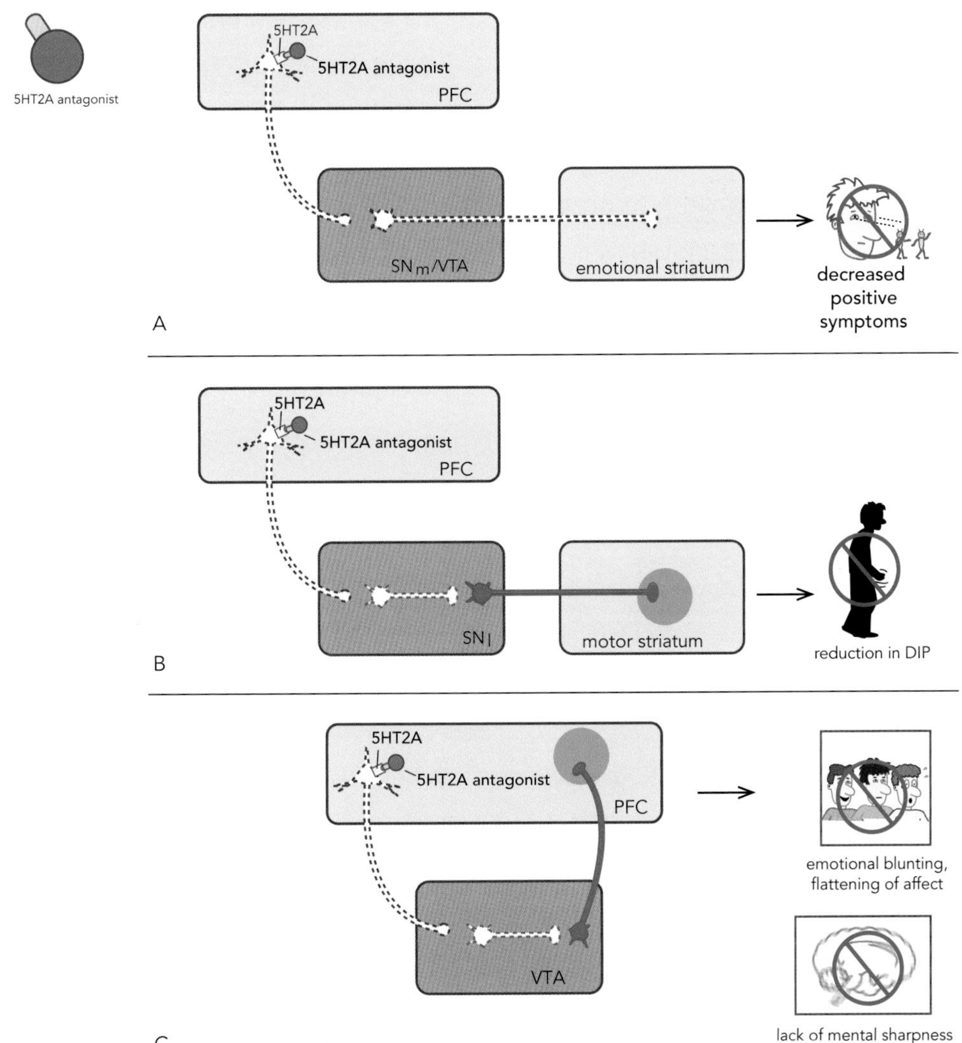

그림 5-17 $5HT_{2A}$ 수용체 길항작용과 후속 도파민 방출. $5HT_{2A}$ 길항제는 세 가지 주요 경로를 통해 후속 도파민 방출을 조절할 수 있다. (A) $5HT_{2A}$ 길항작용은 중뇌변연/중뇌선조체 도파민 뉴런을 직접 신경지배하는 하행 뉴런으로부터 글루타메이트 출력을 감소시킨다. 이는 다시 감정 선조체에서 도파민 출력을 감소시켜 정신병의 양성증상을 감소시킬 수 있다. (B) $5HT_{2A}$ 길항작용은 흑질에서 글루타메이트 출력을 감소시키고, GABA 사이신경세포의 활성을 감소시켜 흑질선조체 도파민 경로의 탈억제를 일으킨다. 운동 선조체에서 도파민 방출이 증가하면 D_2 길항제와 경쟁할 도파민이 더 많기 때문에 D_2 길항작용으로 인한 운동 부작용을 줄일 수 있다. (C) $5HT_{2A}$ 길항작용은 배쪽뒤판구역(VTA)에서 글루타메이트 출력을 감소시키고, GABA 사이신경세포의 활성을 감소시켜 중뇌피질 도파민 경로의 탈억제를 일으킨다. 전전두엽피질(PFC)에서 도파민 방출이 증가하면 잠재적으로 정신병의 인지 및 음성증상이 감소할 수 있다. SN_m: medial substantia nigra, VTA: ventral tegmental area, SN_l: lateral substantia nigra

인 항정신병 작용을 일으킨다.

$5HT_{2A}$/D_2 길항작용을 결합한 약제로 조현병을 치료하는 경우, D_2 길항작용을 동시에 사용하면 이론상으로 정신병의 양성증상을 치료하는 데 훨씬 더 효과적일 수 있다. $5HT_{2A}$ 길항작용을 증가시키면 정신병의 양성증상이 지속적으로 개선되는지, 또는 치료효과를 잃지 않고 부작용을 개선하기 위해 용량을 줄여 D_2 길항작용을 낮출 수 있는지를 확인하기 위해 항정신병 특성을 가진 다른 약제에 선택적 $5HT_{2A}$ 길항제를 추가하는 임상시험이 현재 진행 중이다. 실제로 매우 강력한 $5HT_{2A}$ 길항작용을 가진 약물은 정신병의 양성증상을 치료하는 데 더 적은 D_2 길항작용이 필요할 수 있다는 제안이 있다(이후 나오는 루마테페론lumateperone, 클로자핀clozapine, 쿠에티아핀quetiapine 등에 대한 논의 참조).

치매나 파킨슨병의 정신병인 경우, D_2 길항작용이 문제가 되는 부작용을 일으키거나 심지어 위험할 수 있는 경우에는 D_2 길항작용이 없어도 $5HT_{2A}$ 길항제 작용만으로 충분히 강력한 항정신병 효과를 나타낼 수 있다.

글루타메이트 피라미드 뉴런의 두 번째 집단은 **운동 선조체**motor striatum로 투사하는 흑질선조체 도파민 뉴런을 **간접적으로** 신경지배하고 D_2 길항작용의 운동 부작용을 매개한다(그림 5-16B). 이것은 그림 5-16A에서 방금 논의한 경로와 평행한 경로로, 배쪽뒤판구역(VTA)/중뇌선조체/통합허브가 아닌 흑질로 투사하는 다른 글루타메이트 뉴런 집단을 포함한다. 그래서 간접적인데, 즉 먼저 흑질의 GABA 사이신경세포로 투사한 다음 흑질선조체 도파민 운동 경로로 투사한다(그림 5-16A와 B 비교). 이는 글루타메이트 방출의 극성을 도파민 방출을 자극하는 것(그림 5-16A)에서 후속 도파민 방출을 억제하는 것(그림 5-16B)으로 바꾸는 효과가 있다. 따라서 그림 5-16B(왼쪽 위)에 표시된 특정 글루타메이트 뉴런의 $5HT_{2A}$ 수용체를 차단하면, 운동 선조체에서 후속 도파민 방출의 탈억제(즉 증가)로 이어진다(그림 5-17B, 오른쪽). 이것이 운동 부작용을 줄이기 위해 정확하게 필요한 것이다! 즉 운동 부작용을 유발할 수 있는 운동 선조체의 D_2 길항제와 경쟁할 수 있는 더 많은 도파민을 사용할 수 있다. 이것이 바로 $5HT_{2A}$ 길항제/D_2 길항제 약물에서 관찰되는 현상이다. 즉 $5HT_{2A}$ 길항작용이 없는 D_2 길항제에 비해 운동 부작용이 더 적다. 이는 실제로 $5HT_{2A}$/D_2 길항제에서 반복적으로 관찰되었으며, $5HT_{2A}$ 길항제 작용이 없는 D_2 길항제에 비해 운동 부작용을 치료하기 위한 항콜린 약물 투여의 필요성을 감소시켰다(그림 5-1 참조, 위와 왼쪽 아래 상징 비교).

글루타메이트 피라미드 뉴런의 세 번째 집단은 **전전두엽피질**로 투사되는 중뇌피질 도파민 뉴런을 **간접적으로** 신경지배하고, 조현병의 음성, 인지, 정동증상을 부분적으로 매개한다(그림 5-16C). 이것은 방금 논의한 경로와 또 다른 평행 경로이고, 전전두엽피질을 신경지배하는 VTA의 도파민 뉴런으로 GABA 사이신경세포를 통해 간접적으로 투사하는 또 다른 글루타메이트 뉴런과 관련되어 있다. 흑질선조체 경로에 대해 위에서 논의한 것처럼(그림 5-16B), 그림 5-16B의 이러한 배열은 또한 글루타메이트 방출이 후속 도파민 방출의 억제로 이어지는 효과를 가진다(그림 5-16C 참조). 따라서 이러한 특정 글루타메이트 뉴런의 $5HT_{2A}$ 수용체를 차단하면(그림 5-17C, 왼쪽 위) 전전두엽피질에서 도파민 방출의 탈억제(즉 증가)로 이어질 것이다(그림 5-17C, 오른쪽 위). 이것이 바로 조현병의 음성증상을 개선하는 데 필요한 것이며, 선택적 $5HT_{2A}$ 약물을 단독으로 또는 다른 D_2 길항제 및 $5HT_{2A}$/D_2 길항제에 증강augmentation하는 임상시험에서 관찰된 것이다. 또한 전전두엽피질에서 도파민 방출 증가는 인지 및 정서/우울증상을 개선할 수 있는 잠재력이 있다(그림 5-17C). 이러한 효과는 정신병을 치료하는 모든 $5HT_{2A}$/D_2 길항제에서 일관되거나 강력하지 않은데, 이는 부분적으로는 D_2 길항작용에 비해 $5HT_{2A}$ 길항작용의 역가가 다르기 때문이고, 일부 약제에서 항콜린 및 항히스타민 작용과 같은 추가적이며 방해하는 약리적 특성이 존재하기 때문이기도 하다. 더 나은 접근법은 D_2 길항제 작용을 가진 약물에 선택적 $5HT_{2A}$ 길항제를 추가함으로써 궁극적으로 증명될 수 있다.

$5HT_{2A}$ 길항제 작용은 어떻게 고프로락틴혈증을 감소시키는가

뇌하수체 프로락틴생산세포lactotroph는 프로락틴 분비를 담당하며, 이 세포의 막에는 D_2 수용체와 $5HT_{2A}$ 수용체가 모두 존재한다. 세로토닌과 도파민은 프로락틴 분비 조절에 상호작용하며, 도파민은 D_2 수용체 자극을 통해 프로락틴 분비를 억제하고(그림 5-18A), 세로토닌은 $5HT_{2A}$ 수용체 자극을 통해 프로락틴 분비를 촉진한다(그림 5-18B). 따라서 D_2 길항작용에 의해 D_2 수용체만 차단되면 도파민이 더 이상 프로락틴 방출을 억제할 수 없으므로 프로락틴 수치가 상승한다(그림 5-18C). 그러나 D_2 길항작용과 $5HT_{2A}$ 길항작용이 모두 있는 약물의 경우 $5HT_{2A}$ 수용체를 동시에 억제하므로 세로토닌이 더 이상 프로락틴 방출을 자극할 수 없다(그림 5-18D). 이는 D_2 수용체 차단으로 인한 고프로락틴혈증을 완화한다. 이는 이론상으로 흥미로운 약리이지만, 실제로는 모든 $5HT_{2A}/D_2$ 길항제가 프로락틴 분비를 같은 정도로 감소시키는 것은 아니며, 다른 정확하지 않은

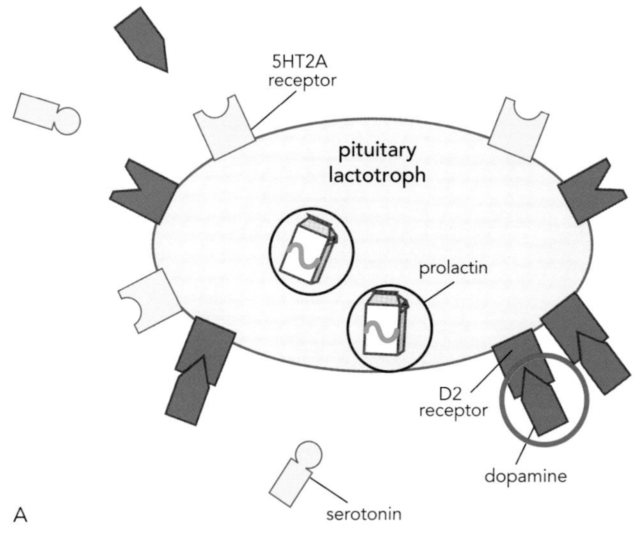

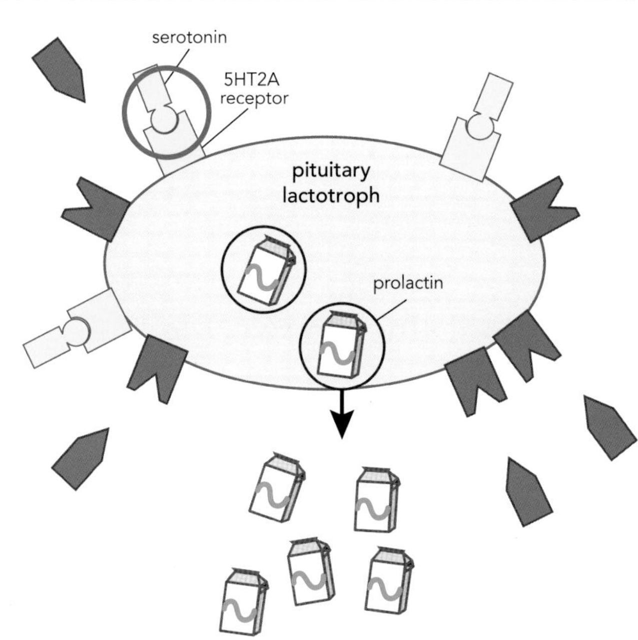

그림 5-18A, B 도파민과 세로토닌의 프로락틴 방출 조절 제1부. (A) 억제성 D_2 수용체(빨간색 원)에서의 도파민 결합은 뇌하수체 프로락틴생산세포로부터 프로락틴 방출을 방지한다. (B) 흥분성 $5HT_{2A}$ 수용체(빨간색 원)에서의 세로토닌(5HT) 결합은 뇌하수체 프로락틴생산세포로부터 프로락틴 방출을 자극한다. 따라서 도파민과 세로토닌은 프로락틴 방출을 상호 조절하는 작용을 한다.

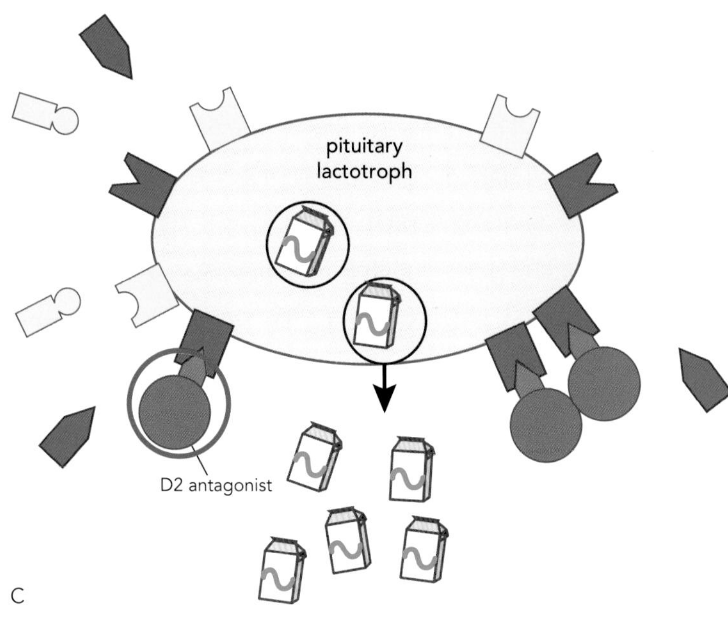

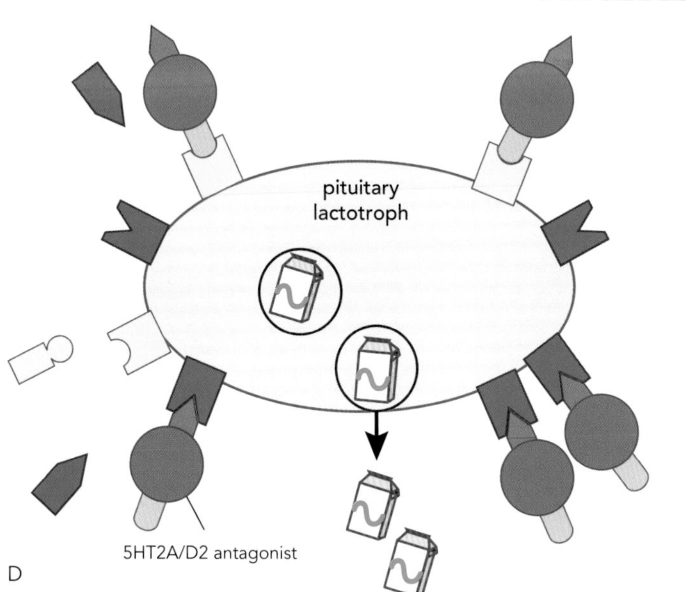

그림 5-18C, D 도파민과 세로토닌의 프로락틴 방출 조절 제2부. (C) D_2 길항작용(빨간색 원)은 뇌하수체 프로락틴 생산세포로부터 프로락틴 분비에 대한 도파민의 억제 효과를 차단한다. 따라서 이러한 약물은 프로락틴 수치를 증가시킨다. (D) 도파민과 세로토닌은 프로락틴 분비 통제에서 상호 조절하는 역할을 하므로, 하나는 다른 하나를 상쇄한다. 따라서 $5HT_{2A}$ 길항작용은 프로락틴 분비를 증가시키는 D_2 길항작용의 능력을 역전시킨다.

수용체 특성으로 인해 프로락틴 상승을 전혀 감소시키지 못하는 경우도 있다.

부분작용제로서 세로토닌 1A 수용체 및 도파민 D_2 수용체를 표적화하는 약물

D_2 길항제 특성을 가진 1세대 정신병 치료제를 개선하려는 또 다른 시도는 D_2 부분작용으로 D_2 길항작용을 대체하고 세로토닌 $5HT_{1A}$ 부분작용을 추가하는 것이다.

D_2 부분작용

일부 항정신병 약물은 완전한 침묵 길항작용(제2장 그림 2-6, 2-10 참조)과 완전한 자극/작용제 작용(제2장 그림 2-5, 2-10 참조) 사이의 상태에서 D_2 수용체의 도파민 신경전달을 안정화시키는 작용을 한다. 이 중간 상태를 그림 5-19부

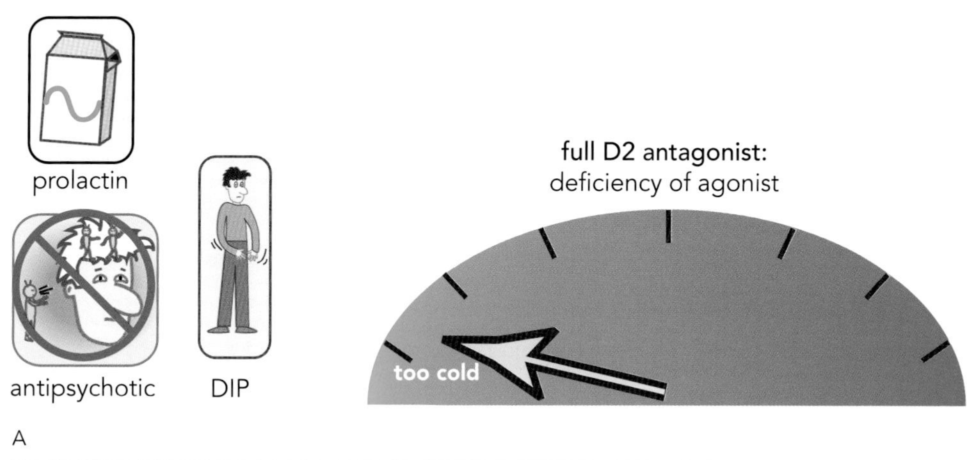

A

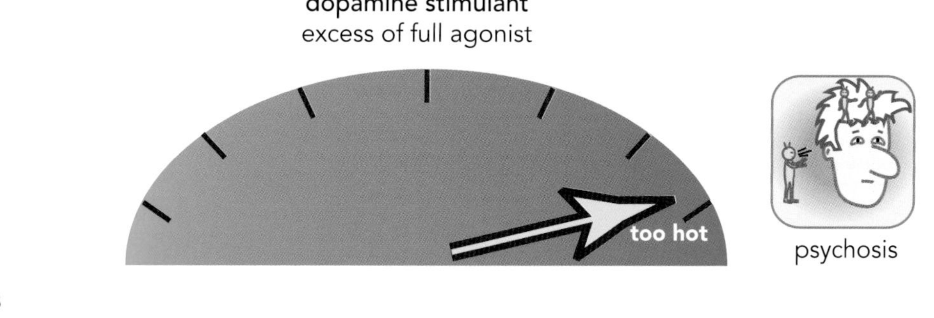

B

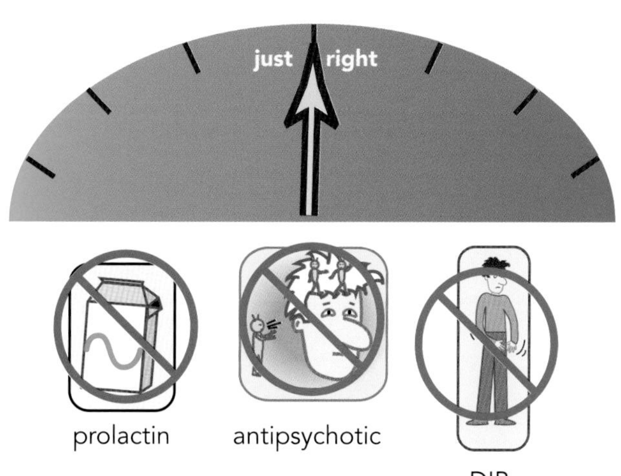

C

그림 5-19 도파민 신경전달 스펙트럼. 도파민에 대한 작용의 간단한 설명. (A) 완전 D_2 길항제는 '너무 차가운' 방식으로 D_2 수용체에 결합한다. 즉 작용제 작용을 막으면서 강력한 길항제 작용을 가지고 있어서 정신병의 양성증상을 감소시킬 수 있지만, 또한 약물로 유발된 파킨슨증(DIP)과 프로락틴 상승을 유발할 수도 있다. (B) 도파민 자체와 같은 D_2 수용체 작용제는 '너무 뜨겁기' 때문에 양성증상을 일으킬 수 있다. (C) D_2 부분작용제는 D_2 수용체에 중간 단계 방식으로 결합하므로 항정신병 작용은 있지만, DIP 또는 프로락틴 상승은 없는 '딱 적당한' 작용을 한다.

터 5-22까지 설명하고 있으며 부분작용이라고 한다. 이는 제2장에서도 논의하고 삽화로 설명하였다(그림 2-7 및 2-10 참조).

D_2 수용체에서의 부분작용제 작용에 대한 지나치게 단순화된 설명이 그림 5-19에 나와 있다. 즉 D_2 길항제 작용은 '너무 차갑고' 항정신병 작용은 있지만, 프로락틴이 상승하고 DIP와 같은 운동증상이 나타난다(그림 5-19A). 반면에 도파민 자체(또는 도파민을 방출하는 암페타민)의 완전작용제 작용의 최대 자극은 '너무 뜨겁고' 정신병의 양성 증상을 동반한다(그림 5-19B). 대신 부분작용제는 중간 방식으로 결합하여 항정신병 작용을 하면서도 DIP와 프로락틴 상승을 낮추는 '딱 적당한' 효과를 기대할 수 있다(그림 5-19C). 이러한 이유로 부분작용제는 완전작용제와 완전한 길항제 사이에서 '딱 적당한' 균형을 맞추는 경우 '골디락스 Goldilocks' 약물이라고도 불린다. 그러나 앞으로 살펴보겠지만 이 설명은 지나치게 단순화한 것으로, D_2 부분작용제 계열의 각 약물마다 균형이 조금씩 다르며, 완벽한 '골디락스' 해법은 존재하지 않는다.

보다 정교한 설명은 부분작용제는 수용체로부터의 신호전달을 최대 출력과 무출력의 중간 상태로 만드는 방식으로 수용체에 결합하는 고유한 능력을 가지고 있다는 것이다(그림 5-20). 자연적으로 생성되는 신경전달물질은 일반적으로 완전작용제로 기능하며, 점유하고 있는 수용체에서 최대 신호전달을 유발하는 반면(그림 5-20의 위, 볼륨이 커짐),

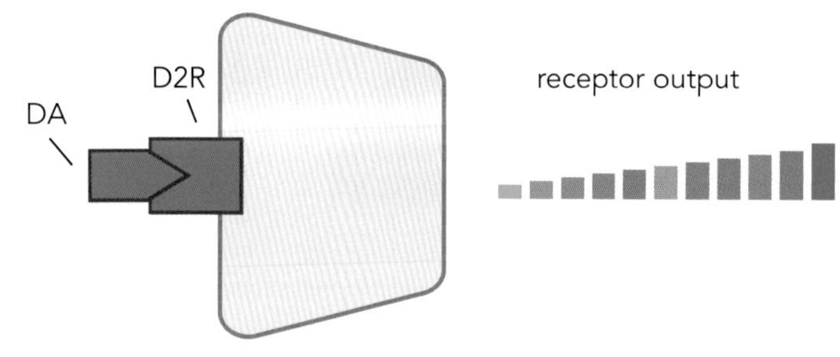

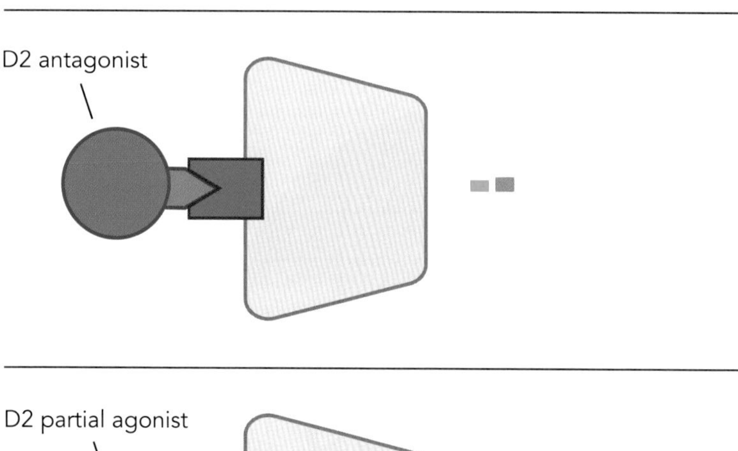

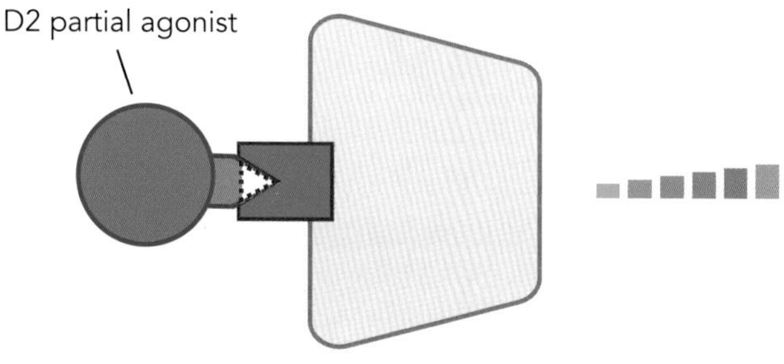

그림 5-20 도파민 수용체 출력. 도파민(DA) 자체는 완전작용제이며, 완전한 수용체 출력을 유발한다(위). D_2 길항제는 수용체 출력을 거의 허용하지 않는다(가운데). 그러나 D_2 부분작용제는 도파민 수용체 출력을 부분적으로 활성화하고, 도파민 수용체의 자극과 차단 사이의 균형을 안정화시킬 수 있다(아래).

길항제는 점유하고 있는 수용체에서 기본적으로 모든 출력을 차단하고, 후속 신호전달 연쇄반응과의 소통이라는 측면에서 '침묵'하게 만든다(그림 5-20의 가운데, 볼륨이 기본적으로 꺼짐). 이와 대조적으로 부분작용제(그림 5-20, 아래)는 침묵길항제(그림 5-20, 가운데)보다는 많지만 완전작용제(그림 5-20, 위)보다는 적은 수용체 출력을 유발한다. 따라서 이 두 가지 극단 사이에서 다양한 정도의 부분작용이 가능하다. 완전작용제, 침묵길항제, 부분작용제는 모두 수용체 형태에 서로 다른 변화를 일으켜, 수용체로부터의 신호전달 출력 범위가 달라질 수 있다(그림 5-21).

정신병에 대한 D_2 부분작용제는 작용제 스펙트럼에서 어디에 위치할까? 그림 5-15에 설명된 바와 같이, 정신병 치료를 위해 논의되고 있는 D_2 부분작용제는 지금까지 논의된 모든 D_2 길항제가 놓여 있는 스펙트럼의 길항제 끝에 매우 가깝게 위치한다(그림 5-15). 그 이유는 정신병 치료를 위한 D_2 부분작용제는 매우 적은 내인 작용제 활성을 가진 '거의' 길항제이기 때문이다. 이와 대조적으로 파킨슨병 치료에 유용하고 도파민 부분작용제로 분류되는 다른 도파민 부분작용제는 스펙트럼의 작용제 끝에 매우 가깝게 위치한다(그림 5-15). 이들은 거의 완전작용제에 가깝다. 길항제에 가까운 스펙트럼 끝에 있는 약물을 파킨슨병 치료에 사용하면 운동움직임이 악화되는 것처럼, 스펙트럼의 완전작용제 끝에 있는 이러한 약물을 정신병 치료에 사용하면 정신병이 악화될 수 있다. 따라서 부분작용제의 양과 스펙트럼 내의 위치가 아주 조금만 변해도 임상적으로 큰 영향을 미칠 수 있으므로(그림 5-15), 해당 약제의 약리적 작용기전을 이해하기 위해서는 모든 부분작용제를 한데 묶지 말고 그 약물이 스펙트럼의 어디에 위치하는지 이해하는 것이 중요하다.

5

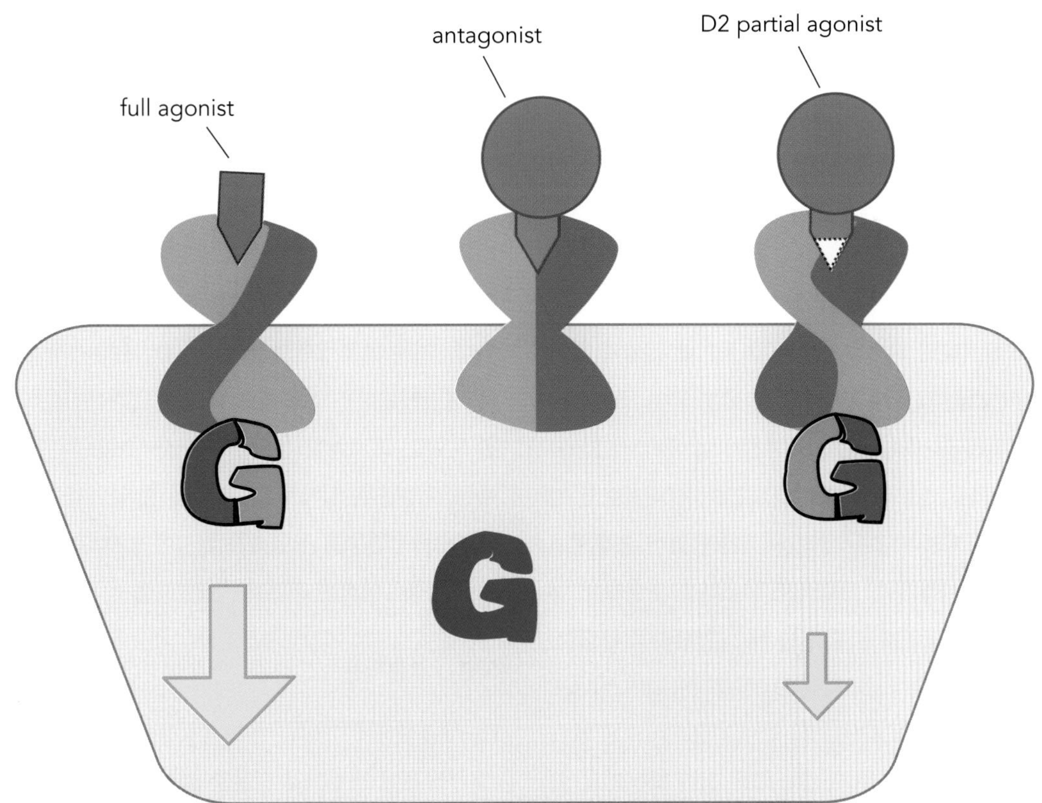

그림 5-21 작용제 스펙트럼과 수용체 형태. 이 그림은 완전작용제, 길항제, 부분작용제에 대한 반응에 따른 수용체 형태의 변화를 예술가적 표현으로 보여준다. 완전작용제의 경우, 수용체 형태는 D_2 수용체의 G단백질연결 2차 전령 시스템을 통해 강력한 신호전달이 이루어지도록 되어 있다(왼쪽). 반면 길항제는 신호전달이 불가능한 수용체 형태를 생성하는 방식으로 D_2 수용체에 결합한다(가운데). 도파민 부분작용제와 같은 부분작용제는 중간 정도의 신호전달이 가능한 수용체 형성을 초래한다(오른쪽). 그러나 부분작용제는 완전작용제(왼쪽)만큼 많은 신호전달을 유도하지 않는다(오른쪽).

D_2 부분작용은 어떻게 D_2 길항작용보다 운동 부작용을 덜 유발하는가

D_2 부분작용제가 운동 부작용, 특히 약물로 유발된 파킨슨증을 일으키는 경향을 줄이기 위해서는 선조체의 D_2 수용체를 통한 신호전달이 매우 적은 양이어야 하는 것으로 보인다. 따라서 '내인 활성intrinsic activity'이라고도 부르는 아주 조금 정도의 효현작용agonism은 D_2 길항제 및 $5HT_{2A}/D_2$ 길항제가 D_2 수용체를 완전히 침묵시키고 완전히 차단하는 것에 비해 다른 매우 다른 임상 결과를 초래할 수 있다. 정신병 치료에 필요한 것은 작용제 작용보다 더 큰 도파민 길항작용이기 때문에, 정신병 치료에 사용할 수 있는 D_2 부분작용제는 작용제 스펙트럼에서 길항제에 매우 가깝게 위치한다(그림 5-15).

매우 흥미로운 점은 부분작용제 스펙트럼(그림 5-15)의 위아래로 아주 작은 움직임이 임상적 특성에 얼마나 지대한 영향을 미칠 수 있는지이다. 완전한 작용제에 조금만 더 가까워도 운동 부작용과 프로락틴 상승을 감소시킬 수 있고, 음성증상을 개선할 만큼 충분히 활성화되지만, 너무 활성화되어 양성증상에 대한 효능을 감소시키거나 심지어 양성증상이 악화시킬 수 있고, 또한 메스꺼움과 구토가 발생할 수 있다. 조현병에 대한 몇 가지 D_2 부분작용제에 대해 상당히 광범위한 임상시험이 이루어졌으며, 이 중 세 가지가 승인되었다. OPC4392(나중에 시험된 아리피프라졸aripiprazole 및 브렉스피프라졸brexpiprazole과 구조적 및 약리적으로 관련이 있음)는 너무 강한 작용제로 밝혀졌다. 상대적으로 적은 내인 활성을 가지며 운동 부작용이 거의 없이 조현병의 음성증상을 개선시켰지만, 그럼에도 불구하고 조현병의 양성증상도 활성화하고 악화시킬 만큼 내인 활성이 너무 컸기 때문에 시판되지 못했다. 또 다른 D_2 부분작용제인 비페프루녹스bifeprunox는 OPC4392보다 약한 작용제이지만 메스꺼움과 구토를 유발하는 등 여전히 너무 강한 작용제로 밝혀졌다. 양성증상에는 어느 정도 효과가 있고 운동 부작용을 일으키지 않았지만, 다른 약제에 비해 양성증상 개선 효과가 떨어지고 위장관 부작용이 더 많아서 미국 식품의약국Food and Drug Administration, FDA이 승인하지 않았다. 다음으로 연구자들은 길항제 스펙트럼의 끝에 더 가까운 또 다른 다트를 던졌고, 그 다트는 아리피프라졸(최초의 '핍pip', 아래 참조)이 되었다. 이 약제는 실제로 심각한 운동 부작용 없이 양성증상을 개선하지만, 약간의 좌불안석을 유발한다. 그리고 비록 입증된 적은 없지만, 일부 임상의사들은 이 약제가 가장 심각한 정신병 환자에게 D_2 길항제만큼 효과적인지 의문을 제기한다. 마지막으로 브렉스피프라졸이라는 두 번째 '핍'과 카리프라진이라는 '립rip' 두 가지 D_2 부분작용제가 추가로 승인되었다. 두 약물 모두 D_2 부분작용제 스펙트럼에서 아리피프라졸과 유사하며, 항정신병 효과와 낮은 운동 부작용을 가지지만 약간의 좌불안석이 있고, 아래의 개별 약물 부분에서 자세히 논의하는 것처럼 D_2 수용체 이외의 수용체에 대한 2차 결합 특성에서 대부분 차이가 있다.

D_2 부분작용제는 어떻게 고프로락틴혈증을 감소시키는가

뇌하수체 프로락틴생산세포의 D_2 수용체는 다른 도파민 경로 및 표적보다 D_2 부분작용제의 내인 활성에 더 민감한 것으로 입증되었다. 특히 임상에서 사용되는 세 가지 부분작용제는 모두 프로락틴 수치를 높이기보다는 실제로 감소시킨다. 이는 프로락틴생산세포의 D_2 수용체가 이러한 약물을 길항제보다는 작용제로 더 많이 감지하고, 그래서 이러한 약물은 프로락틴 분비를 자극하기보다 차단하기 때문이라는 가정된다. 실제로 D_2 길항제 중 하나를 복용하는 동안 고프로락틴혈증을 경험하는 환자에게 D_2 부분작용제 중 하나를 병용투여하면 고프로락틴혈증을 역전시킬 수 있다.

$5HT_{1A}$ 부분작용

D_2 부분작용에 $5HT_{1A}$ 부분작용을 추가하면 D_2 차단에 비해 부작용이 개선되고 정동증상과 음성증상에 대한 효능이 향상되는 이유는 무엇일까? $5HT_{2A}$ 길항작용이 거의 동일한 작용을 하는 이유를 파악했다면 이해하기 쉬운 간단한 답이 있다. 즉 $5HT_{1A}$ 부분작용, 특히 부분작용제 스펙트럼

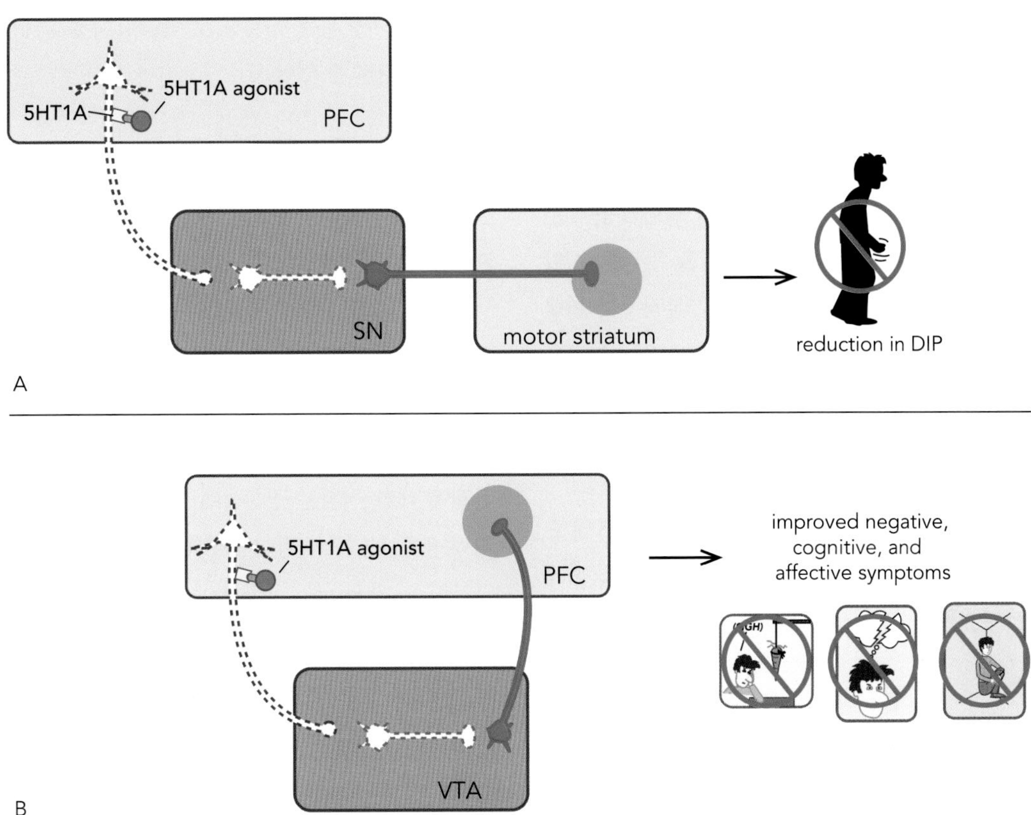

그림 5-22 **$5HT_{1A}$ 수용체 부분작용 및 후속 도파민 방출.** $5HT_{1A}$ 수용체는 억제성이며, 세로토닌 뉴런의 시냅스전과 다른 뉴런의 시냅스후 모두에 위치할 수 있다. (A) $5HT_{1A}$ 수용체는 하행 글루타메이트 피라미드 뉴런에 위치하며, 이 뉴런은 흑질(SN)의 GABA 사이신경세포를 통해 흑질선조체 도파민 뉴런을 간접적으로 신경지배한다. $5HT_{1A}$ 수용체의 부분작용은 흑질에서 글루타메이트 출력을 감소시키고, GABA 사이신경세포의 활성을 감소시켜 흑질선조체 도파민 경로의 탈억제를 유도한다. 운동 선조체에서 도파민 방출이 증가하면 D_2 결합 약제와 경쟁할 도파민이 더 많기 때문에, D_2 길항작용/부분작용으로 인한 운동 부작용을 줄일 수 있다. (B) $5HT_{1A}$ 수용체는 하행 글루타메이트 피라미드 뉴런에 위치하며, 이 뉴런은 배쪽뒤판구역(VTA)의 GABA 사이신경세포를 통해 중뇌피질 도파민 뉴런을 간접적으로 신경지배한다. $5HT_{1A}$ 부분작용은 VTA에서 글루타메이트 출력을 감소시키고, GABA 사이신경세포의 활동을 감소시켜 중뇌피질 도파민 경로의 탈억제를 유도한다. 전전두엽피질(PFC)에서 도파민 방출이 증가하면 정신병의 인지, 음성, 정동증상을 잠재적으로 줄일 수 있다.

에서 길항작용보다 완전작용에 가까운 경우(그림 5-15)에는 $5HT_{2A}$ 길항제와 유사한 효과가 있다. 그림 5-17에 표시된 $5HT_{2A}$ 길항작용과 마찬가지로, $5HT_{1A}$ 부분작용/완전작용은 부작용 경로에서 더 많은 도파민 방출을 일으켜 D_2 길항작용에 대항하여 D_2 길항작용/부분작용의 원치 않는 효과를 일부 반전시키고 음성증상과 정동증상을 개선한다(그림 5-22).

이런 일이 어떻게 일어날까? $5HT_{1A}$ 수용체는 항상 억제성이며, 세로토닌 뉴런의 시냅스전 단계와 $5HT_{2A}$ 수용체가 있는 동일한 글루타메이트 피라미드 뉴런을 포함한 많은 뉴런의 시냅스후 단계에 모두 존재할 수 있다(그림 5-16A와 5-22A의 왼쪽 위 글루타메이트 뉴런 비교). 피라미드 뉴런이 가속장치($5HT_{2A}$ 수용체)와 제동장치($5HT_{1A}$ 수용체)를 모두 가지고 있는 상황으로 생각할 수 있다. 가속장치에서 발을 떼는 것($5HT_{2A}$ 길항작용)은 제동장치를 밟는 것($5HT_{1A}$ 부분작용)과 비슷한 효과를 내며, 동시에 이루어질 경우 더욱 그렇다. 따라서 $5HT_{1A}$ 부분작용은 $5HT_{2A}$ 길항작용과 마찬가지로 도파민 방출에 많은 동일한 영향을 미친다. 나중에 논의하겠지만, 정신병과 기분을 치료하는 데 사용되는 일부 약물은 $5HT_{2A}$ 길항제와 $5HT_{1A}$ 부분작용제 특성을 모두 가지고 있어 이론상으로 이러한 기전 중 하나만 사용할 때보다 후속 도파민에 대한 작용이 훨씬 더 강화될 수 있다. 따라서 위에서 $5HT_{2A}$ 길항작용에 대해 설명한 것과 마찬가지로, $5HT_{1A}$ 부분작용은 일부 경로에서 도파민 방출을 증가시켜 운동 부작용을 유발하는 원치 않는 D_2 길항작용/부분작용을 일부 역전시킴으로써 D_2 길항작용/부분작용에 대항한다. $5HT_{1A}$ 부분작용이 D_2 길항작용/부분작용의 효능을 강화하여 정신병의 양성증상을 개선할 수 있다는 증거는 아직 부족하다. 이제 $5HT_{1A}$ 부분작용이 어떻게 도파민의 후속 방출을 강화하여 잠재적으로 운동 부작용을 줄이고, 기분증상, 정동증상, 음성증상, 인지증상을 개선할 수 있는지 설명할 것이다.

$5HT_{1A}$ 부분작용제는 운동 선조체로 투사되는 흑질선조체 도파민 뉴런을 간접적으로 신경지배하는 글루타메이트 뉴런에 작용한다(그림 5-22A)

동일한 글루타메이트 뉴런의 $5HT_{2A}$ 수용체를 차단하면 도파민 방출이 탈억제되어 운동 부작용이 줄어든다는 사실을 떠올려보자(그림 5-17B). 동일한 뉴런에서 $5HT_{1A}$ 부분작용으로 정확하게 동일한 현상, 다시 말하면 도파민 방출의 탈억제와 운동 부작용의 개선이 일어난다(그림 5-22A). 위에서 설명한 바와 같이, 더 많은 도파민 방출은 운동 선조체에서 수용체에 대한 D_2 차단제와 경쟁하여 운동 부작용을 역전시킨다. D_2 부분작용제는 $5HT_{1A}$ 부분작용제이기도 하므로, 이 두 가지 특성이 결합하여 많은 운동 부작용을 줄일 수 있지만, 좌불안석은 여전히 흔히 발생할 수 있다.

$5HT_{1A}$ 부분작용제는 또한 전전두엽피질로 투사되는 중뇌피질 도파민 뉴런을 간접적으로 신경지배하는 글루타메이트 뉴런에 작용한다(그림 5-22B)

이러한 특정 글루타메이트 뉴런의 $5HT_{2A}$ 수용체를 차단하면 전전두엽피질에서 도파민 방출이 탈억제된다는 사실을 떠올려보자(그림 5-17C). 이것이 바로 음성증상, 인지증상, 정동/우울증상을 개선하는 데 필요한 것이다. 이는 또한 동일한 뉴런에서 $5HT_{1A}$ 부분작용으로 일어나는 것이다(그림 5-22B). 이러한 임상적 작용은 세로토닌/도파민 부분작용제가 자주 사용되는 양극성 및 단극성 우울증에서 특히 강력하게 나타날 수 있다.

정신병 치료에 사용되는 약물의 수용체 결합 특성과 기타 치료작용 및 부작용 사이의 연관성

지금까지 이 장에서는 도파민 D_2, 세로토닌 $5HT_{2A}$, 세로토닌 $5HT_{1A}$ 수용체에서의 상호작용과 가설상으로 연관된 정신병 치료제의 항정신병 기전 및 부작용에 대해 논의했다. 실제로 이러한 약물은 다른 많은 신경전달물질 수용체와 결합하여 다른 많은 치료적용에 사용되고 있다. 실제로 D_2 차단제에 대한 처방은 정신병에 대한 처방보다 정신병 이외의 적응증에 대한 처방이 훨씬 더 많으며, 이것이 바로 이런 약물이 이 책과 국제 명명법에서 '항정신병 약물'로 불리지 않는 주요 이유이다. 추가적인 수용체 작용은 다른 치료작용 및 부작용과 관련이 있을 가능성이 높다(그림 5-23에서 5-26). 이 계열의 약물에 결합하는 알려진 수용체 전체에 대해서는 다음 절에서 논의한다.

조증

기본적으로 D_2 길항제/부분작용제 특성을 가진 모든 약물은 급성 양극성 조증 치료와 조증 재발 예방에 효과적이다. 일부 약제는 다른 약제보다 더 잘 연구되었으며, 급성 양극성 조증에 대한 치료효과는 조증이 정신병적이든 비정신병적이든 관계없이 존재한다. 조현병의 정신병을 치료하는 약물에 대한 옛말이 있다. '조증 치료는 공짜로 받는다'는 것이다. 즉 본질적으로 정신병의 양성증상을 치료할 수 있는 모든 약물은 아마도 조증 증상도 치료할 수 있다. 조증은 조현병의 양성증상과 마찬가지로 중뇌변연/중뇌선조체 뉴런에서 도파민이 과도하게 방출되기 때문인 것으로 생각된다(그림 4-15와 4-16). 따라서 이 경로에서 도파민 과활성을 감소시키는 약물이 환자가 정신병 상태뿐만 아니라 조증 상태에 있을 때에도 효과적이라는 것은 놀라운 일이 아니다. 조증에 대한 자세한 논의는 제6장에서, 조증 치료에 대해서는 제7장에서 이어진다.

양극성 및 단극성 우울증에서 항우울 작용

$5HT_{2A}/D_2$ 길항제와 $D_2/5HT_{1A}$ 부분작용제의 가장 일반적인 용도는 조현병의 정신병이나 양극성장애의 조증 치료가 아니다. 오히려 단극성 주요우울장애와 양극성 우울증의 치료에서 이러한 약제가 저용량으로 가장 흔히 처방되며, 특히 부작용이 적지만 고비용의 최신 약물이 처방된다.

거의 모든 정신병 치료제가 감정 선조체에서 D_2 수용체의 80% 정도를 차단하도록 용량을 조절해야 하는 반면, 우울증 치료에서는 같은 약물의 용량이 더 낮으며 따라서 D_2 수용체를 강력하게 차단하기에는 충분하지 않을 수 있다. 그렇다면 우울증에는 어떻게 작용할까? $5HT_{2A}$ 길항작용과 $5HT_{1A}$ 부분작용, 그에 따른 전전두엽피질의 도파민 방출 증가는 잠재적으로 주요 항우울기전으로 생각된다. 이 계열에 속하는 개별 약물의 방대한 수용체 작용을 살펴보면(아래 논의 및 그림 5-27부터 5-62까지 참조), 많은 추가적인 잠재적 항우울기전을 쉽게 확인할 수 있다. 이러한 기전은 제6장과 제7장에서 기분장애와 치료에 대해 자세히 논의하고 삽화로 설명할 것이므로 여기서는 주요 기전 중 몇 가지에 대해서만 언급할 것이다. 항우울 작용을 설명하기 위한 후보인 D_2 차단에 수반되는 결합 특성은 이 장에서 이어지는 많은 그림에서 모든 개별 D_2 차단제에 대해 표시되어 있으며, 다음과 같은 것들이 포함된다.

모노아민 재흡수 차단 특성

α_2 길항작용

D_3 부분작용

$5HT_{2C}$ 길항작용

$5HT_3$ 길항작용

$5HT_7$ 길항작용

$5HT_{1B/D}$ 길항작용을 포함한 다른 것들

이 그룹에 속하는 두 가지 약제는 정확히 동일한 결합 특성을 가지고 있지 않으며, 이것이 일부 환자가 이 그룹의 한 약제에는 항우울반응을 보이는데 다른 약제에는 반응하지 않는 이유를 부분적으로 설명해줄 수 있다. 이러한 작용이 특정 약물의 기전의 일부인지는 아래의 개별 약물에 대한 논의를 참조하기 바란다.

항불안 작용

정신병 치료에 일반적으로 사용되는 약물 중에서 다소 논란의 여지가 있는 것은 다양한 불안장애의 치료에 사용하는 것이다. 일부 연구는 범불안장애에 대한 단독요법으로 이러한 약제의 효능을 제안하였고, 다른 불안장애에 대해서는 다른 약제를 증강시키는 것으로 제안하였다. 이러한 약제의 또 다른 논란의 여지가 있는 사용은 외상후 스트레스 장애posttraumatic stress disorder, PTSD이다. 일부 약제의 항히스타민 및 항콜린 진정 특성이 일부 환자에게 진정 작용을 하고 항불안/항 PTSD 작용을 할 가능성이 있다. 그렇다면 이러한 약물의 사용이 왜 논란의 대상이 될까? 불안 및 PTSD 적응증의 효능에 대한 긍정적인 및 부정적인 연구 결과가 모두 존재하며, 정신병 치료에 사용되는 많은 약제의 부작용을 고려할 때, 위험편익비risk benefit ratio가 불안 및 PTSD에 대한 대체 치료에 비해 반드시 유리한 것은 아니다. 가능성이 높은 예외는 이러한 약제 중 하나인 브렉스피프라졸을 선택적 세로토닌 재흡수 억제제(SSRI), 특히 설트랄린sertraline과 병용해서 사용한 긍정적인 결과의 연구일 수 있다. 이에 대해서는 제8장의 불안 및 외상성 장애에서도 언급된다.

치매의 초조

정신병 치료제를 사용하여 치매 환자의 초조라고 알려진 문제성 상태를 치료하는 것은 대부분의 연구에서 명확한 효능 신호가 없기 때문에, 그리고 이러한 약물을 복용하는 노인 치매 환자의 심혈관 합병증 및 사망에 대한 안전경고safety warning가 있기 때문에, 또 다른 논란의 여지가 있다. 다른 기전으로 작용하며 현재 시험 중인 약물에 대한 가능성이 있기는 하지만(치매에 대한 제12장 참조), 정신병 치료제 계열에 속하는 한 가지 약제인 브렉스피프라졸의 경우 치매의 초조에 대한 긍정적인 결과가 있으며, 위험편익 프로필이 만족스러울 수 있다. 이에 대해서는 치매에 관한 제12장

5

에서 더 자세히 논의된다.

진정수면과 진정 작용

진정이 항정신병 작용에 좋은 특성인지 나쁜 특성인지에 대한 오랜 논쟁이 존재한다. 해답은 진정제가 정신병 치료에 좋기도 하고 나쁘기도 하다는 것이다. 어떤 경우에는, 특히 단기 치료의 경우 진정은 바람직한 치료효과를 가져올 수 있는데, 특히 치료 초기, 입원 중, 환자가 공격적이거나 흥분하거나 수면 유도가 필요할 때 그렇다. 그 외의 경우, 특히 장기 치료의 경우 각성의 감소, 진정, 졸음은 인지장애로 이어질 수 있기 때문에 진정은 일반적으로 피해야 할 부작용이다. 인지가 손상되면 기능적 결과가 저하된다. 진정의 약리는 위에서 논의했으며, 그림 5-8, 5-13, 5-14에서 항콜린, 항히스타민, α_1 길항제 작용에 대해 삽화로 설명했다. 진정수면제는 제10장 수면에서, 공격성과 폭력성은 제13장 충동성에서 논의된다.

심장대사 작용

정신병 치료를 위한 모든 $D_2/5HT_{2A}/5HT_{1A}$ 약물이 체중 증가와 비만, 이상지질혈증, 고혈당/당뇨병의 위험에 대한 등급경고class warning를 공유할지라도, 실제로는 다양한 약제 간에 위험 스펙트럼이 존재한다.

- 높은 대사 위험metabolic risk: 클로자핀clozapine, 올란자핀olanzapine
- 중등도 대사 위험: 리스페리돈risperidone, 팔리페리돈paliperidone, 쿠에티아핀quetiapine, 아세나핀asenapine, 일로페리돈iloperidone
- 낮은 대사 위험: 루라시돈lurasidone, 카리프라진cariprazine, 루마테페론lumateperone, 지프라시돈ziprasidone, 피마반세린pimavanserin, 아리피프라졸aripiprazole, 브렉스피프라졸brexpiprazole

그림 5-23에 도식적으로 표시된 '대사 고속도로'는 체중 증가, 이상지질혈증, 고혈당/당뇨병을 거쳐 조기 사망이라는 슬픈 종착역으로 끝난다. 대사 고속도로를 논의하는 요점은 환자가 중등도 또는 고위험 약제를 복용하는 여정에서 환자를 모니터링하고, 예측 가능한 부작용을 예방하기 위해 가능한 경우 개입하는 것이다. 대사 고속도로의 진입로는 식욕 증가와 체중 증가이며, 공복 중성지방 수치의 증가와 함께 비만, 인슐린 저항성, 이상지질혈증으로 진행된다(그림 5-23). 궁극적으로 고인슐린혈증은 췌장 베타세포 기능부전, 당뇨병전단계, 당뇨병으로 진행된다. 일단 당뇨병이 발병하면 심혈관질환의 위험이 더욱 증가하고 조기 사망의 위험도 증가한다(그림 5-23).

항정신병 약물을 복용하는 환자가 대사 고속도로를 따라 이러한 위험과 그 이상으로 나아가게 하는 약리적 기전은 이제 막 이해되기 시작했다. 일부 약제와 관련된 체중 증가는 H_1 히스타민 수용체와 $5HT_{2C}$ 세로토닌 수용체에 작용하기 때문일 수 있다. 특히 이러한 수용체가 동시에 차단되면 환자는 체중 증가를 경험할 수 있다. 대사 고속도로를 따라 체중 증가는 비만으로, 비만은 당뇨병으로, 당뇨병은 심장질환으로 이어질 수 있기 때문에(그림 5-23), 처음에는 중등도 또는 높은 체중 증가를 유발하는 정신병 치료제와 관련된 다른 모든 심장대사 합병증을 체중 증가가 설명할 수 있을 것 같았다. 그러나 이는 단지 부분적으로만 사실일 수 있으며, 강력한 항히스타민 특성과 강력한 $5HT_{2C}$ 길항제 특성을 모두 가진 약제, 특히 클로자핀, 올란자핀, 쿠에티아핀과 항우울제인 미르타자핀mirtazapine(제7장에서 논의)의 경우 대부분 해당될 수 있다.

일부 고위험 약물의 경우 심장대사 합병증으로 향하는 미끄러운 경사면의 첫 단계인 것은 분명하지만, 심장대사 위험은 식욕 증가와 체중 증가 또는 이 두 수용체에 대한 길항제 작용만으로는 단순히 설명할 수는 없다. 이 두 수용체 중 하나의 수용체를 차단하는 많은 약물은 약물 사용과 관련된 식욕 증가나 체중 증가가 크지 않으며, 체중 증가를 유발하는 다른 많은 약물은 이 두 수용체에 대한 작용이 없다.

체중 증가, 이상지질혈증, 당뇨병을 유발하는 두 번째 기전인 인슐린 저항성의 즉각적인 증가가 작용할 수 있는 것

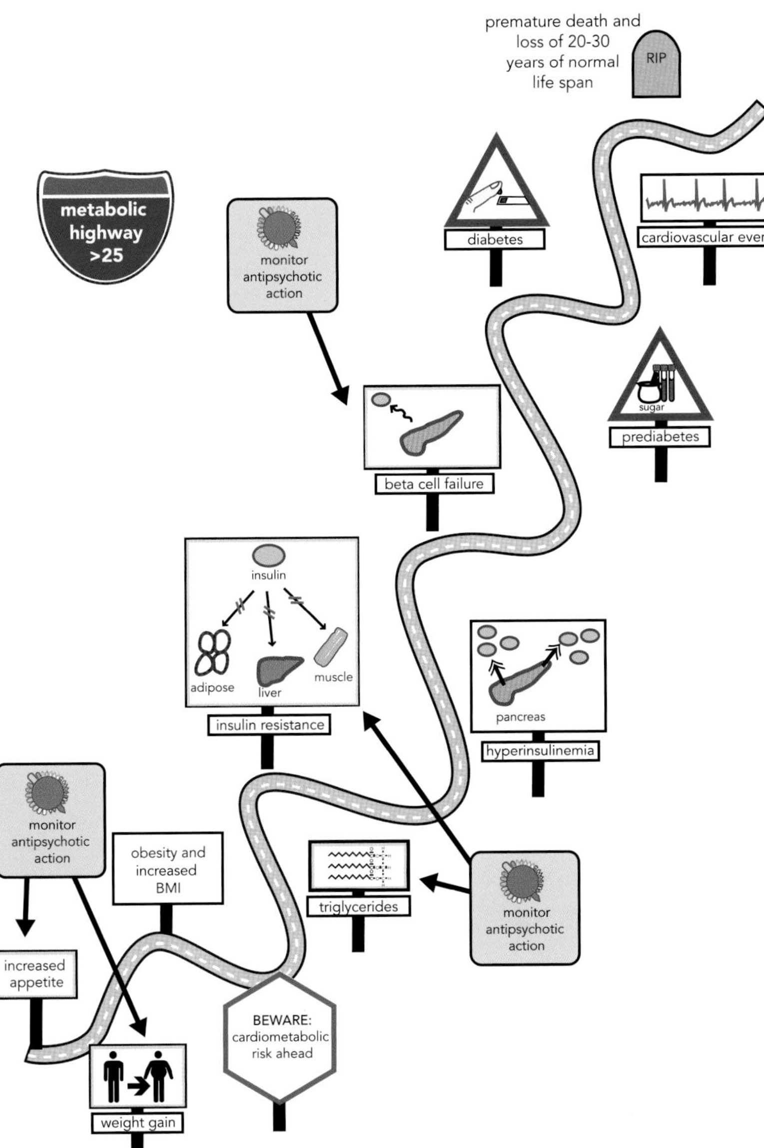

그림 5-23 대사 고속도로에서의 모니터링. 위험성은 개별 약제마다 다를 수 있을지라도, 정신병 치료제를 복용하는 모든 환자에게는 심장대사 부작용에 대한 모니터링이 필요하다. 첫째, 식욕 증가와 체중 증가는 체질량지수(BMI) 상승과 궁극적으로 비만으로 이어질 수 있다. 따라서 체중과 BMI를 모니터링해야 한다. 둘째, 일부 약제는 알려지지 않은 기전으로 인슐린 저항성을 유발할 수 있으며, 이는 공복 혈장 중성지방 수치를 측정하여 확인할 수 있다. 마지막으로 고인슐린혈증은 췌장 베타세포 기능부전, 당뇨병전단계, 당뇨병으로 진행될 수 있다. 당뇨병은 심혈관질환과 조기 사망의 위험을 높인다.

으로 보인다. 이는 부분적으로 공복 중성지방 수치의 상승으로 측정할 수 있으며, 체중이 뚜렷하게 증가하기 전에 발생하기 때문에 체중 증가만으로는 설명할 수 없다. 마치 인슐린 조절에 대한 이러한 약물의 급성 수용체 매개 작용이 있는 것처럼 보인다. 그 수용체가 무엇인지는 아직 밝혀지지 않았지만, 그림 5-24의 약물 상징에 있는 수용체 'X'로 가정하였다.

따라서 $H_1/5HT_{2C}$ 매개 기전의 식욕 증가와 체중 증가 유발 외에 대사 기능장애의 두 번째 기전이 있는 것으로 보인다. 이것은 이들 약물이 모두 개발되었을 때 예상치 못한 결과이며, 일부 약물에는 이러한 두 번째 기전이 있는 것으로 보이는 반면(고위험 및 중등도 위험 약제), 다른 약물에는 이러한 기전이 없는 것으로 보인다(저위험 약제). 인슐린 저항성 증가와 공복 중성지방 상승의 기전은 현재까지 활발히

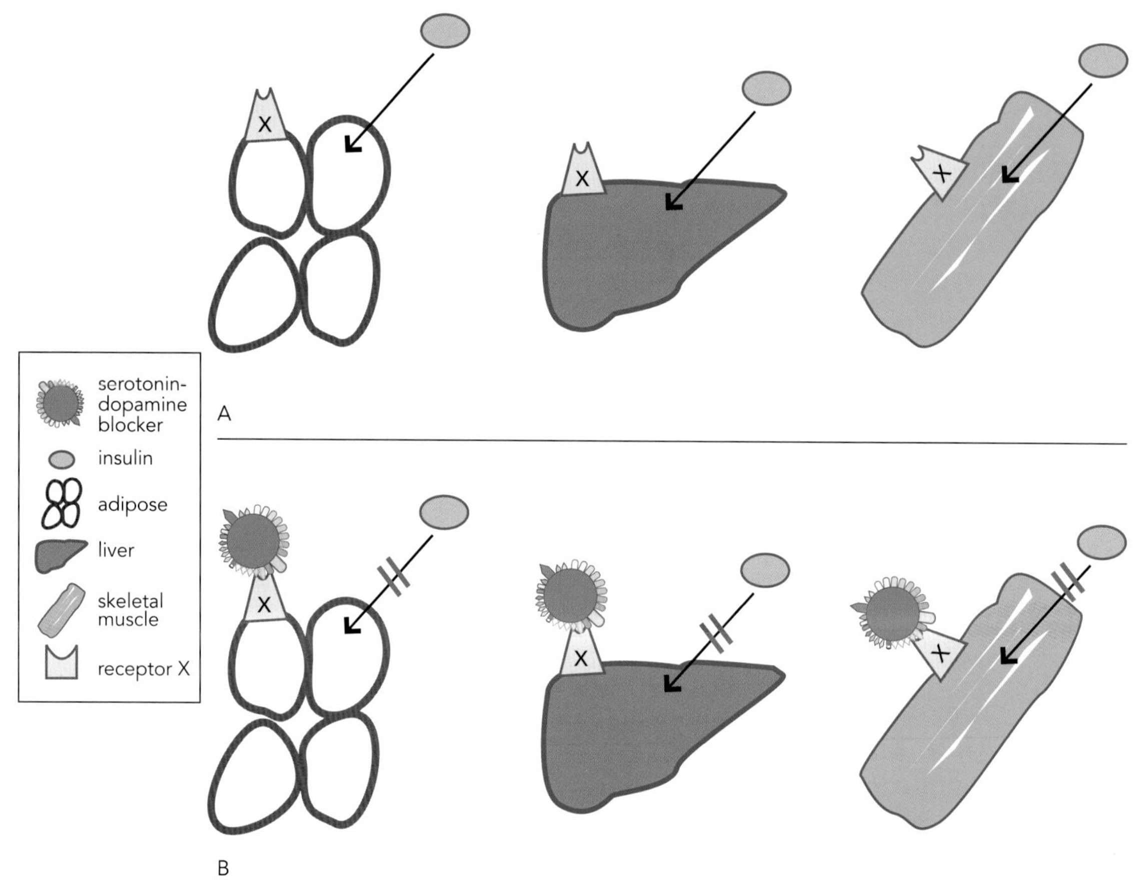

그림 5-24 인슐린 저항성과 중성지방 증가: 미지의 수용체에서 조직 작용으로 발생? 정신병 치료에 사용되는 일부 약물은 체중 증가와 관계없이 인슐린 저항성과 중성지방 상승을 유발할 수 있지만, 그 기전은 아직 확립되지 않았다. 이 그림은 지방조직, 간, 골격근의 수용체 X에 결합한 약제가 인슐린 저항성을 유발하는 가설적인 기전을 보여준다.

연구되고 있지만 아직 밝혀지지 않았다. 일부 D_2/$5HT_{2A}$ 길항제 투여 시 공복 중성지방이 급격히 상승하고 이러한 약물을 중단하면 공복 중성지방이 급격히 떨어지는 것은 아직 추측에 불과하지만, 알려지지 않은 약리적 기전이 이러한 변화를 일으킬 수 있음을 시사한다. 이렇게 가정된 수용체 작용을 가진 약제의 가설적인 작용은 그림 5-24에 나와 있으며, 적어도 특정 환자에게 특정 약물(예: 고위험 약물, 하지만 '대사 친화적인' 저위험 약물은 아님) 투여에 대한 반응으로 지방조직, 간, 골격근이 모두 인슐린 저항성을 일으킨다. 이 효과의 기전이 무엇이든, 특정 D_2/$5HT_{2A}$ 길항제를 복용하는 일부 환자에게서 공복 혈장 중성지방과 인슐린 저항성이 현저히 증가할 수 있고, 이것이 심장대사 위험을 높이고 환자를 대사 고속도로로 이동시키며(그림 5-23), 심혈관 질환과 조기 사망이라는 악마의 목적지를 향한 미끄러운 경사를 내려가는 또 다른 단계로 작용한다는 것은 분명하다. D_2/$5HT_{2A}$ 길항제를 복용하는 모든 환자에게서 이러한 문제가 발생하는 것은 아니지만, 모니터링을 통해 이러한 문제의 발생을 감지할 수 있으며(그림 5-25), 발생 시 관리가 가능하다(그림 5-26).

드물지만 생명을 위협하는 또 다른 심장대사 문제는 정신병을 치료하는 세로토닌/도파민 약제와 관련된 것으로 알려져 있는데, 이는 당뇨병 케토산증diabetic ketoacidosis, DKA 또는 관련 질환인 고혈당 고삼투질 증후군hyperglycemic hyperosmolar syndrome, HHS의 급성 발병과의 연관성이다.

Psychopharmacologist's Metabolic Monitoring Tool Kit

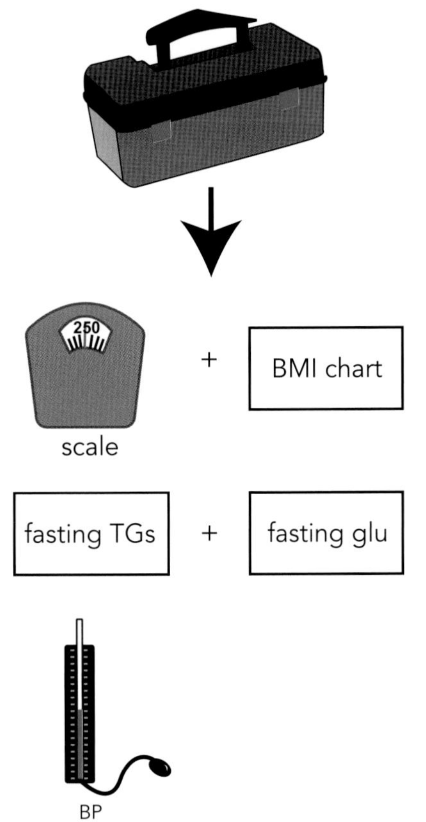

FLOW CHART John Doe			
	baseline	visit 1	visit 2
wt/BMI			
fasting TGs			
fasting glu			
BP			

그림 5-25 대사 모니터링 도구상자. 정신약리학자의 대사 모니터링 도구상자에는 체중/체질량지수(BMI), 공복 중성지방(TG), 공복 혈당(glu), 혈압(BP)의 네 가지 주요 매개변수를 추적할 수 있는 항목이 포함되어 있다. 이러한 항목은 환자 차트 첫머리에 표시할 수 있는 간단한 흐름도로써 각 방문마다 기재할 수 있다.

이 합병증의 기전은 현재 집중적으로 연구 중이며, 아마도 복잡하고 다원적일 것이다. 어떤 경우에는 진단되지 않은 인슐린 저항성, 당뇨병전단계, 당뇨병이 있는 환자 중 대사 고속도로에서 보상 고인슐린혈증 상태(그림 5-23)에 있는 환자가 특정 세로토닌/도파민 길항제를 투여받으면, 알 수 없는 약리작용으로 인해 보상작용이 기능을 하지 않을 수 있다. DKA/HHS의 위험 때문에 정신병 치료제를 처방하기 전에 대사 고속도로에서 환자의 위치를 파악하는 것이 중요하며, 환자에게 고인슐린혈증, 당뇨병전단계, 당뇨병이 있는 경우 특히 중요하다. 따라서 이러한 위험 요인을 모니터링(그림 5-23 및 5-25)하고 관리(그림 5-26)하는 것이 중요하다.

특히 정신약리학자가 정신병 치료약물을 복용하는 환자(또는 우울증과 같은 다른 적응증으로 같은 약물을 사용하는 환자)를 모니터링하고 심장대사 위험을 관리해야 하는 지점이 대사 고속도로를 따라 적어도 세 곳의 정류장에 있다(그림 5-23). 이는 당뇨병 발병을 감지하기 위해 체중, 체질량지수body mass index, BMI, 공복 혈당을 모니터링하는 것부터 시작한다(그림 5-23 및 5-25). 또한 공복 중성지방 수치의 기준선을 파악하고, 당뇨병의 가족력이 있는지 여부를 확인해야 한다. 두 번째로 모니터링해야 할 조치는 세로토닌/도파민 약제 복용 전후에 공복 중성지방 수치를 측정하여 이러한 약물이 이상지질혈증과 인슐린 저항성 증가를 유발하는지 여부를 확인하는 것이다(그림 5-25). 체질량지수 또는 공복 중성지방이 현저히 증가하면, 같은 계열의 다른 약물, 특히 대사 위험이 낮은 약물로 교체하는 것을 고려해야 한다. 비만한 환자가 이상지질혈증이 있고 당뇨병전단계 또는 당뇨병 상태인 경우, 세로토닌/도파민 약제 투여 전후에 혈압, 공복혈당, 허리둘레를 모니터링하는 것이 특히 중요하다. 모범 규준은 이러한 약물을 복용하는 모든 사람에게 이러한 매개변수를 모니터링하는 것이지만, 자주 시행되지 않으며 안타깝게도 특히 우울증 치료를 받고 있는 환자는 모니터링하지 않는 경우가 많다. 이러한 환자들은 지연이상운동증과 같은 다른 부작용에 대해서도 모니터

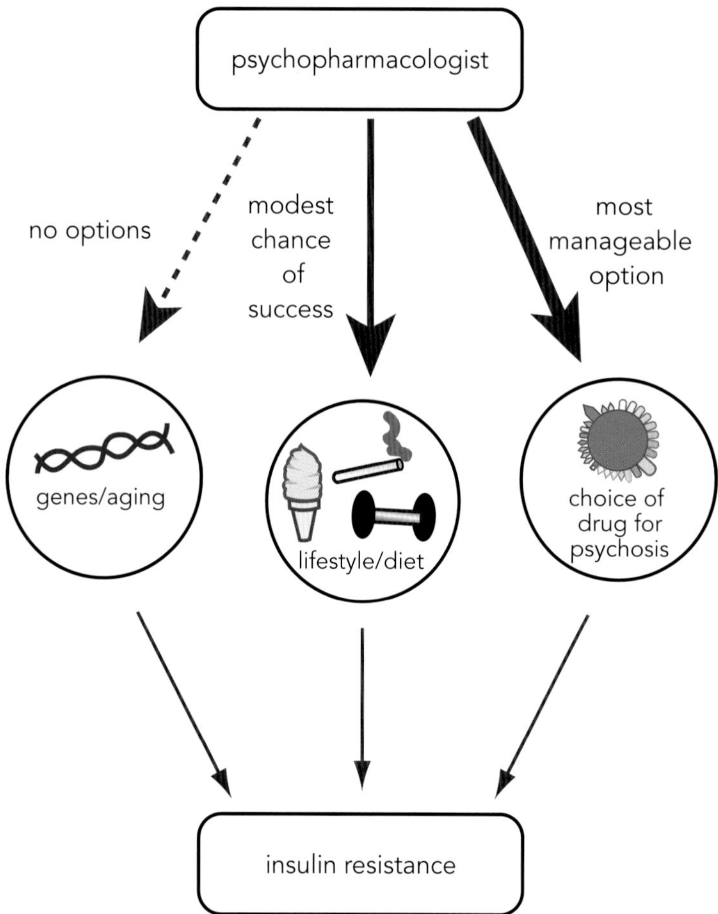

그림 5-26 인슐린 저항성: 정신약리학자는 무엇을 할 수 있는가? 인슐린 저항성 발생 여부에는 여러 가지 요인이 영향을 미치며, 그중 일부는 정신약리학자가 관리할 수 있고 일부는 관리할 수 없다. 관리할 수 없는 요인에는 유전적 구성과 나이가 포함되며, 어느 정도 관리할 수 있는 요인에는 식단, 운동, 흡연 등의 생활양식이 포함된다. 정신약리학자는 인슐린 저항성을 유발하거나 유발하지 않는 약물 치료를 선택함으로써 인슐린 저항성을 관리하는 데 가장 큰 영향력을 발휘한다.

링하지 않는 경우가 너무 흔하다. 약물의 약리를 알면 얻을 수 있는 한 가지 교훈이 있다면, 약물의 기전이 효능뿐만 아니라 안전성도 결정한다는 것이다. 이러한 약물을 정신병에 사용할 때는 주로 입원 환자 환경에서 너무 자주 모니터링되고, 우울증에 사용할 때는 주로 외래 환자 환경에서 훨씬 덜 엄격하게 모니터링하는 경우가 너무 많다.

한번 생각해보자. 이러한 약물은 어디에서 누구에게 사용하는지에 관계없이 동일한 약물이다.

고위험 환자의 경우 특히 DKA/HHS에 주의해야 하며, 심장대사 위험이 낮은 정신병(또는 기분장애) 치료제를 유지함으로써 위험을 줄이는 것이 중요하다. 고위험 환자, 특히 고인슐린혈증, 당뇨병전단계, 당뇨병으로 나타나는 것처럼 췌장 베타세포 기능부전이 실제로 발생하거나 진행 중인 환자의 경우, 공복 혈당과 기타 화학적 및 임상적 매개변수를 모니터링하여 드물지만 잠재적으로 치명적인 DKA/HHS의 조기 징후를 감지할 수 있다.

정신약리학자의 대사 도구상자는 매우 간단하다(그림 5-25). 여기에는 시간 경과에 따라, 특히 한 약제에서 다른 약제로 교체하기 전후 또는 새로운 위험 요인이 발생했을 때, 네 가지 정도의 매개변수를 추적하는 흐름도가 포함된다. 이 네 가지 매개변수는 체중(체질량지수), 공복 중성지방, 공복 혈당, 혈압이다.

이상지질혈증, 고혈압, 당뇨병, 심장병이 이미 발병한 환자는 내과 전문의에 의한 관리가 필요하긴 하지만, 심장대사질환의 위험이 있는 환자를 관리하는 것은 상당히 간단할 수 있다. 정신약리학자는 이러한 약물 중 어느 정도의 대사 위험이 있는 약물을 처방받은 심장대사 위험이 있는 환자를 관리할 수 있는 매우 간단한 선택사항이 있다(그림 5-26). 환자가 대사 고속도로를 따라 조기 사망에 이르는지 여부를 결정하는 주요 요인은 다음과 같다.

- 관리할 수 없는 요인(유전적 구성 및 나이)
- 어느 정도 관리할 수 있는 요인(식단, 운동, 금연과 같은 생활양식 변화)
- 가장 관리하기 쉬운 요인, 즉 특정 환자에게 위험을 증가시키는 약물에서 모니터링을 통해 위험을 줄일 수 있음을 입증한 약물로의 교체와 약물의 선택

세로토닌/도파민 길항제를 복용하는 환자에게서 대사증후군과 이상지질혈증을 관리하기 위한 다른 선택사항은 다른 약제와의 병용요법이 체중 증가와 이상지질혈증을 예방할 수 있다는 희망적인 가능성이다. 즉 항당뇨병제인 메트포르민metformin은 여러 연구에서 약물로 유발된 체중 증가 후 체중 감소를 유발하고, 더 인상적인 것은 대사 위험이 높거나 중간 정도인 약제를 시작할 때 체중 증가를 감소시키는 것으로 나타났다. 항경련제 토피라메이트topiramate에 대해서도 덜 일관된 결과가 보고되었다. 올란자핀으로 유발된 체중 증가를 줄일 수 있는 조짐을 보이는 새로운 약제로는 μ-오피오이드 길항제인 사미도르판samidorphan과 올란자핀의 복합제이다.

선택된 개별 1세대 D_2 길항제의 약리적 특성

약 70년 전에 출시된 최초의 D_2 길항제는 여전히 정신병 치료에 사용되고 있으며, 여기서는 개별적인 논의를 위해 가장 일반적으로 처방되는 몇 가지 약물을 선택하였다. 정신병을 치료하는 모든 다양한 약물의 모든 수용체 결합 특성을 파악하기 위해, 결합 특성을 단순화된 상징과 약물이 결합하는 모든 알려진 수용체를 수용체당 하나의 상자로 나타내는 결합 띠binding strip로 표현하였다. 맨 왼쪽에 가장 강력한 것부터 맨 오른쪽에 가장 약한 것까지 순위를 매겼다 (일부 최초의 D_2 길항제에 대해서는 그림 5-27부터 5-31까지 참조, 다른 정신병 치료제에 대해서는 이어지는 그림 참조). 특히 각 약물의 약리적 결합 특성은 다수의 신경전달물질 수용체에 대한 반정량적semi-quantitative 및 순위별 상대적 결합력의 가로열로 나타낼 수 있다. 이러한 그림은 정확한 정량이 아닌 개념적이며, 실험실마다, 종species마다, 방법마다 다를 수 있으며, 결합 특성에 대한 합의된 값은 시간이 지남에 따라 진화한다. 세로 점선으로 표시된 D_2 수용체 값의 왼쪽에는 더 강력한 결합(더 높은 친화력affinity)이, 오른쪽에는 덜 강력한 결합(더 낮은 친화력)이 표시되어 있다.

정신병 치료에 사용되는 약물은 모든 의학 분야는 아니더라도 실제 정신약리학에서는 틀림없이 가장 복잡한 약물일 것이며, 이 방법을 통해 독자는 정신병 치료에 사용되는 20여 개 약물의 개별적인 약리적 특성의 빠른 반정량적 이해와 정신병을 치료하는 다른 모든 약물과 어떻게 비교하는지를 한눈에 파악할 수 있을 것이다.

도파민 2 길항제/부분작용제는 일반적으로 항정신병 작용을 위해 D_2 수용체의 최소 60~80%가 점유되도록 투여한다. 따라서 이러한 약물들의 다양한 그림에서 D_2의 왼쪽에 있는 모든 수용체는 항정신병 약물 투여 수준에서 60% 이상 점유되고 있다. 이 개별 약물 그림에서 D_2의 오른쪽에 표시된 수용체는 항정신병 약물 투여 수준에서 60% 미만으로 점유된다. D_2 친화력의 역가 범위 내에서 약물에 결합하는 수용체만이 항정신병 약물 용량에서 임상적으로 적절한 작용을 할 가능성이 있으며, 우울증 치료에 사용되는 용량과 같은 저용량에서는 적절한 작용이 없을 수도 있다.

클로르프로마진

정신병 치료에 사용된 D_2 길항제 특성을 가진 맨 처음 약제 중 하나는 페노티아진phenothiazine 계열의 화학 물질인 클로르프로마진chlorpromazine이다. 클로르프로마진은 원래 많은 작용을 가지고 있다는 의미로 '라각틸Largactil'이라는 이름이 붙었지만, 당시에는 어떤 작용도 특정 수용체와 관련이 있는 것으로 알려지지 않았다. 이러한 '많은 작용'은 그

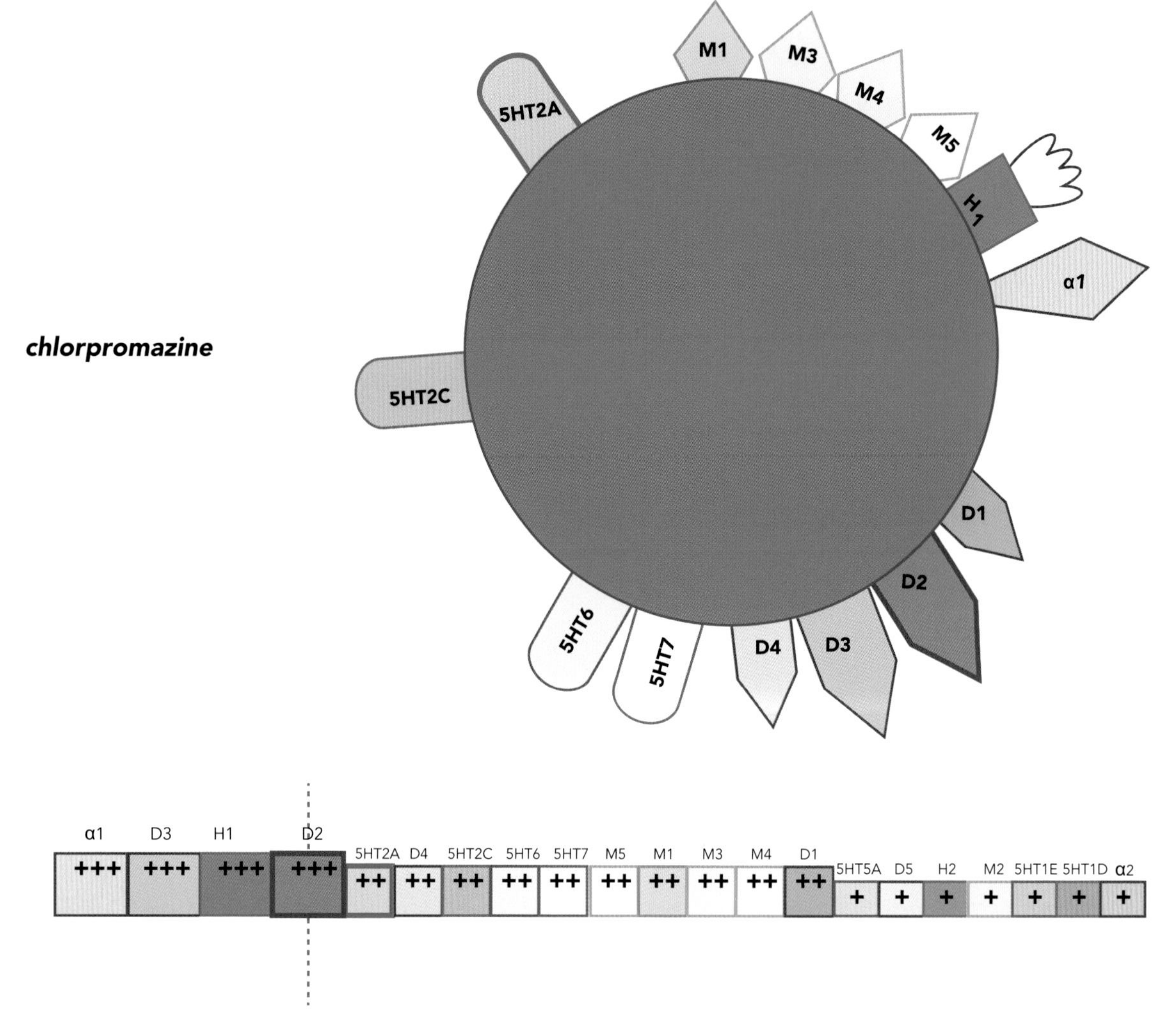

그림 5-27 클로르프로마진의 약리적 및 결합 프로필. 이 그림은 클로르프로마진의 결합 특성에 대한 현재 견해의 질적 합의를 표현하였다. 클로르프로마진은 D_2 수용체 이외에도 α_1-아드레날린 수용체, D_3 수용체, H_1 수용체에 강력하게 결합하며, 그림과 같이 다수의 다른 여러 수용체에도 작용한다. 이 장에서 논의하는 모든 약제와 마찬가지로, 결합 특성은 기술에 따라 그리고 실험실마다 매우 다르며 지속적으로 수정 및 업데이트되고 있다.

림 5-27에 나와 있으며, 클로르프로마진은 치료용 D_2 길항작용 외에도 진정 작용(무스카린, α_1, 히스타민 길항작용)과 관련된 다수의 수용체 작용뿐만 아니라 기타 부작용을 가지고 있다(그림 5-8 및 5-13 참조). 클로르프로마진은 진정제에 잘 반응하는 환자에게 진정 작용을 활용하기 위해 자주 처방되며, 특히 초조나 정신병의 갑작스러운 악화를 치료하기 위해 필요할 때 단기간 경구 또는 단기지속형 근육주사로 처방되고, 매일 투여하는 같은 계열의 다른 약물에 추가하여 종종 투여된다.

플루페나진

플루페나진fluphenazine은 다른 페노티아진이지만, 클로르프로마진보다 더 강력하고 진정 효과는 덜하다(그림 5-28). 이 약제는 편리한 사용을 위해 단기지속형 및 장기지속형 제형이 모두 있으며, 혈장 약물농도를 모니터링하는 것이 유용할 수 있는 약제 중 하나이다.

할로페리돌

할로페리돌haloperidol(그림 5-29)은 가장 강력한 D_2 길항

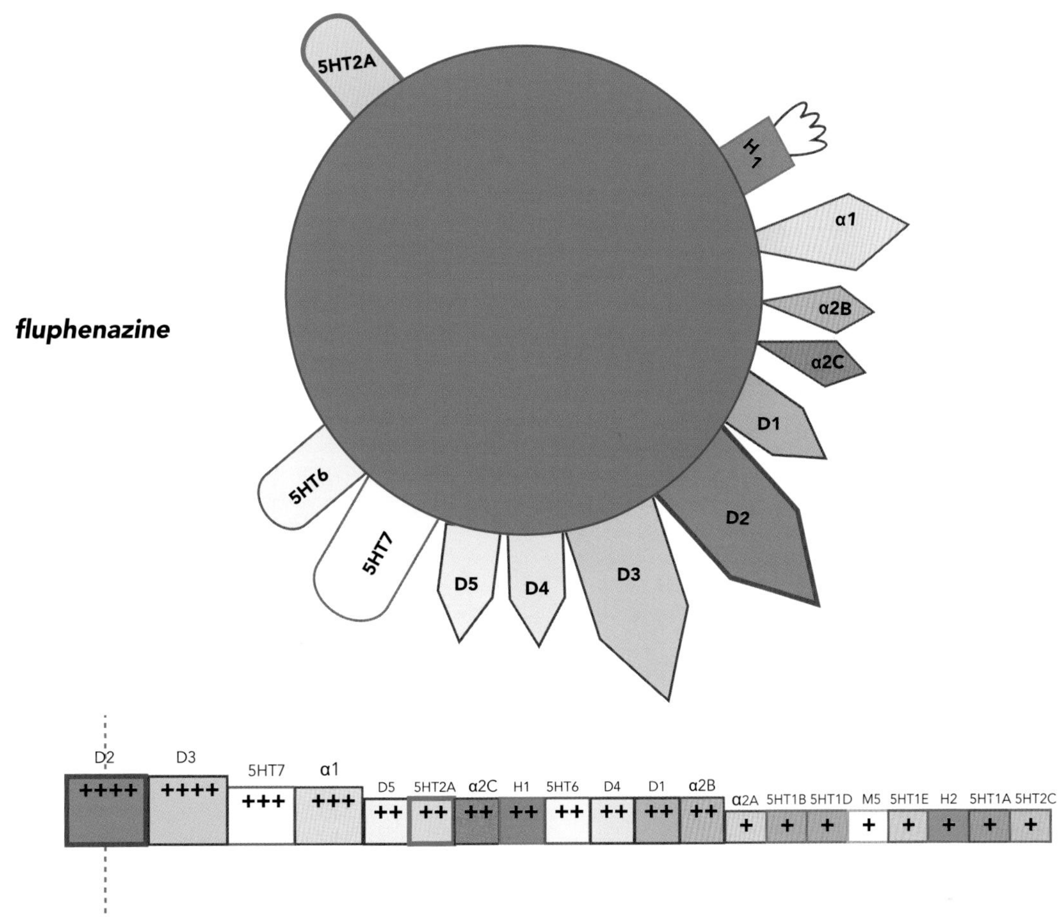

그림 5-28 **플루페나진의 약리적 및 결합 프로필.** 이 그림은 플루페나진의 결합 특성에 대한 현재 견해의 질적 합의를 표현하였다. 플루페나진은 D_2 길항작용과 함께 D_3, $5HT_7$, α_1-아드레날린 수용체에도 강력한 작용을 하며, 다수의 다른 수용체에도 결합한다. 이 장에서 논의하는 모든 약제와 마찬가지로, 결합 특성은 기술에 따라 그리고 실험실마다 매우 다르며 지속적으로 수정 및 업데이트되고 있다.

제 중 하나이며 다른 약제보다 진정 효과가 덜하다. 이 약제는 또한 편리한 사용을 위해 단기지속형 및 장기지속형 제형이 모두 있으며, 이것 역시 혈장 약물농도를 모니터링하는 것이 유용할 수 있는 약제 중 하나이다.

설피리드

설피리드sulpiride(그림 5-30)는 D_2 길항제 특성을 가지고 있으며, 예상대로 보통의 항정신병 약물용량에서 일반적으로 운동 부작용과 프로락틴 상승을 유발한다. 그러나 특히 저용량에서는 약간 활성화될 수 있고, 조현병의 음성증상과 우울증에 효능이 있는데 이유는 불분명하다. 우울증에 대한 도파민 3 길항제/부분작용제 작용이 추정되는 설명이며, 이는 제7장의 기분장애 치료에서 논의된다(그림 5-30 참조). 설피리드는 다른 최초의 D_2 약제보다 내약성이 더 우수할 수 있기 때문에 영국처럼 미국 외 국가에서 정신병 치료에 여전히 인기 있는 선택사항이다.

아미설프리드

아미설프리드amisulpride(그림 5-31)는 설피리드(그림 5-30)와 구조적으로 관련이 있고, 미국 외 지역에서 개발되어 시판되었다. 일부 초기 전임상 자료에 따르면, 아미설프리드는 흑질선조체 도파민 수용체보다 중뇌변연/중뇌선조체 도

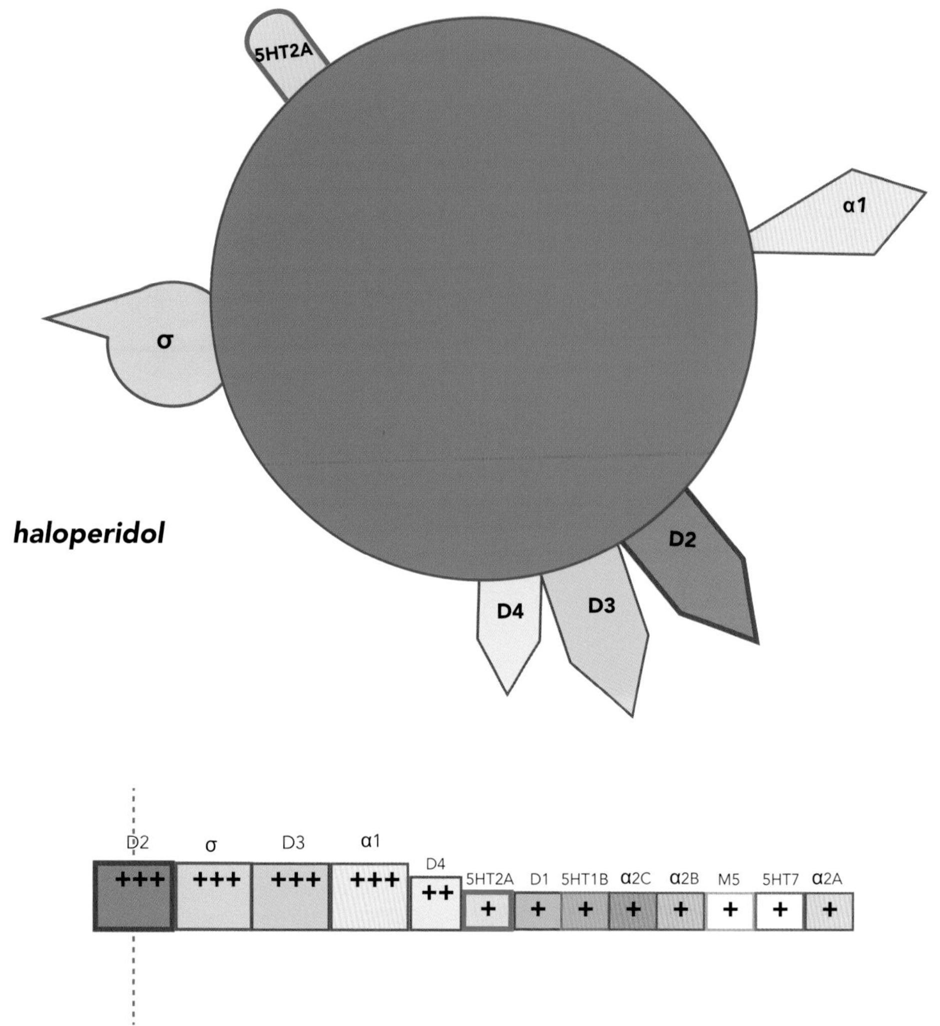

그림 5-29 할로페리돌의 약리적 및 결합 프로필. 이 그림은 할로페리돌의 결합 특성에 대한 현재 견해의 질적 합의를 표현하였다. 할로페리돌은 D_2 수용체뿐만 아니라 오메가, D_3, α_1-아드레날린 수용체에도 강력하게 결합한다. 이 장에서 논의하는 모든 약제와 마찬가지로, 결합 특성은 기술에 따라 그리고 실험실마다 매우 다르며 지속적으로 수정 및 업데이트되고 있다.

파민 수용체에 더 선택적으로 작용하여 항정신병 약물용량에서 운동 부작용의 경향이 낮을 수 있다고 한다. 아미설프리드는 정신병의 양성증상을 치료하는 데 사용되는 용량보다 낮은 용량에서 조현병의 음성증상과 우울증에 효능이 있다는 보고가 있다. 아미설프리드는 일부 D_3 길항제 작용과 약한 $5HT_7$ 길항제 작용을 하며, 이는 아미설프리드의 음성증상과 항우울 작용의 일부를 설명할 수 있다(그림 5-31). D_3 길항작용/부분작용과 $5HT_7$ 길항작용의 항우울 작용은 제7장에서 논의된다. 아미설프리드의 활성 이성질체isomer는 미국에서 개발 가능성을 위한 초기 임상시험 중이다.

개별 $5HT_{2A}$/D_2 길항제 및 D_2/$5HT_{1A}$ 부분작용제의 약리적 특성에 대한 개요: 핀계열, 돈/론계열, 핍/립계열

우리는 D_2 길항제/부분작용제 특성이 정신병 치료에 사용되는 약물의 양성증상에 대한 항정신병 효능뿐만 아니라 많은 부작용을 설명할 수 있다는 점을 입증했다. $5HT_{2A}$ 길항제 및/또는 $5HT_{1A}$ 부분작용제 특성은 운동 부작용 및 프로락틴 상승에 대한 성향 감소와 양성, 음성, 우울, 인지증

sulpiride

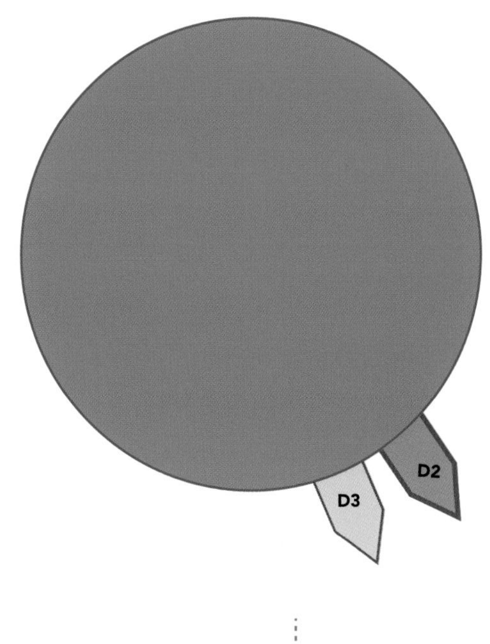

그림 5-30 **설피리드의 약리적 및 결합 프로필.** 이 그림은 설피리드의 결합 특성에 대한 현재 견해의 질적 합의를 표현하였다. 일반적인 항정신병 약물 용량에서 설피리드는 D_2 길항제이며 D_3 길항제/부분작용제 작용도 있다. 이 장에서 논의하는 모든 약제와 마찬가지로, 결합 특성은 기술에 따라 그리고 실험실마다 매우 다르며 지속적으로 수정 및 업데이트되고 있다.

amisulpride

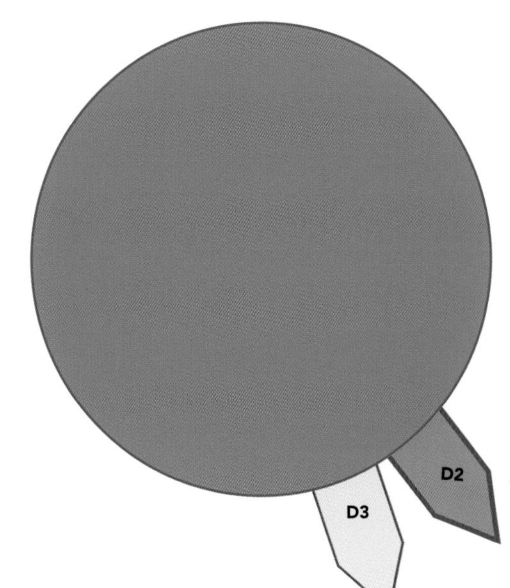

그림 5-31 **아미설프리드의 약리적 및 결합 프로필.** 이 그림은 아미설프리드의 결합 특성에 대한 현재 견해의 질적 합의를 표현하였다. 아미설프리드는 D_2 수용체에 대한 작용 이외에도 일부 D_3 길항제 작용과 일부 약한 $5HT_7$ 길항제 작용을 한다. 이 장에서 논의하는 모든 약제와 마찬가지로, 결합 특성은 기술에 따라 그리고 실험실마다 매우 다르며 지속적으로 수정 및 업데이트되고 있다.

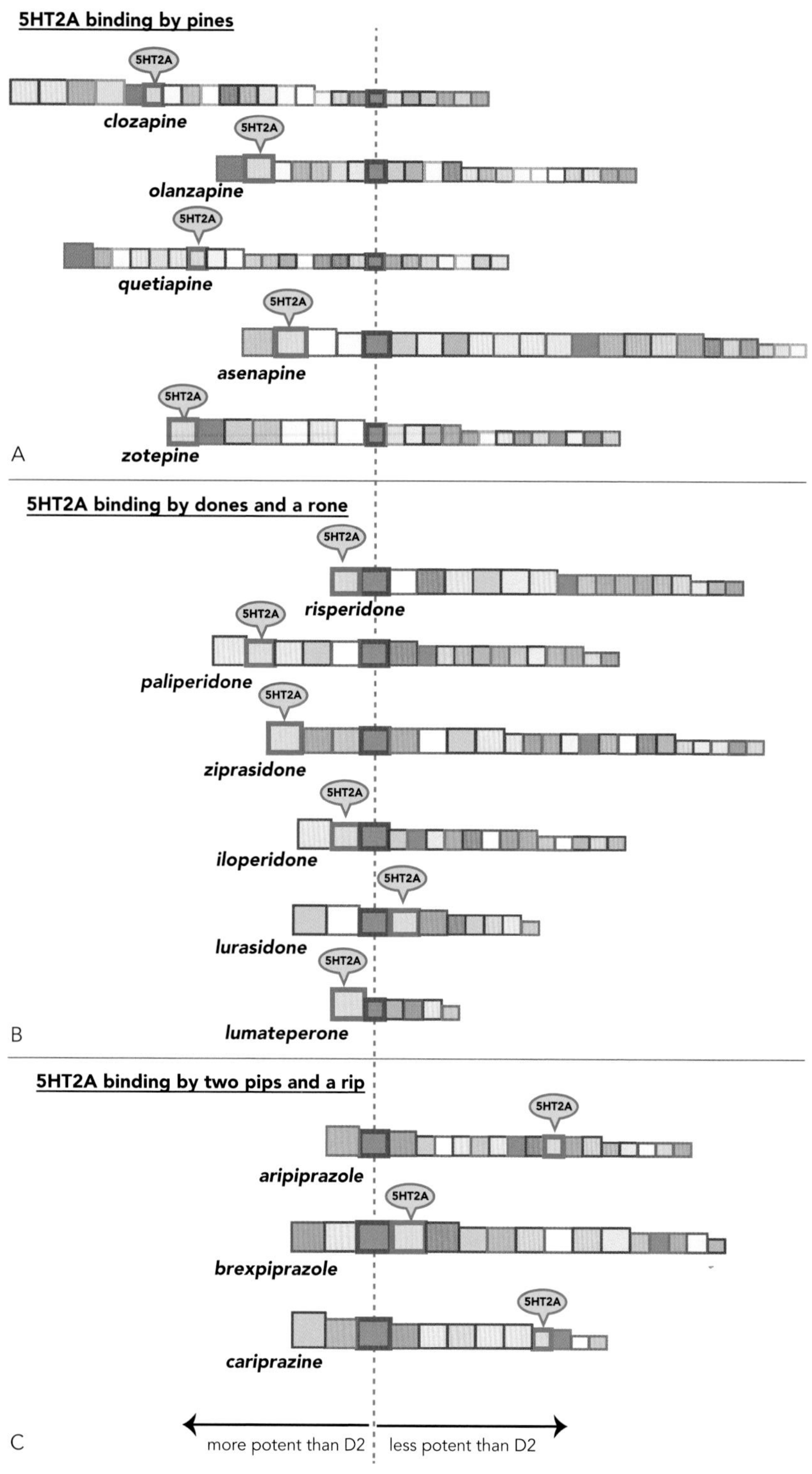

그림 5-32 **정신병 치료에 사용되는 약물에 의한 $5HT_{2A}$ 결합.** 정신병 치료에 사용되는 약물의 결합 프로필을 여기에 시각적으로 표현하였다. 개개의 채색된 상자는 서로 다른 결합 특성을 나타내며, 상자의 크기와 위치는 해당 특성의 결합 역가를 반영한다(즉 크기는 표준 K_i 척도에 비례한 역가를 나타내고, 위치는 해당 약물의 다른 결합 특성에 비례한 역가를 반영한다). 세로 점선은 D_2 수용체 결합 상자를 관통하며, 왼쪽에는 D_2보다 더 강력한 결합 특성이, 오른쪽에는 D_2보다 덜 강력한 결합 특성이 표시되어 있다. 흥미롭게도 여기에 표시된 약제 중 어느 것도 D_2 결합이 가장 강력한 특성이 아니다. (A) '핀'(즉 클로자핀, 올란자핀, 쿠에티아핀, 아세나핀, 조테핀)은 모두 D_2 수용체보다 $5HT_{2A}$ 수용체에 훨씬 더 강력하게 결합한다. (B) '돈'과 '론'(즉 리스페리돈, 팔리페리돈, 지프라시돈, 일로페리돈, 루라시돈, 루마테페론)도 D_2 수용체보다 $5HT_{2A}$ 수용체에 더 강력하게 결합하거나 비슷하게 결합한다. (C) 아리피프라졸과 카리프라진은 모두 $5HT_{2A}$ 수용체보다 D_2 수용체에 더 강력하게 결합하는 반면, 브렉스피프라졸은 두 수용체 모두에서 비슷한 역가를 보인다.

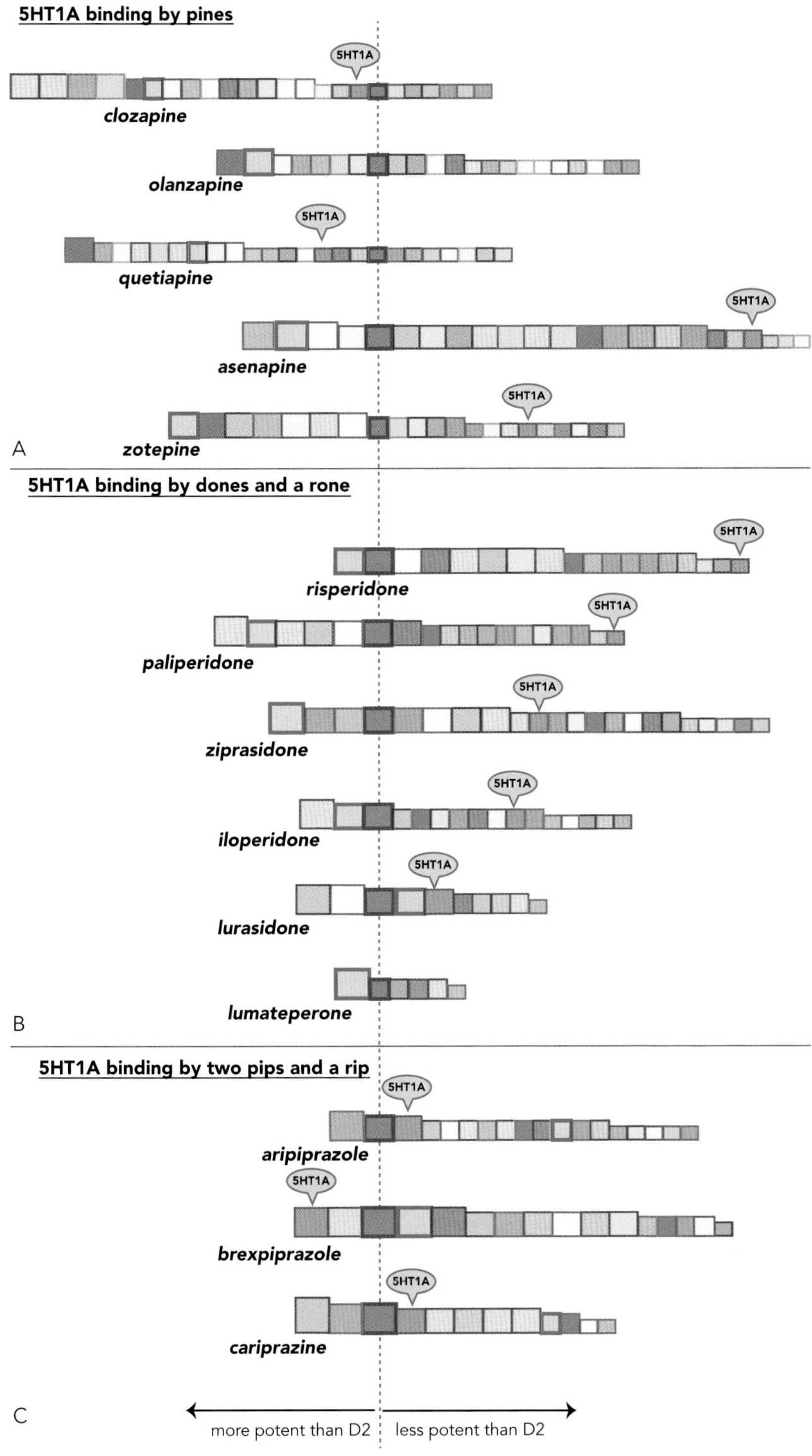

그림 5-33 **정신병 치료에 사용되는 약물에 의한 $5HT_{1A}$ 결합.** 정신병 치료에 사용되는 약물의 결합 프로필을 여기에 시각적으로 표현하였다. (A) 클로자핀과 쿠에티아핀은 모두 D_2 수용체보다 $5HT_{1A}$ 수용체에 더 강력하게 결합하는 반면, 아세나핀과 조테핀은 $5HT_{1A}$ 수용체에 덜 강력하게 결합하고 올란자핀은 전혀 결합하지 않는다. (B) 리스페리돈, 팔리페리돈, 지프라시돈, 일로페리돈, 루라시돈 등 모든 '돈'은 D_2 수용체보다 덜 강력하게 $5HT_{1A}$ 수용체에 결합하며, 루마테페론은 $5HT_{1A}$ 수용체에 결합하지 않는다. (C) 아리피프라졸, 브렉스피프라졸, 카리프라진은 각각 D_2 및 $5HT_{1A}$ 수용체에 대해 비슷한 상대적 역가를 가지고 있다. $5HT_{1A}$ 결합은 실제로 브렉스피프라졸의 가장 강력한 특성이다. 그림 설명: 개개의 채색된 상자는 서로 다른 결합 특성을 나타내며, 상자의 크기와 위치는 해당 특성의 결합 역가를 반영한다(즉 크기는 표준 K_i 척도에 비례한 역가를 나타내고, 위치는 해당 약물의 다른 결합 특성에 비례한 역가를 반영한다). 세로 점선은 D_2 수용체 결합 상자를 관통하며, 왼쪽에는 D_2보다 더 강력한 결합 특성이, 오른쪽에는 D_2보다 덜 강력한 결합 특성이 표시되어 있다. $5HT_{2A}$에서의 결합(그림 5-32 참조)은 상자 주위에 주황색 윤곽선으로 표시되어 있다.

5

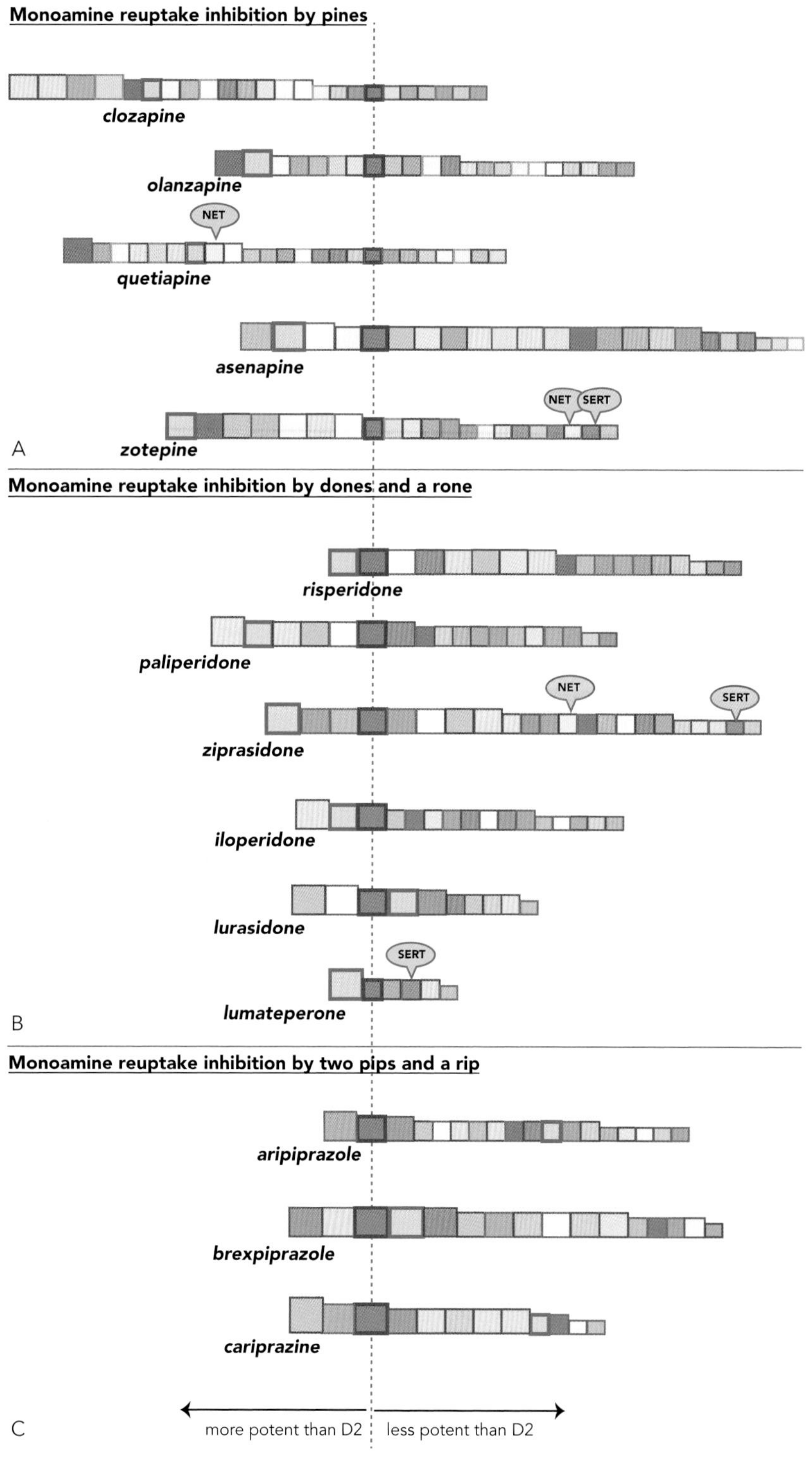

그림 5-34 정신병 치료에 사용되는 약물에 의한 모노아민 수송체 결합. 정신병 치료에 사용되는 약물의 결합 프로필을 여기에 시각적으로 표현하였다. (A) '핀' 중 쿠에티아핀은 모노아민 재흡수 억제와 관련된 유일한 약물이다. 구체적으로 쿠에티아핀은 $5HT_{2A}$ 수용체와 유사한 역가로 노르에피네프린 수송체(NET)에 결합하며, D_2 수용체보다 더 큰 역가를 나타낸다. (B) 지프라시돈은 NET와 세로토닌 수송체(SERT)에 결합하지만, D_2 수용체보다 역가가 낮다. 루마테페론은 D_2 수용체와 유사한 역가로 SERT에 결합한다. (C) 아리피프라졸, 브렉스피프라졸, 카리프라진은 어떤 모노아민 수송체에도 결합하지 않는다. 그림 설명: 개개의 채색된 상자는 서로 다른 결합 특성을 나타내며, 상자의 크기와 위치는 해당 특성의 결합 역가를 반영한다(즉 크기는 표준 K_i 척도에 비례한 역가를 나타내고, 위치는 해당 약물의 다른 결합 특성에 비례한 역가를 반영한다). 세로 점선은 D_2 수용체 결합 상자를 관통하며, 왼쪽에는 D_2보다 더 강력한 결합 특성이, 오른쪽에는 D_2보다 덜 강력한 결합 특성이 표시되어 있다. $5HT_{2A}$에서의 결합(그림 5-32 참조)은 상자 주위에 주황색 윤곽선으로 표시되어 있다.

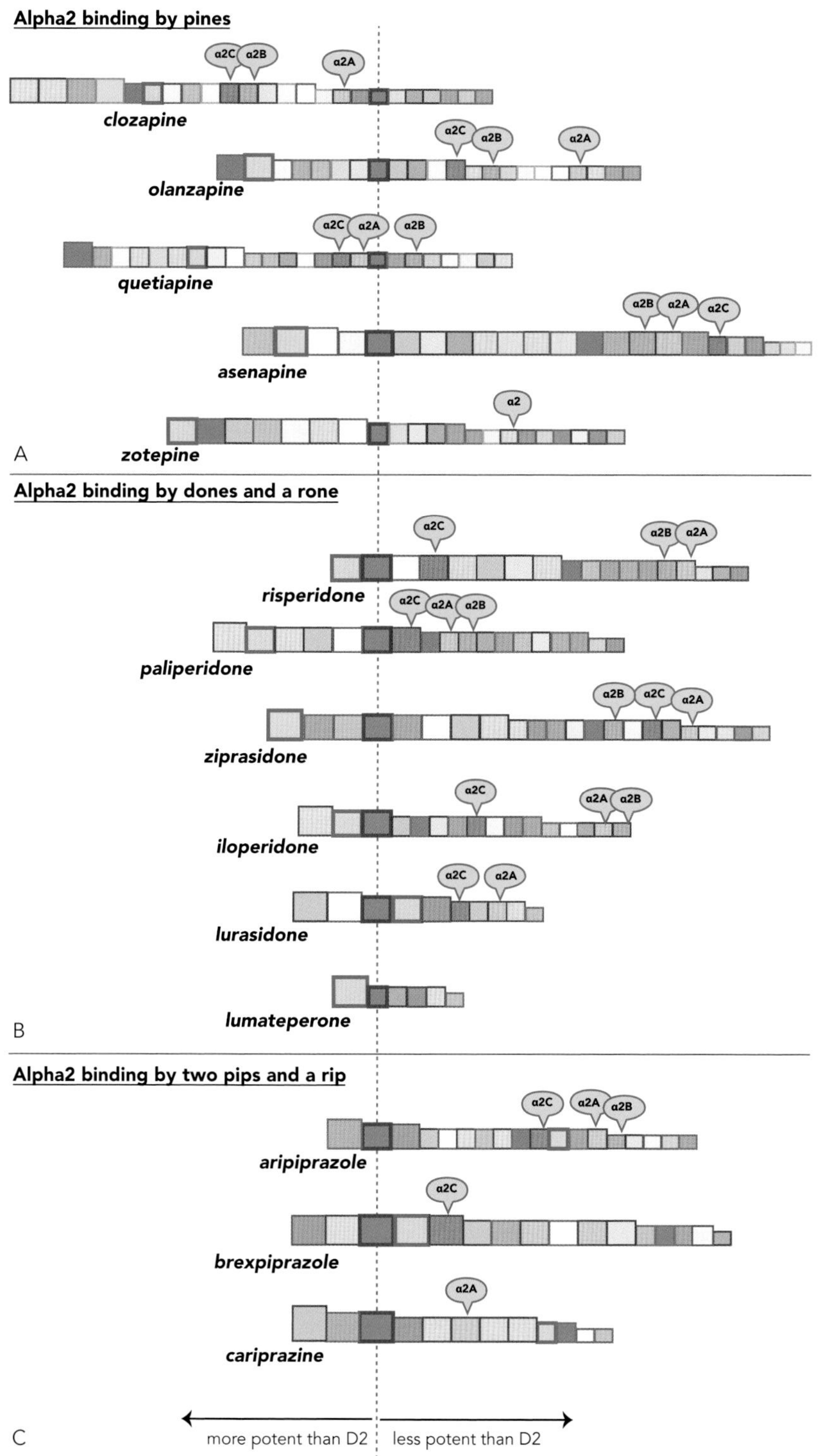

그림 5-35 정신병 치료에 사용되는 약물에 의한 알파-2 결합. 정신병 치료에 사용되는 약물의 결합 프로필을 여기에 시각적으로 표현하였다. (A) 모든 '핀'(즉 클로자핀, 올란자핀, 쿠에티아핀, 아세나핀, 조테핀)은 α_2 수용체에 다양한 정도로 결합한다. 특히 클로자핀과 쿠에티아핀은 일부 α_2 수용체 아형에 D_2 수용체보다 더 큰 역가로 결합한다. (B) 모든 '돈'(즉 리스페리돈, 팔리페리돈, 지프라시돈, 일로페리돈, 루라시돈)은 α_2 수용체에 다양한 정도로 결합한다. 리스페리돈과 팔리페리돈은 α_2 수용체와 유사한 역가로 α_{2C} 수용체에 결합한다. 루마테페론은 α_2 수용체에 결합하지 않는다. (C) 아리피프라졸은 α_2 수용체에 결합하는 역가가 D_2 수용체보다 낮다. 브렉스피프라졸은 α_{2C} 수용체에 결합하고 카리프라진은 α_{2A} 수용체에 어느 정도 친화력이 있다. 그림 설명: 개개의 채색된 상자는 서로 다른 결합 특성을 나타내며, 상자의 크기와 위치는 해당 특성의 결합 역가를 반영한다(즉 크기는 표준 K_i 척도에 비례한 역가를 나타내고, 위치는 해당 약물의 다른 결합 특성에 비례한 역가를 반영한다). 세로 점선은 D_2 수용체 결합 상자를 관통하며, 왼쪽에는 D_2보다 더 강력한 결합 특성이, 오른쪽에는 D_2보다 덜 강력한 결합 특성이 표시되어 있다. $5HT_{2A}$에서의 결합(그림 5-32 참조)은 상자 주위에 주황색 윤곽선으로 표시되어 있다.

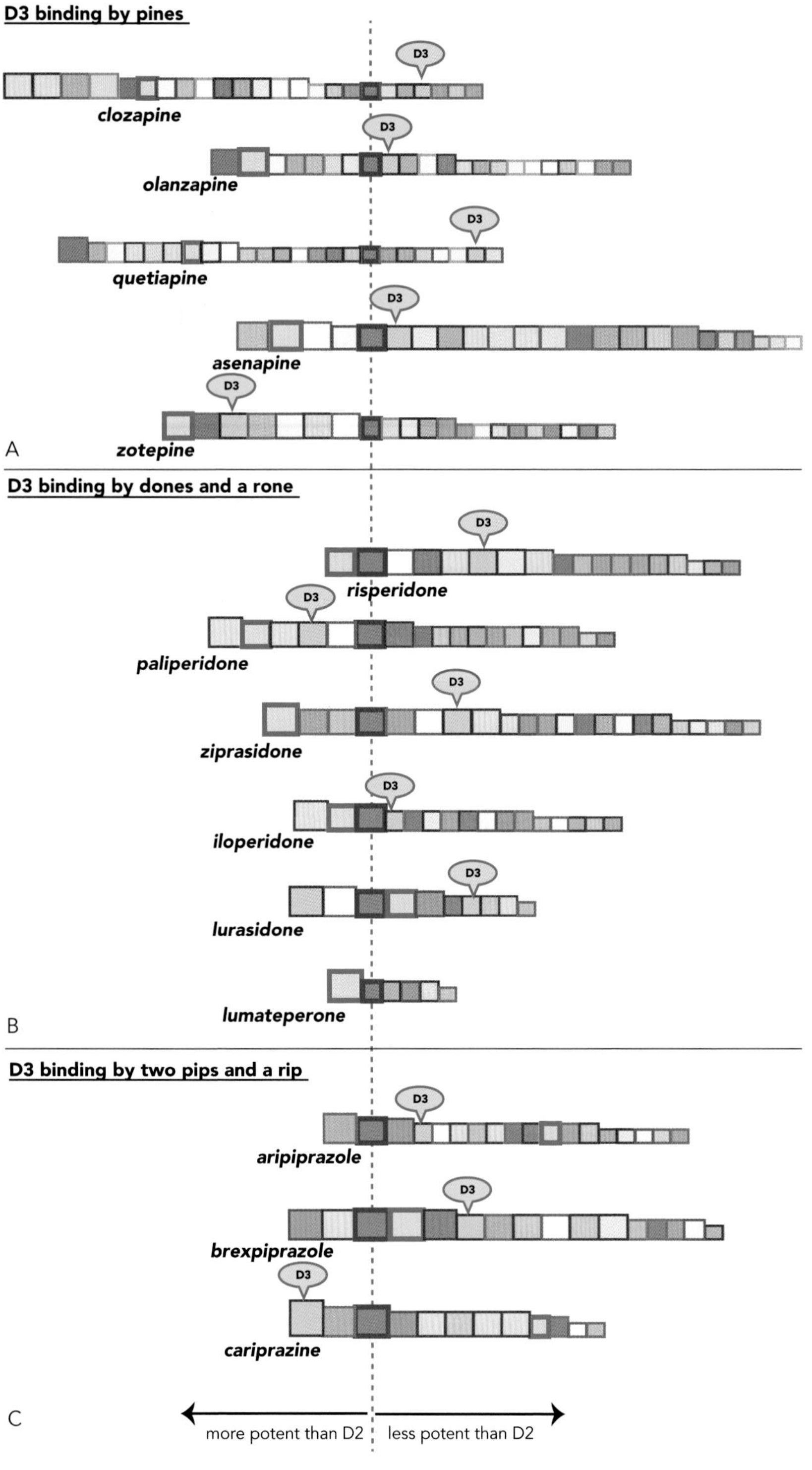

그림 5-36 **정신병 치료에 사용되는 약물에 의한 D_3 결합.** 정신병 치료에 사용되는 약물의 결합 프로필을 여기에 시각적으로 표현하였다. (A) 모든 '핀'은 D_3 수용체에 결합하지만 역가의 정도는 다양하다. (B) 마찬가지로 모든 '돈'은 D_3 수용체에 결합하지만 역가의 정도는 다르다. 그러나 루마테페론은 D_3 수용체에 전혀 결합하지 않는다. (C) D_3 수용체 부분작용은 실제로 카리프라진의 가장 강력한 결합 특성이다. 아리피프라졸과 브렉스피프라졸도 D_3 수용체와 결합하지만, D_2 수용체보다 덜 강력하게 결합한다. 그림 설명: 개개의 채색된 상자는 서로 다른 결합 특성을 나타내며, 상자의 크기와 위치는 해당 특성의 결합 역가를 반영한다(즉 크기는 표준 K_i 척도에 비례한 역가를 나타내고, 위치는 해당 약물의 다른 결합 특성에 비례한 역가를 반영한다). 세로 점선은 D_2 수용체 결합 상자를 관통하며, 왼쪽에는 D_2보다 더 강력한 결합 특성이, 오른쪽에는 D_2보다 덜 강력한 결합 특성이 표시되어 있다. $5HT_{2A}$에서의 결합(그림 5-32 참조)은 상자 주위에 주황색 윤곽선으로 표시되어 있다.

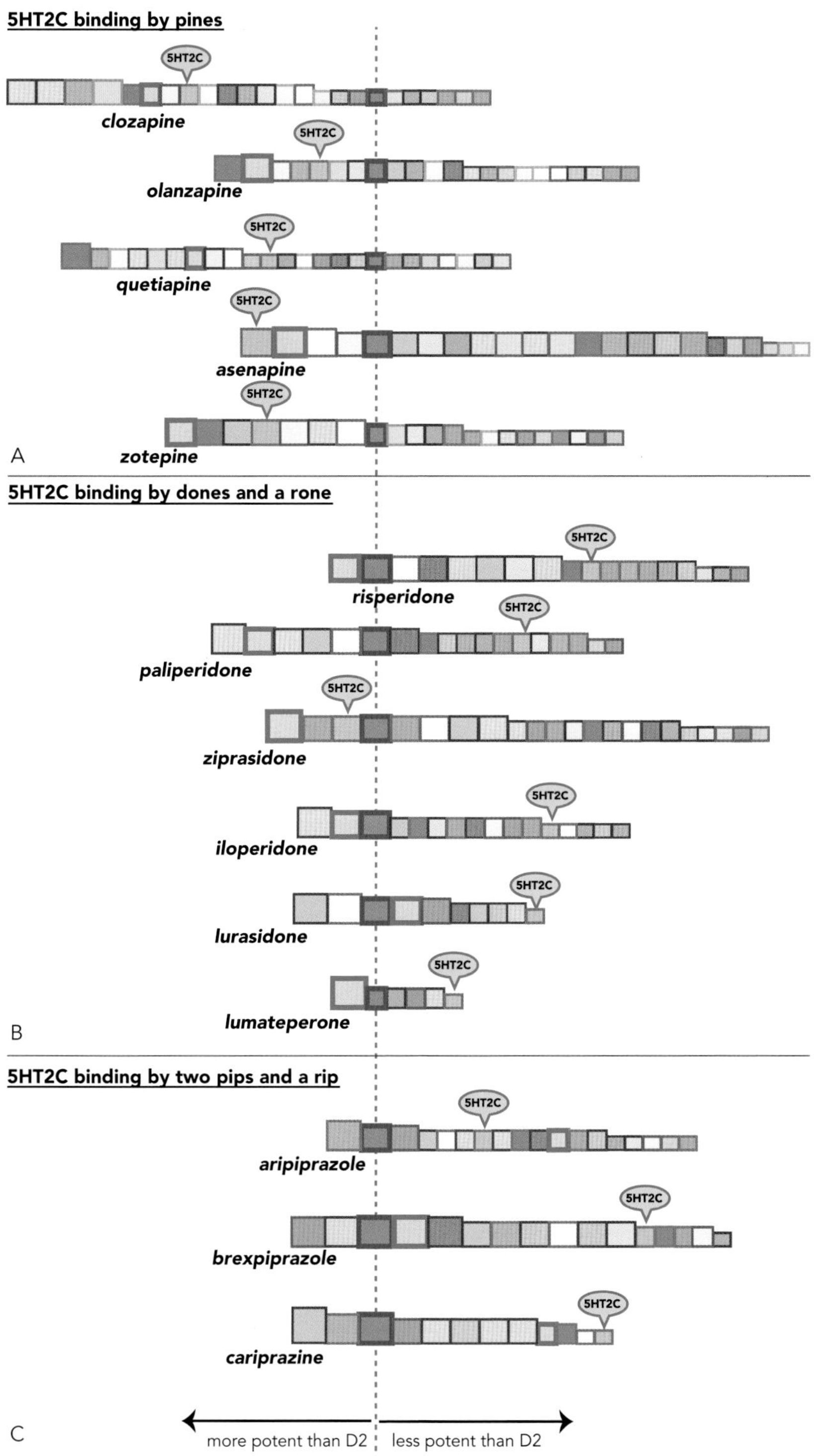

그림 5-37 **정신병 치료에 사용되는 약물에 의한 $5HT_{2C}$ 결합.** 정신병 치료에 사용되는 약물의 결합 프로필을 여기에 시각적으로 표현하였다. (A) 모든 '핀'(즉 클로자핀, 올란자핀, 쿠에티아핀, 아세나핀, 조테핀)은 D_2 수용체보다 $5HT_{2C}$ 수용체에 더 강력하게 결합한다. (B) 루마테페론뿐만 아니라 모든 '돈'(즉 리스페리돈, 팔리페리돈, 지프라시돈, 일로페리돈, 루라시돈)은 $5HT_{2C}$ 수용체와 어느 정도 친화력이 있지만, 지프라시돈만이 D_2 수용체와 비슷한 역가로 결합한다. (C) 아리피프라졸, 브렉스피프라졸, 카리프라진은 모두 $5HT_{2C}$ 수용체에 대한 친화력이 상대적으로 약하다. 그림 설명: 개개의 채색된 상자는 서로 다른 결합 특성을 나타내며, 상자의 크기와 위치는 해당 특성의 결합 역가를 반영한다(즉 크기는 표준 K_i 척도에 비례한 역가를 나타내고, 위치는 해당 약물의 다른 결합 특성에 비례한 역가를 반영한다). 세로 점선은 D_2 수용체 결합 상자를 관통하며, 왼쪽에는 D_2보다 더 강력한 결합 특성이, 오른쪽에는 D_2보다 덜 강력한 결합 특성이 표시되어 있다. $5HT_{2A}$에서의 결합(그림 5-32 참조)은 상자 주위에 주황색 윤곽선으로 표시되어 있다.

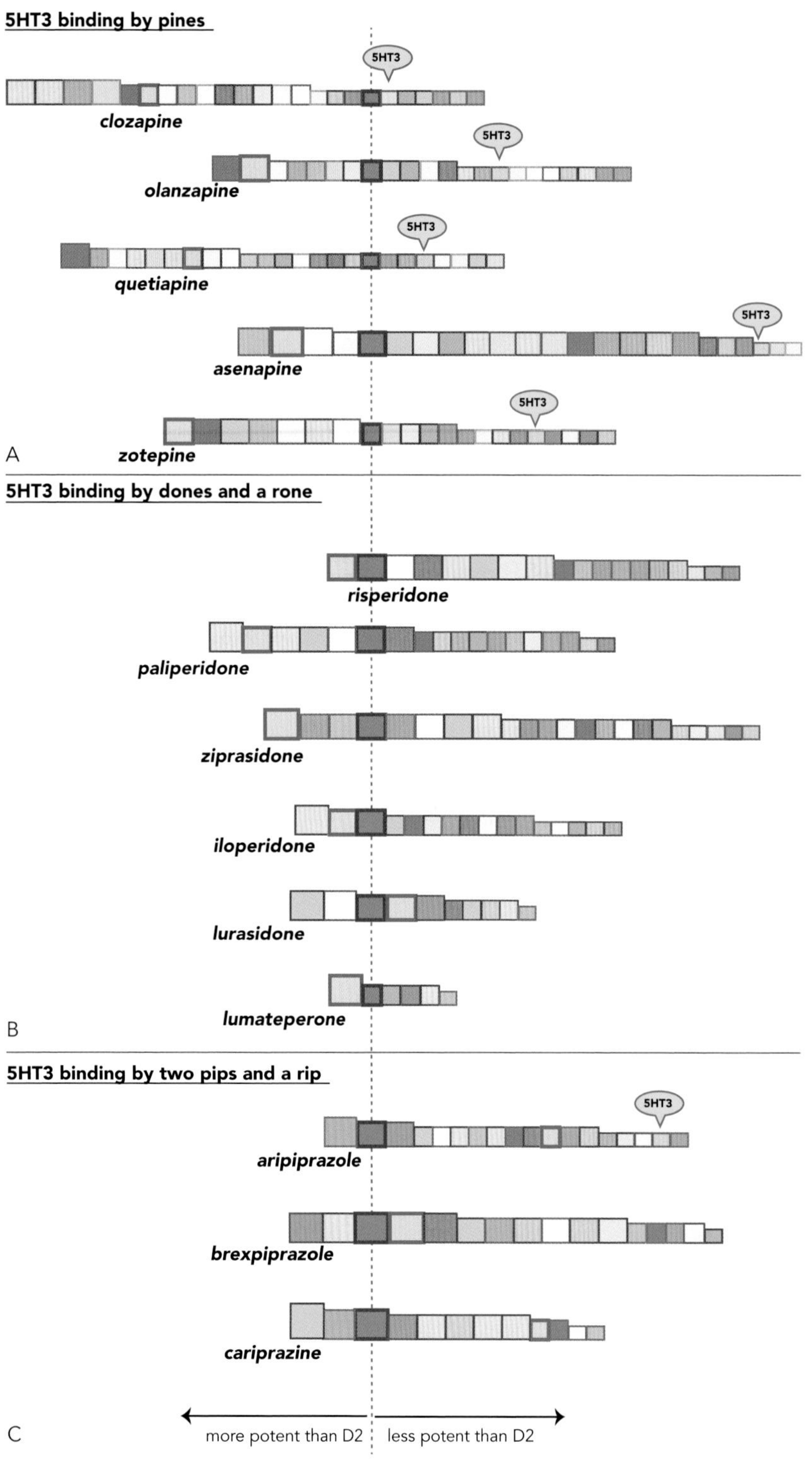

그림 5-38 정신병 치료에 사용되는 약물에 의한 $5HT_3$ 결합. 정신병 치료에 사용되는 약물의 결합 프로필을 여기에 시각적으로 표현하였다. (A) 모든 '핀'은 D_2 수용체보다 낮은 친화력으로 $5HT_3$에 결합한다. (B) '돈' 또는 '론'은 $5HT_3$ 수용체에서 결합 활성이 없다. (C) 아리피프라졸은 $5HT_3$ 수용체에 약하게 결합한다. 그림 설명: 개개의 채색된 상자는 서로 다른 결합 특성을 나타내며, 상자의 크기와 위치는 해당 특성의 결합 역가를 반영한다(즉 크기는 표준 K_i 척도에 비례한 역가를 나타내고, 위치는 해당 약물의 다른 결합 특성에 비례한 역가를 반영한다). 세로 점선은 D_2 수용체 결합 상자를 관통하며, 왼쪽에는 D_2보다 더 강력한 결합 특성이, 오른쪽에는 D_2보다 덜 강력한 결합 특성이 표시되어 있다. $5HT_{2A}$에서의 결합(그림 5-32 참조)은 상자 주위에 주황색 윤곽선으로 표시되어 있다.

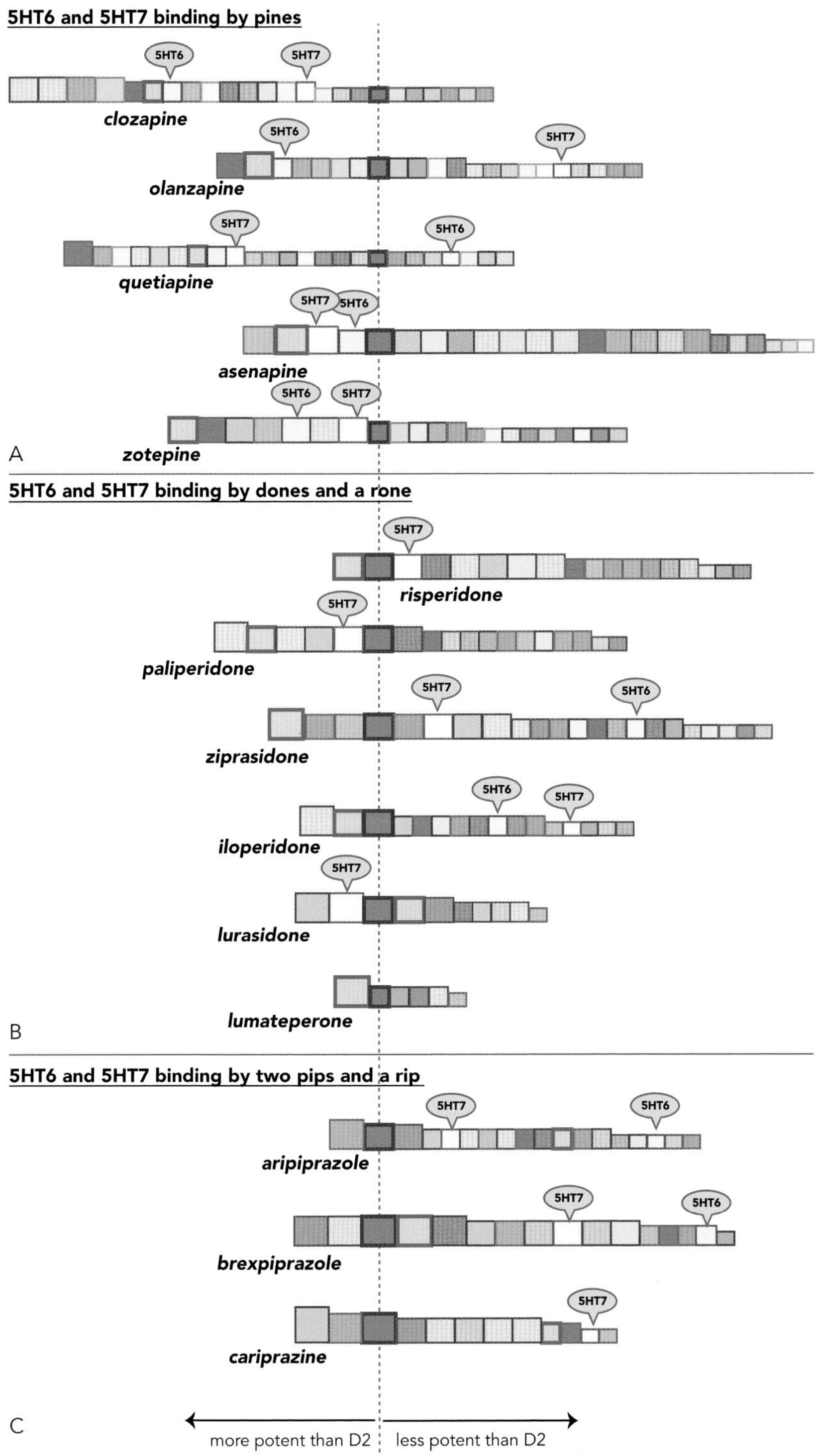

그림 5-39 정신병 치료에 사용되는 약물에 의한 $5HT_6$ 및 $5HT_7$ 결합. 정신병 치료에 사용되는 약물의 결합 프로필을 여기에 시각적으로 표현하였다. (A) 클로자핀, 쿠에티아핀, 아세나핀, 조테핀은 각각 D_2 수용체에 비해 $5HT_7$ 수용체에 대해 더 크거나 유사한 역가를 가지고 있으며, 클로자핀, 올란자핀, 아세나핀, 조테핀은 각각 D_2 수용체에 비해 $5HT_6$ 수용체에 대해 더 크거나 유사한 역가를 가지고 있다. (B) 리스페리돈, 팔리페리돈, 지프라시돈, 루라시돈은 모두 $5HT_7$ 수용체에 강력하게 결합한다. 실제로 루라시돈은 D_2 수용체보다 $5HT_7$ 수용체에 더 큰 친화력을 가지고 있다. 지프라시돈과 일로페리돈도 $5HT_6$ 수용체에 결합한다. (C) 아리피프라졸, 브렉스피프라졸, 카리프라진은 모두 $5HT_7$ 수용체에 결합하지만, D_2 수용체보다 더 강력한 역가를 가진 것은 없다. 그림 설명: 개개의 채색된 상자는 서로 다른 결합 특성을 나타내며, 상자의 크기와 위치는 해당 특성의 결합 역가를 반영한다(즉 크기는 표준 K_i 척도에 비례한 역가를 나타내고, 위치는 해당 약물의 다른 결합 특성에 비례한 역가를 반영한다). 세로 점선은 D_2 수용체 결합 상자를 관통하며, 왼쪽에는 D_2보다 더 강력한 결합 특성이, 오른쪽에는 D_2보다 덜 강력한 결합 특성이 표시되어 있다. $5HT_{2A}$에서의 결합(그림 5-32 참조)은 상자 주위에 주황색 윤곽선으로 표시되어 있다.

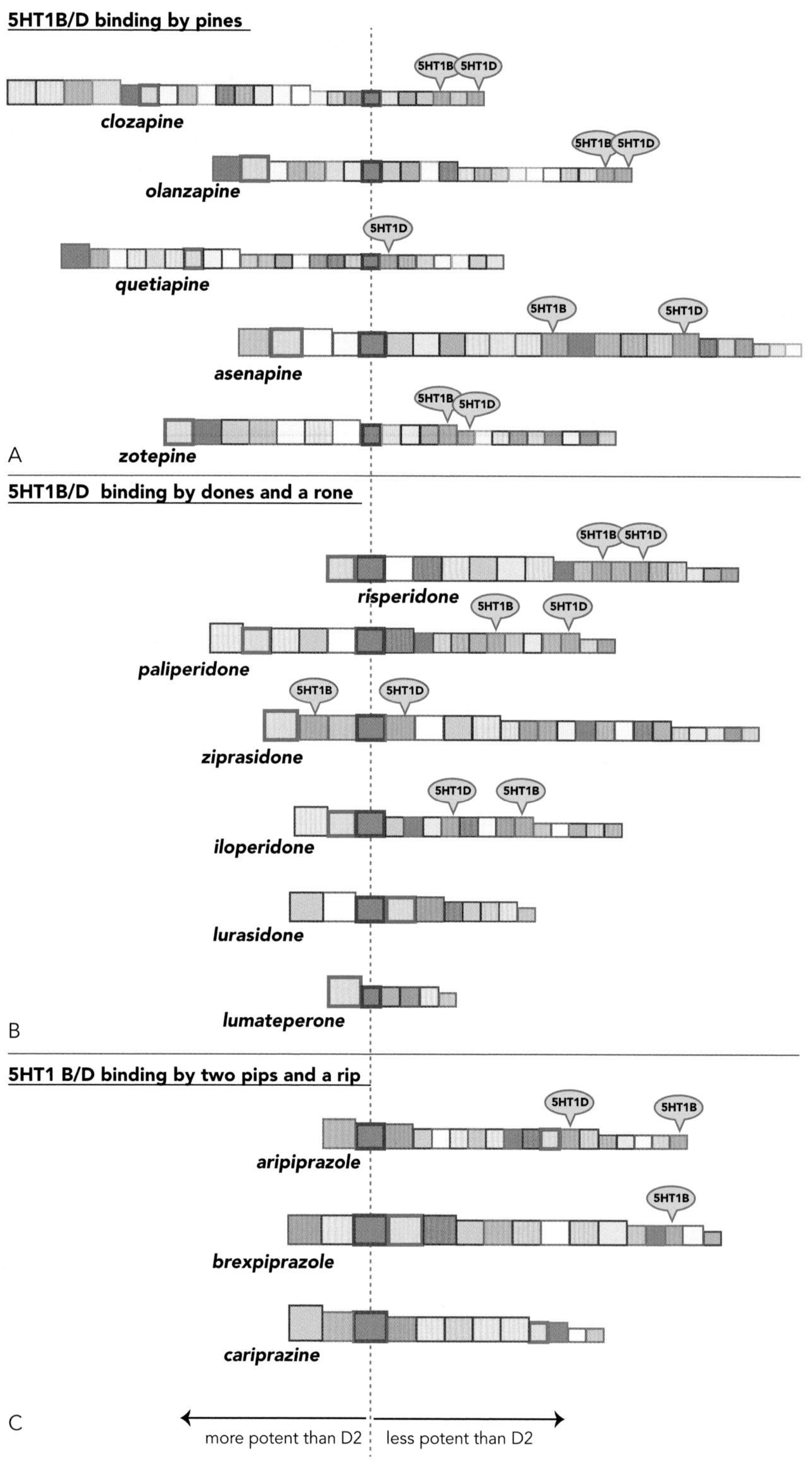

그림 5-40 **정신병 치료에 사용되는 약물에 의한 $5HT_{1B/D}$ 결합.** 정신병 치료에 사용되는 약물의 결합 프로필을 여기에 시각적으로 표현하였다. (A) 클로자핀, 올란자핀, 아세나핀, 조테핀은 모두 $5HT_{1B}$ 및 $5HT_{1D}$ 수용체에 상대적으로 약하게 결합하는 반면, 쿠에티아핀은 $5HT_{1D}$수용체에만 상대적으로 약하게 결합한다. (B) 리스페리돈, 팔리페리돈, 지프라시돈, 일로페리돈은 모두 $5HT_{1B}$ 및 $5HT_{1D}$ 수용체와 어느 정도 친화력을 가지고 있다. 특히 지프라시돈은 D_2 수용체와 마찬가지로 이 두 수용체와 유사한 역가로 결합한다. 루라시돈과 루마테페론은 $5HT_{1B/D}$ 수용체에 결합하지 않는다. (C) 아리피프라졸과 브렉스피프라졸은 각각 $5HT_{1B}$ 수용체에 약하게 결합하고, 아리피프라졸은 $5HT_{1D}$ 수용체에도 결합한다. 카리프라진은 $5HT_{1B/D}$ 수용체에 결합하지 않는다. 그림 설명: 개개의 채색된 상자는 서로 다른 결합 특성을 나타내며, 상자의 크기와 위치는 해당 특성의 결합 역가를 반영한다(즉 크기는 표준 K_i 척도에 비례한 역가를 나타내고, 위치는 해당 약물의 다른 결합 특성에 비례한 역가를 반영한다). 세로 점선은 D_2 수용체 결합 상자를 관통하며, 왼쪽에는 D_2보다 더 강력한 결합 특성이, 오른쪽에는 D_2보다 덜 강력한 결합 특성이 표시되어 있다. $5HT_{2A}$에서의 결합(그림 5-32 참조)은 상자 주위에 주황색 윤곽선으로 표시되어 있다.

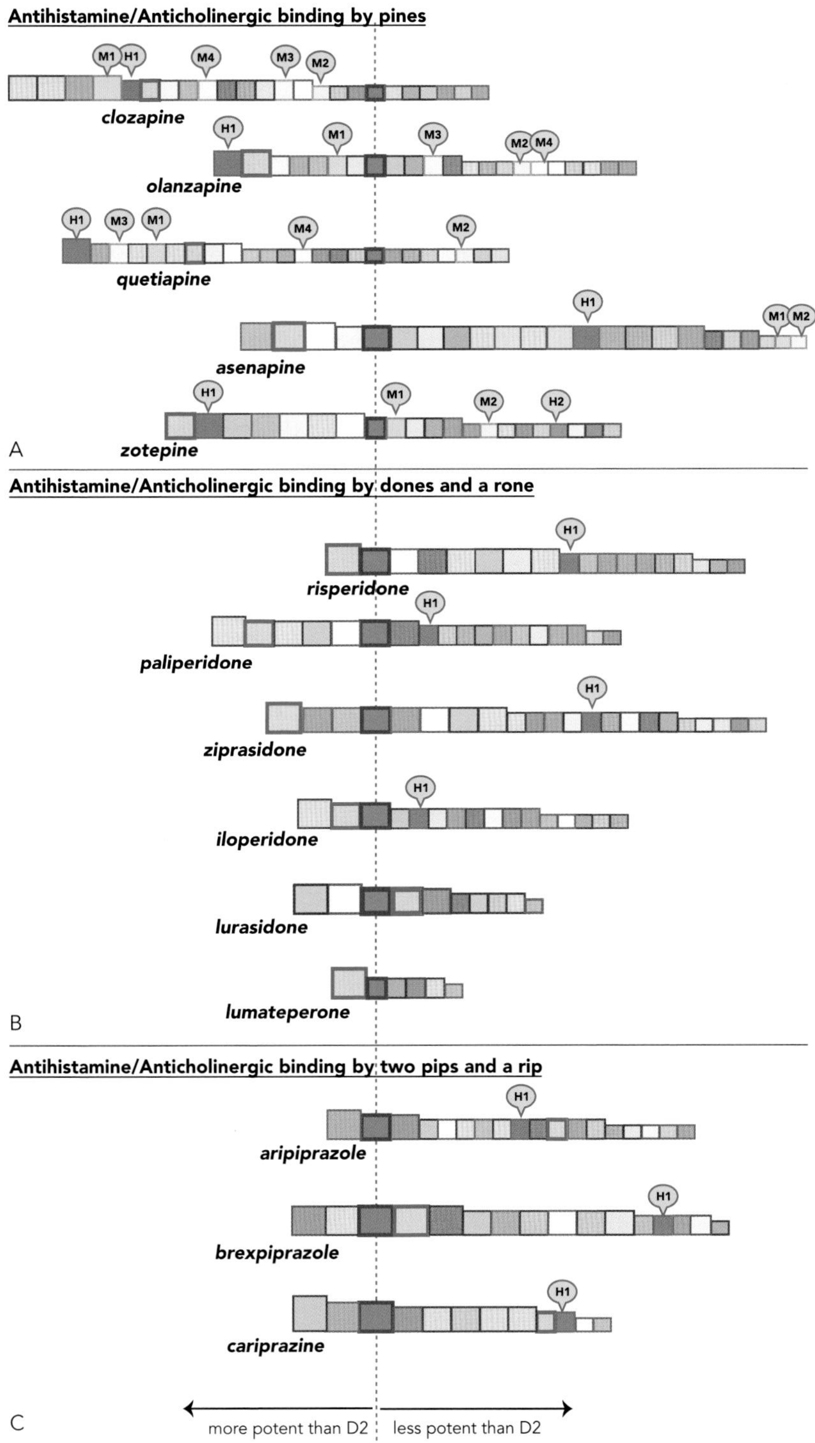

그림 5-41 **정신병 치료에 사용되는 약물에 의한 항히스타민/항콜린 결합.** 정신병 치료에 사용되는 약물의 결합 프로필을 여기에 시각적으로 표현하였다. (A) 클로자핀, 올란자핀, 쿠에티아핀, 조테핀은 모두 히스타민 1 수용체에 대한 강력한 역가를 가지고 있으며, 클로자핀, 올란자핀, 쿠에티아핀은 무스카린 수용체에 대해서도 강력한 역가를 가지고 있다. 아세나핀은 히스타민 H_1 수용체에는 어느 정도 친화력이 있고 무스카린 수용체에는 약한 친화력이 있다. (B) '돈' 또는 '론' 중 어느 것도 항콜린 특성을 가지고 있지 않다. 리스페리돈, 팔리페리돈, 지프라시돈, 일로페리돈은 모두 H_1 수용체에 대해 어느 정도 역가가 있다. (C) 아리피프라졸, 브렉스피프라졸, 카리프라진은 모두 D_2 수용체보다 낮은 역가로 H_1 수용체에 결합하고, 무스카린 수용체에는 결합하지 않는다. 그림 설명: 개개의 채색된 상자는 서로 다른 결합 특성을 나타내며, 상자의 크기와 위치는 해당 특성의 결합 역가를 반영한다(즉 크기는 표준 K_i 척도에 비례한 역가를 나타내고, 위치는 해당 약물의 다른 결합 특성에 비례한 역가를 반영한다). 세로 점선은 D_2 수용체 결합 상자를 관통하며, 왼쪽에는 D_2보다 더 강력한 결합 특성이, 오른쪽에는 D_2보다 덜 강력한 결합 특성이 표시되어 있다. $5HT_{2A}$에서의 결합(그림 5-32 참조)은 상자 주위에 주황색 윤곽선으로 표시되어 있다.

5

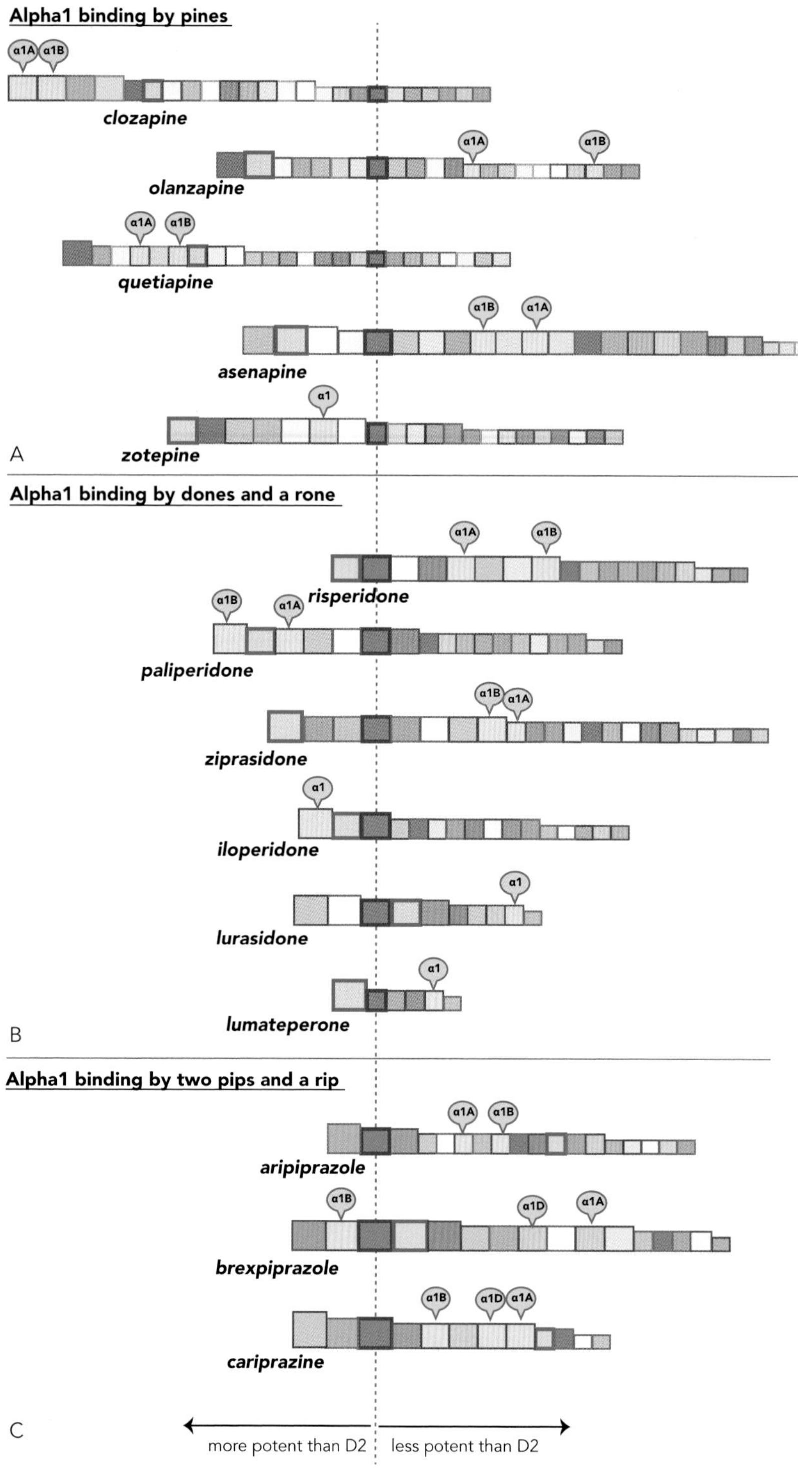

그림 5-42 정신병 치료에 사용되는 약물에 의한 알파-1 결합. 정신병 치료에 사용되는 약물의 결합 프로필을 여기에 시각적으로 표현하였다. (A) 클로자핀, 쿠에티아핀, 조테핀은 각각 D_2 수용체보다 α_1 수용체에 더 큰 역가를 가지고 있는 반면, 아세나핀은 α_2 및 D_2 수용체와 유사한 역가로 결합한다. (B) 루마테페론뿐만 아니라 모든 '돈'(즉 리스페리돈, 팔리페리돈, 지프라시돈, 일로페리돈, 루라시돈)은 α_1 수용체에 결합한다. 특히 팔리페리돈과 일로페리돈은 D_2 수용체보다 더 강력한 역가로 결합한다. (C) 아리피프라졸, 브렉스피프라졸, 카리프라진은 각각 α_1 수용체에서 약간의 결합 역가를 가지고 있다. 그림 설명: 개개의 채색된 상자는 서로 다른 결합 특성을 나타내며, 상자의 크기와 위치는 해당 특성의 결합 역가를 반영한다(즉 크기는 표준 K_i 척도에 비례한 역가를 나타내고, 위치는 해당 약물의 다른 결합 특성에 비례한 역가를 반영한다). 세로 점선은 D_2 수용체 결합 상자를 관통하며, 왼쪽에는 D_2보다 더 강력한 결합 특성이, 오른쪽에는 D_2보다 덜 강력한 결합 특성이 표시되어 있다. $5HT_{2A}$에서의 결합(그림 5-32 참조)은 상자 주위에 주황색 윤곽선으로 표시되어 있다.

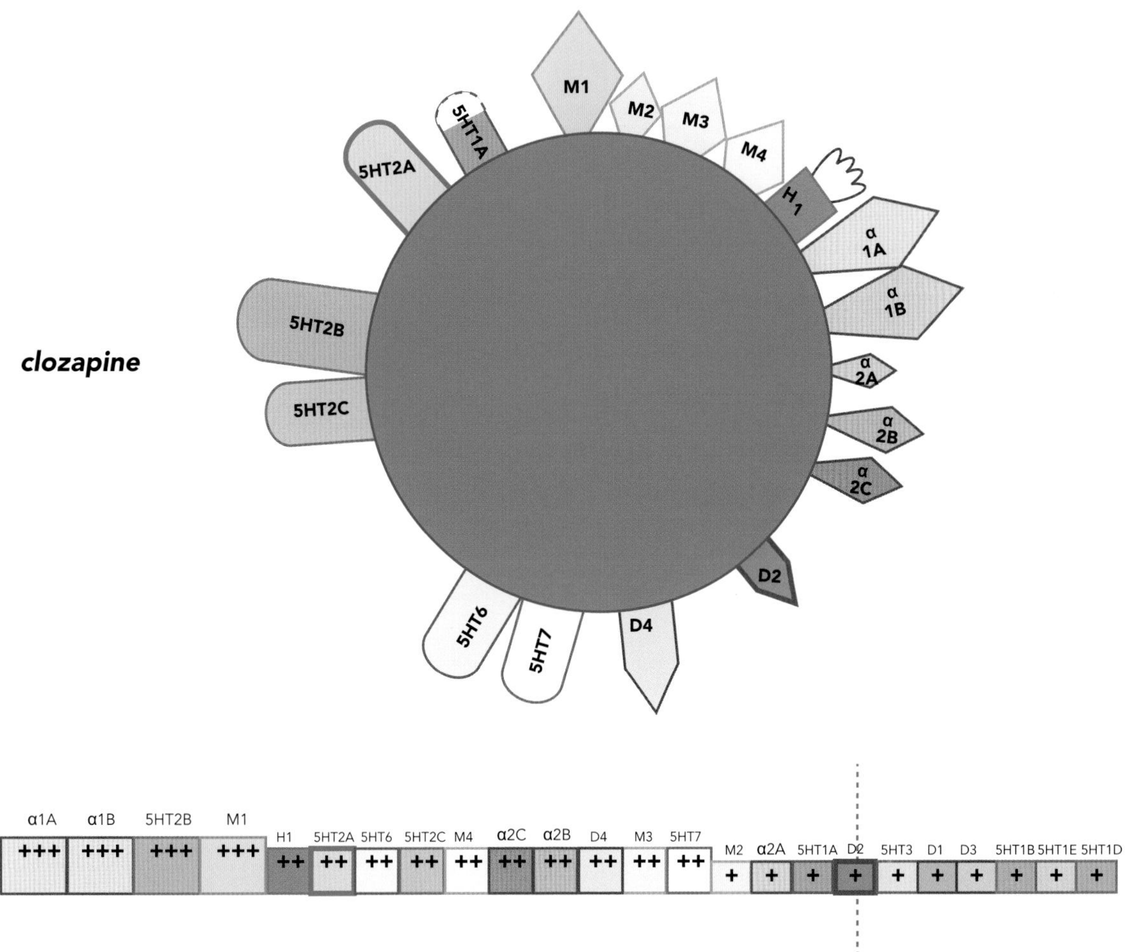

그림 5-43 클로자핀의 약리적 상징 및 결합 프로필. 이 그림은 클로자핀의 결합 특성에 대한 현재 견해의 질적 합의를 표현하였다. $5HT_{2A}/D_2$ 길항작용 외에도 클로자핀에 대한 다수의 다른 결합 특성이 확인되었으며, 그중 대부분은 D_2 수용체에서의 결합보다 더 강력하다. 이 중 어느 것이 클로자핀의 특별한 효능에 기여하는지 또는 독특한 부작용에 기여하는지는 알려져 있지 않다. 이 장에서 논의하는 모든 약제와 마찬가지로, 결합 특성은 기술에 따라 그리고 실험실마다 매우 다르며 지속적으로 수정 및 업데이트되고 있다.

상의 잠재적 치료효과를 설명하는 데 도움이 될 수 있다. 그러나 정신병 치료에 사용되는 각 개별 약제에 대한 이러한 특성의 기여도는 매우 다양하다. 위에서 최초의 D_2 길항제에 대해 언급했듯이, 각 약물이 결합하는 모든 알려진 수용체를 수용체당 하나의 상자로 나타내는 결합 띠로 $D_2/5HT_{2A}/5HT_{1A}$ 약물의 모든 수용체 결합 특성을 분석했으며, 맨 왼쪽에 가장 강력한 것부터 맨 오른쪽에 가장 약한 것까지 순위를 매겼다(그림 5-32부터 5-63까지 참조). 이러한 약리적 결합 특성은 다시 다수의 신경전달물질 수용체에 대한 반정량적 및 순위별 상대적 결합력의 가로열로 표현되며, 각 그림은 특정 수용체를 강조 표시하여 모든 약물의 상대적 결합력을 한눈에 비교할 수 있도록 하였다. 세로 점선으로 표시된 D_2 수용체 값의 왼쪽에는 더 강력한 결합(더 높은 친화력)이, 오른쪽에는 덜 강력한 결합(더 낮은 친화력)이 표시되어 있다.

모든 정신병 치료제를 한 가지 종류로 분류할지, 아니면 소수의 종류로 분류할지, 또는 각 약물을 고유하게 취급해야 할지를 결정하는 것은 야구계의 거장 요기 베라Yogi Berra가 자신과 아들이 많이 닮았느냐는 질문을 받았을 때 했던 유명한 발언과 비슷하다. 그는 잠시 동안 멈추고 생각에 잠

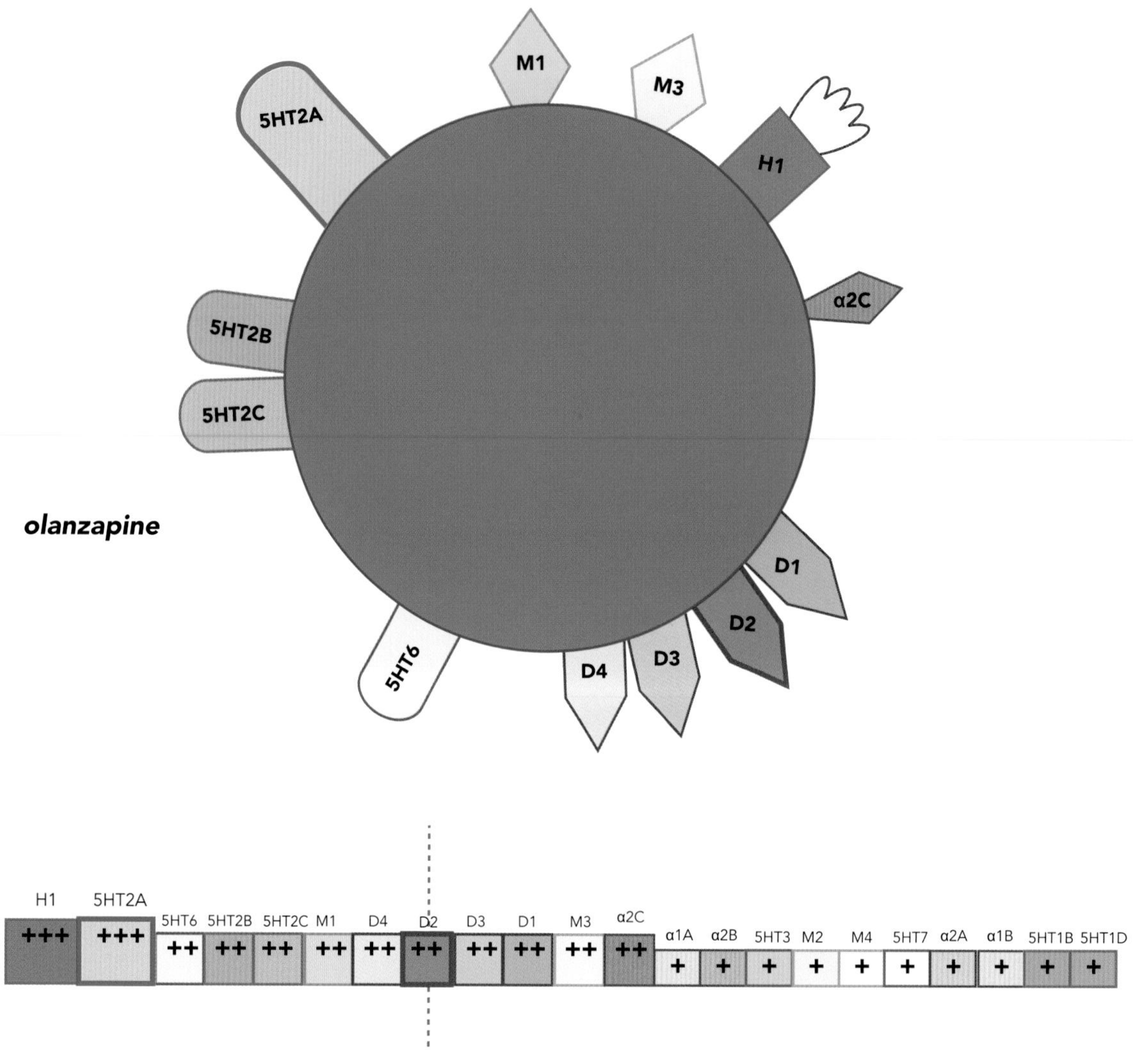

그림 5-44 올란자핀의 약리적 및 결합 프로필. 이 그림은 올란자핀의 결합 특성에 대한 현재 견해의 질적 합의를 표현하였다. 올란자핀은 D_2 수용체보다 더 강력하게 여러 수용체에 결합하며, 실제로 H_1 및 $5HT_{2A}$ 수용체에 가장 강력한 역가를 보인다. 올란자핀의 $5HT_{2C}$ 길항제 특성은 기분 및 인지증상에 대한 효능에 기여할 수 있지만, H_1 항히스타민 특성과 함께 체중 증가를 유발하는 경향에도 기여할 수 있다. 이 장에서 논의하는 모든 약제와 마찬가지로, 결합 특성은 기술에 따라 그리고 실험실마다 매우 다르며 지속적으로 수정 및 업데이트되고 있다.

긴 후 "네, 하지만 닮은 점이 다릅니다"라고 대답했다. 정신병(및 기분장애, 제7장 참조)을 치료하는 데 사용되는 모든 약물에 대해서도 같은 말을 할 수 있다. 어떤 면에서는 많이 같지만 많은 면에서는 닮은 점이 다르다!

그렇다면 어떻게 비슷할까? D_2 수용체와 비교한 각 약제의 $5HT_{2A}$ 수용체에 대한 상대적인 효능부터 살펴보면, 독자는 그림 5-32에서 거의 모든 약제가 D_2 결합의 왼쪽에 $5HT_{2A}$ 결합을 보이는 것을 한눈에 볼 수 있다. 즉 왼쪽에 $5HT_{2A}$가 있는 약제는 모두 D_2 수용체보다 $5HT_{2A}$ 수용체에 대한 친화력이 더 높으며, D_2 수용체보다 $5HT_{2A}$ 수용체에 더 많이 결합할 것으로 예상할 수 있다. 예외는 D_2 부분작용제이지만, 이러한 약물들은 모두 $5HT_{1A}$ 수용체와 D_2 수용체에 대해 비슷한 역가를 나타낸다(그림 5-33). 그러나 강력한 $5HT_{2A}$ 특성을 가진 D_2 길항제는 일반적으로 $5HT_{1A}$ 수용체에 대한 친화력이 높지 않다(그림 5-32의 약물과 그림 5-33의 동일한 약물을 $5HT_{2A}$ 대 $5HT_{1A}$ 특성으

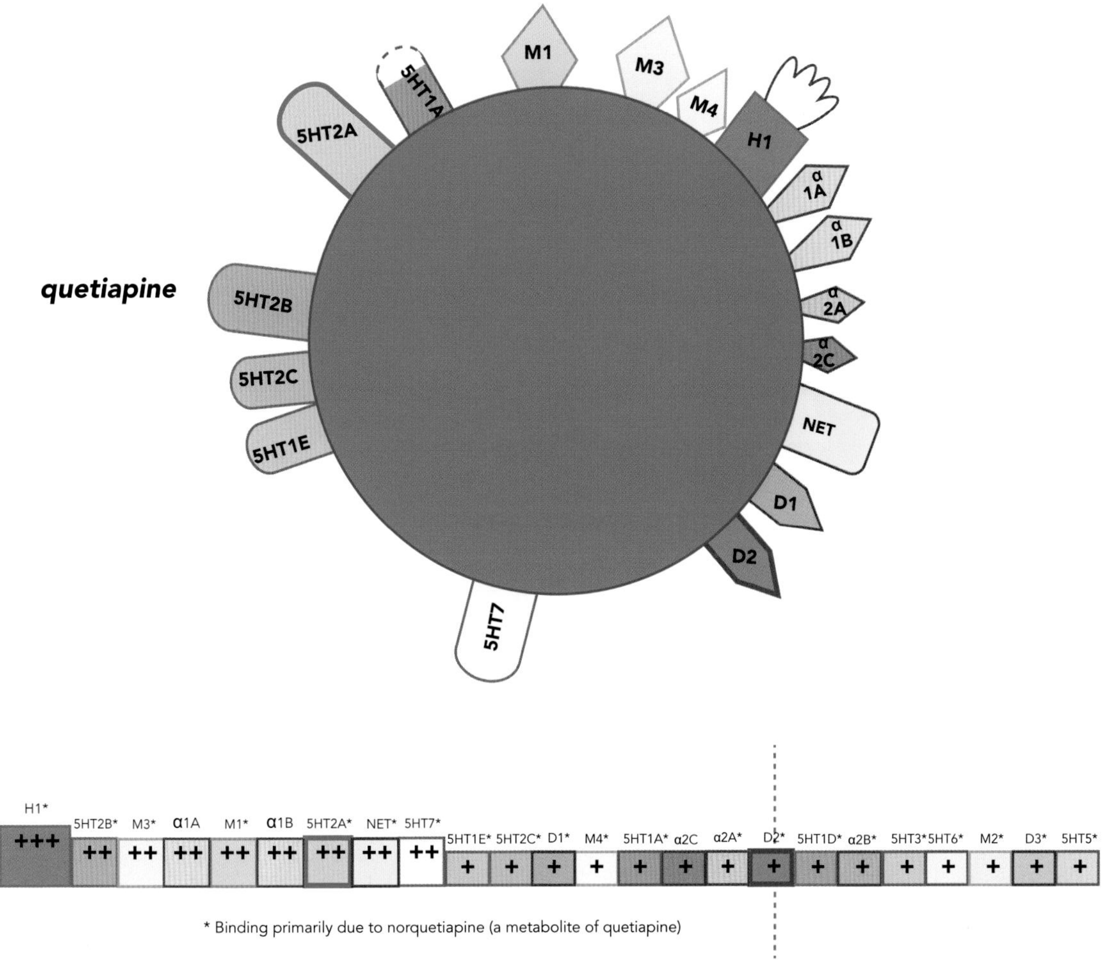

그림 5-45 쿠에티아핀의 약리적 및 결합 프로필. 이 그림은 쿠에티아핀의 결합 특성에 대한 현재 견해의 질적 합의를 표현하였다. 쿠에티아핀은 실제로 D_2 수용체에서 특별히 강력한 결합력을 가지고 있지 않다. 쿠에티아핀의 두드러진 H_1 길항제 특성은 아마도 수면을 개선하는 능력에 기여하고, 이는 양극성 및 단극성 우울증과 불안장애에서 수면장애를 개선하는 능력에도 기여할 수 있다. 그러나 이러한 특성은 특히 M_1 항무스카린 및 α_1 아드레날린 길항제 특성과 결합하여 주간 진정에도 기여할 수 있다. 쿠에티아핀의 잠재적으로 중요한 활성 대사산물인 노르쿠에티아핀은 결합 프로필에 별표로 표시된 바와 같이 수용체에서 추가적인 작용을 할 수 있다. $5HT_{1A}$ 부분작용제 작용, 노르에피네프린 수송체(NET) 억제, $5HT_{2C}$, α_2, $5HT_7$ 길항제 작용은 모두 쿠에티아핀의 기분 개선 특성에 기여할 수 있다. 그러나 $5HT_{2C}$ 길항제 작용과 H_1 길항제 작용을 결합하면 체중 증가에 기여할 수 있다. 이 장에서 논의하는 모든 약제와 마찬가지로, 결합 특성은 기술에 따라 그리고 실험실마다 매우 다르며 지속적으로 수정 및 업데이트되고 있다.

로 비교). 어쩌면 그다지 중요하지 않을 수도 있다. $5HT_{2A}$ 길항작용의 많은 동일한 후속 작용이 또한 $5HT_{1A}$ 부분작용에 의해서도 발생한다는 점을 상기하라(위의 논의와 그림 5-17 및 5-22 참조). 그러나 기본적으로 나열된 모든 약물이 $5HT_{2A}$ 길항작용, $5HT_{1A}$ 부분작용 또는 둘 다 최소한 어느 정도는 가지고 있다 하더라도 두 약물이 완전히 동일한 것은 아니며, $5HT_{2A}$ 및 $5HT_{1A}$ 수용체와 관련된 임상 특성도 다를 것으로 예상할 수 있다. 그럼에도 불구하고 모두 강력한 $5HT_{2A}$ 길항제 특성을 가진 약물들이 서로 어떻게 다른지 보여주는 한 가지 예는 $5HT_{2A}$ 결합과 D_2 결합의 분리가 클수록(즉 $5HT_{2A}$가 D_2의 왼쪽에 더 멀리 있을수록), 항정신병 효과에 필요한 D_2 수용체 점유가 더 적을 수 있다는 관찰이다. 연구 결과에 따르면 가장 넓은 분리를 가진 약물(즉 루마테페론, 쿠에티아핀, 클로자핀)이 항정신병 약물용량에서 D_2 점유가 가장 낮으며 실제로 60% 미만이라는 이유를 설명해준다. 어쩌면 이 모든 논의는 정신병을 치

Papa Bear
Mama Bear
Baby Bear
800 mg
antipsychotic
300 mg
antidepressant
50 mg
hypnotic

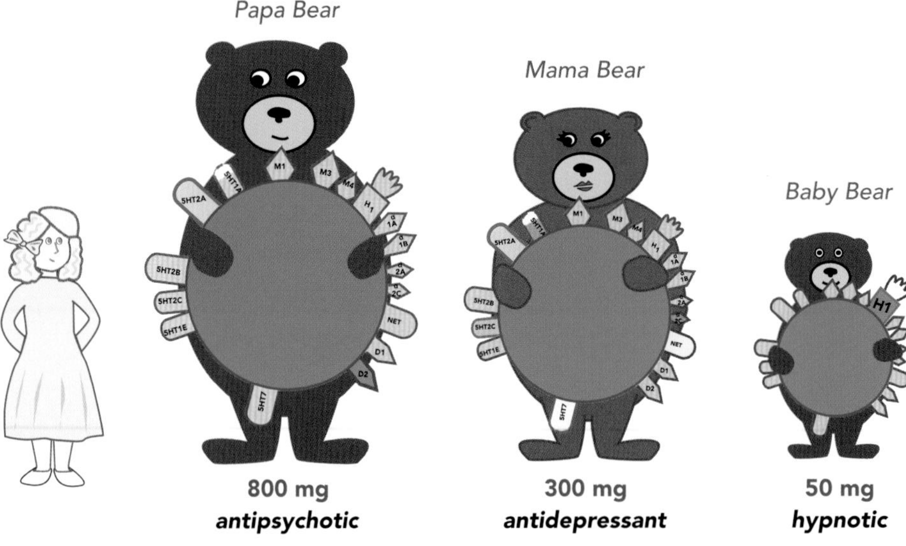

그림 5-46 다양한 용량에서 쿠에티아핀의 결합 프로필. 쿠에티아핀의 결합 특성은 사용된 용량에 따라 달라진다. 항정신병 용량(예: 800mg/일까지)에서 쿠에티아핀은 여러 세로토닌, 무스카린, α-아드레날린 수용체에 작용하여 상대적으로 넓은 결합 프로필을 보인다. 히스타민 1 수용체 차단 효과도 있다. 항우울 용량(예: 약 300mg/일)에서 쿠에티아핀의 결합 프로필은 보다 선택적이며 노르에피네프린 재흡수 억제, $5HT_{1A}$ 부분작용, $5HT_{2A}$, α_2, $5HT_{2C}$, $5HT_7$ 길항작용을 포함한다. 진정수면 용량(예: 50mg/일)에서 쿠에티아핀의 가장 두드러진 약리적 특성은 H_1 길항작용이다.

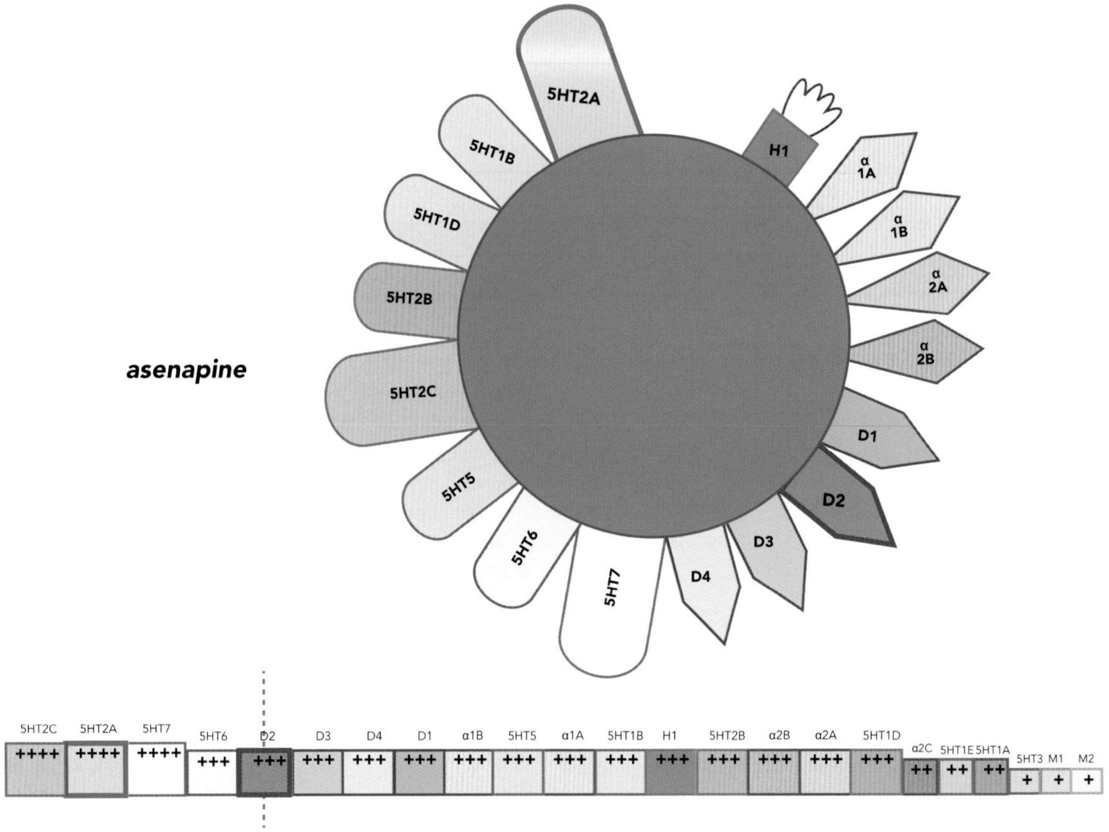

asenapine
5HT2A
H1
α 1A
α 1B
α 2A
α 2B
D1
D2
D3
D4
5HT7
5HT6
5HT5
5HT2C
5HT2B
5HT1D
5HT1B
5HT2C ++++
5HT2A ++++
5HT7 ++++
5HT6 +++
D2 +++
D3 +++
D4 +++
D1 +++
α1B +++
5HT5 +++
α1A +++
5HT1B +++
H1 +++
5HT2B +++
α2B +++
α2A +++
5HT1D +++
α2C ++
5HT1E ++
5HT1A ++
5HT3 +
M1 +
M2 +

그림 5-47 아세나핀의 약리적 및 결합 프로필. 이 그림은 아세나핀의 결합 특성에 대한 현재 견해의 질적 합의를 표현하였다. 아세나핀은 여러 세로토닌 및 도파민 수용체, α_1과 α_2 수용체, H_1 히스타민 수용체에 강력하게 결합하는 복합적 결합 프로필을 가지고 있다. 특히 $5HT_{2C}$ 길항제 특성은 기분 및 인지증상에 대한 효능에 기여할 수 있으며, $5HT_7$ 길항제 특성은 기분, 인지, 수면증상에 대한 효능에 기여할 수 있다. 이 장에서 논의하는 모든 약제와 마찬가지로, 결합 특성은 기술에 따라 그리고 실험실마다 매우 다르며 지속적으로 수정 및 업데이트되고 있다.

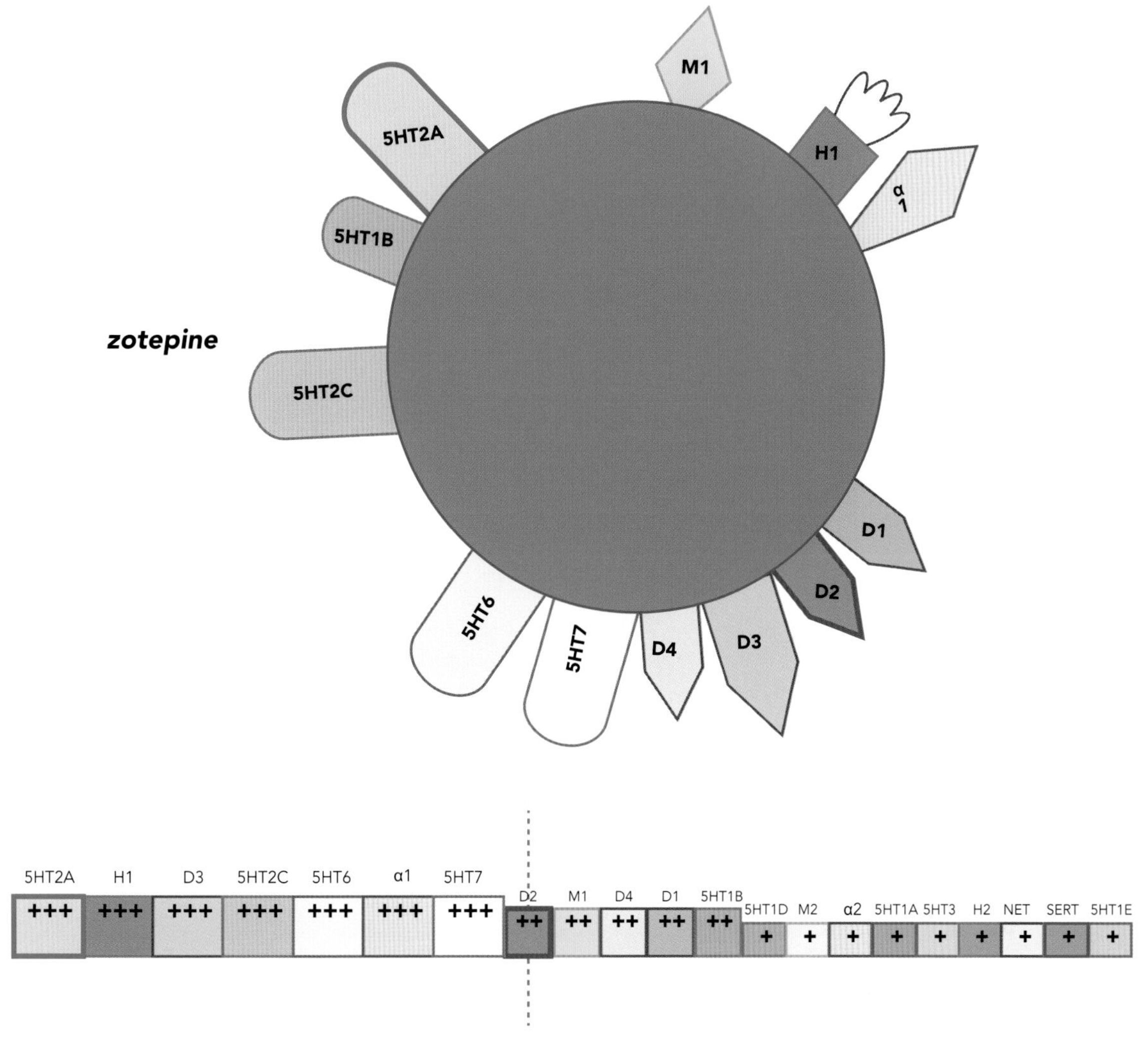

그림 5-48 조테핀의 약리적 및 결합 프로필. 이 그림은 조테핀의 결합 특성에 대한 현재 견해의 질적 합의를 표현하였다. 조테핀은 $5HT_{2C}$ 길항제, α_2 길항제, $5HT_7$ 길항제로서 잠재적인 항우울 효과를 시사한다. 이 장에서 논의하는 모든 약제와 마찬가지로, 결합 특성은 기술에 따라 그리고 실험실마다 매우 다르며 지속적으로 수정 및 업데이트되고 있다.

료하는 약물은 모두 같지만 그 유사성은 다르다는 것을 멋지게 표현한 것일 수도 있다.

이들 약물의 공통점이 D_2 결합과 $5HT_{2A}$ 또는 $5HT_{1A}$ 수용체에 어느 정도 결합한다는 점이라면 유사성은 여기서 멈춘다. 다양한 약제들은 도파민과 세로토닌 수용체 결합 외에도 많고 많은 약리적 특성을 가지고 있으며, 추가적인 약리적 특성은 다음 9개의 그림에 나와 있다(그림 5-34부터 5-42까지). 이 중 처음 7개의 그림은 위에서 언급한 추정되고 있는 항우울제 기전을 시각적으로 비교할 수 있으며, 제7장에서 자세히 논의할 것이다. 예를 들어 추정된 항우울제 작용과 관련된 다양한 수용체 특성은 다음 그림에 나와 있다.

모노아민 재흡수 차단 특성(그림 5-34)

α_2 길항작용(그림 5-35)

D_3 부분길항작용/부분작용(그림 5-36)

$5HT_{2C}$ 길항작용(그림 5-37)

$5HT_3$ 길항작용(그림 5-38)

$5HT_6$ 및 $5HT_7$ 길항작용(그림 5-39)

$5HT_{1B/D}$ 길항작용(그림 5-40)

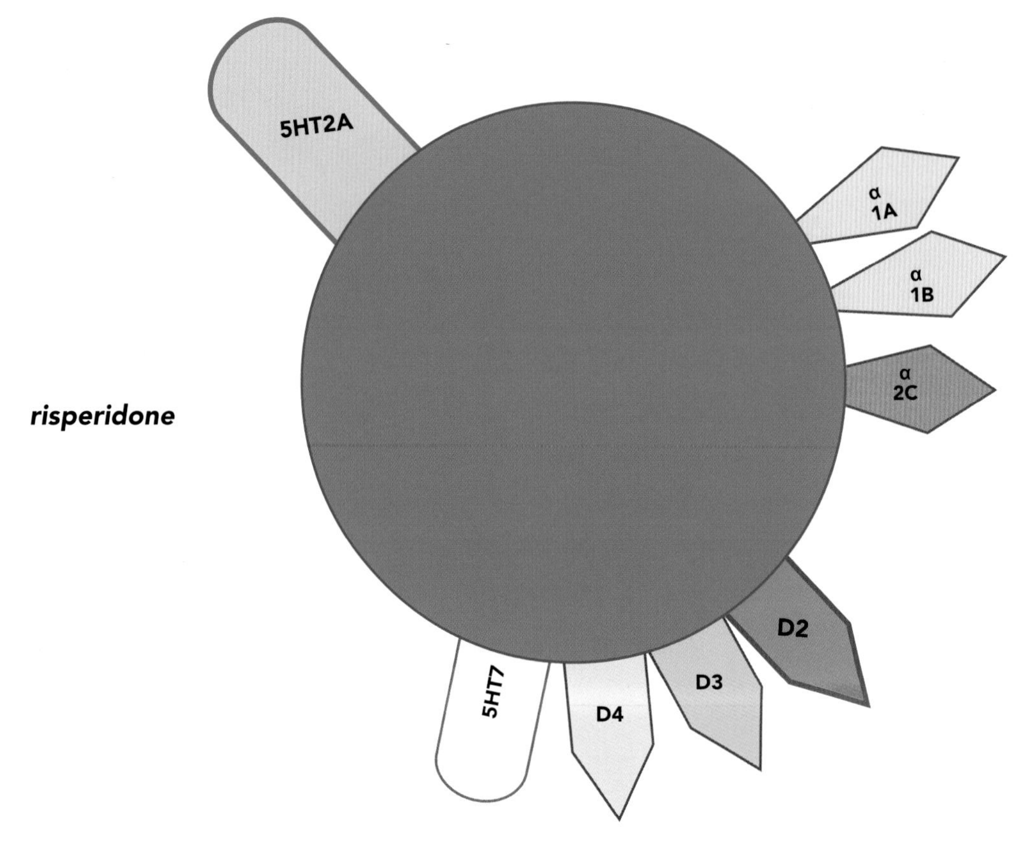

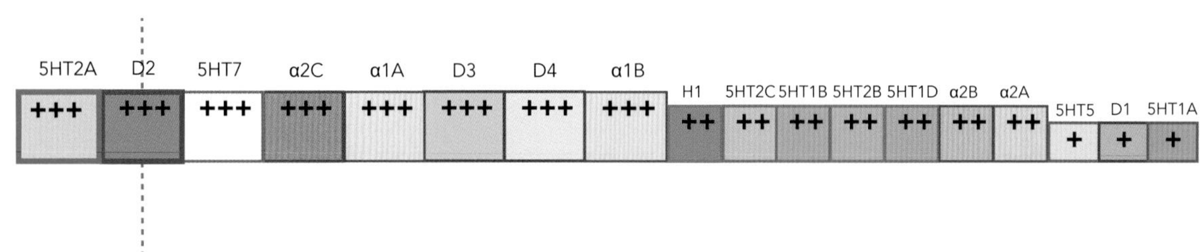

그림 5-49 리스페리돈의 약리적 및 결합 프로필. 이 그림은 리스페리돈의 결합 특성에 대한 현재 견해의 질적 합의를 표현하였다. α_2 길항제 특성은 우울증에 대한 효능에 기여할 수 있지만, 이는 기립저혈압 및 진정에 기여할 수 있는 동시에 α_1 길항제 작용으로 인해 감소될 수 있다. 이 장에서 논의하는 모든 약제와 마찬가지로, 결합 특성은 기술에 따라 그리고 실험실마다 매우 다르며 지속적으로 수정 및 업데이트되고 있다.

또한 항히스타민 및 항콜린(그림 5-41), α_1 길항작용(그림 5-42) 등 이론상으로 부작용과 연관된 다양한 수용체 결합 특성이 이 그림에 나와 있다.

모든 결합 특성을 보여주는 이 그림들의 요점은 이러한 약물 간의 차이는 물론 유사성을 확인할 수 있다는 것이다. 개별 약제는 이론상으로 항우울제 작용과 관련된 상당히 다른 기전을 가지고 있으며, 어떤 약제는 단극성 또는 양극성 우울증에 적응증이 있는데 다른 약제는 없는 이유, 그리고 환자의 우울증이 이 그룹에 속한 한 약물에는 반응하지만 다른 약물에는 반응하지 않는 이유를 설명하는 데 도움이 될 수 있다. 독자가 20여 개의 복잡한 약물들을 좀 더 쉽게 그리고 약간 재미있게 이해할 수 있도록 돕기 위한 또 다

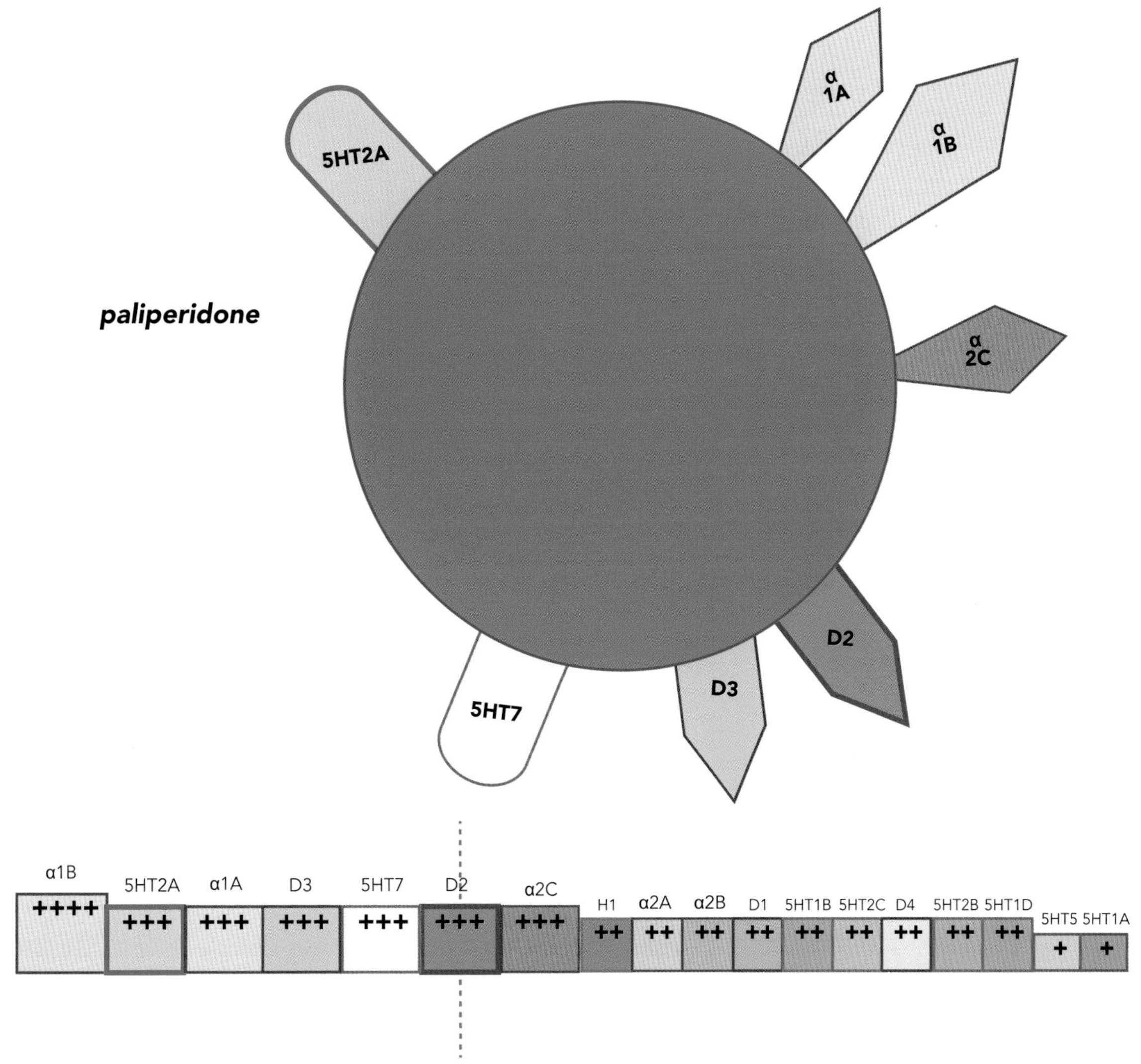

그림 5-50 **팔리페리돈의 약리적 및 결합 프로필.** 이 그림은 리스페리돈의 활성 대사산물인 팔리페리돈의 결합 특성에 대한 현재 견해의 질적 합의를 표현하였다. 팔리페리돈은 리스페리돈과 많은 약리적 특성을 공유한다. 이 장에서 논의하는 모든 약제와 마찬가지로, 결합 특성은 기술에 따라 그리고 실험실마다 매우 다르며 지속적으로 수정 및 업데이트되고 있다.

른 방법은 모든 약물을 세 가지 기발한 그룹으로 정리하는 것이다.

핀pine계열
돈/론done/rone계열
핍/립pip/rip계열

세 그룹의 각각의 구성원을 이미 그림 5-32부터 5-42까지에 이러한 방식으로 정리했으며, 이제부터는 각 그룹에 속한 개별 약제에 대한 간략한 설명을 제공하여 구분을 더 쉽게 기억할 수 있도록 할 것이다.

핀계열

클로자핀

클로자핀clozapine(그림 5-43)은 다른 정신병 치료제가 실패했을 때 특히 효과적이라고 널리 알려져 있으며, 따라서 조현병에 대한 효능의 '최적표준gold standard'이라고 할 수 있다. 또한 클로자핀은 조현병의 자살 위험을 감소시키는 것

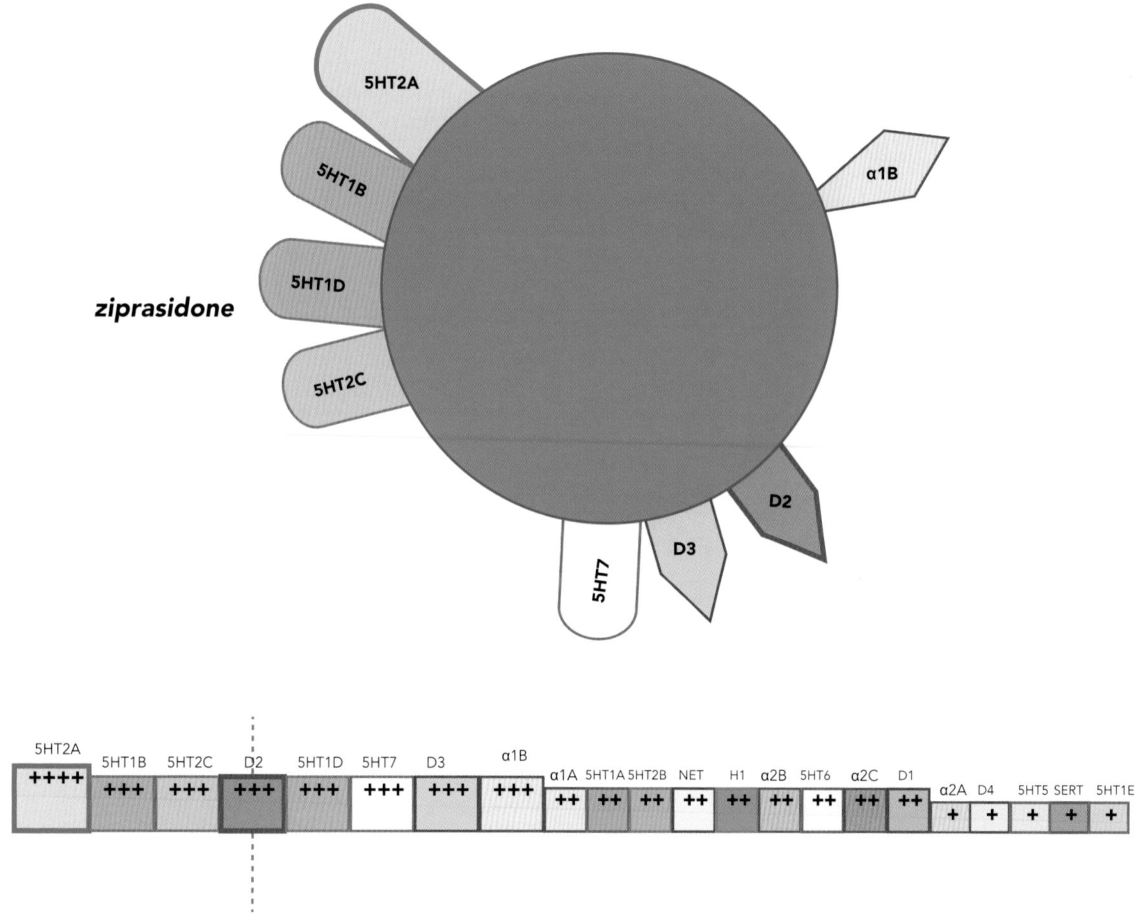

그림 5-51 지프라시돈의 약리적 및 결합 프로필. 이 그림은 지프라시돈의 결합 특성에 대한 현재 견해의 질적 합의를 표현하였다. 이 화합물은 공복 혈장 중성지방 수치 증가 또는 인슐린 저항성 증가와 같은 심장대사 위험 증가 및 체중 증가와 관련된 약리적 작용이 없는 것으로 보인다. 또한 지프라시돈은 현저한 진정과 관련된 많은 약리적 특성이 없다. 이 장에서 논의하는 모든 약제와 마찬가지로, 결합 특성은 기술에 따라 그리고 실험실마다 매우 다르며 지속적으로 수정 및 업데이트되고 있다.

으로 입증된 유일한 항정신병 약물이며, 정신병 환자의 공격성과 폭력성을 치료하는 데 특별한 지위를 가질 수 있다. 클로자핀의 이러한 최적표준의 향상된 효능을 설명하는 약리적인 특성이 무엇인지는 알려지지 않았지만, 클로자핀은 다른 정신병 치료제보다 치료 용량에서 D_2 수용체를 더 적게 점유하기 때문에 D_2 길항작용일 가능성은 낮다. 아마도 알려지진 않았지만 D_2가 아닌 다른 기전에 의해 작용할 가능성이 높다. 클로자핀으로 치료받은 환자는 정신병의 양성 증상이 크게 개선될 뿐만 아니라 거의 정상 수준의 인지기능, 대인관계기능, 직업기능으로 되돌아가는 것을 특징으로 하는 '각성awakening'(올리버 색스Oliver Sacks의 관점에서)을 종종 경험할 수 있지만, 불행히도 이것은 드물다. 그러나 각성이 조금이라도 관찰될 수 있다는 사실은 언젠가 약리적 기전을 적절히 조합하여 조현병 환자도 건강 상태를 회복할 수 있다는 희망을 준다.

부작용 측면에서 클로자핀은 운동증상을 거의 일으키지 않고, 지연이상운동증을 일으키지 않는 것으로 보이며, 지연이상운동증 치료에 효과적일 수 있고, 프로락틴을 상승시키지 않는다. 이는 좋은 소식이다. 나쁜 소식은 클로자핀에는 몇 가지 독특한 부작용이 있다는 것인데(표 5-2), 클로자핀을 효과적으로 처방한다는 것은 이러한 부작용이 발생할 경우 이를 관리할 수 있는 능력이 있다는 것을 의미한다. 클

표 5-2 전문가 관리가 필요한 클로자핀의 부작용

중성구감소증neutropenia
변비constipation/마비장폐색증paralytic ileus
진정sedation, 기립저혈압orthostasis, 빈맥tachycardia
침흘림sialorrhea
발작seizures
체중 증가weight gain, 이상지질혈증dyslipidemia, 고혈당hyperglycemia
심근염myocarditis, 심근병증cardiomyopathy, 사이질신염interstitial nephritis
호산구혈증 전신증상동반 약물반응drug reaction with eosinophilia and systemic symptoms, DRESS, 장막염serositis

로자핀 치료의 생명을 위협하고 때때로 치명적인 합병증 중 하나는 중성구감소증neutropenia으로, 환자는 치료를 받는 동안 혈구계산blood count을 모니터링해야 한다.

클로자핀은 발작seizure 위험도 증가하는데, 특히 고용량에서 증가한다(표 5-2). 심하게 진정될 수 있고, 심근염myocarditis의 위험이 높으며, 정신병 치료제 중 가장 큰 체중 증가와 심장대사 위험과 관련이 있다. 또한 클로자핀은 과도한 타액 분비를 유발할 수 있으며, 이는 항콜린 치료나 심한 경우 국소 보툴리눔 독소botulinum toxin 주사로 완화할 수 있다. 따라서 클로자핀은 비정형 항정신병 약물 중 가장 큰 효능을 가지고 있지만 부작용도 가장 많을 수 있다.

이러한 부작용 위험 때문에 클로자핀은 1차 치료제로 고려되지 않으며, 다른 항정신병 약물이 실패했을 때 사용된다. 중성구감소증과 심근염을 유발하는 클로자핀의 기전은 완전히 알려지지 않았으며, 체중 증가는 부분적으로 H_1 히스타민과 $5HT_{2C}$ 수용체를 강력하게 차단하는 것과 관련이 있을 수 있다(그림 5-43). 진정 효과는 아마도 무스카린 M_1, H_1, α_1-아드레날린 수용체에 대한 클로자핀의 강력한 길항작용과 관련이 있을 것이다(그림 5-8, 5-14 및 5-43). 심한 무스카린 차단은 특히 고용량에서 과도한 타액 분비를 유발할 수 있을 뿐만 아니라 장폐쇄bowel obstruction로 이어질 수 있는 심한 변비를 유발할 수 있다. 특히 벤즈트로핀

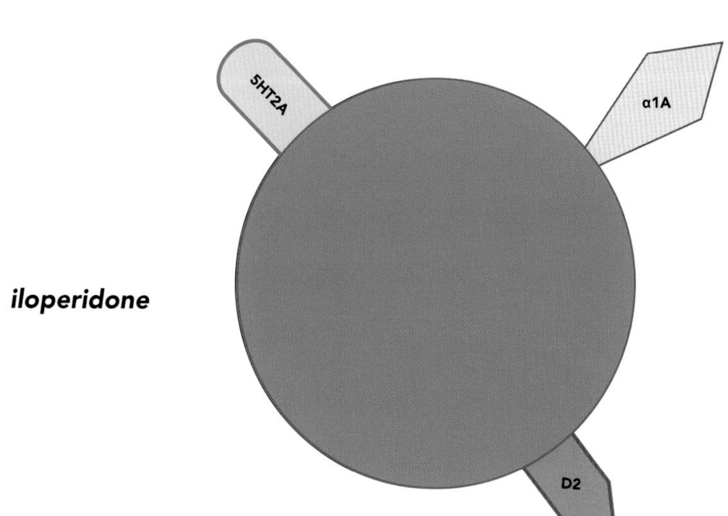

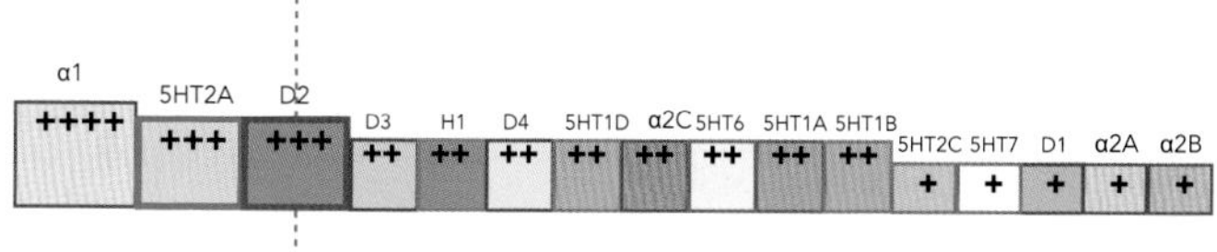

그림 5-52 **일로페리돈의 약리적 및 결합 프로필.** 이 그림은 일로페리돈의 결합 특성에 대한 현재 견해의 질적 합의를 표현하였다. 여기서 논의된 약물 중 일로페리돈은 가장 단순한 약리적 프로필 중 하나이며, 세로토닌 도파민 길항제(SDA)에 가장 가깝다. 일로페리돈의 다른 두드러진 약리적 특성은 강력한 α_1 길항작용으로, 기립저혈압의 위험을 유발할 수 있지만 약물로 유발된 파킨슨병(DIP)의 위험을 낮추는 데 기여할 수도 있다. 이 장에서 논의하는 모든 약제와 마찬가지로, 결합 특성은 기술에 따라 그리고 실험실마다 매우 다르며 지속적으로 수정 및 업데이트되고 있다.

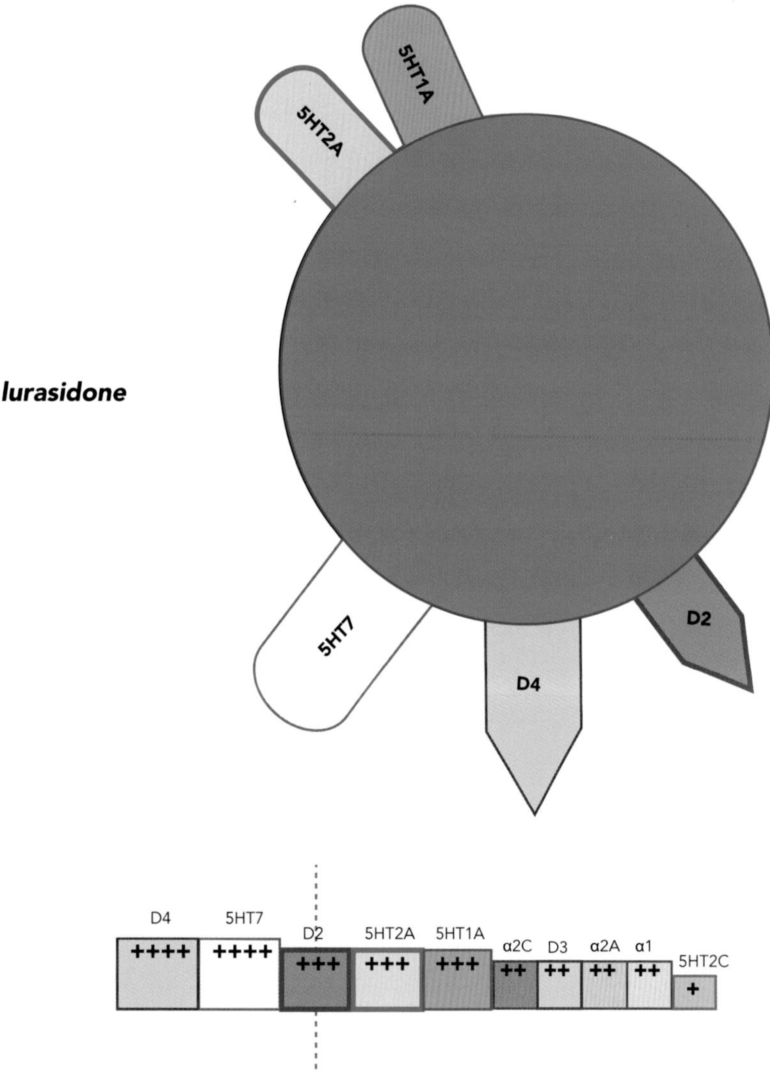

그림 5-53 **루라시돈의 약리적 및 결합 프로필.** 이 그림은 루라시돈의 결합 특성에 대한 현재 견해의 질적 합의를 표현하였다. 루라시돈은 비교적 단순한 약리적 프로필을 가지고 있다. 루라시돈은 효과가 잘 알려져 있지 않은 D_4 수용체와 기분, 인지, 수면증상에 대한 효능에 기여할 수 있는 $5HT_7$ 수용체에 가장 강력하게 결합한다. 이 장에서 논의하는 모든 약제와 마찬가지로, 결합 특성은 기술에 따라 그리고 실험실마다 매우 다르며 지속적으로 수정 및 업데이트되고 있다.

과 같은 다른 항콜린제나 클로르프로마진과 같은 강력한 항콜린 특성을 가진 다른 정신병 치료제와 병용 투여한다면 장폐쇄로 이어질 수 있다.

이러한 부작용과 혈구계산 측정의 번거로움 때문에 임상 진료에서 클로자핀의 사용은 저조하며, 다른 정신병 약물에 불충분한 반응을 보이는 환자가 많다는 점을 고려하면 너무 낮은 수치일 수 있다. 클로자핀 사용에 대한 실용적인 장벽을 줄이기 위해, 채혈 대신 손가락채혈을 사용하고 멀리 떨어진 실험실로 보내지 않고 현지에서 분석하는 현장 진단 혈구계산 모니터링 시스템을 현재 사용할 수 있다. 클로자핀은 많은 환자에게 강력하지만 안타깝게도 충분히 이용되지 않는 치료적 개입으로 남아 있기 때문에, 클로자핀을 누구에게 어떻게 처방하는지와 부작용을 어떻게 완화하고 관리하는지에 대한 기술을 잃지 않는 것이 중요하다. 혈장 약물농도의 치료약물 농도감시therapeutic drug monitoring는 클로자핀의 적정 용량을 찾는 데 큰 도움이 될 수 있다. 이 특별한 약물은 그 자체로 하나의 주제이므로 저자는 독자가 자세한 내용을 참조할 수 있는 클로자핀 사용 방법에 대한 안내서를 공동 집필했다(마이어와 스탈, **클로자핀 안내서**).

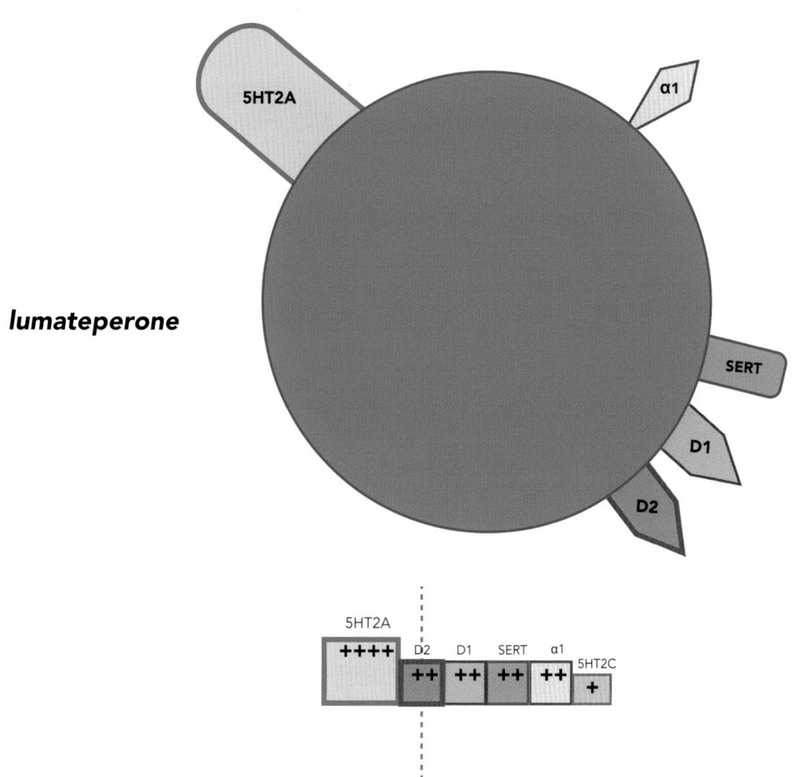

그림 5-54 루마테페론의 약리적 및 결합 프로필. 이 그림은 루마테페론의 결합 특성에 대한 현재 견해의 질적 합의를 표현하였다. 루마테페론은 $5HT_{2A}$ 수용체에 매우 높은 친화력을 가지며 D_2, D_1, α_1 수용체에 중간 정도의 친화력을 가진다. 또한 세로토닌 수송체에 대한 친화력도 중간 정도이다. 이 장에서 논의하는 모든 약제와 마찬가지로, 결합 특성은 기술에 따라 그리고 실험실마다 매우 다르며 지속적으로 수정 및 업데이트되고 있다.

올란자핀

올란자핀olanzapine(그림 5-44)은 $5HT_{2A}$ 및 D_2 수용체 모두에 작용하는 길항제로, 정신병에 클로자핀만큼 효과가 입증되지는 않았지만, 클로자핀을 제외한 같은 계열의 다른 약제보다 적어도 조금 더 효과가 있는 두 번째로 가장 효과적인 약제로(명확한 임상시험이 아닌 임상경험에 의해) 널리 간주되고 있다. 또한 대사성 부작용의 위험이 높다. 올란자핀은 다른 정신병 치료약물이나 저용량의 올란자핀에 반응하지 않는 환자에서 고용량이 더 큰 효능을 나타낼 수 있다는 임상 사용 결과가 있기 때문에, 특히 혈장 약물농도에 따라 안내되는 경우 원래 연구와 시판 승인된 용량보다 고용량으로 사용되는 경향이 있다. 올란자핀은 조현병 및 조현병 유지(13세 이상), 조현병이나 양극성 조증과 관련된 초조(근육주사제), 급성 양극성 조증/혼합형 조증 및 유지(13세 이상), 양극성 우울증 및 치료저항성 단극성 우울증에 대한 플루옥세틴과의 병용(미국)에 대해 승인되었다. 아마 $5HT_{2C}$ 길항제 특성과 약한 α_2 길항제 특성은(그림 5-35, 5-37 및 그림 5-44 참조), 특히 $5HT_{2C}$ 길항제 특성을 가진 항우울제 플루옥세틴과 병용할 때(제7장의 기분장애 치료제 참조) 단극성 및 양극성 우울증에서 올란자핀이 명백한 효능을 나타내는 일부 측면을 설명할 수 있다. 올란자핀은 구강붕해정oral disintegrating tablet, 급성 근육 주사제, 4주간 지속되는 장기지속형 주사제로 사용 가능하다. 빠른 개시를 위한 흡입 제형은 임상개발 후기 단계에 있다. 앞서 언급했듯이 올란자핀은 체중 증가와 대사 장애를 완화하기 위해 μ-아편유사길항제인 사미도르판samidorphan과 함께 후기 단계 임상시험 중이다.

쿠에티아핀

쿠에티아핀quetiapine(그림 5-45)은 세로토닌 $5HT_{2A}$ 및 도파민 D_2 수용체 모두에 길항제이지만, 특히 용량에 따라 몇 가지 차별적인 약리적 특성을 가지고 있다. 쿠에티아핀의 순 약리작용은 실제로 쿠에티아핀 자체뿐만 아니라 활성 대사산물인 노르쿠에티아핀norquetiapine의 복합적인 약

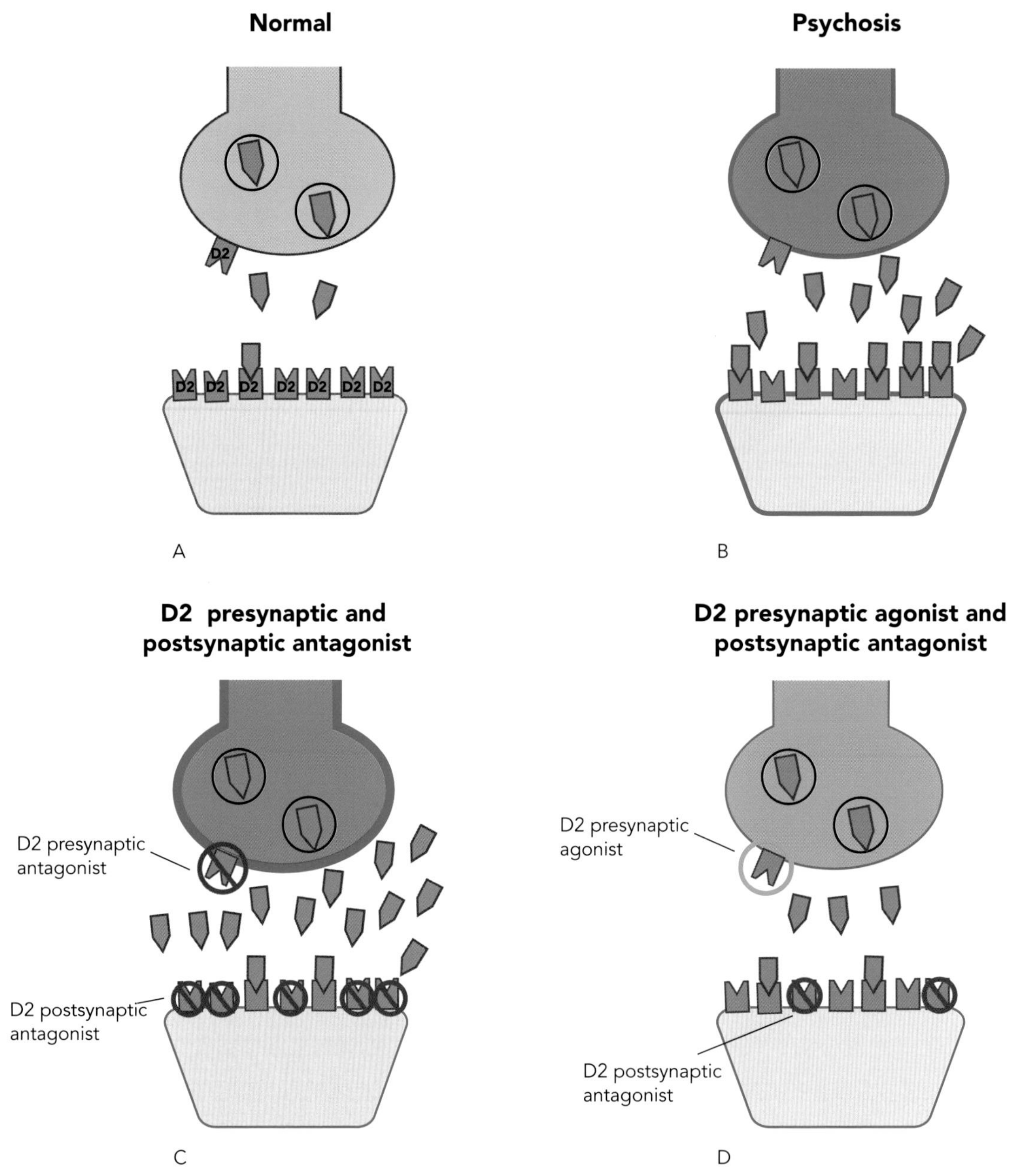

그림 5-55 **시냅스전 및 시냅스후 도파민 2 수용체 결합.** (A) D_2 수용체는 시냅스전과 시냅스후 모두에 존재하며, 이 수용체에서의 도파민 결합은 억제성이다. (B) 정신병에서는 도파민 합성과 방출이 강화되어 시냅스후 D_2 수용체가 과도하게 자극된다. (C) 대부분의 D_2 길항제는 시냅스전 및 시냅스후 D_2 수용체를 모두 차단한다. 시냅스전 D_2 수용체는 시냅스전 도파민 방출을 탈억제하여 도파민 방출이 더욱 강화된다. 그러나 시냅스후 D_2 수용체를 완전히 차단하면 시냅스전 D_2 차단 효과를 상쇄할 수 있다. (D) 루마테페론은 시냅스후 D_2 수용체에서는 길항제이지만 시냅스전 D_2 수용체에서는 부분작용제인 것처럼 보인다는 점에서 D_2 길항제 중에서 특이하다. 이는 도파민 방출이 이미 감소되어 있기 때문에 항정신병 효과를 얻기 위해 시냅스후 D_2 길항작용이 더 적게 필요하다는 것을 의미한다.

리작용에 기인한다(그림 5-45는 쿠에티아핀과 노르쿠에티아핀의 순 작용을 합산한 것임). 노르쿠에티아핀은 쿠에티아핀에 비해 독특한 약리적 특성, 특히 노르에피네프린 수송체(NET) 억제(즉 노르에피네프린 재흡수 억제)(그림 5-34)를 가질 뿐만 아니라 모약물인 쿠에티아핀과 결합하여 $5HT_7$(그림 5-39), $5HT_{2C}$(그림 5-37), α_2(그림 5-35) 길항

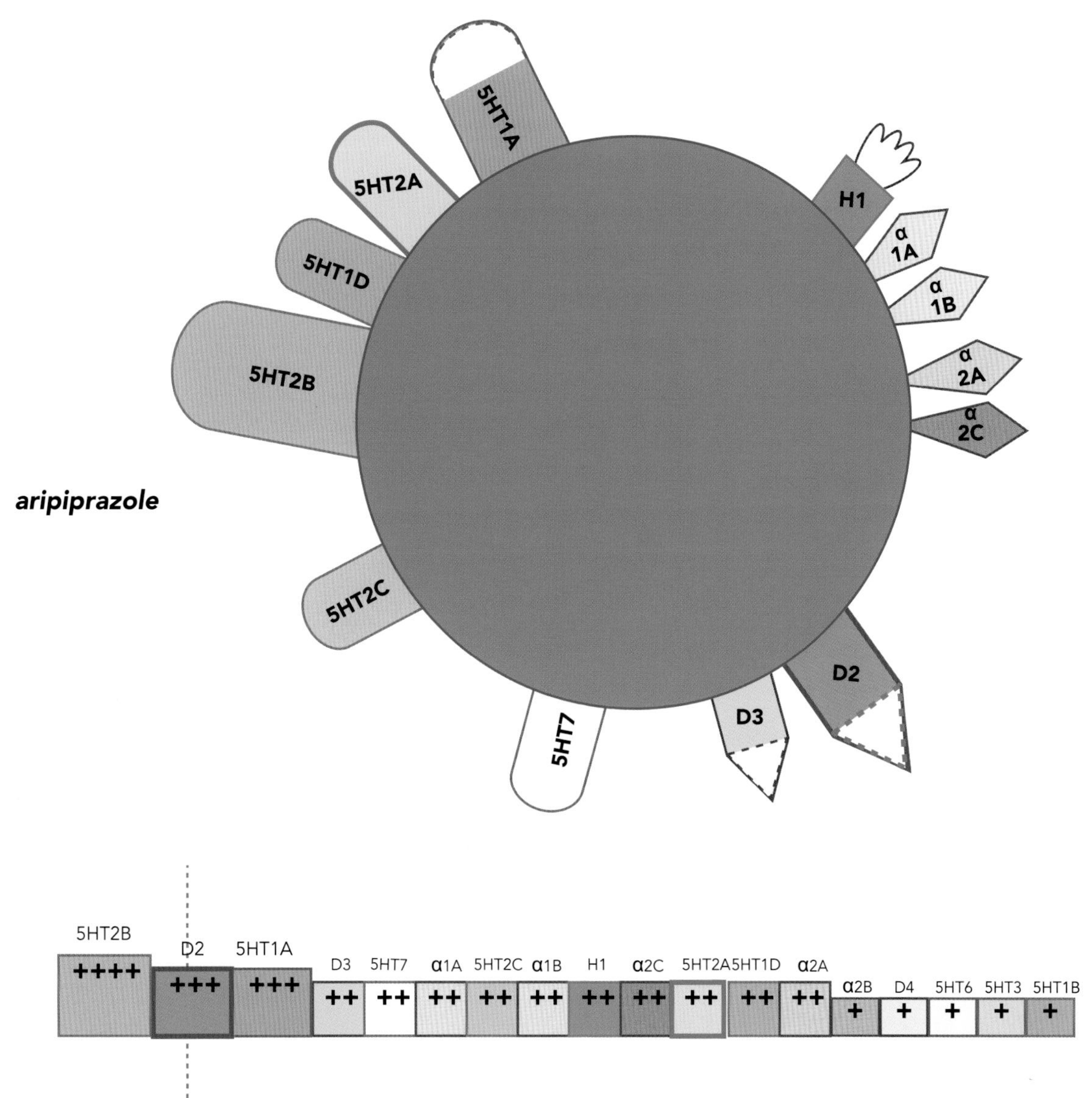

그림 5-56 아리피프라졸의 약리적 및 결합 프로필. 이 그림은 아리피프라졸의 결합 특성에 대한 현재 견해의 질적 합의를 표현하였다. 아리피프라졸은 길항제가 아닌 D_2 수용체에 대한 부분작용제이다. 임상 프로필에 기여할 수 있는 추가적인 중요한 약리적 특성으로는 $5HT_{2A}$ 길항제 작용, $5HT_{1A}$ 부분작용제 작용, $5HT_7$ 길항제 작용, $5HT_{2C}$ 길항제 작용이 있다. 아리피프라졸은 현저한 진정과 관련된 수용체에 대한 결합력이 없거나 약하다. 또한 아리피프라졸은 공복 혈장 중성지방 수치 증가 또는 인슐린 저항성 증가와 같은 심장대사 위험 증가 및 체중 증가와 관련된 약리적 작용이 없는 것으로 보인다. 이 장에서 논의하는 모든 약제와 마찬가지로, 결합 특성은 기술에 따라 그리고 실험실마다 매우 다르며 지속적으로 수정 및 업데이트되고 있다.

작용, $5HT_{1A}$ 부분작용제 작용(그림 5-33)을 하며, 이 모든 것이 쿠에티아핀의 전반적인 임상 프로필, 특히 강력한 항우울 효과에 기여할 수 있다. 따라서 쿠에티아핀은 많은 신경전달물질 수용체에 전반적으로 매우 복잡한 결합 특성을 가지고 있고, 그중 많은 수용체가 D_2 수용체보다 더 높은 역가를 가지고 있으며, 이는 이 약물이 단순히 정신병 치료제 이상의 역할을 하는 것으로 보이는 이유를 설명할 수 있다. 실제로 이 계열의 다른 약물과 마찬가지로 쿠에티아핀은 불면증에 대한 수면제, 우울증 치료제, 불안증 치료제, 파킨슨병 정신병 치료제 또는 다른 $5HT_{2A}/5HT_{1A}/D_2$ 약물

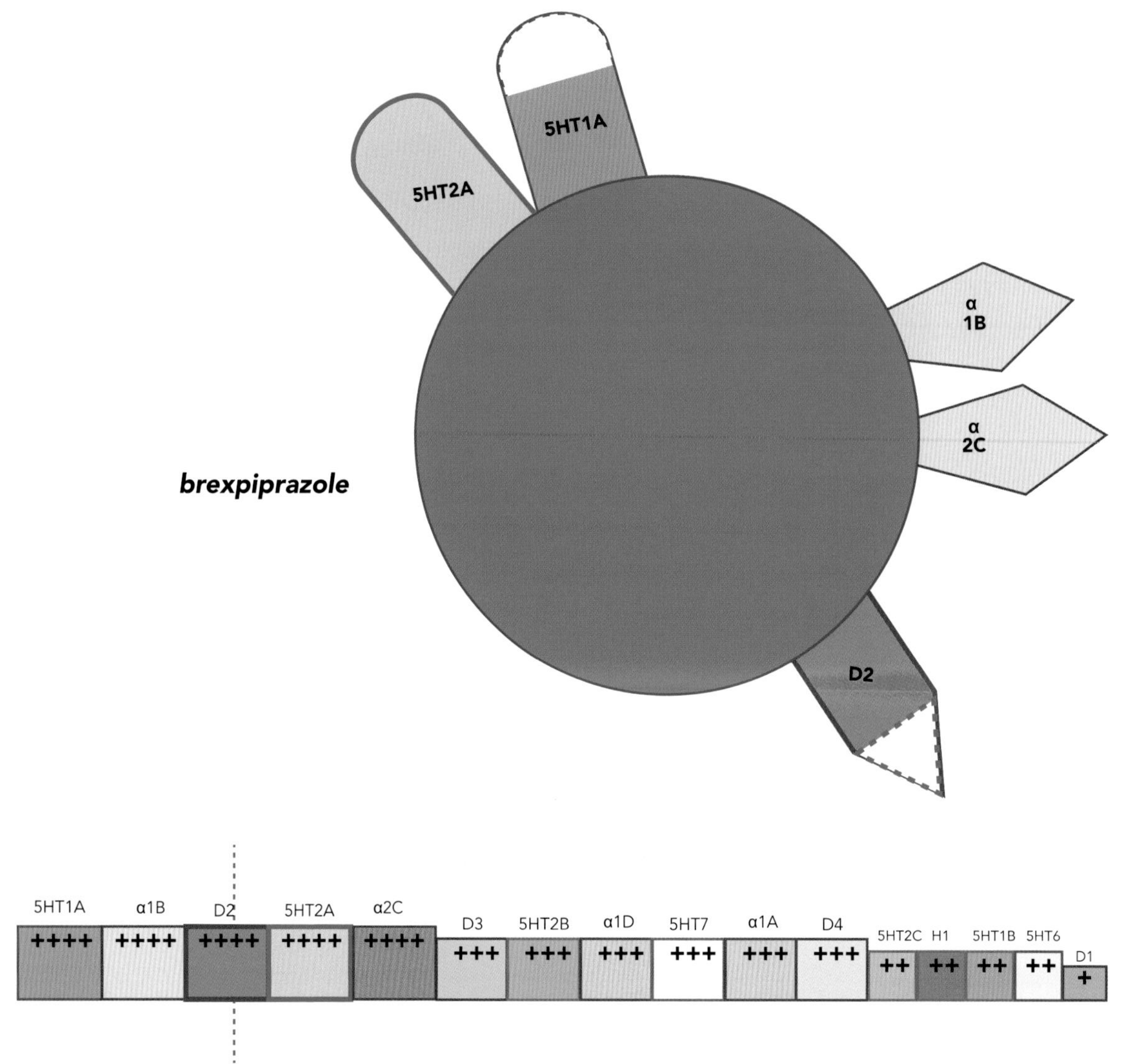

그림 5-57 브렉스피프라졸의 약리적 및 결합 프로필. 이 그림은 브렉스피프라졸의 결합 특성에 대한 현재 견해의 질적 합의를 표현하였다. 브렉스피프라졸은 길항제가 아닌 D_2 수용체에 대한 부분작용제이며, $5HT_{2A}$, $5HT_{1A}$, α_1 수용체에도 강력하게 결합한다. 이 약물의 임상 프로필을 평가하기에는 너무 이르지만, 현저한 진정, 체중 증가, 심장대사 위험 증가와 항상 관련된 수용체에 대한 작용이 없는 것으로 보인다. 이 장에서 논의하는 모든 약제와 마찬가지로, 결합 특성은 기술에 따라 그리고 실험실마다 매우 다르며 지속적으로 수정 및 업데이트되고 있다.

과 함께 정신병의 보조제로 자주 처방되는 등 정신병 이외의 적응증으로 훨씬 더 자주 처방된다.

다른 용량에서는 다른 약인가

쿠에티아핀 용량에 대한 이야기는 골디락스와 곰 세 마리로 비유할 수 있다(그림 5-46). 정신병의 경우, 쿠에티아핀은 800mg 아빠 곰이다. 우울증의 경우, 쿠에티아핀은 300mg 엄마 곰이다. 불면증의 경우, 쿠에티아핀은 50mg 아기 곰이다. 아기 곰으로 시작하면, 그림 5-45 아래의 띠에서 맨 왼쪽에 있는 쿠에티아핀의 가장 강력한 결합 특성, 특히 H_1 항히스타민 특성만 관련이 있다(그림 5-41 참조). 아기 곰 용량은 수면제로 사용하도록 승인되지 않았으며, 대사 위험이 있을 수 있으므로 수면을 위한 1차 치료제로 간주되지 않는다. 가설상으로 이 용량에서는 항우울제 효능을 위해 차단되는 $5HT_{2C}$ 수용체 또는 NET의 수가 충분하지 않으며,

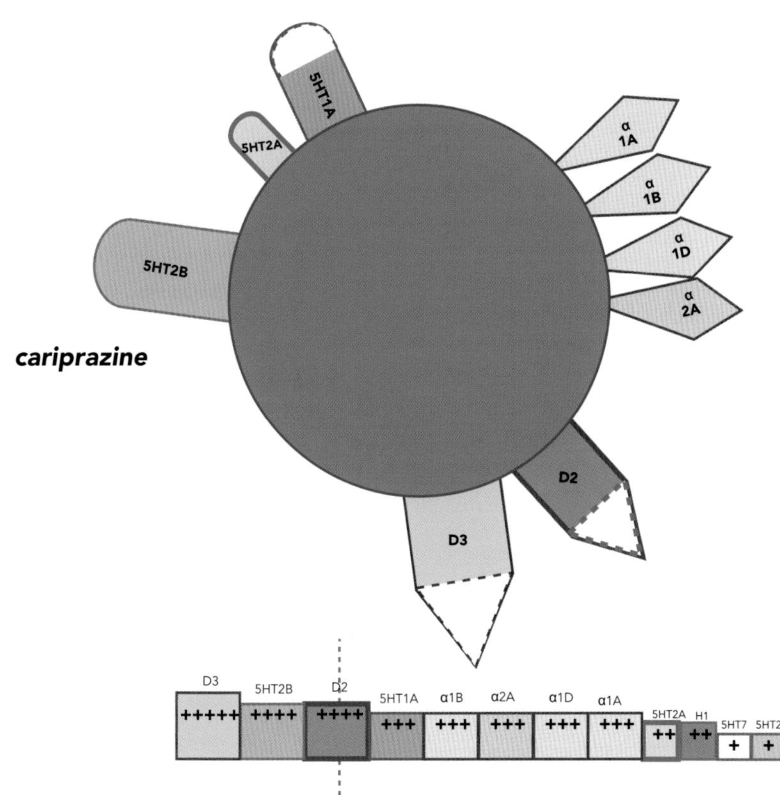

그림 5-58 카리프라진의 약리적 및 결합 프로필. 이 그림은 카리프라진의 결합 특성에 대한 현재 견해의 질적 합의를 표현하였다. 카리프라진은 D_3, $5HT_{2B}$, D_2, $5HT_{1A}$ 수용체에서 강력한 작용을 하며, $5HT_{2A}$ 및 H_1 수용체에는 상대적으로 약한 친화력을 보인다. 카리프라진은 실제로 도파민보다 D_3 수용체에 대한 친화력이 더 높다. 이 장에서 논의하는 모든 약제와 마찬가지로, 결합 특성은 기술에 따라 그리고 실험실마다 매우 다르며 지속적으로 수정 및 업데이트되고 있다.

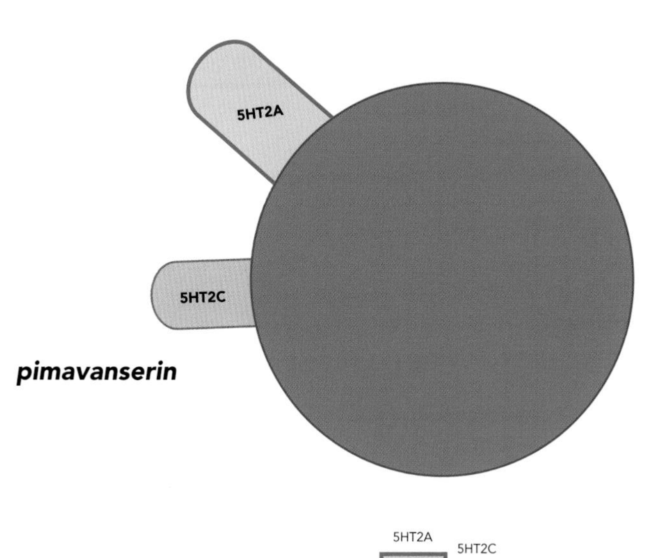

그림 5-59 피마반세린의 약리적 및 결합 프로필. 이 그림은 피마반세린의 결합 특성에 대한 현재 견해의 질적 합의를 표현하였다. 피마반세린은 D_2 수용체에 결합하지 않으면서 항정신병 효능이 입증된 유일한 약물로 알려져 있다. 대신에 피마반세린은 강력한 $5HT_{2A}$ 길항작용(역작용이라고도 함)을 나타내며 $5HT_{2C}$ 길항제 작용은 약하다. 이 장에서 논의하는 모든 약제와 마찬가지로, 결합 특성은 기술에 따라 그리고 실험실마다 매우 다르며 지속적으로 수정 및 업데이트되고 있다.

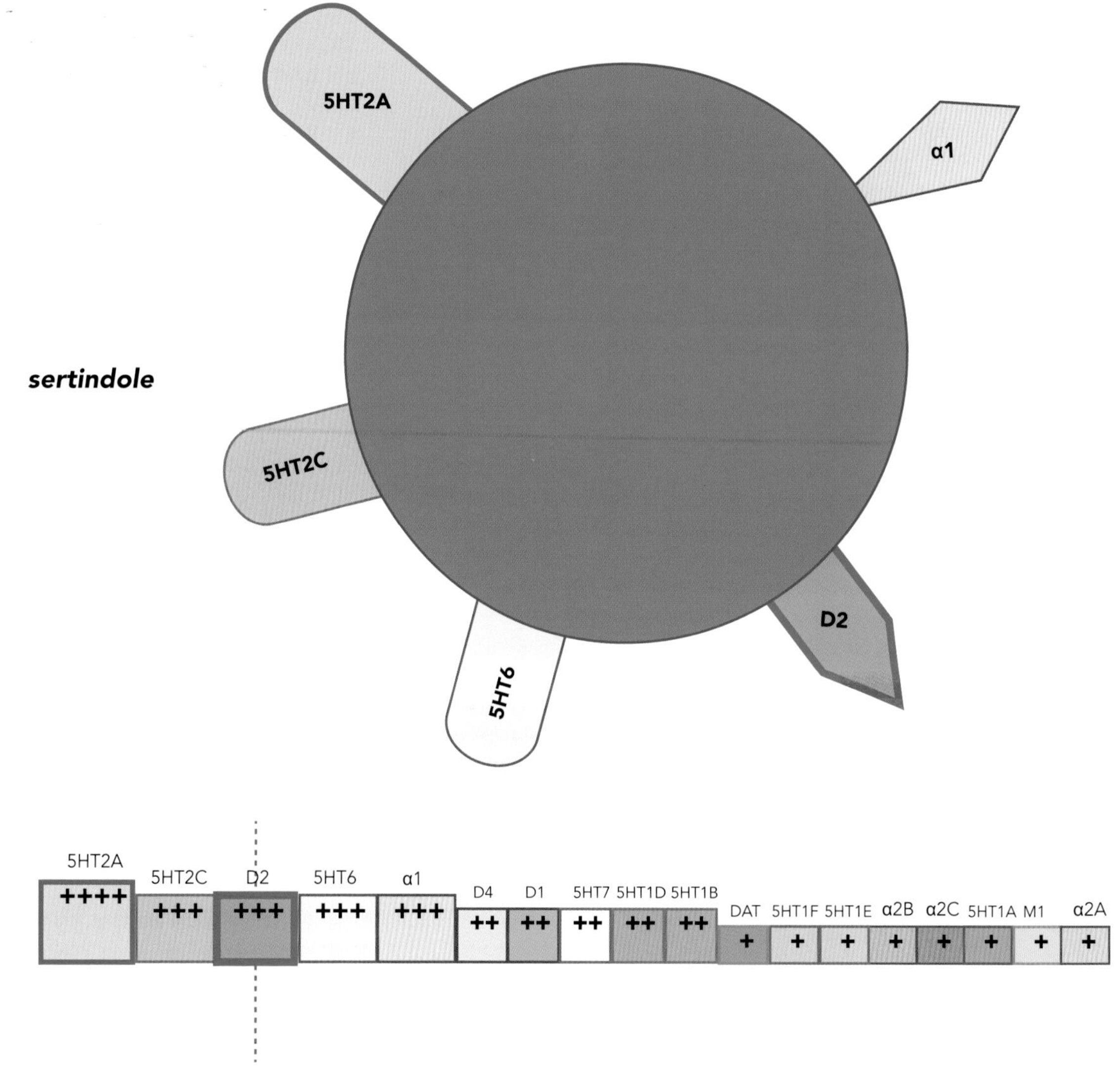

그림 5-60 세르틴돌의 약리적 및 결합 프로필. 이 그림은 세르틴돌의 결합 특성에 대한 현재 견해의 질적 합의를 표현하였다. α_1 수용체에 대한 강력한 길항제 작용이 세르틴돌의 일부 부작용을 설명할 수 있다. 이 장에서 논의하는 모든 약제와 마찬가지로, 결합 특성은 기술에 따라 그리고 실험실마다 매우 다르며 지속적으로 수정 및 업데이트되고 있다.

또한 항정신병 효능을 위한 D_2 수용체의 점유도 충분하지 않다.

엄마 곰 300mg은 위에서 논의한 알려진 항우울 기전 여러 가지를 동시에 결합하여 우울증에 강력한 항우울 효과를 나타낸다. 따라서 이러한 항우울 기전의 조합은 도파민과 노르에피네프린 방출(노르에피네프린 재흡수 억제와 $5HT_{1A}$ 부분작용 및 $5HT_{2A}$, α_2, $5HT_{2C}$ 길항작용을 통해)과 세로토닌 방출($5HT_7$ 길항작용을 통해)을 향상시킨다(이러한 모든 항우울 기전에 대한 설명 및 그림은 제7장 참조). 특히 선택적 세로토닌 재흡수 억제제(SSRI)/세로토닌 노르에피네프린 재흡수 억제제(SNRI)와 병용하면 세로토닌, 노르에피네프린, 도파민을 증가시키는 삼중 모노아민 작용을 할 수 있으며, 동시에 항히스타민 작용으로 불면증과 불안 증상을 치료할 수 있다(그림 5-45). 쿠에티아핀은 양극성 우울증과 SSRI/SNRI에 충분히 반응하지 않는 단극성 우울증에서 SSRI/SNRI에 대한 증강제로 승인되었다(미국).

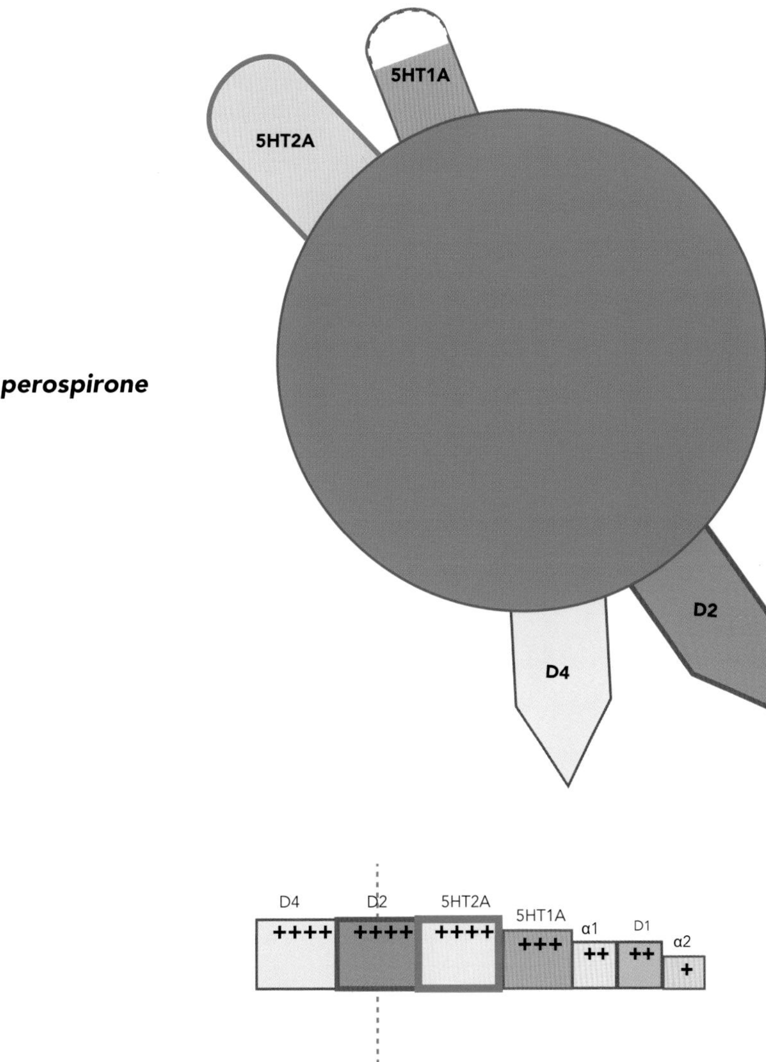

그림 5-61 페로스피론의 약리적 및 결합 프로필. 이 그림은 페로스피론의 결합 특성에 대한 현재 견해의 질적 합의를 표현하였다. $5HT_{1A}$ 부분작용제 작용은 기분 및 인지증상에 대한 효능에 기여할 수 있다. 이 장에서 논의하는 모든 약제와 마찬가지로, 결합 특성은 기술에 따라 그리고 실험실마다 매우 다르며 지속적으로 수정 및 업데이트되고 있다.

마지막으로 아빠 곰은 800mg 쿠에티아핀으로, 두 경우 모두에서 지속적으로 H_1 히스타민과 $5HT_{2A}$ 수용체를 완전히 포화시키지만, (특히 두 용량 사이에서) D_2 수용체에 대해 60% 이상의 보다 더 일관적이지 않은 점유를 보인다. 쿠에티아핀은 조현병/조현병 유지(13세 이상)와 조증/혼합형 조증 및 유지(10세 이상) 모두에 대해 승인되었다. 쿠에티아핀의 약리는 이 약이 정신병보다 우울증과 불면증에 더 자주 사용되는 이유를 설명한다. 쿠에티아핀은 운동 부작용이나 프로락틴 상승을 사실상 거의 일으키지 않는다. 그러나 쿠에티아핀은 체중 증가와 대사 장애의 위험이 적어도 중간 정도는 있다.

아세나핀

아세나핀asenapine(그림 5-47)은 항우울제인 미르타자핀과 연관된 화학 구조를 가지고 있으며, 미르타자핀의 여러 약리적 결합 특성, 특히 $5HT_{2A}$, $5HT_{2C}$, H_1, α_2 길항작용과 더불어 미르타자핀에 없는 여러 다른 특성, 특히 D_2 길항작용뿐만 아니라 여러 추가 세로토닌 수용체 아형에 작용하는 특성을 공유한다(그림 5-47). 이 때문에 아세나핀이 항우울 작용을 할 것으로 예상되었지만 항정신병/항조증 작

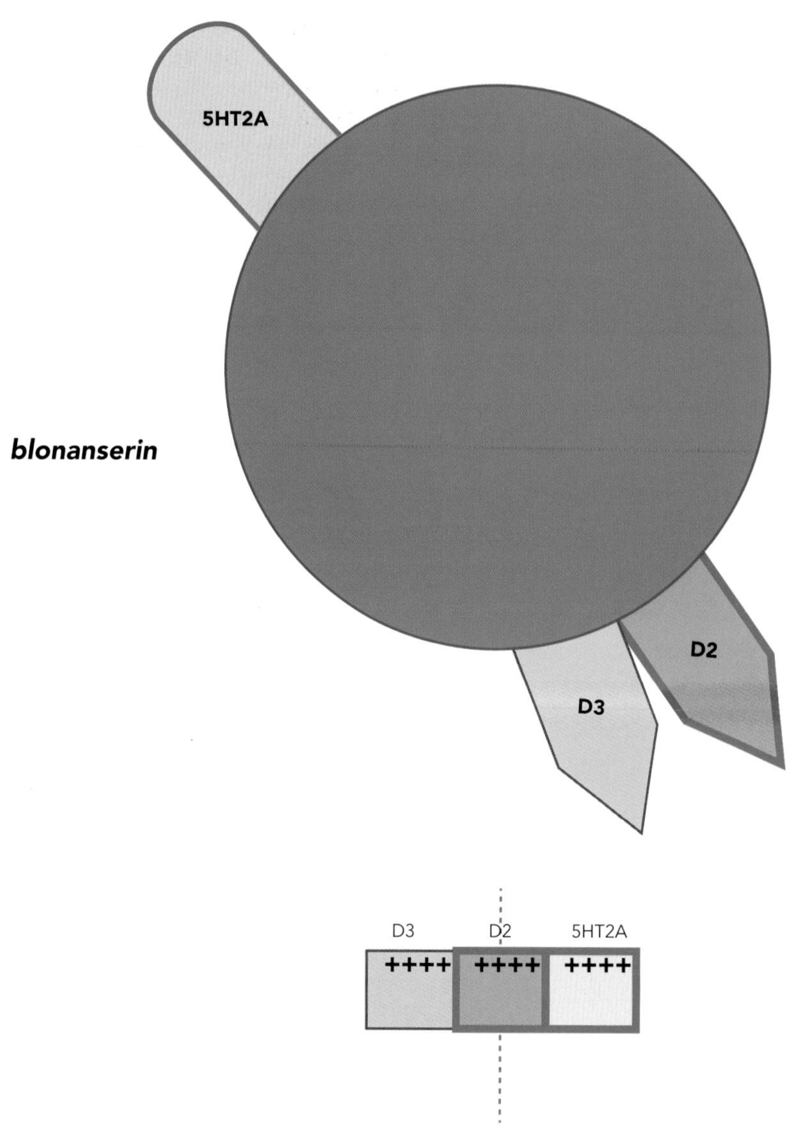

그림 5-62 블로난세린의 약리적 및 결합 프로필. 이 그림은 블로난세린의 결합 특성에 대한 현재 견해의 질적 합의를 표현하였다. 블로난세린은 D_3 수용체에 대한 친화력이 높으며, 실제로 도파민 자체보다 D_3 수용체에 대한 친화력이 더 높다. 이 장에서 논의하는 모든 약제와 마찬가지로, 결합 특성은 기술에 따라 그리고 실험실마다 매우 다르며 지속적으로 수정 및 업데이트되고 있다.

용만 입증되었다. 아세나핀은 삼키면 흡수되지 않기 때문에 설하 제형으로 투여하는 것이 특이하다. 경구 흡수를 위한 구강 표면적은 용량의 크기를 제한하기 때문에 아세나핀은 반감기가 길지만 일반적으로 하루에 두 번 복용한다. 아세나핀은 입안에서 빠르게 용해된 후 흡수가 지연되는 다른 제형(예: 경구 용해 올란자핀 제제)과 달리 혀 밑으로 빠르게 흡수되어 최대약물농도에 빠르게 도달하므로, 주사에 의존하지 않고도 환자에게 '보충'하는 속효성 경구 PRN(필요에 따라) 항정신병 약물로 사용할 수 있다. 일부 환자에게서 나타나는 설하 투여의 부작용 중 하나는 구강 감각저하hypoesthesia이며, 또한 약물이 위장으로 씻겨 내려가 흡수되지 않는 것을 피하기 위해 설하 투여 후 10분 동안 먹거나 마시면 안 된다. 아세나핀은 진정 효과가 있으며, 특히 처음 복용할 때 그렇고, 체중 증가나 대사 장애 또는 운동 부작용이 나타날 수 있는 중간 정도의 경향이 있다. 미국에서는 성인의 조현병/조현병 유지 및 양극성 조증(10세 이상) 치료제로 승인되었다. 또한 피부경유 제형transdermal formulation도 사용 가능하다.

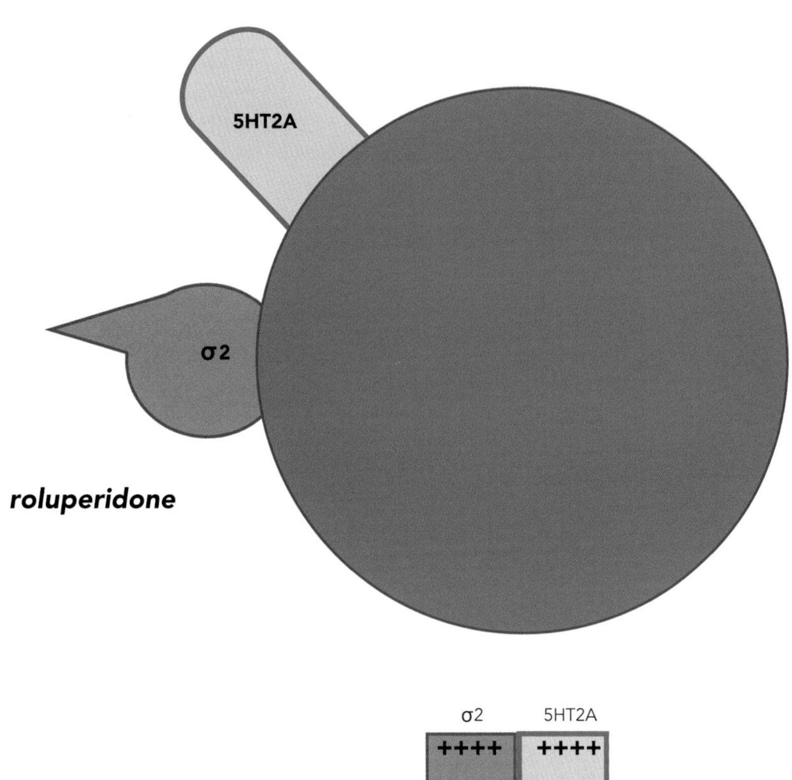

그림 5-63 롤루페리돈의 약리적 및 결합 프로필. 이 그림은 롤루페리돈의 결합 특성에 대한 현재 견해의 질적 합의를 표현하였다. 아직 임상 시험 중인 롤루페리돈은 σ_2 길항작용을 추가한 $5HT_{2A}$ 길항제이다. 이 장에서 논의하는 모든 약제와 마찬가지로, 결합 특성은 기술에 따라 그리고 실험실마다 매우 다르며 지속적으로 수정 및 업데이트되고 있다.

조테핀

조테핀zotepine(그림 5-48)은 일본과 유럽에서는 사용 가능하지만 미국에서는 사용할 수 없다. 조테핀은 $5HT_{2A}$ 및 D_2 길항제 특성을 가지고 있으며, 하루에 세 번 투여해야 하기 때문에 다른 정신병 치료제에 비해 인기가 높지 않다. 또한 발작 위험을 높일 수 있다. 조테핀은 $5HT_{2C}$ 길항제, α_1 길항제, $5HT_7$ 길항제, $5HT_{1A}$ 수용체의 약한 부분작용제이자 노르에피네프린 재흡수(NET)의 약한 억제제이며, 아직 임상시험에서 잘 확립되지 않은 잠재적 항우울 효과를 시사한다.

돈/론계열

리스페리돈

리스페리돈risperidone(그림 5-49)은 최초의 '돈done'으로, 핀pine과 화학 구조가 다르고 약리적 프로필이 다르다(그림 5-32에서 핀과 돈 비교). 리스페리돈은 조현병/유지(13세 이상)와 양극성 조증/유지(10세 이상)에 주로 사용되어 왔다. 특히 어린이와 청소년의 경우 타인에 대한 공격성, 고의적 자해, 격노tantrum, 급격한 기분 변화 등 자폐장애autistic disorder와 관련된 과민성irritability 치료제로도 승인되어 있다(5~16세). 저용량 리스페리돈은 '블랙박스' 안전성 경고로 인해 논란이 되고 있는 치매와 관련된 초조 및 정신병 치료를 위해 '허가사항 외off-label'로 사용되기도 한다. 개발 중인 다른 약물이 이 적응증에 대해 승인을 받으면 이러한 관행은 줄어들 수 있다. 리스페리돈은 2주 또는 4주 동안 지속되는 장기지속형 주사 제형이 사용 가능하며, 특히 장기지속형 주사를 맞는 환자와 치료저항성 환자의 투약량을 조절하기 위해 리스페리돈과 그 활성 대사산물인 팔리페리돈의 혈장 약물농도감시가 유용할 수 있다. 리스페리돈의 구강붕해정 및 액상 제형도 있다.

리스페리돈은 저용량에서는 운동 부작용이 다소 감소하

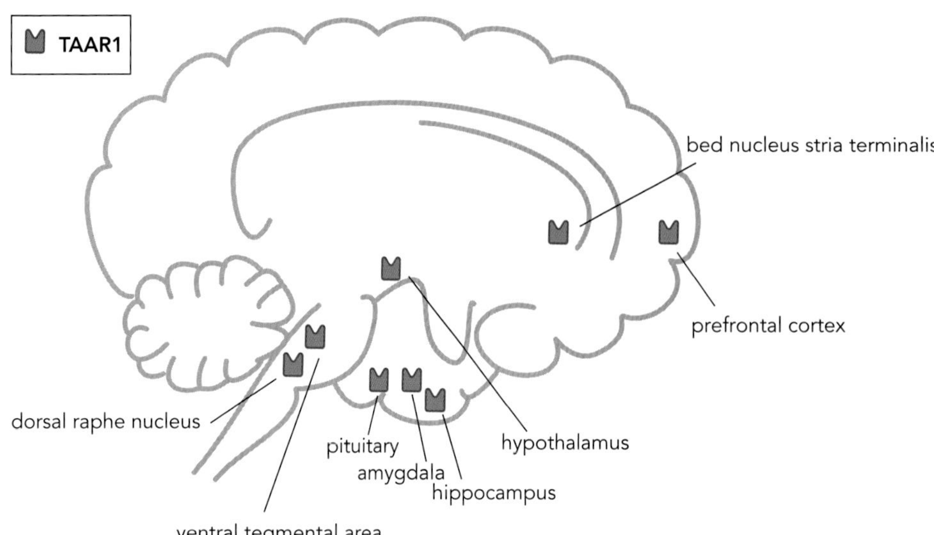

그림 5-64 미량아민 관련 수용체 1형(TAAR1)의 국소화. 항정신병 약물의 새로운 잠재적 작용기전은 미량아민 관련 수용체 1형(TAAR1)의 효현작용이다. TAAR1은 모노아민 뇌간 중추(등쪽솔기핵, 배쪽뒤판구역)와 모노아민 투사 영역을 포함하여 뇌 전체에서 광범위하게 발현된다.

지만, 저용량에서도 프로락틴 수치를 증가시킨다. 리스페리돈은 체중 증가와 이상지질혈증의 위험이 중간 정도 있다. 체중 증가는 특히 어린이에게 문제가 될 수 있다.

팔리페리돈

리스페리돈의 활성 대사산물인 팔리페리돈paliperidone은 9-하이드록시-리스페리돈9-hydroxy-risperidone으로도 알려져 있으며, 리스페리돈과 마찬가지로 $5HT_{2A}$ 및 D_2 수용체 길항작용을 한다(그림 5-50). 그러나 리스페리돈과 팔리페리돈의 약동학적 차이점 중 하나는 팔리페리돈은 리스페리돈과 달리 간에서 대사되지 않고 소변으로 배설되므로 약동학적 약물 상호작용이 거의 없다는 점이다. 또 다른 차이점은 팔리페리돈은 서방형 경구 제형으로 제공되지만 리스페리돈은 그렇지 않다는 점이며, 이는 실제로 리스페리돈에 비해 팔리페리돈의 일부 임상 특성을 변화시키는데, 이러한 사실이 항상 잘 인식되지 않아 경구 팔리페리돈의 과소 투여로 이어질 수 있다는 점이다. 경구 서방형 팔리페리돈은 하루에 한 번만 투여하면 되지만, 리스페리돈은 특히 치료를 시작할 때 그리고 어린이나 노인의 경우, 진정 및 기립저혈압을 피하기 위해 하루에 두 번 투여해야 할 수 있다. 리스페리돈의 부작용은 부분적으로 빠른 흡수 속도와 더 큰 약물농도 변동과 함께 더 높은 최대용량으로 인해 작용 지속시간이 짧아지는 것과 관련이 있을 수 있으며, 이러한 특성은 팔리페리돈의 제어방출 제형controlled release formulation에 의해 제거된다.

팔리페리돈과 리스페리돈의 유사한 수용체 결합 특성에도 불구하고 팔리페리돈은 진정 효과, 기립저혈압, 운동 부작용이 적고, 내약성이 더 좋은 경향이 있지만, 이는 직접비교head-to-head 임상연구가 아닌 일화적인 임상경험에 근거한 것이다. 팔리페리돈은 체중 증가 및 대사 문제 위험이 중간 정도이다. 팔리페리돈은 조현병/유지(12세 이상)에 대해 승인되었다. 리스페리돈에 비해 팔리페리돈의 주요 장점은 팔리페리돈의 장기지속형 주사제는 투여가 쉽고, 용량 조절이 쉽고, 1개월 및 3개월 제형이 모두 있으며, 6개월 제형에 대한 연구가 진행 중이라는 점이다. 혈장 약물농도를 모니터링하여 투약량을 조절하는 데 유용할 수 있으며, 특히 장기지속형 주사를 맞는 환자와 치료저항성 환자에게 유용할 수 있다.

지프라시돈

지프라시돈ziprasidone(그림 5-51)은 $5HT_{2A}/D_2$ 길항제로서 체중 증가나 대사 장애를 거의 또는 전혀 일으키지 않는 경향이 차별되는 주요 특징이다. 그러나 약효가 짧고, 하루에 한 번 이상 복용이 요구되며, 음식과 함께 복용해야 한다. 지

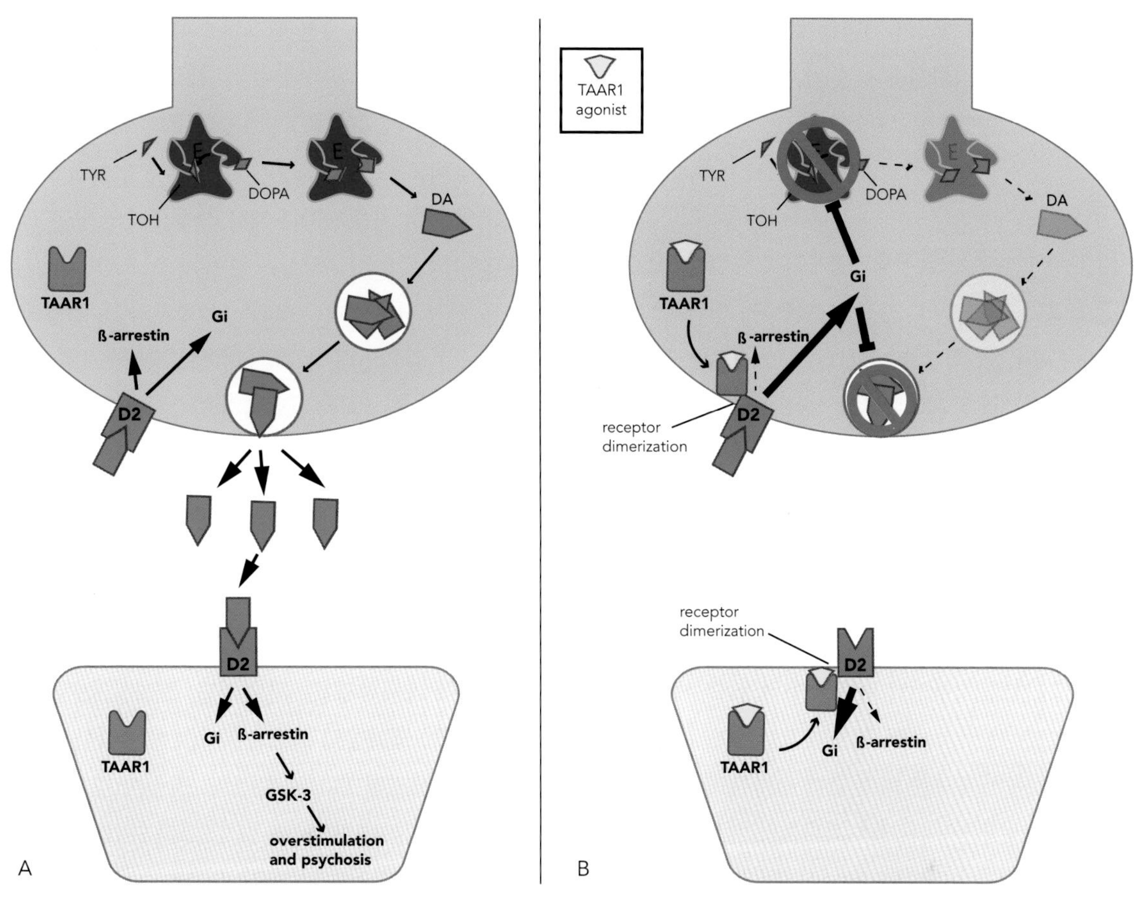

그림 5-65 미량아민 관련 수용체 1형(TAAR1)의 작용기전. 미량아민은 도파민 또는 세로토닌 생성 과정에서 각각 타이로신 수산화효소(TYR) 단계 또는 트립토판 수산화효소(TOH) 단계가 생략될 때 아미노산에서 형성된다. (A) 도파민은 생성되어 시냅스 소포에 저장된 후 시냅스로 방출된다. 시냅스전 및 시냅스후 D_2 수용체 모두에서 도파민 결합은 억제성 G(Gi)단백질 신호전달 연쇄반응 또는 β-아레스틴 2 신호전달 연쇄반응을 유발할 수 있다. β-아레스틴 2 연쇄반응은 글리코겐 합성효소 인산화효소 3(GSK-3)의 생성을 유도하며, 과도한 GSK-3 활성화는 조증 또는 정신병과 관련이 있을 수 있다. (B) TAAR1 수용체에 작용제가 결합하면 시냅스 막으로 이동하여 D_2 수용체와 결합한다(이종이합체화). 이렇게 하면 D_2 수용체는 β-아레스틴 연쇄반응 대신 Gi 신호전달 연쇄반응을 활성화하는 방향으로 편향된다. 시냅스전 단계에서 Gi 경로의 증폭은 도파민의 합성과 방출을 억제하여 정신병에 도움이 될 수 있다. 시냅스후 Gi 경로의 증폭은 GSK-3의 생산 감소로 이어질 수 있다.

프라시돈에 의한 위험한 QTc 연장에 대한 초기의 우려는 이제 과장된 것으로 본다. 일로페리돈, 조테핀, 세르틴돌, 아미설프리드와 달리 지프라시돈은 용량 의존적인 QTc 연장을 일으키지 않으며, 지프라시돈의 혈장 농도를 증가시킬 가능성이 있는 약물은 거의 없다. 지프라시돈은 긴급한 상황에서 신속하게 사용할 수 있도록 근육주사 제형이 있다. 지프라시돈은 조현병/유지 및 양극성 조증/유지에 승인되었다.

일로페리돈

일로페리돈iloperidone(그림 5-52)도 $5HT_{2A}/D_2$ 길항제 특성을 가지고 있다. 일로페리돈의 가장 두드러진 임상적 특성은 매우 낮은 수준의 운동 부작용, 낮은 수준의 이상지질혈증, 중간 수준의 체중 증가이다. 가장 두드러진 약리적 특성은 강력한 α_1 길항작용이다(그림 5-52). 이 장의 앞부분에서 논의한 바와 같이, α_1 길항작용은 일반적으로 기립저혈압 및 진정의 가능성과 관련이 있으며, 특히 빠르게 증량할 경우 더욱 그렇다. 일로페리돈의 반감기는 18~33시간으로 이론상으로는 1일 1회 투여가 가능하지만, 기립저혈압과 진정을 피하기 위해 일반적으로 1일 2회 투여하고, 투여를 시작하면 며칠에 걸쳐 용량을 적정한다. 천천히 투여하면 항정신병 효과의 개시가 지연될 수 있으므로 일로페리돈은 긴급하지 않은 상황에서 교체 약제로 자주 사용된다. 미국에서 조현병/유지에 승인되었다.

루라시돈

루라시돈lurasidone은 조현병에 사용하도록 승인된 $5HT_{2A}$/D_2 길항제(그림 5-53)이며, 양극성 우울증에 훨씬 더 일반적으로 사용된다. 이 화합물은 $5HT_7$ 수용체(그림 5-39)와 $5HT_{2A}$ 수용체(그림 5-32)에 모두 높은 친화력을 보이고, $5HT_{1A}$(그림 5-33)와 α_2 수용체(그림 5-35)에는 중간 정도의 친화력을 보이지만, H_1 히스타민과 M_1 콜린 수용체(그림 5-41)에는 최소한의 친화력을 보이는데, 이는 체중 증가나 대사 기능장애 위험이 낮은 루라시돈의 일부 항우울제 프로필을 설명할 수 있는 특성이기도 하다. 루라시돈을 밤에 복용하면 운동 부작용이나 진정의 위험이 감소된다. 루라시돈은 우수한 내약성, 특히 체중 증가가 없는 것과 함께 여러 가지 잠재적인 항우울 특성 간의 시너지 효과로 인해 양극성 우울증(10세 이상)에 매우 효과적인 약제이며, 미국 등 이 용도로 승인된 국가에서 선호되는 약제 중 하나이다. 루라시돈은 전 세계적으로 조현병/유지(10세 이상)에 승인되었으며, 내약성이 우수하여 어린이 치료제로 선호되는 경우가 흔하다.

NRX101(사이클루라드Cyclurad)이라고 부르는 루라시돈과 글루타메이트 조절제 D-사이클로세린D-cycloserine 복합제는 NMDA 수용체의 글라이신 부위에 대한 길항작용(그림 4-21, 4-22, 4-26, 4-27 참조)을 루라시돈과 결합시켜, 급성 자살사고와 자살행동뿐만 아니라 양극성 우울증을 치료할 수 있으며, 초기 연구 결과는 긍정적이다.

루마테페론

루마테페론lumateperone(그림 5-54)은 최근에 승인된 조현병 치료를 위한 $5HT_{2A}$/D_2 길항제이다. 이 약물은 $5HT_{2A}$ 수용체(그림 5-32)에 매우 높은 친화력을 가지며, D_2, D_1(그림 5-54) 및 α_1 수용체(그림 5-42)에는 중간 정도의 친화력을, 히스타민 H_1 수용체(그림 5-41)에는 낮은 친화력을 가진다. 특이하게도 루마테페론은 세로토닌 수송체에 대한 친화력도 중간 정도이다(그림 5-34). 초기 임상경험에 따르면 루마테페론은 용량 적정dose titration 없이도 조현병에 효과가 있으며, 체중 증가나 대사 장애가 거의 또는 전혀 나타나지 않는 우수한 내약성을 보인다. 이 약의 작용기전에 대한 두 가지 핵심 사항은 $5HT_{2A}$ 길항제와 D_2 길항제 결합 사이의 넓은 분리인데, 이것은 아마도 상대적으로 낮은 D_2 수용체 점유율을 가지는 용량에서 항정신병 작용을 하는 이유와 D_2형 부작용이 적은 이유(예: 약물로 유발된 파킨슨증이나 좌불안석이 거의 또는 전혀 없음)를 설명할 수 있을 것이다. 세로토닌 재흡수 억제에 대한 중간 정도의 친화력은 항우울제 가능성을 시사하며, 실제로 양극성 우울증에 대한 초기 연구에서 가능성이 높은 효능이 나타났다.

아직 완전히 밝혀지지는 않았지만, 전임상 증거는 D_2 수용체에서 루마테페론의 새로운 작용기전을 시사한다. PET 결과에서 시냅스전 도파민 합성 및 방출이 강화된 것으로 나타났다(그림 4-15 및 4-16, 또한 그림 5-55A와 B 비교). D_2 차단제는 일반적으로 시냅스전 D_2 수용체와 시냅스후 D_2 수용체를 구별하지 않는다(그림 5-55C). 이러한 D_2 차단제를 투여하면 시냅스전 D_2 수용체를 차단하여 시냅스전 도파민 방출의 탈억제를 일으켜 상황을 악화시킨다! 조현병 치료에서 가장 원치 않는 것일지도 모르지만, 해결책은 시냅스후 D_2 수용체를 완전히 차단하여 추가 도파민 방출이 문제가 되지 않도록 하는 것이다(그림 5-55C). 하지만 루마테페론의 경우, 전임상 증거에 따르면 시냅스전 작용제 작용과 시냅스후 길항제 작용이라는 독특한 기전의 조합을 가질 수도 있다. 다른 D_2 차단 정신병 치료제와 차별화되는 작용으로서 이것이 어떻게 나타날 수 있는지 전임상 자료로 제시되었는데, 시냅스전 티로신 수산화효소tyrosine hydroxylase와 기타 시냅스전 단백질 인산화에 의해서든 또는 글루타메이트 매개 이온 전류의 변화에 의해서든 도파민 합성을 감소시키는 잠재적으로 독특한 작용을 보여주었다(그림 5-55D). 기전이 무엇이든, 이 계열의 다른 약물의 특

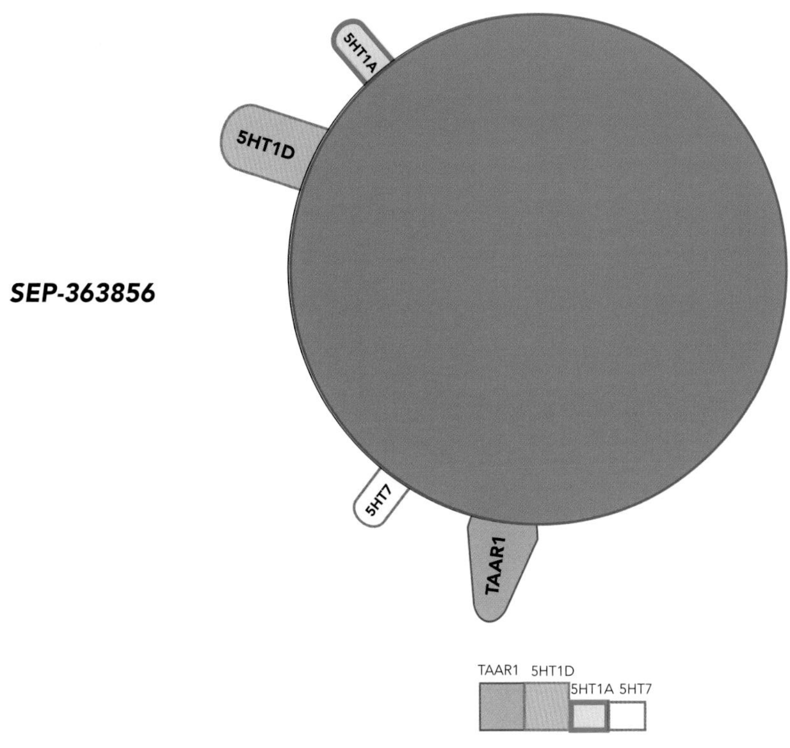

그림 5-66 SEP-363856의 약리적 및 결합 프로필. 이 그림은 SEP-363856의 결합 특성에 대한 현재 견해의 질적 합의를 표현하였다. 항정신병 작용의 새로운 잠재적 기전은 미량아민 관련 수용체 1형(TAAR1)의 효현작용이다. SEP-363856은 TAAR1 수용체에 대한 작용제이며, $5HT_{1D}$, $5HT_{1A}$, $5HT_7$ 수용체 결합 특성도 가지고 있다. 이 장에서 논의하는 모든 약제와 마찬가지로, 결합 특성은 기술에 따라 그리고 실험실마다 매우 다르며 지속적으로 수정 및 업데이트되고 있다.

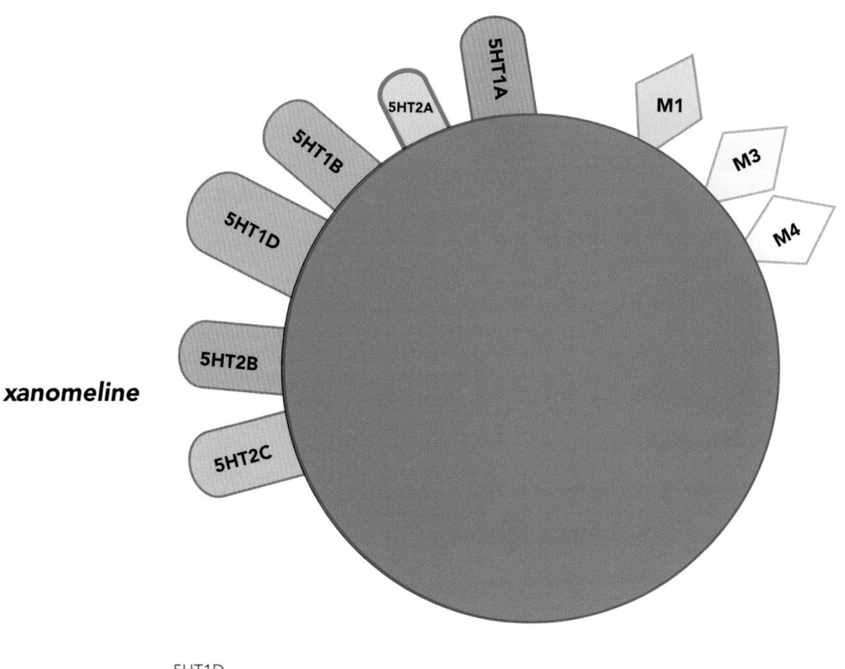

그림 5-67 자노멜린의 약리적 및 결합 프로필. 이 그림은 자노멜린의 결합 특성에 대한 현재 견해의 질적 합의를 표현하였다. 자노멜린은 중추 무스카린 콜린 수용체, 특히 M_4와 M_1 수용체에 효현작용을 하기 때문에 정신병에 대한 잠재적 사용에 대해 연구되고 있다. 또한 자노멜린은 여러 세로토닌 수용체 아형에도 결합한다. 이 장에서 논의하는 모든 약제와 마찬가지로, 결합 특성은 기술에 따라 그리고 실험실마다 매우 다르며 지속적으로 수정 및 업데이트되고 있다.

징인 시냅스전 길항작용이 아니라 루마테페론에 의해 시냅스전 D_2 효현작용이 발생한다면, 루마테페론은 이론상으로 시냅스전 도파민 합성을 차단하여 정신병에서 도파민 시냅스에 존재하는 도파민의 공급 과잉을 감소시킬 수 있다(그림 5-55D). 이는 도파민 방출이 이미 감소되어 있기 때문에 항정신병 효과를 얻기 위해 시냅스후 D_2 길항작용이 더 적게 필요하다는 것을 의미한다. 루마테페론이 D_2 수용체의 시냅스전 부분작용의 기전을 가진다는 것이 입증될 수 있다면, 잘 확립된 매우 강력한 $5HT_{2A}$ 길항작용과 결합되어, 루마테페론이 같은 계열의 대부분의 다른 약물에 비해 적은 시냅스후 D_2 길항작용으로 조현병에서 항정신병 효능을 가지는 이유와 운동 및 대사 부작용이 적은 이유를 설명할 수 있다. 이 가능한 설명을 명확히 하기 위해서는 추가 연구가 필요하다. 또한 루마테페론은 양극성 우울증에 대한 임상시험도 진행 중이다.

핍/립계열

아리피프라졸

아리피프라졸aripiprazole은 최초의 '핍pip'으로서 $D_2/5HT_{1A}$ 부분작용제이다(그림 5-56 참조). 아리피프라졸은 D_2 부분작용제로 작용하기 때문에 운동 부작용(주로 좌불안석)이 비교적 적고, 실제로 프로락틴을 증가시키기보다는 감소시킨다. 아리피프라졸은 $5HT_{2A}$ 수용체에는 중간 정도의 친화력만 가지고 있지만(그림 5-32), $5HT_{1A}$ 수용체에는 더 높은 친화력을 가지고 있다(그림 5-33). 아리피프라졸은 조현병/유지(13세 이상)와 초조(근육주사) 및 양극성 조증/유지(10세 이상)에 효과적이며, 자폐 관련 과민성(5~17세) 및 뚜렛증후군(6~18세)을 포함한 다양한 기타 소아 및 청소년 질환에도 사용하도록 승인받았다. 주요우울장애에 대한 SSRI/SNRI의 보조치료로 승인되었으며, 미국 내 임상진료에서 매우 많이 사용되고 있다. 양극성 우울증에는 승인되지 않았지만 일반적으로 허가사항 외로 사용된다. 물론 아리피프라졸이 조현병에서 어떻게 작용하는지에 비해 우울증에서 어떻게 작용하는지는 알 수 없지만, 아리피프라졸의 강력한 $5HT_{1A}$ 부분작용제(그림 5-33)와 $5HT_{2C}$ 및 $5HT_7$ 길항제 특성(그림 5-37 및 5-39)은 우울증 치료에 일반적으로 사용되는 저용량에서 활성화되기 때문에 잠재적인 항우울 작용에 대한 이론상의 설명이 될 수 있다. 아리피프라졸은 일반적으로 진정과 관련된 약리적 특성, 즉 무스카린 콜린 및 H_1 히스타민 길항제 특성이 없으므로(그림 5-41) 일반적으로 진정 작용이 없다. 아리피프라졸의 차별화된 주요 특징은 지프라시돈 및 루라시돈과 마찬가지로 체중 증가 경향이 거의 또는 전혀 없다는 점이지만, 일부 어린이와 청소년을 포함한 일부 사람들에게는 체중 증가가 문제가 될 수 있다.

단기간 사용을 위한 아리피프라졸의 근육주사 제형이 구강붕해정 및 액상 제형처럼 사용 가능하다. 4주 장기지속형 주사제와 4~6주, 6~8주 장기지속형 주사제가 있으며, 후자의 경우 첫날에 추가 주사를 맞으면 계속 경구 투여할 필요가 없다. 이러한 제형들은 아리피프라졸의 양호한 내약성 프로필이 특히 좋은 반응을 얻을 수 있는 조기발병 정신병에서 순응도를 보장하기 위해 일반적으로 사용되는 선택사항이다.

브렉스피프라졸

두 번째 '핍'은 브렉스피프라졸brexpiprazole이다(그림 5-57). 이름에서 알 수 있듯이 브렉스피프라졸은 화학적 및 약리적으로 아리피프라졸과 관련이 있다. 그러나 아리피프라졸(그림 5-56)보다 D_2 부분작용(그림 5-57)에 비해 더 강력한 $5HT_{2A}$ 길항작용(그림 5-32), $5HT_{1A}$ 부분작용(그림 5-33), α_1 길항작용(그림 5-42)을 한다는 점에서 아리피프라졸과 약리적으로 다르며, 이런 특성은 이론상으로 운동 부작용과 좌불안석을 유발하는 경향이 줄어야 한다는 것을 의미한다. 아리피프라졸에 비해 브렉스피프라졸을 복용하면 좌불안석이 감소할 수 있다는 일부 징후가 있지만, 직접 비교 임상시험에서 입증되지는 않았다. 아리피프라졸과 마찬가지로 브렉스피프라졸은 조현병 치료제로 승인되었지만, 아리피프라졸과 달리 급성 양극성 조증 치료제로는 승인되지 않았다.

브렉스피프라졸(그림 5-57)은 $5HT_{1A}$ 부분작용제(그림 5-33)이고, 아리피프라졸보다 α_1(그림 5-42) 및 α_2(그림 5-35) 결합에 대해 상대적으로 더 높은 역가를 가지고 있다. 이러한 특성은 이론상으로 항우울 작용에 기여할 수 있다(기전은 기분장애 치료제에 대한 제7장에서 자세히 설명함). 특히 α_1 작용은 브렉스피프라졸이 일부 잠재적인 새로운 적응증에서 입증된 효능을 설명하는 데 이론상으로 도움이 될 수 있다. 구체적으로 브렉스피프라졸은 치매의 초조 치료에 대한 긍정적인 연구 결과와 함께 임상개발 후기 단계에 있다(치매에 대한 제12장에서 자세히 설명함). 또한 외상후 스트레스장애 치료를 위해 SSRI인 설트랄린sertraline과 브렉스피프라졸을 병용할 경우에 대한 가능성 높은 예비 결과도 있다.

카리프라진

카리프라진cariprazine(그림 5-58)은 이 계열의 '립rip'이고, 조현병과 급성 양극성 조증에 대해 승인된 또 다른 $D_2/5HT_{1A}$ 부분작용제이다. $5HT_{2A}$ 길항작용은 약함에도 불구하고(그림 5-32) 강력한 $5HT_{1A}$ 부분작용제 작용(그림 5-33)을 가진 카리프라진은 약물로 유발된 파킨슨증 발병률이 낮지만 일부 좌불안석은 있으며, 이는 용량 적정을 서서히 하여 대부분 줄일 수 있다. 카리프라진은 오래 지속되거나 매우 오래 지속되는 두 가지 활성 대사산물을 가지고 있으며, 항정상태steady state에 도달하는 데 시간이 오래 걸리지만 약물 복용을 건너뛰어 생기는 혈장 약물농도의 감소가 적다. 그리고 주 1회나 격주 또는 월 1회 복용하는 '경구용 데포oral depot'로 개발할 수 있는 새롭고 흥미로운 잠재력을 가지고 있다.

카리프라진은 저용량에서 양극성 우울증을 치료하는 데 매우 효과적이고 내약성이 좋은 약제로 입증되었다. 양극성 우울증에도 승인된 루라시돈과 마찬가지로 카리프라진은 체중 증가나 대사 장애의 경향이 매우 낮다. 이 계열의 다른 약물과 마찬가지로 카리프라진은 $5HT_{1A}$, α_1, α_2 작용을 모두 가지고 있어 항우울제 효능을 시사하지만, 가장 독특하고 새로운 약리적 특성은 아마도 매우 강력한 D_3 부분작용제 작용일 것이다. 전임상연구에서 인지, 기분, 감정, 보상/물질남용뿐만 아니라 음성증상에 대한 D_3 부분작용의 치료 가능성을 시사한 이후, 인간에게서 D_3 수용체의 역할이 이제 막 밝혀지고 있다. 실제로 카리프라진은 조현병의 음성증상을 개선하는 데 있어 $D_2/5HT_{2A}$ 길항제 치료보다 우수한 것으로 나타났다.

D_3 부분작용의 작용기전은 제7장 기분장애의 치료에서 더 자세히 설명할 것이다. 간단히 말해 D_3 길항제/부분작용제 작용은 변연계의 주요 시냅스후 D_3 수용체를 차단하여 감정 선조체의 도파민 과활성을 줄이고, 배쪽뒤판구역/중뇌선조체/통합 허브의 주요 세포체가지돌기 시냅스전 D_3 수용체를 차단하여 전전두엽피질에서 도파민 방출을 증가시키며, 음성, 정동, 인지증상을 개선할 수 있다. 이러한 이유로 임상시험과 임상경험에 따르면 카리프라진은 조증과 우울증이 혼합된 모든 기분장애 스펙트럼에 걸쳐 강력한 효능을 보이며, 이는 제7장에서 설명할 것이다.

선택적 $5HT_{2A}$ 길항제

피마반세린

피마반세린pimavanserin(그림 5-59)은 D_2 길항제/부분작용제 작용을 하지 않으면서 항정신병 효능이 입증된 유일한 약물로 알려져 있다. 이 장의 앞부분에서 설명하고 그림 5-15에서 삽화로 설명한 바와 같이, 이 약제는 $5HT_{2C}$ 길항제 작용은 적으면서 강력한 $5HT_{2A}$ 길항작용을 가지며, 때로는 역작용inverse agonism이라고도 부른다. 정신병 치료에서 $5HT_{2C}$ 길항작용이 어떤 역할을 하는지는 명확하지 않지만, $5HT_{2C}$ 길항제 작용은 이론상으로 우울증과 조현병의 음성증상 모두에서 도파민 방출을 향상시킬 수 있다. 실제로 피마반세린은 주요우울장애에서 일부 긍정적인 예비 결과와 함께 SSRI/SNRI의 증강제로서 시험 중이며, 또한 조현병의 음성증상에 대한 $D_2/5HT_{2A}/5HT_{1A}$ 약제의 증강제로서 초기 임상시험에서 긍정적인 결과를 얻었다. 파킨슨병의 정신병 치료에 승인되었고, 치매의 정신병에 대한 후기 단계 임상시험이 진행 중이다.

기타

세르틴돌

세르틴돌sertindole(그림 5-60)은 $5HT_{2A}/D_2$ 수용체 길항제이며, 원래 일부 유럽 국가에서 승인되었으나 심장 안전성과 QTc 연장 가능성에 대한 추가 검사를 위해 철회되었다가 일부 국가에서 2차 치료제로 재도입되었다. 다른 항정신병 약물이 실패하고 심장 상태와 약물 상호작용을 면밀히 모니터링할 수 있는 일부 환자에게 유용할 수 있다.

페로스피론

페로스피론perospirone(그림 5-61)은 아시아에서 조현병 치료에 사용할 수 있는 또 다른 $5HT_{2A}$ 및 D_2 길항제이다. $5HT_{1A}$ 부분작용제 작용은 효능 및/또는 내약성에 기여할 수 있다. 체중 증가, 이상지질혈증, 인슐린 저항성, 당뇨병을 유발하는 능력은 충분히 조사되지 않았다. 일반적으로 하루에 세 번 투여하며, 조증 치료보다는 조현병 치료에 더 많은 경험이 있다.

블로난세린

블로난세린blonanserin(그림 5-62)은 아시아에서 조현병 치료에 사용되는 $5HT_{2A}/D_2$ 길항제로, 하루에 두 번 투여한다. 블로난세린은 카리프라진처럼 도파민보다 D_3 수용체에 대한 친화력이 더 높다는 독특한 특성을 가지고 있어 조현병의 음성증상과 양극성 우울증에 대한 유용성을 시사하지만, 아직 이러한 적응증에 대한 연구는 충분히 이루어지지 않았다.

조현병 치료제의 미래

롤루페리돈(MIN-101)

롤루페리돈roluperidone(그림 5-63)은 σ_2 길항제 작용을 추가한 $5HT_{2A}$ 길항제로, 조현병에 대한 연구가 진행 중이다. 초기 연구에 따르면 음성증상에 대한 효능이 있을 수 있으며, 현재 임상시험이 진행 중이다.

D_3 길항제

카리프라진과 블로난세린(둘 다 매우 강력한 D_3 길항제/부분작용제 특성을 가지고 있음) 외에도 다른 D_3 길항제/부분작용제가 임상시험 중이다. 그중 하나는 F17464로, D_2 또는 $5HT_{1A}$ 수용체보다 D_3에 대한 선택성이 더 높고, 초기 연구에서 조현병에 효능이 있는 것으로 나타났다.

미량아민 수용체 작용제 및 SEP-363856

항정신병 작용의 새로운 잠재적 기전으로 주목받고 있는 것은 미량아민 관련 수용체 1형trace amine-associated receptor type 1, TAAR1에 특이적으로 작용하는 미량아민 효현작용이다. 미량아민이란 무엇이며, 그 수용체를 표적으로 삼으면 항정신병 작용을 하는 이유는 무엇인가? 인간에게는 5개의 주요 미량아민과 6개의 인간 미량아민 관련 수용체가 있지만, 가장 중요한 수용체는 TAAR1이다(표 5-3). 미량아민은 타이로신 수산화효소(그림 4-2 참조) 단계가 생략되거나 트립토판 수산화효소(그림 4-36 참조) 단계가 생략되었을 때 아미노산에서 형성된다. 미량아민은 미량으로만 존재

표 5-3 미량아민과 수용체

인간에 존재하는 다섯 가지 주요 미량아민
β-Phenylethylamine (PEA)
p-Tyramine
Tryptamine
p-Octopamine
p-Synephrine
여섯 가지 인간 미량아민 관련 수용체(TAAR)
TAAR1 (main TAAR in humans)
TAAR2
TAAR5
TAAR6
TAAR8
TAAR9

하고, 시냅스 소포에 저장되지 않으며, 신경 발화 시 방출되지 않기 때문에 오랫동안 미스터리로 남아 있었다. TAAR1 수용체가 모노아민 뇌간 중추와 모노아민 투사 영역(그림 5-64)에 국한되어 있다는 사실로 인해 정신약리학자들은 오랫동안 미량아민이 그 자체로는 신경전달물질이 아님에도 불구하고 모노아민 작용 조절에 관여할 수 있을 것으로 생각했다. 대신 미량아민은 '도파민, 글루타메이트, 세로토닌 신경전달의 가변저항기'로 불리며, 중추 신경전달을 정해진 생리적 한계 내에서 유지한다.

현재 가설로 추정되는 TAAR1 작용제의 항정신병 작용기전은 시냅스전과 시냅스후 모두에 긴장성tonic으로 작용하여 정신병과 조증의 도파민 과활성을 예방한다는 것이다(그림 4-15 및 4-16). 따라서 TAAR1 작용제는 D_2 수용체에서 도파민 과활성을 예방할 수 있는 잠재적으로 새로운 방법이 될 수 있다.

어떻게 작용하는가? TAAR1 수용체는 이론상으로 시냅스 막으로의 전위translocation를 통해 작용제에 의해 점유된 후 도파민 과활성을 방지하며, 이 과정에서 D_2 수용체와 결합(이종이합체화heterodimerization라고 함)하여, 2차 전령 시스템이 β-아레스틴 2β-arrestin 2 경로가 아닌 억제성 G(Gi)단백질 신호전달 연쇄반응(그림 5-65A, B)으로 이동하도록 결정하게 만든다. TAAR1 수용체는 D_2 수용체를 β-아레스틴 2에서 Gi-단백질로 조절되는 2차 전령으로 '편향'시킨다고 말할 수 있다(그림 5-65B).

이것이 왜 중요할까? 시냅스전 D_2 수용체에서 TAAR1과의 이종이합체화가 일어나면 Gi 경로의 후속 결과가 증폭되며, 여기에는 도파민의 합성 및 방출 억제가 포함된다(그림 5-65B의 시냅스전 영역). 도파민이 시냅스전 영역에서 과잉이면 정신병과 조증에서 나타나는 것처럼 좋은 일이 될 수 있다. '편향'되고 이종이합체화된 시냅스후 D_2 수용체에 의해 시냅스후 D_2 수용체 신호가 β-아레스틴 2 경로에서 Gi 경로로 전환되면, 이것은 이론상으로 시냅스후 D_2 수용체 과자극이 β-아레스틴을 통해 글리코겐 합성효소 인산화효소 3(GSK-3)을 과도하게 활성화하는 과도한 신호의 결과를 완화한다(그림 5-65B의 시냅스후 영역).

이 모든 것의 결론은 TAAR1 작용제가 시냅스전 D_2 자가수용체를 강화하고(따라서 도파민 합성 및 방출을 중단함) 동시에 과도하게 활성화된 시냅스후 D_2 수용체의 원치 않는 후속 기능의 일부를 감소시킬 수 있다는 것이다(따라서 정신병 및 조증에서 과도한 도파민 방출의 효과를 완화함). 게다가 TAAR1 작용제는 실제로 약리적으로 D_2 수용체를 직접 차단하지 않고도 시냅스전과 시냅스후 작용을 모두 수행한다(그림 5-65B)!

SEP-363856(그림 5-66)은 TAAR1 작용제의 하나의 예인데, TAAR1 수용체에 대한 친화력이 약할 뿐만 아니라 $5HT_{1D}$ 및 $5HT_7$ 수용체에는 길항제로서, $5HT_{1A}$ 수용체에는 작용제로서 더 약한 친화력을 가진다. 이 약물은 놀랍게도 정신병에 대한 효능을 전임상 행동 증거로 우연히 보여주었고, 그 후에야 TAAR1 수용체에 대한 약리적 및 분자적 작용기전이 발견되었다. 이미 조현병 환자를 대상으로 한 초기 연구에서 부작용이 거의 없는 항정신병 작용이 확인되었으며, 규제당국으로부터 혁신신약 상태로 지정되었다. 추가 임상시험이 진행 중이다.

콜린 작용제

직접 또는 알로스테릭 조절에 의한 중추 무스카린 콜린 수용체의 활성화는 새로운 항정신병 기전으로 연구되고 있다. 조현병 환자를 대상으로 한 전임상 및 사후 연구에 따르면 중추 콜린 수용체 변화가 조현병의 병태생리에 핵심적인 역할을 할 수 있다고 한다. M_4 수용체 효현작용은 정신병적 증상을 감소시킬 수 있는 반면, M_1 수용체 효현작용은 조현병의 인지결손을 개선하는 데 가장 관련이 있을 수 있다. M_4/M_1 중추 작용제인 자노멜린xanomeline(그림 5-67)은 배쪽뒤판구역에서 도파민 세포의 발화를 감소시킨다. 이는 이론상으로 정신병 양성증상을 감소시킬 수 있다. 또한 자노멜린은 전전두엽피질의 세포외 도파민 수치를 증가시켜 이론상으로 인지, 음성, 정동증상을 개선할 수 있다. 자노멜린은 뇌에 침투하지 않고 말초에서 M_2와 M_3에 의한 부작용을 차단하는 항콜린제인 트로프시움tropsium과 결합하여, 개선된 부작용과 함께 조현병의 정신병 증상에 대한 가능성이 높은 효능과 내약성을 보여, 잠재적인 혁신신약으로 후기 단계 임상시험이 진행되고 있다. 세로토닌 수용체뿐만 아니라 무스카린 콜린 수용체에서 자노멜린의 알려진 결합 프로필은 그림 5-67에 나와 있다.

몇 가지 다른 개념

글루타메이트 신경전달을 표적으로 하는 여러 가지 약물이 조현병에 대해 연구되었지만, 대부분 일관되게 긍정적이거나 강력한 효능을 입증하지 못했다. 글루타메이트 기능을 강화하는 방법으로 D-아미노산 산화효소D-amino acid oxidase, DAO를 억제하는 새로운 아이디어가 여전히 추진되고 있다(그림 4-22 참조).

과활성 도파민의 효과를 차단하는 또 다른 새로운 접근법은 포스포다이에스터 분해효소 9/10형phosphodiesterase type 9/10의 작용을 차단하는 것이며, 몇 가지 잠재적 약물이 임상개발 중이다. 이 기전은 D_1 및 D_2 수용체에서 도파민의 2차 전령 신호전달 연쇄반응를 변경하고, D_2 수용체를 차단하는 것과 유사한 후속 효과를 가질 수 있으며, 조현병에서 과활성인 것으로 생각되는 도파민 뉴런에서 더 선택적으로 작용할 수 있다.

요약

이 장에서는 정신병 치료에 사용되는 약물을 검토하였지만, 같은 약제가 단극성 및 양극성 우울증과 같은 다른 적응증에 더 자주 사용되기 때문에 '항정신병 약물'이라는 용어는 피했다. 대신에 '항정신병 작용'이라는 가설적 기전을 자세히 살펴보았다. 구체적으로 이 장에서는 주로 D_2 길항제 특성을 가진 약물, $5HT_{2A}$ 길항제/D_2 길항제 특성을 가진 약물, D_2/$5HT_{1A}$ 부분작용제 특성을 가진 약물, $5HT_{2A}$ 선택적 길항제 특성을 가진 약물을 포함하여 정신병을 치료하는 약물의 약리를 검토하였다. 이러한 약제들을 다양한 도파민 및 세로토닌 수용체 아형과 가설상의 치료작용 및 부작용과 관련된 수용체 작용에 따라 비교하고 대조하였다. 이러한 약제들의 추가적인 임상 작용, 특히 항우울 작용과 관련이 있는 것으로 가정되는 다른 신경전달물질 수용체 부위에서 여러 가지 추가적인 수용체 결합 특성이 제시되고 논의되었다. 추가적인 부작용과 가설상으로 연관되는 다른 수용체 작용도 제시되었다. 미량아민 관련 수용체와 무스카린 콜린 수용체에 대한 흥미로운 새로운 잠재적 작용기전을 포함하여 시판 중이거나 후기 단계 임상시험 중인 20여 개의 특정 약물의 약리적 및 임상적 특성에 대해 자세히 논의하였다.

6 기분장애와 신경전달물질 네트워크 노르에피네프린과 감마아미노뷰티르산

이 장에서는 기분의 이상을 특징으로 하는 질환, 즉 우울증, 조증 또는 이 두 가지의 혼재성 양상에 대해 논의한다. 여기에는 광범위한 임상 스펙트럼에서 발생하는 다양한 기분장애에 대한 설명이 포함되어 있다. 기분장애를 진단하는 방법에 대한 임상적 설명과 기준은 단지 지나가는 말로만 언급될 것이다. 독자는 이 자료에 대한 표준 참고자료를 참조해야 한다. 이 장에서는 모노아민 신경전달물질 시스템이 기분장애의 생물학적 기초와 어떻게 오랫동안 가설상으로 연관되어 있는지에 대한 분석도 포함되어 있다. 또한 기분장애를 글루타메이트, 감마아미노뷰티르산, 신경영양인자, 신경염증, 스트레스와 연관 짓는 신경생물학의 최근 발전도 다룰 것이다.

기분장애에는 다양한 증상이 있으며, 임상적으로 접근하려면 먼저 환자의 증상 프로필에서 진단을 구성한 다음, 각 증상을 개별적으로 치료적 표적으로 삼을 수 있도록 환자의 기분장애를 구성 증상으로 분해해야 한다. 먼저 모든 증상을 하나 이상의 신경전달물질에 의해 조절되는 가설상의 기능불량 뇌 회로와 일치시킴으로써, 진단에 대한 임상적 접근방식과 치료에 대한 신경생물학적 접근방식을 결합하는 방법에 대해 논의할 것이다. 그다음은 특정 환자의 특정 증상 뇌 회로에서 특정 신경전달물질을 표적으로 하는 약물을 선택하는 전략이다. 목표는 해당 뇌 회로의 정보처리 효율efficiency of information processing을 개선하여 증상을 줄이는 것이다. 이 장에서 다루는 기분장애의 신경생물학적 기초는 제7장에서 구체적인 약물 치료를 선택하는 방법과 작용기전을 이해하기 위한 장을 마련해준다.

기분장애에 대한 설명

기분 스펙트럼

기분장애mood disorder는 흔히 정동장애affective disorder라고도 하는데, 정동affect은 기분mood의 외적인 표현이지만, 기분이라고도 부르는 감정emotion은 내적으로 느껴지는 것이기 때문이다. 기분장애는 단순히 기분에 관한 것이 아니다. 주요우울 삽화의 진단을 위해서는 적어도 다섯 가지 증상이 있어야 하며, 그중 단지 한 가지 증상이 우울한 기분이다(그림 6-1). 마찬가지로 조증 삽화는 단순히 들뜨거나, 과장되나, 예민한 기분보다 그 이상이 있어야 하며, 최소 서너 가지의 추가 증상이 있어야만 한다(그림 6-2).

고전적으로 조증과 우울증의 기분 증상은 '극pole'으로 구분된다(그림 6-3부터 6-6까지). 이러한 개념으로 인해 '단극성' 우울증(즉 우울증 극만 경험하는 환자)(그림 6-3 및 6-4)과 '양극성'(즉 조증 또는 경조증과 우울증 극을 동시에 경험하는 환자)(그림 6-3, 6-5 및 6-6)이라는 용어가 생겼다. 제I형 양극성장애 환자는 보통 완전한 조증 삽화가 나타난 후

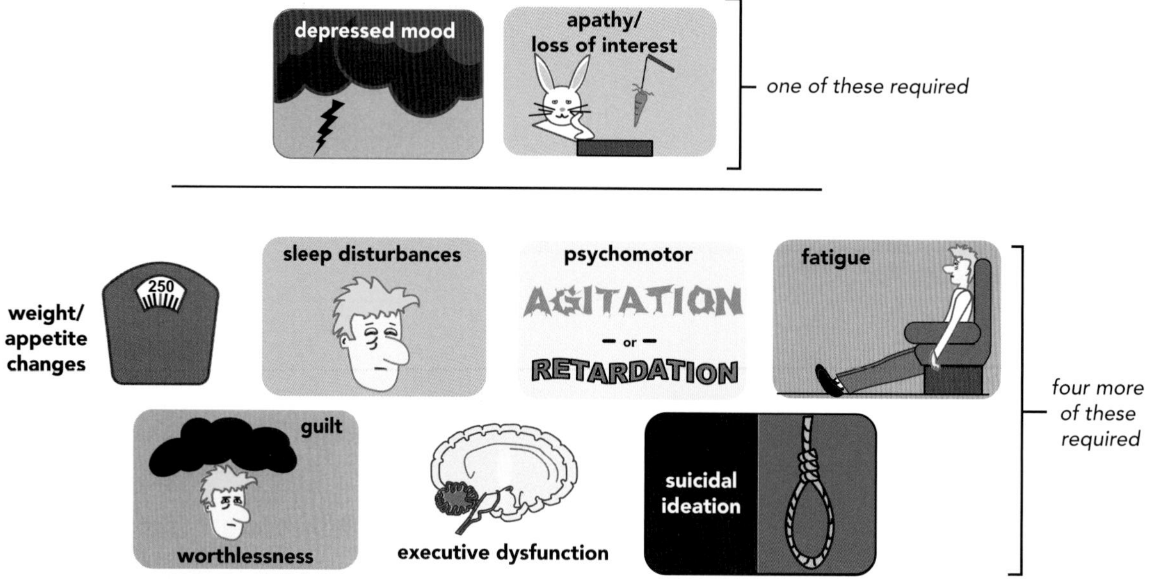

그림 6-1 주요우울 삽화의 DSM-5 증상. *정신질환의 진단 및 통계 편람* 제5판(DSM-5)에 따르면 주요우울 삽화는 우울한 기분 또는 흥미 상실과 체중/식욕 변화, 불면 또는 과다수면, 정신운동초조 또는 지연, 피로, 죄책감 또는 무가치감, 집행기능장애, 자살 사고 중에서 최소 네 가지로 구성된다.

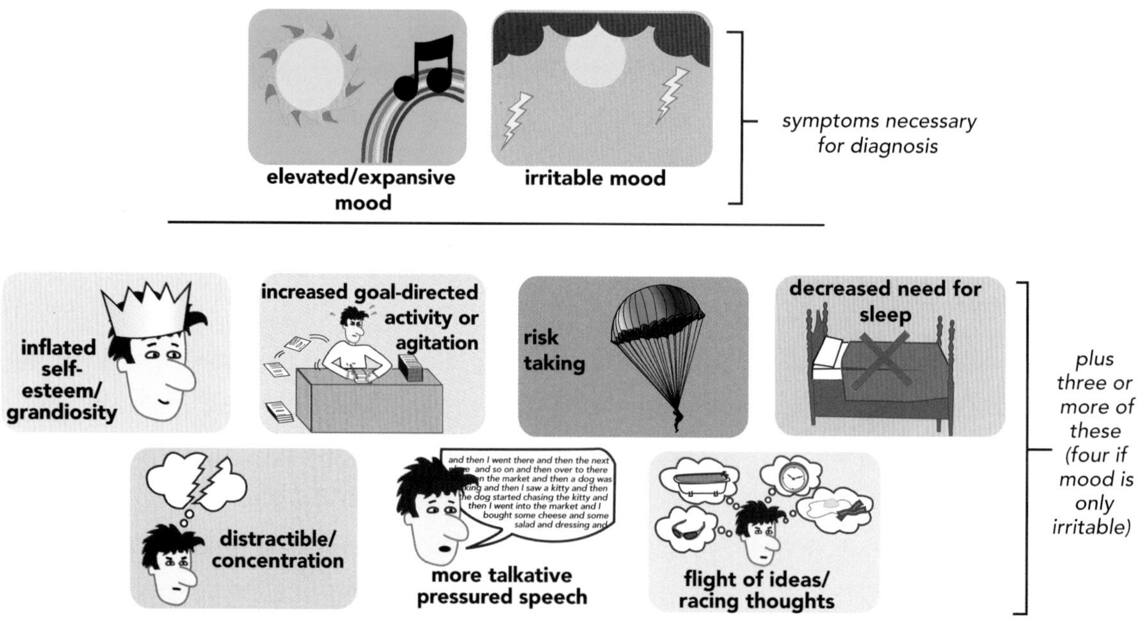

그림 6-2 조증 삽화의 DSM-5 증상. *정신질환의 진단 및 통계 편람* 제5판(DSM-5)에 따르면 조증 삽화는 기분이 들뜨거나 의기양양한 기분 또는 과민한 기분으로 구성된다. 아울러 자존감의 증가 또는 과대감, 목표 지향적 활동의 증가 또는 초조, 위험 감수, 수면 욕구 감소, 주의산만, 압출언어, 사고의 질주 중에서 최소 세 가지, 과민한 기분일 경우에는 네 가지가 반드시 존재해야 한다.

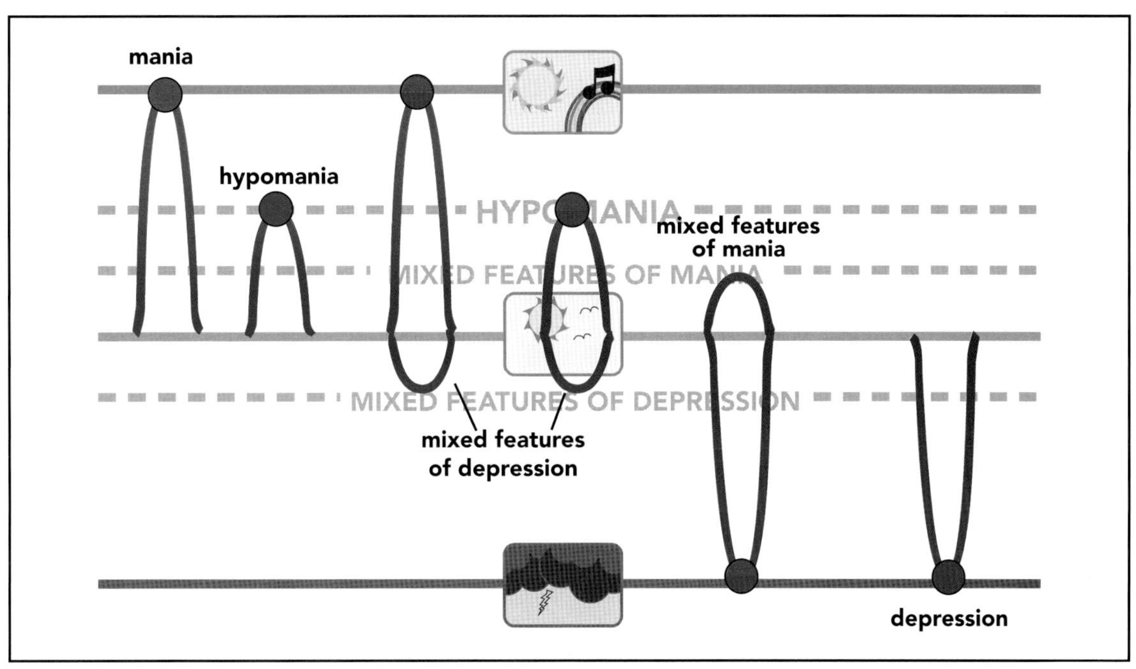

그림 6-3 기분 삽화. 기분 증상은 스펙트럼을 따라 존재하며, 양극단은 완전한 조증 또는 경조증('위쪽' 극)과 완전한 우울증('아래쪽' 극)이다. 환자는 두 극단의 증상을 포함하는 기분 삽화를 경험할 수 있으며, 이러한 삽화는 우울증의 혼재성 양상을 동반한 조증/경조증 또는 조증의 혼재성 양상을 동반한 우울증으로 묘사할 수 있다. 환자는 질병의 경과 내내 이러한 삽화의 모든 조합을 가질 수 있으며, 아증후군 조증 또는 우울 삽화도 질병의 경과 동안 발생하는데, 이 경우 증상이 충분하지 않거나 증상이 이러한 삽화 중 하나의 진단 기준을 충족할 만큼 심각하지 않다. 따라서 기분장애의 양상은 매우 다양할 수 있다.

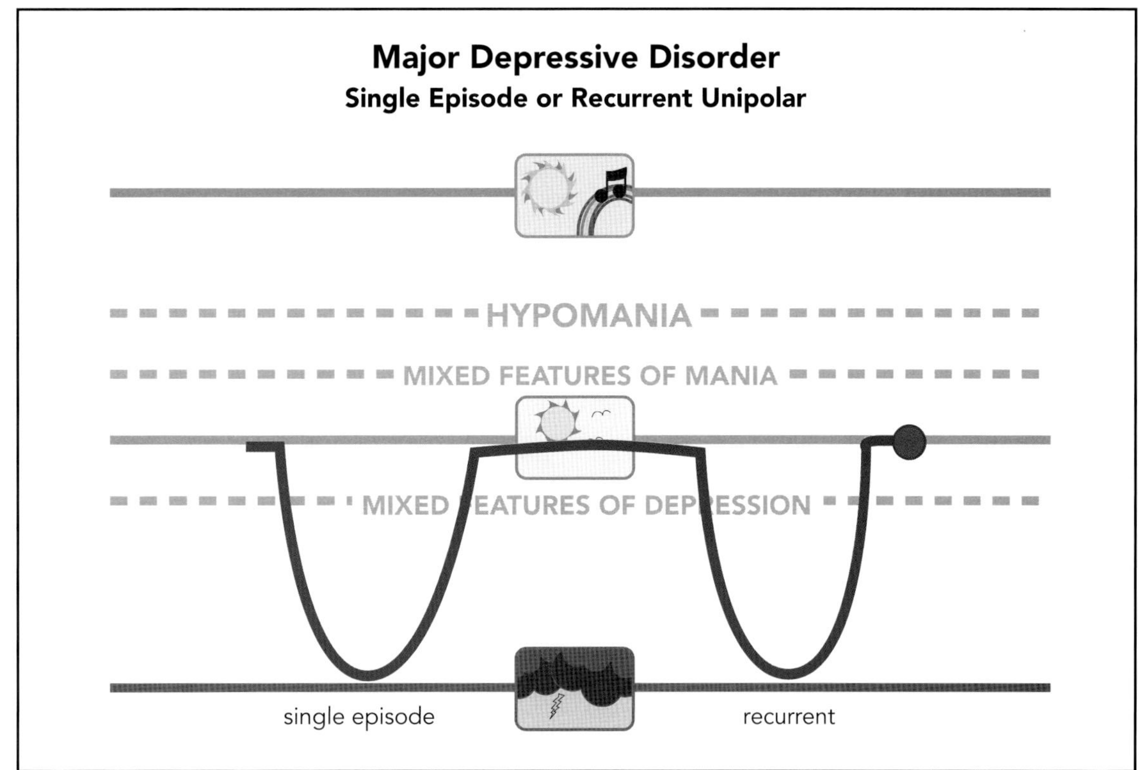

그림 6-4 주요우울장애. 주요우울장애는 적어도 한 번의 주요우울 삽화 발생으로 정의되지만, 대부분의 환자는 재발 삽화를 경험하게 된다.

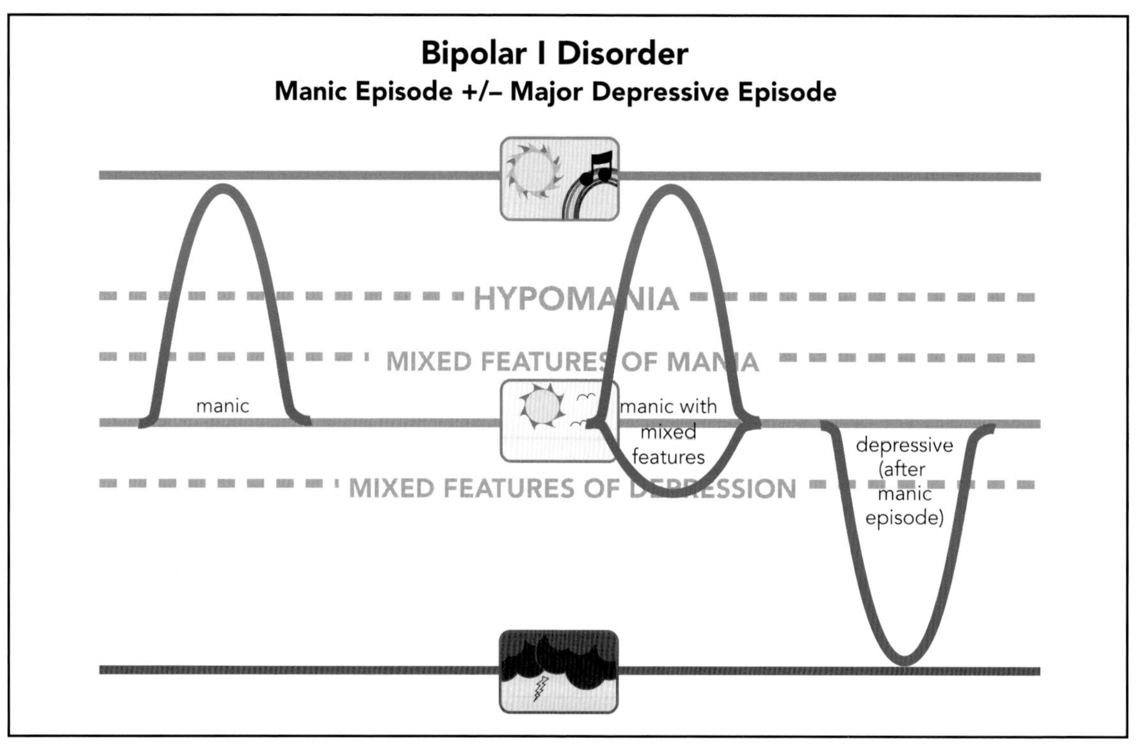

그림 6-5 **제I형 양극성장애.** 제I형 양극성장애는 최소 한 번의 조증 삽화 발생으로 정의된다. 제I형 양극성장애 진단에 필요하지 않을지라도, 제I형 양극성장애 환자는 일반적으로 주요우울 삽화도 경험한다. 또한 우울증의 혼재성 양상을 동반한 조증 삽화를 경험하는 환자도 흔하다.

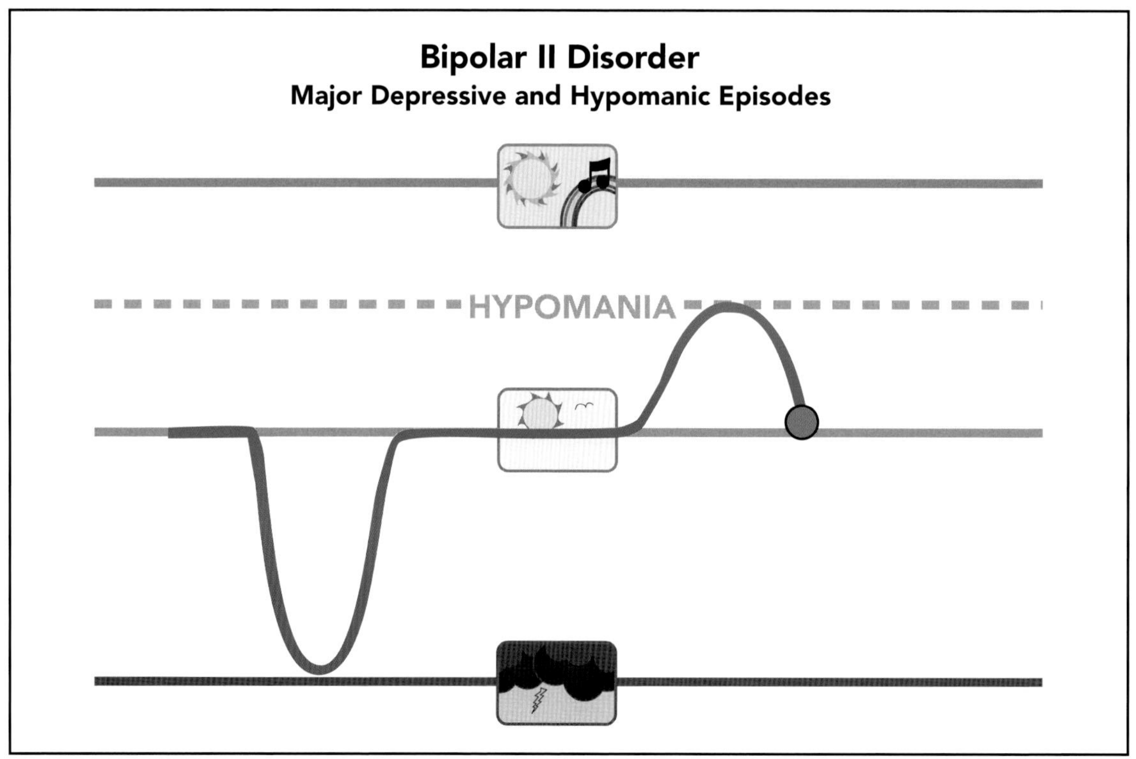

그림 6-6 **제II형 양극성장애.** 제II형 양극성장애는 한 번 이상의 주요우울 삽화와 최소 한 번의 경조증 삽화로 구성된 질병으로 정의된다.

우울 삽화가 이어진다(그림 6-5). 제II형 양극성장애는 적어도 한 번의 경조증 삽화와 한 번의 주요우울 삽화가 특징이다(그림 6-6). 우울증과 조증이 동시에 발생할 수도 있는데, 이를 '혼재성' 기분 상태 또는 DSM-5에서는 '혼재성 양상mixed features'이라고 한다(그림 6-7, 표 6-1). 혼재성 양상 명시자specifier의 도입은 우울증과 조증을 별개의 범주로 간주하는 것에서 벗어나 둘 사이에 가능한 모든 정도의 혼재성이 있는 스펙트럼의 반대쪽 끝이라는 개념으로 전환시켰다(그림 6-7). 많은 실제 환자는 순수하게 우울증이거나 조증만 있는 것이 아니라 두 가지가 일부 혼재되어 있으며, 질병의 경과 내내 기분 스펙트럼을 따라 변화하는 증상의 특정한 혼재를 가진다. 이는 조현병과 양극성장애의 개념이 진화하면서 기존의 이분법적 모델(그림 6-8)이 순수 정신병적 장애에서 순수 기분장애에 이르는 연속적인 질병 모델 스펙트럼으로 대체된 것과 유사하다(그림 6-9).

표 6-1 조증, 경조증, 주요우울 삽화의 혼재성 양상(DSM-5)

조증 또는 경조증 삽화, 혼재성 양상 동반
조증 또는 경조증 삽화의 진단 기준을 만족
다음 우울 증상 중 최소 세 가지
우울한 기분
흥미 또는 즐거움의 상실
정신운동지연
피로 또는 활력의 상실
무가치감 느낌 또는 과도하거나 부적절한 죄책감
죽음에 대한 반복적인 생각 또는 자살 사고/행동
우울 삽화, 혼재성 양상 동반
주요우울 삽화의 진단 기준을 만족
다음 조증/경조증 증상 중 최소 세 가지
들뜬, 의기양양한 기분(예: 황홀감, 흥분된, 들뜬)
부풀려진 자존감 또는 과대성
평소보다 말이 더 많아지거나 계속 말해야 한다는 압박감
사고의 비약 또는 사고가 질주하는 주관적인 경험
활력 또는 목표 지향적 활동 증가
고통스러운 결과를 초래할 가능성이 높은 활동에 증가된 혹은 과도한 몰두
수면에 대한 욕구 감소
(*불포함: 정신운동초조)
(*불포함: 과민성)

단극성 우울증과 양극성 우울증 구별하기

조증/경조증 삽화의 과거력이 없는 단극성 우울증 환자(그림 6-4)는 양극성 우울증 환자(그림 6-5 및 6-6)와 동일한 증상 기준(그림 6-1)을 사용하여 진단된다. 증상이 비슷하더라도 단극성 우울증과 양극성 우울증 환자는 장기적인 결과가 다르고, 일반적으로 다른 치료를 받아야 한다. 안타깝게도 양극성 우울증은 진단을 놓치거나 진단이 지연되는 경우가 너무 흔하다. 단극성 우울증 환자의 1/3 이상이 결국 양극성장애로 재진단되고, 제II형 양극성장애를 가진 우울증 환자의 60% 정도가 처음에 단극성 우울증으로 진단된다. 경우에 따라서는 환자가 조증 또는 경조증 삽화를 경험하기 전에 우울 삽화를 경험하여 양극성 진단을 내릴 수 없

그림 6-7 기분장애 스펙트럼. 우울 증상과 조증 증상이 같은 삽화의 일부로 나타날 수 있는데, 이를 '혼재성 양상'이라고 하며, 우울 증상이 우세할 때는 혼재성 양상을 동반한 우울증으로, 조증 증상이 우세할 때는 혼재성 양상을 동반한 조증으로 정의할 수 있다. 따라서 기분장애는 별개의 범주 진단이 아닌 하나의 스펙트럼으로 이해하는 것이 최선이다.

Schizophrenia and Bipolar Disorder

Dichotomous Disease Model

Schizophrenia	Schizoaffective Disorder	Bipolar Disorder
• psychosis • chronic, unremitting • poor outcome • "even a trace of schizophrenia is schizophrenia"	• psychosis • mood disorder	• mania • mood disorder • cyclical • good outcome • "even a trace of a mood disturbance is a mood disorder"

그림 6-8 조현병과 양극성장애: 이분법적 질병 모델. 조현병과 양극성장애는 이분법적 질병 및 연속체에 속하는 질병으로 개념화되어 왔다. 이분법적 질병 모델에서 조현병은 만성적이고 완화되지 않는 정신병으로 구성되며, 좋지 않은 결과가 예상된다. 양극성장애는 주기적인 조증 및 기타 기분 삽화로 구성되며, 조현병보다 더 나은 결과를 기대할 수 있다. 세 번째 뚜렷이 구별되는 질병은 정신병과 기분장애 모두 특징으로 하는 조현정동장애이다.

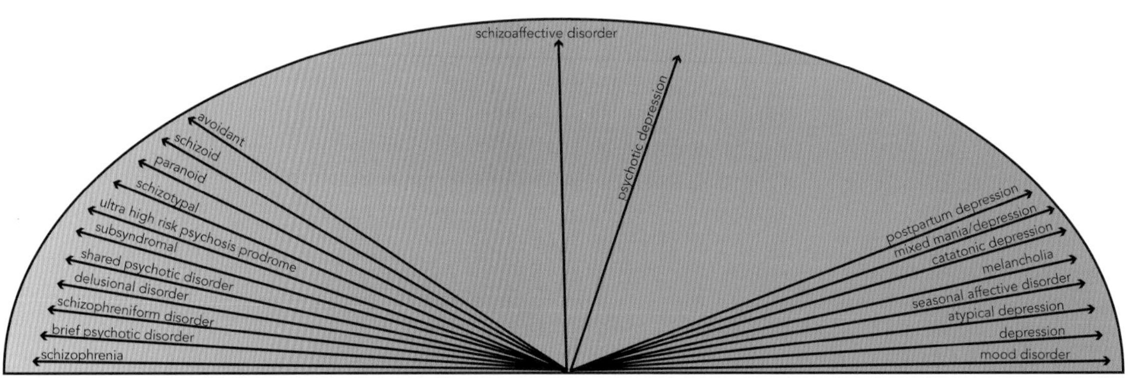

그림 6-9 조현병과 양극성장애: 연속체 질병 모델. 조현병과 양극성장애는 이분법적 질병 및 연속체에 속하는 질병으로 개념화되어 왔다. 연속체 질병 모델에서 조현병과 기분장애는 정신병, 망상, 편집증적 회피 행동이 한쪽 극단에 있고, 우울증과 기타 기분 증상이 다른 쪽 극단에 있는 연속체에 속한다. 중간에 해당하는 것이 정신병적 우울증과 조현정동장애이다.

었기 때문이다. 다른 경우에는 양극성장애 환자가 종종 우울증 상태에 있으면서 과거의 경조증은 환자에게 기분 좋은 경우가 많아 언급되지 않을 수 있기 때문에, 과거의 조증 또는 경조증 삽화의 진단을 놓치는 경우도 있다.

양극성장애를 조기에 정확하게 진단해야 하는 이유는 무엇인가? 환자의 현재 증상에 기초해서는 단극성 우울증과 양극성 우울증을 쉽게 구분할 수 없을지라도, 단극성 우울 삽화가 아닌 양극성 우울 삽화를 의심할 수 있는 몇 가지 단서가 있다(그림 6-10). 양극성 우울증의 조기 진단을 놓치면 잘못된 치료(양극성 우울증이 아닌 단극성 우울증에 대한 치료)로 인해 삶의 질이 악화될 수 있으며, 이는 효과가 없거나 심지어 위험할 수도 있다. 즉 양극성 우울증에서 적절한 치료가 지연되면 기분 순환성mood cycling, 재발, 자살의 위험이 높아질 수 있으며, 나중에 적절한 양극성 우울증

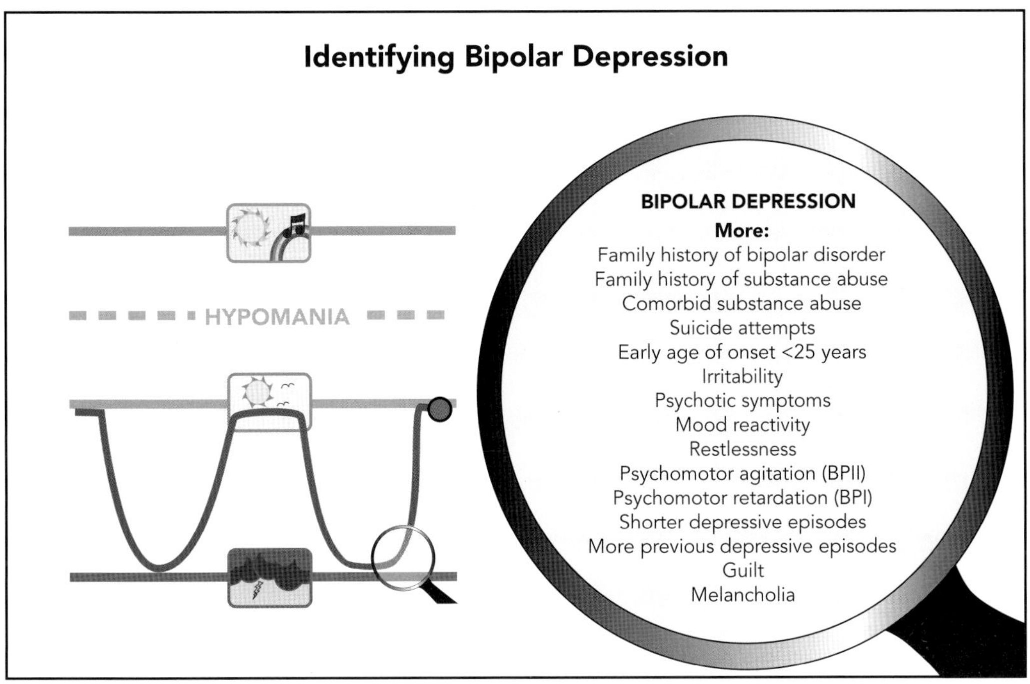

그림 6-10 양극성 우울증 식별하기. 주요우울 삽화의 모든 증상은 단극성 또는 양극성 우울증 모두에서 나타날 수 있지만, 몇 가지 요인은 환자가 양극성 스펙트럼 장애인지 진단적 확신은 아니더라도 힌트를 제공할 수 있다. 여기에는 양극성장애 가족력, 물질남용 가족력, 물질남용 동반이환, 자살 시도 병력, 조기 발병 연령, 짧지만 더 빈번한 우울 삽화 등이 포함될 수 있다. 과민성, 정신병적 증상, 기분 반응성, 안절부절, 정신운동초조 또는 지연, 죄책감, 멜랑콜리아 등 일부 증상도 양극성장애의 일부로 더 흔하게 나타날 수 있다.

치료제를 투여해도 반응할 가능성이 낮아질 수 있다.

따라서 양극성 우울증과 단극성 우울증을 구별하는 것이 중요하다. 환자가 우울한 상태일 때 조증/경조증의 과거력을 찾는 것 외에 다른 방법이 있을까? 짧은 대답은 '없다'이다. 긴 대답은 단극성 우울 삽화 대신 양극성 우울 삽화의 가능성을 높이는 특정 임상적 특징이 있으며, 이러한 요인은 조증/경조증 삽화의 과거력이 불분명한 경우 양극성 우울 삽화 진단의 단서가 될 수 있다는 것이다(그림 6-10). 우울증 환자가 단극성인지 양극성인지 판단하는 방법에 대한 몇 가지 추가 팁은 다음 두 가지 질문을 하는 것이다(표 6-2). "아빠가 누구야?", "엄마는 어디 있어?"

"아빠가 누구야?"라는 질문은 더 정확하게는 "가족력이 뭐야?"라는 의미이다. 양극성 스펙트럼장애를 앓고 있는 가족first-degree relative이 있다면, 환자 역시 단극성 우울증보다 양극성 스펙트럼장애를 앓고 있다는 강력한 단서를 줄 수 있기 때문이다. 양극성 우울증 환자의 대부분은 양극성

표 6-2 "단극성 우울증인가, 양극성 우울증인가?" 물어봐야 할 질문

아빠가 누구야?
가족력은 어떻게 되는가?
• 기분장애의 가족력이 있는가? • 정신과 입원의 가족력이 있는가? • 자살의 가족력이 있는가? • 리튬, 기분안정제, 정신병 또는 우울증 치료제를 복용한 사람이 있는가? • ECT를 받은 사람이 있는가?
이는 친척의 단극성 또는 양극성 스펙트럼 장애의 징후일 수 있다.
엄마는 어디 있어?
어머니나 배우자 등 가까운 사람으로부터 당신에 대한 추가적인 정보를 얻어야 한다.
특히 환자는 자신의 조증 증상에 대한 질병인식이 부족하여 이를 제대로 보고하지 않을 수 있다.

장애의 가족력이 없지만, 가족력이 있는 경우는 거의 틀림없이 양극성 우울증의 가장 강력하고 신뢰할 수 있는 위험인자이다. 가족 중 양극성장애가 있는 사람은 일반인구에

비해 양극성장애에 걸릴 위험이 8~10배 더 높다.

두 번째 질문인 "엄마는 어디 있어?"는 환자가 자신의 조증 증상을 과소 보고하는 경향이 있기 때문에 실제로는 "가까운 사람으로부터 추가 병력을 받아야 한다"는 의미이다. 과거력을 알려줄 수 있는 어머니나 배우자와 같은 외부 정보제공자의 질병인식insight과 관찰은 실제로 환자가 보고하는 과거력과 상당히 다를 수 있으며, 따라서 환자 자신이 부정하거나 인식하지 못하는 양극성 스펙트럼 진단을 확립하는 데 도움이 될 수 있다.

혼재성 양상: 기분장애는 진행성인가

단극성 우울증과 양극성 우울증을 구별하는 것의 중요성 외에도, 우울증 환자에게 단극성 또는 양극성 질환이 있는지 여부에 관계없이 혼재성 양상이 있는지 살펴보는 것도 매우 중요하다. 혼재성 양상이 있는 경우, 환자의 결과에 큰 차이가 있기 때문이다. 우선 첫째로 단극성 우울증은 혼재성 양상으로, 혼재성 양상은 양극성장애로, 양극성장애는 치료저항성으로 진행될 수 있다는 증거가 있다(그림 6-11). 역치 이하 조증 증상이라도 있으면 양극성장애로의 전환과 밀접하게 연관되며, 각 조증 증상은 위험을 30% 증가시킨다. 나쁜 결과를 향한 이 행진을 멈출 수 있을지는 알 수 없지만, 조증이든 우울증이든 모든 증상을 줄이거나 없애는 조기 인식과 효과적인 치료, 그리고 가능한 한 질병의 초기에 이를 시행하는 것이 최선의 방법일 수 있다.

얼마나 많은 우울증 환자가 혼재성 양상을 가지고 있는가? 전체 단극성 우울증 환자의 약 4분의 1과 제I형 또는 제II형 양극성 우울증 환자의 3분의 1이 조증의 아증후군 증상subsyndromal symptom을 가지는 것으로 추정된다. 어린이와 청소년의 단극성 우울증에서 혼재성 양상의 추정치는 훨씬 더 높다. '순수한' 우울증 환자에 비해 우울증과 일부 조증 증상을 동반한 환자는 질병이 더 복잡하고 경과와 결과가 좋지 않을 수 있다. 예를 들어 혼재성 양상은 우울증 환자의 이미 높은 자살 위험을 더욱 악화시킬 수 있다. 정신운동초조, 충동성, 과민성, 질주하는/복잡한 사고와 같은 이상행복감euphoria을 동반하지 않는 조증 증상과 우울 증상의 결합은 자살의 원인이다. 자살률은 단극성 우울증보다 양극성 우울증에서 2배, 일반인구에 비해 양극성장애에서 최대 20배가 더 높다. 안타깝게도 양극성 환자의 최대 1/3이 일생에 한 번 이상 자살을 시도하고, 그중 10~20%는 자살에 성공한다.

아증후군 조증 증상과 자살은 어떤 관계가 있을까? 혼재성 양상이 있을 경우, 단극성 우울증과 양극성 우울증 모두에서 자살 위험이 4배 증가한다. 여러 연구는 혼재성 삽화와 자살 시도의 우려할 만한 연관성을 명확하게 보여준다. 그래서 혼재성 양상이 있는 환자를 식별하는 것뿐만 아니라 적절하게 치료하는 것도 중요하다. 혼재성 양상에 대한 치료는 제7장에서 논의하며, 예상외로 혼재성 양상이 없는 단극성 우울증의 치료와 동일하지 않다. 즉 혼재성 양상을 가진 단극성 우울증이나 양극성 우울증 모두 단극성 우울증에 널리 사용되고 제7장에서 논의되는 표준 모노아민 재흡수 억제제를 1차 치료제로 사용하지 않으며, 오히려 정신병 치료에 널리 사용되고 제5장에서 논의된 세로토닌/도파민 길항제/부분작용제를 1차 치료제로 하여 치료한다. 따라서 주요우울 삽화는 단극성 또는 양극성 질환의 일부로, 그리고 혼재성 양상이 있거나 없는 것으로 정확하게 진단하고 올바른 치료를 받아야 한다는 점은 아무리 강조해도 지나치지 않다(기분장애 치료에 대한 자세한 내용은 제7장 참조). 우울 삽화가 혼재성 양상을 가지든 아니든 간에 단극성 우울증과 양극성 우울증 모두를 인식하고 적절히 치료하면, 모든 증상이 오랜 기간 완화되고 더 어려운 상태로 진행되는 것을 예방할 수 있을 것이라는 희망이 있다(그림 6-11). 이는 입증되지는 않았지만 현재로서는 이 분야의 주요 가설이다.

기분장애의 신경생물학

신경전달물질

다양한 뇌 회로의 신경전달 기능장애는 기분장애의 병태생리와 치료 모두에 관여된다. 고전적으로 여기에는 모노아민 신경전달물질인 노르에피네프린, 도파민, 세로토닌이 포함

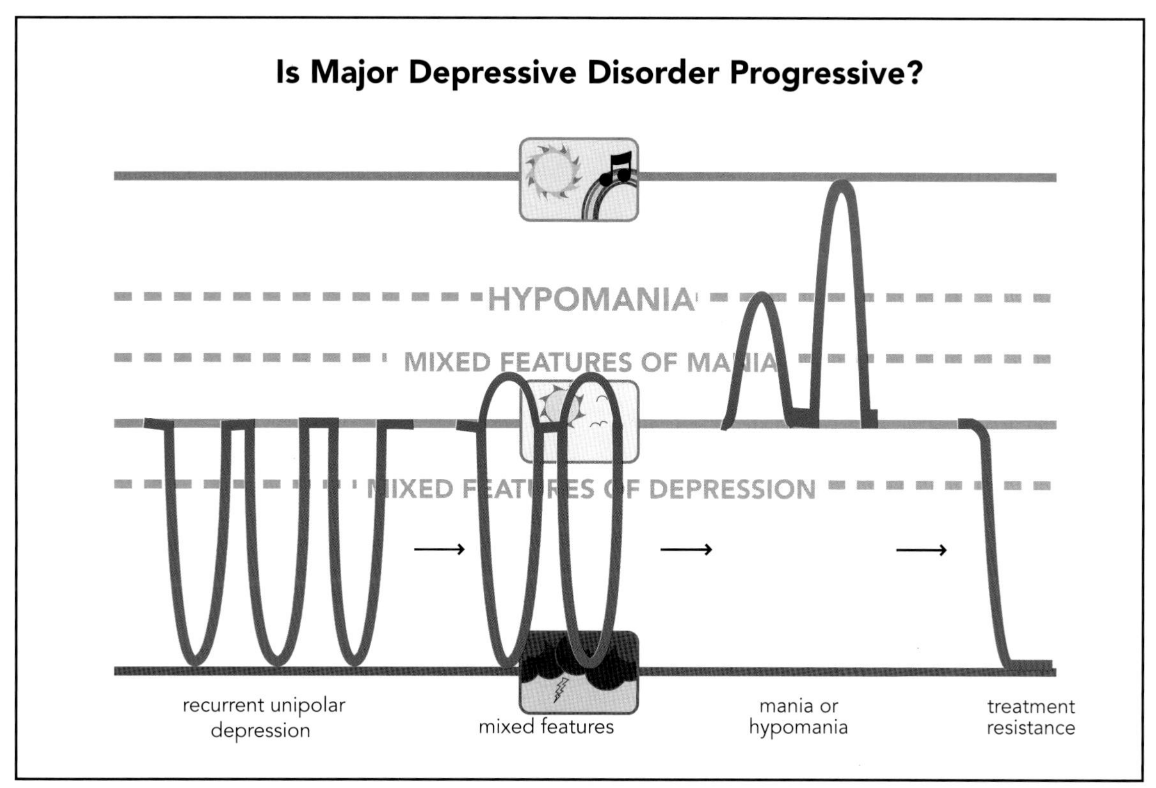

그림 6-11 주요우울장애는 진행성인가? 기분장애가 진행성일 수 있다는 증거가 있다. 재발 삽화가 동반된 단극성 우울증은 혼재성 양상을 동반한 우울증으로 진행될 수 있으며, 이는 궁극적으로 양극성 스펙트럼 상태로 진행되어 결국 치료저항성으로 진행될 수 있다.

되며, 최근에는 신경전달물질인 글루타메이트와 감마아미노뷰티르산(GABA) 및 이와 관련된 이온통로가 포함된다. 기분장애의 증상은 이러한 신경전달물질과 이온통로의 다양한 조합의 기능장애를 수반한다고 가정하며, 알려진 모든 기분장애 치료는 이것들 중 하나 이상에 작용한다. 우리는 도파민 시스템(제4장, 그림 4-2부터 4-13까지), 세로토닌 시스템(제4장, 그림 4-36부터 4-51까지), 글루타메이트 시스템(제4장, 그림 4-20부터 4-28까지), 이온통로(제3장, 그림 3-19부터 3-26까지)에 대해 광범위하게 논의하였다. 여기에서는 노르에피네프린과 GABA라는 두 가지 다른 신경전달물질 시스템을 추가한다. 이러한 다양한 신경전달물질과 이온통로가 기분장애에 어떻게 관여하는 것으로 생각되는지 논의하기 전에 노르에피네프린과 GABA 및 그 수용체와 경로에 대한 일반적인 논의부터 시작할 것이다.

노르에피네프린

노르아드레날린 뉴런은 노르에피네프린(노르아드레날린)을 신경전달물질로 활용한다. 노르에피네프린은 능동수송펌프에 의하여 혈액에서 신경계로 운반되는 전구체 아미노산 타이로신tyrosine에서 합성 또는 생성된다(그림 6-12). 일단 뉴런 내부에 들어가면 타이로신은 세 가지 효소에 의해 순차적으로 작용한다. 첫째, 타이로신 수산화효소tyrosine hydroxylase, TOH는 노르에피네프린(NE) 합성 조절에 가장 중요한 속도제한효소이다. 타이로신 수산화효소는 아미노산 타이로신을 DOPA로 전환한다. 그런 다음 두 번째 효소, 즉 DOPA 카복실기제거효소DOPA decarboxylase, DDC가 작용하여 DOPA를 도파민으로 전환한다. 제4장에서 논의하고 그림 4-2에서 삽화로 설명한 것처럼 도파민 자체는 도파민 뉴런의 신경전달물질이다. 그러나 NE 뉴런의 경우 도파민은 NE의 전구체일 뿐이다. 실제로 세 번째이자 마지막 NE 합성 효소인 도파민 β-수산화효소dopamine β-hydroxylase, DBH가 도파민을 NE으로 전환한다. 그런 다음 노르에피네프린은 신경 자극에 의해 방출될 때까지 소포라고 하는 시냅스 패키지에 저장된다(그림 6-12). 노르에피네프린의 작용은 NE을 비활성 대사산물로 전환하는 두 가지 주요 파괴 또는 분해대사효소에 의해 종료된다. 첫 번째는 시냅스전 뉴런과 다른 곳의 미토콘드리아에 있는 모노아민 산화효소monoamine oxidase, MAO A 또는 B이다(그림 6-13). 두 번째는 카테콜-O-메틸기 전달효소catechol-O-methyltransferase, COMT로, 시냅스전 신경 종말 외부에 주로 위치하는 것으로 생각된다(그림 6-13). NE의 작용은 NE을 파괴하는 효소뿐만 아니라 NE을 파괴하지 않고 시냅스에서 작용하지 못하도록 제거하는 NE 수송펌프에 의해서도 종료될 수 있다(그림 6-14). 실제로 이렇게 비활성화된 NE은 나중에 신경전달 신경 자극에서 재사용하기 위해 복원될 수 있다. NE의 시냅스 작용을 종료하는 수송펌프를 때로는 'NE 수송체' 또는 'NET'라고 부르고, 때로는 'NE 재

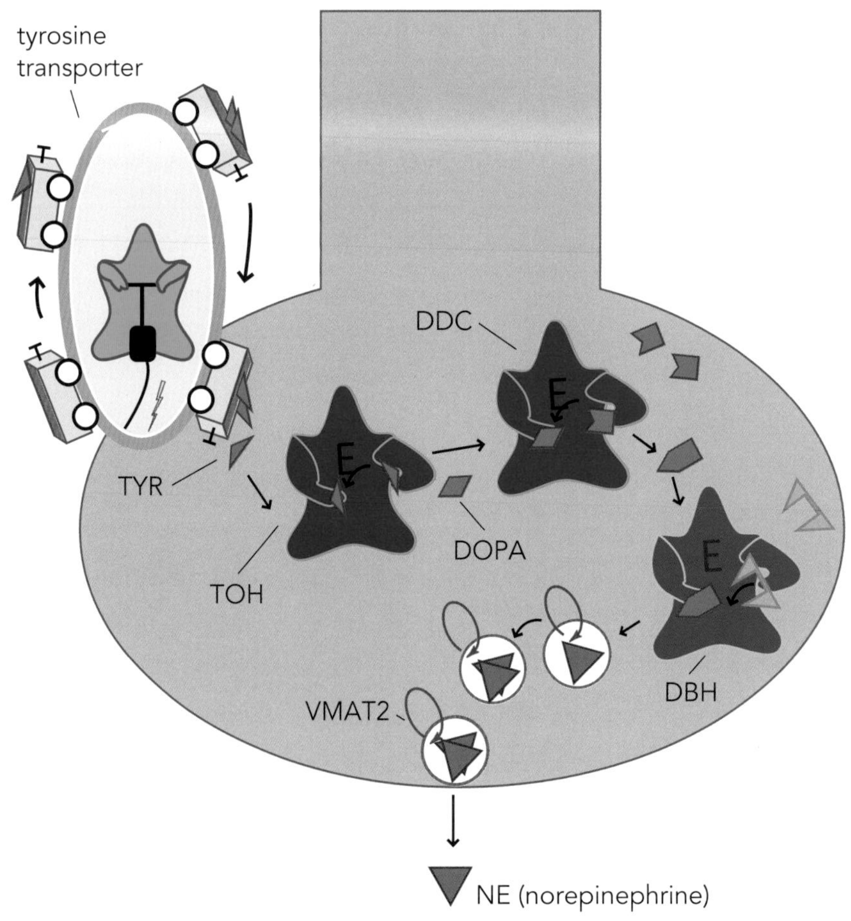

그림 6-12 노르에피네프린의 생성. 노르에피네프린(NE)의 전구물질인 타이로신(TYR)은 타이로신 수송체를 통해 NE 신경 종말로 흡수되어 타이로신 수산화효소(TOH)에 의해 DOPA로 전환된다. 그런 다음 DOPA는 DOPA 카복실기제거효소(DDC)에 의해 도파민으로 전환된다. 마지막으로 도파민은 도파민 β-수산화효소(DBH)에 의해 NE으로 전환된다. 합성 후 NE은 소포 모노아민 수송체 2(VMAT2)를 통해 시냅스 소포에 포장되어 신경전달 중에 시냅스로 방출될 때까지 시냅스 소포에 저장된다.

흡수 펌프'라고 부른다. NE 재흡수 펌프는 뉴런의 시냅스전 기계장치의 일부로 시냅스전 노르아드레날린 신경 종말에 위치하며, NE을 시냅스 밖으로 털어내고, 시냅스 수용체를 끄고, 시냅스 작용을 중단시키는 진공청소기 역할을 한다. 일단 시냅스전 신경 종말 내부에 들어온 NE은 나중에 다른 신경 자극이 왔을 때 재사용하기 위해 다시 저장되거나 NE 파괴 효소에 의해 파괴될 수 있다(그림 6-13).

노르아드레날린 뉴런은 NE에 대한 여러 수용체에 의해 조절된다(그림 6-14). 노르에피네프린 수송체는 시냅스전 뉴런의 세포질에 있는 NE을 저장소포로 운반하는 소포 모노아민 수송체 2(VMAT2)와 마찬가지로 수용체의 한 유형이다(그림 6-14). 도파민 신경 종말의 VMAT2 수송체는 지연이상운동증 치료의 표적이므로 제5장에서 VMAT2 수송체에 대해 광범위하게 논의되었다(그림 5-10부터 5-12까지). 다른 NE 수용체는 α_1, α_{2A}, α_{2B}, α_{2C} 또는 β_1, β_2, β_3로 분류된다(그림 6-14). 모두 시냅스후 수용체가 될 수 있지만, α_2 수용체만 시냅스전 자가수용체로서 역할을 할 수 있다(그림 6-14부터 6-16까지). 시냅스후 수용체는 NE에 의한 점유를 생리적 기능으로 변경하여 궁극적으로 시냅스후 뉴런의 신호전달 및 유전자 발현의 변화로 전환한다(그림 6-14).

시냅스전 α_2 수용체는 NE 방출을 조절하므로 '자가수용체'라고 부른다(그림 6-14 및 6-15). 시냅스전 α_2 자가수용체는 축삭 종말(즉 종말 α_2 수용체, 그림 6-14 및 6-15)과 세포체 및 인근 가지돌기에 모두 위치한다. 그래서 후자의 α_2 시냅스전 수용체를 세포체가지돌기 α_2 수용체라고 부른다(그림 6-16). 시냅스전 α_2 수용체가 중요한 이유는 종말 α_2 수용체와 세포체가지돌기 α_2 수용체 모두 자가수용체이

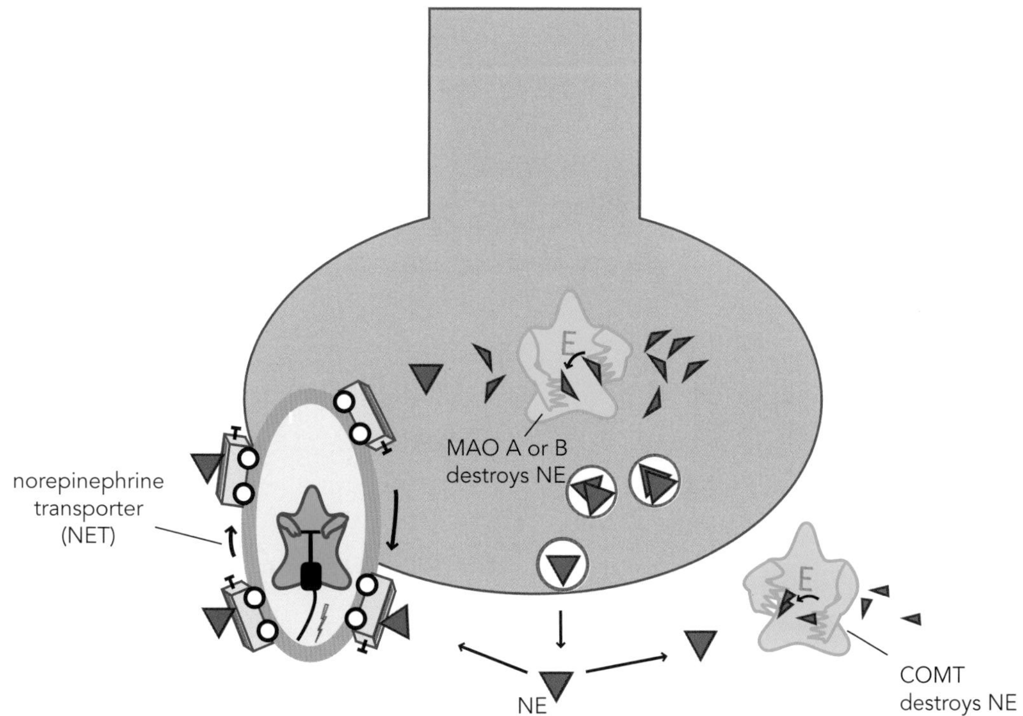

그림 6-13 노르에피네프린 작용의 종료. 노르에피네프린(NE)의 작용은 다수의 기전을 통해 종료될 수 있다. 노르에피네프린은 시냅스 틈새에서 시냅스전 뉴런으로 노르에피네프린 수송체(NET)를 통해 다시 운반되어 향후 사용을 위해 재포장될 수 있다. 그 대신에 노르에피네프린은 카테콜-O-메틸기 전달효소(COMT)를 통해 세포외에서 분해될 수도 있다. 노르에피네프린을 분해하는 다른 효소로는 시냅스전 뉴런과 뉴런 및 신경교세포를 포함한 다른 세포의 미토콘드리아에 존재하는 모노아민 산화효소 A(MAO-A)와 모노아민 산화효소 B(MAO-B)가 있다.

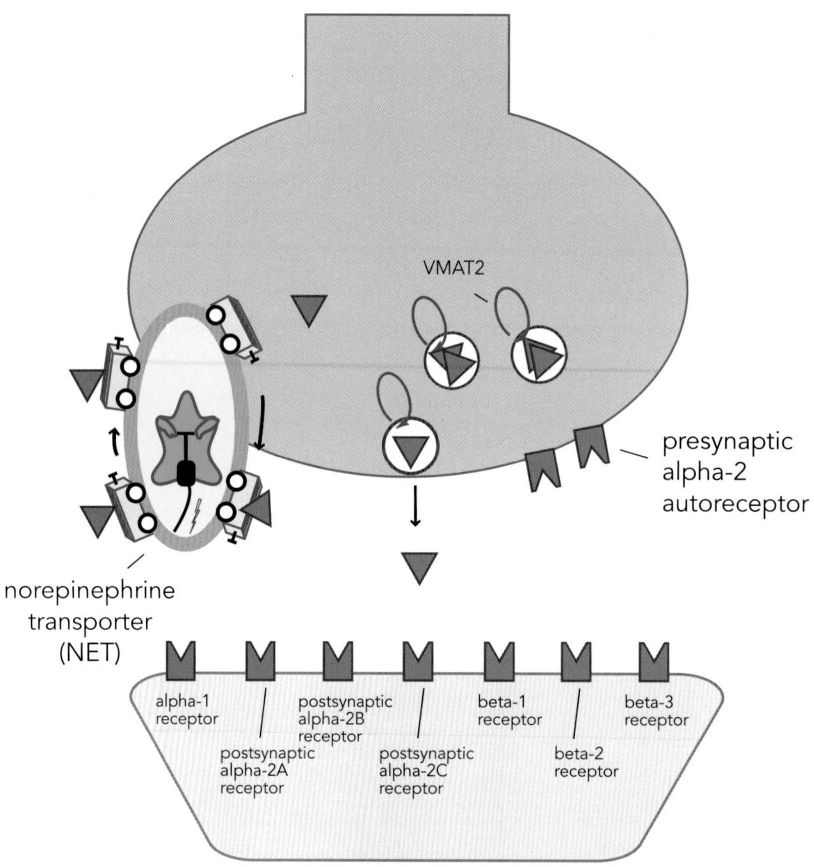

그림 6-14 노르에피네프린 수용체. 여기에는 노르에피네프린의 신경전달을 조절하는 노르에피네프린 수용체가 표시되어 있다. 노르에피네프린 수송체(NET)는 시냅스전 단계에 존재하며, 시냅스에서 과도한 노르에피네프린을 제거하는 역할을 한다. 소포 모노아민 수송체 2(VMAT2)는 노르에피네프린을 시냅스 소포 안으로 가져와서 향후 신경전달을 위해 저장한다. 시냅스전 뉴런에서 노르에피네프린의 방출을 조절하는 시냅스전 α_2 자가수용체도 있다. 이 외에도 여러 개의 시냅스후 수용체가 있다. 여기에는 α_1, α_{2A}, α_{2B}, α_{2C}, β_1, β_2, β_3 수용체가 포함된다.

기 때문이다. 다시 말하면 시냅스전 α_2 수용체가 NE을 인식하면 NE의 추가 방출을 차단한다(그림 6-14 및 6-15). 따라서 시냅스전 α_2 자가수용체는 NE 뉴런의 제동장치 역할을 하며, 음성되먹임 조절 신호로 알려진 것을 유발한다. 이 수용체를 자극하면(즉 제동장치를 밟으면) 뉴런의 발화가 멈춘다. 이는 아마도 발화율이 너무 높고 자가수용체가 자극을 받으면 스스로를 차단할 수 있기 때문에, NE 뉴런의 과발화를 방지하기 위해 생리적으로 발생하는 것으로 보인다. 일부 약물은 시냅스전 α_2 뉴런을 자극하여 NE 뉴런의 자연적인 기능을 모방할 수 있을 뿐만 아니라, 동일한 수용체를 길항하는 다른 약물은 제동장치 케이블을 절단하여 NE 방출을 향상시키는 효과가 있다는 점에 주목할 가치가 있다.

감마아미노뷰티르산(GABA)

GABA는 뇌의 주요 억제성 신경전달물질이고, 일반적으로 많은 뉴런의 활동을 감소시키는 중요한 조절 역할을 한다. 구체적으로 GABA는 글루탐산 카복실기제거효소glutamic acid decarboxylase, GAD 작용을 통해 아미노산 글루타메이트(글루탐산)에서 생성되거나 합성된다(그림 6-17). 일

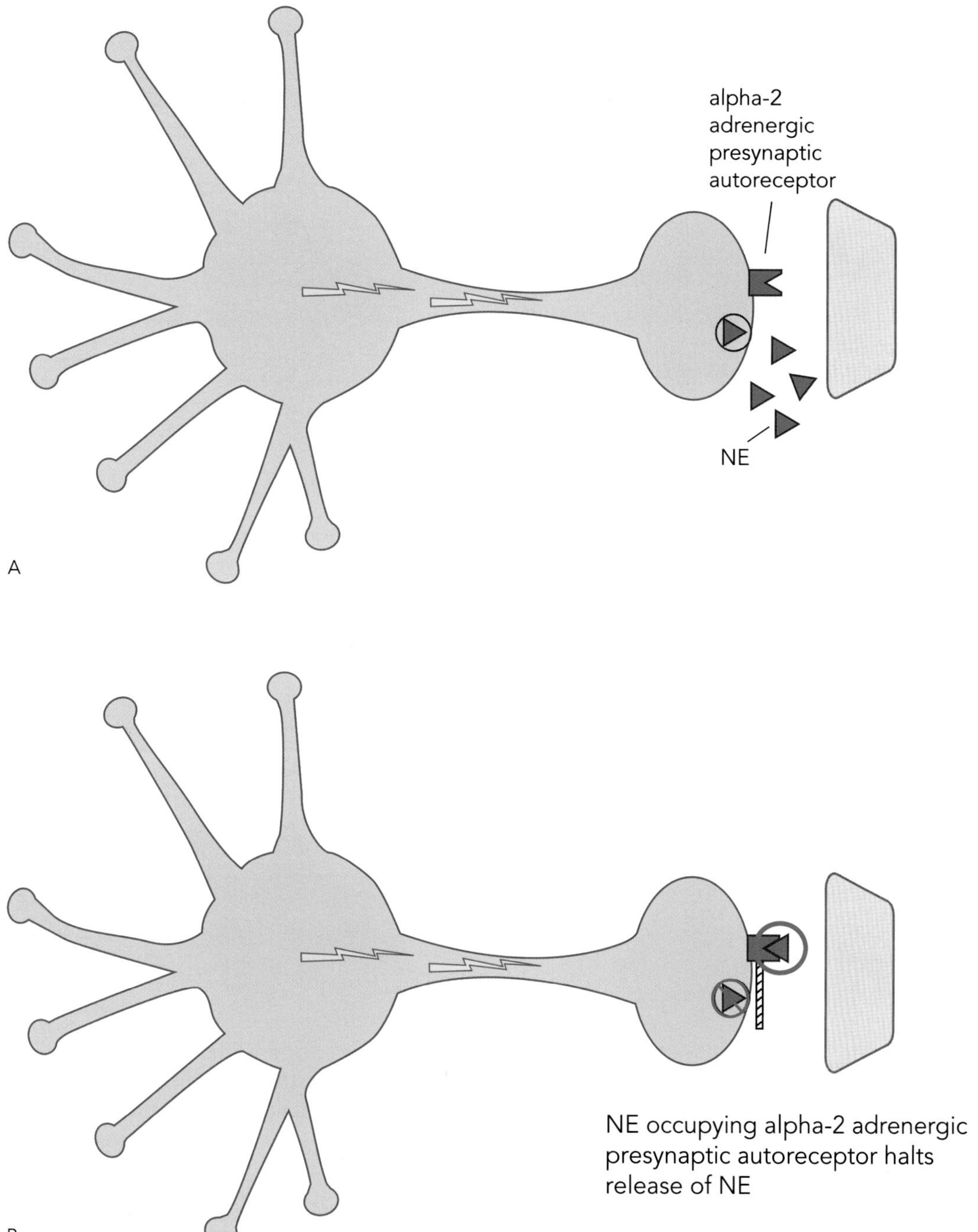

그림 6-15 축삭 종말의 α_2 수용체. 여기에는 노르에피네프린(NE) 뉴런의 축삭 종말에 위치한 시냅스전 α_2-아드레날린 자가수용체가 표시되어 있다. 이 자가수용체는 노르에피네프린의 '문지기' 역할을 한다. (A) 노르에피네프린이 결합하지 않을 때에는 개방되어 노르에피네프린이 방출된다. (B) 노르에피네프린이 문지기 수용체에 결합하면 분자 관문을 닫고 노르에피네프린이 방출되지 않도록 한다.

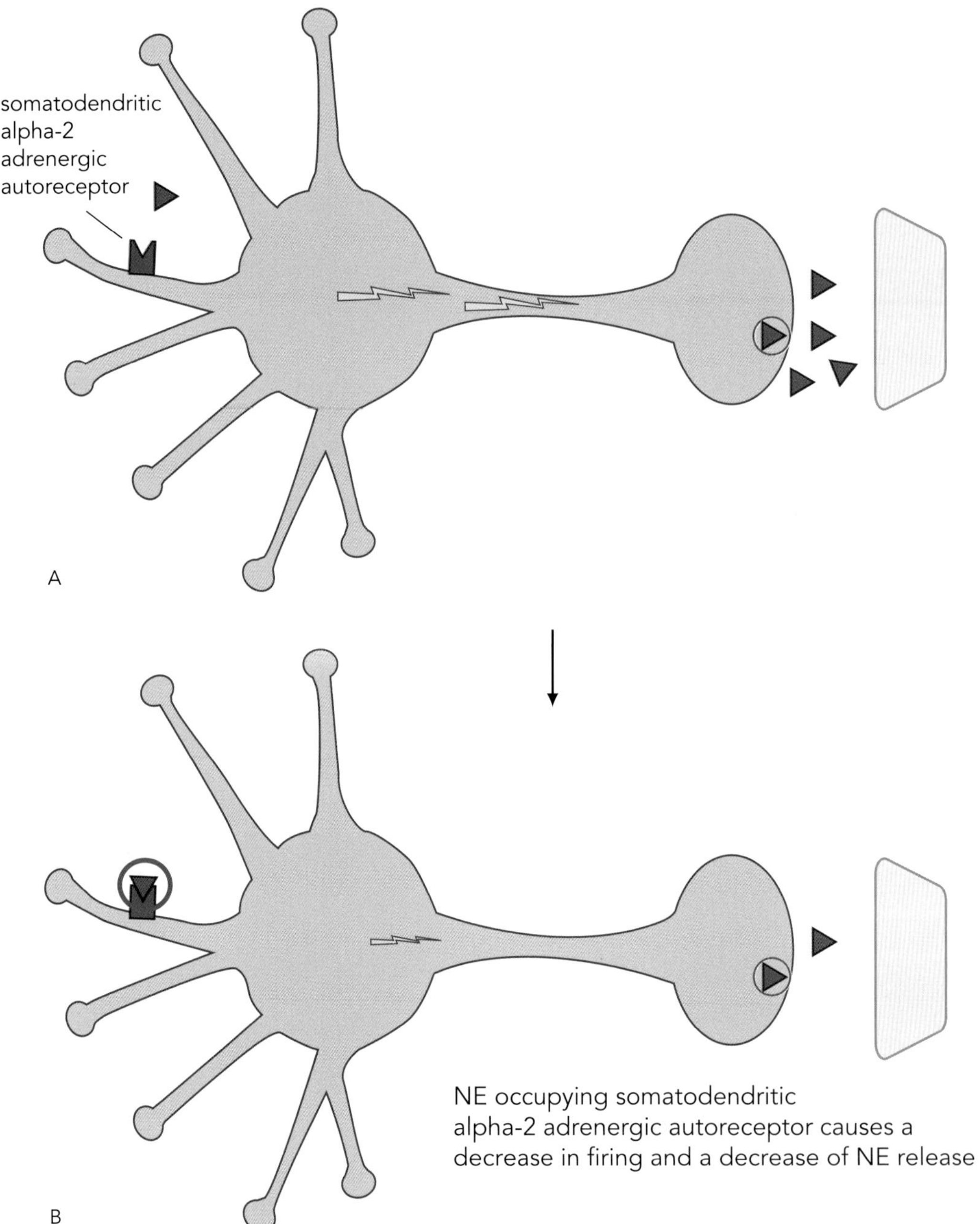

그림 6-16 세포체가지돌기 α_2 수용체. 여기에는 노르에피네프린 뉴런의 시냅스전 α_2-아드레날린 자가수용체가 표시되어 있다. (A) 노르에피네프린이 결합하지 않을 때에는 정상적인 뉴런 자극 흐름이 일어나고 결과적으로 노르에피네프린이 방출된다. (B) 노르에피네프린이 α_2 수용체에 결합하면 뉴런 자극 흐름이 차단되고(뉴런에서 번개 모양이 사라진 것이 보임), 이로 인해 더 이상의 노르에피네프린 방출이 중단된다.

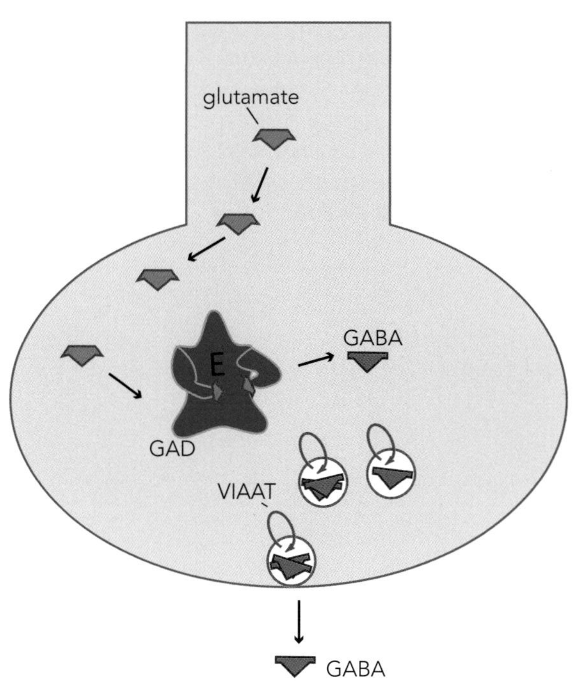

그림 6-17 감마아미노뷰티르산(GABA)의 생성. GABA의 전구물질인 아미노산 글루타메이트는 글루탐산 카복실기제거효소(GAD)에 의해 GABA로 전환된다. 합성 후 GABA는 소포 억제 아미노산 수송체(VIAAT)를 통해 시냅스 소포 내로 운반되어 신경전달 중에 시냅스로 방출될 때까지 저장된다.

단 시냅스전 뉴런에서 형성되면, GABA는 소포 억제 아미노산 수송체(VIAAT)에 의해 시냅스 소포 내로 운반되어 억제성 신경전달 중에 시냅스로 방출될 때까지 저장된다(그림 6-17). GABA의 시냅스 작용은 GABA 재흡수 펌프로도 알려진 시냅스전 GABA 수송체(GAT)에 의해 종료되며(그림 6-18), 이는 이 책 전체에서 논의하는 다른 신경전달물질의 유사한 수송체와 비슷하다. GABA 작용은 GABA를 비활성 물질로 전환하는 GABA 아미노기전달효소transaminase(GABA-T)에 의해서도 종료될 수 있다(그림 6-18).

GABA 수용체에는 세 가지 주요 유형type과 다수의 아형subtype이 있다. 주요 유형은 $GABA_A$, $GABA_B$, $GABA_C$

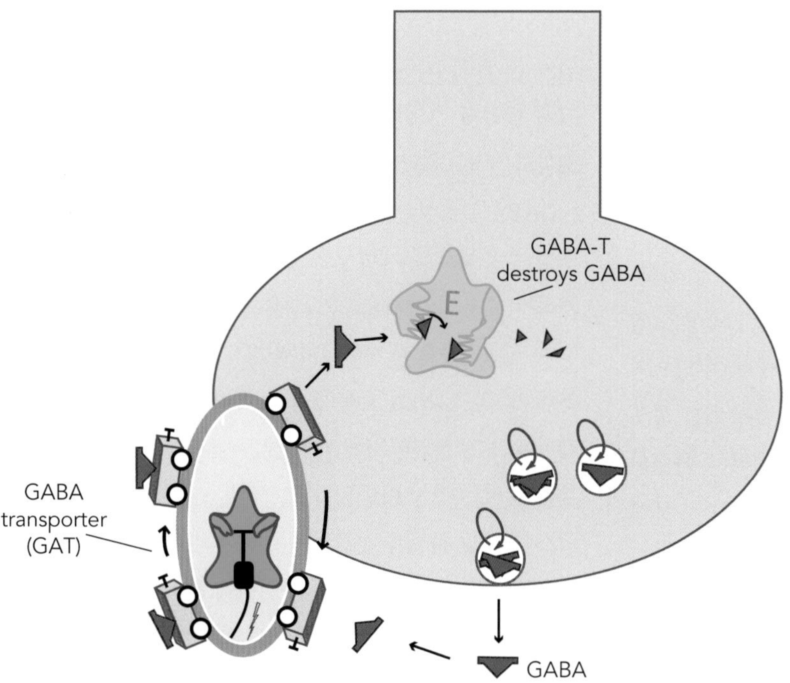

그림 6-18 감마아미노뷰티르산(GABA) 작용의 종료. GABA의 작용은 다수의 기전을 통해 종료될 수 있다. GABA는 GABA 수송체(GAT)를 통해 시냅스 틈새에서 시냅스전 뉴런으로 다시 운반되어 향후 사용을 위해 재포장될 수 있다. 그 대신에 일단 GABA가 세포 내로 다시 운반된 후에는 효소인 GABA 아미노기전달효소(GABA-T)를 통해 비활성 물질로 전환될 수 있다.

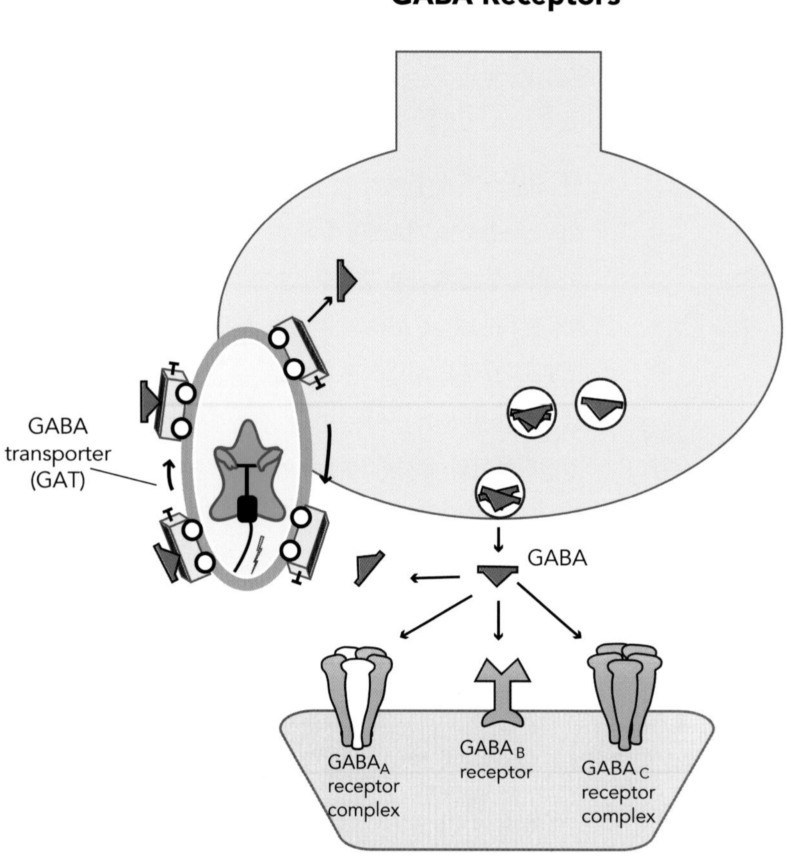

그림 6-19 감마아미노뷰티르산(GABA) 수용체. 여기에는 신경전달을 조절하는 GABA 수용체가 나와 있다. GABA 수송체(GAT)와 세 가지 주요 유형의 시냅스후 GABA 수용체인 GABA$_A$, GABA$_B$, GABA$_C$가 포함된다. GABA$_A$와 GABA$_C$ 수용체는 리간드작동 이온통로로, 억제성 염화물 통로를 형성하는 거대 분자 복합체의 일부이다. GABA$_B$ 수용체는 칼슘 또는 칼륨통로와 결합할 수 있는 G단백질연결 수용체이다.

수용체이다(그림 6-19). GABA$_A$와 GABA$_C$ 수용체는 모두 리간드작동 이온통로인 반면, GABA$_B$ 수용체는 이온통로가 아닌 G단백질과 연결되어 있다(그림 6-19).

GABA$_A$ 수용체 아형

GABA$_A$ 수용체의 분자 구조가 그림 6-20에 나와 있다. GABA$_A$ 수용체의 각 아단위subunit에는 4개의 막경유 영역이 있다(그림 6-20A). 5개의 아단위가 함께 모여 있으면 중앙에 염화물 통로가 있는 온전한 GABA$_A$ 수용체를 형성한다(그림 6-20B). GABA$_A$ 수용체에는 존재하는 아단위에 따라 다양한 아형이 있다(그림 6-20C). GABA$_A$ 수용체의 아단위는 동질형태isoform라고도 하며, α(α_1~α_6의 여섯 가지 동질형태), β(β_1~β_3의 3가지 동질형태), γ(γ_1~γ_3의 세 가지 동질형태), δ, ε, π, θ, ρ(ρ_1~ρ_3의 세 가지 동질형태)를 포함한다(그림 6-20C). 이 논의에서 중요한 것은 어떤 아단위가 존재하는지에 따라 GABA$_A$ 수용체의 기능이 상당히 크게 달라질 수 있다는 것이다. 따라서 GABA$_A$ 수용체는 포함되는 특정 동질형태 아단위에 따라 분류할 수 있다.

GABA 수용체는 다른 아형으로 분류할 수도 있다. 시냅스성 수용체로서 가설상으로 위상성phasic 신경전달을 매개하는 수용체와 시냅스외 수용체로서 가설상으로 긴장성tonic 신경전달을 매개하는 수용체가 있다(그림 6-21). 다른 분류 체계는 GABA 수용체가 잘 알려진 벤조디아제핀에 민감한지 또는 둔감한지에 대한 분류이다. 이러한 분류 중 일부는 겹치는데, γ 아단위를 포함하는 GABA$_A$ 수용체는 시냅스성이고, 위상성 신경전달을 매개하며, 벤조디아제핀에 민감한 경향이 있기 때문이다. 반면에 δ 아단위를 포함하는 GABA$_A$ 수용체는 시냅스외이고, 긴장성 신경전달을 매개하며, 벤조디아제핀에 둔감한 경향이 있다.

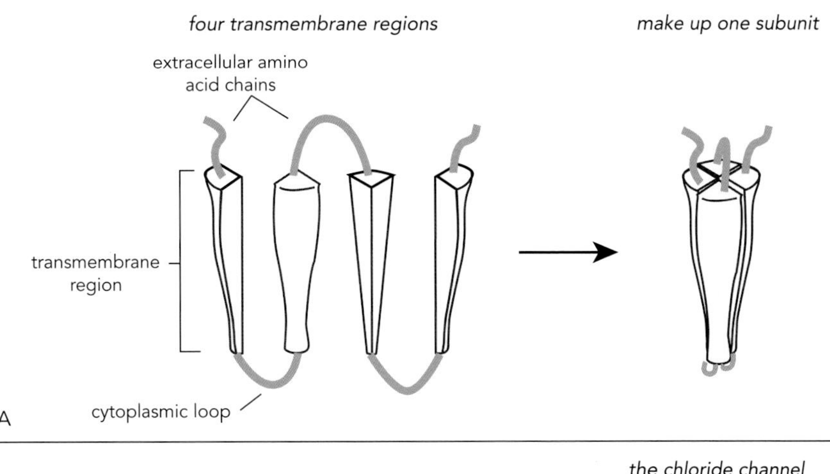

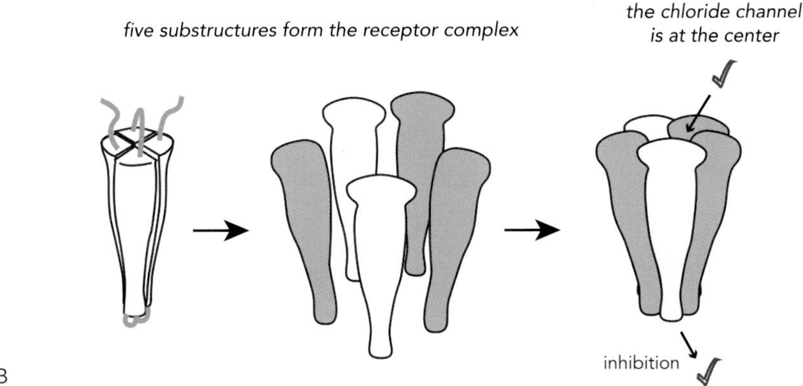

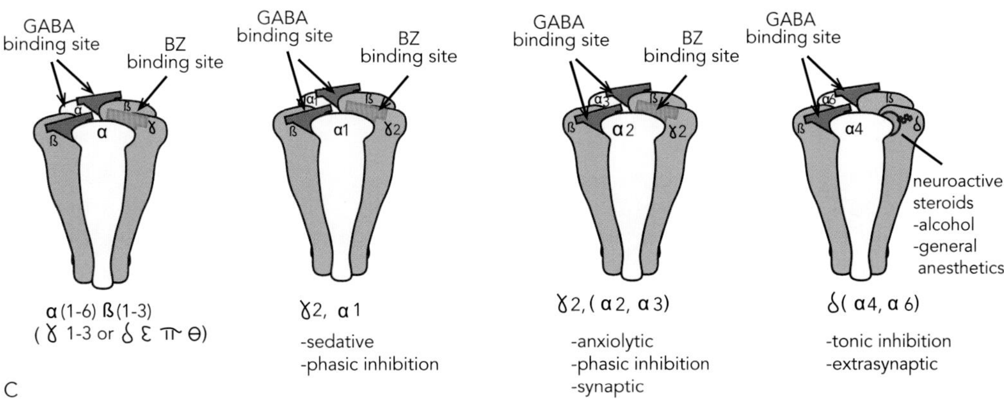

그림 6-20 감마아미노뷰티르산 A(GABA$_A$) 수용체. (A) 여기에는 GABA$_A$ 수용체의 한 아단위를 구성하는 4개의 막경유 영역이 표시되어 있다. (B) 완전하게 구성된 GABA$_A$ 수용체에는 이러한 아단위의 5개 복사본이 있으며, 그 중심에는 염화물 통로가 있다. (C) 다양한 유형의 아단위(동질형태 또는 아형이라고도 함)가 결합하여 GABA$_A$ 수용체를 형성할 수 있다. 여기에는 6개의 서로 다른 α 동질형태, 3개의 서로 다른 β 동질형태, 3개의 서로 다른 γ 동질형태, δ, ε, π, θ, 3개의 서로 다른 ρ 동질형태가 포함된다. 각 GABA$_A$ 수용체 아형의 최종 유형과 기능은 포함되는 아단위에 따라 달라진다. 벤조디아제핀(BZ) 민감성 GABA$_A$ 수용체(가운데 2개)는 2개의 β 단위에 γ_2 또는 γ_3와 2개의 $\alpha(\alpha_1 \sim \alpha_3)$ 아단위를 포함한다. 이들은 일반적으로 시냅스에서 방출되는 최고 농도의 GABA에 의해 촉발되는 위상성 억제를 매개한다. α_1 아단위를 포함하는 벤조디아제핀 민감성 GABA$_A$ 수용체는 수면에 관여하는(왼쪽에서 두 번째) 반면, α_2 및/또는 α_3 아단위를 포함하는 수용체는 불안에 관여한다(오른쪽에서 두 번째). α_4나 α_6 또는 σ 아단위를 포함하는 GABA$_A$ 수용체(맨 오른쪽)는 벤조디아제핀 둔감성이고, 시냅스외에 위치하며, 긴장성 억제를 조절한다. 이들은 자연적으로 생성되는 신경활성 스테로이드와 아마도 알코올 및 일부 전신 마취제에 결합할 수 있다.

벤조디아제핀 민감성 $GABA_A$ 수용체는 벤조디아제핀 둔감성 $GABA_A$ 수용체와 구별되는 몇 가지 구조적 및 기능적 특징이 있다. $GABA_A$ 수용체가 벤조디아제핀에 민감하려면 β 단위 2개와 γ_2 또는 γ_3 아형의 γ 단위 1개, 그리고 α_1 이나 α_2 또는 α_3 아형의 α 단위 2개가 있어야 한다(그림 6-20C). 벤조디아제핀은 수용체 복합체당 하나의 벤조디아제핀 분자가 γ_2/γ_3 아단위와 $\alpha_1/\alpha_2/\alpha_3$ 아단위 사이의 수용체 영역에 결합하는 것으로 보인다(그림 6-20C). GABA 자체는 α와 β 단위 사이의 수용체 영역에 있는 GABA 작용제 부위, 때로는 GABA 정위 부위orthosteric site라고도 불리는 부위에 결합하며, 수용체 복합체당 2개의 GABA 분자와 결합한다(그림 6-20C 및 6-22).

작용제 부위에서 단독으로 작용하는 GABA는 모든 아단위 내부에 형성된 염화물 통로의 개방 빈도를 증가시킬 수 있지만(그림 6-20 참조), 어느 정도이다(그림 6-22A와 6-22B 비교). 벤조디아제핀 부위는 GABA의 작용제 부위와 다른 위치에 있기 때문에(그림 6-20C 및 6-22D 참조), 조절 부위는 종종 알로스테릭(문자 그대로 '다른 부위') 이라고 하며, 여기에 결합하는 약제를 '알로스테릭 조절제 allosteric modulator'라고 부른다. 조절은 $GABA_A$ 수용체에서 GABA를 더 효과적으로 만들어 억제성 염화물 통로의 개방 빈도를 높인다는 의미에서 '양성'이므로(그림 6-22D) 이 작용을 '양성 알로스테릭 조절'이고 하며, 벤조디아제핀을 $GABA_A$ 양성 알로스테릭 조절제(PAM)라고 부른다. 흥미롭게도 PAM이 작동하려면 GABA가 반드시 존재해야만 한다(그림 6-22C와 6-22D 비교). 벤조디아제핀 민감성 $GABA_A$ 수용체에서 벤조디아제핀의 작용은 중성 길항제 neutral antagonist인 플루마제닐flumazenil에 의해 역전될 수 있기 때문에, 본질적으로 양성 알로스테릭 부위에서의 작용제 작용이다(그림 6-23). 플루마제닐은 벤조디아제핀에 의한 마취를 역전시키거나 벤조디아제핀 과다투여 시 사용되기도 한다.

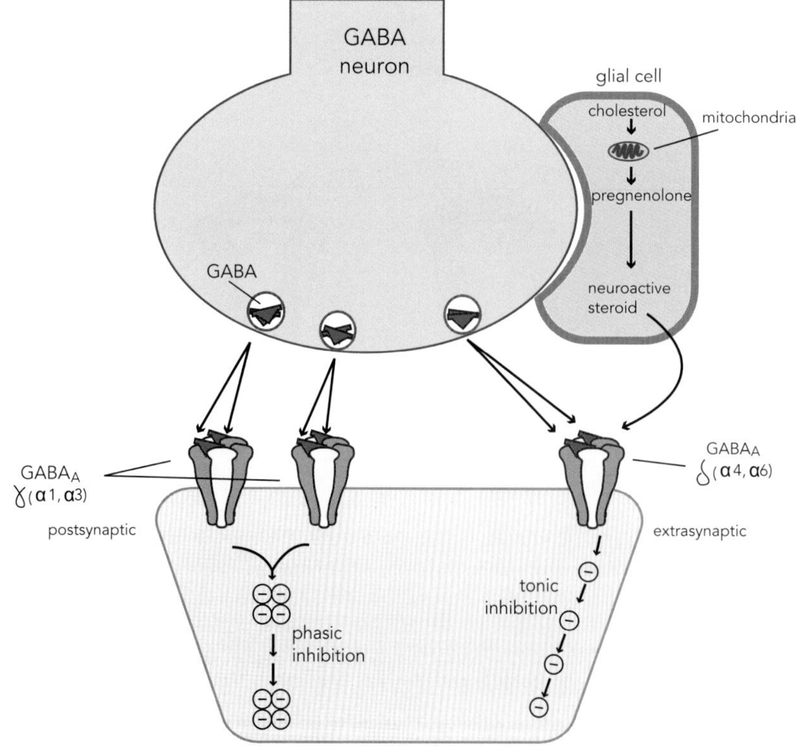

그림 6-21 긴장성 및 위상성 억제의 $GABA_A$ 매개. 벤조디아제핀 민감성 $GABA_A$ 수용체(γ 및 α_1부터 α_3 아단위를 포함하는 수용체)는 시냅스후 수용체로, 시냅스에서 방출되는 GABA의 최고 농도에 의해 촉발되는 돌발파로 나타나는 위상성 억제를 매개한다. 벤조디아제핀 둔감성 $GABA_A$ 수용체(δ 아단위와 α_4 또는 α_6 아단위를 포함하는 수용체)는 시냅스외 수용체이며, 시냅스 밖으로 확산되는 GABA는 물론 신경교세포에서 합성 및 방출되는 신경활성 스테로이드를 포획한다. 이러한 수용체는 긴장성 억제를 매개한다(즉 시냅스에서 빠져나온 세포외 GABA의 주변 농도에 의해 매개됨).

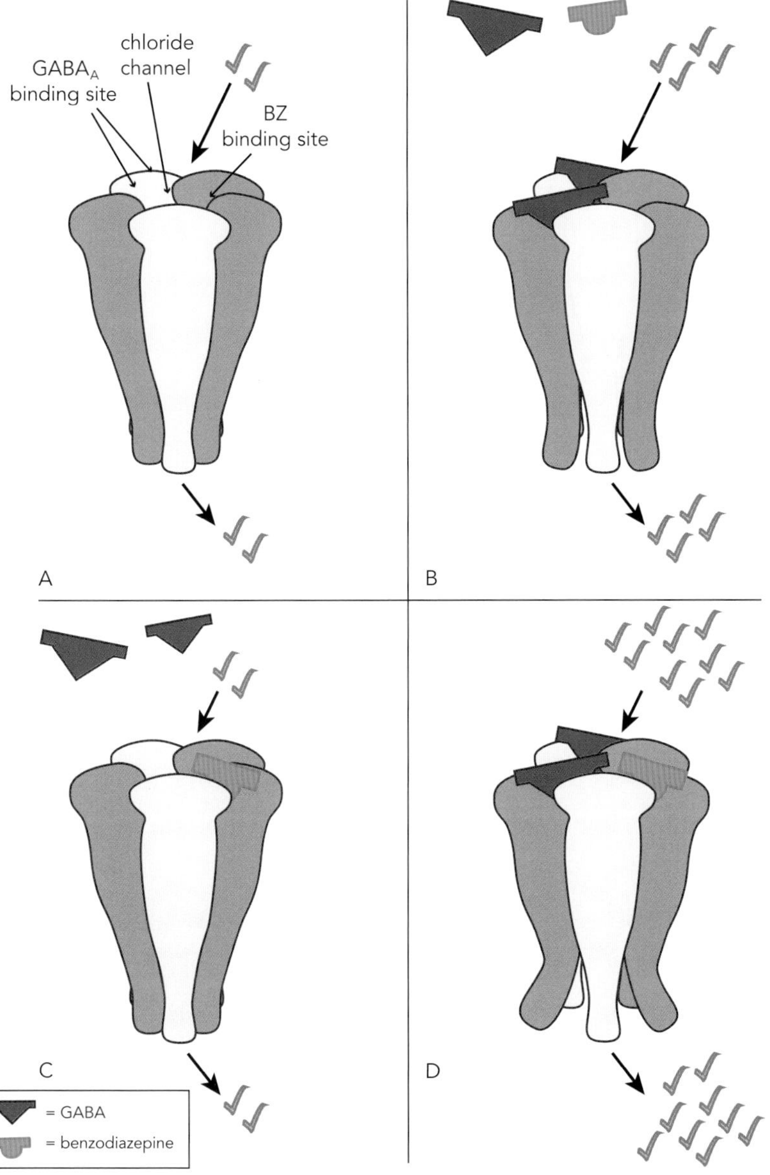

그림 6-22 GABA$_A$ 수용체의 양성 알로스테릭 조절. (A) 여기에 표시된 것과 같은 벤조디아제핀(BZ) 민감성 GABA 수용체는 중앙 염화물 통로를 가진 5개의 아단위로 구성되며, GABA뿐만 아니라 양성 알로스테릭 조절제(예: 벤조디아제핀)에 대한 결합 부위도 가지고 있다. (B) GABA가 GABA$_A$ 수용체의 해당 부위에 결합하면 염화물 통로의 개방 빈도가 증가하여 더 많은 염화물이 통과할 수 있다. (C) GABA가 없는 상태에서 벤조디아제핀과 같은 양성 알로스테릭 조절제가 GABA$_A$ 수용체에 결합하면 염화물 통로에 영향을 미치지 않는다. (D) GABA가 있을 때 벤조디아제핀과 같은 양성 알로스테릭 조절제가 GABA$_A$ 수용체에 결합하면 GABA만 있을 때보다 통로가 더 자주 개방된다.

위에서 언급한 바와 같이, 벤조디아제핀에 민감한 GABA$_A$ 수용체 아형(γ 아단위 및 α_1~α_3 아단위 포함)은 시냅스후에 있고, 시냅스로 방출된 GABA의 최고 농도에 의해 촉발되는 억제성 돌발파로 나타나는 위상성 억제를 시냅스후 뉴런에서 매개하는 것으로 생각된다(그림 6-21). 이론상으로 이러한 수용체, 특히 시냅스후 GABA 부위에 밀집된 $\alpha_{2/3}$ 아형에 작용하는 벤조디아제핀은 위상성 시냅스후 억제의 강화로 인해 항불안 효과를 발휘해야 한다. 그러나 벤조디아제핀 민감성 GABA$_A$ 수용체가 모두 같은 것은 아니다. 한편으로는 특히 α_1 아단위를 가진 벤조디아제핀 민감성 GABA$_A$ 수용체는 수면 조절에 가장 중요할 수 있으며, GABA$_A$ 수용체의 벤조디아제핀 및 비벤조디아제핀 PAM을 포함한 많은 진정수면제의 추정되는 표적이기도 하다(그림 6-21C). GABA$_A$ 수용체의 α_1 아형과 이에 결합하는 약물은 수면장애에 관한 제10장에서 자세히 논의된다. 이러한 약제 중 일부(즉 벤조디아제핀 민감성 GABA$_A$ 수용

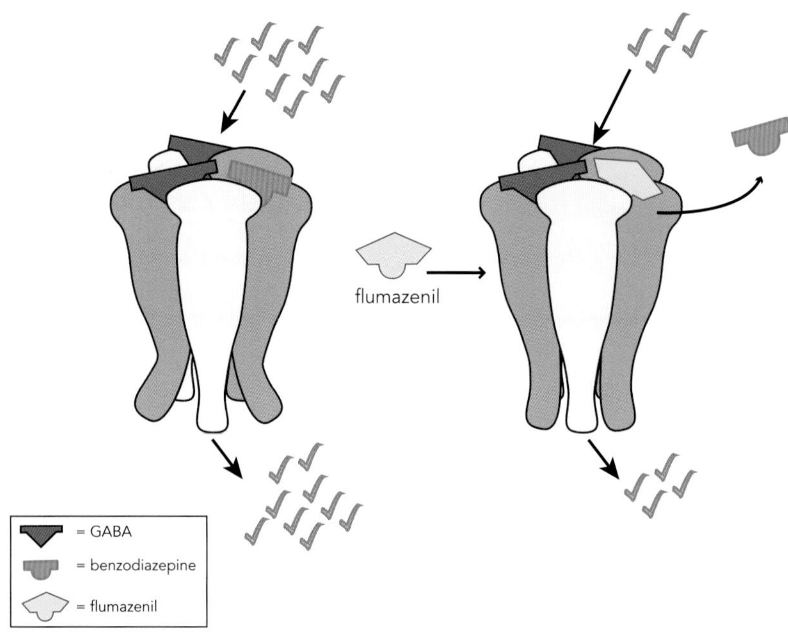

그림 6-23 플루마제닐. 벤조디아제핀 수용체 길항제인 플루마제닐은 $GABA_A$ 수용체의 해당 부위에 작용하는 완전작용제인 벤조디아제핀을 역전시킬 수 있다. 이는 마치 목적으로 투여되었거나 환자가 과다 복용했을 때 완전작용제인 벤조디아제핀의 진정 효과를 역전시키는 데 도움이 될 수 있다.

체에도 결합하는 일부 Z 약물; 제10장 참조)는 $GABA_A$ 수용체의 α_1 아형에만 선택적으로 결합한다. 반면에 α_2 및/또는 α_3 아단위를 가진 벤조디아제핀 민감성 $GABA_A$ 수용체는 불안을 조절하는 데 가장 중요할 수 있으며, 항불안 및 진정수면 벤조디아제핀의 추정되는 표적이다(제8장 불안 및 제10장에서 논의)(그림 6-20C). 현재 사용가능한 벤조디아제핀은 다른 α 아단위를 가진 $GABA_A$ 수용체에 대해 비선택적이다. γ_2나 α_2 또는 δ 아단위의 비정상적인 발현은 모두 다른 유형의 뇌전증과 관련이 있다. 수용체 아형 발현은 만성 벤조디아제핀 투여 및 금단에 반응하여 달라질 수 있으며, 이론상으로 여러 가지 우울증 하위 집단을 포함한 다양한 정신질환 환자에서 변경될 수 있다.

벤조디아제핀 둔감성 $GABA_A$ 수용체는 α_4, α_6, γ_1 또는 δ 아단위를 가진 수용체이다(그림 6-20C). γ 아단위가 아닌 δ 아단위와 α_4 또는 α_6 아단위를 가진 $GABA_A$ 수용체는 벤조디아제핀에 결합하지 않는다. 벤조디아제핀 둔감성 $GABA_A$ 수용체는 대신 자연적으로 생성되는 신경활성 스테로이드와 아마도 알코올 및 일부 전신 마취제에 결합한다(그림 6-20C). 이러한 비벤조디아제핀 조절제의 결합 부위는 α와 δ 아단위 사이에 있으며, 수용체 복합체당 하나의 부위에 위치한다(그림 6-20C). 벤조디아제핀 민감성 $GABA_A$ 수용체에서와 마찬가지로 벤조디아제핀 둔감성 $GABA_A$ 수용체의 수용체 복합체당 2개의 GABA 분자가 α와 β 아단위 사이에 위치한 GABA 작용제(정위) 부위에서 결합한다(그림 6-20C).

이미 언급한 바와 같이, 벤조디아제핀 둔감성 $GABA_A$ 수용체 아형(δ 아단위와 α_4 또는 α_6 아단위 포함)은 시냅스 외에 위치하여 시냅스 밖으로 확산되는 GABA뿐만 아니라 신경교세포에서 합성 및 방출되는 신경활성 스테로이드도 포획하는 것으로 생각된다(그림 6-21). 시냅스후 벤조디아제핀 민감성 $GABA_A$ 수용체에 의해 매개되는 **위상성** 유형의 억제와는 대조적으로 시냅스외 벤조디아제핀 둔감성 $GABA_A$ 수용체는 시냅스후 뉴런에서 **긴장성** 억제 유형을 매개하는 것으로 생각된다(그림 6-21). 긴장성 억제는 시냅스전 재흡수와 효소 파괴를 피하고, 신경전달 사이에 지속되며, 이러한 부위에서의 알로스테릭 조절에 의해 강화되는 세포외 GABA 분자의 주변 농도에 의해 조절될 수 있다.

따라서 긴장성 억제는 시냅스후 뉴런의 전반적인 긴장도와 흥분성을 설정하고, 흥분성 입력에 대한 반응으로 뉴런 방출 빈도와 같은 특정 조절 사건에 중요한 것으로 생각된다. 신경활성 스테로이드는 항우울 효과가 있기 때문에(제7장 참조), 일부 우울증 환자는 정상적인 긴장성 억제 기능이 부족하여 일부 뇌 회로가 지나치게 흥분할 수 있다는 제안이 제기되었다. 이것은 가설상으로 신경활성 스테로이드 투여에 의해 진정될 수 있고, 뇌 회로에서 정보처리의 효율성이 높아지고, 우울증 증상이 완화될 수 있다. 신경활성 스테로이드가 중요한 항불안 작용을 할 수도 있다. 염화물 통로의 좀 더 긴장성이고 지속적인 개방이 우울증에 좋은 이유는 무엇인가? 산후우울증의 경우, 임산부는 혈중 및 추정하건대 뇌의 신경활성 스테로이드 농도가 높다는 점이 잠재적으로 설명할 수 있는 근거가 될 수 있다. 임산부가 출산하면 혈중 신경활성 스테로이드 수치가 급격히 감소하고, 긴장성 억제 기능이 상실되면서, 가설상으로 주요우울 삽화의 갑작스러운 시작을 촉발한다. 60시간 동안 정맥주사를 통해 신경활성 스테로이드 수치와 긴장성 억제를 회복하면, 환자의 우울증을 되돌릴 수 있고, 분만후에 낮은 신경활성 스테로이드 농도에 적응할 수 있는 일부 추가 시간을 가지기에 충분할 수 있다. 이것은 합리적이지만 아직 입증되지 않은 이론이다. 신경활성 스테로이드에 의한 양성 알로스테릭 조절이 다른 형태의 우울증을 치료하고, 신속하게 치료하는 이유를 이해하기는 조금 더 어려울 수 있다. 신경활성 스테로이드가 항우울 효과를 발휘하더라도, 시냅스 벤조디아제핀 민감성 $GABA_A$ 부위에 작용하는 벤조디아제핀은 강력한 항우울 작용이 없기 때문에 시냅스외 벤조디아제핀 둔감성 $GABA_A$ 부위가 표적이 되는 것이 분명하다. 신경활성 스테로이드는 실제로 벤조디아제핀 민감성 $GABA_A$ 수용체와 벤조디아제핀 둔감성 $GABA_A$ 수용체 모두에서 작용한다는 점에 주목할 필요가 있다. 그러나 벤조디아제핀 둔감성 부위에서 독특한 작용을 하며, 이러한 작용은 신경활성 스테로이드가 어떻게 항우울제 작용을 가설상으로 매개하는지에 대한 많은 관심의 초점이 되고 있다.

우울증의 모노아민 가설

우울증의 생물학적 원인에 대한 고전적 이론은 우울증이 모노아민 신경전달의 결핍으로 인한 것이라는 가설을 세운다. 조증은 반대로 모노아민 신경전달의 과잉 때문일 수 있다. 이 최초의 개념화는 다소 단순한 '화학적 불균형' 개념이었지만, 지금은 비교적 정교하지 않은 것으로 간주되며, 주로 모노아민을 고갈시키는 특정 약물이 우울증을 유발할 수 있다는 관찰과 과거에 효과적인 모든 우울증 치료제가 노르에피네프린, 세로토닌, 도파민이라는 세 가지 모노아민 신경전달물질 중 하나 이상을 증가시키는 방식으로 작용한다는 관찰에 근거하고 있다. 따라서 '정상적인' 양의 모노아민 신경전달물질(그림 6-24A)이 알 수 없는 질병 과정, 스트레스, 약물에 의해 어떻게든지 고갈되어(그림 6-24B) 우울증 증상을 유발한다는 아이디어가 탄생했다. 모노아민 가설에 대한 직접적인 증거는 아직 많이 부족하다. 특히 1970년대와 1980년대에 우울증에서 모노아민 신경전달물질의 결핍과 조증에서 과잉이 이론상으로 예상되는 것을 확인하기 위해 많은 노력을 기울였다. 안타깝게도 지금까지의 이러한 노력은 엇갈린 결과를 가져왔으며, 일반적으로 기분장애의 원인에 대한, 그리고 특히 모노아민과 기분장애 사이의 잠재적 연관성에 대한 더 나은 설명을 찾기 위해 노력하고 있다.

모노아민 수용체 가설과 신경영양인자

모노아민 가설에 대한 이런저런 어려움으로 인해 기분장애의 원인에 대한 가설의 초점은 모노아민 신경전달물질 자체에서 수용체로 이동한 다음, 유전자 발현의 조절과 성장인자의 생성을 포함하여 이러한 수용체가 촉발하는 후속 분자 사건으로 이동했다. 현재 모노아민에 의해 조절되는 뇌 회로에 대한 본성(유전자)과 양육(환경과 후성유전)의 영향, 특히 스트레스가 많은 생활 경험으로 인한 후성유전적 변화가 환경적 스트레스 요인에 취약하게 만들 수 있는 다양한 위험 유전자의 유전과 결합할 때 어떤 일이 일어나는지에 대해서도 큰 관심이 쏠리고 있다.

우울증의 신경전달물질 수용체 가설은 모노아민 신경전달물질 수용체의 이상이 우울증을 유발한다는 가설이다(그림 6-24B). 따라서 모노아민 신경전달물질의 고갈이 우울

Monoamine Receptor Hypothesis of Depression

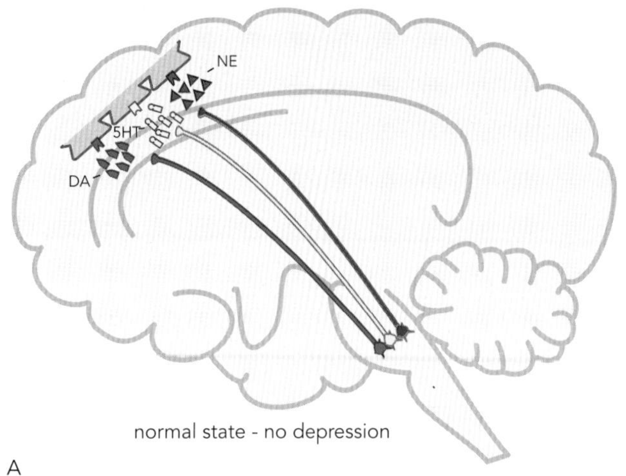

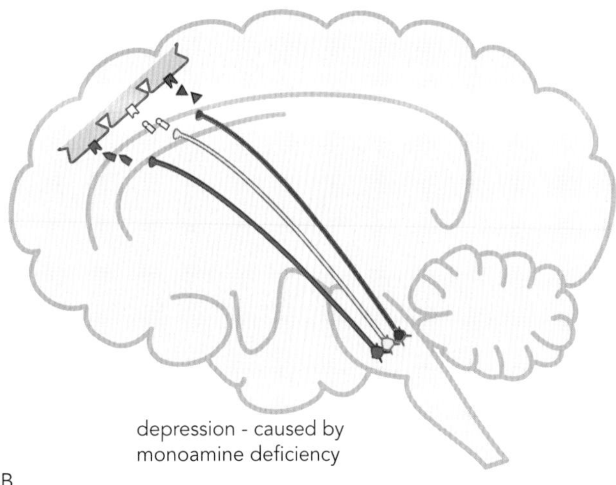

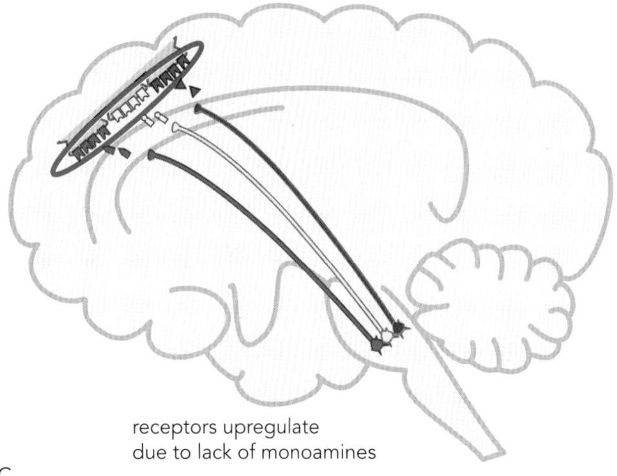

그림 6-24 우울증의 모노아민 수용체 가설. (A) 우울증의 고전적 모노아민 가설에 따르면, '정상' 양의 모노아민 신경전달물질 활성이 있을 때 우울증은 존재하지 않는다. (B) 우울증의 모노아민 가설은 '정상' 양의 모노아민 신경전달물질 활성이 어떤 이유로 감소, 고갈, 기능장애를 일으키면 우울증이 발생할 수 있다고 가정한다. (C) 우울증의 모노아민 수용체 가설은 우울증의 고전적 모노아민 가설을 확장한 것으로, 모노아민 신경전달물질의 활성이 부족하면 시냅스후 모노아민 신경전달물질 수용체의 상향조절이 일어나고 이것이 우울증으로 이어진다고 가정한다.

증의 모노아민 가설의 핵심 주제라면(그림 6-24B), 우울증의 신경전달물질 수용체 가설은 이 주제에서 한 걸음 더 나아가 신경전달물질의 고갈이 시냅스후 신경전달물질 수용체의 보상적 상향조절을 유발한다는 것이다(그림 6-24C). 이 가설에 대한 직접적인 증거도 일반적으로 부족하다. 그러나 사후 연구에 따르면 자살로 사망한 환자의 전두엽 피질에서 세로토닌 2 수용체의 수가 일관되게 증가한 것으로 나타났다. 또한 일부 신경영상 연구에서 우울증 환자의 세로토닌 수용체에서 이상이 확인되었지만, 이 접근법은 아직 우울증에서 모노아민 수용체의 일관되고 반복 가능한 분자 병변을 식별하는 데 성공하지 못했다. 그러므로 모노아민 결핍이 우울증을 설명한다는 명확하고 설득력 있는 증거는 없다. 즉 '진짜' 모노아민 결핍은 존재하지 않는다. 마찬가지로 우울증을 치료하는 모든 고전적 약물이 모노아민 수치를 높이지만, 모노아민 수용체의 이상이 우울증을 설명한다는 명확하고 설득력 있는 증거는 없다. 모노아민 가설은 기분장애에 대한 지나치게 단순화된 개념임이 분명할지라도, 이 가설은 세 가지 모노아민 신경전달물질인 노르에피네프린, 도파민, 세로토닌에 대한 관심을 집중시키는 데 매우 유용했다. 그 결과 이 세 가지 신경전달물질의 생리적 기능을 훨씬 더 잘 이해할 수 있게 되었고, 한동안 우울증에 대한 약리학적 치료 선택사항이 점점 더 다양해졌으며, 모노아민 표적을 주제로 한 많은 다양한 치료법이 개발되었다. 이러한 다양한 치료 접근법과 약물에 대해서는 제7장에서 자세히 논의한다.

모노아민을 넘어서: 우울증의 신경가소성 및 신경진행 가설

우울증이 단순히 모노아민 결핍으로 인한 것이 아니고 우울증 치료제는 단순히 결핍된 모노아민을 회복시킬 뿐이라는 힌트 중 하나는 고전적 우울증 치료제가 모노아민을 거의 즉시 증가시키지만 우울증의 임상적 개선은 몇 주 동안 지연된다는 관찰이다(그림 6-25). 이로 인해 임상적 항우울제 효과의 개시와 시간적 상관관계가 있는 분자적 사건을 찾게 되었다. 초기 연구 결과 중 일부는 우울증 치료제를 투여한 후 모노아민의 즉각적인 상승에 뒤이은 신경전달물질 수용체의 지연된 하향조절이 임상적 항우울제 효과의 개시와 시간적 상관관계가 있음을 보여주었다(그림 6-25 및 6-26). 신경전달물질 수용체의 하향조절은 우울증 치료에 사용되는 약물의 일부 부작용에 대한 내성의 시작과도 시간적 상관관계가 있다.

우울증 치료제를 투여한 후 임상적 항우울 효과가 나타나는 시기와 관련된 다른 분자적 사건으로는 뇌유래 신경영양인자brain-derived neurotrophic factor, BDNF와 같은 성장인자의 후속 합성을 들 수 있다(그림 6-27). 현재 주목할 만

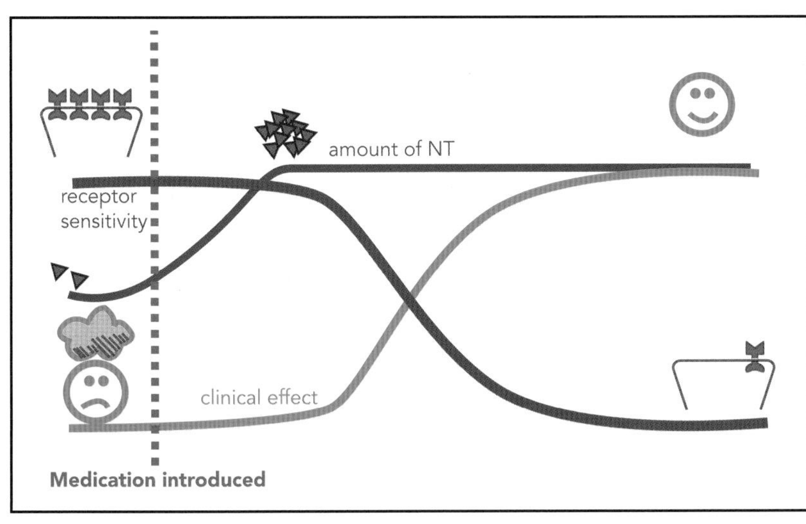

그림 6-25 우울증 치료제 효과의 시간 경과. 이 그림은 우울증 치료에 사용되는 대부분의 약물의 세 가지 효과, 즉 임상적 변화, 신경전달물질(NT) 변화, 수용체 민감도 변화에 대한 다양한 시간 경과를 보여준다. 특히 신경전달물질의 양은 우울증 치료제를 투여한 후 비교적 빠르게 변화한다. 그러나 신경전달물질 수용체의 탈민감화 또는 하향조절과 마찬가지로 임상적 효과는 지연된다. 이러한 임상적 효과와 수용체 민감도 변화의 시간적 상관관계로 인해 신경전달물질 수용체 민감도의 변화가 우울증에 사용되는 약물의 임상적 효과를 실제로 매개할 수 있다는 가설이 제기되었다. 이러한 임상적 효과에는 항우울 및 항불안 작용뿐만 아니라 급성 부작용에 대한 내성 발달도 포함된다.

Neurotransmitter Receptor Hypothesis of Antidepressant Action

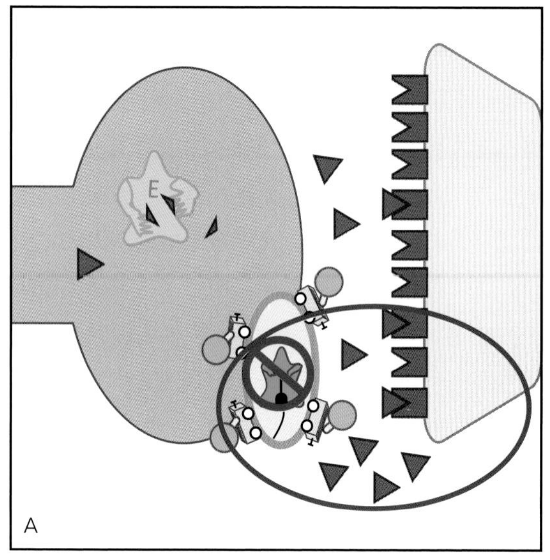

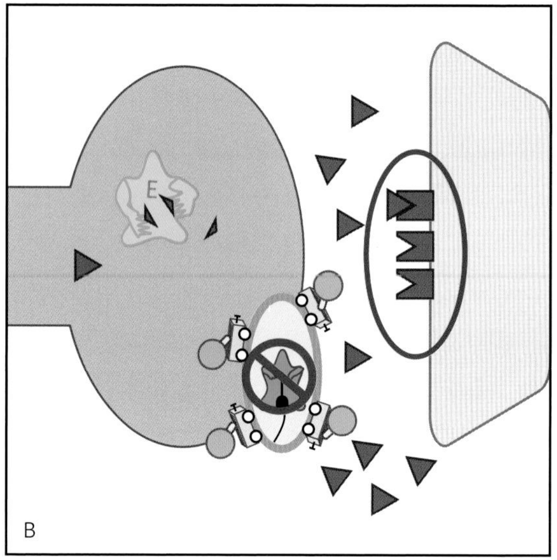

그림 6-26 항우울 작용에 대한 신경전달물질 수용체 가설. 우울증 치료제는 모노아민의 즉각적인 증가를 유발할지라도 즉각적인 치료효과는 없다. 이는 우울증이 모노아민 수용체의 상향조절에 의해 발생하며, 따라서 임상적인 항우울 효과는 여기에서 보여주는 것처럼 해당 수용체의 하향조절과 관련이 있다는 우울증의 모노아민 수용체 가설로 설명할 수 있다. (A) 모노아민 재흡수 펌프가 차단되면 시냅스에 더 많은 신경전달물질(이 경우 노르에피네프린)이 축적된다. (B) 신경전달물질의 가용성 증가는 궁극적으로 수용체의 하향조절을 유발한다. 수용체 적응의 시간 경과는 우울증 치료제의 임상적 효과 지연 및 부작용에 대한 내성 발달과 일치한다.

Monoamine Signaling Increases BDNF Release, Which Modifies Monoamine Innervation

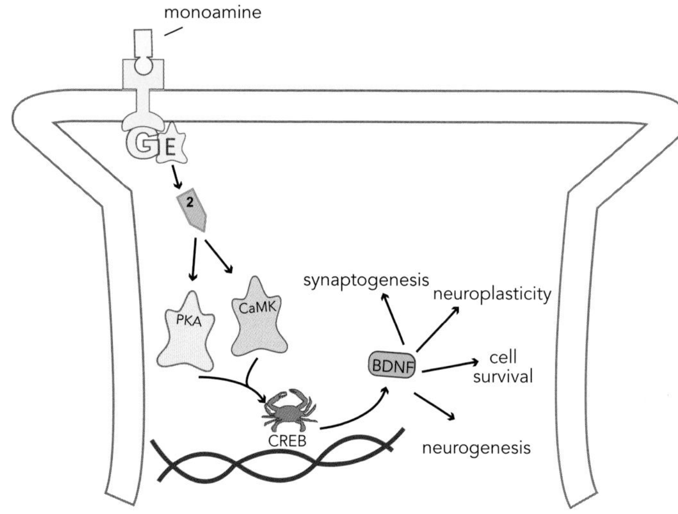

그림 6-27 모노아민 신호와 뇌유래 신경영양인자(BDNF) 방출. 우울증의 신경진행 가설에 따르면 우울증은 신경발생과 시냅스 가소성에 관여하는 단백질의 합성 감소로 인해 발생할 수 있다. BDNF는 모노아민 뉴런을 포함하여 미성숙 뉴런의 성장과 발달을 촉진하고, 성체 뉴런의 생존과 기능을 향상시키며, 시냅스 연결을 유지하는 데 도움을 준다. BDNF는 뉴런의 생존에 중요하기 때문에 수치가 감소하면 세포 위축에 기여할 수 있다. 어떤 경우에는 BDNF 수치가 낮으면 심지어 세포 소실이 발생할 수도 있다. 모노아민은 BDNF의 방출로 이어지는 신호전달 연쇄반응을 시작하여 BDNF의 가용성을 높일 수 있다. 따라서 재흡수 억제제에 의한 모노아민의 시냅스 가용성 증가는 신경영양인자의 후속 증가로 이어질 수 있으며, 이는 임상적 효과와 시간적으로 상관관계가 있는 분자적 효과이다.

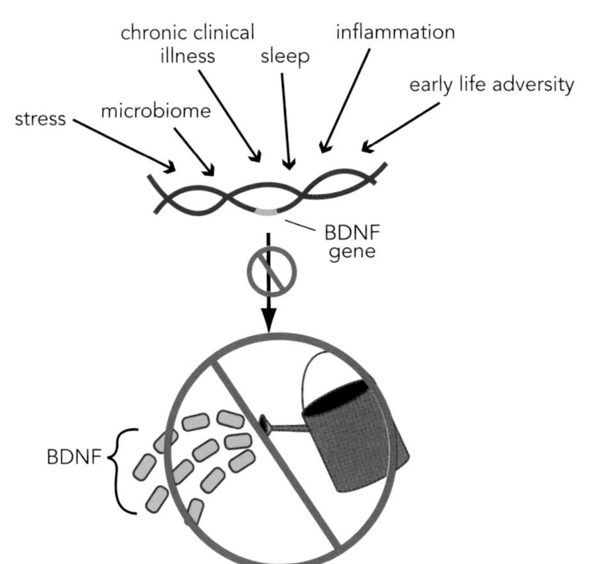

그림 6-28 유전적 및 환경적 요인은 신경영양인자의 소실로 이어질 수 있다. 뇌유래 신경영양인자(BDNF)와 같은 신경영양인자는 뉴런과 뉴런 연결의 적절한 성장과 유지에 중요한 역할을 한다. 만성 스트레스, 염증, 만성 질환, 생애 초기의 역경, 미생물무리유전체의 변화, 수면 변화 등 다양한 환경적 요인이 후성유전적 변화를 일으켜 BDNF의 유전자를 끄고 잠재적으로 BDNF의 생산을 감소시킴으로써 우울증의 신경진행에 기여할 수 있다.

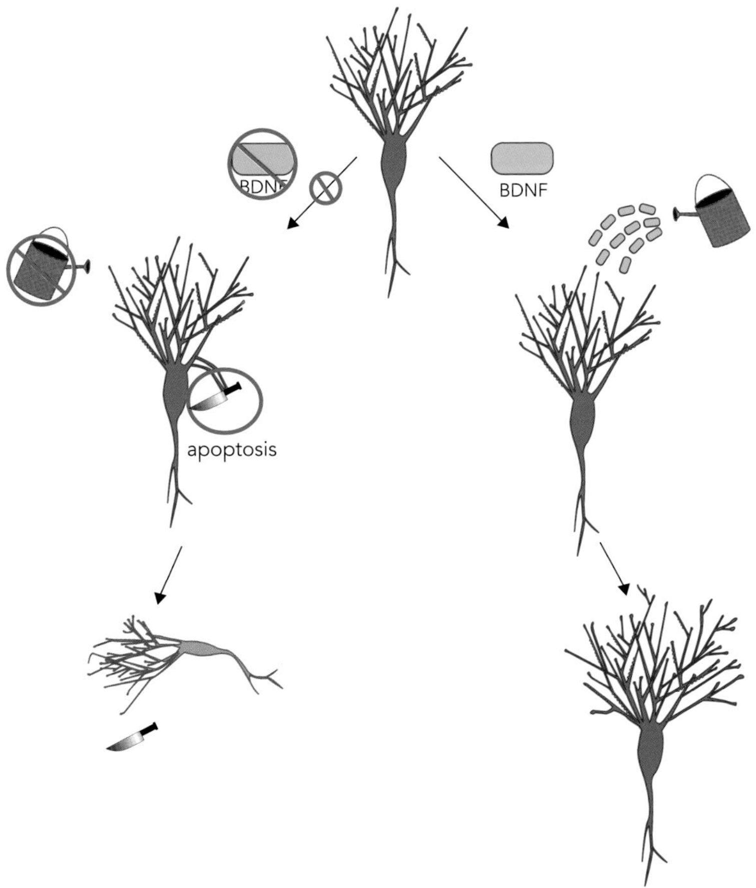

그림 6-29 뇌유래 신경영양인자(BDNF) 생성 억제. BDNF는 뉴런과 뉴런 연결의 적절한 성장과 유지에 중요한 역할을 한다(오른쪽). BDNF 유전자가 꺼지면(왼쪽), BDNF의 감소로 인해 뉴런과 뉴런 연결을 생성하고 유지하는 뇌의 능력이 손상될 수 있다. 이로 인해 시냅스가 소실되거나 심지어는 세포사멸에 의해 전체 뉴런이 소실될 수 있다.

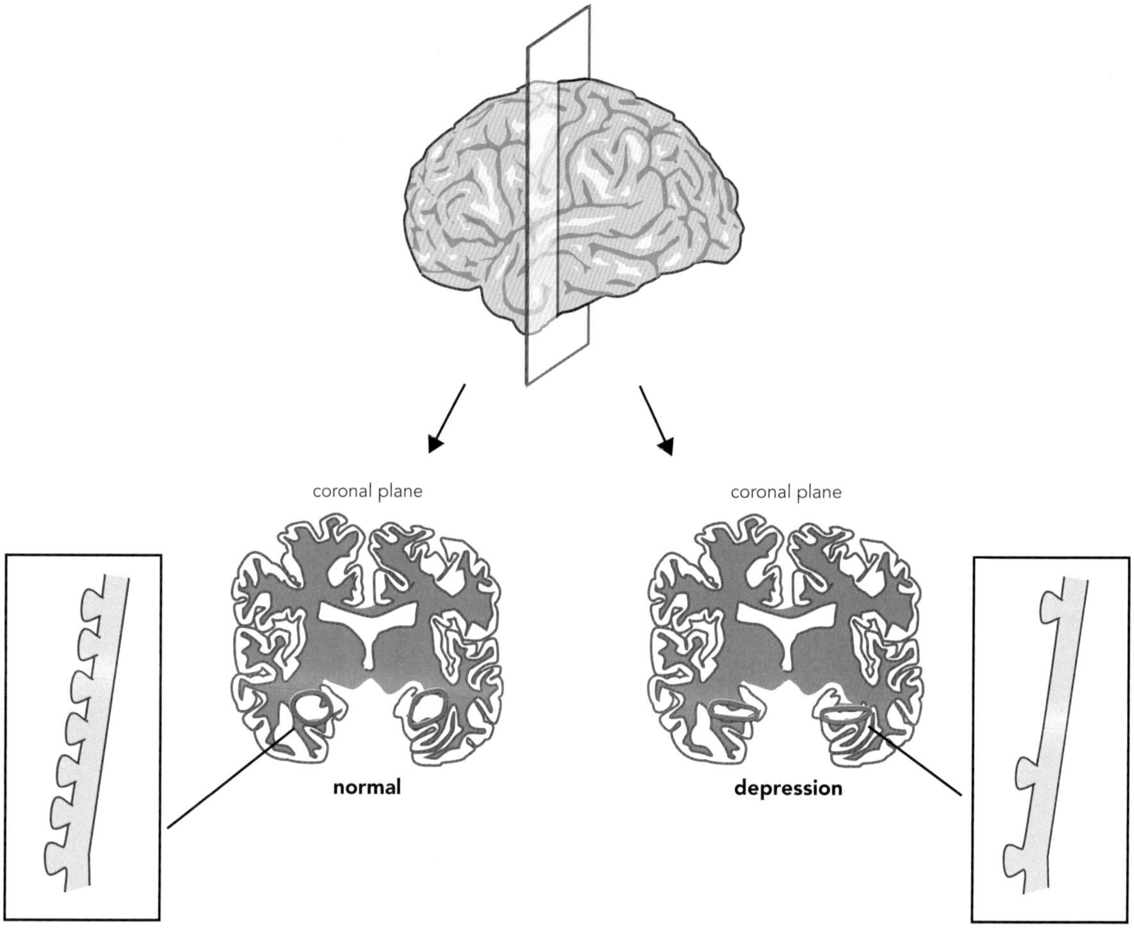

coronal plane
coronal plane
normal
depression

그림 6-30 우울증에서 가지돌기 가시의 소실. 신경영양인자의 감소는 시냅스 온전성 및 연결성 유지를 저해하고 궁극적으로 시냅스 소실로 이어질 수 있다. 해마 용적에 대한 구조적 자기공명영상 연구에서 우울증 환자는 가지돌기 가시가 더 적은 것으로 나타났다.

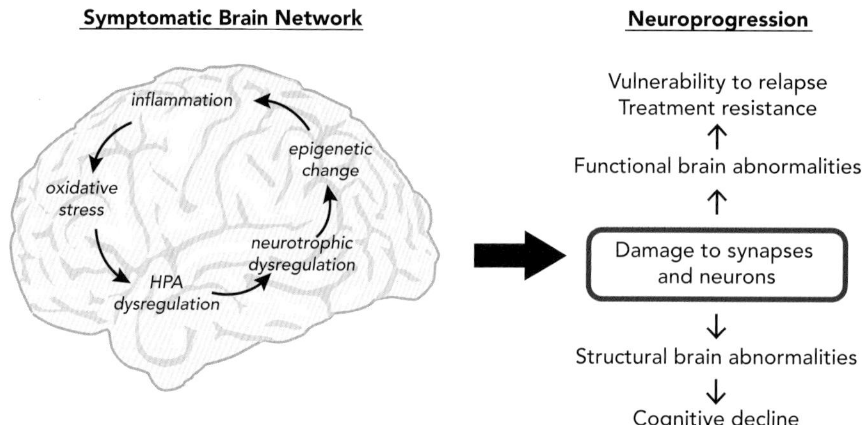

그림 6-31 우울증의 신경진행은 다원적이다. 우울증의 신경진행은 서로 상호작용하는 다수의 요인과 관련이 있을 수 있다. 염증, 산화 스트레스, 시상하부-뇌하수체-부신(HPA) 축의 조절장애는 모두 신경영양 조절장애에 기여할 수 있으며, 이는 후성유전적 변화로 이어져 염증, 산화 스트레스, HPA 축 기능장애를 더욱 악화시킬 수 있다. 이러한 모든 요인은 궁극적으로 시냅스와 뉴런의 손상에 기여하여 뇌의 기능적 및 구조적 이상을 초래할 수 있다.

한 가설 중 하나는 스트레스, 염증, 기타 유전적 및 환경적 요인(예: 생애 초기의 역경, 미생물무리유전체microbiome, 만성 질환)이 성장인자의 소실로 이어지고(그림 6-28), 이는 순차적인 신경진행을 야기하는데, 시냅스 유지의 결핍에서 시작하여 시냅스 및 가지돌기 분지의 소실, 궁극적으로 뉴런 자체의 소실에 이르며, 이 시점에서 신경진행은 비가역적이 된다는 것이다(그림 6-29, 왼쪽). 성장인자의 소실이 시냅스 온전성 및 연결성 유지에 미치는 영향이 그림 6-30의 현미경 삽화에 나와 있다(그림 오른쪽에서 시냅스 소실을 나타내는 가지돌기 가시의 소실 참조). 구조적 자기공명영상 뇌촬영에서 방대한 정도의 시냅스 및 뉴런의 소실이 관찰될 수 있다(그림 6-30). 또한 기능적 신경영상 연구에서도 우울증에서 뇌 회로의 연결성 이상이 보고되었다.

우울증의 신경진행에 대한 가설적 신경생물학은 다원적이다(그림 6-31). 성장인자의 생산 결핍 가능성(그림 6-27부터 6-29, 6-31) 이외에도 우울증에서 시상하부-뇌하수체-부신(HPA) 축 조절장애에 대한 오래 지속되는 이론이 있으며, 이 역시 신경퇴행에 기여할 수 있다(그림 6-31, 6-32A, 6-32B). 해마 부위와 편도체의 뉴런은 일반적으로 HPA 축을 억제하므로(그림 6-32A), 만약 스트레스로 인해 해마 및 편도체 뉴런이 위축되어 시상하부에 대한 억제 입력이 상실되면 HPA 축의 과활성으로 이어질 수 있다(그림 6-32B). 우울증에서는 당질부신피질호르몬glucocorticoid 상승과 되먹임 억제에 대한 HPA 축의 무감응insensitivity을 포함한 HPA 축의 이상이 오랫동안 보고되어 왔다(그림 6-32B). 높은 수준의 당질부신피질호르몬은 뉴런에 독성이 있으며, 만성 스트레스 아래에서 뉴런 위축에 기여할 수 있다는 일부 증거가 제시되었다(그림 6-32B). 우울증 및 기타 스트

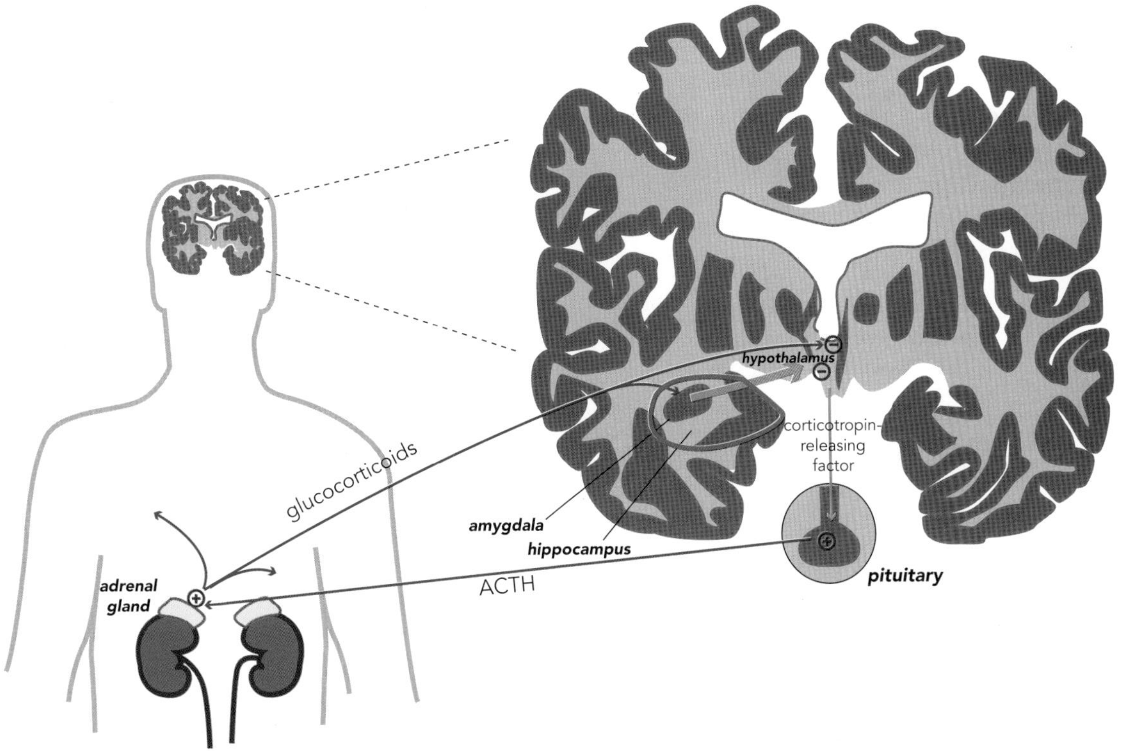

그림 6-32A 시상하부-뇌하수체-부신(HPA) 축. 정상적인 스트레스 반응은 시상하부의 활성화와 그에 따른 부신피질자극호르몬 방출인자(CRF)의 증가를 수반하며, 이는 다시 뇌하수체에서 부신피질자극호르몬(ACTH)의 방출을 자극한다. ACTH는 부신에서 당질부신피질호르몬 분비를 유발하고, 이는 시상하부로 되먹임하여 CRF 분비를 억제하여 스트레스 반응을 종결시킨다. 편도체와 해마도 시상하부에 입력을 제공하여 HPA 축의 활성화를 억제한다.

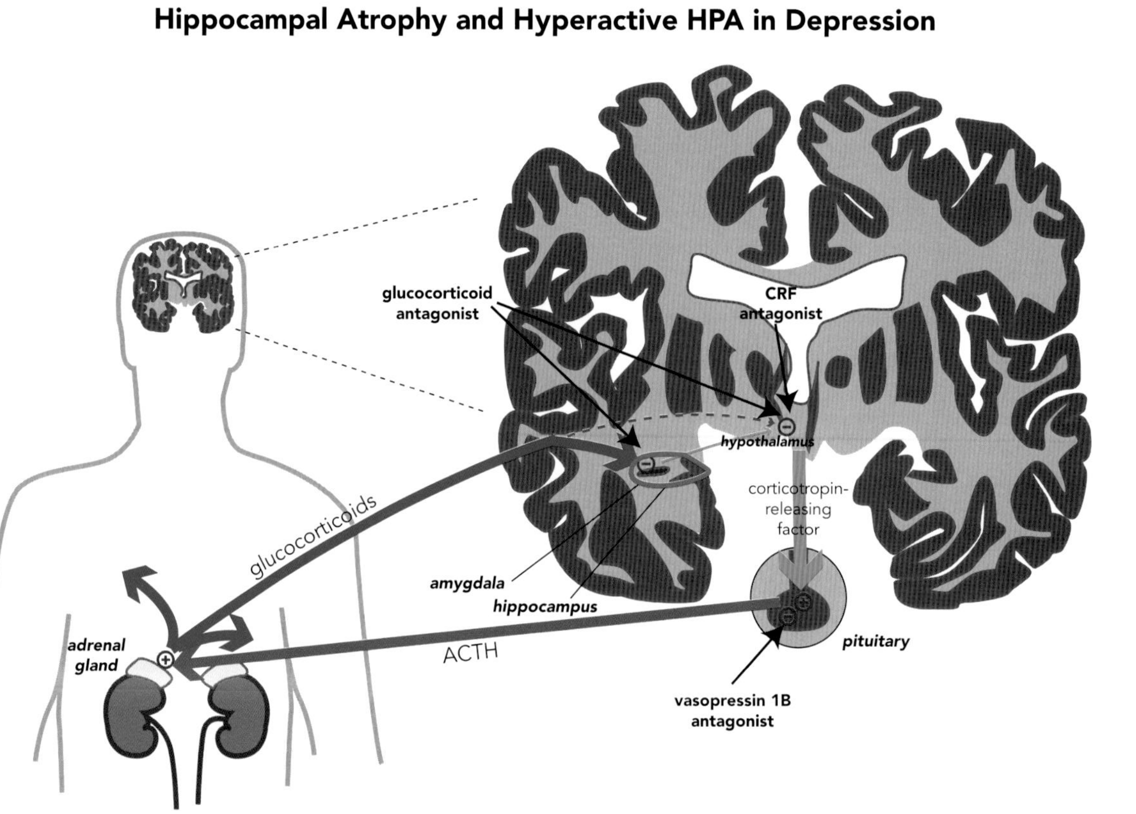

Hippocampal Atrophy and Hyperactive HPA in Depression

그림 6-32B 우울증에서 해마 위축과 HPA 축의 과활성. 만성 스트레스 상황에서 HPA 축의 과활성은 과도한 당질부신피질호르몬 방출로 이어져 결국 해마 위축을 유발할 수 있다. 해마는 HPA 축을 억제하기 때문에 이 부위의 위축은 HPA 축의 만성적인 활성화로 이어질 수 있으며, 이는 정신질환 발병 위험을 증가시킬 수 있다. HPA 축은 스트레스 처리의 중심이므로 스트레스로 유발된 장애를 치료할 수 있는 새로운 표적이 이 축에 있을 수 있다. 당질부신피질호르몬 수용체, 부신피질자극호르몬 방출인자(CRF) 수용체, 바소프레신 1B 수용체의 길항작용 등이 검토되고 있는 기전이다.

레스 관련 정신질환에서 이러한 HPA 이상을 막고 심지어 되돌리기 위해 부신피질자극호르몬 방출인자corticotropin-releasing factor, CRF 수용체, 바소프레신vasopressin 1B 수용체, 당질부신피질호르몬 수용체를 표적으로 하는 새로운 항우울제 치료가 시험 중에 있다(그림 6-32B).

일부 우울증 환자에게서 신경퇴행에 잠재적으로 기여할 수 있는 또 다른 요인은 신경염증이다(그림 6-33). 즉 많은 정신질환, 특히 우울증에서 중추신경계를 침범하는 염증에는 여러 가지 조건과 요인이 영향을 미친다(그림 6-33). 이러한 요인에는 만성 스트레스뿐만 아니라 비만, 유년기/아동기 역경, 미생물무리유전체의 파괴, 다수의 만성 염증성 질환이 포함된다(그림 6-33A). 우울증 환자에게서 이러한 요인들이 뇌의 미세교세포microglia를 활성화하여 전염증성 proinflammatory 분자를 방출하고(그림 6-33B), 이 분자들이 차례로 단핵구monocyte 및 대식세포macrophage와 같은 면역세포를 뇌로 끌어들여(그림 6-33C) 신경전달을 방해한다고 가정한다(그림 6-33D). 산화 화학 스트레스, 미토콘드리아 기능장애, HPA 축 기능장애, 신경영양인자 가용성 감소, 원치 않는 유전자 발현에 대한 후성유전적 변화를 일으켜(그림 6-31), 궁극적으로 시냅스 소실과 뉴런의 사멸로 이어진다(그림 6-31 및 6-33D).

적어도 일부 우울증 환자의 신경생물학적 근거에 대한 또 다른 가설은 우울증이 수면-각성 주기의 위상지연phase delay을 초래하는 하루주기리듬장애circadian rhythm disorder라는 것이다(그림 6-34). 위상지연의 정도는 우울증의 중증도와 상관관계가 있다. 우울증에서는 하루 체온 주

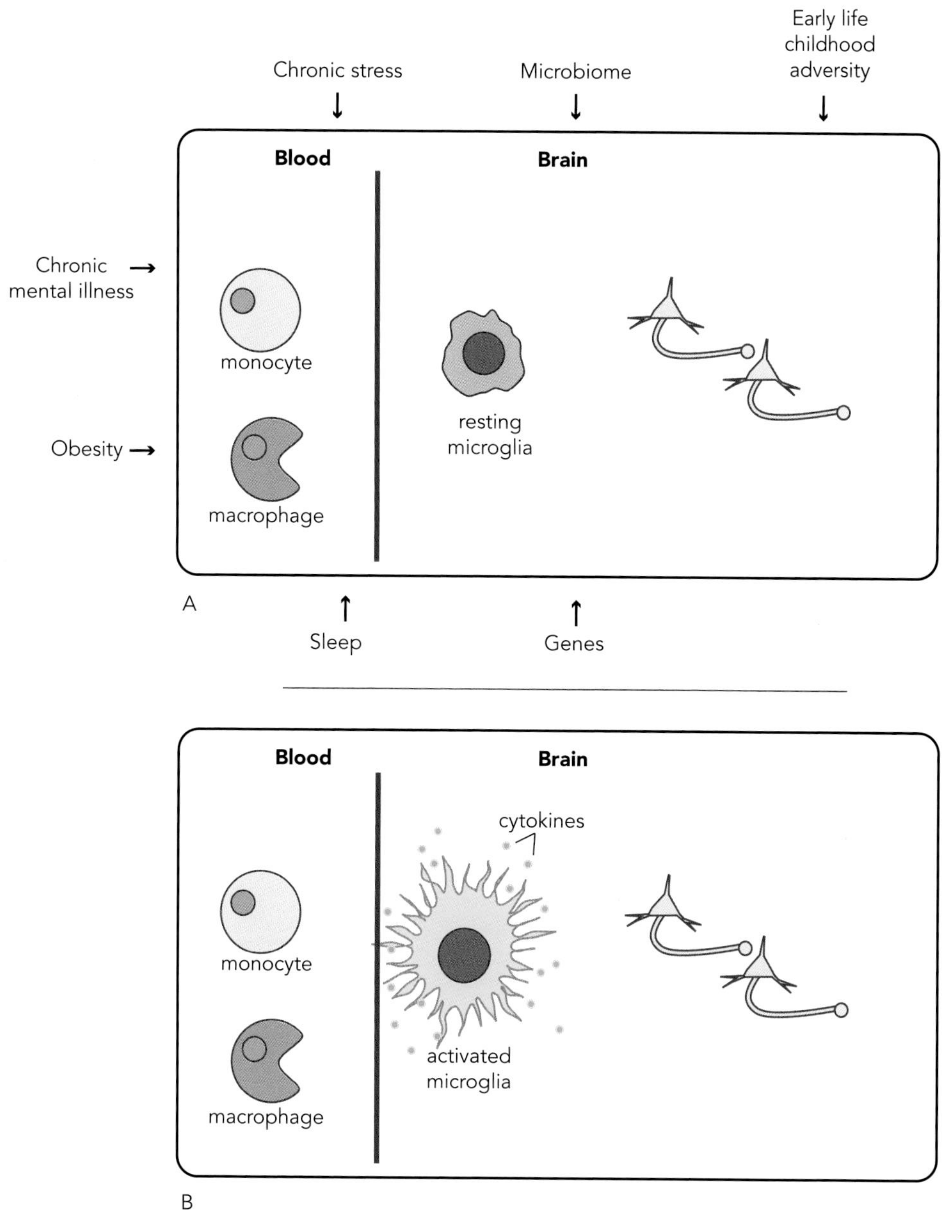

그림 6-33 우울증의 신경염증. 우울증의 신경퇴행은 일부 환자에서 신경염증의 발생과 관련이 있을 수 있다. (A) 만성 스트레스, 비만, 생애 초기의 역경, 미생물무리유전체의 파괴, 만성 수면 문제, 만성 염증성 질환이 모두 신경염증의 발생에 기여할 수 있다. 여기에 표시된 것은 혈액과 안정기 신경교세포 내 면역 인자이다. (B) 만성 스트레스, 비만 등으로 인해 뇌의 미세교세포가 활성화되면 전염증성 사이토카인을 방출할 수 있다.

기가 평평해지고, 하루 종일 코티솔 분비가 증가하며, 밤에 그리고 어둠 속에서 정상적으로 최고조에 이르는 멜라토닌 분비 또한 감소하는 등 하루주기리듬의 여러 생리적 측정치도 변한다(그림 6-35). 우울증에서 코티솔 분비 증가와 HPA 축의 이상은 위에서 논의했다(그림 6-32A 및 B). 우울증에서 교란될 수 있는 다른 하루주기리듬으로는 위에서 설명한 BDNF와 신경발생의 감소가 있으며, 이러한 리듬은 일반적으로 밤에 최고조에 달한다. 생물학적 과정의 비동기화는 우울증에서 매우 널리 퍼져 있기 때문에, 우울증을 근본적으로 하루주기 질환으로 규정할 수 있다. 적어도 일부

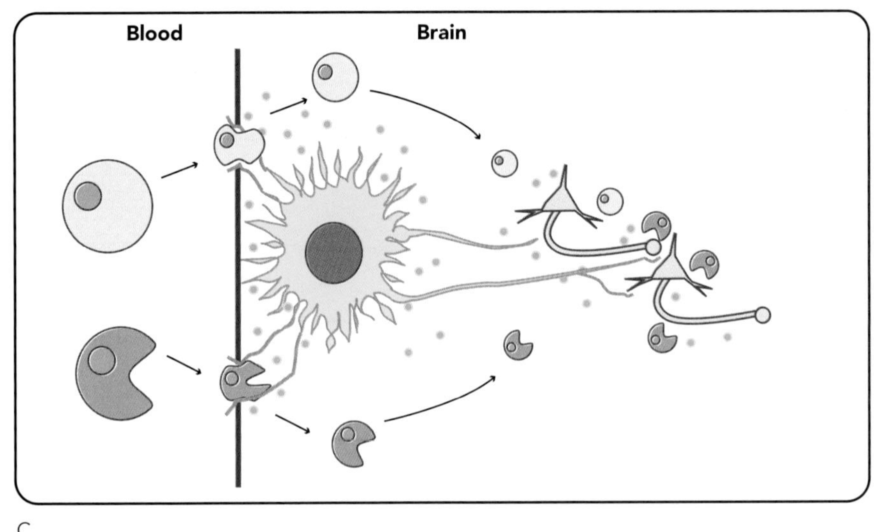

C

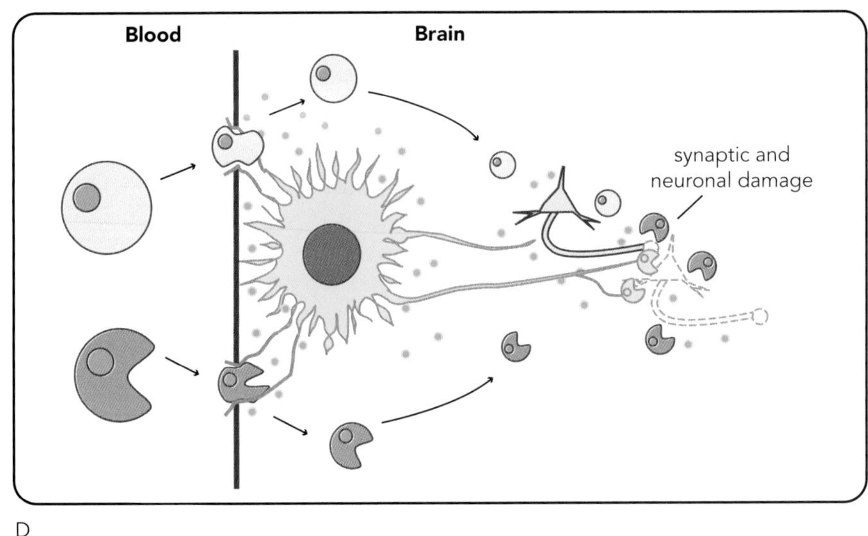

D

그림 6-33(계속) (C) 전염증성 사이토카인은 단핵구 및 대식세포와 같은 면역 세포를 뇌로 끌어들인다. (D) 단핵구와 대식세포는 신경전달을 방해하고, 산화 스트레스와 미토콘드리아 기능장애를 일으키고, HPA 축 기능에 영향을 미치고, 신경영양인자의 가용성을 감소시키고, 후성유전적 변화를 초래하여 궁극적으로 시냅스 소실과 신경세포 사멸을 초래할 수 있다.

환자의 경우, 우울증은 하루주기 시계의 '고장'으로 인한 것일 수 있다. 다수의 유전자가 명암 리듬에 민감한 하루주기 방식으로 작동하며, 이를 시계 유전자라고 부른다. 다양한 시계 유전자의 이상은 기분장애와 관련이 있으며, 하루주기 리듬장애가 있는 환자(그림 6-34)의 경우 밝은 빛(그림 6-36A), 멜라토닌(그림 6-36B), 위상전진, 위상지연, 심지어 수면 박탈과 같은 하루주기리듬 치료가 치료효과를 가져올 수 있다.

신경염증, 스트레스, 유전, 환경에 의해 촉발되는 이러한 다양한 요인들(그림 6-28, 6-30, 6-31, 6-33)은 기능 저하를 동반한 뇌의 구조적 이상과 시냅스 기능장애에 기여할 뿐만 아니라, 이론상으로 이 요인들은 결국 우울증에서 최소 세 가지의 매우 원치 않는 임상적 결과를 초래하게 된다.

지속적인 인지기능 저하

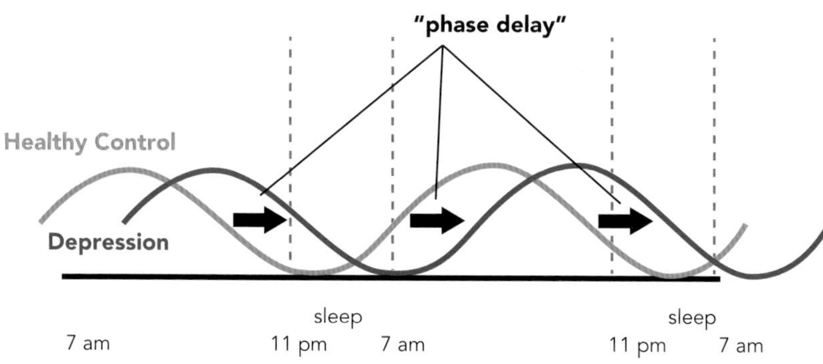

그림 6-34 우울증은 수면/각성 주기의 하루주기 리듬에 위상지연을 일으킬 수 있다. 하루주기리듬은 24시간 주기로 발생하는 사건을 설명한다. 많은 생물학적 시스템이 하루주기리듬을 따르며, 특히 하루주기리듬은 수면/각성 주기를 조절하는 데 핵심적인 역할을 한다. 우울증 환자의 하루주기리듬은 종종 '위상지연'을 보이는데, 이는 아침에 각성이 촉진되지 않아 늦게 잠드는 경향이 있다는 것을 의미한다. 또한 밤에 잠드는 데 어려움을 겪기 때문에 낮 동안 졸음이 더 심해진다.

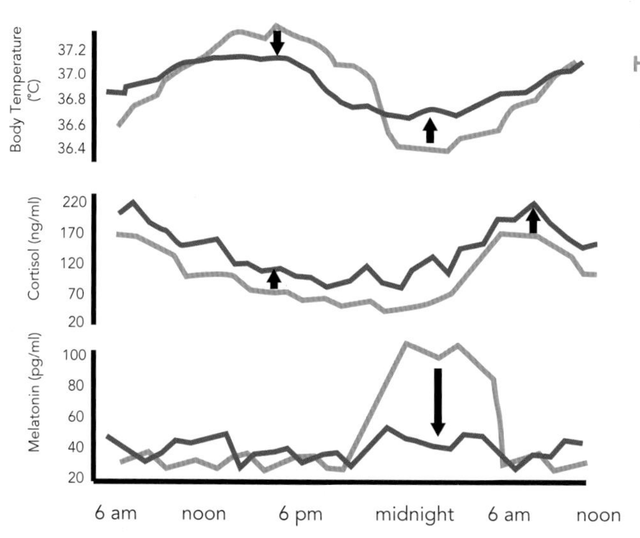

그림 6-35 일부 우울증 환자에서는 하루주기리듬의 생리적 측정치가 변경된다. 하루주기리듬은 체온, 호르몬 수치, 혈압, 신진대사, 세포 재생, 수면/각성 주기, DNA 전사 및 번역을 포함한 다수의 생물학적 기능에서 분명하게 나타난다. 하루주기리듬에 따른 내부 조정은 최적의 건강에 필수적이다. 우울증에서는 24시간 주기 동안 체온의 변동이 적고, 패턴은 동일하지만 24시간 동안 코티솔 수치가 상승하며, 밤에 멜라토닌 수치가 급상승하지 않는 등 하루주기리듬의 생리적 측정값이 변경된다.

우울증의 추가 삽화에 대한 취약성 증가

우울증 치료제인 모노아민 치료에 대한 내성

물론 주요우울 삽화는 슬픔과 우울이라는 기분 증상 때문에 명명되었으며, 실제로 슬픈 기분이 전반적인 기능의 장애와 가장 강력한 연관성이 있지만, 전반적인 기능의 장애와 두 번째로 강력한 연관성은 인지증상이며, '인지장애'가 아닌 '기분장애'라고 불리는 것이 다소 의외일 수 있다. 기능적 뇌영상 연구에 따르면, 우울증 환자는 등가쪽 전전두엽피질과 전대상피질 등 인지 조절에 관여하는 뇌 영역에서 더 많은 활성화를 보였기 때문에 더 많은 노력이 필요한 사고에서 인지 저하가 나타날 수 있다고 한다. 우울증에서 해마 감소는 위에서 논의하였고, 그림 6-30에 삽화로 설명되어 있으며, 치료받지 않은 우울증의 기간과 상관관계가 있다. 해마 용적이 더 적은 우울증 환자는 결과가 더 나쁘다. 암울한 통계에 따르면 우울증에서 기억력은 이전의 우울 삽화 횟수에 따라 악화되는데, 이는 우울 삽화가 뇌에 손상을 입히고 그 손상이 누적되는 것처럼 보인다. 흥미롭게도 이러한 가능성을 뒷받침하는 것은 우울증의 인지 기능장애가 현재 우

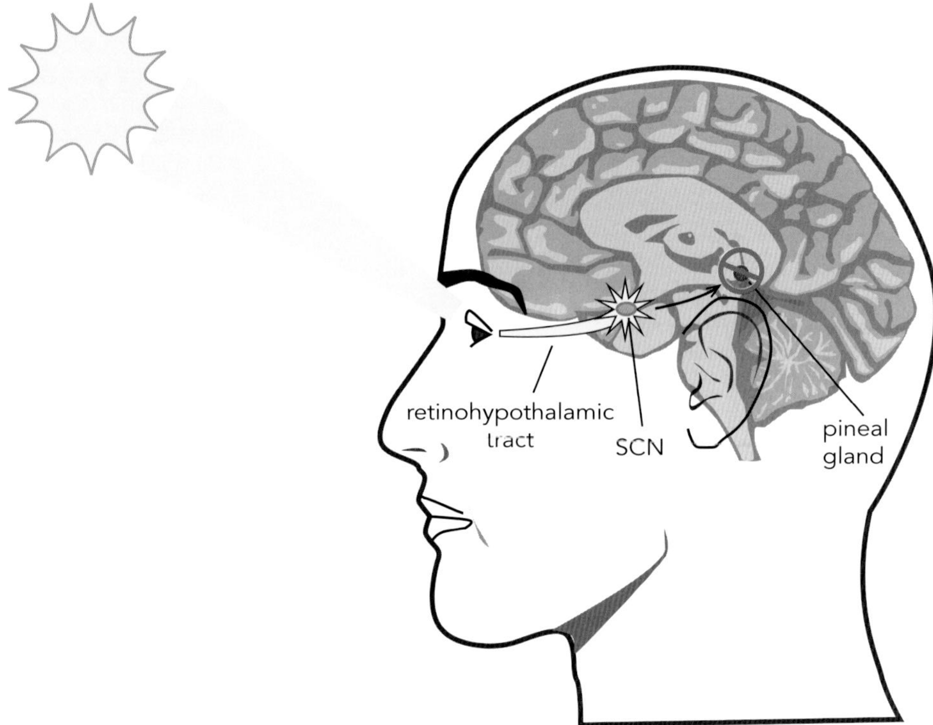

그림 6-36A **하루주기리듬 설정.** 다양한 요인이 하루주기리듬 설정에 영향을 미칠 수 있지만, 빛은 가장 강력한 동기장치이다. 눈을 통해 빛이 들어오면, 망막시상하부로를 통해 시상하부 내 시신경교차위핵(SCN)으로 전달된다. 차례로 SCN은 솔방울샘에 멜라토닌 생산을 중단하라는 신호를 보낸다. 하루주기리듬 조절장애가 있는 우울증 환자의 경우, 이른 아침에 밝은 빛요법이 하루주기리듬을 재설정하는 데 도움이 될 수 있다.

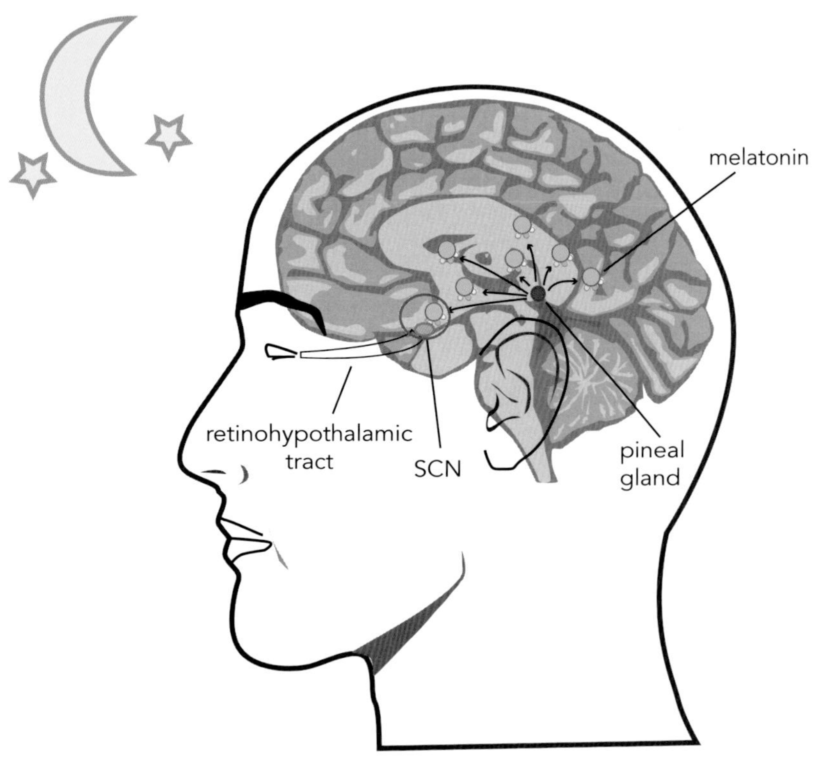

그림 6-36B **멜라토닌과 하루주기리듬.** 어둠 속에서는 망막시상하부로에서 시상하부의 시신경교차위핵(SCN)으로의 입력이 없다. 따라서 어둠은 솔방울샘에 멜라토닌을 생성하라는 신호를 보낸다. 이어서 멜라토닌은 SCN에 작용하여 하루주기리듬을 재설정할 수 있다. 하루주기리듬 조절장애가 있는 우울증 환자의 경우, 초저녁에 멜라토닌을 섭취하면 하루주기리듬을 재설정하는 데 도움이 될 수 있다.

울 삽화에서 증상의 중증도가 아니라 과거 우울 삽화의 횟수 및 지속 기간과 관련이 있을 수 있다는 관찰이며, 이는 과거의 손상을 다시 한 번 시사한다. 인지증상은 슬픔과 다른 증상이 회복된 후 우울 삽화 사이에, 가장 많지는 않더라도 가장 흔한 잔여 증상 중 하나이다. 따라서 주요우울장애에서 인지증상은 기분증상보다 더 오래 지속될 수 있다.

인지 기능장애는 얼마나 심할까? 일부 전문가들은 하룻밤 동안 수면 박탈을 겪었거나 술에 만취한 후 또는 고용량의 벤조디아제핀이나 항히스타민제를 복용한 후와 거의 동일한 정도의 손상이라고 추정한다. 이 정도의 인지 기능장애를 가지고 아침부터 밤까지 생활한다고 상상할 수 있는가? 이 정도의 인지 기능장애는 우울증 환자에게만 국한된 것이 아니라 단극성장애에서 양극성장애, 조현병, 불안/외상/충동장애, 주의력결핍 과잉행동장애 등 다양한 정신질환에서 매우 흔하게 나타난다. 따라서 정신질환 전반에 걸쳐 현재의 치료법으로 인지증상을 표적으로 삼는 것은 중요한 치료 전략이며, 더 나은 인지 치료제가 절실히 요구되고 있다. 그동안에 우울증의 인지 및 기능적 부작용을 예방할 수 있는 가장 좋은 방법은 아마 가능한 한 조기에 완전히 치료하는 것이다.

실제로 우울증의 구조적 및 기능적 결과의 변화는 뉴런의 소실 없이 시냅스의 소실 단계에서 포착되면 잠재적으로 가역적일 수 있으며, 이것이 바로 글루타메이트 및 GABA 시스템에 작용하는 속효성 우울증 치료제가 새로운 시냅스의 형성을 촉발할 가능성이 있는 이유이기도 하다. 이러한 약물에 대해서는 제7장에서 논의한다. 여기서는 모노아민 표적 약물이 효과적일 때 신경가소성의 후속 개선이 가능할 수 있다는 점만 언급할 것이다. 최근에는 새로운 우울증 치료제로 글루타메이트 신경전달을 활성화한 후 신경가소성 동물 모델에서 개선이 관찰될 수 있다는 사실이 밝혀졌다

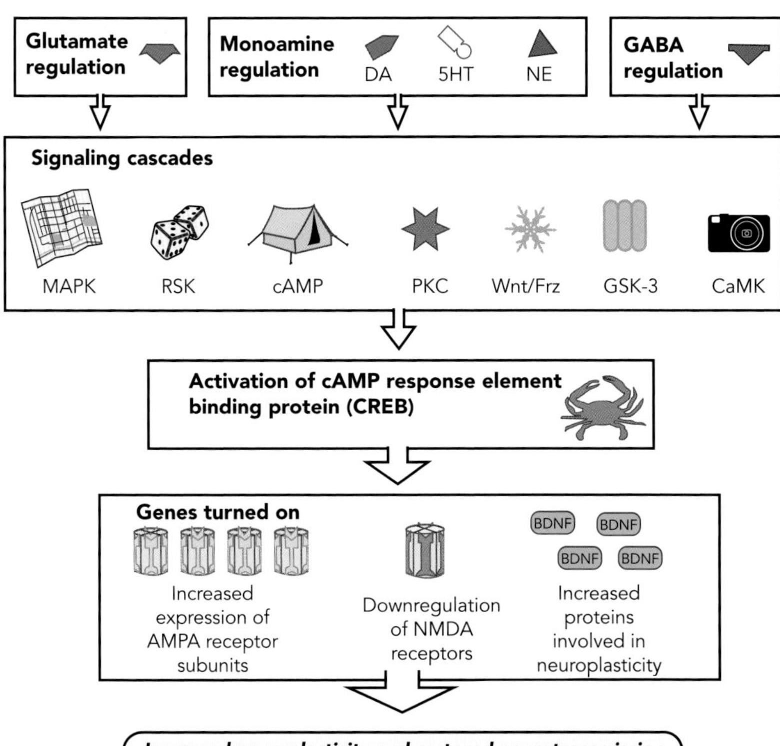

그림 6-37 신경가소성에 대한 후속 효과. 우울증에서는 후속 신호전달에 결함이 생겨 뇌유래 신경영양인자(BDNF)와 같이 신경생성 및 시냅스 가소성에 관여하는 단백질의 합성이 감소할 수 있다. 전통적 모노아민 재흡수 억제제뿐만 아니라 글루타메이트나 GABA에 영향을 미치는 새로운 약제를 포함한 우울증 치료제는 다양한 신호전달 연쇄반응을 자극할 수 있다. 표시된 각 신호전달 연쇄반응은 cAMP 반응요소결합단백질(CREB)을 활성화할 수 있으며, 이는 BDNF를 포함하여 신경가소성에 관여하는 다수의 유전자 발현을 유도할 수 있다. 시냅스 가소성의 또 다른 형태인 장기 강화작용(LTP)은 글루타메이트 수용체의 조절을 통한 시냅스 강화와 관련이 있다. CREB의 활성화는 α-아미노-3-하이드록시-5-메틸-4-이소옥사졸-프로피온산(AMPA) 수용체 아단위의 발현을 증가시키고 *N*-메틸-D-아스파르트산(NMDA) 수용체를 하향 조절한다. AMPA를 증가시키고 NMDA 입력을 줄임으로써 AMPA:NMDA 수용체 비율을 변경하면 글루타메이트 항상성을 회복하고 우울한 뇌의 신경가소성을 촉진할 수 있다.

(그림 6-37). 현재 개발 중인 새로운 GABA 약물에서도 이러한 현상이 나타날 수 있다. 그렇다면 이러한 새로운 약제는 분자 효과(그림 6-37)가 시냅스 소실을 되돌리고 몇 분에서 몇 시간 내에 새로운 시냅스 생성을 보여줄 수 있기 때문에 항우울 효과가 빠르게 나타날 가능성이 있다(그림 6-30에서 우울증에서 시냅스 소실의 반전을 보여줌. 제7장 참조). 또한 글루타메이트, GABA, 기타 비모노아민을 표적으로 하는 약제가 모노아민 치료제에 반응하지 않는 환자의 치료에 도움이 될 가능성도 있다. 우울증을 성공적으로 치료할 수 있는 기전의 약물에 의한 신경전달물질 관련 신호전달 연쇄반응의 복원은 가설상으로 BDNF 및 기타 영양인자를 증가시켜 잠재적으로 소실된 시냅스를 복원할 수 있다. 해마와 같은 일부 뇌 영역에서는 시냅스가 잠재적으로 회복될 수 있을 뿐만 아니라 일부 소실된 뉴런이 신경발생으로 대체될 가능성도 있다.

기분장애의 증상 및 회로

현재 정신의학의 주요 가설은 정신적 증상이 특정 뇌 회로의 비효율적인 정보처리와 관련이 있으며, 교점node이라고도 불리는 여러 뇌 영역과 여러 뇌 회로에 걸쳐 서로 다른 기능의 지형적 분포에 대한 이해가 발전함에 따라, 서로 다른 회로가 서로 다른 증상을 매개하고, 연결이 네트워크를 형성한다는 것이다. 다소 환원주의적이고 지나치게 단순화될 수 있지만, 이론적 개념은 네트워크의 특정 교점을 특정 정신적 증상과 연관시키는 것이다. 여기서는 이 개념이 주요우울 삽화의 아홉 가지 증상(그림 6-1)과 조증 삽화의 아홉 가지 증상(그림 6-2)에 어떻게 적용될 수 있는지 논의할 것이다.

정신병리 영역과 그 기저에 있는 회로에 대한 우리의 정보가 아직 불완전하고 진화 중인데 왜 이렇게 해야 할까? 그것은 환자의 현재 증상과 치료 후에도 지속되는 증상을 더 잘 이해하는 데 도움이 되기 때문이다. 이 접근법의 목표는 완전관해complete remission에 도달하기 위해 모든 증상을 완화하는 전략을 세우고, 정상 기능과 정신질환에서 신경전달물질에 의해 조절되는 것으로 일반적으로 생각되는 특정 회로를 기반으로 가능한 한 합리적으로 증상을 완화하는 것이다. 또한 이러한 전략에는 동일한 신경전달물질의 조절을 표적으로 하는 것으로 알려진 약물을 합리적으로 사

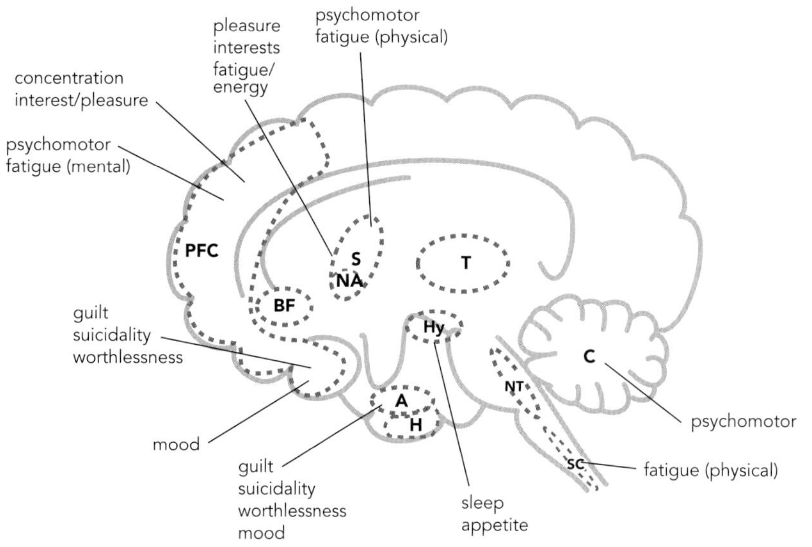

그림 6-38 우울 증상을 회로와 연결하기. 여기에 표시된 각 뇌 영역의 뉴런 활성과 정보처리 효율성의 변화는 주요우울 삽화의 증상으로 이어질 수 있다. 각 뇌 영역의 기능성은 가설상으로 다른 증상 집합체와 연관되어 있다. PFC: prefrontal cortex, BF: basal forebrain, S: striatum, NA: nucleus accumbens, T: thalamus, Hy: hypothalamus, A, amygdala, H: hippocampus, NT: brainstem neurotransmitter centers, SC: spinal cord, C: cerebellum.

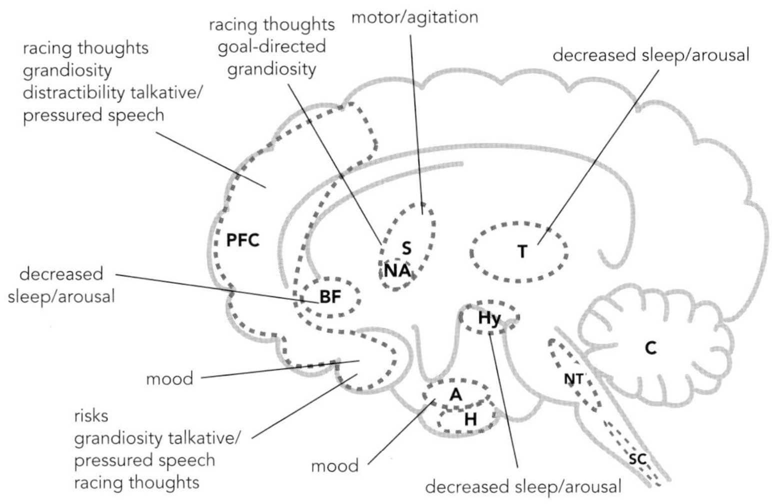

그림 6-39 조증 증상을 회로와 연결하기. 여기에 표시된 각 뇌 영역 내 신경전달의 변화는 조증 삽화의 다양한 증상과 가설상으로 연결될 수 있다. 각 뇌 영역의 기능성은 서로 다른 증상 집합체와 연관될 수 있다. PFC: prefrontal cortex, BF: basal forebrain, S: striatum, NA: nucleus accumbens, T: thalamus, Hy: hypothalamus, A: amygdala, H: hippocampus, NT: brainstem neurotransmitter centers, SC: spinal cord, C: cerebellum.

용하여 해당 신경전달물질이 조절하는 증상의 개선을 목표로 삼는 것도 포함된다.

이제 이 전략이 어떻게 작동하는지 설명할 것이다. 주요우울 삽화의 진단을 위해 나열된 아홉 가지 증상 각각은 비효율적인 정보처리가 이러한 증상을 이론상으로 매개하는 뇌 회로에 매핑mapping될 수 있다(그림 6-1과 그림 6-38 비교). 조증 삽화의 진단을 위해 나열된 각 증상은 유사하게 동일한 뇌 회로 중 일부에 매핑될 수 있지만, 일부 다른 뇌 회로에도 매핑될 수 있다(그림 6-2와 6-39 비교). 세 가지 모노아민 신경전달물질 시스템에 의한 다양한 뇌 영역의 신경분포에 주목하자(그림 6-40). 글루타메이트와 GABA는 본질적으로 뇌의 모든 영역에 걸쳐 어디에나 존재한다. 모노아민 신경분포의 이러한 양상은 뇌 영역의 정보처리 효율을 개선하여 증상을 완화하기 위해 다양한 신경전달물질을 표적화할 수 있는 기회를 제공한다. 정신적 증상을 조절하는 네트워크의 각 교점에는 부분적으로 중복되는 고유한 양상으로 신경전달물질이 분포되어 있으며, 이는 가설상으로 기능불량인 각 특정 뇌 영역을 조절한다(그림 6-38부터 6-40까지 참조). 이러한 뇌 영역을 조절하는 관련 신경전달물질에 작용하는 약물로 각 영역을 표적으로 삼으면 잠재적으로 각 개별 증상을 완화할 수 있다. 특정 신경전달물질이 매개하는 신경전달을 조정하면 각 특정 증상에 대해 가설상으로 기능불량인 회로에서 정보처리의 효율성이 향상되어 해당 증상을 완화할 수 있다는 아이디어이다. 만약 성공한다면, 특정 뇌 영역의 신경전달물질의 표적화는 모든 증상을 없애고 주요우울장애를 관해로 이끌 수도 있다.

우울증의 기분 관련 증상 중 상당수는 긍정적인 정동이 너무 적거나 부정적인 정동이 너무 많은 것으로 분류할 수 있다(그림 6-41). 이러한 개념은 뇌 전체에 모노아민이 광범위하게 해부학적으로 연결되어 있으며, 이 시스템에서 광범위한 도파민 기능장애는 주로 긍정적 정동의 감소를, 세로토닌 기능장애는 주로 부정적 정동의 증가를 일으키고, 노르에피네프린 기능장애는 두 가지 모두에 관여한다는 사실과 관련이 있다. 따라서 감소된 긍정적 정동은 우울한 기분뿐만 아니라 행복감, 기쁨, 흥미, 즐거움, 각성, 에너지, 열정, 자신감의 상실과 같은 증상도 포함한다(그림 6-41, 왼쪽). 도파민 기능과 아마도 노르에피네프린 기능의 향상은 이러한 증상군을 매개하는 회로의 정보처리를 개선시킬 수 있다. 반면에 증가된 부정적 정동은 우울한 기분뿐만 아니라 죄책감, 혐오감, 공포, 불안, 적개심, 과민성, 외로움도 포함한다(그림 6-41, 오른쪽). 세로토닌 기능과 아마도 노르에피네프린 기능의 향상은 이러한 증상군을 가설상으로

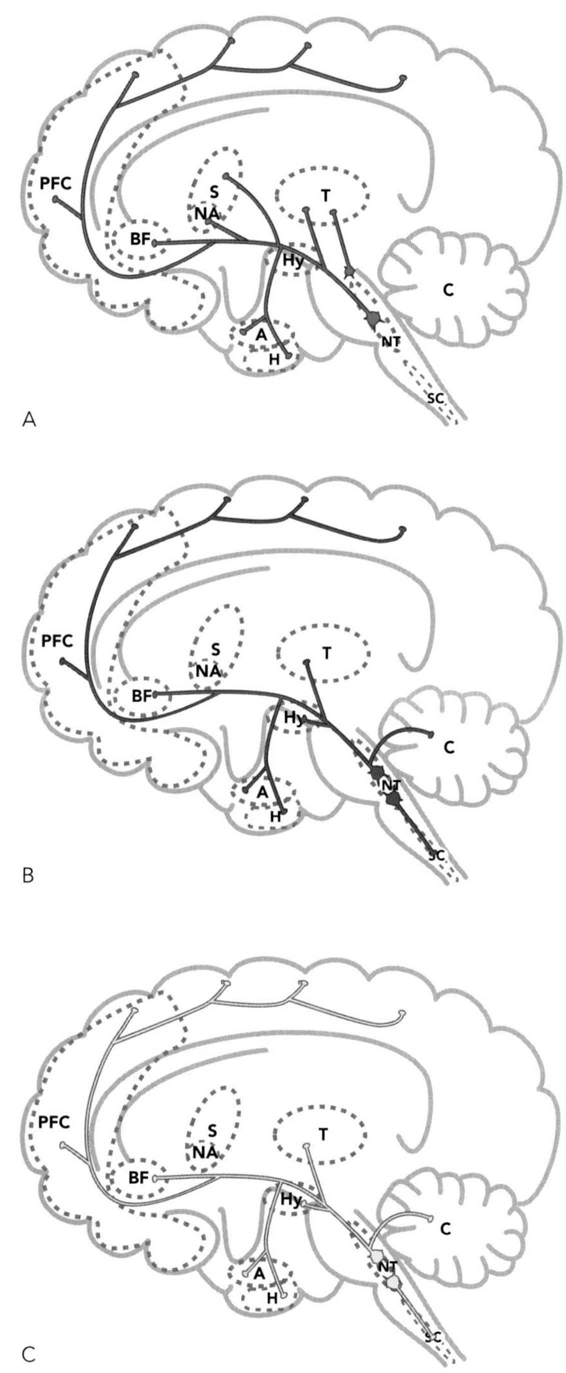

그림 6-40 주요 모노아민 투사. (A) 도파민은 주로 뇌간(특히 배쪽뒤판구역과 흑질)에서 시작하여 시상하부를 통해 전전두엽피질, 기저전뇌, 선조체, 기댐핵 및 기타 영역으로 확장되는 광범위한 상행 투사를 가지고 있다. 도파민 신경전달은 운동, 쾌락과 보상, 인지, 정신병 및 기타 기능과 관련이 있다. 이외에도 다른 부위에서 시상으로 직접 투사되어 각성 및 수면에 관여할 수 있는 '시상 도파민 시스템'을 생성한다. (B) 노르에피네프린은 상행 및 하행 투사가 모두 있다. 상행 노르아드레날린 투사는 주로 뇌간의 청반에서 시작하며, 그림과 같이 여러 뇌 영역으로 확장되어 기분, 각성, 인지 및 기타 기능을 조절한다. 하행 노르아드레날린 투사는 척수 아래로 확장되어 통증 경로를 조절한다. (C) 노르에피네프린과 마찬가지로 세로토닌은 상행 및 하행 투사를 모두 가지고 있다. 상행 세로토닌 투사는 주로 뇌간의 솔기핵에서 시작하며 노르아드레날린 투사와 동일한 많은 영역으로 확장된다. 이러한 상행 투사는 기분, 불안, 수면 및 기타 기능을 조절할 수 있다. 하행 세로토닌 투사는 뇌간 아래로 척수를 따라 확장되며 통증을 조절할 수 있다. PFC: prefrontal cortex, BF: basal forebrain, S: striatum, NA: nucleus accumbens, T: thalamus, Hy: hypothalamus, A: amygdala, H: hippocampus, NT: brainstem neurotransmitter centers, SC: spinal cord, C: cerebellum.

매개하는 회로의 정보처리를 개선시킬 수 있다. 두 가지 증상군이 모두 나타나는 환자의 경우, 세 가지 모노아민을 모두 강화하는 삼중 작용 치료가 필요할 수 있다.

특정 뇌 회로의 정보처리 효율성에 대한 신경전달물질 조절의 동일한 일반적 패러다임이 우울증뿐만 아니라 조증과 혼재성 상태에도 적용될 수 있다. 조증의 회로 문제는 우울증의 회로 문제와 정반대, 즉 조증에서는 신경전달물질과 뉴런 활성이 너무 많은 반면 우울증에서는 너무 적을 수 있다는 단순한 개념일지라도 실제는 조증과 우울 증상이 동시에 나타날 수 있으며, 완전한 우울증에서 조증의 양이 증가하면서 완전한 조증에 도달할 때까지 전체 기분 스펙트럼을 가로지를 수 있다(그림 6-7). 기분장애에 대한 보다 정교하고 현대적인 개념은 비효율적인 뇌 회로의 신경전달이 단순히 너무 높거나 낮은 것이 아니라 혼돈스러울 수 있다는 것이다. 이 장에 그려진 삽화는 네트워크의 한 교점에서 다른 교점으로 이동하는 하나의 뉴런을 암시하기도 하지만(예: 그림 6-40 참조), 실제는 네트워크의 각 교점이 방대한 뉴런 다발로 연결되어 있으며, 기분장애에서 모든 뉴런이 가설상으로 동일한 방식으로 기능하는 것은 아니다. 어떤 교점은 아마 신경전달이 활발하고, 어떤 교점은 활발하지 않으며, 어떤 교점은 정상이고, 어떤 교점은 활성이 위아래로 혼돈스럽게 흔들릴 수 있다. 한 삽화에서 다음 삽화까지뿐만 아니라 심지어는 오랜 시간 동안 한 삽화 내에서도, 환자가 완전한 우울 삽화 동안 동반하는 조증의 다양한 증상을 보일 수 있는 것은 당연하다. 이러한 상황은 단순히 신경전

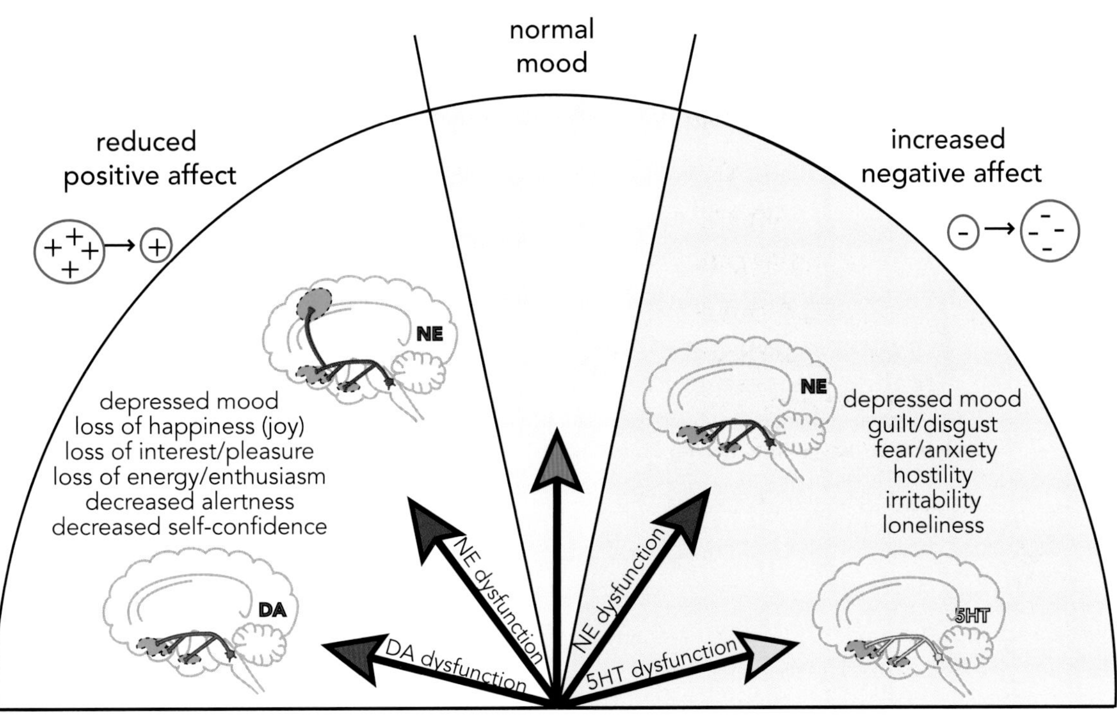

그림 6-41 **긍정적 정동과 부정적 정동.** 우울증의 기분 관련 증상은 정서적 표현, 즉 긍정적 정동의 감소 또는 부정적 정동의 증가 여부에 따라 특징지어질 수 있다. 긍정적 정동의 감소와 관련된 증상으로는 우울한 기분, 행복감 상실, 흥미 상실, 즐거움 상실, 활력 또는 열정 상실, 각성도 감소, 자신감 감소 등이 있다. 긍정적 정동 감소는 가설상으로 도파민 기능장애와 관련이 있을 수 있으며, 노르아드레날린 기능장애도 영향을 미칠 가능성이 있다. 부정적 정동 증가와 관련된 증상으로는 우울한 기분, 죄책감, 혐오감, 두려움, 불안, 적대감, 과민성, 외로움 등이 있다. 부정적 정동 증가는 가설상으로 세로토닌 기능장애 및 아마도 노르아드레날린 기능장애와 관련이 있을 수 있다.

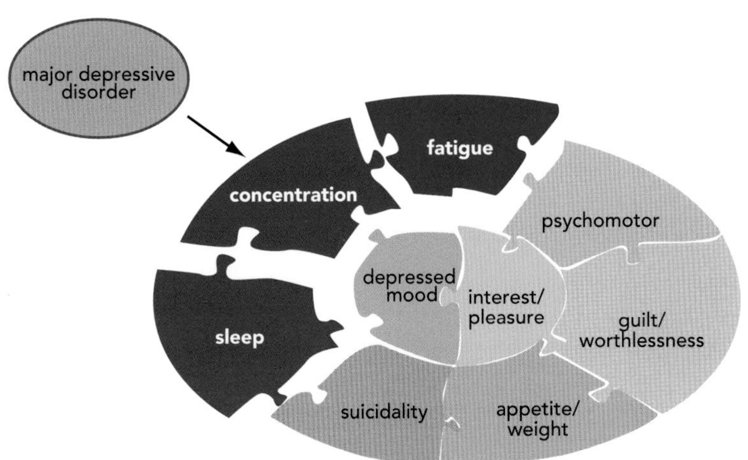

그림 6-42 **우울증 치료를 위한 증상기반 알고리즘 제1부.** 여기에는 주요우울장애의 진단을 증상별로 해체하여 보여준다(*정신질환의 진단 및 통계 편람* 제5판DSM-5에 정의된 대로). 이 중 수면 이상, 집중력 저하, 피로가 가장 흔한 잔존 증상이다.

달물질 작용을 증가시키거나 감소시키는 것이 아니라 안정화시킬 수 있는 치료를 찾아야 하는 도전과제를 제시한다. 기분장애에 대한 치료는 제7장에서 자세히 논의한다.

증상기반 치료 선택

신경생물학적 지식을 갖춘 정신약리학자는 우울증, 조증, 혼재성 상태의 치료를 위해 일련의 약물을 선택하거나 조합하는 증상기반 접근법을 선택할 수 있다(그림 6-42부터 6-44까지). 이 전략은 환자가 지속적인 관해에 도달할 때까지 기분장애의 모든 잔존 증상을 치료하기 위해 다양한 정신약리학적 기전의 포트폴리오를 구성하는 것으로 이어진다. 구체적인 약물과 치료 선택은 제7장에서 논의한다. 여기서

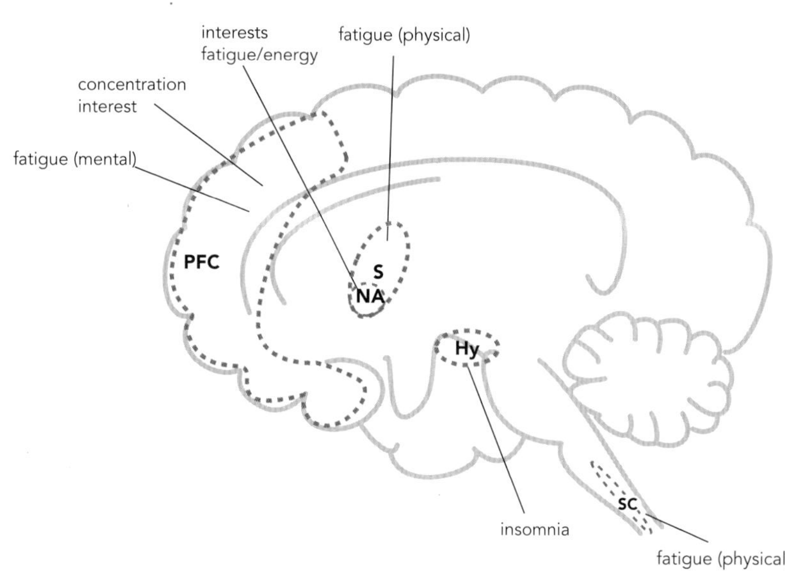

그림 6-43 우울증 치료를 위한 증상기반 알고리즘 제2부. 이 그림에서 주요우울장애의 가장 흔한 잔존 증상은 가설상으로 뇌 회로 기능 불량과 관련이 있다. 불면은 시상하부(Hy), 집중력 저하는 등가쪽 전전두엽피질(PFC), 흥미 감소는 PFC와 기댐핵(NA), 피로는 PFC, 선조체(S), NA, 척수(SC)와 관련이 있을 수 있다.

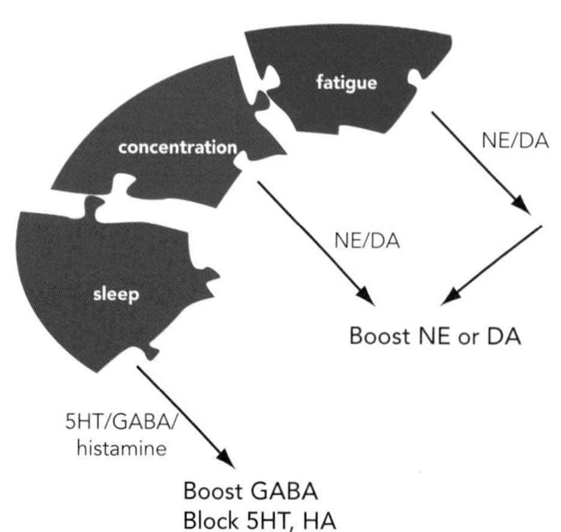

그림 6-44 우울증 치료를 위한 증상기반 알고리즘 제3부. 우울증의 잔존 증상은 이를 조절하는 신경전달물질과 관련이 있을 수 있으며, 차례로 약리적 기전과도 관련이 있을 수 있다. 피로와 집중력은 대부분 노르에피네프린(NE)과 도파민(DA)에 의해 조절되므로 NE 및/또는 DA을 증가시키는 약제로 치료할 수 있다. 수면 이상은 세로토닌(5HT), 감마아미노뷰티르산(GABA), 히스타민(HA)에 의해 조절되며, GABA를 증가시키거나 5HT 또는 HA을 차단하는 약제로 치료할 수 있다.

는 신경생물학적 용어, 즉 특정 증상을 조절하는 뇌 회로의 해부학(그림 6-38 및 6-39)과 회로를 조절하는 신경전달물질(그림 6-40)로 사고의 논리적 근거를 다룬다. 이 접근법의 목적은 특정 약물이 신경전달물질에 어떻게 작용하는지에 대한 이해를 적용하여 임상의사가 합리적인 치료를 선택할 수 있도록 하는 것이다. 이 접근법을 사용하면 가설상으로 기능불량인 뇌 회로의 고유한 집합을 표적으로 삼아 특정 환자의 특정 증상을 해결하는 데 기초를 두고 치료를 선택할 수 있다. 이러한 '맞춤형' 접근법은 특정 진단을 받은 모든 환자를 동일하게 치료하는 것이 아니라, 개별 환자의 필요를 해결하여 개별 환자의 특정 증상을 완화하기 위해 시도한다.

이 접근법은 어떻게 구현될까? 먼저 증상을 평가하고 이를 모두 종합하여 진단을 구성한 다음, 이 진단을 개별 환자가 경험하고 있는 특정 증상의 목록으로 해체한다(그림 6-42). 그런 다음 이러한 증상을 가설상으로 매개하는 뇌 회로(그림 6-43)와 일치시키고, 그 후에는 신경전달물질에 의한 이러한 회로의 알려진 신경약리적 조절과 일치시킨다(그림 6-44). 마지막으로 이러한 신경약리적 기전을 표적으로 하는 사용 가능한 치료 선택사항을 정하여 증상을 하나씩 제거한다(그림 6-44). 치료에도 불구하고 증상이 지속되면, 다른 기전을 가진 다른 치료를 추가하거나 전환한다. 이러한 접근법이 우월하다고 입증하는 증거는 없지만, 임상적 직관은 물론 신경생물학적 추론이 관심을 끌 뿐만 아니라 동일한 진단을 받은 모든 환자를 동일한 방식으로 치료하는 것보다 개별화된 정신약리학적 치료가 더 나은 결과를 가져올 수 있다는 목표가 매력적이다.

예를 들어 '집중 저하'와 '피로' 증상의 경우, 이 접근법은 노르에피네프린과 도파민을 모두 표적으로 삼을 것을 제안한다(그림 6-44). 또한 이러한 증상의 부분적인 원인이 된다면 세로토닌 약물의 사용을 중단해야 할 수도 있다. 반면에 '불면증'의 경우, 이 증상은 다른 신경전달물질에 의해 조절되는 완전히 다른 기능불량 회로와 가설상으로 관련이 있을 수 있으므로(그림 6-43), 이 증상을 치료하려면 다른 접근 방식, 즉 GABA 시스템에 작용하거나 세로토닌 또는 히스타민 시스템을 활성화하는 것이 아니라 차단하는 작용을 하는 약물을 사용해야 한다(그림 6-44). 그림 6-44에 표시된 모든 증상이 어떤 약물을 투여하든 반응할 수 있지만, 이러한 증상기반 접근법은 개별 환자에 맞게 치료 포트폴리오를 맞춤화할 수 있으므로 완전한 무작위 접근법보다 해당 환자가 더 견딜 수 있는 치료제를 선택하여 특정 증상을 더 빨리 줄일 수 있는 방법을 찾을 수도 있다.

우울증 치료제를 선택하는 증상기반 접근법은 불안과 통증처럼 공식적인 진단 기준의 구성 요소가 아니면서 우울증에서 흔한 관련 증상을 치료하는 데에도 적용될 수 있다. 때때로 훌륭한 임상의사가 환자를 관해에 이르게 하려면 적어도 기분장애의 9가지 증상보다 더 많은 12가지 증상을 표적으로 삼아야 한다고들 한다!

다행히도 정신약물치료는 정신질환을 고려하지 않는다. 특정 뇌 회로의 약리적 기전을 표적으로 하는 치료는 해당 회로와 연결된 증상과 관련된 정신질환이 무엇이든 상관없다. 따라서 한 정신질환의 증상을 다른 정신질환의 동일한 증상을 치료하는 것으로 알려진 검증된 약제로 치료할 수 있다. 예를 들어 전체 진단 기준을 만족하지 않는 불안장애를 가진 주요우울장애 환자의 불안을 불안장애에 효과가 있는 것으로 입증된 동일한 세로토닌 및 GABA 기전을 사용하여 줄일 수 있다(불안장애와 치료에 대한 제8장 참조). 고통스러운 신체증상은 세로토닌-노르에피네프린 재흡수 억제제(SNRI) 및 기타 접근법으로 치료할 수 있다(만성 통증과 치료에 관한 제9장 참조).

결론적으로 기분장애의 치료를 선택하고 조합하여 기분장애의 각 증상이 사라질 때까지 기전 포트폴리오를 구축하는 데 사용하는 증상기반 알고리즘은 일반적으로 정신질환과 특히 기분장애에 대한 현대 정신약리학자의 접근법이다. 이 접근법은 신경생물학적 질병과 약물 기전에 대한 현대적 개념을 따르며, 치료의 목표는 지속적인 관해이다.

요약

이 장에서는 우울증에서 조증에 이르는 다양한 스펙트럼의 기분장애와 그 사이에 있는 많은 혼재성 상태에 대해 설명하였다. 예후와 치료를 고려할 때, 단극성 우울증과 양극성 우울증을 구별하는 것뿐만 아니라 아증후군 조증 또는 우울증의 혼재성 상태가 존재할 때마다 이를 감지하는 것도 중요하다. 기분장애는 실제로 기분의 질병이지만 그 이상이며, 주요우울 삽화 또는 조증 삽화를 진단하기 위해서는 기분 증상 이외에도 여러 가지 다른 증상이 필요하다. 도파민, 노르에피네프린, 세로토닌의 세 가지 모노아민 또는 그 수용체 중 하나 이상의 기능장애는 주요우울장애의 증상과 관련이 있을 수 있다는 우울증의 고전적 모노아민 가설은 기분장애의 복잡한 원인에 신경영양인자, 수면, 하루주기리듬, 신경염증, 스트레스, 유전자, 환경의 이상이라는 개념을 포함하도록 갱신되고 확장되었다. 또한 기분장애는 특히 적절히 치료하지 않는다면 진행형일 수 있다는 문제적인 개념에 대해서도 논의하였다. 마지막으로 기분장애의 각 증상은 가설상으로 기능불량 신경 회로와 일치할 수 있다. 특정 뇌 영역의 신경전달물질 중 하나 이상을 표적으로 삼으면 정보처리 효율을 개선하고 해당 영역의 기능불량으로 인한 증상을 줄일 수 있다. 조증 삽화 증상과 관련된 다른 뇌 영역도 마찬가지로 다양한 가설상의 기능불량 뇌 회로에 매핑할 수 있다. 각기 다른 뇌 영역에서 이러한 회로를 조절하는 신경전달물질의 이해뿐만 아니라 회로의 증상 국소화를 이해하면, 기분장애의 각 개별 증상에 대한 치료를 선택하고 조합하여 모든 증상을 줄이고 완화에 이르는 것을 목표로 삼을 수 있는 발판을 마련할 수 있다.

7 기분장애의 치료: 소위 '항우울제'와 '기분안정제'

이 장에서는 우울증부터 혼재성 상태, 조증까지 이르는 기분장애를 치료하는데 사용되는 약물의 기본이 되는 약리적 개념을 검토할 것이다. 이러한 약물은 전통적으로 '항우울제' 및 '기분안정제'라고 불렸지만, 모든 '항우울제'가 모든 형태의 우울증, 특히 양극성 우울증이나 혼재성 양상을 동반한 우울증을 치료하는데 사용되는 것은 아니기 때문에, 이제 이 용어는 시대에 뒤떨어지고 혼란스러운 것일 수 있다. 또한 소위 '항우울제'라고 불리는 많은 약물은 불안장애, 섭식장애, 외상성장애, 강박 및 충동장애, 통증 등 다양한 질환을 치료하는 데에도 사용된다. 마지막으로 정신병에 사용되고 제5장에서 광범위하게 논의된 약물 중 상당수는 조증뿐만 아니라 단극성, 양극성, 혼재성 우울증의 치료에 훨씬 더 일반적으로 사용되기에, 확실히 '우울증 치료제'임에도 불구하고 보통 '항우울제'로 분류되지 않는다. 이 책에서는 약물 범주를 논의하는 방법에 대한 혼란을 없애기 위해 임상적응증이 아닌 약리적 작용기전에 따라 약물의 이름을 붙이는 현대 신경과학기반 명명법neuroscience-based nomenclature을 사용하려고 노력하였다. 따라서 이 장에서 설명하는 '항우울 작용'을 가진 약물은 '항우울제'라고 부르지 않는다. 기분안정 및 항조증 작용을 하는 다른 약물도 '기분안정제'라고 부르지 않는다. '기분안정제'란 무엇인가? 원래 기분안정제는 조증을 치료하고 재발을 방지하여 양극성장애의 조증 극pole을 '안정화'시키는 약물을 의미했다. 일부에서는 양극성장애에서 우울 삽화를 치료하고 우울 삽화의 재발을 방지하여 우울 극을 안정화시킨다는 의미로 이 용어를 사용한다. 여기에서는 조증 또는 우울증을 안정화시킨다는 용어로 사용하기보다는 각각의 치료 작용기전에 따라 양극성장애의 치료에 사용되는 약물을 설명하고 분류하는 용어로 사용하였다.

이 장에서는 오늘날 정신과에서 가장 광범위하게 처방되

는 향정신성 약물, 즉 신경전달물질 수송체, 수용체, 이온 통로를 표적으로 하는 약물을 살펴볼 것이다. 이 장의 목표는 기분장애를 치료하는 데 사용되는 다양한 약물이 어떻게 작용하는지에 대한 현재의 개념과 발전 중인 개념을 독자에게 알리는 것이다. 이전 장에서 소개한 일반적인 약리적 개념을 바탕으로 이러한 약물의 작용기전을 설명하고자 한다. 또한 초기 치료가 실패할 경우 어떻게 해야 하는지, 한 약물과 다른 약물을 어떻게 합리적으로 조합하는지를 포함하여 임상에서 이러한 약물을 사용하는 여러 전략에 대해서 논의할 것이다. 마지막으로 최근 승인되었거나 임상개발 중인 기분장애를 표적으로 하는 몇 가지 새로운 약물을 독자에게 소개할 것이다.

이 장에서 다루는 기분장애 치료약물에 대한 논의는 실용적인 수준이 아닌 개념적인 수준이다. 임상진료에서 이러한 약물의 처방과 관련된 용량, 부작용, 약물 상호작용, 기타 다른 문제에 대한 자세한 내용을 확인하려면 표준 약물 안내서(**스탈의 필수 정신약리학: 처방자 지침서**)를 참조해야 한다. 여기서는 단일 약리적 기전에 반응하지 않는 환자를 위한 전략으로 두 가지 이상의 작용기전으로 구성된 '포트폴리오'를 만드는 것에 대해 논의할 것이며, 흔히 두 가지 이상의 약물이 필요하다. 기분장애에 대한 이러한 치료전략은 제5장에서 논의한 조현병 치료와는 매우 다른데, 조현병에서는 단일 항정신병 약물을 치료제로 사용하는 것이 원칙이며, 기대되는 증상개선은 증상의 20~30% 감소에 불과하고 정말로 무증상인 환자는 거의 없을 수 있다. 이와는 대조적으로 기분장애는 진정한 의미의 지속적이고 무증상적인 관해remission에 도달할 가능성이 더 크며, 치료자의 과제는 가능하다면 환자가 이러한 최상의 결과를 얻을 수 있도록 돕는 것이다. 따라서 많은 약물의 작용기전, 특정 약물조합에 대한 복잡한 생물학적 근거, 개별 환자의 필요에 맞는 고유한 약물치료 포트폴리오를 짜는 실용적인 전략을 배워야 한다.

우울증 치료의 임상적 효과에 대한 정의

단극성, 양극성, 혼재성 상태의 주요우울 삽화를 갖는 환자가 치료를 받고 증상이 50% 이상 감소하여 호전된 결과를 반응response이라고 한다(그림 7-1). 예전에는 이렇듯 50% 이상의 현저한 증상 감소가 우울증 치료제의 목표였다. 그러나 최근 몇 년간 우울증 치료의 패러다임이 급격히 변화하여 이제는 증상이 완전히 관해remssion되고(그림 7-2), 주요우울 삽화가 관해 직후에 재발relapse하지 않으며, 향후에도 반복성 삽화를 갖지 않도록 그 수준의 호전을 유지하는 것이 목표가 되었다(그림 7-3). 우울증 치료에 사용되는 약물의 알려진 효능 한계를 고려할 때, 특히 질병초기에

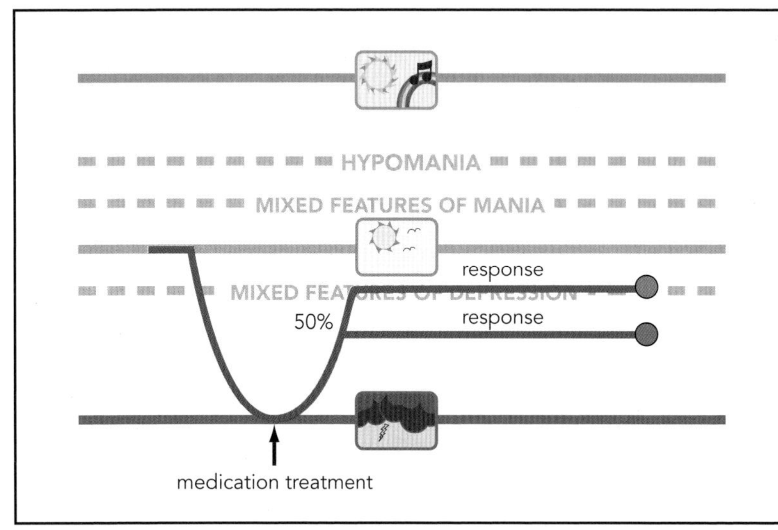

그림 7-1 우울증에서의 반응. 주요우울 삽화에서 치료를 통해 증상의 50% 이상이 호전되면 이를 반응이라고 한다. 이러한 환자는 좋아졌지만 건강한 것은 아니다. 예전에는 이것이 우울증 치료의 목표로 간주되었다.

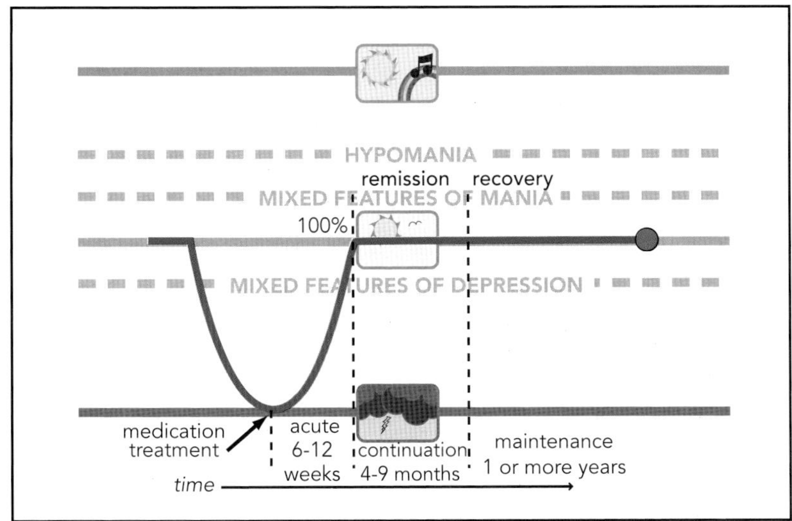

그림 7-2 우울증에서의 관해. 주요우울 삽화의 치료를 통해서 근본적으로 모든 증상이 제거되는 경우, 처음 몇 개월 동안을 관해라고 하고, 몇 개월 이상 더 지속이면 회복이라고 한다. 이러한 환자들은 단순히 좋아진 것이 아니라 건강해진 것이다. 그러나 우울증이 여전히 재발할 수 있기 때문에 완치된 것은 아니다. 이제 우울증 환자의 치료목표는 관해와 회복이다.

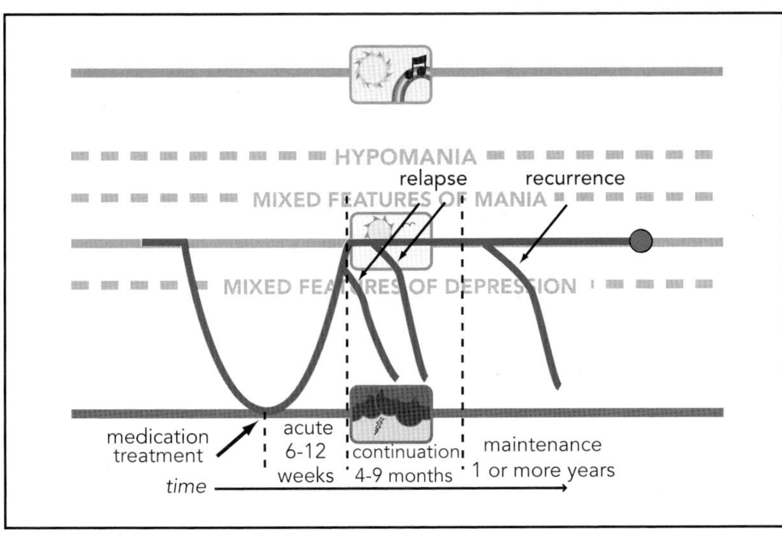

그림 7-3 우울증에서의 재발과 회복후재발. 증상의 완전 관해가 이루어지기 전이나 관해 이후 처음 몇 개월 이내에 우울증이 다시 발생하는 경우를 재발이라고 하고, 환자가 회복된 후 우울증이 다시 발생하면 회복후재발이라고 한다.

여러 치료방법을 적극적으로 사용하지 않으면 지속적인 관해라는 목표에 도달하기 어려울 수 있다. 안타깝게도 일반적으로 우울증 치료를 위해 처음 선택한 약물로는 관해에 도달하지 못한다.

고전적 모노아민 재흡수 차단제는 단극성 우울증에 얼마나 효과적인가

단극성 우울증 치료제의 작용기전은 이후의 몇 개의 절에서 자세히 설명하는 것처럼 주로 모노아민 재흡수를 억제하는 것이다. 그 기전을 다루기 전에 이런 질문을 해볼 수 있다. 과연 이 약물은 얼마나 효과가 있을까? 실사용연구real-world trials에 따르면, 단극성 우울증 환자에게 이 계열 약물로 처음 치료했을 때 1/3 만이 관해되며, 네 가지 다른 단극성 우울증 치료제를 각각 12주 동안 순차적으로 투여하여 1년 동안 치료한 후에도 환자의 2/3만이 증상 관해에 이른 것으로 나타났다(그림 7-4).

환자가 치료 이후에도 완전한 관해에 도달하지 못한 경우 가장 흔하게 지속되는 증상은 무엇일까? 대답은 그림 7-5에 나와 있으며, 불면증, 피로, (우울증의 공식적인 진단 기준에는 포함되지 않지만) 다양한 통증을 수반하는 신체증상,

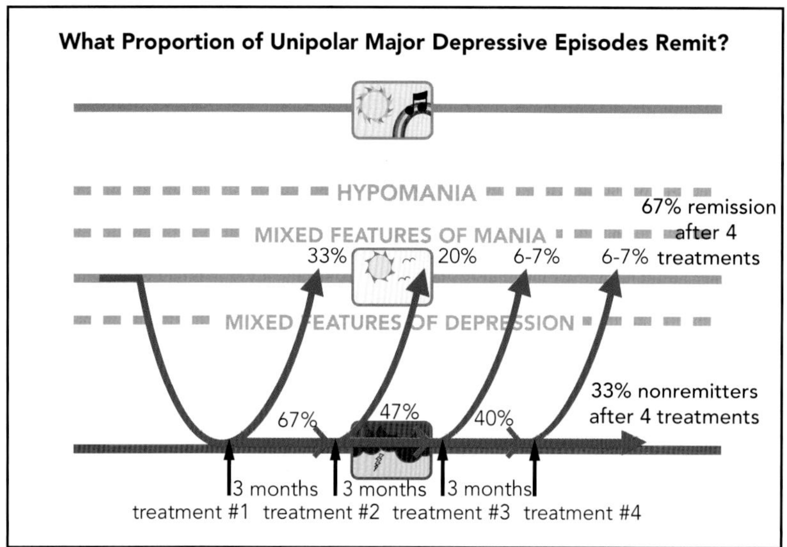

그림 7-4 단극성 우울증의 관해율. 단극성 우울증 환자의 약 1/3은 처음에 어떤 치료를 받더라도 관해된다. 안타깝게도 관해에 실패한 환자의 경우, 다른 단일요법으로 관해에 도달할 가능성은 치료를 거듭할수록 낮아진다. 따라서 12주씩 네 번의 순차적 단일요법으로 1년 동안 치료하면, 환자의 3분의 2만이 관해에 도달할 수 있다.

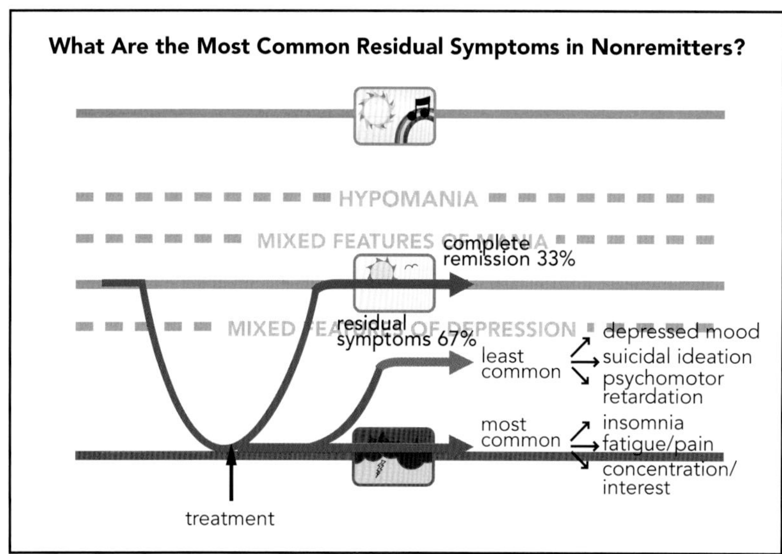

그림 7-5 흔한 잔류증상. 관해에 이르지 못한 환자에서 가장 흔한 잔류증상은 불면증, 피로, 고통스러운 신체증상, 집중력 저하, 흥미의 부족이다. 흔하지 않은 잔류증상은 우울한 기분, 자살 사고, 정신운동 지연이다.

집중력 저하를 포함한 인지 문제, 흥미나 동기 부족 등이 해당된다. 단극성 우울증 치료제는 우울한 기분, 자살 사고, 정신운동지연의 개선에 더 효과가 있는 것으로 나타났다(그림 7-5).

환자가 주요우울장애에서 관해되었는지 아니면 몇 가지 증상이 지속되는지에 대해 관심을 가져야 하는 이유는 무엇일까? 대답의 일부는 제6장에서 이루어진 지속적인 증상에서부터 시냅스 소실, 뉴런 소실, 치료저항성으로 이어지는 신경진행과 관련된 논의에서 찾을 수 있다(그림 6-11, 6-28부터 6-33까지). 대답의 다른 부분은 그림 7-6에서 찾을 수 있으며, 대부분 증상이 지속되거나 재발하기 때문에 시간이 지남에 따라 치료저항성으로 발전하는 것을 그림으로 설명하였다. 한편으로는 그림 7-6을 통해서 단극성 우울증 치료제에 의해 환자가 관해에 도달하면 치료를 전혀 하지 않았을 때보다 재발률이 현저히 낮아진다는 것을 알 수 있다. 반면에 나쁜 소식으로는 관해된 환자에서도 재발이 매우 빈번하게 발생하며, 이러한 재발률은 관해에 도달하기 위해 환자에게 더 많은 치료가 이루어질수록 더 빈번하고 더 빠르

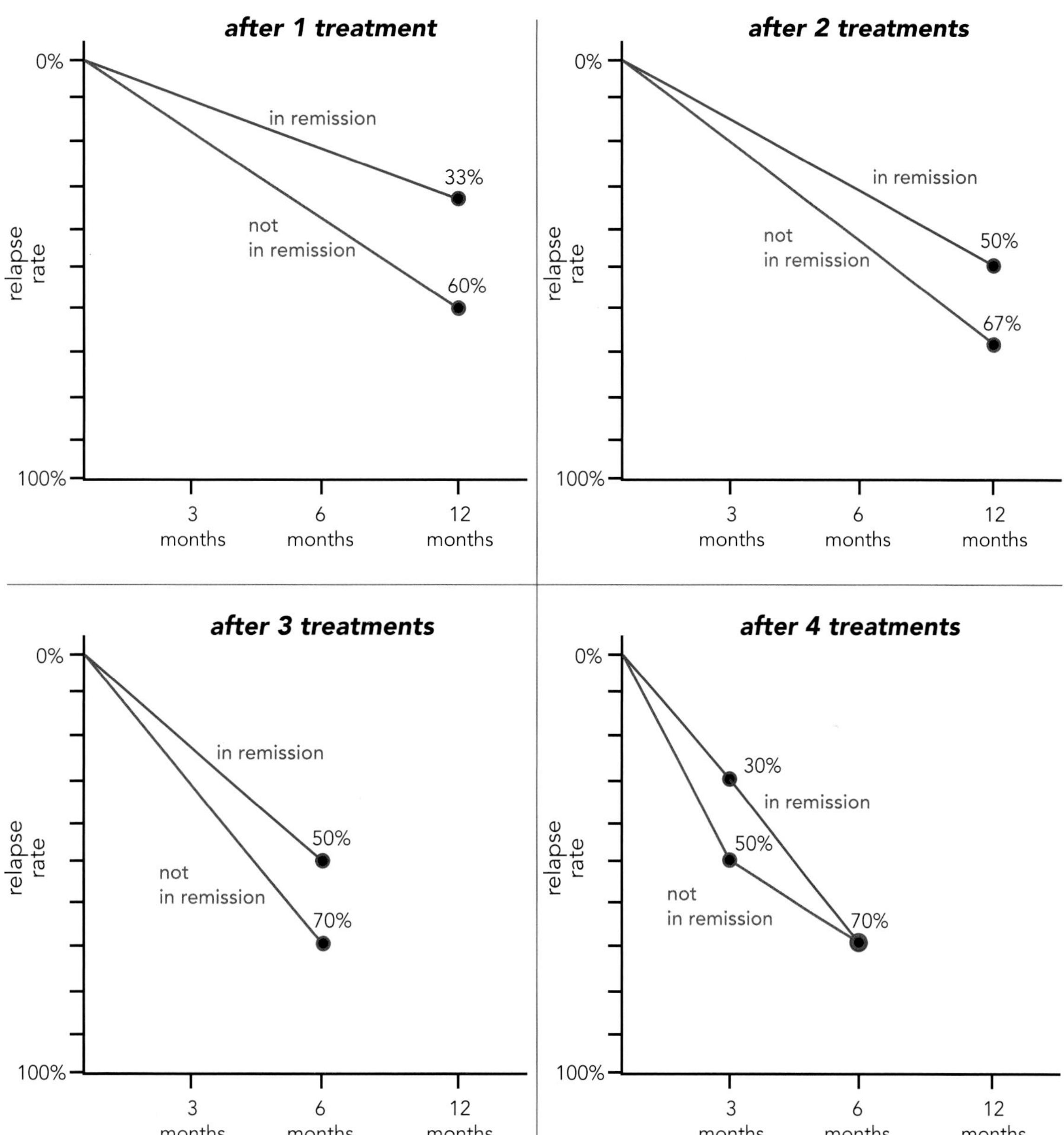

그림 7-6 재발률. 관해에 도달한 환자는 주요우울장애의 재발률이 현저히 낮다. 그러나 관해가 된 이후에도 재발의 위험은 여전히 존재하며, 그 가능성은 환자가 관해되기까지 걸리는 치료 횟수에 따라 증가한다. 관해되지 않은 환자의 재발률은 1회 치료 후 12개월이 지났을 때 60%부터, 4회 치료 후 6개월이 지났을 때 70%에 이른다. 관해된 환자의 경우, 재발률은 1회 치료 후 12개월이 지났을 때 33%부터 4회 치료 후 6개월이 지났을 때 70%까지 이른다. 다시 말해서 관해에 도달하기 위해 네 번의 치료를 받는다면 관해의 보호 특성은 사실상 사라진다.

게 나타난다는 것이다(그림 7-6).

이러한 자료는 단극성 주요우울장애라는 질환에서 가능한 한 모든 증상이 관해될 때까지 환자를 치료하고 가능한 한 빠르게 조기 개입하는 것이 우울증상으로 인한 현재의 고통을 완화시켜 주는 자비로운 노력일 뿐만 아니라 적극적인 치료를 통해서 질병의 진행을 막을 수 있다는 가능성을 보여주었기에 연구자와 임상의사 모두에게 활력을 불어넣었다(제6장 및 그림 6-11, 6-28부터 6-33까지 참조). 기분장애의 질병진행 개념은 아직 입증되지 않았고 도발적이지만, 많은 임상의사와 연구자들에게 직관적으로도 충분한 이해를 제공한다. 이 견해는 적극적인 치료를 통해서 모든 증상이 관해되고 환자의 전반적 결과가 개선되면서 기분장애의 만성화, 재발, 치료저항성 발생이 모두 감소될 수 있으며, 잠재적으로 질병의 경과가 바뀔 수 있다는 것을 의미한다.

'기분안정제'의 재정의: 불안정한 이름표

"기분안정제라는 것은 존재하지 않는다."

– 미국 FDA

"기분안정제 만세!"

– 처방자

'기분안정제'란 무엇인가? 위에서 언급했듯이 원래 기분안정제는 조증을 치료하고 재발을 방지하여 양극성장애의 조증 극을 '안정화'시키는 약물이었다. 최근에는 기분안정제의

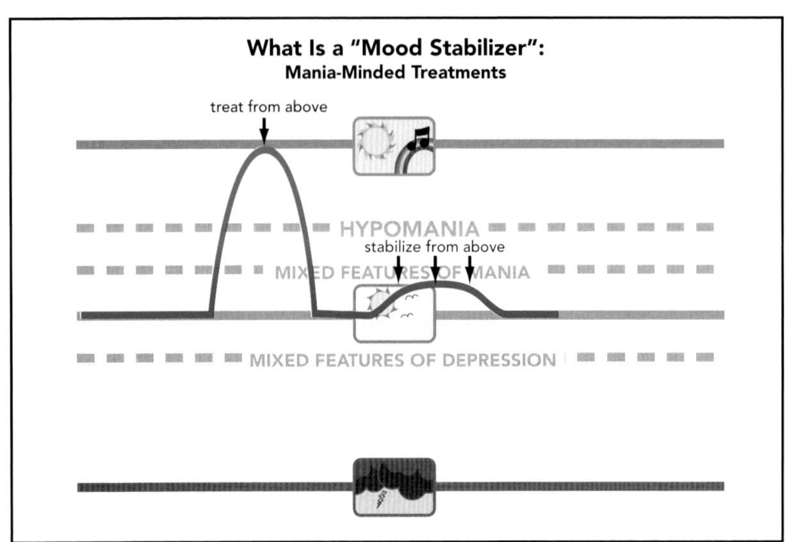

그림 7-7 조증을 염두에 둔 치료. 이상적인 '기분안정제'는 조증과 양극성 우울증을 모두 치료하면서 두 극의 삽화를 예방하는 것이지만, 실제로는 양극성장애의 단계에 따라 다른 약제가 효과적일 수 있다. 일부 약제는 '조증을 염두에 두고' 그래서 '위로부터 치료' 및/또는 '위로부터 안정화'도 가능할 수 있다. 다시 말해서 조증 증상을 감소 및/또는 예방할 수 있다.

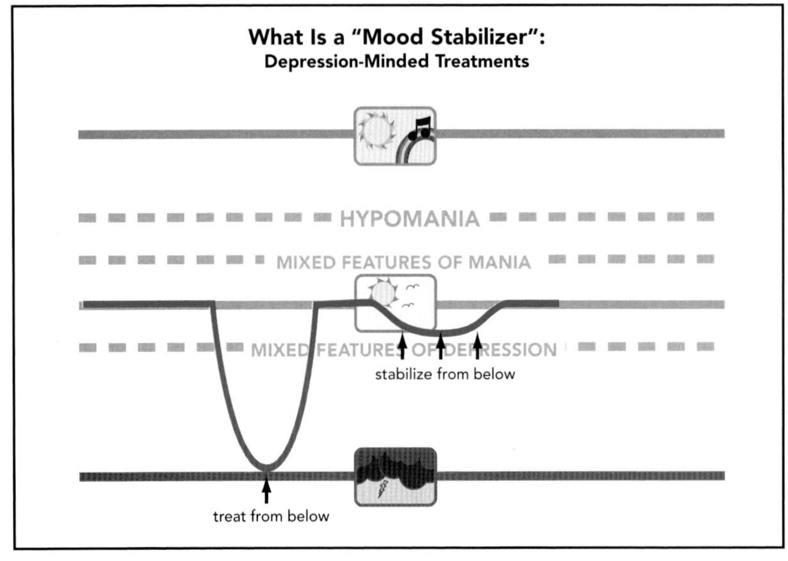

그림 7-8 우울증을 염두에 둔 치료. 이상적인 '기분안정제'는 조증과 양극성 우울증을 모두 치료하면서 두 극의 삽화를 예방하는 것이지만, 실제로는 양극성장애의 단계에 따라 다른 약제가 효과적일 수 있다. 일부 약제는 '우울증을 염두에 두고' 그래서 '아래로부터 치료' 및/또는 '아래로부터 안정화'도 가능할 수 있다. 다시 말해서 양극성 우울증 증상을 감소 및/또는 예방할 수 있다.

개념이 '리튬lithium처럼 작용하는 것'에서부터 '양극성장애 치료에 사용되는 항경련제', '양극성장애 치료에 사용되는 항정신병 약물', '양극성장애에서 조증과 우울증을 모두 안정시키는 것'에 이르기까지 광범위하게 정의되고 있다. 전문가들은 기분안정제라는 용어를 사용하는 대신에 질병의 네 가지 단계 중 일부나 전부를 치료할 수 있는 약물이 있다고 언급한다(그림 7-7 및 7-8). 따라서 이 약물은 조증 증상을 감소시키기 위해 '조증을 염두에 두고' '위로부터 치료'할 수 있으며, 조증의 재발을 방지하기 위해 '위로부터 안정화'도 가능하다(그림 7-7). 또한 양극성 우울증의 증상을 감소시키기 위해 '우울증을 염두에 두고' '아래로부터 치료'하거나, 우울증의 재발을 방지하기 위해 '아래로부터 안정화'할 수도 있다(그림 7-8). 양극성장애에 효과가 있는 것으로 입증된 모든 약물이 네 가지 치료작용을 다 가지고 있는 것은 아니다. 이 장에서는 양극성장애에서 이러한 작용 중 하나 이상을 갖는 약물에 대해 논의하되, 이를 '기분안정제'로 부르지 않고 추정되는 약리적 작용기전에 따라 설명할 것이다.

단극성 우울증 치료제

선택적 세로토닌 재흡수 억제제

선택적 세로토닌 재흡수 억제제selective serotonin reuptake inhibitor, SSRI가 임상정신약리학을 변화시킨 것만큼 어떤 한 종류의 약물이 특정 분야를 극적으로 변화시키는 일은 드물다. 일부에서는 미국에서만 초당 7건, 즉 연간 2억 2,500만 건 이상의 SSRI 처방이 이루어지고 있다고 추정한다. SSRI의 임상적응증은 단극성 주요우울장애를 넘어 다양한 불안장애, 외상후 스트레스장애, 강박장애, 월경전불쾌장애, 섭식장애 등에 이르기까지 매우 광범위하다. 여기에는 아래에 설명되는 여섯 가지 주요 약물이 있으며, 모두 세로토닌 재흡수 억제라는 공통된 특성을 공유하므로 SSRI라는 같은 약물 종류에 속하게 된다. 그러나 이 여섯 가지 약물은 각각 고유한 약리적 특성을 가지고 있어 서로 구별할 수 있다. 먼저 이 약물들의 공통점이 무엇인지 논의한 다음, 세련된 처방자가 특정 약물 프로필을 개별 환자의 증상 프로필에 맞출 수 있도록 각 약물의 고유한 개별 특성을 알아볼 것이다.

여섯 가지 SSRI의 공통점

여섯 가지 SSRI는 모두 세로토닌 재흡수를 선택적이고 강력하게 억제하는, 세로토닌 수송체serotonin transporter, SERT 억제라고도 알려진 주요 약리적 특징을 공통적으로 가지고 있다. 간단한 개념이 그림 7-9와 7-10에 나와 있다. 전통적으로는 **시냅스전 축삭 종말**에서 SSRI의 작용이 강조되어 왔지만(그림 7-10), 이제는 세로토닌 뉴런의 **세포체가지돌기 말단**(세포체 근처)에서 일어나는 사건이 SSRI의 치료 작용을 설명하는 데 더 중요할 수 있다(그림 7-11부터 7-15까지). 즉 우울한 상태에서는 세포체 근처의 시냅스전 세포체가지돌기 영역(그림 7-11, 왼쪽)과 축삭 종말 근처의 시냅스 자체(그림 7-11, 오른쪽) 모두에서 세로토닌이 결핍될 수 있다는 것이 우울증에 대한 모노아민 가설의 핵심이다. 신경전달물질 수용체 가설에 따르면 그림 7-11에서처럼 모노아민 수용체가 상향조절upregulation될 수 있으며, 이는 치료 전의 우울한 상태와 연관된다. 우울증에서는 이 뉴런의 발화율 조절에 어려움이 있어서 정보처리의 국지적 이상을 유발하고, 영향을 받은 부위에 따라서 특정 증상이 나타날

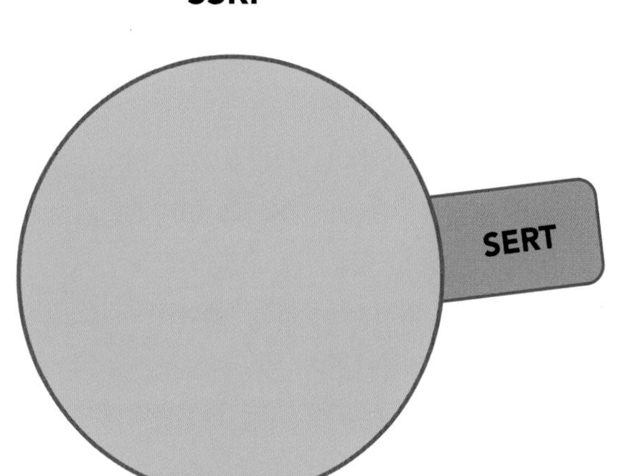

그림 7-9 선택적 세로토닌 재흡수 억제제. 여기에는 선택적 세로토닌 재흡수 억제제(SSRI)의 핵심 특징, 즉 세로토닌 재흡수 억제를 나타내는 상징으로 표시되어 있다. 이 계열의 약물은 각자 고유한 약리적 프로필을 가지고 있지만, 모두 세로토닌 수송체(SERT) 억제라는 공통된 특성을 공유한다.

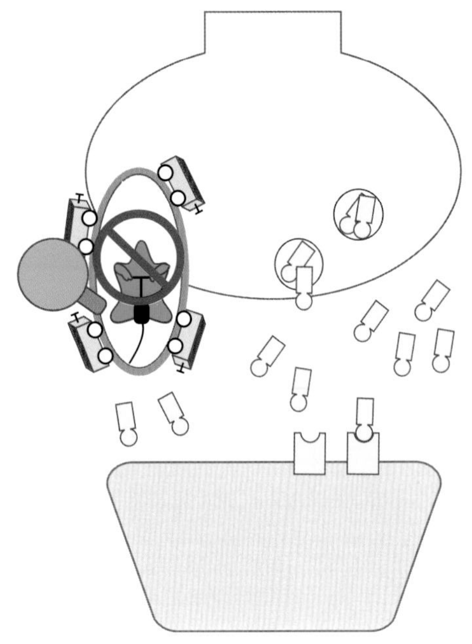

그림 7-10 **SSRI 작용.** SSRI 분자의 세로토닌 재흡수 억제제(SRI) 부분이 세로토닌 재흡수 펌프(세로토닌 수송체, SERT)에 삽입되어 이를 차단하고 세로토닌의 시냅스 가용성을 증가시킨다.

수 있다. 이는 제6장에서 논의하였고 그림 6-38에서 보여주었다.

SSRI가 급성으로 투여되면 SERT 차단으로 인해 세로토닌(5HT)이 증가한다는 것은 잘 알려져 있다. 그러나 다소 놀라운 점은 시냅스전 SERT를 차단한다고 해서 많은 시냅스에서 즉시 다량의 세로토닌이 증가되지 **않는다**는 것이다. 실제로 SSRI 치료를 시작하면 축삭이 종결되는 뇌 부위(그림 7-12, 오른쪽)가 아니라 중뇌 솔기midbrain raphe에 위치한 세포체가지돌기 영역에서 SERT가 차단되면서 5HT가 즉시 증가하게 된다(그림 7-12, 왼쪽).

따라서 세로토닌 뉴런의 세포체가지돌기 영역은 5HT가 가장 먼저 증가하는 곳이다(그림 7-12, 왼쪽). 이 뇌 영역의 세로토닌 수용체는 제4장에서 설명하고 그림 4-39에 삽화로 설명된 것과 같이, $5HT_{1A}$와 관련된 약리적 특성을 가지고 있다. 세포체가지돌기 영역에서 세로토닌 농도가 증가하면 근처의 $5HT_{1A}$ 자가수용체를 자극하게 된다(그림 7-12의 왼쪽에도 나와 있음). 이러한 즉각적인 약리적 작용은 SSRI의 지연된 치료작용을 분명하게 설명할 수 없다. 그러나 이러한 즉각적인 작용은 치료가 시작될 때 SSRI로 인해 발생하는 즉각적인 부작용을 설명할 수 있다.

시간이 지나면서 세포체가지돌기 $5HT_{1A}$ 자가수용체에서 작용하는 증가된 5HT 농도는 수용체를 하향조절downregulate하고 탈민감화desensitization한다(그림 7-13,

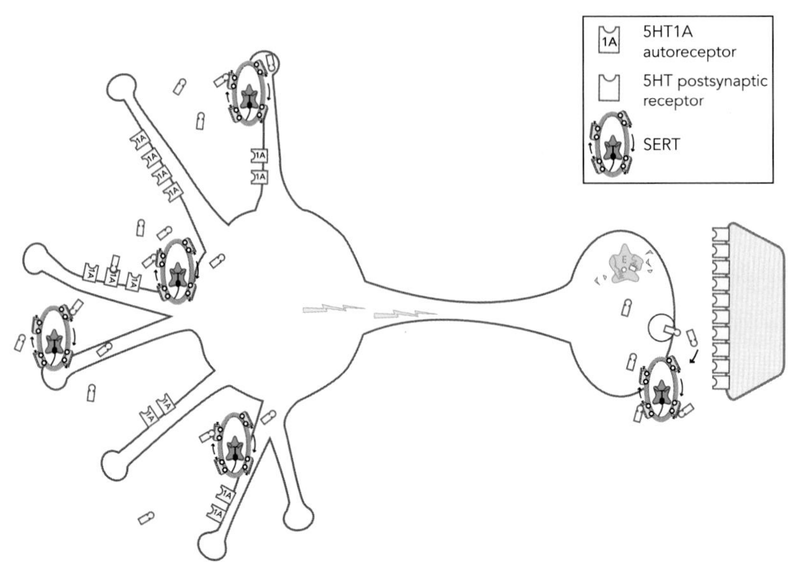

그림 7-11 **선택적 세로토닌 재흡수 억제제의 작용 기전 제1부.** 우울증의 모노아민 가설에 따르면, 세로토닌(5HT)의 상대적 결핍이 존재한다[축삭 종말 근처의 시냅스(오른쪽)와 세포체가지돌기 영역(왼쪽)의 5HT 농도 참조]. 우울증의 신경전달물질 수용체 가설에 따르면 시냅스전 $5HT_{1A}$ 자가수용체와 시냅스후 5HT 수용체를 포함한 5HT 수용체의 수가 상향조절되어 있다.

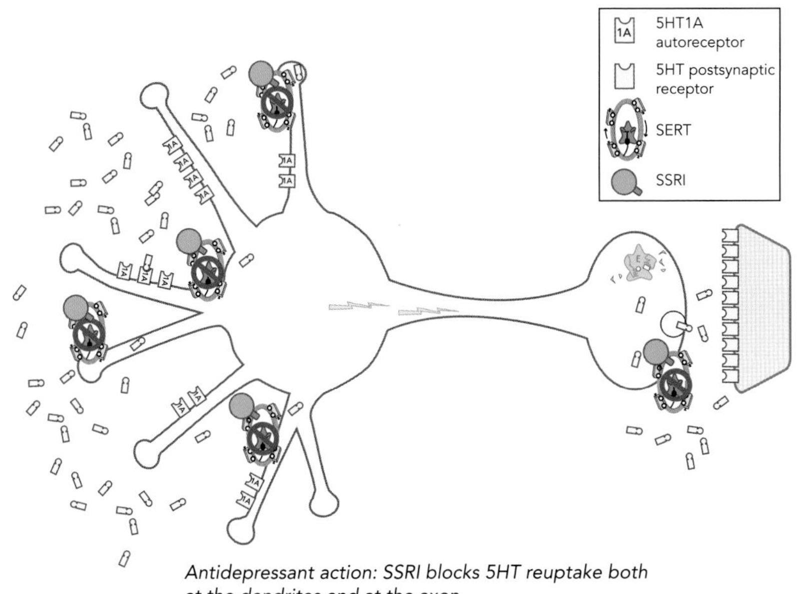

그림 7-12 선택적 세로토닌 재흡수 억제제의 작용기전 제2부. SSRI가 투여되면 세로토닌 재흡수 펌프 또는 SERT가 즉시 차단된다(SSRI가 SERT를 차단하는 상징 참조). 그러나 처음에는 세로토닌(5HT) 뉴런의 세포체가지돌기 영역에서만 세로토닌이 증가하며(왼쪽), 축삭 종말이 있는 뇌 영역에서는 별로 증가되지 않는다(오른쪽). 세포체가지돌기 영역에서 세로토닌 농도가 증가하면 근처의 $5HT_{1A}$ 자가수용체가 자극된다.

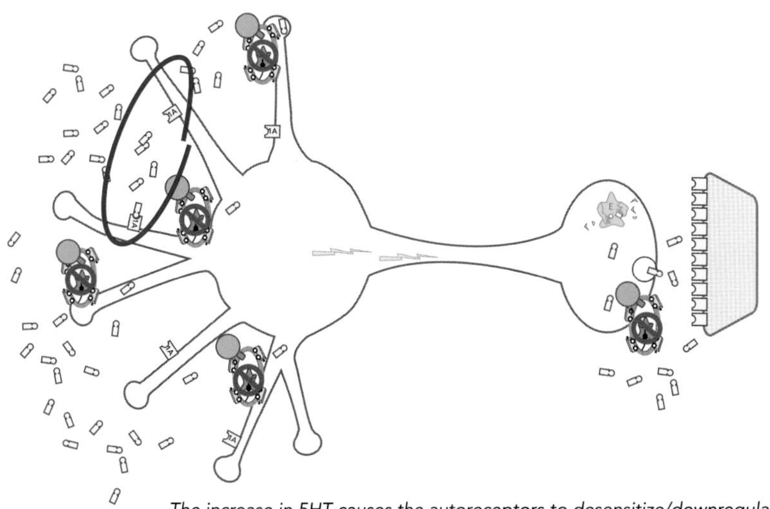

그림 7-13 선택적 세로토닌 재흡수 억제제의 작용기전 제3부. 세포체가지돌기 $5HT_{1A}$ 자가수용체에서 증가된 세로토닌 결합의 결과는 자가수용체가 탈민감화되거나 하향조절되는 것이다(빨간색 원, 그림 7-12와 비교).

왼쪽). 탈민감화는 세로토닌의 증가가 시냅스전 $5HT_{1A}$ 수용체에 의해 인식되고 이 정보가 세로토닌 뉴런의 세포핵으로 전송되기 때문에 발생한다. 이 정보에 대한 유전체의 반응은 시간이 지나면서 점점 더 동일한 수용체가 탈민감화되도록 명령을 내리는 것이다. 이러한 탈민감화의 시간에 따른 경과는 SSRI의 치료작용 시작과 상관관계가 있다(그림 6-25).

일단 세포체가지돌기 $5HT_{1A}$ 자가수용체가 탈민감화되면, 5HT는 더 이상 스스로의 방출을 효과적으로 정지할 수 없게 된다. 5HT가 더 이상 자체 방출을 억제하지 못하므로 세로토닌 뉴런은 탈억제된다(그림 7-14). 그 결과 축삭에서 5HT 방출이 급증하고 뉴런 자극 흐름이 증가하게 된다(그림 7-14에서 번개와 오른쪽 축삭 종말의 세로토닌 방출로 표시됨). 이것은 세로토닌 방출이 축삭 종말에서 '켜졌다'는 것을 의미하는 다른 표현일 뿐이다. 이제 뇌의 다양한 세로토닌 경로에서 쏟아져 나오는 세로토닌은 이론상으로 SSRI

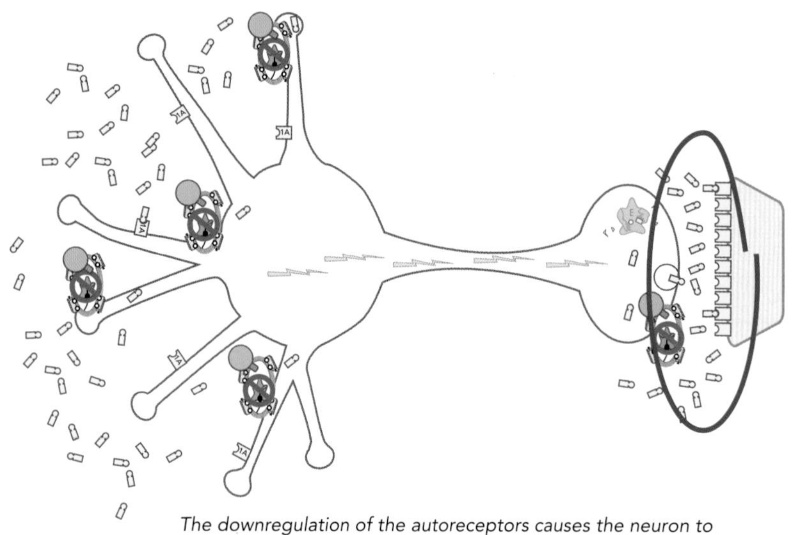

그림 7-14 선택적 세로토닌 재흡수 억제제의 작용기전 제4부. 일단 세포체가지돌기 $5HT_{1A}$ 수용체가 하향조절되면, 세로토닌(5HT) 뉴런의 자극 흐름이 더 이상 억제되지 않는다. 따라서 뉴런 자극 흐름의 신호가 켜진다. 그 결과 축삭 종말에서 세로토닌이 방출된다(빨간색 원). 이러한 증가는 세로토닌 뉴런의 세포체가지돌기 영역에서의 세로토닌 증가에 비해 지연되어 발생하는데, 세포체가지돌기 세로토닌이 $5HT_{1A}$ 자가수용체를 하향조절하고 세로토닌 뉴런에서 자극 흐름을 켜는 데 시간이 걸리기 때문이다. 이러한 지연은 SSRI가 우울증을 즉시 완화시키지 못하는 이유를 설명해줄 수 있다. 또한 SSRI의 작용기전이 세로토닌 뉴런의 뉴런 자극 흐름을 증가시키는 것과 함께 SSRI가 치료효과를 발휘하기 전에 축삭 종말에서 세로토닌 농도가 증가하는 것과 관련이 있을 수 있는 이유이다.

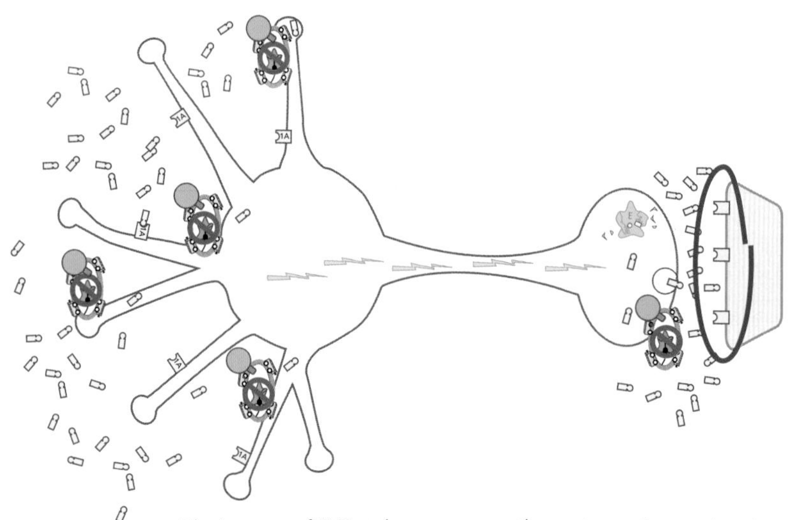

그림 7-15 선택적 세로토닌 재흡수 억제제의 작용기전 제5부. SSRI가 일단 재흡수 펌프(또는 세로토닌 수송체)를 차단하면, 세포체가지돌기 세로토닌을 증가시키고, 세포체가지돌기 $5HT_{1A}$ 자가수용체를 탈민감화시키고, 뉴런 자극 흐름을 켜고, 축삭 종말에서 세로토닌 방출을 증가시키며, 마지막 단계로 시냅스후 세로토닌 수용체의 탈민감화가 일어날 수 있다(빨간색 원). 이러한 탈민감화는 내성이 생기면서 SSRI의 부작용 감소를 매개할 수 있다.

의 다양한 치료작용을 매개하게 된다.

시냅스전 세포체가지돌기 $5HT_{1A}$ 자가수용체가 탈민감화되는 동안(그림 7-13), 5HT는 시냅스에서 축적되고(그림 7-14), 시냅스후 5HT 수용체도 탈민감화된다(그림 7-15, 오른쪽). 이러한 다양한 시냅스후 5HT 수용체는 세로토닌이 표적으로 삼고 있는 **시냅스후** 뉴런의 세포핵에 정보를 보낸다(그림 7-15의 맨 오른쪽). 시냅스후 뉴런에 있는 유전체의 반응도 마찬가지로 이들 수용체 중 일부를 하향조절하거나 탈민감화하라는 지시를 내리는 것이다. 이러한 탈민감화의 시간에 따른 경과는 SSRI의 부작용에 대한 내성의 시작과 상관관계가 있다(그림 7-15).

따라서 이 이론은 SSRI가 치료작용을 발휘하는 약리적인 연쇄반응 기전, 즉 뇌 전체에 걸친 주요 경로에서 강력하지만 지연된 세로토닌 방출의 탈억제 과정을 제시한다. 또한 가설상으로 부작용은 원하지 않는 경로의 원하지 않는 수용체에서 세로토닌의 급성 작용으로 인해 발생하게 된다. 결국 부작용은 부작용을 매개하는 바로 그 수용체의 탈민감화로 인해 시간이 지남에 따라 약화될 수 있다.

각 SSRI의 고유한 특성: 그리 선택적이지 않은 세로토닌 재흡수 억제제

여섯 가지 SSRI가 분명히 동일한 작용기전을 공유할지라도, 개별 환자는 각 SSRI에 대해 매우 다르게 반응하는 경우가 흔하다. 이는 대규모 임상시험에서는 일반적으로 관찰되지 않는데, 효능이든 부작용이든 두 가지 SSRI 사이의 집단 간 평균 차이에 대한 증거를 제공하기가 매우 어렵기 때문이다. 오히려 이러한 차이는 처방자가 한 번에 한 명씩 환자들을 치료할 때 나타나는데, 일부 환자들은 특정 SSRI에만 치료 반응을 보이고, 다른 환자들은 특정 SSRI에만 내약성tolerability을 보인다.

SERT 차단이 SSRI의 공통된 임상적 및 약리적 작용을 설명한다면, 이들의 차이점은 무엇으로 설명할 수 있을까? 개별 환자에게서 다양한 SSRI의 서로 다른 효능과 내약성에 의해 흔히 관찰되는 임상현상에 대해 일반적으로 인정되는 설명은 없을지라도, 여섯 가지 SSRI의 서로 공유되지 않은 고유 약리적 특성을 여러 가지 SSRI에 대한 광범위한 개별 환자 반응의 설명으로 고려하는 것이 합리적이다(그림 7-16부터 7-21까지). 각 SSRI에는 SERT 차단 이외의 2차 약리적 작용이 있으며, 두 가지 SSRI가 동일한 2차 약리적 특성을 갖는 경우는 없다. 이러한 2차 결합 프로필이 개별 환자의 효능과 내약성의 차이를 설명할 수 있는지 여부는 아직 입증되지 않았다. 그러나 이는 도발적인 가설 생성으로 이어지며, 정신약리학자가 '모든 약제가 다 똑같다'고 생각하지 않고 여러 가지 약제를 시도할 수 있는 합리적인 근거를 제공한다. 때로는 여러 가지 SSRI에 대한 경험적 시도를 통해서만 개별 환자에게 가장 적합한 약물을 연결할 수 있을 것이다.

플루옥세틴: $5HT_{2C}$ 길항제 특성을 가진 SSRI

플루옥세틴fluoxetine은 세로토닌 재흡수를 억제하는 것 외에도 고유한 임상특성의 많은 부분을 설명할 수 있는

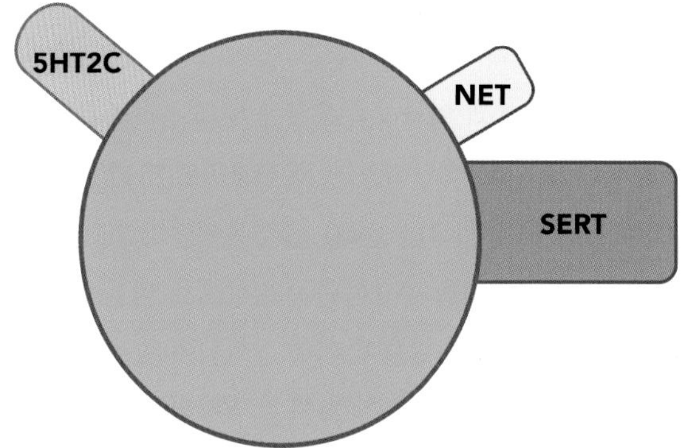

그림 7-16 플루옥세틴. 플루옥세틴은 세로토닌 재흡수 억제 외에도 노르에피네프린 재흡수 억제(NRI) 및 세로토닌 2C($5HT_{2C}$) 길항제 작용을 가진다. $5HT_{2C}$ 길항작용은 노르에피네프린과 도파민의 탈억제로 이어질 수 있으며, 이러한 작용이 플루옥세틴의 활성화 효과의 원인이 될 수 있다. NRI는 매우 높은 용량에서만 임상적으로 적절할 수 있다.

$5HT_{2C}$ 길항작용을 가지고 있다(그림 7-16). $5HT_{2C}$ 길항작용은 항우울 작용만 갖는 것이 아니라 다른 질환, 특히 섭식장애에 대한 효능에도 기여할 수 있다. $5HT_{2C}$ 길항제 특성을 가진 다른 단극성 우울증 치료제에는 트라조돈trazodone, 미르타자핀mirtazapine, 아고멜라틴agomelatine, 일부 삼환계 항우울제tricyclic antidepressant가 있으며, 이에 대해서는 아래에서 설명할 것이다. 마지막으로 세로토닌 2A/도파민 2 길항제인 쿠에티아핀quetiapine(그림 5-45)과 올란자핀olanzapine(그림 5-44)도 강력한 $5HT_{2C}$ 길항제 특성을 가지고 있다. 두 약제 모두 정신병 치료에 사용되지만(제5장 참조), 단극성 우울증, 치료저항성 단극성 우울증, 양극성 우울증에 대한 다른 약물의 증강치료augmentation로도 승인되었다. $5HT_{2C}$ 수용체에서 세로토닌 작용을 차단하면 이론상으로 우울증 치료에 도움이 되는 노르에피네프린과 도파민 방출을 탈억제한다(즉 강화한다)(제6장 및 그림 6-24B, 아고멜라틴에 대한 아래 논의 참조).

$5HT_{2C}$ 길항작용에 대한 좋은 소식은 전반적으로 활성화시킬 수 있고, 이것이 많은 환자들이 심지어는 첫 복용부터 플루옥세틴의 활력 및 피로 감소 효과를 감지할 수 있으며, 집중력과 주의력도 개선될 수 있는 이유이다. 아마도

이러한 기전은 긍정적 정동의 감소(그림 6-41), 과다수면, 정신운동지연, 무감동, 피로가 있는 우울증 환자에게 가장 잘 어울릴 것이다. 플루옥세틴은 일부 국가에서 치료저항성 단극성 우울증과 양극성 우울증에 대해 올란자핀과 병용combination치료로 승인되었다. 올란자핀도 $5HT_{2C}$ 길항제 작용을 갖기 때문에(그림 5-44), 플루옥세틴의 $5HT_{2C}$ 길항제 작용에 올란자핀을 추가하면 이론상으로 피질에서 도파민과 노르에피네프린 방출이 더욱 강화되어 항우울 작용을 매개할 수 있을 것이다. 또한 $5HT_{2C}$ 길항작용은 고용량 플루옥세틴의 항폭식효과에 기여할 수 있으며, 플루옥세틴은 섭식장애 치료에 유일하게 승인된 SSRI이다. 나쁜 소식은 플루옥세틴의 $5HT_{2C}$ 길항제 작용으로 인해 초조, 불면, 불안이 있는 환자에게는 이 약이 잘 맞지 않을 수 있으며, 이러한 환자는 원치 않는 활성화 및 심지어 공황 발작까지도 경험할 수 있다는 것이다.

또한 플루옥세틴은 약한 노르에피네프린 재흡수 차단 특성을 가지고 있어서(그림 7-16), 매우 높은 용량에서 임상적으로 의미가 있을 수 있다. 플루옥세틴은 긴 반감기를 가지며(2~3일), 활성 대사산물의 반감기는 심지어 더 길다(2주). 반감기가 길다는 것은 일부 SSRI의 갑작스러운 중단에서 볼 수 있는 금단 반응이 적다는 것에서 장점이 되지만, 플루옥세틴을 중단한 뒤 약물 자체와 활성 대사산물이 제거되는 데 오랜 시간이 걸리며, 모노아민 산화효소monoamine oxidase, MAO 억제제와 같은 다른 약제를 시작하기 전에 오랜 시간이 걸린다는 것을 의미하기도 한다. 플루옥세틴은 하루 한 번 제형뿐만 아니라 매주 한 번 경구 복용 제형도 사용 가능하다.

설트랄린: 도파민수송체 억제 및 σ_1 결합을 하는 SSRI

이 SSRI는 도파민 수송체dopamine transporter, DAT 억제와 σ_1 수용체 결합이라는 두 가지 후보 기전을 통해서 다른 약물과 구분된다(그림 7-17). 설트랄린sertraline의 DAT 억제 작용은 SERT 억제작용보다 약하기 때문에 논란의 여지가 있으며, 일부 전문가들은 임상적으로 의미 있을 만큼 충분한 DAT 점유가 이루어지지 않는다고 주장한다. 그러나 이

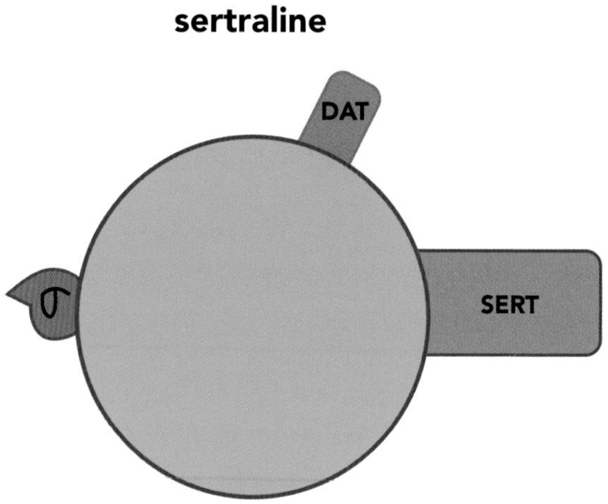

그림 7-17 설트랄린. 설트랄린은 세로토닌 재흡수 억제 외에도 도파민 수송체(DAT) 억제 및 σ_1 수용체 결합작용을 가진다. 설트랄린은 활력, 동기, 집중력을 향상시킬 수 있지만, DAT 억제와의 임상적 관련성은 알려지지 않았다. 시그마 특성은 항불안 작용에 기여할 수 있으며, 정신병적 우울증 환자에게도 도움이 될 수 있다.

후에 노르에피네프린-도파민 재흡수 억제제norepinephrine-dopamine reuptake inhibitor, NDRI에 대한 절에서 논의하겠지만, 항우울 작용에 기여하기 위해서 높은 수준의 DAT 점유가 필요하거나 심지어 바람직한지에 대해서는 명확하지 않다. 즉 활력, 동기, 집중력의 향상을 유발하기 위해서 아마 소량의 DAT 억제만으로도 충분할 수 있으며, 특히 SERT 억제와 같은 다른 작용이 함께 이루어질 경우 더욱 그럴 수 있다. 실제로 강력한 DAT 억제는 코카인과 메스암페타민을 포함한 강화자극제의 특징이며, 일반적으로 우울증 치료제로는 바람직하지 않다(제11장 ADHD 및 제13장 충동성, 강박성, 중독에서 DAT 억제제에 대한 논의 참조).

일화적으로 임상의사들은 일부 '비정형우울증' 환자에게서 설트랄린의 가볍고 바람직한 활성화 작용을 관찰하였으며, 과다수면, 활력 저하, 기분 반응성 등의 증상이 개선되는 것을 확인하였다. 어떤 임상의사는 우울증 환자에서 설트랄린에 부프로피온bupropion을 추가하여(예: 웰부트린Wellbutrin을 졸로푸트Zoloft에 추가하여 '웰-로푸트Well-oft'라고 부르기도 함) 각 약제의 약한 DAT 억제 특성을 합치는 것을 선호한다. 또한 일부 공황장애 환자는 설트랄린에 의해 과활성화되는 것이 관찰되었으며, 따라서 불안 증상을

가진 일부 환자에서는 더 느린 용량 조절이 필요할 수 있다. 설트랄린의 이러한 모든 작용은 임상적 작용 포트폴리오에 기여하는 약한 DAT 억제 작용과 일치한다.

설트랄린의 σ_1 작용은 잘 알려져 있지 않지만, 설트랄린의 항불안 효과와 특히 정신병적 및 망상성 우울증에 대한 효과에 기여할 수 있으며, 이러한 측면에서 설트랄린은 다른 SSRI에 비해 유리한 치료효과가 있을 수 있다.

파록세틴: 머스카린 항콜린 및 노르에피네프린 수송체 억제 작용을 갖는 SSRI

이 SSRI는 위에서 설명한 플루옥세틴과 설트랄린의 활성화 작용에 비해 치료 초기에 차분하게 만들거나, 심지어 진정 작용을 하는 경향이 있다. 아마도 파록세틴paroxetine의 경미한 항콜린 작용이 이러한 임상 프로필에 기여하는 것으로 보인다(그림 7-18). 또한 파록세틴은 약한 노르에피네프린 수송체norepinephrine transporter, NET 억제 특성이 있기 때문에, 특히 고용량에서 우울증에 대한 효능에 기여할 수 있다. 세로토닌과 노르에피네프린의 이중 재흡수 억제 특성, 즉 SNRI 작용의 장점은 이후 SNRI에 관한 절에서 따로 설명할 것이다.

또한 파록세틴은 산화질소 합성효소nitric oxide synthase를 억제해서 이론상으로 특히 남성에서 성기능장애를 유발할 수 있다. 또한 파록세틴은 갑작스러운 중단, 특히 장기간 고용량 치료를 받다가 갑자기 중단했을 때 좌불안석akathisia, 안절부절restlessness, 위장관증상, 어지러움, 저림 등의 증상을 동반하는 금단 반응을 일으키는 것으로도 악명이 높다. 모든 SSRI가 중단 반응을 일으킬 수 있지만, 파록세틴이 급속히 중단되었을 때 SERT 억제 특성뿐만 아니라 항콜린 반동이 있기 때문에 이러한 것이 가능할 수 있다. 파록세틴은 제어방출 제형controlled-release formulation을 사용할 수 있으며, 중단 반응을 포함한 일부 부작용을 완화할 수 있다.

플루복사민: σ_1 수용체 결합 특성을 가진 SSRI

이 SSRI는 우울증 치료제로 전 세계적으로 가장 먼저 출시되었지만, 미국에서 우울증에 공식적으로 승인되지 않았기 때문에 미국에서는 강박장애 치료제로 더 많이 간주되어 왔다. 플루복사민fluvoxamine은 설트랄린과 마찬가지로 σ_1 부위에 결합하지만, 결합 작용은 설트랄린보다 플루복사민에서 더 강력하다(그림 7-19). σ_1 부위의 생리적 기능은 여전히 미스터리로 남아 있어서 '시그마 수수께끼'라고도 불리지만, 불안과 정신병 모두와 연결된다. 전임상연구에 따르면 플루복사민은 σ_1 수용체 작용제일 수 있으며, 이 특성이 플루복사민의 잘 알려진 항불안 특성을 설명하는 데 도움이

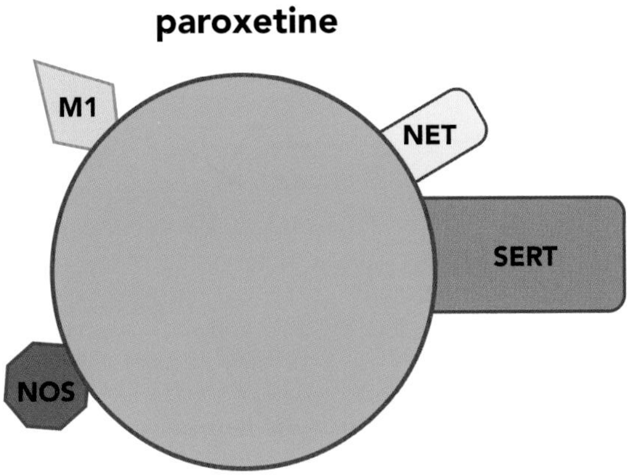

그림 7-18 파록세틴. 파록세틴은 세로토닌 재흡수 억제 외에도 경미한 항콜린 작용(M_1)으로 차분하게 만들거나 심지어 진정 작용을 할 수 있다. 또한 약한 노르에피네프린 수송체(NET) 억제 작용을 통해서 추가적인 항우울 작용을 할 수 있으며, 산화질소 합성효소(NOS)를 억제해서 성기능장애를 유발할 수 있다.

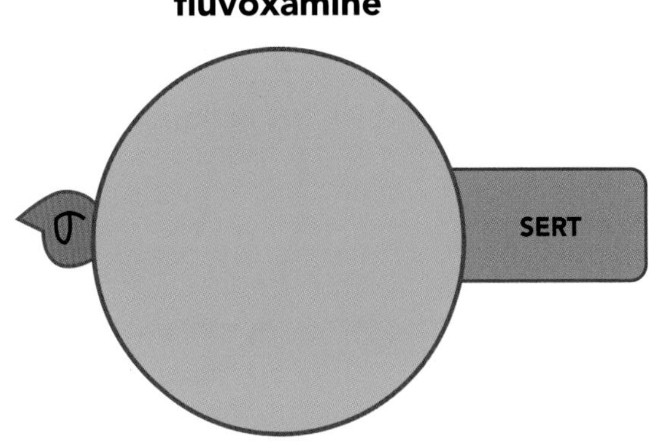

그림 7-19 플루복사민. 플루복사민은 2차적 특성으로 σ_1 수용체에서의 작용을 가지고 있으며, 항불안 효과뿐만 아니라 정신병적 우울증에도 도움이 될 수 있다.

될 수 있는 추가적인 약리적 작용에 기여할 수 있다. 또한 플루복사민은 정신병적 및 망상성 우울증 모두에서 치료효과를 보였으며, 설트랄린과 마찬가지로 이러한 측면에서 다른 SSRI에 비해 장점이 있을 수 있다.

플루복사민은 반감기가 짧아 하루 두 번 복용이 필요한 즉시방출 제형immediate-release formulation과 달리 하루 한 번 복용할 수 있는 제어방출 제형을 현재 사용할 수 있다. 이 외에도 제어방출 제형 플루복사민의 최신 임상시험에 따르면 강박장애와 사회불안장애 모두에서 인상적인 관해율을 보인 것은 물론 아마도 최고용량 진정 효과도 덜 한 것 같다.

시탈로프람: '좋은' 거울상체와 '나쁜' 거울상체를 가진 SSRI

이 SSRI는 서로 거울에 비치는 모습을 가진 2개의 R과 S 거울상체enantiomer로 구성된다(그림 7-20). 이러한 거울상체 혼합물은 라세미 시탈로프람racemic citalopram 또는 일반적으로 그냥 시탈로프람으로 알려져 있으며, R 거울상체에 존재하는 약한 항히스타민 특성을 가지고 있다. 일반적으로 라세미 시탈로프람은 내약성이 좋은 SSRI 중 하나이며, 노인의 우울증 치료에서 좋은 결과를 보였지만, 최저용량에서의 치료효과가 다소 일관적이지 않아서 최적화된 치료를 위해서 종종 용량 증량이 필요하다. 그러나 고용량에서는 QTc 연장의 가능성이 있기 때문에 용량 증량에 제한이 있다. 이러한 모든 결과는 R 거울상체가 시탈로프람에 포함되는 것이 바람직하지 않다는 것을 시사한다. 일부 약리적 증거에 따르면 R 거울상체는 SERT를 억제하지 않으며, 실제로는 SERT를 억제하는 활성 S 거울상체의 능력을 방해하는 방식으로 SERT에서 약리적 활성을 나타낼 수 있다고 한다. 이는 특히 저용량에서 SERT 억제 감소, 시냅스 5HT 감소, 순 치료작용의 감소로 이어질 수 있다.

에스시탈로프람: 전형적인 SSRI

라세미 시탈로프람의 특성을 개선하기 위한 해결책은 원하지 않는 R 거울상체를 제거하는 것이다. 그 결과 개발된 약물이 에스시탈로프람escitalopram이며, 순수한 활성 S 거울상체로만 이루어져 있다(그림 7-21). 에스시탈로프람은 항히스타민 특성이 제거되었으며, QTc 연장을 피하기 위한 고용량 제한이 없다. 이 외에도 잠재적으로 방해가 되는 R 거울상체를 제거하면서 최저용량의 효과에 대한 더 정확한 예측이 가능해졌다. 따라서 에스시탈로프람은 오로지 SERT 억제로만 거의 모든 약리적 작용이 설명될 가능성이

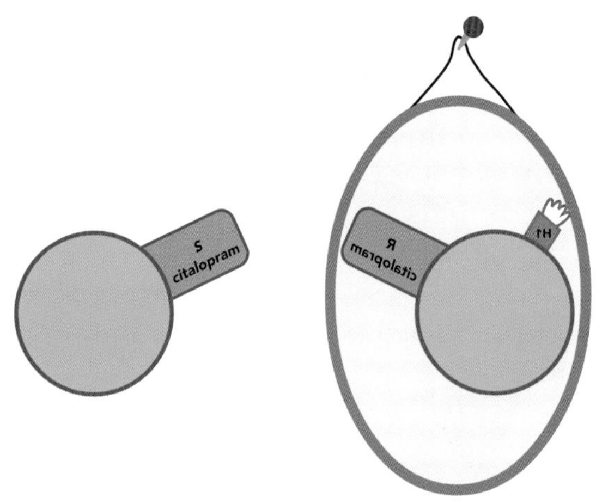

그림 7-20 시탈로프람. 시탈로프람은 R과 S의 두 가지 거울상체로 구성된다. 일부 약리적 증거에 따르면 R 거울상체는 SERT를 억제하지 않으며, 실제로는 SERT를 억제하는 활성 S 거울상체의 능력을 방해하는 방식으로 SERT에서 약리적 활성을 나타낼 수 있다고 한다. 또한 R 거울상체는 약한 항히스타민 특성을 가지고 있다.

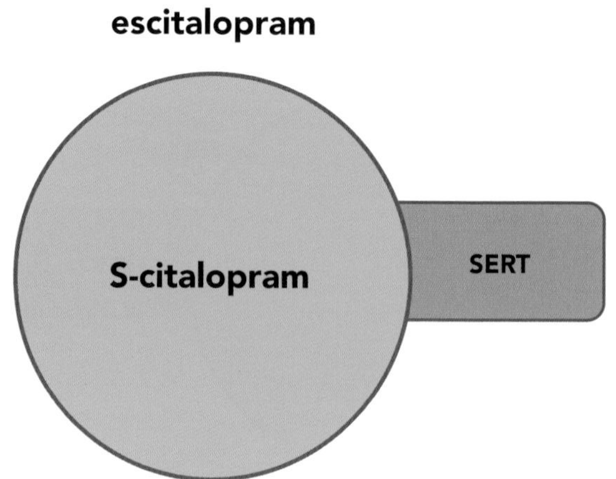

그림 7-21 에스시탈로프람. 시탈로프람의 R 및 S 거울상체는 서로 거울에 비치는 모습을 가지지만 약간 다른 임상 특성을 가진다. R 거울상체는 약한 항히스타민 특성을 가지며, R 및 S 거울상체는 세로토닌 수송체에서의 효과도 다를 수 있다. 시탈로프람의 S 거울상체가 개발되어 에스시탈로프람으로 판매되고 있다.

가장 높은 SSRI이다. 에스시탈로프람은 아마도 사이토크롬 P450cytochrome P450, CYP450을 매개로 한 약물상호작용이 가장 적고, 내약성이 가장 우수한 SSRI로 간주된다.

세로토닌 부분작용제 재흡수 억제제

빌라조돈vilazodone은 SERT 억제와 $5HT_{1A}$ 부분작용을 모두 가지고 있다. 빌라조돈은 이러한 이유로 세로토닌 부분작용제 재흡수 억제제serotonin partial agonist reuptake inhibitor, SPARI라고 불린다(그림 7-22). 세로토닌 재흡수 억제와 $5HT_{1A}$ 부분작용의 조합은 일부 환자에서 SSRI/SNRI의 단극성 우울증 치료효과와 내약성을 향상시키는 것으로 임상의사들에게 오랫동안 알려져 왔다[예: $5HT_{1A}$ 부분작용제인 부스피론(제8장 불안), $5HT_{1A}/D_2$ 부분작용제인 아리피프라졸, 브렉스피프라졸, 카리프라진(제5장), $5HT_{1A}$ 부분작용 특성을 가진 세로토닌/도파민 길항제인 쿠에티아핀 등을 추가하는 경우]. 빌라조돈을 사용하면 이러한 기전의 조합이 한 가지 약물로만 이루어지므로, 위에 나열된 다른 약물에 의한 원하지 않는 약물상호작용 및 표적을 벗어난 다양한 수용체 작용을 피할 수 있다.

동물모델에서 SSRI에 $5HT_{1A}$ 부분작용을 추가하면 SSRI

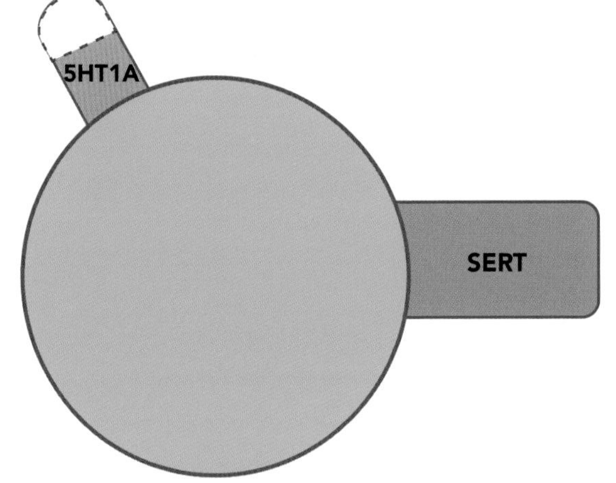

그림 7-22 빌라조돈. 빌라조돈은 세로토닌 1A 수용체의 부분작용제이며 세로토닌 재흡수도 억제한다. 따라서 세로토닌 부분작용제 재흡수 억제제로 불린다.

단독투여보다 뇌의 5HT 농도가 더 즉각적이고 강력하게 상승한다. 이는 $5HT_{1A}$ 부분작용제가 특히 시냅스전 세포체가지돌기 $5HT_{1A}$ 자가수용체에 선택적으로 작용하는 일종의 '인공 세로토닌'이며, 이러한 $5HT_{1A}$ 부분작용이 약물투여 직후에 발생하기 때문인 것으로 생각된다(그림 7-23). 따라서 즉각적인 $5HT_{1A}$ 부분작용은 이론상으로 SERT 억제와 동시에 부가적 또는 상승적으로 이루어지며(그림 7-23), SERT 단독억제(그림 7-12)보다 세포체가지돌기 $5HT_{1A}$ 자가수용체의 하향조절(그림 7-25)을 포함하여 더 빠르고 강력한 작용을 하게 된다(그림 7-24). 이는 가설상으로 SSRI만 사용할 때보다(그림 7-14) 시냅스 5HT의 상승을 더 빠르고 강력하게 유발한다(그림 7-26). 게다가 빌라조돈의 SPARI 기전에 의한 $5HT_{1A}$ 부분작용은 시냅스후 $5HT_{1A}$ 수용체에서도 즉시 발생하며(그림 7-26), 이러한 작용은 SERT 단독억제에 의해 증가된 세로토닌 자체의 지연된 완전작용제 작용(그림 7-14)과 비교하여 더 빠르고 다른 유형의 자극을 제공한다. 도파민 방출을 증가시키는 $5HT_{1A}$ 수용체의 후속 작용은(그림 7-27) 가설상으로 항우울 및 인지증진 효과 강화의 원인이 될 수 있다(제5장 및 그림 5-22 참조). 또한 SERT 억제에 $5HT_{1A}$ 부분작용의 추가는 빌라조돈으로 치료받은 환자에서 관찰되는 성기능장애의 감소와 상대적으로 적은 체중 증가를 설명해줄 수 있다.

세로토닌-노르에피네프린 재흡수 억제제

세로토닌-노르에피네프린 재흡수 억제제(SNRI)는 SSRI의 강력한 SERT 억제효과와 다양한 수준의 노르에피네프린 수송체(NET) 억제효과를 함께 가진다(그림 7-28부터 7-32까지). SERT 억제에 NET 억제를 더하는 것은, 이들 약물이 뇌의 더 많은 영역에서 세로토닌과 노르에피네프린 모노아민 신경전달물질 시스템 모두에 광범위하게 도달함으로써 하나의 기전에 다른 기전의 효과가 추가될 수 있기 때문에, 이론상으로 치료적 이점이 있을 수 있다(제6장 및 그림 6-38, 6-40 참조). 이 중 모노아민 기전이 더 많은 효과를 가져올 수 있다는 실질적인 징후는 SNRI인 벤라팍신

7

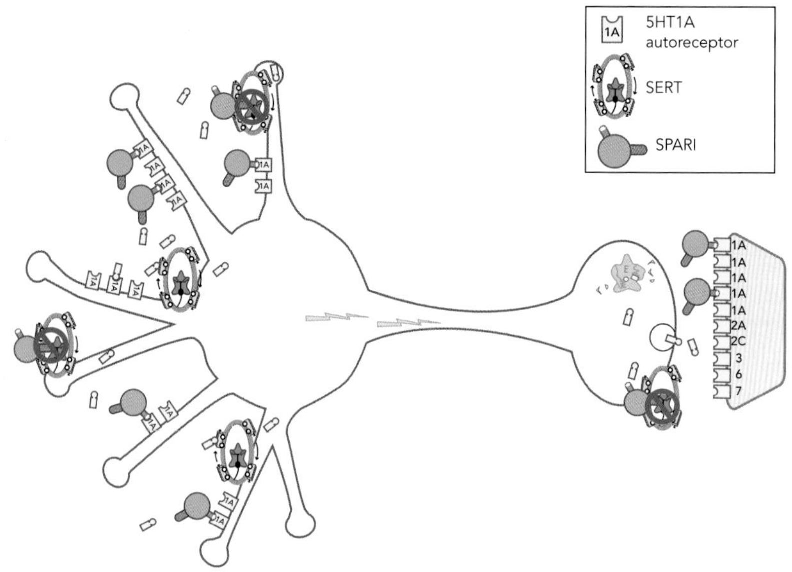

그림 7-23 세로토닌 부분작용제 재흡수 억제제(SPARI)의 작용기전 제1부. SPARI를 투여하면, 세로토닌 수송체(SERT)와 세로토닌 1A($5HT_{1A}$) 수용체의 절반 정도가 즉시 점유된다.

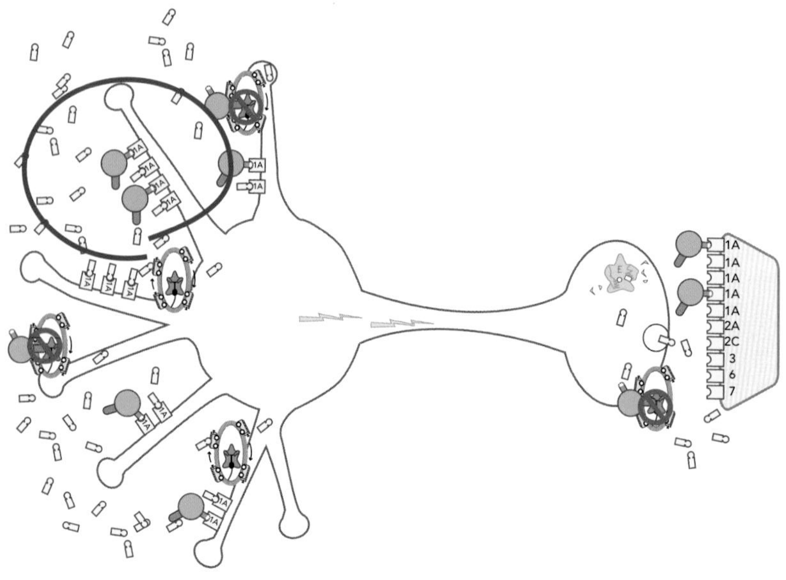

그림 7-24 세로토닌 부분작용제 재흡수 억제제(SPARI)의 작용기전 제2부. 세로토닌 수송체(SERT) 차단은 처음에는 세로토닌 뉴런의 세포체가 지돌기 영역에서 세로토닌 증가를 유발한다(왼쪽).

venlafaxine에서 찾을 수 있다. 벤라팍신은 용량이 증가함에 따라 단극성 우울증 치료효과가 더 커지는 것으로 보이는데, 이는 이론상으로 용량이 증가하면서 점점 더 많은 NET 억제가 일어나기 때문이다(노르아드레날린 '상승'). 현재 임상의사와 전문가들은 SSRI에 비해 SNRI의 관해율이 더 높은지, SSRI에 반응하지 않는 우울증 환자에게 다른 치료에 비해 SNRI가 더 도움이 되는지 등에 대해 논쟁 중이다. SNRI는 명확한 효능이 입증되었으나 SSRI는 그렇지 않은

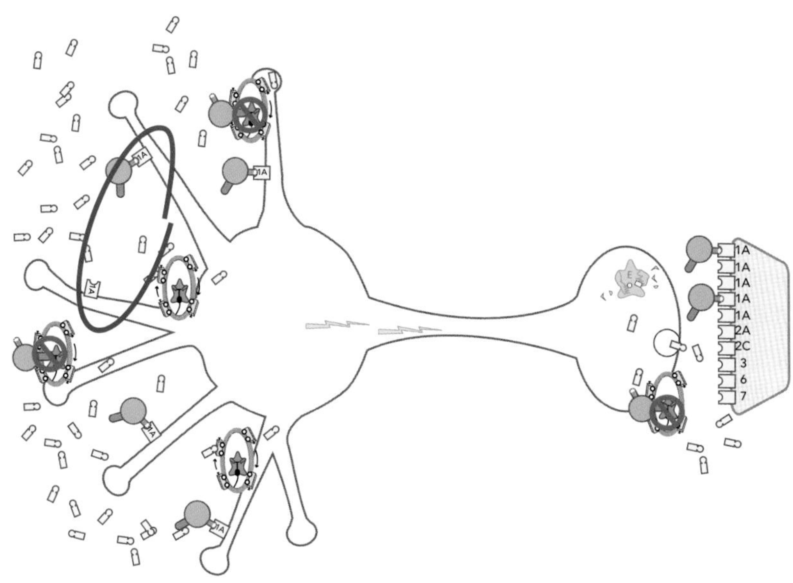

그림 7-25 세로토닌 부분작용제 재흡수 억제제(SPARI)의 작용기전 제3부. 세로토닌(5HT) 뉴런의 세포체가지돌기 영역에서 세로토닌 증가의 결과는 세포체가지돌기 $5HT_{1A}$ 자가수용체가 탈민감화되거나 하향조절되는 것이다(빨간색 원).

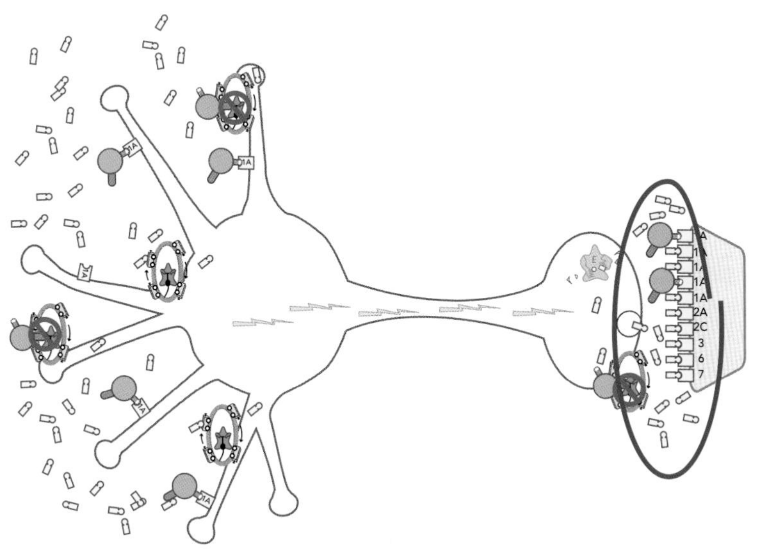

그림 7-26 세로토닌 부분작용제 재흡수 억제제(SPARI)의 작용기전 제4부. 세포체가지돌기 수용체가 하향조절되면 세로토닌(5HT) 뉴런의 자극흐름이 더 이상 억제되지 않는다. 따라서 뉴런의 자극흐름이 커지고, 그 결과 축삭 종말에서 5HT이 방출된다(빨간색 원).

영역이 통증 치료이다.

NET 억제에 의한 전전두엽피질의 도파민 증가

SNRI는 일반적으로 '이중 작용' 세로토닌-노르에피네프린 약제로 불리지만, 실제로는 도파민에 대한 세 번째 작용을 가지고 있다. 이는 뇌의 다른 곳에서는 작용하지 않고 전전두엽피질에서만 이루어진다. SNRI는 임상범위를 넘어서는 용량을 제외하고는 도파민 수송체(DAT)를 억제하지 않기 때문에 '완전한' 삼중 작용 약물은 아니지만, 단지 이중이 아닌 '이중반 작용'을 하는 것으로 간주할 수 있다. 즉 SNRI

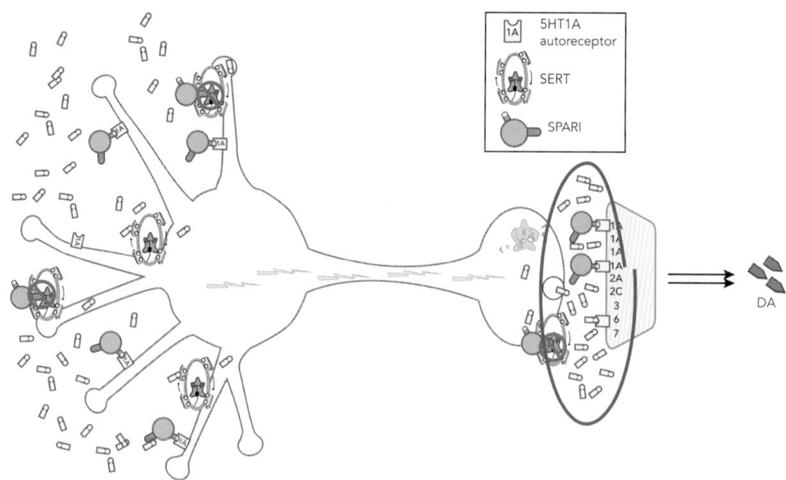

SPARI action: finally, antidepressant actions begin, and downstream enhancement of DA release may mitigate sexual dysfunction

그림 7-27 세로토닌 부분작용제 재흡수 억제제(SPARI)의 작용기전 제5부. SPARI가 세로토닌 수송체(SERT)를 차단하면, 세포체가지돌기 세로토닌(5HT)을 증가시키고, 세포체가지돌기 $5HT_{1A}$ 자가수용체를 탈민감화시키고, 뉴런 자극 흐름을 켜고, 축삭 종말에서 5HT 방출을 증가시키며, 마지막 단계(빨간색 원)에서는 시냅스후 5HT 수용체의 탈민감화가 일어날 수 있다. 이러한 기간은 항우울 작용과 관련된다. 이 외에도 $5HT_{1A}$ 부분작용의 추가는 도파민(DA) 방출의 후속 강화로 이어질 수 있으며, 이는 성기능 장애를 완화할 수 있다.

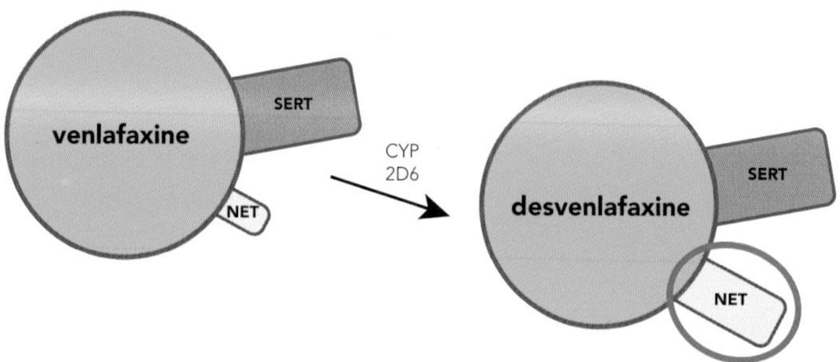

그림 7-28 벤라팍신과 데스벤라팍신. 벤라팍신은 세로토닌 수송체(SERT)와 노르에피네프린 수송체(NET)를 모두 억제하므로 하나의 약제에 두 가지 치료기전이 결합되어 있는 상태이다. 벤라팍신의 세로토닌 작용은 저용량에서 나타나는 반면, 노르아드레날린 작용은 용량이 증가함에 따라 점진적으로 강화된다. 벤라팍신은 CYP450 2D6에 의해 활성 대사산물인 데스벤라팍신으로 전환된다. 데스벤라팍신은 벤라팍신과 마찬가지로 세로토닌과 노르에피네프린의 재흡수를 억제하지만, 벤라팍신에 비해 SERT 억제와 비교한 NET 억제작용이 상대적으로 더 크다. 일반적으로 벤라팍신의 투여 후 벤라팍신의 혈장 농도는 데스벤라팍신의 약 절반 정도 되지만, 이는 CYP450 2D6의 유전적 다형성에 따라 다양할 수 있고, 만약 환자가 CYP450 2D6 억제제 또는 유도제인 약물을 복용하면 이에 따라서도 달라질 수 있다. 따라서 벤라팍신 투여에 따른 NET 억제 정도를 예측하는 것은 어려울 수 있다. 데스벤라팍신은 현재 별도의 약물로 개발되었고, 벤라팍신보다 노르에피네프린 재흡수 억제가 상대적으로 더 크지만 여전히 SERT에서 더 강력한 효과를 가진다.

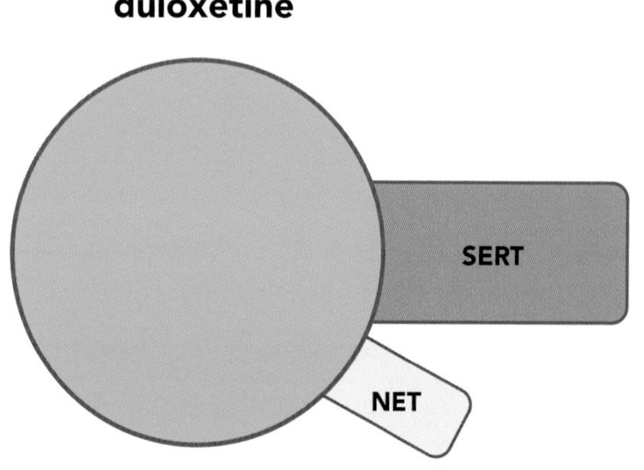

그림 7-29 둘록세틴. 둘록세틴은 세로토닌 수송체(SERT)와 노르에피네프린 수송체(NET)를 모두 억제한다. 노르아드레날린 작용은 통증을 수반하는 신체증상에 대해 효능이 있을 수 있다.

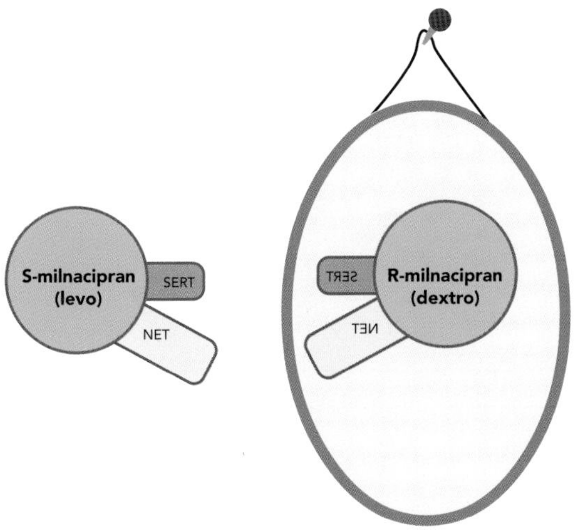

그림 7-30 **밀나시프란.** 밀나시프란은 세로토닌 수송체(SERT)와 노르에피네프린 수송체(NET)를 모두 억제하지만, SERT보다 NET를 더 강력하게 억제한다. 밀나시프란의 강력한 NET 억제는 통증을 수반하는 신체증상에 효능을 나타낼 수 있다. 밀나시프란은 두 가지 거울상체, S(레보)와 R(덱스트로)로 구성되어 있으며, S가 더 활성적인 거울상체이다.

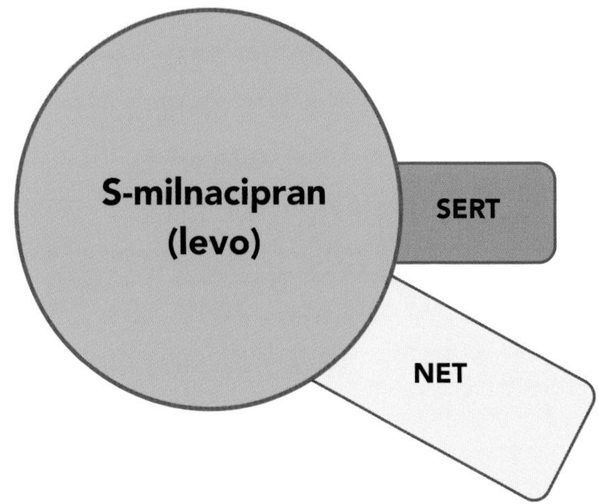

그림 7-31 **레보밀나시프란.** 밀나시프란의 R과 S 거울상체는 서로의 거울 모양이며, S 거울상체가 활성 거울상체이다. 밀나시프란의 S 거울상체는 레보밀나시프란으로 개발되어 시판되고 있다.

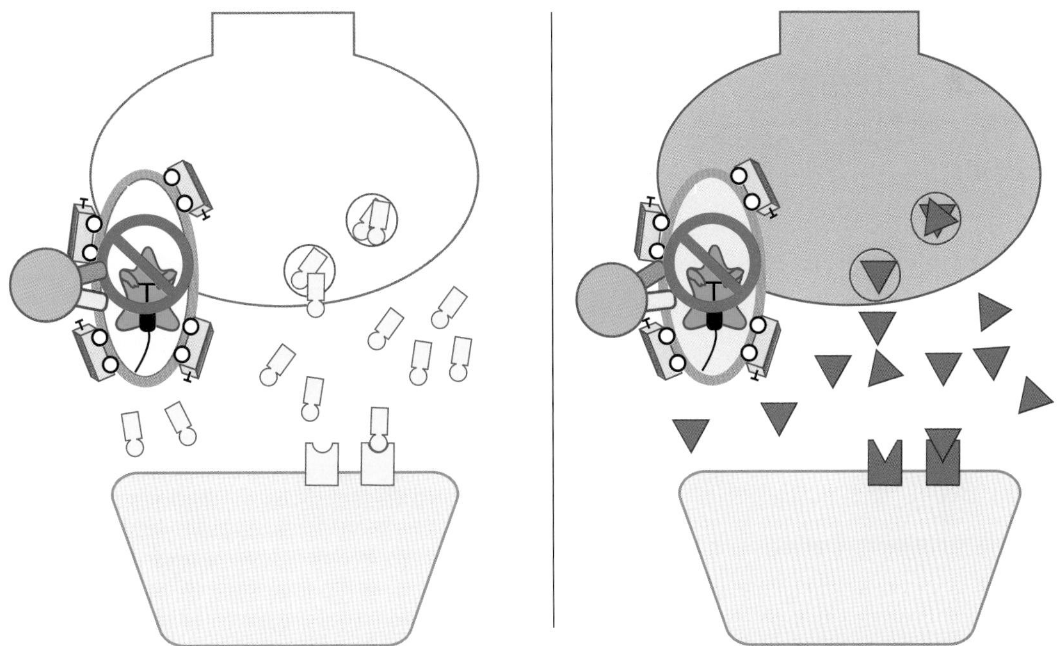

그림 7-32 **SNRI 작용.** 여기에는 세로토닌 노르에피네프린 재흡수 억제제(SNRI)의 급성 이중 작용을 보여준다. SNRI 분자의 세로토닌 재흡수 억제제 부분(왼쪽)과 노르에피네프린 재흡수 억제제 부분(오른쪽)이 각각의 재흡수 펌프에 삽입되어 있다. 결과적으로 두 펌프가 모두 차단되고 시냅스 세로토닌과 노르에피네프린이 증가하게 된다.

는 뇌 전체의 세로토닌과 노르에피네프린norepinephrine, NE을 증가시킬 뿐만 아니라(그림 7-32), 전전두엽피질에서 특징적으로 도파민을 증가시킨다(그림 7-33). 우울증의 여러 증상과 관련된 뇌의 중요 영역에서 도파민을 증가시키는 이 세 번째 기전은 SNRI의 약리와 주요우울장애 치료의 효능에 있어 또 다른 이론적 장점을 더해줄 것이다.

NET 억제는 어떻게 전전두엽피질에서 도파민을 증가시킬까? 대답이 그림 7-33에 삽화로 설명되어 있다. 전전두엽피질의 세로토닌과 NE 신경 종말에는 SERT와 NET가 풍부하게 존재하지만, 이 부위의 도파민 신경 종말에는 DAT가 거의 존재하지 않는다(그림 7-33, 제4장 및 그림 4-9A 참조). 전전두엽피질에 DAT가 부족하기 때문에 도파민이 이곳에서 방출되면 시냅스에서 자유롭게 이동할 수 있다(그림 7-33A). 따라서 전전두엽피질에서 도파민의 확산 반경(그림 7-33A)은 NE의 확산 반경(그림 7-33B)보다 더 넓으며, 이는 NE 시냅스에는 NET가 있는 반면(그림 7-33B) 도파민 시냅스에는 DAT가 없기 때문이다(그림 7-33A). 이러한 배열은 도파민이 시냅스 자체뿐만 아니라 원거리에 있는 도파민 수용체와도 상호작용할 수 있기 때문에 전전두엽피질 기능에 대한 도파민 조절의 중요성을 향상시킬 수 있으며, 아마도 단일 시냅스뿐만 아니라 확산 반경 내의 전체 영역에서 인지를 조절하는 도파민의 능력을 강화시킬 수 있을 것이다.

따라서 전전두엽피질에서 도파민 작용은 DAT에 의해 어느 정도 종료되는 것이 아니라 다른 두 가지 기전에 의해 종료된다. 즉 도파민은 도파민 분해효소인 카테콜-O-메틸기전달효소catechol-O-methyltransferase, COMT를 만나거나(제4장 및 그림 4-3 참조) NE 뉴런으로 운반하는 NET를 만날 때까지 도파민 시냅스에서 확산된다(그림 7-33A). 실제로 NET는 NE보다 도파민에 대한 친화력이 더 높기 때문에 도파민과 NE 모두를 NE 신경 종말로 운반해서 작용을 중단시킨다.

전전두엽피질에 NET 억제가 있을 때 어떤 일이 일어나는지 지켜보는 것은 매우 흥미로울 수 있다. 예상대로 NET

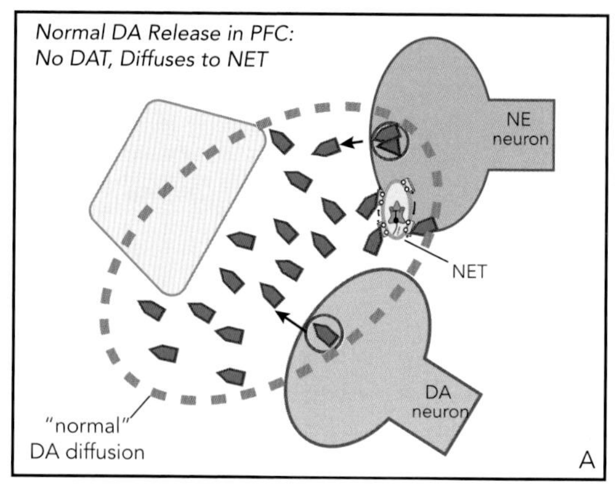

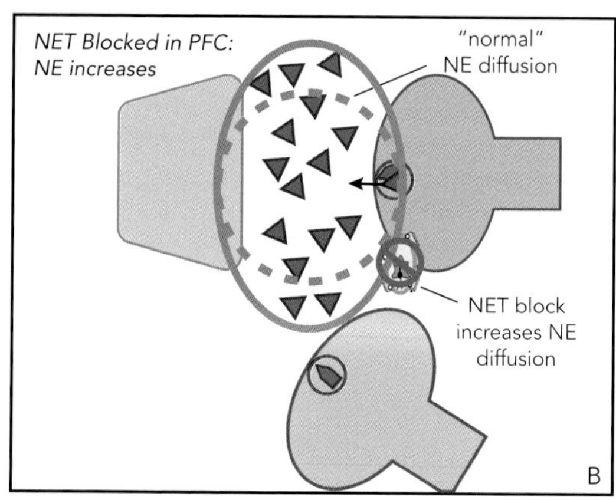

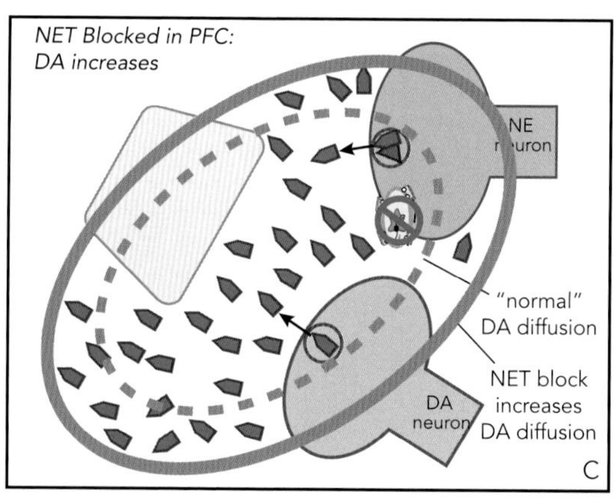

그림 7-33 전전두엽피질에서의 노르에피네프린 수송체 차단과 도파민. (A) 전전두엽피질(PFC)에는 세로토닌 수송체(SERT)와 노르에피네프린 수송체(NET)가 풍부하지만, 도파민 수송체(DAT)는 매우 적다. 이는 도파민(DA)이 시냅스에서 멀리 확산되어 더 넓은 반경 내에서 작용할 수 있다는 것을 의미한다. 도파민의 작용은 노르에피네프린(NE) 축삭 종말에서 종결되는데, 도파민이 NET에 의해 흡수되기 때문이다. (B) PFC에서 NET 차단은 시냅스 NE의 증가로 이어져 NE의 확산 반경을 증가시킨다. (C) NET는 NE뿐만 아니라 도파민도 흡수하기 때문에, NET 차단은 시냅스 도파민의 증가로 이어져 도파민 확산 반경을 더욱 증가시킨다. 따라서 NET를 차단하는 약제는 뇌 전체에서 NE을 증가시키고, PFC에서 NE과 도파민을 모두 증가시킨다.

억제는 시냅스 NE 농도를 높이고 NE의 확산 반경을 증가시킨다(그림 7-33B). 다소 놀라운 사실은 NET 억제가 도파민의 농도와 확산 반경도 증가시킨다는 것이다(그림 7-33C). 결론적으로 NET 억제는 전전두엽피질에서 NE과 도파민을 모두 증가시키게 된다. 따라서 SNRI는 뇌 전체에서 세로토닌과 NE을 증가시키며, 전전두엽피질(다른 도파민 투사 영역에서는 그렇지 않음)에서 도파민을 증가시키는 이중반 기전을 가지고 있다.

벤라팍신

벤라팍신venlafaxine은 용량에 따라 세로토닌 재흡수 억제(저용량에서도 가장 확실하고 강력한 억제효과) 대비 NE 재흡수 억제(고용량에서만 중등도 세기의 억제효과)의 정도가 달라진다(그림 7-28). 그러나 다른 수용체에는 중요한 작용을 갖지 않는다. 관해율 향상이나 장기 치료 시 더 강력하게 지속되는 관해 또는 치료저항성 단극성 우울증에서 더 큰 효능이 있는지 등의 관점에서, 벤라팍신이나 다른 SNRI가 단극성 주요우울장애에서 SSRI보다 더 큰 효능이 있는지에 대해서는 여전히 논란이 있지만, 두 가지 기전과 두 가지 모노아민의 증가를 고려할 때 그럴듯해 보인다. 벤라팍신은 여러 불안장애에도 승인되어 널리 사용되고 있다. NET 억제 추가는 일부 환자에서 발생하는 벤라팍신의 두 가지 부작용인 발한과 혈압 상승을 설명할 수 있을 것이다.

벤라팍신은 연장방출 제형extended-release formulation이 사용 가능하며, 하루 한 번 투여가 가능할 뿐만 아니라 메스꺼움 등의 부작용을 현저히 줄여줄 수 있다. 제어방출 제형으로 사용 가능한 여러 다른 향정신성 약물과 대조적으로, 벤라팍신 연장방출 제형은 복용을 시작하거나 중단할 때 참을 수 없는 메스꺼움 및 기타 부작용으로 인해 거의 사용되지 않는 벤라팍신 즉시방출 제형보다 상당히 개선된 약물이다. 그러나 벤라팍신 연장방출 제형에서도 때로는 꽤 성가신 금단 반응을 일으킬 수 있으며, 특히 고용량 장기 치료를 갑자기 중단한 후에 나타날 수 있다. 그럼에도 불구하고 연장방출 제형은 내약성이 향상되어 높은 선호도를 가진다.

데스벤라팍신

벤라팍신은 CYP450 2D6의 기질이며, 활성 대사산물인 데스벤라팍신desvenlafaxine으로 전환된다(그림 7-28). 데스벤라팍신은 SERT 억제 대비 NET 억제효과가 벤라팍신보다 더 크다. 일반적으로 벤라팍신의 투여 후 혈장 농도는 데스벤라팍신의 약 절반 정도이다. 그러나 이는 매우 변동이 심할 수 있는데, 환자가 CYP450 2D6 억제제인 다른 약물을 복용하고 있다면, 벤라팍신은 증가하고 데스벤라팍신은 감소하는 쪽으로 혈장 농도가 변화하며, 상대적인 NET 억제량도 감소할 수 있다. 또한 벤라팍신 대 데스벤라팍신의 혈장 농도 변동성은 CYP450 2D6의 유전적 다형성 때문이며, 빈약대사자poor metabolizer의 경우 모체인 벤라팍신이 증가하고 활성 대사산물인 데스벤라팍신은 감소하는 쪽으로 두 약물의 비율이 변화되면서 상대적인 NET 억제량이 감소하게 된다. 종합해봤을 때, 벤라팍신은 특정 환자에게 특정 시간, 특정 용량으로 투여된 경우 어느 정도의 NET 억제가 있을지 다소 예측하기 어려울 수 있는 반면에, 데스벤라팍신은 예측이 보다 용이하다. 숙련된 임상의사들은 벤라팍신의 노련한 용량 조절을 통해서 이 문제를 해결하겠지만, 데스벤라팍신을 별도의 약물로 개발하면 용량 조절의 필요성이 줄어들고 모든 환자에서 특정 용량에 대한 보다 일관된 NET 억제가 가능해져서 이 문제가 해결될 수도 있다.

둘록세틴

이 SNRI는 약리적으로 NET 억제보다 약간 더 강력한 SERT억제를 특징으로 하며(그림 7-29), 우울증과 통증에 대한 우리의 생각을 변화시켰다. 전통적인 가르침에서는 우울증이 신체적 통증('아프다')이 아닌 정신적 통증('통증이 느껴져')을 유발하며, 정신적 통증은 우울증의 정서적 고통에 부차적으로 따라오는 것이라고 생각했다. 그러므로 우울증을 좋아지게 하는 것은 무엇이든 정신적 통증을 개선할 수 있다고 막연하게 생각했다. 따라서 우울증이 아마도 신체적 통증을 악화시킬 수는 있겠지만 유발하지는 않는 것으로 생각되었고, 전통적으로 신체적 통증은 우울증 치료제로 치료하지 않았다.

둘록세틴duloxetine에 대한 연구는 이 모든 것을 변화시켰다. 이 SNRI는 통증이 없는 단극성 우울증을 완화할 뿐만 아니라 우울증이 없는 통증도 완화시켜 준다. 당뇨병 말초신경병성 통증diabetic peripheral neuropathic pain, 섬유근육통fibromyalgia, 골관절염 및 요통과 관련된 만성 근골격계 통증 등 모든 종류의 통증이 이 SNRI로 개선된다. 다양한 통증증후군에서 둘록세틴의 효능에 대한 이러한 연구 결과는 통증성 신체증상이 우울증에 수반되는 정당한 증상이며, 단순한 정서적 통증의 한 형태가 아니라는 사실도 입증했다. 통증증후군에서 둘록세틴과 같은 SNRI의 사용은 제9장에서 논의한다. 따라서 둘록세틴은 단극성 우울증과 만성 통증뿐만 아니라 단극성 우울증에서 만성 통증성 신체증상이 있는 환자에서도 효능이 입증되었다. 단극성 주요우울장애에서는 환자와 임상의사 모두 통증성 신체증상을 무시하거나 놓치는 경우가 많으며, 최근까지 이러한 증상과 주요우울장애의 연관성이 잘 인식되지 않았는데, 부분적으로는 통증성 신체증상이 우울증 공식 진단 기준의 증상 목록에 포함되지 않았기 때문이다(제6장 및 그림 6-1 참조). 그럼에도 불구하고 이제는 통증성 신체증상이 주요우울 삽화와 빈번하게 연관되고, 우울증 치료제로 초기 치료를 받은 후에도 지속되는 중요한 잔류증상 중 하나로 널리 인정받게 되었다(그림 7-5). 당뇨병의 신경병성 통증 및 우울증과 관련된 만성 통증성 신체증상과 같은 상태의 치료에는 둘록세틴 및 다른 SNRI의 이중 SNRI 작용이 SSRI의 선택적 세로토닌 작용보다 우수한 것으로 나타났다. NET 억제의 역할은 우울증이 없는 통증상태뿐만 아니라 우울증과 관련된 통증성 신체증상을 치료하는 데 중요한 역할을 하는 것으로 보인다. 둘록세틴은 노인 우울증에서 두드러지는 우울증의 인지증상 치료에도 효과를 나타냈으며, 이는 아마도 전전두엽피질에서 NET 억제에 의한 노르아드레날린 및 도파민 증가의 결과에 의한 것으로 생각된다(그림 7-33 참조).

둘록세틴은 하루 한 번 복용할 수 있다. 하지만 보통 하루 두 번 투여를 시작한 후, 특히 고용량까지 용량적정되는 동안, 환자가 둘록세틴에 대한 내약성을 가질 기회를 얻은 이후에만 하루 한 번 복용하는 것이 좋은 방안이 될 수 있다. 둘록세틴은 벤라팍신보다 고혈압 발생률이 낮고 금단반응이 경미할 수 있다.

밀나시프란

밀나시프란milnacipran은 프랑스 등 많은 유럽 국가와 일본에서 판매된 최초의 SNRI이며, 현재 단극성 우울증 치료제로 사용되고 있다. 미국에서는 밀나시프란이 단극성 우울증 치료에 승인되지 않았으나 섬유근육통 치료에는 승인되었다. 흥미롭게도 유럽에서는 그 반대의 상황인데, 단극성 우울증 치료에는 승인되었지만 섬유근육통 치료에는 승인되지 않았다. 밀나시프란은 다른 SNRI와 약간 다른 점이 있는데, 다른 약물은 NET 억제보다 SERT 억제가 더 강력한 반면(그림 7-28 및 7-29), 밀나시프란은 상대적으로 SERT 억제보다 NET 억제가 더 강력하다(그림 7-30). 이러한 독특한 약리적 프로필은 다른 SNRI와 비교하여 밀나시프란의 다소 다른 임상적 프로필을 설명할 수 있다. 노르아드레날린 작용은 세로토닌 작용과 비교해서 통증 관련 질환의 치료에 동등하거나 더 중요할 수 있으므로, 밀나시프란의 강력한 NET 억제는 만성 통증 관련 질환에 특히 유용할 수 있으며, 이 약이 승인된 섬유근육통뿐만 아니라 단극성 우울증 및 만성 신경병성 통증과 관련된 통증성 신체증상에서도 효과가 있을 수 있다.

또한 밀나시프란의 강력한 NET 억제는 '섬유안개fibro-fog'라고도 불리는 섬유근육통과 자주 연관되는 인지증상뿐만 아니라 단극성 우울증의 인지증상 등 여러 인지증상의 치료에 잠재적으로 유리한 약리적 프로필을 시사한다. 다른 SNRI에 비해 밀나시프란을 복용한 환자는 더 활기차고 활성화될 수 있으며, 이러한 임상관찰 결과는 밀나시프란의 강력한 NET 억제와 관련이 있을 수 있다. SSRI 치료 후 흔한 잔류증상에는 인지증상 외에도 피로, 활력 부족, 흥미 부족 등이 있다(그림 7-5). NET 억제와 관련된 특성은 밀나시프란이 일부 다른 SNRI보다 발한과 배뇨지연을 더 많이 유발한다는 관찰과 관련이 있을 수 있다. 일반적으로 배뇨 지연이 있는 환자의 경우 이론상으로 방광의 α_1 수용체에서 강력한 노르아드레날린 작용에 의해 발생하며, α_1 억제제가 이러한 증상을 줄일 수 있다. 밀나시프란은 반감기가 짧기 때문에 일반적으로 하루에 두 번 복용해야 한다.

레보밀나시프란

밀나시프란은 실제로 두 거울상체의 라세미 혼합물이다(그림 7-30). S 또는 레보 거울상체는 활성 거울상체이며(그림 7-31), 미국에서 단극성 주요우울장애의 치료를 위해 독자적으로 개발되었고 대부분 사용할 수 있다. 라세미 밀나시프란과 마찬가지로 레보밀나시프란levomilnacipran은 SERT 억제보다 NET 억제가 더 크며, 잠재적인 임상적 장점으로 피로와 활력 부족에 도움이 될 수 있다. 또한 제어방출 제형으로 투여되기 때문에 라세미 밀나시프란과 달리 하루에 한 번 복용할 수 있다.

노르에피네프린-도파민 재흡수 억제제: 부프로피온

부프로피온bupropion의 작용기전은 오랜 기간 동안 불분명했으며 여전히 논란의 여지가 다소 남아 있다. 부프로피온은 도파민(DAT 억제)과 노르에피네프린(NET 억제)에 대해서만 약한 수준의 재흡수 차단효과를 가진다(그림 7-34 및 7-35). 이 약제에 대한 다른 특별하거나 강력한 약리적 작용은 일관되게 확인되지 않았다. 그러나 부프로피온의 단극성 우울증 치료제로서의 작용과 노르에피네프린 및 도파민 신경전달에 대한 작용은 이러한 약한 특성으로 설명할 수 있는 것보다 항상 더 강력한 것으로 나타났으며, 부프로피온이 어떤 유형의 아드레날린 조절제로서 다소 모호하게 작용한다는 제안으로 이어졌다.

부프로피온은 여러 가지 활성 대사산물로 대사된다. 그 중 일부는 부프로피온 자체보다 더 강력한 NET 억제제이자 동등하게 강력한 DAT 억제제이며, 뇌에서 높은 농도를 보인다. 따라서 어떤 면에서 부프로피온은 활성약물인 동시에 다른 활성약물의 전구체이기도 하다(즉 다양한 활성 대사산물의 전구약물). 이 중 가장 강력한 것은 부프로피온의 6-하이드록시 대사물의 +거울상체이며, 라다팍신radafaxine으로도 알려져 있다.

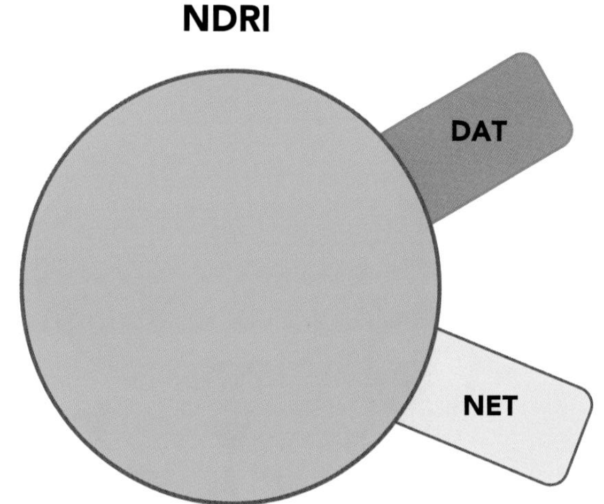

그림 7-34 노르에피네프린 도파민 재흡수 억제제(NDRI). 부프로피온은 노르에피네프린 도파민 재흡수 억제제의 원형이다. 부프로피온은 도파민 수송체(DAT)와 노르에피네프린 수송체(NET)에 대해 약한 차단특성을 가지고 있다. 부프로피온의 항우울 작용은 부프로피온 대사물의 더 강력한 억제 특성을 통해서 부분적으로 설명될 수 있다.

우울증 환자에게서 부프로피온을 치료용량으로 사용했을 때 보이는 임상 작용을 NET(그림 7-36A 및 7-36B)와 DAT(그림 7-36C)의 순 효과net effect로 설명할 수 있을까? 누군가가 약물이 항우울제 작용을 하기 위해 DAT와 NET 수송체의 90%를 점유하는 것이 필요하다고 믿는다면, 대답은 '그렇지 않다'일 것이다. 인간의 양전자방출단층촬영positron emission tomography, PET 결과에 따르면 부프로피온의 치료용량에서 선조체 DAT가 점유된 비율은 겨우 10~15% 정도이며, 아마도 20~30%를 넘지 않을 것으로 보인다. NET 점유율도 이와 같은 범위에 있을 것으로 예상된다. 이 정도면 부프로피온의 항우울제 작용을 설명하기에 충분할까?

많은 연구를 통해 SSRI가 우울증에 효과적인 약물이 되려면 SERT 수송체의 상당 부분, 아마도 수송체의 80% 또는 90%까지 점유하기 위한 용량이 사용되어야만 한다는 것이 명확한 것에 비하여 NET나 DAT 점유에 대해서는 명확

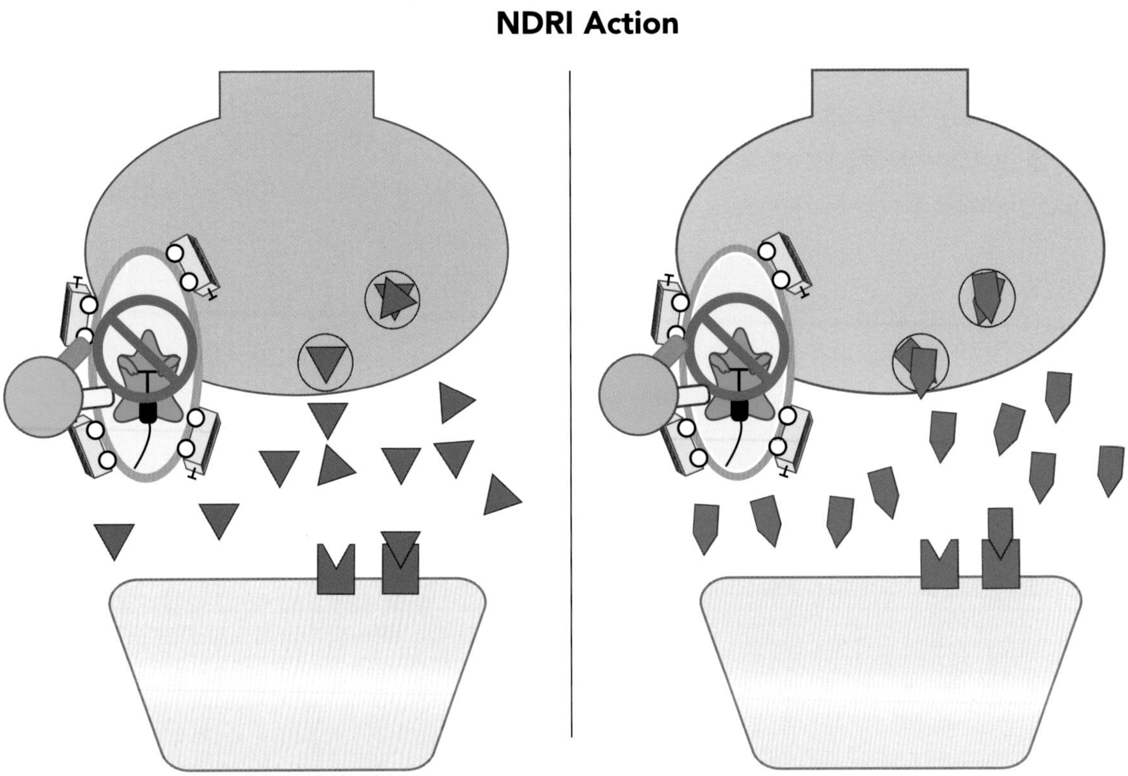

NDRI Action

그림 7-35 **NDRI 작용.** NDRI 분자의 노르에피네프린 재흡수 억제제 부분(왼쪽)과 도파민 재흡수 억제제 부분(오른쪽)이 각각의 재흡수 펌프에 삽입되어 있다. 결과적으로 두 펌프가 모두 차단되고, 시냅스 노르에피네프린과 도파민이 증가된다.

하지 않고, 특히 NET 또는 DAT 억제와 함께 상승작용을 할 수 있는 추가적인 약리적 기전을 가진 약물의 경우에는 더욱 그렇다. 즉 대부분의 SNRI가 SERT의 80~90%를 점유하는 용량으로 투여될 때 NET 점유량은 훨씬 더 적지만, 아마도 50% 정도의 NET 점유율을 가진 이러한 약제의 추가적인 치료작용과 NE 매개 부작용 모두에 대한 증거가 존재한다.

게다가 '너무 많은 DAT 점유'와 같은 것이 있는 것으로 보인다. 즉 50% 이상의 DAT가 빠르고 짧게 점유되면 이상행복감euphoria 및 강화reinforcement와 같은 원치 않는 임상 작용으로 이어질 수 있다(제11장 ADHD 치료에서 신비한 DAT에 대한 논의 참조). 실제로 빠르고, 짧게 지속되며, 높은 수준의 DAT 점유는 코카인과 같은 남용 가능한 자극제의 약리적인 특징이다(제13장 약물남용과 보상에 대한 논의 참조). DAT 억제제가 제어방출 제형과 같이 더 천천히 오래 지속되는 방식으로 50% 이상의 DAT가 점유되는 경우에는 남용 가능성이 적고, ADHD에 더 유용할 수 있다(제11장 참조). 여기서 고려해야 할 문제는 단극성 우울증 치료제로서 유용할 수 있는 DAT 기전의 바람직한 해결책이 낮은 수준의 천천히 시작되고 오래 지속되는 DAT 점유인지에 대한 것이다. 그래서 DAT 억제가 남용할 만큼 너무 많거나 너무 빠르지 않고, 효과가 없을 만큼 너무 부족하지도 않으면서, 충분히 천천히 시작되고 충분히 오래 지속되는, 단극성 우울증 치료에 효과적인 약물로 만들어주기에 정확히 충분한 DAT 억제가 필요하다.

부프로피온은 남용 가능성이 특별히 없는 것으로 알려져 있고, 목적성을 가지고 개발된 것은 아니지만 니코틴 중독 치료에 효과가 입증되었다. 이러한 사실은 부프로피온이 갈망을 완화하는 데에는 충분하지만 남용을 유발할 정도는 아닌 방식으로 선조체striatum와 기댐핵nucleus accumbens의

NDRI action in prefrontal cortex: NET blockade increases NE and DA

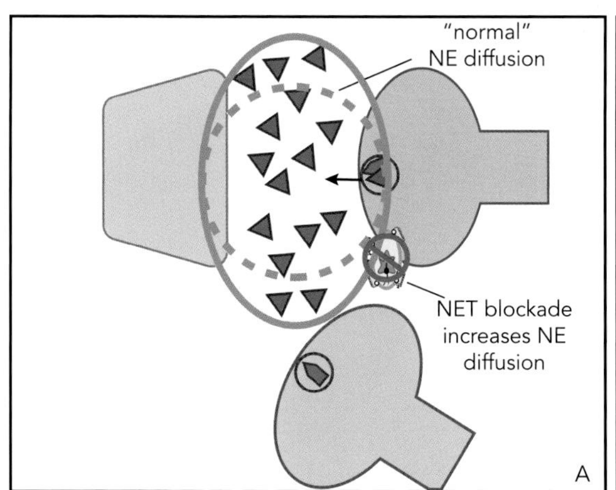

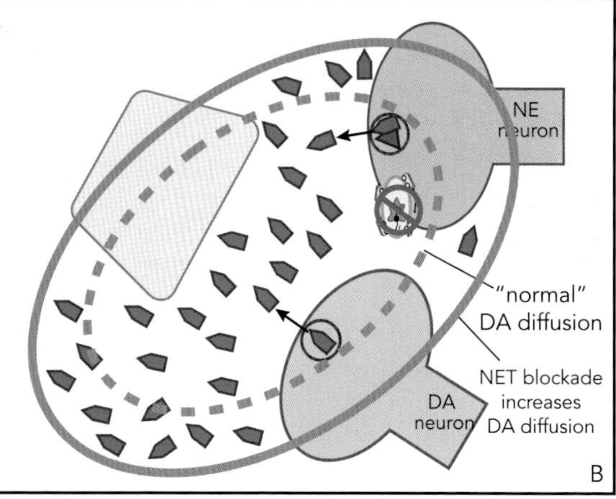

NDRI action in striatum:
DAT blockade increases DA

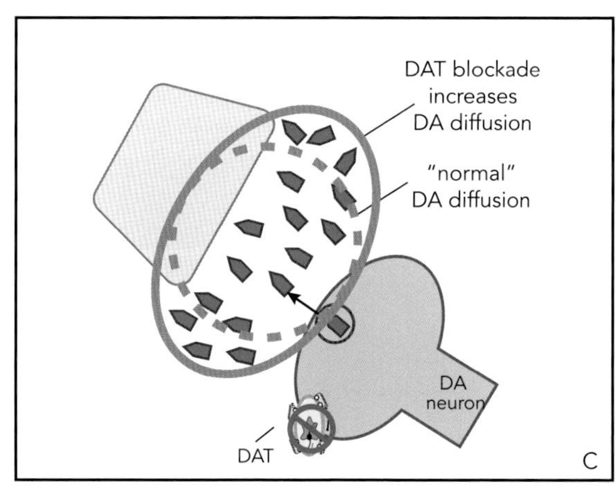

그림 7-36 전전두엽피질과 선조체에서의 NDRI 작용. 노르에피네프린 도파민 재흡수 억제제(NDRI)는 노르에피네프린 수송체(NET)와 도파민 수송체(DAT)를 모두 차단한다. (A) 전전두엽피질에서 NET 차단은 시냅스 노르에피네프린(NE)의 증가로 이어져 NE의 확산 반경이 증가한다. (B) 전전두엽피질에는 DAT가 부족하고 NET는 NE뿐만 아니라 도파민(DA)도 운반하므로, NET 차단은 전전두엽피질의 시냅스 도파민을 증가시키고 도파민의 확산 반경을 더욱 확대시킨다. 따라서 전전두엽피질에 DAT가 없음에도 불구하고 NDRI는 여전히 전전두엽피질의 도파민을 증가시킨다. (C) DAT는 선조체에 존재하므로 DAT를 억제하면 선조체의 도파민 확산이 증가한다.

DAT를 점유할 가능성을 보여준다(그림 7-36C). 금연을 위한 부프로피온의 사용에 대해서는 제13장 약물남용과 보상에서 자세히 논의된다. 아마도 이러한 낮은 수준의 DAT 점유(그림 7-36C)는 NET에서의 동등하게 낮은 작용과 결합하여 단극성 우울증에서 부프로피온이 효과를 나타내는 방식이다(그림 7-36A 및 7-36B).

부프로피온은 원래 단극성 우울증 치료제로서 하루 세 번 복용하는 즉시방출 제형으로 미국에서만 시판되었다. 하루 두 번 복용하는 제형(bupropion SR)에 이어 하루 한 번 복용하는 제형(bupropion XL)이 개발되면서 혈장 최고약물농도에서 발작의 빈도가 감소했을 뿐만 아니라 편의성과 순응도가 개선되었다. 따라서 즉시방출 제형 부프로피온의 사용은 거의 중단되었고 하루 한 번 복용이 선호되고 있다.

부프로피온은 일반적으로 활성화를 유발하거나 심지어

자극시킨다. 부프로피온은 SERT 억제를 통해 작용하는 많은 단극성 우울증 치료제에서 자주 발생하는 귀찮은 성기능장애를 일으키지 않는 것으로 보이는데, 아마도 부프로피온의 작용기전에 중요한 세로토닌 구성 요소가 없기 때문일 수 있다. 따라서 부프로피온은 SSRI의 세로토닌 부작용을 견디지 못하거나 SSRI에 의한 세로토닌 증가에 반응이 없는 단극성 우울증 환자에게 치료제로서 유용한 것으로 입증되었다. 약리적 프로필과 일치하게 부프로피온은 행복, 즐거움, 흥미, 기쁨, 활력, 열정, 각성, 자신감이 상실된 증상을 개선하고, 특히 '도파민 결핍증후군' 및 '감소된 긍정적 정동'을 표적으로 한다(그림 6-41 참조). 거의 모든 활동적 임상의사는 SSRI 또는 SNRI 치료 후에도 감소된 긍정적 정동의 잔존증상을 가지거나, SSRI 또는 SNRI의 부작용으로써 이러한 증상이 발생한 환자들이 부프로피온으로 교체하거나 SSRI 또는 SNRI 치료에 부프로피온으로 증강augmentation함으로써 종종 이득을 얻는다는 것을 알고 있다. SSRI 또는 SNRI에 부프로피온을 병용하는 것은 감소된 긍정적 정동의 증상부터 증가된 부정적 정동의 증상까지 전체 증상 포트폴리오를 다루기 위한 전략으로서 이론적 근거를 가진다(그림 6-41). μ-아편유사제 길항제 날트렉손naltrexone과 결합된 부프로피온은 비만치료제로 승인되었으며, 제13장의 충동성/강박성 증후군에서 언급된다. N-메틸-D-아스파르트산(NMDA) 길항제인 덱스트로메토르판dextromethorphan과 결합된 부프로피온은 알츠하이머병의 우울과 초조에 대해 후기 단계 임상시험 중이다(제12장 치매에서 논의).

아고멜라틴

아고멜라틴agomelatine은 미국 이외의 여러 국가에서 단극성 우울증 치료제로 승인되었다(그림 7-37). 아고멜라틴은 멜라토닌 1(MT_1) 및 멜라토닌 2(MT_2) 수용체에서 작용제 작용을 하고 $5HT_{2C}$ 수용체에서는 길항제 작용을 한다(그림 7-37). 플루옥세틴 절에서 논의한 바와 같이, $5HT_{2C}$ 길항제 작용은 단극성 우울증(아고멜라틴, 플루옥세틴, 트라조돈, 미르타자핀, 일부 삼환계 항우울제)과 양극성 우울증(올란자핀 및 쿠에티아핀) 치료에 사용되는 여러 약물의 특성이다. $5HT_{2C}$ 수용체는 중뇌 솔기와 전전두엽피질에 위치하며, 도파민과 노르에피네프린의 방출을 조절하고, 우울증상을 개선하는 것으로 생각된다(그림 7-38 참조). 또한 $5HT_{2C}$ 수용체는 뇌의 '조율기'인 시상하부의 시신경교차위핵suprachiasmatic nucleus, SCN에도 위치하며, 그곳에 있는 멜라토닌 수용체와 상호작용한다(그림 7-39). 낮 동안 망막은 빛을 감지하고 이 정보는 망막시상하부경로retinohypothalamic tract를 통해 SCN으로 이동하며(그림 7-39; 제6장과 그림 6-36A 및 6-36B 참조), 보통은 SCN으로부터 후속 하루주기리듬circadian rhythm과 동기화한다. 예를 들어 멜라토닌 수용체와 $5HT_{2C}$ 수용체는 모두 SCN에서 하루주기에 따라 변동하며, 밤/어둠에는 수용체 발현이 높고 낮/빛에는 수용체 발현이 낮다. 이는 멜라토닌이 어두운 밤에만 분비되기 때문에 이치에 맞다(제6장과 그림 6-35 및 6-36B 참조). 그러나 일부 단극성 우울증 환자의 경

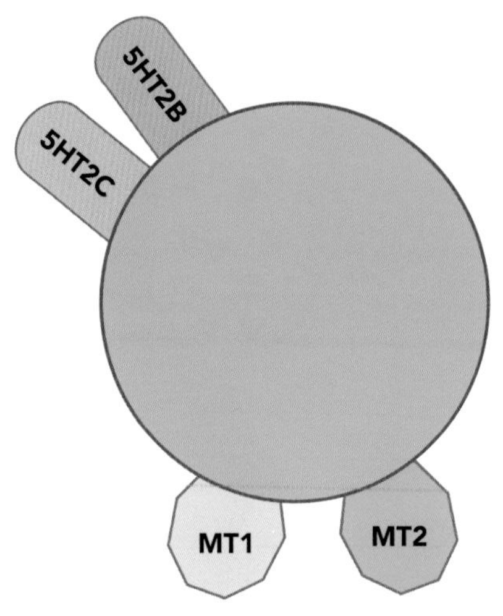

그림 7-37 아고멜라틴. 내인성 멜라토닌은 솔방울샘에서 분비되며 주로 시신경교차위핵에서 작용하여 하루주기리듬을 조절한다. 멜라토닌 수용체에는 세 가지 유형이 있는데, 1과 2(MT_1과 MT_2)는 모두 수면에 관여하고 3은 실제로 NRH-퀴논산화환원효소 2NRH-quinone oxidoreductase 2이며 수면 생리에는 관여하지 않는 것으로 여겨진다. 아고멜라틴은 멜라토닌 1과 2 수용체 작용제일 뿐만 아니라 $5HT_{2C}$ 및 $5HT_{2B}$ 수용체 길항제이기도 하며, 미국 이외의 국가에서는 우울증 치료제로도 사용되고 있다.

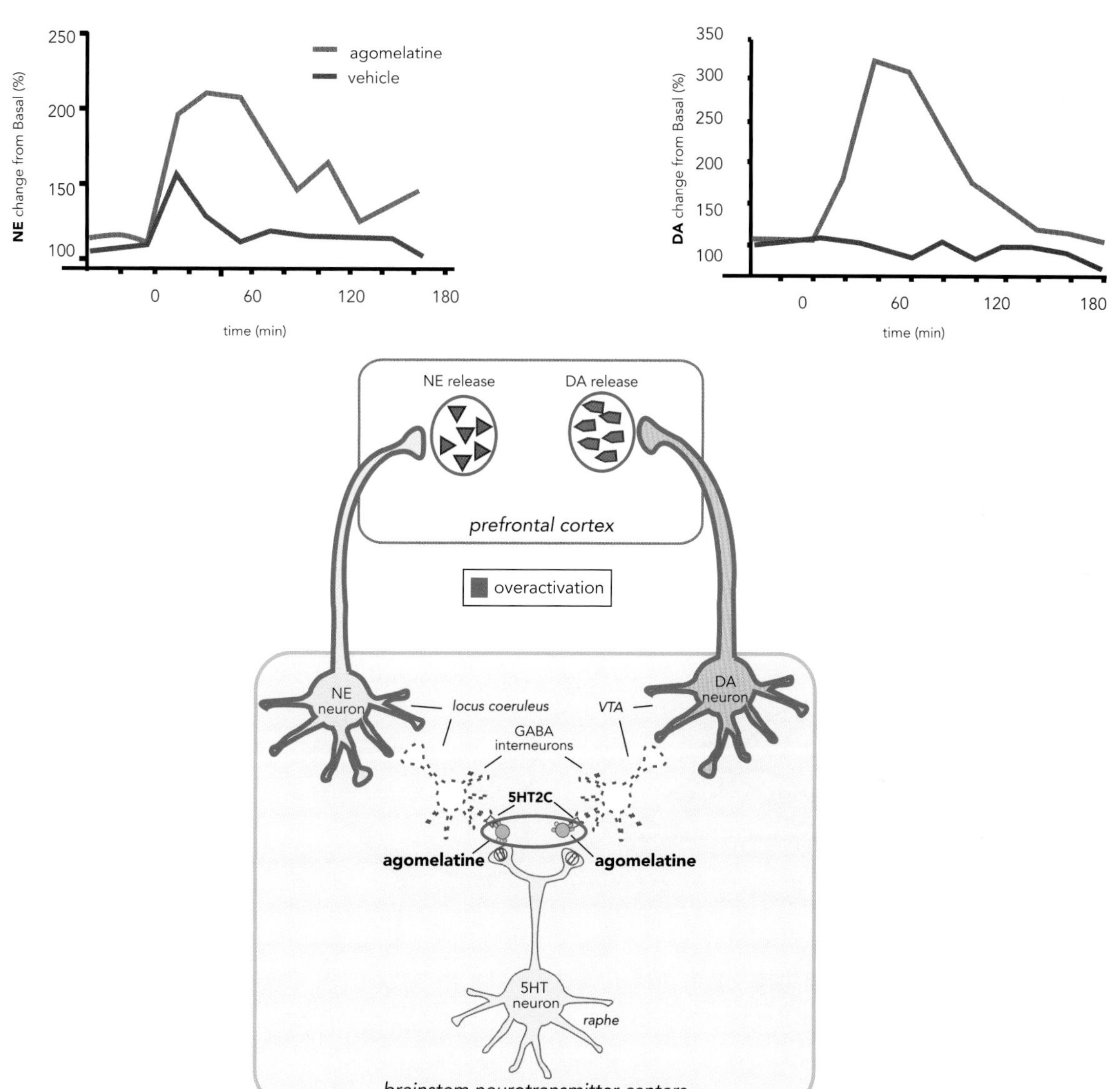

그림 7-38 **아고멜라틴은 전전두엽피질에서 노르에피네프린과 도파민을 방출한다.** 일반적으로 뇌간의 감마아미노뷰티르산(GABA) 사이신경세포에 있는 $5HT_{2C}$ 수용체에 결합하는 세로토닌은 전전두엽피질에서 노르에피네프린(NE)과 도파민(DA) 방출을 억제한다. 아고멜라틴과 같은 $5HT_{2C}$ 길항제가 GABA 사이신경세포의 $5HT_{2C}$ 수용체(아래쪽 빨간색 원)에 결합하면, 세로토닌(5HT)이 이곳에 결합하지 못하게 하여 전전두엽피질에서 NE과 도파민 방출 억제를 막아준다. 다시 말해서 방출을 탈억제한다(위쪽 빨간색 원).

우, 밤에 멜라토닌 분비가 감소하는 등 다수의 다른 변화를 포함하여 하루주기리듬이 '동기화되지 않는다'. 이론상으로 아고멜라틴은 SCN의 멜라토닌 수용체를 자극하고 동시에 $5HT_{2C}$ 수용체도 차단함으로써, 하루주기리듬을 재동기화하고 우울증의 위상지연phase delay을 역전시키는 듯하고, 그것에 의하여 항우울 효과를 발휘한다(그림 7-39).

미르타자핀

미르타자핀mirtazapine(그림 7-40)은 전 세계적으로 판매되고 있으며, 거의 모든 다른 단극성 우울증 치료제와 달리 어떤 모노아민 수송체도 차단하지 않는다. 대신에 미르타자핀은 $5HT_{2A}$, $5HT_{2C}$, $5HT_3$, α_2-아드레날린, H_1 히스타민 길항작용의 다섯 가지 주요 작용기전을 가지는 다기능 약물이다. 미안세린mianserin(미국을 제외한 전 세계)과 세팁틸린setiptiline(일본)이라는 다른 두 가지 α_2 길항제가 미국 이외의 일부 국가에서 우울증 치료제로 시판되고 있다. 미안세린은 미르타자핀과 달리 강력한 α_1 길항제 특성을 가지고 있어서 약물이 갖는 세로토닌 신경전달 강화능력이 다소 완화되며, 따라서 주로 노르아드레날린 신경전달을 강화시킨다. 하지만 $5HT_{2A}$, $5HT_{2C}$, $5HT_3$, H_1 길항제 특성도 함께 가지고 있다(그림 7-40).

H_1 수용체 차단에 따른 임상적 결과는 제5장에서 논의하였고 그림 5-13A에서 삽화로 설명하였으며, H_1 길항제 작용이 진정 및 체중 증가와 관련이 있는 것으로 나타났다.

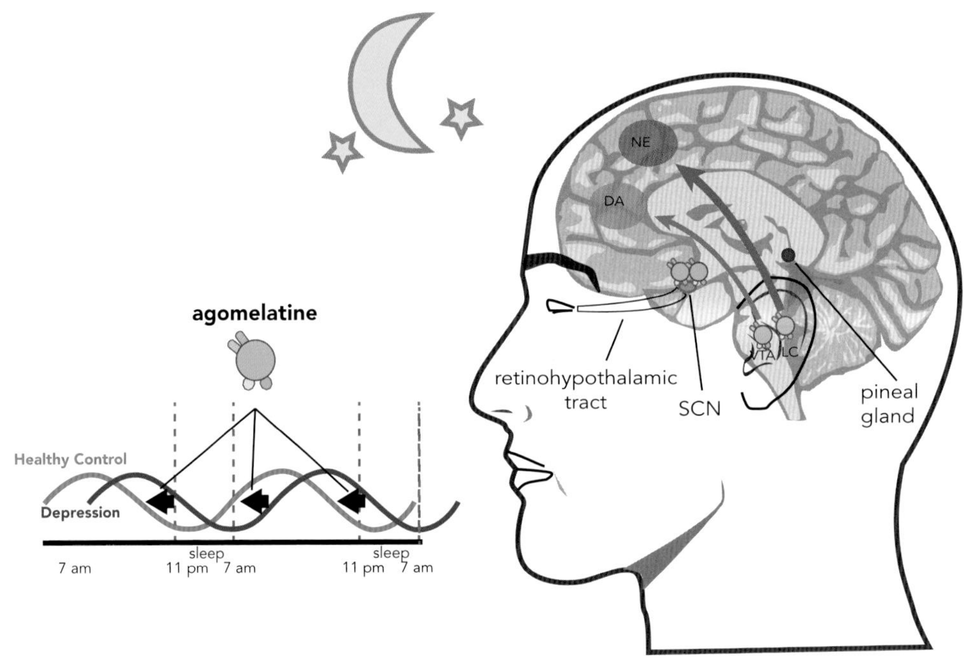

그림 7-39 **아고멜라틴은 하루주기리듬을 재동기화할 수 있다.** 멜라토닌 1 및 2 수용체에서 작용제 기능을 하는 아고멜라틴은 '멜라토닌 대체물질'로 작용하여 하루주기리듬을 재동기화할 수 있다. 따라서 솔방울샘에서 멜라토닌이 생성되지 않는 경우에도 아고멜라틴은 시신경교차위핵(SCN)의 멜라토닌 1 및 2 수용체를 자극하여 하루주기리듬을 재설정할 수 있다. SCN에는 $5HT_{2C}$ 수용체도 존재하며 아고멜라틴에 의해 차단된다. 이 외에도 아고멜라틴은 배쪽뒤판구역(VTA)과 청반(LC)에서 $5HT_{2C}$ 수용체를 차단함으로써 전전두엽피질에서 도파민(DA)과 노르에피네프린(NE) 방출을 촉진한다.

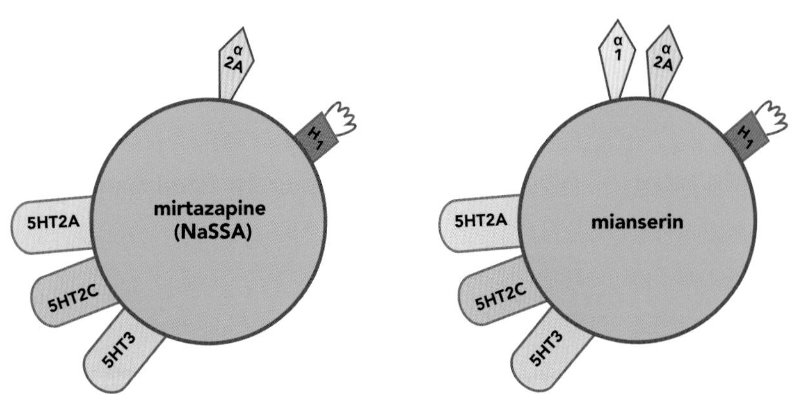

그림 7-40 **미르타자핀과 미안세린.** 미르타자핀의 주요 치료작용은 α_2 길항작용이다. 또한 미르타자핀은 $5HT_{2A}$, $5HT_{2C}$, $5HT_3$의 세 가지 세로토닌(5HT) 수용체와 히스타민 1(H_1) 수용체를 차단한다. 미안세린은 미르타자핀과 유사한 결합 프로필을 가지고 있으며, α_1 수용체에서 추가적인 효과가 있다는 점이 유일한 차이점이다. NaSSA: noradrenergic and specific serotonergic antidepressant

또한 $5HT_{2A}$ 길항제 특성은 제5장과 그림 5-16 및 5-17에서 설명하였으며, 전전두엽피질에서 도파민의 후속 방출이 증가하여 항우울제 작용과 잠재적으로 관련이 있다. 또한 $5HT_{2A}$ 길항제는 수면, 특히 서파수면을 개선하여 많은 우울증 환자에게 도움이 될 수 있다. $5HT_{2C}$ 길항제 작용은 앞선 절에서 설명하였고 그림 7-38에 삽화로 설명하였으며, 전전두엽피질에서 노르에피네프린과 도파민의 방출이 증가하여 이론상으로 우울증을 개선할 수 있다. 여기서는 미르타자핀의 다른 작용, 특히 α_2 길항제 작용과 $5HT_3$ 길항제 작용에 대해서도 설명할 것이다. 브렉스피프라졸(그림 5-57)과 쿠에티아핀(그림 5-45)을 포함한 일부 다른 단극성 우울증 치료제도 강력한 α_2 길항제 작용을 가진다(그림 5-35). 쿠에티아핀(그림 5-45)과 루라시돈(그림 5-53)을 포함한 일부 다른 양극성 우울증 치료제도 α_2 길항제 작용을 가진다. 강력한 $5HT_3$ 길항제 특성을 가진 다른 단극성 우울증 치료제는 이후 논의할 보티옥세틴vortioxetine이다.

알파-2 길항제 작용

알파-2 길항작용은 모노아민의 방출을 향상시키고 단극성 우울증에서 항우울 작용을 발휘하는 또다른 방법에 해당된다. 노르에피네프린은 노르아드레날린 뉴런의 시냅스전 α_2 자가수용체와 상호작용하여 자체 방출을 차단시킨다(제6장 및 그림 6-14부터 6-16까지에서 설명; 그림 7-41A와 7-41B의 오른쪽도 참조). 그러므로 α_2 길항제를 투여하면 노르에피네프린은 더 이상 자체 방출을 차단시킬 수 없고, 따라서 노르아드레날린 뉴런은 그림 7-41C의 오른쪽에 표시된 것처럼 솔기나 피질 등의 축삭 종말에서 탈억제된다.

세로토닌 $5HT_{1B}$ 자가수용체에서 세로토닌 방출을 차단하는 세로토닌의 일반적인 원리는 앞에서 이미 논의하였고 여기에서도 다시 삽화로 설명하였다(그림 4-41; 그림 7-41A와 7-41B의 왼쪽을 비교). 그러나 세로토닌 뉴런에는 α_2 '이종hetero' 수용체도 있다(그림 7-41A, B, C의 왼쪽). 신경전달물질 방출이 '자체' 자가수용체뿐만 아니라 이종수용체에서 '다른' 신경전달물질에 대한 시냅스전 수용체에 의해 제어되는 경우도 많다(그림 7-41A; 그림 4-45 및 노르에피네프린, 도파민, 히스타민, 아세틸콜린 뉴런의 시냅스전 $5HT_{1B}$ 이종수용체에 대한 논의도 참조). 동일한 현상이 그림 7-41B에 나타나 있는데, 세로토닌이 세로토닌 뉴런의 왼쪽 부분에 있는 자체 $5HT_{1B}$ 시냅스전 자가수용체에서 세로토닌 방출을 차단할 뿐만 아니라 노르에피네프린 종말에서 이동하는 노르에피네프린도 세로토닌 뉴런의 오른쪽 부분에 있는 α_2 시냅스전 이종수용체를 통해 세로토닌 방출을 차단한다. 노르에피네프린은 α_2 시냅스전 수용체를 통해 자체 방출도 차단한다(그림 7-41B 오른쪽의 노르에피네프린 뉴런). 이것은 α_2 길항제가 노르에피네프린과 세로토닌의 방출을 모두 촉진하는 이중 효과를 가질 수 있는 상황을 구축한다(그림 7-41C). α_2 길항작용은 노르에피네프린 방출을 탈억제할 뿐만 아니라(그림 7-41C의 오른쪽), 세로토닌 방출도 탈억제한다(그림 7-41C의 왼쪽). 따라서 α_2 길항제는 이중 5HT-NE 작용을 일으킨다. 이것은 SNRI와 동일한 순 결과이지만 완전히 다른 기전에 의한 것과 같다. α_2 길항제는 세로토닌과 노르에피네프린의 시냅스전 수송체를 차단하는 대신 노르아드레날린 억제의 '제동장치 케이블을 끊어'버린다(그림 7-41B에서 5HT 및 NE 방출을 막기 위해 제동장치를 밟고 있는 NE이 그림 7-41C에서는 차단됨).

모노아민 수송 차단과 α_2 길항작용이라는 두 가지 기전은 상승작용을 하고, 두 가지 기전을 동시에 차단하는 것은 한 가지 기전만 차단할 때보다 이 두가지 신경전달물질에 훨씬 더 강력한 탈억제 신호를 준다. 이러한 이유로 α_2 길항제인 미르타자핀은 종종 SNRI 단독치료에 반응하지 않는 경우에 SNRI와 병용해서 사용된다. 미르타자핀과 SNRI의 병용치료는 환자를 우울증의 깊은 늪에서 빠져나오게 할 잠재력이 있는 강력한 우울증 치료 방법이기 때문에 '캘리포니아 로켓연료'라고도 불린다.

$5HT_3$ 길항제 작용

임상의사에게 가장 잘 알려진 $5HT_3$ 수용체는 아마도 뇌간의 화학수용체 유발영역chemoreceptor trigger zone에 위치

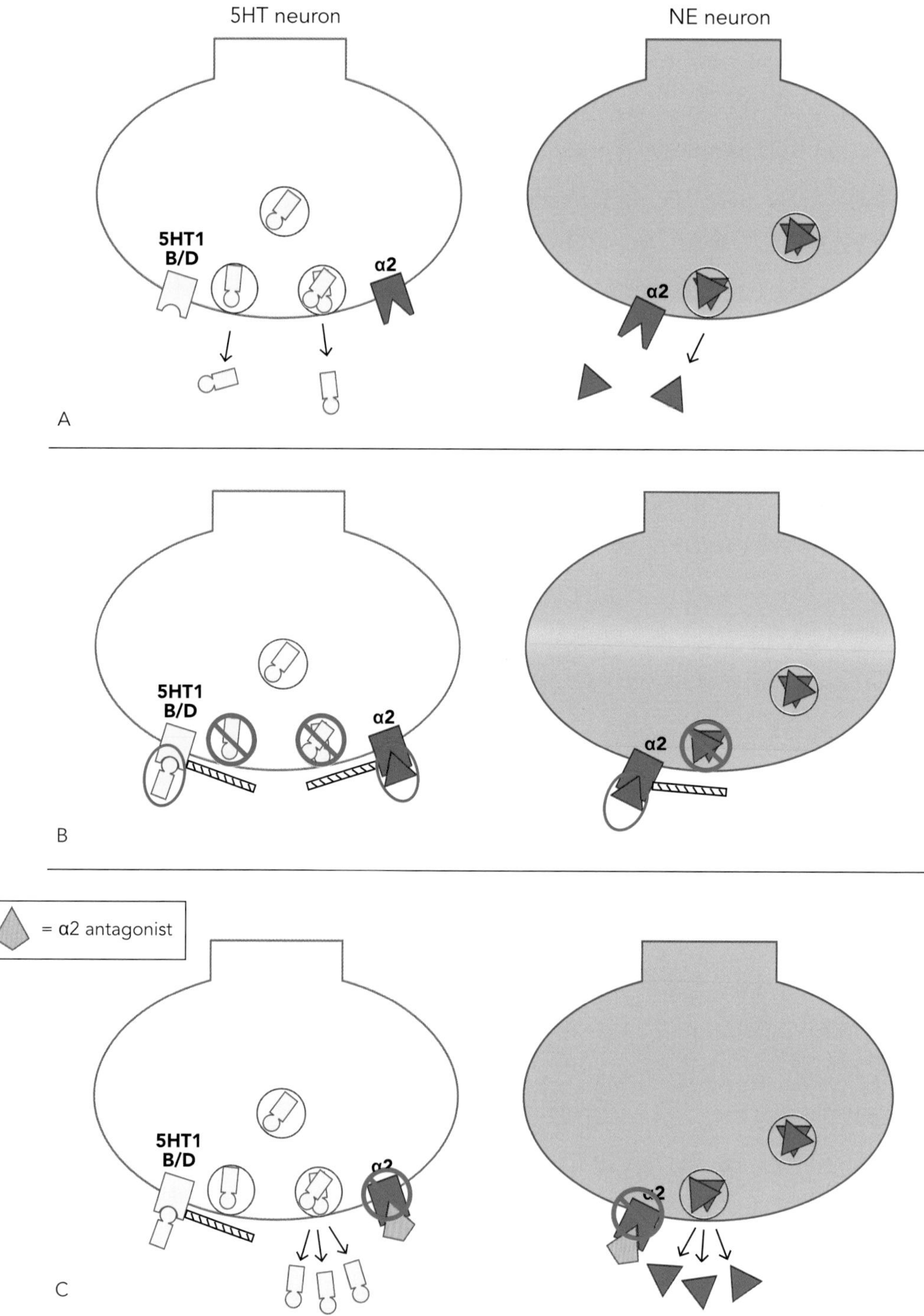

그림 7-41 알파-2 길항작용은 솔기 및 피질에서 세로토닌과 노르에피네프린 방출을 증가시킨다. (A) 왼쪽에는 세로토닌 뉴런이 $5HT_{1B/D}$ 자가수용체 및 α_2 아드레날린 이종수용체와 함께 표시되어 있다. 오른쪽에는 시냅스전 α_2 자가수용체가 있는 노르에피네프린 뉴런이 표시되어 있다. (B) 세로토닌 뉴런에서 $5HT_{1B/D}$ 자가수용체와 α_2 아드레날린 이종수용체는 각각의 신경전달물질과 결합할 때 세로토닌 방출을 차단하는 '제동장치' 역할을 한다(왼쪽). 마찬가지로 노르에피네프린이 노르에피네프린 뉴런의 α_2 자가수용체와 결합하면 이후의 노르에피네프린 방출이 차단된다(오른쪽). (C) 알파-2 길항제는 α_2 시냅스전 이종수용체를 차단하여 '세로토닌 제동장치 케이블을 끊어'버린다(왼쪽). 또한 알파-2 길항제는 시냅스전 α_2 자가수용체를 차단하여 '노르에피네프린 제동장치 케이블을 끊어'버려서 노르에피네프린 방출을 강화시킨다(오른쪽).

한 수용체이며, 특히 항암 화학요법에 대한 반응으로 메스꺼움과 구토를 매개한다. 또한 이 수용체는 위장관에 위치하고, 세로토닌에 의해 자극될 때 메스꺼움, 구토, 설사/장운동을 매개하며, SSRI/SNRI에 의해 말초의 세로토닌이 증가하여 발생하는 부작용도 여기에 포함된다. 따라서 이러한 $5HT_3$ 수용체를 차단하면 화학요법으로 유발된 메스꺼움과 구토뿐만 아니라 세로토닌을 증가시키는 약제에 동반될 수 있는 세로토닌으로 유발된 위장관 부작용을 막을 수 있다.

단극성 우울증을 치료할 때 미르타자핀 및 보티옥세틴과 같은 중추 $5HT_3$ 길항제의 작용기전에서 더욱 중요한 것은 우울증 증상과 관련된 일부 뇌 회로에서 다양한 신경전달물질의 후속 방출을 조절하는 뇌의 $5HT_3$ 수용체이다. 뇌의 $5HT_3$ 수용체는 일반적으로 GABA 사이신경세포에 위치하고 있으며, 항상 흥분성이다. 이것은 세로토닌이 $5HT_3$ 수용체를 자극하면 GABA가 그 후속 뉴런이 무엇이든 간에 억제하게 한다는 것을 의미한다. 이는 글루타메이트 뉴런(그림 4-49)에서, 그리고 아세틸콜린 및 노르에피네프린 뉴런(그림 4-48)에서의 $5HT_3$-GABA 상호작용에서 볼 수 있다. $5HT_3$ 길항작용은 글루타메이트(그림 7-42)와 아세틸콜린 및 노르에피네프린(그림 7-43) 방출에 대한 강력한 탈억제제이며, 항우울 작용을 하는 신경전달물질을 후속으로 방출시키는 작용을 한다.

세로토닌 길항제/재흡수 억제제

세로토닌 2A 및 2C 수용체와 세로토닌 재흡수를 차단하는 원형적 약물은 세로토닌 길항제/재흡수 억제제serotonin antagonist/reuptake inhibitor, SARI로 분류되는 트라조돈trazodone이다(그림 7-44). 네파조돈nefazodone은 강력한 $5HT_{2A}$ 길항제 작용 및 약한 $5HT_{2C}$ 길항작용과 SERT 억제를 가진 또 다른 SARI이지만, 드문 간 독성 때문에 더 이상 일반적으로 사용되지 않는다(그림 7-44). 트라조돈은 용량과 제형에 따라 두 가지 다른 약물처럼 작용하기 때문에 매우 흥미로운 약제이다. 쿠에티아핀에 대한 제5장에서도 매우 유사한 상황이 논의되었다(그림 5-46).

트라조돈의 결합 특성에 대한 보다 완전한 그림이 최근 연구에서 나타났으며(그림 7-44 및 7-45), $5HT_{2A}$ 및 $5HT_{2C}$ 수용체뿐만 아니라 $5HT_{1D}$, $5HT_{2B}$, $5HT_7$ 수용체에서도 세로토닌 길항제라는 것이 반영되었다. 이 외에도 트라조돈은 α_{1B}, α_{1A}, α_{2C}, α_{2B} 수용체, H_1 히스타민 수용체에서 강력한 길항작용 특성을 가지고, $5HT_{1A}$ 수용체에서는 작용제 작용을 가진다(그림 7-45). 이러한 다양한 약리적 작용은 다양한 역가로 나타나기 때문에, 이것은 트라조돈이 저용량에서는 가장 친화력이 높은 수용체와의 상호작용을 통해 주로 작용하고, 고용량에서는 친화력이 낮은 수용체 작용을 보충할 것이라는 점을 의미한다.

다른 용량과 다른 전달속도에서는 다른 약물인가

트라조돈은 저용량에서 수면제로서의 효과와 유용성으로 유명하다(그림 7-46). 즉 항우울 작용에 효과적인 것보다 낮은 용량의 트라조돈이 불면증에 꽤 자주 사용된다. 트라조돈은 수면제 용량에서 가장 친화력이 높은 수용체에 작용하며, 이 중 일부의 차단이 가설상으로 수면 작용과 연관되어 있다(즉 $5HT_{2A}$, α_1 아형, H_1). $5HT_{2A}$ 수용체 차단은 서파수면을 향상시키고, α_1 아형과 H_1 수용체 차단은 모노아민 각성기전을 방해한다(제5장에서 논의하였고 그림 5-13 및 5-14에서 삽화로 설명함). 수면제를 투여하는 가장 좋은 방법은 복용 즉시 효과가 나타나고, 빠르게 최고조에 달하며, 아침까지 체외로 배출되는 표준 경구 제형을 사용하는 것이다. 불면증은 SSRI/SNRI로 치료한 후 우울증의 가장 흔한 잔류증상 중 하나이므로(이 장의 앞부분에서 논의하였고 그림 7-5에서 삽화로 설명함), 주요우울 삽화가 있는 환자를 치료할 때 수면제를 추가하는 것이 종종 필요하다. 수면제를 추가하면 불면증 자체를 잠정적으로 완화할 수 있을 뿐만 아니라 활력의 상실 및 우울한 기분과 같은 다른 증상이 개선되기 때문에 관해율을 높일 수도 있다(그림 7-5). 따라서 저용량의 트라조돈은 우울증 환자의 수면을 개선하는 능력으로 인해 SSRI/SNRI 치료 후에도 지속되는 잔류 불

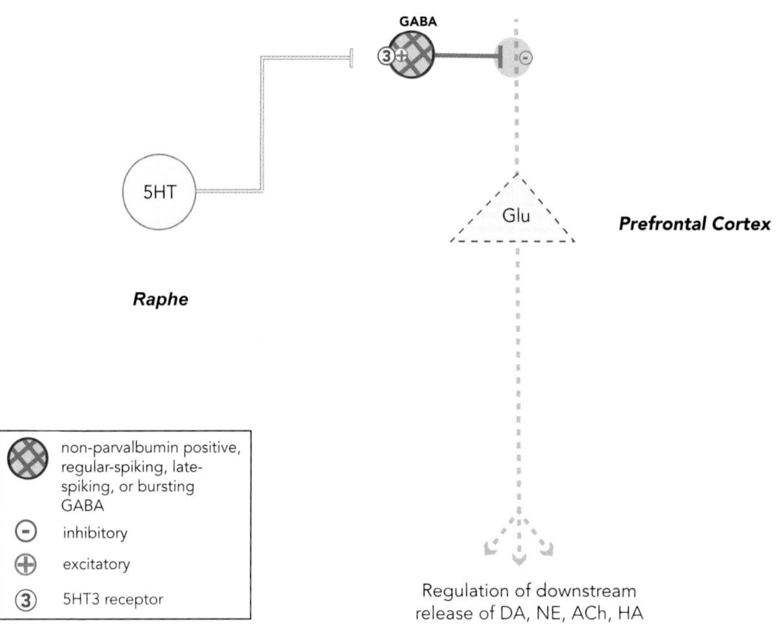

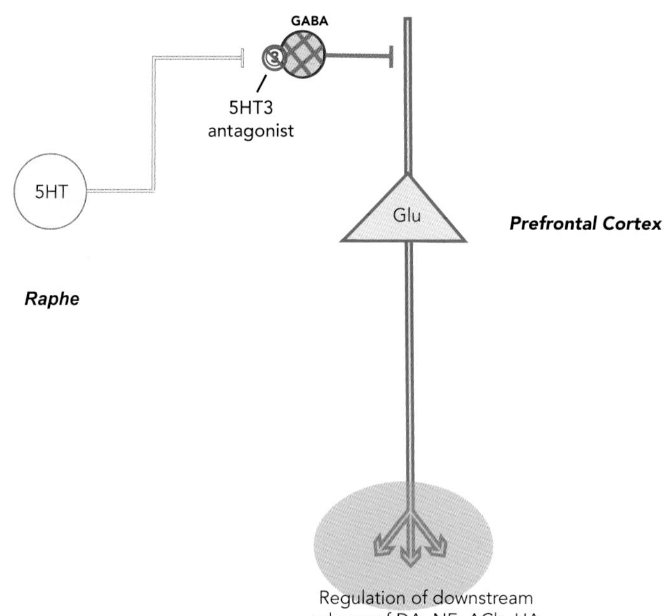

그림 7-42 $5HT_3$ 수용체는 글루타메이트와 후속 신경전달물질을 조절한다. GABA 사이신경세포의 $5HT_3$ 수용체는 흥분성을 지니며, 세로토닌(5HT)과 결합하여 GABA 방출을 증가시킨다. 이후 GABA는 글루타메이트 피라미드 뉴런을 억제하여 글루타메이트 분비를 감소시킨다. 피라미드 뉴런이 대부분의 다른 신경전달물질 뉴런과 시냅스를 형성하기 때문에, 흥분성 글루타메이트의 방출 감소는 결과적으로 신경전달물질의 후속 방출이 감소할 수 있음을 의미한다. $5HT_3$ 수용체에서의 길항작용은 GABA 억제를 제거하여 피라미드 뉴런을 탈억제시킨다. 글루타메이트 신경전달의 증가는 결국 신경전달물질의 후속 방출을 증가시킬 수 있다.

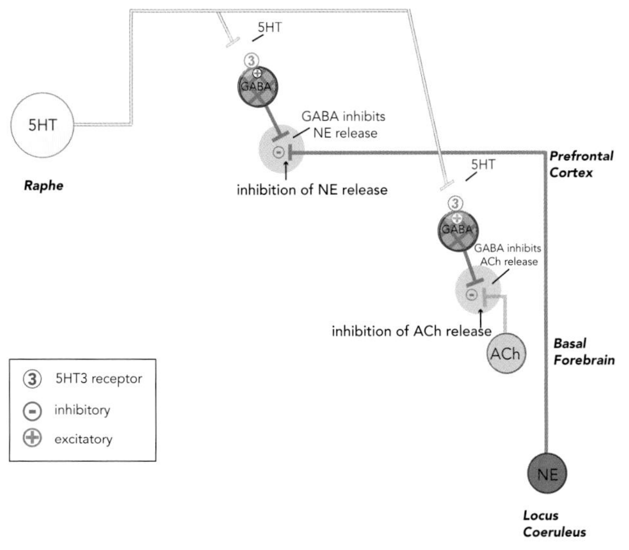

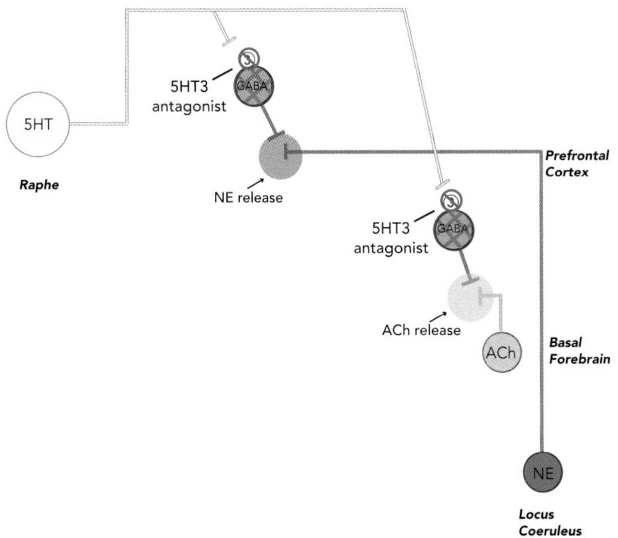

그림 7-43 $5HT_3$ 수용체는 노르에피네프린과 아세틸콜린 방출을 조절한다. 세로토닌(5HT)이 방출되어 GABA 뉴런의 $5HT_3$ 수용체와 결합하면 노르아드레날린 및 콜린 뉴런으로 GABA를 방출하고 이를 통해 각각 노르에피네프린(NE)과 아세틸콜린(Ach)의 방출을 감소시킨다. $5HT_3$ 수용체에서의 길항작용은 GABA 억제를 제거하고 노르아드레날린 및 콜린 뉴런을 탈억제하여 노르에피네프린과 아세틸콜린의 방출을 유도한다.

면증에 대한 증강제로 널리 사용되고 있다.

우울증에 사용되었던 트라조돈의 원래 경구 제형은 지속시간이 짧고 여러 번 복용과 수면 용량보다 더 높은 하루 복용량이 필요했으며(그림 7-47), 주간 용량 복용 후 최고약물농도에서 진정 작용이 있어서 단극성 우울증 치료제로는 이상적인 프로필이 아니었다. 고용량에서 트라조돈의 항우울 작용은 의심할 여지가 없을 뿐만 아니라 성기능장애나 체중 증가를 유발하지 않는다고 할지라도, 주간 진정 작용의 존재는 임상진료에서 표준 경구 제형으로 항우울제 용량을 사용하는 것을 어렵게 만든다. 그러나 우울증 치료에서 고용량의 트라조돈을 하루 한 번 제어방출 제형으로 투여하는 것이 가능하며, 이는 혈장 최고약물농도를 무디게 하

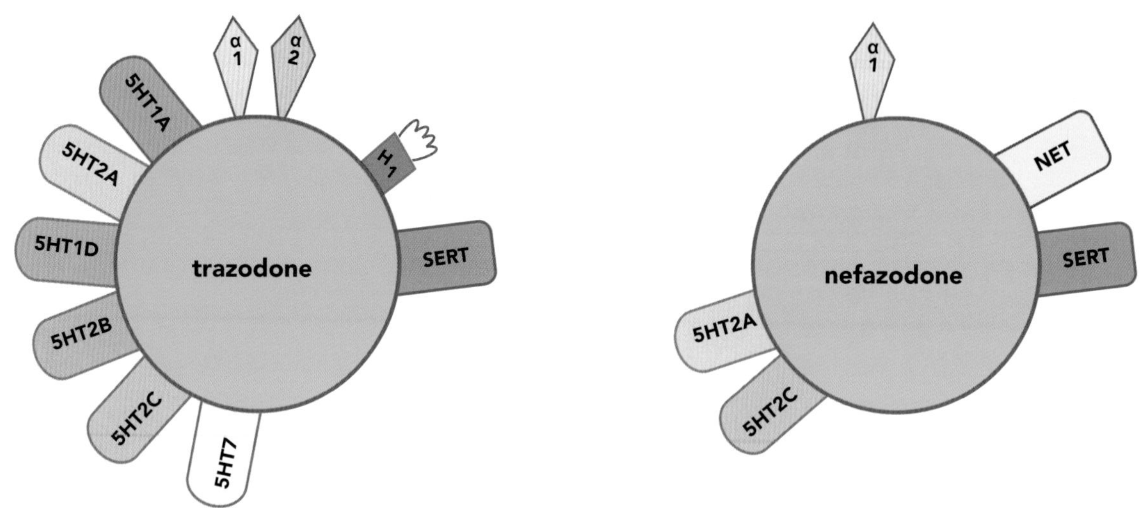

그림 7-44 세로토닌 길항제/재흡수 억제제(SARI). 여기에는 트라조돈과 네파조돈이라는 두 가지 SARI의 상징이 표시되어 있다. 이 약제들은 이중 작용을 하지만 세로토닌 노르에피네프린 재흡수 억제제(SNRI)의 이중 작용과는 기전이 다르다. SARI는 세로토닌 2A($5HT_{2A}$) 수용체를 강력하게 차단할 뿐만 아니라 세로토닌 2C($5HT_{2C}$) 수용체와 세로토닌 수송체(SERT)를 용량의존적으로 차단하는 방식으로 작용한다. 또한 SARI는 α_1 아드레날린 수용체를 차단한다. 트라조돈은 히스타민 1(H_1) 수용체와 여러 부가적인 세로토닌 수용체에서의 길항작용이라는 독특한 특성을 가지고 있다.

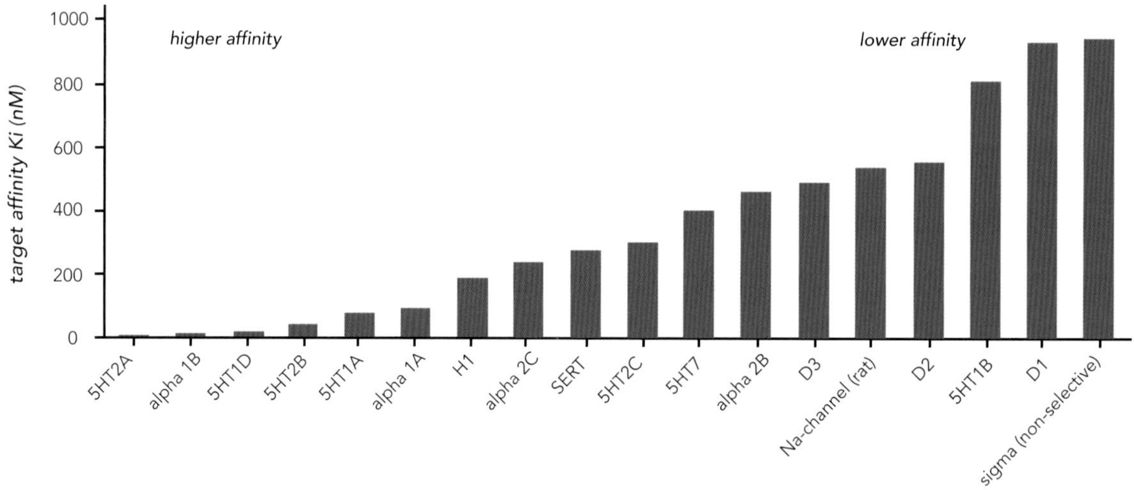

그림 7-45 다양한 수용체에 대한 트라조돈의 친화력. 트라조돈은 다수의 수용체 아형에 대한 결합 친화력을 가지고 있지만 역가는 다양하다. 따라서 트라조돈은 저용량에서 가장 친화력이 높은 수용체 작용을 통해 주로 기능하고, 다른 특성은 고용량에서만 관련성이 나타난다.

여 주간 진정 작용을 감소시킨다. 고용량에서는 세로토닌 재흡수 억제(그림 7-10부터 7-15까지)와 $5HT_{1D}$, $5HT_{2C}$, $5HT_7$, α_2 수용체에서의 길항제 작용은 물론 $5HT_{1A}$ 작용제 작용을 포함하여 추가로 알려진 항우울제 수용체 작용이 보충된다. 결론은 고용량에서 모노아민 신경전달물질 방출과 항우울 작용을 유발하는 다수의 잠재적 기전이 존재한다는 것이다. 더구나 처음 복용에서도 수면 작용을 가진 트라조돈은 빠른 항우울 효과를 발휘할 수 있고, SSRI/SNRI에 비해 일부 부작용에 대한 내약성이 향상되었다. 즉 SSRI/SNRI는 세로토닌 농도를 높여 모든 세로토닌 수용체에 작용하고 $5HT_{1A}$ 수용체를 자극하여 치료작용을 하면서, 이와 동시에 성기능장애, 불면증, 활성화/불안을 포함한 SSRI의

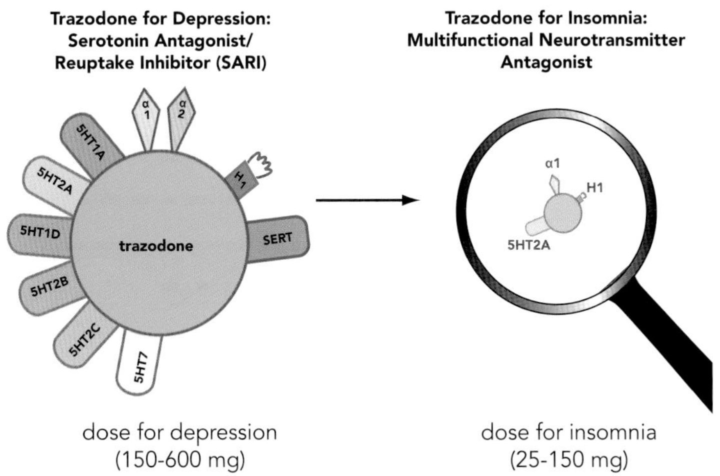

그림 7-46 다양한 용량에서의 트라조돈. (왼쪽) 트라조돈이 우울증에 치료효과를 나타내려면 세로토닌 수송체의 포화를 유도할 정도의 고용량(즉 150~600mg)이 필요하다. 트라조돈은 고용량에서 $5HT_{2A}$ 및 $5HT_{2C}$ 수용체는 물론 부가적인 세로토닌 수용체에서 길항제 작용을 할 수 있는 다기능 세로토닌 약제이다. 또한 트라조돈은 고용량에서 α_1 및 히스타민 $1(H_1)$ 길항제이다. (오른쪽) 저용량 트라조돈(즉 25~150mg)은 세로토닌 수송체를 포화시키지 않지만, $5HT_{2A}$, α_1, H_1 수용체에서 길항제 작용을 유지하여 불면증에 대한 효능을 나타낸다.

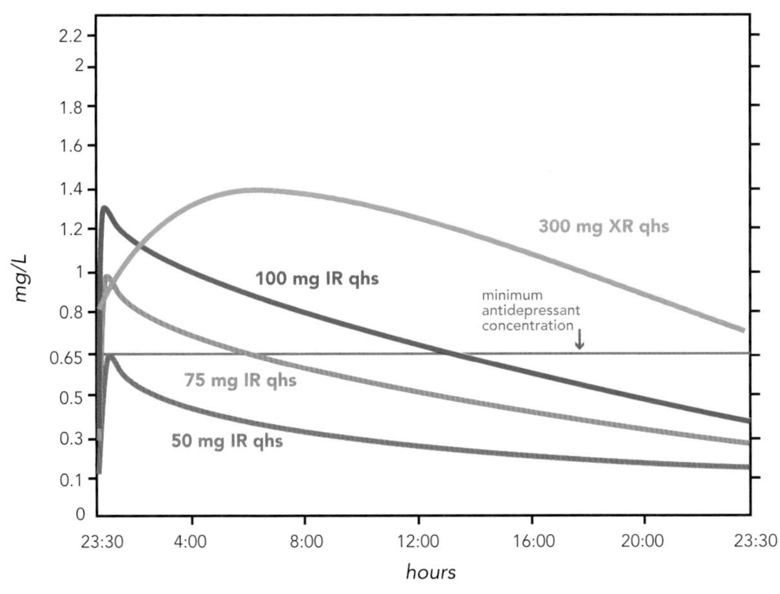

그림 7-47 밤에 한 번 투여할 때 트라조돈 IR과 XR의 비교. 여기에는 트라조돈 즉시방출 제형immediate release, IR을 밤에 한 번 50, 75, 100mg의 수면 용량으로 투여했을 때 혈장 농도의 항정상태steady-state 추정치가 나타나 있다. 모든 용량에서 최고약물농도에 빠르게 도달하며, 밤새 비슷한 수준으로 빠르게 감소한다. 트라조돈이 항우울 작용을 보이는 것으로 추정되는 최소농도는 수면용량에 의해 조금이라도 일시적으로 도달할 수 있다. 반면에 트라조돈 연장방출 제형extended release, XR 300mg을 밤에 한 번 투여하면 혈장 농도가 천천히 상승하고 최소 항우울 농도 이하로 결코 떨어지지 않는다. 트라조돈 XR 300mg의 최고농도는 트라조돈 IR 100mg의 최고농도와 거의 동일하다.

부작용을 이론상으로 유발할 수 있는 $5HT_{2A}$와 $5HT_{2C}$ 수용체를 자극한다(그림 7-48A). 그러나 트라조돈은 $5HT_{2A}$ 및 $5HT_{2C}$ 수용체에서 세로토닌 작용을 차단하여 성기능장애가 없고 불안과 불면증이 감소하는 프로필을 보인다.

보티옥세틴

보티옥세틴vortioxetine은 단극성 우울증 치료제로 승인되었으며, SERT 억제뿐만 아니라 $5HT_3$ 및 $5HT_7$ 수용체에서 길항제 작용, $5HT_{1A}$ 수용체에서 작용제 작용, $5HT_{1B/D}$ 수용체에서는 약한 부분작용제 작용부터 길항제 작용까지의 특성을 갖는다(그림 7-49). 이러한 독특한 약리적 작용의 혼합은 이후에 설명할 다양한 신경전달물질의 후속 방출로 이어지며, 이러한 작용은 이론상으로 단극성 우울증에서 강력한 인지증진 작용, 특히 처리속도processing speed 향상을 특징으로 하는 항우울 효과로 이어진다. 단극성 우울증에서 인지증상의 중요성은 신경영양인자, 시냅스, 뉴런의 소실로

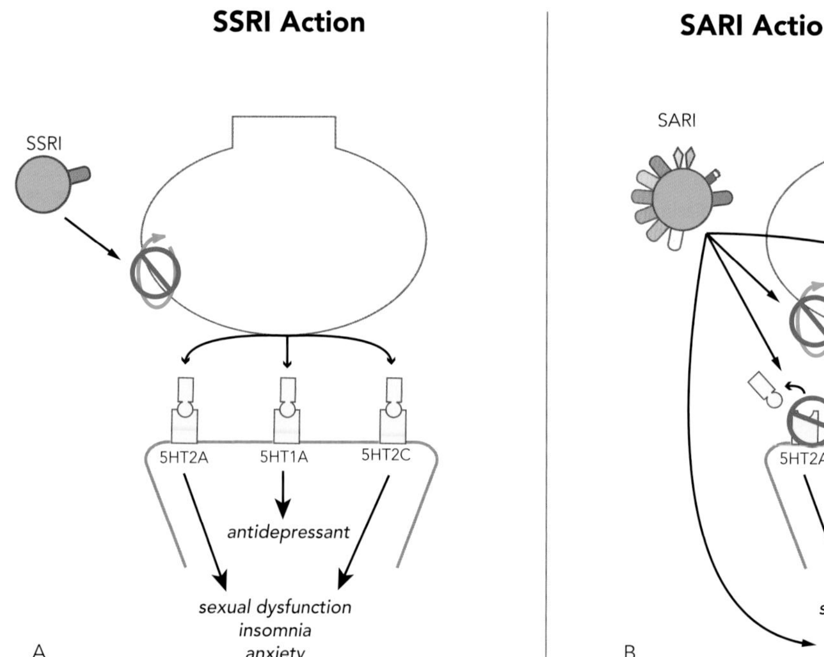

그림 7-48 SSRI 대 SARI. (A) 시냅스전 뉴런에서 선택적 세로토닌 재흡수 억제제(SSRI)에 의한 세로토닌 수송체(SERT) 억제는 모든 수용체에서 세로토닌을 증가시키며, 5HT$_{1A}$에 의한 항우울 작용뿐만 아니라 5HT$_{2A}$ 및 5HT$_{2C}$에 의한 성기능장애, 불면증, 불안을 일으킨다. (B) 시냅스전 뉴런에서 세로토닌 길항제/재흡수 억제제(SARI)에 의한 SERT 억제는 5HT$_{1A}$ 수용체에서 세로토닌을 증가시켜 항우울 작용을 유도한다. 그러나 SARI는 5HT$_{2A}$ 및 5HT$_{2C}$ 수용체에서의 세로토닌 작용도 차단하여 성기능 장애, 불면증, 불안을 유발하지 않는다. 실제로 5HT$_{2A}$ 및 5HT$_{2C}$ 수용체에서의 이러한 차단작용은 불면증과 불안을 개선할 수 있으며 이론상으로 자체적인 항우울 작용을 할 수 있다.

인한 가능성 있는 임상적 결과라는 내용으로 제6장에서 논의하였다(그림 6-27부터 6-31까지).

인지처리속도란 무엇이며, 보티옥세틴이 다른 항우울제보다 인지처리속도를 향상시키는 기전은 무엇일까? '인지'는 하나의 단순한 뇌 기능이 아니며 '인지기능장애'는 하나의 단순한 증상이 아니다. 인지장애는 정신질환의 증상 프로필 일부로 평가될 수 있고, 약물치료의 목표가 될 수 있으며, 정신약리학과 가장 관련성이 높은 인지 유형이다. IQ를 통해 평가된 지적장애는 약물치료로 특별히 개선하기 쉽지 않으며, 조현병을 제외하고는 일반적으로 정신약리학에서 치료하는 정신질환과 관련이 없다. 반면에 '집중력 문제'와 '주의집중의 어려움'은 많은 정신질환에서 볼 수 있으며, 기분장애(제6장), 불안장애(제8장), 조현병 및 정신병적 장애(제4장), ADHD(제11장), 수면장애(제10장) 등 다양한 질환에서 치료가 가능하다. 이러한 인지증상은 매우 많은 정신질환을 가로지르는 정신병리 영역의 좋은 예이며, 이런 다양한 질환 전반에 걸쳐 동일한 회로와 신경 네트워크가 손상된다는 것을 암시한다. 또한 이는 동일한 치료가 이런 다양한 질환 전반에 걸쳐 인지를 개선하는 데 효과적일 수 있음을 암시한다. '기억 장애'는 치매의 주요 특징이며 제12장에서 논의된다. 기분장애의 '기억 장애'는 제6장에서 논의되었으며, 기억에 대한 신경 네트워크의 주요 교점node, 즉 해마에서 시냅스 및 뉴런의 상실이 발생하는 만성 우울증과 PTSD의 구성 요소일 수 있다. 만약 가설상으로 기분장애에서 신경영양인자의 조기 소실이 가역적인 시냅스 소실을 유발할 수 있다면, 우울증의 인지증상이 나타난 직후에 이를 효과적으로 치료해서, 뉴런이 소실되고 변화가 비가역적으로 되기 전에 성장인자의 방출을 촉발하고 시냅스생성을 회복하는 것이 중요하다(그림 6-27부터 6-31까지). 따라서 새로운 치료의 개발과 함께 인지증상을 인식하고 표적으로 삼는 것이 더욱 중요해지고 있다.

그렇다면 정신약리학에서 인지증상을 어떻게 인식하고 모니터링할 수 있을까? 정신약리학에 적용할 수 있도록 인지장애를 분류하고 각각의 인지 영역을 개선하는 의미를 이해할 수 있는 간단하고 다소 기발한 방법이 그림 7-50에서 인지 '팹포Fab Four'로 설명되어 있다. 원래의 팹포 비틀스를 기억하는가? 각 구성원은 인지 팹포 중 하나를 대표할 수 있다. 논쟁의 여지는 있지만 리더였던 존John은 모든 주목을 받기 원했기 때문에 '주의attention'를 대표하며, 일부는 집중concentration이라고도 한다. 전략가이자 많은 곡을 쓴 폴Paul은 '문제해결problem solving'이라고도 불리는 '집행기능executive function'이다. 그룹의 조용한 문화전달자인 조지George는 단기기억, 장기기억, 언어기억 등 다양한 종류의 기억memory을 대표한다. 마지막으로 드러머인 링고Ringo는 처리속도processing speed를 대표한다. 만약 이 네 가지 중 하나라도 다른 세 가지와 조화를 이루지 못한다면 그 음악은 재앙이 될 것이라고 상상할 수 있을 것이다. 네 가지 모두는 정신질환에서 잠재적으로 손상될 수 있다. 우울증의 경우, 이 모든 인지 차원을 어느 정도 측정할 수 있지만 아마도 가장 두드러지게 처리속도를 평가하는 검사는 숫자기호 대체검사digit symbol substitution test, DSST임에 틀림없다. 마치 밴드의 엇박자 드러머처럼 처리속도가 느려지면, 우울증 환자에게는 전반적인 인지기능이 재앙처럼 느껴질 수 있으며, 인지수행능력이 저하되고, 정신적 노력이 고갈되고 업무 생산성이 매우 저하되며, 이 모두는 큰 좌절감을 초래한다. DSST는 주관적 인지장애를 호소하는 환자의 인지수행능력의 객관적 저하를 측정해주고, 치료를 통한 향상을 추적하는데 유용할 수 있는 간단하고 빠른 검사이다. 보티옥세틴은 단극성 주요우울장애에서 다른 항우울제보다 인지기능을 더 향상시켰으며, 이는 처리속도를 평가하는 DSST에서 더 높은 수행으로 증명되었다. 보티옥세틴은 항우울제로서 어떻게 작용하며, 특히 우수한 인지증진 효과를

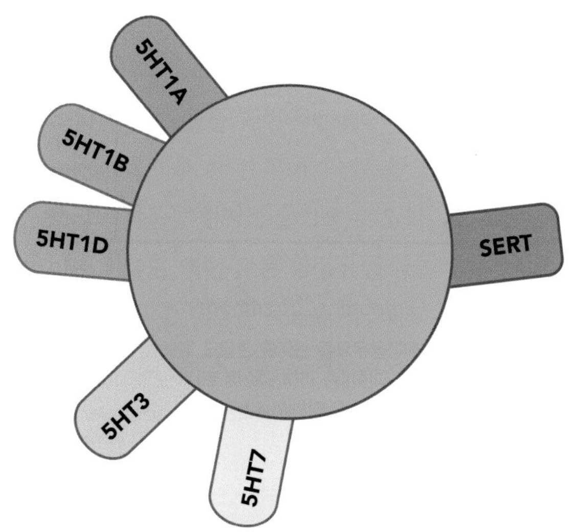

그림 7-49 보티옥세틴. 보티옥세틴은 세로토닌 재흡수 억제제이며, 또한 $5HT_{1A}$, $5HT_{1B}$, $5HT_{1D}$, $5HT_3$, $5HT_7$을 포함한 여러 세로토닌 수용체에 작용한다.

그림 7-50 인지 '팹포'. 인지는 단순한 하나의 뇌 기능이 아니다. 비틀스의 네 명의 멤버로 묘사되는 네 가지 주요 인지 영역이 있으며, 주의 또는 집중(존), 집행기능 또는 문제해결(폴), 기억(조지), 처리속도(링고)이다. 네 가지 영역은 모두 협력하여 인지기능을 최상으로 유지하며, 이 영역 중 하나라도 기능장애가 있으면 인지장애가 발생할 수 있다.

어떻게 발휘할 수 있을까?

SERT 억제 및 $5HT_{1A}$ 효현작용

보티옥세틴은 SERT 억제제이자 $5HT_{1A}$ 작용제로서 앞서 논의했던 SSRI 작용(그림 7-10부터 7-15까지)인 SERT 억제에 $5HT_{1A}$ 작용제가 결합된 약물이다(제5장 및 그림 7-23부터 7-27까지 참조). 이러한 기전만으로도 세로토닌(SERT 억제)과 인지증진 신경전달물질인 도파민, 아세틸콜린, 노르에피네프린($5HT_{1A}$ 효현작용agonism)의 농도를 모두 높이기 때문에 충분한 항우울 작용을 가진다(제4장 및 그림 4-44 참조).

SERT 억제 및 $5HT_{1B/D}$ 시냅스전 길항작용

이론상으로 단독적인 SERT 억제보다 세로토닌 농도를 훨씬 더 높일 수 있는 추가 수용체 작용은 $5HT_{1B/D}$ 시냅스전 자가수용체의 억제이다(그림 7-51). 즉 SERT가 억제되면, 증가된 세로토닌은 시냅스전 $5HT_{1B/D}$ 자가수용체를 자극하여 추가적인 세로토닌 방출을 차단하기 때문에 축적되는 시냅스 세로토닌의 양은 둔화된다(그림 7-51A와 B를 비교). 그러나 $5HT_{1B/D}$ 시냅스전 자가수용체가 동시에 억제되면 세로토닌 방출에 대한 음성되먹임negative feedback이 일어나지 않으므로 세로토닌 방출이 훨씬 더 증가한다(그림 7-51C).

이종수용체에서 $5HT_{1B}$ 부분작용/길항작용

보티옥세틴의 항우울 및 인지증진 작용과 관련된 또 다른 추정 기전은 전전두엽피질의 아세틸콜린, 도파민, 히스타민, 노르에피네프린 뉴런의 시냅스전 신경 종말에 위치한 $5HT_{1B}$ 수용체에 대한 부분작용/길항작용이다. 세로토닌이 이 수용체에 작용해서 어떻게 아세틸콜린, 히스타민, 도파민, 노르에피네프린의 방출을 억제하는지에 대해서는 제4장 및 그림 4-45에서 논의했다. 이 수용체들은 그림 7-52A에서 다시 보여주며, $5HT_{1B}$ 부분작용제/길항제에 의해 수용체가 차단되면 항우울 및 인지증진 신경전달물질인 도파민, 노르에피네프린, 히스타민, 아세틸콜린의 방출이 강화된다(그림 7-52B).

SERT 억제 및 $5HT_3$ 길항작용

$5HT_3$ 길항제가 인지증진 신경전달물질인 아세틸콜린, 도파민, 노르에피네프린의 방출을 촉진하는 또 다른 기전은 $5HT_3$ 길항작용에 대한 앞서의 논의에서 설명했으며(그림 7-43), 이는 보티옥세틴의 여러 약리적 작용에서 가장 강력

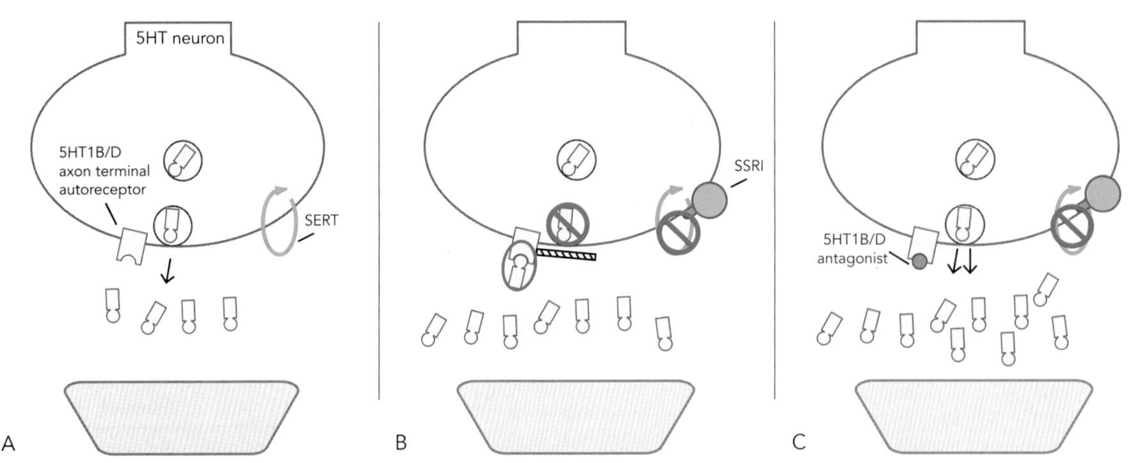

그림 7-51 SERT 억제 및 $5HT_{1B/D}$ 시냅스전 길항작용. (A) $5HT_{1B/D}$ 자가수용체와 세로토닌 수송체(SERT)는 모두 세로토닌(5HT) 뉴런의 축삭 종말에 존재한다. (B) SERT가 억제되면 세로토닌의 시냅스 가용성이 증가한다. 그러나 $5HT_{1B/D}$ 수용체에서의 세로토닌 결합은 더 이상의 세로토닌 방출을 막는다. (C) SERT와 $5HT_{1B/D}$ 수용체가 모두 차단되면 SERT 억제를 통한 시냅스 세로토닌 증가가 $5HT_{1B/D}$ 길항작용을 통한 지속적인 세로토닌 방출과 합쳐져서 시냅스의 세로토닌 가용성을 더욱 증가시킨다.

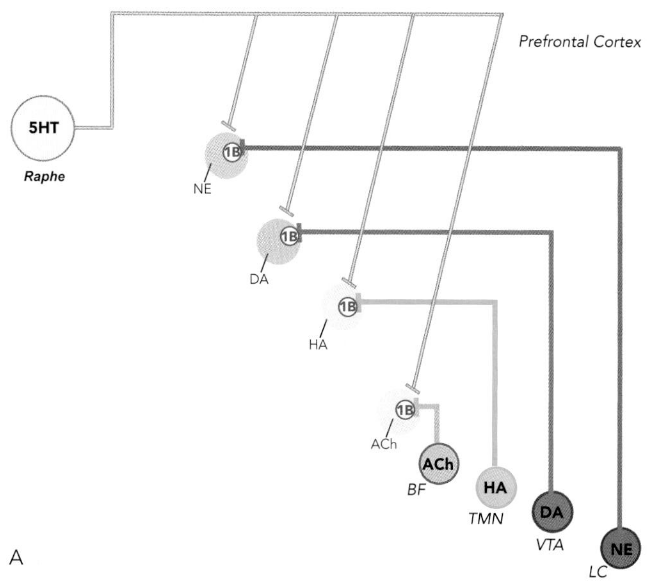

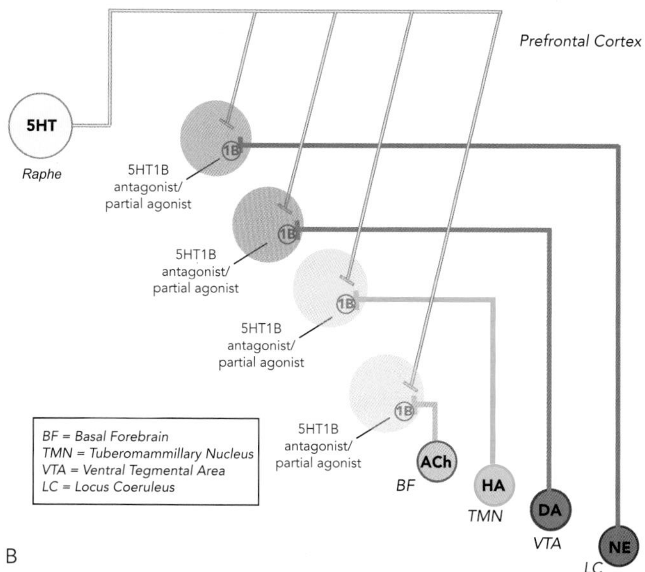

그림 7-52 5HT1B 이종수용체는 신경전달물질 방출을 조절한다. (A) 노르에피네프린(NE), 도파민(DA), 아세틸콜린(Ach), 히스타민(HA) 뉴런의 시냅스전 신경 종말에 있는 $5HT_{1B}$ 수용체는 이론상으로 이러한 신경전달물질의 방출을 조절할 수 있다. 세로토닌(5HT)은 이 수용체에 작용해서 억제효과를 가진다. (B) ACh, HA, DA, NE 뉴런에서 $5HT_{1B}$ 이종수용체 길항작용 또는 부분작용은 세로토닌이 억제효과를 발휘하지 못하게 하여 신경전달물질의 방출을 잠재적으로 증가시킬 수 있다.

한 것 중 하나이다.

SERT 억제 및 $5HT_7$ 길항작용

세로토닌은 $5HT_7$ 수용체에서의 작용을 통해 자체 방출을 억제한다(그림 7-53A 및 7-53B 비교). 따라서 $5HT_7$ 수용체에서의 길항작용은 특히 SERT 억제가 있는 경우 세로토닌 방출을 향상시킨다(그림 7-53C). 뇌간 솔기에서 GABA 뉴런의 $5HT_7$ 수용체를 차단하면, 특히 SERT 억제가 있

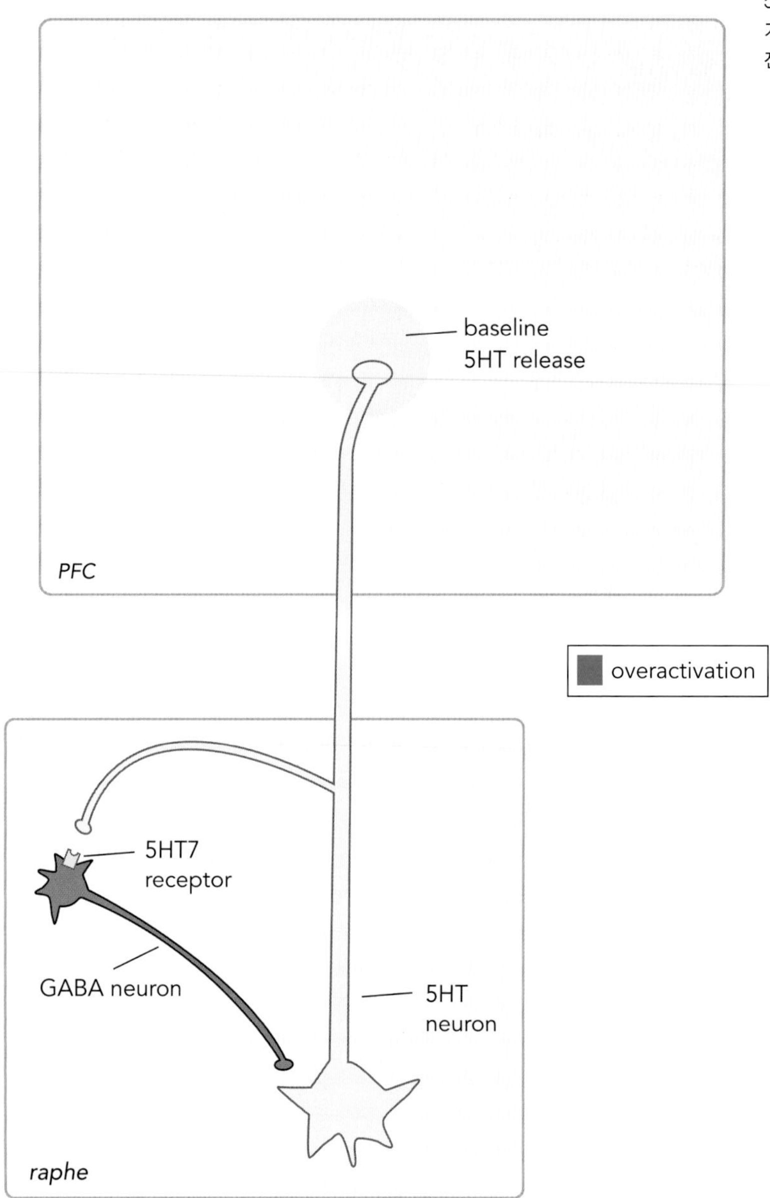

그림 7-53A 5HT$_7$ 수용체의 세로토닌 방출 조절 제1부. 5HT$_7$ 수용체는 솔기핵의 GABA 사이신경세포에 위치한다. 기본적으로 이 수용체가 결합되어 있지 않으면 세로토닌이 전전두엽피질로 방출된다.

는 경우 GABA에 의한 세로토닌 방출 후속 억제가 방지되고 대신에 세로토닌의 후속 방출 증가로 이어진다(그림 7-53C).

또한 5HT$_7$ 수용체는 전전두엽피질에서 글루타메이트 후속 방출을 조절한다(그림 7-54A). GABA 사이신경세포에서 5HT$_7$ 수용체를 차단하면 글루타메이트와 후속 모노아민 신경전달물질의 방출이 증가하며(그림 7-54A 및 7-54B 비교), 이는 항우울 및 인지증진 작용을 모두 나타낼 수 있다. 실제로 동물실험에서 선택적 5HT$_7$ 길항제는 인지증진 및 항우울 작용을 한다. 또한 보티옥세틴뿐만 아니라 트라조돈, 쿠에티아핀, 브렉스피프라졸, 아리피프라졸, 루라시돈을 포함한 5HT$_7$ 길항작용을 가진 다수의 약제들은 우울증에 효과적이며, 아마도 인지개선에도 효과적인 약물이다(그림 7-44 및 7-45, 제5장 및 그림 5-39 참조).

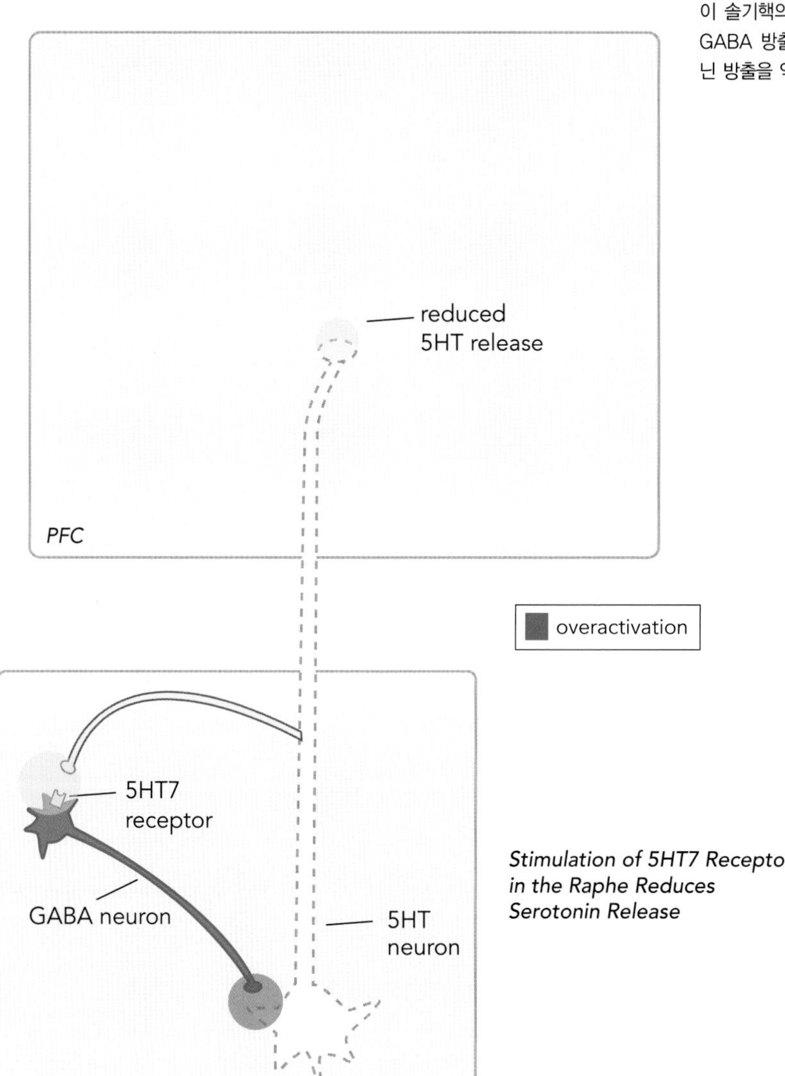

그림 7-53B 5HT$_7$ 수용체의 세로토닌 방출 조절 제2부. 세로토닌이 솔기핵의 GABA 사이신경세포에 있는 5HT$_7$ 수용체와 결합하면 GABA 방출을 자극한다. GABA는 다시 전전두엽피질에서 세로토닌 방출을 억제한다.

모든 것을 종합하면, 보티옥세틴의 약리적 작용기전은 복합적이고 다수의 상승적인 기전이며, 세로토닌 방출을 일으키고 세로토닌 방출을 강화할(즉 SERT, 시냅스전 5HT$_{1B/D}$, 5HT$_7$ 차단을 통해) 뿐만 아니라 항우울 및 인지증진 신경전달물질인 도파민, 노르에피네프린, 아세틸콜린, 히스타민의 방출을 일으킨다(즉 5HT$_{1A}$ 효현작용, 5HT$_{1B}$ 이종수용체 부분작용/길항작용, 5HT$_3$ 길항작용을 통해). 이러한 독특한 기전의 조합은 단극성 주요우울장애에서 보티옥세틴의 독특한 인지증진 작용을 설명할 수 있다.

신경활성 스테로이드

다른 속효성 기분 치료제는 신경활성 스테로이드neuroactive steroid인 브렉사놀론brexanolone으로 자연적으로 생성되는 신경활성 스테로이드인 알로프레그나놀론allopregnanolone의 시클로덱스트린cyclodextrin 기반 정맥주사 제형이다(그림 7-55). 브렉사놀론은 분만후 우울증postpartum depression에서 60시간 정맥 주입으로 투여되며, 빠르고 지속적인 항우울 효과를 나타낸다. 제6장에서 간략히 언급한 것처럼, 임산부는 혈중 및 (아마도) 뇌에 높은 농도의 자연적

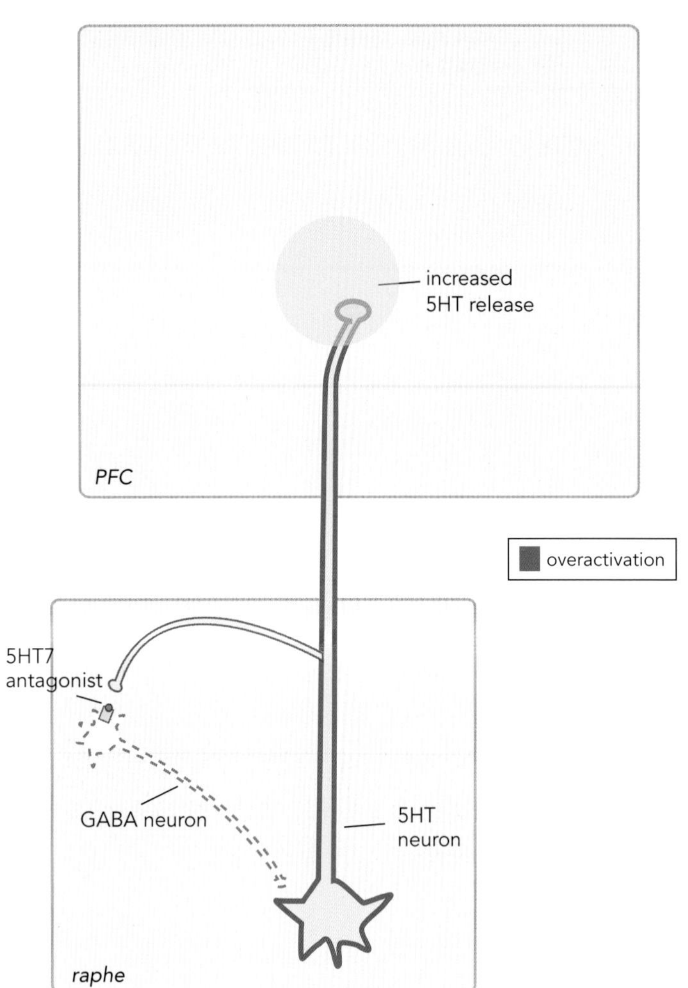

그림 7-53C 5HT$_7$ 수용체의 세로토닌 방출 조절 제3부. 솔기핵의 GABA 사이신경세포에 있는 5HT$_7$ 수용체에서의 길항작용은 GABA 방출을 차단시킨다. 이는 GABA에 의한 세로토닌 방출의 후속 억제를 방지하여 전전두엽피질에서 세로토닌을 증가시킨다.

으로 생성되는 알로프레그나놀론을 가진다. 분만 이후에는 신경활성 스테로이드의 혈중 및 (아마도) 뇌 농도가 가파르게 감소하며, 취약한 여성에서 주요우울 삽화의 갑작스러운 발병을 촉발한다. 브렉사놀론을 60시간 동안 지속적으로 정맥주입하면 신경활성 스테로이드 농도가 빠르게 회복되어 우울증이 신속하게 회복되며, 60시간의 투여 기간은 분만후 환자들이 수액 주입 후 재발 없이 낮은 농도의 신경활성 스테로이드에 적응하는데 필요한 시간을 제공하는 것으로 보인다.

신경활성 스테로이드는 GABA$_A$ 수용체의 신경활성 스테로이드 부위라고 하는 특정 알로스테릭 부위에 결합하여 GABA$_A$ 수용체에서 GABA의 억제작용을 강화한다(그림 7-56; 제6장에서의 논의와 그림 6-20 및 6-21 참조). 신경활성 스테로이드는 벤조디아제핀과 마찬가지로 벤조디아제핀 민감성 GABA$_A$ 수용체를 표적으로 하지만(그림 7-56A), 벤조디아제핀과 달리 벤조디아제핀 둔감성 GABA$_A$ 수용체에도 작용한다(그림 7-56B). 특정 전신마취제(예: 프로포폴propofol, 에토미데이트etomidate, 알팍솔론alphaxolone, 알파달론alfadalone)도 신경활성 스테로이드와 같은 부위에 결합하지만 훨씬 더 높은 용량이 필요하다. 벤조디아제핀은 항우울 작용이 없기 때문에 신경활성 스테로이드의 주요 항우울 작용기전으로 생각되는 것은 벤조디아제핀 둔감성 GABA$_A$ 수용체에 대한 작용이다(그림 7-56B).

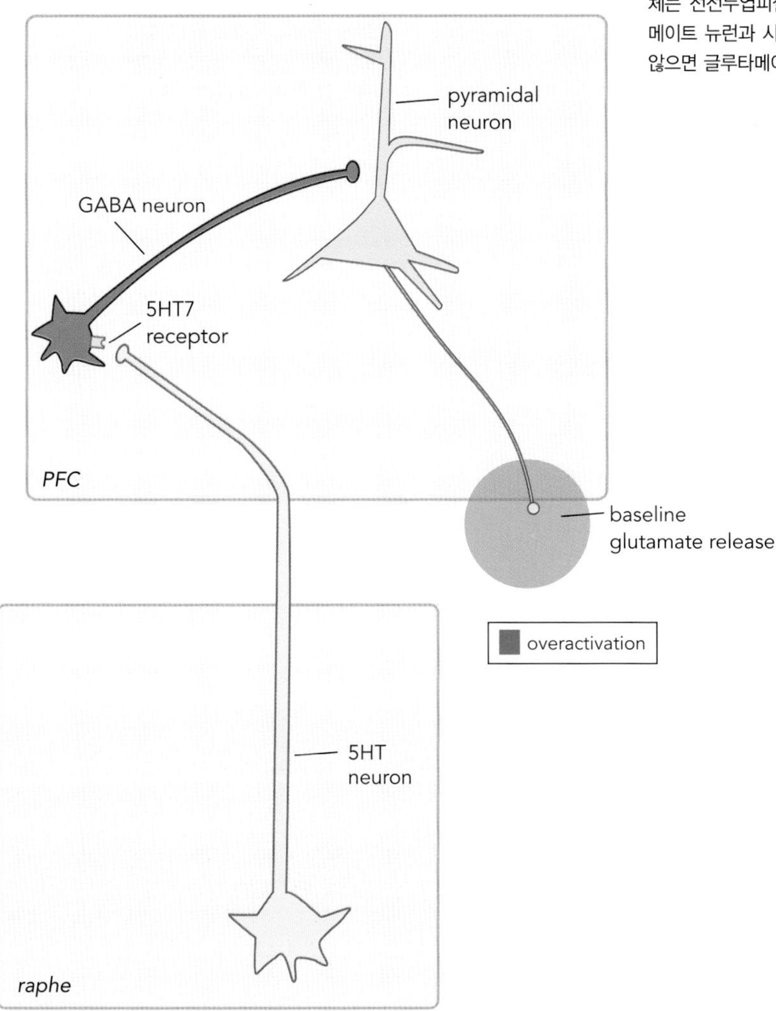

그림 7-54A 5HT$_7$ 수용체의 글루타메이트 방출 조절 제1부. 5HT$_7$ 수용체는 전전두엽피질의 GABA 사이신경세포에 위치하며, 이 뉴런은 글루타메이트 뉴런과 시냅스를 형성한다. 기본적으로 이 수용체가 결합되어 있지 않으면 글루타메이트가 방출된다.

벤조디아제핀 둔감성 GABA$_A$ 수용체는 시냅스외 수용체이고 긴장성tonic 억제를 매개한다(제6장 및 그림 6-20 참조). 알로스테릭 신경활성 스테로이드 부위에서의 작용이 주요우울장애에서 빠르고 아마도 지속적인 치료효과를 보이는 방식은 아직 밝혀지지 않았다. 우울증 치료를 위한 새로운 접근법으로 GABA 작용을 강화하는 것이 효과적일 수 있는 이유에 대한 단서는 우울증 환자의 혈장, 척수액, 뇌에서 GABA 농도가 감소하고, 우울증 환자의 뇌에서 GABA 사이신경세포가 감소하며, 자살로 사망한 우울증 환자의 뇌에서 벤조디아제핀 둔감성 GABA$_A$ 수용체 아형을 부호화하는 특정 GABA$_A$ 수용체 아단위의 mRNA 농도도 역시 부족하다는 관찰에서 얻을 수 있다. 아마도 신경활성 스테로이드가 이러한 GABA 관련 결함을 보완하고, 이것이 속효성 항우울 작용을 매개하는 방법이다.

SAGE-217(그림 7-57)은 주요우울장애에 대해 속효성 항우울제로 임상시험 중인 합성 경구 활성 알로프레그나놀론 유사체이며, 몇 가지 가능성이 높은 예비결과가 있다.

치료저항성 단극성 우울증

유전자 검사에 기반한 치료저항성 우울증의 치료 선택

유전자 검사는 우울증에서, 특히 여러 1차 치료제가 효과가 없거나 내약성이 부족한 경우에 향정신성 약물치료의 선

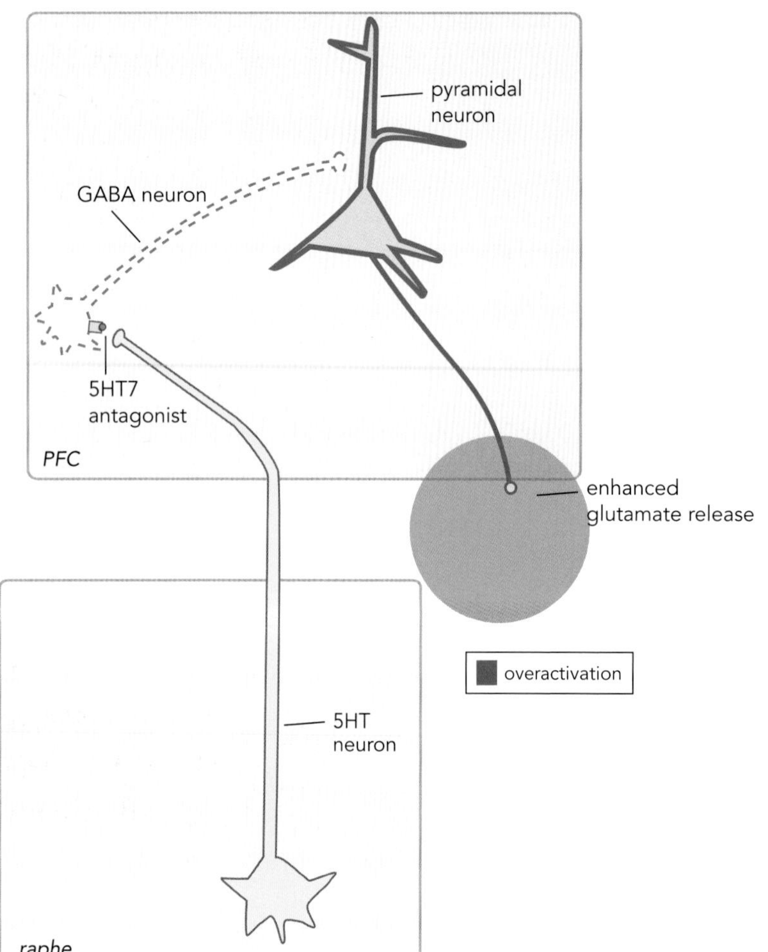

그림 7-54B 5HT$_7$ 수용체의 글루타메이트 방출 조절 제2부. 전전두엽피질의 GABA 사이신경세포에 있는 5HT$_7$ 수용체에서의 길항작용은 GABA 방출을 차단시킨다. 이는 GABA에 의한 글루타메이트 방출 억제를 방지하여 후속 글루타메이트를 증가시킨다.

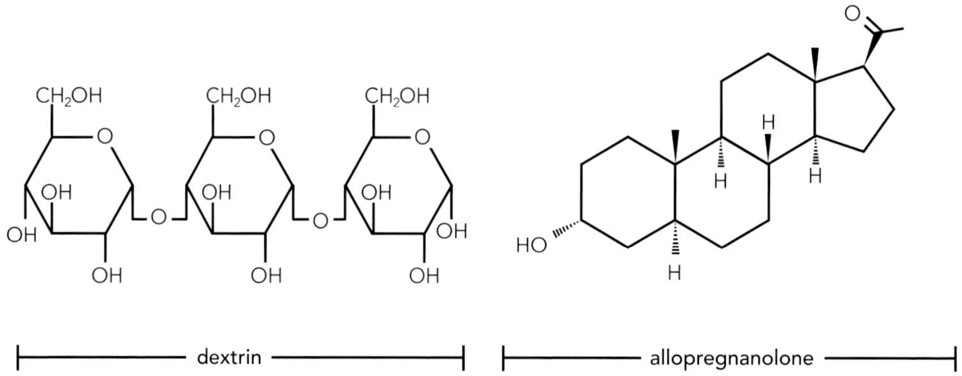

dextrin | allopregnanolone

그림 7-55 브렉사놀론. 브렉사놀론은 자연적으로 생성되는 신경활성 스테로이드 알로프레그나놀론의 시클로덱스트린 기반 정맥주사 제형이다.

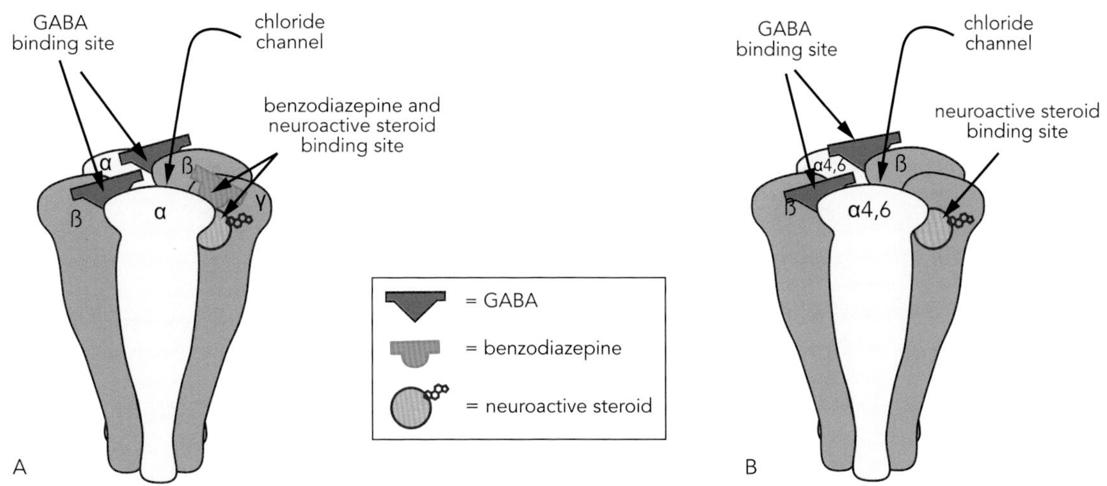

그림 7-56 GABA$_A$ 뉴런의 신경활성 스테로이드 결합 부위. 신경활성 스테로이드는 GABA 수용체에서 신경활성 스테로이드 부위라고 하는 특정 알로스테릭 부위에 결합하여 이 수용체에서의 GABA 억제작용을 향상시킨다. 신경활성 스테로이드는 벤조디아제핀 민감성(A) 및 벤조디아제핀 둔감성(B) GABA$_A$ 수용체 모두에 결합한다.

택을 도울 수 있는 잠재력을 가지고 있다. 유전형 분석은 이미 다른 전문의학 분야에서 도입되었으며, 정신건강의학에서도 도입될 준비가 되어 있다. 전문가들은 멀지 않은 미래에 영구적인 전자의무기록의 일부로 대부분 환자의 전체 유전체genome가 입력될 것으로 예견한다. 그동안에 약물대사를 조절하는 많은 유전자(약동학 유전자)와 우울증에서 약물의 효능과 부작용을 가설상으로 조절하는 많은 유전자(약력학 유전자)에 대한 유전자 변이는 여러 실험실을 통해 얻는 것이 가능하다. 예를 들어 다수의 사이토크롬 P450cytochrome P450, CYP450 약물대사 효소의 여러 유전적 형태를 통해 약물농도의 높고 낮은 정도를 예측할 수 있으며, 따라서 효능의 부족(낮은 약물농도)이나 부작용(높은 약물농도)도 짐작이 가능하다. 이러한 결과는 표현형 분석, 즉 실제 혈장 약물농도 자체를 파악하는 것과 결합될 수도 있다. 따라서 CYP450 유전형과 실제 혈장 약물농도를 함께 이용하면 일부 환자의 부작용과 치료효과 부족을 설명하는 데 잠정적으로 도움이 될 수 있다.

치료 반응은 '전부 아니면 전무' 현상이 아니며, 정신약리학에서 유전자 표지자genetic marker는 거의 틀림없이 약물의 반응, 무반응, 부작용 가능성의 크고 작음을 설명할 수 있을 것이다. 하지만 임상적 반응이나 부작용 방지를 보장

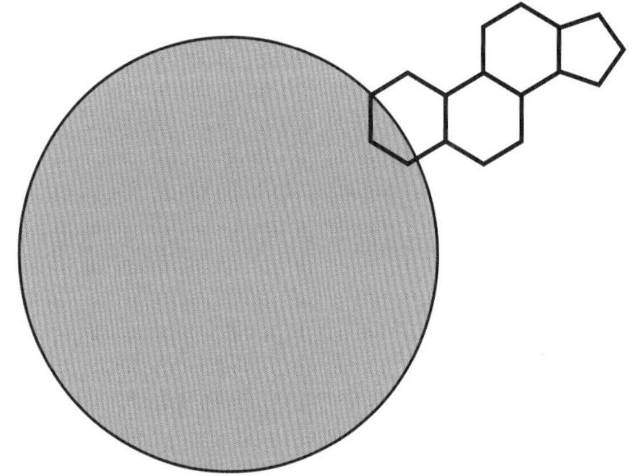

그림 7-57 SAGE-217. SAGE-217은 주요우울장애에 대한 빠른 항우울 효과를 보이는 임상시험 중인 합성 경구 활성 알로프레그나놀론 유사체이다.

하기 위해 특정 개인에게 어떤 약물을 처방해야 하는지를 임상의사에게 확신을 가지고 알려줄 수는 없다. 지금까지 그리고 예견할 수 있는 미래의 정신약리학적 실제에서 약물유전체학을 통해 얻은 정보는 환자가 치료에 반응하는지 하지 않는지, 내약성이 있는지 없는지에 대해 어느 쪽으로 '치우치는지'를 알려주고, 과거의 치료 반응과 함께 고려했을 때 효과와 내약성을 보장할 수는 없지만 높은 성공 가능

성을 가지는 향후의 치료 권장사항을 만드는데 임상의사에게 도움이 될 것이다. 어떤 이들은 이 과정을 '증거의 무게 weight of the evidence'라고 부르며, 다른 이들은 유전자 정보가 처방 결정을 더욱 풍부하게 해주지만 반드시 하나의 강력한 선택을 지시하지는 않기 때문에 '균형equipoise'이라고 부른다. 처방자는 유전자 검사를 통해서 아직 시도되지 않은 치료 중 무작위로 다음 치료를 선택하는 것이 아니라, 신경생물학에 기반한 실현 가능한 가설을 생각하고 개발할 수 있다.

단극성 우울증의 증강전략

위에서 논의하고 그림 7-4 및 7-6에서 삽화로 설명한 바와 같이, 단극성 우울증은 더 많은 종류의 우울증 치료제가 시도될수록 약효가 감소하는 것으로 나타났다. 이로 인해 단일 약제에 잘 반응하지 않는 환자에게 관해에 도달하는 데 도움이 될 수 있는 상승기전을 가진 약물을 추가하기 위한 시도로 항우울제 병용을 조기에 사용하게 되었다.

치료저항성 단극성 우울증의 증강제로서 세로토닌/도파민 길항제/부분작용제

원래 정신병을 위해 개발된 세로토닌/도파민 차단제는 이 장에서 지금까지 설명한 다양한 1차 모노아민 약제 중 한 가지 이상의 시도에 적절하게 반응하지 않는 단극성 우울증 환자에게서 SSRI/SNRI의 가장 일반적인 보조치료 adjunctive treatment 중 일부이다.

올란자핀-플루옥세틴 병용

올란자핀의 조현병, 양극성 조증, 양극성장애 유지에 대한 승인은 도파민 2(D_2) 길항제 작용에 의한 것으로 보인다. 또한 $5HT_{2A}$ 길항작용은 올란자핀의 우울증 증상 개선 능력 중 일부를 설명하는 것으로 생각된다(기분에 대한 $5HT_{2A}$ 작용은 제5장 및 그림 5-17C에서 논의함). 그러나 올란자핀이 플루옥세틴과 병용될 때 단극성(또는 양극성) 우울증에 훨씬 더 효과적으로 작용한다는 사실은 올란자핀-플루옥세틴 병용요법olanzapine-fluoxetine combination therapy의 항우울 효과 구성 요소에 세로토닌 재흡수 차단 특성뿐만 아니라 $5HT_{2C}$ 길항작용이 있음을 시사한다(그림 7-38). 올란자핀과 플루옥세틴은 모두 $5HT_{2C}$ 길항제이며, 두 약물을 병용할 경우 순 $5HT_{2C}$ 길항작용은 각각을 단독으로 사용할 때보다 더 크다. 따라서 우울증에 대한 올란자핀-플루옥세틴 병용은 강력한 SERT/$5HT_{2C}$ 억제제로 간주될 수 있다. 치료저항성 단극성 우울증에 매우 효과적일지라도(표 7-1), 올란자핀과 플루옥세틴의 병용은 종종 받아들일 수 없는 체

표 7-1 양극성 스펙트럼을 위한 세로토닌/도파민 차단제

	혼재성 양상에서의 효능의 증거	양극성 우울증에 대한 FDA 승인	양극성 조증에 대한 FDA 승인	양극성 유지에 대한 FDA 승인	주요우울장애에 대한 FDA 승인
Aripiprazole			Yes	Yes	Yes (adjunct)
Asenapine	Yes, MMX		Yes	Yes	
Brexpiprazole					Yes (adjunct)
Cariprazine	Yes, MMX, DMX	Yes	Yes		
Lurasidone	Yes, DMX*	Yes			
Olanzapine	Yes, MMX	Yes (with fluoxetine)	Yes	Yes	Yes (with fluoxetine)
Quetiapine	Yes, MMX	Yes	Yes	Yes	Yes (adjunct)
Risperidone			Yes	Yes	
Ziprasidone	Yes, MMX		Yes	Yes	

MMX: mania with mixed features, DMX: depression with mixed features.
*unipolar and bipolar depression.

중 증가 및 대사장애와 관련이 있다. 올란자핀-플루옥세틴 병용은 양극성 우울증에도 승인되었으며 이후 나올 양극성 우울증에 대한 절에서도 논의된다.

쿠에티아핀

쿠에티아핀quetiapine(제5장 및 그림 5-45 참조)은 조현병, 급성 양극성 조증, 양극성장애 유지에 승인되었으며, 이는 아마도 D_2 길항제 작용 때문이다. 우울증에 대한 SSRI/SNRI 증강제로서 쿠에티아핀의 효능은 $5HT_{2C}$ 수용체(그림 7-38) 및 노르에피네프린 수송체(NET)(제5장과 그림 5-34 및 5-45 참조) 모두에서 쿠에티아핀과 그 활성 대사산물인 노르쿠에티아핀의 복합작용과 관련이 있는 것 같다. 이외에도 쿠에티아핀은 $5HT_{2A}$(제5장 및 그림 5-17C), $5HT_7$(그림 7-53C), α_{2A} 수용체(그림 5-35)에서 길항제로 작용할 뿐만 아니라 $5HT_{1A}$ 수용체(제5장 및 그림 5-22)에서 작용제로 작용하는 등 항우울 효과와 관련된 다른 후보 수용체에도 작용한다. 이러한 모든 수용체 작용은 가설상으로 항우울 효과와 관련이 있으며, 이를 모두 합치면 이론상으로 항우울 기전의 강력한 상승작용을 만들 수 있다(표 7-1). 그러나 쿠에티아핀은 다른 수용체 작용으로 인해 상당한 진정 작용과 중등도의 체중 증가 및 대사장애를 유발할 수 있다. 쿠에티아핀은 양극성 우울증에도 승인되었으며, 이후 나올 양극성 우울증에 대한 절에서도 논의된다.

아리피프라졸

$D_2/5HT_{1A}$ 부분작용제인 아리피프라졸aripiprazole(제5장 및 그림 5-56)은 조현병, 급성 양극성 조증, 양극성장애 유지에 승인되었으며, 미국에서 단극성 주요우울장애에 대해 SSRI/SNRI에 가장 광범위하게 처방되는 증강제 중 하나이다(표 7-1). 조현병과 양극성 조증에서는 D_2 부분작용제로 작용하는 반면, 두드러지는 $5HT_{1A}$ 부분작용제 작용(제5장 및 그림 5-22)이 항우울 작용에 기여하는 것으로 보인다. 잠재적인 항우울 작용을 하는 2차적 특성에는 D_3, $5HT_7$, $5HT_{2C}$, α_2 길항제 작용이 기여할 수 있다. 아리피프라졸은 일반적으로 내약성이 우수하며 체중 증가가 거의 없지만, 일부 환자는 좌불안석을 경험한다. 아리피프라졸은 양극성 우울증 치료제로 승인되지는 않았다.

브렉스피프라졸

또 다른 $D_2/5HT_{1A}$ 부분작용제인 브렉스피프라졸brexpiprazole(제5장 및 그림 5-57 참조)은 조현병에 승인되었고, 단극성 우울증의 보조치료에 승인되었으나(표 7-1), 양극성 우울증 치료제로 승인되지는 않았다. 제5장 정신병에 대한 브렉스피프라졸의 논의에서 이미 언급했듯이, 브렉스피프라졸이 아리피프라졸에 비해 좌불안석이 덜 하다는 예시가 일부 있지만, 직접비교head-to-head 임상연구에서는 입증되지 않았다. 브렉스피프라졸에서 좌불안석의 감소는 아리피프라졸에 비해 향상된 $5HT_{2A}$(제5장, 그림 5-17B), $5HT_{1A}$(제5장, 그림 5-22A), α_1(그림 7-58A) 결합 프로필과 일치한다(그림 5-56 아리피프라졸과 그림 5-57 브렉스피프라졸의 결합 띠를 비교). 그림에서 볼 수 있듯이, 브렉스피프라졸은 아리피프라졸보다 α_2 길항제, $5HT_7$ 길항제, D_3 부분작용제 결합력이 더 강력하다. 수용체 결합 프로필의 다양한 차이는 아리피프라졸에 비해 브렉스피프라졸의 치료작용 및 부작용의 다른 기전에 이론상으로 기여할 수 있다.

알파-1 길항작용은 제5장에서 논의하였고 그림 5-13B에서 삽화로 설명하였으며, 그물체활성각성계reticular activating arousal system에서 머스카린 콜린 및 히스타민 수용체의 차단과 동시에 이루어질 때 α_1 길항작용이, 특히 시상thalamus에서, 어떻게 진정 작용에 기여할 수 있는지를 보여준다(제5장, 그림 5-13A 및 5-8). 하지만 머스카린 및 히스타민 길항작용이 동시에 일어나지 않는 경우, 전전두엽 피질에서의 α_1 길항제 작용은 운동 부작용의 감소와 항우울 효과, 특히 $5HT_{2A}$ 길항제 특성을 동시에 가진 강력한 α_1 길항제에서 알려져 있는 항우울 효과에 가설상으로 기여할 수 있다. 또한 브렉스피프라졸의 α_1 길항제 작용은 설트랄린의 증강제로서 알츠하이머병과 PTSD의 초조에 대한 효능에 잠재적으로 기여할 수 있다.

이런 일이 어떻게 일어나며 어떤 회로가 α_1 길항제 작용을 조절할까? α_1 길항제 작용을 설명하는 회로는 $5HT_{2A}$ 수용체에 대해 이미 논의된 것과 동일한 회로이며, 제5장에서 그림 5-16 및 5-17에서 삽화로 설명하였기 때문에 독자에겐 이미 익숙할 것이다. α_1 수용체(그림 7-58)는 동일한 피라미드 뉴런에 $5HT_{2A}$ 수용체와 함께 위치하는 것으로 알려져 있다(제5장에서의 논의와 그림 5-16 및 5-17에서 삽화로 설명함). α_1 수용체와 $5HT_{2A}$ 수용체는 모두 흥분성이며 시냅스후에 있기 때문에, 노르에피네프린과 세로토닌이 함께 작용하면 두 신경전달물질이 단독으로 작용하는 것보다 동시 작용을 통해 더 강력한 전전두엽피질 기능의 흥분 통제excitatory control를 발휘한다.

더구나 α_1 길항제 작용은 $5HT_{2A}$ 길항제와 동일한 기능적 효과를 가질 것으로 예상되며, 두 가지 작용이 함께 일어나면 어느 한 수용체만 차단하는 것보다 전전두엽피질 출력의 후속 억제 통제inhibitory control가 더 강력하게 이루어질 것으로 예상된다. 그림 7-58A는 흑질substantia nigra로 투사되는 특정 피라미드 뉴런의 α_1 수용체를 보여준다(제5장의 그림 5-17B에 표시된 것과 동일한 피라미드 뉴런 및 회로). α_1 길항제에 의해 이 글루타메이트 뉴런이 억제되면, 흑질의 신경지배가 그곳의 GABA 긴장도를 감소시키고, 운동선조체로의 도파민 방출이 탈억제되면서, 약물로 유발된 파킨슨증의 감소가 나타난다(그림 7-58A, 제5장 및 그림 5-17B에 나와 있는 것과 같음). 따라서 D_2 차단제로 인한 약물로 유발된 파킨슨증은 $5HT_{2A}$와 α_1 길항제 작용을 둘 다 가지는 D_2 차단제에 의해 최대로 감소될 수 있다. 실제로 도파

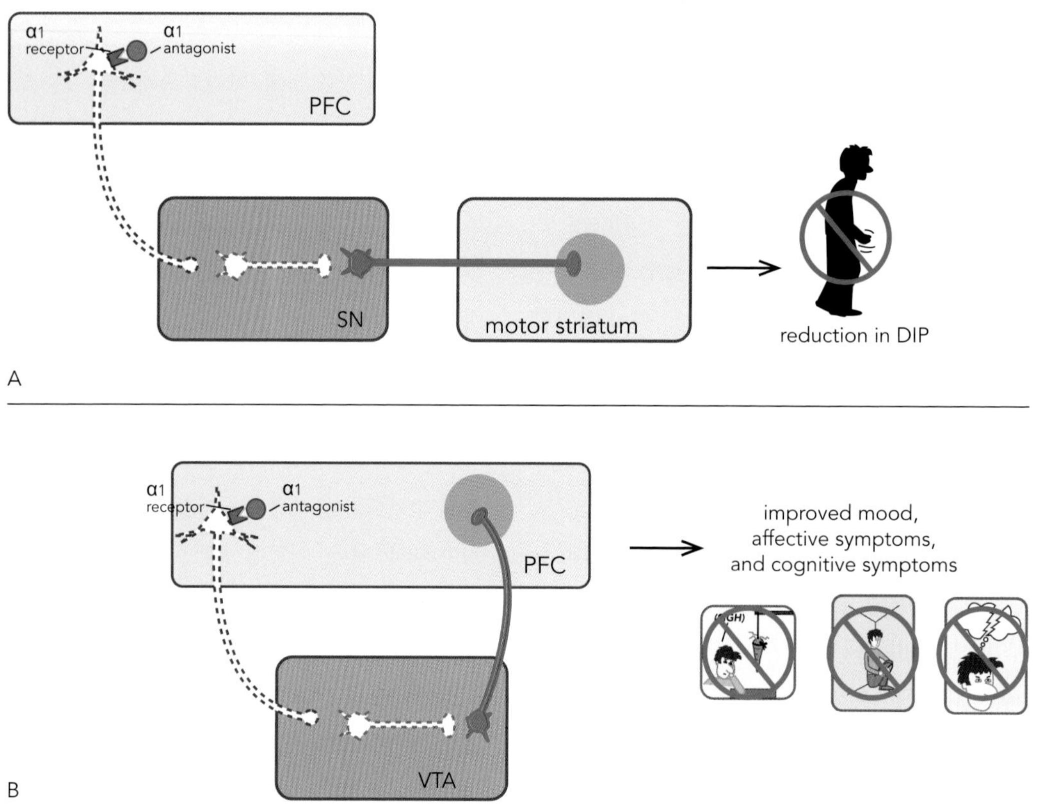

그림 7-58 알파-1 길항작용과 후속 도파민 방출. 알파-1 길항작용은 두 가지 주요경로를 통해 후속 도파민 방출을 조절할 수 있다. (A) 알파-1 길항작용은 흑질(SN)에서 글루타메이트 출력을 감소시켜 GABA 사이신경세포의 활성을 감소시키고, 그 결과 흑질선조체 도파민 경로의 탈억제를 유도한다. 운동선조체에서 도파민 방출이 증가하면 D_2 길항제와 경쟁할 도파민이 더 많아지기 때문에 D_2 길항제로 인해 유발된 운동 부작용을 줄일 수 있다. (B) 알파-1 길항작용은 배쪽뒤판구역(VTA)에서 글루타메이트 출력을 감소시켜 GABA 사이신경세포의 활성을 감소시키고, 그 결과 중뇌피질 도파민 경로의 탈억제를 유도한다. 전전두엽피질(PFC)에서 도파민 방출이 증가하면 잠정적으로 기분이 개선되고 정동 및 인지증상이 감소할 수 있다.

민 차단제에 의해 유발되는 파킨슨증의 빈도와 중증도가 가장 낮은 경우는 강력한 α_1 및 $5HT_{2A}$ 길항제 작용을 하는 약물, 즉 브렉스피프라졸, 쿠에티아핀, 클로자핀clozapine, 일로페리돈iloperidone이 해당된다.

α_1 길항제와 $5HT_{2A}$ 길항제의 상승작용은 이론상으로 전전두엽피질로 투사되는 배쪽뒤판구역ventral tegmental area, VTA 도파민 뉴런을 신경지배하는 피라미드 뉴런의 회로에서 항우울 작용을 강화할 수 있다(그림 7-58B, 제5장의 그림 5-17C). 이것이 의미하는 바는 α_1 길항제가 이론상으로 이 회로에서 $5HT_{2A}$ 길항제와 동일한 효과를 가지며, 두 가지가 함께 작용하면 전전두엽피질과 그 후속 투사를 더 강력하게 통제하여, 전전두엽피질에서 도파민 방출을 더욱 촉진하고 항우울 작용을 유발할 수 있다는 것이다. 실제로 이러한 상승작용은 브렉스피프라졸, 쿠에티아핀, 트라조돈을 포함하여 α_1 및 $5HT_{2A}$ 길항제 둘 다를 가지는 약제의 항우울 작용기전의 중요한 구성 요소인 것으로 보인다. α_1과 $5HT_{2A}$를 동시에 차단함으로써 전전두엽피질에서 도파민 방출을 향상시키는 것은 이론상으로 알츠하이머병과 PTSD 증상에서 보이는 초조 증상의 '하향식' 조절을 향상시키는 데 도움이 될 수 있으며, 진행 중인 브렉스피프라졸 연구에서 관찰된다.

카리프라진

카리프라진cariprazine(제5장 및 그림 5-58)은 급성 양극성 조증 및 양극성 우울증 치료제로 승인된 $D_3/D_2/5HT_{1A}$ 부분작용제이자 $5HT_{2A}/\alpha_1/\alpha_2$ 길항제이며, 단극성 우울증에서 SSRI/SNRI의 보조제로도 효능이 입증되었다(표 7-1). 카리프라진의 항우울제 작용기전은 이후 양극성 우울증 치료에 대한 절에서 논의된다.

케타민

모노아민 표적 약물에 불충분하게 반응하는 환자에서 마취 용량 이하의 케타민 정맥 주입이 우울증을 빠르게 호전시킬 수 있다는 관찰은 우울증 치료에 약간의 혁명을 일으켰다. 케타민ketamine은 마취제로 승인되었지만 치료저항성 우울

7

ketamine: R+S ketamine

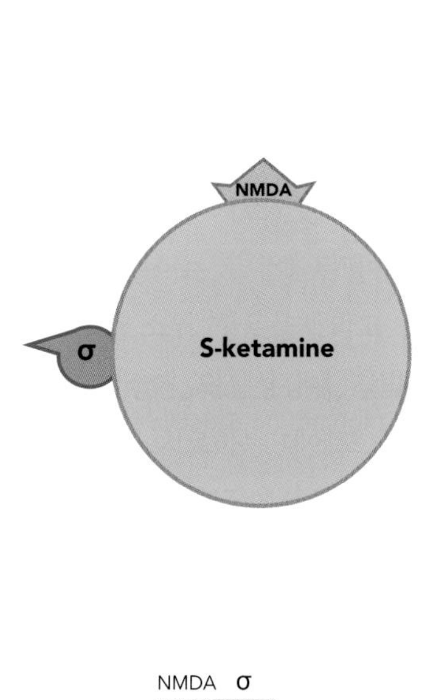

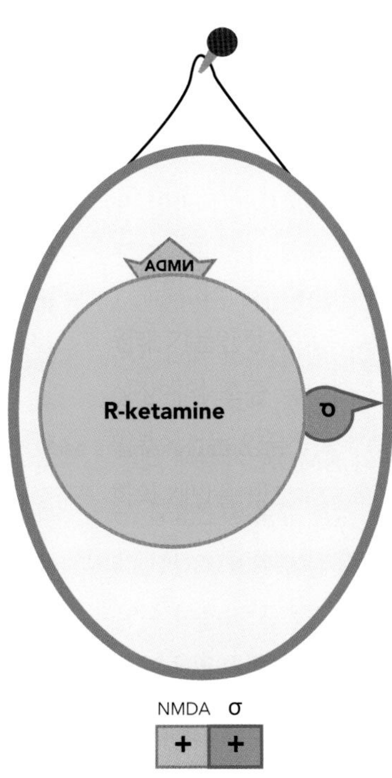

그림 7-59 **케타민.** 케타민은 치료저항성 우울증에서 허가사항 외로 사용되고, 잠재적 치료 유용성에 대해 연구 중이다. 케타민은 *N*-메틸-D-아스파르트산(NMDA) 수용체 길항제이며, α_1 수용체, 노르에피네프린 수송체(NET), μ-아편유사제 수용체, 세로토닌 수송체(SERT)에도 추가적인 약한 작용을 갖는다. 케타민은 2개의 거울상체, R과 S로 구성된다.

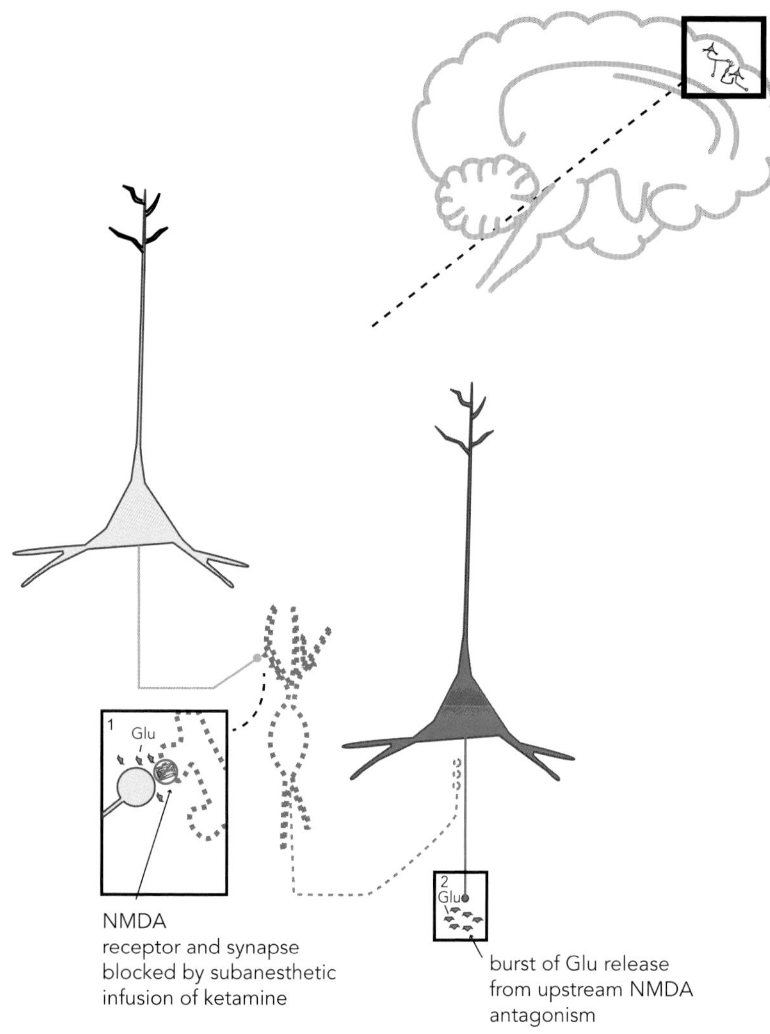

그림 7-60 **케타민의 작용기전.** 여기에는 2개의 피질 글루타메이트 피라미드 뉴런과 1개의 GABA 사이신경세포가 표시되어 있다. (1) GABA 사이신경세포의 *N*-메틸-D-아스파르트산(NMDA) 수용체가 케타민에 의해 차단되면 글루타메이트(Glu)의 흥분 작용이 방지된다. 따라서 GABA 뉴런은 비활성화되고 GABA를 방출하지 않는다(점선으로 뉴런의 윤곽선을 표시). (2) 두 번째 피질 글루타메이트 피라미드 뉴런에서 GABA와의 결합은 일반적으로 글루타메이트 방출을 억제하므로, 여기에 GABA가 없다는 것은 뉴런이 탈억제되고 글루타메이트 방출이 증가한다는 것을 의미한다.

증에 허가사항 외off-label로 사용된다. 세로토닌/도파민 차단제는 SSRI/SNRI에 한두 번 실패한 후에 사용되는 경향이 있는 반면, 케타민은 다양한 우울증 치료제에 여러 번 실패한 환자에게 투여되는 경향이 있다. 정맥 투여 케타민은 R 및 S 케타민의 라세미 혼합물로, 항우울 작용으로 추정되는 기전인 글루타메이트 수용체의 NMDA 아형에 대한 결합 특성과 σ_1 수용체 결합 특성이 각각 중복된다(그림 7-59). μ-아편유사제 및 기타 신경전달물질 부위를 포함한 다른 부위에서의 작용이, 특히 케타민의 항우울 작용이 어떤 방식으로든 NMDA뿐만 아니라 μ-아편유사제 작용과 연결될 수 있다는 가능성이 제안되었지만 논란의 여지가 있다. 따라서 케타민이 어떻게 속효성 항우울 효과를 발휘하는지에 대해서 논쟁이 존재하지만, 특히 열린 통로의 펜사이클리딘phencyclidine, PCP 부위에서(제4장의 논의 및 그림 4-30 참조) 케타민의 항우울 효과를 설명하는 가장 유력한 가설은 NMDA 길항작용과 관련이 있다. 케타민 주입의 독특한 점은 다수의 표준 모노아민 표적화 항우울제 치료에 실패하여 '비모노아민성' 우울증이 있는 것으로 보이는 환자에서 항우울 효과가 빠르게 거의 즉각적으로 나타나고, 때로는 특정적인 자살사고 억제효과가 동반된다는 것이다. 안타깝게도 케타민의 항우울 효과는 보통 오래 지속되지 않고, 일반적으로 며칠이 지나면 사라진다. 때로는 항우울 효과는 반복적인 주입을 통해 다시 촉발되거나, 주입 이후 모노아민 항우울제 치료를 통해 강화될 수 있다.

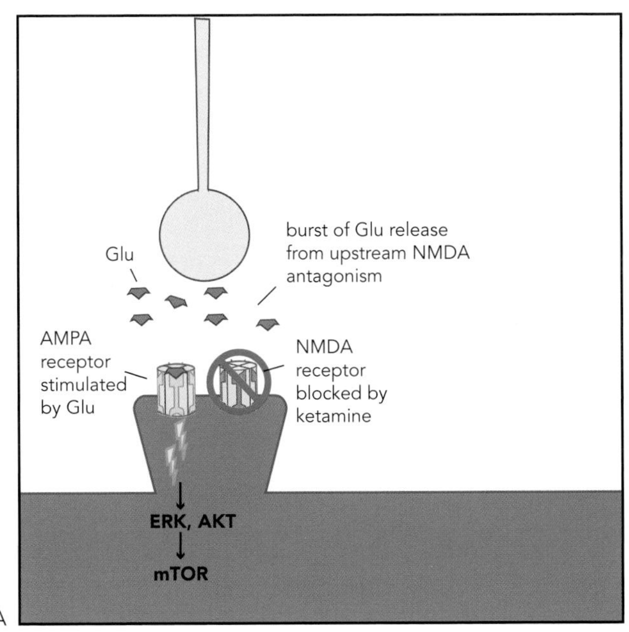

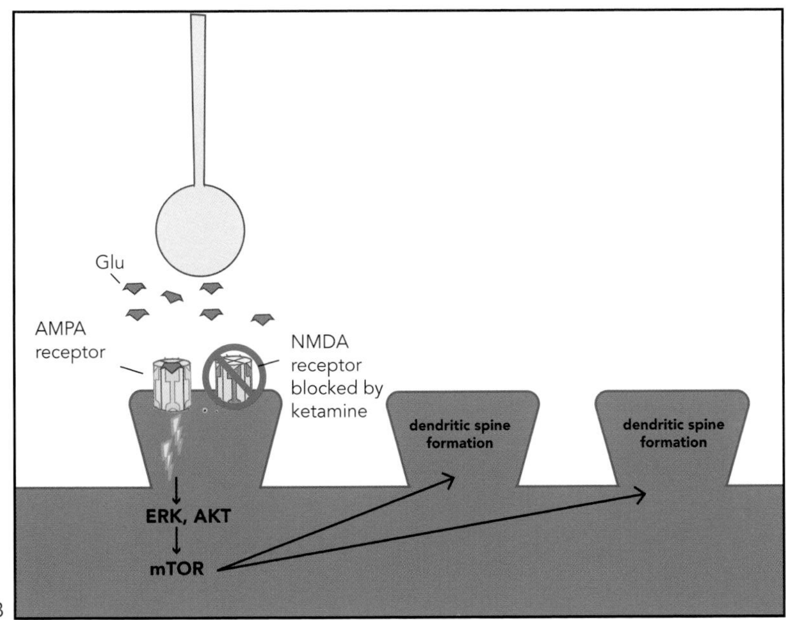

그림 7-61 **케타민, AMPA 수용체, mTOR.** 글루타메이트 활성은 시냅스 강화를 크게 조절하는데, 이는 특히 *N*-메틸-D-아스파르트산(NMDA) 및 α-아미노-3-하이드록시-5-메틸-4-이소옥사졸-프로피온산(AMPA) 수용체를 통해 이루어진다. 케타민은 NMDA 수용체 길항제이지만, 빠른 항우울 효과는 AMPA 수용체 신호에 의한 간접적인 효과와도 관련이 있을 수 있다. (A) 한 가지 가설은 NMDA 수용체를 차단하면 AMPA가 빠르게 활성화되어 ERK, AKT 신호전달 연쇄반응이 촉발되고, 그다음 포유류 라파마이신 표적(mTOR) 경로가 촉발된다는 것이다. (B) 이는 차례로 빠른 AMPA 매개 시냅스 강화와 가지돌기 가시 형성의 증가로 이어진다. 전통적인 항우울제 역시 시냅스 강화를 유발하지만, 이는 세포내 신호의 후속 변화를 통해 이루어진다. 따라서 케타민과 전통적인 항우울제 사이의 항우울 작용 시작의 차이가 설명될 수 있다.

가장 흥미로운 점은 아마 케타민이 우울증을 즉각적으로 호전시키는 후속 기전으로서 신경가소성neuronal plasticity을 즉각적으로 향상시키는 가능성이 있다는 것이다. 우울증에서 신경영양인자의 소실은 제6장에서 논의하였고 그림 6-27부터 6-33까지에 삽화로 설명하였다. 우울증과 항우울제 반응에 대한 신경영양 가설은 뇌유래 신경영양인자brain-derived neurotrophic factor, BDNF와 같은 신경영양인자의 결핍과 아마도 혈관내피 성장인자vascular endothelial growth factor, VEGF와 같은 다른 성장인자의 결핍이 만성 스트레스와 주요우울장애에서 나타나며, 우울증에 대한 모노아민 약물이 효과적일 경우 이러한 성장인자가 회복되지만, 약물투여 후 몇 주 동안 지연될 수 있다는 증거에 기반한다. 반

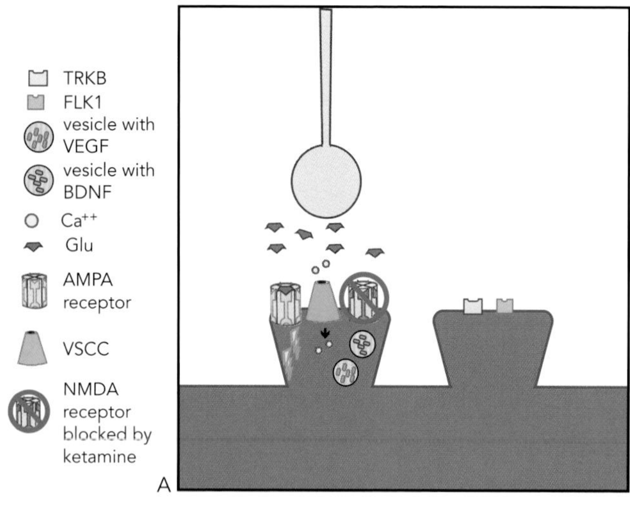

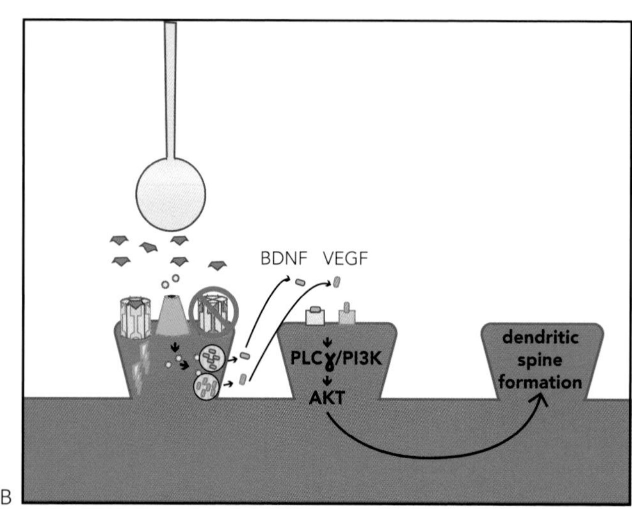

그림 7-62 케타민, AMPA 수용체, BDNF/VEGF 방출. 글루타메이트 활성은 시냅스 강화를 크게 조절하는데, 이는 특히 *N*-메틸-D-아스파르트산(NMDA) 및 α-아미노-3-하이드록시-5-메틸-4-이소옥사졸-프로피온산(AMPA) 수용체를 통해 이루어진다. 케타민은 NMDA 수용체 길항제이지만, 빠른 항우울 효과는 AMPA 수용체 신호에 의한 간접적인 효과와도 관련이 있을 수 있다. (A) 두 번째 가설은 NMDA 수용체를 차단하면 AMPA가 빠르게 활성화되어 전압민감 칼슘통로(VSCC)를 활성화하여 칼슘 유입을 허용한다는 것이다. (B) 이는 차례로 뇌유래 신경영양인자(BDNF)와 혈관내피 성장인자(VEGF) 방출의 활성화로 이어지고, 각각 TRKB 및 FLK1 수용체에 결합하여 가지돌기 가시 형성을 유도하는 연쇄반응을 촉발하게 된다.

면 우울증에 대한 모노아민 약물이 효과가 없는 경우에는 알 수 없는 이유로 인해서 모노아민이 필요한 성장인자를 회복시키지 못했다고 가정한다. 단극성 주요우울장애 및 만성 스트레스 동물모형에서 BDNF와 VEGF의 감소는 전전두엽피질이나 해마와 같은 뇌 영역의 뉴런 위축과 관련이 있다. 또한 만성 스트레스와 우울증은 BDNF에 대한 수용체인 티로신 인산화효소 2tyrosine kinase 2, TRKB와 VEGF에 대한 수용체인 태아간 인산화효소 1fetal liver kinase 1, FLK1을 감소시키는 것으로 생각된다. 케타민은 이 두 가지 성장인자를 모두 증가시킨다.

그렇다면 케타민은 어떻게 우울증에서 빠른 항우울 반응과 시냅스 위축의 빠른 회복을 유도할 수 있을까? 이는 케타민이 NMDA 수용체 차단 후 후속 글루타메이트 방출을 즉시 폭발적으로 증가시키기 때문에 발생하는 것으로 생각된다(제4장에서 논의되고 그림 4-33에서 삽화로 설명함, 그림 7-60 참조). NMDA 수용체에서 케타민의 작용은 조현병이 NMDA 시냅스의 신경발달 이상으로 인해 발생한다는 가설과 다르지 않다(제4장에서 논의하고 그림 4-29B 및 4-31부터 4-33까지에서 삽화로 설명함). 케타민이, 특히 고용량 및 급성 투여에서, 인간에게 조현병유사증후군을 일으킬 수 있다는 점을 고려하면 이는 놀랍지 않은 일이다(그림 4-33). 그러나 우울증 환자를 대상으로 한 연구에서 케타민을 마취 용량 이하로 오랜 시간 동안 주입한 경우, 케타민은 정신병을 유발하지 않고, 글루타메이트의 후속 방출을 유발하는 것으로 생각된다(그림 7-60). 케타민이 NMDA 수용체를 차단하는 동안 폭발적으로 방출되는 글루타메이트는 AMPA 수용체를 자극한다(그림 7-61 및 7-62). 케타민의 항우울 작용과 관련된 한 가지 가설은 이러한 AMPA 수용체의 자극이 맨 먼저 ERK, AKT 신호전달 연쇄반응을 활성화한다고 제안한다(그림 7-61A). 그 이후에 이는 포유류 라파마이신 표적mammalian target of rapamycin, mTOR 경로를 촉발하고(그림 7-61), 이것은 시냅스 단백질의 발현을 유발하여 가지돌기 가시dendritic spine의 밀도를 증가시킨다(그림 7-61B). 동물에 케타민을 투여한 후 몇 분에서 몇 시간 내에 새로운 시냅스생성synaptogenesis을 나타내는 가지돌기 가시의 증식을 관찰할 수 있다. 가설상으로 이러한 가지돌기 가시의 증가와 시냅스생성이 속효성 항우울 효과를 유발한다. 케타민이 항우울 작용을 가지는 이유에 대한 또 다른 가설에서는 폭발적인 글루타메이트 방출로 인한 AMPA 수용체의 자극이 다른 신호전달경로, 즉 전압민감 칼슘통로를 활성화하여 칼슘 유입을 허용하고(그림 7-62A), 이는 다시 BDNF 및 VEGF 방출을 활성화하여 시냅스의 형성을 유도한다고 제안한다(그림 7-62B). 따라서 케타민은 가설상으로 우울증으로 인해 유발된 위축을 몇 분 이내에 역전시킨다.

에스케타민

케타민의 S 거울상체는 비강 내 투여 제형으로 치료저항성 우울증에 승인되었으며, 에스케타민esketamine이라고 불린다(그림 7-63). 신경영양 작용의 측면에서 R-케타민 대 S-케타민과 그 활성 대사산물의 정확한 약리적 작용은 아직 밝혀지지 않았다. 그러나 에스케타민은 실제로 급성 속효성 항우울제이며, 비강 내로 신속하게 투여되므로 긴 시간의 정맥 주입을 필요로 하지 않는다. 에스케타민은 표준 우울증 치료제의 증강제로 사용되며, 주 2회 투여를 시작한 후 매주 또는 격주마다 비강 내로 투여할 수 있다. 최대 1년간 에스케타민 비강스프레이를 사용한 후 이전에 시도하지 않았던 경구 모노아민 항우울제로 전환한 장기연구에 따르면, 우울증의 호전이 지속되고 안전성도 허용 가능한 수준인 것으로 나타났다.

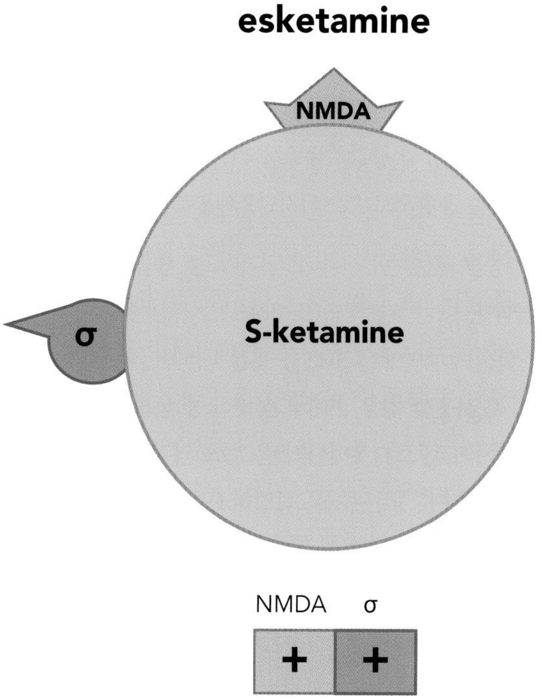

그림 7-63 **에스케타민.** 케타민의 R과 S 거울상체는 서로 좌우대칭의 상이다. R 및 S 거울상체와 그 활성 대사산물의 정확한 약리적 특성은 아직 밝혀지지 않았다. 케타민의 S 거울상체는 에스케타민으로 개발되어 시판되고 있다.

치료저항성 우울증에 대한 다른 약물 병용

단극성 우울증에 대한 모노아민 치료제를 증강하는 다른 선택사항으로는 단극성 우울증에 각각 승인된 두 가지 모노아민 약물을 병용하여 약리적 상승작용을 내는 매우 인기 있고 종종 효과적인 전략뿐만 아니라, 단독으로는 강력한 항우울 작용이 없지만 모노아민 치료제의 작용을 개선할 수 있는 약물(예: 리튬, 부스피론, 갑상샘 호르몬)을 사용하는 것이 포함된다. 그러나 이들 전략 중 어느 것도 명확하게 승인되지는 않았다.

리튬

리튬lithium은 조증 치료제로 아래에서 논의되지만, 치료에 반응하지 않는 단극성 우울증 환자에게도 사용되어 왔다.

모노아민 재흡수 억제제, 특히 아래에서도 논의되는 고전적인 삼환계 항우울제의 리튬 증강치료는 단극성 우울증에서 치료 반응을 높이기 위해 예전부터 사용되었다. 치료저항성 단극성 우울증의 증강치료로서 리튬은 조증에 사용되는 것보다 낮은 용량으로 투여되지만, 최근에는 선호도가 떨어지고 있다.

부스피론

부스피론buspirone은 $5HT_{1A}$ 부분작용제이며, SSRI/SNRI와 함께 사용할 경우 위에서 설명한 빌라조돈(그림 7-22부터 7-27) 또는 보티옥세틴(그림 7-49)과 매우 유사하다. 실제로 모노아민 항우울제를 증강하기 위해 사용되는 대부분의 세로토닌/도파민 약물은 $5HT_{1A}$ 특성을 가지고 있다(예: 쿠에티아핀, 아리피프라졸, 브렉스피프라졸, 카리프라진). $5HT_{1A}$ 작용제 작용을 가진 약물을 투여하는 것은 SSRI/SNRI를 증강하는 데 선호되는 접근 방식이지만, 최근에는 이러한 목적으로 부스피론을 사용하는 것이 $5HT_{1A}$ 특성을 가진 다른 약제를 사용하는 것보다 일반적이지 않다.

갑상샘 호르몬

갑상샘 호르몬thyroid hormone은 핵리간드 수용체nuclear ligand receptor와 결합하여 핵리간드활성화 전사인자를 형성하는 방식으로 작용한다. 갑상샘 호르몬 수치의 이상은 오랫동안 우울증과 관련이 있으며, 다양한 형태와 용량의 갑상샘 호르몬이 불충분한 반응을 보이는 우울증 환자에서 치료제의 효과를 높이거나 작용 개시 속도를 빠르게 하기 위한 증강제로 여러 해 동안 사용되어 왔다. 뉴런 구성, 분지, 시냅스 형성을 조절하는 갑상샘의 능력은 모노아민 신경전달물질을 증가시키는 후속 결과를 초래할 수 있으며, 이는 갑상샘 호르몬이 일부 환자에서 어떻게 항우울 작용을 개선시키는지에 대한 설명이 될 수 있다. 최근에는 단극성 또는 양극성 우울증 치료에 갑상샘 호르몬을 증강제로 사용하는 방법의 선호도가 감소하고 있다.

삼중 작용 조합: SSRI/SNRI + NDRI

만약 한 가지 신경전달물질을 증가시키는 것이 좋고, 두 가지가 더 좋다면, 세 가지 신경전달물질을 증가시키는 것은 가장 좋을 수 있다(그림 7-64). 세 가지 모노아민을 모두 조절하는 삼중 작용triple-action(즉 세로토닌, 도파민, 노르에피네프린) 우울증 치료제는 SSRI와 NDRI의 병용 또는 노르아드레날린 및 도파민 작용을 훨씬 더 제공하는 SNRI와 NDRI의 병용을 통해서 나타날 것으로 예상할 수 있다(그림 7-64). 아마도 이는 미국에서 우울증 치료에 가장 많이 사용되는 두 가지 약물 병용일 것이다.

캘리포니아 로켓연료: SNRI + 미르타자핀

이 강력한 잠재력의 병용은 SNRI에 의한 세로토닌 및 노르에피네프린 재흡수 억제에 미르타자핀의 α_2 길항제 작용에 의한 세로토닌 및 노르에피네프린 방출의 탈억제를 더함으로써 약리적 상승작용에 의해 세로토닌과 노르에피네프린 방출을 강화시킨다(그림 7-65). 또한 SNRI로 인한 전전두엽피질에서의 노르에피네프린 재흡수 차단과 미르타자핀의 $5HT_{2C}$ 작용에 의한 도파민 방출의 탈억제가 결합하여 추가적인 도파민 증가 작용이 발생할 가능성도 있다. 이 결합은 단극성 주요우울 삽화가 있는 일부 환자에게 매우 강력한 항우울 작용을 제공할 수 있다.

각성 조합

피로, 활력/동기/성욕의 상실, 집중/각성 문제 등을 자주 호소하는 경우에는 자극제(DAT 억제제)와 SNRI, 또는 모다피닐(또 다른 DAT 억제제)과 SNRI를 병용해서 삼중 모노아민 작용, 특히 도파민 강화를 유도하는 쪽으로 접근할 수 있다(그림 7-66).

치료저항성 우울증에 사용되는 2차 단독치료

삼환계 항우울제

삼환계 항우울제tricyclic antidepressant(표 7-2, 그림 7-67)는 화학구조가 3개의 고리를 포함하고 있기 때문에 이러한 이름을 가지게 되었다. TCA는 다른 삼환계인 페노티아진phenothiazine 분자가 조현병에 효과적인 신경안정제(즉 클로르프로마진chlorpromazine 같은 초기 D_2 길항제)

Triple-Action Combos

SSRI + NDRI

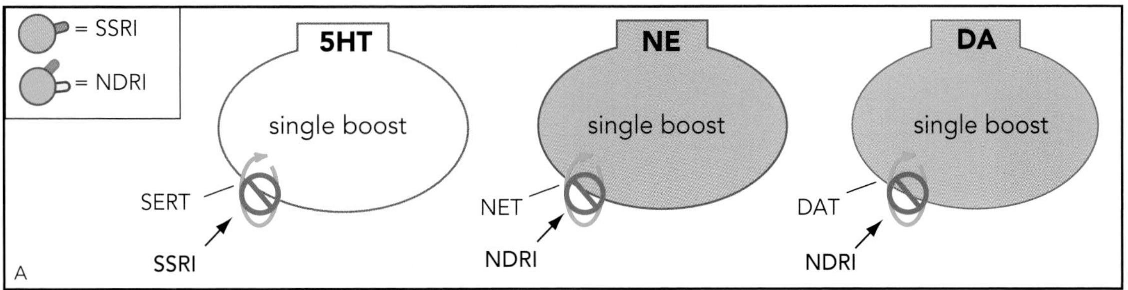

SNRI + NDRI

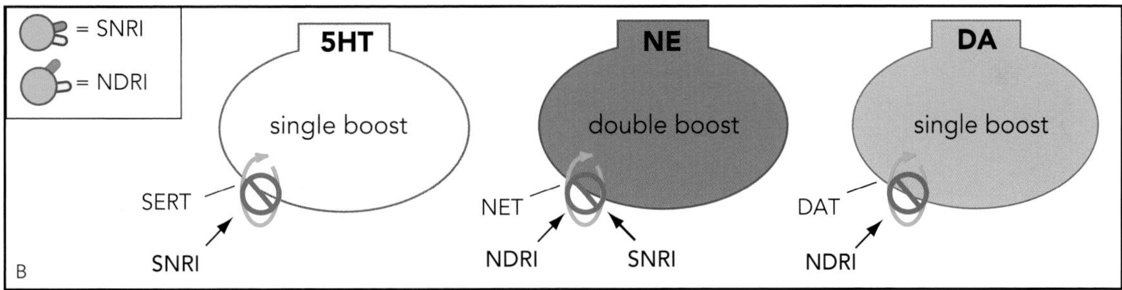

그림 7-64 삼중 작용 조합: SSRI/SNRI + NDRI. (A) 선택적 세로토닌 재흡수 억제제(SSRI)와 노르에피네프린 도파민 재흡수 억제제(NDRI)를 함께 사용하면 세로토닌(5HT), 노르에피네프린(NE), 도파민(DA)을 한 번 증가시킬 수 있다. (B) 세로토닌 노르에피네프린 재흡수 억제제(SNRI)와 노르에피네프린 도파민 재흡수 억제제(NDRI)를 함께 사용하면 세로토닌(5HT)을 한 번, 노르에피네프린(NE)을 두 번, 도파민(DA)을 한 번 증가시킬 수 있다.

California Rocket Fuel

SNRI + mirtazapine

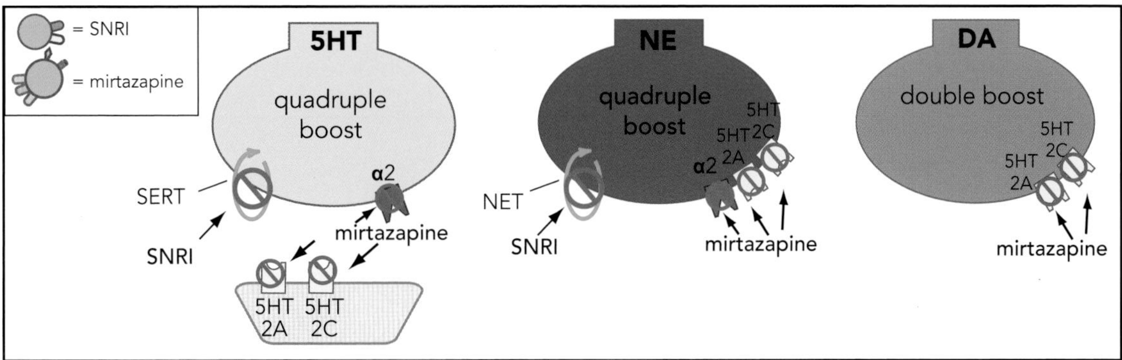

그림 7-65 캘리포니아 로켓연료: SNRI + 미르타자핀. 세로토닌 노르에피네프린 재흡수 억제제(SNRI)와 미르타자핀을 병용하는 것은 이론상으로 상승작용이 매우 큰 조합이다. 여기에는 세로토닌(5HT)이 네 번(재흡수 차단, α_2 길항작용, $5HT_{2A}$ 길항작용, $5HT_{2C}$ 길항작용), 노르에피네프린(NE)이 네 번(재흡수 차단, α_2 길항작용, $5HT_{2A}$ 길항작용, $5HT_{2C}$ 길항작용), 도파민(DA)도 두 번($5HT_{2A}$ 및 $5HT_{2C}$ 길항작용) 증가될 수 있다.

표 7-2 여전히 사용되고 있는 일부 삼환계 항우울제

일반명	상품명
Clomipramine	Anafranil
Imipramine	Tofranil
Amitriptyline	Elavil; Endep; Tryptizol; Laroxyl
Nortriptyline	Pamelor; Aventyl
Protriptyline	Vivactil
Maprotiline	Ludiomil
Amoxapine	Asendin
Doxepin	Sinequan; Adapin
Desipramine	Norpramin; Pertofran
Trimipramine	Surmontil
Dothiepin	Prothiaden
Lofepramine	Deprimyl; Gamanil
Tianeptine	Coaxil; Stablon

로 밝혀진 것과 거의 같은 시기에 합성되었지만, 정신병 치료제로 시험했을 때는 실망스러운 결과를 보였다. 그러나 조현병 연구 중에 우연히 단극성 우울증에 효과가 있는 것이 발견되었다. 삼환계 항우울제 중 하나인 클로미프라민clomipramine은 강박장애에 효과가 있기 때문에 삼환계 항우울제를 단순한 우울증 치료제로 볼 수는 없으며, 많은 약물이 항우울제 용량에서 공황장애에 효과를, 저용량에서는 신경병성 통증 및 요통에 효과를 나타낸다.

항우울 특성이 관찰된 후 많은 시간이 흐른 뒤에 TCA가 노르에피네프린(즉 NET) 또는 노르에피네프린과 세로토닌(즉 SERT) 모두의 재흡수 펌프를 차단하는 것으로 밝혀졌다(그림 7-67A 참조). 일부 삼환계 약물(예: 클로미프라민)은 SERT 억제효과가 NET 억제효과와 같거나 더 크며, 다른 약물(예: 데시프라민desipramine, 마프로틸린maprotiline,

Arousal Combos

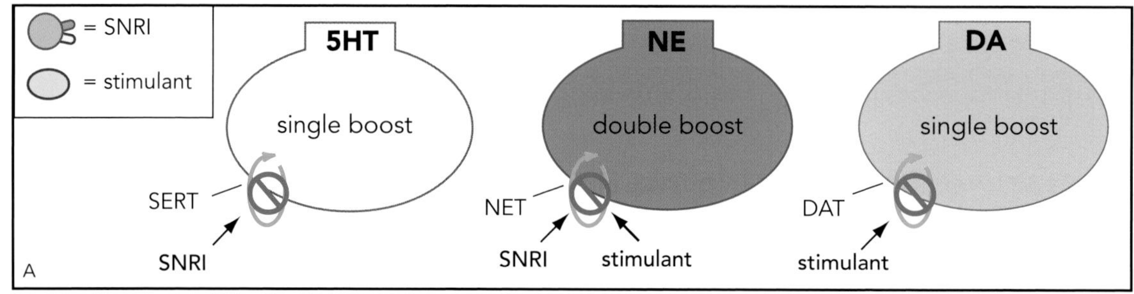

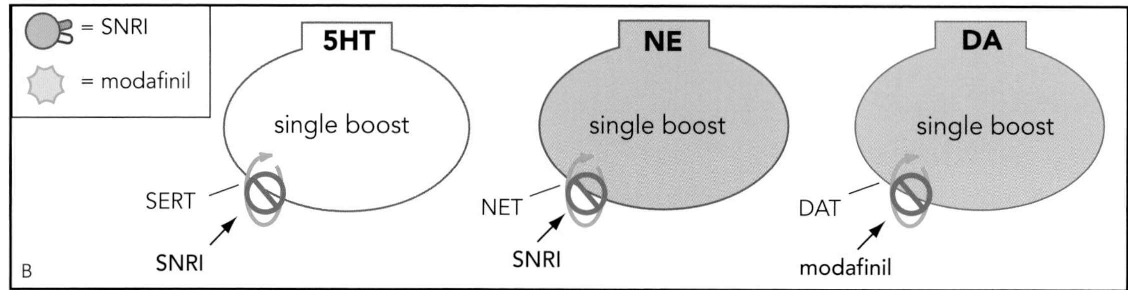

그림 7-66 각성 조합: SNRI + 자극제/모다피닐. (A) 세로토닌 노르에피네프린 재흡수 억제제(SNRI)를 자극제와 병용하면 세로토닌(5HT)과 도파민(DA)은 한 번 증가, 노르에피네프린(NE)은 두 번 증가된다. (B) 세로토닌 노르에피네프린 재흡수 억제제(SNRI)를 모다피닐과 병용하면 세로토닌(5HT)과 노르에피네프린(NE)은 SNRI에 의해 한 번 증가되고, 도파민(DA)은 모다피닐에 의해 한 번 증가된다.

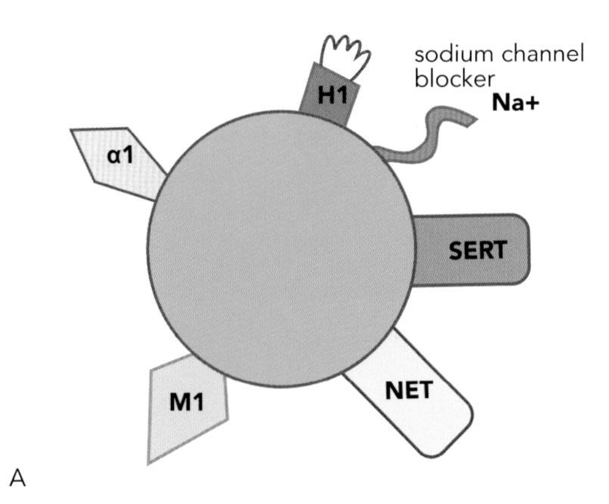

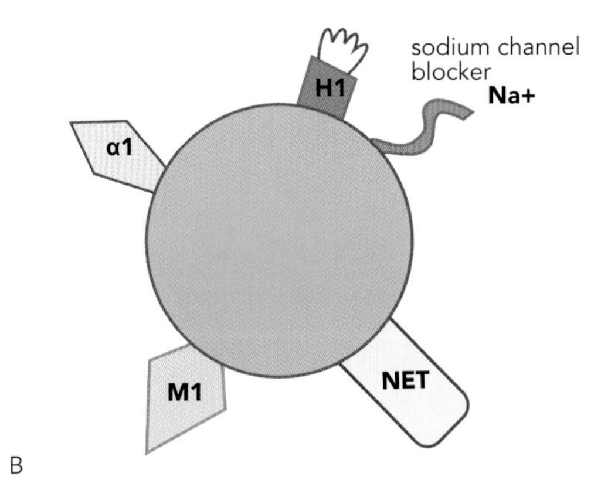

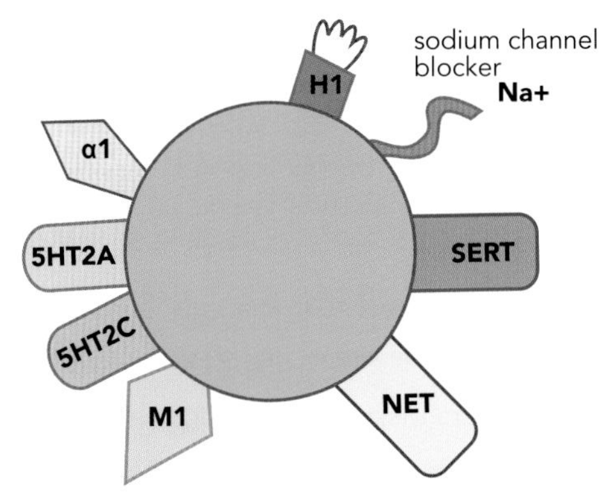

그림 7-67 삼환계 항우울제(TCA)의 상징. 모든 삼환계 항우울제는 노르에피네프린의 재흡수를 차단하고, 히스타민 1(H_1), α_1 아드레날린, 머스카린 콜린 수용체에 길항제이다. 또한 전압민감 나트륨통로를 차단한다(A, B, C). 일부 TCA는 세로토닌 재흡수 펌프의 강력한 억제제이기도 하며(A, C), 일부는 추가적으로 세로토닌 2A 및 2C 수용체에 대한 길항제일 수 있다(C).

노르트립틸린nortriptyline, 프로트립틸린protriptyline)은 NET 억제에 더 선택적이다(그림 7-67B). 그러나 대부분의 약물은 세로토닌과 노르에피네프린 재흡수 모두를 어느 정도 차단한다(그림 7-67A). 이 외에도 일부 TCA는 $5HT_{2A}$ 및 $5HT_{2C}$ 수용체에서 길항제 작용을 가지며, 이러한 약리적 작용을 갖는 삼환계 약물의 치료적 프로필에 기여할 수 있다(그림 7-67C).

TCA의 주요 한계는 결코 효능이 아니며, 이들은 매우 효과적인 약제이다. 이 계열 약물의 문제는 이들 모두가 머스카린 콜린 수용체, H_1 히스타민 수용체, α_1 아드레날린 수용체, 전압민감 나트륨통로의 차단과 같은 최소 네 가지의 원치 않는 약리적 작용을 공유한다는 사실이다(그림 7-67). 이미 논의한 바와 같이, H_1 수용체를 차단하면 진정 작용을 일으키고 체중 증가를 유발할 수 있다(제5장 및 그림 5-13A 참조). 항콜린 작용으로도 알려진 머스카린 콜린 수용체의 차단은 구강건조, 흐려 보임, 소변정체, 변비를 유발한다(그림 5-8). α_1 아드레날린 수용체를 차단하면 치료효과가 있을 수 있지만, 기립저혈압과 어지러움을 유발하기도 한다(그림 5-13B). 또한 삼환계 항우울제는 치료용량에서 심장과 뇌의 전압민감 나트륨통로를 약하게 차단하며, 이 작용이 과다복용 시 중추신경계 작용으로 인한 혼수 및 발작, 말초 심혈관계 작용으로 인한 심장 부정맥 및 심장마비와 사망을 일으키는 것으로 생각된다(그림 7-68). TCA의 치사량은 약 30일 분량에 불과하다. 이러한 이유로 환자에게 1개월 분량의 TCA를 처방하는 것은 매번 장전된 총을 건네는 것과 같다는 말이 있다. 자살과 관련된 질환을 치료함에 있어서 이는 분명히 좋은 생각이 될 수 없으므로, 이 장에서 지금까지 논의한 다양한 우울증 1차 치료제에 반응하지 않는 환자를 제외하고는 TCA의 선호도가 대부분 감소하였다.

모노아민 산화효소 억제제

이제껏 발견된 임상적으로 효과적인 최초의 우울증 치료제는 모노아민 산화효소 억제제monoamine oxidase inhibitor, MAOI였다. 이는 일부 결핵 환자에서 동반된 우울증에 항

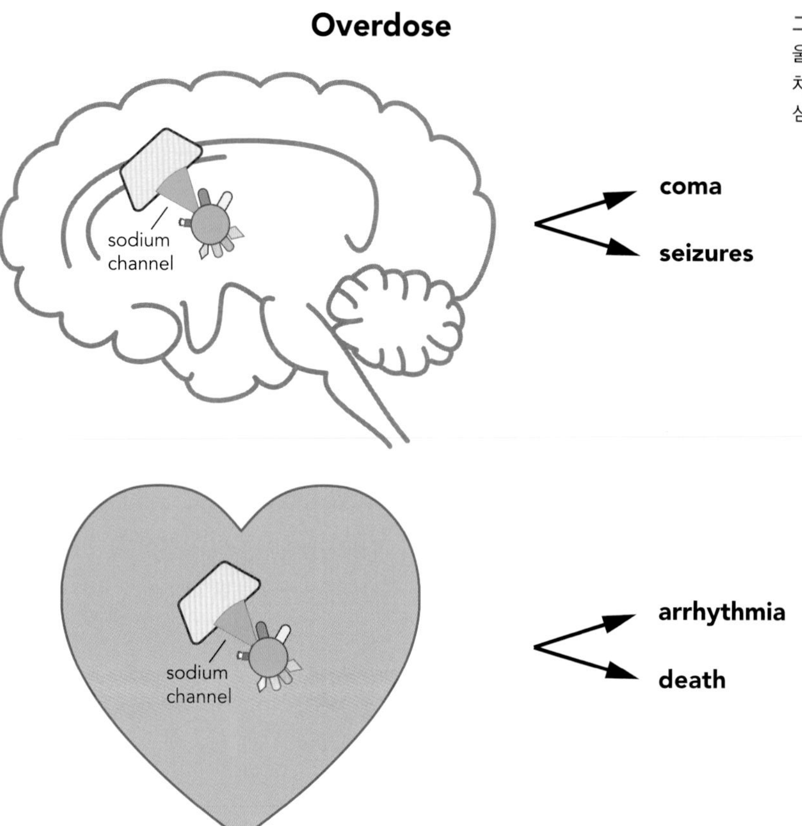

그림 7-68 삼환계 항우울제와 과다복용. 삼환계 항우울제는 뇌(위)와 심장(아래)의 전압민감 나트륨통로를 차단한다. 이 작용은 과다복용하면 혼수, 발작, 부정맥, 심지어 사망에 이르게 할 수 있다.

결핵제가 도움이 되는 것이 관찰되면서 우연히 발견되었다. 결국 이 항결핵제 이프로니아지드iproniazid는 MAO 효소를 억제하여 우울증에 효과가 있는 것으로 밝혀졌다. 그러나 MAO의 억제는 항결핵 작용과는 관련이 없다. 모노아민 산화효소 억제제는 강력한 우울증 치료제로 가장 잘 알려져 있지만, 공황장애 및 사회불안장애와 같은 불안장애에서도 매우 효과적인 치료제이다. MAOI는 오늘날에는 더 이상 거의 처방되지 않는다. 우울증 치료제 처방 매 3,000~5,000건 중 약 1건만이 MAOI이며, 미국에서 우울증 치료제를 처방하는 수십만 명의 전문가 중 MAOI를 처방하는 전문가는 수백 명에 불과하다. SSRI가 도입되면서 대부분의 MAOI를 대체했던 1990년대 이전에 MAOI 사용을 배웠던 사람들에게는 매우 친근하지만, MAOI 처방은 이제 정신약리학에서 잊혀진 기술이 되기 시작했다. MAOI 처방자의 대부분은 이제 진료에서 은퇴하고 있다. 그럼에도 불구하고 MAOI는 단극성 우울증에 가장 강력한 약물 계열이며, 이를 처방하는 사람들은 다른 약물에 반응하지 않던 많은 환자들이 MAOI를 복용하고 호전되는 것을 확인하였다. 뛰어난 정신약리학자인 이 책의 독자는 이러한 약제에 대해 친숙함과 경험을 쌓아서 여전히 이 약물을 필요로 하는 환자에게 처방할 수 있어야 한다. 식이 제한과 약물 상호작용을 이해하는 데 도움이 되도록 저자 중 일부가 참여한 MAOI에 대한 종설을 참조할 것을 독자에게 제안한다.

MAOI인 페넬진phenelzine, 이소카복사지드isocarboxazid, 트라닐시프로민tranylcypromine, 셀레길린selegiline은 모두 비가역적 효소억제제이므로, 약 2~3주 후에 새로운 효소가 합성된 후에야 효소 활성이 회복된다. 암페타민도 약하지만 가역적인 MAOI이며, 일부 MAOI는 암페타민과 관련된 특성을 가지고 있다. 예를 들어 트라닐시프로민은 암페타민을 모방한 화학구조를 가지고 있으므로 MAOI 특성 외에도 암페타민유사 도파민 방출 특성도 가지고 있다. MAOI인 셀레길린 자체는 암페타민유사 특성을 가지고 있지 않지만, 레보암페타민l-amphetamine과 레보메스암페타민l-methamphetamine으로 대사된다. 따라서 일부 MAOI와 추가적인 암페타민유사 도파민 방출 작용 사이에는 밀접한 기전적 연관성이 있다.

MAO 아형

MAO는 A와 B라는 두 가지 아형으로 존재한다. A형은 우울증과 가장 밀접하게 관련이 있는 모노아민(세로토닌과 노르에피네프린)을 우선적으로 대사시키는 반면, B형은 펜에틸아민phenethylamine과 같은 미량아민을 우선적으로 대사시킨다(미량아민에 대한 자세한 논의는 제5장 및 그림 5-64부터 5-66까지 참조). MAO-A와 MAO-B는 모두 도파민과 또 다른 미량아민인 티라민tyramine을 대사시킨다. MAO-A와 MAO-B는 모두 뇌에 존재한다. 노르아드레날린 뉴런(그림 6-13)과 도파민 뉴런(그림 4-3)은 MAO-A와 MAO-B를 모두 가지고 있고 아마도 MAO-A 활성이 우세한 반면에, 세로토닌 뉴런은 MAO-B만 가지고 있는 것으로 생각된다(그림 4-37). 뇌 외부에서는 MAO-B를 가지고 있는 혈소판과 림프구를 제외하면 MAO-A가 주요 형태이다.

항우울제 효능이 나타나려면 뇌의 MAO-A가 상당히 억제되어야 한다(그림 7-69). 우울증과 항우울 작용에 관련된 세 가지 모노아민 중 두 가지인 세로토닌과 노르에피네프린을 우선적으로 대사시키는 것이 MAO-A이기 때문에, MAO-A를 억제한 뒤 뇌에서 세로토닌과 노르에피네프린의 농도가 모두 증가한 것은 놀라운 일이 아니다(그림 7-69). MAO-A는 MAO-B와 함께 도파민도 대사시키지만, MAO-A를 억제해도 MAO-B가 여전히 도파민을 대사시킬 수 있기 때문에 뇌의 도파민 농도가 크게 증가하지는 않는 것으로 보인다(그림 7-69).

MAO-B의 억제는 세로토닌이나 노르에피네프린 대사에 직접적인 영향을 미치지 않고, MAO-A의 지속적인 작용으로 인해 도파민이 거의 또는 전혀 축적되지 않기 때문에 항우울제로서 효과적이지 않다(그림 7-70). 그렇다면 MAO-B 억제의 치료적 가치는 무엇일까? 이 효소를 선택적으로 억제하면 파킨슨병에서 부수적으로 투여하는 레보도파의 작용을 강화할 수 있고, 개시/종료 운동변동on/off motor fluctuation을 줄일 수 있다. 셀레길린selegiline, 라사길린rasagiline, 사피나미드safinamide의 세 가지 MAO-B 억제제는 파킨슨병 환자에게 사용하도록 승인되었지만, 우울증 치료에는 효과적이지 않다.

MAO-B가 MAO-A와 동시에 억제되면 세로토닌과 노르에피네프린뿐만 아니라 도파민도 강력하게 증가한다(그림 7-71). 이는 긍정적인 정동의 감소부터 부정적인 정동의 증가까지 다양한 우울증상에 걸쳐 이론상으로 가장 강력한 항우울 효과를 제공할 수 있다(그림 6-41 참조). 따라서 MAO-A와 MAO-B를 함께 억제하는 것은 우울증에서 도파민을 증가시켜 감소된 긍정적인 정동의 난치 증상을 치료할 수 있는 몇 안 되는 치료전략 중 하나이다.

티라민 섭취 상호작용

MAOI를 사용하는 데 있어 가장 큰 장애물 중 하나는 MAOI를 복용하는 환자가 음식(전통적으로 치즈)을 통해 티라민을 섭취한 후 고혈압 위기를 일으킬 수 있다는 오래된 우려였다. 일반적으로 티라민에 의한 노르에피네프린의 방출은 중요하지 않은데, 이는 MAO-A가 방출된 노르에피네프린을 안전하게 파괴하기 때문이다. 그러나 MAO-A 억제가 있는 경우, 노르에피네프린이 안전하게 파괴되지 않기 때문에 티라민은 혈압을 상승시킬 수 있다. 모든 MAOI 처방자는 MAOI를 복용하는 환자와 식이에 대해 상담하고 환자가 섭취하고자 하는 음식의 티라민 함량을 최신 정보로 알고 있어야 한다.

MAOI의 약물–약물 상호작용

MAOI는 티라민 반응으로 유명하지만, 임상적으로는 약물–약물 상호작용이 잠정적으로 더 중요하다. 약물–약물 상호작용은 티라민과의 식이 상호작용보다 더 흔할 뿐만 아니라 일부 약물 상호작용은 위험하거나 심지어 치명적일 수

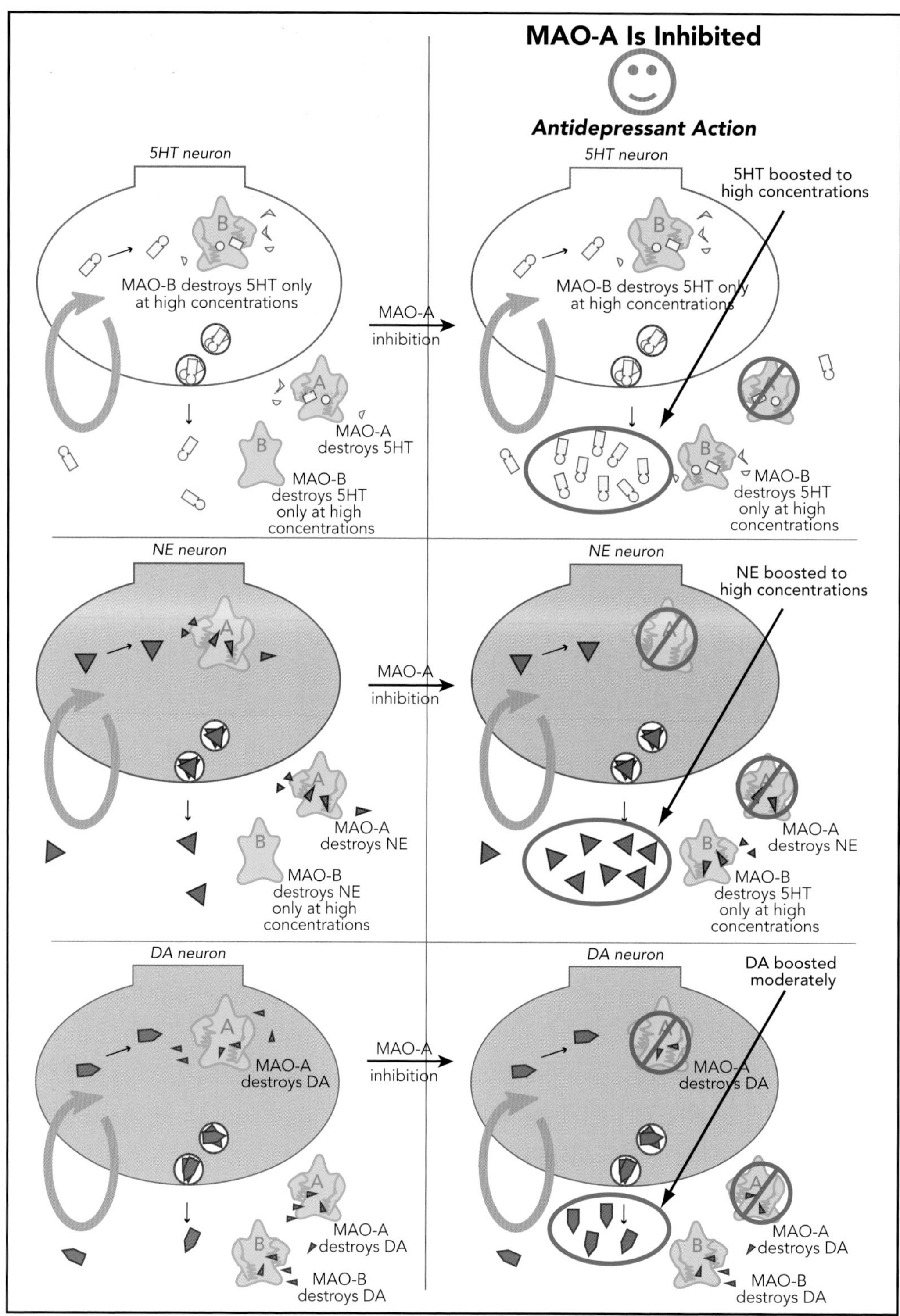

그림 7-69 **모노아민 산화효소 A(MAO-A) 억제.** 효소 MAO-A는 세로토닌(5HT)과 노르에피네프린(NE)뿐만 아니라 도파민(DA)을 대사시킨다(왼쪽). 모노아민 산화효소 B(MAO-B)는 도파민을 대사시키지만, 5HT와 NE은 고농도에서만 대사시킬 수 있다(왼쪽). 이것은 MAO-A 억제는 5HT, NE, DA을 증가시키지만(오른쪽), MAO-B가 도파민을 계속 파괴할 수 있기 때문에 도파민 증가는 5HT 및 NE만큼 크지 않다(오른쪽 아래)는 것을 의미한다. MAO-A 억제는 효과적인 항우울제 전략이다.

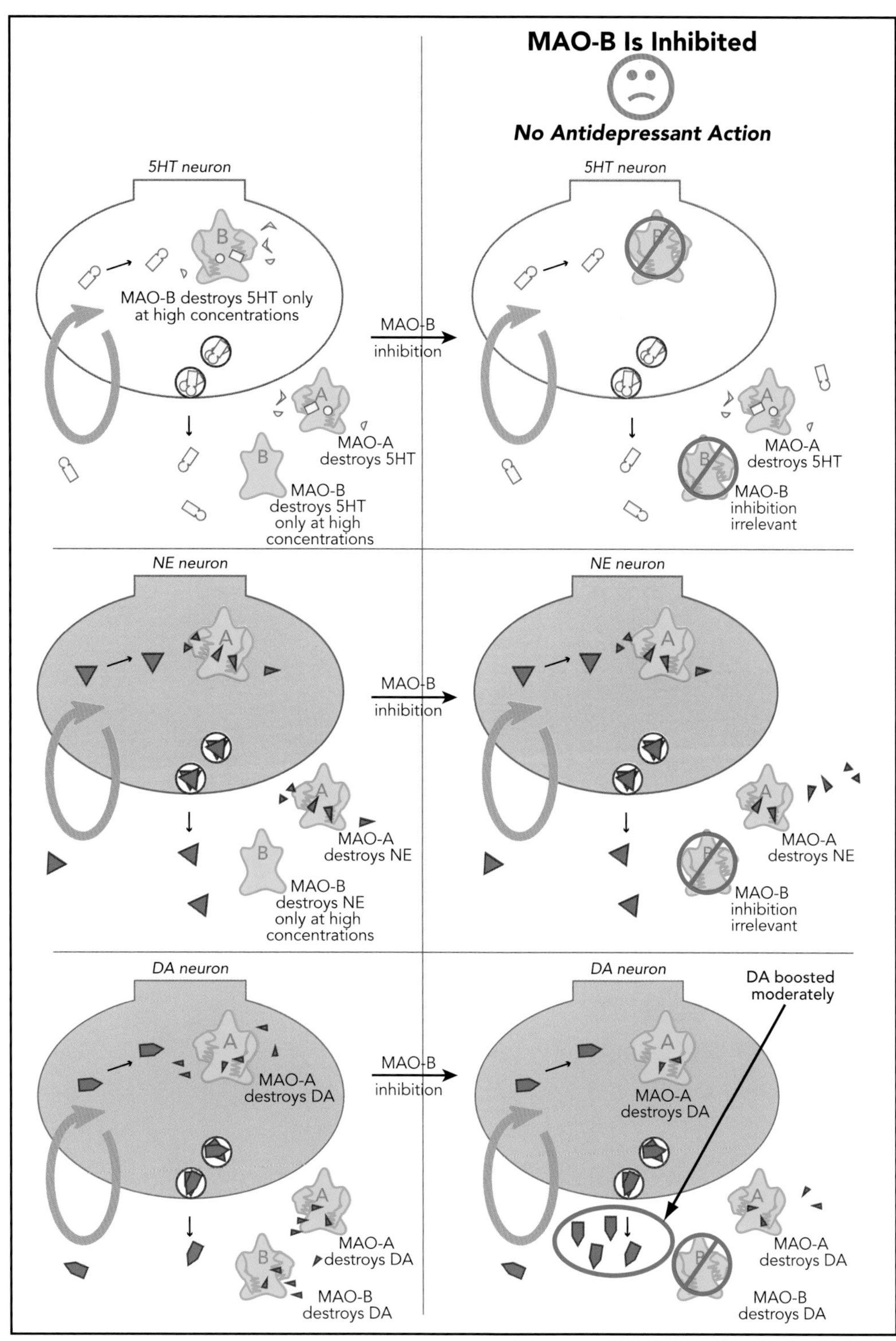

그림 7-70 모노아민 산화효소 B(MAO-B) 억제. MAO-B 선택적 억제제는 항우울 효과가 없다. 이는 MAO-B가 고농도에서만 세로토닌(5HT)과 노르에피네프린(NE)을 대사하기 때문이다(왼쪽 위 두 그림). 5HT와 NE 파괴에서 MAO-B의 역할이 작기 때문에, MAO-B의 억제는 이러한 신경전달물질의 농도와 관련이 없을 가능성이 높다(오른쪽 위 두 그림). MAO-B의 선택적 억제는 도파민(DA) 농도에도 다소 제한적인 영향을 미치는데, 이는 MAO-A가 도파민을 계속 파괴하기 때문이다. 그러나 MAO-B의 억제는 도파민을 어느 정도 증가시키며 파킨슨병과 같은 다른 질병 상태에서 치료효과가 있을 수 있다.

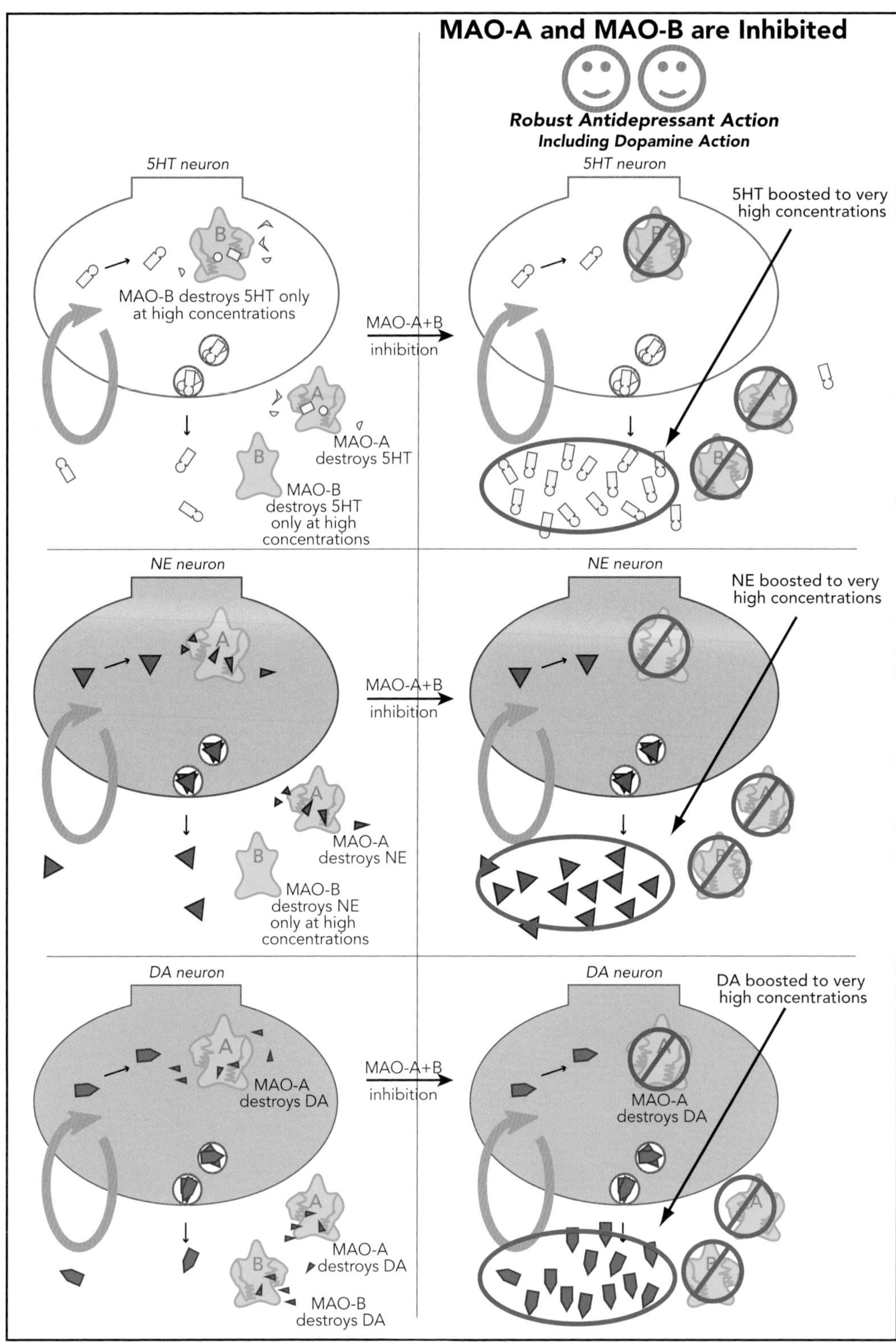

그림 7-71 모노아민 산화효소 A(MAO-A)와 모노아민 산화효소 B(MAO-B)의 복합 억제. MAO-A와 MAO-B를 함께 억제하면 세로토닌(5HT)과 노르에피네프린(NE)뿐만 아니라 도파민(DA)도 증가하기 때문에 강력한 항우울 작용을 할 수 있다. 5HT, NE, DA를 대사시키는 MAO-A와 주로 도파민을 대사시키는 MAO-B를 모두 억제하면(왼쪽), 어느 한 효소만 억제하는 것보다 각 신경전달물질이 더 많이 증가한다(오른쪽).

있다. 많은 의사들은 MAOI와의 약물 상호작용을 종종 불충분하게 이해한다. MAOI 치료를 받을 후보자의 대부분은 향후 기침, 감기 치료와 통증 치료를 포함하여 많은 부수적인 약물로 오랜 시간 동안 치료할 필요가 있기 때문에, 정신약리학자가 어떤 약물을 투여하는 것이 안전한지, 어떤 약물을 피해야 하는지 모른다면 MAOI를 처방하지 못할 수 있다. 의사가 이해하고 피해야 할 잠재적으로 위험한 MAOI와의 약물 상호작용에는 일반적으로 두 가지 유형이 있다. 교감신경흥분 작용에 의해 혈압을 상승시키는 경우와 세로토닌 재흡수 억제에 의해 잠정적으로 치명적인 세로토닌증후군을 유발하는 경우가 있다. 고전적인 MAOI를 처방하는 모든 의사는 환자에게 약물 상호작용에 대해 조언해야 하고, 환자에게 부수적으로 처방되는 약과 MAOI의 약물 상호작용에 대한 가장 최근의 주의사항을 최신 상태로 유지해야 한다. 이와 같은 세부사항에 대해 저자가 참여한 것을 포함하여 몇몇 종설이 이용 가능하며, 이 책 말미에 참고 문헌으로 적어두었다.

양극성장애 스펙트럼 치료제

세로토닌/도파민 차단제: 정신병과 정신병적 조증에만 국한되지 않음

D_2 차단제가 조현병에 승인되었을 때, D_2 길항제 작용이 일반적으로 정신병에 대한 효능을 예측하기 때문에, 이러한 약제가 조증과 관련된 정신병적 증상에 효과가 있다는 것은 놀라운 일이 아니다(제5장에서 설명). 그러나 세로토닌/도파민 차단제가 조증의 비정신병적 핵심 증상(그림 6-2)과 조증의 재발을 막기 위한 유지치료에 효과가 있다는 것이 입증되었을 때 다소 놀라웠다. 이 후자의 작용은 매우 다른 기전에 의해 이루어지는 리튬 및 다양한 항경련 이온통로 차단제의 항조증 치료작용과 유사하다(아래에서 설명). 더 놀라운 사실은 이러한 동일한 세로토닌/도파민 길항제/부분작용제 중 일부가 D_2 길항제/부분작용제와 구별될 수 있는 기전에 의한 것이라고 할지라도, 양극성 우울증에 효과적이라는 것이다. 세로토닌 2/도파민 2 길항제와 도파민 2/세로토닌 1A 부분작용제가 어떻게 양극성장애의 조증과 우울 삽화 모두에서 작용하는지에 대한 의문이 제기되고 있다. 앞에서 설명한 대로 최근에는 동일한 세로토닌/도파민 약물 중 일부가 단극성 우울증에서 SSRI/SNRI에 대한 반응이 불충분할 때 증강제로서 효능이 있다는 증거가 제시되었다. 더군다나 조증의 혼재성 양상을 동반한 단극성 및 양극성 우울증에서도 동일한 세로토닌/도파민 약물 중 일부가 효능이 있다는 추가적 증거가 존재한다. 이러한 약물은 전체 양극성 스펙트럼에 걸쳐 동일한 기전으로 작동하는 것일까(그림 6-7)? 이것은 이러한 약물의 계열적 효과일까, 아니면 특정 약물이 양극성 스펙트럼의 모든 부분이 아닌 일부에서만 효과를 보이는 것일까?

조증에서 세로토닌/도파민 길항제/부분작용제의 추정되는 약리적 기전

세로토닌/도파민 차단제가 조증에 어떻게 작용하는가라는 질문에 대한 짧은 대답은 "정말로 알지 못한다"이다. 한편으로는 조증 환자의 PET 영상은 조현병의 급성 정신병에서처럼 급성 양극성 조증에서 중뇌선조체mesostriatal 도파민 뉴런의 시냅스전 도파민 농도와 방출이 동일하게 과도한 것으로 나타났다(제4장에서 자세히 설명하였고 그림 4-15, 4-16, 5-2에 삽화로 설명됨). 따라서 D_2 수용체에서 과도한 도파민을 차단하면, 조현병에서 항정신병 효과가 있는 것처럼 양극성 조증에서도 항조증 효과가 있어야 한다. 실제로 급성 양극성 조증은 조현병에서 급성 정신병을 치료하는 것과 거의 동일한 방식(용량 및 수 분에서 수 시간 내의 예상되는 작용 개시를 포함)으로 세로토닌/도파민 차단제로 치료된다. 그러나 조현병 치료에 승인된 세로토닌/도파민 차단제 계열의 모든 약제가 급성 양극성 조증 치료에 승인된 것은 아니며, 급성 양극성 조증 치료에 승인된 모든 약제가 양극성장애 유지치료에 승인된 것도 아니다(표 7-1 참조). 수용체 결합 프로필의 차이는 조증에서 일부 약물만 승인되고 나머지는 승인되지 않은 이유를 설명할 수 있으며, 상업적 고려사항도 일부 약물이 조증에 승인되지 않은 이유에 관여할 수 있다. 항조증 반응을 향상시키고 다른 조증 삽화로의 재발을 방지하기 위해 리튬과 발프로에이트valproate는 조증 치료제로 승인된 도파민/세로토닌 차단제와 일반적으로 함께 사용되지만, 조현병에서는 세로토닌/도파민 차단제의 효능을 명확하게 증강시키지 않기 때문에 조현병 치료를 위해서는 함께 사용하지 않는다.

우울증 스펙트럼 전반에서의 세로토닌/도파민 길항제/부분작용제: 양극성 우울증 및 혼재성 양상을 동반한 우울증, 그리고 단극성 주요우울장애에서 SSRI/SNRI의 보조제 역할

세로토닌/도파민 길항제/부분작용제는 지금까지 이 장에서 설명한 것처럼, 조현병부터 조증까지, 또 단극성 우울증에 SSRI/SNRI의 보조제까지 매우 다양한 치료제임이 입증되었다. 여기에서는 양극성 우울증의 치료와 조증의 혼재성 양상을 동반한 주요우울 삽화와 매우 가까운 상태의 치료에 이 계열의 약물 중 최소한 일부를 치료적 용도로 확장하는 것에 대해 언급할 것이다.

양극성 우울증과 혼재성 양상을 동반한 우울증의 치료 패러다임에 큰 변화가 일어나고 있다. 우리는 묻곤 했다. "모든 형태의 우울증은 모노아민의 재흡수를 억제하는 약물, 소위 항우울제로 치료하지 않는가?" 양극성 우울증과 혼재성 양상을 동반한 우울증을 포함한 대부분의 우울증 환자가 모노아민 재흡수 억제제를 복용할지라도, 이 질문에 대한 최근의 대답은 점점 더 "아니요!!"라고 울려 퍼지고 있다. 양극성 우울증이나 혼재성 양상을 동반한 우울증의 치료에 대한 진료지침과 미국 FDA 승인은 단극성 우울증 치료에 흔히 사용되는 표준 모노아민 재흡수 억제제의 사용과 멀어지고 있는 추세이다. 재흡수 억제제는 점차적으로 혼재성 양상이 없는 단극성 우울증 환자의 치료를 위해서만 사용되고, 양극성 우울증 환자에서는 다른 약물을 증강하기 위한 2차 치료제로서만 사용된다. 양극성 우울증이나 혼재성 양상을 동반한 우울증에 대한 모범 규준이 발전하면서 현재 1차 치료제는 모노아민 재흡수 억제제가 아니라 명확하게 승인된 세로토닌/도파민 차단제 중 하나이다. 그러나 많은 처방자와 몇몇 전문가들은 여전히 일부 양극성 우울증 환자에게 모노아민 재흡수 억제제 사용을 옹호하고 있기 때문에 이 권고에 대해 상당한 논란이 있다. 그러나 점점 더 많은 연구들은 모노아민 재흡수 억제제가 양극성 우울증이나 혼재성 양상에서 일관되게 작용하지 못하며, 더 나아가 모노아민 재흡수 억제제가 양극성/혼재성 우울증 환자에서 견딜 수 없는 활성화 부작용과 심지어 조증 삽화 및 자살충동을 유발할 수 있다는 점을 제시하고 있다. 다른 연구는 양극성 우울증에서 모노아민 재흡수 차단제의 일부 이점을 보여주며, 실제로 플루옥세틴과 올란자핀의 병용이 양극성 우울증에 승인되었다(표 7-1). 그러나 혼재성 양상을 동반한 우울증에 승인된 약제는 전혀 없다. 현재까지의 연구들은 혼재성 우울증에서 잘 알려진 모노아민 재흡수 억제제에 대한 반응이 좋지 않으며, 특정 세로토닌/도파민 차단제, 특히 이미 양극성 우울증에 승인된 약물을 혼재성 우울증에 우선적으로 사용하는 것에 대한 근거 기반이 확대되고 있음을 시사한다(표 7-1 참조).

양극성 우울증과 관련해서 연구되지 않았거나 임상시험에서 실패했기 때문에, 정신병 치료에 일반적으로 사용되는 세로토닌/도파민 차단특성을 가진 약물이 양극성 우울증에 효과적인지 여부를 알지 못하며, 승인된 약물의 경우에도 정확한 항우울 작용기전을 확신하지 못한다. 그러나 현재 양극성 우울증 치료에 승인된 각 세로토닌/도파민 약제는 원래 정신병 치료를 위해 개발되었고, 양극성 우울증 및 혼재성 양상을 동반한 우울증에서 이들 약제의 추정되는 항우울 치료 작용기전에 대해 다음 절에서 설명할 것이다.

올란자핀-플루옥세틴

앞서 언급했듯이 올란자핀-플루옥세틴 병용(그림 5-44 및 7-16)은 조현병, 양극성 조증, 치료저항성 단극성 우울증, 양극성 우울증에 대해 승인되었다. 우울의 혼재성 양상을 동반한 조증에 대한 사후분석연구post hoc analysis는 올란자핀의 효능을 제시하였지만, 스펙트럼에서 이와 반대편에 있는 조증의 혼재성 양상을 동반한 우울증(그림 6-3부터 6-7까지)에 대해서는 아직 연구가 이루어지지 않았다(표 7-1).

$5HT_{2C}$ 길항작용과 $5HT_{2A}$ 길항제 작용의 결합은 양극성 우울증에서 항우울 작용과 관련될 가능성이 높은 후보 기전이다('아래로부터 치료', 그림 7-8 참조). 이론상으로 D_2 길항작용은 아래로부터의 치료가 활성화 및 조증으로 넘치지 않도록 뚜껑을 닫아주는 데 도움이 될 수 있다.

쿠에티아핀

앞서 언급했듯이 쿠에티아핀(그림 5-45)은 조현병, 양극성 조증에 승인되었고, 치료저항성 단극성 우울증에서 SSRI/SNRI의 증강제로 승인되었다. 또한 양극성 우울증에서도 승인을 받았다. 올란자핀과 마찬가지로, 우울의 혼재성 양상을 동반한 조증에 대한 사후분석연구에서는 쿠에티아핀의 효능이 확인되었지만, 조증의 혼재성 양상을 동반한 우울증에서는 아직 연구가 이루어지지 않았다(표 7-1).

$5HT_{1A}$ 수용체에서의 작용제 작용뿐만 아니라 $5HT_{2C}$ 및 α_2 길항작용과 $5HT_{2A}$ 길항작용의 결합은 양극성 우울증에서 항우울 작용과 관련될 가능성이 높은 후보 기전이다(아래로부터 치료). 올란자핀과 마찬가지로, 쿠에티아핀에 의한 D_2 길항작용은 가설상으로 아래로부터의 치료가 활성화 및 조증으로 넘치지 않도록 뚜껑을 닫아주는 데 도움이 될 수 있다.

루라시돈

루라시돈lurasidone(그림 5-53)은 조현병 치료제로 승인되었지만, 조증 치료에 대해서는 연구나 승인을 받은 적이 없다(표 7-1). 루라시돈은 몇 가지 이론상의 항우울 수용체 결합 특성을 가지고 있다. $5HT_{2A}$(그림 5-17C), $5HT_7$(그림 7-53C), α_2 수용체(그림 7-41)를 차단하고, $5HT_{1A}$ 수용체에서 작용제 작용(그림 5-22)을 가진다. 양극성 우울증에 대한 사후분석연구에서 루라시돈은 혼재성 양상을 동반한 양극성 우울증 환자가 혼재성 양상을 동반하지 않은 양극성 우울증 환자만큼 약물에 잘 반응한 결과를 보여준 유일한 약제이다. 아마도 더 중요한 것은 루라시돈이 혼재성 양상을 동반한 단극성 우울증에 대한 대규모 무작위 다기관 임상시험이 시행된 유일한 약제이며, 조증의 유발 없이 강력한 항우울 효과를 입증했다는 점이다. 루라시돈은 조현병의 정신병 상태 치료에 일반적으로 사용되는 용량보다 낮은 용량으로 양극성 우울증 및 혼재성 양상에 처방되며, 체중 증가나 대사장애가 거의 없으면서 일반적으로 내약성이 우수해서 양극성 우울증에 가장 널리 처방되는 약제 중 하나이다.

카리프라진

카리프라진(그림 5-58)은 급성 양극성 조증 및 양극성 우울증 치료에 승인된 $D_3/D_2/5HT_{1A}$ 부분작용제이며, 단극성 우울증에서 SSRI/SNRI의 보조제로서 임상시험이 진행 중이다(표 7-1). 카리프라진은 α_1(그림 7-58) 및 α_2(그림 7-41) 길항제 작용뿐만 아니라 $5HT_{1A}$ 부분작용제 작용을 가지며, 이들 각각은 잠재적인 항우울 기전에 해당된다. 카리프라진이 세로토닌/도파민 길항제/부분작용제 계열의 다른 약제와 차별화되는 점은 D_3 도파민 수용체에 부분작용제로서 독특하고 매우 강력한 작용이다. 카리프라진은 현존하는 약제 중에서 D_3 수용체에 대해 가장 강력하게 작용하며, 도파민 자체보다도 훨씬 더 강력하게 결합한다. D_3 길항작용/부분작용은 혼재성 양상을 동반하거나 동반하지 않은 양극성 우울증의 치료효과와 어떤 관련이 있을까?

제5장에서는 D_2 수용체의 길항제 또는 부분작용제인 약물에 대해 광범위하게 논의했고, 정신질환에 어떻게 사용되는지에 대해서도 알아보았다. 동일한 약제가 D_3 수용체에도 작용하지만, 임상 용량에서는 카리프라진과 블로난세린(제5장, 그림 5-62)의 단 두 가지 약물만이 D_3 수용체에서 도파민 자체와 매우 성공적으로 경쟁할 수 있다(그림 7-72). 즉 뇌에서 약물은 D_3 수용체를 놓고 도파민 자체와 경쟁하며, D_3 수용체에 대한 친화력이 도파민 자체보다 훨씬 높은 약물만이 실제로 D_3 수용체를 차단할 수 있다. 몇몇 약제는 도파민보다 D_3 수용체에 대한 친화력이 다소 높으며 D_3 수용체를 차단하는 순 효과가 조금 있을 수 있지만, 카리프라진은 분명하게 D_3 수용체에 가장 강력한 작용을 하며 임상 용량에서 D_3 수용체를 실질적으로 차단할 것으로 예상된다(그림 7-72).

D_3 수용체를 차단하면 어떻게 될까? 도파민에는 2개의

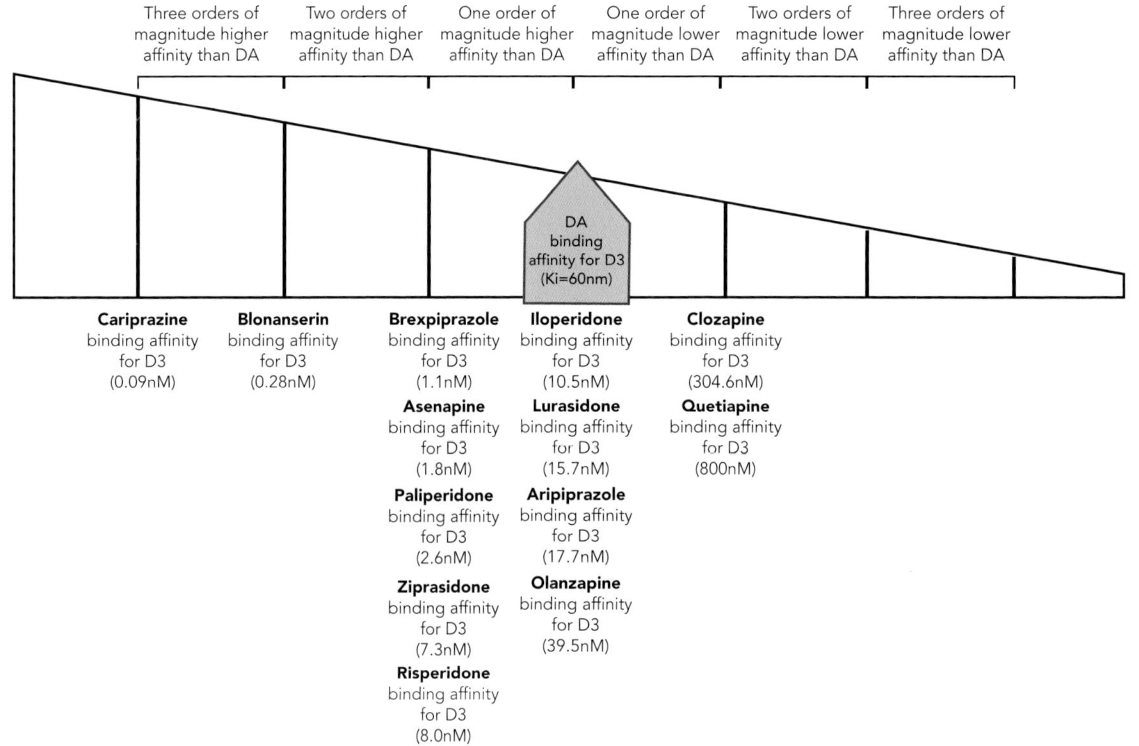

그림 7-72 도파민 3 결합 친화력: 도파민 대 세로토닌/도파민 길항제/부분작용제. 도파민 3 길항제/부분작용제는 양극성 우울증에서 혼재성 양상의 동반 유무에 관계없이 치료효과를 나타낼 수 있다. 많은 약제가 D_3 수용체에 결합할 수 있지만, 카리프라진과 블로난세린 단 두 가지 약물만이 도파민(DA) 자체보다 D_3 수용체에 대한 친화력이 몇 배 더 높다. 그래서 수용체 점유를 두고 도파민과 성공적으로 경쟁할 수 있다.

서로 다른 집단에 5개의 수용체 아형이 존재한다(제4장에서의 논의와 그림 4-4 및 4-5 참조). D_3 수용체는 시냅스전과 시냅스후에 있을 수 있다(그림 4-4부터 4-9까지). 변연계에서 D_3 수용체의 시냅스후 차단은 항정신병 작용에 기여할 수 있지만, 카리프라진의 항우울 작용을 설명하는 데 가장 관심을 받는 곳은 배쪽뒤판구역ventral tegmental area, VTA에서의 시냅스전 D_3 길항작용/부분작용이다(그림 7-73).

그렇다면 VTA에서 D_3 수용체를 차단하면 어떤 결과가 발생하며, 이것이 카리프라진의 항우울 작용에 어떻게 기여할 수 있을까? 우울증의 기분, 동기, 인지증상과 조현병의 음성증상은 피질로의 도파민 입력이 결핍된 것으로 생각되며, 부분적으로는 중뇌피질 도파민 뉴런으로부터 도파민 방출이 부족하기 때문인 것으로 추정된다. 이 뉴런이 그림 7-73A에 표시되어 있으며, VTA에서 중뇌피질 뉴런 군집의 도파민 세포체에 있는 D_3 시냅스전 자가수용체도 확인할 수 있다. 이러한 D_3 수용체의 기능은 도파민을 감지하고, 추가 도파민 방출을 억제하는 것이다(그림 7-73A). 그러나 전전두엽피질로 투사되는 동일한 뉴런은 축삭 종말에 시냅스전 자가수용체가 존재하지 않는다(제4장과 그림 4-9 및 7-73 참조). 전전두엽피질에는 D_3 수용체가 거의 없기 때문에 D_3 길항제는 전전두엽피질에 아무런 영향을 미치지 못한다. 제4장에서 전전두엽피질에 있는 대부분의 도파민 수용체가 시냅스후이고 D_1이라는 것을 논의했다(그림 4-9). 이것은 D_3 길항제/부분작용제가 VTA에서 작용하여 수용체를 차단하면, 전전두엽피질로 투사되는 도파민 뉴런이 탈억제되어 도파민이 D_1 수용체로 방출된다는 것을 의미한다(그림 7-73B). 이러한 작용은 가설상으로 우울증 증상을 개선하고, 카리프라진이 항우울 작용을 하는 이유와 다른 정신병 약물보다 조현병의 음성증상을 더 강력하게 개

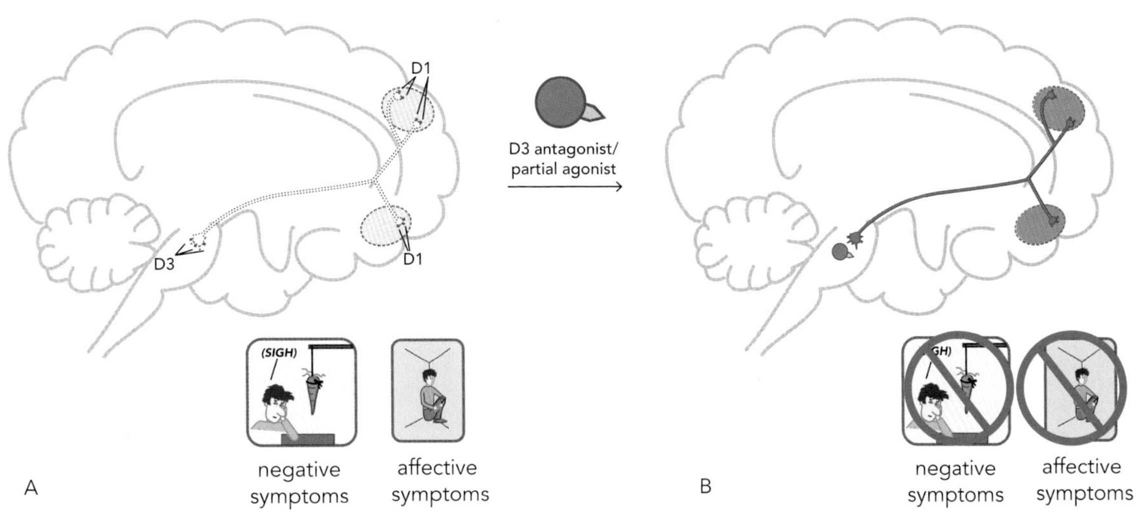

그림 7-73 배쪽뒤판구역(VTA)에서의 도파민 3 길항작용/부분작용. (A) 시냅스전 D_3 수용체는 도파민을 감지하고 추가 도파민 방출을 억제한다. 이 수용체는 VTA에 존재하지만 전전두엽피질에는 존재하지 않는다. 그러나 전전두엽피질에는 도파민에 의해 자극을 받는 시냅스후 D_1 수용체가 있다. 여기에 표시된 것은 중뇌피질 도파민 경로이며, D_3 수용체를 자극하면 전전두엽피질에서 도파민 방출이 감소한다. 전전두엽피질의 낮은 도파민 농도는 우울한 기분, 동기의 감소, 인지증상에 기여하는 것으로 추정되며, 이는 모두 조현병의 음성증상뿐만 아니라 기분장애에서도 나타난다. (B) VTA에서 D_3 수용체의 길항작용/부분작용은 전전두엽피질에서 도파민 방출을 증가시킬 수 있다. 전전두엽피질에는 D_3 수용체가 없기 때문에 D_3 길항제/부분작용제는 효과가 없다. 도파민은 D_1 수용체를 자유롭게 자극하여 가설상으로 우울증 증상을 개선할 수 있다.

선하는 이유에 대한 한 가지 설명이 될 수 있다. 기분장애와 조현병 환자 모두에서 D_3 길항제 투여 후 활력, 동기, '밝아짐'이 향상되는 것이 관찰되었으며, 동물모델에서는 인지증진 작용과 물질남용의 개선도 확인되었다.

카리프라진은 급성 양극성 조증과 급성 양극성 우울증에 대해 승인되었다(표 7-1). 사후분석연구에 따르면 우울의 혼재성 양상을 동반한 조증과 조증의 혼재성 양상을 동반한 양극성 우울증 모두에서 의미 있는 임상적 호전이 나타났다. SSRI/SNRI를 복용하는 단극성 우울증 환자를 대상으로 카리프라진을 보조치료로 사용한 연구에서도 초기 효능이 보고되었다. 따라서 카리프라진은 양극성장애 스펙트럼 전체에 걸쳐서 가장 강력하고 광범위한 효능을 가진 약물 중 하나이다(그림 6-7).

리튬, 고전적 '항조증제' 및 '기분안정제'

전통적으로 50년 이상 동안 리튬으로 양극성 조증을 치료하였다. 리튬은 작용기전이 확실하지 않은 이온이다. 리튬 작용기전의 후보들은 신경전달물질 수용체를 넘어서 다양한 신호전달 부위이다(그림 7-74). 여기에는 리튬이 이노시톨 일인산염분해효소inositol monophosphatase를 억제하는 포스파티딜이노시톨계phosphatidyl inositol system와 같은 2차 전령, G단백질의 조절, 가장 최근에는 글리코겐 합성효소 인산화효소 3glycogen synthase kinase 3, GSK-3 및 단백질 인산화효소 Cprotein kinase C의 억제를 포함한 후속 신호전달 연쇄반응과의 상호작용을 통해서 성장인자 및 신경가소성과 관련된 유전자의 발현을 조절하는 것이 포함된다(그림 7-74).

리튬은 조증 삽화 치료와 재발에 대한 유지치료에 효과적인 것으로 입증되었으며, 특히 조증 삽화에 효과적이고, 정도는 덜하지만 우울 삽화에서도 효과적이다. 리튬은 기분장애 환자의 자살을 예방하는 데 도움이 되는 것으로 잘 확립되었다. 또한 양극성장애의 우울 삽화 치료와 치료저항성 단극성 우울증에서 우울증 치료제의 증강제로도 사용되지만, 이러한 용도에 공식적으로 승인되지는 않았다.

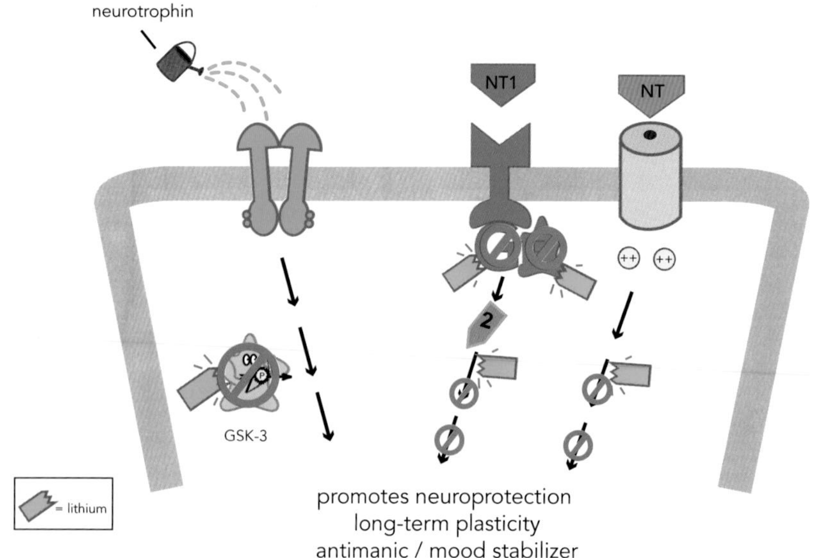

그림 7-74 **리튬의 작용기전.** 리튬은 양극성장애의 가장 오래된 치료이지만, 그 작용기전은 아직도 잘 밝혀지지 않았다. 몇 가지 가능한 기전이 있으며 여기에 제시되어 있다. 리튬은 아마도 이노시톨 일인산염분해효소inositol monophosphatase와 같은 2차 전령 효소의 억제(오른쪽)나 G단백질의 조절(가운데) 또는 글리코겐 합성효소 인산화효소 3(GSK-3)을 포함한 후속 신호전달 연쇄반응 내의 다양한 부위에서 상호작용(왼쪽)을 통해서, 신호전달에 영향을 미치는 방식으로 작용할 수 있다.

양극성장애 치료에서 다양한 새로운 치료방법의 등장, 리튬의 부작용, 리튬 처방에 따른 모니터링의 부담 등 여러 가지 요인으로 인해 안타깝게도 최근 몇 년간 리튬 사용이 감소하고 있다. 전문가들에 의한 리튬의 현대적인 사용은 유쾌성 조증euphoric mania에 대한 고용량 단독요법으로서의 전통적 사용에서 벗어나 치료 포트폴리오의 일부로 자주 활용되며, 다른 기분안정제와 병용할 때는 저용량으로 하루 한 번 투여하는 것도 가능하다.

리튬의 잘 알려진 부작용으로는 소화불량, 메스꺼움, 구토, 설사 등의 위장관증상뿐만 아니라 체중 증가, 탈모, 여드름, 떨림, 진정, 인지저하, 조화운동불능incoordination 등이 있다. 또한 갑상샘과 신장에 잠재적인 장기적 부작용도 있다. 리튬은 좁은 치료범위therapeutic window를 가지고 있어 혈장 약물농도의 모니터링이 필요하다.

'기분안정제'로서의 항경련제

조증이 추가적인 여러 조증 삽화를 '점화kindle'할 수 있다는 이론을 바탕으로, 발작도 더 많은 발작을 '점화'할 수 있기 때문에 발작질환seizure disorder과 조증의 논리적 유사점이 도출되었다. 여러 항경련제(표 7-3)는 '조증을 염두에 두었는지', '우울증을 염두에 두었는지', 아니면 둘 다인지에 따라서 분류될 수 있다. 조증을 염두에 둔 경우는 위로부터 치료하고 위로부터 안정화시키며(그림 7-7), 우울증을 염두에 둔 경우는 아래로부터 치료하고 아래로부터 안정화시킨다(그림 7-8). 항경련제로 알려진 카바마제핀과 발프로에이트가 양극성장애의 조증 상태 치료에 효과적임이 입증되었기 때문에 모든 항경련제가 특히 조증에서 기분안정제 역할을 할 수 있을 것이라는 주장이 제기되었다. 그러나 아래에서 논의하는 것처럼 모든 항경련제가 동일한 약리적 기전으로 작용하는 것은 아니기 때문에 이는 사실로 입증되지 않았다(표 7-3). 조증 또는 양극성 우울증 치료제는 '기분안정제'나 '항경련제'로 분류하기보다는 이온통로에서의 약리적 작용기전에 따라 분류하는 것이 더 적절하다. 양극성장애의 여러 단계에서 효능이 입증된 약물뿐만 아니라 양극성장애에 모호한 효능을 가진 약물까지 포함하여, 다수의 기분안정제이자 항경련제가 이어서 논의된다(표 7-3).

표 7-3 **항경련 기분안정제**

치료제	추정 임상 작용				
	뇌전증	조증을 염두에 둔		우울증을 염두에 둔	
		위로부터 치료	위로부터 안정화	아래로부터 치료	아래로부터 안정화
Valproate	++++	++++	++	+	+/−
Carbamazepine	++++	++++	++	+	+/−
Lamotrigine	++++	+/−	++++	+++	++++
Oxcarbazepine/licarbazepine	++++	++	+	+/−	+/−
Riluzole	+			+	+/−
Topiramate	++++	+/−	+/−		
Gabapentin	++++	+/−	+/−		
Pregabalin	++++	+/−	+/−		

양극성장애에 효능이 입증된 항경련제

발프로산(발프로에이트, 발프로산나트륨)

모든 항경련제와 마찬가지로 발프로산valproic acid(발프로산나트륨sodium valproate, 발프로에이트valproate)의 정확한 작용기전은 불확실하며, 다른 항경련제에 비해 발프로에이트의 기전에 관해 알려진 것이 더 적을 수도 있다. 여기서는 다양한 가설이 논의되며, 그림 7-75부터 7-78까지에 요약되어 있다. 발프로산이 어떻게 작용하는지에 대해 최소한 세 가지 가능성이 존재한다. 전압민감 나트륨통로 억제(그림 7-76), 감마아미노뷰티르산(GABA) 작용 강화(그림 7-77), 후속 신호전달 연쇄반응 조절(그림 7-78). 이러한 작용이 기분안정 작용, 항경련 작용, 항편두통 작용, 발프로산의 부작용을 설명할 수 있는지 여부는 알려지지 않았다. 분명한 것은 이 단순한 분자가 다양하고 복잡한 임상 효과를 가지고 있으며, 양극성장애와 관련된 약리적 기전을 표적으로 해서 효능이 더 좋고 부작용은 적은 새로운 약제를 개발할 수 있도록 발프로산의 다양한 가능성 중에서 어떤 것이 '기분안정' 항조증 효과를 나타내는지 알아내려는 연구가 진행 중이라는 것이다.

기분안정 항조증 작용을 설명하는 한 가지 가설은 발프로에이트가 전압민감 나트륨통로voltage-sensitive sodium channel, VSSC를 통한 이온의 흐름을 감소시켜서 과도한 신경전달을 줄이도록 작동한다는 가능성이다(그림 7-76). VSSC는 제3장에서 논의하였고 그림 3-19부터 3-21까지 삽화로 설명하였다. 발프로에이트의 특정한 분자작용 부위는 밝혀지지 않았지만, VSSC나 그 조절단위에 직접 결합하

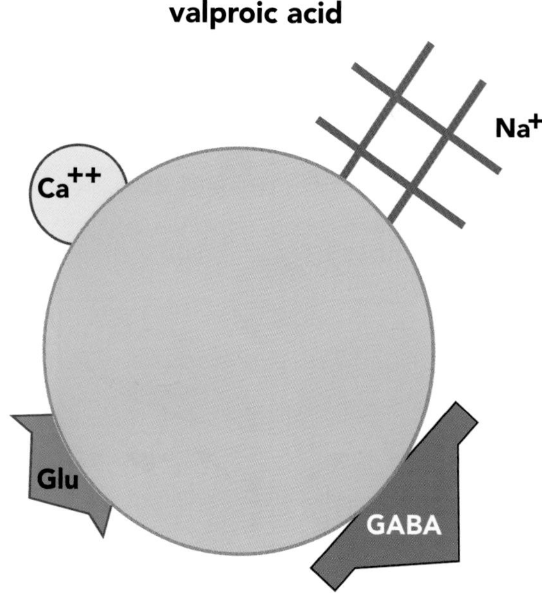

그림 7-75 **발프로산.** 여기에는 양극성장애 치료에 사용되는 항경련제인 발프로산의 약리적 작용의 상징이 표시되어 있다. 발프로산(발프로에이트)은 전압민감 나트륨통로를 방해하고, 감마아미노뷰티르산(GABA)의 억제 작용을 강화하며, 후속 신호전달 연쇄반응을 조절하는 방식으로 작용할 수 있지만, 이러한 작용 중 어느 것이 기분안정화와 관련이 있을지는 명확하지 않다. 발프로에이트는 전압민감 칼슘통로와 같은 다른 이온통로와도 상호작용할 수 있으며, 글루타메이트(Glu) 작용을 간접적으로 차단할 수도 있다.

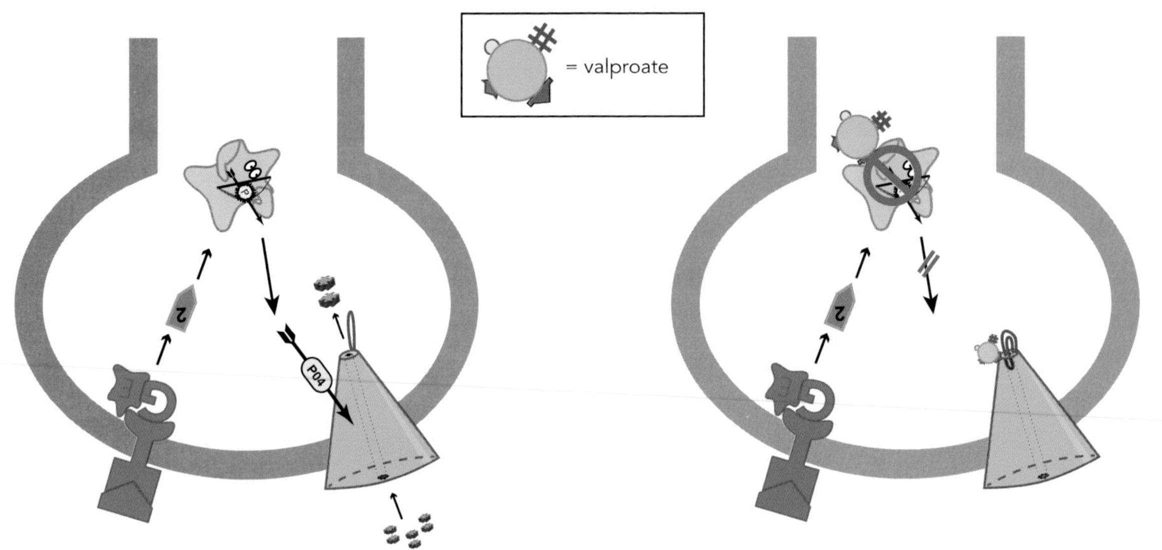

그림 7-76 **전압민감 나트륨통로(VSSC)에서 가능한 발프로에이트의 작용부위.** 발프로에이트는 아마도 통로 아단위에 직접 결합하거나 이온통로의 민감도를 조절하는 인산화효소를 억제하여 VSSC의 민감도를 변화시킴으로써 항조증효과를 발휘할 수 있다. VSSC의 억제는 나트륨 유입의 감소로 이어지고, 다음에는 조증 효능에 가능성이 있는 기전인 글루타메이트의 흥분성 신경전달을 잠재적으로 감소시킬 수 있다.

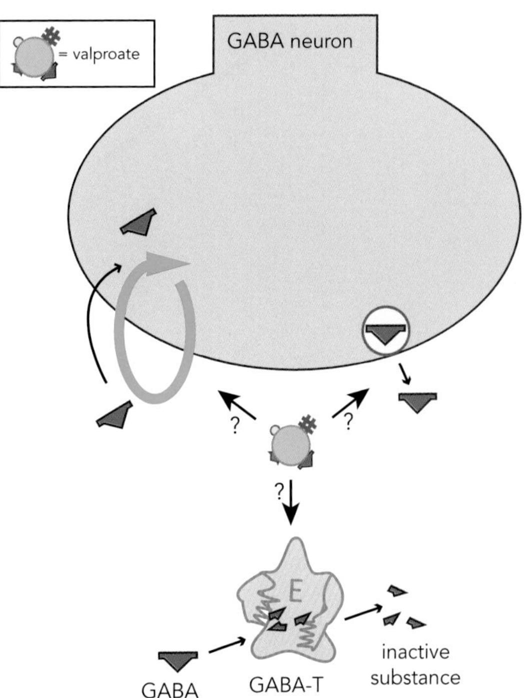

그림 7-77 **감마아미노뷰티르산(GABA)에서 가능한 발프로에이트의 작용부위.** 발프로에이트의 항조증효과는 아마도 GABA 재흡수 억제나 GABA 방출 증가 또는 GABA 아미노기전달효소GABA transaminase, GABA-T에 의한 GABA 대사의 방해를 통해 GABA 신경전달을 강화하기 때문일 수 있다.

거나 인산화효소를 억제하여 나트륨통로의 인산화를 변경함으로써 발프로에이트가 나트륨통로의 민감도를 변화시킬 수 있는 가능성이 있다(그림 7-76). 뉴런으로 전달할 수 있는 나트륨이 줄어들면 글루타메이트의 방출이 감소하여 흥분성 신경전달이 줄어들 수 있지만, 이는 가설일 뿐이다. 발프로에이트가 다른 전압민감 이온통로에 미치는 추가적인 영향이 있을 수 있지만 아직 제대로 밝혀지지 않았으며, 치료효과뿐만 아니라 부작용과도 관련될 수 있다.

또 다른 가설은 발프로에이트가 GABA의 방출 증가, 재흡수 감소, 대사에 의한 비활성화 억제를 통해서 GABA의 작용을 강화시킨다는 것이다(그림 7-77). GABA 증대를 유발하는 발프로에이트의 직접적인 작용부위는 아직 밝혀지지 않았지만, 발프로에이트의 후속 효과가 궁극적으로 더 많은 GABA 활성을 초래하고, 그래서 더 많은 신경전달을 억제하여 아마도 항조증이 작용하는 것으로 설명할 수 있는 만족할 만한 증거가 존재한다.

마지막으로 복잡한 신호전달 연쇄반응과 관련된 여러 가지 후속 작용이 기술되었다(그림 7-78). 발프로에이트는 리튬과 마찬가지로 GSK-3를 억제할 수 있으며, 그 외에도 인산화효소 Cphosphokinase C, PKC와 미리스토일화 고알라닌 C 인산화효소 기질myristoylated alanine-rich C kinase substrate, MARCKS의 차단부터, 세포외 신호조절 인산화효소extracellular signal-regulated kinase, ERK, 세포보호단백질 B세포림프종/백혈병-2 유전자cytoprotective protein B-cell lymphoma/leukemia-2 gene, BCL2, 성장관련단백질 43growth associated protein 43, GAP43 등과 같이 신경보호 및 장기적인 가소성을 촉진하는 다양한 신호의 활성화에 이르기까지 많은 다른 후속 부위를 표적으로 삼을 수 있다(그림 7-78). 이러한 신호전달 연쇄반응의 효과는 최근에서야 명확해지고 있으며, 발프로에이트의 이러한 가능한 효과들 중 어떤 것이 기분안정 작용과 관련이 있는지는 아직 알 수 없다.

발프로에이트는 양극성장애의 급성 조증 상태에 효과가

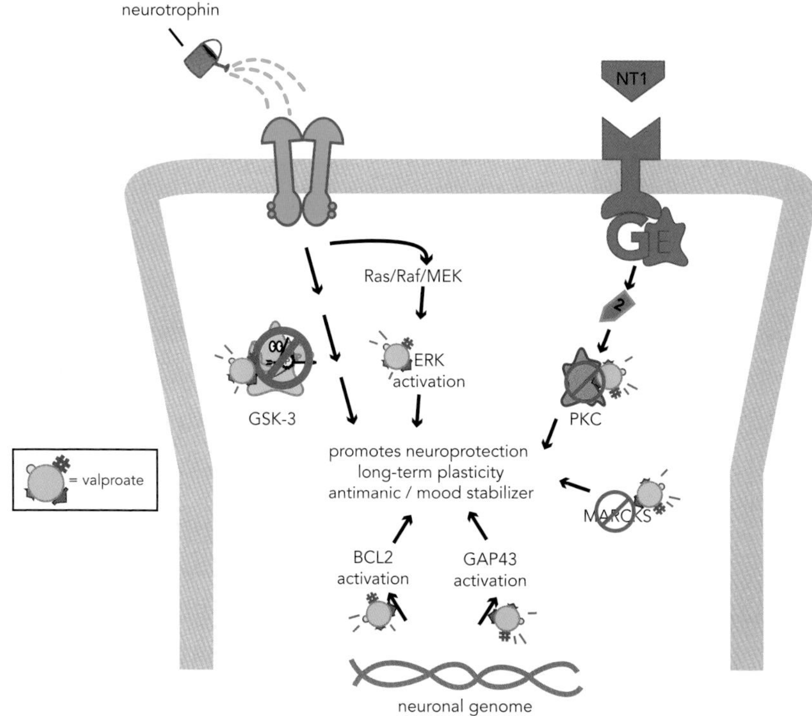

그림 7-78 후속 신호전달 연쇄반응에서 가능한 발프로에이트의 작용부위. 발프로에이트는 항조증 효과에 관여할 수 있는 신호전달 연쇄반응에서 여러 가지 후속 효과를 가지는 것으로 보인다. 발프로에이트는 글리코겐 합성효소 인산화효소 3(GSK-3), 인산화효소 C(PKC), 미리스토일화 고알라닌 C 인산화효소 기질(MARCKS)을 억제한다. 또한 세포외 신호조절 인산화효소(ERK), 세포보호 단백질 B세포림프종/백혈병-2 유전자(BCL2), 성장관련단백질 43(GAP43) 등과 같이 신경보호 및 장기 가소성을 촉진하는 다양한 신호를 활성화한다.

입증되었으며, 조증의 재발을 방지하기 위해 장기간 사용하는 것이 일반적이다. 하지만 조증에 대한 급성 효과에 비해서 예방 효과는 잘 확립되어 있지 않다(표 7-3). 발프로에이트의 항우울 작용도 잘 확립되어 있지 않으며, 반복되는 우울 삽화에 대한 설득력 있는 안정화도 보여주지 못했지만, 일부 환자에서 양극성장애의 우울 상태에 어느 정도 효과가 있을 수 있다. 일부 전문가들은 발프로산이 급속순환형rapid cycling 및 조증의 혼재성 삽화에서 리튬보다 더 효과적이라고 생각한다. 실제로 이러한 삽화는 치료가 매우 어렵기 때문에 보통 두 가지 이상의 기분안정제 조합(리튬+발프로에이트+세로토닌/도파민 차단제 등)이 처방된다. 최적의 효능을 위해 발프로에이트의 용량을 늘리는 것이 이상적일 수 있지만, 환자가 복용을 거부하면 어떤 약도 효과가 없으며, 발프로에이트는 종종 탈모, 체중 증가, 진정과 같은 받아들이기 힘든 부작용을 일으킨다. 복용량을 낮추면 특정 문제를 피할 수 있지만 일반적으로 효과가 떨어지고, 그래서 발프로에이트와 다른 기분안정제의 병용이 필요할 수 있으며, 특히 발프로에이트를 저용량으로 투여할 때 필요하다. 일부 부작용은 복용량보다는 노출의 장기화와 더 관련이 있을 수 있으므로 복용량을 줄인다고 해서 피하지 못할 수도 있다. 여기에는 골수, 간, 췌장의 독성 및 신경관결손과 같은 태아 독성에 대한 경고뿐만 아니라 체중 증가, 대사합병증, 가임기 여성에서의 무월경 및 다낭성난소 위험성에 대한 우려가 포함된다. 월경장애, 다낭성난소, 안드로젠과다증, 비만, 인슐린 저항성은 여성의 발프로산 치료와 관련이 있을 수 있다.

카바마제핀

카바마제핀carbamazepine(그림 7-79)은 실제로 양극성장애의 조증 상태에 효과가 있는 것으로 가장 먼저 밝혀졌지만, 하루 한 번 복용하는 제어방출 제형으로는 아직까지 미국 FDA의 승인을 받지 못했다. 카바마제핀과 발프로에이트는 모두 양극성장애의 조증 상태에 효과적으로 작용할지라도(표 7-3), 부작용 프로필을 포함하여 약리적 작용기전이 다른 것으로 보인다. 따라서 카바마제핀은 전압민감 나트륨통

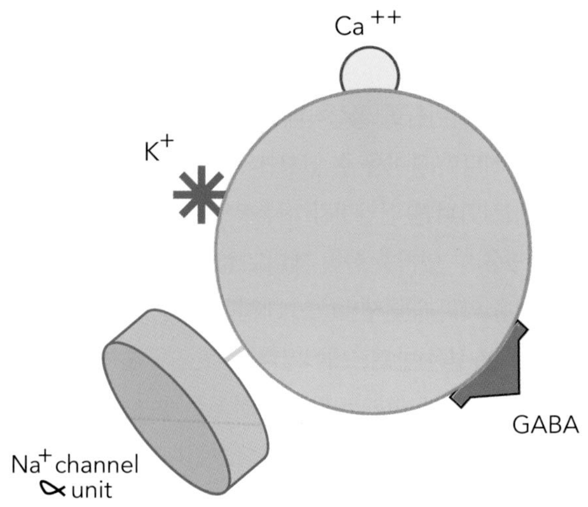

그림 7-79 **카바마제핀.** 여기에는 양극성장애 치료에 사용되는 항경련제인 카바마제핀의 약리적 작용의 상징이 표시되어 있다. 카바마제핀은 전압민감 나트륨통로(VSSC)의 α 아단위에 결합하여 작용할 수 있으며, 아마도 칼슘과 칼륨에 대한 다른 이온통로에서 작용할 수 있다. 카바마제핀은 전압민감 통로를 방해함으로써 감마아미노뷰티르산(GABA)의 억제작용을 강화할 수 있다.

로(VSSC)를 차단하는 것으로 추정되며(그림 7-80), 아마도 통로 자체 내에 있는 VSSC의 α 아단위라고도 알려진 부위에서 작용하는 것으로 추정된다. 앞서 언급했듯이 VSSC는 제3장에서 논의하였고 그림 3-19부터 3-21까지에서 삽화로 설명하였다. VSSC의 α 아단위에 대한 카바마제핀의 가설적인 작용(그림 7-80)은 이 나트륨통로에 대한 발프로에이트의 가설적인 작용(그림 7-76)과는 다르지만, 항경련제인 옥스카바제핀oxcarbazepine과 그 활성 대사산물인 에스리카바제핀eslicarbazepine의 작용방식과 유사할 수 있다.

카바마제핀과 발프로에이트는 모두 항경련제이며 위로부터 조증을 치료하기는 하지만 이 두 가지 '항경련제' 사이에는 조증의 치료작용으로 추정되는 약리적 기전 외에도 차이점이 존재한다. 예를 들어 발프로에이트는 편두통에 효과가 입증되었지만, 카바마제핀은 신경병성 통증에 효과가 입증되었다. 게다가 카바마제핀은 발프로에이트와는 다른 부작용 프로필을 가지고 있는데, 골수에 대한 즉각적인 억제효과가 더 심하여 혈구계산blood count의 초기 모니터링이 필요하고(발프로에이트도 혈소판을 포함한 혈구계산을 주기

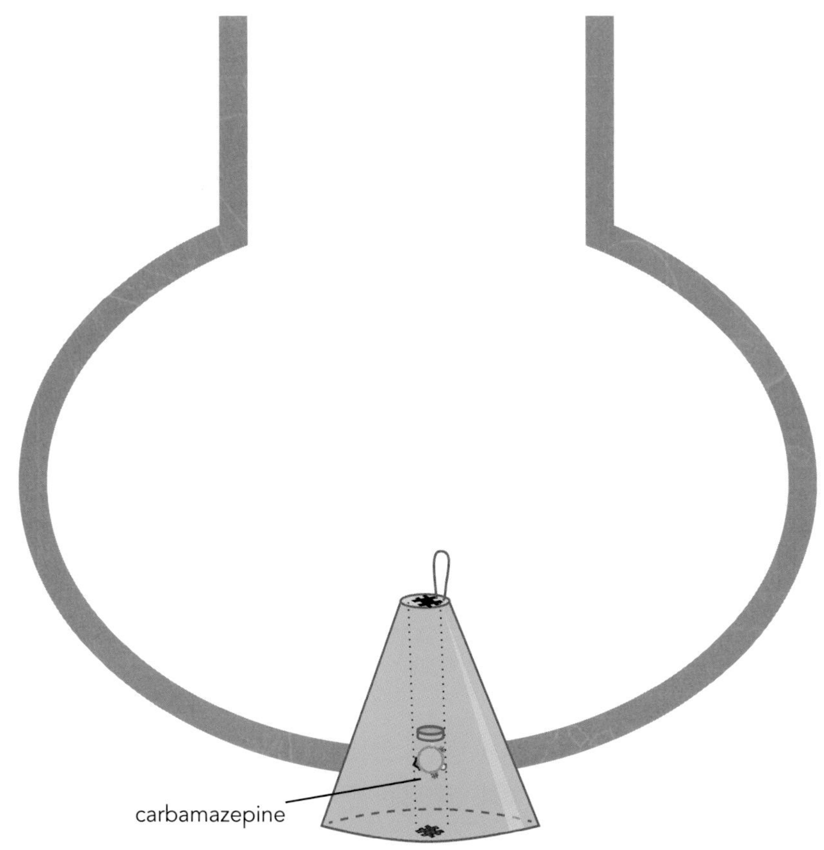

그림 7-80 카바마제핀의 결합 부위. 카바마제핀은 전압민감 나트륨통로(VSSC) α 소단위의 열린 통로 구조 내에 위치한 부위에 결합하는 것으로 여겨진다.

적으로 모니터링해야 함), 사이토크롬 P450 3A4의 유도도 두드러진다. 카바마제핀과 발프로에이트는 모두 진정 작용을 가지며, 신경관결손과 같은 태아 독성을 유발할 수 있다.

라모트리진

라모트리진lamotrigine(그림 7-81)은 항경련 기분안정제인 발프로에이트 및 카바마제핀과는 완전히 다른 임상적응증에 대해 '기분안정제'로 승인되었다. 이는 항경련제가 양극성장애에서 모두 동일한 치료작용을 하는 것은 아니라는 점을 분명히 말해준다. 라모트리진은 양극성장애의 조증 또는 우울증 치료에 승인되지 않았으며, 양극성장애의 조증과 우울증 모두의 재발 예방으로 승인되었다. '기분안정제'로서 라모트리진에 관한 많은 궁금증이 존재한다. 첫 번째, 미국 FDA는 급성 양극성 우울증에 대한 사용을 승인하지 않았지만, 대부분의 전문가들은 라모트리진이 양극성 우울증에 효과적이라고 믿고 있다. 두 번째 흥미로운 점은 라모트리진은 카바마제핀과 일부 중복되는 작용기전, 즉 VSSC의 열린 통로 구조에 결합하는 작용이 있음에도 불구하고(그림 7-82), 양극성 조증에 대해 승인되지 않았다. 이는 아마도 라모트리진의 약리적 작용이 나트륨통로에서 충분히 강력하지 않거나, 라모트리진 복용 시 필요한 용량적정 기간이 너무 길어서 일반적으로 빠르게 작용할 수 있는 약물로 치료해야 하는 조증에서 유용한 효과를 나타내기 어려운 것일 수 있다. 세 번째 측면은 라모트리진이 일반적으로 내약성이 좋은 편이지만, 한 가지 눈에 띄는 예외가 있다. 드물지만 생명을 위협하는 스티븐스존슨증후군Stevens Johnson syndrome(독성표피괴사)을 포함한 발진을 유발하는 경향이 있다. 라모트리진으로 인한 발진은 치료 시작 시 약물을 매우 천천히 증량하고, 라모트리진 농도를 높이는 발프로에이트와 같은 약물과의 상호작용을 피하거나 관리하고, 양성

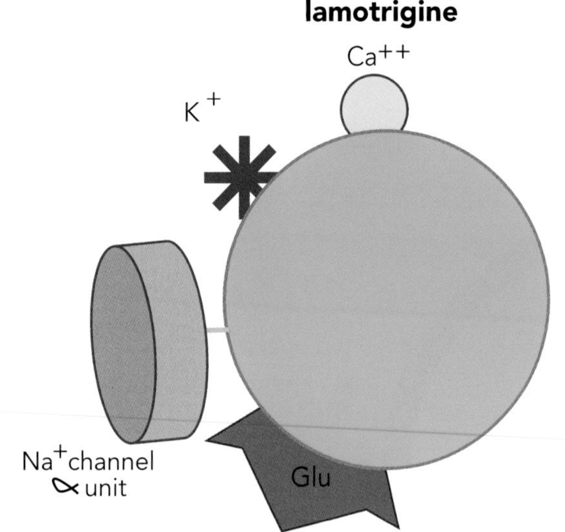

그림 7-81 **라모트리진.** 여기에는 양극성장애 치료에 사용되는 항경련제인 라모트리진의 약리적 작용의 상징이 표시되어 있다. 라모트리진은 전압민감 나트륨통로(VSSC)의 α 아단위를 차단하여 작용할 수 있으며, 아마도 칼슘과 칼륨의 다른 이온통로에도 작용할 수 있다. 또한 라모트리진은 흥분성 신경전달물질인 글루타메이트의 방출을 감소시키는 것으로 생각된다.

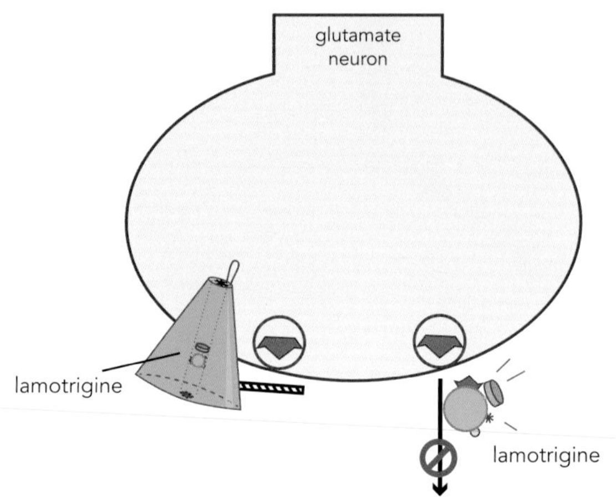

그림 7-82 **글루타메이트 방출에 대해 라모트리진의 가능한 작용부위.** 라모트리진은 전압민감 나트륨통로(VSSC)의 차단을 통해 글루타메이트 방출을 감소시킬 수 있다. 그 대신에 라모트리진은 아직 밝혀지지 않은 추가적인 시냅스 작용을 통해 이러한 효과를 나타낼 수도 있다.

발진과 구별하는 등 심각한 발진을 식별하고 관리하는 방법을 이해함으로써 최소화할 수 있다(**스탈의 필수 정신약리학: 처방자 지침서**의 라모트리진에 대한 논의 참조). 마지막으로 라모트리진은 흥분성 신경전달물질인 글루타메이트의 방출을 감소시키는 조금 독특한 작용기전을 가지고 있는 것으로 보인다(그림 7-82). 이 작용이 VSSC의 활성화 차단에 이어지는 부차적인 작용인지(그림 7-82), 아니면 일부 추가적인 시냅스 작용에 의한 것인지는 명확하지 않다. 이러한 흥분성 글루타메이트 신경전달의 감소는, 특히 양극성 우울증 동안 과도했다면 라모트리진의 독특한 작용기전을 설명해 줄 수 있고, 라모트리진이 양극성 우울증을 아래로부터 치료하고 아래로부터 안정화시키는 다른 임상프로필을 가지는 이유를 설명해줄 수 있다.

양극성장애에서 효능이 불확실하거나 의심스러운 항경련제

옥스카바제핀/에스리카바제핀

옥스카바제핀oxcarbazepine은 구조적으로 카바마제핀과 관련이 있지만 카바마제핀의 대사물은 아니다. 옥스카바제핀은 실제로 약물의 활성형태가 아니라 10-하이드록시 유도체로 즉시 전환되는 전구약물이다. 10-하이드록시 유도체는 모노하이드록시monohydroxy 유도체라고도 하며, 최근에는 리카바제핀licarbazepine으로 명명되었다. 리카바제핀의 활성형태는 에스리카바제핀eslicarbazepine으로 알려진 S 거울상체이다. 따라서 옥스카바제핀은 에스리카바제핀으로 전환되어 실제로 작용하며, 현재 항경련제로 사용이 가능하다.

옥스카바제핀은 카바마제핀과 동일한 항경련 작용기전, 즉 VSSC의 열린통로 구조에서 통로 자체 내 α 아단위의 특정 부위에 결합하는 것으로 추정된다(그림 7-80 참조). 그러나 옥스카바제핀은 카바마제핀과 비교하여 몇 가지 중요한 차이점을 가지는 것으로 보이는데, 진정, 골수독성, CYP450 3A4 상호작용이 더 적어서 내약성이 더 뛰어나고 용량 조절이 더 용이하다. 한편 옥스카바제핀은 급성 양극성 조증이나 우울증에서 효과가 입증되지 않았다. 그럼에도 불구하고 유사한 가정된 작용기전을 가지면서도 내약성 프로필이 더 우수하기 때문에, 옥스카바제핀 및 보다 최근에는 에스리카바제핀이 많은 임상의사에 의해 '허가사항 외'로 사용되고 있고, 특히 양극성장애의 조증 상태에서 사용된다.

토피라메이트

토피라메이트topiramate는 항경련제 및 편두통 치료제로 승인된 또 다른 화합물이며, 최근에는 부프로피온과 병용으로 비만에서 체중감량을 위해 사용된다. 토피라메이트는 양극성장애에서 연구되었지만 결과는 모호하다(표 7-3). 이 약물은 체중 감소와 관련이 있는 것으로 보이며, 체중 증가를 유발하는 정신병 치료제나 기분안정제의 보조제로 투여되기도 하지만, 일부 환자에서는 참기 힘든 진정 작용을 유발할 수 있다. 토피라메이트는 자극제남용 및 알코올중독을 포함한 다양한 물질남용장애에 대해서도 연구가 이루어지고 있다. 그러나 토피라메이트는 증거기반 무작위 대조시험(일관되게 긍정적이지 않음)이나 임상진료 어디에서도 기분안정제로서의 효과가 명확하지 않다.

가바펜틴 및 프레가발린

항경련제인 가바펜틴gabapentin 및 프레가발린pregabalin은 기분안정제로서의 작용이 거의 또는 전혀 없는 것처럼 보이지만, 신경병성 통증부터 섬유근육통에 이르는 다양한 통증 질환과 여러 불안장애에 대한 강력한 치료제이며, 제8장 불안과 제9장 통증에서 더 자세히 논의된다.

칼슘통로 차단제(L형)

칼슘통로에는 $\alpha_2\delta$ 리간드의 표적이 되고 신경전달물질의 분비와 관련된 N 또는 P/Q 통로뿐만 아니라(제3장의 논의 및 그림 3-23과 3-24 참조), 혈관평활근에 위치하며 다양한 항고혈압제 및 항부정맥제(일반적으로 '칼슘통로 차단제'라고 불림)의 표적이 되는 L 통로 등의 여러 유형이 존재한다. L형 통로는 뉴런에도 위치하며 그 기능은 아직 논란이 되고 있다. 일부 일화적인 증거에 따르면 칼슘통로 차단제, 특히 디하이드로피리딘dihydropyridine 계열이 일부 양극성장애 환자에게 유용할 수 있다고 한다.

릴루졸

릴루졸riluzole은 약제는 전임상모델에서 항경련 작용이 있었지만, 루게릭병Lou Gehrig's disease이라고도 하는 근위축측삭경화증amyotrophic lateral sclerosis, ALS의 진행을 늦추기 위해 개발되었다. 릴루졸은 이론상으로 라모트리진에서 가정하는 것과 유사한 작용을 가지며, VSSC에 결합하여 글루타메이트 방출을 방지한다(그림 7-82 참조). ALS에서 글루타메이트 방출을 감소시키는 것은 ALS에서 운동 뉴런의 사멸을 유발할 수 있는 흥분독성을 막아줄 것으로 생각된다. 과도한 글루타메이트 활성은 ALS뿐만 아니라 양극성 우울증에서도 발생할 수 있지만, 광범위한 뉴런 소실을 유발할 정도로 반드시 그렇게 심각한 것은 아니다.

병용은 양극성장애 치료의 표준

양극성장애에서 단독요법으로 만족스러운 반응을 보이는 환자의 수가 실망스러울 정도로 적다는 점을 고려할 때, 양극성장애 환자가 병용치료를 받는 것은 예외보다는 규칙에 가깝다. 1차 치료는 세로토닌/도파민 약제 중 하나를 사용할 수 있지만, 만약 이것이 조증을 적절히 조절하는 데 실패한다면, 발프로에이트나 리튬과 같은 다른 조증 치료제를 추가할 수 있다(그림 7-83). 반면에 세로토닌/도파민 약제로 우울증을 적절히 조절하는 데 실패한다면, 라모트리진을 추가하거나 논란의 여지가 있지만 모노아민 재흡수 억제제를 추가할 수 있다(그림 7-83). 목표는 증상의 완전한 관해를 위한 네 가지 치료이다. 위로부터 치료와 위로부터 안정화(그림 7-7), 아래로부터 치료와 아래로부터 안정화(그림 7-8).

미래의 기분장애 치료

덱스트로메토르판-부프로피온과 덱스트로메토르판-퀴니딘

위에서 논의한 바와 같이, 최근 몇 년간 치료저항성 단극성 우울증 치료에서 가장 흥미로운 발전 중 하나는 마취 용량 이하의 케타민을 주입하거나 에스케타민을 비강 내에 투여하면, 즉각적인 항우울 효과를 발휘할 수 있고 종종 자살사고를 즉시 줄일 수 있다는 관찰이다. 이러한 효과는 대개 며칠 이상 지속되지 않기 때문에, 연구자들은 치료저항성 질환을 가진 환자에게 빠른 작용, 지속적인 효능, 투여 편의성, 우수한 내약성을 가지는 경구용 케타민유사제

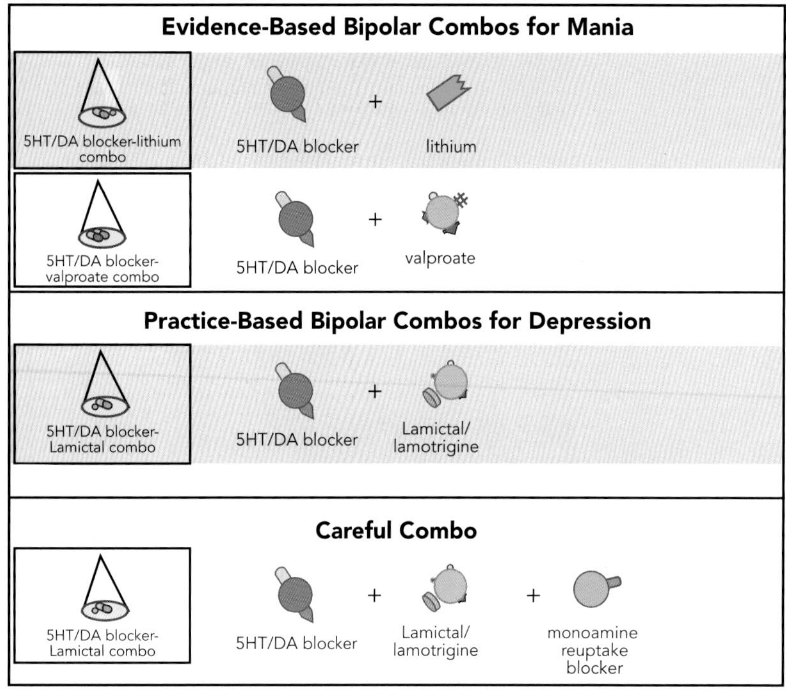

그림 7-83 **양극성장애 병용치료.** 대부분의 양극성장애 환자는 치료에 두 가지 이상의 약제를 필요로 한다. 조증에 가장 많은 근거를 가진 조합은 세로토닌/도파민 길항제에 리튬 또는 발프로에이트를 추가하는 것이다. 대조임상시험에서 잘 연구되지는 않았지만 양극성 우울증에 대한 일부 진료기반 근거가 있는 조합으로는 세로토닌/도파민 길항제와 라모트리진 병용이 있다. 논란의 여지가 있지만, 일부 임상의사는 양극성 우울증에서 세로토닌/도파민 길항제에 모노아민 재흡수 억제제를 추가하기도 한다.

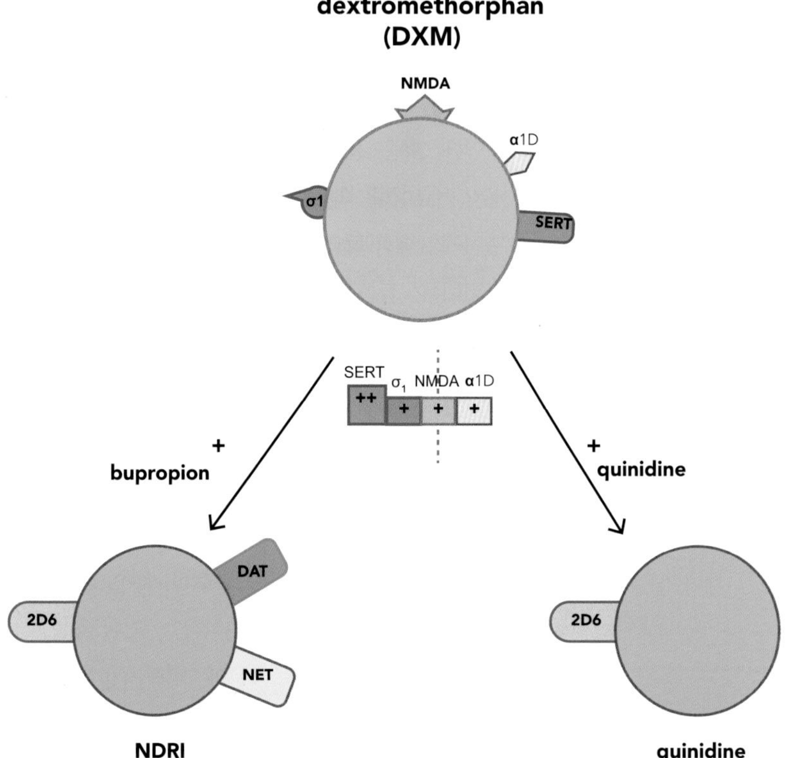

그림 7-84 **덱스트로메토르판-부프로피온 및 덱스트로메토르판-퀴니딘.** 덱스트로메토르판은 *N*-메틸-D-아스파르트산(NMDA) 수용체에 약한 길항작용을 가지며, 세로토닌 수송체(SERT)와 σ_1 수용체에 더 강한 결합 친화력을 가진다. CYP450 2D6에 의해 빠르게 대사되므로 CYP450 2D6 억제제의 병용 투여 없이는 치료혈중농도에 도달하기 어렵다. 덱스트로메토르판은 CYP450 2D6 억제제 퀴니딘이나 동일하게 CYP450 2D6을 억제하는 노르에피네프린 도파민 재흡수 억제제(NDRI) 부프로피온과 병용하는 연구가 진행 중이다.

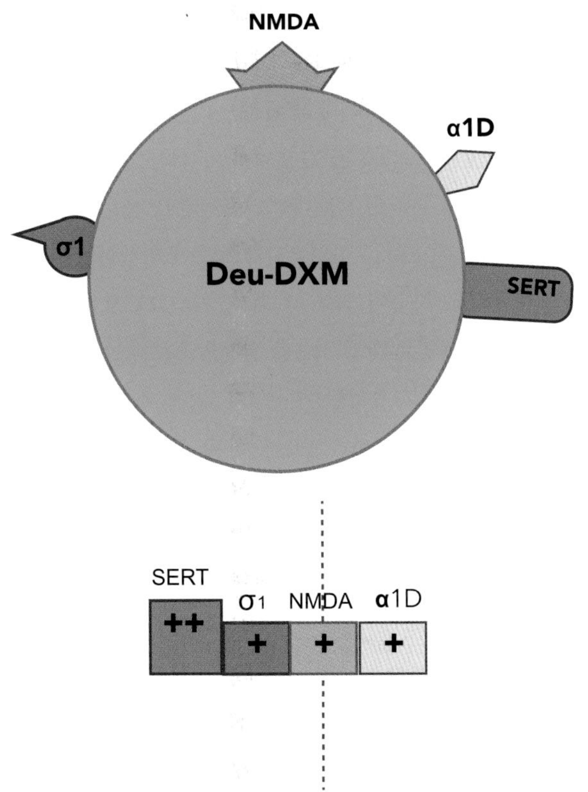

그림 7-85 중수소화 덱스트로메토르판. 중수소화 제형의 덱스트로메토르판과 퀴니딘의 복합제가 개발 중이다. 중수소화는 덱스트로메토르판의 반감기를 연장하며, 이는 다시 퀴니딘의 필요용량에 영향을 미친다.

를 찾고 있다. 이와 관련하여 몇 가지 가능성, 즉 추가적인 약리적 특성을 가진 다양한 NMDA 길항제가 개발되고 있다. 한 약제는 NMDA 길항제인 덱스트로메토르판dextromethorphan과 CYP450 2D6 억제제이면서 NDRI인 부프로피온bupropion을 결합하였고(AXS-05 라고도 함), 다른 약제는 덱스트로메토르판과 CYP450 2D6 억제제인 퀴니딘quinidine을 결합하였다(그림 7-84). 후자의 조합은 이미 거짓숨뇌 정동pseudobulbar affect에서 병적 웃음과 울음을 치료하는 데 승인되었다. 이 조합의 새로운 형태는 덱스트로메토르판 분자가 중수소화되고 퀴니딘의 용량이 변경되었다(그림 7-85). 중수소화deuteration는 화합물의 반감기를 연장하고 상업적 개발 측면에서 재특허를 허용한다(테트라베나진tetrabenazine의 중수소화는 제5장 지연이상운동증tardive dyskinesia의 치료에 대한 절에서 앞서 논의하였고, 그림 5-11B에 삽화로 설명함). 덱스트로메토르판은 임상적으로 NMDA 수용체에 대한 친화력이 있는 것은 분명하지만, σ_1 수용체 결합, SERT 억제, 약한 μ-아편유사제 결합을 포함한 다른 결합 특성은 잘 규정되지 않았다(그림 7-84). 치료저항성 우울증에 대해 연구된 모든 NMDA 수용체 길항제처럼, 덱스트로메토르판과 결합하는 NMDA 수용체의 아형은 무엇인지, 어떤 아형이 가장 중요한지, 빠른 항우울 작용에서 σ_1이나 μ-아편유사제 결합의 역할이 무엇인지는 명확하지 않다.

덱스트로메토르판은 CYP450 2D6에 의해 빠르게 대사되므로 CYP450 2D6 억제제의 병용 투여 없이는 경구 복용 후 치료혈중농도에 도달하기 어렵다. 각 복합제에는 2D6 억제제가 추가되어 있다(그림 7-84). 퀴니딘은 심혈관계 작용보다 낮은 용량에서 2D6 억제제이며, 부프로피온은 NDRI(그림 7-34 및 7-35)일 뿐만 아니라 2D6 억제제이기도 하다. 위에서 논의하고 그림 7-34 및 7-35에서 삽화로 설명한 바와 같이, 부프로피온의 경우 2D6 억제 이외에도 NDRI의 모노아민 관련 항우울 기전이 있으며(그림 7-84), 덱스트로메토르판의 NMDA 길항제 기전과 상승작용을 일으킬 가능성이 있다. 두 가지 복합제 모두 치료저항성 우울증에 대한 임상시험을 진행 중이고 일부 가능성이 높은 초기결과를 보이고 있으며, 특히 덱스트로메토르판-부프로피온의 경우 미국 FDA로부터 주요우울장애에 대한 혁신신약 상태로 지정되었고 치료저항성 우울증에 대한 패스트트랙 지정을 받았다. 또한 두 가지 복합제는 알츠하이머병의 초조에 대한 임상시험도 진행 중이고 일부 가능성이 높은 초기결과를 보이고 있으며, 특히 덱스트로메토르판-부프로피온은 FDA로부터 패스트트랙 지정을 받았다. 치매의 초조에 대한 덱스트로메토르판-부프로피온 치료는 제12장 치매에서 자세히 논의된다.

덱스트로메타돈

메타돈은 덱스트로메타돈dextromethadone과 레보메타돈의 라세미 혼합물이며, 아편유사제사용장애에서 약물-보조 치료를 위해 경구 투여되는 μ-아편유사제 작용제이다. μ-아편유사제 활성은 대부분 레보 거울상체에 존재하며, 덱스트로 거울상체는 강력한 μ-아편유사제 작용제 활성은 없지만 상대적으로 더 강력한 NMDA 길항제 활성을 가지고 있다. 덱스트로 거울상체(그림 7-86)는 속효성 주요우울장애 치료제로 임상개발 중이며 초기 임상결과가 가능성이 높은 것으로 나타났다. 케타민, 에스케타민, 덱스트로메토르판 등 치료저항성 우울증에 대한 모든 NMDA 길항제처럼, 다양한 NMDA 길항제 간의 잠재적 차이를 포함해서 NMDA 길항작용의 상대적 중요성, 표적이 되는 특정 NMDA 수용체, NMDA 길항작용의 후속 결과가 이제 막 명확해지고 있다. 게다가 덱스트로메타돈을 포함한 이들 각 약제들의 추가적인 결합 특성(σ_1 수용체 결합, SERT 억제, 약한 μ-아편유사제 결합 같은)은 잘 규정되지 않았다(그림 7-86). 이러한 약제들은 단순히 NMDA 길항제로만 작용하는 것이 아니라, 어느 정도의 μ-아편유사제 작용제 활성이 μ 자극이 없을 때보다 μ 자극이 있을 때 더 큰 NMDA 효과를 만들기 위해 자연적인 상반된 작용을 활용함으로써 NMDA와 μ 수용체의 이합체로 유도할 가능성이 있다. 이것은 NMDA 길항작용과 관련된 빠른 항우울 반응의 기전과 최적의 수용체 작용 포트폴리오를 명확히 하기 위해 시도하는 이 분야의 많은 추가 연구의 주제이다.

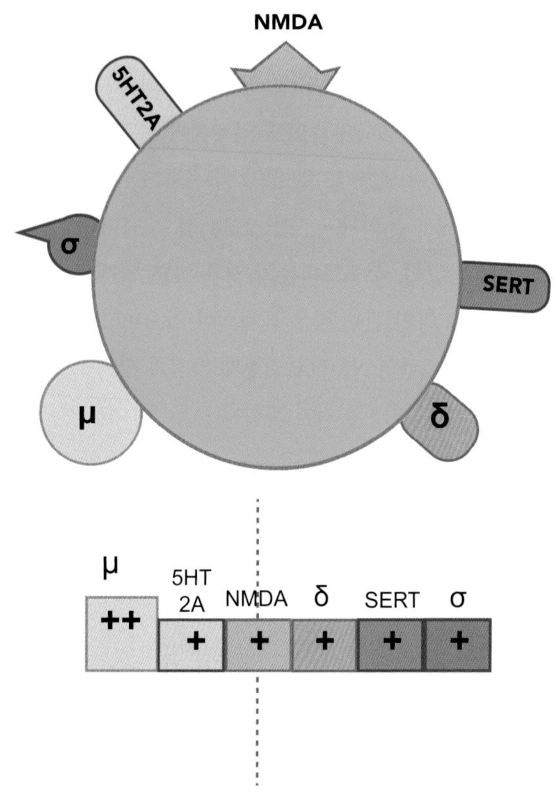

그림 7-86 덱스트로메타돈. 메타돈은 덱스트로와 레보의 두 가지 거울상체로 구성된다. 레보 거울상체는 강력한 μ-아편유사제 수용체 작용제인 반면, 덱스트로 거울상체는 덜 강력한 μ-아편유사제 수용체 작용제이고, *N*-메틸-D-아스파르트산(NMDA) 수용체 길항제이다. 메타돈의 덱스트로 거울상체인 덱스트로메타돈은 주요우울장애를 위한 속효성 치료제로 임상 개발 중이다.

환각제-보조 정신치료

정신치료는 전통적으로 정신약리학과 경쟁해왔다. 최근에는 정신치료와 정신약리학이 상호 보완적인 것으로 인식되기 시작했으며, 대부분의 훌륭한 정신건강 처방자들은 정신치료도 또한 실행하고 있다. 정신치료와 약물치료는 모두 뇌 회로를 변화시킬 수 있으므로 아마도 일부 공통의 신경생물학적 연관성의 공유를 통해서 많은 환자들에게 치료효능과 양호한 장기적인 결과 측면에서 상승작용을 낼 수 있다는 것이 오래전부터 인식되어 왔다. 전임상연구는 뇌 회로의 후성유전적 변화를 유도할 수 있는 학습의 한 형태로서 정신치료에 점차 더 많은 증거를 제시해주고 있으며, 이는 약물과 마찬가지로 정신질환의 증상을 개선하기 위해 기능불량 뉴런에서 정보처리 효율을 향상시킬 수 있다. 정신치료와 정신약리학을 결합한 최근의 임상적 개발은 환자가 정신치료적 입력에 더 잘 따를 수 있는 해리상태를 유도하기 위해 환각제 사용을 부활시켰다. 한 가지 아이디어는 기저에 있는 억압된 기억에 대해 더 많은 통찰력과 명쾌함을 제공하는 것이다. 또 다른 아이디어는 정신치료로 유도된 기억의 재경험을 사용하여 외상성 기억의 재강화

reconsolidation를 방해하는 기법에 연결해서 이들이 '잊혀지도록' 하는 것이다. 동물연구에 따르면 기억은 처음에는 비교적 영구적인 기억 파일로 강화되지만, 재활성화되면 불안정해지며, 만약 기억하거나 기억을 수정한 후 재강화하지 않으면 이론상으로 지워질 수 있다. 일부 유형의 환각제-보조 정신치료의 목표는 고통스러운 외상성 기억의 재강화를 방지하는 것이다. 이러한 해리-보조 정신치료 모형에서는 케타민부터 환각제인 MDMA와 실로시빈에 이르기까지 다수의 약제들이 시도되었으며, 아래에서 논의된다.

3,4-메틸렌디옥시메스암페타민

3,4-메틸렌디옥시메스암페타민3,4-methylenedioxymethamphetamine, MDMA(그림 7-87)은 암페타민 유도체로, 주로 노르에피네프린-도파민 재흡수 억제제이며 소포성 모노아민 수송체 2vesicular monoamine transporter 2, VMAT2 억제를 통해 도파민 방출을 강화(제11장 및 그림 11-30부터 11-32까지 참조)하는 암페타민 자체를 VMAT2 억제를 가진 더 강력한 세로토닌 재흡수 억제제로 전환시킨 것으로 세로토닌 방출도 강화시킨다. 방출된 세로토닌은 모든 세로토닌 수용체에서 자유롭게 작용하지만, 다른 환각제와 달리 $5HT_{2A}$ 수용체를 자극하는 데 강력한 작용을 하는 것으로 보인다.

MDMA가 정신치료에 도움이 될 수 있는 이유는 증가된 활력, 즐거움, 정서적 따뜻함을 느끼게 할 수 있고, 신뢰와 친밀감을 증진시킬 수 있기 때문이다. 하지만 감각과 시간 인식에 왜곡과 환각을 유발할 수 있다. '엑스터시Ecstasy' 또는 '몰리Molly'(분자molecular의 속어)라고도 알려진 MDMA는 한때 나이트클럽과 '레이브rave'(밤샘 댄스파티)에서 인기를 끌었다. 이 약물의 $5HT_{2A}$ 수용체에서 작용제 작용은 MDMA 복용 후 나타날 수 있는 체온 급상승의 원인일 수 있으며, 장기 손상이 발생하고 심지어는 사망할 수 있다. 특히 밤새 춤추거나 탈수되었을 때 나타날 수 있다. 길거리에서 구한 MDMA는 종종 '목욕 소금'(합성 카티논), 메스암페타민, 덱스트로메토르판, 케타민 및/또는 코카인으로 오염되어 있으며, 종종 마리화나 및 알코올과 함께 복용한다. 순수한 MDMA는 환각제-보조 정신치료에서 연구되는 약물임이 분명하다. MDMA는 외상후 스트레스장애, 말기 환자의 불안 및 실존적 고통, 자폐증의 사회불안, 치료저항성 우울증, 물질남용 등에서 연구되고 있다.

MDMA
3,4-methylene-dioxymethamphetamine

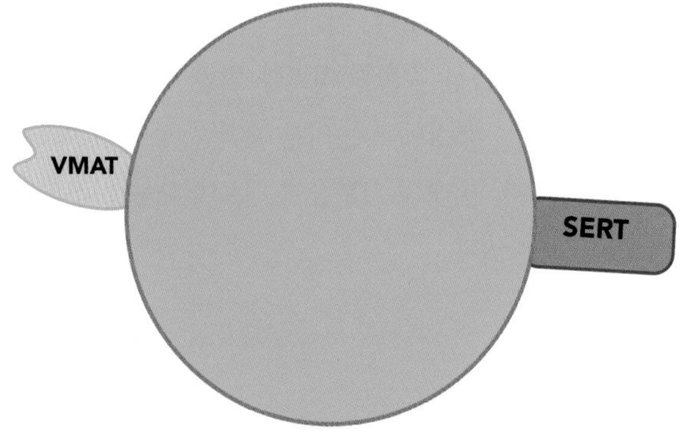

그림 7-87 3,4-메틸렌디옥시메스암페타민(MDMA). MDMA는 암페타민 유도체이다. 암페타민은 노르에피네프린 도파민 재흡수 억제제(NDRI)이며, VMAT2의 추가적인 억제와 함께 도파민 방출을 강화한다. MDMA는 세로토닌 억제제로, VMAT2의 추가적인 억제와 함께 세로토닌 방출을 강화한다. MDMA는 외상후 스트레스장애, 불안, 치료저항성 우울증에서 주목받고 있다.

실로시빈

'마술 버섯'의 환각제로도 알려진 실로시빈psilocybin(4-포스포릴록시-N,N-디메틸트립타민4-phosphoryloxy-N,N-dimethyltryptamine)(그림 7-88)은 리서직산 디에틸아마이드lysergic acid diethylamide, LSD와 유사한 구조를 가지고 있으며, 환각과 도취성 '여행'을 유발하는 능력으로 인해 사용 및 남용되고 있다. 실로시빈은 탈인산화에 의해 활성 대사산물인 실로신psilocin(N,N-디메틸트립타민 또는 4-하이드록시 디메틸트립타민)으로 빠르게 전환된다. 두 약제 모두 여러 세로토닌 수용체 아형($5HT_{1A}$, $5HT_{2A}$, $5HT_{2C}$ 등)에 결합하지만, $5HT_{2A}$ 길항제(선택적 도파민 D_2 길항제가 아니라)가 인간에서 실로시빈의 효과를 역전시키기 때문에, $5HT_{2A}$ 수용체에 대한 작용제 작용이 두 약제의 환각 작용

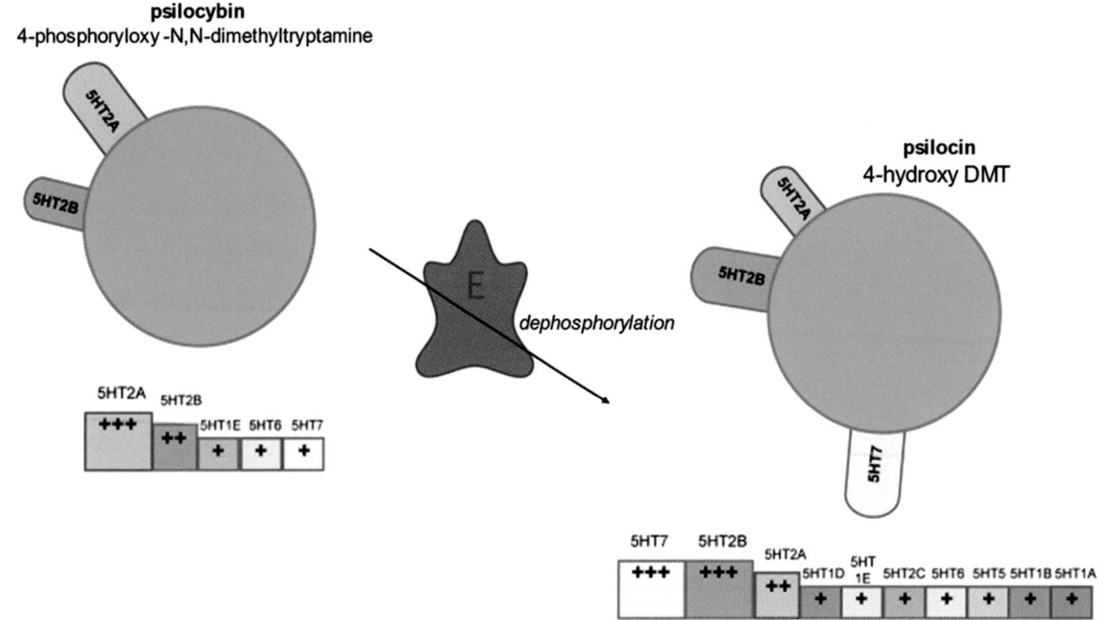

그림 7-88 실로시빈. 환각제인 실로시빈은 주로 $5HT_{2A}$ 작용제이며, 일부 추가 세로토닌 수용체에 작용한다. 실로시빈은 탈인산화에 의해 활성 대사산물인 실로신으로 빠르게 전환된다. 실로시빈은 우울증, 불안, 외상후 스트레스장애에 대한 연구가 진행 중이다.

과 가장 밀접한 관련을 가진다(그림 7-88). 환각제로 매개된 $5HT_{2A}$-자극 정신병은 정신병의 세 가지 주요 이론 중 하나로 제4장에서 논의하였고 그림 4-52B에 삽화로 설명되어 있다. 실로시빈은 미국 FDA에서 우울증 치료를 위한 혁신신약으로 지정되었다. 실로시빈은 말기 환자의 불안과 실존적 고통, 물질남용, PTSD, 기타 여러 질환에서 광범위하게 연구되고 있다.

요약

이 장에서는 단극성 주요우울장애 치료에 사용되는 많은 약제들, 특히 모노아민 시스템에 작용하는 약제들의 약리적 작용기전을 간추려 설명하였다. 최근에 주목받는 모노아민 시스템의 바깥, 즉 글루타메이트와 GABA 신경전달에 작용하는 약제들도 소개하였다. 치료저항성 단극성 우울증의 치료를 위한 약물 병용에 대해서도 논의하였다. 단극성 우울증의 치료를 소개하였을 뿐만 아니라 조증부터 양극성 우울증, 혼재성 양상을 동반한 우울증까지 양극성장애에 대한 치료와 비교하고 대조하였다. 이러한 질병상태를 위한 특정 약제는 대부분 단극성 우울증 치료를 위한 약제와는 다르며, 이 중 다수가 제5장에서 논의한 것처럼 정신병 치료에도 사용되고 있다. 미래의 기분장애 치료에 대해서도 간략한 개요를 제시하였다.

8 불안과 외상 그리고 치료

이 장에서는 불안장애와 외상성 장애의 증상과 치료에 대한 간략한 개요를 제공한다. 여기에는 불안장애, 주요우울장애, 외상 및 스트레스 관련 장애의 증상들이 서로 어떻게 겹치는지에 대한 설명이 포함되어 있다. 임상적 설명과 공식적인 진단 기준은 단지 지나가는 말로만 언급된다. 독자는 이와 관련해서 표준 참고자료를 참조해야 한다. 여기에서의 논의는 공포, 걱정, 외상성 기억과 관련된 증상에 대해 이해하는 데 도움을 줄 수 있도록, 특히 편도amygdala를 중심으로 다양한 뇌 회로와 신경전달물질이 어떻게 기능하는지를 강조할 것이다.

이 장의 목표는 다양한 치료의 작용기전을 이해하기 위해 불안/외상성 증상의 임상적 및 생물학적 측면에 대한 아이디어를 제공하는 것이다. 많은 정신약리학적 치료는 다른 장에서 광범위하게 논의된다. 불안 치료는 물론 단극성 우울증의 치료에도 사용되는 많은 약물(모노아민 재흡수 억제제)의 기전에 대한 자세한 내용은 제7장 기분장애의 치료를 참조하고, 불안과 외상성 장애 치료는 물론 만성 통증의 치료에도 사용되는 약물(예: 특정 이온통로 억제 항경련제)에 대해서는 제9장 만성 통증과 치료를 참조하면 된다. 모든 정신질환이 정신치료의 도움을 받을 수 있지만, 특히 불안/외상성 장애는 정신치료를 통해 효과적으로 치료할 수 있다. 많은 경우 불안장애에 대한 정신치료는 약물치료보다 더 효과적이거나 항불안제의 효능을 향상시킨다. 여기에서는 공포 조건화fear conditioning와 공포 재강화fear reconsolidation를 예방하거나 반전시키는 것을 목표로 하는 새로운 정신치료에 대해 간략하게 언급할 것이다. 불안의 정신치료에 대한 자세한 내용은 일반 정신의학 및 임상심리학 교재는 물론 정신약리학과 정신치료를 모두 다루는 저자의 저서를 참조하면 된다(참고문헌 참조). 이 장의 불안과 불안장애에 대한 논의는 불안의 신경생물학과 불안 치료제의 작용기전을 강조하였다. 독자는 임상진료에서 이러한 약물의 처방과 관련된 용량, 부작용, 약물 상호작용, 기타 다른 문제에 대한 자세한 내용을 확인하려면 표준 약물 안내서(스탈의 필수 정신약리학: 처방자 지침서)를 참조해야 한다.

불안장애의 증상 차원

불안은 언제 불안장애가 되는가

불안은 위협받는 상황에서 나타나는 정상적인 감정이며, 생존을 위한 진화적 '투쟁 또는 도피fight or flight' 반응의 일부로 여겨진다. 검치호랑이(또는 현대에서 이에 상응하는 동

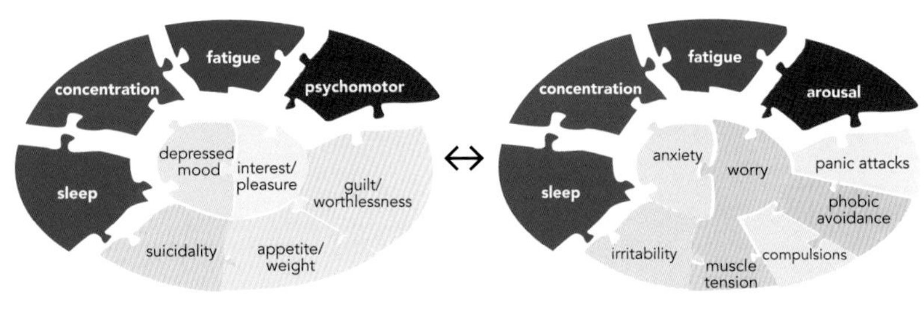

그림 8-1 **주요우울장애와 불안장애의 중복.** 불안장애의 핵심 증상(불안과 걱정)은 주요우울장애의 핵심 증상(흥미의 상실과 우울한 기분)과 다르지만, 이러한 질환과 관련된 나머지 증상들 사이에는 상당한 중복이 존재한다(오른쪽의 '불안장애' 퍼즐과 왼쪽의 '주요우울장애' 퍼즐을 비교). 예를 들어 피로, 수면의 어려움, 집중력 문제, 정신운동/각성 증상은 두 가지 유형의 질환 모두에서 공통적이다.

물)가 공격해올 때 불안을 느끼는 것은 정상적이거나 적응적일 수 있지만, 불안이 부적응적이거나 과도해서 정신질환으로 간주되는 상황도 많이 존재한다. 정신질환으로서 불안에 대한 개념은 빠르게 진화하고 있으며, 우울한 기분이나 흥미의 상실이 핵심 증상(그림 8-1에서 주요우울장애의 중심에 위치한 증상)인 주요우울장애와 비교하여 과도한 공포와 걱정이 핵심 증상(그림 8-1에서 불안장애의 중심에 위치한 증상)인 것이 특징적이다. 강박장애(OCD)와 같이 불안 증상과 관련된 몇몇 질환은 일부 진단 편람에서 더 이상 불안장애로 분류되지 않으며, 여기에서도 OCD는 충동 및 강박장애와 관련된 제13장에서 따로 논의된다. 외상후 스트레스장애(PTSD)와 같이 불안 증상과 관련된 다른 질환 또한 특정 진단 편람에서 더 이상 불안장애로 분류되지 않지만 이 장에서 설명한다.

불안장애는 주요우울장애와 상당 부분 증상이 겹치며(그림 8-1에서 핵심 증상 주변에 위치한 증상 참조), 특히 수면 문제, 집중력 문제, 피로, 정신운동/각성 증상 등이 대표적이다. 각각의 불안장애는 다른 불안장애와도 증상이 상당 부분 겹친다(그림 8-2부터 8-5까지, 그림 13-30 참조). 또한 불안장애는 주요우울장애뿐만 아니라 다른 불안장애와 광범위하게 동반이환comorbid될 수 있다. 많은 환자들이 시간이 지남에 따라서 두 번째나 세 번째 불안장애를 동반할 수 있기 때문이다(그림 8-2부터 8-5까지). 마지막으로 불안장애는 물질남용, 주의력결핍 과잉행동장애(ADHD), 양극성장애, 통증장애, 수면장애 등의 많은 질환과 흔히 동반될 수 있다.

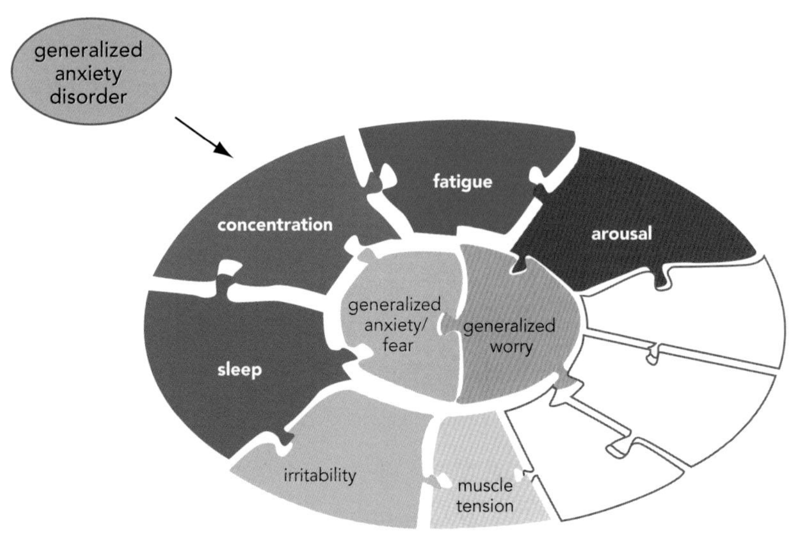

그림 8-2 **범불안장애.** 범불안장애와 전형적으로 연관된 증상이 여기에 나타나 있다. 여기에는 광범위한 불안과 걱정 같은 핵심 증상 외에도 각성 증가, 피로, 집중의 어려움, 수면 문제, 과민성, 근육 긴장 등이 포함된다. 이러한 증상 중 핵심 증상을 포함한 상당수는 다른 불안장애에서도 나타난다.

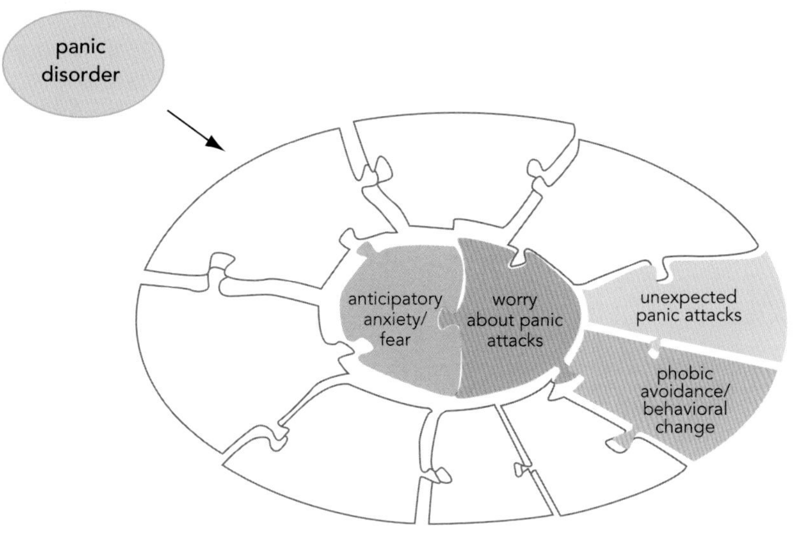

그림 8-3 공황장애. 공황장애의 핵심 증상인 예기불안과 공황발작에 대한 걱정을 포함한 공황장애의 특징적인 증상이 여기에 나타나 있다. 관련 증상은 예기치 못한 공황발작 자체와 공황발작에 대한 염려와 관련된 공포회피 또는 다른 행동변화가 포함된다.

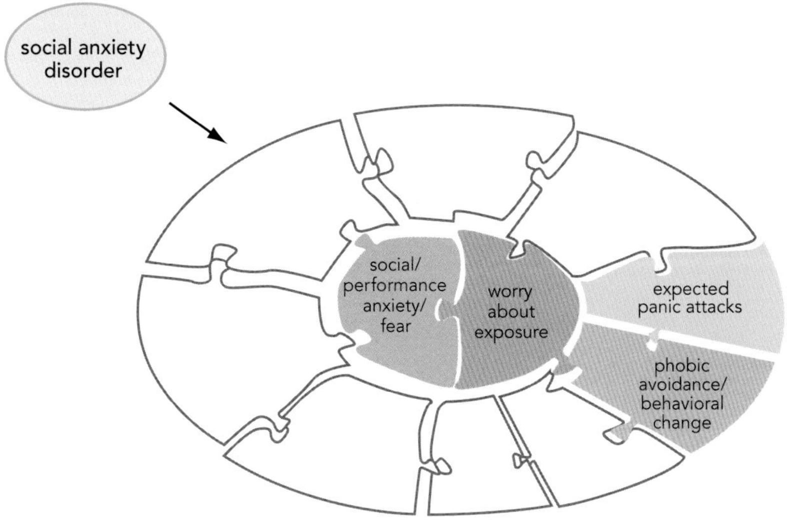

그림 8-4 사회불안장애. 사회불안장애의 핵심 증상인 사회적 수행에 대한 불안이나 공포, 더불어 사회적 노출에 대한 걱정을 포함하여 여러 증상이 여기에 나타나 있다. 관련 증상에는 특정 사회적 상황에서 예측 가능하고 예상되는 공황발작과 이러한 상황에 대한 공포회피가 있다.

그렇다면 불안장애란 무엇일까? 불안장애는 모두 어떤 형태의 걱정과 결합된 어떤 형태의 불안이나 공포의 핵심 특징을 유지하는 것처럼 보이지만, 시간이 지남에 따라 불안장애의 자연경과는 하나에서 다른 것으로 변화하면서 불안장애 증상의 완전한 증후군 표현으로 진화하게 된다(그림 8-1). 그러고 나서 아증후군 수준의 증상으로 감소하다가 다시 원래의 불안장애나 다른 형태의 불안장애(그림 8-2부터 8-5까지) 또는 주요우울장애(그림 8-1)로 나타난다. 모든 불안장애가 공포와 걱정이라는 핵심 증상을 공유한다면(그림 8-1 및 8-6), 그래서 이 장의 뒷부분에서 볼 수 있는 것처럼 기본적으로 모두 같은 약물로 치료되며 주요우울장애를 치료하는 것과 동일한 약물이 많이 포함되어 있다면, 이제 한 불안장애와 다른 불안장애 사이의 차이점이 무엇인지에 대한 의문이 생긴다. 또한 주요우울장애와 불안장애의 차이점이 무엇인지도 물어볼 수 있다. 이 모든 것이 정말 다른 질환일까, 아니면 같은 질병의 다른 측면일까?

주요우울장애와 불안장애의 중복 증상

주요우울장애의 핵심 증상(우울한 기분 또는 흥미의 상실)은 불안장애의 핵심 증상(공포와 걱정)과 다르지만, 주요우

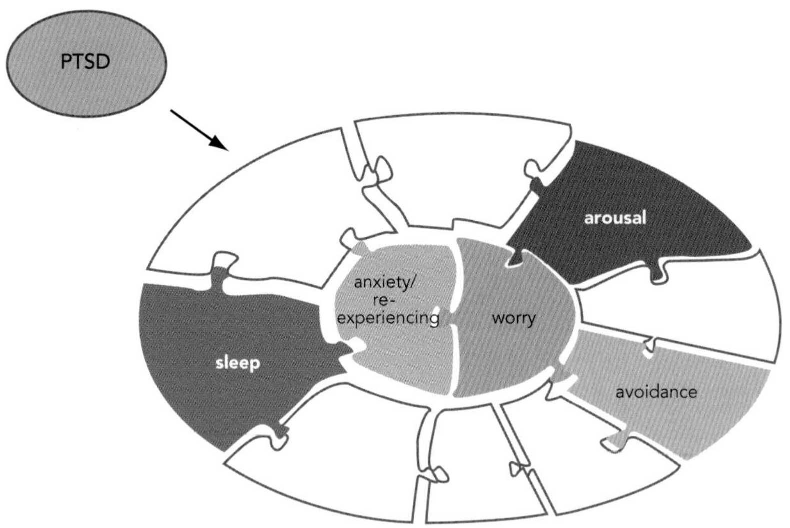

그림 8-5 외상후 스트레스장애(PTSD). PTSD의 핵심 증상인 외상성 사건이 재경험되는 동안의 불안과 각성 및 놀람 반응의 증가, 악몽을 포함한 수면의 어려움, 회피행동과 같은 PTSD의 다른 증상이 나타날까 봐 걱정하는 것을 포함한 PTSD의 특징적인 증상이 여기에 나타나 있다. PTSD는 이제 불안장애가 아닌 스트레스 관련 장애로 분류되며, 과각성장애의 한 종류로 간주된다.

울 삽화와 다양한 불안장애의 진단에 고려되는 다른 증상들은 상당히 겹치는 부분이 있다(그림 8-1). 이러한 중복 증상에는 수면, 집중, 피로, 정신운동/각성과 관련된 문제가 포함된다(그림 8-1). 따라서 일부 추가 증상의 포함이나 제외에 따라서 주요우울 삽화가 불안장애로 바뀌거나(그림 8-1) 어떤 불안장애가 다른 불안장애로 바뀌는 것을 쉽게 확인할 수 있다(그림 8-2부터 8-5까지).

치료적 관점에서 볼 때, 이러한 질병 스펙트럼에 걸쳐 구체적인 진단이 무엇인지는 중요하지 않을 수 있다(그림 8-1부터 8-5까지). 즉 현재 주요우울 삽화에 불안장애는 아닌 정도의 불안 증상이 동반된 환자와 주요우울 삽화와 불안장애가 동반이환된 환자의 정신약리학적 치료는 그렇게 많이 다르지 않을 수 있다. 환자의 경과를 관찰하고 증상 변화를 기록하기 위해 특정 진단을 결정하는 것이 유용할 수 있지만, 정신약리학적 관점에서는 뇌가 DSM에 따라 구성되어 있지 않고 기능의 지형적 국소화를 가진 뇌 회로에 따라 조직화되어 있기 때문에, 이러한 질환을 가진 환자에게 증상 기반 치료전략을 취하는 것이 점점 더 강조되고 있다. 다시 말하면 환자가 어떤 질환을 가지고 있든 환자가 겪고 있는 특정 증상 목록으로 분해하여, 개별 환자에게 특정 치료로 맞춤화할 수 있다(그림 8-2부터 8-5까지 참조). 그런 다음 기능불량인 뇌 회로의 정보처리 효율을 높여 증상을 제거하고 환자를 관해에 이르게 하는 정신약리학적 치료를 합리적으로 선택하고 조합하기 위하여, 이러한 증상을 특정 신경전달물질에 의해 조절되는 가설상으로 기능불량인 뇌 회로와 일치시킨다. 이에 대해서는 제6장 기분장애에서 광범위하게 논의했으며, 그림 6-42부터 6-44까지에 삽화로 설명되어 있다.

다양한 불안장애의 중복 증상

여러 가지 불안장애는 여러 가지 진단 기준을 가지고 있지만(그림 8-2부터 8-5까지), 진단 기준은 지속적으로 변화되고 있으며, 많은 경우 OCD나 PTSD를 더 이상 불안장애로 간주하지 않는다(OCD는 제13장 충동성에서 논의함). 모든 불안장애는 걱정과 결합된 불안/공포 증상이 중첩되어 있다(그림 8-6). 편도에 대한 신경생물학적 연구의 폭발적 증가에 따라 불안/공포 핵심 증상의 근간이 되는 회로를 이해하는 데 괄목할 만한 진전이 있었다(그림 8-7부터 8-14까지). 이 장의 나머지 부분에서는 불안, 외상, 스트레스장애의 스펙트럼을 넘나들며 편도, 공포 회로, 불안/공포 증상의 치료 사이의 관계에 대해 설명할 것이다.

걱정은 불안장애 스펙트럼에서 공통적으로 나타나는 두번째 핵심 증상이다(그림 8-7). 이 증상은 가설상으로 피질-선조체-시상-피질Cortico-Striato-Thalamo-Cortical, CSTC 고

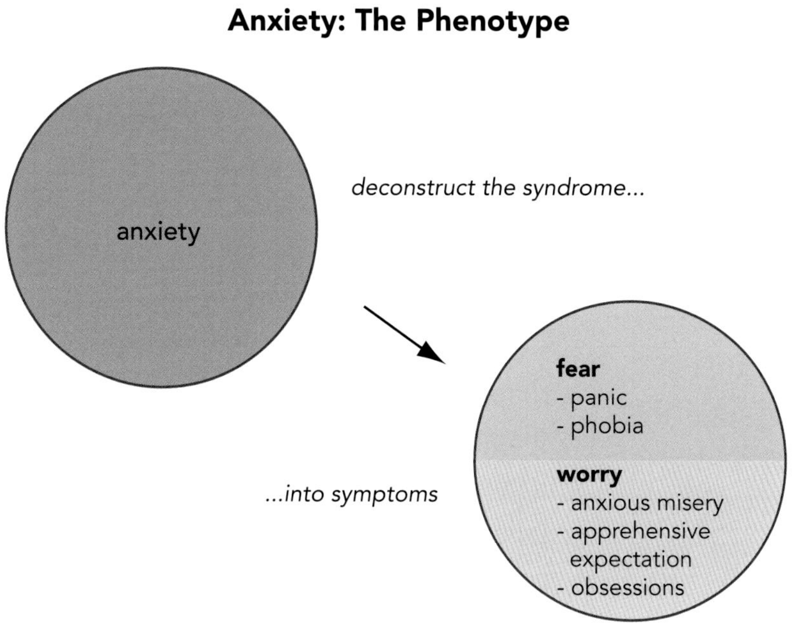

Anxiety: The Phenotype
anxiety
deconstruct the syndrome...
...into symptoms
fear
- panic
- phobia
worry
- anxious misery
- apprehensive expectation
- obsessions

그림 8-6 불안의 표현형. 불안은 공포와 걱정이라는 두 가지 핵심 증상으로 해체되거나 분해될 수 있다. 이러한 증상은 모든 불안장애에서 나타나지만 유발요인은 장애마다 다를 수 있다.

Associate Symptoms of Anxiety with Brain Regions and Circuits That Regulate Them
amygdala-centered circuit
fear
- panic
- phobia
worry
- anxious misery
- apprehensive expectation
- obsessions
cortico-striato-thalamo-cortical circuit

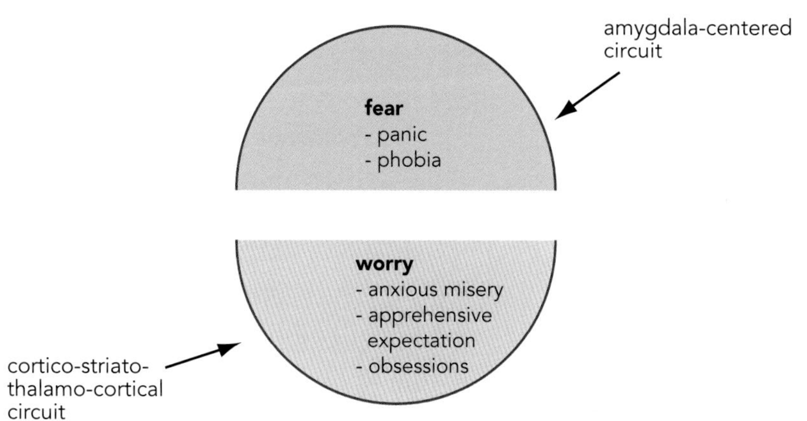

그림 8-7 불안 증상을 회로와 연결하기. 불안과 공포 증상(예: 공황, 공포증)은 편도 중심 회로에 의해 조절된다. 반면에 걱정은 피질-선조체-시상-피질 회로에 의해 조절된다. 이러한 회로는 모든 불안장애에 관여할 수 있으며, 다양한 표현형은 고유한 회로가 아니라 해당 회로 내의 다양한 기능불량에 의한 것이다.

리의 기능과 연결되어 있다. 이 장의 뒷부분에서는 불안장애 스펙트럼에서 CSTC '걱정 고리'와 걱정 증상에 대한 치료 사이의 연관성에 대해서 논의한다(그림 8-15부터 8-20까지 참조). 우리는 어떤 불안장애를 다른 불안장애와 구별하는 것이 각 질환의 해부학적 국소화나 공포와 걱정을 조절하는 신경전달물질이 아니라(그림 8-6 및 8-7), 다양한 불안장애에서 동일한 회로 내에서의 기능불량인 특정 특성일 수 있음을 알게 될 것이다. 즉 범불안장애의 경우 편도와 CSTC 걱정 고리의 기능불량은 가설상으로 지속적이고 끊임없지만 심각하지 않을 수 있는 반면에(그림 8-2), 공황장애의 기능불량은 이론상으로 간헐적이지만 예상치 못한 방식으로 재앙적이며(그림 8-3), 사회불안의 경우에는 예상 가능한 방식으로 재앙적일 수 있다(그림 8-4). 외상이 원인이 되어 회로 기능불량을 유발하고 PTSD가 될 수도 있다(그림 8-5).

편도와 공포의 신경생물학

편도는 해마 근처에 위치한 아몬드 모양의 구조물이며, 감각 및 인지 정보를 통합한 다음 공포 반응 여부를 결정하는 중요한 해부학적 연결을 가지고 있다. 특히 감정을 조절하는 전전두엽피질prefrontal cortex의 주요 영역인 안와전두피질orbitofrontal cortex 및 전대상피질anterior cingulate cortex과 상호 연결을 통해 공포의 정동이나 느낌을 조절할 수 있다(그림 8-8). 하지만 공포는 단순히 느낌만이 아니다. 공포 반응은 운동 반응도 포함할 수 있다. 대상자의 기질과 상황에 따라서 이러한 운동 반응은 투쟁, 도피, 얼어붙음freezing이 될 수 있다. 공포의 운동 반응은 편도와 뇌간brain stem의 수도관주위 회색질periaqueductal gray area 사이의 연결에 의해 부분적으로 조절된다(그림 8-9).

공포에 수반되는 내분비 반응은 편도와 시상하부 사이의 연결로 인해 부분적으로 발생하게 되는데, 시상하부-뇌하수체-부신hypothalamic-pituitary-adrenal, HPA 축과 코티솔 수치에 변화를 일으킨다. 코티솔의 급격한 상승은 단기적이지만 실제적인 위협에 직면했을 때 생존을 향상시킬 수 있다. 하지만 공포 반응의 이러한 측면이 만성적이고 지속적으로 활성화되면 관상동맥질환, 제2형 당뇨병, 뇌졸중 발병률 증가 등의 의학적 동반 질환이 증가할 수 있으며(그림 8-10), 제6장에서 논의하고 그림 6-30에서 보여준 바와 같이 잠재적으로 해마 위축이 발생할 수도 있다. 호흡은 공포 반응 동안 변화될 수 있으며, 편도와 뇌간의 팔곁핵parabrachial nucleus 사이 연결에 의해 부분적으로 조절된다(그림 8-11). 우리 몸은 공포에 대한 적응적 반응으로 투쟁/도피 반응을 겪을 때 생존을 강화하기 위해 호흡 속도를 빠르게 하지만, 과도한 경우에는 호흡 곤란, 천식 악화, 질식할 것 같은 잘못된 느낌과 같은 원치 않는 증상을 유발할 수 있고(그림 8-11), 이 모든 증상은 불안, 특히 공황발작처럼 불안이 밀려오는 동안 흔히 나타난다.

자율신경계는 공포에 맞출 수 있고, 실제 위협이 닥쳤을 때 투쟁/도피 반응과 생존을 위해 맥박 및 혈압 상승과 같은 심혈관계의 반응을 촉발할 수 있다. 이러한 자율신경계 및 심혈관계 반응은 편도와 노르아드레날린 세포체가 있는 청반locus coeruleus 사이의 연결에 의해 매개된다(그림 8-12; 노르아드레날린 뉴런은 제6장에서 논의하였고, 노르아드레

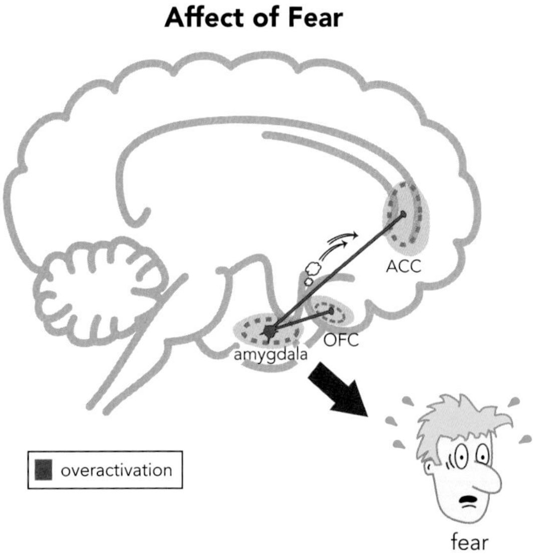

Affect of Fear

ACC

OFC

amygdala

overactivation

fear

그림 8-8 공포의 정동. 공포감은 편도와 전대상피질(ACC), 편도와 안와전두피질(OFC) 사이의 상호 연결에 의해 조절된다. 특히 이러한 회로의 과활성화는 공포감을 생성할 수 있다.

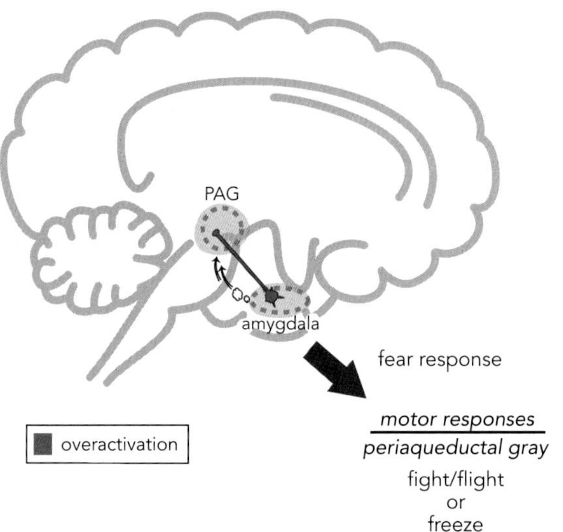

그림 8-9 공포의 운동 반응. 공포감은 회피와 같은 행동을 통해 표현될 수 있으며, 이는 편도와 수도관주위 회색질(PAG) 사이의 상호 연결에 의해 부분적으로 조절된다. 이러한 의미에서 회피는 운동 반응이며, 위협을 받으면 몸이 얼어붙는 것과 유사할 수 있다. 다른 운동 반응에는 환경적 위협에서 살아남기 위해 투쟁하거나 도피하는 것이 있다.

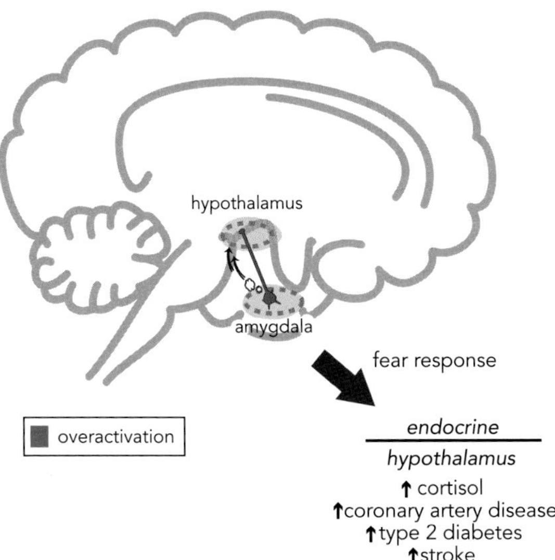

그림 8-10 공포의 내분비 출력. 공포 반응은 시상하부-뇌하수체-부신(HPA) 축의 편도 활성화로 인해 발생하는 코티솔 증가와 같은 내분비 효과로 어느 정도 특징지어질 수 있다. 장기간의 HPA 활성화와 코티솔 분비는 관상동맥질환, 제2형 당뇨병, 뇌졸중의 위험을 증가시키는 등 건강에 중대한 영향을 미칠 수 있다.

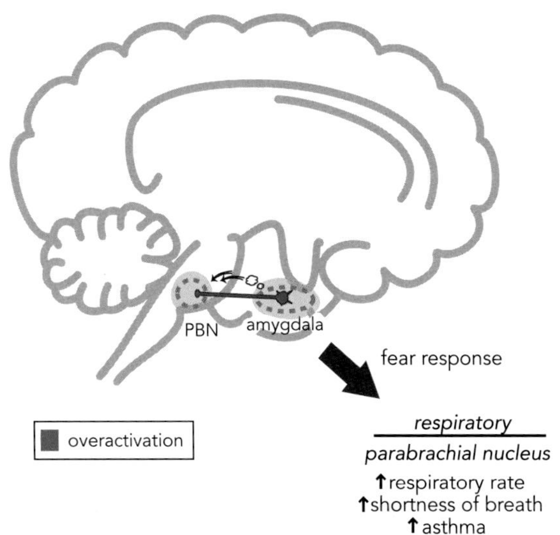

그림 8-11 호흡 출력. 공포 반응 동안 호흡의 변화가 발생할 수 있으며, 이러한 변화는 편도를 통한 팔곁핵(PBN)의 활성화에 의해 조절된다. 팔곁핵이 부적절하거나 과도하게 활성화되면, 호흡 속도가 증가할 뿐만 아니라 호흡 곤란, 천식 악화, 질식할 것 같은 느낌과 같은 증상이 나타날 수 있다.

날린 경로와 뉴런에 대해서 그림 6-12부터 6-16까지에 삽화로 설명하였음). 불안장애의 일부로 자율신경계 반응이 반복적이고 부적절하거나 만성적으로 촉발되면, 죽상경화증, 심장 허혈, 고혈압, 심근경색증, 심지어 급사까지 초래될 수 있다(그림 8-12). '죽을 것 같다'는 말이 항상 과장된 표현이나 비유인 것은 아니다! 마지막으로 불안은 해마에 저장된 외상성 기억으로부터 내부적으로 촉발될 수 있으며, 특히 PTSD 같은 상태에서는 편도와의 연결에 의해 활성화될 수 있다(그림 8-13).

공포 반응의 처리는 편도의 안팎으로 흐르는 수많은 뉴런 연결에 의해 조절된다. 각 연결은 특정 수용체에 작용하는 특정 신경전달물질을 활용한다(그림 8-14). 이러한 연결에 대해 알려진 것은 여러 신경전달물질이 편도 수준에서 불안 증상을 생성하는 데 관여할 뿐만 아니라, 다수의 항불안제가 특정 신경전달물질 시스템에 작용하여 불안과 공포 증상을 완화한다는 것이다(그림 8-14). 편도의 신경생물학적 조절인자로 알려진 것은 신경전달물질 GABA, 세로토닌, 노르에피네프린과 전압작동 칼슘통로voltage-gated calcium channel이다. 놀랄 것도 없이 알려진 항불안제는 가설상으로 이러한 신경전달물질에 작용하여 치료작용을 매개하는 것으로 알려져 있다.

피질-선조체-시상-피질 고리와 걱정의 신경생물학

불안장애의 두 번째 핵심 증상인 걱정은 가설상으로 또 다른 특별한 회로와 관련되어 있다(그림 8-15). 걱정에는 염려되는 고통, 불안한 기대, 재앙적 사고, 강박 등이 포함될 수 있으며, 전전두엽피질의 CSTC 되먹임 고리와 연결되어 있는 것으로 추정된다(그림 8-15 및 8-16). 일부 전문가들은 유사한 CSTC 되먹임 고리가 반추, 강박, 망상 등의 관련 증상을 조절한다고 주장하는데, 이 증상들은 모두 반복적 사고의 일종으로 볼 수 있다. 이러한 회로를 조절하는 것으로 알려진 신경전달물질 및 조절인자로는 세로토닌, GABA, 도파민, 노르에피네프린, 글루타메이트, 전압작동 이온통로 등이 있으며(그림 8-15), 이는 편도를 조절하는 것으로 알려진 신경전달물질 및 조절인자와 겹치는 부분이

Autonomic Output of Fear

LC
amygdala
fear response
overactivation
cardiovascular
locus coeruleus
↑ atherosclerosis
↑cardiac ischemia
↑BP
↓ HR variability
↑MI
sudden death

그림 8-12 **공포의 자율신경 출력.** 자율신경계 반응은 일반적으로 공포감과 관련이 있다. 여기에는 심박수(HR)와 혈압(BP)의 증가가 포함되며 편도와 청반(LC) 사이의 상호 연결에 의해 조절된다. 이 회로가 장기간 활성화되면 죽상경화증, 심장 허혈, 혈압 변화, 심박수 변동성 감소, 심근경색증(MI), 심지어 급사의 위험이 증가할 수 있다.

상당히 많다(그림 8-14).

불안치료제로서 벤조디아제핀

벤조디아제핀benzodiazepine이 불안장애에서 공포 반응 동안 편도의 과도한 출력을 어떻게 조절할 수 있는지에 대한 간단한 개념이 그림 8-18에 제시되어 있다. 편도 과활성(그림 8-8부터 8-12까지, 그림 8-17A 참조)은 이론상으로 벤조디아제핀에 의해 감소될 수 있다. 이 약물은 시냅스후 $GABA_A$ 수용체의 양성 알로스테릭 조절positive allosteric modulation을 통해 GABA의 위상성 억제phasic inhibition를 강화시킨다($GABA_A$ 수용체에서 벤조디아제핀에 의한 양성 알로스테릭 조절에 대한 설명은 제6장 및 그림 6-20부터 6-23까지 참조). 벤조디아제핀의 항불안 작용은 가설상으로 편도 내에 위치한 $GABA_A$ 수용체에서 발생하며, 공포와 관련된 출력을 무디게 하여 공포 증상을 감소시키는 것

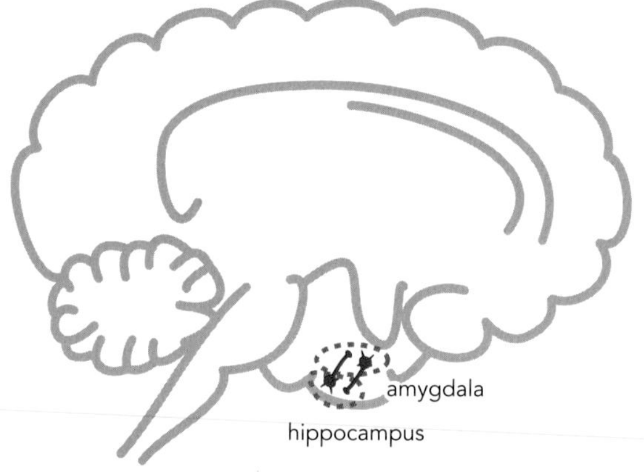

그림 8-13 **해마와 재경험.** 불안은 외부 자극뿐만 아니라 개인의 기억에 의해서도 촉발될 수 있다. 해마에 저장된 외상성 기억은 편도를 활성화하고, 편도는 다른 뇌 부위를 활성화해서 공포 반응을 일으킬 수 있다. 이를 재경험이라고 하며 외상후 스트레스장애의 특별한 특징이다.

으로 추정된다(그림 8-17B). 벤조디아제핀이 $GABA_A$ 수용체 아형과 상호작용하는 방식은 제6장에서 논의하였고 그림 6-19부터 6-23까지에 삽화로 설명되어 있다. 벤조디아제핀은 이론상으로 CSTC 회로에서 억제성 사이신경세포interneuron의 작용을 강화하여(그림 8-18B), 걱정 고리로부터의 과도한 출력(그림 8-18A)을 조절함으로써 걱정 증상을 감소시킨다.

항불안제로서 알파-2-델타 리간드

전압민감 칼슘통로voltage-sensitive calcium channel, VSCC는 제3장에서 논의하였으며, VSCC의 시냅스전 N 및 P/Q 아형과 흥분성 신경전달물질 방출에서의 역할도 삽화로 설명하였다(그림 3-18, 3-22부터 3-24까지 참조). 시냅스전 N 및 P/Q VSCC의 $\alpha_2\delta$ 아단위에 결합하기 때문에 $\alpha_2\delta$ 리간드로도 알려진 가바펜틴gabapentin과 프레가발린pregabalin은 공포가 유발되는 편도(그림 8-17A)와 걱정이 유발되는 CSTC 회로(그림 8-18A)에서 과도한 신경전달이 발생할 때 글루타메이트와 같은 흥분성 신경전달물질의 방출을 차단시킨다. 가설상으로 $\alpha_2\delta$ 리간드는 편도에서 과도하게 활

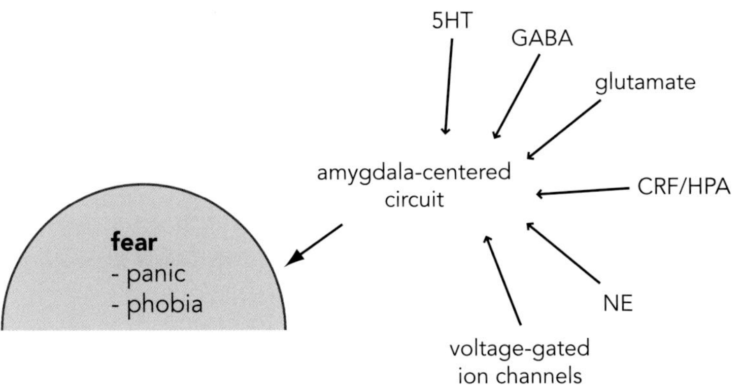

그림 8-14 불안 증상을 회로 및 신경전달물질과 연결하기. 불안/공포 증상은 편도 중심 회로의 기능불량과 관련이 있으며, 이 회로를 조절하는 신경전달물질에는 세로토닌(5HT), 감마아미노뷰티르산(GABA), 글루타메이트, 부신피질 자극호르몬 방출 인자corticotropin releasing factor, CRF, 노르에피네프린(NE) 등이 있다. 또한 전압작동 칼슘통로는 이러한 회로 내의 신경전달에 관여한다.

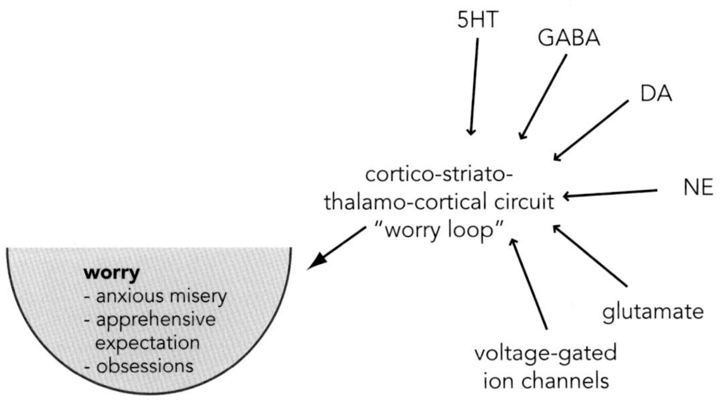

그림 8-15 걱정 증상을 회로 및 신경전달물질과 연결하기. 염려되는 고통, 불안한 기대, 재앙적 사고, 강박과 같은 걱정 증상은 세로토닌(5HT), 감마아미노뷰티르산(GABA), 도파민(DA), 노르에피네프린(NE), 글루타메이트, 전압작동 이온통로에 의해 조절되는 피질-선조체-시상-피질 고리의 기능불량과 관련이 있다.

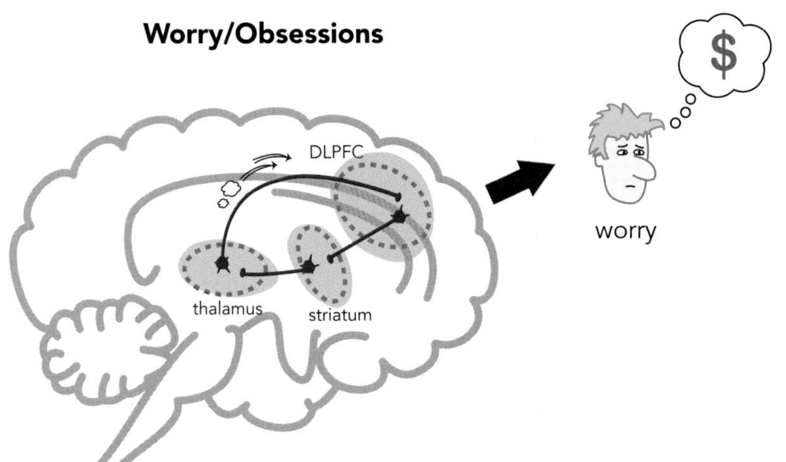

그림 8-16 걱정/강박 회로. 등가쪽 전전두엽피질(DLPFC)에서 시작하고 끝나는 피질-선조체-시상-피질 고리가 여기 표시되어 있다. 이 회로의 과활성화는 걱정이나 강박으로 이어질 수 있다.

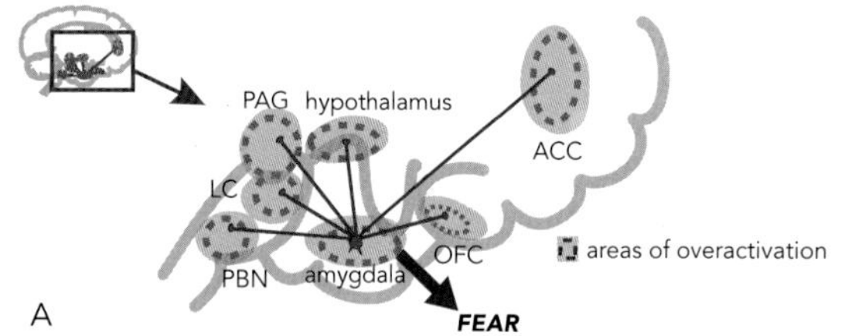

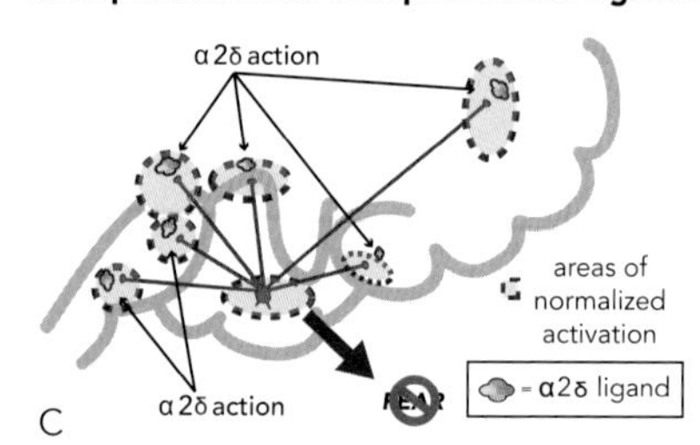

그림 8-17 불안/공포에 대한 약물의 잠재적 치료 작용. (A) 병적인 불안/공포는 편도 회로의 과활성화로 인해 발생할 수 있다. (B) 벤조디아제핀과 같은 GABA 약물은 편도 내의 시냅스후 $GABA_A$ 수용체에서 위상성 억제작용을 강화하여 불안/공포를 완화할 수 있다. (C) 시냅스전 N 및 P/Q 전압민감 칼슘통로의 $\alpha_2\delta$ 아단위에 결합하는 약물은 편도에서 글루타메이트의 과도한 방출을 차단하여 불안 증상을 줄일 수 있다. (D) 편도는 일부 출력에 억제 효과를 줄 수 있는 세로토닌 뉴런으로부터 입력을 받는다. 따라서 세로토닌 약물은 편도로의 세로토닌 입력을 강화하여 불안/공포를 완화할 수 있다.

성된 VSCC에 결합하여 공포를 감소시키고(그림 8-17C), CSTC 회로에서는 걱정을 감소시킨다(그림 8-18C). $\alpha_2\delta$ 리간드인 프레가발린과 가바펜틴은 사회불안장애와 공황장애에서 항불안 작용이 입증되었고, 몇몇 국가에서는 불안 치료제로 승인되었으며, 신경병성 통증neuropathic pain 및 섬유근육통fibromyalgia을 포함한 특정 통증 질환과 뇌전증epilepsy의 치료에도 효과가 있는 것으로 입증되었다. $\alpha_2\delta$ 리간드가 VSCC에 미치는 작용에 대해서는 통증에 관한 제9장에서 논의하고 삽화로 설명한다. 알파-2-델타 리간드는 선택적 세로토닌 재흡수 억제제(SSRI)나 벤조디아제핀과 작용기전이 분명히 다르기 때문에, SSRI/SNRI 또는 벤조디아제핀에 잘 반응하지 않는 환자에게 유용할 수 있다. 또한 $\alpha_2\delta$ 리간드는 관해는 아니지만 부분적 반응이 있는 환자에게서 SSRI/SNRI 또는 벤조디아제핀과 함께 사용하기에 유용할 수 있다.

세로토닌과 불안

불안장애와 관련된 증상, 회로, 신경전달물질은 주요우울장애와 광범위하게 겹치기 때문에(그림 8-1), 우울증 치료제로 개발된 많은 약물이 불안장애의 효과적인 치료제로 입증된 것은 그리 놀라운 일이 아니다. 실제로 오늘날 불안장애의 주요 치료제는 원래 우울증 치료제로 개발된 약물들이 점점 더 많아지고 있다. 세로토닌은 편도뿐만 아니라 전전두엽피질, 선조체, 시상 등 CSTC 회로의 모든 구성 요소를 신경지배하는 핵심 신경전달물질이며, 공포와 걱정 증상을 모두 조절하기 위한 준비가 되어 있다(세로토닌 경로는 제5장과 제6장, 그림 6-40에 설명되어 있음). 세로토닌 수송체를 차단하여 세로토닌 분비를 증가시키는 대부분의 우울증

Hyperactive CSTC Circuits and Worry

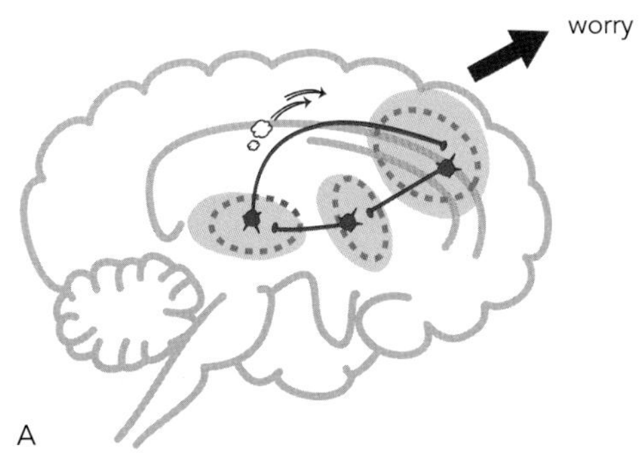

Therapeutic Actions of Benzodiazepines

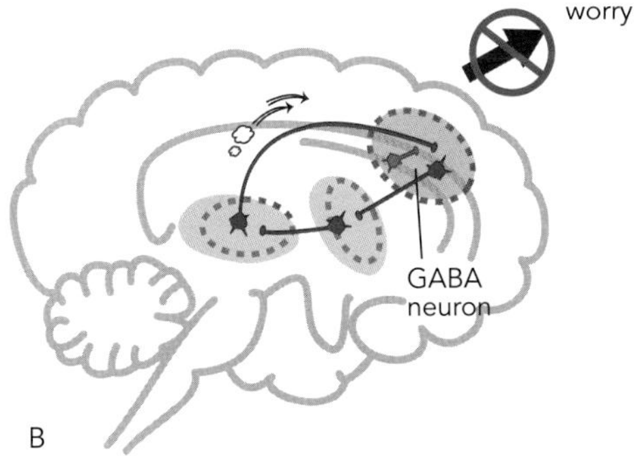

Therapeutic Actions of Alpha-2-Delta Ligands

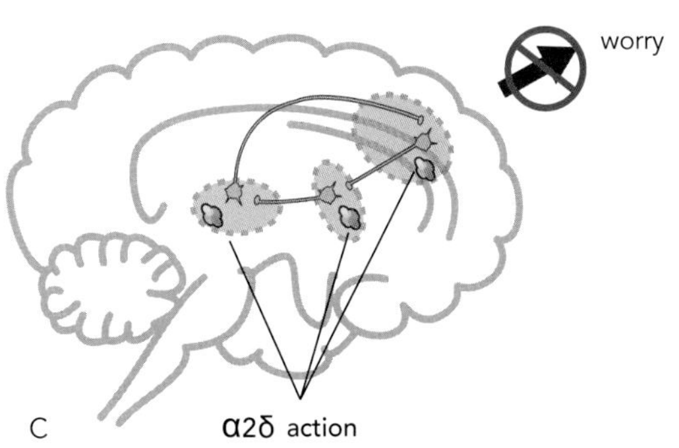

Therapeutic Actions of Serotonergic Agents

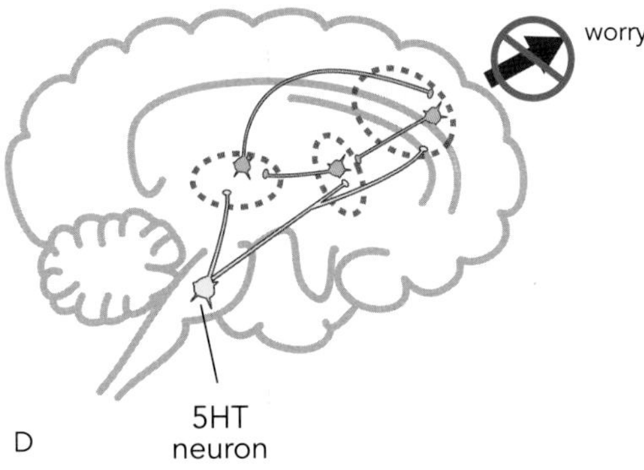

그림 8-18 걱정에 대한 약물의 잠재적 치료작용. (A) 병적인 걱정은 피질-선조체-시상-피질(CSTC) 회로의 과활성화로 인해 발생할 수 있다. (B) 벤조디아제핀과 같은 GABA 약물은 전전두엽피질 내의 억제성 GABA 사이신경세포 작용을 강화하여 걱정을 완화할 수 있다. (C) 시냅스전 N 및 P/Q 전압민감 칼슘통로의 $\alpha_2\delta$ 아단위에 결합하는 약물은 CSTC 회로에서 글루타메이트의 과도한 방출을 차단하여 걱정 증상을 줄일 수 있다. (D) 전전두엽피질, 선조체, 시상은 출력에 억제효과를 줄 수 있는 세로토닌 뉴런으로부터 입력을 받는다. 따라서 세로토닌 약물은 CSTC 회로로의 세로토닌(5HT) 입력을 강화하여 걱정을 완화할 수 있다.

치료제는 범불안장애, 공황장애, 사회불안장애, PTSD 등의 모든 불안/외상 장애(그림 8-2부터 8-5까지)에서 불안과 공포 증상을 감소시키는 데에도 효과적이다(그림 13-30의 OCD도 포함). 이러한 약물에는 잘 알려진 SSRI(제7장에서 논의, 작용기전은 그림 7-11부터 7-15까지에 삽화로 설명함)는 물론 SNRI(제7장에서 논의, 작용기전은 그림 7-32 및 7-11부터 7-15까지에 삽화로 설명함)가 포함된다.

세로토닌 1A ($5HT_{1A}$) 부분작용제partial agonist인 부스피론buspirone은 범불안장애 치료제로 인정받았지만, 다른 불안/외상 장애 아형의 치료제로는 인정받지 못했다. 우울증 치료제의 증강제augmenting agent로서 $5HT_{1A}$ 부분작용제를 사용하는 것에 대해서는 제7장에서도 언급되며, $5HT_{1A}$ 부분작용과 세로토닌 재흡수 억제가 결합된 우울증 치료제(예: 세로토닌 부분작용 재흡수 억제제serotonin partial agonist reuptake inhibitor, SPARI와 빌라조돈vilazodone, 그림 7-23부터 7-27까지 참조)는 이론상으로 항우울 작용뿐만 아니라 항불안 작용도 가져야 한다. 다수의 정신병 치료제의 $5HT_{1A}$ 부분작용제 특성에 대해서는 제5장에서 논의하였고, 그림 5-22, 5-23에서 삽화로 설명하였다. 그리고 $5HT_{1A}$ 수용체 자극의 후속 작용에 대해서는 제4장에서 논의하였고 그림 4-44에서 삽화로 설명하였다.

부스피론의 잠재적 항불안 작용은 이론상으로 시냅스전과 시냅스후 $5HT_{1A}$ 수용체 모두에서의 $5HT_{1A}$ 부분작용제 작용에 의해 가능하며(그림 7-23부터 7-27까지), 이 두 위치에서의 작용은 편도(그림 8-17D), 전전두엽피질, 선조체, 시상(그림 8-18D)으로의 투사에서 세로토닌 활성을 강화하는 결과로 이어져서, 공포와 걱정뿐만 아니라 범불안장애와 주요우울장애의 다른 증상도 감소시킨다(그림 8-1). SSRI와 SNRI는 이론상으로 동일한 작용을 한다(그림 8-17D와 8-18D). 우울증 치료제와 마찬가지로 부스피론의 항불안 작용은 시작되는 데 시간이 걸리기 때문에, $5HT_{1A}$ 작용제는 단순히 $5HT_{1A}$ 수용체를 급성 점유하는 것이 아니라 적응적 뉴런 사건들 및 수용체 사건들의 효능(그림 7-10부터 7-15까지, 그림 7-23부터 7-27까지)에 의해 치료효과를 발휘하는 것으로 생각된다. 이러한 방식으로 볼 때, $5HT_{1A}$ 부분작용제의 추정 작용기전은 SSRI 및 SNRI를 포함한 다양한 우울증 약물과 유사하다. 이러한 작용은 벤조디아제핀을 불안에 사용하는 것과는 시기적으로 상당히 다른데, 벤조디아제핀은 수용체의 적응으로 인한 지연이 아니라 벤조디아제핀 수용체의 점유에 의해 급성으로 작용하기 때문이다.

불안의 노르아드레날린 과활성

노르에피네프린은 편도(그림 8-19A)와 CSTC 회로의 전전두엽피질 및 시상(그림 8-20A)으로 중요한 조절 입력을 주는 또 다른 신경전달물질이다. 청반으로부터의 과다한 노르아드레날린 출력은 위에서 논의하고 그림 8-8부터 8-12까지에 삽화로 설명한 것과 같이, 자율신경 과열 상태의 다양한 말초 증상이 나타날 수 있을 뿐만 아니라 악몽, 과각성 상태, 돌연회상flashback, 공황발작과 같은 불안 및 공포의 다양한 중심 증상을 촉발할 수 있다(그림 8-19A). 과도한 노르아드레날린 활성은 전전두엽피질과 CSTC 회로의 정보처리 효율을 감소시킬 수 있으며, 이론상으로 걱정을 유발할 수 있다(그림 8-20A). 가설상으로 이러한 증상은 편도(그림 8-19A) 또는 전전두엽피질(그림 8-20A)의 α_1 및 β_1-아드레날린 시냅스후 수용체에 대한 과도한 노르아드레날린 입력에 의해 부분적으로 매개될 수 있다. 일부 환자에게 프라조신prazocin과 같은 α_1-아드레날린 차단제를 사용하면 악몽과 같은 과각성 증상을 줄일 수 있으며(그림 8-19B), 노르에피네프린 재흡수 억제제[노르에피네프린 수송체(NET) 억제제라고도 함]를 사용하면 공포(그림 8-19C)와 걱정(그림 8-20B) 증상을 줄일 수 있다. SNRI나 선택적 NET 억제제를 투여한 초기에는 노르아드레날린 활성이 증가하지만 시냅스후 수용체가 아직 적응하지 않은 상태라서 불안 증상이 일시적으로 악화될 수 있으므로 NET 억제제의 임상적 효과가 혼란스럽게 느껴질 수 있다. 하지만 이러한 NET 억제작용이 지속되면, β_1 수용체와 같은 시냅스후 노르에피네프린 수용체를 하향조절하고 탈민감화하여, 장기적으로 공포와 걱정 증상의 지연성 감소로 이어질 수 있다

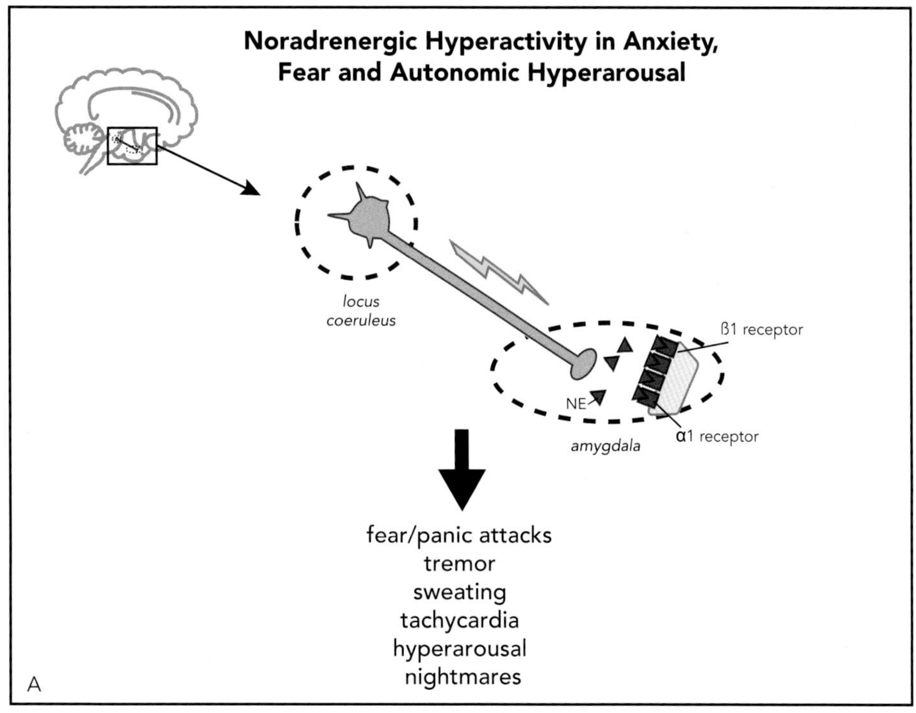

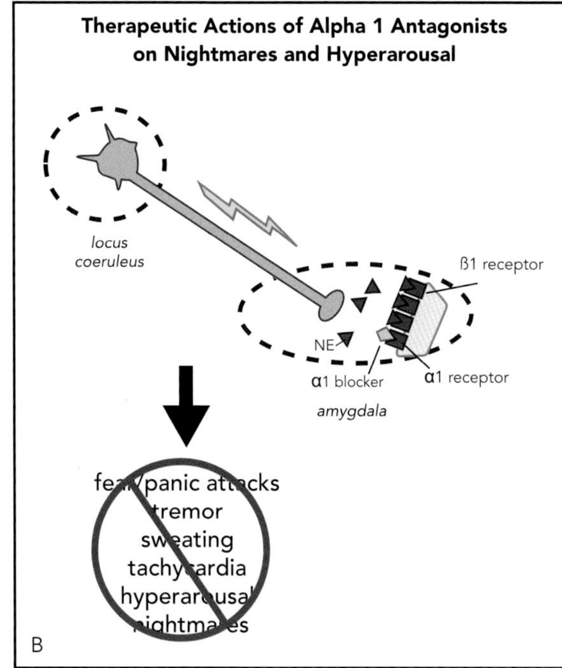

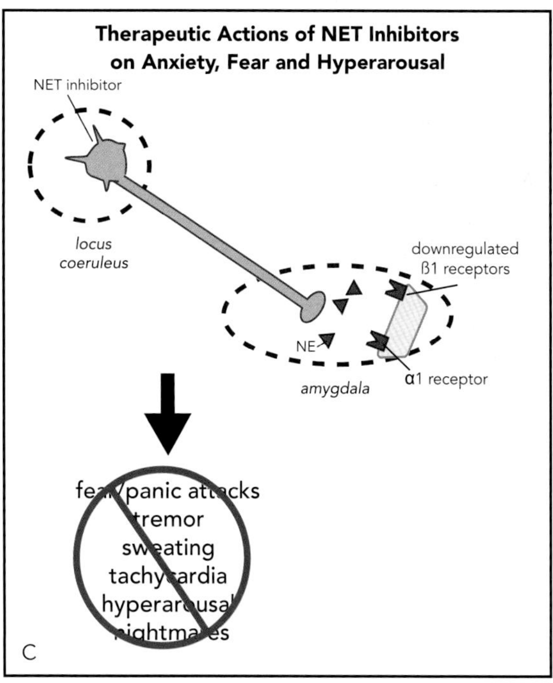

그림 8-19 불안/공포의 노르아드레날린 과활성. (A) 노르에피네프린은 편도뿐만 아니라 편도가 투사하는 많은 부위에도 입력을 제공하여 공포 반응에 중요한 역할을 한다. 노르아드레날린 과활성은 불안, 공황발작, 떨림, 발한, 빈맥, 과각성, 악몽을 유발할 수 있다. 특히 α_1 및 β_1-아드레날린 수용체는 이러한 반응에 관여할 수 있다. (B) 노르아드레날린 과활성은 α_1-아드레날린 길항제의 투여로 차단될 수 있으며, 이는 불안 및 기타 스트레스 관련 증상의 완화로 이어질 수 있다. (C) 노르아드레날린 과활성은 노르에피네프린 수송체(NET) 억제제의 투여로 차단될 수 있으며, 이는 β_1-아드레날린 수용체를 하향조절하는 후속 효과를 가질 수 있다. 따라서 β_1-아드레날린 수용체를 통한 자극이 감소하면 불안과 스트레스 관련 증상이 완화될 수 있다.

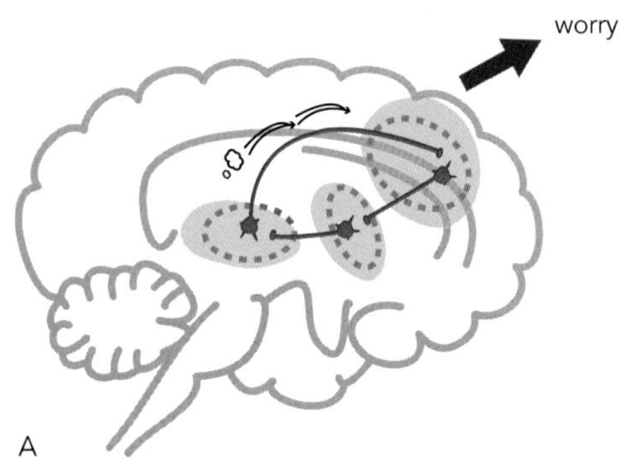

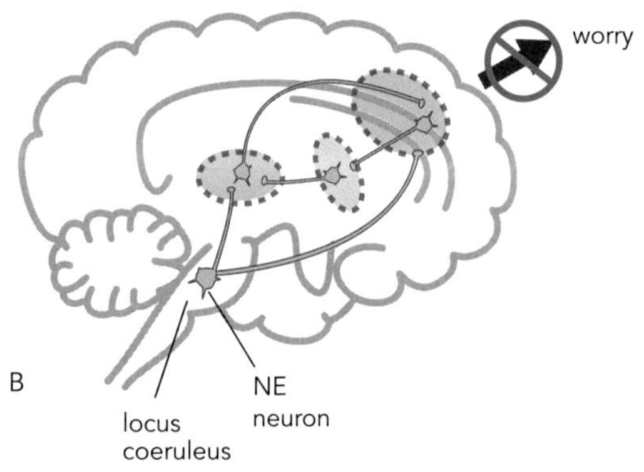

그림 8-20 걱정의 노르아드레날린 과활성. (A) 병적인 걱정은 피질-선조체-시상-피질(CSTC) 회로의 과활성화로 인해 발생할 수 있다. 특히 이 회로 내의 과도한 노르아드레날린 활성은 정보처리 효율을 감소시킬 수 있으며, 이론상으로 걱정을 유발할 수 있다. (B) 노르에피네프린 수송체(NET) 억제제를 투여하면, CSTC 회로의 노르아드레날린 과활성을 차단하여 β_1-아드레날린 수용체를 하향조절하는 후속 효과를 가져올 수 있다. 따라서 β_1-아드레날린 수용체를 통한 자극이 감소하면 걱정이 완화될 수 있다.

(그림 8-20B).

공포 조건화 대 공포 소거

공포 조건화fear conditioning는 파블로프의 개Pavlov's dog 만큼이나 오래된 개념이다. 전기충격과 같은 혐오 자극이 종소리와 같은 중립 자극과 결합되면, 동물은 두 자극을 연관시키는 방법을 학습하여 종소리를 들었을 때 공포를 느끼게 된다. 인간의 경우 정서적 외상과 관련된 스트레스 경험 중에 공포를 '학습'할 수 있으며, 개인의 유전적 소인뿐만 아니라 뇌 회로의 스트레스 민감화sensitization를 유발할 수 있는 환경적 스트레스 요인에 대한 개인의 과거 노출에 의해 영향을 받는다(예: 아동학대, 제6장 및 그림 6-28과 6-33 참조). 종종 두려운 상황은 성공적으로 관리된 후에 잊혀지는 경우가 많다. 위험한 상황을 적절히 두려워하는 것과 같이 일부 공포는 생존에 필수적이며, 공포 조건화라고 하는 학습된 공포 기전은 인간을 포함한 여러 종에서 매우 잘 보존되어 왔다. 하지만 '학습'되었으나 '잊혀'지지 않은 일부 공포는 가설상으로 불안장애나 주요우울장애로 발전할 수 있다. 인구의 약 30%가 불안장애를 겪을 수 있는 것은 큰 문제이며, 대부분 스트레스가 많은 환경이 원인이다. 여기에는 21세기 사회에서 일상적인 활동을 하는 동안 공포스러운 사건에 노출된 것이 포함되며, 특히 어렸을 때 학대나 역경을 겪은 경우, 성인이 되어 전쟁이나 자연재해, 학대 관계를 경험한 경우가 포함된다.

정서적 외상을 입은 PTSD 환자가 폭발을 보고 듣거나, 고무 타는 냄새를 맡거나, 부상당한 민간인 사진을 보거나, 홍수를 보고 듣는 것과 같은 공포스러운 사건으로 초기 노출과 관련된 감각적 경험을 반복하는 것은 외상성 재경험, 일반화된 과각성, 공포를 촉발할 수 있다. 사회불안장애에서 사회적 상황과 관련된 공황은 환자에게 사회적 상황에서의 공황을 '학습'시키게 된다. 군중 속에서, 다리 위에서, 쇼핑 센터에서 우연히 일어나는 발작과 무작위로 연관된 공황은 공황장애에서 동일한 환경을 직면할 때 또 다른 공황발작을 촉발할 수 있다. 이런 증상들과 불안장애의 또 다른 증상들은 모두 공포 조건화로 알려진 학습의 형태들이다(그림 8-21).

이론상으로 편도는 주어진 공포스러운 상황과 관련된 다양한 자극을 '기억'하는 것에 관여한다. 가설상으로 편도는 시상이나 감각 피질에서 이러한 자극과 관련된 감각 입력이 들어올 때, 외측 편도에 있는 글루타메이트 시냅스에서 신경전달 효율을 증가시켜서 이를 수행한다(그림 8-21). 그런 다음 이 입력은 중앙 편도로 전달되고, 공포 조건화는 그곳에 있는 또 다른 글루타메이트 시냅스의 신경전달 효율

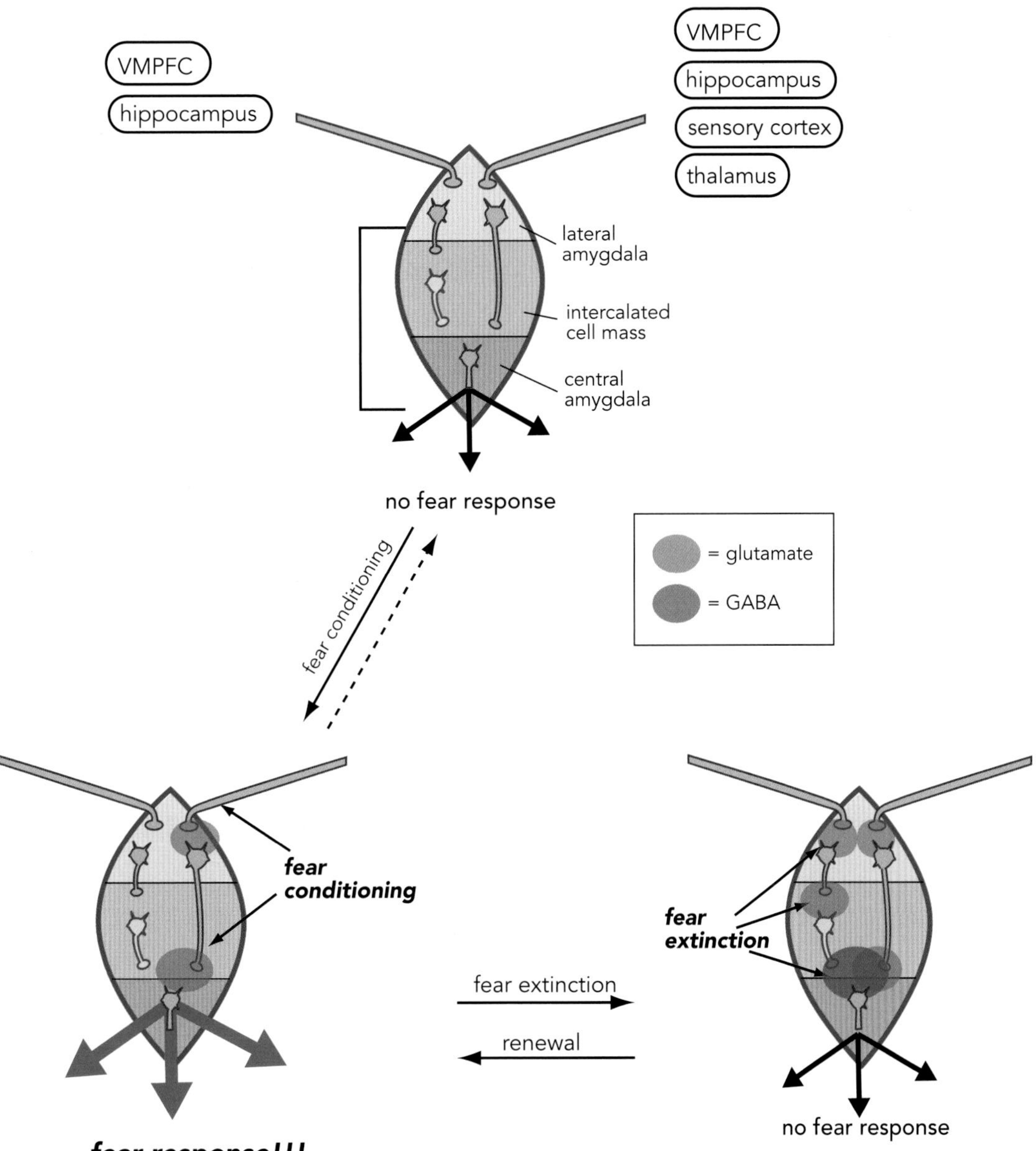

그림 8-21 공포 조건화 대 공포 소거. 인간이 스트레스가 많은 또는 두려운 경험을 하게 되면, 감각 입력이 편도로 전달되고, 이는 배안쪽 전전두엽피질(VMPFC)과 해마로부터의 입력과 통합되어 공포 반응을 생성하거나 억제할 수 있다. 편도는 글루타메이트 신경전달의 효율성을 높여 해당 경험과 관련된 자극을 '기억'하여 향후 자극에 노출될 때 공포 반응이 더 효율적으로 촉발되도록 할 수 있다. 공포 반응을 억제하기 위한 VMPFC로부터의 입력에 대응하지 못하면 공포 조건화가 진행된다. 공포 조건화는 쉽게 되돌릴 수 없지만 새로운 학습을 통해 억제할 수 있다. 이 새로운 학습을 공포 소거라고 하며, 이는 부정적인 결과 없이 두려운 자극을 반복적으로 제시하면서 이에 대한 반응을 점진적으로 감소시키는 것이다. 따라서 VMPFC와 해마는 두려운 자극에 대한 새로운 맥락을 학습하고 편도에 입력을 보내 공포 반응을 억제한다. 그러나 조건화된 공포에 대한 '기억'은 여전히 존재한다.

을 증가시킨다(그림 8-21). 두 시냅스 모두는 가설상으로 재구조화되고 영구적인 학습이 *N*-메틸-D-아스파르트산 N-methyl-D-aspartate, NMDA 수용체에 의해서 이 회로에 잠재적으로 내장된다. 장기 강화작용long-term potentiation 및 시냅스 가소성synaptic plasticity을 촉발하여 감각 피질과 시상으로부터의 후속 입력이 매우 효율적으로 처리되고, 원래의 공포 사건과 연관된 동일한 감각 입력을 재경험할 때마다 중앙 편도에서 출력이 발생하여, 원래의 경험으로 인한 것과 동일한 공포 반응이 촉발된다(그림 8-21, 8-8부터 8-13까지 참조).

외측 편도로의 입력은 전전두엽피질, 특히 배안쪽 전전두엽피질ventromedial prefrontal cortex, VMPFC과 해마에 의해 조절된다. 입력이 편도 수준까지 도달하기 전에 VMPFC가 공포 반응을 억제하지 못하면 공포 조건화가 진행되는 것으로 생각된다. 가설상으로 해마는 공포 조건화의 맥락을 '기억'하고, 공포 자극 및 그것과 관련된 모든 자극을 다시 접할 때 공포가 촉발되도록 한다. 불안과 공포에 대한 대부분의 현대 정신약리학적 치료는 편도에서 나오는 공포 출력을 억제하는 방식으로 작용하므로(그림 8-17 참조), 환자가 가진 공포 조건화의 근간이 되는 근본적인 신경 학습이 그대로 남아 있기 때문에 완치가 어렵다. 반면에 공포 조건화의 '학습 해소unlearning'를 표적으로 하는 약물을 통해 강화된 정신치료적 접근은 불안 증상의 장기적 해결책에 대한 희망을 제공할 수 있다.

불안장애 치료에 대한 새로운 접근법

공포 조건화는 한번 형성되면 되돌리기가 매우 어려울 수 있다. 그럼에도 불구하고 공포 조건화를 상쇄할 수 있는 방법은 소거extinction라는 과정을 촉진하거나 재강화reconsolidation라는 과정을 차단하는 두 가지 방법이 있다. 특히 세로토닌, 벤조디아제핀, $\alpha_2\delta$ 약물치료 또는 노출치료exposure treatment, 인지행동치료cognitive behavioral therapy 같은 표준 치료에 반응하지 않는 환자의 불안 증상에 대한 새롭고, 보다 강력하며, 보다 오래 지속되는 치료법을 찾기 위해 소거와 재강화에 대한 연구가 진행되고 있다. '스트레스', 특히 어린아이의 초기 인생 역경과 성인의 만성 스트레스 및 파국적인 스트레스를 예방하거나 최소화하는 방법도 연구 중이지만 이를 적용하는 것은 어렵다.

공포 소거

공포 소거fear extinction는 공포 자극에 대한 반응이 점진적으로 감소하는 것으로, 자극이 부정적인 결과 없이 반복적으로 제시될 때 발생한다. 공포 소거라는 능동적 과정을 통해 시간이 지남에 따라 공포 반응이 크게 감소할 수 있음에도 불구하고, 공포 소거가 일어날 때 원래의 공포 조건화는 실제로 '잊혀지지' 않는 것으로 나타났다. 공포 조건화에 대해 위에서 설명한 시냅스 변화를 되돌리기보다는, 편도에서 추가적인 시냅스 변화를 동반한 새로운 형태의 학습이 공포 소거 동안에 발생한다는 이론이 유력하다. 이러한 변화는 가설상으로 원래의 학습을 제거하는 것이 아니라 억제함으로써 불안과 공포 증상을 감소시킨다(그림 8-21). 특히 노출치료 동안처럼 공포가 촉발되지 않은 상태에서 VMPFC에 의한 편도 활성화가 반복적으로 발생하면, 해마는 가설상으로 두려운 자극이 부정적인 결과를 초래하지 않는다는 새로운 맥락을 '기억'하기 시작하며, 더 이상 공포가 활성화되지 않는다(그림 8-21). 시간이 지남에 따라 공포 소거라고 하는 점진적 둔감화progressive desensitization 과정으로 인해 원래의 자극은 더 이상 공포를 활성화시키지 않는다. 이러한 공포 소거는 가설상으로 VMPFC와 해마로부터의 입력이 편도의 사이세포 덩이intercalated cell mass 내에 위치한 억제성 GABA 사이신경세포와의 시냅스를 통해 외측 편도의 글루타메이트 뉴런을 활성화시키는 방법을 '학습'하면서 발생한다(그림 8-21). 이 이론에 따르면 중앙 편도에 관문을 설정하여, 공포 조건화 회로가 우세한 경우 공포 출력이 발생되며, 공포 소거 회로가 우세한 경우에는 공포 출력이 발생되지 않게 한다.

최근 연구에 따르면 새로운 회로의 시냅스 강화와 장기 강화작용이 기존의 공포 조건화 회로에서 생성되는 흥분성 글루타메이트 박동을 극복할 수 있는 억제성 GABA 박동을 생성할 수 있을 때, 이론상으로 공포 소거가 공포 조건화보다 우세하다고 할 수 있다. 공포 소거가 공포 조건화와 동시에 존재할 때 두 가지 모두에 대한 기억은 존재하지만, 가설상으로 출력은 어떤 체계가 '더 강력하고' '잘 기억되는지', 가장 강건한 시냅스 효율성을 가지는지에 의존한다. 가설상으로 이러한 요인에 따라 공포 반응이 있는 관문과 공포 반응을 억제하는 관문 중 어디가 열릴지 결정된다. 안타깝게도 시간이 지남에 따라 실험 모델과 임상진료에서 공포 조건화가 공포 소거보다 우위를 점할 수 있다. 공포 소거는 공포 조건화보다 더 불안정한 것으로 보이며, 시간이 지나면서 역전되는 경향이 있다. 또한 공포 소거 과정에서 공포를 억제하기 위해 '학습'된 것과는 다른 맥락으로 오래된 공포가 존재하면 공포 조건화가 다시 발생할 수 있는데, 이를 '갱신renewal'이라고 한다.

공포 소거의 치료적 촉진

불안 증상을 줄이는 새로운 치료는 시냅스 형성을 돕기 위한 정신치료와 약물치료의 조합을 통해 공포 소거를 촉진하는 것이다. 이러한 접근방식은 현재 효과적으로 사용되는 항불안제의 작용방식, 즉 약리적으로 공포 반응을 억제하는 것과는 대조적이다(그림 8-17부터 8-20까지). 현재 임상진료에서 사용되는 불안에 대한 효과적인 정신치료 중에서는, 노출기법을 사용하고 환자가 안전한 환경에서 공포를 유발하는 자극에 직면하도록 하는 인지행동치료가 공포 소거를 촉진하는 데 가장 근접할 수 있다. 왜냐하면 가설상으로 치료가 효과적인 경우 편도에서 공포 소거 학습을 촉발할 수 있기 때문이다(그림 8-21). 안타깝게도 해마는 소거의 맥락을 '기억'하기 때문에 이러한 치료는 종종 맥락 특이적이고, 환자가 치료자 진료실의 안전한 치료적 환경을 벗어나게 되면 항상 일반화되지는 않으며, 따라서 공포와 걱정이 현실 세계에서 '갱신될' 수 있다. 현재의 정신치료 연구는 맥락적 단서를 사용하여 소거 학습을 강화함으로써 치료적 학습이 다른 환경에서도 일반화될 수 있도록 하는 방법을 조사하고 있다. 현재의 정신약리학 연구는 특정 약물이 편도 관문의 공포 소거 측면의 시냅스를 공포 조건화 측면의 시냅스에 비해 불균형하게 약리적으로 강화시켜 소거 학습을 강화할 수 있는지를 조사하고 있다. 어떻게 이런 일이 가능할까?

소거 학습에 대한 성공적 동물실험을 바탕으로 그림 8-22에 한 가지 아이디어가 제시되어 있다. 이는 인지행동치료 회기 동안 환자가 두려운 자극에 체계적으로 노출되는 바로 그 시점에서 약리적으로 *N*-메틸-D-아스파르트산(NMDA) 수용체 활성화를 향상시키는 것이다. 정신치료가 진행되면서 학습이 일어나게 되는 이유는 정신치료에 의해 외측 편도와 억제성 GABA 뉴런의 사이세포 덩이에서 글루타메이트 방출이 유발되기 때문으로 생각된다. 이 두 글루타메이트 시냅스의 NMDA 수용체를 약리적으로 향상시켜 불균형적으로 강력한 장기 강화작용 및 시냅스 가소성을 촉발할 수 있다면, 이론상으로는 학습 및 치료가 일어나는 정확한 시간에 맞춰서 시냅스가 선택적으로 활성화되게 하여 조건화 경로보다 소거 경로를 더 우세하게 만들 수 있다. 동물연구가 이러한 가능성을 뒷받침하고 있으며, 초기의 임상연구는 고무적이었으나 현재까지 항상 강력하거나 일관된 결과가 나온 것은 아니다. 한편으로 세심한 정신약리학자들은 이미 많은 환자가 이러한 조합을 통해 향상된 치료효과를 얻고 있기 때문에 현재의 항불안제 포트폴리오를 정신치료와 함께 활용하는 경우가 점점 더 많아지고 있다.

공포 조건화 및 공포 기억 차단하기

공포 기억의 강화consolidation나 재강화reconsolidation를 차단하는 것은 불안 증상의 새로운 치료법 개발과 관련된 또 다른 접근법이다. 공포가 처음 조건화될 때, 그 기억은 본질적으로 영구적이라고 여겨지는 분자 과정을 통해서 '강화'된다. 공포 조건화의 초기 강화 기전에 대한 힌트는 베타 차단제와 아편유사제opioid가 인간에게도 원래의 외상성 기억의 조건화를 잠재적으로 완화할 수 있다는 관찰 결과에서 얻을 수 있으며, 일부 연구는 이러한 약물이 외상성 손상 후에 PTSD로 이환될 가능성을 잠재적으로 줄일 수 있다는 것

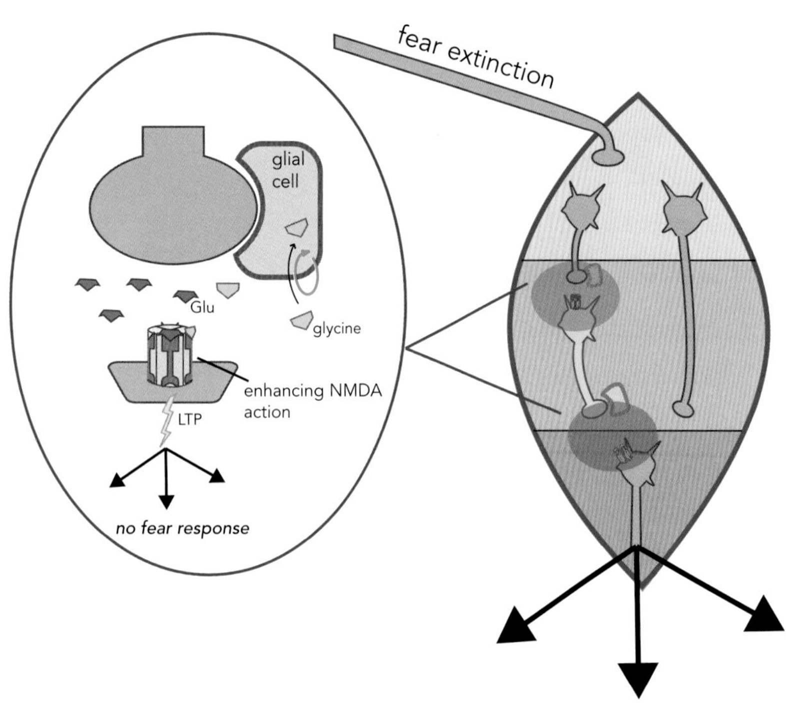

그림 8-22 NMDA 수용체 활성화를 통한 공포 소거 촉진. 공포 소거에 관여하는 시냅스를 강화하면 편도에서 공포 소거 학습의 발달을 촉진하고 불안장애의 증상을 줄이는 데 도움이 될 수 있다. 노출치료를 받는 동안 *N*-메틸-D-아스파르트산(NMDA) 작용을 강화하는 약제를 투여하면, 공포 소거에 관여하는 시냅스에서 글루타메이트(Glu) 신경전달의 효율이 높아질 수 있다. 노출치료로 시냅스가 활성화되는 동안 장기 강화작용(LTP) 및 시냅스 가소성이 유발되면, 공포 소거 경로와 관련된 편도의 구조적 변화가 생겨서 조건화 경로보다 소거 경로가 우세해질 수 있다.

을 보여준다(그림 8-23). 이런 치료적 접근법은 초기 공포가 조건화되거나 강화되는 것을 막기 위해서 외상 경험 직후 급성으로 노출된 환자를 치료한다.

전통적으로 이미 '공포 조건화'된 감정적 기억은 영원히 지속되는 것으로 생각되었지만, 최근의 동물실험에서는 감정적 기억이 재경험되는 시점에서 약화되거나 심지어 지워질 수 있다는 보고가 있다. 현재의 이론에서는 감정적 기억이 재경험되는 순간은 기억이 수정될 수 있는 불안정한 상태이며, 감정의 재경험과 그에 대한 수정이 완료되면 기억이 복원되거나 수정된 내용으로 '재강화'되는 것으로 알려져 있다. 재강화는 강화된 공포 기억이 재활성화로 인해 불안정해지고, 기억을 온전하게 유지하기 위해서 단백질 합성이 필요한 상태이다.

동물실험에서 제시한 것처럼, 만약 공포 조건화로 강화된 감정적 기억이 영구적이지 않고 다시 불러올 때 바뀔 수 있다면, 정신치료적 및 정신약리학적 접근을 모두 사용하여 공포 기억의 재강화를 차단하는 것을 생각해볼 수 있다. 재강화 차단은 가설상으로 환자가 감정적 기억을 '잊을' 수 있도록 해준다.

베타차단제의 초기 연구는 베타차단제가 공포 기억 재강화뿐만 아니라 공포 조건화 형성을 방해할 수 있다고 제시하였다(그림 8-23). 보다 최근에는 실로시빈psilocybin, 3,4-메틸렌디옥시메스암페타민3,4-methylenedioxymethamphetamine, MDMA, 케타민ketamine과 같은 엔탁토겐entactogen, 환각제, 해리제가 정신치료 회기 동안 활성화된 기억의 재강화를 차단하기 위해 사용되었다. 이는 제13장 물질남용에서 자세히 논의되며, 실로시빈과 MDMA는 제7장에서도 간략하게 논의되었고, 그림 7-87과 7-88에 삽화로 설명되었다. 케타민은 제7장에서 더 광범위하게 논의되었다. 후속 연구에서는 케타민, 실로시빈, MDMA를 포함한 해리상태를 일으키는 환각제와 같은 약제를 투여하여, 감정적 기억의 재강화를 방해하여 PTSD와 불안장애의 불안, 외상, 재경험, 다른 감정적 기억 및 말기 환자의 실존적 고통의 증상을 완화할 수 있는 상태를 만들고, 감정적 기억을 자극하고 재활성화하기 위해 정신치료를 사용하는 방법을 밝혀내고자 시도하고 있다. 이러한 개념을 임상 환경에 적용하는 것

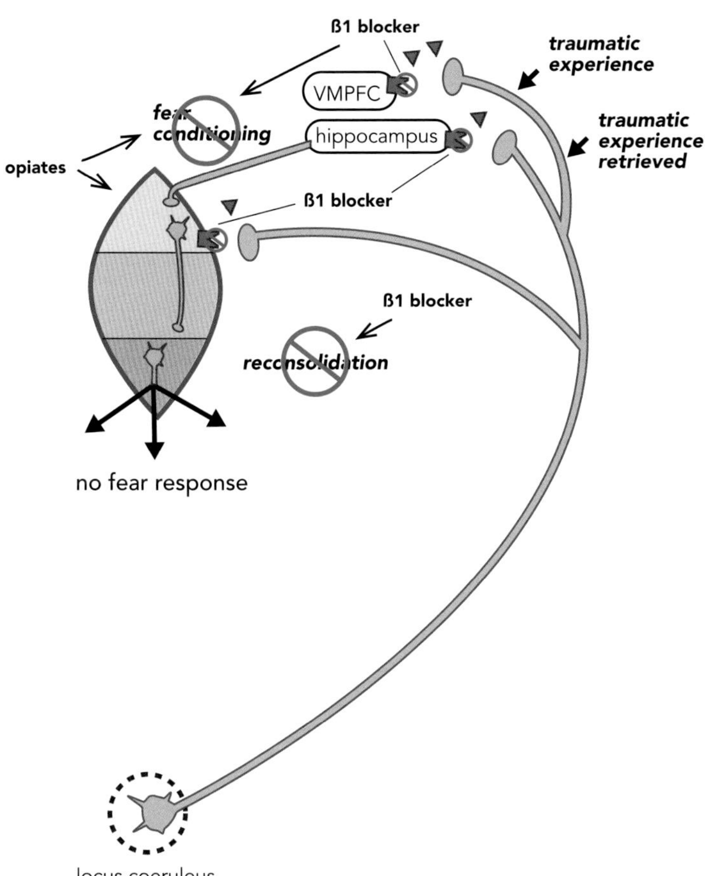

그림 8-23 공포 조건화 및 재강화 차단. 공포가 처음 조건화 될 때, 그 기억은 한때 영구적인 것으로 여겨졌던 분자 과정을 통해 '강화'된다고 말해왔다. 그러나 β-아드레날린 차단제나 아편유사제를 투여하면 원래의 외상성 기억의 조건화를 잠재적으로 완화할 수 있다는 일부 연구 결과가 있다. 또한 감정적 기억이 공포 조건화로 강화된 경우에도 이를 다시 불러올 때 기억이 변화될 수 있다는 연구도 제시되고 있다. 재강화는 강화된 공포 기억이 재활성화되어 불안정해지는 상태이다. 기억을 온전하게 유지하기 위해서는 단백질 합성이 필요하며, 공포 조건화처럼 베타차단제에 의해 방해받을 수 있다.

은 아직 이른 단계이지만, 정신치료와 정신약리학이 상승효과를 낼 수 있다는 발전적 생각을 뒷받침해준다. 이 이론적 상승효과를 활용하는 방법에 대해서는 더 많은 연구가 필요하다.

불안장애 아형에 대한 치료

범불안장애

범불안장애에 대한 정신약리학적 치료는 다른 불안장애 및 우울증의 치료와 상당 부분 겹치며, 프레가발린 및 가바펜틴과 같은 $\alpha_2\delta$ 리간드, SSRI, SNRI, 벤조디아제핀, 부스피론 등이 포함된다. 특히 알코올과 같은 다른 물질남용이 있는 범불안장애 환자에게 벤조디아제핀을 처방해서는 안 되는 반면, 세로토닌계 약물이 종종 활성화를 일으키고, 초기 용량 조절에 견디기 어렵고, 효과를 나타내는 데 시간이 걸리기 때문에, 물질남용이 없는 환자에게는 SSRI나 SNRI를 시작할 때 단기간의 벤조디아제핀 사용이 유용할 수 있다. SSRI/SNRI 치료로 안정화되었지만 증상이 부분적으로만 완화된 채 지내는 환자에게 벤조디아제핀은 SSRI/SNRI를 '보충'하는 데에도 유용할 수 있다. 또한 벤조디아제핀은 증상이 갑자기 밀려와 빠른 완화가 필요할 때 가끔 간헐적으로 사용하기에 유용할 수 있다. 알파-2-델타 리간드는 일부 환자에게 벤조디아제핀의 좋은 대안이 될 수 있다. 이는 유럽 및 다른 나라에서 불안치료제로 승인되었지만 미국에서는 승인되지 않았고, 증강제로서 '허가사항 외off-label'로 유용할 수 있다.

불안에 대한 다른 '허가사항 외' 치료제로는 미르타자핀mirtazapine, 트라조돈trazodone, 빌라조돈vilazodone, 삼환계 항우울제tricyclic antidepressant, 또는 하이드록시진hydroxyzine 같은 진정 항히스타민제도 포함될 수 있다.

공황장애

공황발작은 공황장애뿐만 아니라 다양한 질환에서 발생하며, 공황장애는 다른 불안장애 및 주요우울장애와 자주 동반이환된다. 따라서 공황장애에 대한 최신 치료가 다른 불안장애 및 주요우울장애의 치료와 상당 부분 겹치는 것은 놀라운 일이 아니다. 치료제로는 SSRI, SNRI, 벤조디아제핀, $\alpha_2\delta$ 리간드가 포함된다. 불안장애의 공황발작에 대한 '허가사항 외' 치료에는 미르타자핀과 트라조돈도 포함될 수 있다. 제7장에서 논의된 모노아민 산화효소 억제제monoamine oxidase inhibitor, MAOI는 일반적인 정신약리학을 포함해 특히 치료저항성 공황장애의 치료에서 매우 소홀히 다루어지고 있다. 그러나 MAOI는 공황에 강력한 효과를 발휘할 수 있으며, 다른 약물이 실패했을 때 고려해보아야 한다. 인지행동치료는 정신약리학적 접근법의 대안 또는 보완책으로, 인지왜곡을 수정하고 노출을 통해 공포증적 회피 행동을 줄이는 데 도움이 될 수 있다.

사회불안장애

사회불안장애의 치료는 공황장애와 매우 유사하지만 몇 가지 주목할 만한 차이점이 있다. SSRI, SNRI, $\alpha_2\delta$ 리간드는 확실히 유용한 치료법이지만, 벤조디아제핀의 유용성은 범불안장애와 공황장애에 비해 널리 인정받지 못하고 있다. 또한 사회불안장애에서 사용되는 오래된 우울증 치료제의 유용성에 대한 증거도 부족하다. 베타차단제는 수행 불안과 같이 매우 개별적인 유형의 사회불안을 가진 일부 환자에게 유용할 수 있으며, 때때로 벤조디아제핀과 함께 사용된다. 안타깝게도 매우 효과적이지만 절대 사용해서는 안 되는 약물은 사회불안 증상을 치료하기 위한 알코올이다. 물론 많은 환자들은 이를 인지하고 있으며, 더 안전하고 효과적인 치료법을 찾기 전에 알코올을 남용한다. 인지행동치료는 강력한 개입이 될 수 있으며, 특정 환자에게는 약물보다 더 효과적이고, 약물과 함께 사용하면 도움이 되는 경우가 많다.

외상후 스트레스장애

특정 SSRI와 같은 일부 치료법이 PTSD에 승인되었지만, PTSD에 대한 정신약리학적 치료는 불안장애에서의 동일한 치료만큼 효과적이지 않다. 또한 PTSD는 동반이환이 매우 높기 때문에 많은 정신약리학적 치료가 PTSD의 핵심 증상보다는 우울증, 불면증, 물질남용, 통증과 같은 동반질환을 더 효과적인 목표로 한다. SSRI는 환자에게 수면 문제를 포함한 잔류증상을 종종 남긴다. 따라서 대부분의 PTSD 환자에게는 단일요법monotherapy을 사용하지 않는다. 벤조디아제핀은 임상시험에서 PTSD에 효과가 있다는 증거가 제한적일 뿐만 아니라 많은 PTSD 환자가 알코올 및 기타 물질을 남용하기 때문에 신중하게 사용되어야 한다. PTSD의 독특한 치료법 중 하나는 악몽을 예방하기 위해서 밤에 α_1 길항제를 투여하는 것이다. PTSD에 대한 훨씬 더 효과적인 약물치료가 절실히 필요한 실정이다. 동반질환을 치료하기 위한 약물과 핵심 증상을 치료하기 위한 정신치료의 사용을 통해 PTSD 치료의 많은 진전이 이루어졌다. 정신치료 중에서는 노출치료가 아마 가장 효과적일 수 있지만, 치료자의 훈련과 개인의 특정 요구에 따라 다양한 형태의 인지행동치료가 연구되고 임상진료에서 사용되고 있다. 정신치료와 약물(특히 MDMA)을 함께 사용하여 감정적 기억의 재강화를 차단하는 기법이 PTSD에서 현재 시도 중이다. 정신병 치료제로 제5장에서 논의한 브렉스피프라졸brexpiprazole을 PTSD 치료를 위해서 SSRI인 설트랄린sertraline과 함께 투여하는 것도 시험되고 있으며, 가능성이 높은 초기 결과가 있었다.

요약

불안/외상 장애는 범불안장애부터 공황장애, 사회불안장

애, 외상후 스트레스장애에 이르기까지 불안장애 아형의 전체 스펙트럼을 아우르는 공포와 걱정이라는 핵심 특징을 가지고 있다. 편도는 가설상으로 이러한 질환에서 공포 반응의 중심 역할을 하고, 피질-선조체-시상-피질 회로는 걱정증상을 매개하는 데 핵심적인 역할을 하는 것으로 생각된다. 다수의 신경전달물질이 불안장애의 근간이 되는 뇌 회로를 조절하는 데 관여한다. 세로토닌, 노르에피네프린, $\alpha_2\delta$ 리간드, GABA는 모두 가설상의 공포 및 걱정 회로의 조절인자이다. 알려진 효과적인 약물치료는 모두 이러한 신경전달물질을 표적으로 한다. 편도 회로 내에서 공포 조건화 대 공포 소거라는 상반된 작용에 대한 개념은 가설상으로 불안장애의 증상 생성 및 유지와 관련이 있으며, 정신치료와 약물치료를 결합한 잠재적인 새로운 치료법의 기반을 제공한다. 공포 기억의 재강화를 방해한다는 개념은 불안 증상에 대한 새로운 치료적 접근법으로서 현재 연구가 진행 중이다.

9 만성 통증과 치료

이 장에서는 다양한 정신질환과 관련이 있고 향정신성 약물로 치료되는 만성 통증 상태에 대한 간략한 개요를 제공한다. 여기에는 우울장애와 불안장애를 포함하여 정신약리학에서 치료하는 다른 많은 질환과 통증장애 사이의 증상 및 병태생리적 중복에 대한 논의가 포함되어 있다. 통증 상태를 진단하는 방법에 대한 임상적 설명과 공식 기준은 단지 지나가는 말로만 언급되며, 독자는 이와 관련해서 표준 참고자료를 참조해야 한다. 여기에서의 논의는 특히 통증의 중추적 처리에 작용하는 다양한 뇌 회로와 신경전달물질의 기능에 대한 발견이, 다양한 정신질환이 동반되든 동반되지 않든 발생할 수 있는 많은 통증 상태의 병태생리와 치료에 대한 이해에 어떤 영향을 미쳤는지를 강조할 것이다. 이 장의 목표는 통증 증상의 임상적 및 생물학적 측면, 중추신경계 내 통증 처리의 변화로 인해 통증이 가설상으로 어떻게 발생할 수 있는지, 우울 및 불안의 여러 증상과 어떻게 연관될 수 있는지, 마지막으로 우울 및 불안을 치료할 수 있는 여러 가지 동일한 약제로 통증이 어떻게 치료될 수 있는지에 대한 개념을 독자에게 알려주는 것이다. 이 장에서 논의되는 내용은 실용적인 수준이 아닌 개념적인 수준이다. 독자는 임상진료에서 이러한 약물의 처방과 관련된 용량, 부작용, 약물 상호작용, 기타 다른 문제에 대한 자세한 내용을 확인하려면 표준 약물 안내서(스탈의 필수 정신약리학: 처방자 지침서)를 참조해야 한다.

통증이란 무엇인가

우리의 주의를 끌고, 행동에 집중하게 하며, 고통을 유발하는 능력 중에서 통증에 필적하는 경험은 없다(통증과 관련된 유용한 정의는 표 9-1 참조). 통증, 특히 급성 통증의 강력한 경험은 우리 신체의 손상을 인식하고, 상처가 아물 때까지 손상된 부위를 쉬게 하는 생명기능을 제공할 수 있다. 급성 통증이 말초성peripheral 기원(즉 중추신경계 외부에서 시작하는)이지만 만성 통증으로 지속될 때, 중추신경계 통증 기전에 변화를 일으켜 원래의 말초성 통증을 강화하거나 지속시킬 수 있다. 예를 들어 골관절염osteoarthritis, 허리통증, 당뇨병 말초 신경병성 통증diabetic peripheral neuropathic pain은 모두 말초성 통증으로 시작하지만, 시간이 지남에 따라 말초성 통증을 증폭시키고 중추적으로 추가 통증을 유발하는 중추성central 통증 기전을 촉발할 수 있다. 최근 연구에서 말초성 기원의 만성 통증 상태가 중추성 통증 기전에 작용하는 향정신성 약물을 통해 성공적으로 완화할 수 있다고 밝혀진 것도 이러한 이유 때문일 수 있다.

다른 많은 만성 통증 상태는 중추적으로 시작되어 통증의

표 9-1 통증과 관련된 유용한 정의

통증pain	실제 또는 잠재적 조직손상과 관련되거나 그러한 손상으로 설명되는 불쾌한 감각 및 정서적 경험
급성 통증acute pain	지속시간이 짧고 해결되는 통증; 일반적으로 조직손상의 회복 또는 치유와 직접적으로 관련됨
만성 통증chronic pain	예상보다 오래 지속되는 통증; 만성화에 대한 인위적인 기준(예: 1개월)은 적절하지 않음
신경병성 통증neuropathic pain	말초 또는 중추신경계 일부의 손상이나 기능장애로 인해 발생하는 통증
통각nociception	유해한 자극이 '고통스러운' 정보를 전달하는 감각 경로에서 활동을 일으키는 과정
무해자극통증allodynia	일반적으로는 통증을 유발하지 않는 자극으로 인한 통증
통각과민증hyperalgesia	일반적으로는 고통스럽지 않은 자극에 대한 증가된 반응
진통analgesia	정상적인 접촉에는 영향을 미치지 않으면서 통증 감각을 감소시키는 모든 과정
국소마취local anesthesia	국소 부위의 모든 감각(무해한 것과 고통스러운 것)을 차단
유해자극noxious stimulus	신체 조직에 손상을 입히거나 잠재적으로 손상을 입힐 수 있는 자극
일차 구심 뉴런primary afferent neuron, PAN	몸감각 경로의 첫 번째 뉴런; 말초 종말에서 기계적, 열적, 화학적 자극을 감지하여 척수의 중추 종말로 활동전위를 전달, 모든 PAN은 뒤뿌리 신경절에 세포체를 가짐
통각수용기nociceptor	유해한 자극에 의해서만 활성화되는 일차 구심(감각) 뉴런
통각nociception	통각수용기가 유해자극을 감지하고 통각 경로의 상위 중추로 전파되는 신호(활동전위)를 생성하는 과정
뒤뿌리 신경절dorsal root ganglion, DRG	PAN의 세포체를 포함하고 있음; 전달물질, 수용체, 구조단백질을 포함한 여러 단백질이 이곳에서 합성되어 말초 및 중추 종말로 운반됨
사이신경세포interneuron	척수에 있는 세포체, 축삭, 가지돌기를 가진 뉴런; 흥분성(예: 글루타메이트 포함) 또는 억제성(예: GABA 포함)일 수 있음
투사뉴런projection neuron	뒤뿔에 있는 뉴런이며, PAN이나 사이신경세포로부터 입력을 받아 척수에서 상위 처리 중추까지 투사됨
척수시상로spinothalamic tract	척수에서 시상으로 투사되는 뉴런의 통로
척수숨뇌로spinobulbar tract	척수에서 뇌간 핵으로 투사되는 뉴런의 여러 가지 통로
몸감각 피질somatosensory cortex	주로 피부 감각 신경으로부터 입력을 받는 대뇌 피질 영역; 인접한 신체 부위로부터 입력을 받는 영역이 연결되어 지형학적으로 배열되어 있음; 몸감각 피질의 자극은 투사된 신체 부위에 감각을 생성

말초적 원인이 없을 수 있으며, 특히 우울, 불안, 섬유근육통fibromyalgia처럼 설명할 수 없는 여러 가지 고통스러운 신체적 증상과 관련된 질환이 이에 해당한다. 이러한 중추매개 통증 상태는 정서적 증상과 관련이 있기 때문에, 최근까지 이러한 유형의 통증은 종종 '실제'가 아니라 관련 정신적 상태가 개선되면 좋아지는 해결되지 않은 심리적 갈등의 비특이적 결과로 간주되었고, 따라서 이러한 유형의 통증은 특별히 치료의 대상이 될 필요가 없었다. 그러나 오늘날에는 한때 정신질환과 관련이 있다고 했던 말초 병변이 확인되지 않는 많은 통증 상태가 만성 신경병성 통증증후군의 한 형태로 추정되고 있으며, 정신질환과 관련이 없는 신경병성 통증증후군을 성공적으로 치료하는 것과 동일한 약제로 치료되고 있다. 이러한 치료제로는 세로토닌 노르에피네프린 재흡수 억제제(SNRI)(제7장 기분장애의 치료, 그림 7-28부터 7-33까지에서 논의함)와 $\alpha_2\delta$ 리간드(전압작동 칼슘통로voltage-gated calcium channel 또는 전압민감 칼슘통로voltage-sensitive calcium channel, VSCC를 차단하는 항경련제)(제8장 불안장애, 그림 8-17 및 8-18에서 논의함)가 있다. 다른 여러 부위에 중추적으로 작용하는 추가적인 향정신성 약물도 다양한 만성 통증 상태를 치료하는 데 사용되

며 이후 언급할 것이다. 그 외에도 많은 약물이 새로운 통증 치료제로서 시험되고 있다.

통증은 일부 정신질환과 분명히 연관되어 있고, 다양한 정신적 상태를 치료하는 향정신성 약물이 광범위한 통증 상태에도 효과적이기 때문에 통증의 발견, 정량화, 치료는 표준화된 정신과적 평가의 한 부분으로 신속하게 포함되고 있다. 현대 정신약리학자들은 통증을 정신과적 '활력징후vital sign'로 간주하여 이에 대한 정기적인 평가routine evaluation와 대증요법symptomatic treatment이 필요하다고 생각한다. 실제로 만성 통증 상태뿐만 아니라 많은 정신질환의 완전한 증상 관해remission를 위해서는 통증 제거가 필요하다는 인식이 점점 더 커지고 있다.

'정상' 통증과 통각 신경섬유의 활성화

통각 통증 경로nociceptive pain pathway는 유해한 자극을 감지하는 것으로 시작하여 통증을 주관적으로 지각하는 것으로 끝나는 일련의 뉴런들이다. 소위 '통각 경로'는 말초에서 시작하여 척수로 들어가서 뇌로 투사된다(그림 9-1). 이때 들어오는 정보가 주어진 자극과 관련된 통증 지각을 증가시키거나 감소시키기 위해 조절될 수 있는 과정을 이해하는 것이 중요하다. 이러한 과정이 부적응적 통증 상태가 발생하는 이유뿐만 아니라 우울 및 불안과 같은 정신적 상태에 작용하는 약물이 통증을 줄이는 데 효과적일 수 있는 이유도 설명할 수 있기 때문이다.

척수로 가는 통각 경로

일차 구심 뉴런primary afferent neuron은 통증을 포함한 감각 입력을 감지한다(그림 9-1). 이는 중추신경계 외부에 있는 척주spinal column를 따라 위치한 뒤뿌리 신경절dorsal root ganglion에 세포체가 있기 때문에 중추 뉴런이 아닌 말초 뉴런으로 간주된다(그림 9-1). 통각nociception은 이러한 뉴런의 말초 투사peripheral projection에 위치한 특화된 막 단백질이 자극을 감지하고 말초 뉴런 막에 전압 변화를 일으키는 과정인 전달transduction로 시작된다. 충분히 강력한 자극은 막의 전압을 낮추어(즉 막을 탈분극시켜) 전압민감 나트륨통로(VSSC)를 활성화하고, 축삭을 따라 척수에 있는 뉴런의 중추 종말까지 전파되는 활동전위action potential를 촉발한다(그림 9-1). VSSC는 제3장에 소개되어 있으며 그림 3-19 및 3-20에 삽화로 설명되어 있다. 리도카인lidocaine과 같은 말초 투여 국소마취제로 VSSC를 차단하면 일차 구심 뉴런에서 중추신경계로의 통각 자극 흐름이 감소하거나 중단될 수 있다.

일차 구심 뉴런의 특정 반응 특성은 말초에서 뉴런에 의해 발현되는 특정 수용체와 통로에 의해 결정된다(그림 9-1). 예를 들어 인장활성 이온통로stretch-activated ion channel를 발현하는 일차 구심 뉴런은 기계적 민감mechanosensitive이

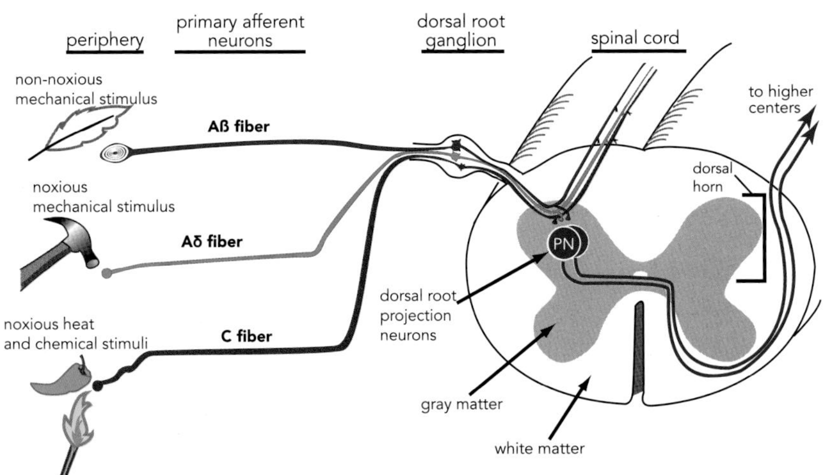

그림 9-1 통각 신경섬유의 활성화. 유해자극의 감지는 일차 구심 뉴런의 말초 종말에서 발생하며, 축삭을 따라 중추 종말로 전파되는 활동전위를 생성하게 한다. Aβ 섬유는 비유해자극에만 반응하고, Aδ 섬유는 유해한 기계적 자극과 덜 유해한 열적 자극에 반응하며, C 섬유는 유해한 기계적, 열적, 화학적 자극에만 반응한다. 일차 구심 뉴런은 뒤뿌리 신경절에 세포체를 가지고 있으며, 해당 척수 분절로 종말을 뻗고 낮은 밀도의 곁가지를 척수 위 짧은 거리까지 보낸다. 일차 구심 뉴런은 여러 종류의 뒤뿔 투사 뉴런에 시냅스를 형성하며, 다른 통로를 통해 상위 중추로 투사된다.

며, 바닐로이드 수용체 1vanilloid receptor 1, VR1 이온통로를 발현하는 일차 구심 뉴런은 고추의 매운 성분인 캡사이신과 유해열noxious heat에 의해 활성화되고, 이 두 가지 자극이 유발하는 작열감을 느끼게 한다. 이러한 기능적 반응 특성을 통해서 일차 구심 뉴런은 Aβ, Aδ, C 섬유 뉴런의 세 가지 유형으로 분류된다(그림 9-1). Aβ 섬유는 작은 움직임, 가벼운 접촉, 머리카락의 움직임, 진동을 감지한다. C 섬유 말초 종말은 유해한 기계적, 열적, 화학적 자극에 의해서만 활성화되는 노출된 신경 말단이다. Aδ 섬유는 그 중간 정도에 속하며 유해한 기계적 자극과 덜 유해한 열적 자극을 감지한다(그림 9-1). 따라서 발목을 삐었거나 발치를 했을 때와 같이 말초적으로 일차 구심 뉴런이 활성화되면 통각 입력과 통증이 발생할 수 있다. 비스테로이드 소염제는 아마 말초 작용을 통해 이러한 일차 구심 뉴런의 통증 입력을 줄일 수 있다. 아편제제opiate는 중추적인 작용을 통해 이러한 통증을 줄일 수 있으며, 아래에서 설명한다.

척수에서 뇌로 가는 통각 경로

말초 통각 뉴런의 중추 종말은 척수의 뒤뿔dorsal horn에서 뒤뿔 뉴런이라는 해당 경로의 다음 세포로 시냅스를 형성한다. 뒤뿔 뉴런은 여러 일차 구심 뉴런으로부터 입력을 받은 뒤 더 상위의 중추로 투사한다(그림 9-2 및 9-3). 이러한 이유로 뒤뿔 투사 뉴런이라고도 불린다(그림 9-1부터 9-3까지). 따라서 뒤뿔 뉴런은 통각 경로 중에서 중추신경계 내에 완전히 위치한 첫 번째 뉴런이며, 중추신경계로 들어오는 통각 뉴런 활동을 조절하는 핵심 부위이다. 뒤뿔에서 많은 신경전달물질이 확인되었으며, 그중 일부가 그림 9-2에 나타나 있다.

뒤뿔의 신경전달물질은 일차 구심 뉴런뿐만 아니라 하행 뉴런descending neuron과 다양한 사이신경세포interneuron를 포함한 뒤뿔의 다른 뉴런에 의해서도 합성된다(그림 9-2). 뒤뿔의 일부 신경전달물질 시스템은 알려진 통증 완화 약물, 특히 아편제제, 세로토닌과 노르에피네프린을 높이는 SNRI, VSCC에 작용하는 $\alpha_2\delta$ 리간드에 의해 성공적으로 표적화될 수 있다. 뒤뿔에서 작용하는 모든 신경전달물질 시스템은 새로운 통증 완화 약물의 잠재적인 표적이 될 수 있으며(그림 9-2), 많은 새로운 약물이 현재 임상 및 전임상 개발 단계에 있다.

뒤뿔 뉴런에는 여러 종류가 있는데, 일부는 일차 감각 뉴런으로부터 직접 입력을 받고, 일부는 사이신경세포이며, 일부는 척수를 통해 더 상위의 중추로 투사된다(그림 9-3). 이러한 투사 뉴런이 올라갈 수 있는 길은 여러 가지가 있으며, 대략 두 가지 기능, 즉 감각/식별sensory/discriminatory 경로와 감정/동기emotional/motivational 경로로 나눌 수 있다(그림 9-3).

감각/식별 경로에서 뒤뿔 뉴런은 척수시상로spinothalamic tract로 올라가고, 시상 뉴런은 일차 몸감각 피질primary somatosensory cortex로 투사된다(그림 9-3). 이 통증 경로는 통각 자극의 정확한 위치와 강도를 전달하는 것으로 생각된다. 감정/동기 경로에서는 다른 뒤뿔 뉴런이 뇌간 핵brainstem nuclei으로, 그리고 거기에서 변연영역으로 투사된다(그림 9-3). 이 두 번째 통증 경로는 통각 자극이 불러일으키는 정동적 요소를 전달하는 것으로 생각된다. 감각 식별과 감정의 두 가지 측면이 합쳐져 통증에 대한 최종적이고 주관적인 지각이 만들어질 때만 '통증'이라는 단어를 사용하여 그 양상을 설명할 수 있다(그림 9-3의 '아프다' 참조). 지금까지는 단순히 신경경로의 활동에 대해 논의하였으며, 이는 유해성 유발 또는 통각 신경 활동으로 설명되어야 하지만 반드시 통증이 되는 것은 아니다.

신경병성 통증

신경병성 통증이라는 용어는 말초 또는 중추신경계의 어느 부위에 손상이나 기능장애로 인해 발생하는 통증을 의미하며, '정상' 통증(위에서 논의했던 소위 통각 통증)은 통각 신경섬유의 활성화로 인해 발생한다.

신경병성 통증의 말초 기전

말초 구심 뉴런의 정상적인 전달transduction과 전도conduction는 일부 신경병성 통증 상태에서 관련 유해자극

Multiple Neurotransmitters Modulate Pain Processing in the Spinal Cord

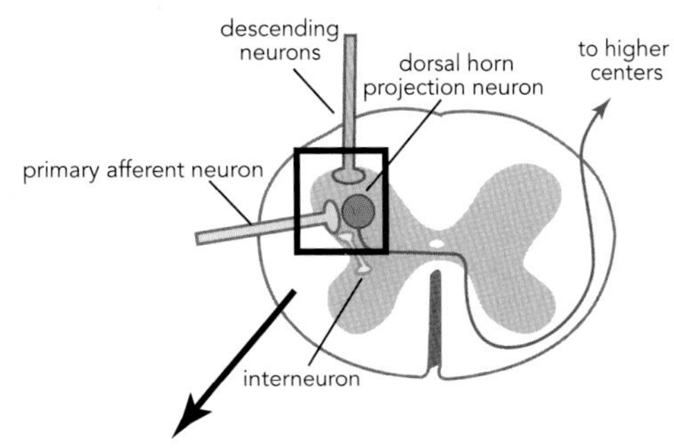

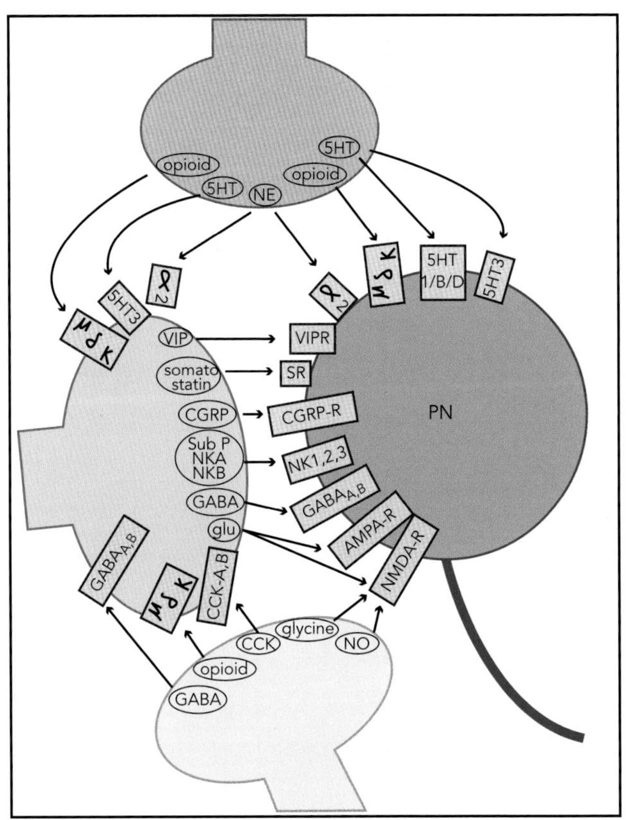

그림 9-2 척수에서 통증처리를 조절하는 다양한 신경전달물질. 뒤뿔에는 많은 신경전달물질과 그에 상응하는 수용체가 있다. 뒤뿔의 신경전달물질은 일차 구심뉴런, 하행 조절 뉴런, 뒤뿔 투사 뉴런, 사이신경세포에 의해 방출될 수 있다. 통증 전달과 관련하여 가장 잘 연구된 뒤뿔의 신경전달물질로는 P물질(NK1,2,3 수용체), 엔도핀(μ-아편유사제 수용체), 노르에피네프린(α_2 아드레날린 수용체), 세로토닌($5HT_{1B/D}$ 및 $5HT_3$ 수용체) 등이 있다. 다른 대표적인 신경전달물질에는 바소프레신 억제 단백질vasopressin inhibitory protein, VIP과 수용체인 VIPR, 소마토스타틴somatostatin과 수용체인 SR, 칼시토닌 유전자관련 펩타이드calcitonin gene-related peptide, CGRP와 수용체인 CGRP-R, GABA와 수용체인 $GABA_A$ 및 $GABA_B$, 글루타메이트와 수용체인 AMPA-R(α-amino-3-hydroxy-5-methyl-4-isoxazole propionic acid receptor) 및 NMDA-R(N-methyl-D-aspartate receptor), 산화질소nitric oxide, NO, 콜레시스토키닌cholecystokinin, CCK과 수용체인 CCK-A 및 CCK-B, 글라이신glycine과 수용체인 NMDA-R 등이 있다.

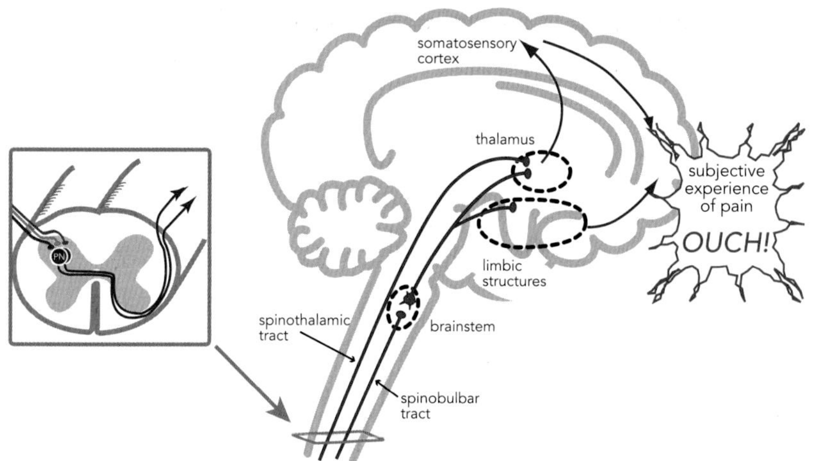

그림 9-3 통각에서 통증까지. 척수시상로의 뒤뿔 뉴런은 시상으로 투사된 후 일차 몸감각 피질로 투사된다. 이 경로는 고통스러운 자극의 강도와 위치에 관한 정보를 전달하며, 이를 감각/식별 경로라고 한다. 척수숨뇌로에서 올라가는 뉴런은 뇌간 핵으로 투사된 후 시상과 변연 구조로 투사된다. 이러한 경로는 통증 경험의 정서적 및 동기적 측면을 전달한다. 감각/식별(시상피질)과 감정/동기(변연) 경로의 정보가 합쳐져야만 인간의 주관적인 통증 경험('아프다')이 형성된다.

이 없을 때에도 통각 신호를 유지하기 위해 탈취될 수 있다. 질병이나 외상으로 인한 뉴런 손상은 뉴런의 전기적 활동을 변화시키고, 뉴런 사이의 혼선을 내버려두고, 염증 과정을 일으켜서 '말초 민감화peripheral sensitization'를 유발할 수 있다. 이 장에서는 말초 민감화 질환과 관련 기전이 아니라 중추 민감화 질환 및 그 기전을 강조하려고 한다.

신경병성 통증의 중추 기전

통각 통증 신호는 통증 경로의 각 주요 중계 지점에서(그림 9-3) 내인성 과정에 의해 변조되어 신호가 약화되거나 증폭되기 쉽다. 이는 방금 논의한 것처럼 일차 구심 뉴런의 말초뿐만 아니라 척수의 뒤뿔과 여러 뇌 영역에 있는 중추 뉴런에서도 발생한다. 척수 뒤뿔에서 일어나는 사건은 통각 경로의 뇌 영역에서 일어나는 사건보다는 더 잘 이해되고 있지만, 뇌의 통증 처리에 대해 알아보는 것은 정서 및 불안장애와 섬유근육통의 고통스러운 신체증상뿐만 아니라, 골관절염, 요통, 당뇨병 말초 신경병성 통증과 같은 만성 말초 통증 질환에서 통증의 생성 및 증폭을 중추적으로 이해하는 열쇠가 될 수 있다.

'분절segmental' 중추 민감화central sensitization는 일반적으로 사지 절단 후 환상통과 같은 고전적인 상태에서 뒤뿔의 가소성 변화가 일어날 때 발생하는 것으로 생각되는 과정이다. 특히 이러한 유형의 뒤뿔 신경가소성은 활성의존적 activity-dependent 또는 사용의존적use-dependent이라고 불리는데, 뒤뿔의 통증 경로가 지속적으로 발화해야 하기 때문이다. 이 지속적인 통증 입력의 결과는 결국 유해한 입력에 대한 과장되거나(통각과민hyperalgesic) 지속되는 반응('태엽 감기wind-up'라고도 하는 현상)과 일반적으로 무해한 입력에 대한 고통스러운 반응(무해자극통증allodynia)을 유발하게 된다. 뒤뿔에 있는 주요 막수용체와 통로의 인산화phosphorylation는 시냅스 효율을 증가시켜서 통증 경로의 관문을 열고 중추 민감화를 켜는 마스터 스위치를 작동시키며, 이는 실제로 말초에서 오는 통증 입력이 없더라도 통증 지각을 증폭하거나 생성하는 역할을 하는 것으로 보인다. 또한 관문은 닫을 수 있는데, 손상 부위에서 떨어진 무해한 자극(예: 침술, 진동, 문지름)이 어떻게 통증 관문을 닫고 손상 통증의 지각을 줄일 수 있는지를 설명하기 위한, 통증에 대한 고전적인 '관문 이론gate theory'에서 개념화한 것과 같다.

분절 중추 민감화에서는 명확한 말초 손상(그림 9-4A)이 신체의 손상된 부위로부터 통각 입력을 받는 척수 분절의 중추 민감화와 결합된다(그림 9-4B). 따라서 분절 중추 민감화 증후군은 요통, 당뇨병 말초 신경병성 통증, 대상포진의 통증성 피부 발진과 같은 말초 손상(그림 9-4A)에 중추 분절 변화(그림 9-4B)의 손상이 추가되는 '혼합' 상태이다.

'초분절suprasegmental' 중추 민감화는 알려진 말초 원인

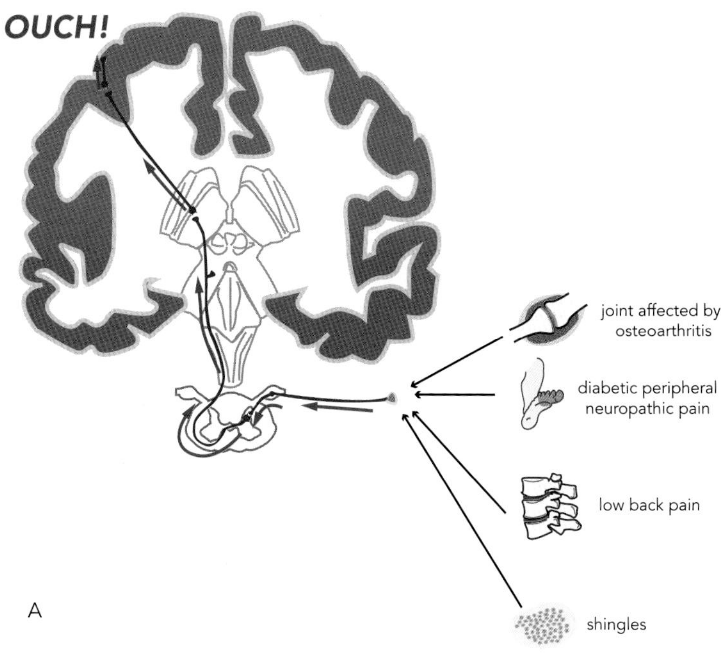

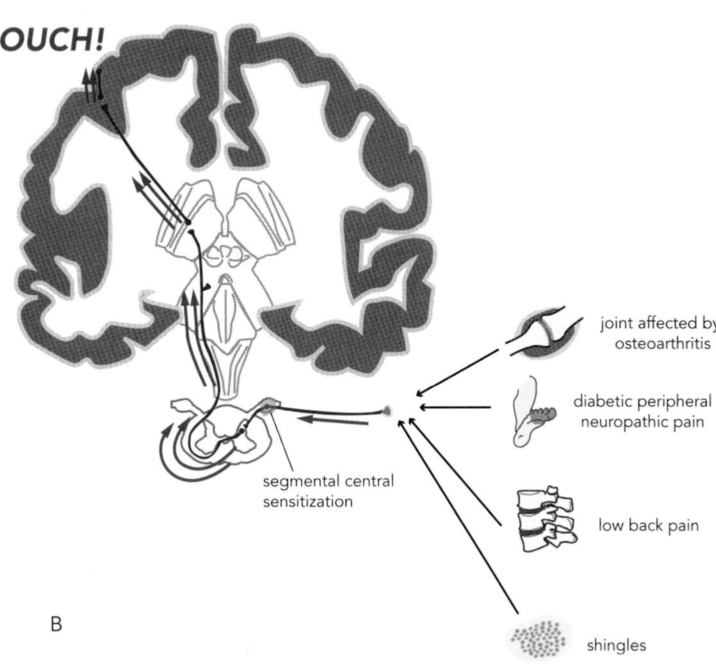

그림 9-4 급성 통증과 분절 중추 민감화의 발달. (A) 말초 손상이 발생하면 일차 구심 뉴런으로부터 통각 자극 흐름이 뒤뿔 뉴런을 통해 상위 뇌중추로 전달되어 궁극적으로 통증('아프다'로 나타냄)으로 해석될 수 있다. (B) 어떤 경우에는 신경계에 직접적인 영향을 미치는 부상이나 질병이 중추신경계 내에서 민감화를 유발하는 가소성 변화를 일으켜 조직 손상이 해결된 후에도 통증 경험이 지속될 수 있다. 자극이 자발적으로 또는 기계적 힘을 통해 비정상적인 위치에서 생성될 수 있다. 척수 수준에서 이 과정이 발생할 경우 분절 중추 민감화라고 부른다. 이 기전은 당뇨병 말초 신경병성 통증 및 대상포진과 같은 상태에서 나타난다.

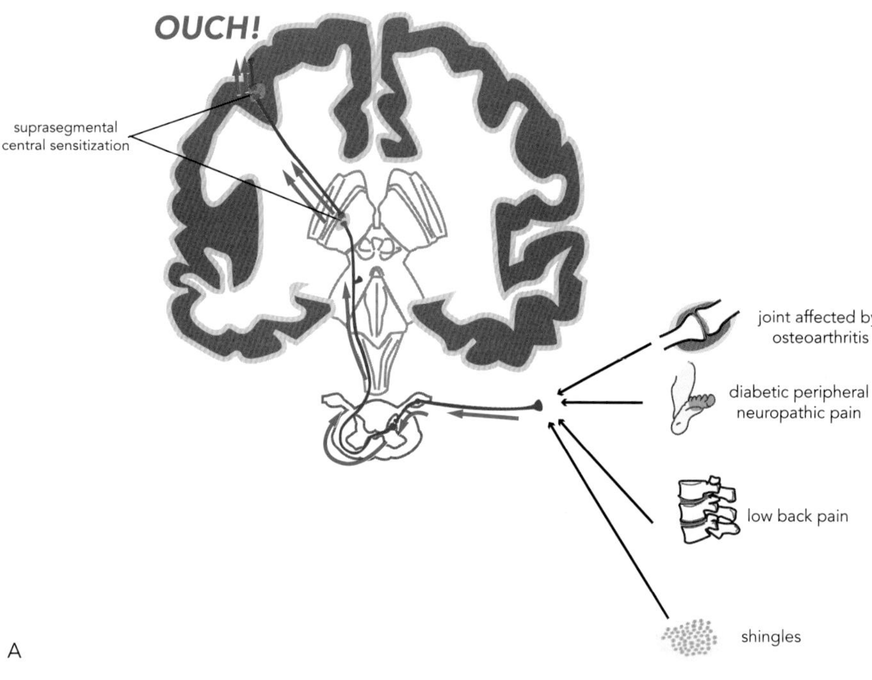

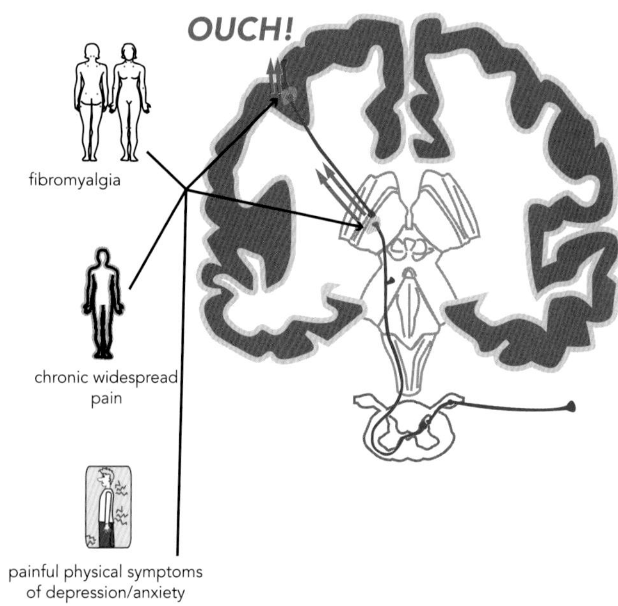

그림 9-5 초분절 중추 민감화. 통각 경로 내의 뇌 부위, 특히 시상과 피질의 가소성 변화는 민감화를 유발할 수 있다. 뇌의 이러한 과정을 초분절 중추 민감화라고 한다. 이는 말초 손상 이후(A) 또는 식별 가능한 촉발사건이 없는 경우에도(B) 발생할 수 있다. 이 기전은 섬유근육통, 만성 광범위 통증, 우울장애와 불안장애의 고통스러운 증상과 같은 상태의 기저에 있는 것으로 여겨진다.

이 있는 경우(그림 9-5A) 또는 심지어 식별 가능한 촉발 사건이 없는 경우(그림 9-5B)에 통각 경로 내의 뇌 부위, 특히 시상과 피질에서 발생하는 가소성 변화와 관련이 있는 것으로 추정된다. 말초적으로 활성화된 초분절 중추 민감화의 경우, 마치 뇌가 통증 경험을 통해 '학습'하고 그 과정을 계속 진행할 뿐만 아니라 이를 강화하여 영구적으로 만들기로 결정하는 것과 같다. 말초 입력 없이 중추에서 발생하는 통증의 경우에는 뇌가 통증 경로를 자발적으로 활성화하는 방법을 알아낸 것 같은 상태이다. 통증에 대해 민감해진 뇌 경로의 이러한 과정을 차단하고 중추신경계가 분자 기억을 '잊어버리도록' 하는 것은 여기에서 논의하는 다양한 만성 신경병성 통증 상태에 대한 치료전략이 될 수 있을 뿐만 아니라, 조현병부터 스트레스에 의한 불안 및 정동장애, 중독장애에 이르는 광범위한 질환에서 질병 진행의 기초가 될 수 있는 가설적 분자 변화를 치료할 수 있는 실용적인 접근법이 될 수 있기 때문에, 오늘날의 정신약리학에서 가장 큰 치료 기회 중 하나라고 할 수 있다. 말초 통증 입력 없이 뇌에서 발생하는 초분절 중추 민감화 통증증후군이 원인으로 추정되는 상태에는 섬유근육통과 만성 광범위 통증증후군 그리고 우울장애 및 불안장애(특히 외상후 스트레스장애)에서의 고통스러운 신체증상 등이 있다(그림 9-5B).

통증장애를 동반한 기분장애 및 불안장애의 스펙트럼

여러 중복되는 질환으로 이루어진 큰 집단은 정서적 증상이나 고통스러운 신체적 증상, 또는 두 가지 모두를 가질 수 있다(그림 9-6). 예전에는 정서적 증상이 없는 통증은 신경질환으로, 정서적 증상이 있는 통증은 정신질환으로 간주되어 왔지만, 이제는 통증이 통증 회로 내의 비효율적인 정보처리와 연관되는 증상이며, 단독으로 발생하든 여러 증후군의 일부로 발생하든 대부분 동일한 치료가 필요한 같은 증상으로 간주된다는 것이 분명해졌다(그림 9-6). 따라서 통증(그림 9-6, 오른쪽)은 단독으로 발생할 뿐만 아니라 우울한 기분과 불안이라는 정서적 증상(그림 9-6, 왼쪽)과 피로, 불면증, 집중력 장애라는 신체적 증상(그림 9-6, 가운데)이 함께 나타날 수 있다. 통증이 단독으로 발생하든, 추가적인 정서적 또는 신체적 증상과 함께 발생하든, 또는 주요우울

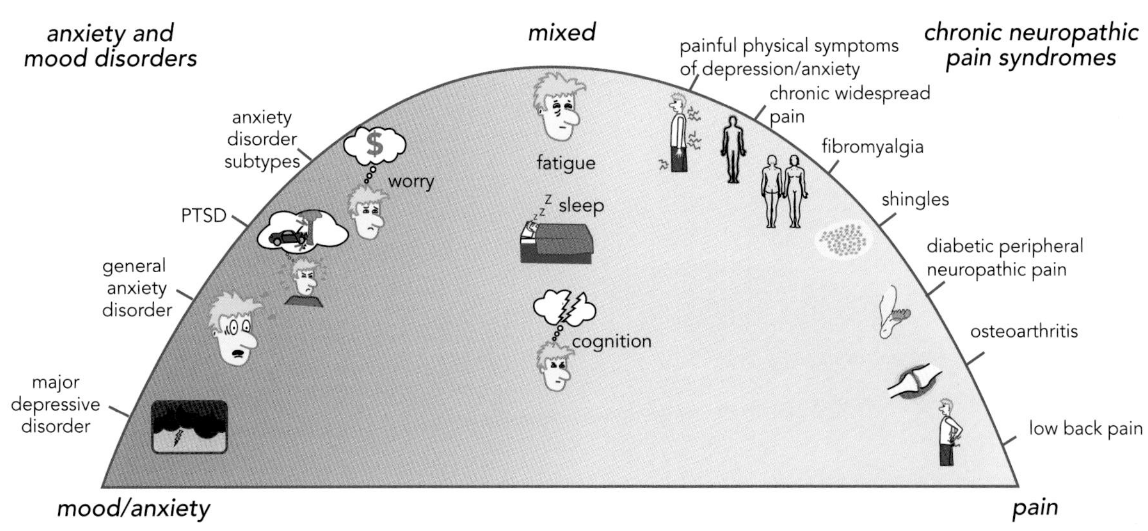

그림 9-6 **기분장애 및 불안장애에서 만성 신경병성 통증증후군까지의 스펙트럼.** 통증은 우울장애나 불안장애의 공식적인 진단 특징은 아니지만, 이러한 질환을 가진 환자에게서 자주 나타난다. 마찬가지로 우울한 기분, 불안, 우울장애와 불안장애의 일부로 확인된 기타 증상들은 통증장애에서도 흔히 나타나는 것으로 인식되고 있다.

장애, 범불안장애, PTSD와 같은 완전한 증후군 정신질환에서 발생하더라도(그림 9-6, 왼쪽), 통증은 반드시 치료해야 하며 치료제는 아래에서 설명할 SNRI와 $\alpha_2\delta$ 리간드 등 전체 스펙트럼에 걸쳐 동일하다(그림 9-6).

섬유근육통

섬유근육통은 근육, 인대, 관절에 압통은 있지만 구조적 병리가 없는 진단 및 치료가 가능한 통증증후군으로 알려져 있다. 섬유근육통은 피로 및 회복되지 않는 수면과 관련된

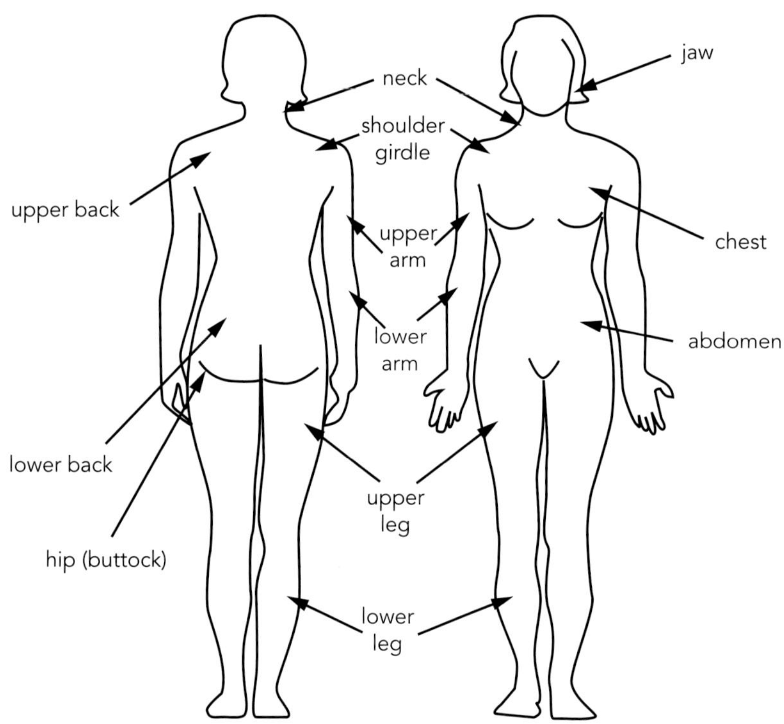

그림 9-7 광범위 통증 지수. 섬유근육통은 만성 광범위 통증증후군의 하나로, 기존에는 환자가 통증을 경험하는 신체 부위의 수(광범위 통증 지수 widespread pain index, WPI)에 관련 증상(피로, 상쾌하지 않은 기상, 인지증상, 기타 신체증상)의 심각성을 결합한 것을 기준으로 진단하였다.

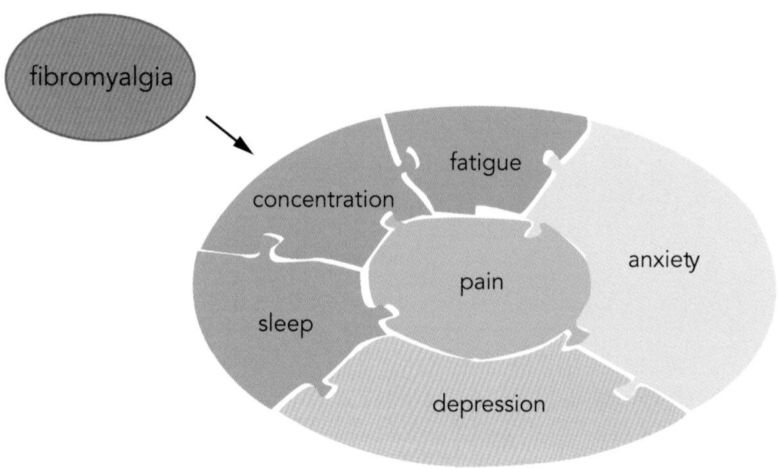

그림 9-8 섬유근육통의 증상. 많은 환자는 섬유근육통의 주요 특징인 통증 외에도 피로, 불안, 우울, 수면장애, 집중력장애를 경험한다.

만성적이고 광범위한 통증증후군으로 인식되고 있다. 섬유근육통은 환자가 통증을 느끼는 신체 부위의 수(광범위 통증 지수widespread pain index, WPI)와 관련 증상(피로, 상쾌하지 않은 기상, 인지증상, 기타 신체증상)의 심각성을 기준으로 진단한다(그림 9-7). 섬유근육통은 류머티즘 클리닉에서 두 번째로 흔한 진단이며, 일반 인구의 2~4%에서 나타날 수 있다. 섬유근육통의 증상은 만성적이고 쇠약하게 만들지만, 반드시 진행성인 것은 아니다. 알려진 원인은 없으며 근육이나 관절에서 확인할 수 있는 병리도 존재하지 않는다. 이 증후군은 구성 증상(그림 9-8)으로 분해한 다음, 가설상으로 기능불량인 뇌 회로(그림 9-9)와 연결해볼 수 있다.

만성 통증증후군의 회색질 감소

논란이 많은 일부 예비 보고에 따르면, 만성 통증은 심지어 등가쪽 전전두엽피질dorsolateral prefrontal cortex, DLPFC의 '뇌를 위축'시킬 수도 있으며(그림 9-9), 그 때문에 섬유근육통(그림 9-8) 및 요통과 같은 일부 통증 상태에서 인지기능장애를 유발할 수 있다고 제안한다(그림 9-8). 뇌 위축은 제6장의 스트레스와 불안장애의 관계에서 논의하였고 그림 6-30에 삽화로 설명하였다. 통증을 유발하는 스트레스 상태와 고통을 유발하는 통증이 모두 섬유근육통 및 기타 만성 통증 상태의 뇌 위축 및 인지기능장애를 유발하는 데 관여할 수 있다는 것은 놀라운 일이 아니다. 예를 들어 만성 요통은 전전두엽 및 시상 회색질의 밀도 감소와 관련이 있는 것으로 보고되었다(그림 9-10). 일부 전문가들은 섬유근육통 및 기타 만성 신경병성 통증증후군에서 지속적인 통증 지각이 DLPFC 뉴런의 과사용, 해당 뇌 영역의 흥분독성 세포사멸excitotoxic cell death, 통각 경로의 피질-시상 '제동장치'의 감소로 이어질 수 있다고 가설을 세웠다. 이러한 결과는 통증 지각을 증가시킬 뿐만 아니라 섬유근육통에서 '섬유안개fibro-fog'라고도 부르는 집행기능executive function의 저하를 유발할 수 있다. 스트레스와 관련된 시상하부-뇌하수체-부신hypothalamic-pituitary-adrenal, HPA 축의 CRF-ACTH-코티솔 조절 이상이 어떻게 해마 위축(그림 6-32 참조)과 연관될 수 있고, 성장인자의 가용성 감소로 이어질 수 있는지에 대해서는 제6장에서 논의했다(그림 6-27 및 6-29). 성장인자의 변화는 만성 통증증후군(섬유근육통 및 요통)에서 회색질 부피가 감소한다는 보고와 관련이 있을 수 있지만, 우울장애(그림 6-30)에서 보고된 것과는 다른 뇌 영역(DLPFC, 측두피질, 시상)인 것 같다(그림 9-10). 회색질은 실제로 만성 통증의 다른 뇌 영역에서는 증가될 수도 있다.

아직 예비단계이기는 하지만, 이러한 발견들은 우울장애와 스트레스(그림 6-30)에서 의심되는 것과 다르지 않은 초분절 중추 민감화에 대한 구조적 결과가 있을 가능성을 시사한다(그림 9-10). 비정상적 통증 처리, 과장된 통증 반응, 끊임없는 통증은 가설상으로 DLPFC 회로의 결함 및 도파민에 의한 조절과 관련이 있을 수 있으며, 만성 통증과 관련된 인지장애, 특히 섬유근육통의 섬유안개에 대한 잠재적인 설명을 제공할 수 있다(그림 9-8). 시상의 비정상은 가설상으로 만성 통증증후군에서 나타나는 수면 문제 및 회복되지 않는 수면과 관련이 있을 수 있다(그림 9-8). 따라서 만성 통증증후군은 통증뿐만 아니라 피로, 정신 집중력, 수면, 우울, 불안 등의 문제도 유발한다(그림 9-8). 이러한 증상을 매개하는 뇌 영역의 비효율적 정보처리와 관련된 뇌의 구조적 이상(그림 9-9)은 이러한 다양한 증상(그림 9-8)이 만성 통증증후군과 자주 연관되는 이유를 설명할 수 있다.

뒤뿔의 하행 척수 시냅스와 만성 통증의 치료

수도관주위 회색질periaqueductal gray은 척수에서 뒤뿔로 투사되는 하행 억제의 대부분이 시작되고 조절되는 부위이다(그림 9-2). 제8장에서 편도와 공포 반응의 운동 구성 요소 사이의 연결과 관련하여 수도관주위 회색질이 언급되었으며 그림 8-9에서 삽화로 설명되었다. 또한 수도관주위 회색질은 편도와 변연 피질과 같은 변연 구조 및 통각 경로에서 오는 입력을 통합하고, 하행 억제 경로를 유도하기 위해 뇌간 핵과 앞배안쪽 수질rostroventromedial medulla로 출력

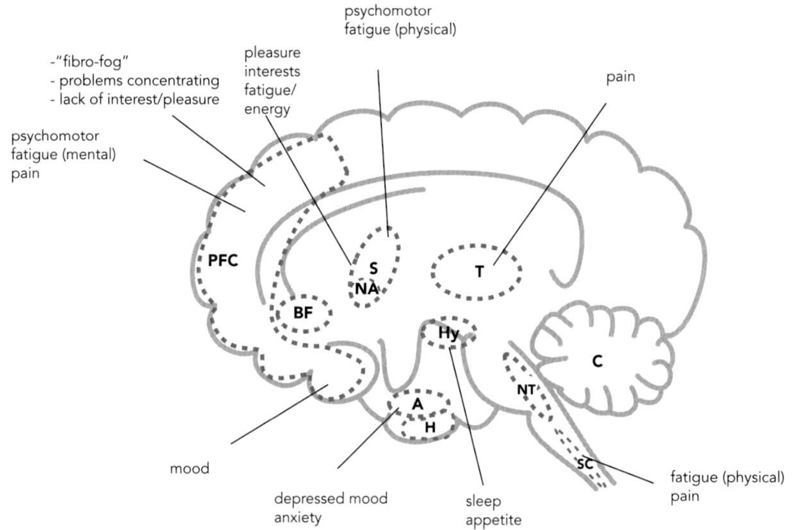

그림 9-9 섬유근육통에 대한 증상 기반 알고리듬. 섬유근육통의 치료 선택에 대한 증상 기반 접근은 환자의 각 증상이 이러한 증상을 가설상으로 매개하는 뇌 회로 및 신경전달물질의 기능불량과 연결될 수 있다는 이론을 따른다. 이러한 정보는 치료를 위한 해당 약리적 기전을 선택하는 데 사용된다. 통증은 시상thalamus, T을 통한 정보전달과 연결되고, 육체적 피로는 선조체striatum, S 및 척수spinal cord, SC와 연결된다. 집중력 문제와 흥미 부족('섬유안개'라고 함), 정신적 피로는 전전두엽피질prefrontal cortex, PFC, 특히 등가쪽 전전두엽피질dorsolateral prefrontal cortex, DLPFC과 연결된다. 피로, 에너지 저하, 흥미 부족은 기댐핵nucleus accumbens, NA과도 관련이 있을 수 있다. 수면 및 식욕장애는 시상하부hypothalamus, Hy, 우울한 기분은 편도amygdala, A 및 안와전두피질, 불안은 편도와 관련이 있다.

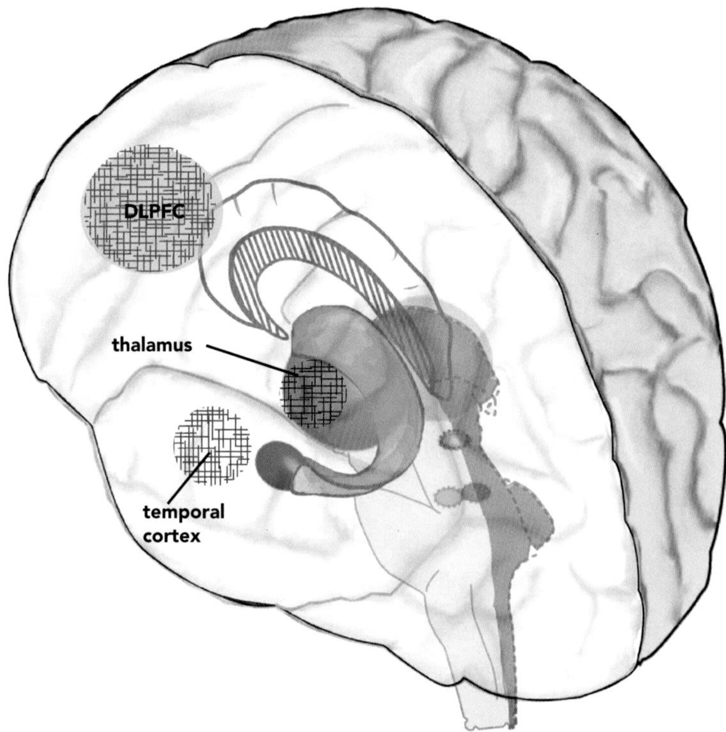

그림 9-10 만성 통증에서 회색질 감소. 연구에 따르면 불안 및 스트레스 관련 장애와 같은 상태에서의 만성 통증은 뇌 위축으로 이어질 수 있다. 특히 만성 통증 환자의 등가쪽 전전두엽피질(DLPFC), 시상, 측두피질에서 회색질 감소가 나타났다.

을 보낸다. 이러한 하행 경로 중 일부는 엔도핀endorphin을 방출하는데, 이는 대부분 시냅스전 μ-아편유사제opioid 수용체를 통해 작용하여 통각 일차 구심 뉴런의 신경전달을 억제한다(그림 9-2). 척수 μ-아편유사제 수용체는 아편유사 진통제의 표적 중 하나이며, 수도관주위 회색질 자체에 있는 μ-아편유사제 수용체도 마찬가지이다(그림 9-11). 흥미롭게도 Aβ 섬유(그림 9-1)는 μ-아편유사제 수용체를 발현하지 않기 때문에, 아편유사 진통제가 정상적인 감각 입력에 영향을 주지 않는 이유를 설명할 수 있다. δ-아편유사제 수용체를 통해 작용하는 엔케팔린enkephalin도 항통각 작용을 하는 반면에, κ-아편유사제 수용체에 작용하는 다이노핀dynorpin은 항통각 또는 통각유발 작용 모두가 가능하다. 일반적으로 아편제제가 SNRI나 $\alpha_2\delta$ 리간드보다 만성 신경병성 통증 상태에 더 효과적인 것은 아니며, 섬유근육통과 같은 많은 경우에서 아편제제가 효과적이라는 것이 전혀 입증되지 않았다는 사실도 흥미로운 일이다.

다른 두 가지 중요한 하행 억제 경로도 그림 9-2에 나와 있다. 하나는 청반locus coeruleus에서 유래하는 하행 척수 노르에피네프린 경로descending spinal norepinephrine pathway이며(그림 9-12A), 특히 뇌간 신경전달물질 중추(가쪽뒤판 노르에피네프린 세포체계lateral tegmental norepinephrine cell system)의 하부(꼬리caudal) 부분에 있는 노르아드레날린 세포체에서 시작된다. 또 다른 중요한 하행 경로는 하행 척수 세로토닌 경로descending spinal serotonergic pathway로(그림 9-13A) 앞배안쪽 수질의 거대솔기핵과 특히 하부(꼬리) 세로토닌핵(거대솔기raphe magnus, 창백솔기raphe pallidus, 불명솔기raphe obscuris)에서 시작된다. 하행 노르아드레날린 뉴런은 억제성 α_2 아드레날린 수용체를 통해 직접 일차 구심으로부터의 신경전달물질 방출을 억제하므로(그림 9-2), 클로니딘clonidine과 같은 직접작용 α_2 작용제가 일부 환자의 통증 완화에 유용한 이유를 설명할 수 있다. 세로토닌은 시냅스후 $5HT_{1B/D}$ 수용체를 통해 일차 구심 종말을 억제한다(그림 9-2). 이러한 억제성 수용체는 G단백질연결 수용체이며, 이온통로에 간접적으로 영향을 미쳐서 신경 종말을 과분극시키고 통각 신경전달물질 방출을 억제한다. 하지만 세로토닌은 척수로 내려가는 하행 **촉진** 경로descending facilitation pathway의 주요 전달물질이기도 하다. 뒤뿔의 특정 부위에 있는 일부 일차 구심 뉴런 종말로 방출된 세로토닌은 주로 흥분성 $5HT_3$ 수용체를 통해 작용하여 일차 구심 뉴런에서 신경전달물질 방출을 강화한다(그림 9-2). 세로토닌의 억제 및 촉진 작용의 조합은 세로토닌 농도만 증가시키는 작용을 하는 선택적 세로토닌 재흡수 억제제(SSRI)가 통증 치료에 지속적으로 유용하지 않은 이유를 설명해줄 수 있다. 반면 세로토닌과 노르에피네프린에 모두 작용하는 SNRI는 당뇨병 말초 신경병성 통증과 섬유근육통을 포함한 다양한 신경병성 통증 상태에 효과가 있는 것으로 입증되었다.

하행 억제는 세로토닌과 노르아드레날린 경로를 통해서 주로 이루어지며, 일반적으로 휴식 시 활성화되고 생리적으로 작용하여 부적절한 통각 입력(예: 소화, 관절 움직임 등)의 지각을 감추는 것으로 생각된다(그림 9-12A 및 9-13A). 우울증이나 섬유근육통 또는 관련 만성 통증장애 환자가 말초 외상의 명백한 징후가 없는데도 통증을 인식하는 이유에 대한 한 가지 가설은 하행 억제가 적절히 작용하지 않아 부적절한 통각 입력을 감추지 못하기 때문이라는 것이다. 이로 인해 일반적으로는 무시되는 실제로 정상적인 입력을 통증으로 지각하게 된다(그림 9-12B 및 9-13B). 하행 모노아민 억제가 SNRI로 강화되면, 섬유근육통과 우울증에서 관절, 근육, 허리로부터의, 그리고 과민성대장증후군, 우울장애, 불안장애에서 소화 및 위장관으로부터의 부적절한 통각 입력이 가설상으로 다시 한 번 무시되어 더 이상 통증으로 인식되지 않는다(그림 9-12C 및 9-13C). SNRI에는 둘록세틴duloxetine, 밀나시프란milnacipran, 레보밀나시프란levomilnacipran, 벤라팍신venlafaxine, 데스벤라팍신desvenlafaxine, 일부 삼환계 항우울제tricyclic antidepressant, TCA가 포함된다. SNRI와 TCA는 제7장에서 광범위하게 논의되었다.

또한 하행 억제는 심한 부상을 입었을 때 들어오는 통각

9

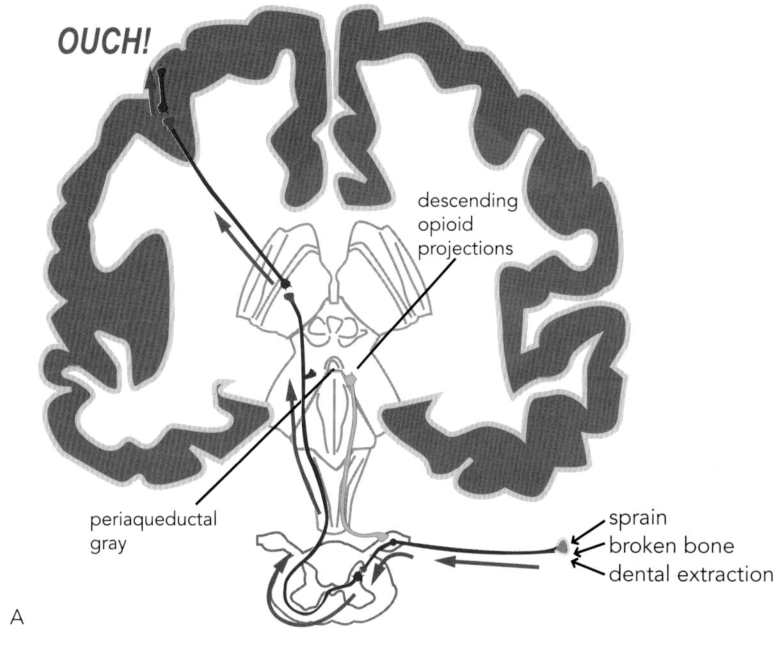

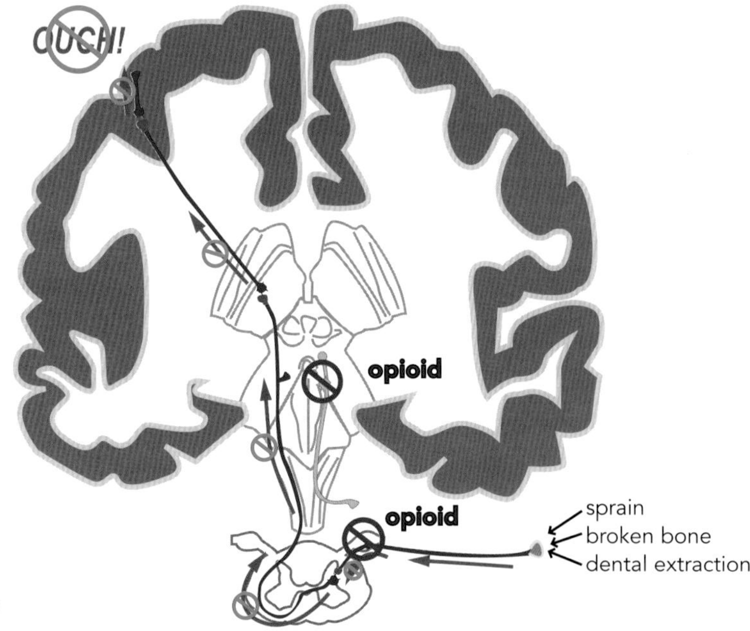

그림 9-11 급성 통각 통증과 아편유사제. 수도관주위 회색질은 통각 경로와 변연 구조로부터의 입력을 통합하고, 하행 아편유사제 투사를 포함한 하행 억제 경로를 구동하기 위한 출력을 내보낸다. (A) 여기에는 말초 손상으로부터 통각 입력이 뇌로 전달되어 통증으로 해석되는 과정이 표시되어 있다. 하행 아편유사제 투사가 활성화되지 않았으므로 통각 입력은 억제되지 않았다. (B) 하행 아편유사제 투사에서 내인성 아편유사제가 방출되거나 외인성 아편유사제가 투여되면 뒤뿔 또는 수도관주위 회색질에서 통각 신경전달을 억제하여 통증 경험을 예방하거나 감소시킬 수 있다.

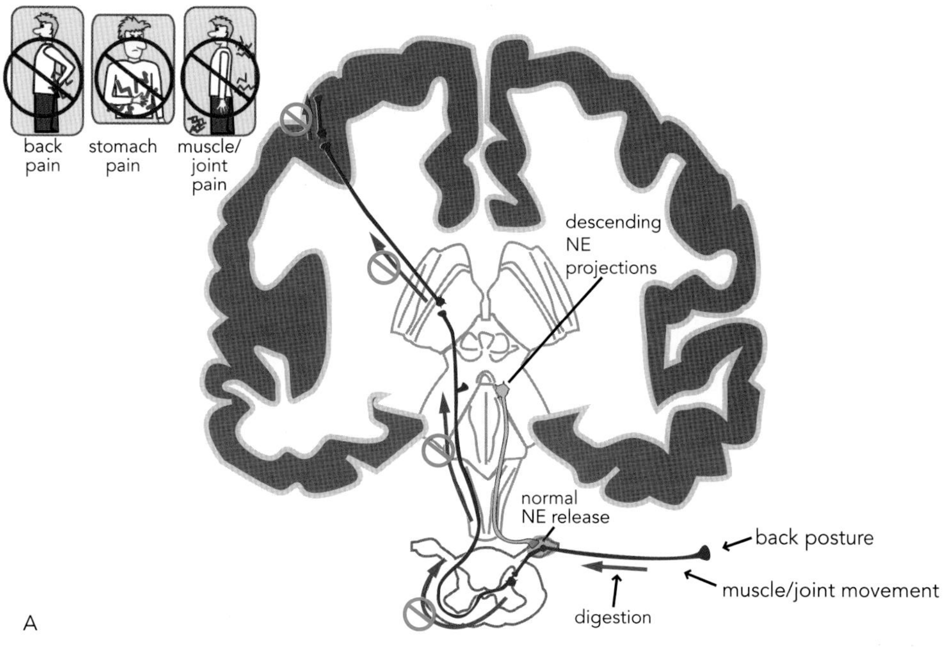

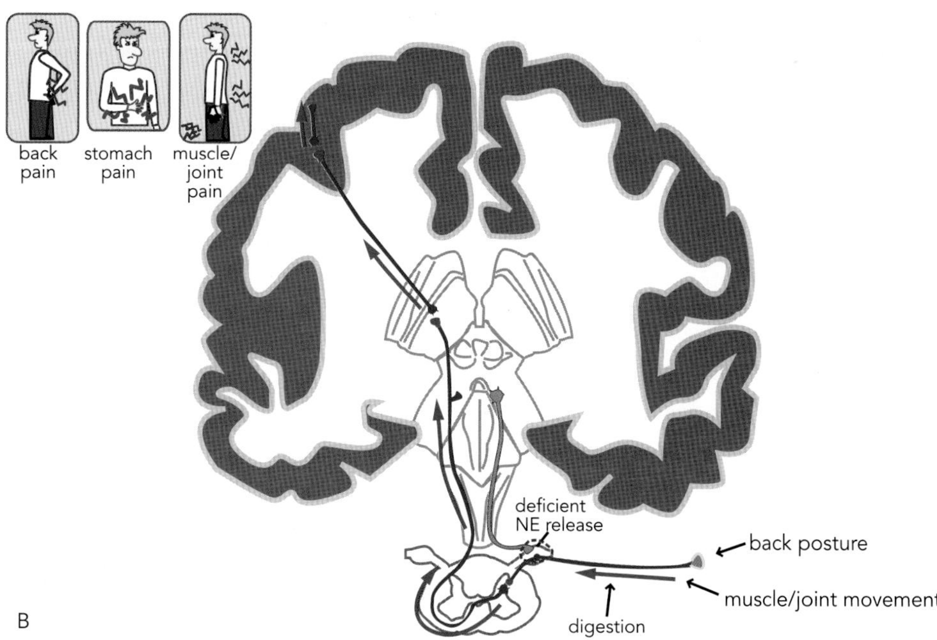

그림 9-12A, B 하행 노르아드레날린 뉴런과 통증. (A) 하행 척수 노르에피네프린(NE) 경로는 청반에서 시작된다. 하행 NE 뉴런은 시냅스전 α_2 아드레날린 수용체를 통해 일차 구심 뉴런의 신경전달물질 방출을 억제하고, 시냅스후 α_2 아드레날린 수용체를 통해 뒤뿔 뉴런의 활성을 억제한다. 이는 신체 입력(예: 근육/관절 또는 소화 관련)이 뇌에 도달하는 것을 억제하여 통증으로 해석되는 것을 방지한다. (B) 하행 NE 억제가 부족하면, 부적절한 통각 입력을 감추기에 충분하지 않을 수 있으며, 일반적으로 무시되는 입력에도 잠재적으로 통증을 지각하게 될 수 있다. 이는 섬유근육통, 우울증, 과민성대장증후군, 불안장애의 고통스러운 신체증상에 대한 기여요인이 될 수 있다.

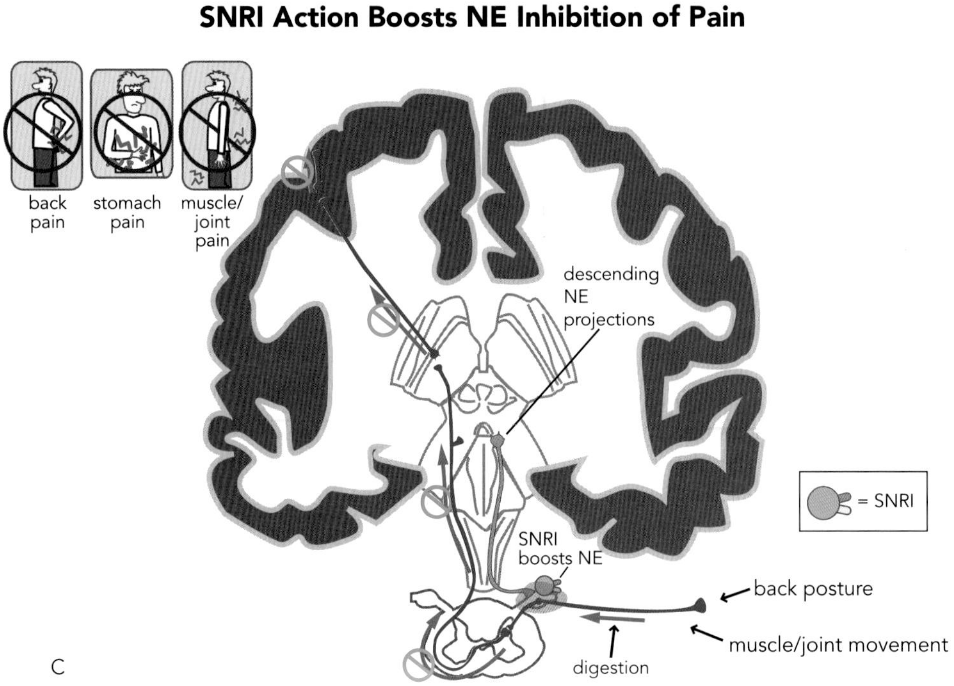

그림 9-12C **하행 노르아드레날린 억제의 강화.** 세로토닌 노르에피네프린 재흡수 억제제(SNRI)는 뒤뿔로 향하는 하행 척수 경로에서 노르아드레날린 신경전달을 증가시켜 신체 입력이 뇌에 도달하여 통증으로 해석되지 않도록 억제를 강화할 수 있다.

입력 및 위험한 '갈등' 상황에서 변연 구조를 통해 활성화되며, 내인성 아편유사 펩타이드endogenous opioid peptide(그림 9-11B), 세로토닌(그림 9-13A), 노르에피네프린(그림 9-12A)의 방출을 유발한다. 이때는 뒤뿔에서 통각 신경전달물질의 방출이 감소할 뿐만 아니라(그림 9-2) 척수를 통해 뇌로 전달되는 통각 자극도 감소한다(그림 9-3). 따라서 통증의 지각이 감소하고 둔화되어 단기적으로 보면 부상으로 인한 신체 기능 저하 없이 상황을 벗어날 수 있다(그림 9-3의 '아프다' 감소). 안전지대로 돌아오면 하행 촉진이 하행 억제를 대체하면서 균형을 바로잡고 부상에 대한 인식을 높이며 부상 부위를 쉬게 한다(그림 9-3의 '아프다' 증가).

이러한 시스템의 진가는 운동 경기나 전쟁터에서 심각한 부상을 당하고도 견뎌내는 사람에게서 볼 수 있다. 통증에 대한 위약반응placebo response의 활성화는 μ-아편유사제 길항제인 날록손naloxone에 의해 가역적으로 변하기 때문에, 위약효과에는 하행 억제 뉴런으로부터 내인성 아편유사제 방출이 포함될 수도 있다(그림 9-11B). 이러한 변화는 생존을 촉진하고 개인의 기능을 향상시키는 통증 경로 내의 적응적 변화이다. 그러나 당뇨병에서 섬유근육통에 이르기까지 다양한 형태의 신경병성 통증에서 발생할 수 있는 것처럼, 부적응적인 변화가 이런 동일한 기전을 탈취하여 관련 조직손상 없이 부적절하게 통증이 지속될 수도 있다.

만성 통증 상태의 표적 민감화 회로

중추신경계 내 비가역적 민감화 과정의 지표 중 하나로 지속되는 만성 통증은 통증 경로 내에서 비정상적인 뉴런 활성으로 인한 점진적인 분자 변화에 의해 촉발되는 질환으로 논의되어 왔으며, 중추 민감화라고도 불린다. 이러한 현상이 척수나 분절 수준에서 발생할 경우에는 그곳에서 방출되는 여러 가지 신경전달물질과 관련이 있을 수 있으며, 각 신경전달물질의 방출 기전은 시냅스전 탈분극과 N형 및 P/Q형 전압민감 칼슘통로(그림 9-14)의 활성화를 필요로 하고, 글루타메이트의 방출뿐만 아니라 아스파트산aspartate, P 물질substance P, 칼시토닌 유전자관련 펩타이드calcitonin

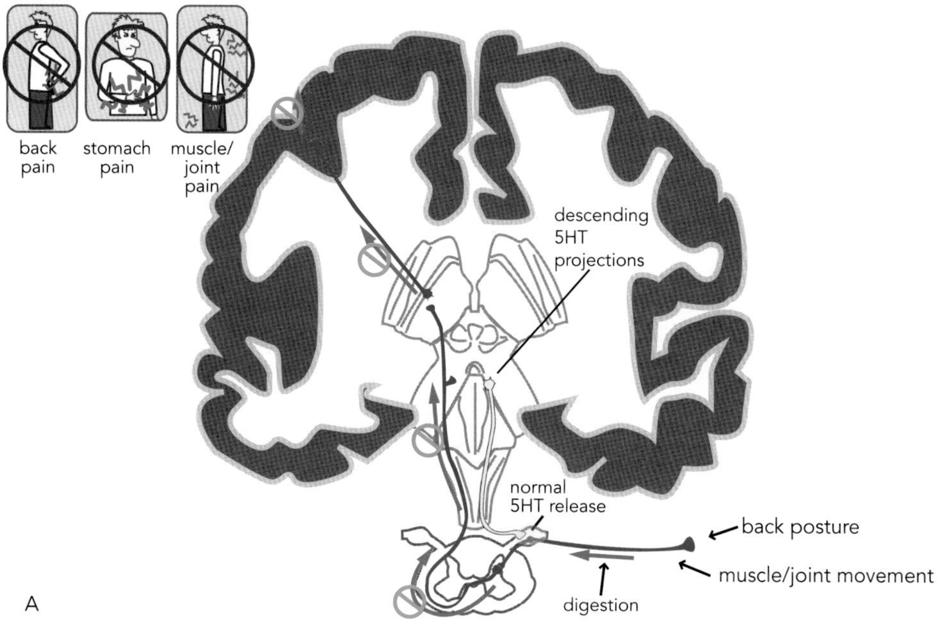

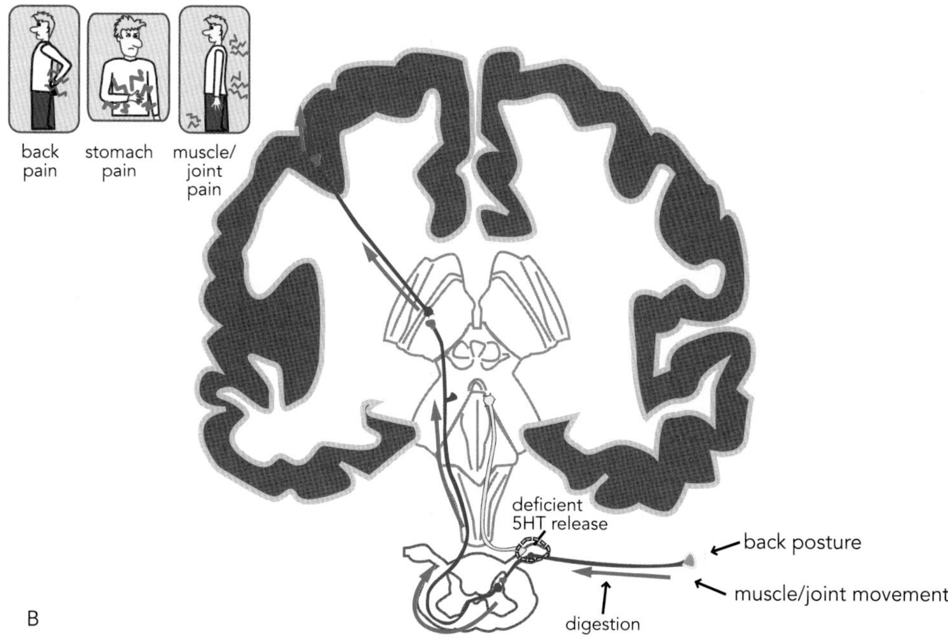

그림 9-13A, B 하행 세로토닌 뉴런과 통증. (A) 하행 척수 세로토닌(5HT) 경로는 솔기핵에서 시작된다. 하행 세로토닌 뉴런은 주로 $5HT_{1B/D}$ 수용체를 통해 뒤뿔 뉴런의 활성을 직접 억제한다. 이는 신체 입력(예: 근육/관절 또는 소화 관련)이 뇌에 도달하는 것을 억제하여 통증으로 해석되는 것을 방지한다. (B) 하행 세로토닌 억제가 부족하면, 부적절한 통각 입력을 감추기에 충분하지 않을 수 있으며, 일반적으로 무시되는 입력에도 잠재적으로 통증을 지각하게 될 수 있다. 이는 섬유근육통, 우울증, 과민성대장증후군, 불안장애의 고통스러운 신체증상에 대한 기여요인이 될 수 있다.

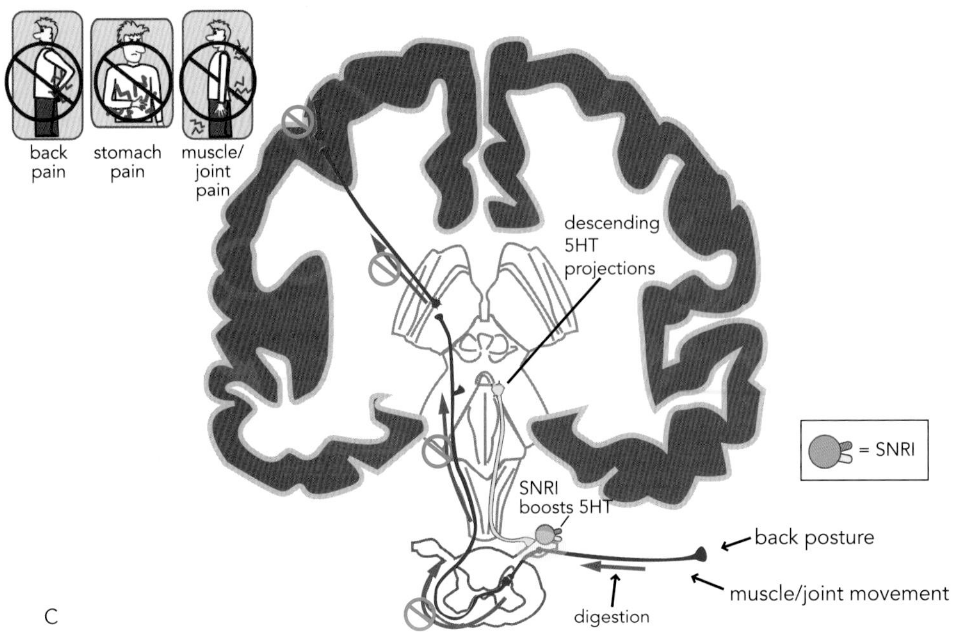

그림 9-13C 하행 세로토닌 억제의 강화. 세로토닌 노르에피네프린 재흡수 억제제(SNRI)는 뒤뿔로 향하는 하행 척수 경로에서 세로토닌 신경전달을 증가시켜 신체 입력이 뇌에 도달하여 통증으로 해석되지 않도록 억제를 강화할 수 있다. 그러나 SNRI의 노르아드레날린 효과가 통각 입력의 억제와 더 관련이 있을 가능성이 있다.

gene-related peptide, CGRP, 기타 신경전달물질과도 연결된다(그림 9-2). 시상과 피질의 초분절 수준에서 이러한 현상이 발생하면, 동일한 N형 및 P/Q형 VSCC를 통해 대부분의 글루타메이트가 방출되는 것과 관련이 있을 것 같다(그림 9-14 및 9-15). 신경전달물질의 방출이 적으면 시냅스 후 수용체를 자극하기에 충분하지 않기 때문에 통증 반응이 나타나지 않는다(그림 9-14A). 하지만 일반적인 양의 신경전달물질 방출은 완전한 통각 통증 반응과 급성 통증을 유발할 수 있다(그림 9-14B). 가설상으로 중추 민감화 상태에서는 과도하고 불필요한 통각 활성이 지속적으로 진행되어 신경병성 통증을 유발한다(그림 9-15A). $\alpha_2\delta$ 리간드인 가바펜틴gabapentin이나 프레가발린pregabalin으로 VSCC를 차단하면(그림 9-15B 및 9-16), 뒤뿔 또는 시상과 피질에서 다양한 신경전달물질의 방출이 억제되며(그림 9-2, 9-15B, 9-17A, 9-17B), 실제로 신경병성 통증을 유발하는 다양한 질환에 대한 효과적인 치료로 입증되었다. 가바펜틴과 프레가발린(그림 9-16)은 VSCC의 '열린 통로open-channel' 형태에 보다 선택적으로 결합할 수 있으며(그림 9-17 및 9-18), 따라서 억제의 '사용의존적' 형태로 가장 활성화된 통로를 차단하는 데 특히 효과적이다(그림 9-17B 및 9-18B). 이러한 분자작용은 통증 경로 내에서 신경 자극을 활발하게 전도하는 중추 민감화 VSCC에 대한 더 높은 친화성을 예측한다. 따라서 이들은 신경병성 통증을 유발하는 VSCC에 대해 선택적으로 작용하고 열려 있지 않은 다른 VSCC는 무시하므로, 병적 통증 상태를 매개하는 데 관여하지 않는 중추 뉴런의 정상적인 신경전달을 방해하지 않는다.

신경병성 통증 상태를 포함해서 통증의 치료는 미리 '지불'하거나 최소한 게임 초기에 지불할 때 비용이 적게 들 수 있다. 통증의 조기 치료는 중추 민감화의 촉발을 허용하지 않음으로써 고통스러운 경험이 중추신경계에 자신을 각인시키는 능력을 차단하여 만성 지속통증 상태의 발생을 방해할 수 있기를 희망한다. 따라서 SNRI나 $\alpha_2\delta$ 리간드와 같이

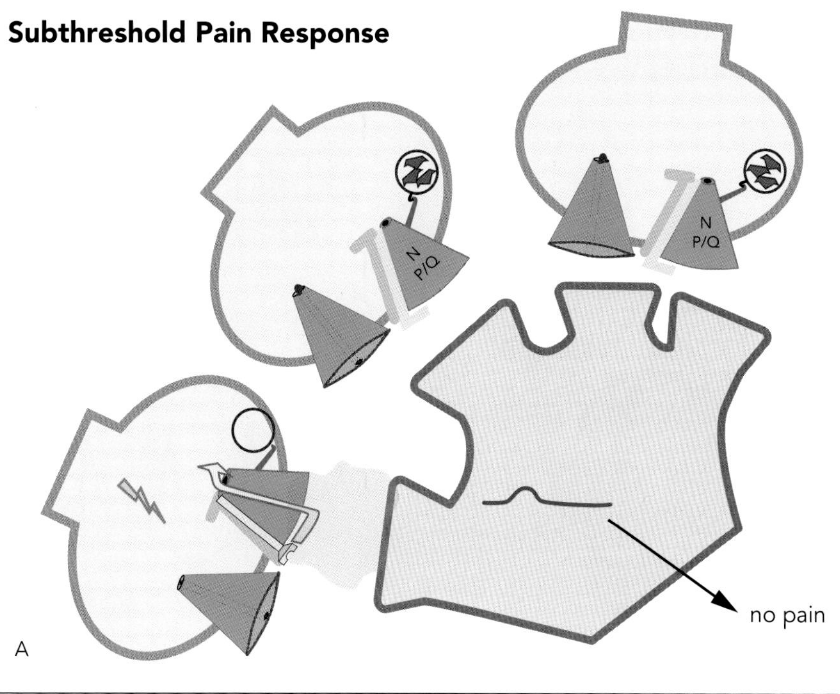

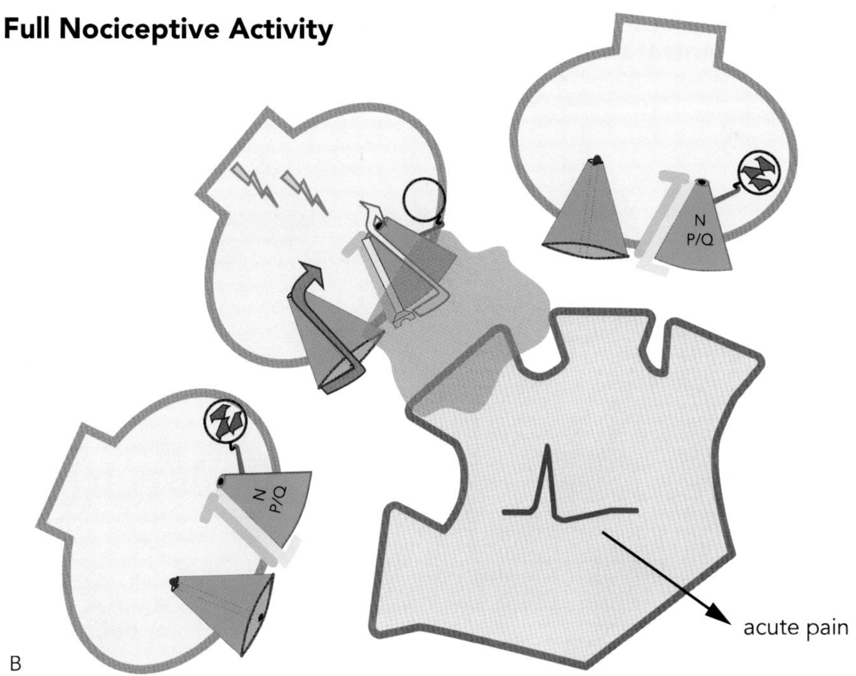

그림 9-14 통증 경로의 활성의존적 통각수용 제1부: 급성 통증. 통증 경로에서 통각수용성 뉴런의 활성도에 따라 급성 통증의 경험 여부가 결정된다. 시냅스전 뉴런의 활동전위는 나트륨 유입을 촉발하고, 이는 다시 칼슘 유입으로 이어져 궁극적으로 신경전달물질의 방출이 일어난다. (A) 어떤 경우에는 시냅스전 뉴런에서 생성된 활동전위가 최소한의 신경전달물질만 방출해서 시냅스후 뉴런이 크게 자극되지 않고, 통각 입력이 뇌에 도달하지 않을 수 있다(바꿔 말하면 통증이 없다). (B) 다른 경우에는 시냅스전 뉴런의 활동전위가 강해서 전압민감 칼슘통로(VSCC)가 더 오래 열리게 되고, 더 많은 신경전달물질이 방출되며, 시냅스후 뉴런이 더 많이 자극될 수 있다. 따라서 통각 입력이 뇌로 전달되어 급성 통증이 발생한다.

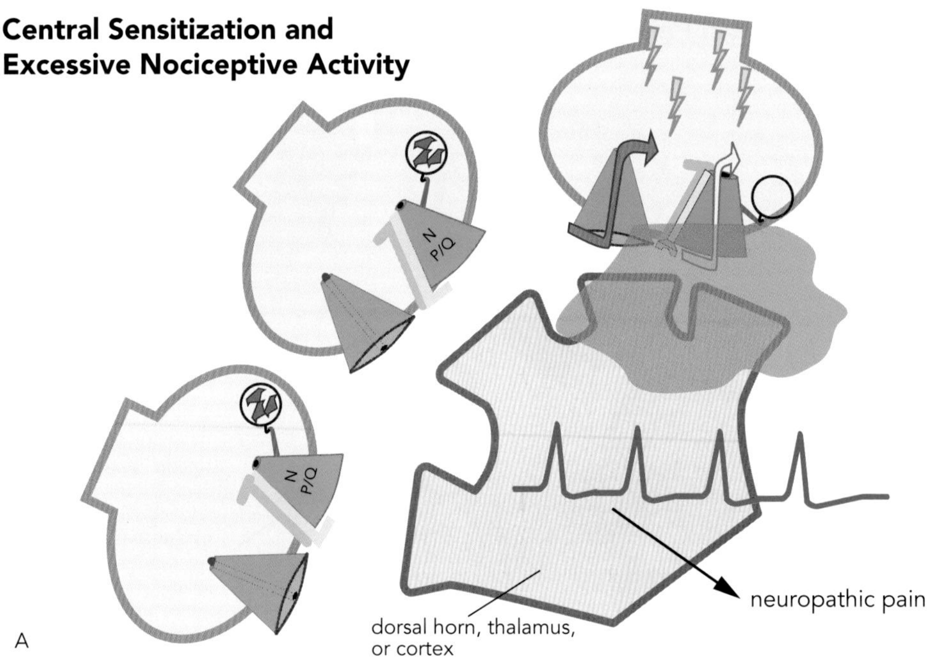

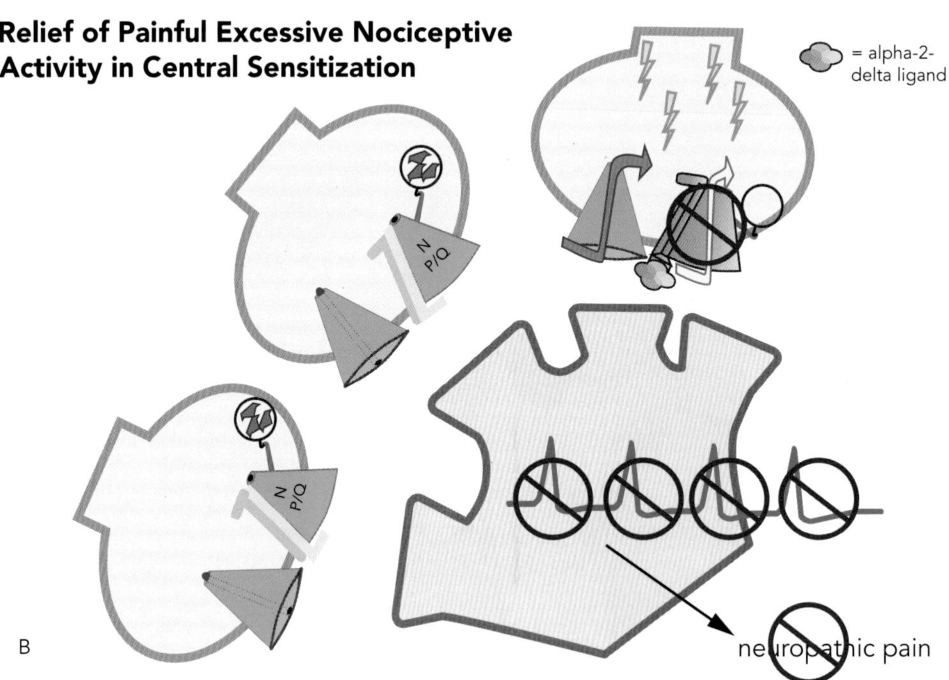

그림 9-15 통증 경로의 활성의존적 통각수용 제2부: 신경병성 통증. 통증 경로에서 통각수용성 뉴런의 활성도에 따라 급성 통증의 경험 여부가 결정된다. 시냅스전 뉴런의 활동전위는 나트륨 유입을 촉발하고, 이는 다시 칼슘 유입으로 이어져 궁극적으로 신경전달물질의 방출이 일어난다. (A) 강하거나 반복적인 활동전위는 칼슘통로의 장기간 개방을 유발하여 시냅스 틈새로 신경전달물질이 과도하게 방출되고, 결과적으로 시냅스후 뉴런을 과도하게 자극할 수 있다. 이는 궁극적으로 중추 민감화 증후군의 이론적 기질인 발아sprouting를 포함한 분자 변화, 시냅스 변화, 구조 변화를 유도할 수 있다. 바꿔 말하면 신경병성 통증으로 이어질 수 있다. (B) 가바펜틴 또는 프레가발린과 같은 알파-2-델타 리간드는 전압민감 칼슘통로(VSCC)의 $\alpha_2\delta$ 아단위에 결합한 뒤 형태를 변화시켜, 칼슘 유입을 줄이고 시냅스후 수용체의 과도한 자극을 감소시킨다.

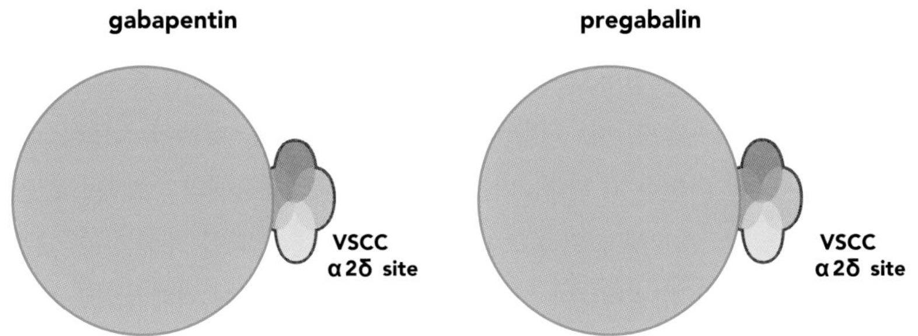

그림 9-16 가바펜틴과 프레가발린. 여기에는 가바펜틴과 프레가발린의 약리적 작용을 나타내는 상징이 표시되어 있다. 이 약제는 전압민감 칼슘통로(VSCC)의 $\alpha_2\delta$ 아단위에 결합한다.

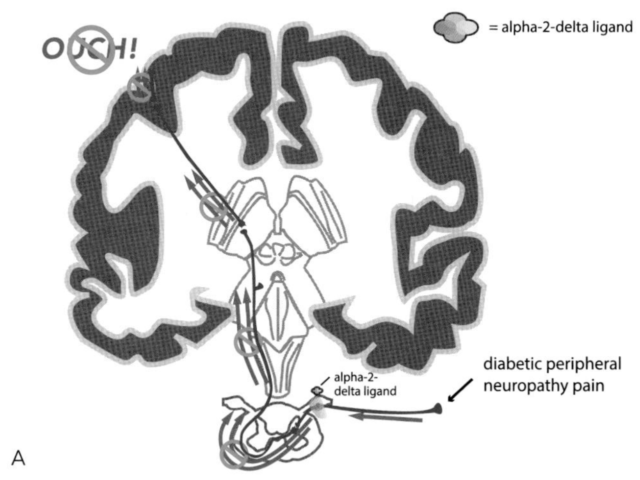

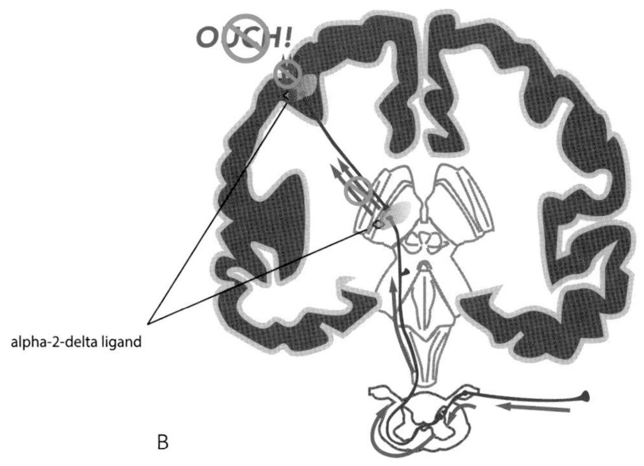

그림 9-17 $\alpha_2\delta$ 리간드의 해부학적 작용. (A) 알파-2-델타 리간드는 뒤뿔의 전압민감 칼슘통로에 결합하여 흥분성 신경전달을 감소시키고 통증을 완화시킬 수 있다. (B) 알파-2-델타 리간드는 시상과 피질에서 전압민감 칼슘통로에 결합하여 흥분성 신경전달을 줄이고 통증을 완화시킬 수 있다.

만성 신경병성 통증의 증상적 고통을 완화하는 기전은 만성 지속통증 상태로의 질병 진행을 예방하는 것과 동일한 기전일 수 있다. 이 개념은 이론상으로 중추신경계에 기원을 두고 있는 이러한 상태의 고통스러운 증상을 적극적으로 치료하여 중추 민감화 과정이 분노 회로에 영구적으로 각인되기 전에 '차단'하는 것을 의미한다. 따라서 주요우울장애, 불안장애, 섬유근육통은 모두 SNRI나 $\alpha_2\delta$ 리간드 치료를 통해서 고통스러운 신체증상을 제거하고 완전한 증상 관해에 도

Molecular Action of Alpha-2-Delta Ligands

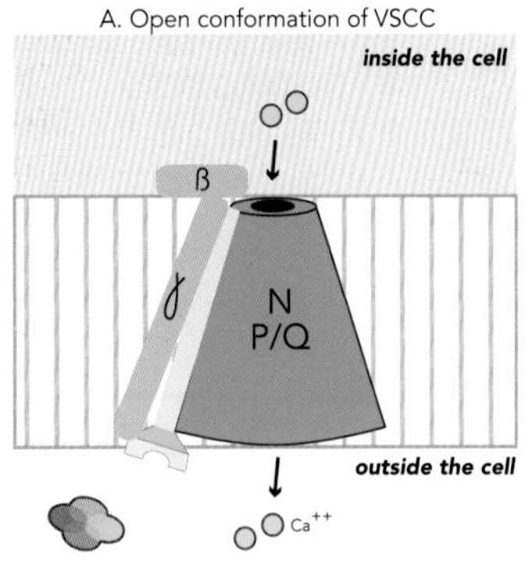

B. Alpha-2-delta ligand binding to open conformation and inhibiting VSCC

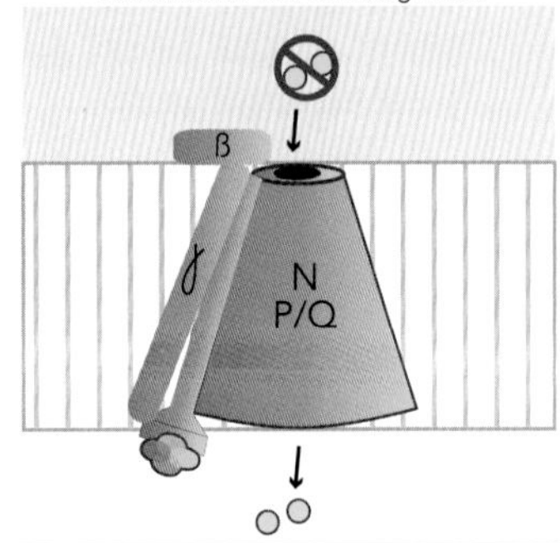

C. Closed conformation of VSCC

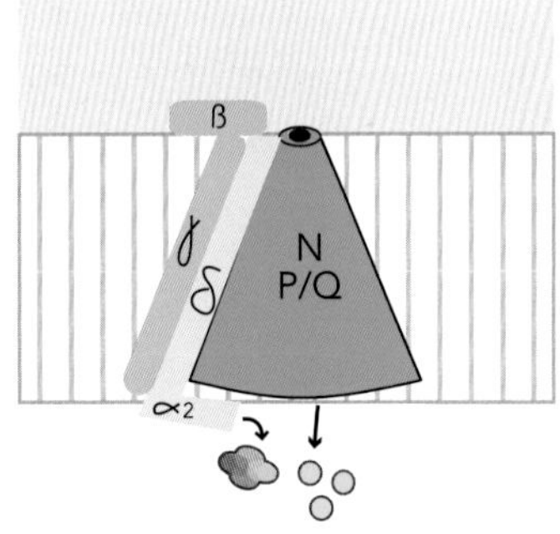

그림 9-18 $\alpha_2\delta$ 리간드의 결합. (A) 칼슘 유입은 전압민감 칼슘통로(VSCC)가 열린 통로 형태일 때 발생한다. (B) 가바펜틴 및 프레가발린과 같은 알파-2-델타 리간드는 열린 통로 형태에 가장 큰 친화력을 가지며, 따라서 가장 활성화된 통로를 차단한다. (C) VSCC가 닫힌 형태인 경우 $\alpha_2\delta$ 리간드는 결합하지 않으므로 정상적인 신경전달을 방해하지 않는다.

달하는 기회를 향상시킬 수 있다. 이 기회는 영구적인 통증 증후군이나 통증의 점진적인 악화를 예방할 수 있으며, 정신약리학자가 정신질환을 평가하고 치료할 때 일상적으로 평가해야 하는 정신적 '활력징후'로 통증을 점점 더 많이 고려하는 이유 중 하나이다. 향후에는 통증을 감소시킬 수 있는 약물에 대한 평가를 시행해서 정신 및 기능성 신체질환의 진행 초기에 고통스러운 증상을 제거하면 증상의 재발 방지, 치료저항성의 발달, 심지어 통증 상태의 스트레스로 인한 뇌 위축(그림 9-9), 불안 및 정동장애의 스트레스로 인한 해마 위축(그림 6-30)을 포함한 결과를 개선할 수 있는지 밝혀내야 한다. 통증이 발생하기 전에 선제적으로 통증을 치료하거나 적어도 통증이 영구화되기 전에 통증을 차단하여 중추 매개 및 민감성 통증을 완화하는 것이 이중 재흡수 억제제 및 $\alpha_2\delta$ 리간드의 가장 가능성 높은 치료적용 분야가 될 수 있으며, 여기에는 신중한 임상평가가 필요하다.

섬유근육통의 표적 부수 증상

섬유근육통의 고통스러운 증상을 치료하는 데 있어 $\alpha_2\delta$ 리간드인 가바펜틴과 프레가발린, SNRI인 둘록세틴, 밀나시프란, 벤라팍신, 데스벤라팍신의 입증된 유용성이 여러 차례 언급되었지만, 이 두 계열의 약물을 병용combination하는 것에 대해서는 아직 광범위한 연구가 이루어지지 않은 상태이다. 그럼에도 불구하고 임상진료에서는 경험적 근거에 따라 이 약물들을 함께 사용하는 경우가 많으며, 일화적으로 통증 완화에 추가적인 개선 효과가 있는 것으로 나타났다. 각 계열의 약물은 섬유근육통의 다른 부수적인 증상에도 도움이 될 수 있다. $\alpha_2\delta$ 리간드와 SNRI 모두 섬유근육통의 통증에 효과적일지라도, 병용하면 단독으로 사용하는 것보다 더 광범위한 증상 완화를 가져올 수 있다. 즉 $\alpha_2\delta$ 리간드는 섬유근육통의 불안증상을 완화하고(제8장 불안에서 $\alpha_2\delta$ 리간드에 대한 토의와 그림 8-17C 및 8-18C 참조), 서파수면장애slow-wave sleep disorder를 개선할 수 있다(수면장애와 치료는 제10장에서 더 자세히 논의된다). SNRI는 섬유근육통의 우울증상과 불안증상을 완화하고(기분장애 치료에 대한 제7장 참조), 섬유근육통과 관련된 피로와 인지증상(섬유안개라고도 함)을 치료하는 데 유용할 수 있다(그림 9-8 및 9-9 참조). 다양한 임상상태에서 나타나는 집행기능의 문제는 일반적으로 뇌 회로 조절에서 도파민 신경전달이 중요한 등가쪽 전전두엽피질(DLPFC)의 비효율적인 정보처리와 관련이 있다(조현병의 인지에 대한 제4장 및 그림 4-17 참조). DLPFC의 도파민 인지조절 개념과 집행 기능장애를 개선하기 위한 도파민 신경전달 촉진의 역할은 제11장 주의력결핍 과잉행동장애에서도 논의된다. SNRI는 DLPFC의 도파민 농도를 증가시키기 때문에(그림 7-33C 참조), SNRI 제제는 섬유근육통 환자의 섬유안개 증상도 잠재적으로 개선할 수 있다. 이는 특히 모든 임상적 유효 용량에서 강력한 노르에피네프린 재흡수 결합 특성을 갖는 SNRI인 밀나시프란과 레보밀나시프란(그림 7-30 및 7-31) 또는 고용량에서 노르에피네프린 재흡수 차단 특성이 증가되어 DLPFC의 도파민 농도가 높아지는(그림 7-33C) 둘록세틴(그림 7-29), 벤라팍신 및 데스벤라팍신(그림 7-28)의 경우 그러할 수 있다. 섬유근육통 환자의 섬유안개를 개선하기 위한 다른 전략으로는 우울증의 인지기능장애를 치료하는 데 사용하는 것과 동일한 방법이 있으며, 모다피닐modafinil, 아르모다피닐armodafinil, 아토목세틴atomoxetine과 같은 선택적 노르에피네프린 재흡수 억제제(NRI), 부프로피온bupropion과 같은 노르에피네프린 도파민 재흡수 억제제(NDRI), 주의가 필요한 자극제stimulant가 포함된다. SNRI는 섬유근육통 환자의 정신적 피로뿐만 아니라 육체적 피로 증상에도 유용할 수 있으며, 때로는 모다피닐, 자극제, 부프로피온으로 증강augmentation한다.

섬유근육통의 통증에 대한 2차 치료제로는 진정성 항우울제인 미르타자핀mirtazapine과 삼환계 항우울제 그리고 삼환계 근육이완제tricyclic muscle relaxant인 시클로벤자프린cyclobenzaprine을 사용할 수 있다. 벤조디아제핀, 수면제, 트라조돈trazodone과 같은 수면 관련 약물은 섬유근육통의 수면장애를 완화하는 데 도움이 될 수 있다. 섬유근육통에 대한 감마-하이드록시뷰티르산γ-hydroxybutyrate, GHB(또는 옥시베이트나트륨sodium oxybate)의 효과에 대한 증거도 축적되고 있지만, 전환 및 남용의 가능성이 있으므로 매우 주의해서 사용해야 한다. GHB는 기면증narcolepsy 치료제로 승인되었고 서파수면을 개선하며, 수면과 관련된 제10장에서 자세히 논의된다(그림 10-67 및 10-68 참조). 특별한 경우에는 중증 및 치료저항성 섬유근육통의 치료를 위해 전문가가 GHB를 사용하는 것이 정당화될 수 있다. $\alpha_2\delta$ 리간드 이외의 여러 항경련제(그림 9-16)도 섬유근육통을 포함한 만성 신경병성 통증 상태에서 2차 치료제로 사용된다. 이러한 약물은 전압작동 칼슘통로보다는 전압작동 나트륨통로를 표적으로 하는 것으로 생각되므로 $\alpha_2\delta$ 리간드와는 다른 작용기전을 가지며, $\alpha_2\delta$ 리간드에 대한 반응이 불충분한 환자에게 효과적일 수 있다.

요약

이 장에서는 통증을 정의하고, 통각 뉴런 활성이 척수 및 척수를 거쳐 뇌까지 이어지는 경로를 통해 통증을 지각하는 과정을 설명했다. 신경병성 통증은 말초 및 중추 기전과 중추 민감화의 개념을 포함하여 광범위하게 논의되었다. 세로토닌과 노르에피네프린의 방출을 통해 통각 통증 뉴런의 활성을 감소시키는 하행 억제 경로의 핵심적인 역할을 설명했고, 이는 주요우울장애부터 섬유근육통, 당뇨병 말초 신경병성 통증, 요통, 골관절염, 관련 질환에 이르기까지 통증의 지각을 감소시키는 약물로서 세로토닌 노르에피네프린 재흡수 억제제(SNRI)의 작용 근거를 보여주었다. 또한 전압 민감 칼슘통로(VSCC)의 중요한 역할을 설명하였고, 당뇨병 말초 신경병성 통증, 섬유근육통, 우울 및 불안장애의 고통스러운 신체증상, 대상포진, 기타 신경병성 통증 상태에서 통증 지각을 감소시키는 약물로서 $\alpha_2\delta$ 리간드의 작용 근거를 제시하였다. 마지막으로 섬유근육통이라는 상태와 새롭게 진화하는 정신약리학적 치료법을 중심으로 정동장애에서 만성 신경병성 통증장애에 이르는 넓은 스펙트럼을 소개하였다.

9

10 수면 및 각성장애 그리고 치료: 히스타민과 오렉신에 대한 신경전달물질 네트워크

이 장에서는 수면 및 각성장애의 정신약리학에 대한 간략한 개요를 제공한다. 여기에는 불면증, 주간과다졸음증excessive daytime sleepiness, 또는 두 가지 모두를 유발하는 질환의 증상, 진단 기준, 치료에 대한 간략한 논의가 포함되어 있다. 수면장애를 진단하는 방법에 대한 임상적 설명과 공식 기준은 단지 지나가는 말로만 언급되며, 독자는 이와 관련해서 표준 참고자료를 참조해야 한다. 여기에서의 논의는 불면증이나 졸음을 유발하는 질환과 관련된 다양한 뇌 회로와 신경전달물질 사이의 연관성을 강조할 것이다. 이 장의 목표는 독자에게 수면과 각성의 임상적 및 생물학적 측면, 다양한 질환이 수면과 각성을 어떻게 변화시킬 수 있는지, 불면증과 졸음의 증상을 해결할 수 있는 새롭고 발전하는 치료가 얼마나 많은지에 대한 아이디어를 제공하는 것이다.

수면/각성장애의 발견, 평가, 치료는 표준화된 정신과적 평가의 한 부분으로 신속하게 포함되고 있다. 현대 정신약리학자들은 갈수록 수면을 정신과적 '활력징후vital sign'로 간주하며, 따라서 마주칠 때마다 정기적인 평가routine evaluation와 대증요법symptomatic treatment이 필요하다. 이는 통증이 갈수록 정신과적 '활력징후'로 간주되고 있다는 제9장에서의 논의와 유사하다. 즉 수면장애(및 통증)는 매우 중요하고 널리 퍼져 있으며 많은 정신적 상태에 걸쳐 있기 때문에, 어떤 정신질환이 존재하더라도 이러한 증상을 없애는 것이 환자의 완전한 증상 및 기능적 관해를 이루기 위해 필요한 것으로 점점 더 인식되고 있다.

이 장에서 논의되는 많은 치료는 이전 장에서도 다루었다. 우울증 치료에도 사용되는 불면증 치료제의 기전에 대한 자세한 내용은 제7장을 참조하고, 벤조디아제핀 계열의 불면증 치료제에 대해서도 제7장을 참조하면 된다. 과다수면hypersomnia의 다양한 치료, 특히 자극제에 대한 자세한 내용은 제11장 주의력결핍 과잉행동장애(ADHD)와 제13장 충동성, 강박성, 중독을 참조하기 바란다. 이 장에서 논의하는 내용은 실용적인 수준이 아닌 개념적인 수준이다. 독자는 임상진료에서 이러한 약물의 처방과 관련된 용량, 부작용, 약물 상호작용, 기타 다른 문제에 대한 자세한 내용을 확인하려면 표준 약물 안내서(**스탈의 필수 정신약리학: 처방자 지침서**)를 참조해야 한다.

수면과 각성의 신경생물학

각성 스펙트럼

여러 전문가들이 불면증과 졸음에 대해서 그런 증상을 유발하는 개별적이고 뚜렷한 **질환**을 강조하며 접근하지만, 많은 실용주의 정신약리학자들은 불면증이나 주간과다졸음증을 각성부족부터 각성과다에 이르는 스펙트럼을 따라 발생하고 다양한 상태에 걸쳐 나타나는 중요한 **증상**으로 접근한다(그림 10-1). 이 개념에 따르면 깨어 있고, 각성상태이며, 창의적이고, 문제해결능력이 있는 사람은 너무 과하거나 너무 부족한 각성 사이에서 적절한 균형을 유지한다(그림 10-1의 스펙트럼 가운데에 있는 기준 상태 뇌기능). 각성이 정상보다 증가하면 낮에는 과다경계hypervigilance가 되고(그림 10-1), 밤에 각성이 증가하면 불면증이 발생한다(그림 10-1, 뇌의 과활성화). 치료적 관점에서 불면증은 각성과다장애로 개념화할 수 있으며, 수면 작용을 하는 약물이 환자를 과도한 각성상태에서 수면상태로 전환시킨다(수면 작용을 하는 구체적인 약물은 아래에서 논의된다).

반면에 각성이 감소하면 단순한 부주의에서 더 심각한 형태의 인지장애까지 증상이 점점 심해져 환자가 수면발작sleep attack을 동반한 주간과다졸음증을 겪을 때까지 심해진다(그림 10-1, 뇌의 저활성화). 치료적 관점에서 졸음은 각성결핍장애로 개념화할 수 있고, 각성촉진제wake-promoting agent는 환자를 너무 부족한 각성상태에서 정상적인 각성상태로 전환시킨다(구체적인 각성촉진제는 아래에서 논의된다).

그림 10-1에서 인지장애는 너무 부족한 각성뿐만 아니라 너무 과도한 각성의 산물이며, 이는 피질 피라미드 뉴런이 최적으로 '조율'되어야 할 필요성과 일치하고, 너무 과도한 활성은 너무 부족한 활성만큼이나 조율에서 벗어날 수 있다. 또한 그림 10-1의 각성 스펙트럼은 다음 절에서 자세히 설명할 몇몇 신경전달물질[예: 히스타민, 오렉신orexin, 도파민, 노르에피네프린, 세로토닌, 아세틸콜린, 감마아미노뷰티르산(GABA)]의 작용과 연결되어 있다. 이러한 신경전달물질 회로는 각성을 조절하는 데 함께 작용하는 것으로 알려져 있기 때문에, 이들을 한 그룹으로 묶어서 오름그물체활성계ascending reticular activating system라고 부른다. 이는 제5장에서 논의하였으며, 그림 5-14에 히스타민, 도파민, 노르에피네프린에 대한 삽화가 제시되어 있다. 이와 같은 상향 신경전달물질 시스템은 진정을 유발하는 많은 약제에 의해 여러 부위에서 차단된다(제5장, 그림 5-8 및 5-13 참조). 또한 그림 10-1은 과도한 각성이 불면증을 넘어 공황, 환각, 심지어는 정신병(스펙트럼의 오른쪽 끝)으로까지 확대될 수 있음을 보여준다.

히스타민

히스타민은 각성을 조절하는 주요 신경전달물질 중 하나이며, 많은 각성촉진제(히스타민 분비를 촉진시켜)와 수면촉진제(H_1 수용체에서 히스타민을 차단시키는 항히스타민제)의 궁극적인 표적이기도 하다. 히스타민은 히스티딘histidine이라는 아미노산에서 생성되며, 이는 히스타민 뉴런으로 흡수되어 히스티딘 카르복실기제거효소histidine decarboxylase라는 효소에 의해 히스타민으로 전환된다(그림 10-2). 히스타민의 작용은 히스타민을 *N*-메틸히스타민*N*-methylhistamine으로 전환하는 히스타민 *N*-메틸기 전달효소histamine *N*-methyltransferase와 *N*-메틸히스타민을 비활성물질인 *N*-메틸인돌아세트산methylindoleacetic acid, *N*-MIAA으로 전환하는 모노아민 산화효소 Bmonoamine oxidase B, MAO-B라는 두 가지 효소가 순차적으로 작용하여 종결된다(그림 10-3). 디아민 산화효소diamine oxidase와 같은 부가적 효소도 뇌 외부에서 히스타민 작용을 종료시킬 수 있다. 히스타민에 대한 재흡수 펌프는 따로 존재하지 않는다. 따라서 히스타민은 전전두엽피질에서 도파민이 그러하듯 시냅스에서 멀리 확산될 가능성이 높다.

히스타민 수용체는 여러 가지가 존재한다(그림 10-4부터 10-7까지). 시냅스후 히스타민 1histamine 1, H_1 수용체는 '항히스타민제'(즉 H_1 길항제)의 표적이기 때문에 가장 잘 알려져 있다(그림 10-5)(아래 참조). 히스타민 자체가 H_1 수용체에 작용하면 포스파티딜이노시톨phosphatidylinositol

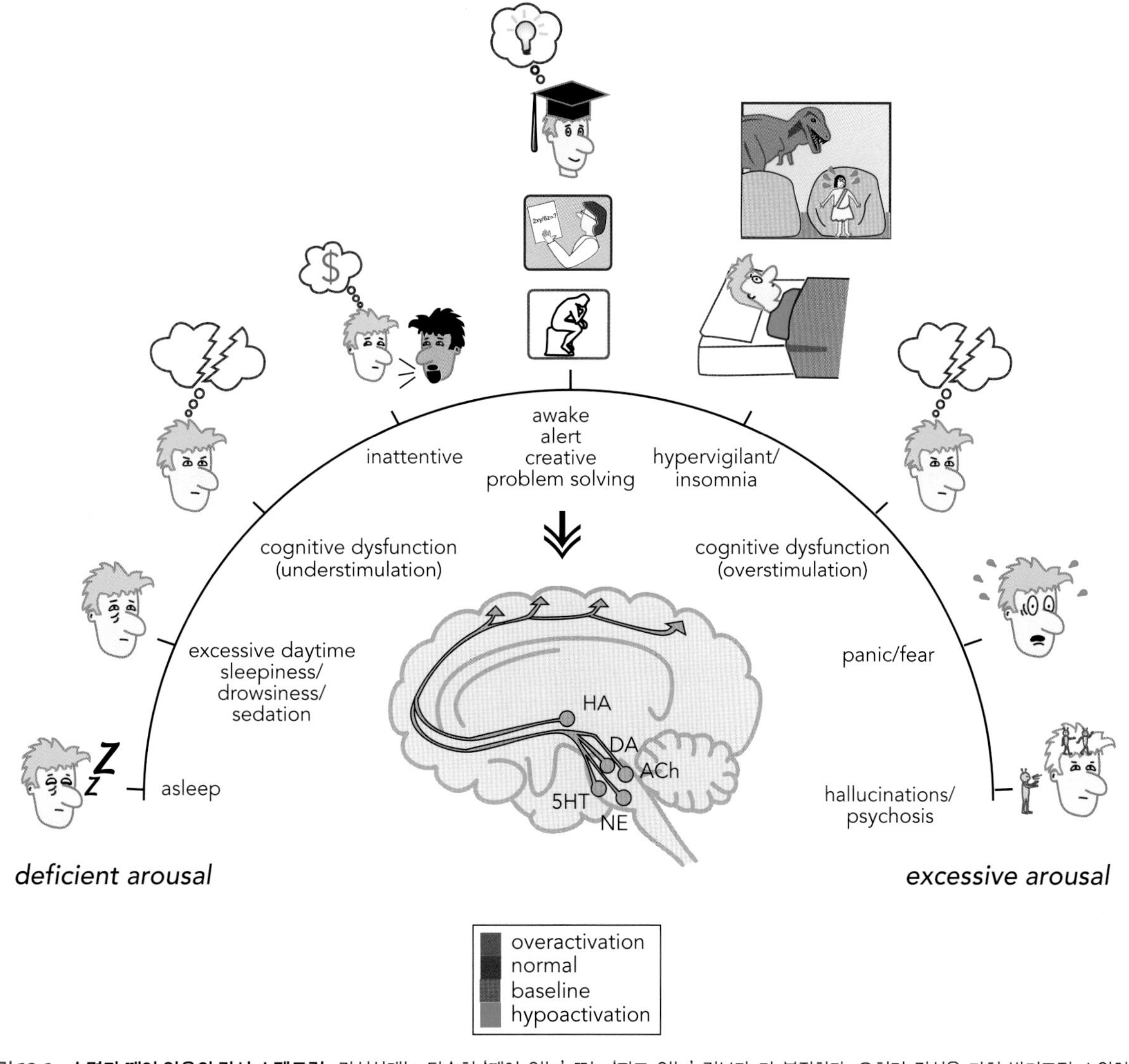

그림 10-1 수면과 깨어 있음의 각성 스펙트럼. 각성상태는 단순히 '깨어 있는' 또는 '자고 있는' 것보다 더 복잡하다. 오히려 각성은 마치 밝기조절 스위치처럼 스펙트럼을 따라 여러 단계로 존재한다. 스펙트럼의 어느 위치에 존재하게 되는지는 히스타민(HA), 도파민(DA), 노르에피네프린(NE), 세로토닌(5HT), 아세틸콜린(Ach), 감마아미노뷰티르산(GABA), 오렉신 등 몇몇 주요 신경전달물질에 의해 영향을 받는다. 너무 과도한 각성과 너무 부족한 각성 사이에서 균형이 잘 잡혀 있으면 깨어 있고, 각성상태이며, 기능을 잘 수행할 수 있다. 그림에서 뇌를 회색(기저상태)으로 표현하였다. 눈금이 오른쪽으로 이동하면, 너무 과도한 각성으로 과다경계를 일으킬 수 있고, 결과적으로 밤에 불면증이 생길 수 있다. 각성이 더 증가하면 인지기능장애, 공황을 유발할 수 있고, 극단적인 경우에는 환각이 발생할 수도 있다. 반면 각성이 감소하면 부주의, 인지기능장애, 졸음을 경험할 수 있고, 궁극적으로는 잠에 빠지게 된다.

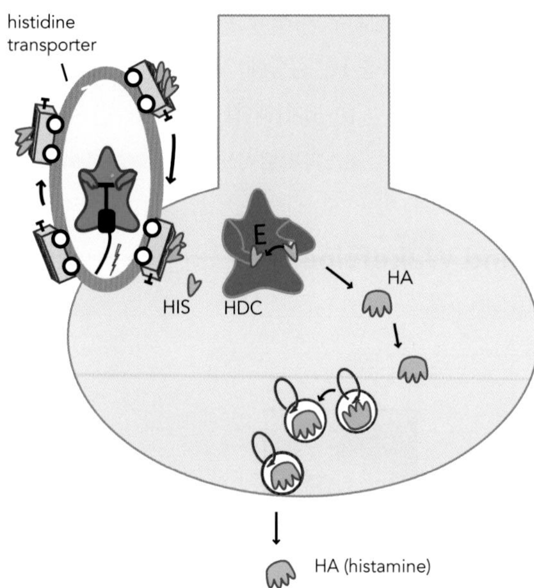

그림 10-2 **히스타민의 생성.** 히스타민의 전구체인 히스티딘(HIS)은 히스티딘 수송체를 통해 히스타민 신경 종말로 흡수되어 히스티딘 카복실기제거효소(HDC)라는 효소에 의해 히스타민으로 전환된다. 합성이 이루어진 뒤 히스타민(HA)은 신경전달 중에 시냅스로 방출될 때까지 시냅스 소포에 포장된 상태로 저장되어 있다.

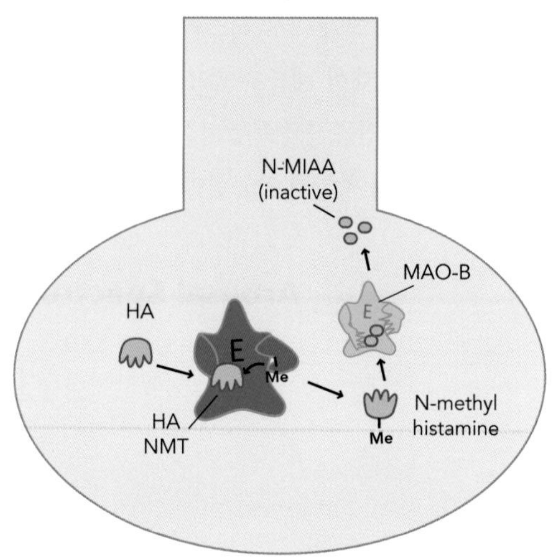

그림 10-3 **히스타민 작용의 종료.** 히스타민은 두 가지 효소에 의해 세포내에서 분해될 수 있다. 히스타민 *N*-메틸기 전달효소(HA NMT)는 히스타민을 *N*-메틸히스타민으로 전환하고, 이는 모노아민 산화효소 B(MAO-B)에 의해 비활성물질인 *N*-메틸인돌아세트산(*N*-MIAA)으로 전환된다. 히스타민에 대한 재흡수 수송체는 따로 존재하지 않으므로 시냅스로 방출된 히스타민은 광범위하게 확산될 수 있다.

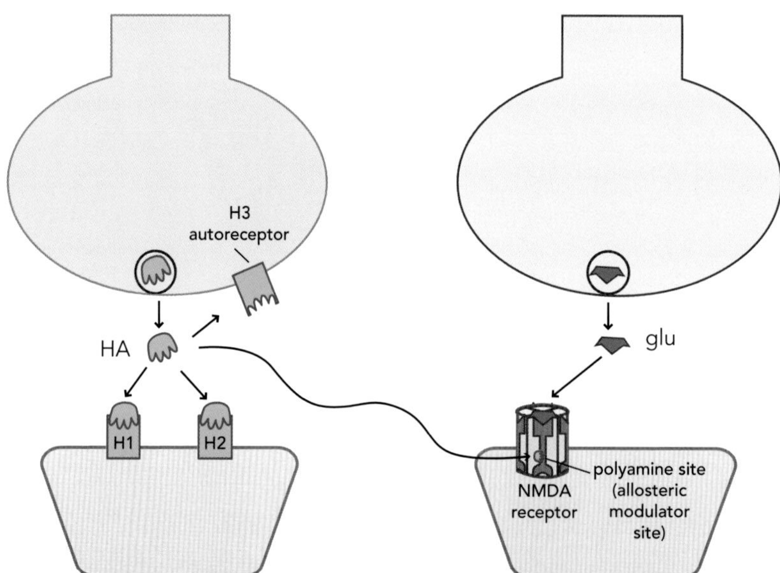

그림 10-4 **히스타민 수용체.** 여기에는 히스타민의 신경전달을 조절하는 히스타민 수용체가 표시되어 있다. 히스타민 1과 히스타민 2 수용체는 시냅스후 수용체이고, 히스타민 3 수용체는 시냅스전 자가수용체이다. 또한 글루타메이트 *N*-메틸-D-아스파르트산(NMDA) 수용체에는 히스타민 결합 부위가 있는데, 히스타민은 알로스테릭 조절부위인 폴리아민 부위에서 작용할 수 있다.

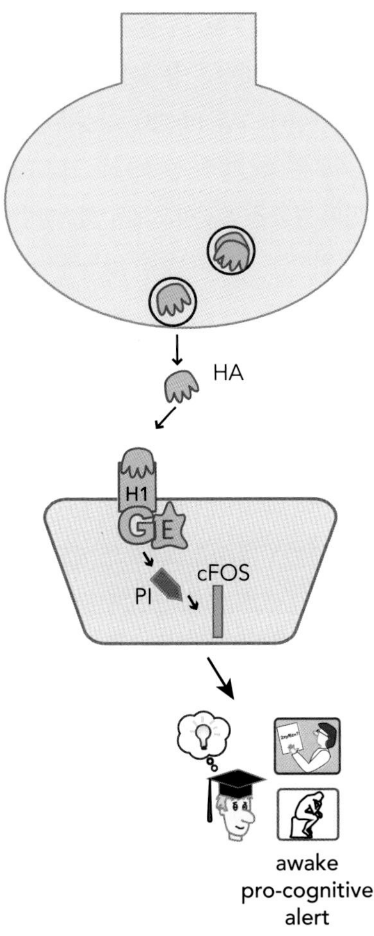

그림 10-5 **히스타민 1 수용체.** 히스타민이 시냅스후 히스타민 1(H_1) 수용체에 결합하면 포스파티딜이노시톨(PI)과 전사인자 cFOS를 활성화하는 G단백질연결 2차 전령 시스템을 작동시킨다. 그 결과 각성상태에 있고, 정상적인 각성도가 된다.

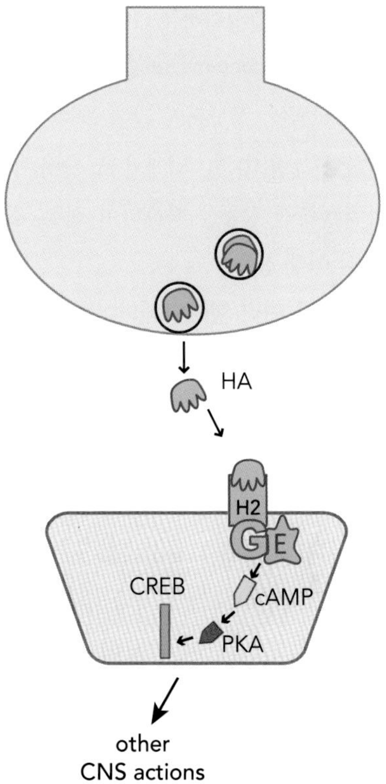

그림 10-6 **히스타민 2 수용체.** 히스타민 2(H_2) 수용체는 신체와 뇌에 모두 존재한다. 히스타민이 시냅스후 H_2 수용체에 결합하면 고리일인산아데노신(cAMP), 인산화효소 A(PKA), 유전자 산물 CREB를 통해 G단백질연결 2차 전령 시스템을 활성화한다. 뇌에서 H_2 수용체의 기능은 아직 명확하게 밝혀지지 않았지만, 각성과 직접적으로 연결되지는 않은 것으로 보인다.

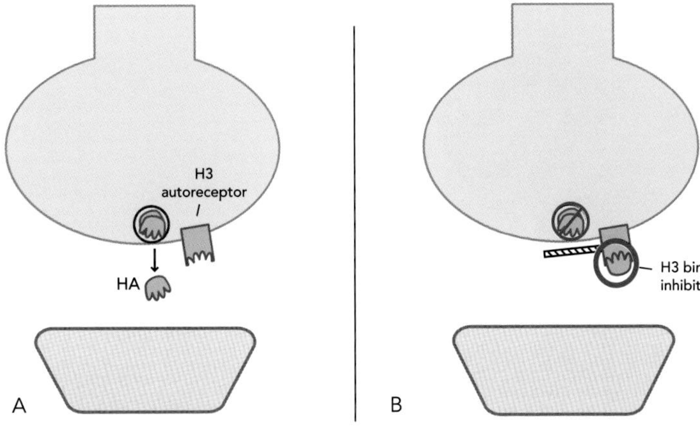

그림 10-7 **히스타민 3 수용체.** 히스타민 3(H_3) 수용체는 시냅스전 자가수용체이며, 히스타민에 대한 문지기 역할을 한다. (A) 히스타민이 H_3 수용체에 결합하지 않으면 분자출입구가 열려 히스타민 방출이 허용된다. (B) 히스타민이 H_3 수용체에 결합하면 분자출입구가 닫히고 히스타민 방출이 차단된다.

과 전사인자 cFOS를 활성화하는 G단백질연결 2차 전령 시스템G-protein-linked second-messenger system을 작동시켜서 깨어 있음wakefulness, 정상적인 각성도alertness, 인지증진 작용을 유발한다(그림 10-5). 뇌에서 H_1 수용체가 차단되면 히스타민의 각성촉진 작용을 방해하여 진정, 졸음, 수면을 유발할 수 있다(아래 참조).

위산분비 작용과 여러 항궤양제의 표적으로 가장 잘 알려진 히스타민 2histamine 2, H_2 수용체는 뇌에도 존재한다(그림 10-6). 이 시냅스후 수용체는 고리일인산아데노신cyclic adenosine monophosphate, cAMP, 인산화효소 Aphosphokinase A, PKA, 유전자 산물인 CREB를 통해 G단백질연결 2차 전령 시스템을 활성화한다. 뇌에서 H_2 수용체의 기능은 아직 명확하게 밝혀지지 않았지만, 각성과 직접적으로 연관되지는 않은 것으로 보인다.

세 번째 히스타민 수용체는 H_3 수용체라는 이름으로 뇌에 존재한다(그림 10-7). 히스타민 H_3 수용체는 시냅스전 수용체이며(그림 10-7A) 자가수용체로 기능한다(그림 10-7B). 즉 히스타민이 이러한 수용체에 결합하면 히스타민의 추가 방출이 차단된다(그림 10-7B). 각성촉진 및 인지증진 약물에 대한 새로운 접근방식 중 하나는 H_3 수용체를 차단하여 히스타민의 방출을 촉진함으로써 히스타민이 H_1 수용체에 작용하여 원하는 효과를 낼 수 있도록 하는 것이다(아래 참조).

네 번째 유형의 히스타민 수용체인 H_4가 있지만, 이는 뇌에 존재하지 않는 것으로 알려져 있다. 마지막으로 히스타민은 *N*-메틸-D-아스파르트산(NMDA) 수용체에서도 작용한다(그림 10-4). 흥미롭게도 히스타민이 NMDA 수용체를 포함하는 글루타메이트 시냅스로 확산되면, 폴리아민polyamine 부위라고 하는 알로스테릭 조절부위allosteric modulatory site에 작용하여 NMDA 수용체에서의 글루타메이트 작용을 변화시킬 수 있다(그림 10-4). 히스타민의 역할과 이 작용의 기능은 잘 밝혀져 있지 않다.

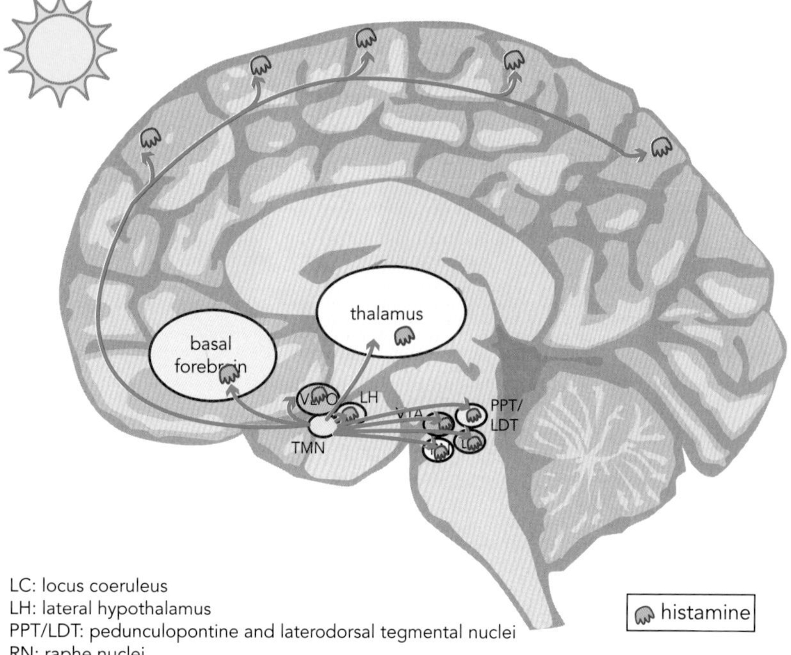

그림 10-8 히스타민 투사와 각성. 히스타민은 뇌의 시상하부 융기유두핵(TMN)에 있는 세포에서만 합성된다. 히스타민 뉴런은 융기유두핵에서 대부분의 뇌 영역으로 투사되며, 각성과 관련된 영역으로는 전전두엽피질, 바닥앞뇌, 시상, 뇌간 신경전달물질 중추, 배가쪽시각앞구역, 가쪽시상하부 등이 있다.

히스타민 뉴런은 모두 각성을 조절하는 시상하부hypothalamus의 작은 영역인 융기유두핵tuberomammillary nucleus, TMN에서 시작한다(그림 10-8). 따라서 히스타민은 각성, 깨어 있음, 수면에 중요한 역할을 한다. TMN은 대부분의 뇌 영역과 척수에 히스타민 입력을 제공하는 작은 크기의 양쪽 핵이다(그림 10-8).

오렉신/하이포크레틴

오렉신/하이포크레틴은 두 과학자 집단이 동시에 발견하고 서로 다른 이름을 붙였기 때문에 두 가지의 이름을 가지게 된 펩타이드peptide 신경전달물질이다. 한 집단은 가쪽시상하부lateral hypothalamus에서 인크레틴incretin 계열의 장 호르몬인 세크레틴secretin과 유사한 신경전달물질을 발견하였고, 이를 인크레틴 계열의 시상하부 구성원을 의미하는 '하이포크레틴hypocretin'으로 명명했다. 같은 시기에 다른 집단은 식욕유발orexigenic을 활성화하는 펩타이드 신경전달물질을 발견했고, 이를 반영하여 '오렉신orexin'이라고 보고했다. 이들은 곧 동일한 신경전달물질이라는 것이 밝혀졌는데, 단일 전구체 단백질single precursor protein이 절단되면서 33개의 아미노산으로 이루어진 오렉신 A와 28개의 아미노산으로 이루어진 오렉신 B가 형성되며, 약 50%의 서열 동일성sequence identity을 갖는 흥분성 신경펩타이드로 확인되었다. 이러한 명명법은 확실히 혼란스러울 수 있지만, 이제 많은 사람들이 유전자 또는 유전자 산물을 지칭할 때에는 '하이포크레틴'을, 펩타이드 신경전달물질 자체를 지칭할 때에는 '오렉신'을 사용하여 하이포크레틴 발견의 역사를 인식하고 있다. 'HCRT'는 데이터베이스의 표준 유전자 기호이고 'OX'는 국제학회에서 펩타이드 시스템의 약리학과 관련되어 사용되기 때문에 두 가지 용어를 사용하는 것은 실용적 관점에서 여전히 필요할 수 있다.

오렉신/하이포크레틴 뉴런은 특정 시상하부 영역(가쪽시상하부 영역, 뇌활주위perifornical 영역, 뒤시상하부 posterior hypothalamus)에만 국한되어 있다(그림 10-9). 각성을 적절하게 지속시키지 못해 주간에 수면발작을 일으키는 기면증narcolepsy이라는 질환에서 이러한 시상하부 뉴런은 변성된다. 이러한 뉴런의 소실은 각성촉진 신경전달물질

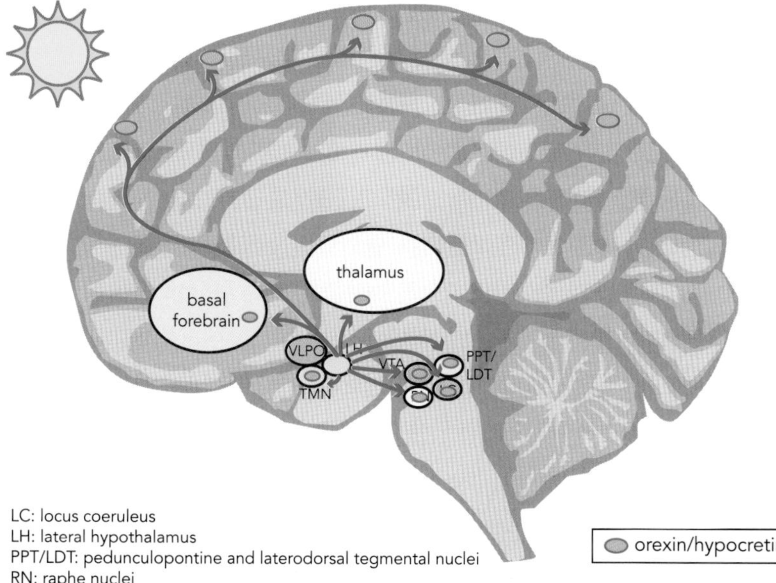

그림 10-9 오렉신/하이포크레틴 투사와 각성. 신경전달물질인 오렉신(하이포크레틴이라고도 함)은 시상하부, 특히 가쪽시상하부 영역과 뇌활주위 및 뒤시상하부 영역에 위치한 세포에서 만들어진다. 오렉신 뉴런은 시상하부에서 융기유두핵, 바닥앞뇌, 시상, 뇌간 신경전달물질 중추를 포함한 다양한 뇌 영역으로 투사된다.

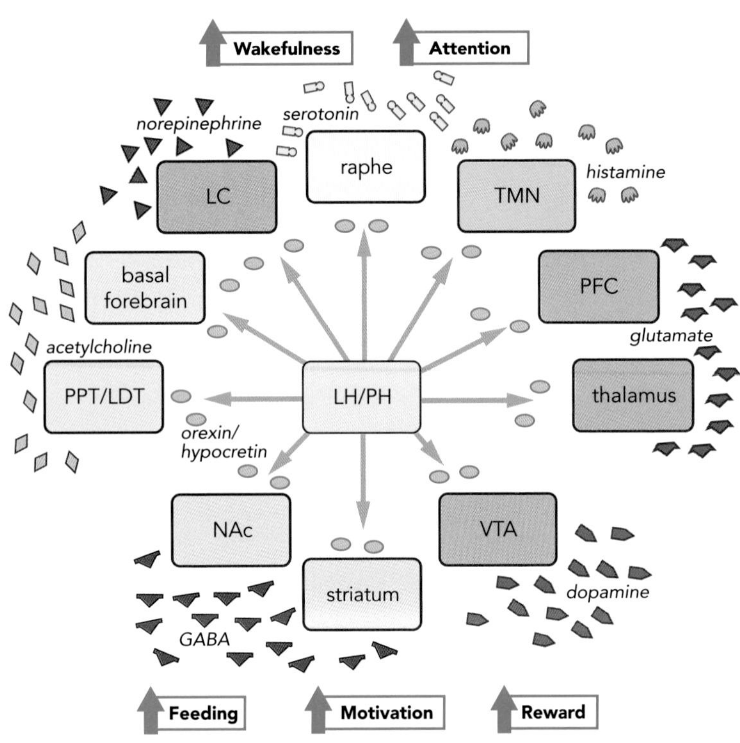

그림 10-10 오렉신/하이포크레티 투사와 각성 신경전달물질의 상호작용. 오렉신/하이포크레틴은 뇌에서 광범위하게 방출되어 모든 각성 신경전달물질과 상호작용하며, 각성을 안정시키고 주의력을 조절한다. 오렉신은 섭식, 동기, 보상을 포함한 다른 행동에도 관여한다. LH/PH: 가쪽시상하부/뒤시상하부lateral hypothalamus/posterior hypothalamus, PPT/LDT: 대뇌각다리뇌/가등쪽뒤판핵pedunculopontine/laterodorsal tegmental nuclei, LC: 청반locus coeruleus, TMN: 융기유두핵tuberomammillary nucleus, PFC: 전전두엽피질prefrontal cortex, VTA: 배쪽뒤판구역ventral tegmental area, NAc: 기댐핵nucleus accumbens.

중추에서 오렉신이 생성되지 못하고 후속으로 방출되지 못하게 하여, 각성의 안정화가 이루어지지 못한다. 기면증의 치료는 추후 논의된다.

시상하부의 오렉신/하이포크레티 뉴런은 두 가지 신경전달물질인 오렉신 A와 오렉신 B를 생성한다. 이는 뇌 전체에 있는 오렉신/하이포크레티 뉴런 투사에서 방출되지만(그림 10-9 및 10-10), 특히 뇌간의 모노아민 신경전달물질 중추에서 방출된다(그림 10-9). 오렉신의 시냅스후 작용은 오렉신 1과 오렉신 2라는 두 가지 수용체에 의해 매개된다(그림 10-11). 오렉신 A는 두 수용체 모두와 상호작용할 수 있는 반면, 신경전달물질 오렉신 B는 오렉신 2 수용체에 선택적으로 결합한다(그림 10-11). 오렉신 A가 오렉신 1 수용체에 결합하면 나트륨/칼슘 교환기가 활성화될 뿐만 아니라 세포내 칼슘이 증가한다(그림 10-11). 오렉신 A 또는 B가 오렉신 2 수용체에 결합하면 NMDA 글루타메이트 수용체의 발현이 증가하고, G단백질조절 내향성정류 칼륨통로G-protein-regulated inwardly rectifying potassium, GIRK가 비활성화된다(그림 10-11).

오렉신은 각성상태를 안정시키는 역할 외에도 섭식 행동과 보상 그리고 관련된 기타 행동을 조절하는 것으로 알려져 있다(그림 10-12). 깨어 있는 동안에는 각성을 유지하기 위해 오렉신/하이포크레틴 뉴런이 활성화되고 긴장성tonic 빈도로 발화가 이루어지지만, 피할 수 있는 스트레스 요인 같은 외부 자극이나 혈중 CO_2 농도의 상승 같은 내부 자극이 주어지면 오렉신 뉴런은 더 빠른 위상성phasic 폭발적 발화 양상을 보이게 된다(그림 10-12). 이러한 하이포크레틴/오렉신 뉴런의 흥분은 오렉신뿐만 아니라 오렉신이 자극하는 다른 모든 뇌 영역의 활성화로 이어져 보상 획득이나 잠재적 위험 회피와 같은 적절한 행동 반응을 실행하도록 유도하는 것으로 추정된다. 이러한 방식으로 하이포크레틴/오렉신 체계는 각성을 매개할 뿐만 아니라 배고픔에 대한 반응으로 음식 섭취를 늘리는 등 목표지향적이고 동기부여

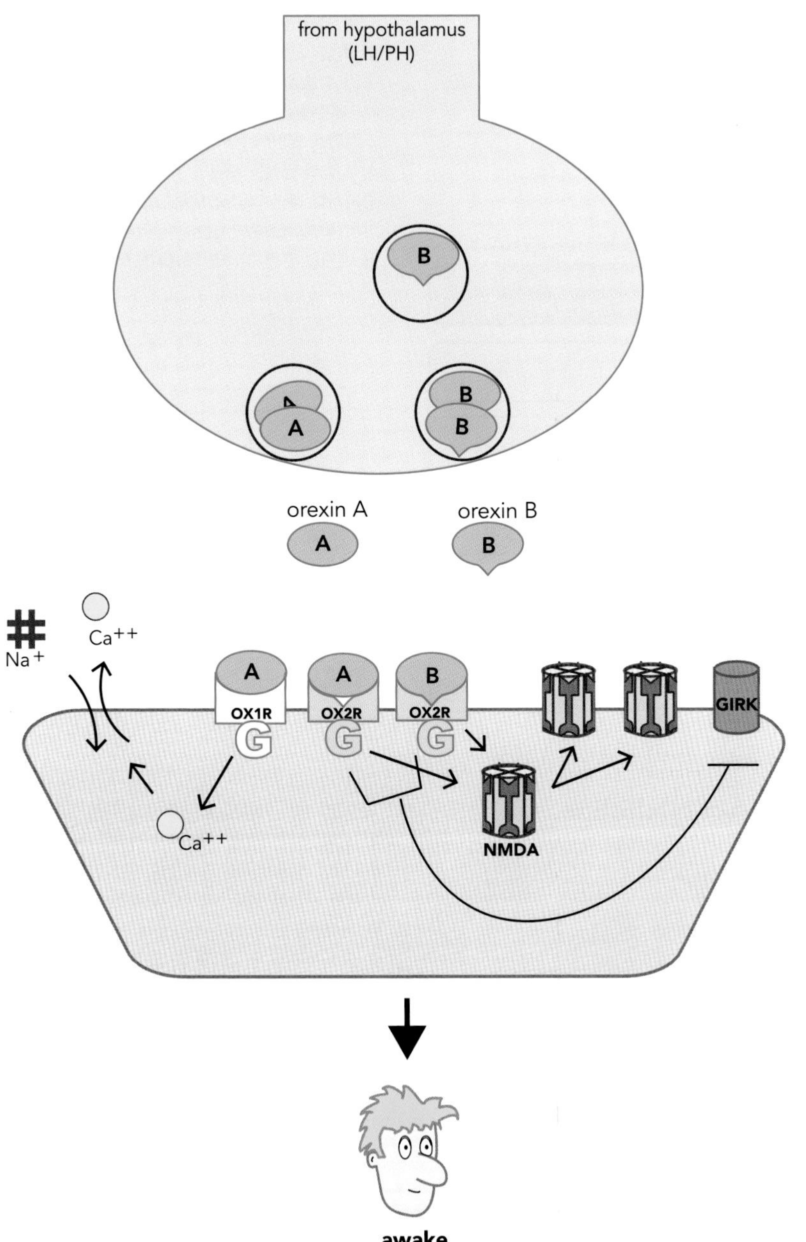

그림 10-11 **오렉신/하이포크레티 수용체.** 오렉신/하이포크레티 뉴런은 오렉신 A와 오렉신 B라는 두 가지 신경전달물질을 합성한다. 오렉신 신경전달은 두 가지 유형의 시냅스후 G단백질결합 수용체, 즉 오렉신 1(OX1R)과 오렉신 2(OX2R)에 의해 매개된다. 오렉신 A는 OX1R과 OX2R 모두와 상호작용할 수 있는 반면, 오렉신 B는 OX2R에 선택적으로 결합한다. 오렉신 A와 OX1R의 결합은 세포내 칼슘의 증가와 나트륨/칼슘 교환기의 활성화로 이어진다. 오렉신 A와 B가 OX2R에 결합하면 NMDA 글루타메이트 수용체의 발현이 증가하고 G단백질조절 내향성정류 칼륨통로(GIRK)가 비활성화된다. OX1R은 노르아드레날린 청반에서 많이 발현되는 반면, OX2R은 히스타민 융기유두핵에서 많이 발현된다. LH/PH: 가쪽시상하부/뒤시상하부lateral hypothalamus/posterior hypothalamus.

된 행동을 촉진할 수 있다(그림 10-12).

오렉신 1 수용체는 노르아드레날린 청반locus coeruleus에서 많이 발현되는 반면, 오렉신 2 수용체는 히스타민 융기유두핵tuberomammillary nucleus, TMN에서 많이 발현된다. 오렉신/하이포크레틴이 각성에 미치는 영향은 주로 오렉신 2 수용체를 발현하는 히스타민 TMN 뉴런의 활성화에 의해 매개되는 것으로 여겨진다. 하지만 오렉신 수용체와 모든 각성 신경전달물질 중추로의 오렉신 투사는 오렉신이 여러 각성 신경전달물질에 영향을 미쳐 간접적으로 각성을 조절하게 하는 데 이상적이다(그림 10-13부터 10-16까지 참조). 따라서 오렉신은 그 자체로 각성을 유발하는 각성 신경전달물질이라기보다는 모든 각성 신경전달물질과 상호작용하여 각성을 안정화시키는 역할을 하는 것으로 보인다(그림 10-10 및 10-13부터 10-16까지 참조). 예를 들어

Tonic Firing of Hypocretin/Orexin Neurons to Promote Wakefulness

Phasic Burst Firing of Hypocretin/Orexin Neurons

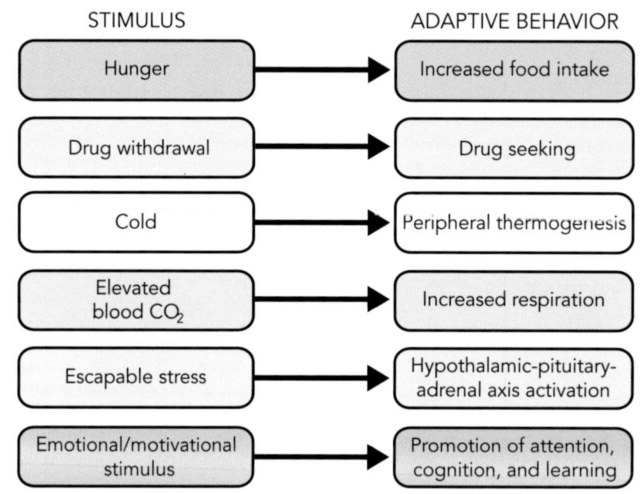

그림 10-12 적응행동에 대한 오렉신/하이포크레틴 조절. 오렉신/하이포크레틴 뉴런은 깨어 있는 동안 각성을 유지하기 위해 긴장성 빈도로 발화한다. 내부(예: 배고픔) 또는 외부(예: 피할 수 있는 스트레스 요인)의 자극을 받으면 오렉신 뉴런은 위상성 발화 양상을 보이며, 이는 오렉신 신경전달을 증가시킬 뿐만 아니라 오렉신이 자극하는 뇌 영역에서 활성화도 증가시킨다. 따라서 오렉신은 각성을 매개할 뿐만 아니라 목표지향적 행동을 촉진할 수 있다.

The Wake Circuit: Acetylcholine

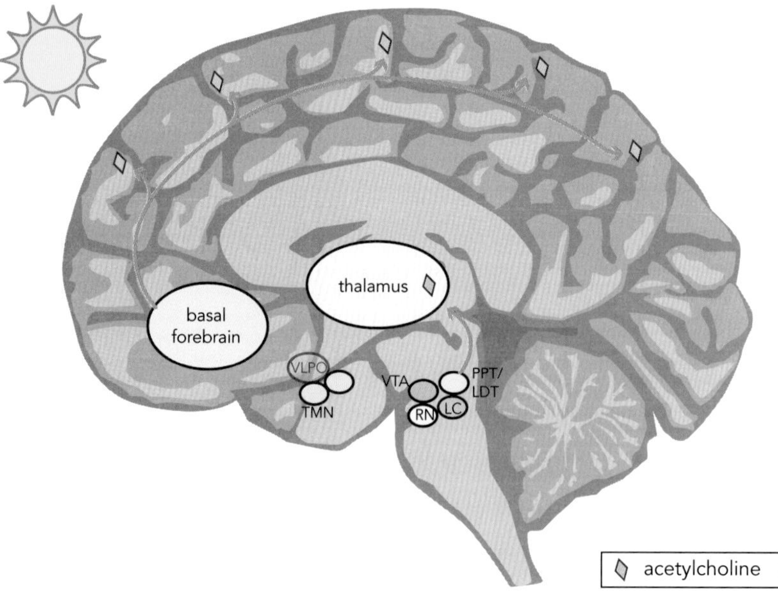

LC: locus coeruleus
PPT/LDT: pedunculopontine and laterodorsal tegmental nuclei
RN: raphe nuclei
TMN: tuberomammillary nucleus
VLPO: ventrolateral preoptic area
VTA: ventral tegmental area

그림 10-13 아세틸콜린 투사와 각성. 바닥앞뇌에서 피질 영역으로, 대뇌각다리뇌/가등쪽뒤판핵(PPT/LDT)에서 시상으로 방출되는 아세틸콜린은 각성과 관련이 있다. 따라서 오렉신/하이포크레틴은 아세틸콜린(및 기타 각성 신경전달물질)의 조절을 통해 각성을 안정화할 수 있다.

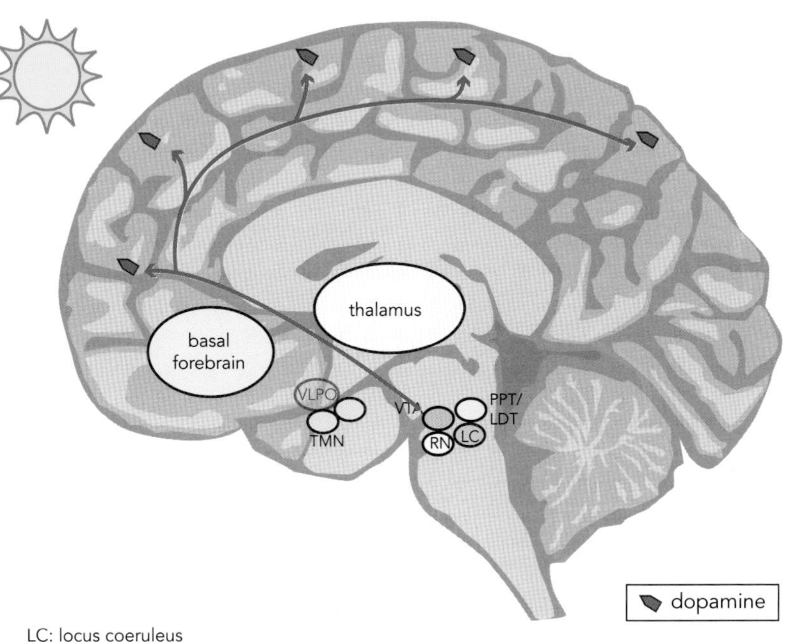

LC: locus coeruleus
PPT/LDT: pedunculopontine and laterodorsal tegmental nuclei
RN: raphe nuclei
TMN: tuberomammillary nucleus
VLPO: ventrolateral preoptic area
VTA: ventral tegmental area

그림 10-14 도파민 투사와 각성. 배쪽뒤판구역(VTA)에서 피질 영역으로 방출되는 도파민은 각성과 관련이 있다. 따라서 오렉신/하이포크레틴은 도파민(및 기타 각성 신경전달물질)의 조절을 통해 각성을 안정화할 수 있다.

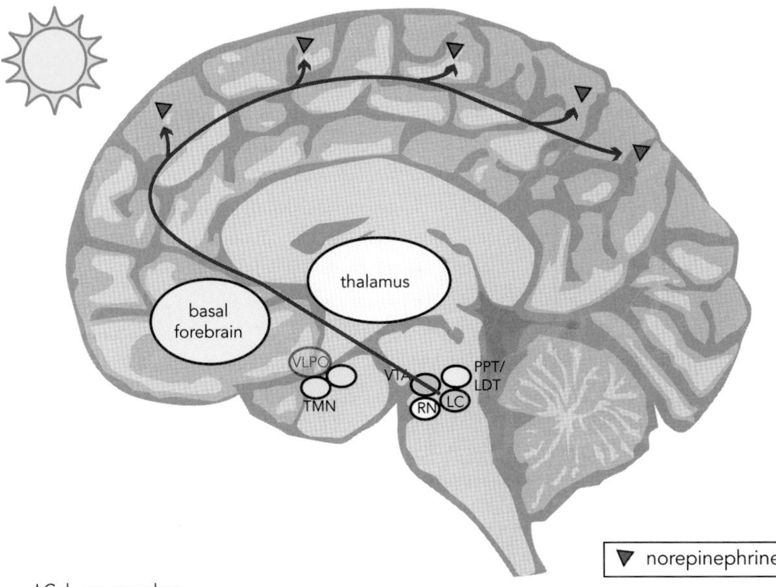

LC: locus coeruleus
PPT/LDT: pedunculopontine and laterodorsal tegmental nuclei
RN: raphe nuclei
TMN: tuberomammillary nucleus
VLPO: ventrolateral preoptic area
VTA: ventral tegmental area

그림 10-15 노르에피네프린 투사와 각성. 청반(LC)에서 피질 영역으로 방출되는 노르에피네프린은 각성과 관련이 있다. 따라서 오렉신/하이포크레틴은 노르에피네프린(및 기타 각성 신경전달물질)의 조절을 통해 각성을 안정화할 수 있다.

The Wake Circuit: Serotonin

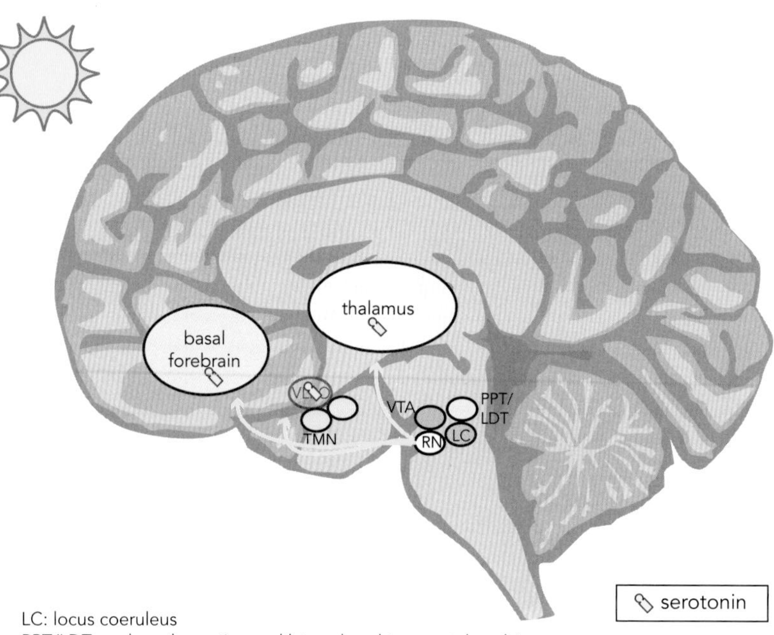

LC: locus coeruleus
PPT/LDT: pedunculopontine and laterodorsal tegmental nuclei
RN: raphe nuclei
TMN: tuberomammillary nucleus
VLPO: ventrolateral preoptic area
VTA: ventral tegmental area

그림 10-16 세로토닌 투사와 각성. 솔기핵(RN)에서 바닥앞뇌와 시상으로 방출되는 세로토닌은 각성과 관련이 있다. 따라서 오렉신/하이포크레틴은 세로토닌(및 기타 각성 신경전달물질)의 조절을 통해 각성을 안정화할 수 있다.

The Sleep Circuit

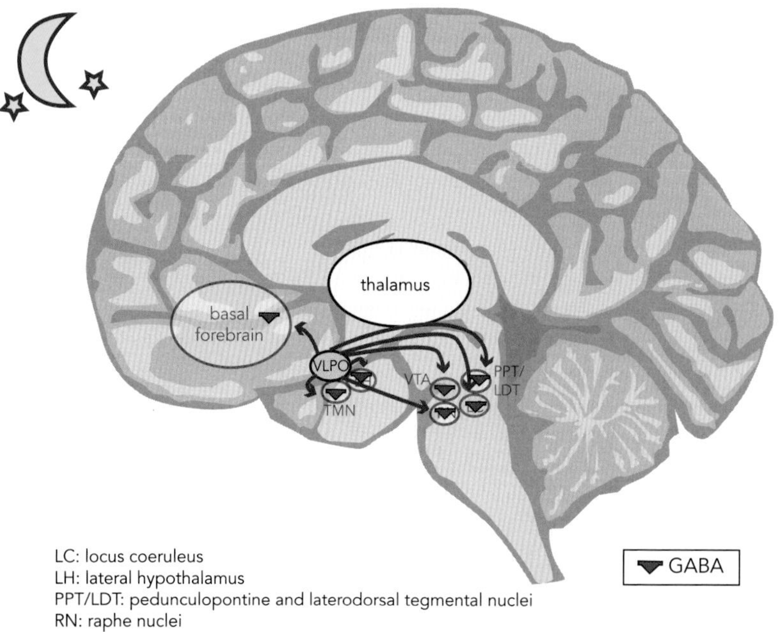

LC: locus coeruleus
LH: lateral hypothalamus
PPT/LDT: pedunculopontine and laterodorsal tegmental nuclei
RN: raphe nuclei
TMN: tuberomammillary nucleus
VLPO: ventrolateral preoptic area
VTA: ventral tegmental area

그림 10-17 GABA 투사와 수면. 감마아미노뷰티르산(GABA)은 시상하부의 배가쪽시각앞핵(VLPO)에서 융기유두핵(TMN), 가쪽시상하부(LH), 바닥앞뇌, 신경전달물질 중추로 방출된다. GABA는 이러한 각성촉진 뇌영역의 활동을 억제함으로써 수면을 유도할 수 있다.

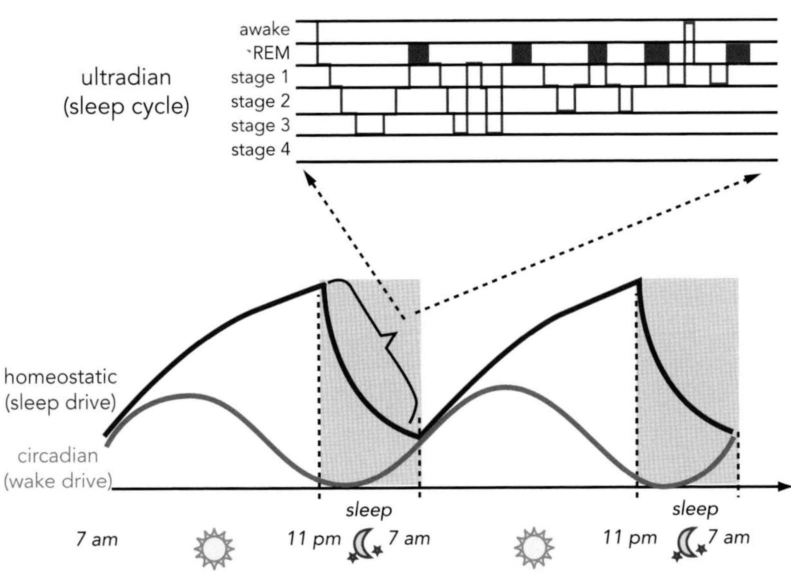

그림 10-18 **수면을 조절하는 과정.** 수면/각성주기는 항상성수면욕동과 하루주기각성욕동이라는 두 가지 상반된 욕동에 의해 매개된다. 하루주기각성욕동은 시상하부의 시신경교차위핵에 입력(빛, 멜라토닌, 활동)을 한 결과이며, 이는 오렉신 방출을 자극하여 각성을 안정화시킨다. 항상성수면욕동은 아데노신의 축적에 의존하며, 이는 깨어 있는 시간이 길어질수록 증가하고 수면과 함께 감소한다. 축적된 아데노신은 배가쪽시각앞핵의 탈억제를 유발하고 융기유두핵에서 GABA를 방출하여 각성을 억제한다. 하루가 진행됨에 따라 하루주기각성욕동은 감소하고 항상성수면욕동은 한계점에 도달할 때까지 증가한다. 수면 자체는 주기적으로 반복되는 여러 단계로 구성되고, 이 과정을 하루내주기라고 하며 이 그림의 상단에 표시되어 있다.

각성 및 주의 유지를 위한 오렉신의 작용은 바닥앞뇌basal forebrain와 대뇌각다리뇌pedunculopontine 및 가등쪽뒤판laterodorsal tegmental 핵에서의 아세틸콜린의 자극(그림 10-13), 배쪽뒤판구역ventral tegmental area에서의 도파민 방출(그림 10-14), 청반에서의 노르에피네프린 방출(그림 10-15), 솔기핵raphe nuclei에서의 세로토닌 방출(그림 10-16), 융기유두핵에서의 히스타민 방출(그림 10-8)에 의해 매개된다.

낮이 지나고 밤이 되면서 하루주기욕동circadian drive, 항상성욕동homeostatic drive, 어둠이 모두 함께 작용할 때 오렉신 농도는 감소하며, 각성은 더 이상 안정화되지 않고, 배가쪽시각앞구역ventrolateral preoptic area, VLPO에서 GABA 신경전달이 강화되어 수면이 촉진되고(그림 10-17), 모든 각성촉진 신경전달물질 중추가 억제된다(그림 10-8, 10-13부터 10-16까지).

수면/각성주기와 관련된 각성 및 수면 경로

다수의 신경전달물질이 각성 조절에 관여하고 있으며 그림 10-8, 10-9, 10-13부터 10-17까지 그 경로가 삽화로 설명되어 있다. 이러한 조절은 항상성수면욕동과 하루주기각성욕동이라는 두 가지 상반된 욕동에 의해 매개되는 수면과 각성의 일일 주기를 발생시킨다(그림 10-18). 항상성수면욕동은 깨어 있는 동안과 빛이 있는 동안 축적되며, 하루주기각성욕동과 상반된다.

깨어 있는 시간이 길수록 항상성수면욕동이 커진다. 항상성수면욕동은 아데노신adenosine의 축적에 따라 달라지는데, 하루 종일 피로에 지칠수록 아데노신은 증가하고 궁극적으로 배가쪽시각앞(VLPO) 핵의 탈억제와 수면회로에서 GABA 방출로 이어져 수면의 시작을 촉진한다(그림 10-17).

시신경교차위핵suprachiasmatic nucleus에 작용하는 빛에 의해 매개되는 하루주기각성욕동은 각성회로의 일부로서 오렉신의 방출을 자극하여 다른 여러 각성촉진 신경전달물질의 방출을 강화함으로써 각성을 안정화시킨다. 히스타민은 빛이 있는 동안 융기유두핵에서 피질 전체와 배가쪽시각앞영역의 뉴런으로 방출되어 GABA의 방출을 억제한다(그림 10-8). 또한 히스타민은 가쪽시상하부, 뇌활주위영역, 뒤시상하부에서 오렉신의 방출을 자극한다. 그러면 오렉신은 여러 연쇄반응을 일으키게 된다.

- 오렉신은 바닥앞뇌에서 피질 영역으로, 그리고 대뇌각다리뇌 및 가등쪽뒤판핵에서 시상으로 아세틸콜린 방출을

유도한다(그림 10-13).

- 또한 오렉신은 배쪽뒤판구역에서 피질 영역으로 도파민을 방출한다(그림 10-14).
- 오렉신은 청반에서 피질 영역으로 노르에피네프린의 방출을 자극한다(그림 10-15).
- 마지막으로 오렉신은 솔기핵에서 바닥앞뇌 및 시상으로 세로토닌을 방출하도록 유도한다(그림 10-16).

곧이어 빛이 사라지면 청반에서 노르에피네프린과 솔기핵에서 세로토닌이 축적되고, 가쪽시상하부의 뉴런으로 방출되어서 오렉신 방출을 억제하는 음성되먹임negative feedback을 일으킨다. 오렉신이 없으면 각성상태가 더 이상 안정화되지 않고, VLPO와 GABA가 모든 각성 신경전달물질을 담당하여 억제하게 된다(그림 10-17). 따라서 수면이 촉진되고 어두운 밤에는 멜라토닌melatonin이 분비된다. 곧이어 휴식을 통해서 항상성수면욕동을 회복하고 빛이 각성 신경전달물질을 자극하면서 이 주기가 반복된다.

하루내주기

일일 수면/각성주기와 더불어 하루내수면주기ultradian sleep cycle라는 것도 존재한다(그림 10-18). 이 주기는 하루dian보다 빠르게ultra 발생하므로 하루내주기ultradian cycle라고 불린다. 완전한 하루내수면주기(급속안구운동rapid eye movement, REM과 비급속안구운동non-REM)는 약 90분 동안 지속되며 하룻밤에 4~5회 발생한다(그림 10-18). 1단계와 2단계 수면은 non-REM 수면을 구성하며, 3단계와 4단계 수면은 서파수면slow-wave sleep이라는 더 깊은 수면의 일부이다. 정상적인 수면기간 중에, 밤 동안 non-REM 수면 시간은 점차 줄어들고 REM 수면 시간은 늘어난다. REM 수면은 깨어 있을 때와 비슷한 뇌파의 빠른 활동, 뚜렷한 안구 운동, 말초 근육마비, 근긴장도 소실(무긴장증atonia)이 특징이다. 꿈을 꾸는 것은 REM 수면 중에 일어나며, 양전자방출단층촬영positron emission tomography, PET 연구에 따르면 REM 수면 중에는 시상, 시각피질, 변연영역이 활성화되고, 등가쪽 전전두엽피질dorsolateral prefrontal cortex 및 두정피질parietal cortex과 같은 다른 영역에서 대사가 감소하는 것으로 나타났다. 대조적으로 non-REM 수면 동안에는 뇌활동이 전반적으로 감소한다.

신경전달물질과 하루내수면주기

신경전달물질(그림 10-8, 10-9, 10-13부터 10-17까지)은

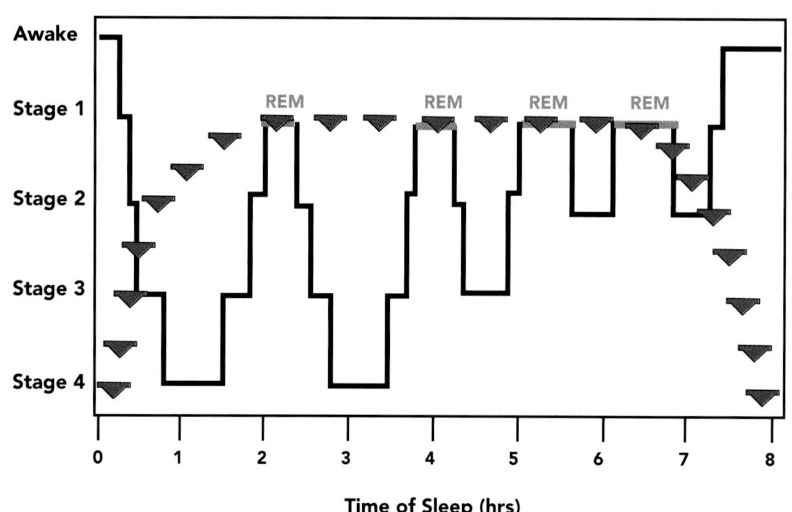

그림 10-19 수면주기 전반에 걸친 GABA 농도. 신경전달물질 농도는 수면주기 전반에 걸쳐 변동된다. GABA 농도는 수면의 첫 2시간가량 동안 지속적으로 상승했다가 정체되고, 잠에서 깨어나기 전에 지속적으로 감소한다.

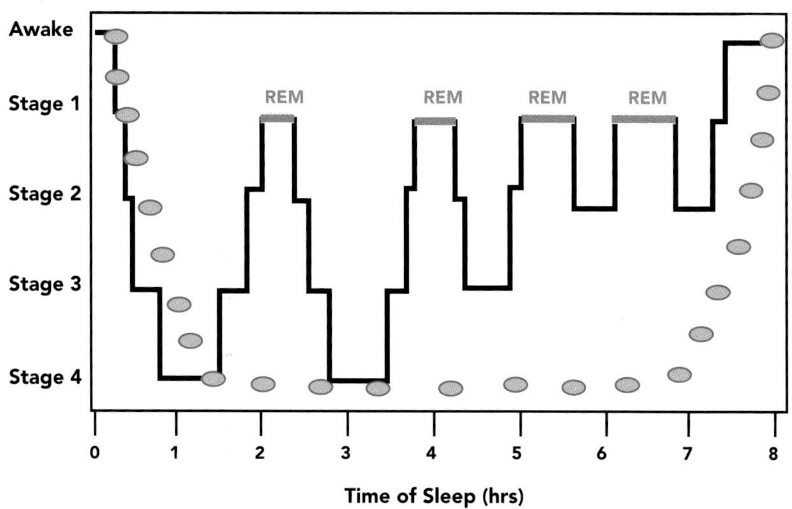

그림 10-20 수면주기 전반에 걸친 오렉신/하이포크레틴 농도. 신경전달물질 농도는 수면주기 전반에 걸쳐 변동된다. 오렉신/하이포크레틴 농도는 수면 첫 1시간 동안 빠르게 떨어졌다가 정체되고, 잠에서 깨어나기 전에 지속적으로 상승한다.

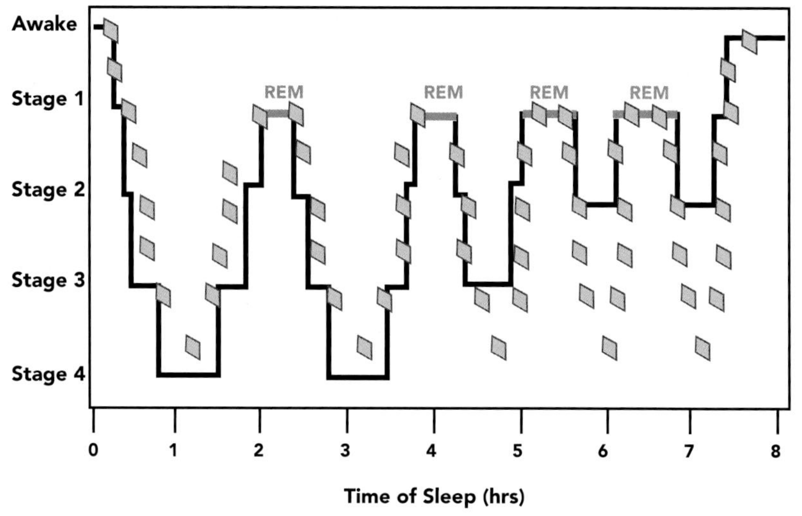

그림 10-21 수면주기 전반에 걸친 아세틸콜린 농도. 신경전달물질 농도는 수면주기 전반에 걸쳐 변동된다. 아세틸콜린 농도는 수면단계에 따라 달라지는데, 4단계 수면 중에 가장 낮고, REM 수면 중에 최고치에 도달한다.

일일 수면/각성주기(그림 10-18)를 조절할 뿐만 아니라 하루내수면주기에 따라 수면의 다양한 단계를 조절하는 역할도 한다(그림 10-18). 따라서 신경전달물질은 하루주기(24시간) 단위뿐만 아니라 매일 밤 수면주기의 다양한 단계에 걸쳐 변동된다(그림 10-19부터 10-22까지). 당연히 GABA는 밤새도록 '켜져' 있으며, 수면의 첫 몇 시간 동안 꾸준히 상승한 후 안정 상태를 유지하다가 잠에서 깨어나기 전에 서서히 감소한다(그림 10-19). 또한 당연히 오렉신의 양상은 정반대이다. 즉 오렉신 농도는 수면 첫 몇 시간 동안 꾸준히 감소하고 안정 상태를 유지하다가 잠에서 깨어나기 전에 꾸준히 증가한다(그림 10-20). 다른 신경전달물질의 양상은 수면단계에 따라 달라진다(그림 10-21 및 10-22). 아세틸콜린 농도는 수면주기 전체에 걸쳐 변동되는데, 4단계 수면에서 가장 낮은 수준에 도달하고 REM 수면 중에 최고

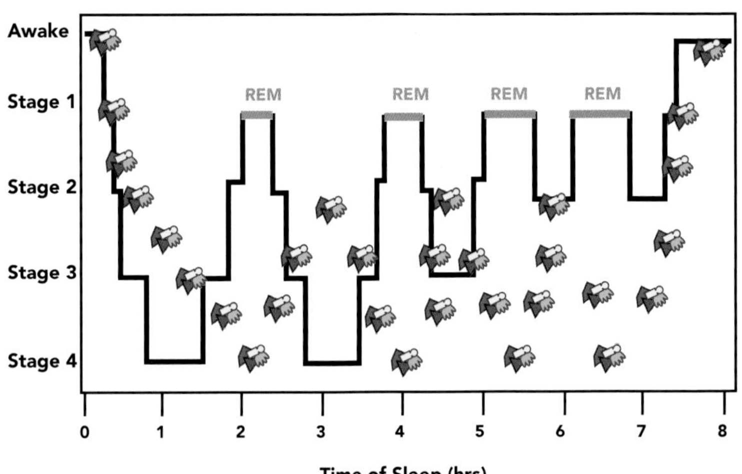

그림 10-22 수면주기 전반에 걸친 모노아민 농도. 신경전달물질 농도는 수면주기 전반에 걸쳐 변동된다. 모노아민인 도파민, 노르에피네프린, 세로토닌, 히스타민은 REM 수면 중에 가장 낮고 2단계 수면 중에 최고치에 도달한다.

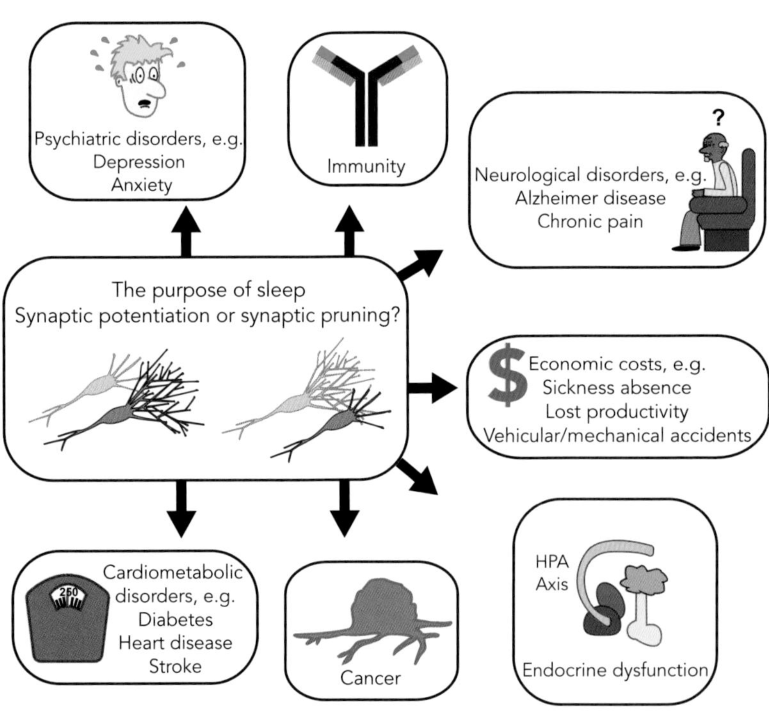

그림 10-23 수면/각성장애로 인한 대가. 수면/각성주기의 교란은 신체적, 정신적 건강 모두에 중대한 영향을 미칠 수 있다. 신경병리학적 관점에서 수면의 붕괴는 시냅스 강화 및/또는 시냅스 가지치기에 영향을 줄 수 있다. 만성적인 수면장애는 정신질환, 심장대사장애, 암의 위험을 증가시킬 뿐만 아니라 면역 및 내분비 기능을 방해할 수 있다. HPA 축: 시상하부hypothalamic-뇌하수체pituitary-부신adrenal 축을 의미

조에 달하며, 4단계와 REM 사이의 매 주기마다 이러한 기복이 나타난다(그림 10-21). 반면에 도파민, 노르에피네프린, 세로토닌, 히스타민 농도는 다른 경향을 보인다. 이들은 모두 함께 작용하여 2단계 수면 중에 최고조에 달하고 REM 수면 중에 가장 낮다(그림 10-22).

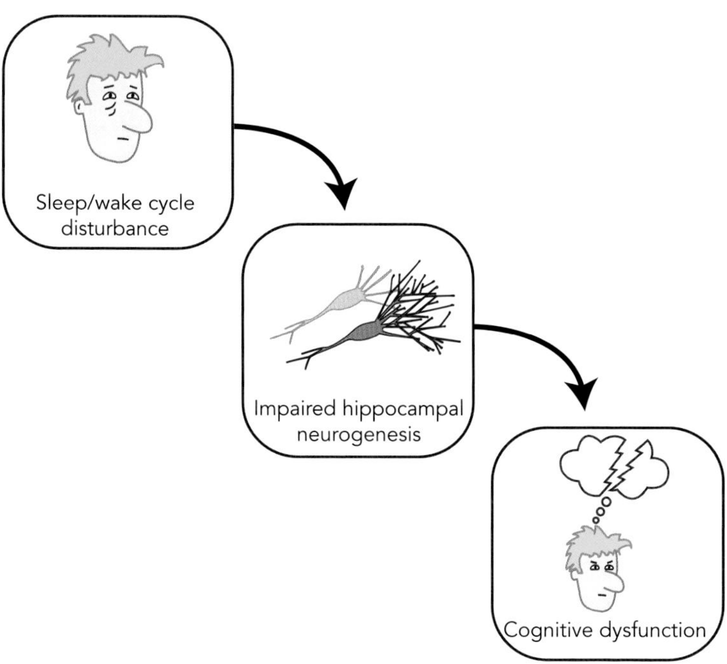

그림 10-24 수면과 인지. 수면/각성주기의 교란은 해마의 신경생성을 손상시키는 것으로 나타났으며, 이는 수면박탈이 주의력 장애, 기억력 결핍, 새로운 정보처리의 어려움 등 인지기능에 미치는 중대한 영향을 부분적으로 설명할 수 있다.

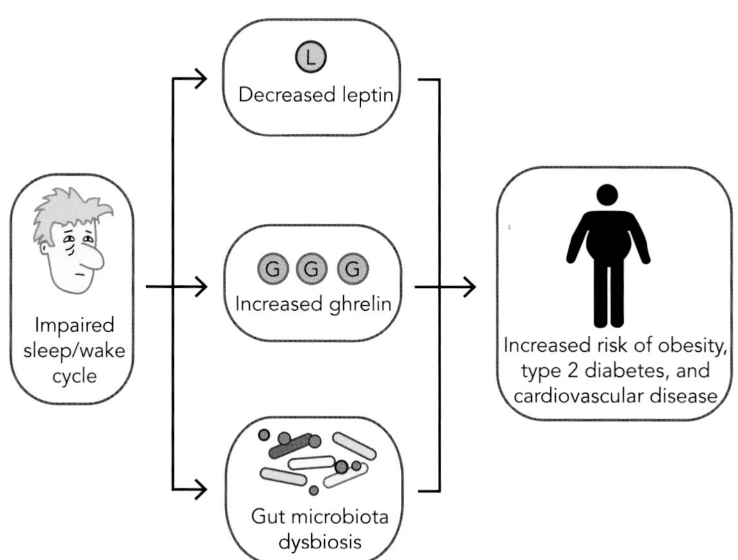

그림 10-25 수면과 비만. 수면/각성주기의 교란은 식욕억제 호르몬인 렙틴의 혈중농도를 낮추고 식욕자극 호르몬인 그렐린의 혈중농도를 높일 수 있으며, 장내 균총 불균형에 기여할 수 있다. 이러한 변화는 비만, 제2형 당뇨병, 심혈관 질환의 위험 증가로 이어질 수 있다.

우리는 왜 자는가, 죽으면 못 자게 되는가

수면의 목적에 대해서는 여전히 많은 논쟁이 있다. 일부는 수면이 시냅스 성장synaptic growth에 필수적이라고 제안하는 반면, 다른 사람들은 수면이 시냅스 가지치기synaptic pruning에 필요하다고 주장한다(그림 10-23). 어느 가설이 더 정확하든, 또는 두 가설의 조합이 더 정확하든 간에 수면/각성주기의 교란이 많은 생리적이고 정신적인 기능에 해로운 영향을 미친다는 사실은 점점 더 분명해지고 있다.

수면/각성주기가 교란되면, 수면/각성장애로 인한 경제적 비용 외에도 심장대사질환, 암, 정신질환, 전반적인 삶의 질 저하의 위험성이 모두 증가한다(그림 10-23). 수면/각성주기의 교란은 주의력 장애, 기억력 결핍, 새로운 정보처리의 어려움 등 인지기능에 심각한 영향을 미칠 수 있다(그림 10-24). 실제로 24시간의 수면박탈 또는 만성적인 짧은 수면 시간(예: 하룻밤에 4~5시간)은 법적으로 알코올에 취했다고 인정되는 것과 동등한 수준의 인지장애를 초래한다. REM 수면과 non-REM 수면은 모두 최적의 인지기능에 필수적인 것으로 보이며, REM 수면은 정서적 기억 강화를 조절하고 non-REM 수면은 서술declarative 및 절차procedural 기억에 중요한 역할을 한다. 신경생물학적 수준에서는 수면/각성주기의 교란이 해마 신경생성을 손상시킨다는 증거가 있으며, 이는 수면/각성주기 교란이 인지에 미치는 행동적 영향을 부분적으로 설명할 수 있다.

최근 몇 년 사이에 수면과 제2형 당뇨병 및 비만과 같은 심장대사문제 사이의 연관성에 대해 많은 관심이 표명되었다(그림 10-25). 아직 밝혀진 바는 많지 않지만, 손상된 수면/각성주기는 식욕억제 호르몬인 렙틴leptin과 식욕자극 호르몬인 그렐린ghrelin 둘 모두의 혈중농도를 교란시키는 것으로 나타났다(그림 10-25). 이러한 변화는 인슐린, 포도당, 지질 대사의 기능장애로 이어져 결국 비만, 제2형 당뇨병, 심혈관질환의 위험을 증가시킬 수 있다. 또한 수면/각성주기의 변화는 장내 미생물의 자연스러운 변동을 방해하여 포도당불내성glucose intolerance과 비만을 더욱 촉진하는 것으로 나타났다.

불면증

불면증은 무엇인가

불면증의 개념 중 한 가지는 밤에 과다각성이 된다는 것이다(그림 10-26). 불면증 환자 중 일부가 밤에 왜 과다각성이 되는지 또는 어떻게 매개되는지는 잘 알려져 있지 않지만, 인간 신경영상연구에서 나온 가장 최근의 증거에 따르면 불면증에서는 뇌가 VLPO로부터 수면 관련 회로를 켜지 못하는 것이 아니라(그림 10-17), 각성 관련 회로를 *끄지* 못하는 것으로 나타났다(그림 10-8, 10-9, 10-13부터 10-16까지

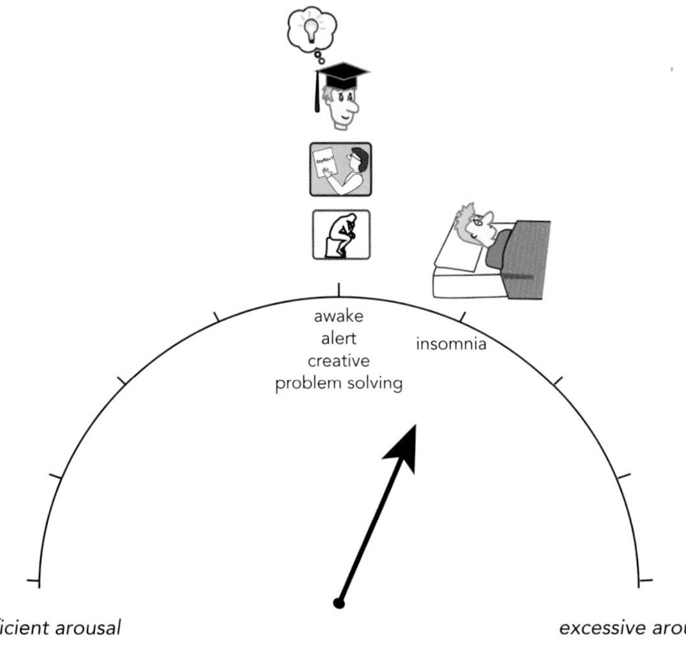

그림 10-26 불면증: 과도한 야간각성? 불면증은 밤에 과다각성과 관련이 있는 것으로 개념화할 수 있다. 최근 신경영상자료는 불면증이 수면 관련 회로를 켜지 못해서가 아니라 각성 관련 회로를 끄지 못해서 발생한다는 것을 시사한다. 불면증 환자 중 일부는 낮 동안에도 과다각성을 경험한다.

Conditions Associated with Insomnia

Medical Conditions

Substance Abuse

Psychiatric Conditions

Behavioral/
Psychological Causes

Medication Side Effects

Sleep/Wake Disorders

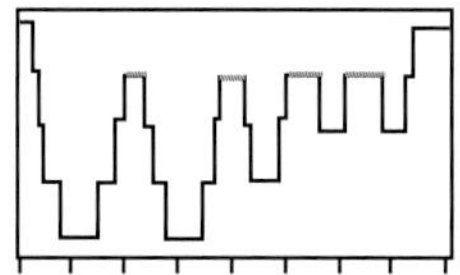

그림 10-27 **불면증과 관련된 질환.** 의학적 상태, 정신질환, 기타 수면/각성장애, 물질사용 등 다양한 질환이 불면증과 관련이 있다. 또한 불면증은 약물부작용과 관련이 있을 수도 있다.

참조). 불면증 환자 중 일부는 주간에도 과다각성되고 심지어 불안해하며, 수면부족에도 불구하고 주간에 졸리지 않는다. 이러한 과다각성의 원인이 무엇이든, 피질 과잉활성이 밤의 어둠으로부터 각성촉진 신경전달물질을 유지하는 것인지, 아니면 각성안정화 오렉신의 과다로 인해 각성이 유지되는 것인지는 아직 활발히 연구 중이다.

진단 및 동반이환

미국에서는 약 4,000만 명이 만성 불면증으로, 추가로 2,000만 명이 일시적인 불면증으로 고통받고 있다. 하지만 불면증 환자의 70%는 주치의에게 보고하지 않을 수 있다. 부적절한 수면위생, 의학적 질환, 기타 수면/각성장애(하루주기리듬장애circadian rhythm disorder, 하지불안증후군restless legs syndrome, 수면무호흡sleep apnea), 약물 또는 물질남용의 영향, 정신질환 등 많은 상태가 불면증과 관련이 있다(그림 10-27). 불면증은 잠자리에서 반복적으로 깨는 상황이 불안 및 불면과 연관될 수 있다는 점에서 악순환에 빠질 수 있다. 자율신경계의 활성 증가, 포도당대사 이상, GABA 농도 감소, 야간 멜라토닌 분비 감소, 전신염증, 뇌 용적 감소 등 여러 가지 생물학적 요인이 불면증과 관련이 있다(그림 10-28). 불면증 위험 증가와 연관된 몇몇 유전적 요인도 존재한다(그림 10-28). 불면증은 우울, 불안, 물질사용장애 등 다양한 정신질환의 위험인자이거나 전구증상일 수 있다(그림 10-29). 또한 정신질환, 특히 우울증으로 인한 불면증은 다른 원인으로 인한 불면증보다 더 오래 지속될 가능성이 높다. 반대로 불면증을 호소하는 우울증 환자(우울증 환자의 약 70%)는 치료 반응이 더 나쁘고, 우울삽화가 증가하며, 전반적인 장기결과가 더 나쁜 것으로 나타났다.

불면증은 전통적으로 '이차성'(정신질환 또는 의학적 상태의 증상) 또는 '일차성'(정신질환 또는 의학적 상태와 관련이 없고 물질남용이나 금단과도 관련이 없음)으로 분류되어 왔

불면증의 생물학

신경해부학적 이상
- 좌측 안와전두피질 및 해마의 회색질 감소

신경생물학적 이상
- 후두 및 전대상피질에서 GABA 수치 감소
- 야간 멜라토닌 분비 감소
- 포도당대사 증가
- 각성촉진 부위에서 포도당대사의 약화된 수면 관련 감소
- 혈청 BDNF 감소

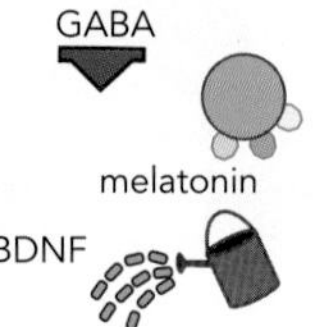

자율신경계 이상
- 심박수 상승 및 변동성
- 대사율 증가
- 체온 상승
- HPA 축 활성화
- 노르에피네프린 증가

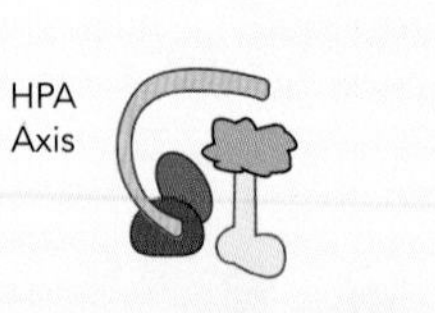

전신염증

IL-6

유전적 요인
- CLOCK 유전자 다형성
- $GABA_A$ 수용체 유전자 다형성
- 세로토닌 재흡수 수송체(SERT) 유전자 다형성
- 사람백혈구항원(HLA) 유전자 다형성
- 스트레스 반응에 관여하는 유전자에 영향을 미치는 후성유전적 변형

그림 10-28 **불면증의 생물학.** 수많은 신경해부학적, 신경생물학적, 자율신경계 이상이 불면증과 연관되어 있다. 불면증 위험 증가와 연관된 몇 가지 유전적 요인도 존재한다.

Insomnia and Psychiatric Illness

그림 10-29 **불면증과 정신질환.** 불면증 환자는 불안, 우울, 물질사용장애가 발생할 위험이 높다. 이것이 불면증을 위험인자로 반영한 것인지 전구증상으로 반영한 것인지는 알 수 없다.

다(그림 10-30). 그러나 최근에는 불면증이 정신질환이나 의학적 상태의 증상이라기보다 동반이환comorbidity이라고 종종 이해된다. 가장 최근에 개정된 DSM-5 진단 기준에서는 이차성 및 일차성 불면증이라는 개념을 없애고, 대신 불면증과 정신적 및 의학적 상태 사이의 복잡한 양방향, 지속적 관계를 인식하려고 했다(그림 10-30). 불면증 환자는 수면의 질이나 지속 시간이 좋지 않거나, 잠들기 어렵거나, 야간에 자주 깨거나, 원하는 시간보다 일찍 깨는 증상을 호소하는 경우가 자주 있다(그림 10-31). 또한 많은 환자들이 수면을 통한 회복이 잘 되지 않아 주간피로, 인지장애, 기분장애를 호소한다.

DSM-5 Diagnostic Criteria for Insomnia

Old Diagnostic Criteria: "Secondary Insomnia"

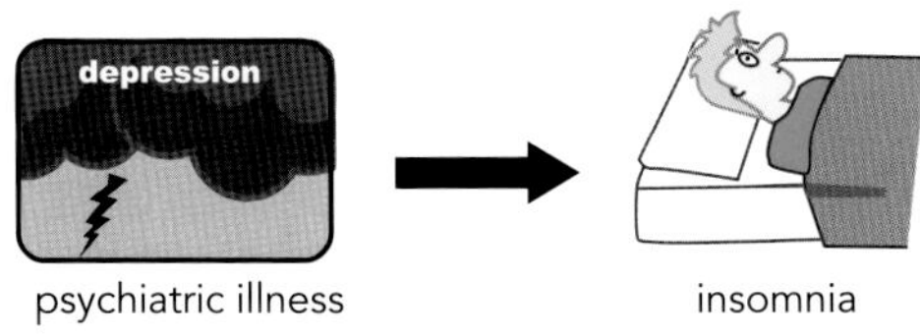

New Diagnostic Criteria: Insomnia as a Comorbidity

그림 10-30 불면증에 대한 DSM-5 기준. 이전에는 불면증이 일차성(다른 질환과 관련 없는) 또는 이차성(다른 질환에 의한 증상)으로 분류되었다. 그러나 불면증은 다른 질환의 증상보다는 동반이환인 경우가 더 많으며, 이는 DSM-5에서도 인정되는 개념이다.

Diagnosing Insomnia

Suggested criteria for defining insomnia:
Average sleep latency > 30 min
Wakefulness after sleep onset (WASO) > 30 min
Sleep efficiency < 85%
Total sleep time < 6.5 hours

그림 10-31 불면증 진단을 위한 제안기준. 대부분의 경우 불면증은 주관적인 척도를 사용하여 진단한다. 이는 잠들기 어려움(수면잠복기), 수면개시 후 깨어남, 수면의 질 저하, 전반적인 수면 시간 감소 등이 반영될 수 있다.

수면다원검사polysomnography는 일반적으로 불면증 진단에 사용되지는 않지만, 기면증narcolepsy, 하지불안증후군(RLS), 폐쇄성수면무호흡obstructive sleep apnea, OSA을 배제하는 데 유용할 수 있다. 수면 시간에 대한 주관적인 측정은 객관적인 측정과 상관관계가 없는 경우가 많지만, 짧은 수면 시간에 대한 불만은 지속되는 불면증과 밀접하게 연관되고 치료가 상당히 어려울 수 있으므로 수면에 대한 주관적인 평가는 중요하다(그림 10-31). 따라서 불면증을 치료할 때에는 주관적인 증상과 객관적인 각성장애 모두를 치료해야 환자 만족도는 물론 최상의 결과도 얻을 수 있다.

불면증 치료: 수면 작용이 있는 약물

불면증 치료제는 두 가지 범주로 나뉜다. 첫 번째는 시상하부 수면중추(그림 10-17에 설명된 VLPO)의 GABA 활성화를 통해 **수면욕동을 향상시켜** 뇌 활성화를 감소시키는 약물이다. 이 범주에 속하는 약물은 모두 $GABA_A$ 수용체의 양성 알로스테릭 조절제positive allosteric modulator, PAM, 즉 벤조디아제핀과 'Z약물'이다.

수면욕동이 부족한 것이 아니라 각성욕동이 너무 많은 불면증의 경우, 대중적인 벤조디아제핀과 Z약물로 수면욕동을 강화하는 것이 불면증 치료를 위한 최선의 방법인지는 확신할 수 없다. 따라서 **각성을 감소시켜** 불면증을 치료할 수도 있는데, 이러한 작용을 하는 약물이 불면증 치료제의 두 번째 범주에 해당된다. 이 약물들은 오렉신 차단(이중 오렉신 수용체 길항제dual orexin receptor antagonist, DORA), 히스타민 차단(H_1 길항제), 세로토닌 차단($5HT_{2A}$ 길항제), 노

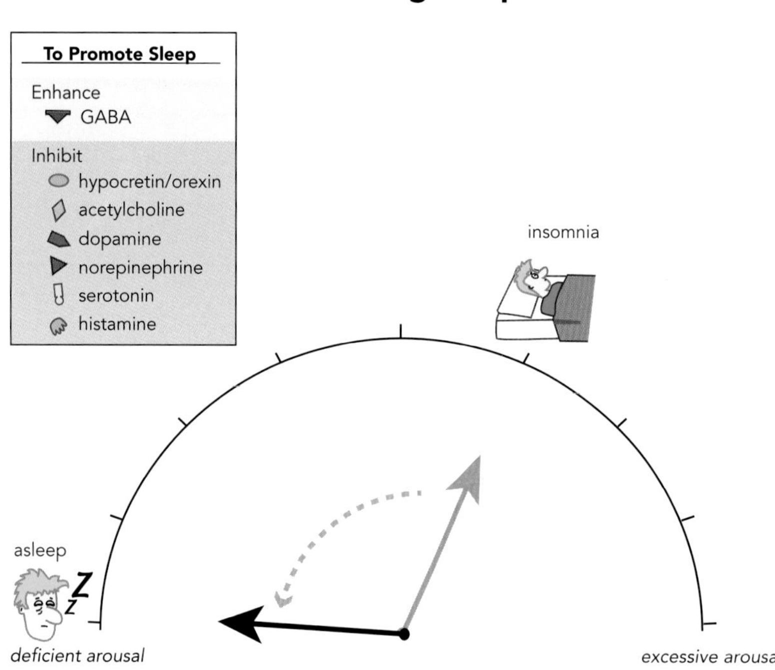

그림 10-32 수면촉진. 불면증을 치료하기 위해 GABA 벤조디아제핀이나 Z약물과 같이 수면욕동을 강화시키는 약물을 투여할 수 있다. 또는 각성에 관여하는 신경전달을 억제하여 각성을 감소시키는 약물, 특히 오렉신, 히스타민, 세로토닌, 노르에피네프린 수용체에 대한 길항제를 투여할 수 있다.

르에피네프린 차단(α_1 길항제) 등의 다양한 메커니즘을 통해 각성을 감소시킬 수 있다. 불면증 치료를 위해 어떤 전략을 취하든, 개념은 취침 시간에 비정상적이고 원치 않는 각성상태를 과활성에서 수면으로 전환하는 것이다(그림 10-32).

벤조디아제핀(GABA$_A$ 양성 알로스테릭 조절제)

다른 나라에서는 여러 가지 다른 약물이 승인되었지만, 미국에서 명확하게 불면증 치료제로 승인된 벤조디아제핀은 최소 다섯 가지이다(그림 10-33). 불안장애 치료제로 승인된 다양한 벤조디아제핀도 불면증 치료제로 자주 사용된다. 불안 치료를 위한 벤조디아제핀 사용은 제8장 불안장애에서 논의하였다. 양성 알로스테릭 조절제로서 GABA$_A$ 수용체에 작용하는 벤조디아제핀의 작용기전은 제6장에서 논의하였고 그림 6-17부터 6-23까지 삽화로 설명되어 있다. 이러한 약물은 시상하부 VLPO로부터 시작하는 억제성 수면 회로에서 GABA 신경전달을 촉진하여 불면증을 치료하는 것으로 추정된다(그림 10-17).

벤조디아제핀은 일부 GABA$_A$ 수용체에만 결합한다. GABA$_A$ 수용체는 특정 동질형태isoform 아단위, 벤조디아제핀에 대한 민감성 또는 둔감성, 긴장성 또는 위상성 억제성 신경전달을 매개하는지 여부, 시냅스 또는 시냅스외extrasynaptic 여부에 따라 분류된다(제6장 및 그림 6-17부터 6-23까지 참조). 아래에서 논의되는 벤조디아제핀 및 연관된 Z약물은, γ 아단위를 포함하고 시냅스후 영역에 위치하며 위상성 억제성 신경전달을 매개하는 GABA$_A$ 수용체를 표적으로 한다. GABA$_A$ 수용체가 벤조디아제핀이나 Z약물에 민감하려면 2개의 β 단위에 1개의 γ 단위(γ_2나 γ_3 아형)와 2개의 α 단위(α_1, α_2, α_3 아형)가 반드시 있어야 한다(제6장 및 그림 6-20C 참조). 벤조디아제핀과 Z약물은 GABA$_A$ 수용체의 분자 부위에 결합하는데, 이는 GABA 자체가 결합하는 부위와 다른 곳이다(그래서 알로스테릭 또는 '다른 자리'). 현재 사용 가능한 벤조디아제핀은 다른 α 아단위를 가진 GABA$_A$ 수용체에 대해서 비선택적이다(그림 10-33). 제6장에서 논의한 바와 같이, δ 아단위를 포함하는 GABA$_A$ 수용체는 시냅스외이며 긴장성 신경전달을 매개하고 벤조디아제핀 및 Z약물에 둔감하다.

Benzo Hypnotics

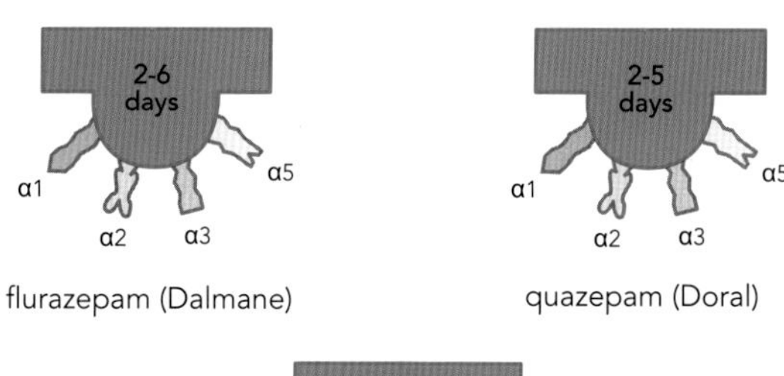

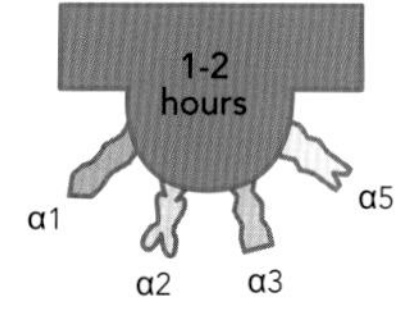

triazolam (Halcion)

그림 10-33 벤조디아제핀 수면제. 미국에서 불면증 치료제로 승인된 다섯 가지 벤조디아제핀 계열의 수면제가 여기에 나와 있다. 반감기가 매우 긴 플루라제팜과 쿠아제팜, 반감기가 매우 짧은 트리아졸람, 반감기가 중간 정도인 에스타졸람과 테마제팜이 포함된다. 이러한 벤조디아제핀은 다른 α 아단위를 가진 $GABA_A$ 수용체에 대해 비선택적으로 작용한다.

벤조디아제핀은 시간이 지남에 따라 효능이 소실되거나(내성), 일부 환자에게 원래의 불면증보다 더 악화된 반동성 불면증을 포함한 금단효과와 같은 장기적인 문제를 일으킬 수 있기 때문에, 일반적으로 수면제 용도에서는 2차 치료제로 고려된다. 그러나 1차 치료제(Z약물 또는 기타 다양한 신경전달물질 수용체 차단제)가 효과가 없는 경우에 벤조디아제핀은 불면증 치료, 특히 다양한 정신질환 및 의학적 상태와 관련된 중증 및 치료저항성 불면증에서 여전히 그 자리를 지키고 있다.

Z약물($GABA_A$ 양성 알로스테릭 조절제)

'Z약물'(잘레플론zaleplon, 졸피뎀zolpidem, 조피클론zopiclone 등 모두 Z로 시작하기 때문에)이라고도 불리는 다른 집단의 $GABA_A$ 양성 알로스테릭 조절제도 수면 효과를 위해 처방된다(그림 10-34). Z약물이 벤조디아제핀과 다른 알로스테릭 부위에 결합하는지, 아니면 같은 부위에 결합하지만 내성과 의존성을 덜 유발할 수 있는 다른 분자적 방식으로 결합하는지에 대해서는 아직 논란이 있다. 벤조디아제핀이 소위 벤조디아제핀 민감성 $GABA_A$ 수용체의 알로스테릭 부위에 결합하는 것과 Z약물 결합이 다른지 여부와 관계없이, 일부 Z약물은 벤조디아제핀 민감성 $GABA_A$ 수용체의 $α_1$ 아단위에 선택적으로 결합한다(예: 잘레플론 및 졸피뎀)(그림 10-34). 반면 벤조디아제핀(및 조피클론/에스조피클론)은 4개의 α 아단위($α_1$, $α_2$, $α_3$, $α_5$)에 결합한다(그림 10-33 및 10-34). $α_1$ 선택성의 기능적 의미는 아직 입증되지 않았지만, 내성 및 의존성 위험을 낮추는 데 기여할 수 있을 것으로 생각된다. $α_1$ 아형은 진정 효과를 내는 데 중요한 역할을 하는 것으로 알려져 있으며, 따라서 벤조디아제핀과 Z약물을 포함한 모든 효과적인 $GABA_A$ PAM 수면제의 표적이 된다. 또한 $α_1$ 아형은 주간 진정, 항경련 작용, 그리고 아마도 기억상실과 연관된다. 이 수용체를 표적으로 하는 수면제의 장기적 사용으로 인한 수용체 적응adaptation은 내성과 금단으로 이어지는 것으로 생각된다. $α_2$ 수용체와 $α_3$ 수용체 아형은 항불안, 근육이완, 알코올 강화작용과 연관된다. 마지막으로 주로 해마에 존재하는 $α_5$ 아형은 인지 및 기타 기능과 관련이 있을 수 있다.

두 가지 Z약물인 졸피뎀과 조피클론은 다양한 형태로 임상에서 사용할 수 있다. 졸피뎀의 경우, 졸피뎀 CRcontrolled-release(그림 10-34)로 알려진 서방형 제형은 작용시간이 졸피뎀 IRimmediate release의 2~4시간에 비해 보다 최적화된 6~8시간으로 연장되어 수면유지에 도움이 된다. 중기 불면증middle insomnia 환자의 치료를 위해, 통상적인 야간 용량의 일부만 포함되고 약효가 빨리 나타나는 변경된 용량의 졸피뎀 설하투여용 제형을 밤중에 투여하는 방법도 유용하다. 조피클론의 경우, 미국 외 지역에서는 R- 및 S-조피클론의 라세미 혼합물racemic mixture이 있으며, 미국에서는 단일 S 거울상체enantiomer인 에스조피클론이 시판되고 있다(그림 10-34). 활성 거울상체와 라세미 혼합물 사이의 임상적으로 의미 있는 차이점에 대해서는 논란이 있다.

이중 오렉신 수용체 길항제

오렉신/하이포크레틴, 관련 수용체 및 경로는 앞에서 논의했으며, 그림 10-9부터 10-12까지에 삽화로 설명하였다. 오렉신 수용체의 약리적 차단은 수면 작용을 나타내지만, 벤조디아제핀 및 Z약물처럼 수면촉진 중추(VLPO)에서 억제성 GABA 작용을 강화하는 방식과는 다르게 작동한다 (그림 10-17). 대신 이중 오렉신 수용체 길항제dual orexin receptor antagonist, DORA(오렉신 1 및 2 수용체 모두에 작용)는 특히 오렉신 2 수용체에 작용해서 오렉신의 각성안정화 효과를 차단한다(그림 10-35, 10-36). DORA는 자연적으로 생성된 오렉신이 다른 각성촉진 신경전달물질(히스타민, 아세틸콜린, 노르에피네프린, 도파민, 세로토닌과 같은) 방출을 돕는 능력을 억제한다(그림 10-37 참조). DORA를 투여한 후에는 더 이상 오렉신에 의해 각성arousal이 강

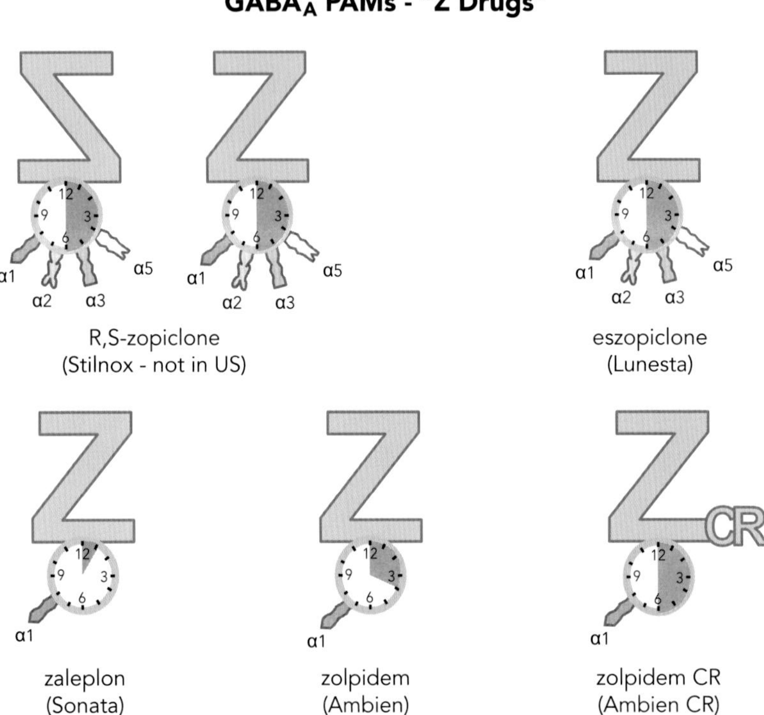

그림 10-34 Z약물: GABA$_A$ 양성 알로스테릭 조절제(PAM). 몇 가지 Z약물이 여기에 나와 있다. 라세미 조피클론(미국에서는 사용할 수 없음), 에스조피클론, 잘레플론, 졸피뎀, 졸피뎀 CR이 포함된다. 잘레플론, 졸피뎀, 졸피뎀 CR은 α_1 아단위를 포함하는 GABA$_A$ 수용체에 선택적으로 작용하지만, 조피클론이나 에스조피클론은 이와 같은 선택성을 가지고 있지 않은 것으로 보인다.

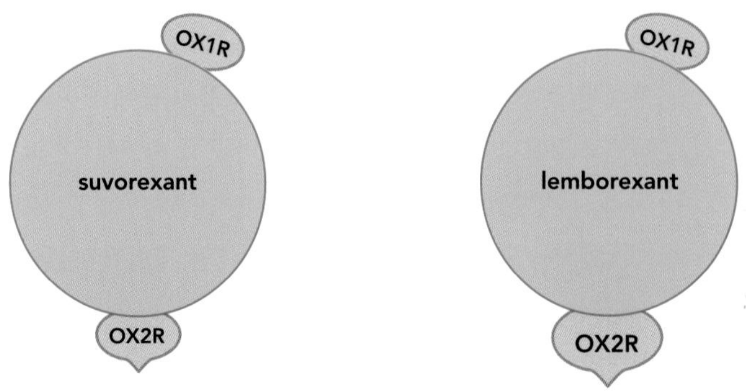

그림 10-35 오렉신 수용체 길항제. 이중 오렉신 수용체 길항제인 수보렉산트와 렘보렉산트가 여기에 나와 있다. 수보렉산트는 오렉신 1(OX1R)과 오렉신 2(OX2R) 수용체에 대한 친화력이 비슷한 반면, 렘보렉산트는 OX1R보다 OX2R에 대한 친화력이 더 높다.

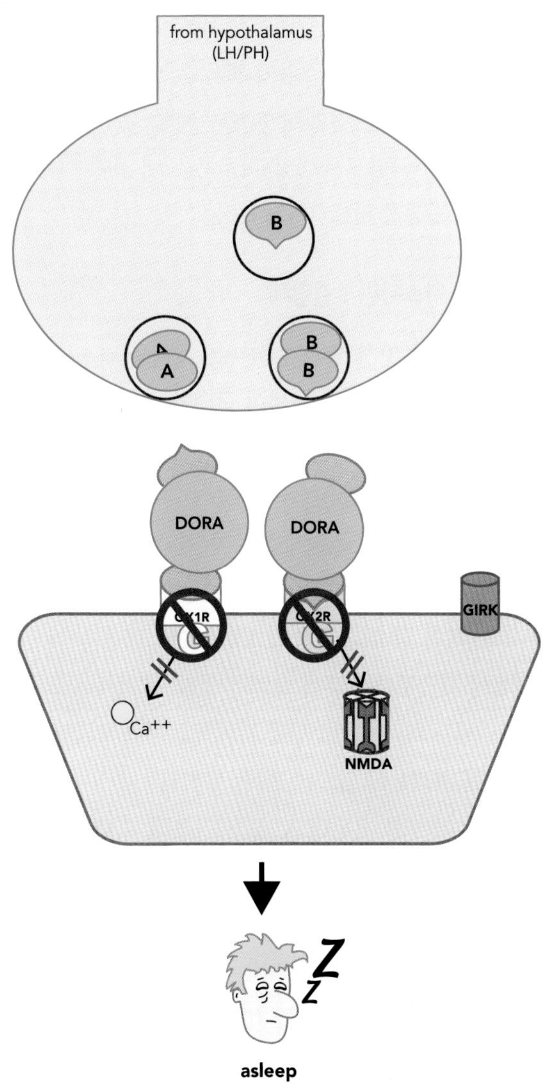

그림 10-36 오렉신 수용체 차단. 오렉신 신경전달은 두 가지 유형의 시냅스후 G단백질결합 수용체, 즉 오렉신 1(OX1R)과 오렉신 2(OX2R)에 의해 매개된다. OX1R은 주로 노르아드레날린 청반에서 발현되는 반면, OX2R은 히스타민 융기유두핵에서 높게 발현된다. 이중 오렉신 수용체 길항제(DORA)로 오렉신 수용체를 차단하면 오렉신 신경전달물질의 흥분효과를 방지할 수 있다. 특히 OX2R을 차단하면 *N*-메틸-D-아스파르트산(NMDA) 글루타메이트 수용체의 발현이 감소하고 G단백질조절 내향성정류 칼륨통로(GIRK)의 비활성화를 막을 수 있다. LH/PH: 가쪽시상하부/뒤시상하부lateral hypothalamus/posterior hypothalamus.

화되거나 깨어 있음wakefulness이 안정화되지 않으며, 환자는 잠에 빠지게 된다. 수보렉산트suvorexant와 렘보렉산트lemborexant(그림 10-35)는 수면의 시작뿐만 아니라 유지도 개선하며, 벤조디아제핀이나 Z약물 수면제에서 예상되는 의존dependence, 금단withdrawal, 반동rebound, 불안정한 걸음걸이, 낙상, 혼동, 기억상실, 호흡억제 등의 부작용 없이 수면을 유도할 수 있다.

수보렉산트와 렘보렉산트(그림 10-35)는 모두 가역적 억제제로서, 아침에 내인성 오렉신이 축적되면 DORA의 억제작용이 역전된다. 따라서 밤에는 오렉신 대비 약물의 비율이 더 높기 때문에 DORA가 더 많은 효과를 발휘하게 된다. 새벽이 시작되면 오렉신 농도가 높아지는 것과 함께 DORA 농도가 감소하고, 존재하는 오렉신의 양에 비해 약물의 양이 상대적으로 적어진다(즉 오렉신 대비 약물의 비율이 낮아진다). 오렉신 수용체의 차단 역치를 더 이상 만족하지 못하게 되면 환자가 깨어난다. 수보렉산트는 오렉신 1 수용체와 오렉신 2 수용체에 대한 친화력affinity이 비슷하며, 렘보렉산트는 오렉신 1 수용체보다 오렉신 2 수용체에 대한 친화력이 더 높다(그림 10-35). 렘보렉산트는 수보렉산트보다 오렉신 2 수용체에서 훨씬 빠른 결합 및 해리 역동학을 나타낸다고 보고되었다. 이것의 임상적 중요성은 명확하지 않지만, 아침에 내인성 오렉신 농도가 상승하여 오렉신 수용체와 결합하기 위해 경쟁하기 때문에 이는 수보렉산트보다 렘보렉산트의 가역성이 더 빠르다는 것을 의미할 수 있다. 다리도렉산트daridorexant 같은 다른 DORA와 선택적 오렉신 2 및 선택적 오렉신 1 길항제도 현재 개발 중이다. 동일한 수용체에 대한 내인성 신경전달물질과 약물의 경쟁은 D_3 수용체에 대한 D_3 길항제/부분작용제 및 도파민 자체와 관련해서 제7장에서도 논의된 개념이다(그림 7-72 참조).

세로토닌 수면제

가장 널리 사용되는 수면제 중 하나인 $5HT_{2A}/\alpha_1/H_1$ 길항제 트라조돈trazodone(그림 7-46)은 불면증 치료제로 명확하게 승인되지 않았다(우울증에서 트라조돈의 사용에 대한 논의는 제7장 및 그림 7-45부터 7-47까지 참조). 트라조돈은 DORA와 마찬가지로 불면증에서 수면욕동을 강화하기보다는 각성을 감소시키는 데 작용하는 또 다른 약제이다.

트라조돈의 수면기전은 각성 신경전달물질인 세로토닌, 노르에피네프린, 히스타민을 차단하는 방식으로 이루어진다(그림 7-46). α_1 아드레날린 및 H_1 히스타민 경로의 차단은 제5장에서 일부 정신병 치료제의 부작용과 관련해서 논의하였고 그림 5-13 및 5-14에 삽화로 설명하였다. 실제로 주간에 이러한 각성 신경전달물질이 모두 차단되는 것은 바람직하지 않다. 그러나 α_1 차단이 H_1 차단(아래 및 그림 10-38부터 10-40까지에 설명)과 결합되고 이러한 작용이 $5HT_{2A}$ 길항작용과 추가로 결합되면 강력한 수면 효과가 나타난다. $5HT_{2A}$ 길항작용(그림 7-45 및 7-46)은 특히 서파수면/숙면을 강화하며, 이는 회복수면restorative sleep, 주간 통증 및 피로의 개선과도 관련이 있을 수 있다.

트라조돈은 처음에 세로토닌 재흡수를 차단할 수 있는 고용량 용법으로 우울증에 대해 연구되었으며(그림 7-45), 하루에 두세 번 속효성short-acting 즉시방출 제형immediate-release formulation으로 투여되었다. 항우울제로는 효과적이지만 또한 주간 진정을 유발하였다. 즉시방출 제형 트라조돈의 용량을 낮추어 밤에 투여하면 아침이 되기 전에 효과가 사라지는 매우 효과적인 수면제가 만들어지는 것을 우연히 발견했고, 이후 새로운 수면제로 탄생해서 전 세계에서 가장 흔하게 처방되는 수면 약물로 사용되고 있다. 트라조돈이 최적의 항우울 효과를 발휘하려면 용량이 늘어나야 하며, 내약성을 가지려면 항우울제 작용에 필요한 혈중농도보다 높으면서 진정수면 작용에 필요한 농도보다는 낮도록 만들어낸 제어방출controlled-release 제형으로 하루 한 번 투여해야 한다(그림 7-47). 트라조돈은 내성tolerance, 금단, 의존성, 반동을 일으키지 않는다.

수면제로서 히스타민 1 길항제

항히스타민제가 진정 효과가 있다는 것은 널리 알려져 있다. 항히스타민제는 처방전 없이 구입할 수 있는 수면보조제(특히 디펜히드라민diphenhydramine/Benadryl 또는 독실아민doxylamine을 함유한 제품)로 인기가 높다(그림 10-38). 항히스타민제는 수면제뿐만 아니라 알레르기 치료제로도 오랫동안 널리 사용되어 왔기 때문에, 디펜히드라민과 같은 고전적인 약제의 특성이 항히스타민 특성을 가진 모든 약물에 적용된다는 흔한 오해가 있다. 여기에는 모든 항히스타민제는 흐려 보임, 변비, 기억력 문제, 구강건조와 같은 '항콜린' 부작용이 있으며, 밤에 수면제로 사용하면 다음날 숙취hangover를 유발하고, 수면 작용에 내성이 생기며, 체중 증가를 유발한다는 개념 등이 포함된다. 항히스타민제에 대한 이러한 개념 중 일부는 강력한 항히스타민 특성을 가진 대부분의 약제가 항콜린 작용도 가지고 있다는 사실 때문인 것으로 보인다(그림 10-38 및 10-39). 이는 알레

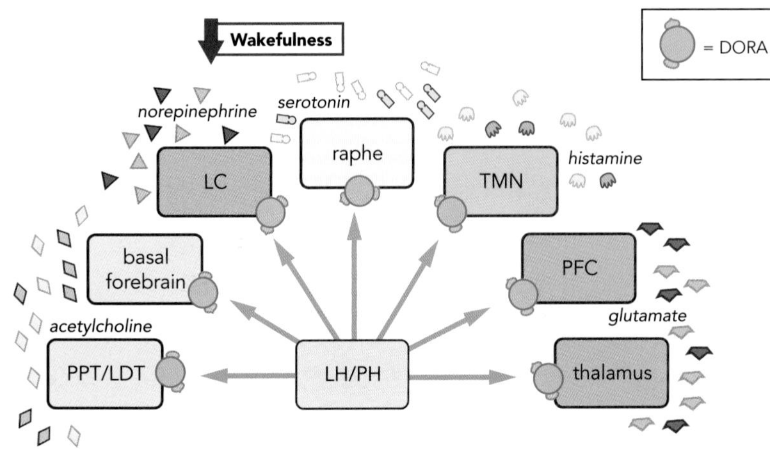

그림 10-37 이중 오렉신 수용체 길항제(DORA)의 가설적 작용. 오렉신 수용체, 특히 오렉신 2 수용체를 차단하여 오렉신이 다른 각성촉진 신경전달물질의 방출을 촉진하는 것을 막는 것이 DORA이다.

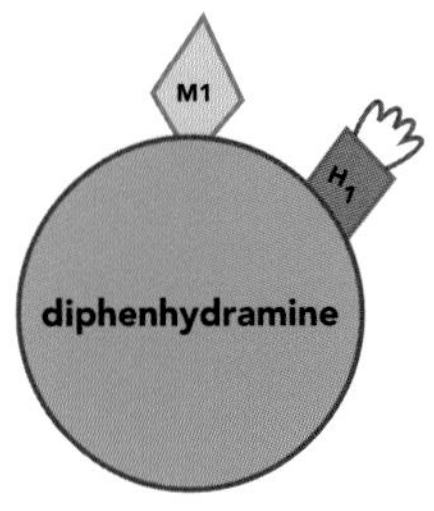

그림 10-38 디펜히드라민. 디펜히드라민은 수면제로 흔히 사용되는 히스타민 1(H_1) 수용체 길항제이다. 그러나 이 약물은 H_1 수용체에 대해 선택적이지 않기 때문에 추가적인 효과도 있을 수 있다. 특히 디펜히드라민은 무스카린 1(M_1) 수용체 길항제이기 때문에 항콜린 효과(흐려 보임, 변비, 기억력 문제, 구강건조)를 가질 수 있다.

르기에 사용되는 항히스타민제뿐만 아니라 정신병(예: 그림 5-27의 클로르프로마진chlorpromazine 및 그림 5-45의 쿠에티아핀quetiapine) 및 우울증(예: 그림 10-39의 독세핀doxepin 및 그림 7-67의 기타 삼환계 항우울제)에 사용하도록 승인되었지만 저용량에서 수면제로 사용되는 약물에도 적용된다.

삼환계 항우울제 독세핀은 H_1 수용체에 대한 친화력이 매우 높기 때문에 흥미로운 예가 될 수 있다. 독세핀은 우울증 치료에 필요한 용량보다 훨씬 낮은 용량에서 비교적 선택적인 H_1 길항제이며(그림 10-39), 원치 않는 항콜린 특성이 없고, 고용량에서 우울증 치료제로 쓰이는 세로토닌 및 노르에피네프린 재흡수 차단 특성이 없다(그림 10-39). 실제로 독세핀은 저용량에서 매우 선택적이어서, 중추신경계 H_1 수용체를 선택적으로 표지하는 PET 리간드로서 미량으로 사용되기도 한다. 독세핀은 항우울제 작용에 필요한 용량보다 훨씬 적은 임상 용량으로 상당수의 중추신경계 H_1 수용체를 점유할 수 있으며(그림 10-39 및 10-40), 수면 효과가 입증되었다. 가장 중요한 각성 신경전달물질 중 하나인 히스타민을 차단하고 H_1 수용체에서 히스타민의 작용을 막는 것은 분명히 수면을 유도하는 효과적인 방법이다.

H_1 길항제는 일부에서 내성과 관련이 있다는 이야기가 있으나 금단, 의존, 반동과는 관련이 없는 것으로 알려져 있다.

수면제로서 항경련제

항경련제는 불면증 치료제로 승인되지 않았지만, 일부 약물, 특히 가바펜틴gabapentin과 프레가발린pregabalin은 수면을 촉진하기 위해 허가사항 외off-label로 처방되고 있다. 열린 통로, N형 및 P/Q형 전압작동 이온통로 억제제voltage-gated ion-channel inhibitor로서 $\alpha_2\delta$ 리간드라고도 불리는 이 약물의 작용기전은 통증과 관련된 제9장에 설명되어 있고 그림 9-15부터 9-18까지에 삽화로 설명되어 있다. 이러한 $\alpha_2\delta$ 리간드는 통증과 뇌전증뿐만 아니라 일부 국가에서는 불안에도 승인되었으며, 항불안 작용에 대해서는 불안과 관련된 제8장과 그림 8-17 및 8-18에서 삽화로 설명

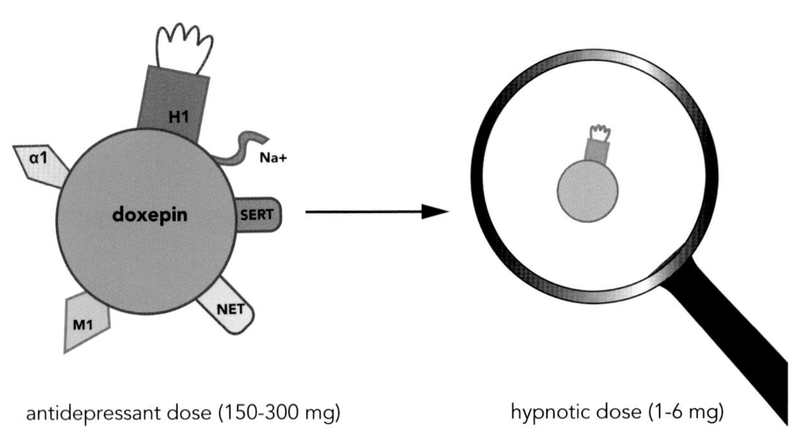

그림 10-39 독세핀. 독세핀은 항우울제 용량(150~300mg/일)에서는 세로토닌과 노르에피네프린 재흡수를 억제하고 히스타민 1(H_1), 무스카린 1(M_1), α_1 아드레날린 수용체에 대해 길항제로 작용하는 삼환계 항우울제이다. 그러나 독세핀은 저용량(1~6mg/일)에서는 H_1 수용체에 매우 선택적으로 작용하기 때문에 수면제로 사용할 수 있다.

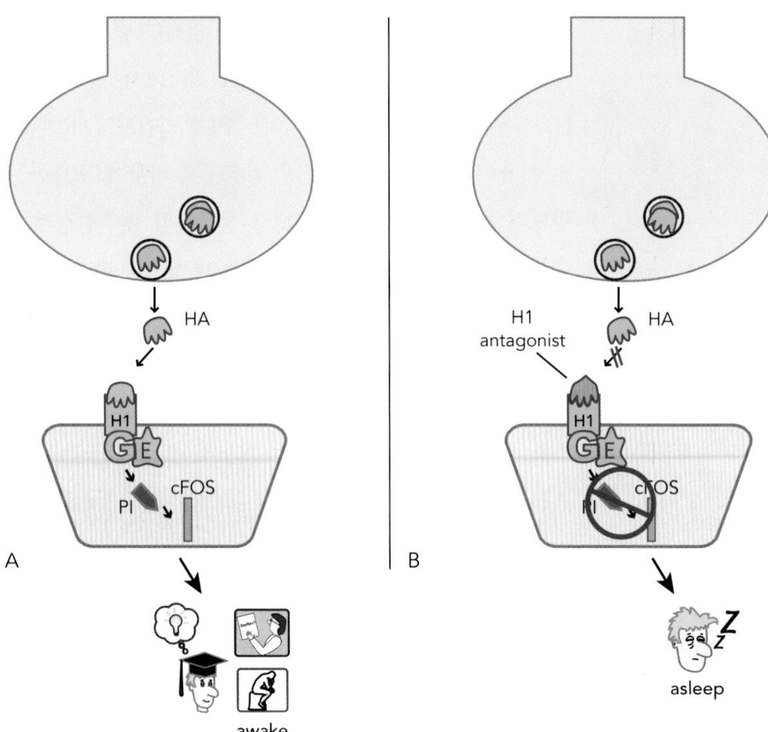

그림 10-40 히스타민 1 길항작용. (A) 히스타민(HA)이 시냅스후 히스타민 1(H_1) 수용체에 결합하면 포스파티딜이노시톨(PI)과 전사인자 cFOS를 활성화하는 G단백질연결 2차 전령 시스템이 활성화된다. 그 결과 깨어 있음 및 정상적인 각성도가 유지된다. (B) H_1 길항제는 2차 전령의 활성화를 방해하여 졸음을 유발할 수 있다.

하였다. $\alpha_2\delta$ 리간드인 프레가발린과 가바펜틴은 특별히 진정 작용을 하지는 않지만, 서파수면과 회복수면을 강화하고 통증개선에 도움을 줄 수 있다.

수면 작용과 약동학: 수면은 약물농도에 좌우된다

지금까지 이 장에서는 불면증 치료약물의 약력학적 특성, 즉 약리적 작용기전에 대해 논의하였다. 정신약리학의 많은 분야는 즉각적인 분자작용에 의해 분류되는 약물도 있지만, 치료효과와 더 명확하게 연관된 중요한 지연된 분자작용을 가진 약물이 있으며, 치료효과 또한 종종 지연된다. 수면 작용이 있는 약물은 그렇지 않다. 수면유도약물은 즉각적인 약리작용으로 인해 즉각적인 치료효과가 나타난다. 실제로 수면유도는 이론상으로 수용체 점유의 임계 역치를 넘어서는 약물에 '좌우된다'! $GABA_A$ 약물의 경우 전임상연구에 근거했을 때 약 25~30%의 수용체 점유가 역치에 해당된다(그림 10-41A). DORA의 경우는 약 65%이다(그림 10-41A). 세로토닌과 히스타민 길항제의 역치는 잘 조사되지 않았지만 단일 수용체가 차단된 경우에는 약 80%, 2개 이상의 수용체가 동시에 차단된 경우에는 그 이하일 것 같다. 정확한 역치값이 무엇이든 이와 관련된 개념은 분명하며, 수면제가 수면유도역치 이상으로 올라가자마자 잠이 들고, 역치 이하로 떨어지자마자 잠에서 깨어나게 된다. 실제로는 이러한 효과가 즉각적으로 나타나지 않을 수 있으며, 역치에 가까워지면 졸리기는 하지만 잠이 들지는 않을 수 있다. 그럼에도 불구하고 이것은 중요한 개념인데, 수면제에서 중요한 것은 약동학적 반감기(즉 약물의 절반이 사라질 때까지 걸리는 시간)가 아니라 수면역치 이상의 지속시간이기 때문이다. 이러한 개념은 그림 10-41A~D에 삽화로 설명되어 있으며, 수면제의 이상적인 개요는 그림 10-41A에 나와 있다. 역치 이상의 너무 짧지도, 너무 길지도 않은 '딱 적당한' 시간, 즉 골디락스 해법이 여기에 해당된다. 그림 10-41B와 10-41C에는 반감기가 너무 긴, 더 중요하게는 역치 이상의 시간이 너무 긴 경우에 대한 개념이 나와 있다. 이는 '너무 뜨거운' 상태를 의미하며, 그 결과 다음 날 잔류효과가 발생한다. 마지막으로 반감기가 너무 짧은, 더 중요하게는 역치 이상의 시간이 충분하지 않은 경우에 대한 개념을 보여주며(그림 10-41D), 이는 '너무 차가운' 상태인데, 그 결과 원하는 기상시간 전인 이른 아침에 잠에서 깬다. 약물이 역치를 통과하고 그 이상의 수준을 유지해야 효과가 있다는 동일한 개념은 다른 정신약리학 영역, 즉 주의력결핍 과잉행동장애(ADHD) 치료를 위한 자극제 사용에도 적용된다. 이에 대해서는 제11장 ADHD에서 논의된다.

처방자에게 이러한 개념이 중요한 이유는 환자마다 다를 수 있는 역치값을 정확히 추정하기 위해서가 아니다. 대신 이 개념은 처방자에게 각각의 환자에게서 골디락스 해법을 얻기 위해 무엇을 해야 하는지에 대한 정보를 준다. 만약 환자가 빨리 잠들지 못한다면, 이론상으로 역치에 충분히 빨리 도달하지 못한 것이므로, 저녁 일찍 약물을 투여하거나 음식과 함께 복용하지 않거나(음식은 일부 약물의 흡수를 지연시킬 수 있음) 용량을 늘리거나 작용기전을 변경해야 한다. 만약 환자가 충분히 오래 수면을 취하지 못하면(그림 10-41D), 이론상으로 역치 수준이 너무 일찍 소실된 것이므로, 용량을 높이거나 역치 이상의 작용시간이 더 긴 약물로 전환해야 한다(일반적으로 약동학적 반감기가 더 긴 약

The Goldilocks Solution:
The Ideal Hypnotic Agent

drug concentration
sleep maintenance
sleep onset
no hangover
serotonin histamine antagonist threshold (80%)
DORA threshold (65%)
GABA$_A$ threshold (25%)
hours (taken nightly)
duration above threshold: 8 hours
examples: eszopiclone (Lunesta)
zolpidem CR (Ambien CR)
low-dose trazodone (Desyrel)
low-dose doxepin antihistamines
suvorexant (Belsomra)
lemborexant (Dayvigo)

A

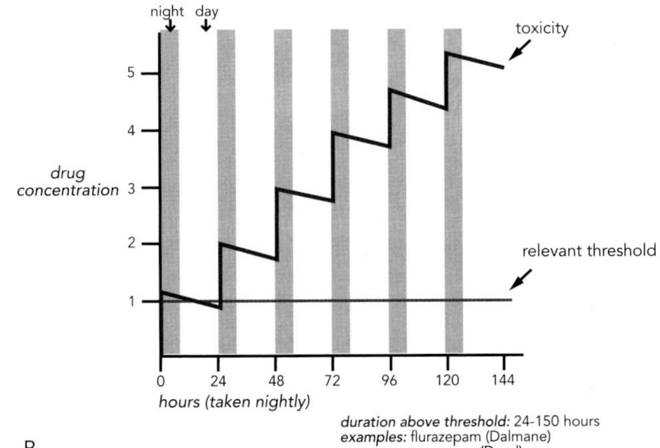

B

그림 10-41A, B 수면제의 약동학 제1부. (A) GABA$_A$ 약물의 경우, 수면효과의 시작을 위한 수용체 점유의 임계 역치 값은 25~30%이고, 이중 오렉신 수용체 길항제(DORA)의 경우 65%, 세로토닌 및 히스타민 길항제의 경우 80%로 생각된다. 수면역치에 도달하기까지의 시간과 수면역치 이상의 지속시간 모두 약물의 효과에 중요하다. 이상적인 수면제는 역치 이상의 지속시간이 약 8시간인 경우가 좋다. (B) 반감기가 매우 긴 수면제(24시간 이상, 예: 플루라제팜 및 쿠아제팜)는 만성적으로 사용 시 약물축적을 유발할 수 있다. 이로 인해 수면역치 이상의 시간이 너무 오래 지속될 수 있으며, 특히 노인의 경우 낙상위험 증가와 관련된 손상이 유발될 수 있다.

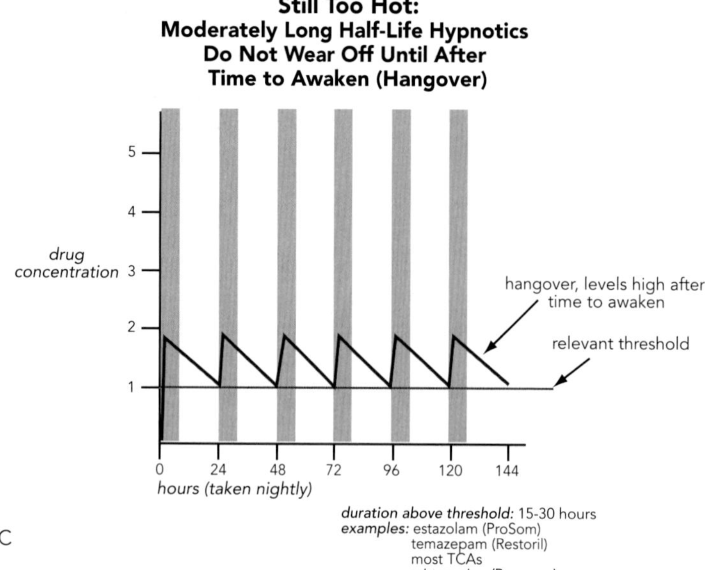

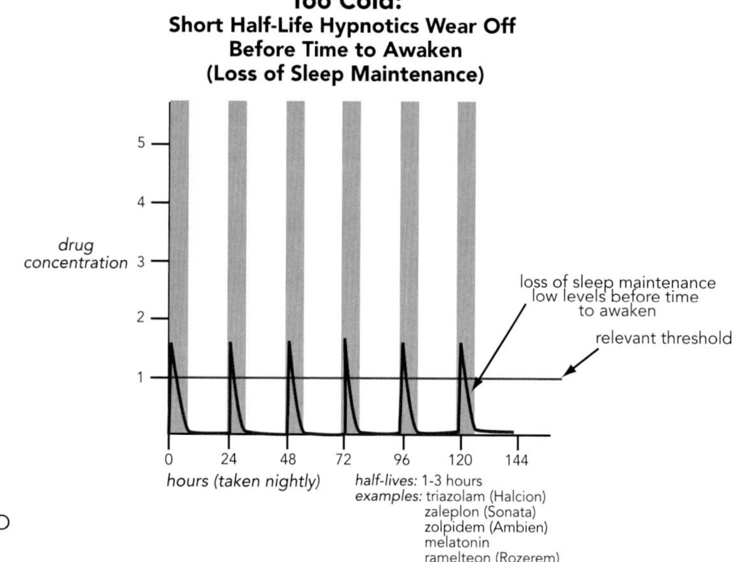

그림 10-41C, D 수면제의 약동학 제2부. (C) 반감기가 중간 정도로 긴 수면제의 경우(15~30시간), 수면역치 이상의 수용체 점유가 깨어나야 할 시간에도 사라지지 않을 수 있으며, 잠재적으로 '숙취' 효과(진정, 기억력 문제)로 이어질 수 있다. (D) 반감기가 매우 짧은 수면제의 경우(1~3시간), 수면역치 이상의 수용체 점유가 충분히 오래 지속되지 않아 수면유지가 어려울 수 있다.

물, 그림 10-41A 및 10-41C 참조). 만약 환자가 아침에 졸려하면, 이론상으로 기상할 시간에 약물 농도가 역치 근처 또는 그 이상으로 지속되고 있다는 것이므로, 용량을 줄이거나 저녁 일찍 약물을 투여하거나 작용시간이 더 짧은 약제로 전환해야 한다(일반적으로 약동학적 반감기가 더 짧은 약물, 그림 10-41A 및 10-41D 참조).

이 절에서는 이러한 내용이 DORA에서 어떻게 적용되는지에 대해 논의하고자 한다. $GABA_A$ 수용체, 세로토닌 수용체, 노르아드레날린 수용체, 히스타민 수용체의 억제는 사실상 경쟁적이지 않다는 것을 상기해보자. 수면/각성주기와 관련된 내인성 리간드 중 GABA PAM 부위에 작용하여 Z약물 수면제 및 벤조디아제핀과 주기적으로 경쟁할 수 있는 물질은 알려져 있지 않다. 신경전달물질 세로토닌, 노르에피네프린, 히스타민의 내인성 농도는 수면제에 의한 길항제 결합을 역전시킬 수 있는 범위에 있지 않는 것 같다. 그러나 오렉신 1 및 2 수용체에 대한 오렉신 A의 친화력은 동일한 수용체에 대한 DORA인 수보렉산트와 렘보렉산트의 친화력과 같은 범위를 가진다. 이것이 의미하는 바는 오렉신 농도가 낮은 한밤중에는 특정 농도의 DORA가 오렉신 농도가 상승하는 늦은 밤이나 아침보다 오렉신 수용체를 더 많이 차단하고, 오렉신 농도가 상승하게 되면 오렉신이 수용체에서 DORA와 경쟁하면서 DORA 농도가 감소하는 시점에 DORA의 차단을 역전시킨다는 것이다. 실제로는 특정 불면증이나 동반이환 상태에 의해 오렉신 농도가 비정상적으로 높은지에 따라 적용이 달라질 수 있으며, 이 경우에는 더 많은 용량의 DORA가 필요할 수 있다. 환자가 이른 아침에 잠에서 깨는 경우에도 더 많은 용량의 DORA가 필요할 수 있다. 반면에 환자가 다음 날 아침에도 잔류효과를 경험하는 경우에는 더 적은 용량의 DORA가 필요할 수 있으며, 이는 임상진료에서 가끔 관찰되는 현상이다. 약물 농도와 오렉신 농도라는 변수가 실제 수용체 차단 정도와 수면역치 이상의 지속시간을 결정하기 때문에, DORA의 약동학적 반감기는 임상적으로 특별한 의미가 부족하다. 수보렉산트 대비 렘보렉산트의 잠재적 이점을 명확히 규명하기 위한 직접비교head-to-head 연구는 없다. 그러나 렘보렉산트와 수보렉산트의 결합 특성(오렉신 1 및 2 수용체에 대한 친화력, 결합/해리 역동학, 혈장 약물 농도, 이른 아침 시간을 포함한 섭취 후 첫 8시간 동안의 오렉신 수용체 차단)이 충분히 다르기 때문에, 특정 환자가 이 약물 중 하나에 최적으로 반응하지 않는다면 다른 약물이 더 좋은 결과를 보일 수 있다. 두 약물은 모두 내성, 금단, 의존, 반동과 관련이 없다.

불면증의 행동치료

좋은 수면위생(그림 10-42)은 불면증 환자가 약물치료를 완전히 피할 수 있게 한다. 약물치료를 피할 수 있는 다른 불면증 치료법으로는 이완훈련relaxation training, 자극조절요법stimulus control therapy, 수면제한요법sleep restriction

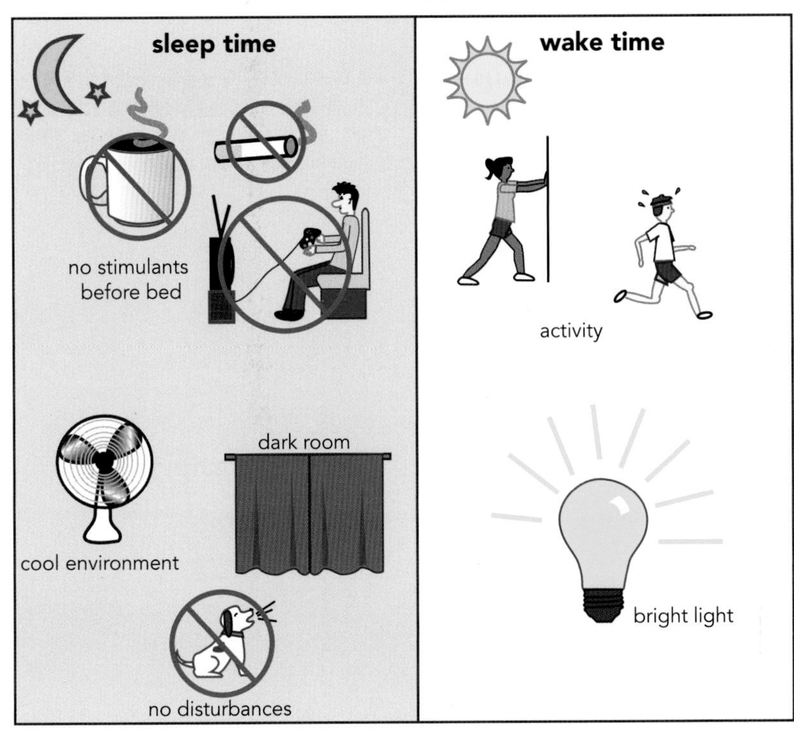

그림 10-42 수면위생. 좋은 수면위생은 다음과 같은 것들을 포함한다. 침대를 독서나 TV 시청과 같은 활동이 아닌 수면 전용으로 사용하고, 잠자리에 들기 전에 알코올, 카페인, 니코틴과 같은 자극제와 격렬한 운동을 피하며, 침대에서 깨어 있는 시간을 제한하고(20분 이내에 잠들지 않으면 일어나서 졸릴 때 다시 잠자리에 들어야 함), 시계를 보지 않고, 규칙적인 수면 습관을 들이고, 밤에 빛을 피한다.

불면증의 비약리학적 치료

이완훈련 수면을 방해하는 신체적 긴장과 침습적 사고를 줄이는 것을 목표로 한다.
자극조절요법 졸리지 않으면 침대에서 일어나고, 침대는 수면을 위해서만 사용하고, 낮잠은 금지한다.
수면제한요법 가벼운 수면박탈을 일으키기 위해 침대에서 보내는 시간을 제한하고 더 강화된 수면을 유도한다.
집중수면재훈련 25시간의 수면박탈 기간 동안 환자에게 50번의 수면개시 시도가 주어지지만 잠들고 3분 후 깨운다.
인지행동치료 수면에 대한 부정적인 태도 및 오해를 감소시킨다.

그림 10-43 불면증의 비약리학적 치료. 불면증 환자를 위한 비약리학적 치료에는 이완훈련, 자극조절요법, 수면제한요법, 집중수면재훈련, 인지행동치료 등이 있다.

therapy, 집중수면재훈련intensive sleep retraining, 인지행동치료cognitive behavioral therapy 등이 있다(그림 10-43). 이러한 다양한 개입은 수면효율과 수면의 질을 포함한 여러 수면 매개변수에 유익한 영향을 미치고 매우 효과적일 수 있으므로, 수면제를 사용하기 전에 고려되어야 한다. 또한 행동적 접근법은 약물치료를 단독으로 시행했을 때 적절히 반응하지 않는 환자에게 수면제와 함께 유용한 보조치료가 될 수 있다.

주간과다졸음증

졸음이란 무엇인가

졸음의 가장 흔한 원인(그림 10-44)은 수면박탈이며, 치료는 자는 것이다. 그러나 평가와 특정한 치료가 필요한 여러 가지 원인의 졸음도 존재한다. 주간과다졸음증excessive daytime sleepiness의 다른 원인으로는 기면증을 포함한 과다수면(그림 10-45부터 10-48까지), 폐쇄성수면무호흡을 포함한 여러 의학적 질환(그림 10-45 및 10-49), 하루주기리듬장애(그림 10-45 및 10-50부터 10-55까지) 등이 포함된다(그림 10-45). 세상 사람들은 종종 수면을 평가절하하고 겁쟁이만 졸음을 호소한다고 생각하는 경향이 있지만, 주간과다졸음증은 가벼운 질환이 아니며 실제로는 심지어 치명적일 수도 있다. 즉 수면부족은 알코올 중독intoxication의 법적 수준과 동등한 수행능력 저하를 유발하며, 따라서

Excessive Daytime Sleepiness: Deficient Daytime Arousal?

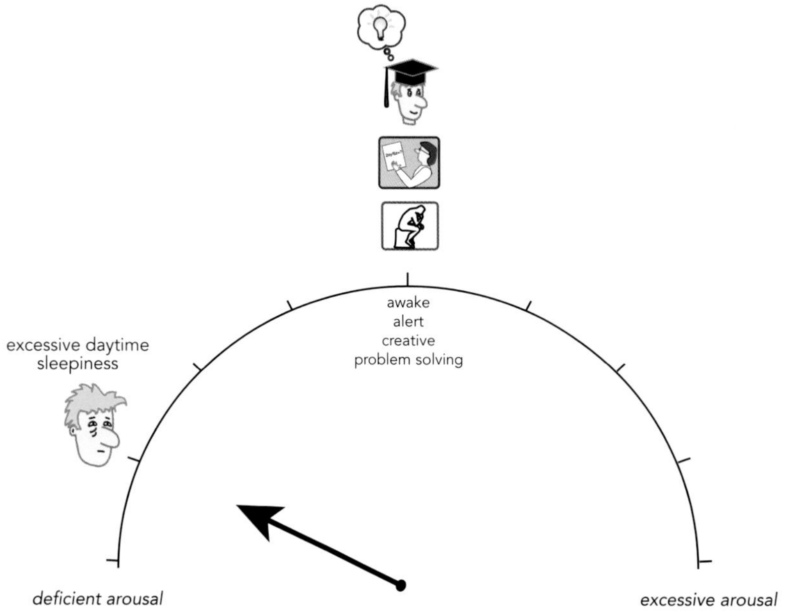

그림 10-44 주간과다졸음증: 주간각성 부족? 주간과다졸음증은 낮 동안의 각성부족과 관련이 있는 것으로 개념화되며, 수면박탈뿐만 아니라 기면증, 폐쇄성수면무호흡, 하루주기리듬장애의 증상이다.

Hypersomnia

Central Disorders of Hypersomnolence

- Idiopathic hypersomnia
- Recurrent hypersomnia
- Narcolepsy with cataplexy
- Narcolepsy without cataplexy

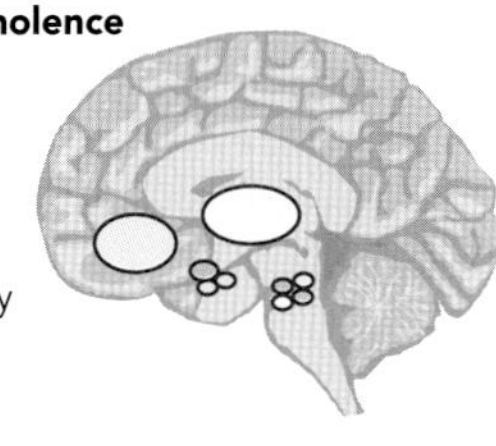

Other Causes of Hypersomnia

- Medical conditions

- Medication side effects

- Substance abuse

- Psychiatric conditions

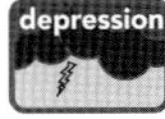

그림 10-45 과다수면과 관련된 상태. 과다수면과 관련된 주요 질환으로는 특발과다수면, 재발성 과다수면, 탈력발작을 동반하거나 동반하지 않는 기면증이 포함된다. 과다수면의 다른 원인으로는 의학적 상태, 약물부작용, 물질남용, 정신질환 등이 있다.

당연히 교통사고와 사망자를 초래하게 된다. 따라서 졸음은 환자가 졸린다고 호소하지 않는 경우가 많더라도 평가하는 것이 중요하다. 졸음 환자를 종합적으로 평가하려면 동거인, 특히 함께 잠을 자는 사람으로부터 추가 정보를 얻어야 한다. 대부분의 상태는 환자와 동거인과의 면담으로 평가할 수 있지만, 때로는 엡워스졸음척도Epworth Sleepiness Scale와 같은 주관적인 졸음평가와 야간수면다원검사overnight polysomnogram 및 익일 수면잠복기반복검사multiple sleep-latency test, MSLT 및/또는 각성유지검사maintenance of wakefulness test와 같은 객관적인 졸음평가를 통해 보강할 수도 있다.

과다수면의 원인

과다수면hypersomnia은 인구의 6% 정도에서 나타난다. 과다수면 환자의 25% 정도는 기분장애를 동반할 수 있다. 과다수면의 다양한 원인을 치료할 때에는 폐쇄성수면무호흡obstructive sleep apnea, OSA(그림 10-49), 정신질환, 약물부작용과 같은 2차적 원인을 우선 제거하고 치료하는 것이 중요하다(그림 10-45). 이를 위해서는 먼저 충분한 임상면담을 실시하고 수면/각성일기를 통해 자료를 수집해야 한다. 필요하다면 1~2주간의 활동기록기actigraphy, 수면다원검사(수면뇌파검사), 수면잠복기반복검사 시행을 통해 정보를 보완할 수 있다. 과다수면의 가장 흔한 2차적 원인 중 하나는 OSA이다(그림 10-49). 대략 성인 15명 중 1명이 중등도 OSA를 앓고 있으며, 불면증 환자의 무려 75%가 수면 관련 호흡장애를 앓고 있다. 따라서 OSA는 밤에는 불면증을, 낮에는 과다수면을 유발할 수 있다. OSA는 주로 심혈관질환과 관련이 있기 때문에 일반 의료비를 거의 2배 가까이 증가시킬 수 있다. OSA의 특징으로는 혈중산소포화도 감소를 초래하는 완전(무호흡apnea) 또는 부분(호흡저하hypopnea) 상기도 폐쇄 삽화가 있으며, 이 삽화는 각성에 의해 종료된다.

몇몇 과다수면장애는 뇌의 수면/각성회로에서 신경병리의 주요 결과로 인해 발생하는 것으로 생각된다(그림 10-45부터 10-47까지). 이러한 질환은 '중추성 과다수면장애'로 알려져 있으며, 특발과다수면(그림 10-46), 재발성 과다수면, 기면증(그림 10-47)이 포함된다. 가쪽시상하부에 있는 오렉신/하이포크레틴 뉴런의 심각한 소실로 인해 발생하는 탈력발작cataplexy을 동반한 기면증narcolepsy을 제외하면(그림 10-48), 중추성 과다수면장애의 근본적인 신경병리는 거의 알려져 있지 않다.

특발과다수면idiopathic hypersomnia(그림 10-46)은 수면시간은 길거나 정상인데 지속적인 주간과다졸음증을 동반하고, 수면개시잠복기가 짧으며, 비회복성 수면을 호소하는 것이 특징이다. 특발과다수면 환자는 또한 수면 이후 수면취기와 기면, 기억력 및 주의력 결핍, 소화계통 문제, 우울, 불안을 보고할 수도 있다. 특발과다수면의 진단에는 최소 3개월 이상 지속되는 주간과다졸음증, 짧은 수면잠복기, 수면개시REM수면주기sleep-onset REM period, SOREMP가 수면다원검사에서 2회 미만인 경우 등이 포함된다. 검사에서

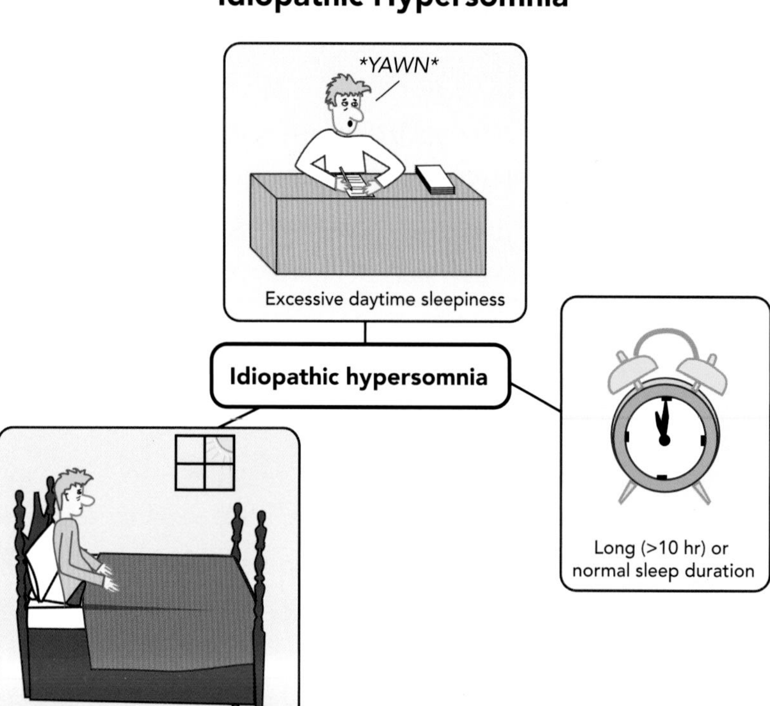

그림 10-46 **특발과다수면.** 특발과다수면은 과다수면의 중심 질환으로, 뇌의 수면/각성회로 신경병리로 인해 발생하는 것으로 추정된다. 특발과다수면은 주간과다졸음증 및 상쾌하지 않은 수면에 대한 호소가 동반된 길거나 정상인 수면 시간이 특징이다.

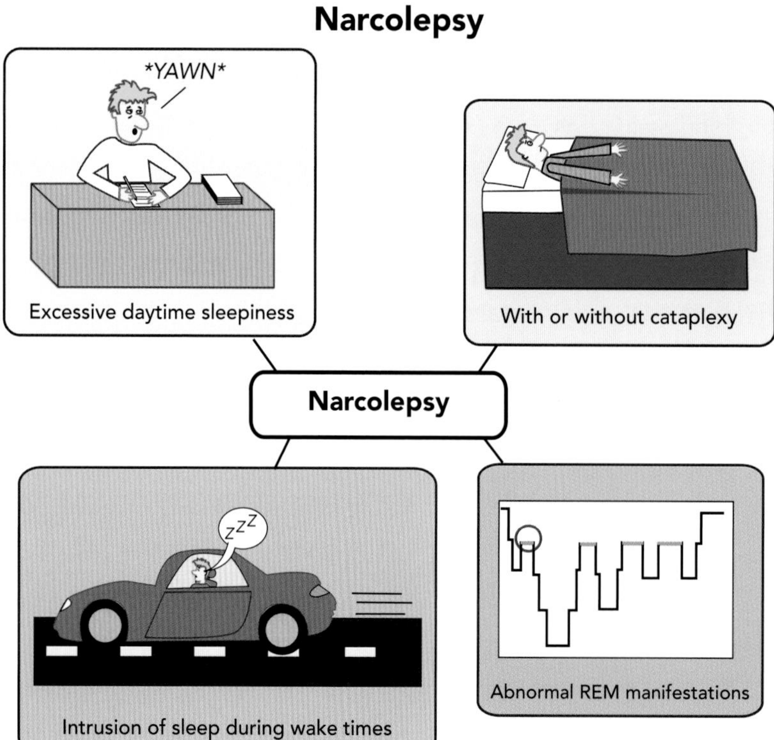

그림 10-47 **기면증.** 기면증은 과다수면의 중심 질환으로, 뇌의 수면/각성회로 신경병리로 인해 발생하는 것으로 추정된다. 기면증은 주간과다졸음증, 깨어 있는 동안의 수면침입, 수면개시REM수면 주기를 포함한 비정상적인 급속안구운동(REM)이 특징이다. 기면증에는 탈력발작(감정에 의해 촉발되는 근긴장도 상실)이 함께 동반될 수도 동반되지 않을 수도 있다.

Neurobiology of Narcolepsy with Cataplexy

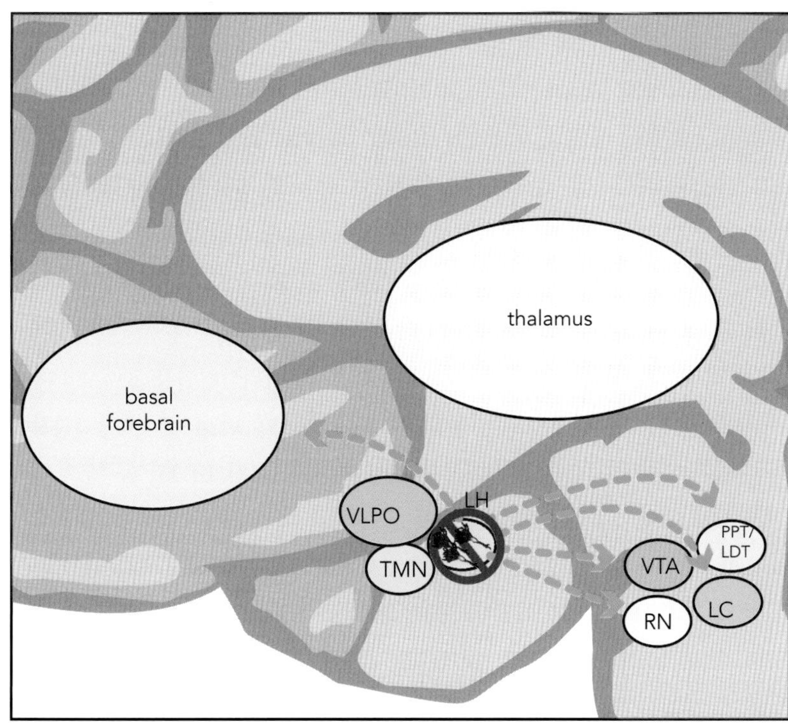

그림 10-48 탈력발작을 동반한 기면증의 신경생물학. 오렉신은 각성 및 동기부여 행동에 대한 역할 외에도 운동움직임을 안정화하는 데 관여하여, 낮에는 정상적인 움직임을 가능하게 하고(오렉신 농도가 높을 때) 밤에는 운동움직임의 억제를 촉진한다(오렉신 농도가 낮을 때). 오렉신 뉴런의 퇴화로 인해 오렉신 농도가 낮으면 깨어 있는 동안 운동억제와 근긴장도 상실, 즉 탈력발작이 발생할 수 있다.

Obstructive Sleep Apnea

임상적 특징

- 시끄러운 코골이
- 비만
- 고혈압
- 목 > 17인치(약 43cm)
- 비대편도
- 흥미상실
- 주간과다졸음증
- 피로
- 우울

병태생리

- 상기도의 부분/완전 폐쇄
- 다양한 부위에서 협착이 발생할 수 있음
- 근긴장도, 기도반사
- 전두엽 백질과 해마의 대사 이상

그림 10-49 폐쇄성수면무호흡. 폐쇄성수면무호흡은 과다수면의 흔한 원인이다. 이는 완전(무호흡) 또는 부분(호흡저하) 상기도 폐쇄 삽화가 있으며 그 결과 혈중 산소포화도가 감소하는 것이 특징이다.

는 뇌척수액의 히스타민 농도가 낮을 수 있지만, 뇌척수액 오렉신 농도는 일반적으로 영향을 받지 않는다.

기면증(그림 10-47)은 주간과다졸음증, 깨어 있는 동안의 수면침입, SOREMP를 포함한 비정상적인 REM 수면이 특징이다. 감정에 의해 촉발되어 근긴장도가 상실되는 탈력발작도 나타날 수 있다(그림 10-48). 잠이 들 때 나타나는 입면환각hypnagogic hallucination도 종종 발생한다. 앞서 언급했듯이 탈력발작을 동반한 기면증에서 명확한 신경병리학적 문제, 즉 가쪽시상하부의 오렉신 뉴런에 심각한 소실이 확인되었다. 오렉신 뉴런이 각성촉진 신경전달물질(세로토닌, 노르에피네프린, 도파민, 아세틸콜린, 히스타민)의 방출을 자극하여 각성을 안정화시키는 것에 대해서는 앞에서 광범위하게 논의하였다. 따라서 당연히 기면증에서 오렉신 뉴런이 소실되면 각성이 더 이상 안정화되지 않고 환자가 깨어 있는 동안 수면침입을 겪게 된다.

또한 오렉신은 운동움직임을 안정화할 수 있어서 오렉신 농도가 높은 낮에는 정상적인 움직임이 가능하고, 오렉신 농도가 낮은 밤, 특히 REM 수면 동안에는 운동움직임의 억제가 유발된다. 오렉신 뉴런의 소실로 인해 주간에 오렉신 농도가 낮으면(그림 10-48), 주간 동안 운동움직임이 불안정해져서 깨어 있는 동안 운동억제와 탈력발작으로 알려진 근긴장도 상실이 발생할 수 있다.

기면증 또는 탈력발작을 동반한 기면증이 의심되는 경우, 뇌척수액 오렉신 농도가 110 pg/mL 미만이면 기면증으로 진단한다. 하지만 특발성 및 재발성 과다수면뿐만 아니라 기면증, 특히 탈력발작이 없는 기면증에서는 오렉신 농도가 정상범위 내에 있는 경우가 많다. 오렉신 농도가 낮지 않더라도, 탈력발작이 있든 없든 기면증 환자는 수면잠복기반복검사에서 2회 이상의 SOREMP를 보이거나 수면다원검사에서 1회 SOREMP를 보이면서 수면잠복기반복검사에서 수면잠복기가 8분 이하로 짧아야 한다. 따라서 이러한 측정도 기면증 진단에 고려된다. 또한 기면증 환자, 특히 탈력발작을 동반한 환자의 대다수(90%)는 *HLA DQB1-0602* 다형성polymorphism에 양성인 것으로 나타났는데, 일반인구에서는 단지 20%만이 양성이다.

하루주기리듬장애

하루주기리듬장애circadian rhythm disorder(그림 10-50)는 내부 하루주기 시계와 '주간'과 '야간'을 알려주는 외부 신호 사이에 동시성장애가 있을 때 발생한다. 이러한 동시성장애는 일반적인 24시간 이내에 수면/각성주기를 유지하는 데 어려움을 초래한다. 교대근무장애shift work disorder, SWD(그림 10-51), 수면위상전진장애advanced sleep phase disorder, ASPD(그림 10-52), 수면위상지연장애delayed sleep phase disorder, DSPD(그림 10-53), 비24시간 수면각성장애 non-24-hour sleep-wake disorder(그림 10-54) 등 여러 가지 하루주기리듬장애가 있다.

교대근무는 오후 6시에서 오전 7시 사이(표준 주간 근무시간 이외)에 이루어지는 근무로 정의된다. 교대근무자에는 야간근무, 저녁근무, 순환근무를 하는 사람들이 포함되며, 이들은 미국 전체 노동력의 약 15~25%를 차지한다. 교대근무자의 수면/각성 일정은 내인성 하루주기리듬과 일치하지 않는 경우가 많으며, 비표준 또는 순환근무를 하는 많은 사람들이 교대근무장애(SWD)를 앓고 있다. 실제로 교대근무자의 10~32%가 SWD를 겪으며, 교대근무자의 9.1%는 심각한 형태인 것으로 추정된다. 나이가 젊고 생체시계가 '저녁형'에 더 많이 맞춰져 있으면 SWD 발병을 어느 정도 예방할 수 있다. 그러나 SWD가 생기면 교대근무 중 과도한 졸음, 수면 시간 중 불면증 등의 수면/각성장애를 겪을 뿐만 아니라 이를 훨씬 넘어서는 신체적, 정신적 후유증이 나타날 수 있다. SWD 환자는 심장대사 문제, 암, 위장관질환, 기분장애의 위험이 급격하게 증가한다.

수면위상전진장애(ASPD)(그림 10-52) 환자는 원하는 것보다 일찍 잠자리에 들고 일찍 깨어나게 된다. 총 수면 시간과 수면의 질이 적절하더라도 일반적인 수면/각성주기에서 6시간 정도 벗어나는 경우가 많다. 분자시계의 필수 구성 요소인 *PER2* 유전자의 다형성은 ASPD와 관련이 있으며, 실제로 *PER2* 돌연변이가 있는 상염색체우성 형태

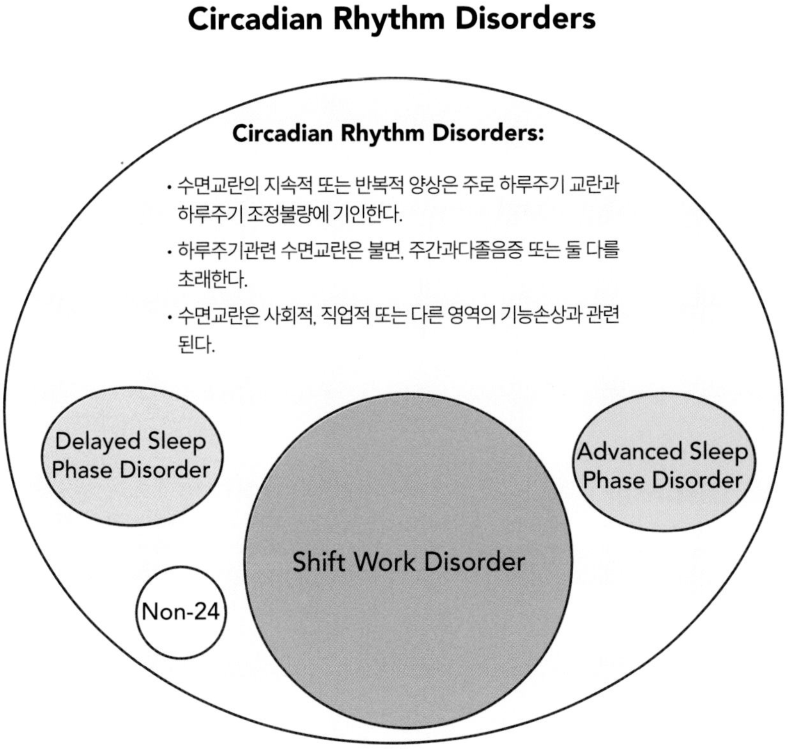

Circadian Rhythm Disorders

Circadian Rhythm Disorders:

- 수면교란의 지속적 또는 반복적 양상은 주로 하루주기 교란과 하루주기 조정불량에 기인한다.
- 하루주기관련 수면교란은 불면, 주간과다졸음증 또는 둘 다를 초래한다.
- 수면교란은 사회적, 직업적 또는 다른 영역의 기능손상과 관련된다.

Delayed Sleep Phase Disorder

Advanced Sleep Phase Disorder

Shift Work Disorder

Non-24

그림 10-50 하루주기리듬장애. 하루주기리듬장애는 내부 하루주기 시계가 주간과 야간을 알려주는 외부 신호와 동기화되지 않을 때 발생한다. 교대근무장애, 수면위상전진장애, 수면위상지연장애, 비24시간 수면각성장애는 모두 하루주기리듬장애에 해당한다.

Shift Work Disorder

- 평소 수면 시간과 겹치는 반복적인 근무 일정과 일시적으로 관련된 불면증 또는 과다졸음
- 교대근무 일정과 관련된 증상이 최소 1개월 이상 지속된다.
- 최소 7일 이상의 수면일지 또는 활동기록기 관찰(수면일기 포함)이 교란된 수면(불면증)과 하루주기 및 수면-시간 조정불량을 입증한다.
- 수면교란이 현재의 다른 수면장애, 의학적 질환, 정신질환, 물질사용장애, 약물사용으로 인한 것이 아니다.

그림 10-51 교대근무장애. 교대근무는 오후 6시에서 오전 7시 사이에 이루어지는 근무로 정의된다. 교대근무자의 수면/각성 일정은 종종 내인성 하루주기리듬과 일치하지 않는다. 따라서 일부 교대근무자는 평소 수면 시간과 겹치는 반복적인 근무 일정으로 인해 불면증이나 과다졸음이 일시적으로 나타나는 교대근무장애를 겪기도 한다.

Advanced Sleep Phase Disorder

Typical Sleep/Wake Schedule

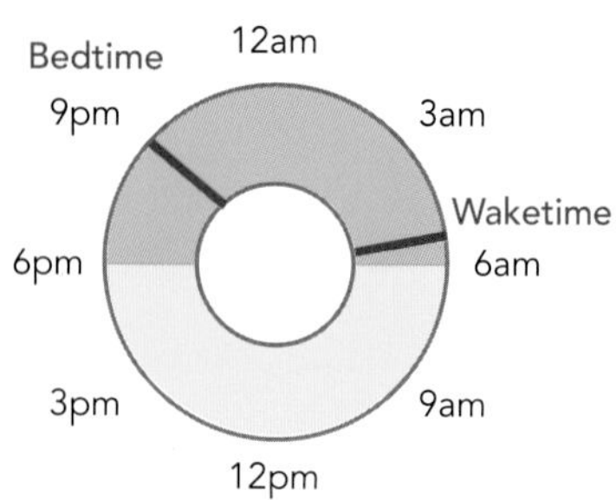

Advanced Sleep Phase Disorder

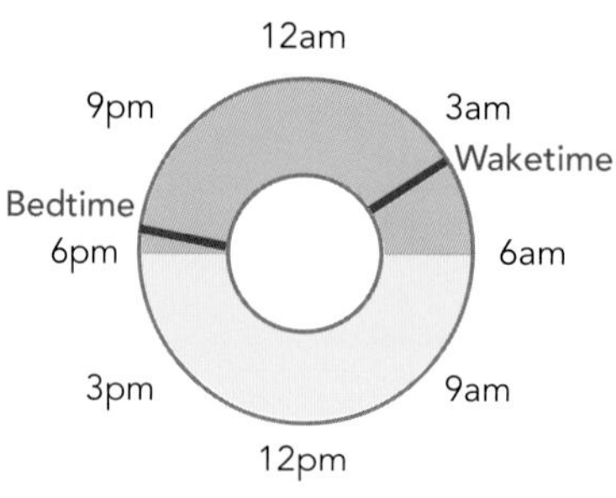

그림 10-52 **수면위상전진장애.** 수면위상전진장애 환자는 졸리기 때문에 원하는 시간보다 일찍 잠자리에 들고 원하는 시간보다 일찍 일어나게 된다. 총 수면 시간과 수면의 질은 적절한 수준이다.

Delayed Sleep Phase Disorder

Typical Sleep/Wake Schedule

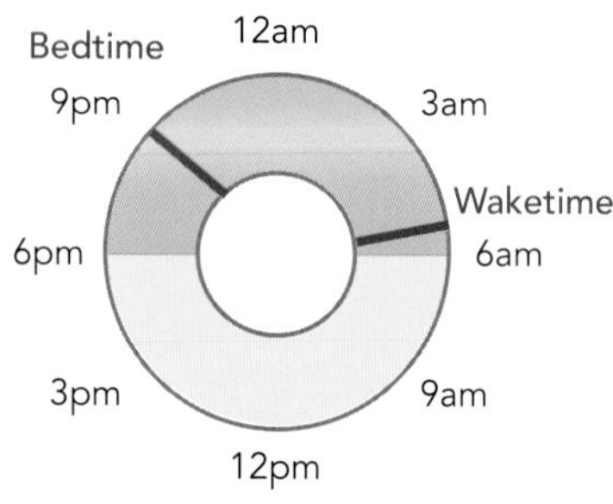

Delayed Sleep Phase Disorder

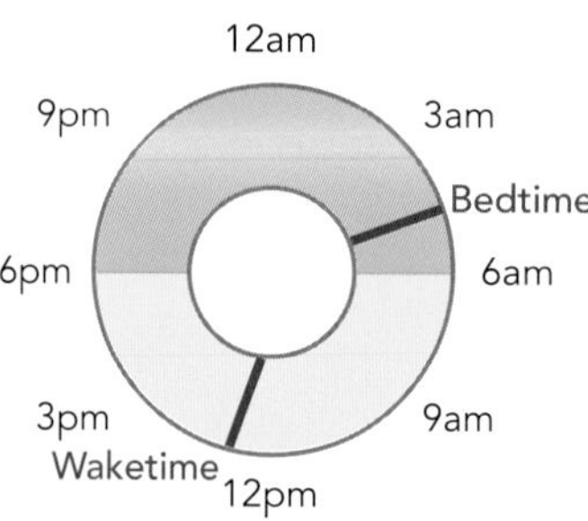

그림 10-53 **수면위상지연장애.** 수면위상지연장애 환자는 이른 아침까지 잠들지 못하고 늦은 아침이나 이른 오후까지 잠에서 깨어나기 어렵다. 이러한 사람들은 총 수면 시간과 수면의 질은 적절하지만, 수면 일정이 바뀌면서 일상생활기능에 종종 지장을 초래할 수 있다.

Non-24-Hour Sleep–Wake Disorder

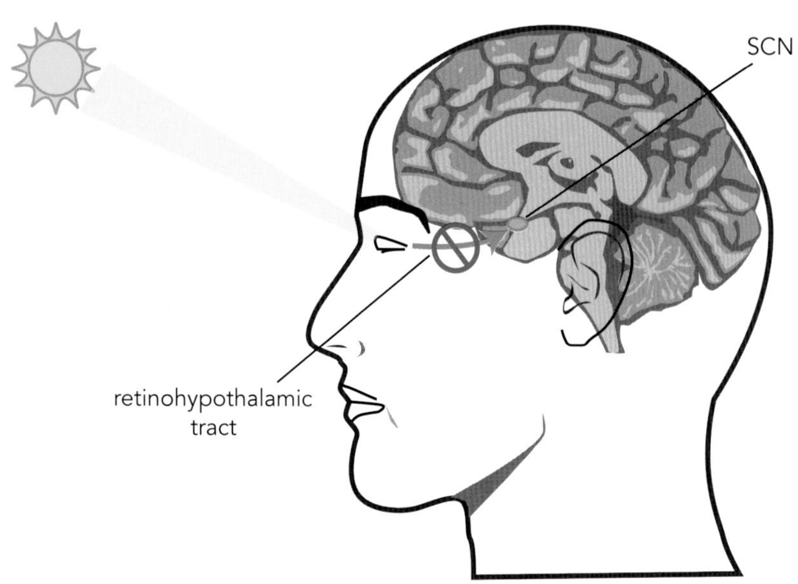

그림 10-54 **비24시간 수면각성장애.** 시각장애인은 빛이 망막시상하부경로를 통해 시신경교차위핵에 작용하면서 내부 하루주기 시계에 관여하는 능력이 부족하다. 이렇게 동조되지 않은 내부시계는 불규칙한 수면/각성 양상과 잠재적인 불면증 및 주간과다졸음증을 특징으로 하는 비24시간 수면각성장애를 유발할 수 있다.

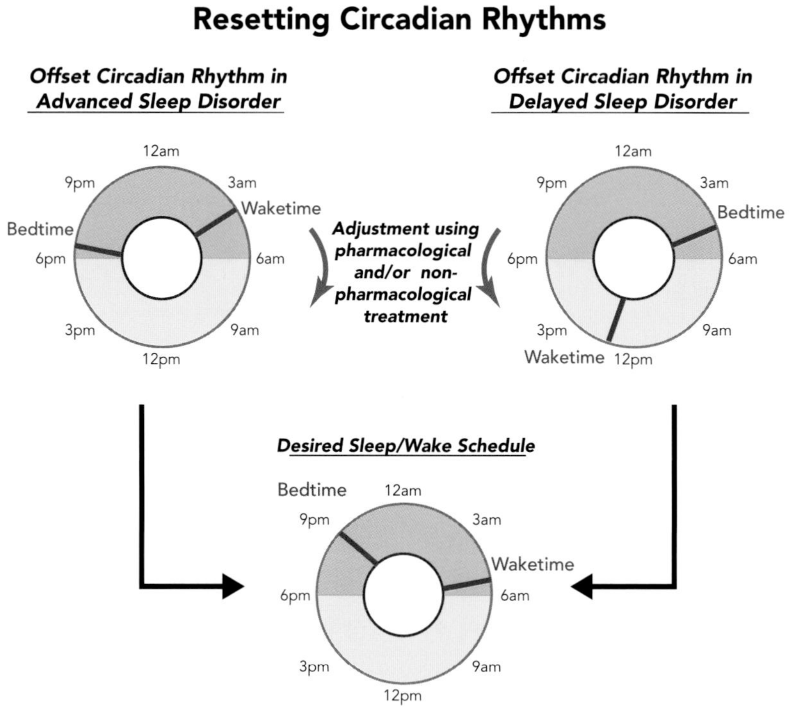

Resetting Circadian Rhythms

Offset Circadian Rhythm in Advanced Sleep Disorder

12am 3am Waketime 6am 9am 12pm 3pm 6pm Bedtime 9pm

Adjustment using pharmacological and/or non-pharmacological treatment

Offset Circadian Rhythm in Delayed Sleep Disorder

12am 3am Bedtime 6am 9am 12pm Waketime 3pm 6pm 9pm

Desired Sleep/Wake Schedule

Bedtime 12am 3am Waketime 6am 9am 12pm 3pm 6pm 9pm

그림 10-55 하루주기리듬 재설정. 수면위상전진장애와 수면위상지연장애에서 하루주기리듬을 재설정하기 위해 밝은 빛과 멜라토닌 약제와 같은 하루주기 치료를 사용할 수 있다. 수면위상전진장애의 경우 초저녁의 밝은 빛과 이른 아침의 멜라토닌이 유용할 수 있다. 수면위상지연장애의 경우 아침의 밝은 빛과 저녁의 멜라토닌이 유용할 수 있다.

의 가족성수면위상전진증후군familial advanced sleep phase syndrome, FASPS이라는 질환이 존재한다. 불면증과 같은 다른 수면/각성장애를 배제하는 것 외에도 ASPD를 진단하기 위해 최소 일주일 동안 수면일기 및/또는 활동기록기를 사용하고 아침형-저녁형 설문지Morningness–Eveningness Questionnaire, MEQ를 시행해볼 수 있다. 정상 노인은 경도 또는 중등도 형태의 ASPD를 가지고 있는 경우가 많다.

수면위상지연장애(DSPD)(그림 10-53)는 이른 아침까지 잠들지 못하고 늦은 아침이나 이른 오후에 깨어나는 상태이다. DSPD는 하루주기리듬장애 중 가장 흔한 질환으로, *CLOCK* 유전자(분자시계의 또 다른 필수요소)의 다형성과 관련이 있다. DSPD는 ASPD와 마찬가지로 수면 시간과 수면의 질은 정상이지만, 수면/각성 일정의 변화로 인해 일상생활기능에 지장을 받는다. 많은 정상 청소년들이 많은 우울증 환자들처럼 경도에서 중등도 형태의 DSPD를 가지고 있다.

비24시간 수면각성장애(그림 10-54)는 주로 시각장애인에게 발생하는 하루주기리듬장애이다. 시각장애인은 빛이

Bright Light Therapy

그림 10-56 밝은 빛요법. 밝은 빛요법은 하루주기 치료에 해당된다. 아침의 밝은 빛은 수면위상지연장애 환자에게 사용할 수 있으며 교대근무수면장애 환자에게도 도움이 될 수 있다. 밝은 빛요법은 우울증 치료에도 사용된다.

망막시상하부경로retinohypothalamic tract를 통해 시신경교차위핵에 작용하면서 내부 하루주기 시계에 관여하는 능력

이 부족하다. 이렇게 동조되지 않은 내부시계는 불규칙한 수면/각성 양상으로 이어져 불면증과 주간과다졸음증을 모두 유발할 수 있다.

하루주기 치료

하루주기 치료는 수면위상전진장애와 수면위상지연장애의 상쇄된 하루주기리듬을 재설정하는 데 도움이 될 수 있다(그림 10-55). 여기에는 밝은 빛(그림 10-56)과 멜라토닌 약제(그림 10-57)가 모두 포함된다. 또한 하루주기 치료는 기분장애 치료에서 우울증 치료제에 부가적으로 사용하거나 교대근무장애에서 모다피닐modafinil/아르모다피닐armodafinil에 부가적으로 사용할 수 있다.

아침 빛과 저녁 멜라토닌은 우울증, 수면위상지연장애, 교대근무장애에 도움이 될 수 있다. 반면에 초저녁 빛과 이른 아침 멜라토닌은 수면위상전진장애에 도움이 될 수 있다. 비24시간 수면각성장애에서는 강력한 멜라토닌 약제인 타시멜테온tasimelteon을 통해 하루주기리듬을 동기화하면 도움이 된다(그림 10-57). 다양한 하루주기 치료는 정상 노인(아침 멜라토닌과 저녁 빛)과 정상 청소년(아침 빛과 저녁 멜라토닌)의 생체시계를 재설정하는 데에도 도움이 될 수 있다. 많은 부모들은 동면 중인 청소년을 깨우고 등교시간에 맞춰 갈 수 있도록 커튼을 열어 이른 아침 햇빛을 쬐어주는 것의 이점을 오랫동안 알고 있었다.

멜라토닌 수면제

멜라토닌은 솔방울샘pineal gland에서 분비되는 신경전달물질로, 주로 시신경교차위핵에서 작용하여 하루주기리듬을 조절한다(제6장에서 논의하고 그림 6-34부터 6-36까지에서 삽화로 설명함). 멜라토닌은 특히 원하는 적절한 취침시간에 복용하면 하루주기리듬을 변화시켜 우울증 환자, 수면위상지연장애 환자, 정상적인 청소년뿐만 아니라 여행으로 인한 하루주기리듬의 이동으로 인해 시차를 경험하는 많은 사람에게 도움이 된다. 모든 경우에 멜라토닌은 수면개시를 촉진할 수 있다.

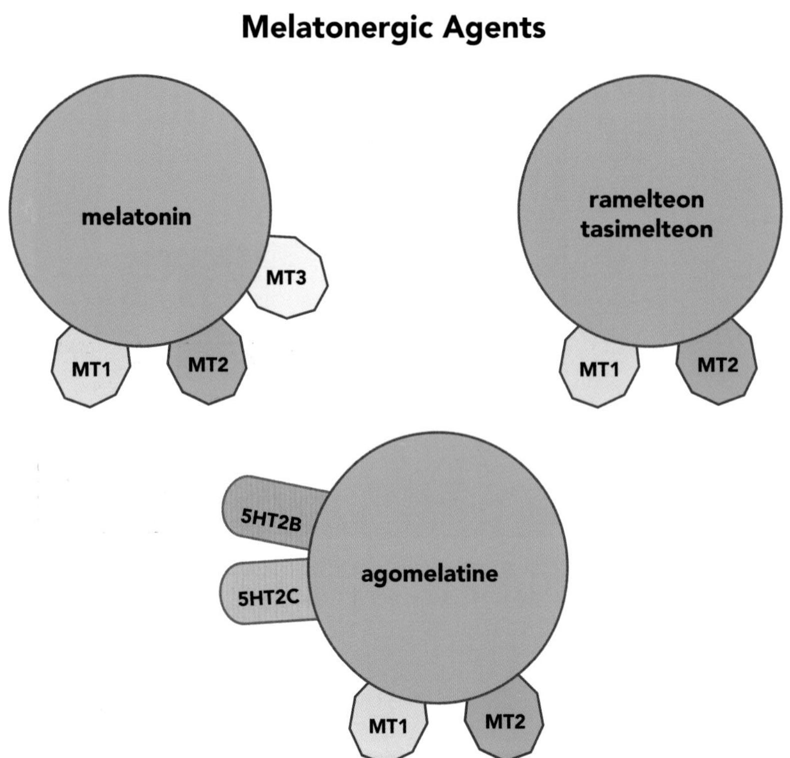

그림 10-57 멜라토닌 약물. 내인성 멜라토닌은 솔방울샘에서 분비되며, 주로 시신경교차위핵에서 작용하여 하루주기리듬을 조절한다. 멜라토닌 수용체에는 세 가지 유형이 있다. MT_1과 MT_2는 모두 수면에 관여하며, MT_3는 실제로는 NRH-퀴논산화환원효소 2이며 수면생리에는 관여하지 않는 것으로 추정된다. 멜라토닌 수용체에 작용하는 몇몇 서로 다른 약제가 있다. 멜라토닌 자체는 미국에서 처방전 없이 구입할 수 있으며, MT_1 및 MT_2 수용체와 MT_3 부위에서 작용한다. 라멜테온과 타시멜테온은 모두 MT_1 및 MT_2 수용체 작용제이며, 수면개시에 도움이 되지만 수면유지에는 도움이 되지 않는 것으로 보인다. 아고멜라틴은 MT_1 및 MT_2 수용체 작용제일 뿐만 아니라 세로토닌 $5HT_{2C}$ 및 $5HT_{2B}$ 수용체 길항제이며, 미국 외 지역에서는 항우울제로 사용할 수 있다.

멜라토닌은 세 곳의 다른 부위에서 작용한다. 멜라토닌 1melatonin 1, MT_1 및 멜라토닌 2melatonin 2, MT_2 수용체뿐만 아니라 멜라토닌 3 부위라고도 하는 세 번째 부위에서도 작용하는데, 이는 현재 NRH-퀴논산화환원효소 2NRH-quinone oxidoreductase 2라고 알려져 있으며, 수면생리에는 관여하지 않는 것으로 추정된다(그림 10-57). 시신경교차위핵(SCN) 뉴런의 MT_1 매개억제는 하루주기 '시계' 또는 '조율기'의 각성촉진 작용을 감소시켜 아마도 SCN의 각성신호를 약화시키고, 수면신호가 우세하도록 하여 잠들게 함으로써 수면을 촉진하는 데 도움이 될 수 있다. 정상 수면/각성주기의 위상이동 및 하루주기리듬 효과는 주로 SCN에 이러한 신호를 전달하는 MT_2 수용체에 의해 매개되는 것으로 생각된다.

라멜테온ramelteon은 불면증 치료에 사용되는 MT_1/MT_2 작용제이며, 또 다른 MT_1/MT_2 작용제인 타시멜테온tasimelteon은 비24시간 수면각성장애 치료에 사용되고 있다(그림 10-57). 이들 약제는 수면개시를 개선하며, 때로는 며칠 연속으로 사용했을 때 더 나은 효과를 볼 수도 있다. 이들은 수면유지에는 도움이 되지 않는 것으로 알려져 있지만, 수면개시 불면증으로 고통받는 환자에게는 자연스러운 수면을 유도할 수 있다. 타시멜테온의 MT_2 수용체에 대한 작용은 하루주기시계를 재훈련시키는 효과의 근간이 되는 것으로 생각된다.

각성촉진제와 주간과다졸음증의 치료

왜 졸음을 치료해야 할까? 졸음의 가장 흔한 원인이 수면박탈이라면 약이 아닌 수면으로 졸음을 치료할 수는 없을까? 안타깝게도 짧은 대답은 '그렇지 않다'이다. 여기에서는 카페인, 자극제, 모다피닐/아르모다피닐 등 다양한 각성촉진제는 물론 노르에피네프린 도파민 재흡수 억제제(NDRI) 및 H_3 길항제를 포함한 일부 새로운 약제를 사용하여 주간과다졸음증을 치료하는 방법에 대해 논의할 것이다. 또한 비약리학적 치료에 대해서도 소개할 것이다.

주간과다졸음증을 특징으로 하는 장애를 주간각성결핍으로 개념화할 수 있다면(그림 10-44), 각성촉진 치료제는 뇌의 활성화와 각성을 증가시키는 약제에 해당될 수 있다(그림 10-58). 이를 위한 여러 가지 방법이 있지만, 대부분 각성촉진 신경전달물질, 특히 도파민과 히스타민의 방출을 강화하는 방법을 사용하게 된다.

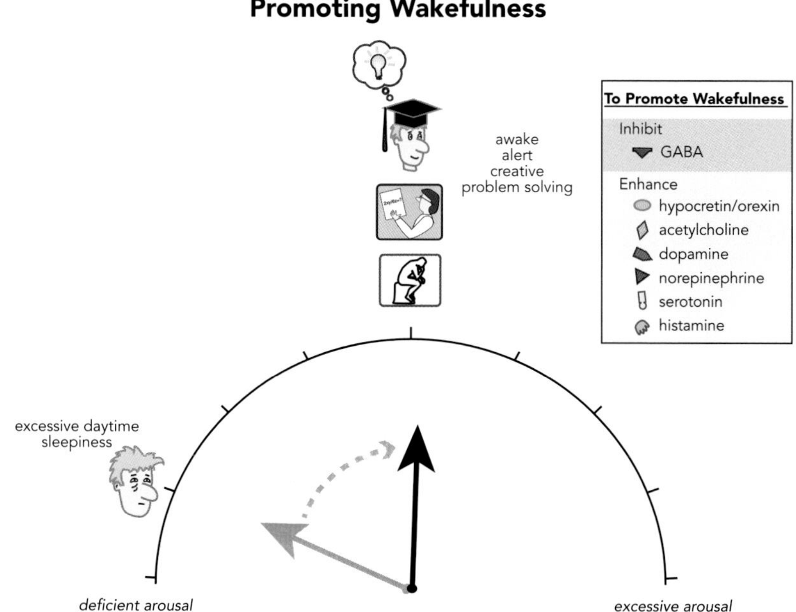

그림 10-58 각성촉진. 주간과다졸음증을 치료하기 위해 각성에 관여하는 신경전달을 강화하며, 가장 주목할 만한 방법은 도파민과 히스타민 신경전달을 강화함으로써 각성을 촉진하는 약물을 투여하는 것이다.

카페인

카페인은 세계에서 가장 널리 소비되는 정신활성제 psychoactive drug이다. 이는 어떻게 작용할까? 대답은 카페인이 신경전달물질인 아데노신의 길항제라는 것이다(그림 10-59). 아데노신은 이 장의 앞에서 항상성수면욕동과 관련이 있는 화학물질로 언급되었다(그림 10-18 참조). 아데노신은 피곤할수록 축적되기 때문에 본질적으로 항상성욕동에 관여하며, 일부에서는 아데노신이 피로의 '회계사' 또는 '경리담당자' 역할을 하여 항상성수면욕동을 기록하고 정량화한다고 말한다. 흥미롭게도 이 항상성 계정에 입금을 해서 수면욕동을 감소시키고 피로를 없애는 한 가지 방법은 커피원두이다! 즉 커피나 다른 원료에 의해 공급되는 카페인은 각성을 촉진하고 피로를 줄이며 항상성수면욕동을 감소시킨다. 어떻게 이런 작용이 이루어질까? 카페인은 아데노신의 길항제이므로 분자적으로 그리고 행동적으로 아데노신 축적효과의 일부를 차단할 수 있다(그림 10-59).

원래 도파민 2(D_2) 수용체는 도파민과 높은 친화력으로 결합하지만(그림 10-59A), 아데노신이 있으면 D_2 수용체

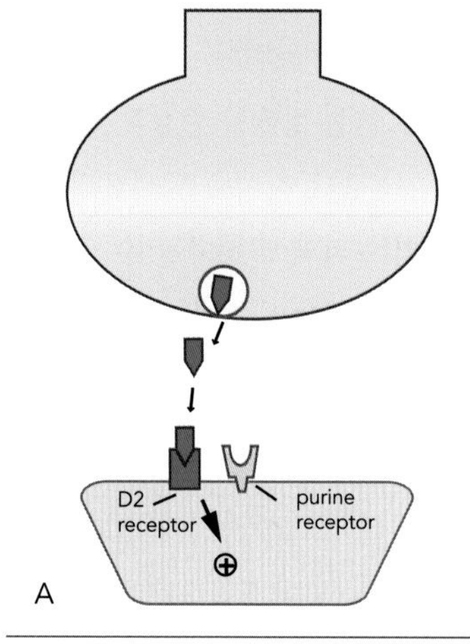

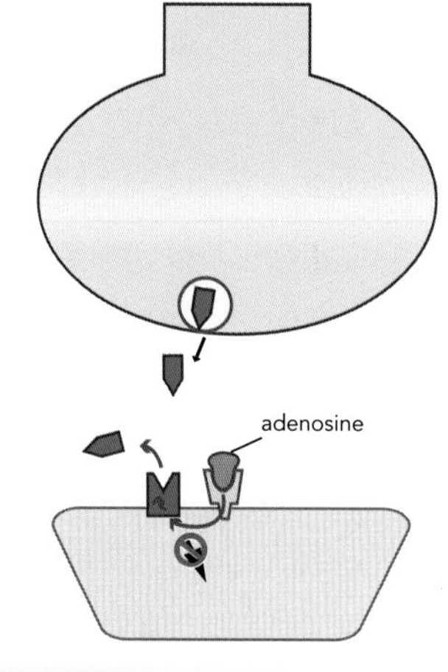

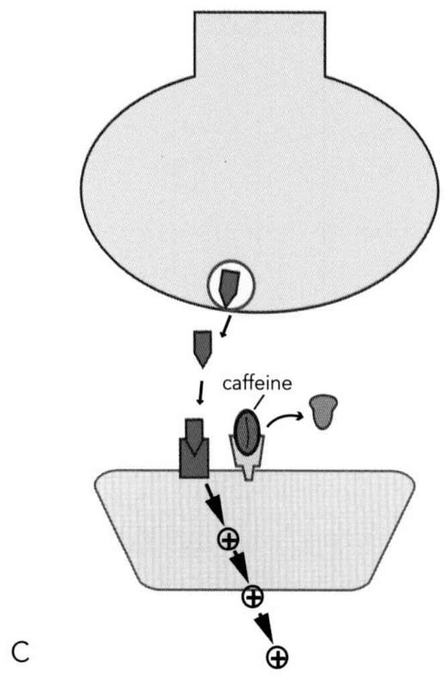

그림 10-59 **카페인.** 카페인은 퓨린 수용체, 특히 아데노신 수용체에 대한 길항제이다. (A) 이 수용체는 도파민 D_2 수용체와 같은 특정 시냅스후 도파민 수용체와 기능적으로 연결되어 도파민(DA)과 결합하고 자극효과를 나타낸다. (B) 아데노신이 해당 수용체에 결합하면 D_2 수용체의 민감도가 감소한다. (C) 카페인에 의한 아데노신 수용체 길항작용은 아데노신이 수용체에 결합하는 것을 방지하여 도파민 작용을 강화할 수 있다.

는 아데노신 수용체와 결합(즉 이종이합체화heterodimerize)하여 도파민에 대한 D_2 수용체의 친화력을 감소시킬 수 있다(그림 10-59B). 그러나 카페인은 아데노신 수용체에 대한 아데노신의 결합을 차단하고, 아데노신이 있는 경우에도 도파민에 대한 D_2 수용체의 친화력을 회복시킨다(그림 10-59C). 카페인의 이러한 작용을 통해서 도파민 작용이 강화되고, 각성이 촉진되며 피로가 감소한다(그림 10-59C).

암페타민 및 메틸페니데이트

각성촉진 신경전달물질인 도파민과 노르에피네프린을 강화하여 각성을 촉진하는 것은 전통적으로 암페타민amphetamine과 메틸페니데이트methylphenidate이다(그림 10-60). 암페타민과 메틸페니데이트는 활성화, 각성촉진, 피로감소와 같은 자극효과가 있기 때문에 이러한 약물을 관행적으로 자극제라고 부른다. 여기에서는 노르에피네프린 도파민 재흡수 억제제, 암페타민의 경우에는 도파민 방출제와 경쟁적 VMAT2 억제제 등 특성에 따라 이러한 약제를 지칭할 것이다. VMAT2 억제에 대해서는 제5장에서 논의하였으며 그림 5-10A 및 5-10B에 삽화로 설명되어 있다. 노르에피네프린 도파민 재흡수 억제의 항우울제 기전은 제7장에서 논의하였고, 그림 7-34부터 7-36까지에 삽화로 설명되어 있다. D-암페타민, DL-암페타민, 메틸페니데이트는 모두 기면증 치료에서 각성촉진제로 사용하도록 승인되었으나, 폐쇄성수면무호흡이나 교대근무장애에서는 '허가사항 외'로 자주 사용되더라도 승인되지는 않았다. 현재 암페타민과 메틸페니데이트의 많은 제형이 ADHD 치료에 사용 가능하며, 제11장(그림 11-9, 11-10, 11-33, 11-35, 11-36 참조)과 물질남용에 관한 제13장(그림 13-8 참조)에서 자세히 재검토한다.

기면증의 졸음을 치료하기 위해 암페타민과 메틸페니데이트를 투여하면 각성촉진 및 각성 신경전달물질인 도파민과 노르에피네프린의 시냅스 가용성을 향상시켜 기면증에서 유의미한 강화를 유발하지 않고 각성을 개선할 수 있다(그림 10-60). 그럼에도 불구하고 암페타민과 메틸페니데이

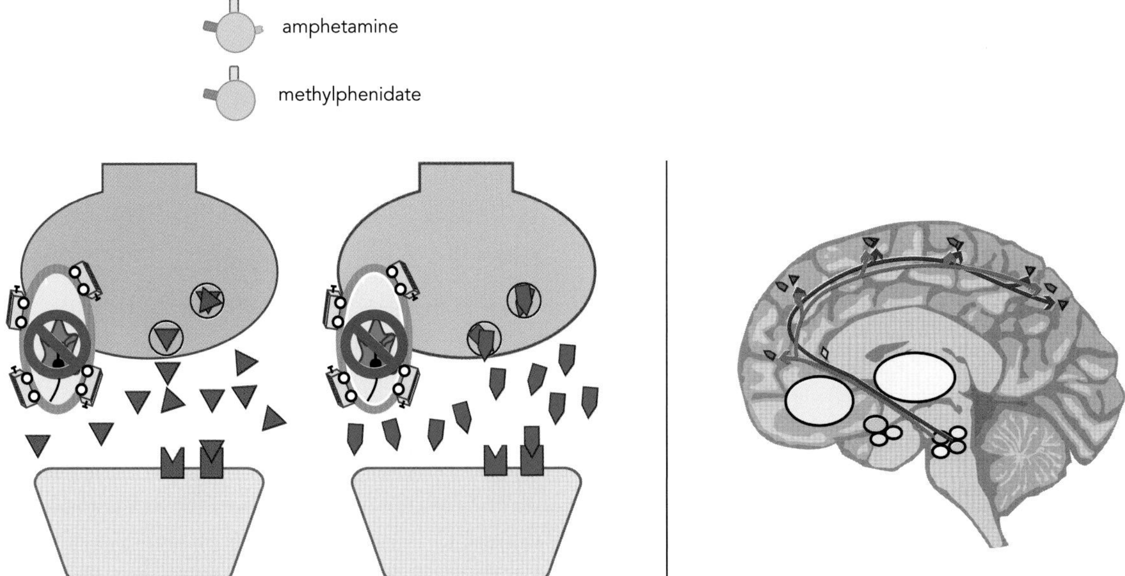

그림 10-60 암페타민과 메틸페니데이트. 암페타민과 메틸페니데이트는 노르에피네프린(왼쪽)과 도파민(오른쪽) 재흡수 억제제이며, 암페타민은 소포성 모노아민 수송체 2를 억제해서 도파민 방출을 유발하는 추가적인 특성을 가지고 있다. 수면/각성회로(맨 오른쪽)에서 이러한 신경전달물질을 향상시키면 각성을 촉진하고 피로를 줄일 수 있다. 따라서 암페타민과 메틸페니데이트는 기면증의 주간과다졸음증에 대해 승인되었으며, 과다수면과 관련된 다른 질환에서도 허가사항 외로 사용된다.

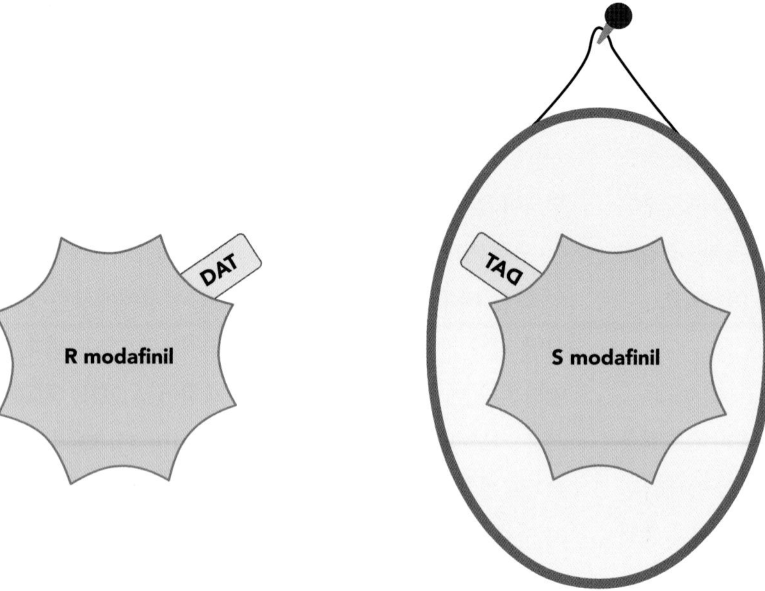

그림 10-61 모다피닐과 아르모다피닐. 모다피닐은 R과 S의 두 가지 거울상체로 구성되며, R 거울상체는 아르모다피닐로 개발되어 시판되고 있다. 모다피닐과 아르모다피닐은 주로 도파민 수송체(DAT) 억제제로서 작용하는 것으로 생각된다.

트는 남용 및 오용 가능성이 높을 뿐만 아니라 특히 졸음이나 ADHD 치료에 사용되는 용량보다 높은 용량을 사용할 경우 정신병, 조증, 고혈압, 기타 부작용을 유발할 수 있기 때문에 규제약물에 해당한다(제11장 및 제13장에서 논의함). 하지만 기면증에서 각성을 촉진하는 데에는 매우 효과적인 약제이다.

모다피닐/아르모다피닐

작용기전

라세미 모다피닐과 그것의 R 거울상체인 아르모다피닐(그림 10-61)은 기면증 치료뿐만 아니라 폐쇄성수면무호흡 및 교대근무장애를 위한 부가치료로도 승인된 각성촉진제이다. 이 약제들은 도파민 수송체나 도파민 재흡수 펌프의 억제제로 주로 작용하는 것으로 생각된다(그림 10-62). 모다피닐은 약한 도파민 수송체 억제제이지만, 경구 투여 후 달성되는 약물농도는 상당히 높으며 도파민 수송체에 의미 있는 작용을 하기에 충분하다. 실제로 모다피닐의 약동학은 이 약물이 혈장 농도의 느린 상승, 6~8시간 동안 지속되는 혈장 농도, 도파민 수송체의 불완전한 점유를 통해 작용한다는 것을 시사하며, 이러한 특성은 모두 강화와 남용을 촉진하는 위상성 도파민 활동보다는 각성을 촉진하는 긴장성 도파민 활동을 향상(그림 10-63)하는 데 이상적일 수 있다(제11장 ADHD와 그림 11-9, 11-10, 11-33, 11-35, 11-36 및 제13장 물질남용과 그림 13-8 참조). 모다피닐에 의해 도파민 방출이 활성화되고 피질이 각성되면, 이는 융기유두핵에서 히스타민의 후속 방출을 일으킬 수 있고, 가쪽시상하부가 추가로 활성화되어 오렉신 방출을 통해 각성을 안정화시킨다(그림 10-63). 그러나 모다피닐은 시상하부 오렉신 뉴런이 소실된 기면증 환자에게도 각성을 촉진할 수 있기 때문에, 모다피닐의 작용에 가쪽시상하부의 활성화와 오렉신 방출이 반드시 필요한 것은 아닌 것으로 보인다. 융기유두핵과 가쪽시상하부 뉴런의 활성화는 도파민 뉴런에 대한 모다피닐의 효과에서 비롯되는 2차적인 후속 작용일 수 있다.

연관된 각성촉진제는 아르모다피닐이라고 하는 모다피닐의 R 거울상체이다(그림 10-61). 아르모다피닐은 라세미 모다피닐보다 최고농도에 도달하는 시간이 늦고, 반감기가 길며, 경구 투여 후 6~14시간의 혈장 약물농도가 더 높다. 아르모다피닐의 약동학적 특성은 이론상으로 모다피닐의 임상 프로파일을 개선할 수 있으며, 위상성 도파민 발화를 더욱 활성화하여 라세미 모다피닐에서 흔히 요구되는 것처럼 두 번째 일일 용량의 필요성을 제거할 수 있다.

기면증

모다피닐/아르모다피닐은 암페타민과 메틸페니데이트만큼 강력하지 않을 수 있지만, 기면증의 졸음을 효과적으로 치료할 수 있다. 하지만 직접비교 연구는 수행되지 않았다. 더구나 모다피닐/아르모다피닐은 암페타민과 메틸페니데이트에 비해 남용 가능성이 훨씬 낮으며 부작용도 심각하지 않다. 또한 모다피닐/아르모다피닐은 암페타민과 메틸페니데이트가 승인받지 못한 두 가지 추가 질환, 즉 교대근무장애에 승인되었고 폐쇄성수면무호흡에 대한 부가치료제로 승인되었다.

폐쇄성수면무호흡

폐쇄성수면무호흡(OSA)의 1차 치료(그림 10-49)는 지속기도양압continuous positive airway pressure, CPAP이다(그림 10-64). CPAP 치료는 매우 효과적이며 입원율과 의료비용을 줄이는 것으로 나타났지만, 순응도는 낮다(54%). CPAP을 견디기 어려운 환자의 경우 이상기도양압bilevel positive airway pressure, BPAP, 자동기도양압auto-titrating positive airway pressure, APAP, 수면 중 턱 및/또는 혀를 안정시키기 위해 고안된 구강기구, OSA에 원인이 될 수 있는 신체적 특성을 교정하기 위한 수술 등 다른 치료 방안을 고려할 수 있다. 또한 체중감량(BMI 25 미만까지), 운동, 취침 시 알코올 및 진정제 사용 자제, 자세요법(예: 환자가 등을 대고 자는 것을 방지하기 위해 배낭이나 기타 물체 사용) 등 여러 가지 행동개입이 OSA를 개선하는 데 유용할 수 있다. 모다피닐과 아르모다피닐은 기도폐쇄 표준치료의 보조제로 승인되었지만, OSA와 관련된 과다수면을 치료하기에는 불충분한 경우가 많다. CPAP의 낮은 순응도를 고려할 때, 때때로 모다피닐/아르모다피닐은 CPAP을 견디기 어려워하는 환자를 위한 단독요법으로 OSA에 '허가사항 외'로 사용된다.

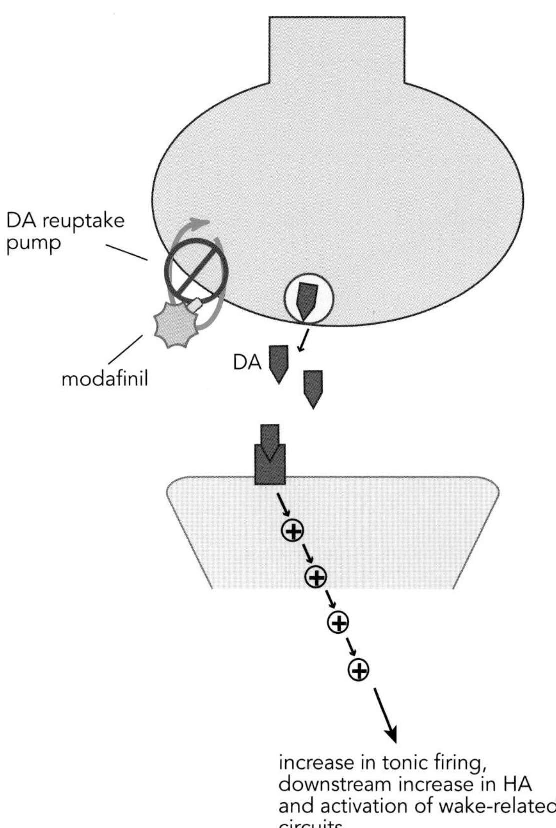

그림 10-62 모다피닐/아르모다피닐의 작용기전. 모다피닐과 아르모다피닐은 도파민 수송체(DAT)에 약한 친화력으로 결합하지만, 혈장농도가 높아서 이를 보완할 수 있다. DAT 차단 후 시냅스 도파민(DA)이 증가하면 긴장성 발화가 증가하고, 히스타민(HA) 및 오렉신/하이포크레틴을 포함하여 각성에 관여하는 신경전달물질에 대한 후속 효과가 증가한다.

교대근무장애

교대근무장애(그림 10-51)는 치료가 까다로울 수 있으며, 특히 환자의 교대근무일정이 계속 변화하고 불안정한 경우에는 더욱 어렵다. 간단히 말하면 교대근무자는 자주 졸리지만 계속 일하고 운전하고 활동을 해야만 한다. 모다피닐/아르모다피닐은 교대근무장애로 고통받을 때 각성 상태로 활동할 수 있는 개인의 능력에 큰 변화를 가져올 수 있다. 하루주기리듬 부가요법으로 모다피닐/아르모다피닐 복용이 도움이 되는 경우가 많다(그림 10-55). 특히 주간에 졸리

Modafinil/Armodafinil

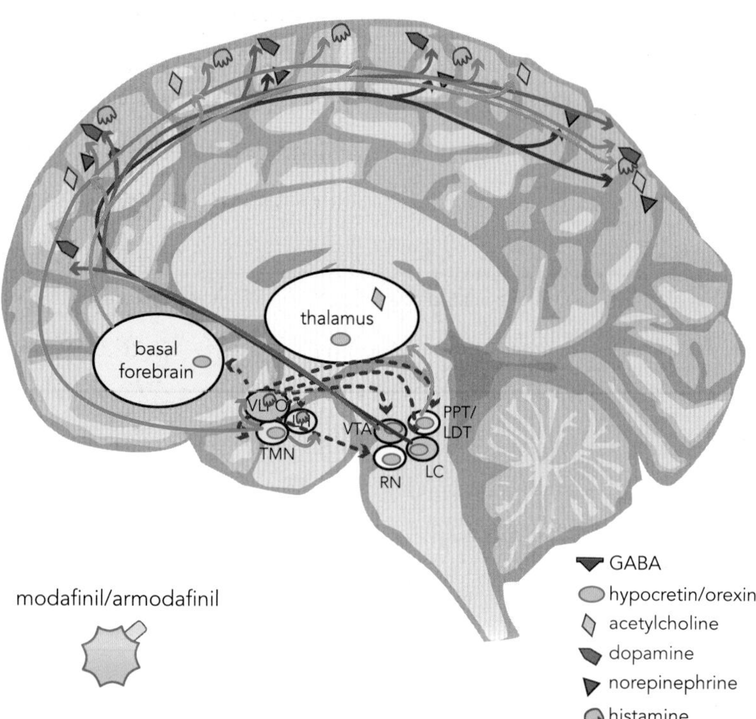

그림 10-63 모다피닐/아르모다피닐의 각성회로. 모다피닐/아르모다피닐에 의한 도파민 수송체(DAT) 차단은 긴장성 도파민 방출을 증가시키고 각성촉진 신경전달물질에 대한 후속 효과를 유발한다. 특히 각성촉진 신경전달물질의 피질 방출이 증가하여 융기유두핵(TMN)에서 히스타민의 후속 방출로 이어지고, 가쪽시상하부(LH)가 더욱 활성화되어 각성을 안정화시키는 오렉신 방출이 증가하게 된다.

Treating Obstructive Sleep Apnea

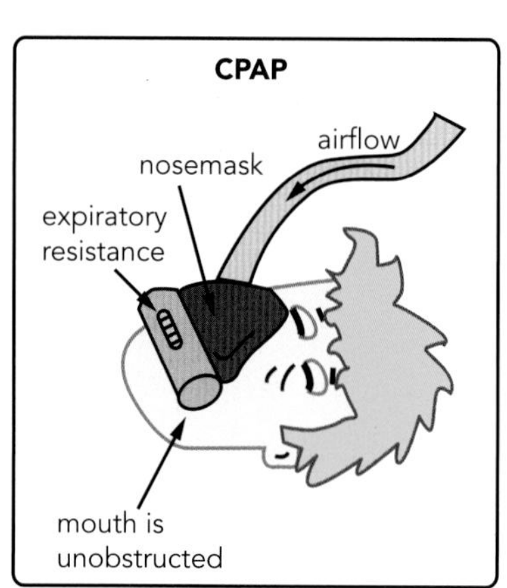

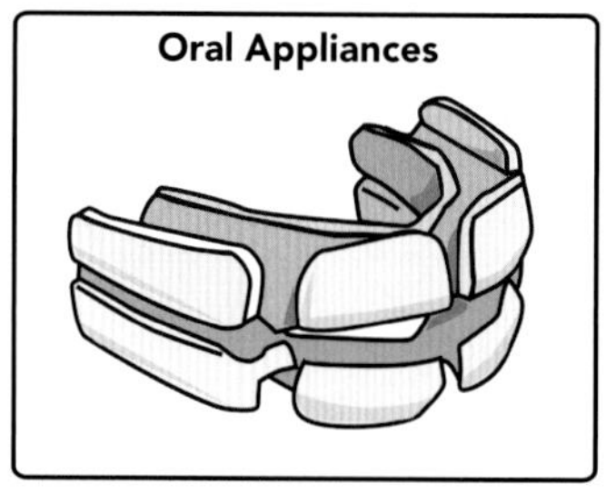

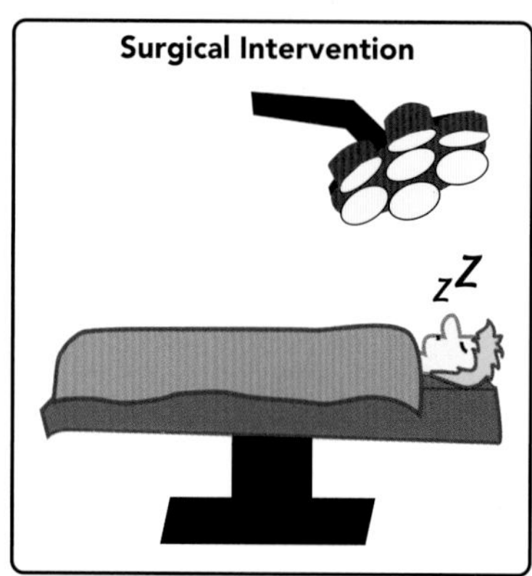

그림 10-64 폐쇄성수면무호흡의 치료. 폐쇄성수면무호흡의 1차 치료는 지속기도양압(CPAP)이다. 구강기구 및 외과적 개입을 포함한 다른 치료방법도 사용할 수 있다. 약물은 폐쇄성수면무호흡과 관련된 주간과다졸음증을 치료하기 위해 부가적으로 사용할 수 있다.

지만 활동해야 할 때, 아침 햇빛으로 생체시계를 재설정하는 방법이 포함된다(그림 10-56). 빛에 노출되면 하루주기리듬이 바뀌고 멜라토닌 분비가 억제된다. 하루 30분 동안 10,000룩스의 밝은 청색광blue light을 쬐면 하루주기리듬을 재설정하는 데 도움이 될 수 있다(그림 10-56). 중요한 것은 환자의 멜라토닌 분비 하루주기 단계에 따라 적절한 시기에 밝은 빛요법을 적용해야 하며, 저녁 멜라토닌 분비 약 8시간 후(멜라토닌 약제의 경구 투여로 증폭될 수 있음, 그림 10-57) 또는 미리 정해진 밝은 빛 단계반응곡선에 따라 빛을 투여하는 것이 필요하다. 밝은 빛요법의 한 형태인 일출가상요법dawn simulation therapy은 수면주기가 끝날 때 느리고 점차 증가하는 빛 신호를 제공한다. 자료에 따르면 하루주기리듬에 밝은 빛 재유입을 사용한 교대근무자는 야간 근무 중 성과, 각성도, 기분이 개선될 수 있다고 한다.

솔리암페톨, 각성촉진 NDRI

솔리암페톨solriamfetol은 최근에 기면증 환자의 주간졸음 치료제로 승인되었으며, OSA 환자에게 기도폐쇄의 기계적 치료에 보조제로서 승인되었다. 솔리암페톨은 노르에피네프린 도파민 재흡수 억제를 통해 작용하며(제7장 및 그림 7-34부터 7-36까지 참조), 이러한 측면에서 부프로피온bupropion보다 더 강력하고, 암페타민이나 메틸페니데이트보다는 덜 강력하지만 내약성이 높고 남용 가능성이 적은 것으로 보인다. 반감기가 짧아서 아침에 복용하면 수면 시간에 맞춰 약효가 사라진다.

피톨리산트, H_3 시냅스전 길항제

피톨리산트pitolisant(그림 10-65)는 히스타민 방출을 억제하는 시냅스전 H_3 자가수용체(그림 10-66A, B)의 정상적인 작용을 차단함으로써 기면증에서 각성을 개선하는 새로운 기전을 가진 약물이다. 시냅스전 H_3 수용체를 억제하면 시냅스전 히스타민의 탈억제(즉 방출)가 일어나며(그림 10-66C), 이는 각성촉진 작용을 한다. 시냅스전 H_3 자가수용체 길항제인 피톨리산트(그림 10-65 및 10-66C)는 기면증 치료제로 승인되었으며, 탈력발작에도 효과가 있을 수 있다는 증례서술 관찰들이 있다. 피톨리산트는 규제약물이 아니며 남용 가능성이 없는 것으로 알려져 있고, OSA의 주간과다졸음증을 개선하기 위해 시험 중이다. 피톨리산트는 과도하게 활성화되어 불안이나 불면증을 유발할 수 있다. 연구에 따르면 주간과다졸음증을 개선하는 데 모다피닐만큼 효과적일 수 있지만, 암페타민/메틸페니데이트만큼 효과적이지는 않을 수 있다.

옥시베이트나트륨과 기면증/탈력발작

옥시베이트나트륨sodium oxybate(그림 10-67)은 감마-하이드록시뷰티르산γ-hydroxybutyrate, GHB이라고도 하며, GHB 수용체에서는 완전작용제, $GABA_B$ 수용체에서는 부분작용제로 작용한다(그림 10-68). 즉 $GABA_B$ 부분작용제로서 옥시베이트나트륨은 GABA 농도가 높을 때는 길항제로, GABA 농도가 낮을 때는 작용제로 작용한다. 실제로 GHB는 뇌에 존재하는 천연물질이며 자체 GHB 수용체가 존재한다(그림 10-68). GHB는 신경전달물질인 GABA에서 만들어진다. 이론상으로 옥시베이트나트륨은 $GABA_B$ 수용체에 작용해서 서파수면을 증가시키고 탈력발작을 개선할 수 있다.

옥시베이트나트륨은 탈력발작과 주간과다졸음증 모두에 사용 승인되었으며, 서파수면을 개선하고 입면환각과 수면

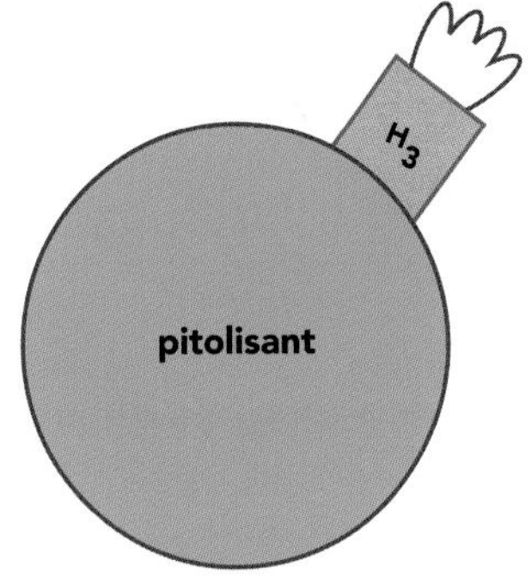

그림 10-65 피톨리산트. 피톨리산트는 시냅스전 히스타민 3(H_3) 자가수용체에 대한 길항제이다. 이 약물은 기면증 환자의 주간과다졸음증 치료제로 승인되었다.

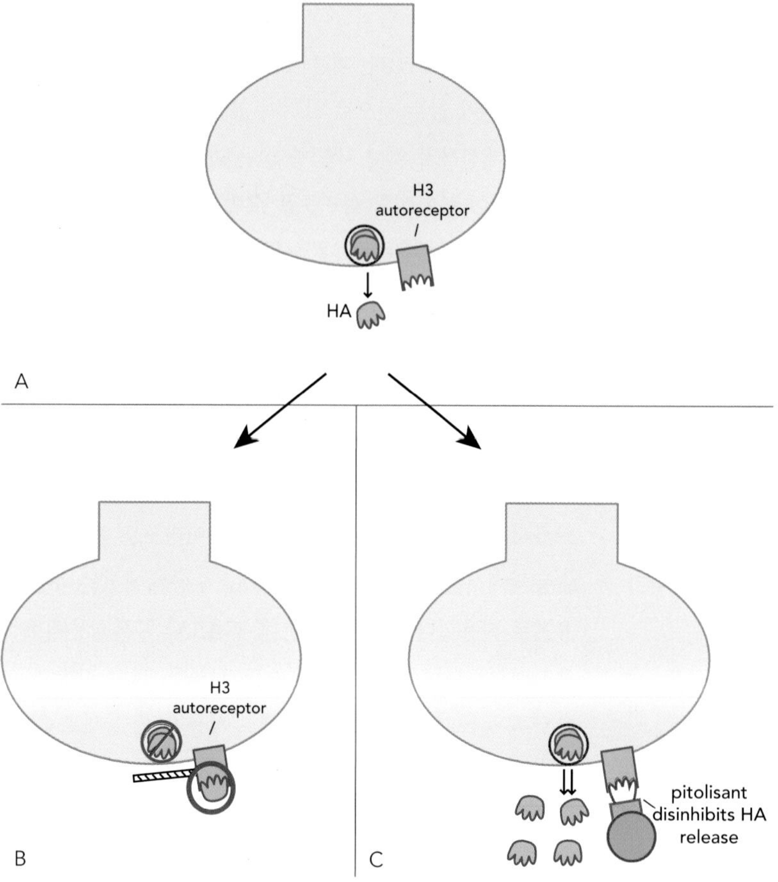

그림 10-66 피톨리산트의 작용기전. 히스타민 3(H_3) 수용체는 시냅스전 자가수용체이며 히스타민(HA)의 문지기 역할을 한다. (A) 히스타민이 H_3 수용체에 결합하지 않으면 분자출입구가 열려 히스타민 방출이 허용된다. (B) 히스타민이 H_3 수용체에 결합하면 분자출입구가 닫히고 히스타민 방출이 차단된다. (C) 피톨리산트가 H_3 수용체를 차단하면 히스타민의 방출이 탈억제되거나 켜진다.

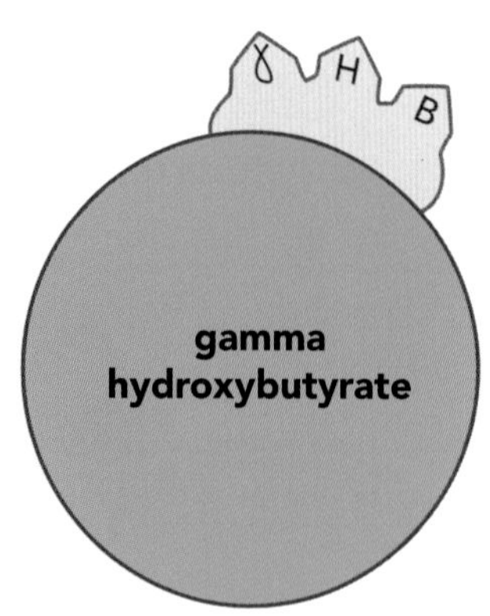

그림 10-67 옥시베이트나트륨. 옥시베이트나트륨은 감마-하이드록시뷰티르산(GHB)이라고도 하며, GHB 수용체에서는 완전작용제, $GABA_B$ 수용체에서는 부분작용제로 작용한다. 탈력발작과 과다졸음에 모두 사용하도록 승인되었으며, 서파수면을 개선하는 것으로 보인다.

마비를 감소시키는 것으로 보인다. 따라서 옥시베이트나트륨은 다른 주간과다졸음증 치료제처럼 각성촉진 신경전달물질을 강화시키는 것이 아니라, 서파수면의 회복을 통해 밤에 숙면을 취하게 하여 주간에 졸리지 않게 하는 것으로 추정된다.

GHB는 남용 가능성과 화려한 역사로 인해 미국에서는 규제약물로 지정되어 있으며, 중앙약국을 통해 공급이 엄격하게 통제되고 있다. 이 약은 알코올과 함께 사용하면 '누군가를 기절'시키고 비자발적으로 중독된 동안 기억상실을 일으킬 수 있기 때문에 언론에 의해 '데이트 강간' 약물이라는 꼬리표가 달렸다. 서파수면과 서파수면에 수반되는 성장호르몬을 극심하게 증가시키기 때문에 운동선수들이 경기력을 향상시키는 약물로 사용(남용)했으며, 특히 1980년대에는 건강식품매장에서 처방전 없이 판매되기도 했다. 일부 유럽국가에서는 알코올 중독의 치료제로 GHB가 사용된다. 서파수면의 향상이 관찰됨에 따라 섬유근육통에서 성공적

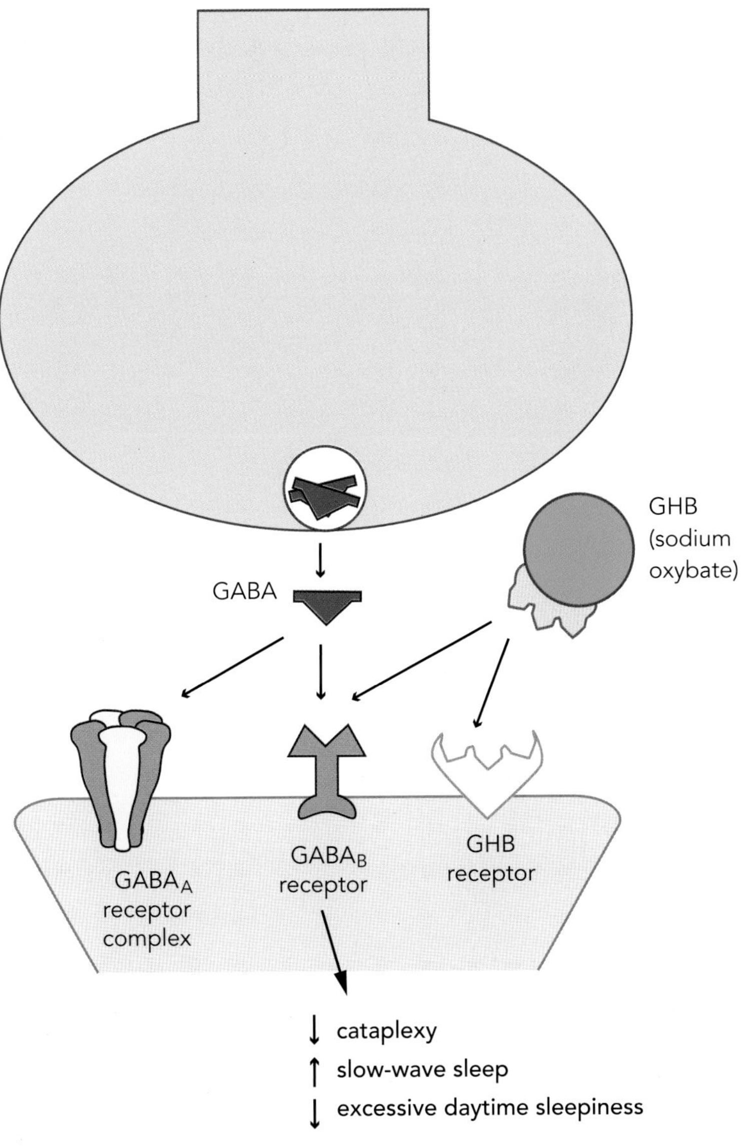

그림 10-68 옥시베이트나트륨의 작용기전. 옥시베이트나트륨은 감마-하이드록시뷰티르산(GHB)이라고도 하며, GHB 수용체에서는 완전작용제, GABA$_B$ 수용체에서는 부분작용제로 작용한다. GABA$_B$ 수용체에 대한 작용을 통해 서파수면을 개선하고 탈력발작을 감소시키는 것으로 추정된다. 부분작용제인 옥시베이트나트륨은 GABA 자체보다는 GABA$_B$ 수용체를 덜 자극하지만, GABA가 없을 때보다는 더 많은 자극을 유발한다. 따라서 GABA 농도가 높을 때는 GABA$_B$ 자극을 감소시키고, GABA 농도가 낮을 때는 GABA$_B$ 자극을 증가시킬 수 있다.

으로 시험되었으며(섬유근육통과 같은 통증증후군에 대한 논의는 제9장 참조), 때때로 난치성 환자를 치료하기 위해 '허가사항 외'로 사용되기도 한다.

요약

각성의 신경생물학은 히스타민, 도파민, 노르에피네프린, 아세틸콜린, 세로토닌의 다섯 가지 신경전달물질과 각성안정화 신경전달물질인 오렉신을 오름그물체활성계의 구성요소로 활용하는 각성 시스템과 연결되어 있다. 수면과 각성은 시상하부의 수면/각성 스위치에 의해 조절되는데, 융기유두핵의 각성촉진 뉴런은 히스타민을 신경전달물질로 활용하고, 배가쪽시각앞핵의 수면촉진 뉴런은 GABA를 신경전달물질로 활용한다. 이 장에서는 신경전달물질인 히스타민과 오렉신의 합성, 대사, 수용체, 경로에 대한 검토가 이루어졌다. 불면증과 치료에 대해 알아보았고, $GABA_A$ 수용체에 양성 알로스테릭 조절제로 작용하는 벤조디아제핀과 인기 있는 'Z약물'을 포함한 몇 가지 전형적인 수면제의 작용기전에 대해서도 논의하였다. 트라조돈, 멜라토닌 수면제, 항히스타민제를 포함한 기타 수면제는 물론 새로운 이중 오렉신 수용체 길항제에 대해서도 검토가 이루어졌다. 주간과다졸음증과 관련하여 각성촉진제인 모다피닐, 카페인, 자극제의 작용기전도 설명하였다. 감마-하이드록시뷰티르산과 여러 가지 새로운 수면 및 각성촉진제의 작용도 검토하였다.

11 주의력결핍 과잉행동장애와 치료

주의력결핍 과잉행동장애attention deficit hyperactivity disorder, ADHD는 단순한 '주의력' 장애가 아니며, '과잉행동'을 꼭 포함할 필요도 없다. 패러다임의 변화로 인해 부주의에서 충동성, 과잉행동에 이르기까지 모든 범위의 ADHD 증상뿐만 아니라 어린아이부터 성인까지 전 생애에 걸친 모든 깨어 있는 시간과 관련하여 치료법의 큰 틀이 바뀌고 있다. 이 장에서는 ADHD 증상에 대한 간략한 논의를 포함한 ADHD의 정신약리학적 개요를 제공한다. 전통적으로 자극제와 비자극제로 불리는 ADHD 치료제의 작용기전이 강조될 것이다. ADHD를 진단하고 증상을 평가하는 방법에 대한 전체적인 임상적 설명과 공식 기준에 대한 정보는 표준 참고자료를 참조해야 한다. 여기서의 논의는 다양한 뇌 회로와 신경전달물질이 ADHD의 다양한 증상 및 동반이환comorbidity과 어떻게 연관되어 있는지, 그리고 이것이 효과적인 정신약리학적 치료와 어떻게 연결되는지 강조할 것이다. 이 장의 목표는 주의력, 충동성, 과잉행동의 임상적 및 생물학적 측면에 대한 아이디어를 독자에게 숙지시키는 것이다. 독자가 임상진료에서 ADHD 치료제의 처방과 관련된 용량, 부작용, 약물 상호작용, 기타 다른 문제에 대한 자세한 내용을 확인하려면 표준 약물 안내서(예: 스탈의 필수 정신약리학: 처방자 지침서)를 참조해야 한다.

증상 및 회로: 전전두엽피질의 질환으로서 ADHD

ADHD는 부주의, 과잉행동, 충동성의 세 가지 증상으로 대표된다(그림 11-1). 최근에는 이런 모든 증상이 전전두엽피질과 관련된 다양한 회로에서의 비효율적 정보처리로 인해 발생한다고 가정한다(그림 11-2부터 11-8까지). 특히 ADHD의 두드러진 증상인 '부주의inattention'는 보다 정확하게는 '집행기능장애executive dysfunction'로 표현될 수 있으며, 문제를 해결할 수 있을 만큼 충분히 오래 주의를 유지하지 못하는 것이다. 집행기능장애는 가설상으로 등가쪽 전전두엽피질dorsolateral prefrontal cortex, DLPFC의 비효율적 정보처리와 관련이 있다(그림 11-2, 11-3, 11-7). DLPFC는 *n*-back 검사로 알려진 인지과제에 의해 활성화되며, 기능적 뇌촬영 동안 환자를 실시간 모니터링할 수 있다(그림 11-3). 뇌의 이 부분을 효율적으로 활성화하는 것의 어려움은 ADHD뿐만 아니라 조현병(제4장), 주요우울장애(제6장), 조증(제6장), 불안(제8장), 통증(제9장), 수면 및 각성장애(제10장) 등 집행기능장애 증상을 공유하는 많은 정신질환에 걸쳐 있다. 특히 인지적 '부하load'가 가해졌을 때, 이 특정 DLPFC 회로의 비효율적 정보처리가 다양한 정신질환에서 지속적 주의sustained attention와 문제해결의 어려움 및 집행기능장애의 동일한 증상과 얼마나 연관될 수 있는지

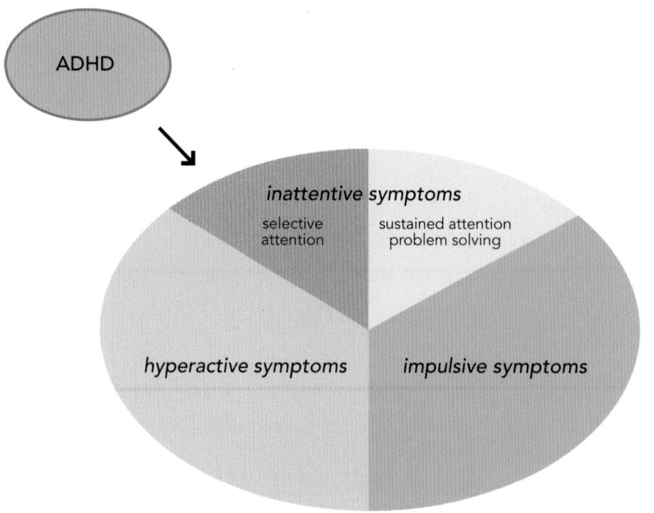

그림 11-1 ADHD의 증상. 주의력결핍 과잉행동장애(ADHD)와 관련된 증상에는 부주의, 과잉행동, 충동성이라는 세 가지 주요 범주가 있다. 부주의 자체는 선택적 주의의 어려움과 지속적 주의 및 문제해결의 어려움으로 나눌 수 있다.

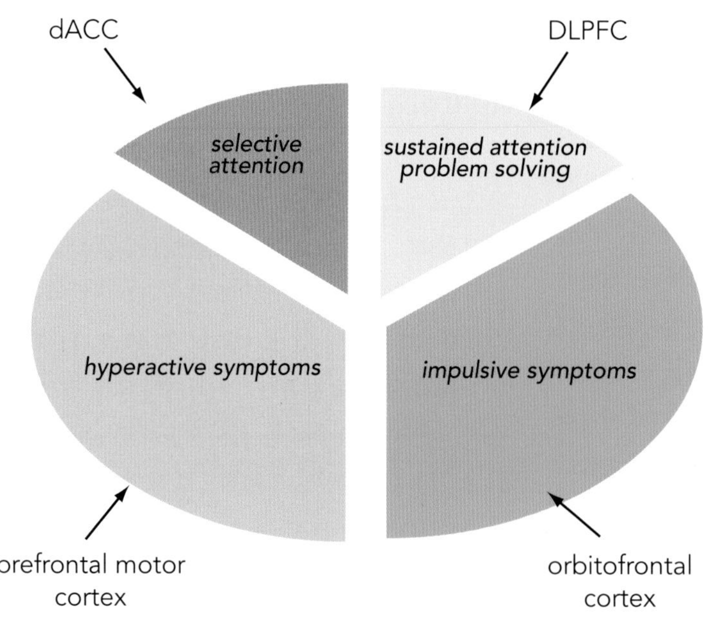

그림 11-2 ADHD 증상과 회로 연결하기. 선택적 주의 문제는 등쪽 전대상피질(dACC)의 비효율적 정보처리와 관련이 있고, 지속적 주의 문제는 등가쪽 전전두엽피질(DLPFC)의 비효율적 정보처리와 관련이 있는 것으로 여겨진다. 과잉행동은 전전두엽운동피질에 의해, 충동성은 안와전두피질에 의해 조절될 수 있다.

알 수 있다. 이러한 이유로 정신의학에서의 진단은 이제 여러 증상을 조합하여 진단을 내리는 범주적 증후군을 기술하는 방식(DSM 및 ICD처럼)에서 점차 여러 정신질환을 아우르는 집행기능장애와 같은 단일 **증상차원** 또는 **영역**을 특성화하는 방향으로 변화하고 있다. 진단보다 증상에 중점을 두는 것은 신경영상, 생물표지자biomarker, 유전과 더 나은 상관관계를 찾는 것을 목표로 하는 신경생물학 연구의 주요 추세이다.

ADHD에서 집행기능장애의 또 다른 차원은 **선택적** 부주의 또는 **집중**하지 못하는 것으로, 위에서 설명한 **지속적** 주의와는 다른 문제이다. 집중력 문제/선택적 부주의 증상은 가설상으로 다른 뇌 영역, 즉 등쪽 전대상피질dorsal anterior

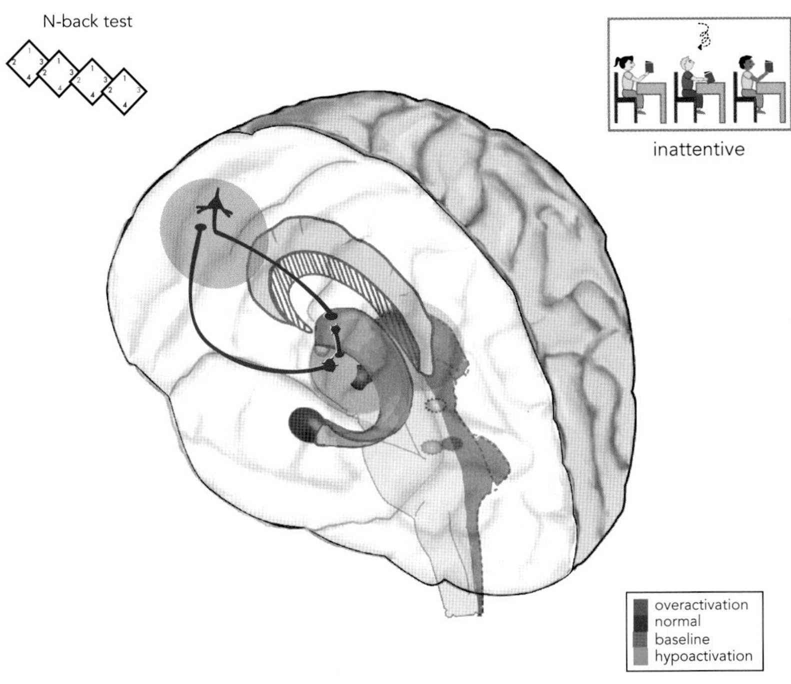

그림 11-3 지속적 주의와 문제해결: *n*-back 검사. 지속적 주의는 선조복합체로 투사되는 등가쪽 전전두엽피질(DLPFC)을 포함한 피질-선조체-시상-피질 고리에 의해 조절된다. DLPFC의 비효율적 활성화는 과제를 따라가거나 마무리하는 데 어려움을 겪고, 혼란스럽고, 정신적 노력을 지속하는 데 어려움으로 이어질 수 있다. *n*-back 검사와 같은 과제는 지속적 주의와 문제해결능력을 측정하는 데 사용된다. *n*-back 검사의 0-back 방식에서는 참가자가 화면의 숫자를 보고, 어떤 숫자인지 버튼을 눌러 표시한다. 1-back 방식에서는 참가자가 첫 번째 숫자만 보고, 두 번째 숫자가 나타나면 첫 번째 숫자에 해당하는 버튼을 눌러야 한다. '*n*' 값이 높을수록 검사의 난이도가 높아진다.

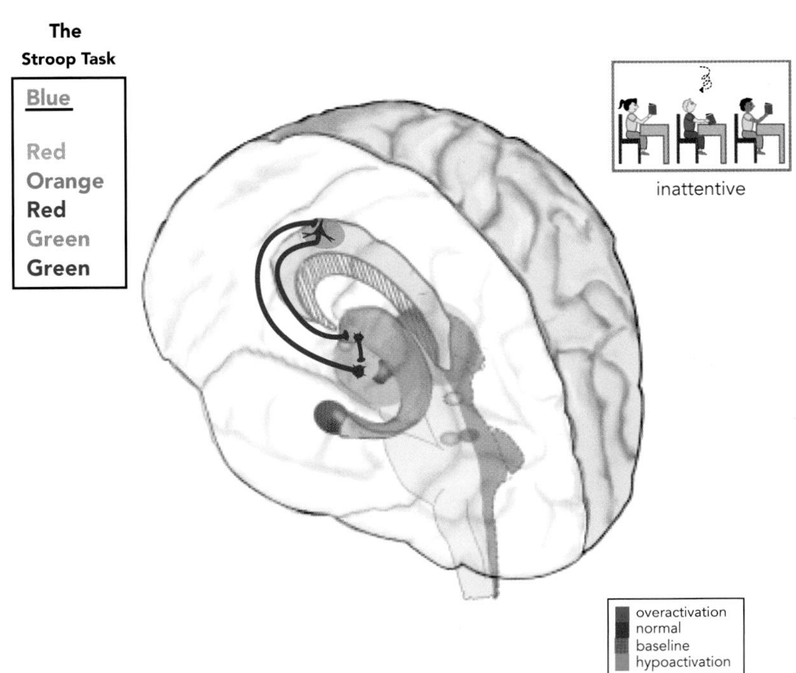

그림 11-4 선택적 주의: 스트룹 검사. 선택적 주의는 가설상으로 등쪽 전대상피질(dACC)에서 발생하여 선조복합체로 투사되고 시상을 거쳐 dACC로 되돌아오는 피질-선조체-시상-피질 고리에 의해 조절된다. dACC의 비효율적 활성화는 세부사항에 주의를 기울이지 못하거나, 경솔한 실수를 하거나, 듣지 않거나, 물건을 잃어버리거나, 산만해지거나, 잊어버리는 등의 증상으로 나타날 수 있다. 선택적 주의를 수반하고 따라서 dACC를 활성화해야 하는 과제의 예는 스트룹 검사이다. 스트룹 검사는 참가자가 단어 자체를 말하는 대신 단어가 써진 색 이름을 이야기할 것을 요구한다. 예를 들어 '파랑'이라는 단어가 주황색으로 쓰여 있다면 정답은 '주황'이고 '파랑'은 오답이다.

Impulsivity Is Modulated by the Orbitofrontal Cortex

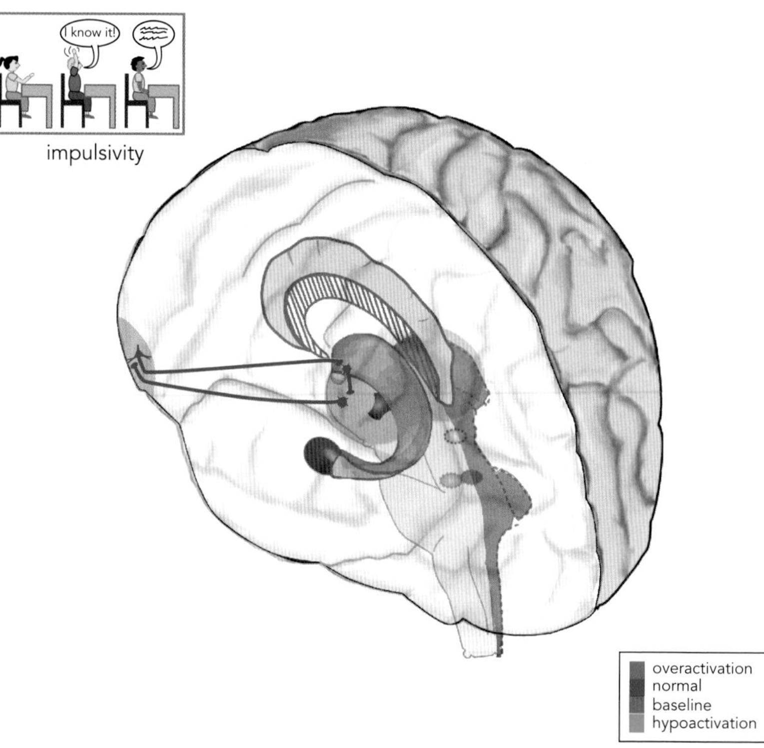

그림 11-5 **충동성.** 충동성은 안와전두피질, 선조복합체, 시상을 포함하는 피질-선조체-시상-피질 고리와 관련이 있다. ADHD의 충동성 증상의 예로는 지나치게 수다스러움, 생각 없이 불쑥 말함, 차례를 기다리지 못함, 끼어듦 등이 있다.

Motor Hyperactivity Is Modulated by the Prefrontal Cortex

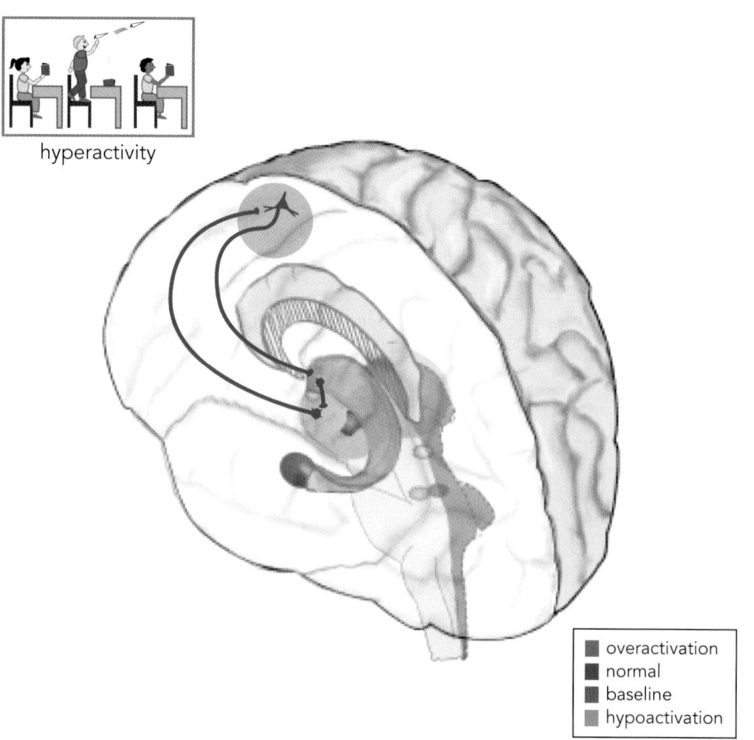

그림 11-6 **과잉행동.** 과잉행동 및 정신운동초조/지연과 같은 운동활동은 전전두엽운동피질에서 조가비핵putamen(가쪽선조체), 시상을 거쳐 다시 전전두엽운동피질로 돌아오는 피질-선조체-시상-피질 고리에 의해 조절될 수 있다. ADHD 아동에게 흔한 과잉행동 증상으로는 꼼지락거림, 자리를 뜸, 뛰어다님/기어오름, 끊임없이 움직임, 조용히 놀기 어려움 등을 포함한다.

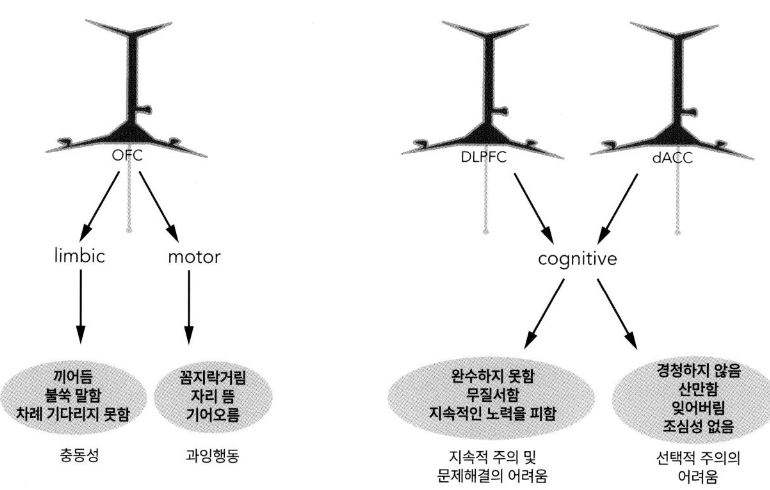

그림 11-7 핵심증상: 전전두엽피질 조율의 영역 문제. ADHD 증상은 환자가 인지과제에 반응하여 전전두엽피질 영역을 적절하게 활성화하지 않기 때문에 나타날 수 있다. 안와전두피질(OFC) 내의 변화는 충동성 또는 과잉행동 문제를 유발하는 것으로 가정된다. 등가쪽 전전두엽피질(DLPFC)과 등쪽 전대상피질(dACC)의 부적절한 조율은 각각 지속적 및 선택적 주의 증상을 유발할 수 있다.

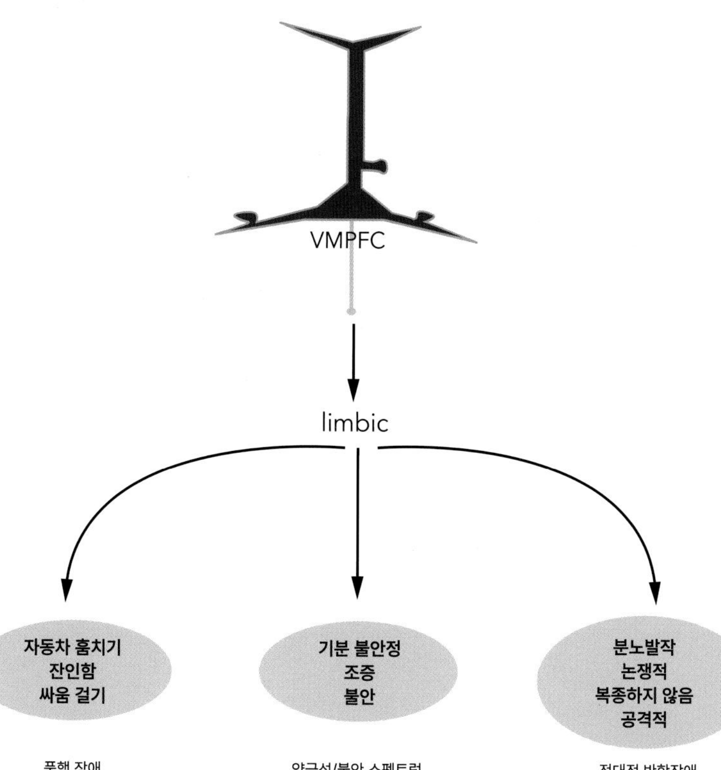

그림 11-8 ADHD와 동반증상. 배안쪽 전전두엽피질(VMPFC)의 부적절한 조율은 품행장애나 적대적 반항장애의 증상뿐만 아니라 기분 불안정 및 불안과 같은 ADHD 환자에게서 흔히 나타나는 동반증상과 관련될 수 있다.

cingulate cortex, dACC의 비효율적 정보처리와 관련이 있다(그림 11-2, 11-4, 11-7). dACC는 스트룹 검사Stroop test(그림 11-4에 설명)와 같은 선택적 주의 검사를 통해 활성화될 수 있다. ADHD 환자는 주의를 집중해야 할 때 dACC를 활성화하지 못하므로, 매우 비효율적으로 엄청난 노력과 함께 쉽게 피로해지면서 뇌의 이 부분을 활성화시킬 수 있다.

가설상으로 ADHD에서 비효율적으로 기능하는 전전두엽피질의 또 다른 영역으로는 충동성 증상과 관련된 안와전두피질orbital frontal cortex, OFC(그림 11-2, 11-5, 11-7) 및 운동 과잉행동 증상과 관련된 보조운동영역supplementary motor area이 있다(그림 11-2, 11-6, 11-7). OFC는 ADHD의 충동성(그림 11-2, 11-5, 11-7), 조현병의 충동성 및 폭력성(제4장), 우울증의 자살경향성(제6장), 조증의 충동성(제6장), 물질남용 및 관련 장애의 충동성/강박성(제13장) 등 여러 정신질환에 걸쳐 있는 광범위하고 다양한 증상과 가설상으로 연관되어 있다. 또한 ADHD에 흔히 동반되는 다른 정신질환의 충동성 증상(예: 품행장애, 적대적 반항장애, 양극성장애)도 가설상으로 OFC와 관련이 있다(그림 11-8). 물질남용, 섭식장애, 강박장애를 포함한 다양한 정신질환의 충동성과 강박성에 대한 자세한 내용은 제13장에서 설명된다.

도파민과 노르에피네프린에 의한 전전두엽피질의 비효율적 '조율' 질환으로서 ADHD

가설상으로 ADHD 환자는 주의력 및 문제해결(집행기능)과 관련된 인지과제에 반응하여 전전두엽피질 영역을 적절하게 활성화하지 못한다(그림 11-7부터 11-21까지). 이는

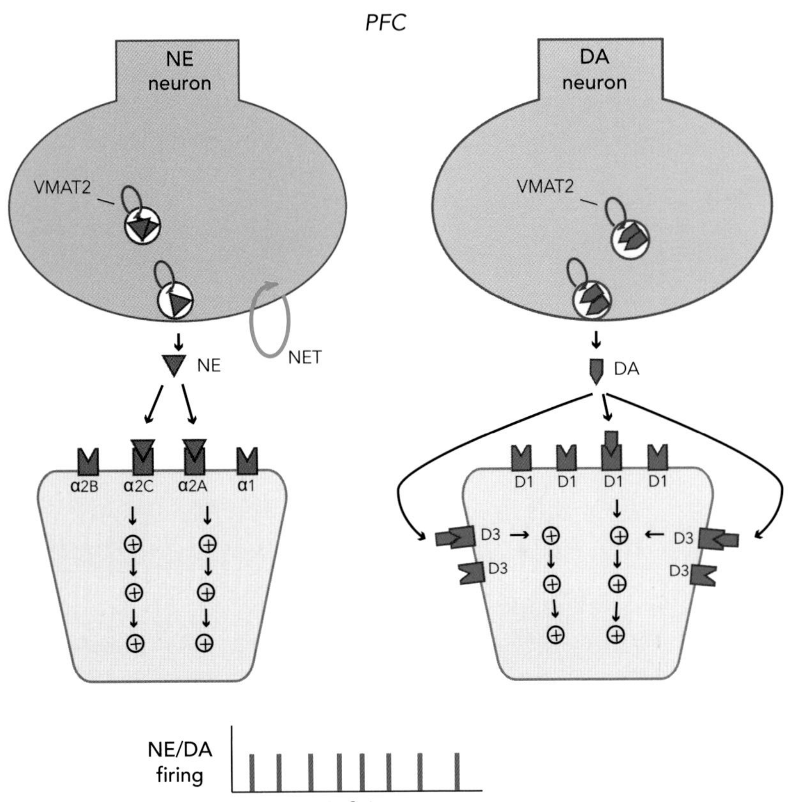

그림 11-9 기저 노르에피네프린 및 도파민 긴장성 발화 전전두엽피질 기능의 조절, 그리고 그 결과로 주의와 행동의 조절은 노르에피네프린(NE)과 도파민(DA)의 최적 방출에 의존한다. 정상적인 조건에서 전전두엽피질(PFC)의 NE과 DA은 시냅스후 뉴런의 몇몇 수용체를 자극하여 최적의 신호전달과 뉴런 발화가 일어나게 한다. 적당한 농도의 NE은 시냅스후 α_{2A} 수용체를 자극하여 전전두엽피질 기능을 향상시킬 수 있다. 마찬가지로 적당한 농도의 도파민은 도파민 1 및 3(D_1 및 D_3) 수용체를 자극하여 전전두엽피질 기능에 도움을 준다. NE과 DA 시스템 모두에서 적당한 수준을 유지하는 것이 중요하다.

ADHD에서 관찰되는 전전두엽피질 시냅스 연결의 신경발달 지연(그림 11-22 및 11-23)으로 인해 노르에피네프린(NE) 및 도파민(DA) 신경전달에 의해 조절되는 전전두엽 회로 정보처리의 비효율적 '조율'이 일어나기 때문일 수 있다(그림 11-9 및 11-10). 이것은 제10장 수면에서 논의하고 그림 10-1 및 10-44에서 삽화로 설명한 것과 동일한 각성 네트워크이다.

ADHD에서 전전두엽피질을 신경지배하는 NE 뉴런의 발화가 너무 부족하면(그림 11-11 및 11-12), 불충분한 '긴장성tonic' NE 자극이 발생하여 노르아드레날린 신경전달의 기준 '긴장도'가 너무 낮게 설정될 수 있다. 낮은 NE 긴장도는 가설상으로 ADHD의 인지기능장애에 기여하고(그림 11-11), 시냅스후 뉴런에서 가장 민감한 노르아드레날린 수용체를 우선적으로 자극한다(그림 11-12). NE 농도를 적당히 높이면 제법 민감한 시냅스후 α_{2A} 수용체도 자극하여 가설상으로 전전두엽피질 기능을 개선할 수 있지만(그림 11-12), 스트레스 상황이나 불안, 물질남용, 조증과 같은 다양한 동반질환에서 발생할 수 있는 것처럼 NE을 너무 높이면 덜 민감한 α_1 및 β_1 수용체까지도 자극되어 작업기억 손상으로 이어질 수 있다(그림 11-13부터 11-15까지). 따라서 인지기능을 최적화하기 위해서는 NE 신경전달이 너무 높지도 낮지도 않은 '최적의 위치' 안에서 이루어져야만 한다(그림 11-15).

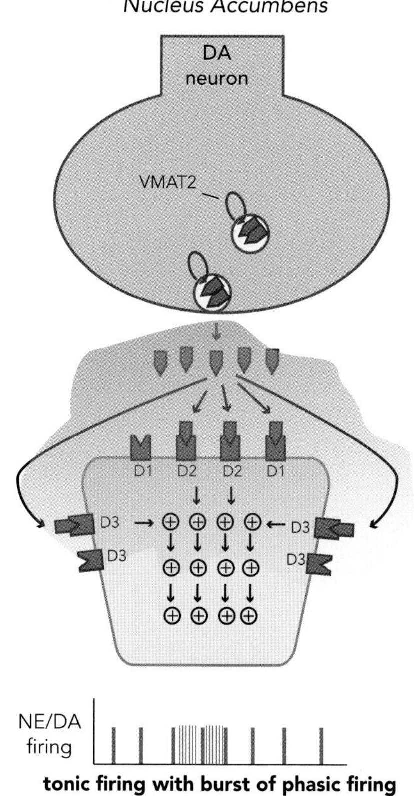

그림 11-10 현저성 유발 위상성 도파민 발화. 전전두엽피질에서 볼 수 있는 긴장성 발화가 신경계에서 흔히 선호되지만, 기댐핵에서 도파민(DA) 뉴런의 위상성 발화가 조금 발생하는 것도 좋은 영향을 미칠 수 있다. 위상성 발화는 폭발적인 도파민 방출로 이어질 수 있으며, 이것이 통제된 방식으로 발생하면 학습 및 보상 조건화를 강화하여 자연스럽게 보상적 경험(예: 교육, 경력개발 등)을 추구하도록 동기를 부여할 수 있다. 그러나 이 시스템이 한계를 벗어날 때 약물남용에 대한 보상을 강화시키는 통제되지 않는 도파민 발화를 유도할 수 있다. 예를 들면 이 경우 보상회로가 강탈당할 수 있고, 충동은 남용약물을 구하기 위한 통제되지 않는 강박으로 발전할 수 있다.

마찬가지로 ADHD에서 전전두엽피질을 신경지배하는 도파민 뉴런의 발화가 너무 부족하면, 불충분한 '긴장성' 도파민 자극이 발생하여 도파민 시냅스의 기준 '긴장도'가 휴식상태에서 너무 낮게 설정될 수 있다(그림 11-11 및 11-12). 도파민의 낮은 방출은 시냅스후 뉴런에서 가장 민감한 도파민 수용체(즉 D_3 수용체; 그림 11-9; 제4장 및 그림 4-9 참조)를 우선적으로 자극하지만, 덜 민감한 D_1 수용체(그림 11-11, 11-12, 11-15, 11-16)를 부적절하게 자극하고, 이것이 부적절한 후속 신경신호 및 인지기능장애를 유발할 수 있다. 도파민 농도를 적당하게 증가시키면 가설상으로 먼저 D_3 수용체, 이후 중간 정도의 민감도를 가진 D_2 수용체, 마지막으로 가장 덜 민감한 D_1 수용체의 순서로 긴장성 신호가 강화되어 부분적으로 전전두엽피질 기능을 개선할 수 있다(그림 11-9, 11-11부터 11-13까지, 11-15, 11-16; 제4장 및 그림 4-9 참조).

또한 도파민 뉴런은 위상성phasic 도파민 자극이라고 불리는 폭발적 발화(세 가지 도파민 수용체 아형을 모두 포함한 도파민 방출 소동)를 보여줄 수 있다(그림 11-10). 위상성 도파민 방출은 학습과 보상 조건화reward conditioning를

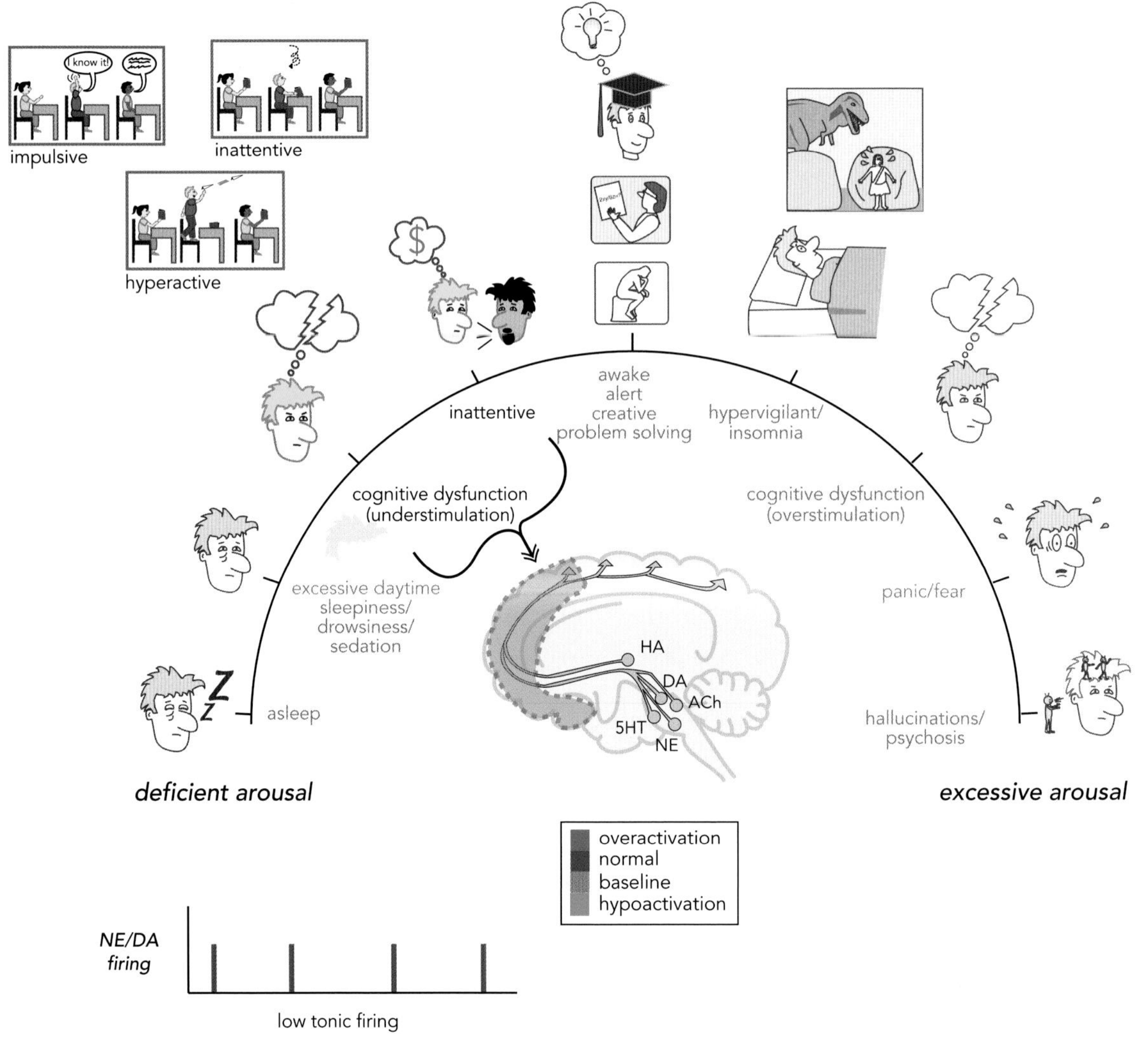

그림 11-11 ADHD의 인지기능: 결핍? 각성은 마치 밝기조절 스위치처럼 스펙트럼을 따라 여러 단계로 존재한다. 스펙트럼의 어느 위치에 존재하게 되는지는 히스타민(HA), 도파민(DA), 노르에피네프린(NE), 세로토닌(5HT), 아세틸콜린(Ach) 등 몇몇 주요 각성촉진 신경전달물질에 의해 영향을 받는다. 신경전달이 균형을 이루면 사람은 깨어 있고, 각성하며, 기능을 잘 발휘할 수 있다. 이러한 주요 신경전달물질의 기능 변화가 너무 과하거나 너무 부족할 경우 인지기능장애를 일으킬 수 있다. ADHD의 인지기능장애는 긴장성 노르아드레날린 및 도파민 발화가 감소된 결과일 수 있다.

강화하여 자연스럽게 보상적 경험을 추구하도록 동기를 부여하는 것으로 알려져 있다. 도파민 시스템은 교육, 인식, 경력개발, 사회적 및 가족적 관계의 질적 향상 등과 관련된 적절하고 주목할 만한 감각 입력이 있을 때, 위상성 방식으로 발화하도록 적응적으로 프로그래밍되어 있다. 가설상으로 인지과제를 효율적으로 수행할 수 있도록 위상성 도파민 신호를 적당하게 증대시키는 것이 ADHD 치료의 목표이다. 그러나 스트레스나 불안, 물질남용, 조증과 같은 동반질환으로 인해 위상성 도파민 시스템이 과도하게 활성화되면, 지나친 각성으로 인해 인지기능이 악화된다(그림 11-13부터 11-16까지). 심지어 위상성 도파민 시스템이 약물에 의해 장악될 수 있으며, 통제되지 않는 도파민 발화를 유도하

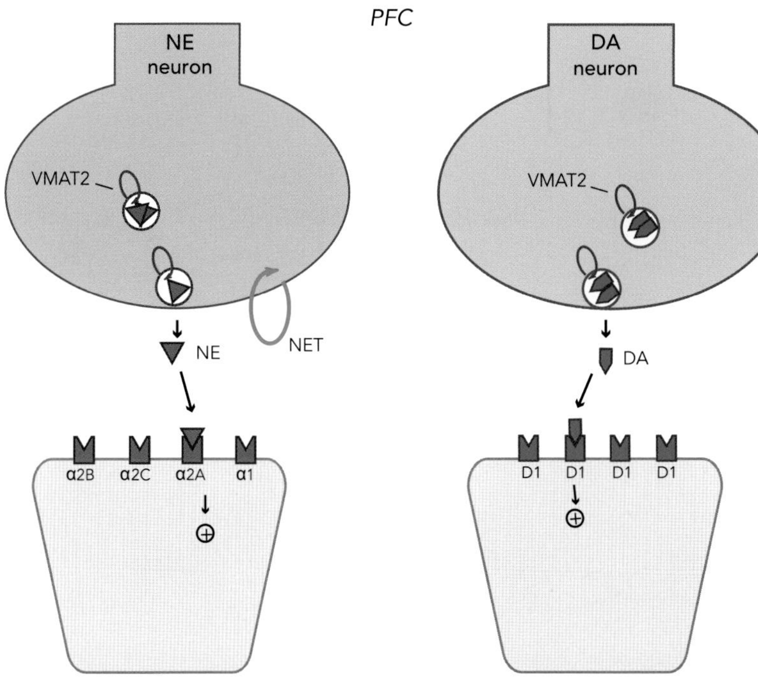

그림 11-12 **ADHD와 결핍된 각성.** 전전두엽피질(PFC)은 각성 경로의 핵심 역할을 할 뿐만 아니라, ADHD에서 가설상으로 노르에피네프린(NE)과 도파민(DA) 시스템의 불균형이 발생하는 주요 뇌 영역이기도 하다. 전전두엽피질 NE 및 DA 경로의 신호결핍은 시냅스후 수용체의 자극 감소를 반영한다. 특히 인지기능과 관련된 D_1 수용체는 도파민에 덜 민감하므로 도파민 농도가 낮을 때에는 자극을 받지 않는다. NE과 DA의 농도가 증가하면 시냅스후 α_{2A} 수용체의 자극 증가와 D_1 수용체의 자극 증가를 통해 가설상으로 전전두엽피질 기능이 개선될 수 있다.

고 약물보상을 강화하여 강박적인 약물남용으로 이어질 수도 있다(제13장에서 자세히 설명). 따라서 높거나 낮지 않은 적당한 수준의 D_1 수용체 자극이 최적의 긴장도를 설정하고 전전두엽피질 기능을 최적화하는 데 도움이 되는 것으로 생각된다(그림 11-15 및 11-16). 시냅스후 D_1 수용체는 전전두엽피질에서 두드러지며, 이 수용체가 너무 과다하거나 너무 부족하게 자극되지 않고 '조율'될 때 최상의 기능적 결과를 얻을 수 있다(그림 11-15 및 11-16).

전전두엽피질에서 α_{2A} 및 D_1 수용체는 종종 피질 피라미드 뉴런의 가시spine에 위치하여 수신 신호를 통제할 수 있다(그림 11-17부터 11-21까지). α_{2A} 수용체는 억제성 G단백질inhibitory G protein, Gi을 통해 고리일인산아데노신cyclic adenosine monophosphate, cAMP 분자와 연결된다(그림 11-17). 반면에 D_1 수용체는 자극성 G단백질stimulatory G protein, Gs을 통해 cAMP 신호 시스템에 연결된다(그림 11-17). 두 경우 모두에서 cAMP 분자는 수용체를 과분극 활성 고리뉴클레오티드관문hyperpolarization-activated cyclic nucleotide-gated, HCN 양이온통로에 연결한다. 열린 통로는 낮은 막 저항으로 이어지며, 그래서 입력이 가시 밖으로 새어 나간다. 열린 통로가 존재하면 신호가 누출되어 소실된다. 그러나 이러한 통로가 닫히면 수신 신호는 살아남고 뉴런 아래로 향하여 유사한 뉴런들의 네트워크 연결성을 강화하고 적절한 신호와 반응을 유도할 수 있다.

노르에피네프린 또는 노르아드레날린 작용제가 α_{2A} 수용체에 결합하면, 활성화된 Gi-연결 시스템이 cAMP를 억제하고, 그것에 의해서 HCN 통로가 닫히게 된다(그림 11-18). 통로가 닫히면 신호가 가시를 통과하여 뉴런으로 내려가고, 그것에 의해서 유사한 뉴런들과의 네트워크 연결이 강화된다(그림 11-18). 따라서 일반적으로 전전두엽피질에서 α_{2A} 수용체의 자극은 수신 신호를 강화한다.

반대로 D_1 수용체를 자극하면 신호가 약해진다(그림 11-19). 즉 도파민 또는 도파민 작용제가 D_1 수용체에 결합하면 활성화된 Gs-연결 시스템은 HCN 통로의 증가된 자극(또는 개방)으로 이어지게 된다. HCN 통로의 개방은, 특히

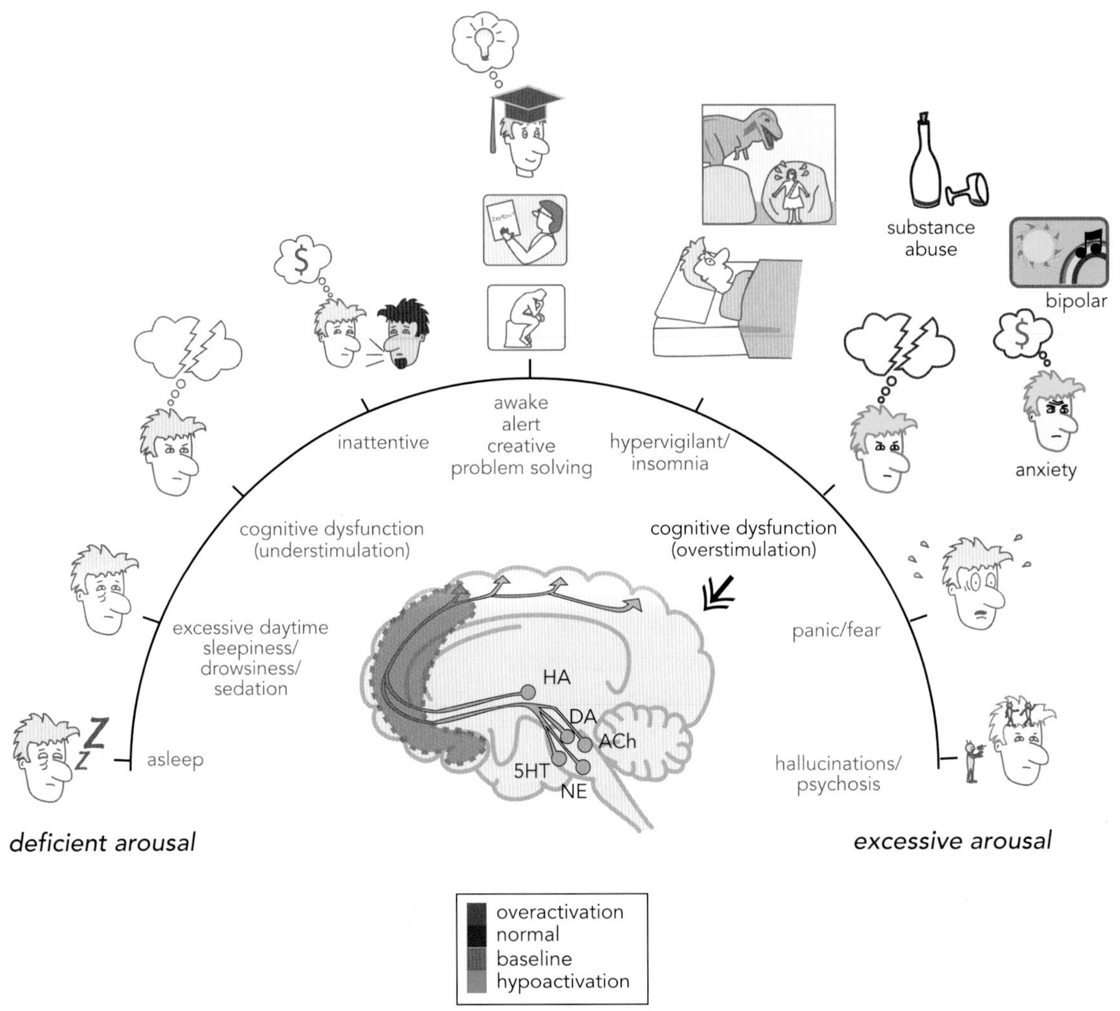

그림 11-13 ADHD의 인지기능: 과도? 각성은 마치 밝기조절 스위치처럼 스펙트럼을 따라 여러 단계로 존재한다. 스펙트럼의 어느 위치에 존재하게 되는지는 히스타민(HA), 도파민(DA), 노르에피네프린(NE), 세로토닌(5HT), 아세틸콜린(Ach) 등 몇몇 주요 각성촉진 신경전달물질에 의해 영향을 받는다. 신경전달이 균형을 이루면 사람은 깨어 있고, 각성하며, 기능을 잘 발휘할 수 있다. 이러한 주요 신경전달물질의 기능 변화가 너무 과하거나 너무 부족할 경우 인지기능장애를 일으킬 수 있다. 노르에피네프린 또는 도파민이 너무 많이 증가하면 시냅스후 수용체가 과도하게 자극될 수 있고 인지기능장애를 일으킬 수 있다.

만약 과도하다면 신호의 누출로 이어지고, 그것에 의해서 가시 밖으로 입력이 새어 나가게 된다. 따라서 D_1 수용체의 과도한 자극은 α_{2A} 수용체 자극과 반대로, 결과적으로 신호의 소실 및/또는 약화가 발생한다. α_{2A}(그림 11-18)와 D_1 수용체(그림 11-19)의 작용기전은 일반적으로 전전두엽피질 뉴런의 신호 대 잡음 비율을 강화하기 위해 두 유형의 수용체를 적당히 자극하는 것이 선호되는 이유를 설명해줄 수 있다(그림 11-20).

α_{2A}와 D_1 수용체를 NE과 도파민이 각각 동시에 자극하면 어떤 일이 일어날까(그림 11-20)? 현재 다양한 피질 영역 내에 존재하는 α_{2A} 및 D_1 수용체의 정확한 국소화 및 밀도에 대한 연구가 집중적으로 이루어지고 있으며, 동일한 피라미드 뉴런에서 한 가시는 청반locus coeruleus으로부터 NE 입력을 받고, 다른 가시는 배쪽뒤판구역ventral

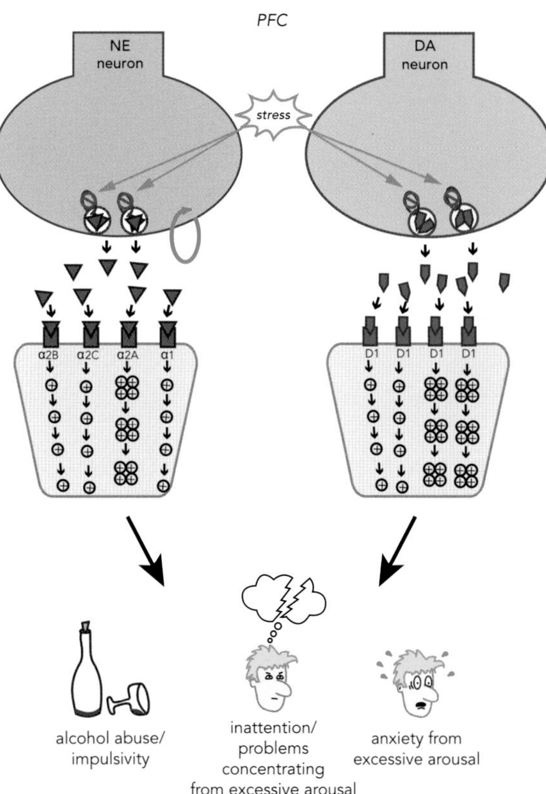

그림 11-14 ADHD와 과도한 각성. 전전두엽피질(PFC)의 노르에피네프린(NE)과 도파민(DA) 신경전달이 최적으로 조율되면, 시냅스후 α_{2A} 수용체와 D_1 수용체를 적당히 자극하여 인지기능이 효율적으로 작동할 수 있다. 스트레스 상황이나 동반질환(불안, 물질남용 등)이 있는 경우처럼 NE 또는 DA 신경전달이 과도하면, 시냅스후 수용체가 과자극되어 결과적으로 인지기능 장애뿐만 아니라 기타 증상으로 이어질 수 있다. 특히 과도한 노르아드레날린 신경전달은 α_1(및 β_1) 수용체의 자극으로 인한 작업기억의 손상으로 이어질 수 있다. 과도한 도파민 신경전달은 전전두엽피질의 D_1 수용체의 과자극으로 이어질 수 있다.

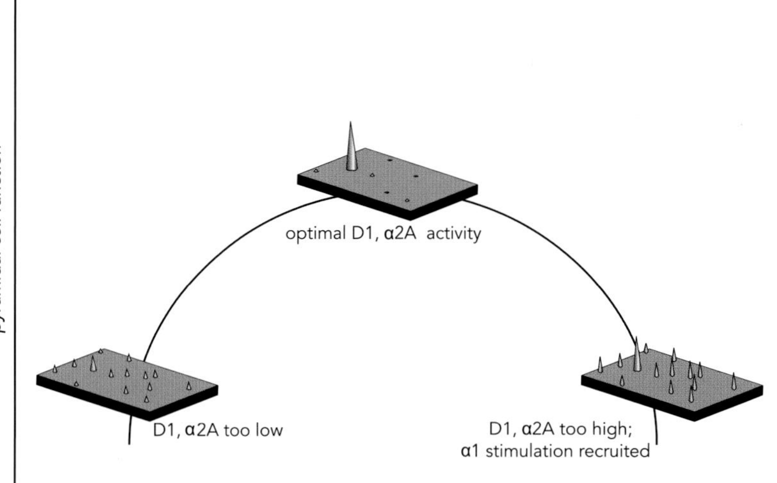

그림 11-15 ADHD 및 부적응적인 신호 대 잡음 비율. 전전두엽피질이 제대로 작동하려면 노르에피네프린(NE)에 의한 α_{2A} 수용체와 도파민(DA)에 의한 D_1 수용체의 적당한 자극이 필요하다. 이론상으로 NE의 역할은 전전두엽 네트워크의 연결성을 높여 수신 신호를 증가시키는 것이고, 도파민의 역할은 부적절한 연결이 일어나지 않도록 하여 잡음을 감소시키는 것이다. 여기에 묘사된 역U자형 곡선의 위쪽은 α_{2A}와 D_1 수용체의 자극이 적당하고 피라미드 세포 기능이 최적인 상태이다. α_{2A} 및 D_1 수용체의 자극이 너무 낮으면(왼쪽), 수신 신호가 모두 동일하여 한 가지 작업에 집중하기가 어렵다(주의가 유도되지 않음). 자극이 너무 높으면(오른쪽), 추가 수용체에도 영향을 주게 되면서 수신 신호가 뒤섞여서 주의가 엉뚱한 곳으로 가게 된다.

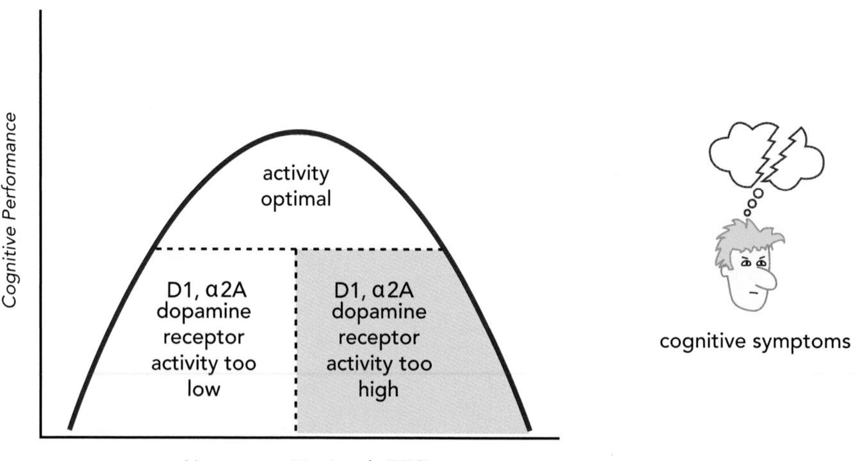

그림 11-16 피질 도파민의 기능적 출력. 전전두엽피질(PFC)이 제대로 작동하여 인지수행이 최적화되기 위해서는 노르에피네프린(NE)에 의한 α_{2A} 수용체와 도파민(DA)에 의한 D_1 수용체의 적당한 자극이 필요하다. 만약 α_{2A} 및 D_1 수용체의 자극이 너무 낮거나 너무 높으면 인지기능장애가 발생할 수 있다.

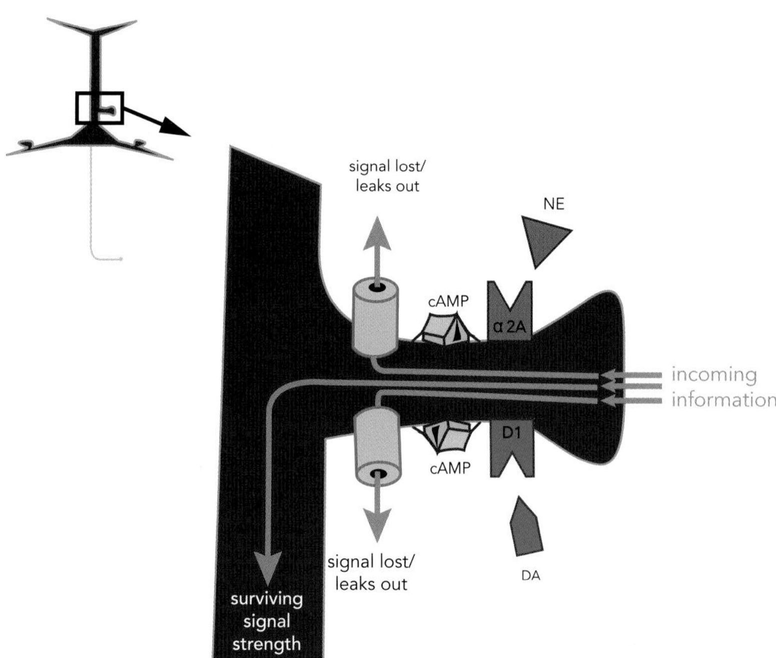

그림 11-17 가지돌기 가시의 신호 분포. 전전두엽피질에서 피질 피라미드 뉴런의 가지돌기 가시에 있는 α_{2A} 및 D_1 수용체는 수신 신호를 통제할 수 있다. α_{2A}와 D_1 수용체는 모두 고리일인산아데노신(cAMP) 분자와 연결되어 있다. 노르에피네프린(NE)과 도파민(DA)은 각각의 수용체에 결합하여 cAMP에 반대의 영향을 미친다(NE의 경우 억제성, DA의 경우 흥분성). 어느 경우이든 cAMP 분자는 수용체를 과분극활성 고리뉴클레오티드관문(HCN) 양이온통로에 연결한다. HCN 통로가 열려 있으면 수신 신호가 전달되기 전에 누출된다. 그러나 이 통로가 닫혀 있으면 수신 신호는 살아남아 뉴런 아래로 향할 수 있다.

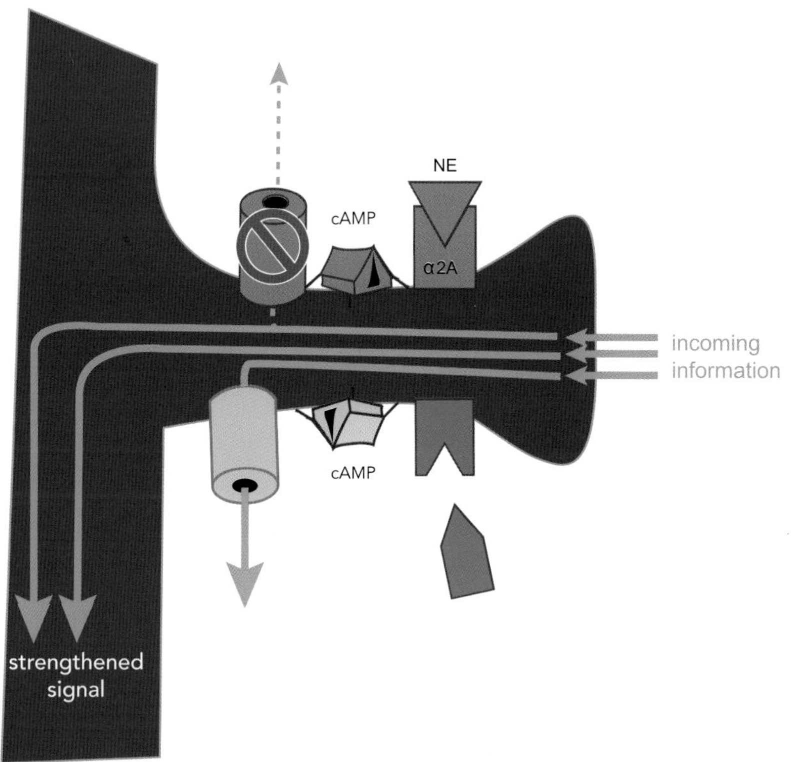

그림 11-18 **수신 신호를 강화시키는 α_{2A} 수용체에서의 노르에피네프린 작용.** 알파-2A 수용체는 억제성 G단백질(Gi)을 통해 고리일인산아데노신(cAMP) 분자와 연결된다. 노르에피네프린(NE)이 이러한 α_{2A} 수용체를 점유하면, Gi-연결 시스템이 활성화되어 cAMP를 억제하고 과분극활성 고리뉴클레오티드관문(HCN) 통로가 닫혀서 수신 신호의 소실을 방지해 준다.

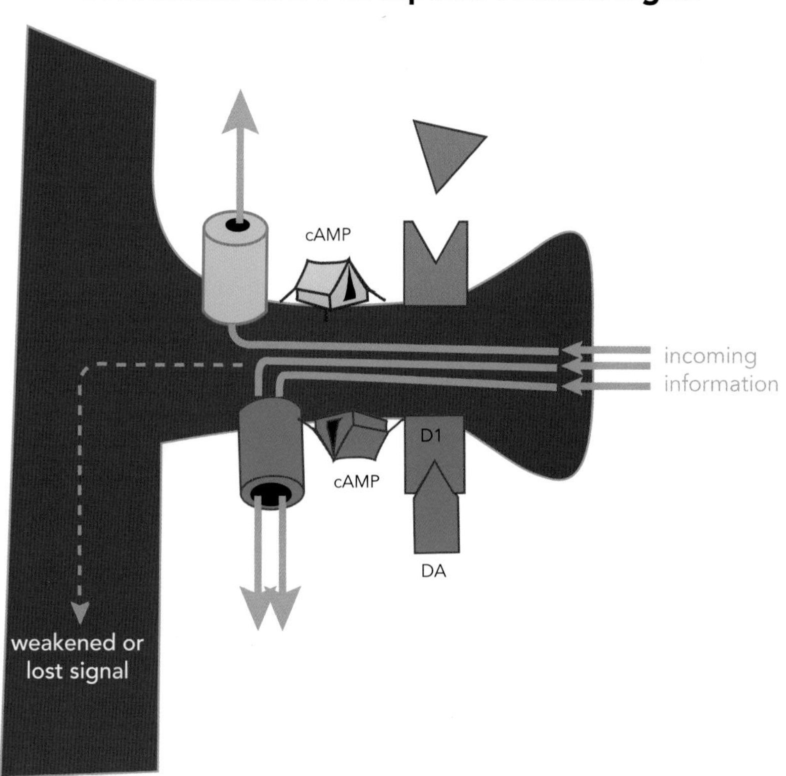

그림 11-19 **수신 신호를 약화시키는 D_1 수용체에서의 도파민 작용.** D_1 수용체는 자극성 G단백질(Gs)을 통해 고리일인산아데노신(cAMP) 분자와 연결된다. 도파민(DA)이 이러한 D_1 수용체를 점유하면, Gs-연결 시스템이 활성화되어 cAMP를 활성화하고 과분극활성 고리뉴클레오티드관문(HCN) 통로가 열리게 된다. HCN 통로의 개방은, 특히 과도하다면 수신 신호는 전달되기 전에 소실로 이어진다.

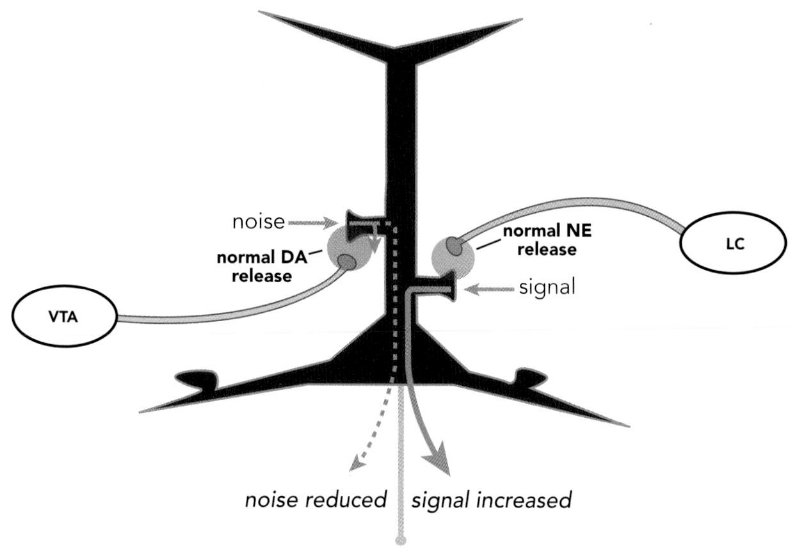

그림 11-20 전전두엽피질(PFC)을 '조율'하는 도파민과 노르에피네프린. 동일한 피라미드 뉴런에서 한 가시는 청반(LC)으로부터 노르에피네프린(NE) 입력을 받고, 다른 가시는 배쪽뒤판구역(VTA)으로부터 도파민(DA) 입력을 받을 수 있다. 적절하게 '조율'되면 D_1 수용체 자극은 잡음을 감소시키고, α_{2A} 수용체 자극은 신호를 증가시켜 결과적으로 적절한 전전두엽피질 기능, 주의 유도, 특정 과제에 대한 집중, 감정과 충동의 조절을 가능하게 한다.

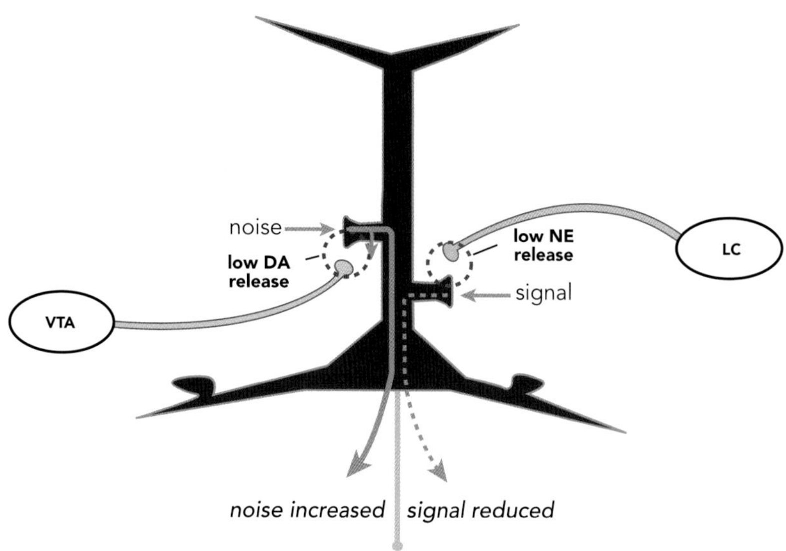

그림 11-21 ADHD에서 전전두엽피질(PFC)을 부적절하게 '조율'하는 도파민과 노르에피네프린. 동일한 피라미드 뉴런에서 한 가시는 청반(LC)으로부터 노르에피네프린(NE) 입력을 받고, 다른 가시는 배쪽뒤판구역(VTA)으로부터 도파민(DA) 입력을 받을 수 있다. 이론상으로 DA 입력이 부족하면 잡음이 증가하고, NE 입력이 부족하면 수신 신호가 감소한다. 가설상으로 DA과 NE에 의한 PFC의 부적절한 조율은 과잉행동이나 부주의, 또는 두 가지 모두로 이어질 수 있다.

tegmental area, VTA으로부터 도파민 입력을 받는 것을 상상해볼 수 있다. 만약 이 시스템이 적절하게 '조율'된다면, D_1 수용체 자극은 잡음을 줄이고 α_{2A} 수용체 자극은 신호를 증가시켜 결과적으로 적절한 전전두엽피질 기능이 된다(그림 11-20). 이론상으로 이는 적절한 주의 유도, 특정 과제에 대한 집중, 감정과 충동의 적절한 조절을 유발할 것이다(그림 11-15, 11-16).

그러나 도파민과 NE의 방출이 모두 부족하여 피라미드

뉴런의 가시에 있는 D_1 및 α_{2A} 수용체의 자극이 감소하면 어떻게 될까(그림 11-21)? 이론상으로 도파민과 NE 입력이 부족하면 각각 잡음이 증가하고 신호가 감소하여 일관된 신호의 전송을 방해한다(그림 11-21). 이는 가설상으로 전전두엽피질의 잘못 조율된 피라미드 뉴런의 국소화에 따라 과잉행동, 부주의, 충동성 또는 증상의 일부 조합을 유발할 수 있다(그림 11-3부터 11-8까지 참조). 더군다나 만약 한 신경전달물질은 낮은 반면 다른 신경전달물질은 높다면, 완전히 다른 일련의 증상이 나타날 수 있다. 도파민과 NE 신경전달의 수준과 장애가 발생할 수 있는 특정 영역을 모두 알게 되면, 언젠가는 환자가 앓고 있는 증상의 정도와 유형도 예측이 가능해질 수 있을 것이다. 이러한 관점에서 그림 11-7과 11-8은 서로 다른 뇌 영역의 피라미드 뉴런이 ADHD의 다양한 증상에 어떻게 관여할 수 있는지를 보여준다.

신경발달과 ADHD

ADHD는 전통적으로 소아기 질환으로 간주되었으나, 소아기에 발병하지만 종종 성인기까지 지속된다는 것으로 개념이 발전하였다. 실제로 대부분의 정신질환은 소아기와 청소년기에 발병하여 성인기까지 지속된다(그림 11-22 및 11-23). 그 이유는 소아기 및 청소년기 발달이 뇌가 결정적인 성숙을 겪는 시기이기 때문일 수 있다(그림 11-22A 및 11-23).

뇌 발달은 유전적 영향과 환경적 영향 모두에 의해 결정된다(제4장의 정신병적 장애에서 논의하였고, 그림 4-61 및 4-62에 삽화로 설명함). ADHD는 정신의학에서 가장 강력한 유전적 요소를 가지고 있는 질환 중 하나이며 약 75%에 이른다. ADHD에는 여러 유전자가 관여하며, 다른 정신질환과 마찬가지로 복잡하고 다원적인 유전적 원인을 가진다. ADHD의 한 가지 통일된 공식은 전전두엽피질 회로의 성숙 지연을 통해 유발되고, 적어도 12세까지는 ADHD 증상이 나타난다는 것이다. 시냅스는 6세까지 전전두엽피질에서 급격히 증가하다가 청소년기에 이르면 최대 절반까지 빠르게 소실된다(그림 11-22A; 제4장과 그림 4-63 및 4-64 참조). ADHD의 발병 시기는 소아기 동안에 시냅스의 형성과, 보다 더 중요하게는 전전두엽피질에서 제거할 시냅스의 선택이 이 질환의 발병과 평생 동안의 병태생리에 기여할 수 있음을 시사한다(그림 11-22 및 11-23). 12세 이후부터 초기성인기까지 새로운 시냅스 형성을 통해 이러한 전전두엽피질 이상을 상쇄할 수 있는 사람은 'ADHD에서 벗어나는' 사람일 수 있으며, 성인 ADHD 유병률이 아동 및 청소년의 절반에 불과한 이유이기도 하다.

ADHD에서 전전두엽피질 회로에 이러한 문제가 발생하는 원인은 무엇일까? 최근의 주요 가설은 신경발달의 이상이 ADHD의 전전두엽피질 회로에서 발생한다고 제안한다(그림 11-2부터 11-8까지). 비정상적인 시냅스 형성 및 비정상적인 시냅스 신경전달과 같은 조현병의 신경발달적 토대에 대한 많은 아이디어는 마찬가지로 ADHD의 개념적 틀이자 신경생물학적 모형으로서도 작용하며 이는 제4장에서 논의되었다. 신경발달이 ADHD의 특정 증상 양상에 미치는 영향은 그림 11-24에 나와 있다. 부주의 증상은 ADHD를 가진 미취학 아동에게 나타날 수 있지만 쉽게 식별되지 않는데, 이는 아마도 정상 발달에 비해 비정상적인 방식에서 이러한 증상을 나타낼 만큼 충분히 성숙한 전전두엽피질이 없기 때문이다. 자극제에 대한 대부분의 연구가 6세 이상의 아동을 대상으로 이루어지기 때문에 미취학 아동의 ADHD와 치료는 현재 이 분야에서 논란의 여지가 있는 개념이다. 부주의가 ADHD의 두드러진 증상이 되면 생애주기 내내 지속된다(그림 11-24). 충동성과 과잉행동은 청소년기와 초기성인기에서 두드러지게 감소하는 반면, ADHD 환자가 성인기에 접어들면 인지되는 동반이환의 빈도가 급증하게 된다(그림 11-24).

과거 DSM-IV 진단 체계에서는 7세 이전 발병이 요구되던 것에서 DSM-5에서는 12세 이전 발병으로 진단 기준이 최근에 변경되었다. 심지어 성인발병 ADHD(또는 적어도 발병시기가 불분명하며 성인에서 처음 인식된 경우)라는 것이 존재하는지 여부에 대한 논쟁도 있다. 성인의 ADHD 유병률은 아동의 절반 정도에 불과하지만, 진단이 훨씬 어렵

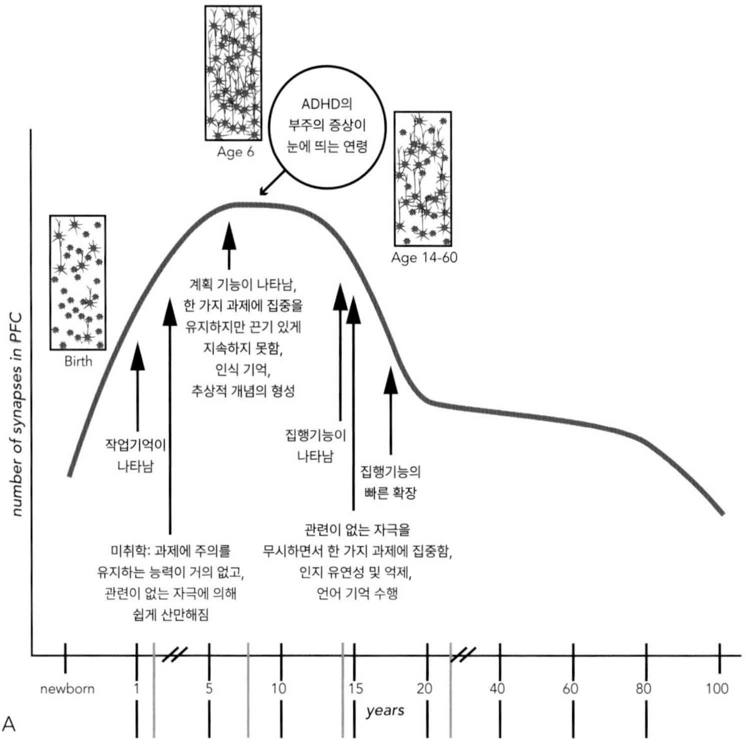

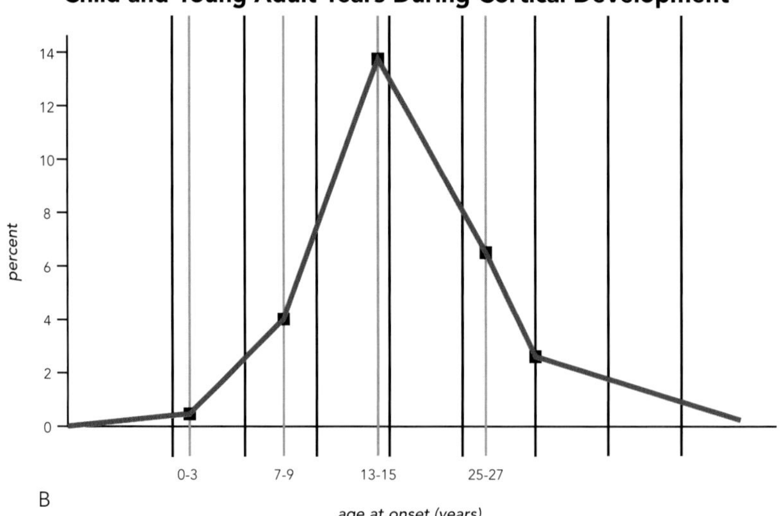

그림 11-22 **피질 발달과 ADHD.** 전전두엽피질(PFC)의 시냅스 생성은 ADHD를 유발할 수 있는 뇌 연결 변화의 원인이 될 수 있다. 특히 집행기능은 청소년기 내내 발달한다. (A) 1세가 되면 작업기억이 나타난다. 3~4세 무렵의 아이들은 아직 장시간 주의를 유지할 수 있는 능력이 부족하고 쉽게 주의가 산만해질 수 있다. 6~7세가 되면 이것이 변하여 주의를 유지할 수 있고 계획을 세울 수 있게 된다. 또한 이 시기에는 과잉생산되거나 '약한' 시냅스를 '뽑아내어' 아이의 인지 지능이 성숙해지는 과정인 '시냅스 가지치기'가 특징적으로 이루어진다. 가설상으로 이러한 과정의 오류는 집행기능의 후속 발달에 영향을 미치고 ADHD의 원인 중 하나가 될 수 있다. 이 연대표는 또한 ADHD 증상이 자주 눈에 띄기 시작하는 시기인 6세 전후를 나타낸다. (B) 대부분의 정신질환은 소아기 및 청소년기에 발병한 후 성인기까지 지속되며, 이는 결정적인 피질 발달이 일어나는 시기와 일치한다.

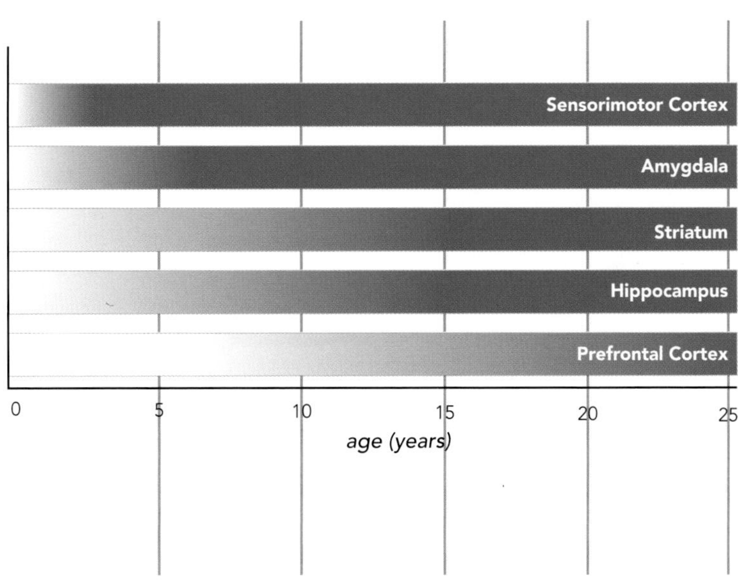

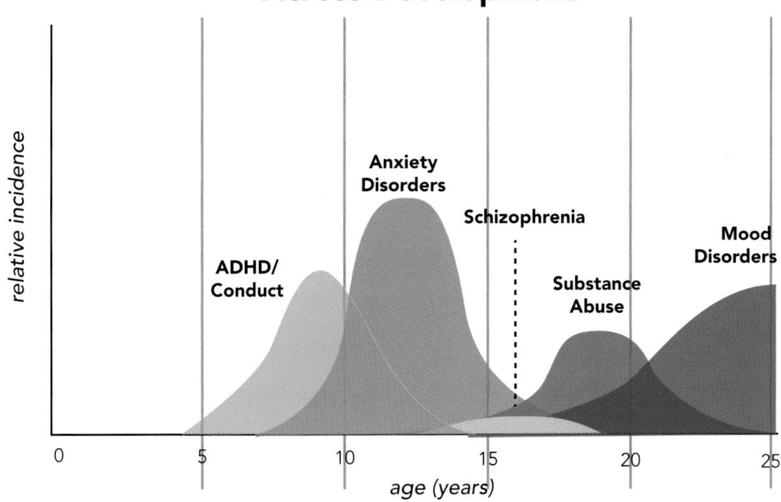

그림 11-23 **뇌 성숙의 발달과정과 정신질환의 발병.** 뇌 성숙의 발달과정은 감각운동피질과 변연영역이 먼저 발달하고 전전두엽피질이 나중에 발달한다. ADHD에서도 이와 동일한 양상이 관찰되지만, 피질 발달이 지연된다. 이는 ADHD가 소아기에 발병하고 성인기까지 지속될 수 있지만, 성인기에는 발병하지 않는 이유를 설명해줄 수 있다. 대조적으로 다른 질환은 소아기에 발병할 수 있지만, 일반적으로 ADHD보다 늦게 진단되며 성인기에서도 발병할 수 있다.

11

고 증상을 치료하지 않는 경우가 매우 많기 때문에 아동만큼 자주 인식되지 않는다. ADHD를 가진 아동 및 청소년의 절반이 진단 및 치료를 받는 것으로 생각되는 반면, 성인 ADHD에서는 5명 중 1명 이하만이 진단 및 치료를 받는 것으로 생각된다. 이러한 이유는 여러 가지가 있는데, 12세 이전에 ADHD 증상이 반드시 시작되어야 한다는 진단 요건이 출발점이다. 특히 어렸을 때 질병을 발견하지 못하거나 치료받지 못한 경우 성인이 되어서 정확한 후향적 진단을 내리는 데 어려움을 겪는 경우가 많다. 더군다나 많은 전문가들은 12세 이후에 ADHD 증상이 시작된 성인, 이른바

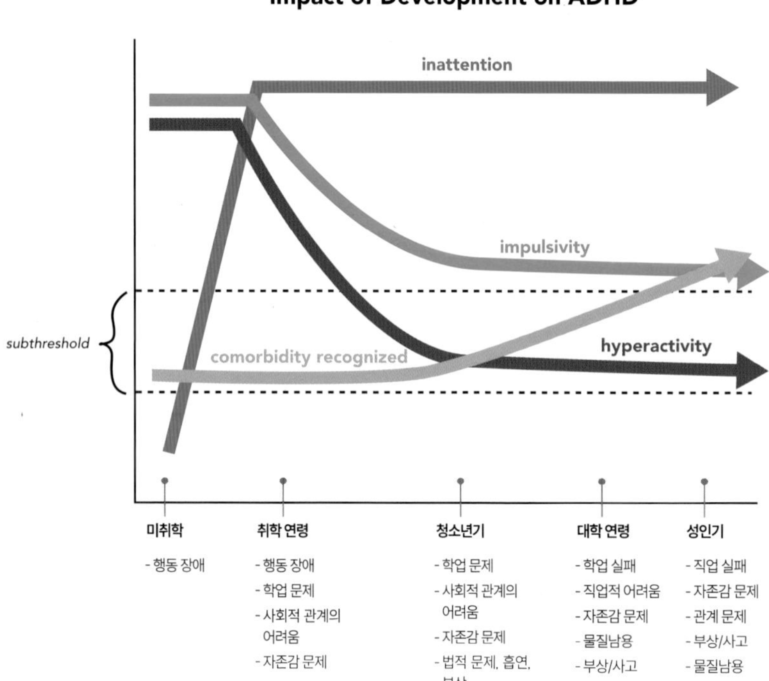

그림 11-24 ADHD에 발달이 미치는 영향. ADHD 증상의 진화는 신경발달에 대한 우리의 이해와 일치한다. 일반적으로 부주의는 취학 전에는 확인되지 않지만, 나이가 들면서 성인기까지 계속 지속될 수 있다. 과잉행동과 충동성은 소아기의 주요 증상이지만, 성인기에서는 명백하게 드러나지 않는 경우가 많으며 단순히 다른 방식으로 표현될 수도 있다. 동반이환의 비율은 시간이 지남에 따라 증가하는데, 이는 ADHD 아동에게서 동반이환이 간과되었거나, ADHD에 비해 다른 정신질환이 늦게 발생한다는 자료처럼 실제로 늦게 발병하기 때문일 수 있다.

후기발병 ADHD를 ADHD 진단에서 제외하는 것이 적절한지에 대해 의문을 제기하고 있다. 일부 경우에는 심지어 45세에 발병하는 경우도 존재한다. 이런 환자들은 ADHD가 있다고 할 수 있을까? 아니면 이들의 집행기능장애가 우울증, 불안, 수면장애와 같은 동반질환의 증상일까? 중요한 것은 인지증상을 선별하고, ADHD의 일부이든 동반이환이든 이를 치료하는 것이다.

ADHD의 치료

어떤 증상을 먼저 치료해야 하는가

정신약리학적 치료를 통해서 어떤 증상을 먼저 치료할 것인지 우선순위를 정하는 것은 일부 질환에 대한 치료를 잠시 지연시키거나, 다른 증상을 먼저 개선하게 되면서 일부 동반질환을 일시적으로 악화시키는 희생을 감수하더라도, ADHD 관리에 도움이 될 수 있다(그림 11-25). 이러한 접근법에 대한 명확한 연구는 없다고 하더라도, 많은 전문가들의 임상경험에 따르면 복합적인 경우에 만약 환자가 알코올이나 자극제를 계속 남용한다면, 치료적 진전을 이루기가 매우 어려울 수 있어서 물질남용 문제를 최우선으로 관리해야만 하는 경우가 많다(그림 11-25). ADHD 치료는 기분 및 불안장애의 치료를 통한 개선을 기다려야 할 수도 있으며, ADHD 인지증상은 환자의 전반적인 증상 포트폴리오에 대한 미세조정에 더 가까운 것으로 간주된다(그림 11-25).

그러나 어떤 증상과 질병을 먼저 치료할 것인지 우선순위를 정하는 이러한 접근 방식에는 문제가 있다. 예를 들어 자극제 치료에 대한 제대로 된 반응에 실패했다고 결정될 때까지 가능한 동반이환을 적절히 평가하지 않은 채로 많은 아동에게서 ADHD 치료가 먼저 이루어진다. 성인의 경우 물질남용, 기분장애, 불안장애를 치료하는 것이 너무 어려워서 치료적 관심의 초점이 ADHD에 결코 맞춰져 있지 않으며, 니코틴 의존에도 확실히 맞춰져 있지 않다. 즉 치료적 개입의 주된 초점인 기분장애나 불안장애가 치료된 후에도 인지증상이 좋아지지 않는 경우라면 ADHD는 성인이 해결해야 할 그저 단순한 사후 고려사항으로 간주될 수 있다. 흥미로운 점은 동반질환이 있는 경우에는 성인에게서 ADHD

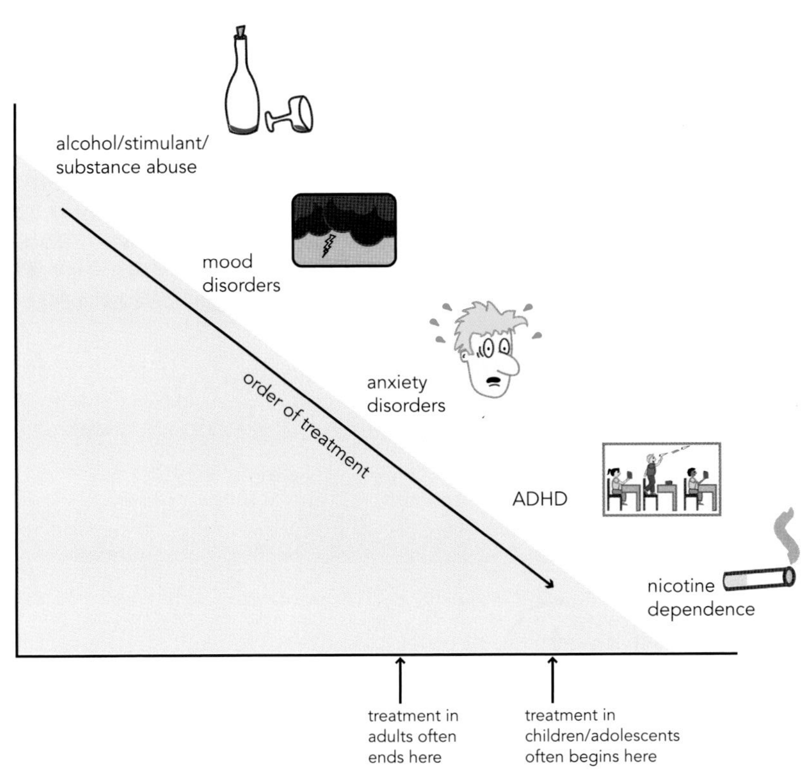

그림 11-25 ADHD와 동반이환: 무엇을 먼저 치료해야 할까?. ADHD와 동반질환이 있는 환자의 경우 모든 질환을 적절하게, 장애의 정도가 가장 심한 순서대로 치료하는 것이 필수적이다. 이는 어떤 환자에게는 알코올남용을 먼저 안정시켜야 하는 반면, 다른 환자에게는 ADHD 증상이 기저 불안장애보다 더 큰 장애가 될 수도 있음을 의미한다. 추가적으로 이러한 질환을 치료하는 데 사용되는 일부 약물은 동반질환을 악화시킬 수 있다. 따라서 주의를 기울여 적절한 치료를 선택해야 한다. 각 환자의 증상 포트폴리오에 따른 개별화된 치료 계획 수립이 필요하다.

가 치료의 초점이 되지 않는 경우가 많다는 것이다. 성인 ADHD 환자에게 동반이환이 없는 경우는 드물기 때문에, 대부분의 성인 ADHD 환자가 치료를 받지 않는 이유가 이것으로 설명될 수 있다.

현대의 세련된 정신약리학자는 기분장애, 불안장애, 물질남용장애에서, 특히 성인에게서 ADHD의 존재에 대한 높은 의심 지수를 유지하고 있으며, 언제나 치료 중인 환자의 완전한 증상 관해를 목표로 한다. 임상진료에서 이것은 기분장애, 불안장애, 물질남용장애의 1차 치료제에 대한 증강제로서 ADHD 치료제의 사용을 모색하는 것을 의미하며, 그 반대의 경우는 아니다. 또한 일단 인지증상이 조절되면 ADHD의 장기적인 관리가 최종적으로 ADHD에서 니코틴 의존 치료로 진행되어야 함을 의미한다(그림 11-25). ADHD 성인과 청소년은 조현병 성인과 청소년만큼 자주 흡연하며, 미국에서는 일반 인구 흡연율의 약 2배이다. 이는 특히 니코틴이 ADHD 치료를 받지 않은 환자의 ADHD 증상을 주관적으로 개선한다는 사실 때문일 수 있다. 니코틴은 도파민 방출을 촉진하고 각성을 높이기 때문에 ADHD 증상에 주관적인 효과가 있을 수 있다는 것은 그리 놀라운 일이 아니다. 니코틴 의존과 금연을 위한 정신약리학적 치료는 제13장의 충동성, 강박성, 중독에 대한 내용에서 더 자세히 논의된다.

ADHD의 자극제 치료

일반 원칙

앞에서 논의하고 그림 11-11 및 11-12에서 삽화로 설명한 것과 같이, 도파민과 노르에피네프린(NE)이 모두 너무 낮으면 전전두엽피질의 신호출력 강도도 너무 낮아져 신호가 감소하고 잡음이 증가한다(그림 11-26A; 그림 11-15, 11-16, 11-21 참조). 행동적으로 이것은 제자리에 앉아서 집중하지 못하고, 꼼지락거리고 주의가 전환되는 것으로 각각 나타날 수 있다(그림 11-26A). 이러한 증상을 치료하기 위해서는 도파민과 NE의 방출을 최적의 수준에 도달할 때까지 조절하여 신호 강도를 높이는 것이 필요하다(그림 11-26B).

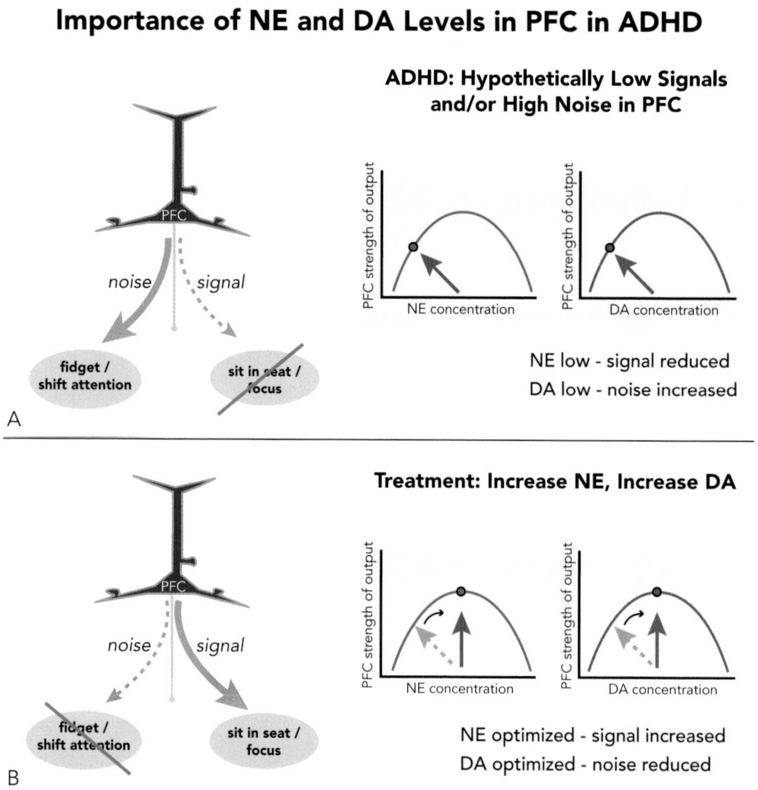

그림 11-26 **ADHD에서 전전두엽피질 노르에피네프린과 도파민 농도의 중요성.** (A) 노르에피네프린(NE)과 도파민(DA)이 모두 너무 낮으면(역U자형 곡선의 왼쪽), 전전두엽피질(PFC)의 출력강도가 너무 낮아져 신호가 감소하고 잡음이 증가하게 된다. 가만히 앉아 집중하지 못하고 꼼지락거리며 주의가 전환되는 것은 이러한 신호 대 잡음 비율의 불균형에 의해 종종 나타날 수 있는 임상적 징후이다. (B) 이러한 증상을 치료하기 위해서는 NE과 DA의 농도를 최적의 수준(역U자형 곡선의 위쪽)에 도달할 때까지 조절하여 출력강도를 높여야 한다.

이는 노르에피네프린과 도파민 재흡수 차단 자극제와 아래에서 논의하는 일부 노르아드레날린 약제를 통해 이루어질 수 있다. 전전두엽피질 출력의 강화는 중요하지 않은 신호와 중요한 신호를 구분하고, 가만히 앉아 집중할 수 있는 환자의 능력을 회복하는 데 도움이 된다고 가설을 세울 수 있다.

노르에피네프린과 도파민 신호가 과도하면 어떻게 될까? 전전두엽피질에서 NE과 도파민의 과도한 활성화는 물론 불충분한 활성화도 앞에서 설명한 것처럼 잡음이 증가하고 신호가 감소하여 ADHD를 유발할 수 있다(그림 11-13부터 11-16까지 참조). 이는 일부 환자에게 처음에 ADHD로 인한 스트레스에 환경적 스트레스가 더해지면 NE과 도파민 방출이 증가하여 잡음이 더욱 커지고 신호가 감소할 수 있으며, 비효율적 정보처리가 이루어질 수 있다는 이론이다(그림 11-27A). 그러나 스트레스가 만성화되면 NE과 도파민 농도는 시간이 지남에 따라 고갈되기 때문에 결국 급격히 떨어지지만 신호출력 저하는 지속된다(그림 11-27B). 궁극적으로 적절한 치료는 NE과 도파민 농도를 높여 행동을 정상화하는 것이다(그림 11-27C, 잡음은 감소하고 신호는 증가).

경험이 많은 임상의사들은 도파민과 NE이 너무 많거나(그림 11-27A), 너무 적거나(그림 11-27B), 서로 다른 경로에서 이러한 상황이 섞여 있는 환자의 경우 치료가 매우 어려울 수 있다는 것을 잘 알고 있다. 예를 들어 소아에게서 운동선조체의 도파민이 과도하게 활성화되며 치료를 위해 도파민 차단이 필요한 틱tic과 피질에서 도파민 활성화가 부족하여 도파민을 증가시키는 자극제가 필요한 ADHD를 동시에 관리하는 것은 매우 어려울 수 있다. 자극제는 ADHD 증상에 도움이 될 수 있지만, 틱을 악화시킬 수도 있다. 품행장애, 반항장애, 간헐적 폭발장애, 파괴적행동장애, 정신병적 장애, 양극성조증, 기타 혼합상태(이론상으로 일부 전전두엽 회로에서 과도한 도파민 활성화와 관련이 있음)가 있는 아동과 청소년(그림 11-8)에게 운이 나쁘게도

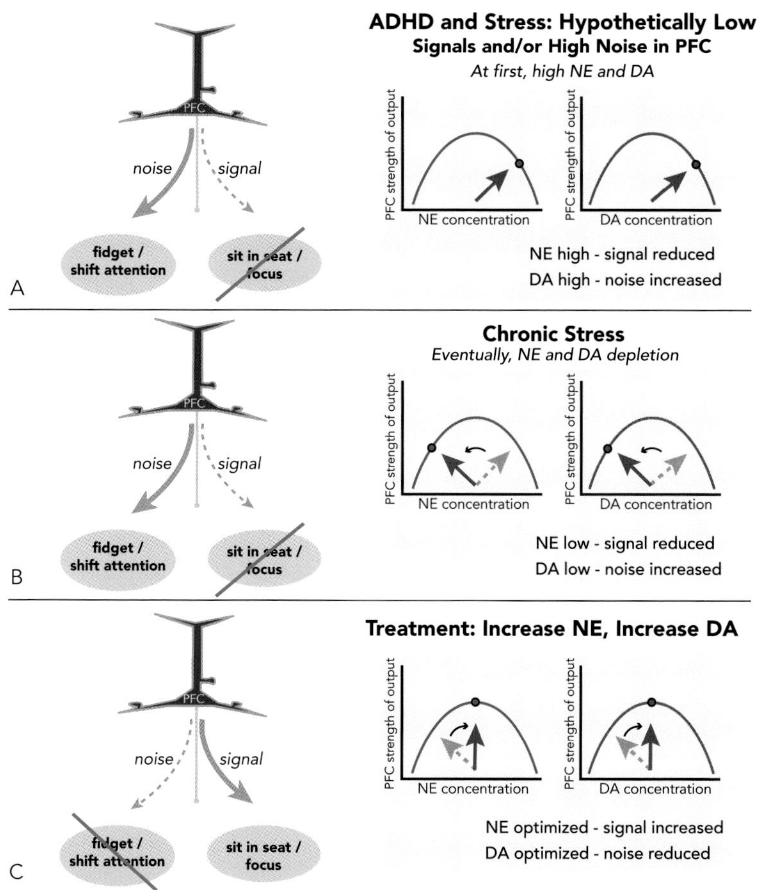

그림 11-27 **ADHD에서 만성 스트레스.** 전전두엽피질(PFC)에서 노르에피네프린(NE)과 도파민(DA)이 과도하게 활성화되면, 잡음이 증가하고 신호가 감소하여 ADHD로 이어질 수 있다. (A) 처음에는 장애로 인한 고통의 스트레스가 더해지면서 잡음이 더 커지고 신호가 감소할 수 있다(높은 NE 및 DA 농도가 출력 저하로 이어짐). (B) 만성 스트레스가 지속되면서 NE과 DA 농도가 급감하지만(낮은 NE과 DA 농도 또한 출력 저하로 이어짐), 신호출력 저하는 지속된다. (C) NE 및 DA 농도를 증가시키는 치료는 출력강도를 증가시켜 증상을 줄일 수 있다(잡음은 감소하고 신호는 증가).

ADHD(이론상으로 다른 전전두엽 회로에서 부족한 도파민 활성화와 관련이 있음)(그림 11-7)가 동반된 경우는 임상의사에게 가장 어려운 환자 중 하나이다.

따라서 가설상으로 과도한 도파민 활성화와 관련된 질환은 도파민 차단제로 치료할 것을 제안하지만(제5장 참조), 동반된 ADHD는 자극제로 치료할 것을 제안한다. 도파민 차단제와 자극제를 함께 사용할 수 있을까? 사실 최후의 수단으로 사용하는 경우에는 자극제를 세로토닌 도파민 길항제와 병용할 수 있다. 이 조합의 근거로 세로토닌 도파민 길항제가 가설상으로 전전두엽피질에서 도파민을 방출하여 그곳의 시냅스후 D_1 수용체를 자극하고(그림 5-17C 참조), 동시에 변연영역의 D_2 수용체를 차단하여 그곳의 D_2 수용체에서의 도파민 활동을 감소시킨다는 사실을 활용한다. 이러한 접근방식은 논란의 여지가 있으며, 단독치료로 충분히 개선되지 않는 어려운 환자의 경우에는 전문가에게 맡기는 것이 가장 좋다. 세로토닌 도파민 차단제의 이러한 작용기전과 뇌의 다른 영역에서의 작용에 대해서는 제5장에서 자세히 논의하였다.

ADHD와 불안이 함께 있는 환자에게 자극제 치료를 통해 ADHD를 개선하려고 시도하는 것은 어렵거나 심지어 불안만 악화시키는 자멸적인 행위일 수 있다. ADHD와 물질남용이 함께 있는 환자의 경우, ADHD를 치료하기 위해 약물남용자에게 자극제를 주는 것은 말이 되지 않는다. 이러한 경우에 자극제 대신 지속성 노르에피네프린 수송체(NET) 억제제나 α_{2A} 아드레날린 작용제와 같은 도파민 및/또는 노르에피네프린 시스템의 긴장성 활성제tonic

표 11-1 **D,L-메틸페니데이트 제형**

제형	상품명	지속시간	복용	승인
Immediate-release tablet	Ritalin	Early peak, 3–4-hr duration	Second dose at lunch	Ages 6 to 12 and adults
Immediate-release oral solution	Methylin	Early peak, 3–4-hr duration	Second dose at lunch	Ages 6 to 12
Extended-release tablet	Ritalin SR Methylin ER Metadate ER	Early peak, 3–8-hr duration	Lunch dosing may be needed	Ages 6 and older
Extended-release tablet	Concerta	Small early peak, 12-hr duration	Once daily in the morning	Ages 6 and older
Extended-release chewable tablet	QuilliChew ER	Peak at 5 hr, 8-hr duration	Once daily in the morning	Ages 6 and older
Extended-release capsule	Metadate CD	Strong early peak, 8-hr duration	Once daily in the morning	Ages 6 to 17
Extended-release capsule	Ritalin LA	Two strong peaks (early and at 4 hrs), 6–8-hr duration	Once daily in the morning	Age 6 to 12
Extended-release capsule	Aptensio XR	Up to 12-hr duration	Once daily in the morning	Ages 6 and older
Extended-release oral suspension	Quillivant XR	Peak at 5 hr, 12-hr duration	Once daily in the morning	Ages 6 and older
Extended-release transdermal patch	Daytrana	One peak at 7–10 hrs, 12-hr duration	Once daily in the morning	Ages 6 to 17
Orally disintegrating tablet	Cotempla XR-ODT	12-hr duration	Once daily in the morning	Ages 6 to 17
Extended-release capsule	Jornay PM	Initial absorption delayed by 10 hrs, single peak at 14 hrs	Once daily in the evening	Ages 6 and older
Extended-release capsule	Adhansia XR	Two peaks (at 1.5 and 12 hrs)	Once daily in the morning	Ages 6 and older

표 11-2 **D-메틸페니데이트 제형**

제형	상품명	지속시간	복용	승인
Immediate-release tablet	Focalin	Early peak, 4–6-hr duration	Second dose at lunch	Ages 6 to 17
Extended-release capsule	Focalin XR	Two peaks (after 1.5 and 6.5 hrs), 8–10-hr duration	Once daily in the morning	Ages 6 to 17 and adults

activator를 통해 항우울 또는 항불안 치료를 증강시키는 것이 ADHD와 동반된 불안, 우울, 물질남용을 위한 효과적인 장기적 접근법이 될 수 있다. NET 억제제에 대한 일부 연구에서는 ADHD와 불안 증상이 모두 개선된 것으로 보고되었으며, 다른 연구에서는 ADHD와 과도한 음주가 모두 개선된 것으로 보고되었다.

메틸페니데이트

노르에피네프린 도파민 재흡수 차단제로 더 잘 알려진 소위 자극제의 작용기전은 그림 11-28부터 11-37까지에 나

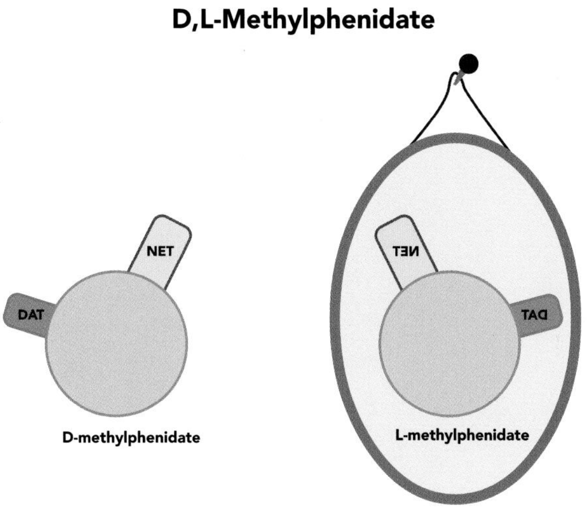

D,L-Methylphenidate

NET
DAT
D-methylphenidate
L-methylphenidate

그림 11-28 **D,L-메틸페니데이트.** 메틸페니데이트는 D와 L의 두 가지 거울상체로 구성되며, 라세미 D,L-메틸페니데이트와 D-메틸페니데이트 모두 치료적 목적으로 사용할 수 있다. D,L-메틸페니데이트와 D-메틸페니데이트는 모두 노르에피네프린 수송체(NET)와 도파민 수송체(DAT)를 차단한다. D-메틸페니데이트는 L 거울상체보다 두 수송체에 대한 효능이 더 크다.

Regulation of the Transport and Availability of Synaptic DA

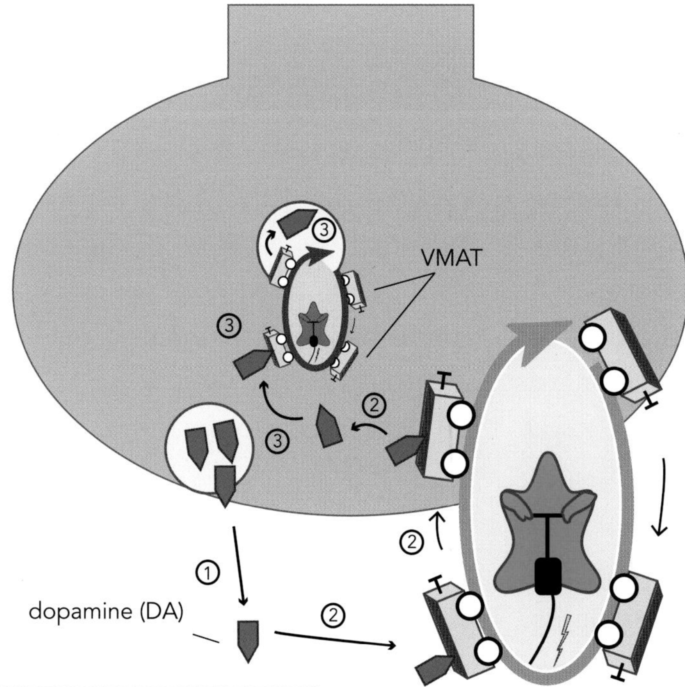

1 = release of DA
2 = DAT transport of DA
3 = VMAT transport of DA

A

그림 11-29A **시냅스 도파민의 수송 및 가용성 조절.** 시냅스 도파민(DA)의 조절은 두 가지 수송체, 즉 도파민 수송체(DAT)와 소포성 모노아민 수송체(VMAT)의 적절한 기능에 따라 달라진다. 도파민은 방출된 후(1) 시냅스후 수용체에서 작용하거나 DAT를 통해 종말로 다시 운반될 수 있다(2). 일단 종말 내부로 들어간 도파민은 VMAT를 통해 소포 '캡슐에 싸인다'(3). 이렇게 도파민으로 채워진 소포는 세포막과 합쳐질 수 있고, 더 많은 도파민 방출을 유도할 수 있다. 이 미세하게 조율된 기계는 도파민 농도가 시냅스나 도파민 종말에서 독성 수준에 절대 도달하지 않도록 관리한다. 도파민 뉴런은 도파민을 소포 안으로 '빨아들여서' 도파민의 생존력을 보장할 수 있다.

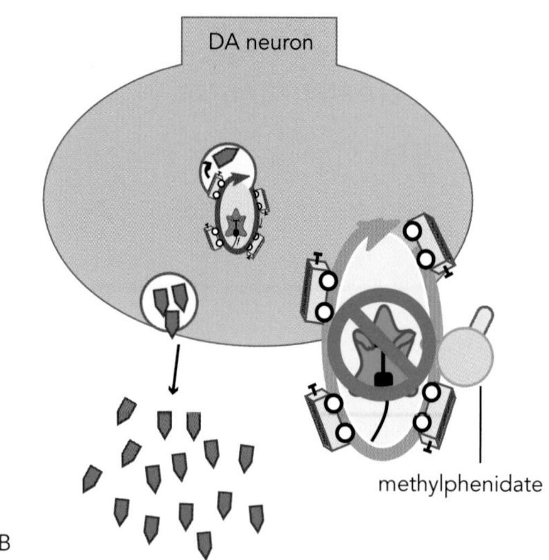

그림 11-29B **도파민 뉴런에서 메틸페니데이트의 작용기전.** 메틸페니데이트는 알로스테릭 부위(즉 도파민 결합 부위와 다른 부위)에 결합하여 종말 안으로의 도파민 재흡수를 차단한다. 메틸페니데이트는 기본적으로 수송체를 차단하여 도파민 재흡수를 방지하고 따라서 도파민의 시냅스 가용성을 증가시킨다.

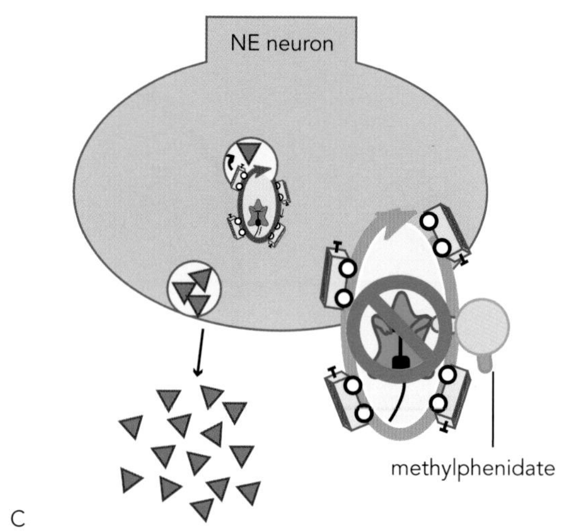

그림 11-29C **노르에피네프린 뉴런에서 메틸페니데이트의 작용기전.** 메틸페니데이트는 알로스테릭 부위(즉 노르에피네프린 결합 부위와 다른 부위)에 결합하여 종말 안으로의 노르에피네프린(NE) 재흡수를 차단한다. 메틸페니데이트는 기본적으로 수송체를 차단하여 NE 재흡수를 방지하고 따라서 NE의 시냅스 가용성을 증가시킨다.

와 있다. 자극제인 메틸페니데이트methylphenidate를 임상적 승인 용량으로 경구 투여하면 노르에피네프린과 도파민 수송체(NET 및 DAT)가 모두 차단된다(그림 11-28 및 11-29A~C). 일반적으로 도파민은 방출된 후(그림 11-29A의 화살표 1) DAT에 의해 도파민 뉴런으로 다시 돌아가고(그림 11-29A의 화살표 2), 최종적으로 VMAT에 의해 시냅스 소포에 저장된다(그림 11-29A의 화살표 3). 메틸페니데이트는 알로스테릭 부위에서 DAT와 NET를 차단하여 DAT를 통한 도파민(그림 11-29B)과 NET를 통한 NE의 재흡수를 막고(그림 11-29C), VMAT2에는 아무런 작용을 하지 않는다(그림 11-29B 및 11-29C). 메틸페니데이트는 우울증 치료에 사용되는 재흡수 차단제(제7장 및 그림 7-36 참조)와 거의 동일한 방식으로, 즉 모노아민이 NET 및 DAT에 결합하는 부위와 다른 곳(알로스테릭)에서 NET 및 DAT에 결합함으로써 이를 차단한다. 따라서 메틸페니데이트는 재흡수 펌프를 정지시켜 시냅스전 뉴런으로 운반하지 못하도록 한다(그림 11-29B 및 11-29C).

메틸페니데이트는 D-이성질체isomer와 L-이성질체가 있으며(그림 11-28), D-이성질체는 NET 및 DAT 결합 모두에서 L-이성질체보다 훨씬 더 강력하다. 또한 메틸페니데이트는 단일 이성질체인 D-메틸페니데이트로도 이용할 수 있으며, 즉시방출immediate-release 및 제어방출controlled-release 조합제preparation가 모두 있다. D,L-메틸페니데이트 조합제의 목록은 표 11-1, D-메틸페니데이트 조합제의 목록은 표 11-2에 정리되어 있다.

암페타민

자극제인 암페타민amphetamine을 임상적 승인 용량으로 경구 투여하는 것도 메틸페니데이트처럼 노르에피네프린과 도파민 수송체(NET 및 DAT)를 모두 차단하지만 그 방식은 다르다(그림 11-30부터 11-32까지). 메틸페니데이트 및 우울증에 사용되는 재흡수 차단제와 달리, 암페타민은 NET 및 DAT에 작용하는 경쟁적 억제제이자 거짓기질pseudosubstrate로서(그림 11-32, 왼쪽 위) 모노아민이 수

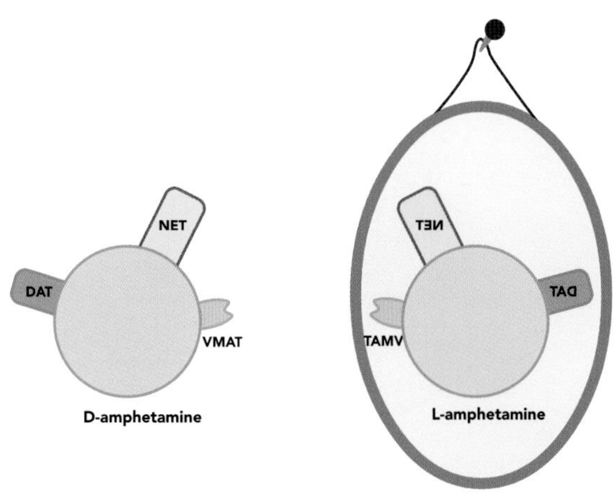

그림 11-30 **D,L-암페타민.** 암페타민은 D와 L의 두 가지 거울상체로 구성되며, 라세미 D,L-암페타민과 D-암페타민 모두 치료적 목적으로 사용할 수 있다. D,L-암페타민과 D-암페타민은 모두 노르에피네프린 수송체(NET), 도파민 수송체(DAT), 소포성 모노아민 수송체(VMAT)의 경쟁적 억제제이다. D-암페타민은 L 거울상체보다 DAT 결합에 더 큰 효능이 있는 반면, NET 결합에서는 D와 L 거울상체가 동등한 효능을 가진다.

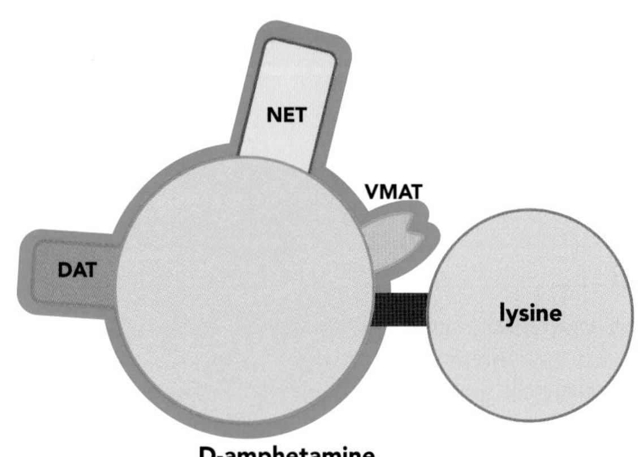

그림 11-31 **리스덱스암페타민.** 리스덱스암페타민은 아미노산인 라이신과 연결된 D-암페타민의 전구약물이다. 위장에서 활성화합물인 D-암페타민과 유리 L-라이신으로 분해된 후에만 D-암페타민으로서 집중적으로 활성화된다.

송체에 결합하는 것과 동일한 부위에 결합하여 NE 및 도파민 재흡수를 억제한다(그림 11-32, 왼쪽 위). ADHD 치료에 사용되는 암페타민 용량에서는 암페타민 작용과 메틸페니데이트 작용 사이의 임상적 차이가 상대적으로 작을 수 있다. 그러나 자극제 중독자가 사용하는 고용량의 암페타민에서는 암페타민의 추가적인 약리적 작용이 촉발된다. 암페타민은 DAT에서의 경쟁적 억제(그림 11-32, 왼쪽 위)에 이어서 실제로 시냅스전 도파민 종말로 편승자hitch-hiker처럼 수송되는데, 이는 메틸페니데이트 및 우울증에 사용되는 재흡수 차단제에서는 볼 수 없는 작용이다(그림 11-32, 왼쪽 위). 남용을 위해 복용한 용량에서 발생하는 것처럼 충분한 양이 존재하게 되면, 암페타민은 도파민과 NE 모두에 대한 소포성 모노아민 수송체 2(VMAT2)의 경쟁적 억제제이기도 하다(그림 11-32, 오른쪽 위). 일단 암페타민이 다른 수송체에 편승하여 시냅스 소포에 수송되면, 그곳에서 도파민을 대체하고 대량의 도파민 방출을 유발한다(그림 11-32, 왼쪽 아래). 도파민이 시냅스전 뉴런의 세포질cytoplasm에 축적되면, DAT의 방향이 반대로 바뀌면서 세포내 도파민이 시냅스로 유출되고 시냅스전 통로도 열리면서 시냅스로 도파민이 홍수처럼 더 많이 방출된다(그림 11-32, 오른쪽 아래). 고용량 암페타민의 이러한 약리적 작용은 ADHD의 치료작용과 연결되는 것이 아니라 암페타민 남용의 강화reinforcement, 보상reward, 이상행복감euphoria과 연결된다. 고용량 암페타민, 메스암페타민, 코카인(또 다른 DAT 억제제)을 즉시방출 제형으로 경구 투여하거나 비강, 정맥, 흡연으로 투여하는 경우의 작용은 제13장 약물남용에서 자세히 논의된다.

암페타민에는 D-이성질체와 L-이성질체가 있다(그림 11-30). 암페타민의 D-이성질체는 L-이성질체보다 DAT 결합이 더 강력하지만, NET 결합에 대한 작용은 D와 L-이성질체 모두에서 보다 동등한 세기를 가진다. 따라서 D-암페타민 조합제는 NET보다 DAT에 상대적으로 더 많은 작용을 하고, D-암페타민과 L-암페타민의 혼합물은 D-암페타민보다 NET에 상대적으로 더 많은 작용을 하지만 전반적으로는 여전히 NET보다 DAT에 더 많은 작용을 한다(그림 11-33). 이러한 자극제의 약리적 작용기전은 특히 ADHD 치료에서 사용되는 낮은 치료적 용량에서 두드러지게 나타난다. 또한 D-암페타민은 아미노산인 라이신lysine과 연결된 제형으로도 개발되었으며(리스덱스암페타민lisdexamfetamine, 그림 11-31), 위장에서 활성 D-암페타

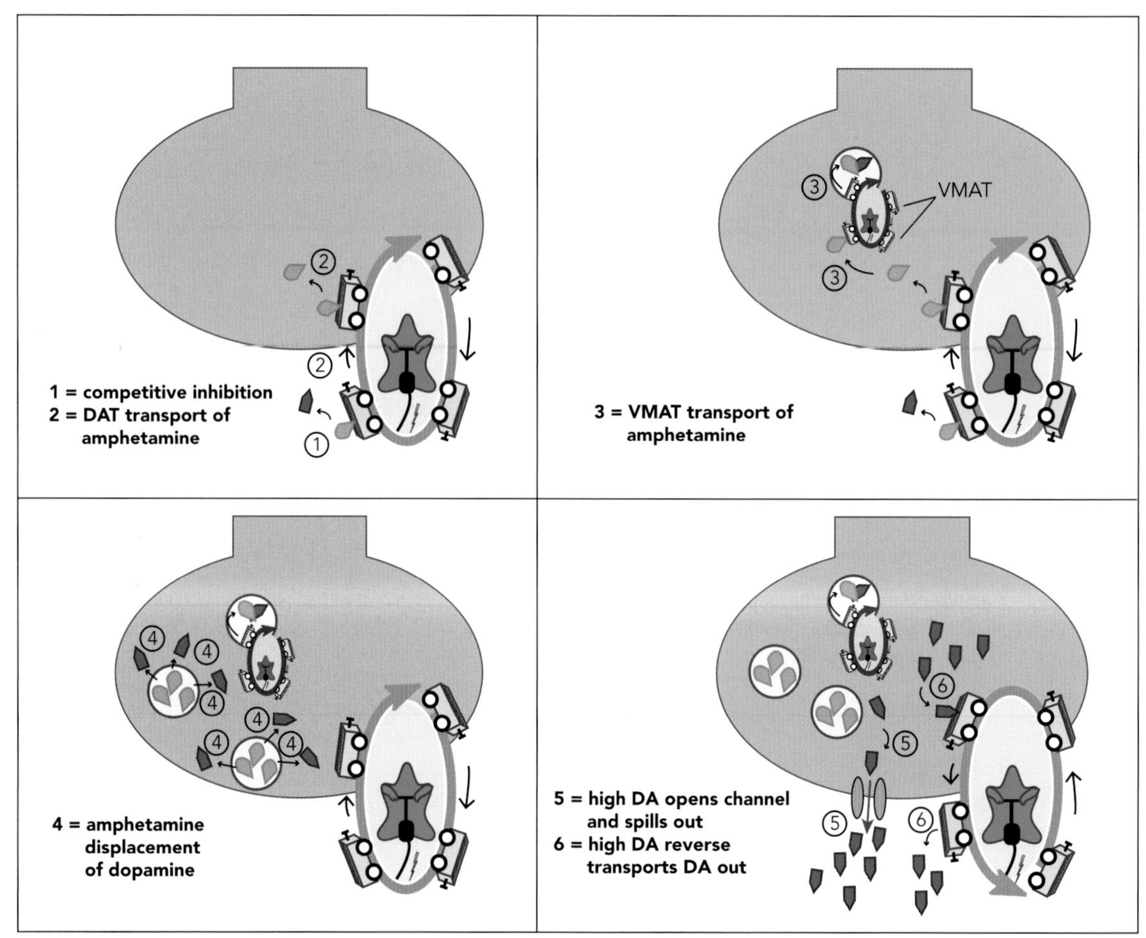

그림 11-32 도파민(DA) 뉴런에서 암페타민의 작용기전. 암페타민은 도파민 수송체(DAT)에서 경쟁적 억제제로 작용하여 도파민이 결합하는 것을 차단한다(1). 이는 메틸페니데이트가 경쟁적이지 않은 방식으로 DAT 및 NET에서 작용하는 것과는 다르다. 또한 암페타민은 VMAT의 경쟁적 억제제(메틸페니데이트에는 없는 특성)이므로 실제로 DAT를 통해 도파민 종말로 이동한 다음(2) 소포에 포장될 수 있다(3). 암페타민의 농도가 높아지면, 소포에 있는 도파민을 종말로 이동시킨다(4). 게다가 임계 역치에 도달하면 도파민은 두 가지 기전을 통해 종말에서 시냅스로 방출된다. 즉 시냅스로 대량의 도파민이 배출될 수 있도록 통로가 열리고(5) DAT의 방향이 반대로 바뀐다(6). 이렇게 빠르게 방출되는 도파민은 암페타민 사용 후 경험하는 이상행복감 효과로 이어진다. 암페타민은 노르아드레날린 뉴런에서도 이와 동일한 작용을 한다.

민으로 천천히 분해될 때까지 흡수되지 않고, 분해 후에도 서서히 흡수된다. D,L-암페타민 조합제의 광범위한 목록은 표 11-3에, D-암페타민 조합제의 목록은 표 11-4에 정리되어 있다.

신비한 DAT

정신약리학에서 도파민 수송체(DAT)를 표적으로 삼는 것은 다른 부위를 표적으로 삼는 것과는 다른 이야기이다. 동일한 DAT를 표적으로 삼는데도 왜 이렇게 다양한 결과가 나타나는지에 대한 수수께끼를 푸는 데에는 최소한 세 가지 부분이 관여할 수 있으며, 이는 단순히 DAT에 어떻게 초점을 맞추는지에 따라 달라진다. DAT를 표적으로 삼는 경우 즉각적인 치료작용(ADHD 및 주간졸음증), 지연된 치료작용(우울증), 즉각적인 남용(이상행복감, 황홀감), 지연된 중

표 11-3 D,L-암페타민 제형

제형	상품명	지속시간	복용	승인
Immediate-release tablet	Adderall	4–6 hrs	Second dose at lunch	Ages 3 and older
Immediate-release tablet	Evekeo	6 hrs	Second dose at lunch	Ages 3 and older
Extended-release orally disintegrating tablets	Adzenys XR-ODT	8–12 hrs, peak at 5 hrs	Once daily in the morning	Ages 6 and older
Extended-release oral suspension	Dyanavel XR	10–12 hrs, peak at 4 hrs	Once daily in the morning	Ages 6 to 17
Extended-release capsule	Adderall XR	8–12 hrs, peak at 6–8 hrs	Once daily in the morning	Ages 6 and older
Extended-release capsule	Mydayis	Up to 16 hrs	Once daily in the morning	Ages 13 and older
Extended-release oral suspension	Adzenys ER	Not published	Once daily in the morning	Ages 6 and older

표 11-4 D-암페타민 제형

제형	상품명	지속시간	복용	승인
Immediate-release tablet	Zenzedi	4–5 hrs	Second dose at lunch	Ages 3 to 16
Immediate-release oral solution	ProCentra (previously Liquadd)	4–6 hrs	Second dose at lunch	Ages 3 to 16
Extended-release capsule	Dexedrine	6–8 hrs	Once daily in the morning	Ages 6 to 16
Lisdexamfetamine dimesylate capsule	Vyvanse	Up to 12 hrs, peak at 3.5 hrs	Once daily in the morning	Ages 6 to 17 and adults

독이 발생할 수 있으며, 이는 모두 DAT에 얼마나 빨리, 오래, 많이 관여하는지에 따라 달라진다. DAT와 도파민의 신경생물학을 이해하는 것은 이 수수께끼를 풀고 이 부위의 흥미로운 특성에 대한 비밀을 해결할 수 있을 뿐만 아니라 처방자가 어떤 임상적용을 의도하든 최상의 결과를 얻기 위해 이 표적에 최선을 다할 수 있도록 힘을 실어줄 것이다.

첫째, 우리는 모노아민 신경전달물질 수송체에 대한 작용이 어떻게 신경영양인자 생성과 같은 후속 분자 사건과 연결되어 우울증에서 지연된 치료 반응으로 이어지는지에 대해 논의했다(제6장 및 그림 6-27, 제7장 및 그림 7-62). 도파민 농도의 즉각적인 상승(NET를 동시에 차단하여 노르에피네프린 농도 증가가 흔히 동반됨)은 항우울 효과와 관련이 없다. 대신에 DAT(및 NET)는 24시간 내내 거의 끊임없이 치료적 농도에 관여해야 하므로, 신경전달물질의 시냅스 농도는 지연된 후속 분자 사건을 촉발하기에 충분히 강하고 지속적이다. 아마도 이러한 치료적 작용은 이론상으로 우울증에서 결핍된 긴장성 도파민 신경전달의 개선과 연결될 수 있다.

둘째, 동일한 DAT에서 임계 역치 이상의 점유에 도달하게 되면 ADHD 및 주간졸음증에서 치료효과가 즉각적으로 시작될 수 있으며, 이러한 DAT 점유가 역치 아래로 떨어지자마자 치료적 작용이 즉시 종료된다(그림 11-34A). 즉각적인 치료적 작용의 시작과 종료에 관한 이러한 역치 개념은 정신약리학의 다른 영역, 즉 제10장 및 그림 10-41A에

"Slow-Dose" Stimulants Amplify Tonic NE and DA Signals

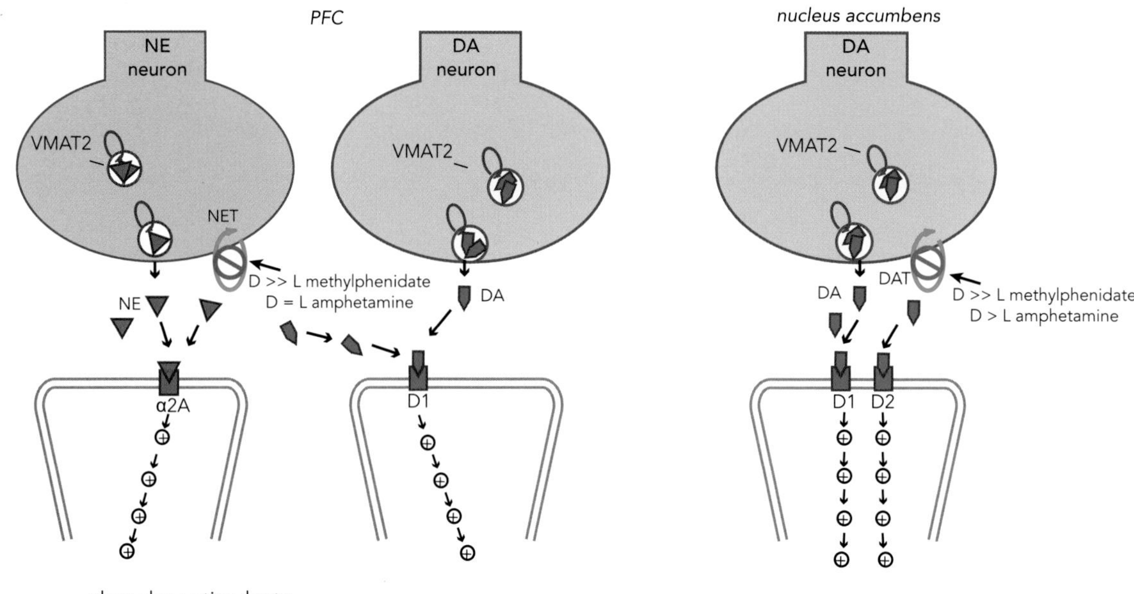

slow-dose stimulants

OROS - methylphenidate, LA - methylphenidate, XR - D-methylphenidate, transdermal methylphenidate
D-amphetamine spansules, XR - D,L mixed amphetamine salts, prodrug D-amphetamine (lisdexamfetamine)

그림 11-33 **긴장성 노르에피네프린(NE) 및 도파민(DA) 신호를 증폭시키는 느린 투여 자극제.** 가설상으로 약물의 남용 가능성 여부는 약물이 도파민 경로에 어떤 영향을 미치는지에 따라 달라진다. 다시 말해서 자극제의 약력학적 및 약동학적 특성은 치료효과뿐만 아니라 잠재적인 남용 프로필에도 영향을 미친다. 경구용 자극제의 연장방출 제형, 메틸페니데이트 경피용 패치, 전구약물인 리스덱스암페타민은 모두 '느린 투여' 자극제로 간주되며, ADHD에서 감소되어 있는 것으로 추정되는 긴장성 NE 및 도파민 신호를 증폭시킬 수 있다. 이러한 약제는 전전두엽피질(PFC)의 노르에피네프린 수송체(NET)와 기댐핵의 도파민 수송체(DAT)를 차단한다. 가설상으로 '느린 투여' 자극제는 PFC의 NET를 충분히 느리게, 충분히 오랫동안 점유하여 α_{2A} 및 D_1 시냅스후 수용체를 통해 각각 긴장성 NE 및 도파민 신호를 강화하지만, 기댐핵의 DAT를 충분히 빠르거나 광범위하게 점유하지는 않아서 D_2 수용체를 통한 위상성 신호는 증가시키지 않는다. 후자는 가설상으로 남용 가능성이 줄어든다는 것을 시사한다.

서 설명하였던 불면증 치료에서도 볼 수 있다. 여기에서도 비슷한 개념이 설명되어 있는데, ADHD 치료적 작용의 최소 역치는 아마도 DAT가 약 50~60% 점유되는 것이다(그림 11-34).

ADHD에서 임계 역치 이상을 표적화하는 DAT의 이러한 특성은 매우 두드러져 정확하게 원하는 방식으로 역치에 도달하고, 이를 유지하고, 역치 이하로 떨어뜨리는 최선의 방법을 포착하기 위한 전반적인 기술산업을 탄생시켰다. 메틸페니데이트와 암페타민이라는 두 가지 자극제 분자에 대한 20여 가지 이상의 형태가 현재 임상적으로 사용 가능하며(표 11-1부터 11-4까지), 몇 가지가 추가로 개발 중이다. 각각은 주어진 환자 유형에 맞는 이상적인 DAT 점유를 위한 이상적인 약물전달을 획득하기 위해 시도한다(예: 그림 11-34B). 이는 일반적으로 아침에 일어나자마자 역치 수준 이상으로 빠르게 올라가고, 생산적인 하루를 위해 필요한 만큼 오랫동안 DAT 점유 수준을 유지하면서, 취침 시간에 맞춰 역치 이하로 내려가는 형태를 취한다. 그리고 하루에 한번 복용하는 것으로 한다. 너무 늦게 작용하는 것은 아침 증상을 일으키고(그림 11-34B), 너무 짧게 지속되는 것은 늦은 오후와 저녁 증상이 생기게 하며(그림 11-34B), 너무 오래 지속되는 것은 늦은 오후와 저녁 부작용과 불면증을 일으킨다(그림 11-34C). 저녁 혈중농도가 너무 일찍 떨어지는 경우에 반동현상도 있으며, 과잉행동과 불면증이 뒤따른다. 수면 작용에서 논의했던 것처럼, 목표는 '너무 뜨

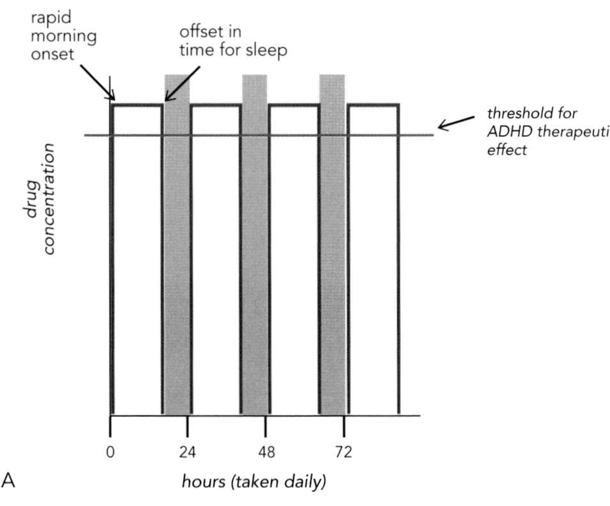

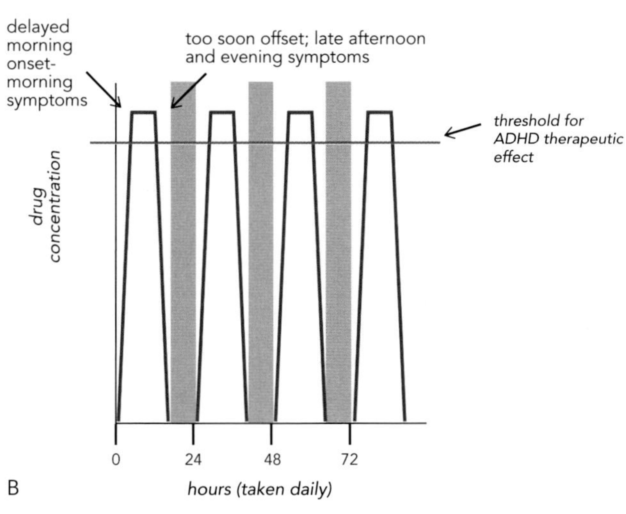

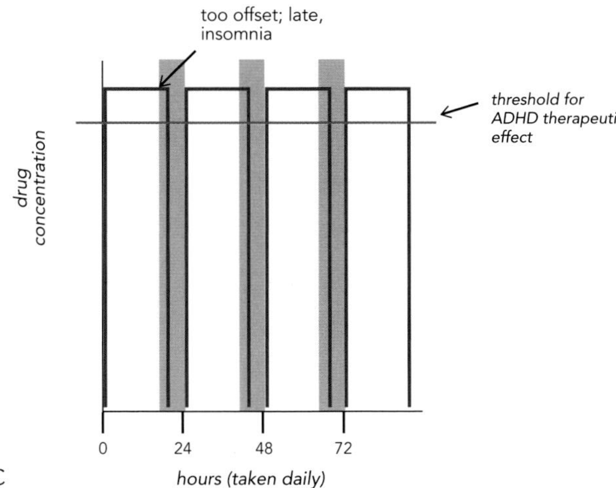

그림 11-34 도파민 수송체(DAT) 점유 수준 및 치료효과. DAT 차단의 치료효과는 치료적 임계 역치 이상의 점유 수준에 도달하는 데 달려 있으며, 점유 수준이 역치 아래로 떨어지면 치료작용이 종료된다. ADHD에서 치료작용이 시작되는 수용체 점유의 임계 역치는 50~60% 사이인 것 같다. 역치에 도달하기까지 걸리는 시간과 역치 이상의 지속시간 모두 효능과 내약성에 중요하다. (A) 이상적으로는 치료적 DAT 점유에 도달하는 시간은 기상 직후이며, 하루 종일 임계 역치 내에서 수준이 유지되고, 수면 시간에는 역치 아래로 떨어지는 것이다. (B) 임계 역치에서 DAT 차단의 시작이 지연되면 아침 증상으로 이어질 수 있고, DAT 차단기간이 불충분하면 저녁 증상을 유발할 수 있다. (C) DAT 차단이 임계 역치 내에서 너무 오랫동안 유지되면 불면증 등의 저녁 부작용이 발생할 수 있다.

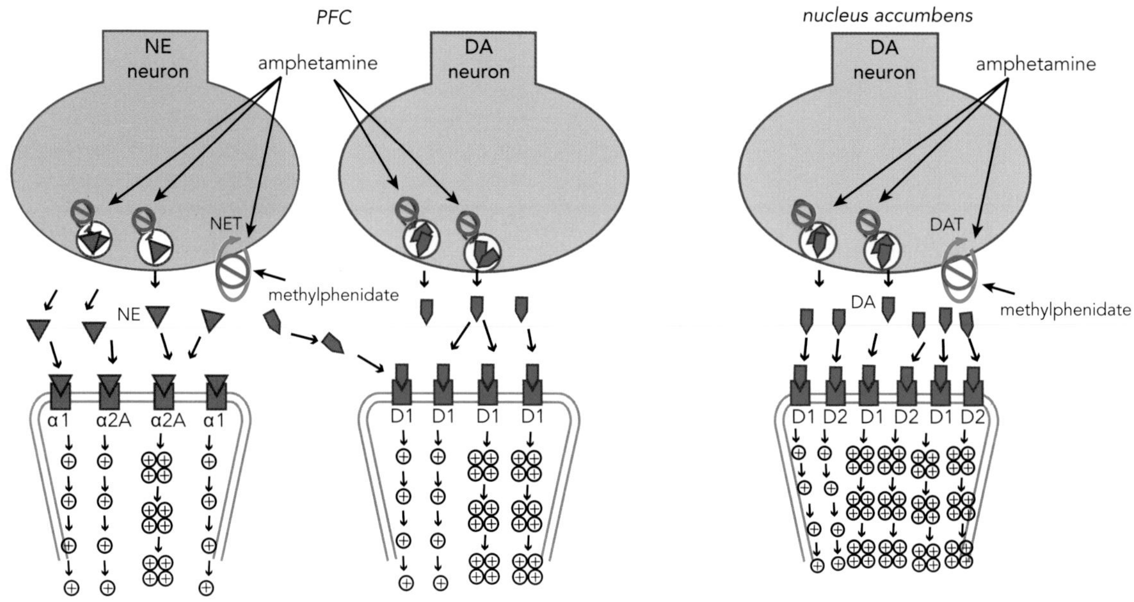

pulsatile stimulants

oral immediate-release, intravenous, intranasal, smoked, D-amphetamine, D,L amphetamine salts, methylphenidate, D-methylphenidate, cocaine, methamphetamine

그림 11-35 긴장성과 위상성 노르에피네프린(NE) 및 도파민(DA) 신호를 증폭시키는 박동성 자극제. 가설상으로 약물의 남용 가능성 여부는 약물이 도파민 경로에 어떤 영향을 미치는지에 따라 달라진다. 다시 말해서 자극제의 약력학적 및 약동학적 특성은 치료효과뿐만 아니라 잠재적인 남용 프로필에도 영향을 미친다. 정맥주사, 흡연, 비강 흡입을 통해 투여되는 자극제(박동성 자극제로 간주)와 마찬가지로 경구용 자극제의 즉시방출 제형은 전전두엽피질(PFC)의 노르에피네프린 수송체(NET)와 기댐핵의 도파민 수송체(DAT)를 차단하여 NE과 도파민 농도를 급격하게 증가시킨다. 기댐핵에서 도파민의 위상성 신경 발화가 빠르게 증폭되는 것은 이상행복감 및 남용과 관련이 있다. 메틸페니데이트 및 암페타민 즉시방출 제형의 남용 가능성은 긴장성뿐만 아니라 위상성 도파민 신호의 증가로 인한 것일 수 있다.

겁지도'(너무 길거나, 너무 과하거나, 너무 빠르거나), '너무 차갑지도'(너무 낮거나, 너무 짧거나) 않은 '딱 적당한'(그림 11-34A) 이상적인 '골디락스' 해법이며, 완벽하게 실행되는 현실보다 목표에 가깝다.

모든 환자에게 매일 적합한 '두루 적용되도록 만든' 자극제 전달 프로필은 존재하지 않으며, 모든 환자에게 이상적인 단일 기술도 없다. 그러므로 많은 선택사항 중에서 개별 환자에게 가장 적합한 것을 찾는 것이 현명할 수 있다(표 11-1부터 11-4까지 참조). 효과가 6시간 지속되기를 원하는가, 아니면 16시간 지속되기를 원하는가? 취침 전 저녁 시간에 더 큰 효과를 원하는가, 아니면 더 적은 효과를 원하는가? 많은 ADHD 환자는 아침이 힘들 수 있는데, 그래서 아침에 효과가 빠르게 나타나기를 원하는가, 아니면 역치 이상의 약물로 완전히 잠에서 깨어나기를 원하는가? 사용 가능한 여러 제형으로 현재 이 모든 것을 얻을 수 있다(표 11-1부터 11-4까지). 환자마다 반응이 다르고, 같은 환자라도 유연한 생활방식에 맞춰 요일마다 다른 반응을 원할 수 있다. 그리고 이 모든 것은 신비한 DAT와 ADHD(및 주간과다졸음증)에서 치료적 효능에 대한 DAT의 역치 때문이다. 아마도 이러한 치료작용은 긴장성 도파민 신경전달의 증가와 함께 위상성 도파민 신경전달의 신중하고 통제된 증대와 관련이 있을 수 있으며, 두 가지 모두 이론상으로 ADHD와 졸음에서 다소 결핍되었을 수 있다.

퍼즐의 마지막 조각이 남았다. ADHD와 졸음에는 즉각적인 치료효과가 있고 우울증에는 지연된 치료효과를 보이는 DAT 표적이 어떻게 치료가 아닌 약물남용을 유발할 수 있을까? 이는 DAT에 얼마나 빨리, 완전히, 오래 관여하는지에 따라 매우 다른 기능이 나타난다는 것을 알고 있는 경우에만 이해할 수 있다(그림 11-35 박동성 작용과 그림 11-33 지속성 작용을 비교). 즉 빠르고 높은 수준의 DAT 점유는 이상행복감을 유발하고 남용과 중독으로 이어지게 된다(그림 11-35; 제13장 및 그림 13-7 참조). 실제로 DAT가 더 빠르고 완벽하게 차단될수록 약물은 더 강화되고 남용될 수 있다. 이는 DAT 차단제인 메틸페니데이트, 모다피닐, 암페타민뿐만 아니라 또 다른 DAT 차단제인 메스암페타민과 코카인에도 적용된다. 경구 섭취는 DAT 억제제를 뇌에 전달할 수 있지만, 코로 들이마시거나 정맥으로 투여하거나 흡연하는 것만큼 빠르지 않다. 특히 이러한 다른 투여경로를 통해 고용량을 투여하면 DAT가 완전하고 치명적이며 갑작스럽게 차단된다. 시냅스 도파민의 급격한 축적(그림 11-35)은 점진적이고 지속적이며 낮은 수준의 DAT 점유(그림 11-33)에서 볼 수 있는 것과는 전혀 다른 양상이다. 실제로 갑작스럽고 완전하며 치명적인 DAT 차단으로 인한 도파민의 대량 방출에 더하여 시냅스전 종말에서 DAT가 반대로 작용하여 도파민을 바깥으로 수송하게 되면서 도파민 농도가 엄청나게 높아질 수 있다(이 장의 앞부분에 논의하였고 그림 11-32의 오른쪽 아래에 삽화로 설명함). 따라서 동일한 약물이 재앙적일 수 있는 반면 DAT 억제의 보다 부드럽고 신중한 투여가 어떻게 치료적일 수 있는지 이해하는 것은 최상의 현명한 DAT 억제제 투여를 허용할 수 있다. 조심하고, DAT를 부적절하게 엉망으로 만들지 않아야 한다! 이제 수수께끼가 해결되었다.

느린 방출 대 빠른 방출 자극제

DAT의 수수께끼를 해결한 것을 바탕으로, 이제 많은 약물전달 시스템은 ADHD의 치료효과를 극대화하고 남용과 부작용을 최소화하기 위해 DAT를 얼마나 많이, 오래 억제할 수 있는지뿐만 아니라 얼마나 빨리 억제할 수 있는지도 제

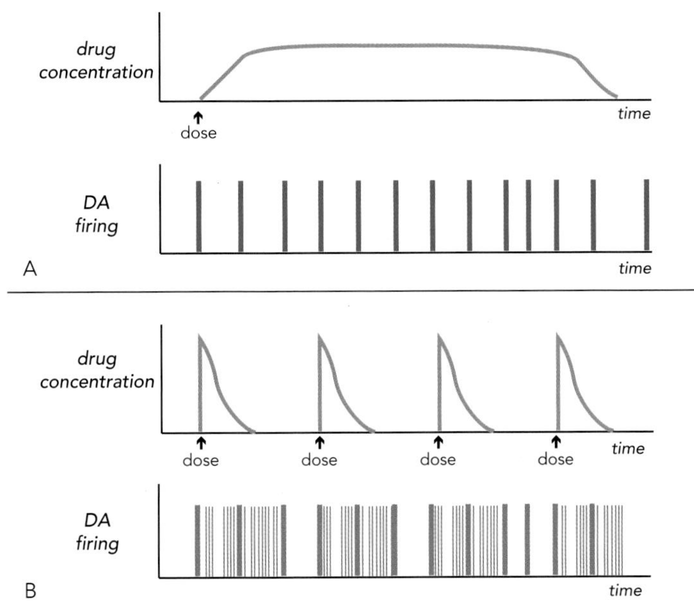

그림 11-36 **박동성 대 느리고 지속성인 약물전달.** 치료제로서 자극제와 남용약물로서 자극제의 차이점은 작용기전보다는 투여 경로와 용량에 달려 있다. 따라서 도파민 수송체(DAT) 차단의 시작에 걸리는 시간 및 지속기간에 달려 있다. (A) 환자를 치료하기 위해 자극제를 사용할 때에는 약물의 농도가 천천히 상승하고, 일정하게 항정상태를 유지하는 것이 바람직할 수 있다. 이러한 상황에서는 도파민의 발화 양상이 긴장성이며 규칙적으로 나타나고, 변동하는 도파민 농도에 좌우되지 않는다. (B) 일부 박동성 발화는 특히 학습 및 현저성 강화와 관련된 경우 유익할 수 있지만, 고용량의 도파민은 스트레스 상황에서의 도파민 작용과 흡사하고 최고 용량에서는 약물남용과 흡사하다. 도파민을 지속적이 아니라 박동적으로 투여하면 남용약물의 쾌락 효과가 매우 강화되어 강박적인 사용과 중독으로 이어질 수 있다.

어하도록 설계되었다(그림 11-36 및 표 11-1부터 11-4까지). 목표는 낮거나 중간 정도의 지속적인 약물전달을 통해 위상성 도파민 신경전달을 증대시키는 것이고(그림 11-36, 위쪽), 대부분은 긴장성 도파민 발화를 증가시키고 위상성 도파민 발화는 신중하게 증가시키도록 시도하는 것이며, 이것이 약간의 불장난이 될 수 있음을 인식하는 것이다. 약물남용 상황에서 박동성 약물전달로 인한 화상을 입지 않으려면(그림 11-36, 아래쪽), 남용과 중독을 유발하는 위상성 도파민 신경전달의 재앙적인 증가를 피하고, 긴장성 및 위상성 도파민 신경전달의 신중하고 치료적인 개선을 달성하기 위해 지속적 약물전달이 필요하다. 따라서 자극제의 제어방출 조합제는 약물의 농도가 서서히 상승하고 일정한 항정상태steady state가 된다(그림 11-33, 11-34A; 11-35, 위쪽). 이러한 상황에서 도파민의 발화 양상은 이론상으로 대부분 긴장성이고 규칙적이며, 변동되는 도파민 농도에 좌우되지 않는다. 일부 박동성 발화는 특히 학습과 현저성salience 강화에 관여할 때 도움이 된다(그림 11-10). 그러나 그림 11-15 및 11-16에서 볼 수 있듯이 도파민 자극은 역 U자형 곡선을 따르기 때문에 다소 과도한 도파민은 스트레스 상황에서의 도파민 작용을 모방하고(그림 11-14), 훨씬 더 높은 용량에서는 약물남용을 모방하게 된다(그림 11-36B). 따라서 제어방출 조합제와 달리 도파민을 즉시 방출하는 박동성 약물 투여는 잠재적으로 약물남용의 쾌락적 효과를 매우 강화할 수 있으며, 특히 충분히 많은 양을 충분히 빠르게 투여할 경우에 그렇다. 이러한 이유로 특히 청소년과 성인에게 즉시방출 자극제의 사용을 점점 더 피하고 있다.

또한 중요한 점은 그림 11-33에 표시된 '느린 투여slow dose' 자극제가 ADHD에서의 치료적 사용을 위해 DAT를 점유하는 비율, 양, 시간을 최적화할 뿐만 아니라 NET의 느린 투여 점유를 활용한다는 것이다. ADHD(및 졸음)에서 자극제의 가장 좋은 약리적 사용은 주로 DAT 효과(이 중 대부분은 원치 않는 것이다)를 얻기 위해 용량을 늘리는 것보다 NET와 DAT를 모두 표적으로 삼는 것이다. ADHD에 대한 최적화는 DAT를 표적으로 할 뿐만 아니라 NET도 표적으로 삼는 것을 의미하며, α_{2A} 수용체를 통해 전전두엽피질에서 긴장성 NE 신호를 증대하기 위해서는 충분히 느리게 시작하고 충분히 길게 작용하도록 전전두엽피질에서 NET를 충분히 점유하여야 한다(NET 억제가 어떻게 NE 작용 증대로 이어지는지에 대해서는 제7장 및 그림 7-33 참조). 제7장과 그림 7-33에서 설명한 것처럼, NET 억제는 D_1 수용체를 통해 전전두엽피질에서 긴장성 도파민 신호를 증가시킬 수 있다. 이것은 ADHD에 대한 좋은 치료효과를 허용하는 동시에 특히 기댐핵nucleus accumbens에서 신비한 DAT 표적의 수를 주의 깊게 적게 점유하여 D_2 수용체를 통해 그곳에서 위상성 신호를 증가시키지 않도록 한다(그림 11-35 및 11-36).

요약하면 ADHD 환자는 자극제가 얼마나 빨리, 많이, 오래 NET와 DAT를 점유하는지에 따라 자극제에 의한 치료적 개선이 달라지는 것으로 보인다. 이러한 과정이 느리게 시작하여 강력하지만 완전히 포화되지 않은 수준의 수송체 차단과 함께 감소하고 사라지기 전까지 긴 작용기간을 갖는 이상적인 방식으로 이루어진다면, 환자는 ADHD 증상과 완화 시간이 개선되고 이상행복감 없이 완벽한 혜택을 볼 수 있다(그림 11-34 및 11-36).

ADHD의 노르아드레날린 치료

아토목세틴

아토목세틴atomoxetine(그림 11-37)은 선택적 노르에피네프린 재흡수 억제제(NRI)이다. 때때로 NET 억제제라고도 불리는 선택적 NRI는 항우울 효과가 있는 것으로 알려져 있다(제7장에서 논의함). 이 약물의 ADHD에 대한 치료적 작용기전은 이 장에서 방금 논의하였던 NET에 작용하는 자극제, 제7장 및 그림 7-33에서 논의하였던 우울증 치료에 사용하는 약물에 대한 내용과 동일하다. 전전두엽피질의 NET를 차단하면 전전두엽피질의 도파민과 NE이 모두 증가하고(그림 11-38), 이것이 바로 NET 억제제가 ADHD에 효과가 있는 것으로 생각되는 이유이다. 그러나 기댐핵에는 NE 뉴런과 NET가 거의 없기 때문에 NET를 억제해

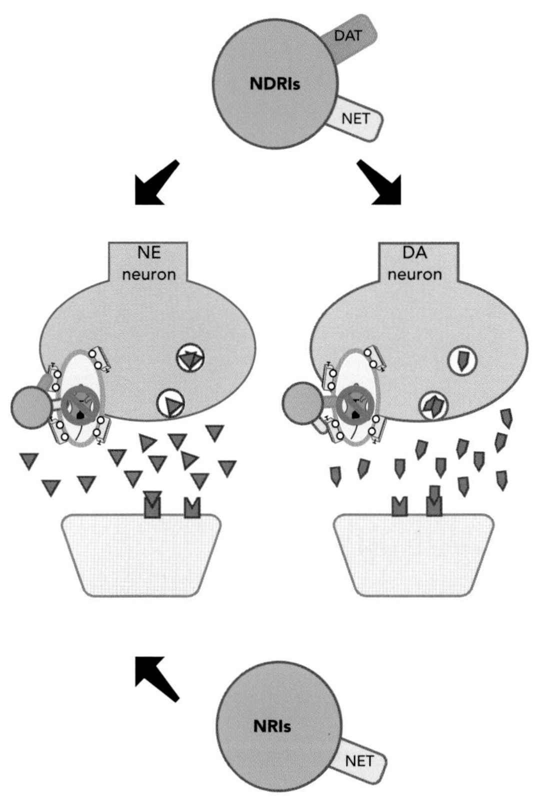

그림 11-37 **아토목세틴과 부프로피온의 분자작용 비교.** 아토목세틴은 선택적 노르에피네프린 재흡수 억제제(NRI)이고, 부프로피온은 노르에피네프린 도파민 재흡수 억제제(NDRI)이다. 두 약제 모두 전전두엽피질의 노르에피네프린 수송체(NET)를 차단하여 그곳에서 노르에피네프린(NE)과 도파민(DA)을 증가시킨다(NET는 도파민도 수송하기 때문). 또한 NDRI는 전전두엽피질에는 존재하지 않지만 기댐핵에는 존재하는 도파민 수송체(DAT)를 차단한다.

도 기댐핵에서는 NE이나 도파민이 증가하지 않으며(그림 11-38), 이는 NET 억제제가 강화, 남용, 중독 가능성이 없는 것으로 생각되는 이유이다.

부프로피온bupropion은 노르에피네프린 도파민 재흡수 억제제(NDRI)로 알려진 약한 NRI이자 약한 DAT 억제제이며, 앞서 제7장에서 우울증 치료제로 논의하였고 그림 7-34부터 7-36까지 및 그림 11-37에 삽화로 설명되어 있다. 데시프라민desipramine 및 노르트립틸린nortriptyline과 같은 몇몇 삼환계 항우울제tricyclic antidepressant, TCA는 주목할 만한 NRI 작용을 가진다. NRI 특성을 가진 이러한 약제들은 성공 여부는 다양하지만 모두 ADHD 치료에 사용되어 왔으며, 아토목세틴만이 충분히 연구되었고 어린이와 성인에 대해 사용 승인되었다.

과도하고 위상성인 도파민 및 NE 방출과 관련이 있을 것으로 추정되는 스트레스 및 동반질환을 가진 ADHD 환자에게서 아토목세틴의 가설상의 작용은, 그림 11-11 및 11-12의 치료가 이루어지지 않은 상태와 그림 11-39의 아토목세틴 장기 치료 후 이론상으로 나타나는 변화를 비교함으로써 개념적으로 볼 수 있다. 즉 만성 스트레스 및 동반이환과 관련된 상태와 연결된 ADHD는 이론상으로 전전두엽피질에서 과도하게 활성화된 NE 및 도파민 회로에 의해 유발되며, 결과적으로 위상성 NE 및 도파민 활동이 과도하게 발생한다(그림 11-13). 아토목세틴에 의해 전전두엽피질에서 느리게 시작하고 길게 지속되며 본질적으로 영구적인 NET 억제가 발생하면, 이론상으로 긴장성 시냅스후 D_1 및 α_{2A} 아드레날린 신호가 회복되고, 위상성 NE 및 도파민 작용이 하향조절되며, 시냅스후 NE 및 도파민 수용체가 탈민감화된다(그림 11-39). 이것의 가능한 결과는 ADHD 증상이 개선되면서 스트레스가 감소하는 것이다. 만일 그렇다면 ADHD 증상의 감소는 잠재적으로 불안, 우울, 과음의 감소를 동반할 수 있다. 치료적 작용이 혈장 약물농도와 순간적인 NET/DAT 점유에 따라 달라지는 자극제 사용과 달리, 장기적인 NRI 작용의 효과는 우울증 및 불안의 치료를 위한 선택적 세로토닌 재흡수 억제제(SSRI) 및 세로토닌 노르에피네프린 재흡수 억제제(SNRI)와 거의 동일한 방식으로 하루 종일 증상의 완화를 제공한다. 선택적 NRI는 단기 임상시험에서, 특히 동반이환이 없는 환자의 경우 자극제보다 ADHD 증상 감소를 위한 효과크기effect size가 일반적으로 더 작다. 그러나 이전에 자극제로 치료받은 적이 없거나 장기간(8~11주 이상) 치료받지 않은 ADHD 환자에게 NRI가 반드시 열등한 것은 아니다. 복잡한 동반이환을 갖거나, 부작용이 있거나, 자극제에 반응이 없는 환자에게는 실제로 자극제보다 NRI가 더 선호될 수 있다.

11

Atomoxetine in ADHD with Weak Prefrontal NE and DA Signals

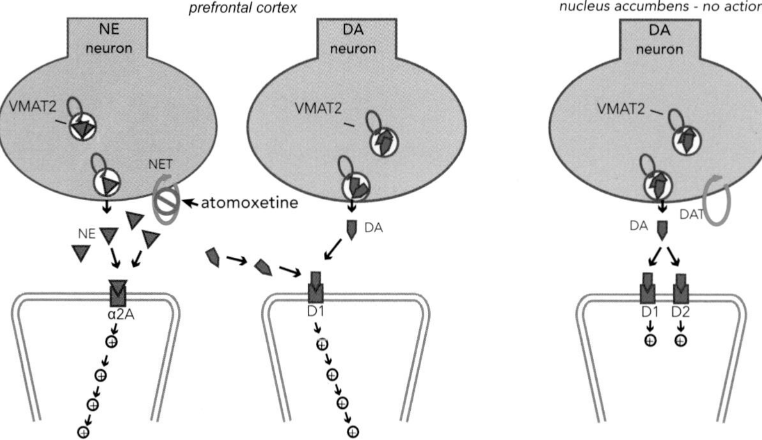

NET inhibitors

atomoxetine (NRI), reboxetine (NRI), bupropion (NDRI), venlafaxine (SNRI), duloxetine (SNRI), desvenlafaxine (SNRI), milnacipran (SNRI), desipramine (TCA), nortriptyline (TCA)

그림 11-38 약한 전전두엽 노르에피네프린(NE) 및 도파민(DA) 신호를 가진 ADHD에서 아토목세틴. NE과 도파민의 비활성화는 주로 노르에피네프린 수송체(NET)에 의해 일어나며, 아토목세틴은 NET를 차단함으로써 전전두엽피질에서 이 두 신경전달물질의 농도를 증가시킨다(왼쪽). 동시에 기댐핵에는 상대적으로 NET가 부족하기 때문에 아토목세틴으로 인한 NE 또는 도파민 농도의 증가가 예방되고, 따라서 남용의 위험이 낮다(오른쪽). 다른 NET 억제제도 동일한 효과가 있을 것으로 예상된다.

Chronic Treatment with Atomoxetine in ADHD with Excessive Prefrontal NE and DA Signals

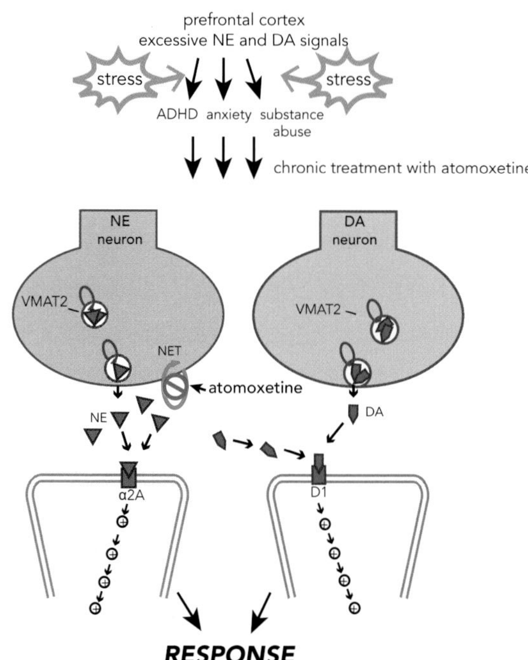

그림 11-39 과도한 신호를 가진 ADHD에서 아토목세틴의 장기 치료. 만성 스트레스 및 동반이환과 관련된 ADHD는 이론상으로 과도하게 활성화된 NE 및 DA 회로에 의해 발생한다. NET를 지속적으로 차단하면 긴장성 시냅스후 D_1 및 α_2 아드레날린 신호가 회복되고, 위상성 NE 및 DA 작용이 하향조절되며, 시냅스후 NE 및 DA 수용체가 탈민감화된다.

알파-2A 아드레날린 작용제

노르에피네프린 수용체는 제6장에서 논의하였고, 그림 6-14부터 6-16까지에 삽화로 설명하였다. α-아드레날린 수용체에는 일반적으로 α_{2A} 아형인 시냅스전 자가수용체(그림 6-14)부터 시냅스후 α_{2A}, α_{2B}, α_{2C} 및 α_1 아형인 α_{1A}, α_{1B}, α_{1D}에 이르기까지 다수의 아형이 있다(그림 6-14부터 6-16까지). α_{2A} 수용체는 중추신경계 전체에 걸쳐 널리 분포하며, 피질과 청반에서 높은 농도를 보인다. 이 수용체는 전전두엽피질에서 NE 효과의 주요 매개체인 것으로 생각되며, ADHD의 부주의, 과잉행동, 충동성 증상을 조절한다. α_{2B} 수용체는 시상에 고농도로 존재하며 NE의 진정 작용을 매개하는 데 중요할 수 있는 반면, α_{2C} 수용체는 선조체에 가장 밀집되어 있다. α_1 수용체는 일반적으로 α_2 수용체와 반대되는 작용을 하며, NE 방출이 낮거나 중간 정도일 때에는 α_2 기전이 우세하지만(즉 정상적인 주의력), NE 방출이 높을 때(예: 스트레스 및 동반이환과 관련된 경우)에는 α_1 기전이 NE 시냅스에서 우세하여 인지장애의 원인이 될 수 있다. 따라서 저용량의 선택적 NRI는 처음에는 α_{2A} 시냅스후 수용체의 활성을 증가시켜 인지수행을 향상시키지만, 고용량에서는 시냅스에 너무 많은 NE이 넘쳐날 수 있으며, 진정, 인지장애, 또는 둘 다를 유발한다. 선택적 NRI에 대

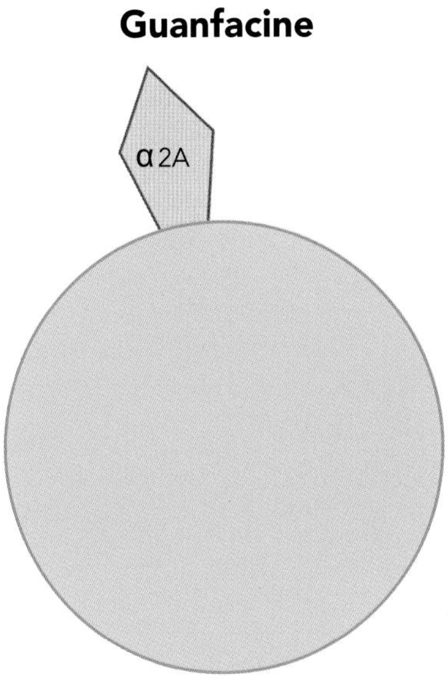

Guanfacine

α2A

그림 11-40 구안파신. 구안파신은 선택적 α_{2A} 수용체 작용제이다. 특히 구안파신은 α_{2B} 및 α_{2C} 수용체보다 α_{2A} 수용체에 대해 15~60배 더 선택적으로 작용한다.

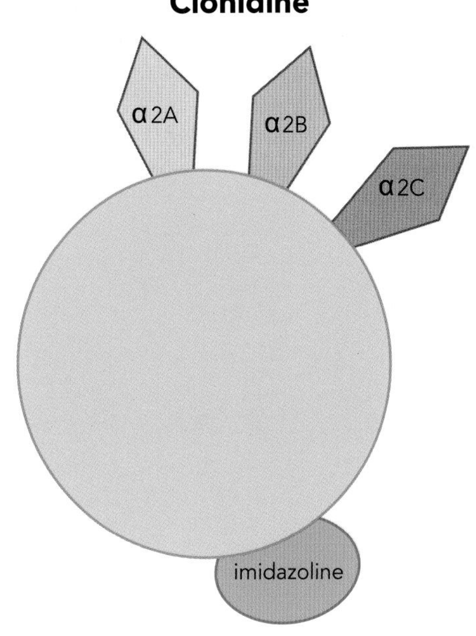

그림 11-41 클로니딘. 클로니딘은 α_2 수용체 작용제이다. 이 약물은 비선택적이며, α_{2A}, α_{2B}, α_{2C} 수용체 모두에 결합한다. 또한 클로니딘은 이미다졸린 수용체에도 결합하여 진정 및 저혈압 효과에 기여한다.

해 이러한 반응을 보이는 환자는 용량을 낮추는 것이 도움될 수 있다. α_2 아드레날린 수용체는 전전두엽피질에는 고농도로 존재하지만, 기댐핵에서는 낮은 농도로만 존재한다.

ADHD 치료에 사용되는 α_2 수용체 직접작용 작용제는 구안파신guanfacine(그림 11-40)과 클로니딘clonidine(그림 11-41) 두 가지가 있다. 구안파신은 α_{2A} 수용체에 대해 상대적으로 더 선택적이다(그림 11-40). 구안파신 ER은 하루 한 번 투여가 가능한 제어방출 제형이며, 즉시방출 구안파신보다 최고 약물농도에서의 부작용이 덜하다. 구안파신은 제어방출 제형만 ADHD 치료제로 승인되었다. 클로니딘은 α_2 수용체에 상대적으로 비선택적인 작용제이며, α_{2A}, α_{2B}, α_{2C} 수용체에 작용한다(그림 11-41). 이 외에도 클로니딘은 이미다졸린imidazoline 수용체에 작용하는데, 이는 클로니딘의 진정 및 저혈압 작용에 일부 관여하는 것으로 생각된다(그림 11-41). 클로니딘의 α_{2A} 수용체에 대한 작용이 ADHD에 대한 치료 가능성을 나타낸다 하더라도, 다른 수용체에 대한 작용은 부작용을 증가시킬 수 있다. 클로니딘은 고혈압 치료제로 승인되었지만, 제어방출 제형 클로니딘은 ADHD 치료제로 승인되었다. 클로니딘과 구안파신은 특히 제어방출 제형에서 품행장애, 적대적 반항장애, 뚜렛증후군 치료에 '허가사항 외off-label'로 사용된다. 구안파신은 클로니딘과 달리 α_{2A} 수용체에 대해 α_{2B} 및 α_{2C} 수용체보다 15~60배 더 선택적으로 작용한다. 게다가 구안파신은 클로니딘보다 진정유도 및 혈압강하에는 10배 약하지만, 전전두엽피질 기능향상에는 25배 더 강력하다. 클로니딘과 구안파신의 치료효과는 그림 11-42 및 11-43에서 볼 수 있듯이 전전두엽피질의 시냅스후 수용체에 직접적인 작용을 통해 네트워크 입력 강화 및 행동 개선과 관련이 있는 것으로 추정된다.

α_2 작용제 단독요법에 가장 적합한 대상은 누구일까? 가설상으로 일부 환자는 도파민 신경전달에 추가적인 장애가 없어도 전전두엽피질의 NE 농도가 낮아서 ADHD 증상이 발생할 수 있다(그림 11-43A). 이는 배경 소음 속에서 뒤범벅된 신호의 소실로 이어지며, 행동적으로는 과잉행동, 충동성, 부주의로 볼 수 있다(그림 11-43A). 이 경우 선택적 α_{2A} 작용제를 사용한 치료는 시냅스후 수용체의 직접적인 자극을 통해 신호를 증가시키고, 이것은 환자가 집중하고

The Mechanism of Action of Clonidine and Guanfacine and How They Affect the Three Alpha-2 Receptors

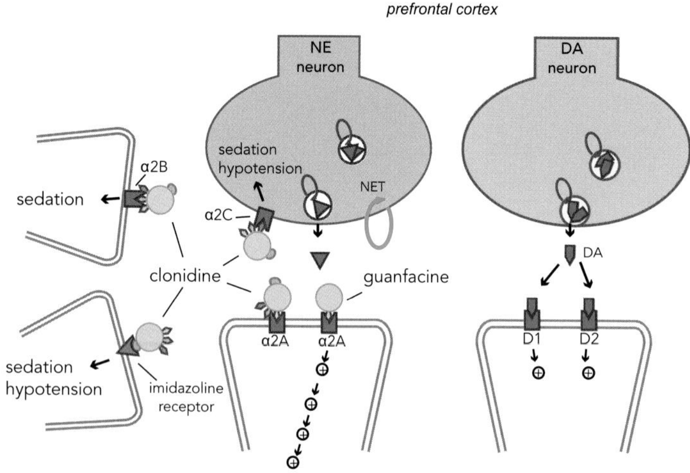

그림 11-42 **클로니딘과 구안파신의 작용기전.** 알파-2-아드레날린 수용체는 전전두엽피질에 고농도로 존재하지만, 기댐핵에는 저농도로만 존재한다. α_2 수용체에는 α_{2A}, α_{2B}, α_{2C}의 세 가지 유형이 있다. 전전두엽피질에서 가장 널리 존재하는 아형은 α_{2A} 수용체이다. α_{2B} 수용체는 주로 시상에 위치하며 진정 효과와 관련이 있다. α_{2C} 수용체는 청반에 위치하며, 전전두엽피질에는 거의 없다. 이는 저혈압 효과와 관련이 있을 뿐만 아니라 진정 작용도 가진다. 클로니딘과 구안파신은 ADHD에서 시냅스후 수용체를 자극하여 NE 신호를 정상 수준으로 증가시킬 수 있다. 시냅스후 도파민 수용체에서 작용하지 않는다는 것은 남용 가능성이 없다는 것과 같다.

Effects of an Alpha-2A Agonist in ADHD

ADHD: Hypothetically Low Signals Due to Low NE

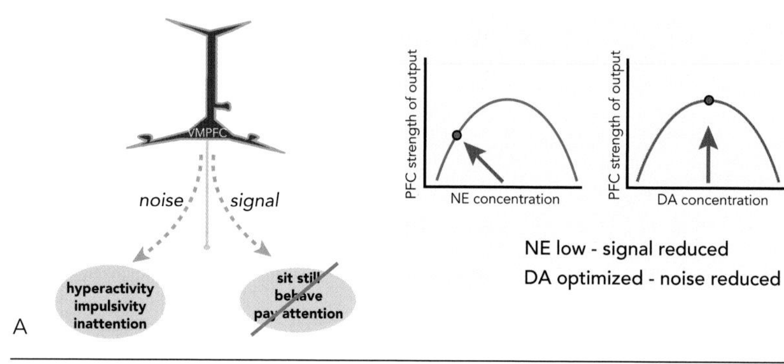

Treatment with Alpha-2A Agonist

VMPFC

noise

signal

hyperactivity
impulsivity
inattention

sit still
behave
pay attention

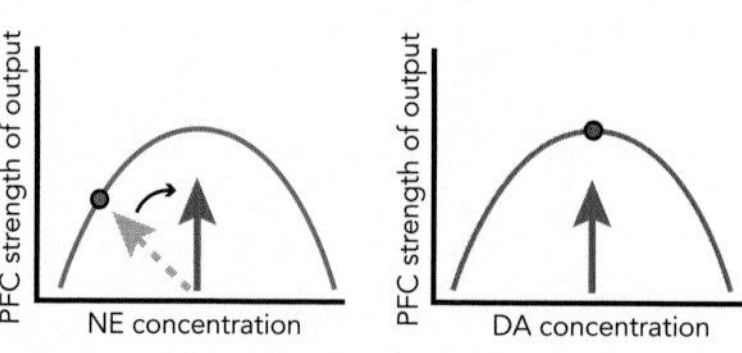

NE optimized - signal enhanced
DA optimized - noise reduced

B

그림 11-43 **ADHD에서 α_{2A} 작용제의 효과.** (A) 가설상으로 도파민(DA) 신경전달의 추가적인 장애가 없이도 전전두엽피질(PFC)의 노르에피네프린(NE) 농도가 낮아서 ADHD 증상이 발생할 수 있다. 그 결과 신호가 뒤섞여 과잉행동, 충동성, 부주의가 나타날 수 있다. (B) 선택적 α_{2A} 작용제로 치료하면, 시냅스후 수용체의 직접적인 자극을 통해 신호가 증가하여 가만히 앉아 있고 집중하는 능력이 향상된다. VMPFC: 배안쪽 전전두엽피질ventromedial prefrontal cortex.

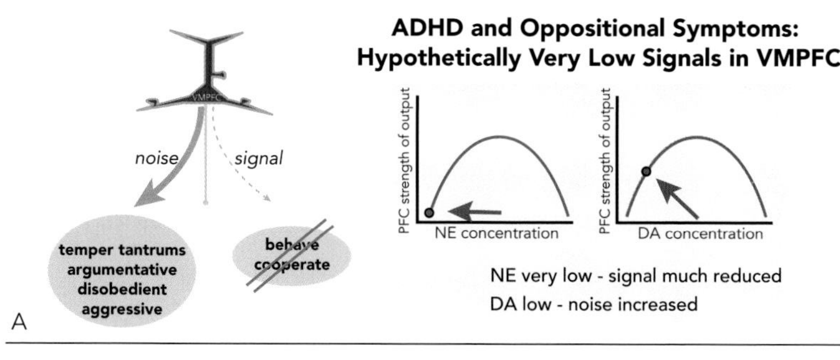

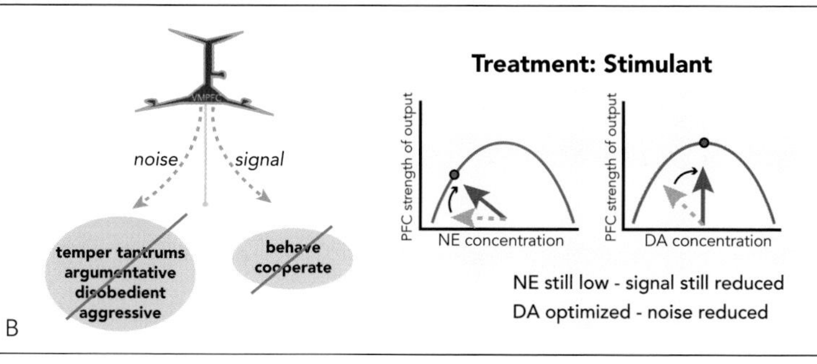

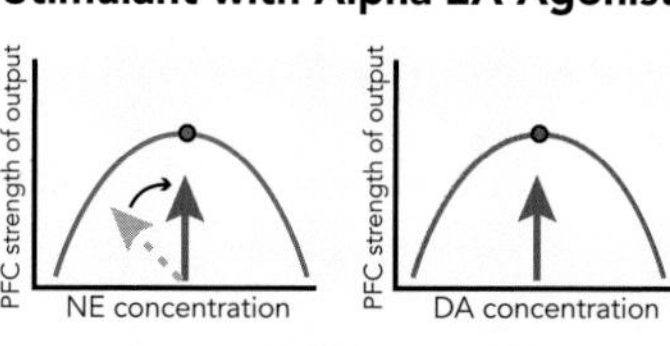

그림 11-44 **ADHD와 적대적 증상을 치료하는 방법.** 논쟁적이고, 반항적이며, 공격적인 행동은 ADHD 및 적대적 증상을 겪는 환자에게서 종종 관찰된다. (A) 이론상으로 이러한 행동은 배안쪽 전전두엽피질(VMPFC)의 매우 낮은 노르에피네프린(NE) 농도 및 낮은 도파민(DA) 농도와 연결되며, 신호가 훨씬 감소하고 잡음이 증가하게 된다. (B) 자극제로 치료하면 잡음을 줄일 수 있지만, 강력한 NE 결핍을 해결하지 못하므로 부분적인 행동의 개선만 이루어진다. (C) α_{2A} 작용제로 자극제를 증강시키면, 이미 최적화된 도파민 출력이 있는 상태에서 NE 농도를 최적화하여 신호를 향상시킬 수 있다.

가만히 앉아 있고 적절하게 행동할 수 있다는 것을 의미한다(그림 11-43B). 현재까지는 구안파신 ER의 경험적 시도 외에는 이러한 환자를 미리 식별할 수 있는 방법이 없다.

ADHD 및 적대적 증상oppositional symptom을 겪는 환자는 논쟁적이고, 반항적이며, 공격적이고, 분노발작temper tantrum을 보일 수 있다(그림 11-8 및 11-44A). 이러한 행동들은 가설상으로 배안쪽 전전두엽피질ventromedial prefrontal cortex, VMPFC의 매우 낮은 NE 농도 및 낮은 도파민 농도와 연결되며, 신호가 훨씬 감소하고 잡음이 증가하게 된다(그림 11-44A). 자극제로 치료하면 잡음을 줄여 이러한 상황을 개선할 수 있지만, 가설상의 강력한 NE 결핍을 해결하지는 못하므로(그림 11-44B) 단지 부분적으로 행동을 개선한다. α_{2A} 작용제로 자극제를 증강하면(그림 11-44C), 가설상으로 이미 최적화된 도파민 출력이 있는 상태에서 NE 농도를 최적화하여 신호를 향상시킴으로써 문제를 해결할 수 있다. 행동적 측면에서 이는 환자가 적절하게 협조하고 행동하는 결과를 초래할 수 있다. 구안파신 ER은 자극제에 불충분하게 반응하는 환자를 위한 증강제로 승인되었으며, 특히 적대적 증상이 있는 환자에게 도움이 될 수 있다.

미래의 ADHD 치료

암페타민과 메틸페니데이트의 약물전달을 위한 새로운 기술은 끊임없이 진화하고 있으며, 부분적으로 원하는 치료적

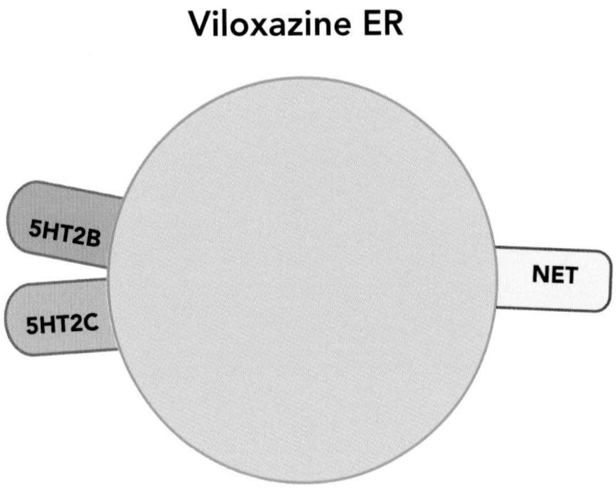

Viloxazine ER

5HT2B

5HT2C

NET

그림 11-45 **빌록사진 ER.** 빌록사진은 노르에피네프린 수송체(NET) 억제제이며, 세로토닌 2B($5HT_{2B}$) 및 $5HT_{2C}$ 수용체에도 작용한다. 제어방출 제형 빌록사진은 ADHD 치료를 위한 임상개발 후기 단계에 있다.

작용 기간을 맞춤화할 수 있기 때문에, 그리고 특허 및 상용화도 부분적으로 가능하기 때문에 더 많은 기술이 현재 개발되고 있다. 제어방출 제형의 새로운 측면 중 하나는 흡입, 코로 들이마시기, 흡연, 주사를 위해 분말화하려는 시도를 저지하는 기반으로 만들 수 있는 잠재력이다.

한때 우울증 치료제로 다른 나라에서 판매되었지만 미국에서는 판매되지 않았던 빌록사진viloxazine(그림 11-45)이라는 선택적 NRI를 ADHD에 사용하기 위해 제어방출 제형으로 변경하여 현재 임상개발 후기 단계에 있다.

식욕억제제로 승인되었던 DAT 억제제인 마진돌mazindol과 삼중(5HT-NE-DA) 재흡수 억제제인 센타나파딘centanafadine도 현재 임상시험 중이다.

요약

ADHD는 핵심 증상으로 부주의, 충동성, 과잉행동이 있으며, 이론상으로 전전두엽피질의 특정 기능불량 신경 회로와 관련된 것으로 보인다. ADHD는 전전두엽피질에서 노르에피네프린과 도파민의 조절장애가 있는 질환으로 개념화할 수 있으며, 일부 환자들은 노르에피네프린과 도파민이 결핍되어 있고, 다른 환자들은 노르에피네프린과 도파민이 과다하게 분비된다. 이론상으로 치료는 전전두엽 회로의 정보처리 효율을 정상으로 되돌리는 것이다. ADHD를 가진 어린이와 성인 사이에는 차이가 있으며, 이 두 집단을 어떻게 치료하는가에 대한 특별한 고려사항들이 있다. ADHD에서 자극제 치료의 작용기전에 대해 약력학 및 약동학 측면에서 자세하게 논의하였다. 목표는 자극제의 약물전달 속도, 수송체 점유 정도, 수송체 점유 기간을 조절함으로써 위상성이 아닌 긴장성 노르에피네프린 및 도파민 작용을 증폭하는 것이다. 아토목세틴과 같은 선택적 노르에피네프린 재흡수 억제제의 이론상의 작용기전과 만성 스트레스 및 동반이환이 있는 성인에게 가능성 있는 장점에 대해 논의하였다. α_2 아드레날린 작용제의 작용도 소개하였다.

12 치매: 원인, 대증요법, 아세틸콜린 신경전달물질 네트워크

이 장에서는 가장 최신의 진단 기준을 포함하여 치매의 다양한 원인과 병리에 대한 간략한 개요를 제공할 것이며, 특히 알츠하이머병Alzheimer disease, AD에서 생물표지자biomarker가 임상진료에 어떻게 통합되기 시작했는지에 대해 간략하게 설명할 것이다. 알려진 다수의 치매를 진단하는 방법에 대한 전체적인 임상적 및 병리학적 설명과 공식 진단 기준은 표준 참고자료를 참조해야 한다. 여기서는 서로 다른 치매의 다양한 병리학적 기전이 뇌 회로와 신경전달물질을 어떻게 방해하는지에 대해 논의할 것이다. 또한 뇌 회로의 붕괴가 치매의 다양한 증상과 어떻게 연관되어 있는지, 그리고 뇌 회로와 신경전달물질을 표적으로 하는 약물이 어떻게 증상을 개선시키는지를 기억, 정신병, 초조를 강조하면서 보여줄 것이다. 이 장의 목표는 치매의 임상적, 생물학적 측면과 현재 승인된 다양한 약물과 곧 출시될 새로운 약제를 통해 치매 관리에 대한 아이디어를 독자에게 숙지시키는 것이다. 치매의 기초를 이루는 병리학적 과정을 늦추거나, 중단시키거나, 역전시킬 수 있는 질병완화제제의 조기개발에 대한 희망은 희미해졌지만, 치매 환자가 폭발적으로 증가하면서 더욱 문제가 되고 있는 정신병 및 초조와 같은 치매의 행동증상을 개선하는 몇 가지 새로운 치료법이 있다. 따라서 여기에서는 치매 증상의 생물학적 근거와 정신약리학적 약제에 의한 증상 완화뿐만 아니라 이러한 증상을 치료하는 약물의 작용기전에 중점을 둘 것이다. 임상진료에서 이러한 약물의 처방과 관련된 용량, 부작용, 약물 상호작용, 기타 다른 문제에 대한 자세한 내용을 확인하려면 표준 약물 안내서(예: 스탈의 필수 정신약리학: 처방자 지침서)를 참조해야 한다.

치매: 진단 및 원인

치매란 무엇인가

'치매dementia'라는 용어는 일상적인 활동을 수행하는 능력을 방해할 정도로 충분히 심각한 인지 및 신경정신 증상이 이전의 기능수준에 비해 뚜렷한 저하를 초래하는 것을 말한다(표 12-1). 이러한 증상은 인지기능장애, 기억상실, 추론장애, 시공간장애, 언어 및 의사소통 문제, 정신병 및 초조와 같은 행동증상을 포함한다(표 12-1).

표 12-1 **모든 원인에 의한 치매의 진단**

모든 원인에 의한 치매

• 일상활동 수행능력을 방해하는 인지/신경정신 증상
• 이전의 기능 수준에 비해 저하
• 섬망 또는 주요 정신질환에 의한 것이 아님
• 신경심리검사 또는 환자 정보제공자를 통해 진단된 인지장애
• 인지장애는 다음 중 두 가지를 포함함
  o 새로운 정보의 획득/유지 능력의 장애
  o 추론장애
  o 시공간장애
  o 성격 또는 행동의 변화

경도인지장애란 무엇인가

경도인지장애mild cognitive impairment, MCI는 종종 치매와 혼동되며 치매의 선행질환인 경우가 많지만, MCI 자체는 치매가 아니다(그림 12-1 및 표 12-2). 대신 MCI는 일상생활 활동을 수행하는 능력에 유의한 영향을 (아직은) 미치지 않는 단지 경미한 인지저하를 나타낸다. MCI를 가진 모든 환자가 치매로 발전하는 것은 아니다. 실제로 MCI가 '정상 노화'와 무엇이 다른지에 대해서는 큰 논쟁이 있다. 바라건대 생물표지자와 신경영상 연구는 향후 이 문제를 해결할 수 있을 것이다. 순전히 임상적인 관점에서 볼 때, 지역사회에 거주하는 노인의 절반 이상이 네 가지의 흔한 주관적 기억저하subjective memory complaint를 가지고 있다. 이들은 5~10년 전의 기능에 비해 (1) 이름을 기억하는 능력, (2) 정확한 단어를 찾는 능력, (3) 물건의 위치를 기억하는 능력,

Mild Cognitive Impairment

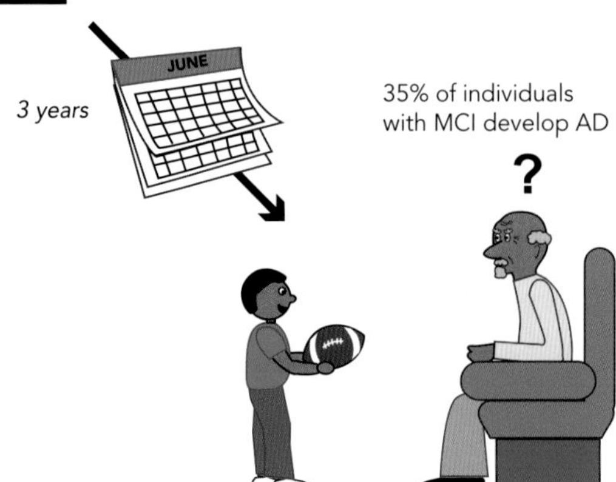

그림 12-1 **경도인지장애.** 많은 노인이 주관적인 기억문제를 호소한다. 이들 중 일부는 일상생활 수행능력에 유의한 영향을 미치지 않고, 치매의 역치를 넘지 않는 경미한 인지저하를 나타내는 경도인지장애(MCI)를 가지고 있다. MCI는 알츠하이머병(AD)의 초기인 전구기에서 분명하게 나타나기는 하지만, MCI가 있는 모든 환자가 AD로 발전하는 것은 아니다. 인지장애를 가진 많은 사람들은 실제로 우울증과 같은 정신질환이나 수면장애를 가지고 있을 수 있다. MCI 환자의 약 35%가 3년 이내에 AD로 발전한다.

(4) 집중하는 능력의 저하를 경험한다. 명백한 치매, 우울증, 불안장애, 수면/각성장애, 통증장애, 주의력결핍 과잉행동장애(ADHD)가 없는 상태에서 이러한 증상이 발생하는 경우, 많은 전문가들은 이를 MCI라고 부른다. 다른 전문가들은 알츠하이머병의 가장 초기 단계('전치매 AD', 'AD로 인한 MCI', '전구기 AD')에만 MCI라는 용어를 사용하지만, 현재로서는 주관적 기억저하를 가진 사람 중 알츠하이머병으로 진행될 운명을 가진 사람과 그렇지 않은 사람을 판별할 수 없다. 따라서 MCI는 주관적 기억저하의 모든 원인을 포괄하는 일반적인 용어로 사용되는 경향이 있다. 생물표지자를 사용하여 정상 노화를 보이는 사람을 우울증처럼 가역적 질환이 있는 사람과 AD나 다른 치매로 진행될 운명을 가진 사람과 구별하려는 시도가 이루어지고 있다. 연구에 따르면 생물표지자 없이 임상적 근거만으로 매년 MCI 환자의 6~15%가 치매 진단으로 전환되고, 5년 후에는 약 절반이 치매 기준을 충족하며, 10년 또는 부검 후에는 최대 80%가 AD로 입증된다. 따라서 MCI가 항상 치매의 전구기prodrome는 아니지만 종종 그런 경우가 있다. 따라서 가역적이고 치료 가능한 MCI의 원인을 적극적으로 추적하고, 적절하게 진단하고, 가능할 때는 언제나 치료해야만 한다.

치매의 네 가지 주요 원인

전 세계적으로 3,500만 명 이상의 사람들이 어떤 형태로든 치매를 앓고 있으며, 그 수가 빠르게 증가하고 있다. 치매는 다양한 병리학적 기원을 가진 많은 원인들이 존재하지만, 이들 모두 중복될 뿐만 아니라 독특한 임상적 특징(표 12-2)과 신경영상 소견(표 12-3)을 가지고 있다. 네 가지 주요 원인은 알츠하이머병, 혈관성 치매vascular dementia, 루이소체 치매Lewy body dementia, LBD, 전두측두엽 치매frontotemporal dementia, FTD이다(표 12-2 및 12-3).

알츠하이머병

알츠하이머병Alzheimer disease, AD은 치매의 가장 흔한 원인이며, 환자, 가족, 간병인, 경제에 심각한 결과를 가져오는 아마 틀림없이 가장 파괴적인 노화 관련 질환일 것이다. 현재 540만 명의 미국인이 AD를 앓고 있는 것으로 추정되며, 어떤 질병완화제제도 없으며, 2050년에는 그 수가 2배 이상 증가하여 1,400만 명에 이를 것이다. 부검 시 뇌에서 발견되는 AD의 세 가지 병리학적 특징은 (1) 판plaque으로 응집된 아밀로이드-베타amyloid-beta, Aβ, (2) 과인산화된 타우 단백질tau protein로 구성된 신경원섬유 매듭neurofibrillary tangle, (3) 현저한 뉴런 소실이다(그림 12-2). 뉴런 소실은 종종 너무 심해서 사후 뇌 검사에서 육안으로 확인할 수 있다(그림 12-3).

AD의 뉴런 소실은 살아 있는 환자에게 플루오로데옥시포도당 양전자방출단층촬영fluorodeoxyglucose positron emission tomography, FDG PET을 사용하여 뇌 포도당 이용을 측정함으로써 감지할 수 있다(그림 12-4). 정상적인 건강한 대조군의 뇌는 뇌 전체에 걸쳐 포도당 대사가 활발하지만,

표 12-2 감별진단: 임상양상

경도인지장애(MCI)	알츠하이머병(AD)	혈관성 치매	루이소체 치매(LBD)	전두측두엽변성(FTD)
정신처리속도 및 선택반응시간 감소 경미하고 일관성이 없으며 기능 장애와 관련이 없는 양성 건망증	단기기억 상실 집행기능장애 일상생활 활동의 어려움 시간 및 공간 지남력장애 언어장애, 성격 변화	추상화, 정신적 유연성, 처리속도 및 작업기억 저하 언어기억은 더 잘 보존됨 더 느린 인지저하 뇌졸중 후 몇 개월 이내에 치매가 발생함	환시 자발성 파킨슨증 인지 변동 시공간, 주의 및 집행기능 결함이 악화됨 기억장애가 심각하지 않음 정신병 및 성격 변화의 조기 발현 급속안구운동(REM)수면장애	사회적 행위를 저해하는 점진적인 행동 및 성격 변화(무감동, 탈억제 등) 언어장애 삽화기억의 보존 가능성

표 12-3 감별진단: 신경영상

	알츠하이머병(AD)	혈관성 치매	루이소체 치매(LBD)	전두측두엽변성(FTD)
MRI	내측 측두엽 위축	내측 측두엽 위축; 백질 이상	내측 측두엽 위축	내측 측두엽 위축
FDG PET	측두두정피질	전두-피질하조직 네트워크	두정후두피질 및 측두두정피질	전두측두피질

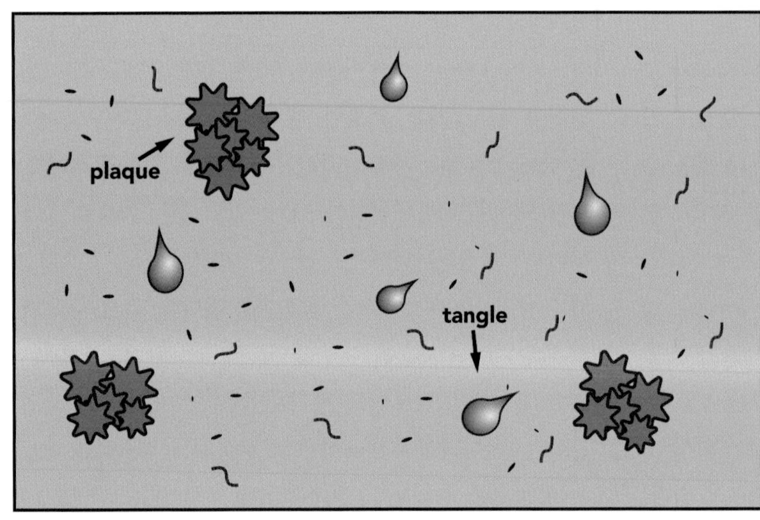

그림 12-2 **알츠하이머병 병리.** 부검 시 알츠하이머병 뇌에서 보이는 두 가지 주요 병리학적 특징은 Aβ로 구성된 판과 과인산화된 타우 단백질로 구성된 신경원섬유 매듭이다.

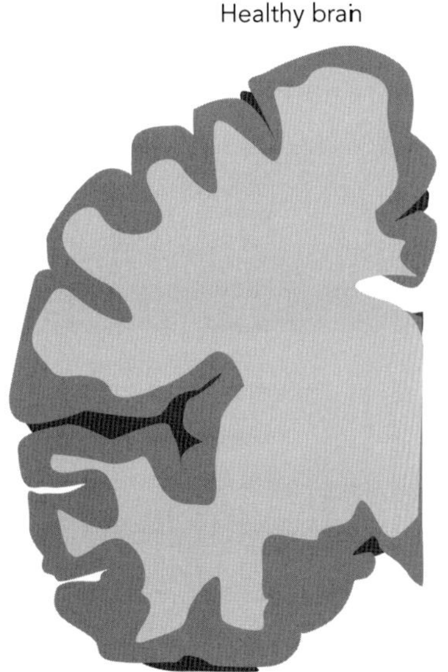
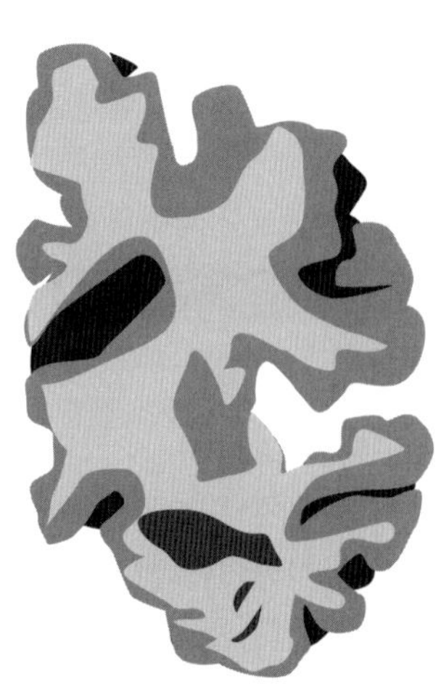

그림 12-3 **알츠하이머병 병리: 뉴런 사멸.** 부검 시 알츠하이머병(AD) 뇌에서 보이는 세 번째 주요 병리학적 특징은 뉴런 소실이며, 이는 사후 검사에서 육안으로 확인할 수 있을 정도로 심각한 경우가 많다. 뉴런 소실은 변연 및 피질영역에서 발생하며, 콜린 뉴런에 지대한 영향을 미치지만, 다른 신경전달물질 시스템에도 영향을 준다.

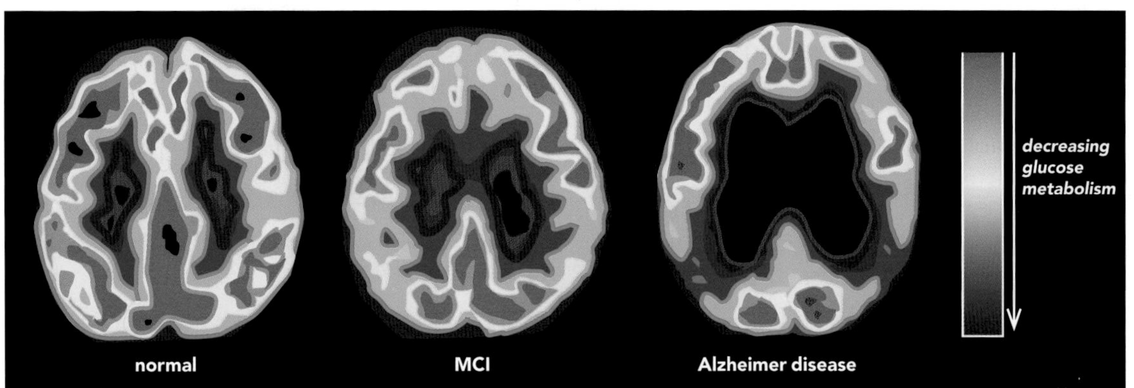

그림 12-4 **FDG PET.** 살아 있는 뇌에서 알츠하이머병의 뉴런 소실은 뇌의 포도당 대사를 측정하는 18F-2-플루오로-2-데옥시-D-포도당 양전자방출단층촬영(FDG PET)을 사용하여 감지할 수 있다. 정상적인 뇌에서는 포도당 대사가 활발하다. 경도인지장애(MCI)에서는 측두두정피질과 같은 조금 더 뒤쪽 뇌 영역에서 포도당 대사의 감소가 뚜렷하게 나타난다. 알츠하이머병(AD)에서는 뒤쪽 영역의 포도당 대사 감소가 더욱 뚜렷해진다. AD 환자에게 나타나는 FDG PET 이상은 축적된 신경퇴행을 반영하는 것으로 여겨진다. FDG PET 결과는 유용한 정보를 줄 수 있지만 AD를 진단할 수는 없다.

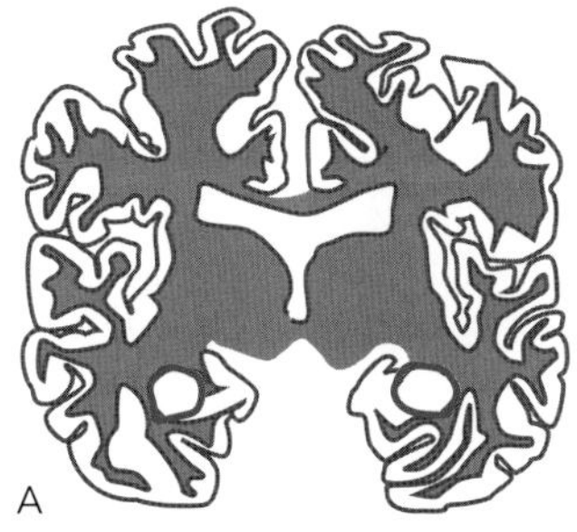

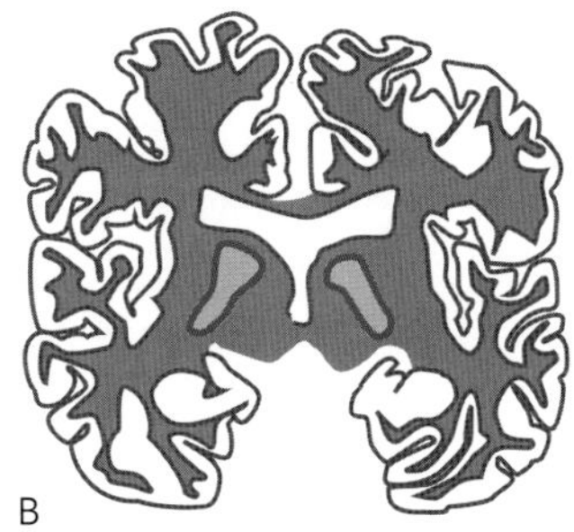

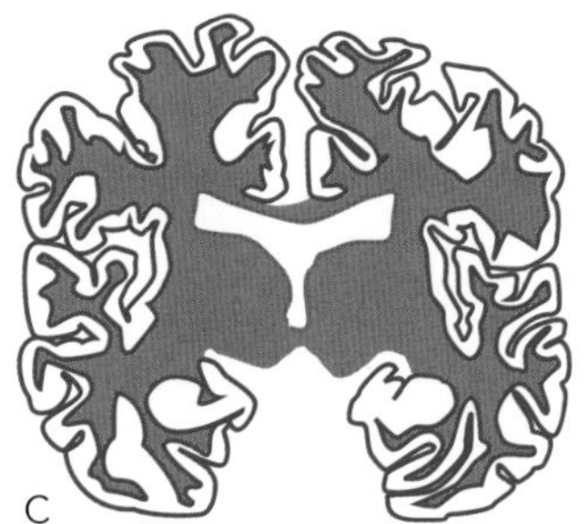

그림 12-5 **자기공명영상.** 살아 있는 뇌에서 알츠하이머병(AD)의 뉴런 소실은 자기공명영상(MRI)을 통해 특히 안쪽측두엽에서 감지할 수 있으며, 해마 위축(A), 뇌실 확장(B), 피질 두께 감소(C) 등의 변화가 관찰된다. MRI 결과는 유용한 정보를 줄 수 있지만 AD를 진단할 수는 없다.

경도인지장애(MCI)에서는 측두두정피질temporoparietal cortex처럼 조금 더 뒤쪽 뇌 영역에서 뇌 포도당 대사가 감소할 수 있다(그림 12-4). 질병이 본격적인 AD로 진행됨에 따라 FDG PET에서 뒤쪽 영역의 뇌 포도당 대사저하는 점점 더 분명해진다(그림 12-4). AD가 진행됨에 따라 포도당 대사가 악화되는 것은 특히 측두두정피질처럼 주요 뇌 영역에서의 축적된 신경퇴행neurodegeneration을 반영하는 것으로 여겨진다. 자기공명영상magnetic resonance imaging, MRI은 특히 안쪽측두엽medial temporal lobe에서 AD 환자의 뉴런 소실을 감지할 수 있다(그림 12-5). 경증 AD 환자라도 내후각피질entorhinal cotrex 용적의 20~30% 소실, 해마 용적의 15~25% 소실뿐만 아니라 뇌실확장이 있을 수 있다(그림 12-5). AD로 인해 환자가 가벼운 치매 징후라도 나타내기 시작할 때쯤에는 뇌 손상이 이미 광범위하고 비가역적일 수 있다.

혈관성 치매

혈관성 치매vascular dementia는 치매의 두 번째로 흔한 형태이며, 치매 사례의 약 20%를 차지한다(그림 12-6). 혈관성 치매는 본질적으로 심혈관질환의 신경학적 증상이며, 죽

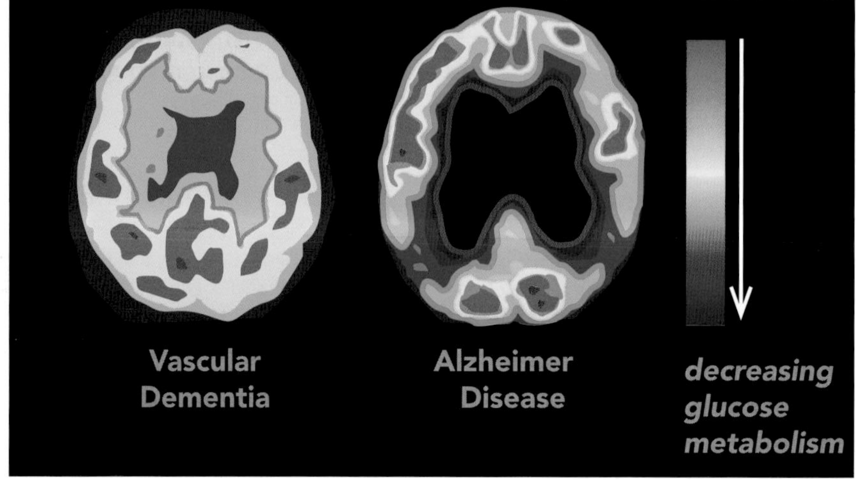

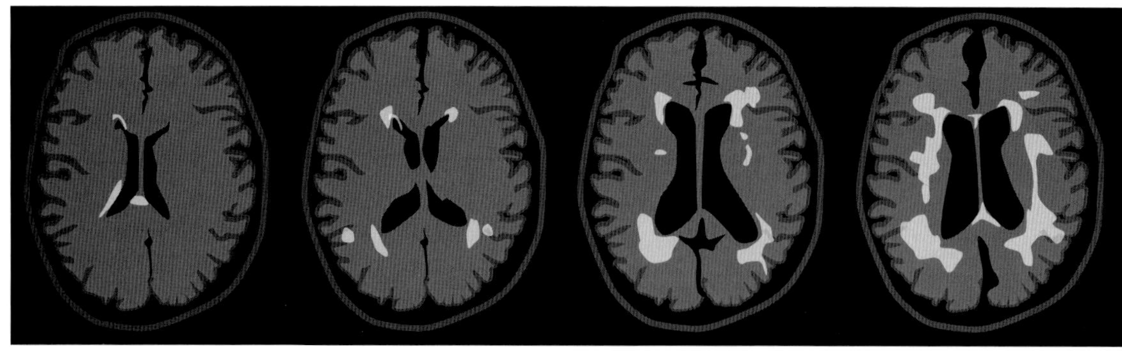

그림 12-6 **혈관성 치매.** 혈관성 치매는 심혈관질환이 신경학적으로 발현되는 것이며, 죽상경화증, 동맥경화증, 경색, 백질 변화, 미세출혈을 포함한 수많은 병리로 인해 뇌 혈류가 감소할 뿐만 아니라 뇌 혈관에 Aβ가 침착된다. 혈관성 치매와 알츠하이머병(AD)은 겹치는 경우가 많다. '순수한' 혈관성 치매의 경우 FDG PET에서 AD와는 다른 저관류 양상을 보이는데, 감각운동 및 피질하 영역은 대사가 저하되고 연관피질은 상대적으로 보존된다. 혈관성 치매 환자는 MRI에서 백질 변성의 중증도가 증가된 것으로 나타난다.

상경화증, 경색, 백질 변화, 미세출혈로 인한 뇌혈류 감소뿐만 아니라 뇌 혈관 내 Aβ의 침착을 동반한다(그림 12-6). 실제로 뇌졸중을 앓은 노인의 약 30%가 뇌졸중 후 인지장애 및/또는 치매를 경험하게 된다. 또한 말초 심혈관질환과 관련된 많은 위험요인(예: 고혈압, 흡연, 심장병, 고콜레스테롤혈증, 당뇨병)도 혈관성 치매와 관련이 있다.

혈관성 치매와 AD는 겹치는 경우가 많다. 상대적으로 '순수한' 혈관성 치매는 FDG PET에서 AD와는 다른 저관류(혈류 감소) 양상을 보인다(그림 12-6). 혈관성 치매에서 FDG PET는 감각운동 및 피질하 영역의 대사저하를 나타내면서 연관피질association cortex은 상대적으로 보존되는 반면, 앞에서 언급한 바와 같이 AD에서 FDG-PET는 측두두정피질처럼 조금 더 뒤쪽의 뇌 영역에서 뇌 포도당 대사의 감소를 보여준다(그림 12-4 및 12-6).

그러나 대부분의 AD 환자는 혈관성 치매 병리도 동반하고 있으며, 이러한 중복은 부분적으로 Aβ 대사와 뇌혈관 온전성 사이의 역동적인 관계로 인해 발생할 수 있다(그림 12-7). 즉 가설상으로 Aβ가 뇌혈관에 침착되면 혈관성 치매의 위험이 증가하고, 반대로 혈액뇌장벽blood brain barrier의 온전성 상실과 투과성 증가는 뇌에서 Aβ의 생성을 증가시키거나 제거를 감소시킨다(그림 12-7).

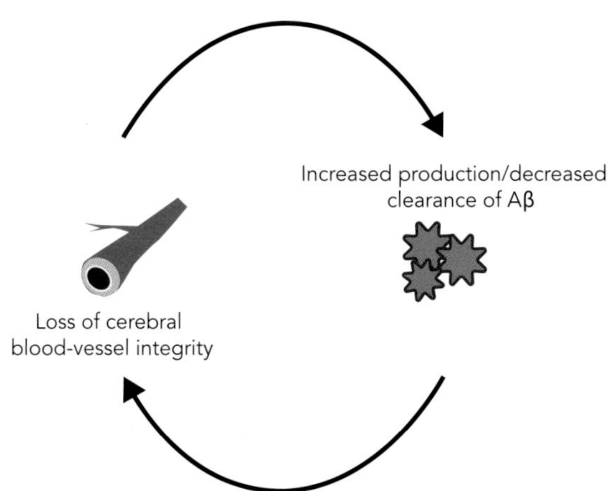

그림 12-7 알츠하이머병/혈관성 치매 동반이환. 알츠하이머병 환자의 상당수는 혈관성 치매 병리를 동반한다. 이는 Aβ 대사와 뇌혈관 온전성 사이의 역동적인 관계로 인해 발생하는 것으로 가정된다. 즉 가설상으로 Aβ가 뇌혈관에 침착되면 혈관성 치매의 위험이 증가하고, 반대로 혈액뇌장벽의 온전성 상실과 투과성 증가는 Aβ의 생성을 증가시키거나 제거를 감소시킨다.

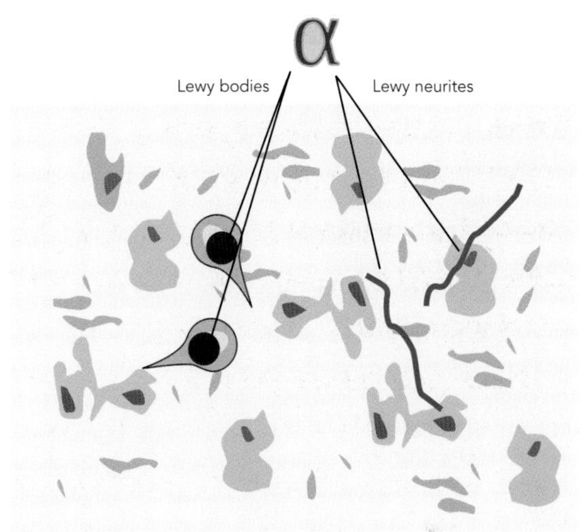

그림 12-8 루이소체와 루이신경돌기. 루이소체 치매(DLB)와 파킨슨병 치매(PDD)의 병리는 α-시누클레인이라는 단백질의 비정상적인 축적이 포함된다. 이것은 응집하여 루이소체와 루이신경돌기를 형성하며, 조직병리학적 염색을 통해 관찰할 수 있다. 루이소체와 루이신경돌기에는 α-시누클레인 외에도 신경미세섬유neurofilament, 파킨parkin, 유비퀴틴ubiquitin과 같은 다양한 다른 단백질이 포함될 수 있다.

루이소체 치매

루이소체 치매dementia with Lewy bodies, DLB 및 이와 관련된 파킨슨병 치매Parkinson's disease dementia, PDD를 통칭하여 루이소체 치매Lewy body dementia, LBD라고 하며, 전체 치매 사례의 약 10~15%를 차지한다. 그러나 LBD 환자의 대략 80%가 다른 치매, 특히 AD의 병리학적 특징을 함께 가지고 있기 때문에 '순수한' LBD 환자는 단지 20%로 추정된다. DLB와 PDD는 α-시누클레인synuclein이라 부르는 단백질의 비정상적인 축적에 대한 병리학적인 연관성을 공유하고, 따라서 둘 다 '시누클레인병증synucleinopathy'이라고도 불린다. LBD에서는 알 수 없는 이유로 α-시누클레인 단백질이 응집하여 소중합체oligomer를 형성하고, 결국 뉴런이 퇴화하면서 '루이소체'와 루이신경돌기Lewy neurite로 변한다(그림 12-8).

표 12-4 루이소체 치매(DLB): 진단

치매 여부
핵심적 특징 • 변동성 주의 및 집중 • 잘 형성된 환시의 반복 • 자발성 파킨슨증
시사적 임상 특징 • 급속안구운동(REM)수면 행동장애 • 심각한 신경이완제 민감성 • SPECT 또는 PET에서 기저핵의 낮은 도파민 수송체 흡수율
지지적 임상 특징 • 반복적인 낙상 • 일시적인 의식 소실 • 다른 감각 양상의 환각 • 심각한 자율기능장애 • 우울증 • 망상 • 실신
DLB 진단 가능성을 낮추는 요인 • 뇌혈관질환 여부 • 임상양상의 일부 또는 전부를 설명할 수 있는 다른 신체질환 또는 뇌질환 여부 • 파킨슨증이 중증 치매 단계에서 처음 나타남

거의 확실한probable DLB와 가능성 있는possible DLB의 진단 기준이 표 12-4에 나와 있다. PDD의 경우, 파킨슨병(PD) 환자의 대부분(~80%)은 병이 진행됨에 따라 어떤 원인으로든 인지기능장애가 발생하며, PD 진단 후 치매 발병까지 걸리는 시간은 평균 10년이다. PDD는 이환율 증가와 관련이 있으며, 궁극적으로 PDD 발병 후 평균 4년이 지나면 사망에 이르게 된다. AD와 마찬가지로 PD에서도 치매의 전조증상은 대개 MCI이다. PDD의 증상으로는 기억장애(인식recognition 포함), 집행기능장애, 주의력결핍, 시각지각visual perception 변화 등이 있다. PDD의 병리학적 기반은 시상, 꼬리핵caudate nucleus, 해마에 루이소체와 루이신경돌기가 축적되면서 발생하는 뉴런 변성 및 위축으로 추정된다(그림 12-9). 루이소체 병리는 신피질 영역에서도 흔히 발견되지만, 변연영역에서 α-시누클레인(뿐만 아니라 아밀로이드 및 타우) 병리의 중증도가 치매의 중증도와 상관관계가 있다. DLB와 PDD가 임상적 표현과 진행 양상이

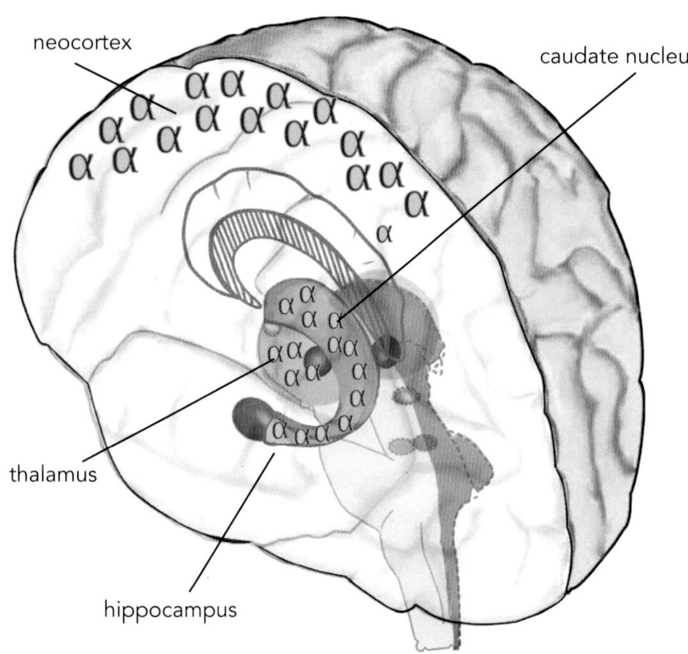

그림 12-9 **파킨슨병 치매.** 파킨슨병 치매(PDD)의 병리학적 기반은 시상, 꼬리핵, 해마에서 발생하는 신경퇴행과 위축으로 가정된다. 루이소체 병리는 신피질 영역에서도 종종 발견되지만, 파킨슨병 치매의 중증도는 변연영역에서 α-시누클레인(뿐만 아니라 아밀로이드 및 타우) 병리의 중증도와 상관관계가 있다.

약간 다르지만, 실제로는 동일한 질환인지 아니면 완전히 다른 두 가지 질환인지에 대해서는 많은 논쟁이 있다(그림 12-10). 확실히 PDD와 DLB는 많은 병태생리학적 및 임상적 특성을 공유하고, DLB와 PDD의 감별진단은 주로 운동증상의 발병 시점과 치매의 발병 시점에 의존한다. 다시 말하면 만약 운동증상이 치매보다 1년 이상 선행하면 진단은 PDD이고, 치매가 파킨슨증 발병보다 선행하거나 동시에 발병하면 진단은 DLB이다. 많은 이들은 '1년 규칙'이 자의적이고 치료지침 측면에서 거의 제안되지 않는다고 주장한다.

역사적으로 AD와 PD는 별개의 질환으로 여겨져 왔지만, 두 질환의 중복성이 점점 더 많이 인식되고 있다. AD 환자의 무려 70%가 결국 추체외로 및 파킨슨증 증상을 보이며, AD 환자의 약 30%까지 루이소체가 발견된다. 마찬가지로 PD 환자는 약 50%까지 치매로 진행되며, 알츠하이머형 병리를 동반하는 경우가 많다. DLB는 AD와 많은 신경정신적 특징을 공유할 뿐만 아니라 PD와 많은 운동증상(종종 덜 심하긴 하지만)을 공유한다. 이러한 병리 및 임상표현의 중복으로 인해 일부에서는 AD와 PD가 스펙트럼의 반대편에 위치할 수 있으며, DLB는 AD와 PD 사이의 어딘가에 속한다고 제안한다(그림 12-11). 개인의 신경정신적 및 신체적 임상표현은 뇌에 존재하는 병적 단백질뿐만 아니라 이에 가장 영향을 많이 받는 특정 뇌 영역 사이의 독특한 조합에 의한 결과일 수 있다고 제안되었다(즉 어느 정도의 AD 병리 더하기 어느 정도의 PD 병리와 다수의 피질 대 피질하 병리가 결합하여 스펙트럼에서 어디에 위치할지를 결정한다).

Differential Diagnosis: Dementia with Lewy Bodies vs. Parkinson's Disease Dementia

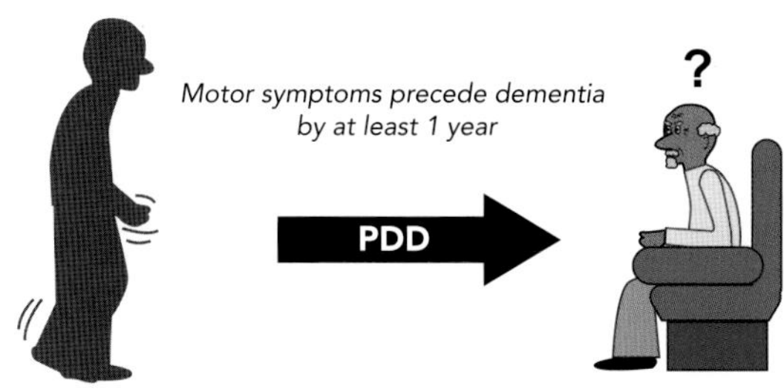

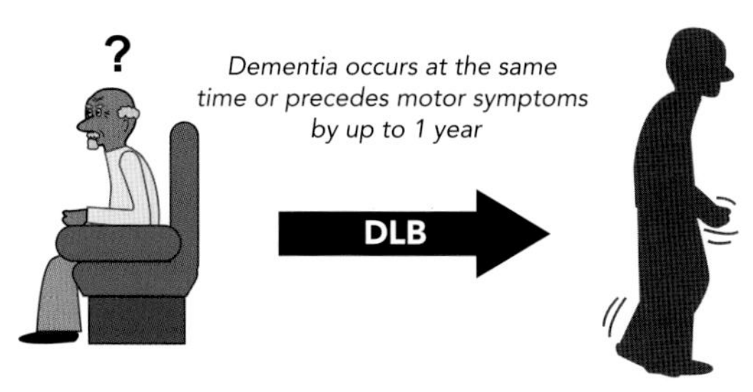

그림 12-10 **루이소체 치매 대 파킨슨병 치매.** 루이소체 치매(DLB)와 파킨슨병 치매(PDD)는 많은 병태생리학적 및 임상적 특성을 공유한다. 감별진단은 주로 운동증상의 발병 대비 치매의 발병에 의존한다. 만약 운동증상이 치매보다 1년 이상 선행하면 진단은 PDD이다. 만약 치매가 파킨슨증 발병보다 선행하거나 동시에 발병하면 진단은 DLB이다. 많은 이들은 '1년 규칙'이 자의적이고 치료지침 측면에서 거의 제안되지 않는다고 주장한다.

전두측두엽 치매

전두측두엽 치매frontotemporal dementia, FTD는 LBD만큼 흔한 질환으로, 전 세계적으로 65세 이상에서 3~26%의 유병률을 가지며, 평균 발병연령은 50~65세이다. FTD(그림 12-12)는 네 가지 아형으로 구분되는데, 행동변이behavioral variant, bvFTD(표 12-5)와 세 가지 일차진행성실어증변이primary progressive aphasia variant로 구분된다(그림 12-12). FTD의 아형 중 행동변이 FTD(bvFTD)가 가장 흔하며, 일반적으로 점진적이고 진행적인 성격변화(예: 탈억제, 무감동, 동정과 공감의 상실), 과탐식hyperorality, 고집스럽거나 강박적인 행동을 보이고, 결국에는 시공간 능력이 일반적으로 보존되면서 인지 결손을 나타낸다. bvFTD 환자는 종종 자신의 부적절한 행동을 인식하지 못하며, AD 환자와는 달리 대체적으로 빠른 기억상실이 없으며 단서를 제공하면 기억과제를 상당히 잘 수행할 수 있다. 병리학적으로 bvFTD는 전두엽 및 전측두엽피질anterior temporal cortex의 위축을 특징으로 하며, 특히 전전두엽피질, 대뇌섬insula, 전대상anterior cingulate, 선조체, 시상의 위축과 함께 일반적으로 비우세 반구non-dominant hemisphere가 더 많이 영향을 받는다. FTD는 임상표현과 병리가 다른 여러 치매와 자주 겹치고, 많은 환자가 파킨슨증과 유사한 특징을 보이기 때문에 진단이 다소 복잡할 수 있다. FTD는 종종 AD 생물표

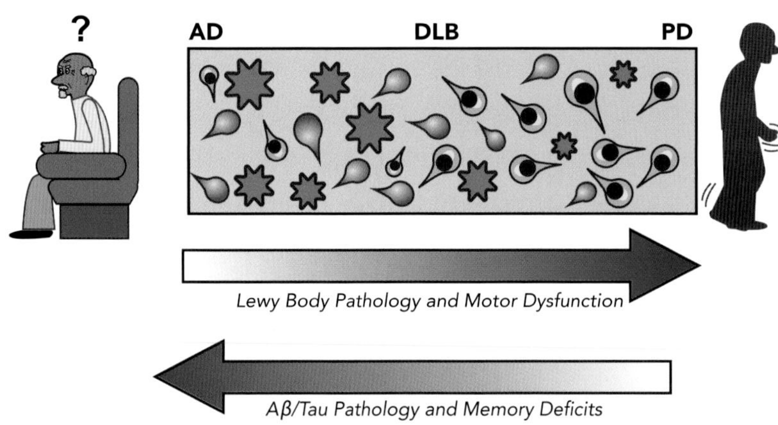

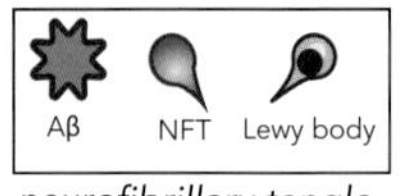

그림 12-11 **파킨슨병-알츠하이머병 스펙트럼 가설.** 파킨슨병(PD)과 알츠하이머병(AD) 사이에는 임상적 및 병리학적으로 중복되는 부분이 있다. AD 환자의 무려 70% 정도가 결국 추체외로 및 파킨슨증 증상을 보이며, AD 환자의 약 30%에서 루이소체가 발견된다. 마찬가지로 PD 환자의 약 절반은 치매로 진행되며, 알츠하이머형 병리를 동반하는 경우가 많다. 루이소체 치매(DLB)는 AD와 많은 신경정신적 특징을 공유할 뿐만 아니라 PD와 많은 운동증상(종종 덜 심하긴 하지만)을 공유한다. 이러한 병리 및 임상표현의 중복으로 인해 일부에서는 AD와 PD가 스펙트럼의 반대편에 위치할 수 있으며, DLB는 AD와 PD 사이의 어딘가에 속한다고 제안한다. 개인의 임상표현은 뇌에 존재하는 병적 단백질뿐만 아니라 이에 가장 영향을 많이 받는 특정 뇌 영역 사이의 독특한 조합에 의한 결과일 수 있다고 제안되었다.

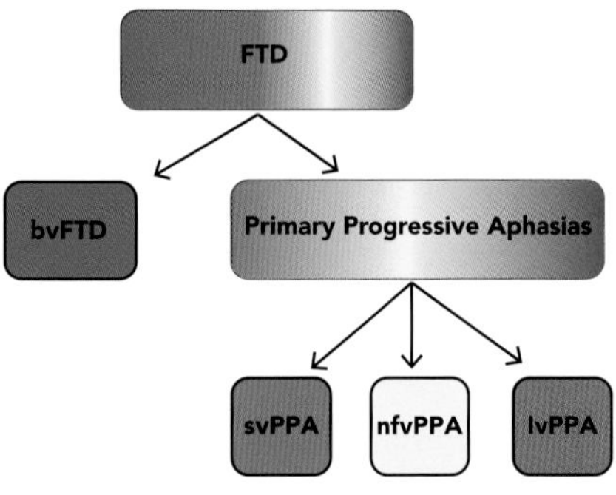

그림 12-12 **전두측두엽 치매.** 전두측두엽 치매(FTD)는 네 가지 아형으로 구분되는데, 행동변이 FTD와 세 가지 일차진행성실어증변이(의미변이 일차진행성실어증semantic variant primary progressive aphasia, svPPA, 비유창변이 일차진행성실어증non-fluent variant primary progressive aphasia, nfvPPA, 논리결핍변이 일차진행성실어증logopenic variant primary progressive aphasia, lvPPA)로 구분되며, bvFTD가 가장 흔하다. FTD는 임상표현과 병리가 다른 치매와 겹치는 경우가 많기 때문에 진단이 다소 복잡할 수 있다. FTD는 종종 알츠하이머병(AD) 생물표지자의 부재로 인해 AD와 구별될 수 있다.

표 12-5 행동변이 전두측두엽 치매

임상 표현
진행성 성격 변화
• 탈억제
• 무감동
• 동정/공감의 상실
과탐식
고집스럽거나/강박적인 행동
인지 결손
단서 기억, 시공간 인지능력 보존됨
병리적 표현
다음 부위의 위축
• 전전두엽피질
• 대뇌섬
• 전대상
• 선조체
• 시상
비우세 대뇌반구가 더 많이 영향을 받음

지자의 부재로 인해 AD와 구별될 수 있다.

전두측두엽 변성frontotemporal lobar degeneration, FTLD은 다양한 임상표현, 유전, 병태생리를 가진 여러 질환군을 포괄적으로 설명하는 용어이다. 앞서 인산화된 타우가 신경원섬유 매듭으로 응집되는 것이 AD의 현저한 특징이라고 언급하였다(그림 12-2). 타우 단백질(미세소관관련 단백질 타우microtubule-associated protein tau, MAPT)을 부호화하는 유전자의 돌연변이는 실제로 AD와 관련이 없지만, 타우 병리의 응집 및 진행을 초래할 수 있는 여러 형태의 FTLD와

Microtubule-Associated Protein Tau (*MAPT*)

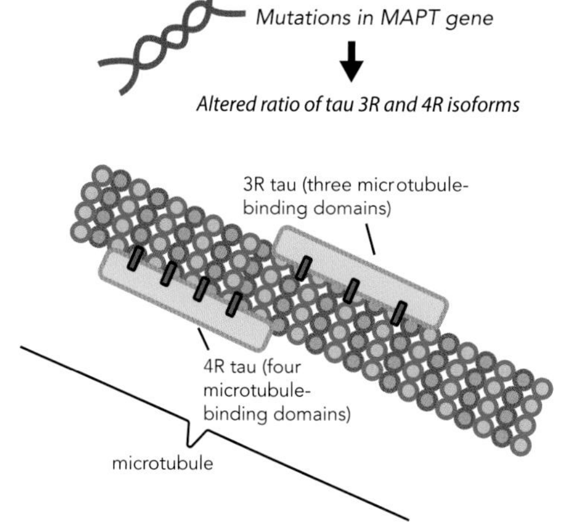

그림 12-13 **미세소관관련 단백질 타우.** 타우 단백질(미세소관관련 단백질 타우)을 부호화하는 유전자의 돌연변이는 여러 형태의 전두측두엽 변성과 관련이 있다. 일반적으로 이 돌연변이는 타우 3R 및 4R 동질형태의 비율을 변화시켜 병적 타우의 축적을 초래한다.

관련이 있다(그림 12-13).

혼합 치매

지금까지 논의한 내용에서 알 수 있듯이, 많은 사람이 두 가지 이상의 치매(즉 '혼합 치매mixed dementia')와 관련된 임상적, 신경영상적, 병리학적 특징을 가지고 있기 때문에 임상진료에서 치매의 다양한 원인을 구분하기가 매우 어려운 경우가 많다(그림 12-14). 실제로 사후분석postmortem analysis에 따르면 대부분의 치매 환자는 비정상적 단백질 응집체와 혈관 변화의 다양한 조합으로 구성된 혼합 병리를 가지고 있는 것으로 나타났다(그림 12-14).

각각의 치매가 충분히 복잡하지 않더라도, 한 개인에게 여러 가지 치매가 혼합되어 나타나면 진단이 복잡해지고 결국은 치료도 복잡해지게 된다. 지역사회에 거주하는 성인을 대상으로 시행한 한 연구에서는 치매 환자의 56%가 여러 가지 기저 병리(AD와 LBD 또는 뇌혈관손상 동반, 또는 둘 다 동반)가 있는 것으로 진단을 받았다. 연령을 보정한 후에도, 다수의 진단을 받은 사람은 기저 병리가 한 가지인 사람보다 치매로 발전할 가능성이 거의 3배 더 높은 것으로 생각된다. 또 다른 연구에서는 AD 신경병리를 가진 환자의 59~68%가 루이소체 병리 또는 혈관성 뇌손상을 보였다. 특정 형태의 치매에 대한 구체적인 치료가 개발되면 일생 동안 다양한 치매의 감별진단이 더욱 중요해질 것이다. 그러나 대부분의 환자는 치매의 원인이 두 가지 이상이며, 궁극적으로는 두 가지 이상의 치료법이 필요할 수 있다.

Mixed Dementia

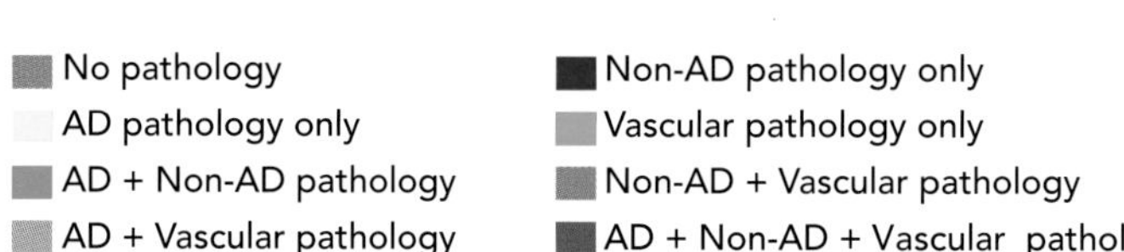

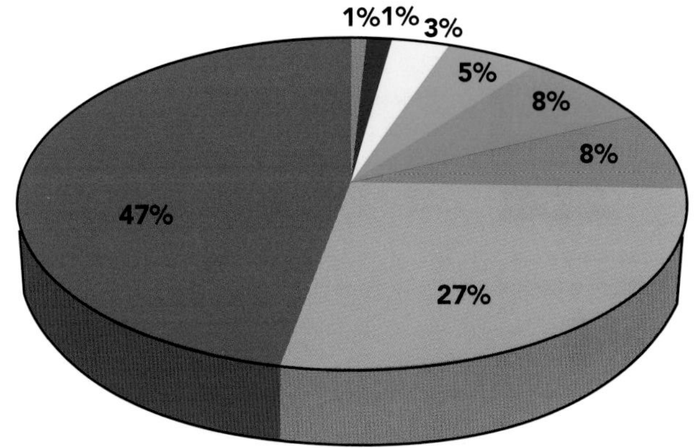

그림 12-14 **혼합 치매.** 한 가지 유형의 병리만 있는 치매는 규칙보다는 예외일 가능성이 높다. 사후 병리학적 분석에 따르면 대부분의 치매 환자는 비정상적인 단백질 응집체와 혈관 변화의 다양한 조합으로 구성된 혼합 병리를 가지고 있는 것으로 나타났다.

알츠하이머병에서 Aβ를 표적으로 하는 질병완화제제의 추구

아밀로이드 연쇄반응 가설

아밀로이드 연쇄반응 가설amyloid cascade hypothesis에 따르면 알츠하이머병(AD)은 독성 Aβ의 축적, 판 형성, 타우의 과인산화, 신경원섬유 매듭 형성, 시냅스 기능장애, 궁극적으로 기억상실과 치매를 동반한 뉴런 소실로 인해 발생한다(그림 12-15). 이러한 개념은 혈관에 콜레스테롤이 비정상적으로 침착되면 죽상경화증이 발생한다고 생각되는 것과 다소 유사하다. 이 가설의 결론은 연쇄반응을 차단하고, Aβ가 형성되고 응집되는 것을 막고, 판과 매듭을 만들지 못하게 하면 AD를 예방, 중단, 심지어 역전시킬 수 있다는 것이다.

Aβ는 전구체 단백질(아밀로이드 전구체 단백질amyloid precursor protein, APP)이 효소에 의해 더 작은 펩타이드peptide로 절단될 때 형성된다(그림 12-16 및 12-17). APP가 처리될 수 있는 효소절단 경로에는 비아밀로이드생성 경로와 아밀로이드생성 경로 두 가지가 있다. 비아밀로이드생성 경로에서 APP는 α-분비효소α-secretase라는 효소에 의해 Aβ가 있는 APP 부분이 직접 절단된다. 따라서 α-분비효소에 의한 APP의 처리는 Aβ의 생성을 방해한다. 아밀로이드생성 경로에서 APP는 먼저 β-분비효소에 의해 절단된 다음 γ-분비효소에 의해 다시 절단된다(그림 12-16). γ-분비효소는 APP를 38~43아미노산 길이의 여러 Aβ 펩타이드로 절단한다(그림 12-17). Aβ40 동질형태isoform가 가장 일반적인 형태이다. 그러나 Aβ42 동질형태는 소중합체로 응집되기 더 쉽고 독성이 더 강한 Aβ 펩타이드인 것으로 평가된다. Aβ43 동질형태는 비교적 드물지만 Aβ42보다 심지어 더 응집하기 쉬운 것으로 생각된다. APP가 아밀로이드생성 펩타이드로 처리되는 것을 방지하면 AD를 예방할 수 있을 것이라는 희망에 따라서 Aβ-처리 효소인 α-, β-, γ-분비효소 모두는 새로운 잠재적 AD 치료제의 표적이 되어 왔다(표 12-6). 안타깝게도 현재까지 이러한 치료적 접근은

표 12-6 알츠하이머병에 대한 잠재적 질병완화제제

Aβ 병리 표적 치료제
Anti-amyloid antibodies
Active Aβ immunization
β-secretase inhibitors
γ-secretase inhibitors
α-secretase promoters
Aβ aggregation inhibitors
타우 병리 표적 치료제
Anti-tau antibodies
Active tau immunization
Tau aggregation inhibitors
Microtubule stabilizers
Tau phosphorylation inhibitors

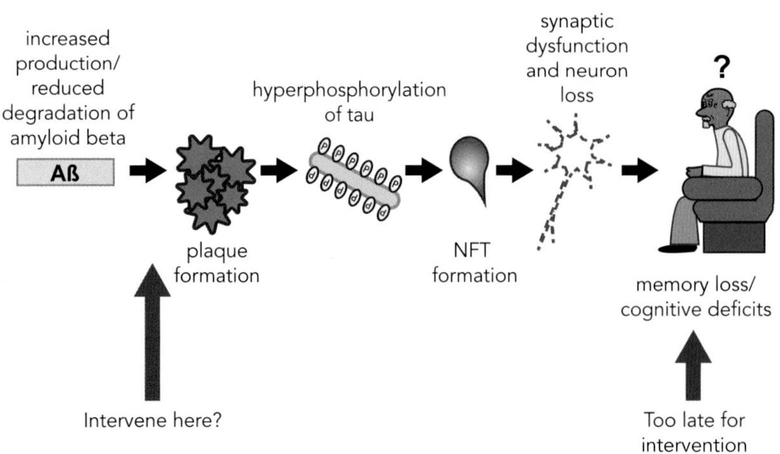

그림 12-15 조기발견의 중요성. 알츠하이머병은 Aβ의 생성 증가 및/또는 분해 감소로 인한 판 형성, 타우의 과인산화, 신경원섬유 매듭(NFT) 형성, 시냅스 기능장애, 궁극적으로는 기억상실과 인지 결손을 나타내는 뉴런 소실로 인해 발생한다는 가설이 제기되고 있다. 명백한 기억상실과 인지저하가 있는 단계에서 개입하는 것은 이미 신경퇴행이 진행되었기 때문에 너무 늦을 수 있다. 만약 개입이 훨씬 더 일찍 이루어진다면 독성 사건의 연쇄반응을 피할 수 있을 것이다.

효과가 없거나 안전하지 않거나 아니면 둘 다였다.

AD와 관련된 여러 유전자의 돌연변이는 아밀로이드생성 경로를 통한 APP 처리의 증가로 이어져서 아밀로이드 연쇄 반응 가설을 뒷받침한다. AD와 연결된 Aβ 처리에 관한 또 다른 유전적 요인은 시냅스 발달, 가지돌기 형성, 장기 강화작용, 축삭 유도에 필요한 콜레스테롤을 뉴런에 운반하는 아포지단백질 Eapolipoprotein E, ApoE의 유전자(*APOE*라고 불림)이다. ApoE 단백질은 뇌의 Aβ 대사, 응집, 침착과도 복잡한 관계가 있는 것으로 추정된다. *APOE* 유전자에는 여러 가지 형태가 있다(그림 12-18). *APOE4* 유전자 복제가 하나만 유전되어도 AD 발병 위험이 3배 증가하고, 2개의 복제가 유전되면 AD 위험이 10배 증가한다. 반대로 *APOE2* 유전자는 AD로부터 어느 정도의 보호를 제공하는 것으로 보이는 반면, *APOE3* 유전자(가장 흔한 형태의 *APOE* 유전자)는 *APOE2*와 *APOE4* 사이에 해당하는 위험을 전달한다. 일반인구의 약 15%가 *APOE4* 대립유전자

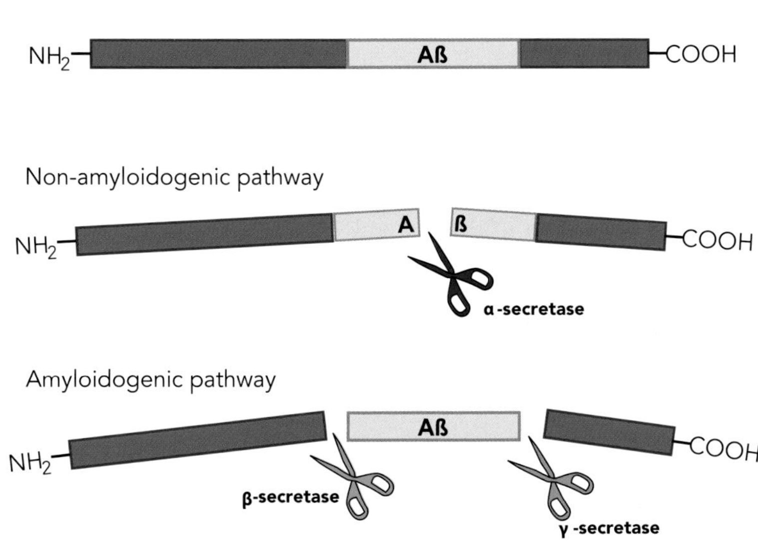

그림 12-16 아밀로이드 전구체 단백질. Aβ 펩타이드는 아밀로이드 전구체 단백질(APP)이라는 더 큰 단백질이 절단되면서 형성된다. APP가 처리될 수 있는 절단경로는 비아밀로이드생성 경로와 아밀로이드생성 경로 두 가지가 있다. 비아밀로이드생성 경로에서 APP는 α-분비효소라는 효소에 의해 Aβ가 있는 APP 부분이 직접 절단되므로 Aβ의 생성이 방지된다. 아밀로이드생성 경로에서 APP는 우선 Aβ의 아미노(NH_2) 경계에서 β-분비효소에 의해 절단된 다음 γ-분비효소에 의해 다시 절단된다.

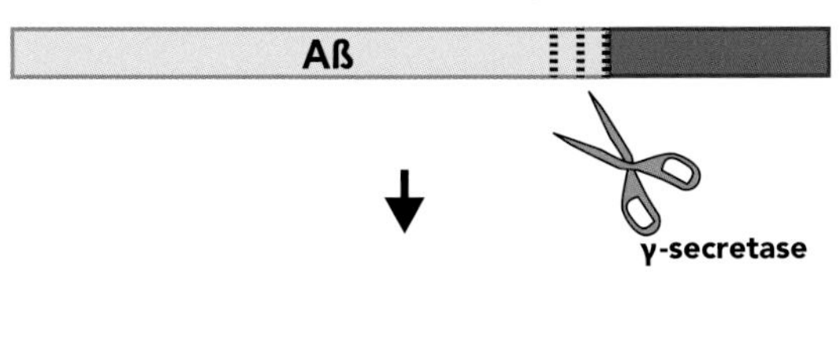

그림 12-17 Aβ 동질형태. 감마-분비효소는 APP를 38~43 범위의 아미노산 길이의 여러 Aβ 펩타이드로 절단한다. Aβ40 동질형태가 가장 일반적인 형태이나, Aβ42 동질형태는 소중합체로 응집되기 쉽다. Aβ43 동질형태는 비교적 드물지만 Aβ42 동질형태보다 더욱 더 응집하기 쉬운 것으로 생각된다.

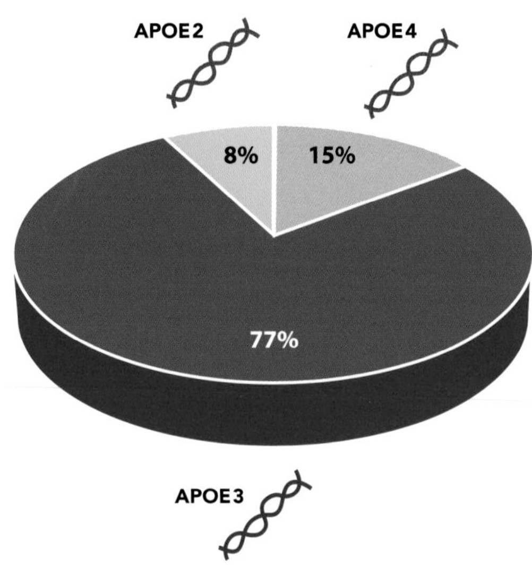

그림 12-18 **아포지단백질 E.** 알츠하이머병(AD) 발병위험에 기여하는 유전요인 중 가장 큰 영향을 미치는 것은 아포지단백질 E(ApoE)의 유전자이다. ApoE는 시냅스 발달, 가지돌기 형성, 장기 강화작용, 축삭유도에 필요한 콜레스테롤을 뉴런에 운반하는 단백질이다. 또한 ApoE는 뇌의 Aβ 대사, 응집, 침착에 영향을 미치는 것으로 추정된다. *APOE4* 대립유전자 복제가 하나만 유전되어도 AD 발병위험이 3배 증가하고, 2개의 복제가 유전되면 AD 발병위험이 10배 증가한다. 일반인구의 약 15%가 *APOE4* 대립유전자를 가지고 있지만, AD 환자는 44%가 *APOE4* 대립유전자를 가지고 있다. 반대로 *APOE2* 대립유전자는 AD로부터 어느 정도의 보호를 제공하는 것으로 보이는 반면, *APOE3* 대립유전자(가장 흔한 형태의 *APOE* 유전자)는 *APOE2*와 *APOE4* 사이에 해당하는 위험을 전달한다.

allele를 가지고 있다(그림 12-18). 그러나 AD 환자는 44%가 *APOE4* 대립유전자를 가지고 있다.

아밀로이드 연쇄반응 가설 및 Aβ 표적 치료의 현재 상황

아밀로이드 연쇄반응 가설은 30년 이상 AD의 발병기전에 대한 생각을 지배해왔으며, 이를 통해 AD를 예방, 중단, 심지어 역전시킬 수 있을 것이라는 희망으로 수십 년 동안 Aβ를 표적으로 하는 치료가 추구되어 왔다. Aβ 관련 표적에 성공적으로 관여하는 다수의 약물이 개발되기는 했지만, AD에 치료효과가 있는 것으로 밝혀진 약물은 아직까지 없다(표 12-6). AD에서 Aβ를 표적으로 하는 많은 치료의 실패를 고려할 때, 더 이상 모든 전문가가 아밀로이드 연쇄반응 가설이 옳다고 확신하는 것은 아니다. 대체 이론은 Aβ 형성이 신경퇴행과 함께 동시에 발생하는 AD의 부수 현상이며, 따라서 뉴런 사멸의 표지자 역할을 하는 '묘비'일 뿐 신경퇴행의 원인은 아니라는 것이다. 모든 묘비를 제거한다고 해서 사람들의 죽음을 막을 수 없는 것처럼, Aβ를 제거한다고 해서 AD에서 신경퇴행을 반드시 막을 수 있는 것은 아니다.

반면에 아밀로이드 연쇄반응 가설의 지지자들은 이전에 시행된 항-Aβ 임상시험이 실패한 것은 가설이 틀렸기 때문이 아니라 임상시험에 등록한 피험자들이 뇌의 비가역적 손상 측면에서 너무 많이 진행되었기 때문이라고 주장한다(그림 12-15). Aβ 표적 치료제에 대해 부정적인 결과가 나타난 많은 임상시험에서는 모두 임상적으로 진단 가능한 AD 또는 MCI 환자가 등록되었다. 아밀로이드 연쇄반응 가설 지지자들은 아밀로이드 연쇄반응이 일단 시작되면 해로운 영향(산화스트레스, 염증, 신경원섬유 매듭 형성, 시냅스 기능장애를 포함)이 파괴의 자기 영속적 순환이 될 수 있으며, 이로 인해 더 이상의 Aβ 축적은 무의미해질 수 있다고 이론화한다(그림 12-15). 그에 따라 이들은 아밀로이드 연쇄반응이 비가역적으로 진행되기 전, 그리고 결과적으로 AD 또는 심지어 MCI의 임상징후가 명백해지기 전, Aβ 축적의 최초 징후가 있을 때 항-Aβ 치료가 시작되어야 한다고 생각한다. 따라서 성공적인 향후 치료를 위해서는 무증상 단계에서 AD를 진단할 수 있어야 한다. 이를 위해 많은 연구들이 뉴런이 사멸되기 훨씬 전뿐만 아니라 신경퇴행이 시작되기 훨씬 전에 AD를 진단하는 데 초점을 맞추고 있다. 따라서 이제 AD는 증상발현전 단계, MCI 단계, 치매 단계의 세 가지 단계를 따라 발생하는 것으로 개념화되었다(그림 12-19).

너무 늦기 전에 알츠하이머병 진단하기

증상 발현 전 1단계

AD의 증상 발현 전 1단계(그림 12-19)는 무증상 아밀로이드증이라고도 불린다. AD의 신경퇴행 과정은 Aβ가 뇌에 축적되면서 조용히 시작되는 것으로 보인다. Aβ는 PET 영

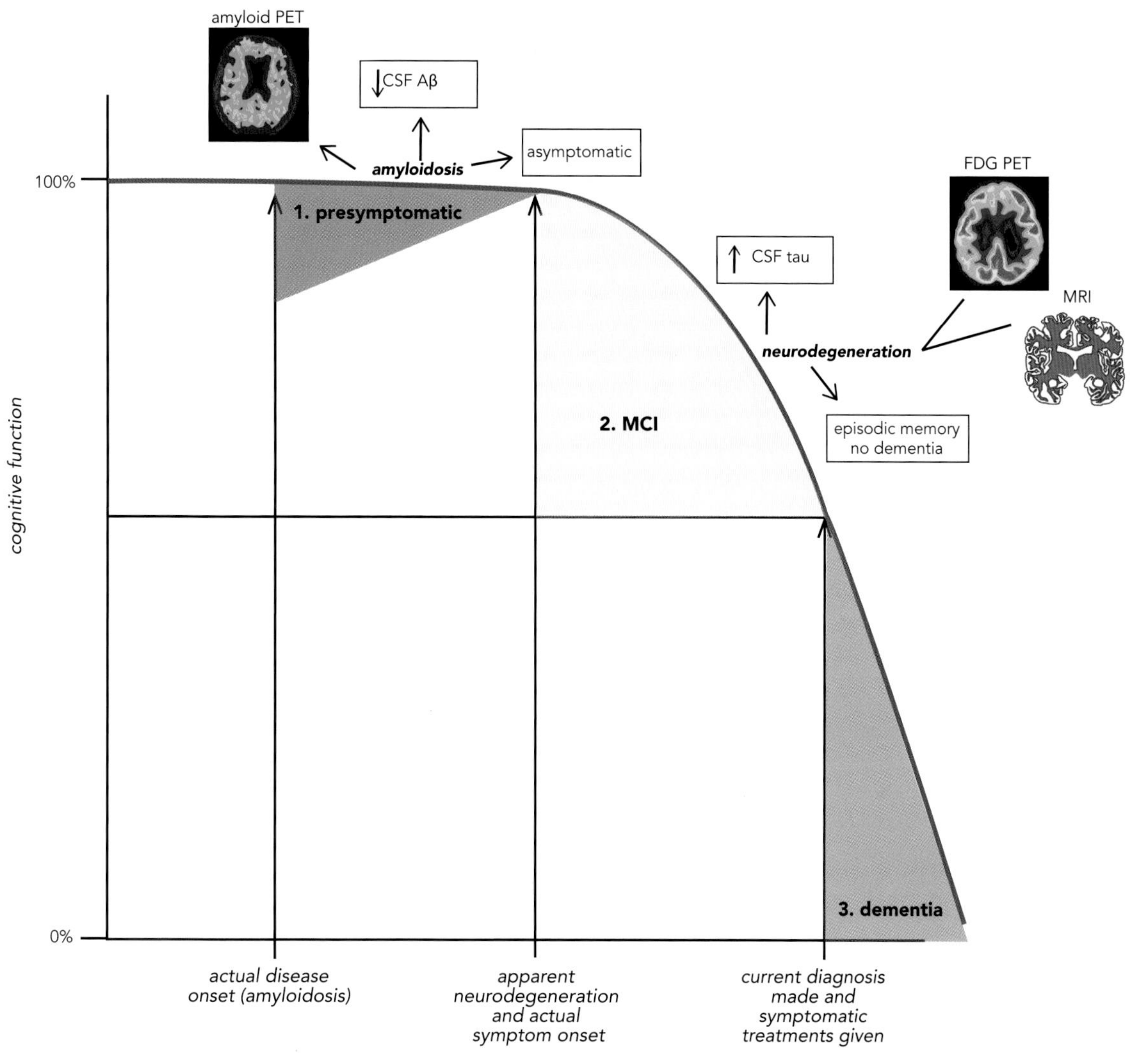

그림 12-19 **알츠하이머병의 세 단계.** 알츠하이머병(AD)의 1단계는 증상 발현 전 또는 무증상 아밀로이드증이라고 불린다. 1단계 동안에는 Aβ 양전자방출단층촬영(PET)의 양성 결과와 뇌척수액(CSF)의 Aβ 독성 펩타이드 농도 감소로 입증된 바와 같이, 뇌의 Aβ 농도가 높아지더라도 인지능력은 그대로 유지된다. 2단계에서는 삽화기억 결핍의 형태로 인지장애의 임상징후가 나타나기 시작한다. 2단계에서 임상증상의 시작은 신경퇴행과 관련이 있는 것으로 보이며, 이는 CSF 타우의 증가, 플루오로데옥시포도당 양전자방출단층촬영(FDG PET) 영상에서 뇌 포도당 대사 감소, 자기공명영상(MRI) 촬영에서 주요 뇌 영역의 부피 감소로 입증된다. AD 3단계(치매) 동안에는 인지 결손이 심각할 수 있다. 일반적으로 AD 증상의 치료는 실제 질병이 발병한 지 한참 지난 3단계 전까지 대체로 시작되지 않는다.

상과 Aβ 판을 표지하는 방사성신경영상 추적자를 사용하여 AD의 증상 발현 전 단계에서 검출할 수 있다(그림 12-20). 50세 미만의 뇌에서는 거의 검출되지 않으며, 인지적으로 정상인 건강한 노인의 대부분은 Aβ 침착의 증거를 드러내지는 않지만(그림 12-20A), 인지적으로 정상인 노인의 약 1/4은 Aβ 양성(그림 12-20B 및 12-21)으로 나타나서 증상 발현 전 단계의 AD로 간주된다. PET 영상에서 Aβ가 보인다는 것은 아직 증상이 없다 할지라도 AD 발병의 도화선에 이미 불이 붙었다는 것을 의미할 수 있다. 또한 이 단계에서는 Aβ가 뇌를 떠나는 대신 뇌에 축적되기 때문에 뇌척수액(CSF)의 Aβ 농도가 낮다(그림 12-19).

경도인지장애 2단계

AD의 두 번째 단계는 '전치매 AD', 'AD로 인한 MCI', '전구기 AD'로 불린다. 이 환자들은 무증상 아밀로이드증 및 1단계 AD에서 MCI의 임상 증상과 신경퇴행의 징후를 모두 나타내면서 2단계 AD로 진행된다. 신경퇴행은 CSF에서 타우 단백질 농도가 상승하거나, MRI에서 위축이 있거나, CSF 또는 가능하다면 혈장 내 신경잔섬유광neurofilament light, NfL의 존재를 통해 입증된다. 타우는 미세소관관련 결합단백질이며, 비병리학적 형태에서는 축삭돌기 내의 미세소관에 결합하여 이를 안정화시킨다(그림 12-22A). 신경전달물질을 운반하는 시냅스 소포는 정상적으로 이 미세소관을 따라 시냅스로 이동된다(그림 12-22A). 과인산화된 타우는 더 이상 미세소관에 결합할 수 없어서 미세소관이 불안정해지고 시냅스 기능장애가 발생한다(그림 12-22B). 또한 과인산화된 타우는 쌍나선필라멘트paired helical filament를 형성하여 AD의 특징 중 하나인 신경원섬유 매듭neurofibrillary tangle으로 응집된다(그림 12-22C). 신경퇴행과 뉴런 소실이 진행됨에 따라 CSF에서 타우 농도가 증가한다. 또한 신경영상은 MRI(그림 12-5)나 FDG PET(그림 12-4)에서 신경퇴행을 보여줄 수 있다. MCI 대상자에서 저대사 FDG PET는 1~1.5년 이내의 치매 진행을 80~90%까지 예측할 수 있다.

2단계 AD는 MCI와 함께 증상이 나타나기 시작하지만, 모든 MCI 환자가 측정 가능한 아밀로이드증을 가지고 있는 것은 아니다(그림 12-20C, D, E). 따라서 모든 MCI 환자가 AD로 진행되는 궤도에 있는 것은 아니라고 추정된다. 실제로 MCI 환자의 약 절반은 Aβ 침착의 증거가 없으며(그림 12-20C), 우울증이나 다른 치매유발 질환을 포함한 AD 이외의 경도인지증상을 유발하는 원인이 있는 것으로 보인다(표 12-2). MCI 환자의 나머지 절반은 실제로 중등도(그림 12-20D) 또는 중증 Aβ 침착을 보이며(그림 12-20E), 임상적으로 거의 확실한 ADprobable AD(치매를 동반한 3단계 AD) 환자의 거의 100%는 중증 Aβ 침착을 보인다(그림 12-20F). Aβ 양성 MCI 환자의 약 절반은 1년 이내에 치매로 진행되며, 80%는 3년 이내에 치매로 진행될 수 있다. 그러나 실제로는 아밀로이드증이 아니라 신경퇴행이 1단계 AD를 MCI 증상이 있는 2단계로, 2단계 AD를 3단계 치매로 이끄는 것으로 생각되고 있다.

치매 3단계

AD의 최종 단계는 치매이다(그림 12-19). 임상 기준에 따라 거의 확실한 AD로 진단하려면 먼저 환자가 모든 원인에 의한 치매all-cause dementia의 진단 기준을 충족해야 한다(표 12-1 참조). 이 외에도 환자는 서서히 시작되고 시간이 지남에 따라 인지기능의 악화가 명확하게 입증되는 치매와 함께 기억상실(학습 및 회상문제) 또는 비기억상실(언어, 시공간, 집행기능의 장애) 증상이 있어야 한다. 알츠하이머 병태생리학적 과정의 증거를 가진 거의 확실한 AD에는 뇌 Aβ 침착/아밀로이드증(그림 12-20) 또는 후속 뉴런 변성(그림 12-4 및 12-5)의 명백한 양성 생물표지자 증거가 포함된다.

치매의 대증요법 개요

초기에 승인된 AD 치료제는 인지 및 기억 저하 증상을 목표로 하지만, 신경퇴행의 끊임없는 진행을 멈추게 하지는 못한다. 이는 대증요법symptomatic treatment이며, 질병완화제제disease-modifying treatment에는 해당되지 않는다. AD를 예방, 중단, 역전시킬 수 있는 치료제의 조기개발에 대한 희망이 희미해지면서, 치매의 신약개발은 폭발적으로 증가하는 치매 환자 수에 따라 환자의 고통을 개선하고 간병인의 부담을 줄이기 위해 치매의 **증상**을 치료하는 쪽으로 다시 방향을 전환했다. 이러한 치료는 가설상으로 치매에서 별개의 증상을 조절하는 별개의 뇌 회로의 신경전달물질을 표적으로 한다(그림 12-23). 이 치료접근법은 신경퇴행의 원인이 무엇이든 간에 치매에서 별개의 증상은 별개의 해부학적 부위에서 신경퇴행이 발생한다는 개념에 기반한다(그림 12-23). 이는 정신질환의 행동증상이 정신병, 우울증, 조증, 불안, 수면, 통증, ADHD, 치매이든 간에 가설상

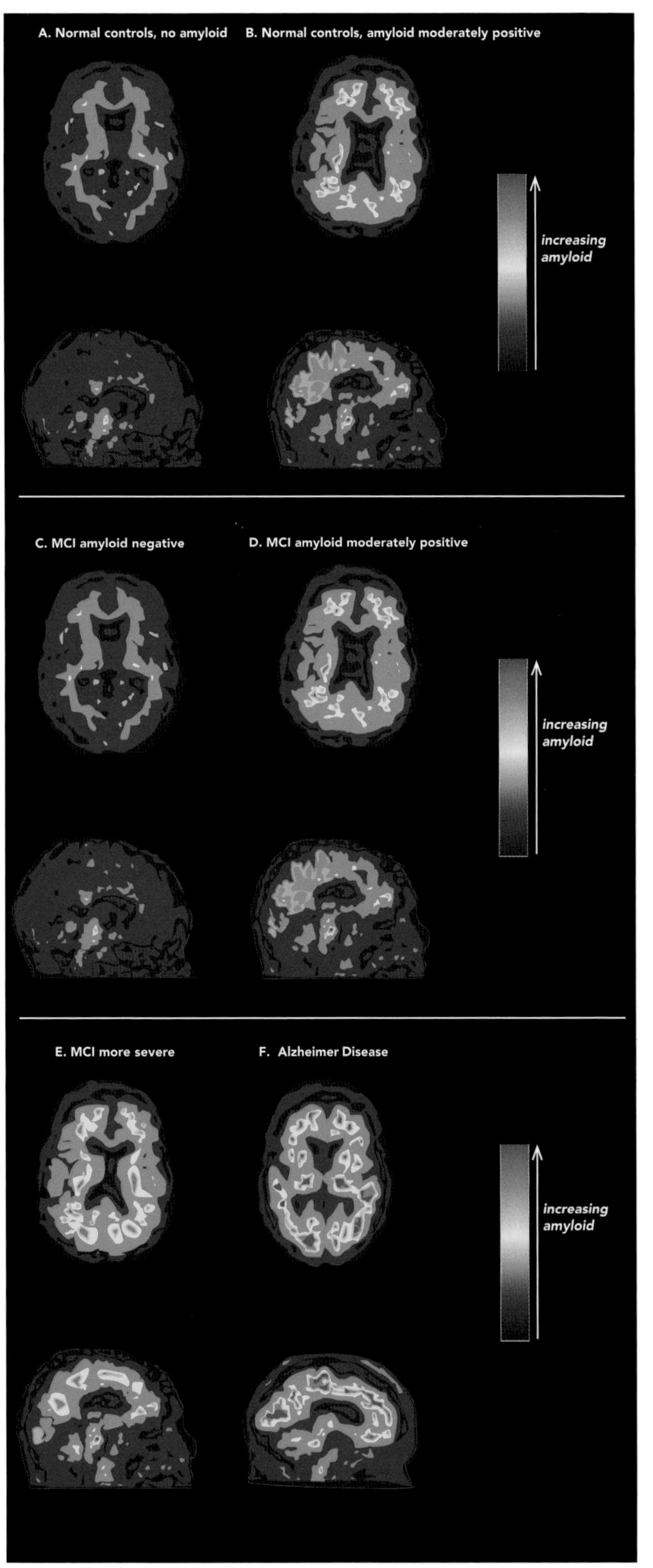

그림 12-20 **Aβ PET 영상.** Aβ 추적자를 사용한 양전자방출단층촬영(PET)은 알츠하이머병(AD)이 진행되는 동안 Aβ의 존재를 감지하는 데 사용할 수 있다. (A) 인지적으로 정상인 대조군의 대부분은 Aβ PET 영상에서 Aβ가 존재하지 않았다. (B) 인지적으로 정상이지만 중등도의 Aβ 축적이 있는 사람은 AD의 증상 발현 전 1단계에 있을 가능성이 높다. (C) 경도인지장애(MCI)는 종종 AD의 전구기인 2단계에 나타나지만, 모든 MCI 환자가 뇌 Aβ 침착이 있는 것은 아니다. 이러한 경우 인지장애가 임상적으로 나타나는 것은 AD가 아닌 다른 원인에 기인할 가능성이 높다. (D) 안타깝게도 MCI는 종종 임박한 AD의 조짐일 수 있다. 이러한 경우 인지장애에 Aβ 침착이 동반된다. (E) Aβ 축적과 MCI의 임상증상은 모두 AD가 진행됨에 따라 악화된다. (F) 본격적인 치매가 임상적으로 명백해지는 AD의 3단계이자 마지막 단계에서는 뇌에 많은 양의 Aβ가 축적된 것을 쉽게 볼 수 있다.

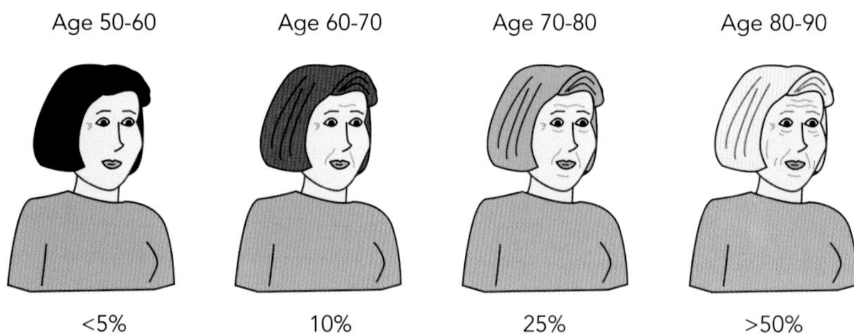

그림 12-21 **Aβ와 알츠하이머병의 위험.** 뇌에서 Aβ가 검출된다고 해서 모두 알츠하이머병에 걸리는 것은 아니다. Aβ의 존재는 경미한 인지수행 저하와 관련이 있기는 하지만, 뇌에 Aβ가 축적된 사람의 약 25~35%는 인지검사에서 정상범위 내의 결과를 보인다. 일부 가설에 따르면 이러한 사람들은 치매의 증상 발현 전 또는 전구기에 있으며, 오랜 시간이 지나면 필연적으로 치매에 걸릴 수 있다고 한다.

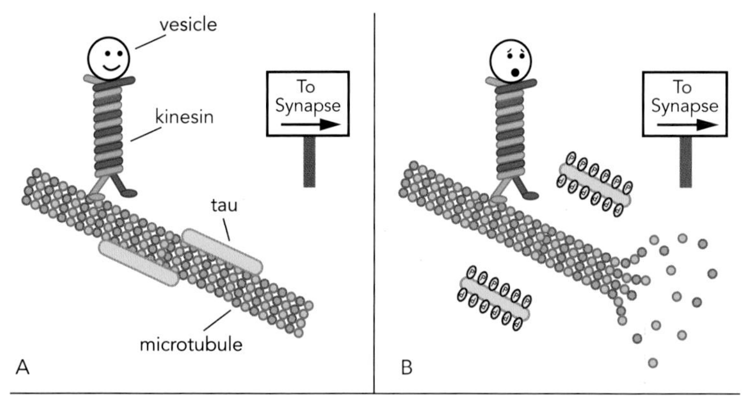

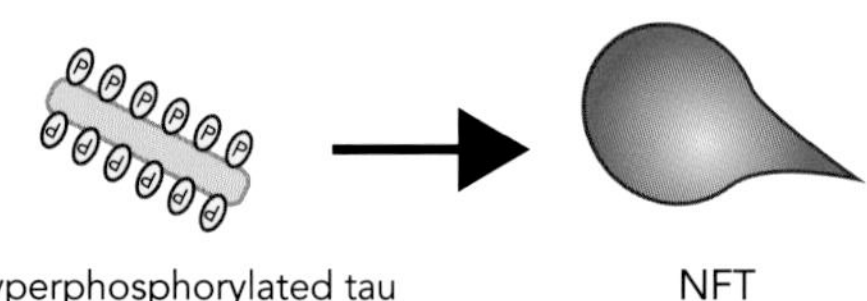

그림 12-22 **알츠하이머병 병리: 매듭.** 타우는 미세소관관련 결합단백질이다. (A) 비병리학적 형태에서는 축삭돌기 내의 미세소관에 결합하여 이를 안정화시킨다. 신경전달물질을 운반하는 시냅스 소포는 이 미세소관을 따라 시냅스로 이동된다. (B) 타우가 과인산화된 경우 더 이상 미세소관에 결합할 수 없게 되어 미세소관의 불안정화를 유발하고 시냅스 기능장애로 이어진다. (C) 또한 과인산화된 타우는 쌍나선 미세섬유를 형성하여 신경원섬유 매듭(NFT)으로 응집된다.

으로 기능불량인 뇌 회로에 따라 지형적으로 국한된다는 이 책 전체에 걸쳐 개발된 개념과 동일하다. 게다가 이러한 관점에는 동일한 회로가 기능불량이라면 동일한 증상이 여러 다른 질환에서 나타날 수 있다는 가능성도 포함된다. 따라서 정신병적 증상은 예를 들어 조현병뿐만 아니라 치매에서도 나타날 수 있는데, 가설상으로 두 질환 모두에서 동일한 회로가 기능불량이기 때문이다. 특히 정신병적 증상은 신피질의 병리와 관련이 있는 것으로 보이며, 마찬가지로 치매의 모든 증상(예: 환청 대 환시, 망상, 기억 및 인지장애, 초조; 그림 12-23)은 각각 고유한 피질 영역의 손상을 반영할 가능성이 있다.

마찬가지로 치매의 증상을 위한 치료전략도 가설상으로 각 증상이 뉴런의 고유한 네트워크 또는 회로에 의해 조절된다는 개념에서 비롯된다. 각 네트워크는 특정 글루타메이트, 감마아미노뷰티르산(GABA), 세로토닌, 도파민 뉴런을 서로 다른 뉴런 사이의 교점node(시냅스)에 연결하여 교점

Circuits of Treatable Symptoms in Dementia

memory network

cortex

AChE

memantine

?

memory output

A

Acetylcholinesterase inhibitors and NMDA antagonist memantine for memory

psychosis network

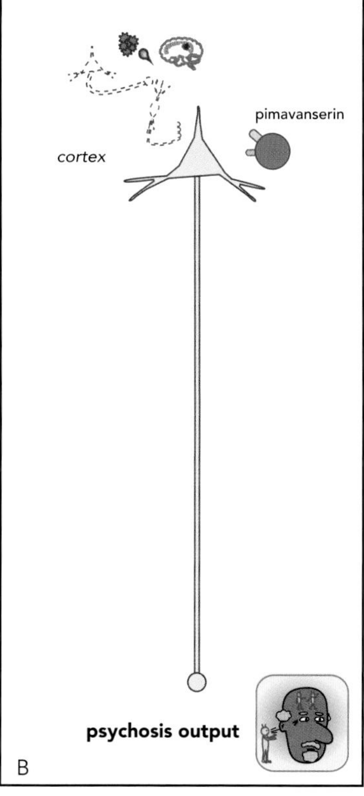

5HT2A antagonist pimavanserin for psychosis

agitation network

NMDA antagonist DXM and multifunctional α1, α2, D2, 5HT1A, 5HT2A brexpiprazole for agitation

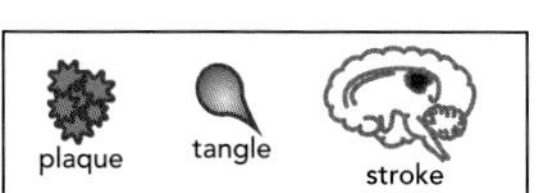

그림 12-23 **치매에서 치료 가능한 증상의 회로.** 현재의 치매 치료는 질병 조절보다는 증상 조절이다. 치매에는 기억문제, 정신병, 초조의 세 가지 주요 치료 가능한 증상이 있다. 이러한 증상 각각에 대한 치료전략은 가설상으로 각 증상이 뉴런의 고유한 네트워크 또는 회로에 의해 조절된다는 개념에서 비롯된다. 각 네트워크는 특정 글루타메이트, 감마아미노뷰티르산(GABA), 세로토닌, 도파민 뉴런을 서로 다른 뉴런 사이의 교점(시냅스)에 연결하여, 교점에서 작동하는 후속 효과를 통해 직접 신경지배를 받는 뉴런뿐만 아니라 전체 네트워크에 영향을 미칠 수 있다. (A) 아세틸콜린과 글루타메이트는 각각 아세틸콜린에스터분해효소(AChE) 억제제와 *N*-메틸-D-아스파르트산(NMDA) 길항제인 메만틴에 의해 표적화되어 기억 네트워크에서 인지를 개선할 수 있다. (B) 정신병의 경우 정신병 네트워크의 도파민 교점뿐만 아니라 세로토닌 교점도 표적으로 삼을 수 있다. 특히 $5HT_{2A}$ 길항제인 피마반세린은 파킨슨병 정신병 치료제로 승인되었다. (C) 초조 네트워크에서는 다양한 신경전달물질(노르에피네프린, 세로토닌, 도파민, 글루타메이트)을 표적화하면 치매의 초조증상을 개선할 수 있다. NMDA 길항제인 덱스트로메토르판(DXM)과 부프로피온의 병용, 복합 기전 약제인 브렉스피프라졸은 모두 치매와 관련된 초조에 사용하기 위해 연구되고 있다.

에서 작동하는 후속 효과를 통해 직접 신경지배를 받는 뉴런뿐만 아니라 전체 네트워크에 영향을 미칠 수 있다. 교점은 해당 교점에서 정상적으로 작동하는 신경전달물질에 작용하는 약물을 통한 표적화에 의해 잠재적인 치료작용을 하는 부위이다. 따라서 아세틸콜린과 글루타메이트는 기억 네트워크에서 인지를 개선하기 위해 별개의 교점에서 표적화할 수 있다(그림 12-23A). 마찬가지로 우리는 이제 세로토닌 교점과 도파민 교점이 동일한 신경네트워크에서 상호 연결되어 있기 때문에 정신병은 정신병 네트워크의 이 두 교점에서 치료적으로 표적화될 수 있다는 것을 알고 있다(제4

12

장의 논의 및 그림 12-23B 참조). 마지막으로 치매의 초조 증상을 개선하기 위해 초조 네트워크에서 다양한 신경전달 물질(노르에피네프린, 세로토닌, 도파민, 글루타메이트)을 표적화할 수 있다(그림 12-23C). 이러한 전략은 치매의 행동증상(특히 정신병과 초조)에 대한 치료가 최근 주목할 만한 진전을 보이고 있으며, 여러 신약이 곧 출시될 예정인 이유를 설명해준다.

알츠하이머병에서 기억 및 인지의 대증요법을 위한 아세틸콜린 표적화

콜린 뉴런의 변성은 AD에서 MCI가 치매로 진행되면서 나타나는 기억 장애의 일부 초기 증상의 기초가 되는 것으로 생각된다. 아세틸콜린 신경전달에서 이러한 가설상의 결핍을 표적으로 삼는 것이 어떻게 다양한 AD 승인 약물에 의한 기억 및 인지증상 개선의 기초가 되는지 논의하기 전에, 아세틸콜린 신경전달, 수용체, 뇌 회로에 대해 먼저 이해하는 것이 중요하다.

아세틸콜린: 합성, 대사, 수용체, 경로

아세틸콜린은 콜린 뉴런에서 콜린과 아세틸보조효소 A acetyl coenzyme A, AcCoA라는 두 가지 전구체로부터 형성된다(그림 12-24). 콜린은 식이 및 뉴런내 공급원에서 유래되며, AcCoA는 뉴런의 미토콘드리아에서 포도당으로부터 만들어진다. 이 두 가지 기질은 합성효소인 콜린아세틸전달효소choline acetyl transferase, ChAT와 상호작용하여 신경전달물질인 아세틸콜린acetylcholine, ACh을 생성한다. ACh의 작용은 아세틸콜린에스터분해효소acetylcholinesterase, AChE 또는 '거짓콜린에스터분해효소'나 '비특이적 콜린에스터분해효소'라고도 불리는 뷰티릴콜린에스터분해효소 butyrylcholinesterase, BuChE 두 가지 효소 중 하나에 의해 종료된다(그림 12-25). 두 효소 모두 ACh을 콜린으로 전환시키며, 콜린은 시냅스전 콜린 뉴런으로 다시 운반되어서 ACh으로 재합성된다(그림 12-25). AChE와 BuChE는 모두 ACh을 대사할 수 있지만, 별도의 유전자에 의해 부호화

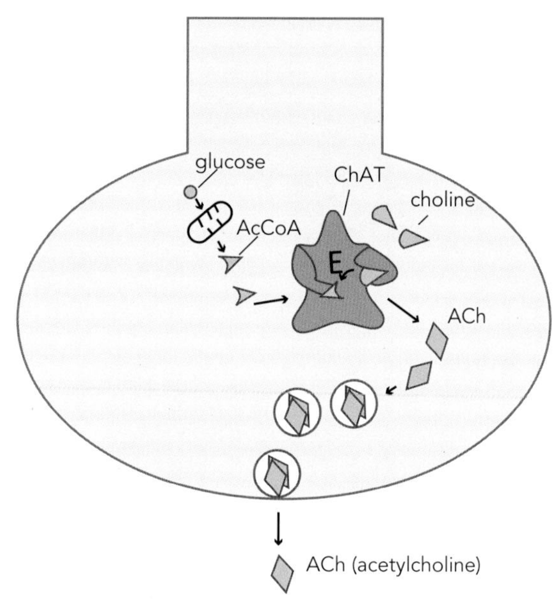

그림 12-24 아세틸콜린의 생성. 아세틸콜린(Ach)은 콜린과 아세틸보조효소 A(AcCoA)라는 두 가지 전구체가 콜린아세틸전달효소(ChAT)와 상호작용하면서 형성된다. 콜린은 식이 및 뉴런내 공급원에서 유래되며, AcCoA는 뉴런의 미토콘드리아에서 포도당으로부터 만들어진다.

되고 조직 분포와 기질 양상이 다르다는 점에서 상당히 차이가 있다. 물론 이 두 효소를 억제할 경우에는 임상 효과도 다를 수 있다. AChE는 뇌에서 높은 농도로 존재하며, 특히 ACh 입력을 받는 뉴런에서 더욱 두드러진다(그림 12-25). BuChE 또한 뇌에, 특히 신경교세포에 존재한다. 이후 논의하겠지만 일부 콜린에스터분해효소 억제제cholinesterase inhibitor는 특별히 AChE만을 억제하는 반면, 다른 억제제는 두 효소를 모두 억제한다. 콜린 시냅스에서 ACh을 비활성화하는 핵심 효소로 생각되는 것은 AChE이지만(그림 12-25), ACh이 인근 신경교세포까지 확산되면 BuChE가 이 활동을 수행할 수 있다. AChE는 장, 골격근, 적혈구, 림프구, 혈소판에도 존재한다. BuChE는 장, 혈장, 골격근, 태반, 간에도 존재한다. BuChE는 일부 특정 뉴런에 존재할 수 있으며, Aβ 판에도 존재할 수 있다.

중추신경계 뉴런에서 방출된 ACh은 AChE에 의해 너무 빨리 그리고 너무 완전히 파괴되어 시냅스전 뉴런으로 다시

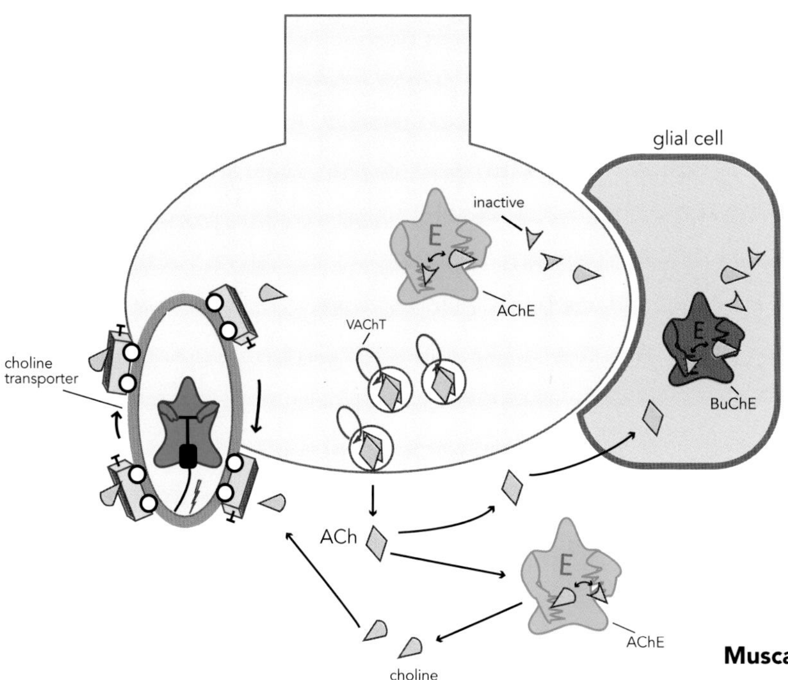

그림 12-25 아세틸콜린 작용의 종료. 아세틸콜린의 작용은 세포내외에 모두 존재하는 아세틸콜린에스터분해효소(AChE)와 특히 신경교세포에 많이 존재하는 뷰티릴콜린에스터분해효소(BuChE)에 의해 종료될 수 있다. 두 효소 모두 아세틸콜린을 콜린으로 전환한 다음, 콜린 수송체를 통해 시냅스 틈새에서 시냅스전 뉴런으로 다시 운반한다. 시냅스전 뉴런으로 들어온 콜린은 아세틸콜린으로 재활용된 다음 소포 아세틸콜린 수송체(VAChT)에 의해 소포 내에 포장된다.

운반될 수 없다. 그러나 ACh이 분해되어 형성된 콜린은 노르에피네프린, 도파민, 세로토닌 뉴런과 관련하여 앞에서 이미 논의했던 다른 신경전달물질의 수송체와 유사한 수송체에 의해 시냅스전 콜린 신경 종말로 쉽게 다시 수송된다. 시냅스전 신경 종말로 돌아가면 새로운 ACh 합성에 재활용될 수 있다(그림 12-25 참조). 시냅스전 뉴런에서 합성된 ACh은 모노아민 및 기타 신경전달물질의 소포 수송체와 유사한 ACh 소포 수송체vesicular transporter for ACh, VAChT에 의해 시냅스 소포로 운반된 후 저장된다.

ACh에는 다수의 수용체가 있다(그림 12-26부터 12-29까지). 주요 아형은 콜린 수용체의 니코틴 및 머스카린 아형이다. 전통적으로 머스카린 수용체는 버섯알칼로이드인 머스카린에 의해 자극되고, 니코틴 수용체는 담배알칼로이드인 니코틴에 의해 자극된다. 니코틴 수용체는 모두 리간드 작동이며, 빠르게 활성화되고, 큐라레curare에 의해 차단되는 흥분성 이온통로이다. 반면 머스카린 수용체는 G단백질 연결이고, 흥분성 또는 억제성일 수 있으며, 상당수가 아트로핀atropine, 스코폴라민scopolamine, 기타 잘 알려진 소위

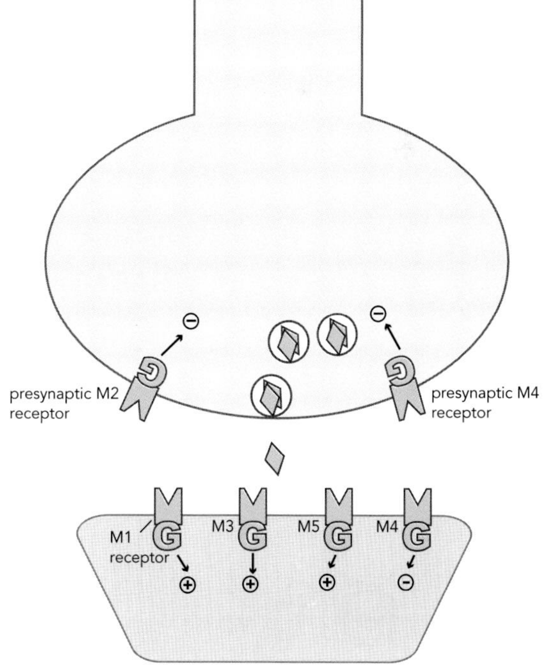

그림 12-26 머스카린 아세틸콜린 수용체. 머스카린 아세틸콜린 수용체는 G단백질연결이며 흥분성 또는 억제성일 수 있다. M_1, M_3, M_5 수용체는 흥분성 시냅스후 수용체이며, 후속 2차 전령을 자극한다. M_2 및 M_4 수용체는 억제성 시냅스전 자가수용체이며, 아세틸콜린의 추가 방출을 방지한다. M_4 수용체는 억제성 시냅스후 수용체로도 존재하는 것으로 생각된다.

'항콜린제'에 의해 차단된다. 니코틴 수용체와 머스카린 수용체는 다수의 수용체 아형으로 더 세분화된다.

머스카린 수용체에는 M_1, M_2, M_3, M_4, M_5의 다섯 가지 아형이 있다(그림 12-26). M_1, M_3, M_5 수용체는 콜린 시냅스에서 시냅스후에 있으며, 후속 2차 전령을 자극한다(그림 12-26). M_2 및 M_4 수용체는 후속 2차 전령을 억제하고, 시냅스전에 있으며, 자가수용체로서 시냅스에 아세틸콜린이 축적되면 더 이상 방출되는 것을 억제하는 역할을 한다(그림 12-26). M_4 수용체는 일부 뇌 영역에서 시냅스후에도 존재하는 것으로 생각된다(그림 12-26).

M_1 수용체는 해마와 신피질에서 기억 기능의 핵심으로 생각되며, 도파민 분비를 촉진할 수 있다. 반면 M_4 수용체는 배쪽뒤판구역ventral tegmental area 도파민 뉴런을 조절하여 중뇌변연mesolimbic 경로에서 도파민 방출을 억제하고 정신병을 감소시키는 데 관여하는 것으로 생각된다. 조현병 환자를 대상으로 한 전임상 및 사후연구에서 M_4 수용체 효현작용agonism이 정신병을 감소시키고, M_1 수용체 효현작용이 인지를 개선하는 것과 함께 중추 콜린 변화가 조현병의 인지증상 및 양성증상의 병태생리에 핵심일 수 있다고 제안한 것을 제5장에서 간략하게 언급하였다. M_4/M_1 작용제인 자노멜린xanomeline(제5장 및 그림 5-67 참조)은 전임상연구에서 배쪽뒤판구역의 도파민 세포 발화를 감소시키고, 조현병 초기 임상연구에서 정신병의 양성증상을 개선하였다. 이 약물 또는 유사한 기전으로 작용하는 다른 약물은 이론상으로 AD의 정신병적 증상 및 인지증상을 감소시킬 수 있다. 머스카린 M_2 및 M_4 수용체는 GABA 및 글루타메이트처럼 다른 신경전달물질을 방출하는 비콜린 뉴런에도 존재할 수 있다(그림 12-27). ACh가 시냅스에서 확산되어 이러한 시냅스전 이종수용체heteroreceptor를 점유하면 그곳에서 신경전달물질(예: GABA 또는 글루타메이트)의 방출을 차단할 수 있다(그림 12-27 참조).

여러 가지 니코틴 수용체 아형이 뇌에 존재하며, 뇌 외부의 골격근과 신경절에도 다른 아형이 존재한다. 중추신경계 니코틴 콜린 수용체 중 가장 중요한 두 가지는 α_7 아단위로 모두 이루어진 아형과 α_4 및 β_2 아단위가 있는 아형이다(그림 12-28). $\alpha_4\beta_2$ 아형은 시냅스후 수용체이며, 기댐핵nucleus accumbens에서 도파민 방출을 조절하는 데 중요한 역할을 한다. 이는 담배의 니코틴의 주요 표적이며, 담배의 강화 및 중독 특성에 기여하는 것으로 생각된다. 니코틴 콜린 수용체의 $\alpha_4\beta_2$ 아형에 대해서는 제13장 약물남용에서 더

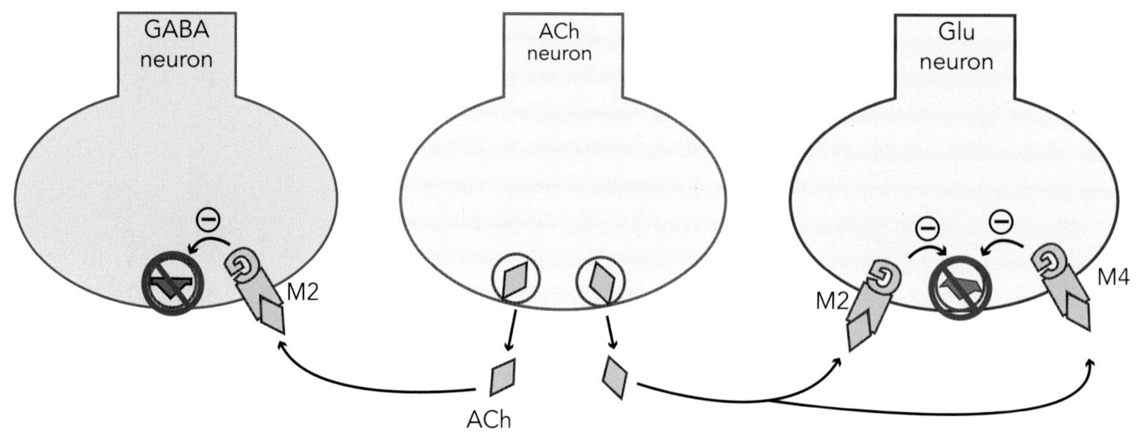

그림 12-27 시냅스전 머스카린 이종수용체. M_2 및 M_4 수용체는 감마아미노뷰티르산(GABA) 및 글루타메이트(Glu) 뉴런처럼 콜린 뉴런이 아닌 시냅스전 뉴런에 존재할 수 있다. 아세틸콜린(ACh)이 시냅스에서 확산되어 이러한 수용체를 점유하면, 그곳에서 신경전달물질의 방출을 차단할 수 있다.

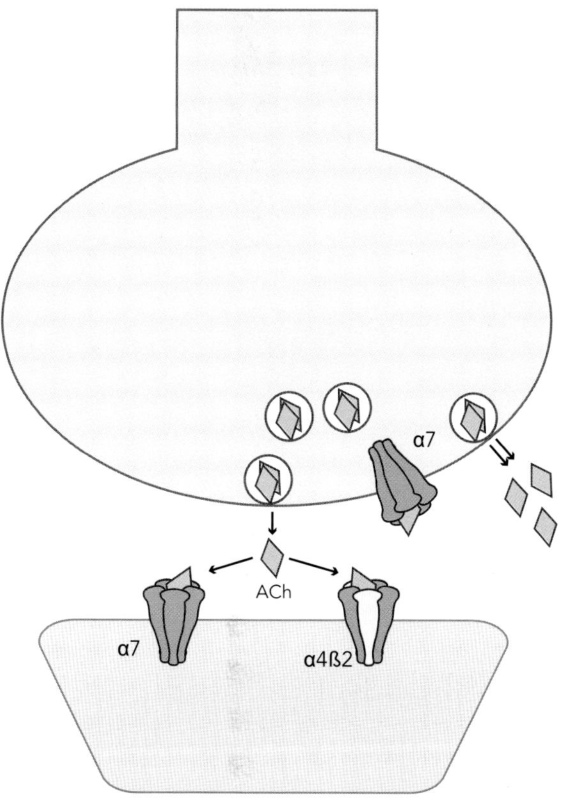

그림 12-28 니코틴 아세틸콜린 수용체. 아세틸콜린 신경전달은 니코틴 아세틸콜린 수용체라고 하는 리간드작동 흥분성 이온통로에 의해 조절될 수 있다. 이러한 수용체에는 여러 가지 아형이 있으며, 수용체에 포함된 아단위에 따라 정의된다. 가장 중요한 두 가지는 α_7 아단위로 모두 이루어진 아형과 α_4 및 β_2 아단위가 있는 아형이다. 알파-7 수용체는 시냅스전에 위치하여 아세틸콜린 방출을 촉진하거나 시냅스후에 위치하여 전전두엽피질에서 인지기능을 조절하는 데 중요한 역할을 할 수도 있다. $\alpha_4\beta_2$ 수용체는 시냅스후에 위치하며 기댐핵에서 도파민 방출을 조절한다.

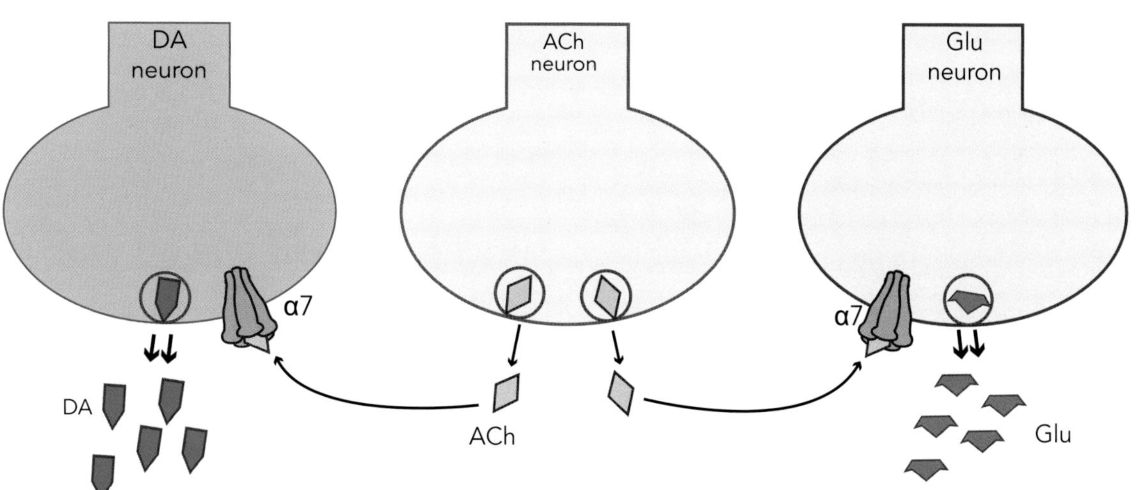

그림 12-29 시냅스전 니코틴 이종수용체. 시냅스에서 확산되는 아세틸콜린(ACh)은 도파민(DA) 및 글루타메이트(Glu) 뉴런의 시냅스전 α_7 니코틴 수용체와 결합하여 해당되는 신경전달물질의 방출을 자극할 수 있다.

자세히 논의된다.

알파-7 니코틴 콜린 수용체는 시냅스전 또는 시냅스후에 존재할 수 있다(그림 12-28 및 12-29). 시냅스후에 있을 때에는 전전두엽피질에서 인지기능의 중요한 매개체가 될 수 있다. 시냅스전 그리고 콜린 뉴런에 있을 때에는 Ach이 시냅스전 α_7 니코틴 수용체 점유를 통해 Ach의 자체 방출을 촉진할 수 있는 '피드 포워드feed-forward' 방출과정을 매개하는 것으로 나타났다(그림 12-28). 게다가 α_7 니코틴 수용체는 도파민 및 글루타메이트 뉴런처럼 다른 신경전달물질을 방출하는 뉴런에도 존재한다(그림 12-29). ACh이 시냅스에서 확산되어 이러한 시냅스전 이종수용체를 점유하면, 그곳에서 신경전달물질(예: 도파민 또는 글루타메이트)의 방출을 촉진한다(그림 12-29 참조).

$GABA_A$ 수용체(제6장 기분장애, 그림 6-20 및 6-21; 제7장 우울증 치료제, 그림 7-56) 및 NMDA 수용체(제4장 정신병 및 그림 4-30; 제10장 수면 및 그림 10-4)처럼 다른 리간드작동 이온통로ligand-gated ion channel에 대해 이전 장에서 논의했던 것처럼, 리간드작동 니코틴 콜린 수용체도 알로스테릭 조절제에 의해 조절되는 것으로 보인다(그림 12-30). 머스카린 수용체도 양성 알로스테릭 조절제positive allosteric modulator, PAM에 의해 조절될 수 있다(그림에는 표시되지 않음). PAM은 뇌의 니코틴 수용체에 대해 잘 특성화되어 있으며, AD에 사용되는 콜린에스터분해효소 억제제인 갈란타민galantamine은 니코틴 수용체에 대한 PAM으로서의 두 번째 치료기전을 가지고 있고, 이 약제에 대해서는 나중에 논의한다.

주요 콜린 경로는 그림 12-31과 12-32에 삽화로 설명되어 있다. 일부 콜린 경로의 세포체는 뇌간에서 발생하여 전전두엽피질, 바닥앞뇌basal forebrain, 시상, 시상하부, 편도, 해마를 포함한 많은 뇌 영역으로 투사된다(그림 12-31). 다른 콜린 경로는 바닥앞뇌에 세포체가 있고, 전전두엽피질, 편도, 해마로 투사되며, 특히 기억에 중요한 것으로 생각된다(그림 12-32). 바닥핵basal ganglia의 부가적인 콜린 섬유에 대한 그림은 표시하지 않았다.

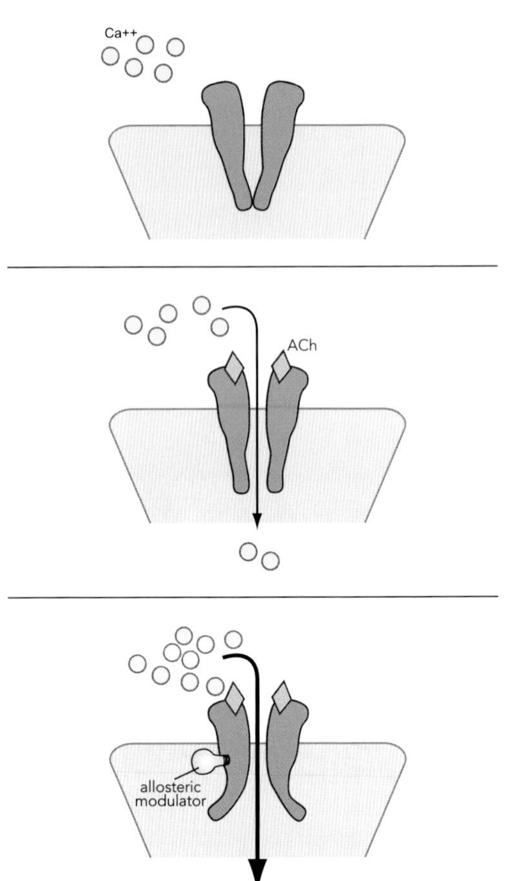

그림 12-30 니코틴 수용체의 알로스테릭 조절. 니코틴 수용체는 알로스테릭 조절제에 의해 조절될 수 있다. 이러한 리간드작동 이온통로는 뉴런으로 가는 칼슘의 흐름을 제어한다(위). 아세틸콜린이 이러한 수용체에 결합하면 칼슘이 뉴런으로 들어갈 수 있다(가운데). 아세틸콜린이 있는 상태에서 양성 알로스테릭 조절제의 결합은 통로의 열림 빈도를 증가시켜 더 많은 칼슘이 뉴런으로 들어갈 수 있도록 한다(아래).

아세틸콜린에스터분해효소 억제를 통한 알츠하이머병의 기억 및 인지 대증요법

콜린 기능장애는 노화와 관련된 인지 기능저하를 동반한다는 것이 잘 알려져 있으며, 이는 기저핵nucleus basalis에서 콜린 뉴런의 조기 소실 때문이라는 가설이 있다(그림 12-33A의 정상 인지와 12-33B의 경도인지장애 비교). 기억 저하의 초기 단계에서 콜린 신경지배는 소실되지만 콜린 시냅

Cholinergic Projections from Brainstem

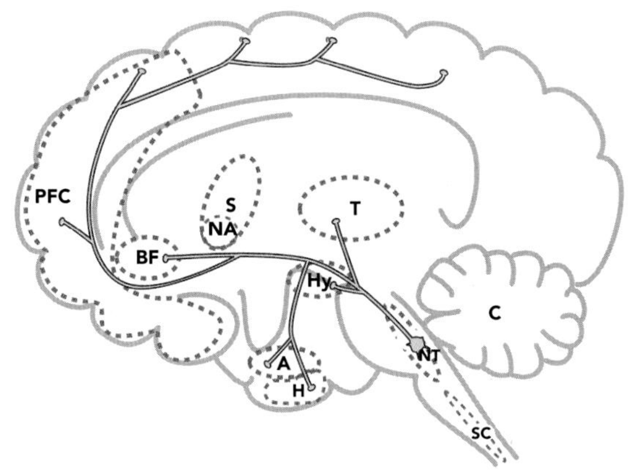

그림 12-31 뇌간에서 시작하는 콜린 투사. 일부 콜린 뉴런의 세포체는 뇌간에서 발견되며, 바닥앞뇌(BF), 전전두엽피질(PFC), 시상(T), 시상하부(Hy), 편도(A), 해마(H)를 포함한 다양한 뇌 영역으로 투사된다.

Cholinergic Projections from Basal Forebrain

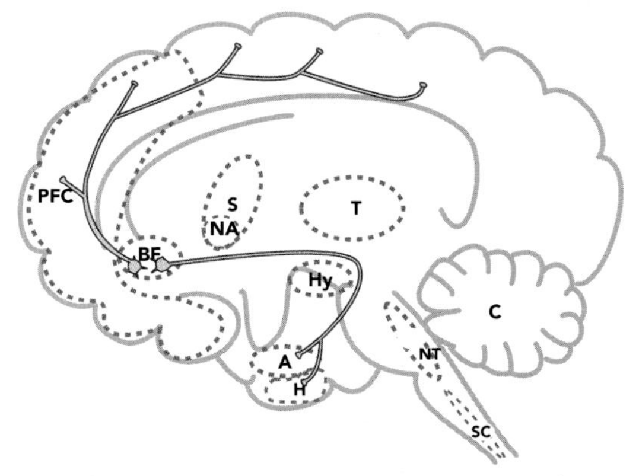

그림 12-32 바닥앞뇌에서 시작되는 콜린 투사. 일부 콜린 뉴런의 세포체는 바닥앞뇌(BF)에서 발견되며, 전전두엽피질(PFC), 편도(A), 해마(H)로 투사된다. 이러한 투사는 특히 기억에 중요할 수 있다.

스후 표적은 남아 있으므로(그림 12-33B), 아세틸콜린에스터분해효소 억제를 통해 ACh 농도를 높여서 시냅스후 콜린 수용체를 자극하면, 가설상으로 변성된 콜린 뉴런의 잃어버린 일부 기능이 회복될 수 있다(그림 12-33C; 초기 AD에서 인지에 대한 효과적인 콜린 치료). 이 모형은 레보도파를 통한 파킨슨병 치료가 변성된 도파민 뉴런의 상실된 기능을 일부 회복시키는 것과 유사하다. 그러나 MCI와 초기 치매에서 후기 치매로 AD가 진행함에 따라 신피질과 해마 뉴런의 소실이 점진적으로 발생한다. 이 과정에서 콜린 치료의 수용체 표적도 소실되고, 아세틸콜린에스터분해효소 억제제를 통한 콜린 개선 대증요법도 효과를 잃기 시작한다(그림 12-33D; AD의 진행과 콜린 치료효과의 소실).

그럼에도 불구하고 AD에서 인지 및 기억증상의 중기적 치료에 대한 가장 성공적인 접근법은 ACh의 파괴를 막음으로써 콜린 기능을 강화하는 것이다. 이는 아세틸콜린에스터분해효소를 억제함으로써 쉽게 달성할 수 있다(그림 12-23A 및 12-25). 아세틸콜린에스터분해효소의 억제는 ACh의 작용이 더 이상 효과적으로 종결될 수 없기 때문에 ACh 축적을 유발한다. ACh의 가용성 증가는 AD 환자의 인지 및 기억증상에 영향을 미치는 것으로 입증되었으며, 때로는 기억을 향상시키지만, 대부분 현재 수준의 기억 기능을 유지하여 기억 저하를 늦추는 데 도움이 된다.

도네페질

도네페질donepezil은 가역적이고 장기간 지속 작용하는 AChE의 선택적 억제제이며 BuChE는 억제하지 않는다(그림 12-34). 도네페질은 시냅스전/후 콜린 뉴런과 AChE가 널리 퍼져 있는 중추신경계 바깥의 다른 영역에서 AChE를 억제한다(그림 12-34A). 도네페질의 중추신경계 작용은 콜린 뉴런에 의한 정상적인 신경지배가 존재하지만, 시냅스전 콜린 뉴런의 사멸에 따라 Ach이 부족하여 어려움을 겪는 아직 남은 부위에서 Ach의 가용성을 높여 준다(그림 12-33B 및 12-33C). 또한 도네페질은 말초에서도 AChE를 억제하며, 위장관에서의 작용은 위장관 부작용을 일으킬 수 있다(그림 12-34B). 도네페질은 용량 조절이 쉽고, 대부분 위장관 부작용이 있지만 거의 일시적이다.

리바스티그민

리바스티그민rivastigmine은 '거짓비가역적pseudoirreversible'(시간이 지나면 스스로 되돌린다)이며 중간 정도로 지속 작용한다. 이는 BuChE보다 AChE에 더 선택적으로 작

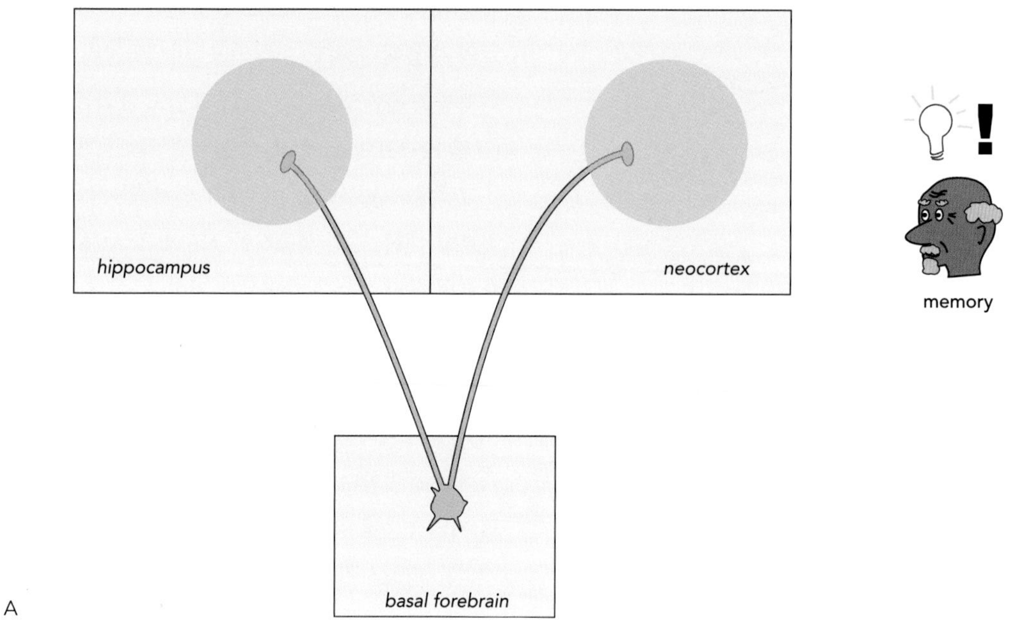

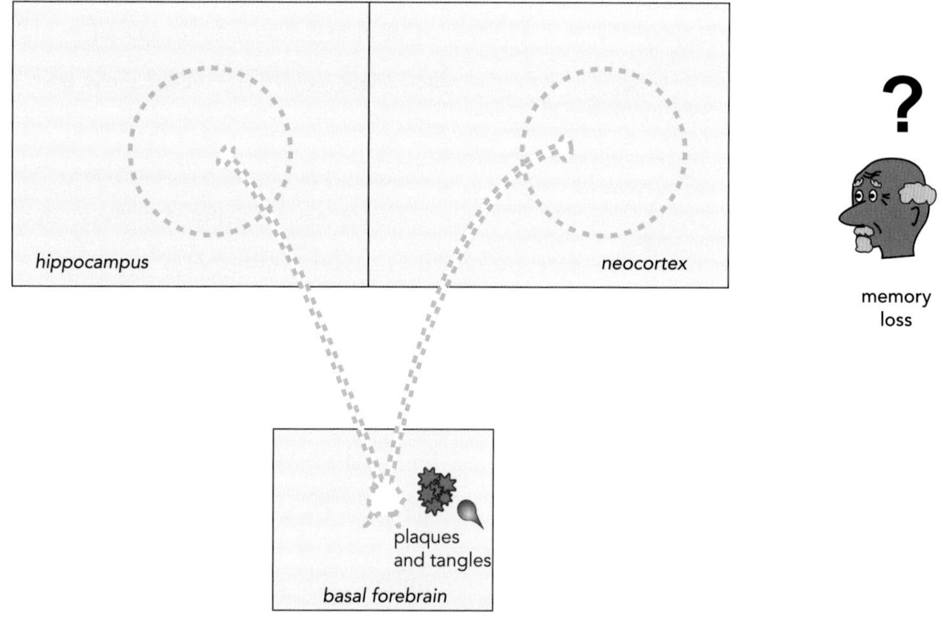

그림 12-33A, B 바닥앞뇌에서 시작되는 콜린 투사의 변성: 기억에 미치는 영향. (A) 바닥앞뇌에서 신피질 및 해마로의 콜린 투사는 특히 기억에 중요한 것으로 생각된다. (B) 뇌에 판과 매듭의 축적은 신경퇴행으로 이어질 수 있으며, 특히 이러한 콜린 투사에 영향을 주어 기억상실로 이어질 수 있다. 초기 단계에서는 콜린 신경지배가 상실되더라도 콜린 시냅스후 표적은 남아 있다.

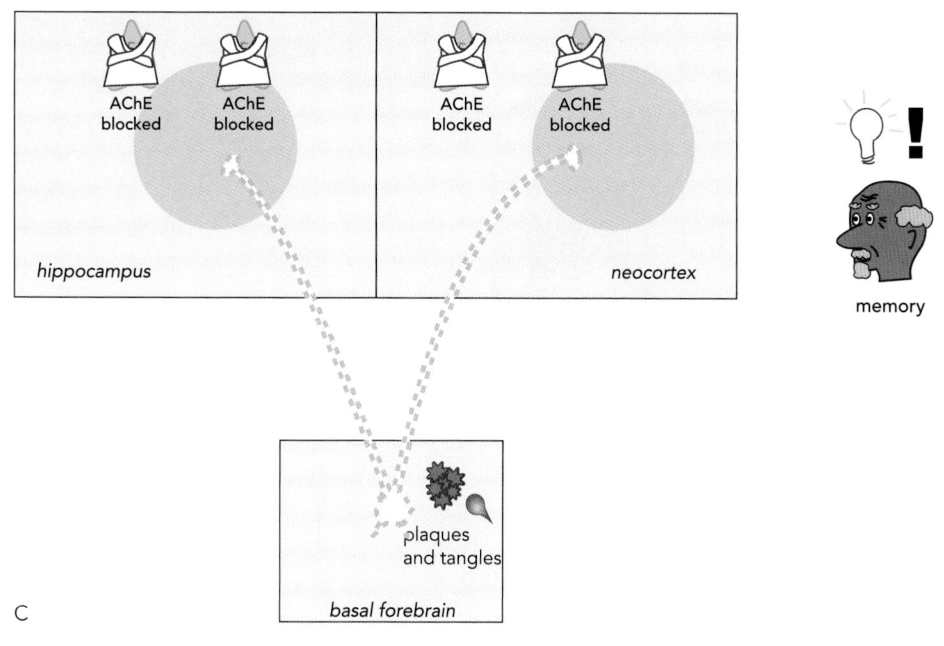

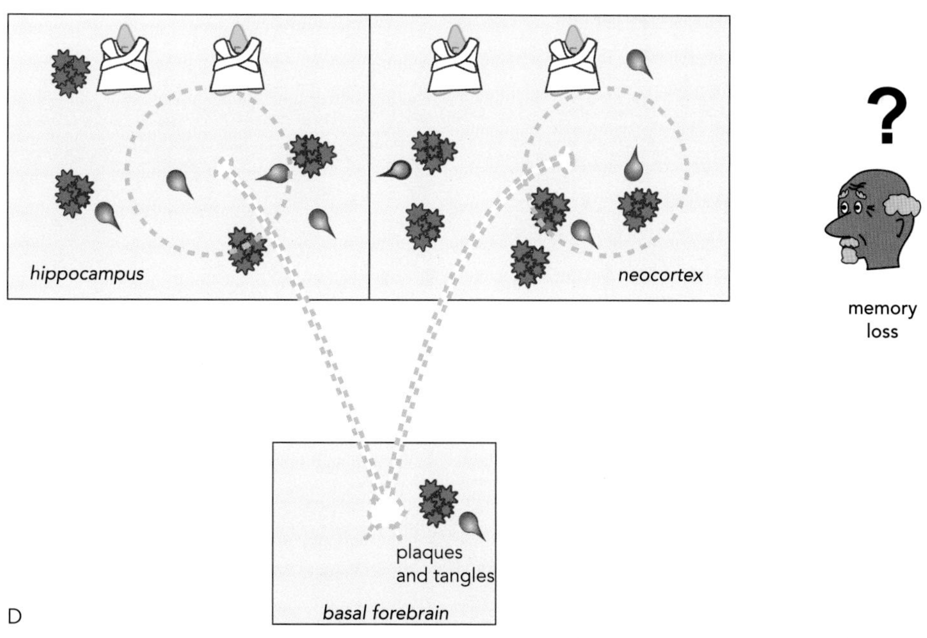

그림 12-33C, D 바닥앞뇌에서 시작되는 콜린 투사의 변성: 콜린 치료의 효과. (C) 알츠하이머병의 초기 단계에서 바닥앞뇌로부터의 콜린 신경지배가 상실되더라도 콜린 시냅스후 표적은 남아 있다. 따라서 해마와 신피질의 아세틸콜린 농도를 증가시켜 잠재적으로 기억을 개선할 수 있다. 이는 아세틸콜린에스터분해효소(AChE) 억제제처럼 아세틸콜린의 대사를 차단하는 약제를 통해 달성할 수 있다. (D) 알츠하이머병이 진행됨에 따라 신피질과 해마에서 뉴런이 소실되면 아세틸콜린의 수용체 표적도 소실되므로 AChE 억제제의 효과가 사라진다.

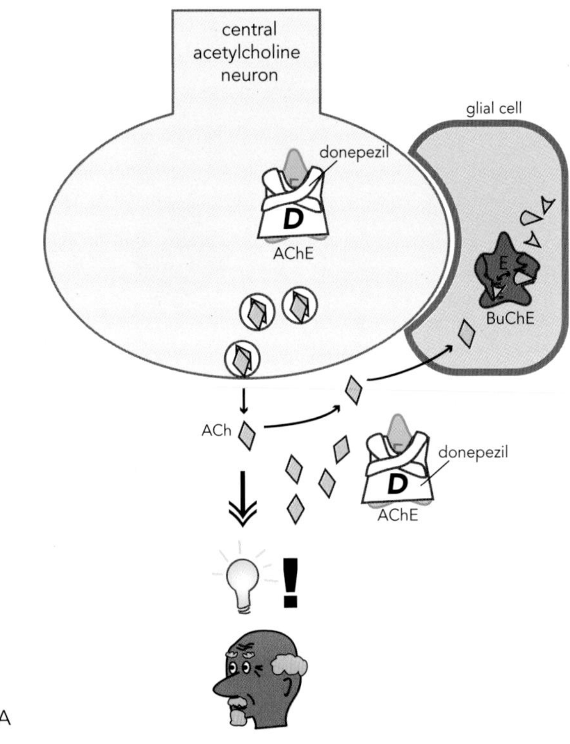

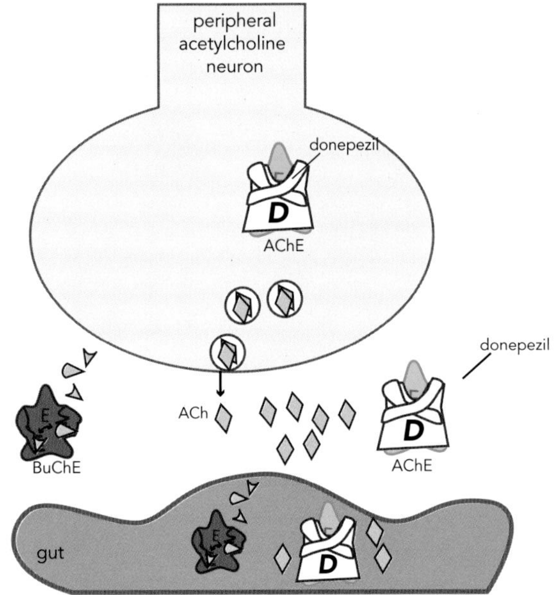

그림 12-34 도네페질의 작용. 도네페질은 중추신경계(CNS)와 말초 모두에 존재하는 아세틸콜린에스터분해효소(AChE)의 가역적 억제제이다. (A) 중추 콜린 뉴런은 기억조절에 중요하다. 따라서 CNS에서 AChE 차단으로 인한 아세틸콜린(ACh)의 증가는 인지기능 향상에 기여한다. (B) 장에 있는 말초 콜린 뉴런은 위장관 효과에 관여한다. 따라서 AChE 차단으로 인한 말초 아세틸콜린의 증가는 위장관 부작용에 기여할 수 있다.

용하며, 아마도 뇌의 다른 영역에 있는 AChE보다 피질과 해마에 있는 AChE에 선택적인 것으로 보인다(그림 12-35A). 또한 리바스티그민은 신경교세포 내에서 BuChE를 억제하는데, 이는 중추신경계 내의 ACh 농도를 높이는 데 어느 정도 기여할 수 있다(그림 12-35A). 피질 뉴런이 사멸하면 신경교증gliosis가 발생하기 때문에 신경교세포 내의 BuChE 억제는 AD 환자에게 더욱더 중요할 수 있다. 이는 신경교세포가 BuChE를 포함하고 있고, 증가된 BuChE 활성의 억제는 리바스티그민의 두 번째 기전을 통해 남은 콜린 수용체에 대한 ACh의 가용성을 높이는 데 유리한 작용을 할 수 있기 때문이다(그림 12-35B). 리바스티그민은 도네페질과 비슷한 안전성과 효능을 가지는 것으로 보이지만, 경구 투여 시 위장관 부작용이 더 많이 나타날 수 있다. 이는 아마 리바스티그민의 약동학적 프로필과 말초에서 AChE 및 BuChE를 모두 억제하는 부분 때문인 것 같다(그림 12-35C). 그러나 약물전달을 최적화하고 최고약물농도를 낮춤으로써 경구 리바스티그민의 말초 부작용을 크게 감소시킨 피부경유 제형transdermal formulation을 현재 사용

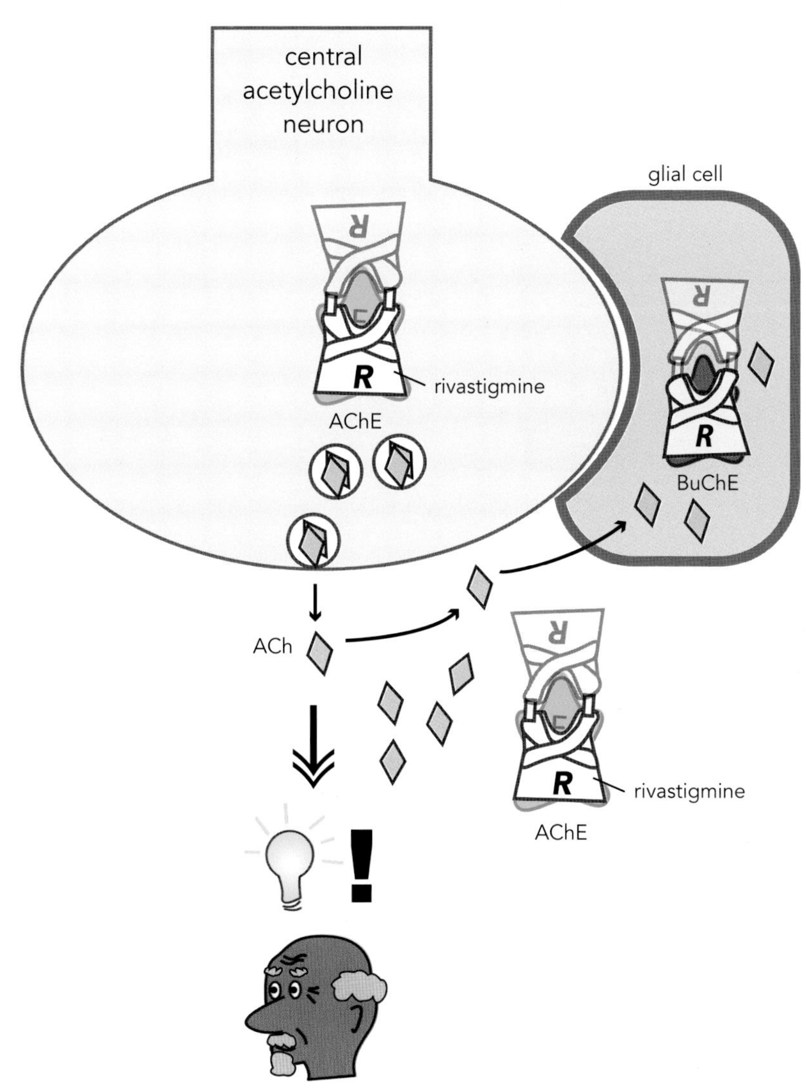

그림 12-35A 리바스티그민의 작용 제1부. 리바스티그민은 중추신경계(CNS)와 말초 모두에 존재하는 아세틸콜린에스터분해효소(AChE)와 뷰티릴콜린에스터분해효소(BuChE)의 거짓비가역적 억제제(시간이 지나면 스스로 되돌린다)이다. 중추 콜린 뉴런은 기억조절에 중요하다. 따라서 CNS에서 AChE 차단으로 인한 아세틸콜린의 증가는 인지기능 향상에 기여한다. 특히 리바스티그민은 다른 뇌 영역에 비해 기억에 중요한 두 영역인 피질과 해마에 있는 AChE에 다소 선택적으로 작용하는 것으로 보인다. 또한 신경교세포에서 리바스티그민에 의한 BuChE 차단은 아세틸콜린 농도를 높이는 데 기여할 수 있다.

12

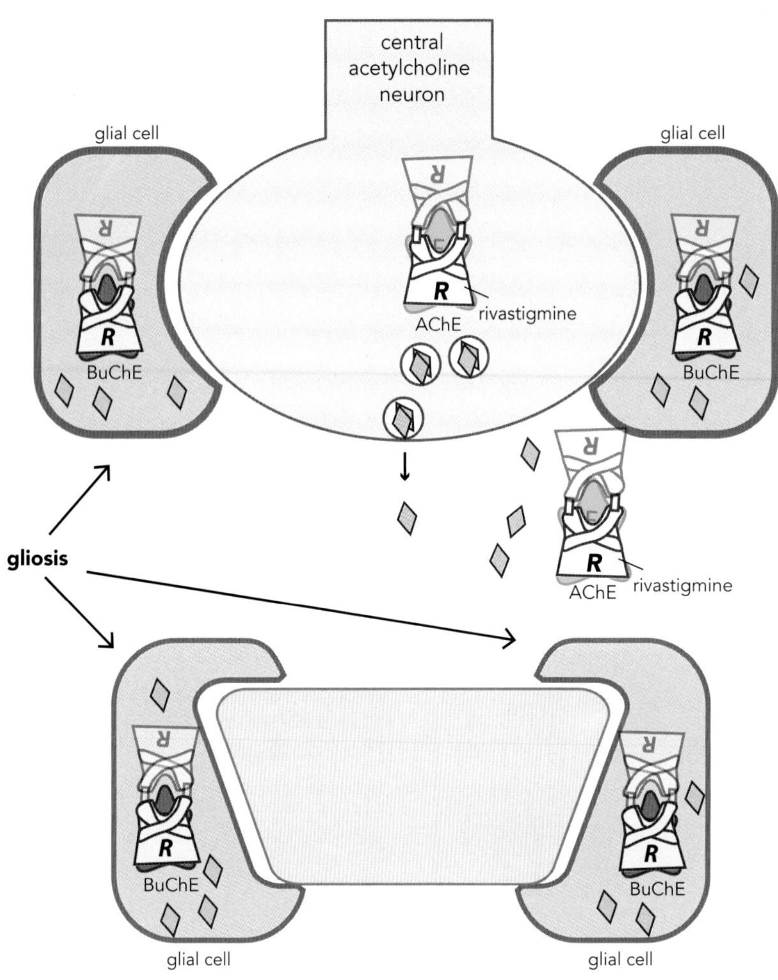

그림 12-35B 리바스티그민의 작용 제2부. 리바스티그민은 중추신경계(CNS)와 말초 모두에 존재하는 아세틸콜린에스터분해효소(AChE)와 뷰티릴콜린에스터분해효소(BuChE)를 억제한다. 질병의 후기 단계에서는 더 많은 콜린 뉴런이 사멸하면서 신경교증이 발생하여 BuChE 활성이 증가하기 때문에 BuChE의 억제가 더욱 중요해질 수 있다.

할 수 있다.

갈란타민

갈란타민galantamine은 설강화와 수선화에서 발견되는 매우 흥미로운 콜린에스터분해효소 억제제이다. 갈란타민은 AChE 억제(그림 12-36A)와 니코틴 콜린 수용체의 양성알로스테릭 조절(그림 12-36B)에 관여하는 이중 작용기전을 가지고 있다. 이론상으로 AChE 억제(그림 12-36A)는 니코틴 수용체에서 갈란타민의 두 번째 작용(그림 12-36B)과 결합했을 때 더욱 강화될 수 있다. 따라서 AChE 억제를 통한 니코틴 콜린 수용체에서의 ACh 농도 증가는 갈란타민의 양성 알로스테릭 조절작용에 의해 촉진될 수 있다(그림 12-36B). 그러나 이론상으로 유리한 니코틴 양성 알로스테릭 조절제로서의 두 번째 작용을 임상적 이점으로 전환할 수 있는지 여부는 입증되지 않았다.

알츠하이머병에서 기억 및 인지의 대증요법을 위한 글루타메이트 표적화

콜린 기능장애가 AD의 유일한 문제인 것은 물론 아니며, 환자가 MCI에서 AD로 전환됨에 따라 콜린 및 글루타메이트 회로 모두의 신경퇴행이 진행된다. 글루타메이트는 AD가 발병하면 과도하게 방출된다는 가설이 제기되어 왔는

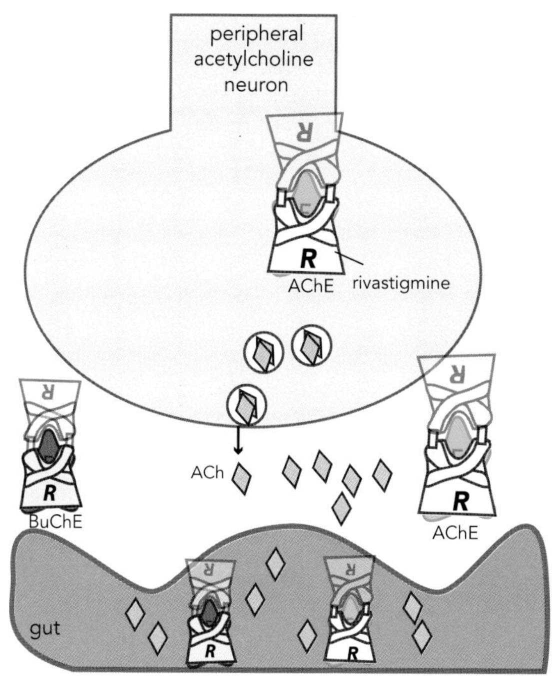

그림 12-35C **리바스티그민의 작용 제3부.** 리바스티그민은 중추신경계(CNS)와 말초 모두에 존재하는 아세틸콜린에스터분해효소(AChE)와 뷰티릴콜린에스터분해효소(BuChE)를 억제한다. 장에 있는 말초 콜린 뉴런은 위장관 효과에 관여한다. 따라서 AChE 및 BuChE 차단으로 인한 말초 아세틸콜린의 증가는 위장관 부작용에 기여할 수 있다.

데(그림 4-52D 및 제4장의 논의 참조; 그림 12-23A의 왼쪽 참조), 이는 부분적으로는 신경독성 Aβ 판 및 신경원섬유 매듭에 의해 촉발되어, GABA 사이신경세포가 변성되면서 GABA에 의한 정상적인 억제가 없어져 글루타메이트를 방출하는 것일 수 있다(제4장 및 그림 4-52D 참조; 그림 12-37A, 12-37B, 12-37C 비교). 즉 안정 상태resting state에서는 글루타메이트가 정상적으로 조용하게 존재하며, NMDA 수용체는 마그네슘 이온에 의해 생리적으로 차단되어 있다(그림 12-37A). 이후 정상적인 흥분성 신경전달이 일어나면, 글루타메이트가 갑작스럽게 몰아치듯 방출된다(그림 12-37B). 시냅스후 NMDA 수용체는 '우연감지기coincidence detector'로서 세 가지 사건이 동시에 일어나는 경우에만 이온의 유입을 허용한다. 즉 주변 AMPA 수용체의 활성화에 의해 흔히 발생하는 뉴런 탈분극, NMDA 수용체의 결합 부위를 글루타메이트가 점유, 보조전달물질인 글라이신glycine이 NMDA 수용체의 해당 부위를 점유(그림 12-37B) 등이다. 판과 매듭이 글루타메이트의 지속적인 '유출'을 유발한다면(제4장 및 그림 4-52D 참조) 이론상으로 글루타메이트 신경전달의 미세조율을 방해하고 아마도 기억과 학습에 방해가 될 수 있지만, 반드시 뉴런에 손상을 주는 것은 아니다(그림 12-37C). 가설상으로 AD가 진행됨에 따라 글루타메이트 방출이 시냅스후 수용체에 긴장성으로 퍼붓는 수준까지 증가하여, 최종적으로 가지돌기를 전멸시키고 흥분독성 세포사멸excitotoxic cell death로 인해 전체 뉴런을 전멸시킬 수도 있다(그림 12-23A 및 그림 12-37C).

메만틴

NMDA 길항제의 일종인 메만틴memantine(그림 12-38)의 사용 근거는 글루타메이트 신경전달의 비정상적인 활성화를 감소시켜 AD의 병태생리를 방해하고, 인지기능을 개선하며, 시간에 따른 감소 속도를 늦추는 것이다(그림 12-23A 및 12-37D). 만성적 NMDA 수용체 차단은 이론상으로 기억형성과 신경가소성neuroplasticity을 방해할 수 있다. 그렇다면 NMDA 수용체의 과도하고 지속적이지만 낮은 수준의 흥분독성 활성화를 줄이면서도 학습, 기억, 신경가소성을 방해하지 않고 조현병과 유사한 상태를 유도하지 않으려면 어떻게 해야 할까?

그 답은 안정 상태에서 마그네슘 이온이 정상적으로 이 이온통로를 차단하는 부위와 같은 부위에서 작용하는 약한(친화력이 낮은) NMDA 길항제로 NMDA 매개 글루타메이트 신경전달을 방해하는 것으로 생각된다(그림 12-37D). 즉 메만틴은 낮거나 중간 정도의 친화력을 가지며, 전압의존성이고, 차단 및 해제가 빠른 비경쟁적 열린 통로NMDA 수용체 길항제이다. 이는 NMDA 수용체의 이온통로가 열려 있을 때만 차단한다는 것을 멋지게 표현한 것이다. 이것이 열린 통로 길항제라고 불리는 이유이며, 통로를 열기 위해서 전압에 의존하는 이유이다. 또한 메만틴은 열린 통로를 빠르게 차단하지만, 정상적인 신경전달을 통해 글루타메

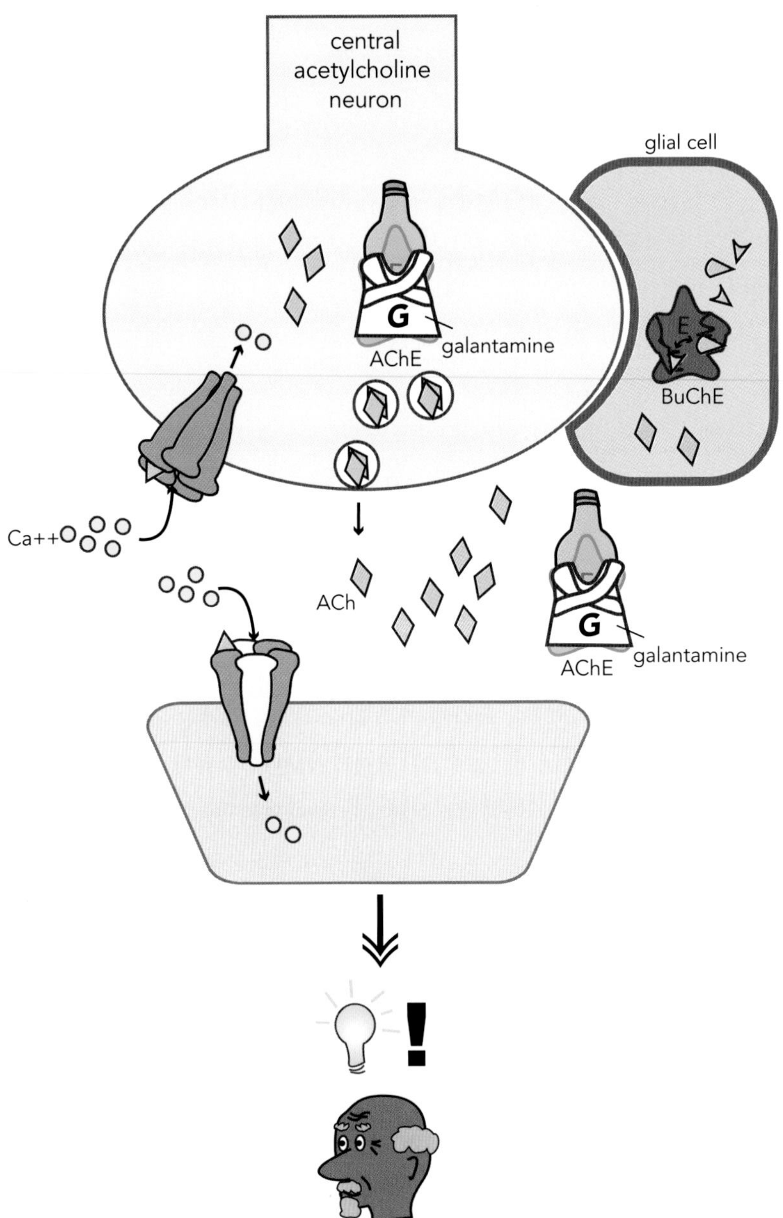

그림 12-36A 갈란타민의 작용 제1부. 갈란타민은 아세틸콜린에스터분해효소(AChE)의 억제제이다. 중추 콜린 뉴런은 기억조절에 중요하다. 따라서 중추신경계에서 AChE 차단으로 인한 아세틸콜린의 증가는 인지기능 향상에 기여한다.

이트가 쏟아져 들어오면 쉽고 빠르게 이를 되돌린다는 것을 멋지게 표현한 것이다(그림 12-37E).

이 개념은 그림 12-37C, 12-37D, 12-37E에 삽화로 설명되어 있다. 먼저 알츠하이머 흥분독성 동안 글루타메이트 뉴런의 가정된 상태가 그림 12-37C에 삽화로 설명되어 있다. AD에서는 글루타메이트 뉴런의 정상적인 안정 상태를 방해하면서, 안정적이고 긴장성이며 과다한 양의 글루타메이트가 지속적으로 방출되어(그림 12-37C) 기억 기능, 새로운 학습, 정상적인 신경가소성에 문제가 발생한다. 결국 이것은 시냅스후 가지돌기의 막을 손상시키고 최종적으로 전체 뉴런을 파괴하는 독성 자유라디칼toxic free radical을 생성하는 세포내 효소의 활성화로 이어진다(그림 12-37C).

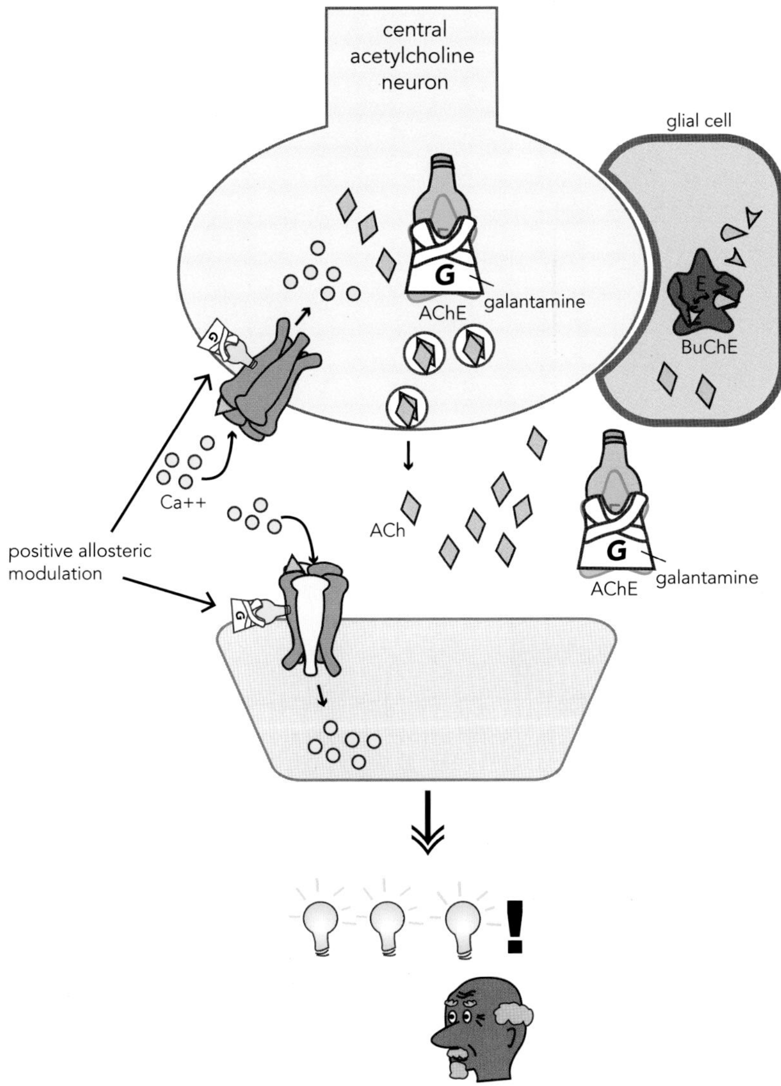

그림 12-36B 갈란타민의 작용 제2부. 갈란타민은 콜린에스터분해효소억제제 중에서도 독특한데, 이는 니코틴 콜린 수용체에서 양성 알로스테릭 조절제(PAM)이기도 하여 이 수용체에서 아세틸콜린의 효과를 증가시킬 수 있다는 의미이다. 니코틴 수용체에서 PAM으로써 갈란타민의 두 번째 작용은 이론상으로 콜린에스터분해효소억제제로서의 주요 작용을 강화할 수 있다.

메만틴을 복용하면 이러한 긴장성 글루타메이트 방출이 후속 효과를 갖는 것을 차단하며, 가설상으로 글루타메이트의 지속적인 방출에도 불구하고 글루타메이트 뉴런을 새로운 안정 상태로 되돌릴 수 있다(그림 12-37D). 메만틴은 이론상으로 과다한 글루타메이트가 안정 상태 글루타메이트 뉴런의 생리적 활동을 방해하는 것을 막아서 기억력을 향상시킨다. 또한 과도한 글루타메이트가 신경독성을 유발하는 것도 막아서 뉴런의 사멸과 AD 진행을 유발하는 관련 인지기능 저하의 속도를 늦출 수 있다(그림 12-37D).

그러나 동시에 메만틴은 글루타메이트 시냅스에서 모든 신경전달을 중단시킬 정도로 강력한 NMDA 수용체 차단제는 아니다(그림 12-37E). 즉 정상적인 글루타메이트 신경전달 중에 글루타메이트의 위상성 돌발파가 일시적으로 방출될 때, 탈분극이 유발되고 이 탈분극이 사라질 때까지 메만틴에 의한 차단을 역전시킬 수 있다. 메만틴은 이러한 이유로 펜사이클리딘phencyclidine, PCP 및 케타민과 같은 보

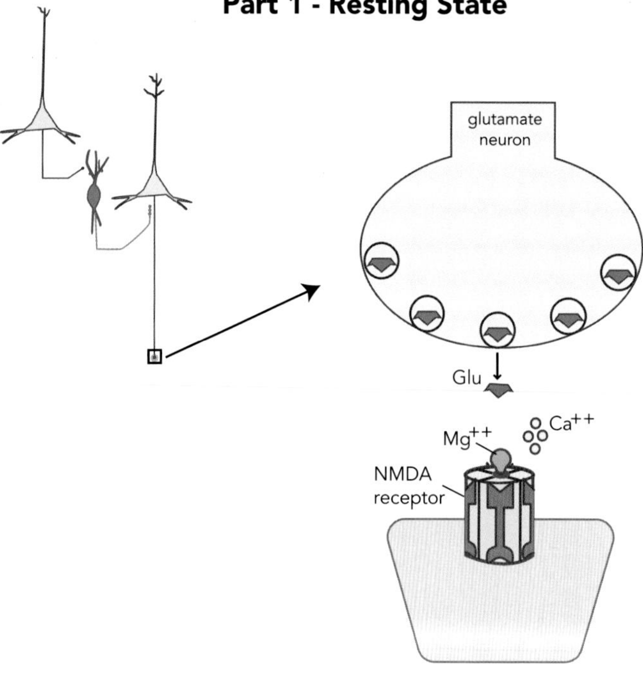

그림 12-37A **알츠하이머병에서 글루타메이트 신경전달 제1부.** 안정 상태(글루타메이트 결합이 없는)에서 *N*-메틸-D-아스파르트산(NMDA) 수용체는 마그네슘에 의해 차단되어 있다.

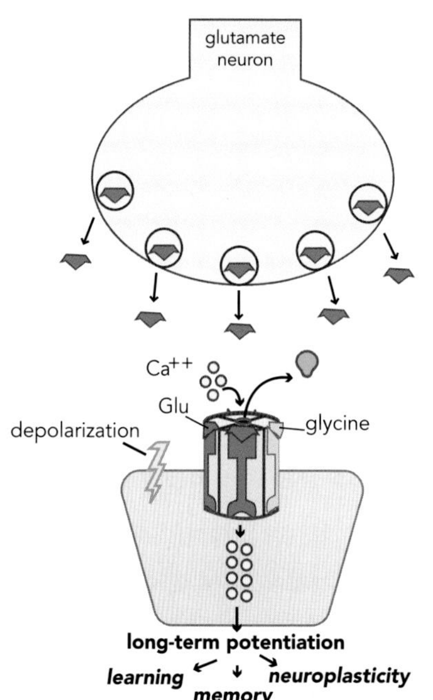

그림 12-37B **알츠하이머병에서 글루타메이트 신경전달 제2부.** 정상적인 신경전달에서는 글루타메이트가 방출되어 *N*-메틸-D-아스파르트산(NMDA) 수용체에 결합한다. 만약 뉴런의 탈분극과 동시에 글라이신이 NMDA 수용체에 결합하면, 통로가 열리고 이온 유입이 허용된다. 그 결과 장기 강화작용이 된다.

Glutamatergic Neurotransmission in AD: Part 3 - Alzheimer Excitotoxicity

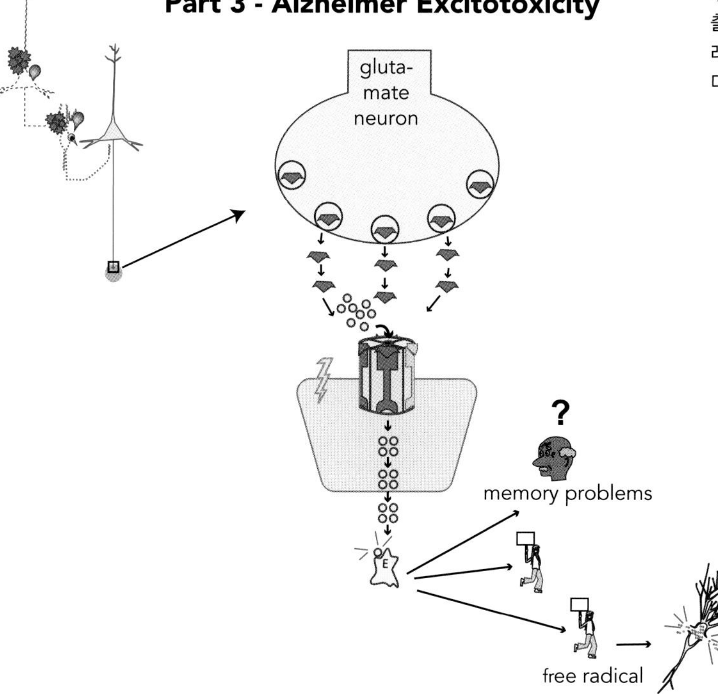

그림 12-37C 알츠하이머병에서 글루타메이트 신경전달 제3부. 판과 매듭으로 인한 신경퇴행은 글루타메이트의 지속적인 유출을 유발하고, 그 결과 시냅스후 뉴런에 과도한 칼슘 유입을 초래하여 단기적으로는 기억 문제를 일으키고, 장기적으로는 자유라디칼의 축적을 유발하여 뉴런을 파괴할 수 있다.

Glutamatergic Neurotransmission in AD: Part 4 - Memantine and New Resting State in Alzheimer Disease

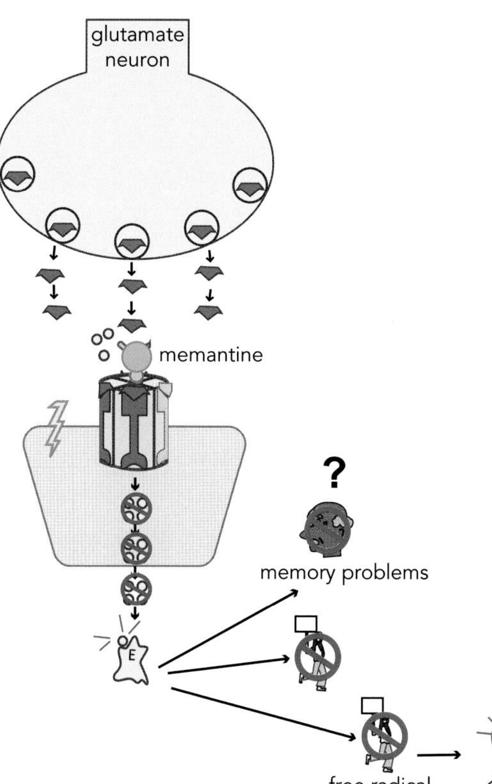

그림 12-37D 알츠하이머병에서 글루타메이트 신경전달 제4부. 메만틴은 통로가 열려 있을 때 마그네슘 부위에 결합하는 비경쟁적이고 낮은 친화력의 *N*-메틸-D-아스파르트산(NMDA) 수용체 길항제이다. 따라서 메만틴은 NMDA 이온통로를 '막아' 과도한 긴장성 글루타메이트 방출의 후속 효과를 차단하여, 기억을 향상시키고 글루타메이트 흥분독성으로 인한 뉴런 사멸을 예방할 수 있다.

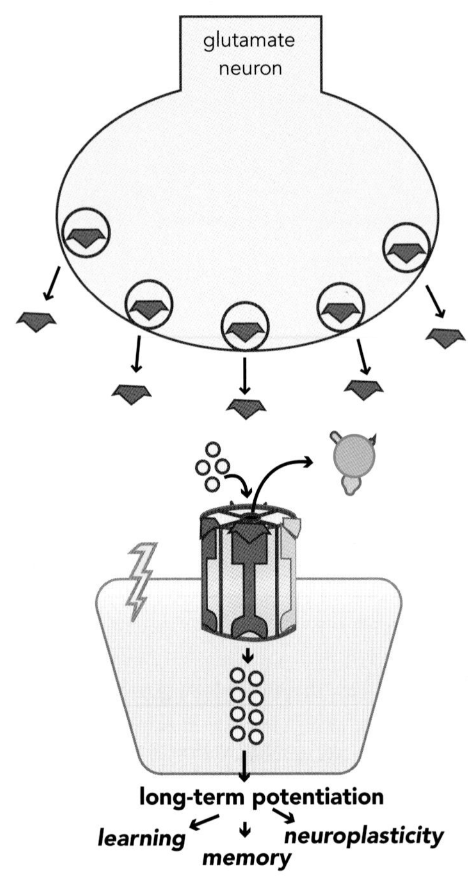

그림 12-37E **알츠하이머병에서 글루타메이트 신경전달 제5부.** 메만틴은 친화력이 낮기 때문에 글루타메이트의 위상성 돌발파와 탈분극이 발생하면, 이온통로에서 메만틴을 제거하기에 충분하고 따라서 정상적인 신경전달을 허용한다. 즉 메만틴은 정신병유사 효과가 없거나 정상적인 새로운 학습을 방해하지 않는다.

다 강력한 NMDA 길항제에서 나타나는 정신병유사 작용이 없으며, 새로운 학습이나 필요할 때 발생하는 정상적인 신경전달 능력을 방해하지 않는다(그림 12-37E). 메만틴에 의한 NMDA 수용체 차단은 일종의 '인공 마그네슘'으로 볼 수 있으며, 흥분독성 글루타메이트 방출에 압도되는 마그네슘에 의한 생리적 차단보다는 더 효과적이지만, 글루타메이트 시스템이 완전히 차단되지 않도록 하여 PCP나 케타민보다는 덜 효과적이라고 할 수 있다. 마치 두 마리 토끼를 다 잡은 것과 같다.

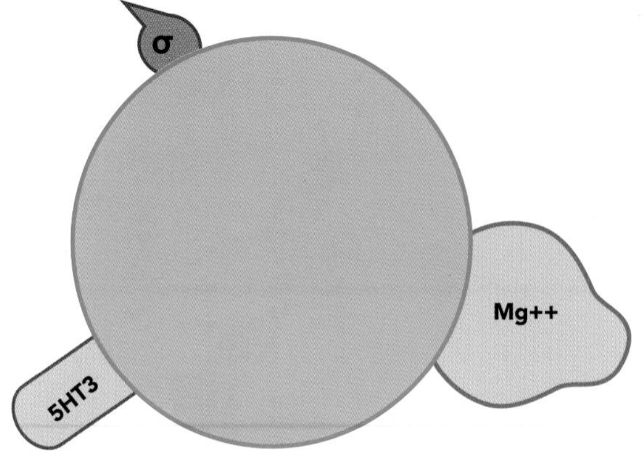

그림 12-38 **메만틴.** 메만틴은 통로가 열려 있을 때 마그네슘 부위에 결합하는 비경쟁적이고 낮은 친화력의 *N*-메틸-D-아스파르트산(NMDA) 수용체 길항제이다. 또한 σ 결합 특성과 약한 $5HT_3$ 길항제 특성을 가진다.

또한 메만틴은 σ 결합 특성과 약한 $5HT_3$ 길항제 특성을 가지고 있는데(그림 12-38), 이것이 AD에서 이 약제의 작용에 어떤 기여를 하는지는 명확하지 않다. AD에서 메만틴 작용기전이 콜린에스터분해효소 억제와는 매우 다르기 때문에, 두 가지 접근법의 잠재력을 활용하고 환자에게 추가적인 효과를 얻기 위해 메만틴은 일반적으로 콜린에스터분해효소 억제제와 함께 투여한다.

치매의 행동증상 표적화

치매는 근본적으로 기억 및 인지장애로 간주되는 경우가 많지만, 치매와 관련된 중요한 행동증상도 많이 존재한다(그림 12-39). 이들 각각은 별도의 신경네트워크에 의해 조절될 가능성이 있다(그림 12-23). AD에 대한 수많은 연구에서 조사된 치매의 특정 행동증상 유병률이 표 12-7에 나와 있다. 여기에서는 치매 관련 정신병, 초조, 우울증, 무감동의 치료를 모두 논의할 것이다.

알츠하이머병에서 초조 및 정신병의 정의

아마도 치매의 증상 중에서 초조만큼 경각심을 불러일으키는 것은 없을 것이다. 특히 초조가 문 쾅 닫기, 물건 던지기, 발로 차기, 비명 지르기, 밀기, 할퀴기, 물어뜯기, 배회하

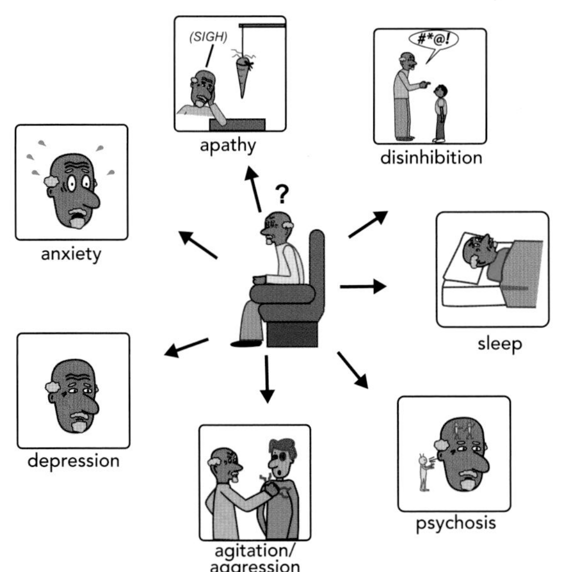

그림 12-39 **치매의 행동증상.** 치매 환자는 인지 및 기억장애 이외에도 많은 증상을 보여줄 수 있으며, 각 증상은 잠재적으로 별도의 신경네트워크에 의해 조절된다.

표 12-7 특정 정신행동증상의 유병률

증상	비율(%)
무감동	49
우울	42
공격성	40
수면장애	39
불안	39
흥분성	36
식이장애	34
비정상적 운동 행동	32
망상	31
탈억제	17
환각	16
이상행복감	7

Estimates of prevalence are pooled from 48 studies of BPSD in Alzheimer disease, using the Neuropsychiatric Inventory.
Data are from Zhao et al. 2016.

기, 다른 사람에게 덤벼들기, 꼼지락거리기, 안절부절, 왔다 갔다 하기, 투약 거부, 일상생활 활동 도움 거부, 성적으로 부적절한 행동과 같은 행동들을 동반한 신체적 공격성으로 변하는 경우에는 더욱 그럴 수 있다(표 12-8).

국제노인정신의학회International Psychogeriatric Association의 초조정의실무단Agitation Definition Work Group에서는 임상 및 연구 목적으로 초조를 다음과 같이 정의한다.

- 인지장애 또는 치매증후군 환자에서 발생함
- 정서적 스트레스와 일치하는 행동을 보임
- 과도한 운동 활동, 언어적 공격성, 신체적 공격성을 보임
- 과도한 장애를 유발하고 전적으로 다른 질환에 의한 것이 아닌 행동이 분명함

그에 반해서 앞에서 논의한 치매 관련 정신병은 다음과 같이 정의된다.

- 인지저하가 시작된 후 발생하는 망상이나 환각
- 최소 한 달 이상 지속됨
- 섬망이나 일부 다른 정신질환으로 더 잘 설명되지 않음

정신병과 초조는 AD의 기억저하와 쉽게 구별될 수 있는 반면, 초조와 정신병은 서로 혼동되기 쉽다. 그러나 정신병과 초조의 두 가지 증상 영역은 가설상으로 치매에서 완전히 별개의 기능불량 신경네트워크로 인해 발생하며(그림

표 12-8 초조 평가

코언 맨스필드 초조 척도 Cohen-Mansfield agitation inventory, CMAI	
신체/공격성	**신체/비공격성**
때리기	서성거리기/목적 없이 배회
발로 차기	부적절한 옷 입기/옷 벗기
움켜잡기	다른 장소로 가려고 하기
밀기	일부러 넘어짐
물건 던지기	부적절한 물질 먹기/마시기
물어뜯기	물건을 함부로 만지기
할퀴기	물건을 숨기기
침 뱉기	물건을 쌓아두기
자신이나 다른 사람에게 상처 내기	반복적인 행동(매너리즘)
기물파손	전반적으로 안절부절
신체적인 성적 접근	
언어/공격성	**언어/비공격성**
비명 지르기	반복적인 문장 또는 질문
언어적인 성적 접근	이상한 소리 내기
악담 또는 폭언	불평하기
	거부증
	부당하고 지속적인 관심 요구

12

표 12-9 치매의 행동증상에 대한 비약리학적 선택사항

- 충족되지 않은 욕구(배고픔, 통증, 갈증, 지루함) 해결
- 환경적 스트레스 요인을 파악/수정
- 일상적인 스트레스 요인을 파악/수정
- 간병인 지원/교육
- 행동수정
- 집단/개인치료
- 문제해결
- 주의분산
- 억눌린 에너지의 배출구 제공(운동, 활동)
- 행동 촉발요인 피하기
- 사회적 참여 증가
- 이완요법
- 회상요법
- 음악치료
- 방향요법
- 반려동물치료

12-23의 B와 C 비교), 완전히 별개의 치료를 야기한다. 정신병과 초조에 대해 곧 나타날 새로운 치료가 이러한 신경 네트워크를 개별적이고 다르게 표적화하는 별개의 기전을 가지고 있다는 점을 고려할 때, 치매에서 초조와 정신병을 구별할 수 있는 것이 그 어느 때보다 중요하다. 게다가 침습적 환각 및/또는 편집망상과 같은 정신병적 증상은 초조를 촉발시키거나 공격적 행동으로 이어질 수 있다. 따라서 일부 치매 환자는 초조와 정신병을 모두 가지고 있을 것이고, 두 가지 모두에 대한 치료가 필요할 것이다.

치매의 초조나 정신병 치료를 위해 약물을 사용하기 전에, 가역적 촉진요인(특히 초조에서)을 비약리학적으로 관리해야 한다(표 12-9).

- 통증
- 니코틴 금단
- 약물 부작용
- 진단되지 않은 내과적 및 신경학적 질환
- 너무 자극적이거나 충분히 자극적이지 않은 도발적인 환경

치매에서 정신병과 초조에 대한 약리학적 치료

몇몇 약제가 후기 단계의 임상시험 중이라 하더라도, 치매의 정신병이나 초조에 대해 승인된 약리학적 치료는 아직 없다. 지금까지 치매의 정신병과 초조는 특별히 임상적으로 잘 구분되지 않았는데, 그 이유는 치료되지 않은 상태가 지속되었거나 조현병 치료에 일반적으로 사용되는 승인되지 않은 도파민 수용체 차단제로 비특이적이고 상당히 논란의 여지가 있는 치료를 했기 때문이다. 치매의 행동증상을 관리하는 데 있어서 치매의 초조 및 정신병의 현재 치료보다, 특히 도파민 D_2 수용체 차단제의 사용에 관련해서 더 논란이 되는 주제는 없다.

도파민 D_2 수용체 차단제가 논란이 되는 이유는 무엇일까? 이러한 약물이 '화학적 구속복'으로 작용하여 환자를 과도하게 진정시킬 수 있는 가능성을 포함한 여러 요인을 가지기 때문이다. 또한 주요 안전문제와 구체적으로 뇌졸중 및 사망과 같은 심혈관질환과 관련된 '블랙박스' 경고도 존재한다. 사망 위험은 뇌졸중, 혈전색전증, 낙상, QT 간격 연장으로 인한 심장합병증, 폐렴으로 인한 것일 수 있으며, 특히 흡인 위험을 증가시키는 약물(예: 항콜린제, 진정수면제, 벤조디아제핀, 아편유사제, 알코올)로 진정된 경우에 그렇다.

반면에 소규모 임상시험이나 임상진료에서 관찰된 일화에 따르면, 일부 도파민 수용체 차단제는 위약반응률이 높은 대조군 임상시험에서 보고된 것보다 효능이 더 큰 경우가 많다. 현실에서 고려해야 할 또 다른 사항은 치매의 초조, 공격성, 정신병을 치료하지 않을 경우 조기 시설입소의 우려가 있고, 그러한 행동이 환자와 주변 사람들에게 위험을 미칠 수 있다는 점이다. 그러므로 개별 치매 환자의 위험과 이점을 충분히 고려한 후, 일부에서 도파민 차단제, 특히 리스페리돈, 올란자핀, 아리피프라졸, 할로페리돌을 신중하게 '허가사항 외off-label'로 사용할 수 있으나, 쿠에티아핀이나 기타 약물은 사용하지 않는 것이 좋다(이러한 정신병 약물에 대한 전반적 및 개별적 논의는 제5장 참조).

도파민 차단제 치료가 필요하지만 사용에 대한 '블랙박스' 안전성 경고가 존재한다는 딜레마는 적절한 안전성 프로필을 갖추고 정신병 및 초조 치료에 효과적인 것으로 입증된

약물을 찾도록 촉발시켰다. 정신병 네트워크(예: $5HT_{2A}$ 길항제인 피마반세린) 또는 초조 네트워크(브렉스피프라졸 및 덱스트로메토르판-부프로피온과 같은 복합 글루타메이트 및 모노아민 약물)를 개별적이고 보다 구체적으로 표적화하는 여러 새로운 치료제에 대한 임상시험이 진행 중이며, 곧 출시될 예정에 있다. 따라서 정신병에 대한 새로운 치료가 초조에 대해서는 효과가 입증되지 않았고 그 반대의 경우도 마찬가지이며 완전히 다른 뇌 네트워크를 대상으로 하기 때문에, 초조와 정신병을 구별하는 것이 그 어느 때보다 중요해졌다.

치매 관련 정신병의 대증요법을 위한 세로토닌 표적화

정신병의 유병률 추정치는 FTD의 경우 10%에서 루이소체 치매의 경우 75%까지 다양하다(표 12-10). 미국에서는 200만 명 이상의 사람들이 치매 관련 정신병을 앓고 있는 것으로 추정된다. 환시는 모든 형태의 치매, 특히 루이소체 치매와 파킨슨병 치매에서 두드러지는 정신병적 특징이다(표 12-10과 그림 12-40 및 12-41). 또한 망상도 모든 형태의 치매, 특히 AD에서 관찰되며(그림 12-40), 가장 흔한 망상은 편집(예: 절도 또는 배우자의 부정)과 착오misidentification이다. 후자는 정신병이라기보다는 일종의 기억 결핍으로 간주되기도 한다. 파킨슨병 정신병은 종종 치매의 출현을 예고하며 그 반대의 경우도 마찬가지이다. 파킨슨병 치매 환자의 최대 50~70%가 환각을 보고하는 반면, 파킨슨병은 있지만 치매가 없는 환자는 단지 10%만 환각을 경험한다(그림 12-41 및 표 12-10). 파킨슨병 정신병 환자의 약 85%는 환각만 경험하며, 7.5%는 환각과 망상을 함께 경험하고, 7.5%는 망상만 경험한다(그림 12-41). 정신병의 중증도와 나타나는 구체적인 증상도 치매의 스펙트럼에 따라 다양하다(그림 12-40 및 12-41). 정신병의 빈도는 치매의 시간 경과와 자연사에 따라 다르며, 치매가 더 진행된 환자에게서 정신병이 더 자주 관찰된다. 모든 형태의 치매에서 정신병적 증상은 신피질 병리와 관련이 있는 것으로 보이며, 치매의 모든 증상과 마찬가지로 환청, 환시, 망상처럼 특정 증상은 특정 피질영역의 손상을 반영할 가능성이 높다(그림 12-23B 및 12-42A부터 12-42C까지). 치매 관련 정신병은 간병인의 부담을 가중시키고, 중증 치매로의 빠른 진행, 시설 입소, 사망과 일관되게 연관되어 왔다. 치매 관련 정신병을 이해하는 데 있어 제기되는 몇 가지 질문은 다음과 같다. 치매의 원인이 매우 다른데 어떻게 이렇게 다양한 형태의 치매가 모두 정신병을 유발할 수 있을까(표 12-10)? 또한 모든 치매 환자가 정신병을 앓지 않는 이유는 무엇일까?

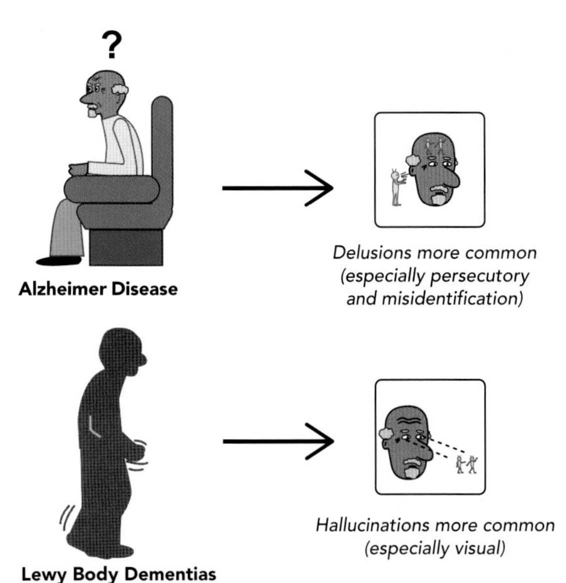

그림 12-40 **알츠하이머병의 정신병 대 루이소체 치매의 정신병.** 알츠하이머병(AD)에서는 환각보다 망상이 더 흔하며, 특히 피해망상이나 잘못된 정보에 대한 망상이 많다. 루이소체 치매(LBD)에서는 환각, 특히 환시가 더 흔하다.

이 질문에 대한 답은 치매에서 정신병을 매개하는 가설상의 뇌 회로를 제대로 이해하면 찾을 수 있다(그림 12-23B 및 12-42B; 제4장의 정신병에 대한 논의와 그림 4-34, 4-52D, 4-55 참조). 이론상으로 정신병은 기억을 처리하는 뇌 회로가 아닌 다른 뇌 회로의 비효율적 정보처리로 인해 발생하는 증상이다(그림 12-23A와 12-42A 비교). 특정 치매의 파괴적인 과정이 합리적인 사고와 감각입력처리를 조절하는 정신병 네트워크를 침범할 때(그림 12-42A), 그 결과는 가설상으로 정신병이다(그림 12-42B; 제4장 및 그림

12

표 12-10 알츠하이머병, 혈관성 치매, 루이소체 치매, 파킨슨병 치매, 전두측두엽 치매에서 정신병, 망상, 환각의 유병률 범위(%)

	알츠하이머병	혈관성 치매	루이소체 치매	파킨슨병 치매	전두측두엽 치매
전반적인 정신병 유병률	30	15	75	50	10
망상 유병률	10–39	14–27	40–57	28–50	2.3–6
환각 유병률	11–17	5–14	55–78	32–63	1.2–13

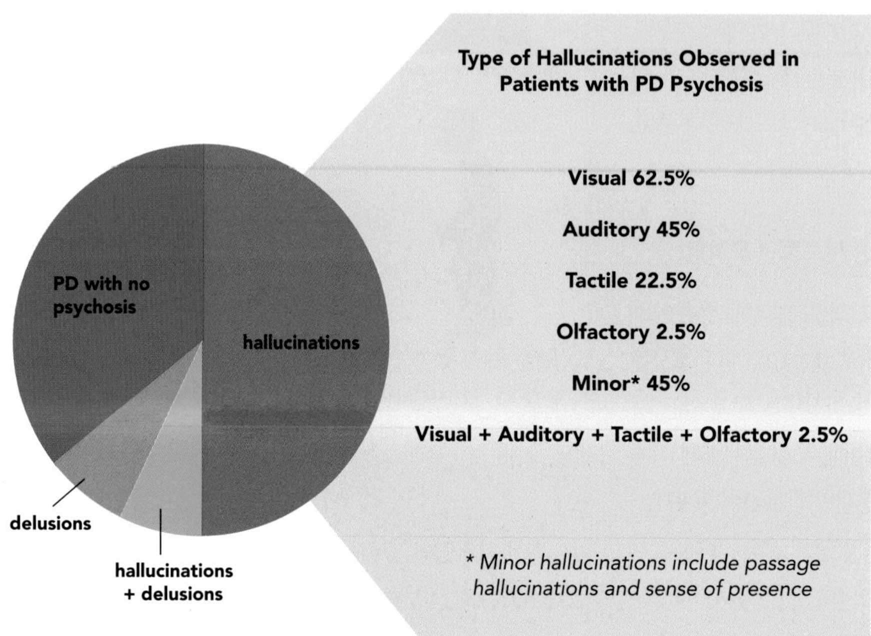

그림 12-41 파킨슨병 정신병. 정신병은 파킨슨병(PD)과 흔하게 연관되며, 정신병의 존재는 종종 치매의 출현을 예고한다(그 반대의 경우도 마찬가지이다). 파킨슨병 환자들이 보고하는 환각은 대부분 환시이지만, 다른 유형의 환각도 경험할 수 있다.

4-34, 4-52D, 4-55 참조). 정신병 네트워크에 대해 알려진 바에 따르면, 망상과 환각은 글루타메이트, GABA, 세로토닌, 도파민 뉴런을 연결하는 신경네트워크에 의해 조절되는 것으로 보인다(그림 12-42A 및 12-42B 비교). 이러한 서로 다른 뉴런 사이의 연결/시냅스 부위는 네트워크에서 '교점node'으로 간주되며, 여기서 신경전달물질은 정신병의 상호 연결된 전체 뇌 회로를 조절하는 역할을 한다(그림 12-42A). 치매에서는 가설상으로 GABA와 글루타메이트를 연결하는 피질 교점에서 Aβ 판, 타우 매듭, 루이소체의 축적 및/또는 뇌졸중으로 인해 결정적인 조절 뉴런(특히 억제성 GABA 사이신경세포)이 제대로 된 기능을 하지 못하게 하고, 글루타메이트 과활성을 유발하여 결과적으로 후속 도파민 과활성 및 정신병을 일으킬 수 있다(그림 12-42B).

왜 일부 치매 환자만 정신병을 경험하고 다른 환자는 그렇지 않을까? 한 가지 가설은 치매 관련 정신병 환자의 경우 기억 경로(그림 12-33B)뿐만 아니라 정신병 경로(그림 12-42B)에서도 조절 뉴런을 파괴하는 방식으로 신경퇴행이 진행되었다는 것이다. 정신병이 없는 다른 치매 환자에게서는 신경퇴행이 (아직) 정신병 네트워크를 조절하는 뉴런을 파괴하지 않았다.

정신병 네트워크의 모든 교점은 치료작용을 하기 위한 이론상의 부위이기는 하지만, 현재로서는 GABA 또는 글루타메이트 약제로 정신병 네트워크를 공격할 수 있는 효과적인 방법이 없다. 도파민 수용체를 차단하면 치매 관련 정신병 환자에게 항정신병 효과가 있는 경우가 많기는 하지만, 이러한 약제는 뇌졸중과 사망을 증가시키므로 치매 관련 정신병 치료제로 승인되지 않았다.

그렇다면 치매에서 정신병 네트워크의 과활성을 어떻게 진정시킬 수 있을까? 답은 선택적 약제인 피마반세린 pimavanserin을 사용하여 이 네트워크의 $5HT_{2A}$ 수용체에서 세로토닌의 정상적인 흥분성 입력을 차단하는 것이다(그림 12-42C; 정신병에서의 피마반세린에 대한 자세한 논의는 제5장 및 그림 5-16, 5-17, 5-59 참조). 치매 관련 정신병에서 피마반세린은 가설상으로 신경퇴행으로 인해 GABA 억제를 잃은 생존 글루타메이트 뉴런에 대한 정상적인 $5HT_{2A}$ 자극을 낮춤으로써 판, 매듭, 루이소체, 뇌졸중으로 인한 정신병 네트워크의 과활성을 감소시킨다. 이는 가설상으로 생존 글루타메이트 뉴런의 출력을 재조정하여 $5HT_{2A}$ 길항작용 및 신경 자극 감소가 상실된 GABA 억제를 보상하도록 해준다. $5HT_{2A}$ 길항제인 피마반세린은 파킨슨병 정신병의 치료제로 승인되었으며, 모든 원인의 치매관련 정신병에서 이 약제에 대한 긍정적인 임상시험 결과가 있다.

알츠하이머병에서 초조의 뉴런 네트워크

AD의 초조 회로에 대한 단순한 모형은 '하향식' 피질 억제와 '상향식' 변연 및 감정 욕동의 불균형이다(그림 12-43 및 12-44). 실제로 이 단순한 모형은 정신병의 정신운동초조(제4장), 조증 및 혼재성 양상(제6장), ADHD와 같은 충동성장애(제10장), 강박증, 도박, 물질남용, 심지어 폭력과 같은 많은 충동강박증후군(제13장)처럼 여러 질환에 걸친 광범위한 관련 증상과 연관되어 있다. AD에서는 신경퇴행이 하향식 억제를 담당하는 뉴런을 파괴하고, 이것은 상향식 욕동이 줄어들지 않고 계속 진행되어 초조가 명백하게 드러나는 것을 허용하는 것으로 여겨진다.

AD의 초조에 대한 보다 정교한 모형은 하향식 피질 억제의 상실로 인해 감각입력의 시상 여과에서 결핍이 일어나고, 그 결과 초조의 운동 및 감정 출력이 발생한다고 가정한다(그림 12-45A, 12-45B, 12-46A, 12-46B). 정상적인 하향식 피질 억제는 감각 입력을 걸러내어 반사적이고 무분별

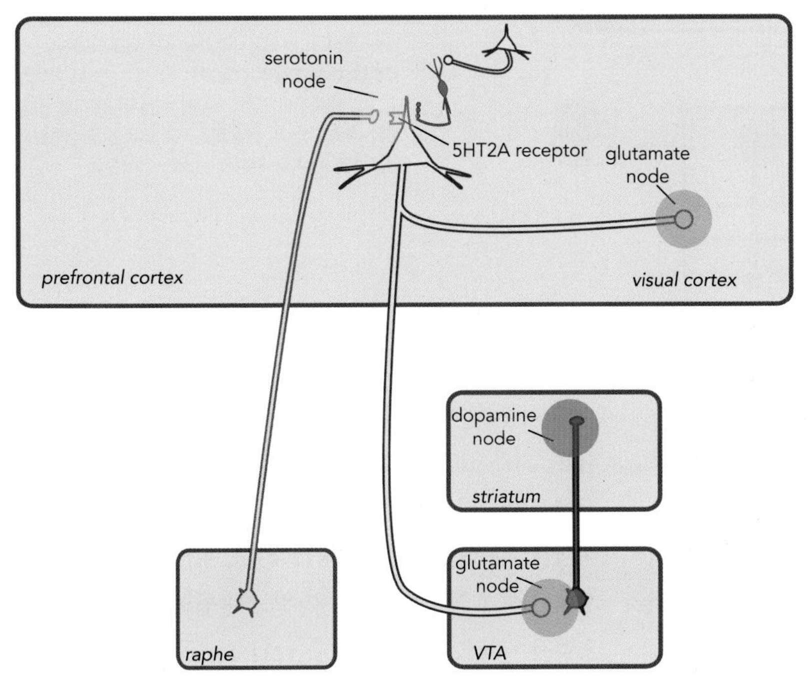

그림 12-42A **기준 상태의 정신병 네트워크.** 정신병 증상은 글루타메이트, 감마아미노뷰티르산(GABA), 세로토닌, 도파민 뉴런 간의 시냅스(교점)에서의 소통에 의해 매개되는 것으로 보인다. 전전두엽피질의 글루타메이트 뉴런은 배쪽뒤판구역(VTA)으로 투사되어 도파민 뉴런과 연결된다(글루타메이트 교점). 그런 다음 도파민 뉴런은 선조체로 투사된다. 솔기핵의 세로토닌 뉴런은 전전두엽피질로 투사되어 글루타메이트 뉴런과 연결된다(세로토닌 교점). 글루타메이트 뉴런은 전전두엽피질에서 시각피질로 투사되어 다른 글루타메이트 뉴런과 연결된다(글루타메이트 교점).

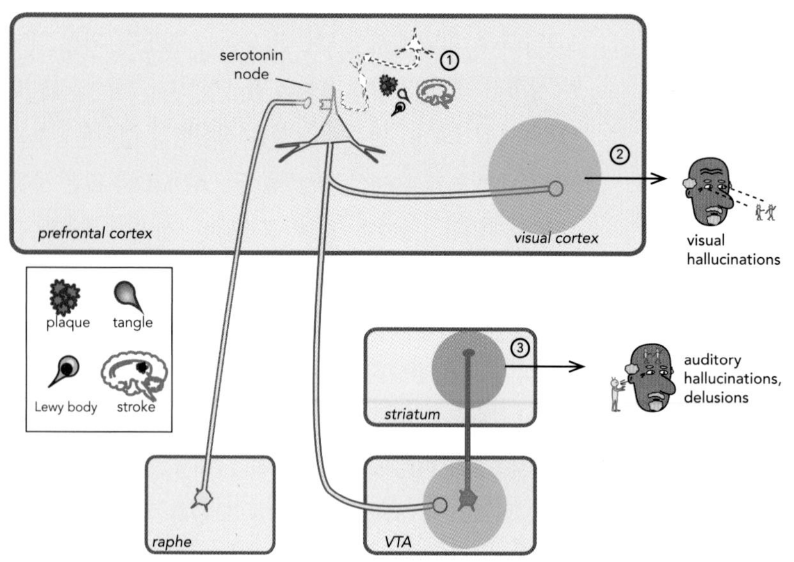

그림 12-42B 치매의 정신병 네트워크. (1) Aβ 판, 타우 매듭 및/또는 루이소체뿐만 아니라 뇌졸중에 의한 손상의 축적은 일부 글루타메이트 피라미드 뉴런과 GABA 사이신경세포를 파괴하는 반면 다른 뉴런은 남겨둘 수 있다. GABA 억제의 상실은 적어도 일시적으로 글루타메이트 피라미드 뉴런에 대한 제어균형을 무너뜨린다. 흥분성 $5HT_{2A}$ 수용체의 자극 효과가 GABA 억제로 상쇄되지 않으면 글루타메이트 신경전달이 최종적으로 증가한다. (2) 시각피질에서 과도한 글루타메이트 방출은 환시를 유발할 수 있다. (3) 배쪽뒤판구역(VTA)으로의 과도한 글루타메이트 방출은 중뇌변연 도파민 경로의 과활성을 유발하여 망상과 환청을 일으킬 수 있다.

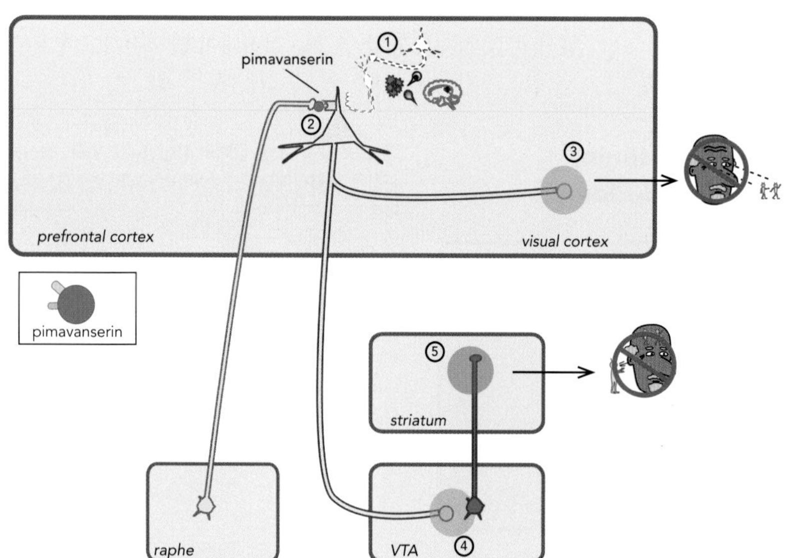

그림 12-42C 치매의 정신병 네트워크 치료. (1) Aβ 판, 타우 매듭 및/또는 루이소체뿐만 아니라 뇌졸중에 의한 손상의 축적은 일부 글루타메이트 피라미드 뉴런과 GABA 사이신경세포를 파괴하는 반면 다른 뉴런은 남겨둘 수 있다. GABA 억제의 상실은 적어도 일시적으로 글루타메이트 피라미드 뉴런에 대한 제어균형을 무너뜨린다. (2) $5HT_{2A}$ 길항제인 피마반세린이 전전두엽피질에서 글루타메이트 뉴런의 $5HT_{2A}$ 수용체에 결합하면, 글루타메이트 및 GABA 뉴런의 신경퇴행으로 인한 GABA 억제 상실을 보상한다. (3) 시각피질에서 글루타메이트 신경전달 후속 작용의 정상화는 환시의 감소로 이어진다. (4) 배쪽뒤판구역(VTA)에서 글루타메이트 신경전달 후속 작용의 정상화는 (5) 도파민 신경전달의 정상화와 망상 및 환청의 감소로 이어진다.

한 **운동** 반응을 생성하지 않는다(그림 12-45A). 마찬가지로 온전한 하향식 피질 억제는 **감정** 입력도 걸러내어 **감정** 반응을 생성하지 않는다(그림 12-46A).

AD 환자에게 피질의 감각, 감정, 운동 영역은 하향식 억제 신피질 뉴런이 변성되는 동안에도 생존하는 경향이 있으며, 운동 및 감정 출력을 표현하는 능력은 온전히 유지되지만 이를 억제하는 능력은 손상된다(그림 12-45B 및 12-46B). 따라서 하향식 억제 욕동이 파괴되면, **감각** 입력이 시상에서 벗어나 피질로 전달되어 반사적이고 무분별한 **운동** 초조를 유발할 수 있다(그림 12-45B). 또한 하향식 억제 욕동이 없으면 감정 입력도 변연의 선동자인 편도에서 많은 상향식 문제를 촉발한다(그림 12-46B). 즉 **감정** 입력이 시

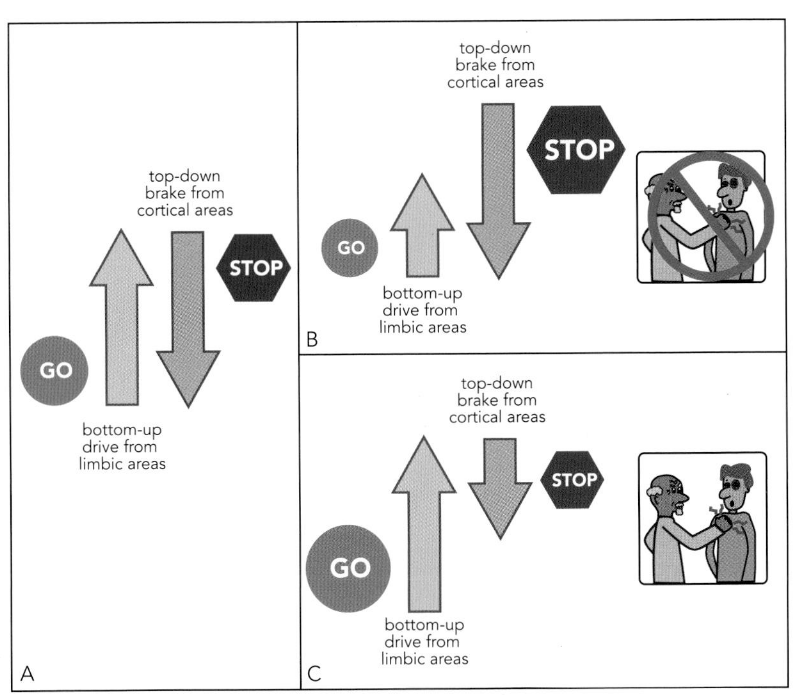

그림 12-43 알츠하이머병의 초조. (A) '하향식' 피질 억제와 '상향식' 변연 욕동이 균형을 이루고 있다. (B) 하향식 회로의 정상적인 활성화는 변연영역의 보다 충동적인 상향식 욕동을 억제하여 부적절한 행동 증상을 예방한다. (C) 알츠하이머병에서는 신경퇴행으로 인해 상향식 변연 욕동에 대한 하향식 억제가 불충분하여 행동증상이 유발될 수 있다.

상에서 여과되지 않으면, 변연의 상향식 열정을 전달하기 위해 편도가 작동할 수 있다(그림 12-46B). 특히 배쪽뒤판 구역으로의 편도 출력은 중뇌변연 경로에서 도파민 방출을 활성화하여 시상 여과를 악화시키고 감정을 자극한다(그림 12-46B). 청반으로의 편도 출력은 각성 및 감정을 동원하는 피질에서 노르에피네프린 방출을 유도한다(그림 12-46B). 마지막으로 피질로의 직접적 편도 출력은 감정적 및 정동적 초조를 시작하게 한다(그림 12-46B).

지금까지 도파민 수용체 차단제를 포함하여 AD에서 초조 치료제는 특별히 효과적이지 않았다고 이미 언급하였다. 어떠한 승인된 약제도 없는 상황에서, 치매의 초조 및 공격성에 대한 1차 약리학적 치료로 선택적 세로토닌 재흡수 억제제(SSRI)와 세로토닌 노르에피네프린 재흡수 억제제(SNRI)를 사용한 치료가 전문가들에 의해 실제로 고려되며, 일부 환자에게 도움이 될 수 있다. 도파민 수용체 차단제의 사용을 피하는 데 도움이 되는 2차 치료제로는 베타차단제, 카바마제핀, 그리고 아마도 가바펜틴 및 프레가발린 등이 있지만, 여기에 발프로에이트, 토피라메이트, 옥스카바제핀, 벤조디아제핀은 포함되지 않는다. 안타깝게도 이러한 약제 중 상당수는 효과가 강력하지 않을 뿐만 아니라 진정, 불안정한 걸음걸이, 설사, 쇠약 등의 중요한 부작용과 연관된다. 카바마제핀은 승인되지 않은 약물 중에서 치매의 신경정신 증상을 치료하는 데 가장 큰 효과를 보였지만, 중요한 부작용 위험이 있고 노인 환자에게 일반적으로 처방되는 다른 약물과 상호작용이 일어날 수 있다. 콜린에스터분해효소 억제제는 루이소체 치매 환자를 제외한 대부분의 치매 행동증상에 장점이 거의 없다.

알츠하이머병에서 초조의 대증요법을 위한 다양한 신경전달물질(노르에피네프린, 세로토닌, 도파민) 표적화

브렉스피프라졸brexpiprazole은 세로토닌-도파민-노르에피네프린 길항제/부분작용제이며 제5장에서는 정신병 치료제로 승인된 약물 중 하나로 논의되었고(그림 5-57), 제7장에서는 단극성 주요우울장애의 치료를 위해 SSRI/SNRI를 증강시키는 약물 중 하나로 논의되었다. 이 약제는 AD에서 초조 네트워크의 과도한 활동을 가라앉히기 위해 동시에 작용하는 여러 기전이 결합되어 있다. 여기에는 잘 알려진 도파민 D_2 부분작용제 작용과 $5HT_{1A}$ 부분작용제 및 $5HT_{2A}$

12

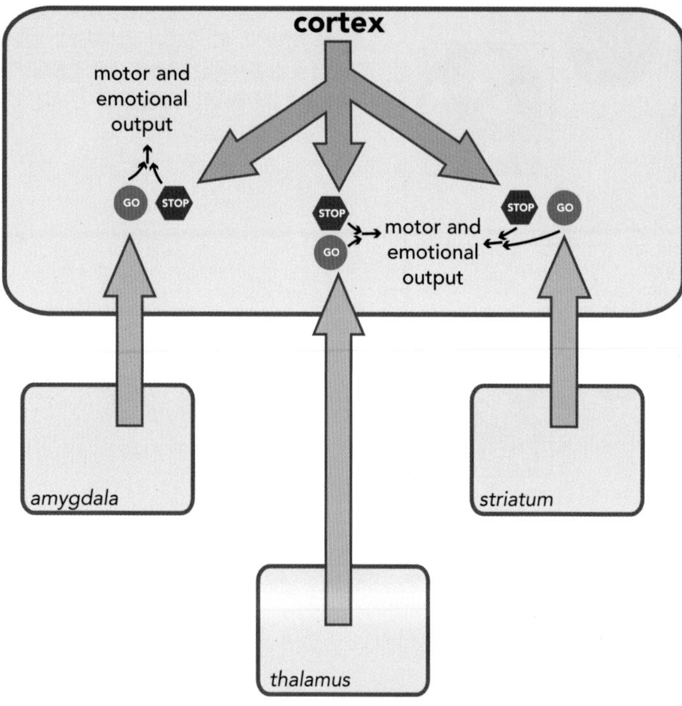

그림 12-44 **초조/충동성 네트워크.** 편도, 시상, 선조체로부터 상향식 감각 및 감정 입력이 피질로 전달된다. 하향식 피질 억제는 상향식 입력과 균형을 이루어 결과적으로 적절한 운동 및 감정 출력을 한다.

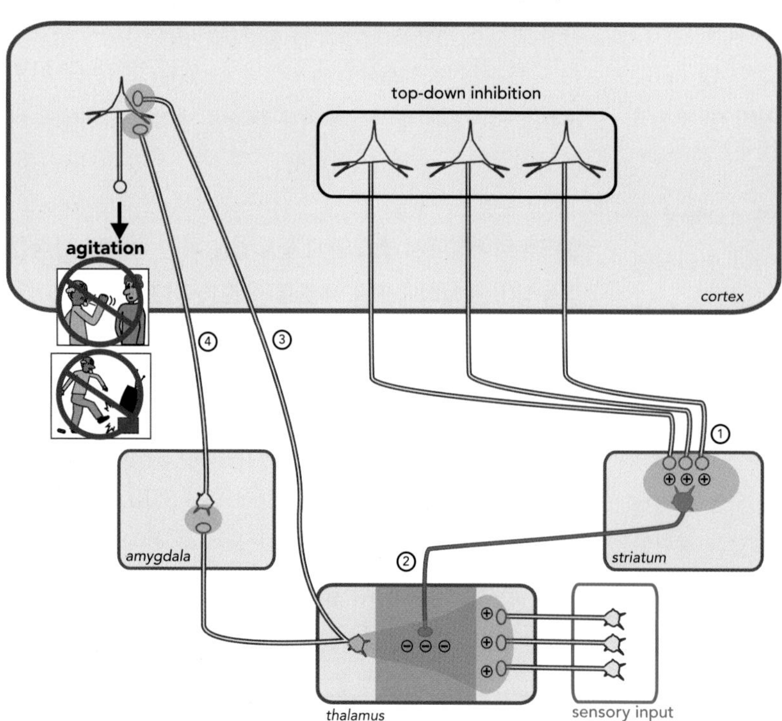

그림 12-45A **초조 네트워크의 과도한 자극을 방지해주는 하향식 억제: 운동 출력.** (1) 하향식 피질 억제는 피질의 글루타메이트 뉴런이 선조체에서 글루타메이트를 방출할 때 발생한다. (2) 이는 시상에서 GABA 방출을 자극하여 감각 입력을 걸러준다. (3) 따라서 시상에서 피질로 직접 투사되거나 (4) 편도를 경유하는 시상 출력은 반사적 운동 반응을 일으키지 않는다.

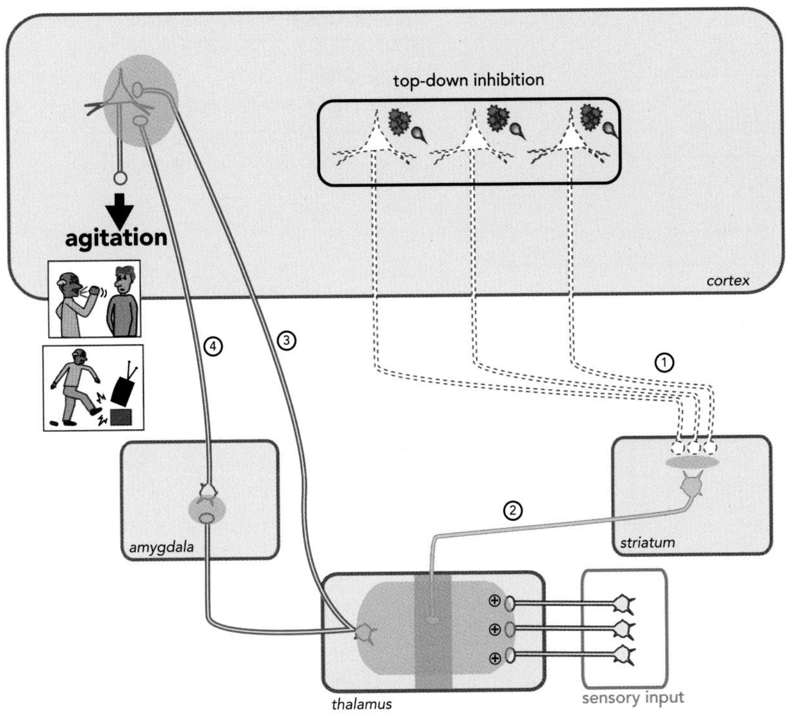

그림 12-45B 치매의 신경퇴행에 의한 하향식 억제의 손상: 운동 출력. (1) Aβ 판과 타우 매듭의 축적은 선조체로 투사되는 글루타메이트 뉴런을 파괴하여 하향식 피질 억제를 감소시킨다. (2) 시상으로의 GABA 입력이 불충분해지고 감각 입력이 적절하게 걸러지지 않는다. (3) 따라서 시상에서 피질로 직접 투사되거나 (4) 편도를 경유하는 과도한 시상 출력은 반사적 운동 반응을 일으킨다.

길항제 작용이 결합되어 있을 뿐만 아니라 상대적으로 독특한 추가 작용인 α_1 및 α_2 아드레날린 수용체의 차단도 포함된다(그림 5-57 및 12-47). 치매 관련 정신병에서 사망률 증가에 대한 경고가 있음에도 불구하고, 조현병의 정신병 치료에 일반적으로 사용되는 용량보다 낮은 용량으로 AD의 초조에 브렉스피프라졸을 사용하는 것은 특히 다섯 가지 작용의 가설상의 상승작용이 AD의 초조에 대한 치료 효능으로 이어지기 때문에, 더 큰 안전범위를 제공할 수 있다(그림 12-47). 구체적으로 편도 활성화에 의해 촉발되어 배쪽뒤판 구역에서 오는 도파민 출력을 감소시킴으로써 감정 입력의 시상 여과를 개선할 수 있다(그림 12-46B). 또한 브렉스피프라졸의 복합 작용은 운동 및 감정 초조를 조종하는 생존한 피라미드 뉴런에서 과도한 피질 출력을 가라앉히기 위한 상호작용의 여러 가지 특징을 가지고 있다(그림 12-47). 피라미드 뉴런의 가지돌기에 있는 α_{2c} 및 α_1 시냅스후 수용체에서 청반으로부터 출력되는 노르에피네프린에 의한 활성화를 차단하면, 각성 및 감정 반응을 감소시킬 수 있다(그림 12-47). $5HT_{2A}$ 수용체에서 길항작용에 의한 정상적인 세로토닌 흥분의 차단과 $5HT_{1A}$ 수용체에서 부분작용제 작용에 의한 정상적인 세로토닌 억제의 강화가 함께 결합되어야만 초조의 운동 및 감정 출력에 대한 변연 욕동이 감소된다(그림 12-47). 브렉스피프라졸은 조현병과 우울증에서 사용이 승인되었으며, AD에서의 초조에 대한 후기 단계 임상시험이 진행 중이다.

알츠하이머병에서 초조의 대증요법을 위한 글루타메이트 표적화

기억 회로에서 과도한 글루타메이트 출력은 앞에서 이미 논의되었다(그림 12-37A, 12-37B, 12-37C; 제4장의 논의 및 그림 4-52D 참조). NMDA 글루타메이트 길항제인 메만틴은 AD에서 인지/기억의 대증요법에 효과가 있는 것으로 입증되기는 했지만, AD의 초조에 대해서는 체계적으로

Top-Down Inhibition Prevents Overstimulation of Agitation Network: Emotional Output

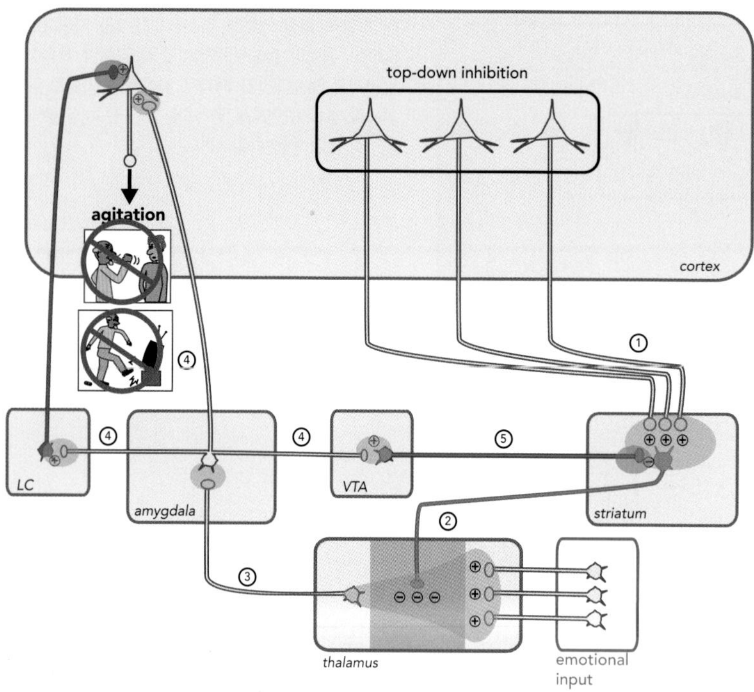

그림 12-46A 초조 네트워크의 과도한 자극을 방지해 주는 하향식 억제: 감정 출력. (1) 하향식 피질 억제는 피질의 글루타메이트 뉴런이 선조체에서 글루타메이트를 방출할 때 발생한다. (2) 이는 시상에서 GABA 방출을 자극하여 감정 입력을 걸러준다. (3) 따라서 편도로의 시상 출력은 (4) 청반(LC) 및 피질로의 조절된 출력으로 이어지며 반사적 감정 반응을 일으키지 않는다. 배쪽뒤판구역(VTA)으로의 조절된 출력은 똑같이 (5) VTA에서 선조체로의 조절된 도파민 출력으로 이어진다.

Neurodegeneration in Dementia Compromises Top-Down Inhibition: Emotional Output

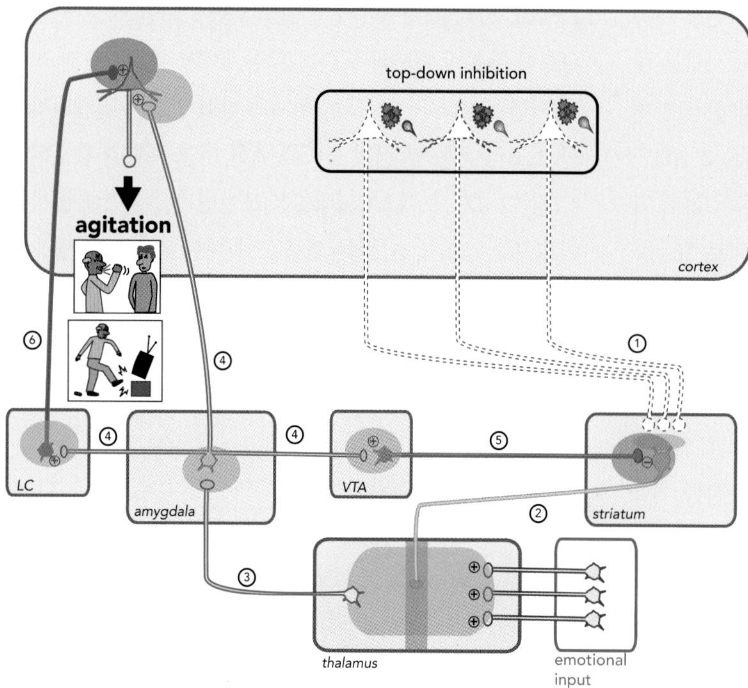

그림 12-46B 치매의 신경퇴행에 의한 하향식 억제의 손상: 감정 출력. (1) Aβ 판과 타우 매듭의 축적은 선조체로 투사되는 글루타메이트 뉴런을 파괴하여 하향식 피질 억제를 감소시킨다. (2) 시상으로의 GABA 입력이 불충분해지고 감정 입력이 적절하게 걸러지지 않는다. (3) 편도로의 과도한 시상 출력은 (4) 청반(LC), 피질, 배쪽뒤판구역(VTA)으로의 과도한 출력으로 이어진다. (5) 도파민이 VTA에서 선조체로 방출되면서 시상 여과를 더욱 감소시키고 반사적 감정 반응에 기여한다. (6) 노르에피네프린은 청반에서 피질로 방출되면서 반사적 감정 반응에 기여한다.

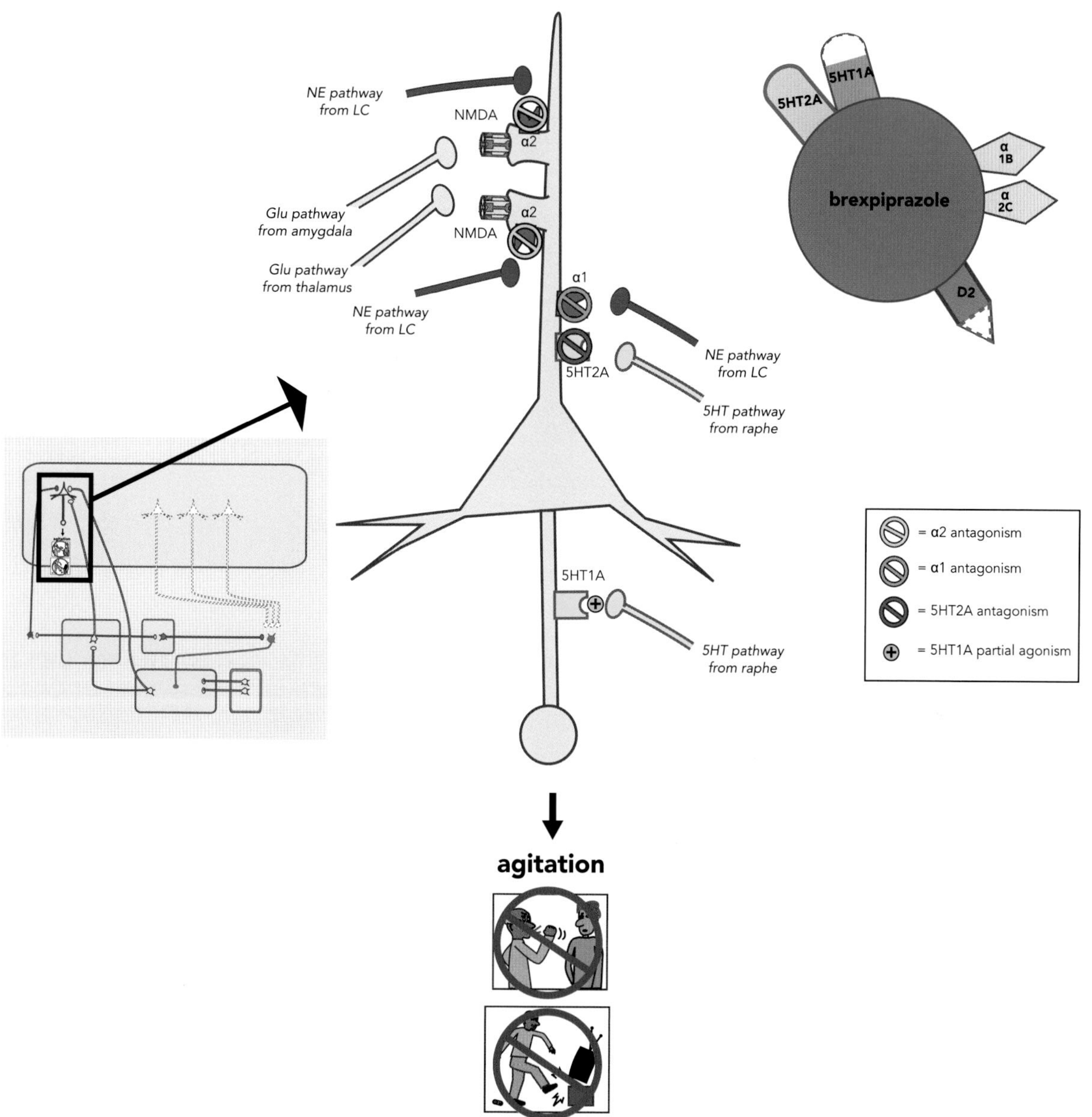

그림 12-47 치매에 대한 복합 모노아민 치료. 브렉스피프라졸은 여러 약리적 기전을 가지고 있으며, 가설상으로 동반상승 작용에 의해 초조를 감소시킬 수 있다. 피라미드 뉴런의 가지돌기에 있는 α_{2C} 및 α_1 시냅스후 수용체에서 청반(LC)으로부터 출력되는 노르에피네프린(NE)에 의한 활성화를 차단하면, 각성 및 감정 반응을 감소시킬 수 있다. $5HT_{2A}$ 수용체 길항제 작용에 의한 정상적인 세로토닌 흥분의 차단과 $5HT_{1A}$ 수용체 부분작용제 작용에 의한 정상적인 세로토닌 억제의 강화가 함께 결합되어야 초조의 운동 및 감정 출력에 대한 변연 욕동이 감소된다.

연구되지 않았다. 게다가 메만틴의 광범위한 사용은 초조에서의 효능에 관한 어떠한 일화적 증거도 제시하지 못했는데, 이는 아마도 메만틴이 상대적으로 약한 NMDA 수용체 차단제이고 낮은 역가를 가지기 때문이다.

제7장의 우울증 치료제에서 논의하고 그림 7-84에서 삽화로 설명한 덱스트로메토르판dextromethorphan은 NMDA 수용체를 더욱 강력하게 차단한다. 제7장에서 언급했듯이, 덱스트로메토르판은 중수소화 유도체뿐만 아니라 CYP450 2D6 억제제인 부프로피온bupropion 또는 퀴니딘quinidine 중 하나와의 병용을 포함한 다양한 형태가 시험 중이다. 덱스트로메토르판과 CYP450 2D6 억제제이자 노르에피네프린 도파민 재흡수 억제제(NDRI)인 부프로피온의 복합제(AXS-05라고도 함. 그림 7-84)는 주요우울장애 및 치료저항성 우울증(제7장 기분장애의 치료에서 논의함)과 AD의 초조(여기에서 언급하였고 그림 12-48에서 삽화로 설명함)에서 가능성이 높은 결과를 가지고 있다. 덱스트로메토르판 병용치료의 여러 가지 잠재적인 치료기전이 있기는 하지만, 이 약물이 AD에서 초조를 가라앉히기 위해 작동하는 방식은 NMDA 길항제 작용인 것 같다. 가설상으로 덱스트로메토르판-부프로피온은 피질, 시상, 편도, 배쪽뒤판구역, 청반의 NMDA 수용체를 차단함으로써(그림 12-48), 운동(그림 12-45B) 및 감정 초조(그림 12-46B)로 이어지는 초조 네트워크로부터의 과도한 흥분성 글루타메이트 출력을 차단한다. 덱스트로메토르판과 퀴니딘의 병용은 거짓숨뇌 정동pseudobulbar affect의 치료제로 승인되었으며, 덱스트로메토르판과 부프로피온 또는 퀴니딘의 조합은 주요우울장애, 치료저항성 우울증, AD의 초조에서 후기 단계 임상시험이 진행 중이다.

치매에서 우울증의 치료

우울증과 치매 사이에는 잘 정립된 연관성이 존재하지만, 이 복잡한 관계의 정확한 본질은 완전히 이해되지 않

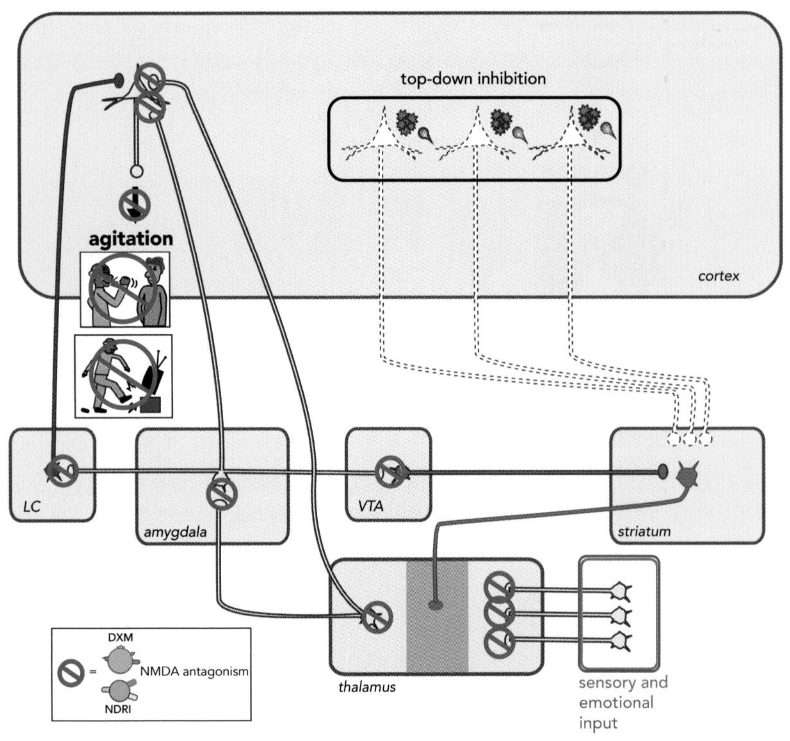

그림 12-48 초조에 대한 NMDA 길항제 치료. NMDA 길항제인 덱스트로메토르판(DXM)과 노르에피네프린 도파민 재흡수 억제제(NDRI)인 부프로피온의 병용은 초조에 대한 치료제로 임상시험 중이다. 가설상으로 덱스트로메토르판-부프로피온은 피질, 시상, 편도, 배쪽뒤판구역(VTA), 청반(LC)의 NMDA 수용체를 차단함으로써 운동 및 감정 초조로 이어지는 초조 네트워크의 과도한 흥분성 글루타메이트 출력을 차단한다.

았다(그림 12-49). 주요우울장애가 있는 사람은 종종 기억 문제를 호소하는데(노인에게 발생하는 경우 거짓치매 pseudodementia라고도 함), 때로는 항우울제 치료로 회복될 수 있다. 하지만 우울증은 필연적인 치매의 치료할 수 없는 전구증상 또는 위험요인일 수도 있다(그림 12-49). 실제로 주요우울장애의 병력은 치매, 특히 혈관성 치매의 발병위험을 2배 증가시키는 반면, 노년기에 발병하는 주요우울장애는 AD의 전구기 징후를 의미할 수 있다. 추가적으로 우울증 증상은 치매 진단을 받은 사람의 최소 50%에서 나타나며 가능한 한 빨리 해결해야 한다.

우울증 증상은 치매 환자의 삶의 질에 현저한 영향을 미칠 수 있고 실제로 인지저하를 악화시킬 수 있으므로, 비약리학적(표 12-9) 및/또는 약리학적 수단(그림 12-50)을 사용하여 이를 해결하는 것이 우선시되어야 한다. 심리사회적 개입은 치매에서의 우울증 치료법으로 시도해볼 가치가 항상 있지만, 제7장에서 설명한 일반적인 우울증 치료제는 치매와 관련된 우울증에서 효과가 없는 경우가 많은데, 이는 아마도 이러한 약물이 작용하는 신경회로가 변성되었기 때문일 수 있다. 치매에서의 우울증 치료를 더욱 복잡하게 만드는 것은 노인 인구에서 흔히 발생하는 신체질환에 대한 약물의 잠재적인 우울증 악화 효과뿐만 아니라 이러한 약물이 표준 항우울제와 잠재적으로 상호작용할 수 있다는 점이다. 치매 환자의 주요우울장애의 약리학적 관리 측면에서 설트랄린, 시탈로프람, 에스시탈로프람, 플루옥세틴을 포함한 SSRI가 일부 제한된 효능을 나타내었다(이 약물과 다른 우울증 약물에 대한 논의는 제7장 참조). 일반적으로 장기적인 항우울제 치료는 치매 위험의 감소, 인지개선, 치매 노인환자의 인지저하 속도 둔화와 관련이 있다. 치매에서 주요우울장애 치료효과에 대한 자료는 아직 완전히 결론이 나지 않았다. 하지만 SSRI(예: 시탈로프람은 QT 연장이 있으나 에스시탈로프람은 QT 연장효과 없이 비슷한 효능이 있을 수 있다)는 치매 환자의 초조 및 부적절한 행동을 개선하는 데 어느 정도 추가적인 적용 가능성이 존재할 수 있다. 상대적으로 내약성이 좋은 것을 고려하더라도, SSRI는 낙상 및 골다공증 증가와 관련이 있을 수 있으며 다른 약물과 상호작용할 수도 있다. 추가적으로 SSRI는 하지불안증후

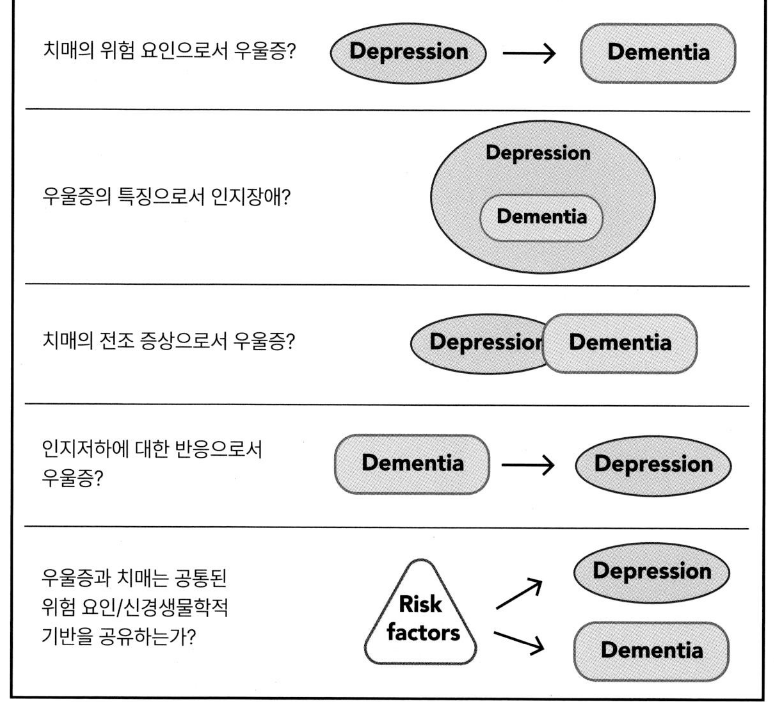

그림 12-49 우울증과 치매 사이의 가설적 연관성. 우울증과 치매 사이에는 잘 정립된 연관성이 존재하지만, 이 복잡한 관계의 정확한 본질은 아직 완전히 이해되지 않았다.

군, 주기적 사지운동, REM수면 행동장애와 같은 파킨슨병의 일부 증상을 악화시킬 수 있다. 따라서 SSRI(또는 다른 항우울제)의 시도가 필요하다고 간주된다면, 가장 낮은 유효용량을 사용해야 하고 지속적인 모니터링을 실시해야 한다.

치매의 우울증을 치료하는 또 다른 약제로는 항우울제 용량에서 세로토닌 수송체를 차단하는 트라조돈trazodone이 있다(제7장과 그림 7-44 및 7-45 참조). 또한 트라조돈은 세로토닌 2A 및 2C, H_1 히스타민, α_1 아드레날린 길항제 특성(그림 7-44 및 7-45)을 가지고 있어 진정 효과가 매우 클 수 있다. 저용량에서는 트라조돈이 세로토닌 재흡수를 적절히 차단하지 못하지만 다른 특성은 유지된다(그림 7-46). 트라조돈은 반감기가 비교적 짧기 때문에(6~8시간), 특히 저용량으로 매일 밤에 한 번만 복용하면 주간 효과 없이 수면을 개선할 수 있다. 치매 환자의 이차행동증상을 치료하는 데 있어서 트라조돈의 유용성은 우울증보다는 수면을 개선하는 능력에서 더 있을 수 있다. 트라조돈은 특히 FTD에서 치매의 다른 행동증상도 개선할 수 있지만, AD에서는 그렇지 않다.

특히 보티옥세틴vortioxetine(제7장 및 그림 7-49)은 우울증에서 인지기능, 특히 처리속도를 개선할 수 있으며(그림 7-50), 둘록세틴duloxetine(그림 7-29)과 같은 일부 SNRI도 우울증이 있는 노인에게 인지기능을 개선할 수 있다. 그러나 이러한 인지증진 효과는 우울증이 있는 치매 환자에게 특별히 입증되지는 않았다.

거짓숨뇌 정동(병적인 웃음과 울음)

거짓숨뇌 정동pseudobulbar affect, PBA은 사회적 맥락에 어울리지 않거나 부적절할 수 있는 통제되지 않는 울음이나 웃음을 특징으로 하는 감정표현장애이다. 이는 종종 기분장애로 오인되기도 하지만, 실제로는 기분과 불일치하며 어울리지 않는 정동 표현의 장애이다. PBA는 AD 및 다른 다양한 치매, 다발성경화증multiple sclerosis, 근위축측삭경화증amyotrophic lateral sclerosis, 외상성 뇌 손상처럼 다양한 신경퇴행질환에 동반될 수 있으며, 가설상으로 감정표현 네트워크(하향식 억제, 그림 12-44 및 12-46B 참조)의 파괴로 인해 발생한다. PBA는 덱스트로메토르판과 퀴니딘의 조합으로 치료할 수 있는데(그림 7-84 참조), 이는 아마도 NMDA 글루타메이트 및 σ 수용체에 대한 작용 때문일 것이다. 덱스트로메토르판과 퀴니딘 또는 부프로피온의 병합은 제7장에서는 치료저항성 우울증의 가능성 있는 치료제로서(그림 7-84 및 7-85), 이 장의 앞에서는 AD의 초조에 대한 가능성 있는 치료제로서 논의되었다(그림 12-48). 또한 일부 환자에게 SSRI와 같은 세로토닌 약제를 PBA 증상에 '허가사항 외'로 사용할 수도 있다.

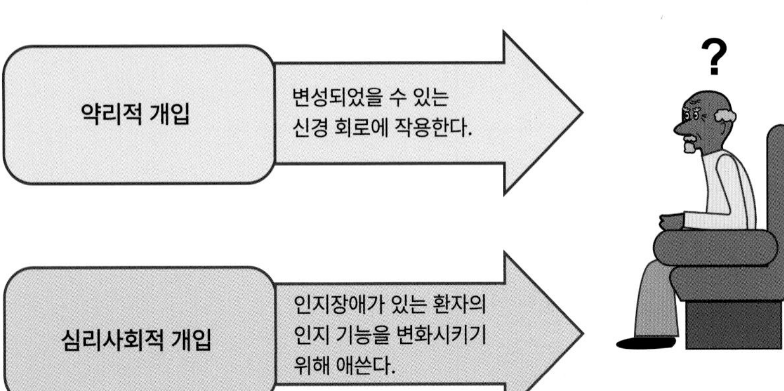

그림 12-50 **치매 환자의 우울증 치료.** 치매 노인 환자의 우울증 치료는 우울증에 대한 약리적 개입이 작용하는 신경회로가 변성되었을 수 있다는 사실 때문에 복잡할 수 있다. 심리사회적 개입은 적절한 선택사항일지라도 인지장애가 있는 환자에게는 시행하기 어려울 수 있다.

무감동

감정적 반응성 저하와 함께 동기가 줄어들고 목표지향적 행동이 감소하는 것을 특징으로 하는 무감동apathy은 치매 환자의 약 90%에서 질병의 전 과정에 걸쳐 나타난다. 실제로 무감동은 치매의 가장 지속적이고 빈번한 이차행동증상 중 하나이며, 질병악화를 예측하고 간병인의 부담을 엄청나게 가중시키는 것으로 나타났다. 인지 및 기분증상의 혼합이라는 무감동의 현재 개념을 고려할 때, 이는 치매의 증상일 뿐만 아니라 조현병(제4장 조현병의 음성증상에 대한 논의 참조), 단극성 및 양극성 주요우울 삽화(제6장 우울증에서 동기의 부족 및 흥미의 부족에 대한 논의 참조)의 증상이기도 하므로 무감동을 제대로 정의하는 것은 어려운 일이다.

무감동의 ABC(정동적/감정적Affective/emotional, 행동적Behavioral, 인지적Cognitive) 모형은 무감동을 세 가지 유형으로 분류하며, 이는 가설상으로 여러 뇌 영역의 결핍뿐만 아니라 바닥핵basal ganglia에서 보상 중추에 대한 연결과 연관될 수 있다(그림 12-51). 또 다른 아형은 다음과 같다.

- 주도성 부족
- 흥미 부족
- 감정의 둔마

그러나 아무리 특징이 있다 하더라도, **동기의 부족**이 무감동의 핵심이라는 데에는 의견이 일치한다. 동기의 부족은 다음과 관련이 있다.

- 목표지향적 행동의 부족(자발적 또는 환경에 대한 반응)
- 목표지향적 인지활동의 부족, 흥미의 상실로 자주 나타남
- 자발적 또는 반응적 감정표현의 부족, 보통 감정의 둔마로 특징지어짐

이러한 다양한 설명은 모두 자발적인 행동과 감정의 부족 및 환경에 대한 반응성 감소라는 개념을 포함하며, 흔히 초조에서 관찰되는 것과 반대이다(표 12-8 참조).

무감동의 임상표현은 치매의 다양한 유형에 따라 다른 경

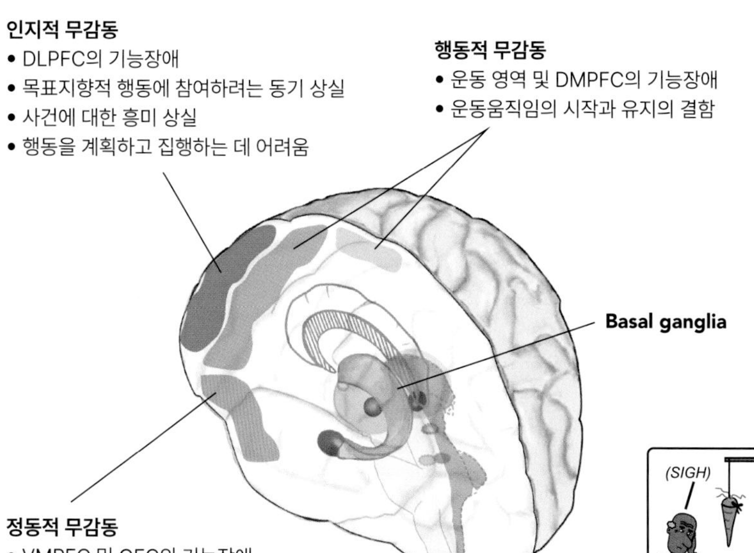

그림 12-51 가설상의 신경회로와 무감동의 치료. 무감동의 ABC(정동적/감정적, 행동적, 인지적) 모형은 무감동을 세 가지 유형으로 분류하며, 이는 가설상으로 여러 뇌 영역의 결핍뿐만 아니라 바닥핵의 보상 중추에 대한 연결과 연관될 수 있다. DLPFC: 등가쪽 전전두엽피질dorsolateral prefrontal cortex, DMPFC: 등안쪽 전전두엽피질dorsomedial prefrontal cortex, VMPFC: 배안쪽 전전두엽피질ventromedial prefrontal cortex, OFC: 안와전두피질orbitofrontal cortex

우가 많다. 예를 들어 정동적 무감동은 AD에 비해 FTD의 행동변이에서 더 흔하다. 도파민 및 콜린 신경전달물질 시스템은 다양한 유형의 무감동에 관여하는 것으로 보이며, 따라서 잠재적 치료제로는 부프로피온, 레보도파, 자극제와 같은 도파민 작용제뿐만 아니라 콜린에스터분해효소 억제제가 있다. 하지만 아직 승인된 약물은 없으며, 효능이 특별히 강력하다고 알려진 약물도 없다.

우울증에 사용되는 약물이 치매의 무감동에 잘 작용하지 않는 주된 이유는 무감동은 우울증이 아니기 때문이다. 즉 우울증의 특징적인 증상인 죄책감, 무가치감, 절망감(제6장 및 그림 6-1 참조)은 일반적으로 치매의 무감동 환자에게는 나타나지 않는다. 치매의 무감동에 약물을 사용해야 하는 경우, 콜린에스터분해효소 억제제는 일부 환자에게 효과적일 수 있으며, AD에서 1차적으로 고려되는 약물이지만, 이러한 증상이 나타났을 때의 치료보다는 증상의 예방에 더 효과적일 수 있다. 또한 FTD 환자는 SSRI(예: 시탈로프람 또는 에스시탈로프람) 또는 SNRI의 혜택을 받을 가능성이 더 클 수 있다.

치매의 행동증상에 대한 기타 치료

앞에서 언급하고 표 12-9에 표시한 바와 같이 치매 환자의 신경정신 증상을 치료하는 몇몇 비약리학적 선택사항이 존재하며, 많은 약리학적 치료와 관련된 위험, 승인된 약제의 부족, 상대적인 효능 부족을 생각했을 때 비약리학적 개입이 항상 1차적으로 고려되어야 한다. 이는 심지어 피마반세린이 모든 원인의 치매와 관련된 정신병에 대해 승인되고, 브렉스피프라졸과 덱스트로메토르판-부프로피온이 AD의 초조에 대해 승인된 경우에도 마찬가지일 것이다.

신체적 통증, 감염, 국소자극이 치매 환자의 많은 2차행동증상에서 근본적인 원인이 될 수 있다는 점을 명심하는 것이 특히 중요하다. 반려동물이나 어린아이와 마찬가지로 치매 환자는 자신이 경험하고 있는 신체적 고통을 표현하거나 설명하지 못할 수 있으므로, 치매 환자의 초조나 우울증과 같은 신경정신 증상으로 이어질 수 있는 통증의 원인을 파악하고 치료하는 것은 통찰력이 있는 임상의사와 간병인에게 달려 있다. 만약 통증이 행동증상에 기여한다면 향정신성 약물은 효과가 거의 없을 수 있는 반면, 통증의 원인을 완화하는 것은 상당히 효과적일 수 있다. 예를 들어 단순히 아세트아미노펜(파라세타몰paracetamol)으로 치료하면 때때로 초조가 개선될 수 있다. 마찬가지로 행동증상의 다른 수정 가능한 원인(예: 지루함, 과도한 자극 등)도 인식하고 해결해야 한다.

요약

가장 흔한 치매는 알츠하이머병이며, 원인에 대한 대표적인 가설은 아밀로이드 연쇄반응 가설이다. 또한 혈관성 치매, 루이소체 치매, 파킨슨병 치매, 전두측두엽 치매를 포함한 다른 치매도 다양한 병리, 임상표현, 신경영상소견과 함께 논의하였다. 새로운 진단 기준은 AD를 무증상, 경도인지장애, 치매의 세 단계로 정의한다. 지난 30년 동안 뇌의 Aβ 축적을 방해하여 이 질병의 진행을 중단하거나 심지어 역전시킬 수 있는 질병완화제제를 찾으려는 많은 시도가 실패하면서 최근 주요 연구 노력은 다른 방향으로 이루어지고 있다. 현재 AD의 대표적인 치료는 기억상실에 대한 콜린 가설에 근거한 콜린에스터분해효소 억제제와 인지저하에 대한 글루타메이트 가설에 근거한 NMDA 길항제인 메만틴으로 기억과 인지증상을 치료하는 것이다. 승인의 문턱에 있는 새로운 치료제로는 치매 관련 정신병의 대증요법을 위한 $5HT_{2A}$ 길항제 피마반세린과 AD에서 초조의 대증요법을 위한 브렉스피프라졸 및 덱스트로메토르판-부프로피온이 있다.

13 충동성, 강박성, 중독

충동성impulsivity과 강박성compulsivity은 여러 정신질환에 걸쳐 존재하는 증상이다. 조증(제4장), 주의력결핍 과잉행동장애(제11장), 치매의 초조(제12장)를 포함하여 충동성이 두드러진 특징인 일부 질환에 대해서는 이미 논의하였다. 이 장에서는 충동성 및/또는 강박성이 핵심 특징인 몇 가지 다른 질환에 대해 논의할 것이다. 여기에서 논의되는 여러 알려진 진단항목을 어떻게 진단하는지에 대한 완전한 임상적 설명과 공식적인 진단 기준은 표준 진단 및 참고자료를 참조하여 얻어야 한다. 여기에서는 충동성과 강박성을 매개하는 뇌 회로와 신경전달물질에 대해 알려진 내용 또는 가설이 무엇인지, 충동성/강박성 네트워크의 다양한 교점에서 신경전달물질을 어떻게 관여시키면 성공적인 정신약리학적 치료로 이어질 수 있는지에 대해 중점적으로 논의할 것이다.

충동성과 강박성이란 무엇인가

충동성은 반응의 부정적인 결과를 고려하지 않고, 내부 또는 외부자극에 대해 급하고 계획되지 않은 반응을 보이는 성향으로 정의할 수 있다. 그에 반해서 강박성은 반복적이고 역기능적 장애를 일으키는 행동의 수행으로 정의되며, 적응적 기능이 없는 행동이다. 강박행동은 경직된 규칙에 따라 또는 인지된 부정적인 결과를 피하기 위한 수단으로 습관적이거나 정형화된 방식으로 수행된다. 이 두 가지 증상은 아마도 반응을 통제하지 못하는 방식에 따라 가장 잘 구분할 수 있는데, 충동성은 행동의 시작을 멈추지 못하는 것이고, 강박성은 진행 중인 행동을 중단하지 못하는 것이다. 따라서 충동성은 위험추구risk seeking와 연관되고, 강박성은 위험회피harm avoidance와 연관되어, 이러한 구성 개념은 역사적으로 정반대되는 것으로 여겨져 왔다. 현재는 이 두 가지가 서로 다른 형태의 인지적 경직성cognitive inflexibility을 공유하여 심각한 통제력 상실감으로 이어진다는 사실이 강조되고 있다.

더 정확히 말하면 충동성은 계획성 없는 행동, 행동의 결과에 대한 심사숙고 부족, 더 유익하지만 지연된 보상보다 즉각적인 보상을 선호하여 보상을 연기하지 못하는 것, 종종 위험한 행동을 선택하게 되는 운동억제의 실패, (덜 과학적으로) 환경으로부터의 유혹과 도발적인 자극에 굴복하지 않는 의지력의 부족을 말한다. 반면에 강박성은 상황에 부적절하지만 그럼에도 불구하고 지속되는 행동으로, 종종 바람직하지 않은 결과를 초래한다. 실제로 강박행위compulsion는 부정적인 피드백을 받은 후에도 적응적 행동을 하지 못하는 것이 특징이다.

표 13-1 충동강박장애

물질중독
대마
니코틴
알코올
아편유사제
자극제
환각제
공감제
해리제
행위중독
폭식장애
도박장애
인터넷게임장애
강박 관련 장애
강박장애
신체이형장애
발모광
피부뜯기장애
수집광
쇼핑
건강염려증
신체화장애
충동조절장애
알츠하이머병의 초조
ADHD의 운동 및 행동 충동성
기분장애
조증의 도발적인 행동
파괴적 기분조절부전장애
병적 방화
병적 도벽
변태성욕
성욕항진장애
자폐스펙트럼장애
뚜렛증후군 및 틱장애
상동증적 운동장애
경계성 성격장애
자해 및 준자살적 행동
품행장애
반사회성 성격장애
적대적 반항장애
간헐적 폭발장애
공격성 및 폭력성
충동적
정신병적
사이코패스

습관habit은 일종의 강박행위이며, 반응의 결과에 대한 현재의 바람직함과 관계없이 환경적 자극에 의해 촉발되는 반응으로 볼 수 있다. 목표지향적 행동은 결과에 대한 지식과 욕구에 의해 매개되는 반면, 습관은 행동반복을 통해 뇌 회로에 각인되고, 상당한 훈련 후에 형성되는 자극-반응 연상stimulus-response association을 통해 외부자극에 의해 제어되며, 자극을 통해 자동으로 촉발될 수 있고, 결과에 대해서는 무감각한 것으로 정의된다. 목표지향적 행동은 상대적으로 인지적 부담이 크다는 점을 감안할 때, 일상생활에서는 최소한의 의식적 인식으로 수행할 수 있는 습관에 의존하는 것이 더 적응적일 수 있다. 그러나 습관은 다양한 충동-강박 장애의 구성 요소로서 심각하게 부적응적인 행동의 반복을 나타낼 수도 있다(표 13-1 참조).

중독addiction을 바라보는 또 다른 방법은 파블로프의 개의 행동과 비슷하게 이를 습관으로 보는 것이다. 즉 약물추구 및 약물복용 행동은 약물과 관련된 사람, 장소, 물건 주변에 있거나 갈망craving과 금단withdrawal이 존재하는 등의 조건 자극conditioned stimulus 대한 조건 반응conditioned response으로 볼 수 있다. 중독되었을 때 약물추구와 약물복용은 파블로프의 개가 음식과 관련된 종소리에 반응하여 군침을 흘리는 것처럼, 조건 자극에 거의 반사적인 방식으로 발생하는 자동적이고 부주의한 조건 반응이다. 중독에서 이러한 자극-반응 조건화가 폭주하면, 일상 작업 수행에서 인지적 노력을 절약하는 적응적 목적을 수행하지 못한다. 대신 약물중독 '습관'은 마치 정신질환에 걸리는 방법을 배우는 것처럼 비뚤어진 형태의 학습이 되어버린다.

신경회로와 충동강박장애

신경해부학적으로나 신경화학적으로 구별되지만 여러 면에서 유사한 피질-피질하 회로 구성 요소에 의해 충동성과 강박성이 매개되는 것으로 생각된다(그림 13-1 및 13-2). 이러한 네트워크가 기능장애를 일으키면 가설상으로 생각과 행동에 대한 '통제상실'이 발생한다. 간단히 말해서 충동성

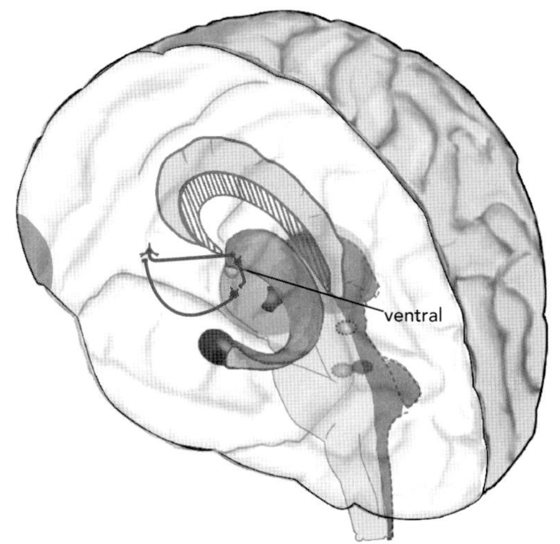

그림 13-1 **충동성 회로와 보상.** 충동성을 구동하는 '상향식' 회로는 배쪽선조체에서 시상으로, 시상에서 배안쪽 전전두엽피질(VMPFC)과 전대상피질(ACC)로, VMPFC/ACC에서 다시 배쪽선조체로 투사되는 고리이다. 이 회로는 보통 전전두엽피질로부터 '하향식'으로 조절된다. 이 하향식 반응억제 체계가 불충분하거나 배쪽선조체로부터의 활성에 의해 압도되면, 충동적 행동이 발생할 수 있다.

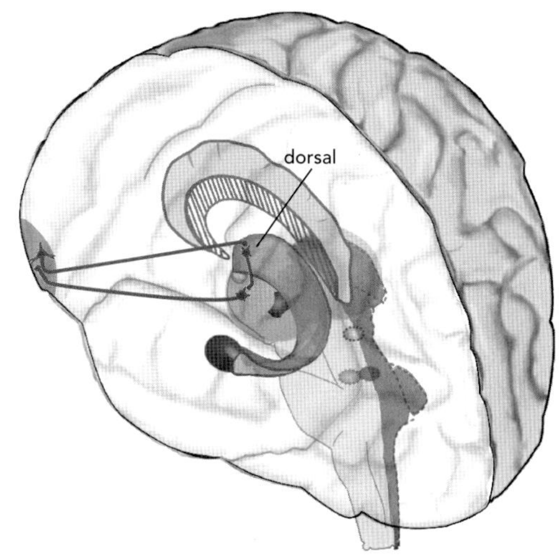

그림 13-2 **강박성 회로와 운동반응억제.** 강박성을 구동하는 '상향식' 회로는 등쪽선조체에서 시상으로, 시상에서 안와전두피질(OFC)로, OFC에서 다시 등쪽선조체로 투사되는 고리이다. 이 습관회로는 OFC로부터 '하향식'으로 조절될 수 있다. 이 하향식 반응억제 체계가 불충분하거나 등쪽선조체로부터의 활성에 의해 압도되면, 강박적 행동이 발생할 수 있다.

과 강박성은 뇌가 "아니요"라고 말하는 데 어려움을 겪는 것에서 비롯되는 증상이다.

다양한 정신질환에서 충동과 강박을 멈출 수 없는 이유는 무엇일까? 제12장 및 그림 12-43과 12-44의 매우 단순화된 설명에서 '상향식' 변연 감정 욕동이 너무 지나치거나 이러한 욕동에 대한 '하향식' 피질 억제가 너무 부족한 경우에 대해 살펴보았다. 예를 들어 알츠하이머병에서 초조를 유발하는 충동성은 주로 하향식 통제의 신경퇴행 때문인 것으로 생각된다(제12장 및 그림 12-45B과 12-46B 참조). 주의력결핍 과잉행동장애(ADHD)의 충동성, 특히 운동 충동성은 신경발달적 지연이나 하향식 피질 통제의 부재 때문인 것으로 생각된다(제11장 및 그림 11-17부터 11-21까지 참조). 이후 논의되는 다른 다양한 질환은 2개의 유사한 피질-선조체 회로, 즉 이러한 행동을 추진시키는 2개의 선조체 교점(하나는 충동적, 다른 하나는 강박적) 또는 이를 억제하는 2개의 해당 전전두엽피질 교점 중 어딘가에서 문제가 있을 수 있다(그림 13-1 및 13-2). 이 유사한 2개의 네트워크 사이에 중첩이 존재하면 충동회로의 문제가 강박회로의 문제로 나타나거나 그 반대의 경우도 발생할 수 있으며, 이러한 증상 영역을 핵심 특징 중 하나로 하는 '충동강박장애'라는 개념으로 이어지게 된다. 이러한 정신질환에는 강박장애 obsessive-compulsive disorder, OCD부터 중독, 그리고 그 너머에 이르기까지 광범위한 질환이 포함된다(표 13-1). 이 다양한 질환에는 서로를 구별하는 다른 중요한 증상 영역이 많이 있기는 하지만, 모두 병적인 충동성 및/또는 강박성과 연관될 수 있으며, 이것이 여기서 논의되고 있는 정신병리학적 공통 영역에 해당된다.

신경해부학적으로 충동성은 행동-결과 배쪽 의존학습체계action-outcome ventrally dependent learning system에 의해 조절되는 것으로 보이며(그림 13-1), 강박성은 등쪽에 있는 습관체계habit system에 의해 조절되는 것으로 생각된다(그림 13-2). 즉 충동으로 시작하는 많은 행동은 보상과 동기에 반응하는 배쪽 고리에 의해 매개되어 시작된다(그림 13-1). 그러나 시간이 지남에 따라 충동적인 행동이 결국 강박적인 행동으로 변하게 되면서(그림 13-3), 이러한 행동의 통제

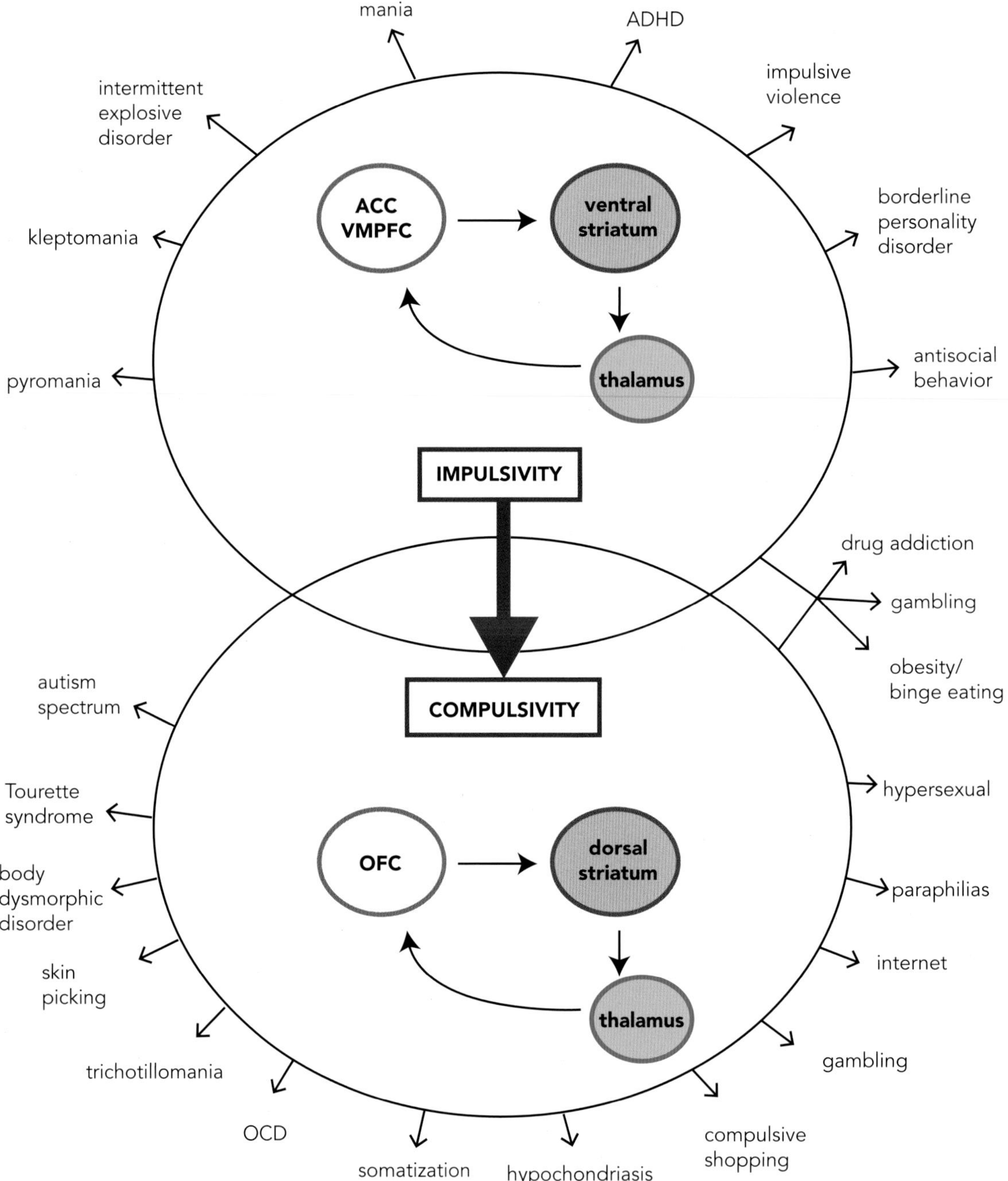

그림 13-3 충동강박장애의 구성. 충동성과 강박성은 다양한 정신질환에서 나타난다. 충동성은 행동의 시작을 멈추지 못하는 것으로 생각할 수 있으며, 배쪽선조체를 중심으로 시상, 배안쪽 전전두엽피질(VMPFC), 전대상피질(ACC)과 연결된 뇌 회로가 관여한다. 강박성은 진행 중인 행동을 중단하지 못하는 것으로 생각할 수 있으며, 등쪽선조체를 중심으로 시상 및 안와전두피질(OFC)과 연결된 뇌 회로가 관여한다고 가정할 수 있다. 약물사용, 도박, 과식과 같은 충동적인 행동은 등쪽 습관체계에 관여하는 신경가소성 변화로 인해 결국 강박적인 행동이 될 수 있으며, 이론상으로 배쪽 고리의 충동이 등쪽 고리로 이동하게 된다.

장소는 등쪽의 '습관체계'가 관여하여 일련의 신경적응과 신경가소성이 일어나는 것에 의해 등쪽으로 이동하게 된다(그림 13-2). 자연스럽게 일어나는 이 과정은 일상생활에서 적응적 가치를 가질 수 있으며, 새롭고 인지적 부담이 되는 활동에 노력을 쏟을 수 있도록 뇌를 자유롭게 해준다. 그러나 많은 정신질환(표 13-1)에서 이 과정이 과도하게 작동하는 경우, 충동적 신경고리에서 강박적 '습관' 고리로 정보의 소용돌이를 멈추거나 역전시키는 것이 목표가 된다. 안타깝게도 현재 충동강박장애에 대한 매우 효과적인 치료가 상대적으로 많지 않다. 제11장에서는 ADHD에 대한 효과적인 치료에 대해, 제12장에서는 알츠하이머병의 초조에 대한 효과적인 치료에 대해 논의하였다. 여기에서는 다른 많은 충동강박장애의 신경생물학적 공통점을 검토하고, 이러한 질환 중 일부에 대해 어떤 치료를 사용할 수 있는지 논의할 것이다.

중독의 도파민 이론: 보상의 최종 공통 경로로서의 중뇌변연 도파민 회로

도파민 이론은 지난 40여 년간 중독의 대표적인 이론이었으며, 뇌에서 무엇이든 즐거운 것을 위한 강화reinforcement와 보상reward의 최종 공통 경로는 중뇌변연 도파민 경로mesolimbic dopamine pathway라고 제안하였다(그림 13-4). 이 이론은 다소 지나치게 단순화되어 있으며, 아마도 도파민 방출에 가장 큰 영향을 미치는 약물, 특히 자극제와 니

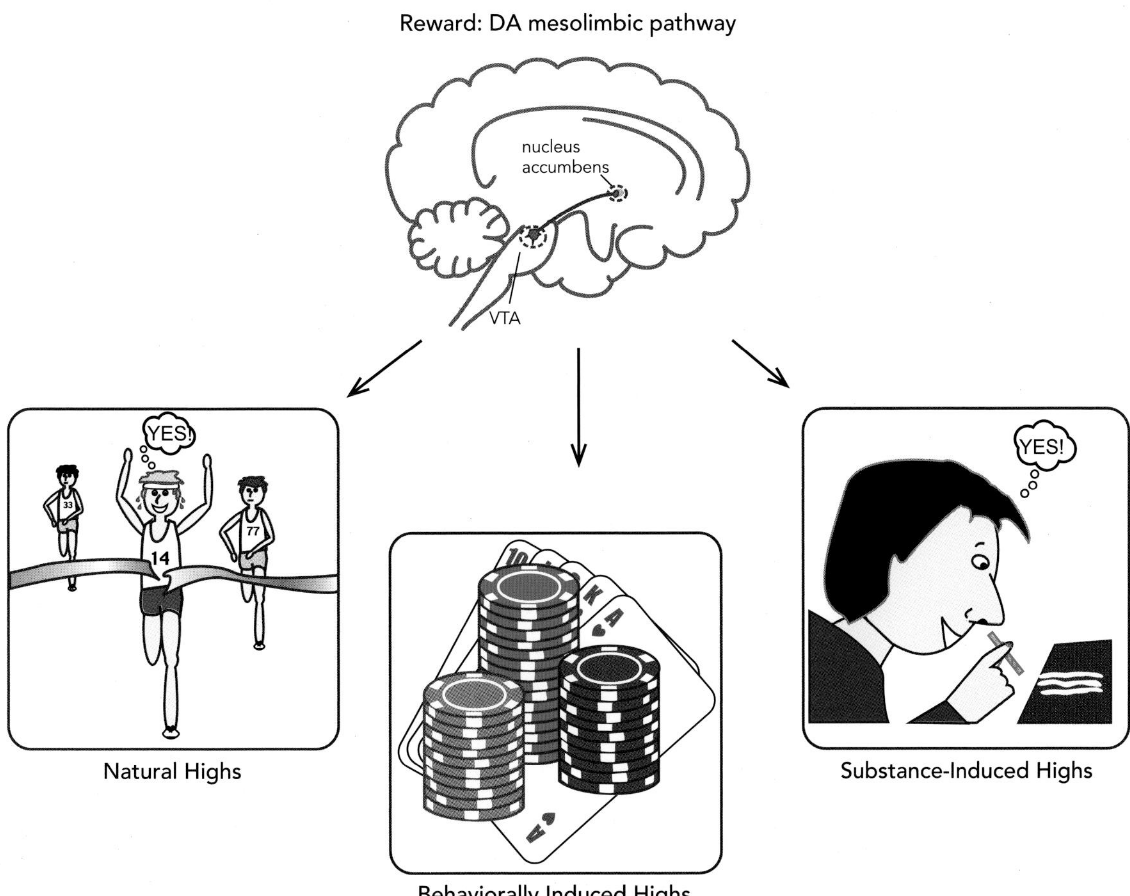

그림 13-4 보상의 핵심인 도파민. 도파민(DA), 특히 배쪽뒤판구역(VTA)에서 기댐핵에 이르는 중뇌변연 경로는 강화와 보상의 조절에 중요한 역할을 하는 것으로 오랫동안 인식되어 왔다. 주요 성취를 달성하는 것과 같은 자연스러운 보상활동은 중뇌변연 경로에서 도파민을 빠르고 강력하게 증가시킬 수 있다. 약물남용도 중뇌변연 경로에서 도파민 방출을 유발하며, 흔히 자연적으로 생성되는 것보다 더 폭발적이고 즐거움을 주는 방식으로 도파민을 증가시킬 수 있다.

코틴에서는 대부분 적합하지만 대마와 아편유사제에는 그렇게 적합하지 않다. 중뇌변연 도파민 경로는 제4장 정신병에서 논의한 것과 동일한 뇌 회로로서 정신병에서 과도하게 활성화되어 조현병의 양성증상은 물론 동기와 보상도 매개하는 것으로 가정된다(그림 4-14부터 4-16까지). 일부에서는 심지어 중뇌변연 도파민 경로를 뇌의 '쾌락 경로'로, 도파민을 '쾌락적 즐거움의 신경전달물질'로 간주한다. 이 개념에 따르면 지적 성취에서 운동경기 승리, 훌륭한 교향곡 감상, 성극치감 경험에 이르기까지 중뇌변연 도파민 뉴런이 도파민을 방출하도록 촉발하는 많은 자연적인 방법이 있다.

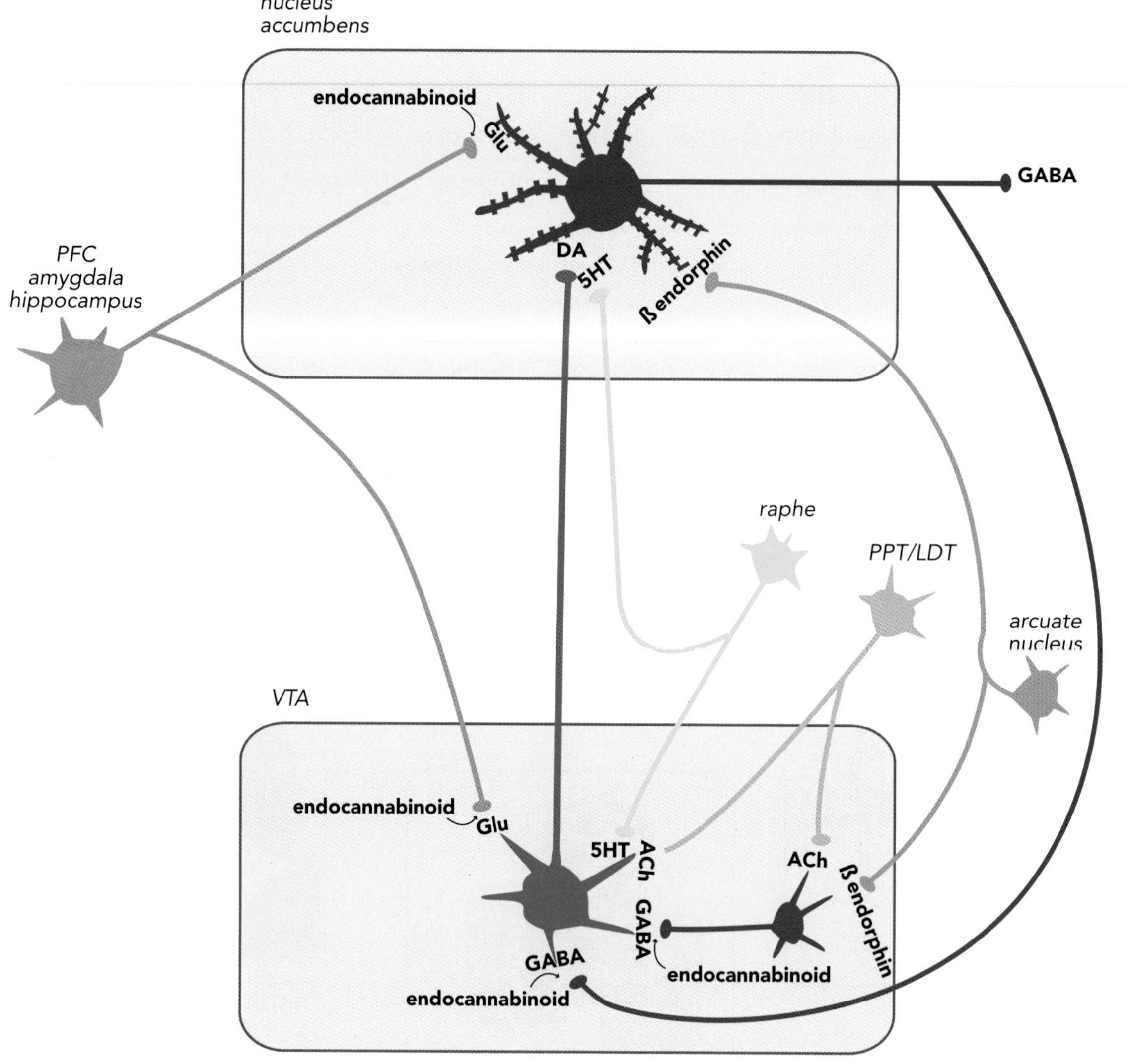

그림 13-5 중뇌변연 보상의 신경전달물질 조절. 중뇌변연 도파민 경로는 적응적 행동(예: 식사, 음주, 성행위)에 정상적인 강화를 전달하기 위해 뇌에서 자연적으로 생성되는 많은 물질에 의해 조절되고, 따라서 즐거움이나 성취감과 같은 '자연적 황홀감'을 만들어낸다. 보상 체계로 입력되는 이러한 신경전달물질에는 뇌 자체의 모르핀/헤로인(엔도핀), 뇌 자체의 대마(아난다마이드와 같은 엔도카나비노이드), 뇌 자체의 니코틴[아세틸콜린(ACh)], 뇌 자체의 코카인/암페타민[도파민(DA) 자체] 등이 포함된다. 사실상 발생하는 다수의 향정신성 약물의 남용은 뇌 자체 신경전달물질을 우회하고 보상 체계의 뇌 수용체를 직접 자극하여 도파민 방출과 그에 따른 '인공적 황홀감'을 유발한다. 따라서 알코올, 아편유사제, 자극제, 대마, 벤조디아제핀, 진정수면제, 환각제, 니코틴은 모두 중뇌변연 도파민 시스템에 영향을 미친다.

이를 '자연적 황홀감natural high'이라고 부르기도 한다(그림 13-4). 이러한 자연적 황홀감을 매개하는 중뇌변연 경로로의 입력에는 뇌 자체의 모르핀/헤로인(엔도핀)부터 뇌 자체의 대마(아난다마이드anandamide), 뇌 자체의 니코틴(아세틸콜린), 뇌 자체의 코카인 및 암페타민(도파민 자체)에 이르기까지 자연적으로 생성되는 물질의 매우 놀라운 '약국'이 포함된다(그림 13-5). 따라서 도박, 폭식, 인터넷중독과 같은 많은 부적응적 행동뿐만 아니라 모든 남용약물은 쾌락을 유발하는 최종 공통 경로를 가지고 있다는 생각이 형성되었다. 이는 중뇌변연 경로에서 자연적으로 생성되는 것보다 더 폭발적이고 즐거움을 주는 방식으로 도파민 방출을 자극함으로써 발생한다. 약물은 뇌의 자체 신경전달물질을 우회하고, 동일한 약물에 대한 뇌 자체 수용체를 직접 자극하여 도파민이 방출되도록 한다. 뇌는 이미 남용약물과 유사한 신경전달물질을 사용하고 있기 때문에, 뇌 본래의 시스템을 통한 자연적 황홀감에서 얻을 수 있는 것보다 남용약물을 통해 단기간에 훨씬 더 강렬한 보상을 얻을 수 있어서 자연적 보상을 필요로 하지 않는다. 그러나 자연적 황홀감과는 달리 약물에 의한 보상은 습관형성을 향한 신경적응 연쇄반응의 끔찍한 시작이 될 수 있다.

물질중독

중독은 끔찍한 질병이다. 처음에는 재미로 시작하고 전대상피질anterior cingulate cortex 활성의 강화 및 보상에 따른 배쪽선조체ventral striatum의 도파민 분비 증가로 시작하지만, 결국에는 통제 장소가 습관회로로 끝나며, 무의식적이고 자동적이며 기본적으로 저항할 수 없는 약물을 얻기 위한 강력한 강박적 욕동이 나타난다. 현재로서는 중독자의 행동통제를 장악한 사악한 습관회로를 억제할 수 있는 치료기전이 알려지지 않았기 때문에, 중독 치료는 성공이 극히 드물고 효과도 크지 않은 경우가 많다. 필요한 것은 습관회로에서 통제를 되찾아 자발적 통제가 가능하도록 되돌릴 수 있는 치료이며, 이는 아마도 신경가소성을 통해 등쪽의 통제를 중독이 시작되기 전인 배쪽의 통제로 역이동시키는 것이다.

일단 중독되면 뇌는 더 이상 약물 자체에 의해 주로 보상을 받는 것이 아니라 약물과 그에 따른 보상에 대한 기대에 의해 주로 보상받게 된다. 이는 그 자체가 보상이 되는 강박적인 약물추구 행동을 만들어낸다. 즉 일부 연구에 따르면 배쪽선조체에서 종결되는 도파민 뉴런(그림 13-1)은 실제로 1차 증강제(약물복용, 음식섭취, 도박행위)에 대한 반응을 중단하고, 대신 등쪽선조체에서 종결되는 도파민 뉴런(그림 13-2)이 심지어 약물을 복용하기도 전에 조건 자극(헤로인 주사기를 만짐, 손에서 마약 파이프를 느낌, 카지노에 입장)에 반응을 시작하는 것으로 나타났다. 약물추구와 약물복용이 중독 시 주요 동기욕동motivational drive이 되기 때문에, 중독된 대상은 약물을 구하려고 찾을 때에는 각성되고 동기가 부여되지만, 약물과 관련이 없는 활동에 노출될 때에는 위축되고 무관심해진다. 약물남용이 이러한 강박단계에 이르는 경우 이는 행동의 부적응적 고집증perseveration이 분명하며, 더 이상 단순한 장난이거나 유혹에 굴복하는 수준이 아니라 습관이자 파블로프의 조건 반응이다.

자극제

치료제로서의 자극제는 제11장 ADHD 치료에서 논의하였다. 최적화된 ADHD 치료를 위해 자극제 용량은 정의된 치료범위 내에서 일정한 약물농도로 전달하기 위해 신중하게 조절된다(제11장 및 그림 11-34 참조). 이론상으로 이는 도파민의 긴장성tonic 방출을 증폭시켜(그림 11-33) ADHD 치료제의 인지증진 효과를 최적화시킨다. 반면에 이와 매우 유사한 자극제는 위상성phasic 도파민 자극과 강화효과를 증폭하기 위해 용량과 투여 경로를 변경함으로써 남용약물로 사용할 수도 있다(그림 11-35). 자극제의 치료작용은 중등도 수준의 도파민 수송체(DAT)와 노르에피네프린 수송체(NET) 점유를 통해 전전두엽피질에서 노르에피네프린과 도파민 신경전달을 모두 향상시키기 위해 전전두엽피질로 향하는 것으로 생각되기는 하지만(그림 11-26), 중뇌변연 보상회로에서 DAT가 갑자기 폭발적이고 대규모로 차단

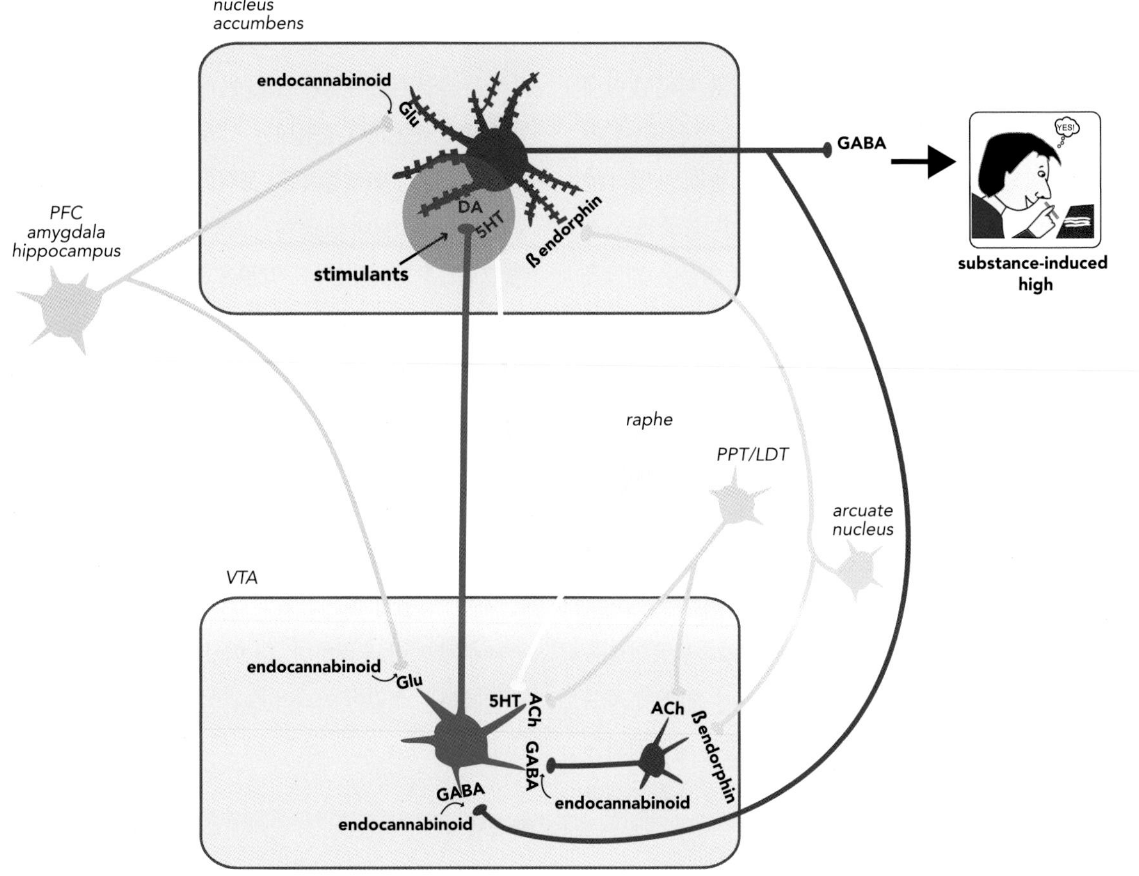

그림 13-6 중뇌변연 도파민 회로에 대한 자극제 작용. 자극제의 강화효과와 남용 가능성은 중뇌변연 보상회로의 도파민 수송체(DAT)가 차단되어 기댐핵에서 도파민(DA)의 위상성 증가를 유발할 때 발생한다.

되면 자극제의 강화효과와 남용이 발생한다(그림 13-6).

자극제가 뇌에 들어가는 속도는 주관적인 '황홀감'의 정도를 결정한다(그림 13-7). 이는 제11장에서 '신비한 DAT'의 특성 중 하나로 논의된 바 있다. 자극제가 관여하는 방식에 대한 DAT의 민감성은 자극제를 남용할 때 경구로 섭취하지 않고 흡연, 흡입, 코로 들이마시기, 주사로 주입하여 갑작스럽고 폭발적인 방식으로 뇌에 들어가 자극제의 강화 특성을 극대화하는 이유를 설명할 수 있는 것 같다. 경구 투여는 위장관 흡수 과정으로 인해 뇌로 들어가는 속도가 상당히 느려지기 때문에 자극제의 강화 특성이 감소된다. 코카인은 경구 복용으로는 활성화되지 않기 때문에, 중독자들은 간을 우회하여 약물이 뇌에 직접 빠르게 들어가고 심지어 정맥 투여보다 더 빠르게 시작할 수 있는 비강 내 복용 방법을 수년에 걸쳐 배워왔다. 흡연은 간을 통한 초회통과 대사 first-pass metabolism를 피하고 폐의 막대한 표면적을 통해 즉시 흡수되어 동맥/목동맥 내에 대량으로 약물을 투여하는 것과 다소 유사하기 때문에, 이 투여 경로에 적합한 약물을 흡연하는 것이 가장 빠르고 강력하게 뇌에 약물을 전달할 수 있는 방법이다. 아마도 이러한 형태의 약물전달은 보상과 관련된 유형인 위상성 도파민 발화를 촉발하기 때문에(제11장 및 그림 11-35 참조), 약물이 뇌에 더 빨리 들어갈수록 강화효과가 더 강력해진다(그림 13-7).

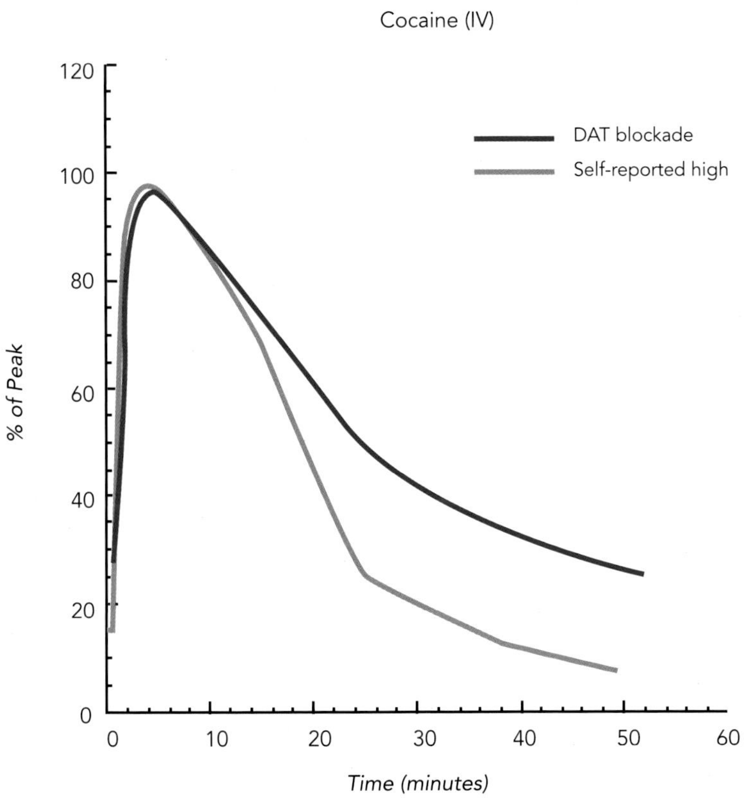

그림 13-7 도파민, 약동학, 강화효과. 급성 약물 사용은 선조체에서 도파민 방출을 유발한다. 그러나 약물의 강화 효과는 도파민의 존재뿐만 아니라 뇌에서 도파민이 증가되는 속도에 의해 주로 결정되며, 결국 약물이 뇌로 들어오고 나가는 속도에 의해 좌우된다. 이는 약물남용으로 유발되는 것처럼 도파민의 갑작스럽고 큰 증가가 보상과 현저성에 대한 정보 전달과 관련된 위상성 도파민 발화를 모방하기 때문일 것 같다. 그림에 표시된 바와 같이, 정맥내(IV) 코카인 사용에 따른 자가보고된 황홀감은 도파민 수송체(DAT) 차단 속도 및 범위 모두와 상관관계가 있다. 약물 흡수속도는 투여 경로에 종속되며, 정맥내 투여와 흡입이 가장 빠른 약물 흡수를 일으키고, 그다음은 코로 들이마시는 것이다. 이 외에도 남용약물마다 개별 작용기전에 따라 '보상 값reward value', 즉 도파민을 증가시키는 속도가 다르다.

암페타민, 메스암페타민, 코카인은 모두 DAT와 NET의 억제제이다. 또한 코카인은 세로토닌 수송체(SERT)도 억제하고 국소마취제이기도 하며, 프로이트가 자신의 설암tongue cancer 통증을 완화하기 위해 활용하였다. 그는 약물로 유발된 보상이 약물로 유발된 강박으로 대체될 때까지 적어도 한동안은 DAT로 도파민 재흡수를 억제하여 이상행복감을 유발하고 피로를 줄이며 정신적 예민함을 만들어내는 이 약물의 두 번째 특성을 활용했을 수도 있다.

고용량의 자극제는 떨림, 감정불안정, 안절부절, 과민성, 공황, 반복적이고 정형화된 행동을 유발할 수 있다. 더욱 더 많고 반복적인 용량의 자극제는 편집증 및 조현병과 유사한 환각(제4장 및 그림 4-14부터 4-16까지 참조)뿐만 아니라 고혈압, 빈맥, 심실자극흥분성ventricular irritability, 고열, 호흡억제까지 유발할 수 있다. 과다용량의 자극제는 급성심부전, 뇌졸중, 발작도 일으킬 수 있다. 시간이 지남에 따라 자극제 남용은 진행성일 수 있다(그림 13-8). 쾌락적인 위상성 도파민 발화를 유발하는 자극제의 초기용량(그림 13-8A)은 만성적으로 사용되면서 **보상 조건화**reward conditioning와 중독을 만들고, 이는 쾌락적인 위상성 도파민 발화가 부족한 상태에서 자극제 용량과 잔여 긴장성 도파민 발화 사이에서 갈망을 일으킨다(그림 13-8B). 이제 중독이 되면서 위상성 도파민 발화에 따른 쾌락적 황홀감을 얻기 위해 점점 더 많은 양의 자극제가 필요하게 된다(그림 13-8C). 불행하게도 최고치가 더 높아지면서 최저치는 더 낮아지게 되고, 그 사이의 자극제 용량에서 중독자는 황홀감의 부재뿐만 아니라 졸음 및 무쾌감증과 같은 금단증상도 경험할 수 있다(그림 13-8D). 습관형성과 연결된 금단에 대처하기 위한 노력은 강박적인 사용 및 궁극적으로 약물공급을 확보하기 위한 위험한 행동으로 이어진다(그림 13-8E). 마지막으로 장기간 지속되는 도파민 농도 고갈과 축삭 변성

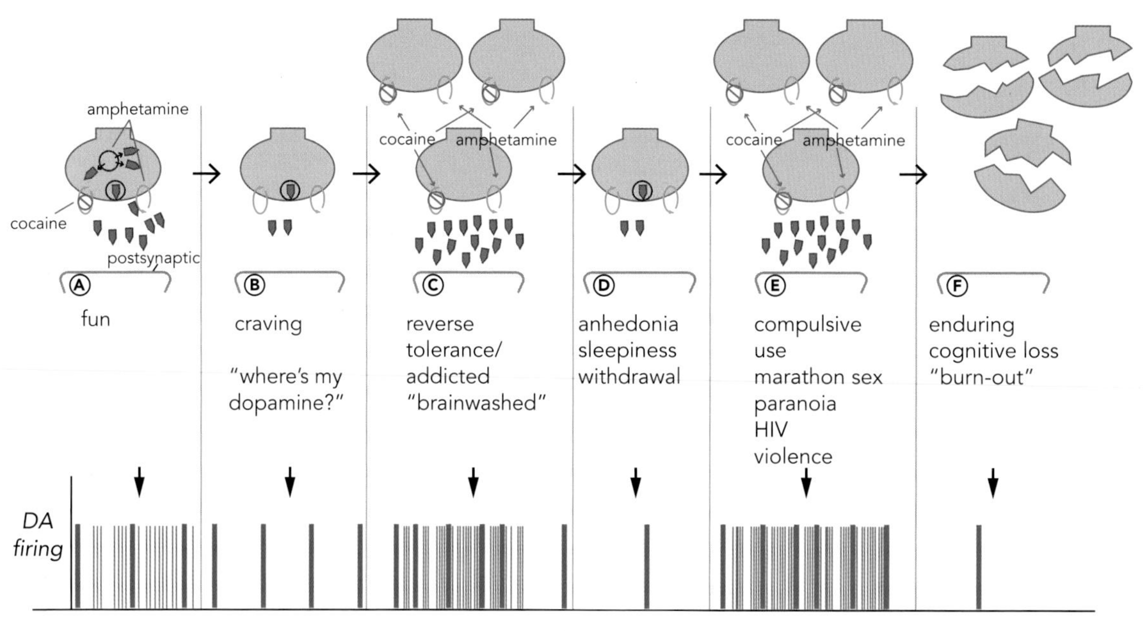

그림 13-8 자극제 남용의 진행. (A) 메스암페타민과 코카인처럼 자극제의 초기용량은 쾌락적인 위상성 도파민 발화를 유발한다. (B) 만성적으로 사용하면, 쾌락적인 위상성 도파민 발화가 부족한 상태에서 잔여 긴장성 도파민 발화와 자극제 용량 사이에서 보상 조건화가 갈망을 유발한다. (C) 이러한 중독상태에서는 위상성 도파민 발화에 따른 쾌락적 황홀감을 얻기 위해 점점 더 많은 양의 자극제가 필요하게 된다. (D) 불행하게도 최고치가 더 높아지면서 최저치는 더 낮아지게 되고, 그 사이의 자극제 용량에서 중독자는 황홀감의 부재뿐만 아니라 졸음 및 무쾌감증과 같은 금단증상도 경험할 수 있다. (E) 금단에 대처하기 위한 노력은 강박적인 사용 및 자극제를 확보하기 위한 충동적이고 위험한 행동으로 이어질 수 있다. (F) 마지막으로 장기간 지속되는 도파민 농도 고갈과 축삭 변성을 포함한 도파민 뉴런의 비가역적 변화까지는 아니더라도, 임상적으로나 병리학적으로 '번아웃'이라고 부르는 것이 적절한 그런 상태가 지속될 수 있다.

을 포함한 도파민 뉴런의 비가역적 변화까지는 아니더라도, 임상적으로나 병리학적으로 '번아웃'이라고 부르는 것이 적절한 그런 상태가 지속될 수 있다(그림 13-8F).

비정형 자극제

'목욕소금Bath salt'은 자극제의 한 형태이다. 이 이름은 화학적으로는 상당히 다르지만 흰색 또는 다채로운 색상의 분말, 알갱이, 결정체 형태로 비슷하게 포장하여 이 남용 가능한 자극제를 목욕에 사용되는 일반적인 엡섬소금Epsom salt으로 위장하기 위한 작업에서 유래되었다. 목욕소금은 엡섬소금으로 위장하여 마약금지법을 회피하기 위해 '식용이 아님'이라고 표시하는 경우가 많다.

하지만 목욕소금은 목욕용이 아닌 합성자극제로, 일반적으로 활성성분인 메틸렌디옥시피로발레론 methylenedioxypyrovalerone, MDPV이 포함되어 있으며 메페드론mephedrone이나 메틸론methylone이 함유되어 있을 수도 있다. 이것들은 '비료'라고도 부르며, 다른 자극제와 마찬가지로 강화효과가 있을 수 있지만, 초조, 편집증, 환각, 자살충동, 흉통을 유발할 수도 있다.

일부에서는 **흡입제**inhalant를 비정형적 유형의 자극제로 간주하는데, 이는 흡입제가 기댐핵nucleus accumbens에서 도파민을 직접 방출시키는 것으로 생각되기 때문이다. 페인트 희석제, 펠트 마커felt-tip marker, 접착제, 각종 에어로졸 스프레이에 사용되는 톨루엔toluene과 냉난방기에서 사용되는 프레온freon과 같은 물질의 증기를 흡입('접착제흡입 huffing'이라고도 불림)하는 것은 어지러움, 가벼운 현기증, 탈억제와 함께 알코올에 취했을 때와 비슷한 느낌을 유발할 수 있다. 또한 판단장애와 환각까지도 일으킬 수 있다. 장기적인 접착제 흡입은 우울증, 체중 감소, 뇌 손상을 유발할 수 있다. 또한 단기간 사용도 위험할 수 있는데, 심장마비, 흡인, 질식으로 인한 급사를 유발할 수 있다. 특히 프레온은 이러한 효과 외에도 폐를 얼릴 수 있어 극도로 위험하다. 흡입한 물질은 약물검사에 나타나지 않는다.

자극제 중독의 치료

안타깝게도 현재 자극제 중독자를 위한 승인된 치료약물은 없으며, 많은 도파민 관련 및 세로토닌 관련 치료법이 실패했다. 미래에는 약물이 뇌에 도달하기 전에 이를 제거하여 약물 섭취에 수반되는 강화효과가 더 이상 나타나지 않게 하는 코카인 백신이 개발될 수 있다.

니코틴

임상정신약리학적 진료에서 흡연은 얼마나 흔할까? 일부 조사는 전체 담배의 절반 이상이 정신질환을 동시에 앓고 있는 환자에 의해 소비되는 것으로 추정하며, 흡연은 중증 정신질환 환자 사이에서 가장 흔한 동반질환인 것으로 추정한다. 다른 조사는 일반 인구의 약 16~20%(미국), 일반의사를 정기적으로 만나는 사람의 약 25%가 흡연을 하지만, 정신약리학적 진료에서는 약 40~50%의 환자가 흡연을 하며 이 중에는 ADHD, 조현병, 양극성장애 환자의 60~85%가 포함되는 것으로 추정한다. 안타깝게도 정신건강진료에서 흡연은 진단 중 하나로서 주의 깊게 파악되거나 기록되지 않는 경우가 많으며, 어느 정도 효과적인 치료를 사용할 수 있음에도 불구하고 단지 약 10%의 흡연자만이 정신약리학자나 기타 임상의사가 치료를 적극적으로 제안했다고 보고하였다.

니코틴은 중뇌변연 보상회로mesolimbic reward circuit에서 니코틴 콜린 수용체에 직접 작용하여 도파민을 방출시킨다(그림 13-9). 콜린 뉴런과 신경전달물질인 아세틸콜린은 제12장에서 논의하였고 그림 12-24부터 12-32까지에서 삽화로 설명하였다. 니코틴 수용체는 그림 12-28에서 구체적으로 설명하였다. 뇌에는 여러 가지 아형의 니코틴 수용체가 존재한다. 시냅스후 전전두엽피질 뉴런의 α_7 니코틴 수용체는 니코틴의 인지증진 및 정신적 각성작용과 관련이 있을 수 있지만 중독성 작용과는 관련이 없다. $\alpha_4\beta_2$ 아형은 여기서 논의하고 그림 13-9에 삽화로 설명하였으며, 흡연 및 니코틴 중독과 가장 관련이 있는 아형으로 생각된다. 니코틴은 배쪽뒤판구역(VTA)의 도파민 뉴런에 있는 $\alpha_4\beta_2$ 니코틴 시냅스후 수용체에 직접 작용하여 가설상으로 중독과 관련된다(그림 13-9). 또한 니코틴은 글루타메이트 뉴런의 니코틴 시냅스전 수용체를 활성화하여 글루타메이트 방출을 유발하고 이는 다시 도파민 방출을 유발함으로써, VTA에서의 도파민 방출을 간접적으로 활성화한다(그림 13-9). 니코틴은 VTA에서 억제성 GABA 사이신경세포에 있는 $\alpha_4\beta_2$ 시냅스후 수용체를 탈민감화시켜서 도파민 중뇌변연 뉴런을 탈억제함으로써, 기댐핵에서도 도파민 방출을 간접적으로 유도하는 것으로 보인다(그림 13-9).

$\alpha_4\beta_2$ 니코틴 수용체가 니코틴의 만성적인 간헐적 박동성 전달에 적응하여 중독으로 이어진다(그림 13-10). 처음에는 안정 상태의 수용체가 니코틴 전달에 의해 열리게 되고, 이는 차례로 도파민 방출과 강화, 즐거움, 보상으로 이어진다(그림 13-10A). 담배를 다 피우면 이러한 수용체는 탈민감화되어서 일시적으로 기능을 하지 못하고, 따라서 아세틸콜린이나 니코틴에 반응할 수 없게 된다(그림 13-10A). 추가적인 보상을 얻는다는 측면에서 보면 이 시점에서 흡연을 중단하는 것이 좋다. 한 가지 흥미로운 질문은 "니코틴 수용체가 탈민감화되는 데 얼마나 걸릴까?"이다. 답은 일반적인 담배 한 개비의 모든 연기를 들이마시고 꽁초까지 태우는 데 걸리는 시간 정도인 것 같다. 따라서 담배의 길이가 그 정도인 것은 아마도 우연이 아닐 것이다. 짧다고 해서 즐거움이 극대화되는 것은 아니다. 더 길면 어차피 수용체가 모두 탈민감화되기 때문에 낭비이다(그림 13-10A).

흡연자의 문제는 수용체가 안정 상태로 다시 민감화되는 동안에는 더 이상 도파민이 방출되지 않아서 갈망과 금단이 시작된다는 것이다(그림 13-10A). 또 다른 흥미로운 질문은 "니코틴 수용체가 다시 민감화되는 데 얼마나 걸릴까?"

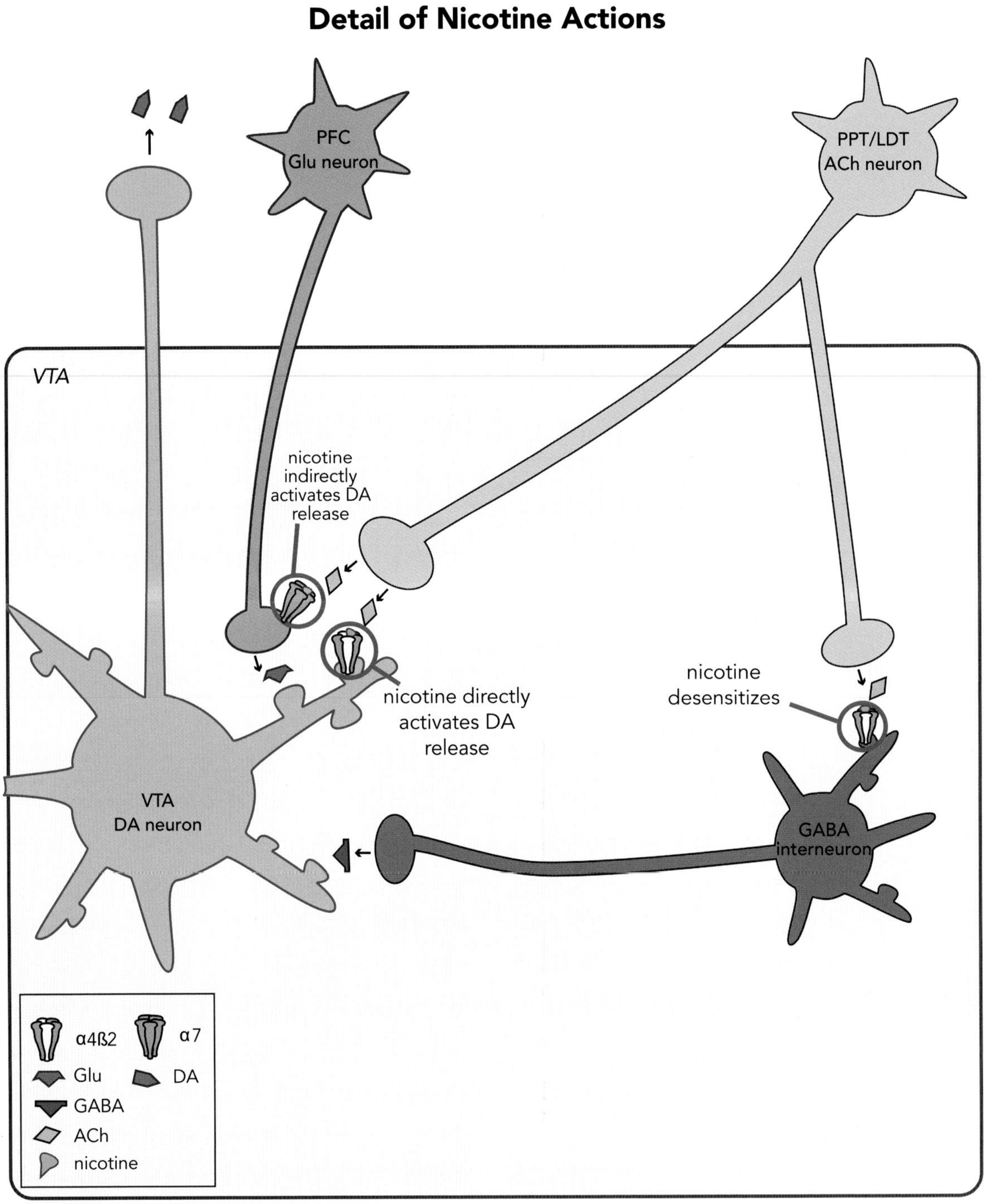

Detail of Nicotine Actions

PFC
Glu neuron
PPT/LDT
ACh neuron
VTA
nicotine
indirectly
activates DA
release
nicotine directly
activates DA
release
nicotine
desensitizes
VTA
DA neuron
GABA
interneuron
α4ß2
α7
Glu
DA
GABA
ACh
nicotine

그림 13-9 니코틴의 작용. 니코틴은 배쪽뒤판구역(VTA)에서 도파민 뉴런의 $\alpha_4\beta_2$ 니코틴 시냅스후 수용체에 결합하여 기댐핵에서 도파민(DA) 방출을 직접 유발한다. 이 외에도 니코틴은 VTA에서 글루타메이트(Glu) 뉴런의 α_7 니코틴 시냅스전 수용체에 결합하여 글루타메이트 방출을 자극하고, 이는 차례로 기댐핵에서의 도파민 방출로 이어진다. 또한 니코틴은 VTA에서 GABA 사이신경세포의 $\alpha_4\beta_2$ 시냅스후 수용체를 탈민감화시키는 것 같다. GABA 신경전달의 감소는 중뇌변연 도파민 뉴런의 탈억제를 일으키고, 따라서 이는 기댐핵에서 도파민 방출을 강화하는 세 번째 기전이다.

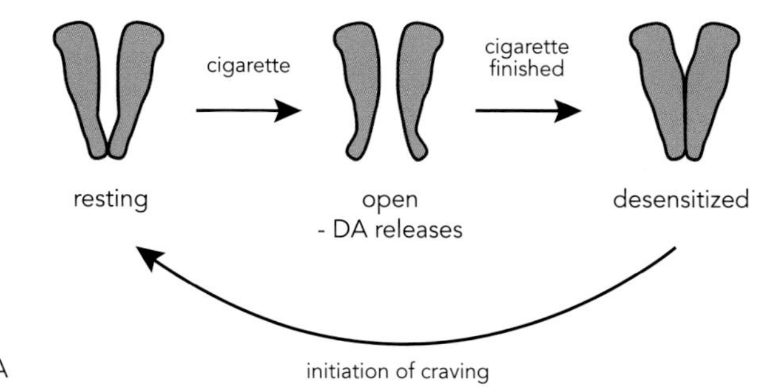

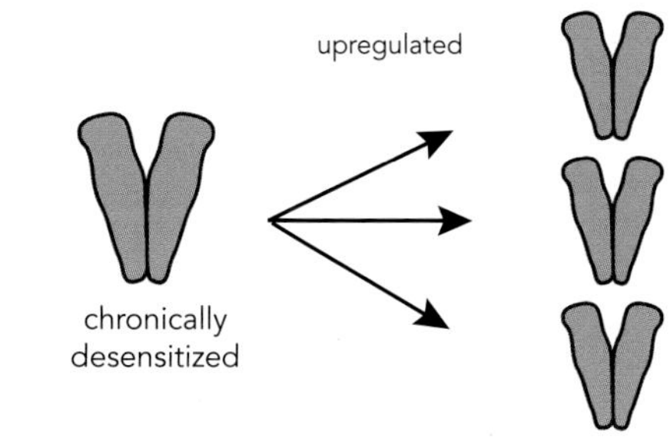

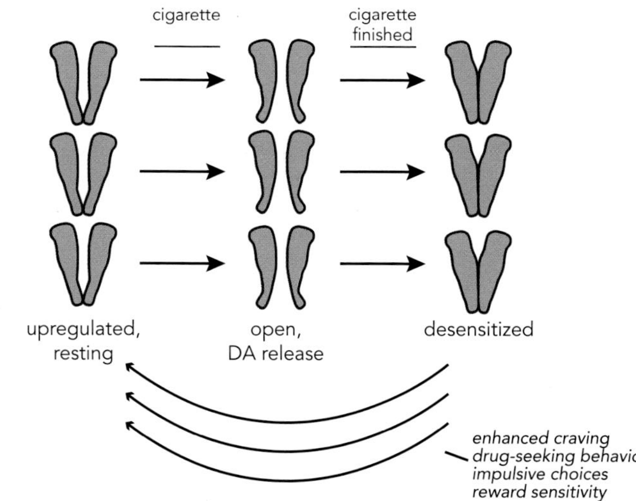

그림 13-10 강화 및 $\alpha_4\beta_2$ 니코틴 수용체. (A) 안정 상태에서 $\alpha_4\beta_2$ 니코틴 수용체는 닫혀 있다(왼쪽). 담배를 피우는 것처럼 니코틴 투여는 수용체를 열고, 다음에는 도파민 방출로 이어진다(가운데). 이러한 수용체의 장기간 자극은 탈민감화로 이어지고, 일시적으로 더 이상 니코틴(또는 아세틸콜린)에 반응하지 않게 된다. 이는 담배 한 개비를 다 피우는 데 걸리는 시간과 거의 비슷하게 소요된다(오른쪽). 수용체가 재민감화(안정 상태로 돌아감)되는 동안에는 더 이상 도파민이 방출되지 않기 때문에 갈망과 금단이 시작된다. (B) 만성적인 탈민감화가 발생하면 $\alpha_4\beta_2$ 수용체가 이를 보상하기 위해 상향조절된다. (C) 그러나 흡연을 계속하면 반복되는 니코틴 투여로 인해 모든 $\alpha_4\beta_2$ 수용체의 탈민감화가 지속되어서 상향조절이 소용없게 된다. 사실 이러한 상향조절은 여분의 수용체가 안정 상태로 재민감화되는 동안 갈망을 증폭시킬 수 있다.

이다. 답은 흡연자가 다음번 담배를 피우는 사이에 걸리는 시간 정도인 것 같다. 평균 하루 한 갑을 피우는 흡연자의 경우, 16시간 동안 깨어 있고, 약 45분의 시간이 걸린다. 이는 아마도 담배 한 갑에 20개가 들어 있는 이유를 설명해줄 수 있다(즉 평균적인 흡연자가 깨어 있는 하루 내내 니코틴 수용체가 완전히 탈민감화된 상태를 유지하기에 충분한 양임).

니코틴 수용체가 탈민감화되어서 기능을 상실하면 뉴런은 수용체 수를 상향조절하여 이러한 수용체 기능 부족을 극복하려고 시도한다(그림 13-10B). 그러나 니코틴은 다음에 담배를 피울 때 모든 수용체를 다시 탈민감화시키기 때문에 이러한 시도는 소용이 없다(그림 13-10C). 게다가 이러한 상향조절은 여분의 수용체가 안정 상태로 다시 민감화되는 동안 발생하는 갈망을 증폭시키는 역할을 하기 때문에 자기파괴적이다(그림 13-10C).

수용체의 관점에서 볼 때 흡연의 첫 번째 목표는 모든 니코틴 $\alpha_4\beta_2$ 수용체를 탈민감화시키고 도파민을 최대로 방출하는 것이다. 그러나 결국 목표는 대부분 갈망을 예방하는 것이다. 흡연자의 $\alpha_4\beta_2$ 니코틴 수용체에 대한 양전자방출단층촬영positron emission tomography, PET 영상을 통해 담배 한 개비를 피울 때마다 니코틴 수용체가 충분한 양의 니코틴에 충분한 시간 동안 노출되는 것이 확인되었다. 갈망은 니코틴 수용체 재민감화의 첫 번째 징후에서 시작되는 것으로 보인다. 따라서 수용체 재민감화의 나쁜 점이 갈망이다. 중독된 흡연자의 관점에서 좋은 점은 수용체가 재민감화되면 더 많은 도파민 방출이 가능하고, 쾌감을 유발하거나 갈망과 금단을 다시 억제할 수 있다는 것이다.

니코틴 중독의 치료

니코틴 의존dependence을 치료하는 것은 쉽지 않다. 동물실험에 따르면 담배를 처음 피울 때부터 니코틴 중독이 시작된다는 증거가 있으며, 첫 번째 흡연은 한 달 동안 지속되는 징후를 보였다(예: 1회 흡연 후에도 전대상피질의 활성화가 오래 지속되었음). 갈망은 반복투여 후 한 달 이내에 시작된다. 더욱 문제가 되는 것은 니코틴에 대한 노출이 중단되어도 충동회로에서 강박회로로의 전환과 관련된 배쪽에서 등쪽으로의 통제 이동에 대한 '끔찍한 학습'이 매우매우 오래 지속될 수 있다는 사실이다. 이러한 변화는 니코틴에 대한 일종의 '분자기억'을 통해 평생 지속되며, 심지어 장기간 금연한 대상자에게도 나타난다는 일부 증거가 제시되었다. 니코틴 중독 치료에 효과가 있는 것으로 입증된 최초의 성공적인 약제 중 하나는 니코틴 자체이지만, 흡연 이외의 투여 경로를 가지는 껌, 사탕, 비강 스프레이, 흡입기, 피부경유 패치도 있다. 이러한 다른 경로를 통한 니코틴 전달은 흡연을 통해 뇌에 전달되는 높은 농도나 박동성 폭발에 도달하지 못하므로, 앞에서 자극제 전달에 대해 논의하고 그림 13-7에서 설명했던 것처럼 그렇게 강화적이지 못하다. 그러나 이러한 대체 형태의 니코틴 전달은 일정한 양이 전달되고, 아마도 꽤 많은 수의 재민감화 및 갈망 니코틴 수용체를 탈민감화시키기 때문에 갈망을 줄이는 데 도움이 될 수 있다.

니코틴의존에 대한 또 다른 치료는 선택적 $\alpha_4\beta_2$ 니코틴 아세틸콜린 수용체 부분작용제인 바레니클린varenicline이다(그림 13-11 및 13-12). 그림 13-11은 니코틴 부분작용제nicotinic partial agonist, NPA, 니코틴 완전작용제, 니코틴

Molecular Actions of a Nicotinic Partial Agonist (NPA)

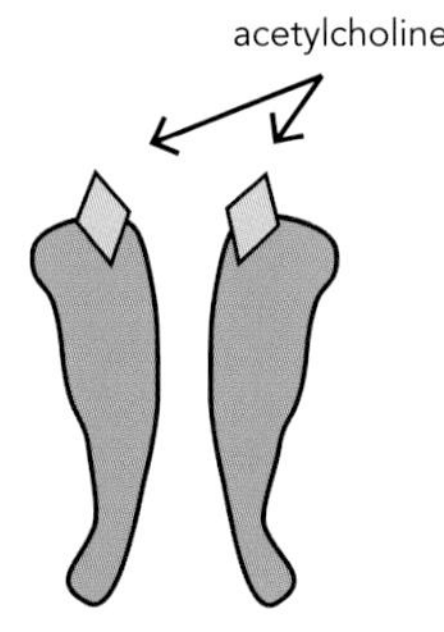

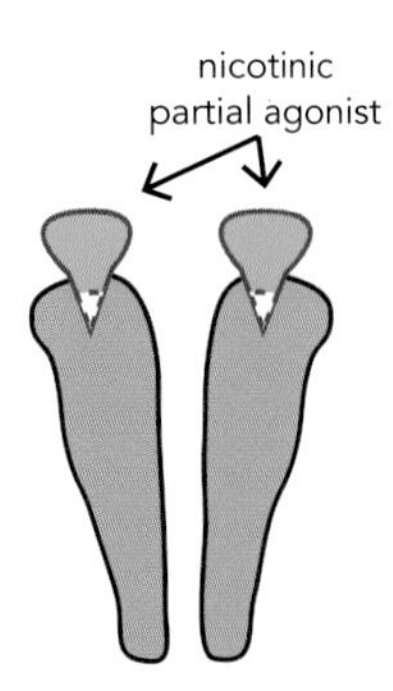

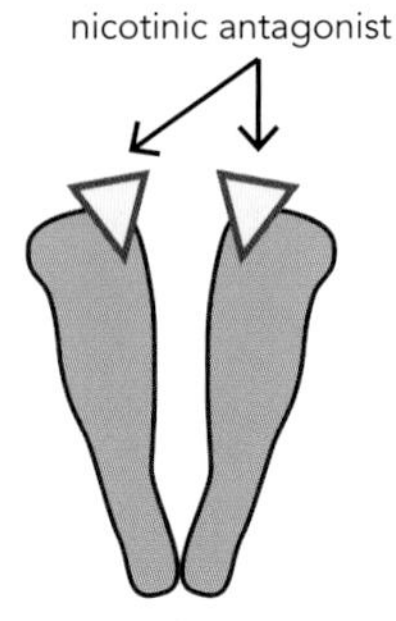

그림 13-11 **니코틴 부분작용제의 분자작용.** 아세틸콜린 및 니코틴과 같은 $\alpha_4\beta_2$ 수용체의 완전작용제는 통로를 자주 연다(왼쪽). 반대로 이 수용체의 길항제는 통로를 닫힌 상태로 안정화시키지만 수용체를 탈민감화시키지는 않는다(오른쪽). 니코틴 부분작용제는 통로를 중간 상태로 안정화시켜 완전작용제보다는 덜 자주 열리지만 길항제보다는 더 자주 열리게 한다(가운데).

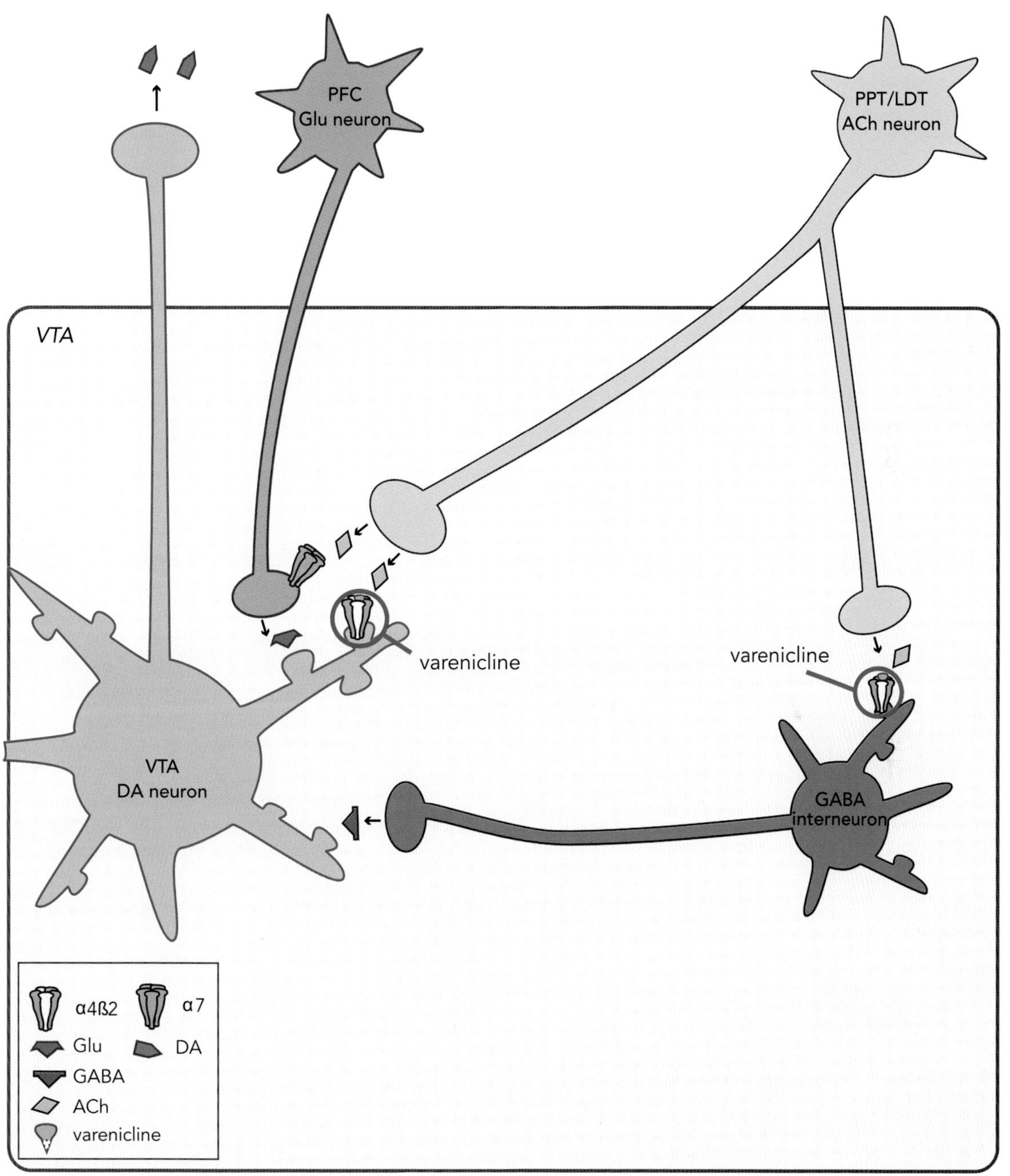

그림 13-12 보상회로에서 바레니클린의 작용. 바레니클린은 $\alpha_4\beta_2$ 수용체 아형에 선택적으로 작용하는 니코틴 부분작용제(NPA)이다. 바레니클린이 배쪽뒤판구역(VTA)에서 도파민(DA) 뉴런, 글루타메이트(Glu) 뉴런, GABA 사이신경세포에 위치한 $\alpha_4\beta_2$ 니코틴 수용체에 결합하면, 바레니클린은 니코틴이 결합할 때보다는 통로가 덜 자주 열리지만, 니코틴 길항제가 결합할 때보다는 더 자주 열리는 중간 상태에서 통로를 안정화시킨다. 따라서 바레니클린은 니코틴과 경쟁하여 환자가 담배를 피울 때 발생하는 도파민 보상을 줄일 수 있을 뿐만 아니라 최소한 어느 정도의 신경전달을 자극하여 금단증상도 줄일 수 있다.

길항제가 니코틴 콜린 수용체와 관련된 양이온통로에 미치는 영향을 비교한 것이다. 니코틴 완전작용제에는 매우 짧게 작용하는 아세틸콜린과 매우 길게 작용하는 니코틴이 포함된다. 이들은 통로를 완전히 그리고 자주 연다(그림 13-11, 왼쪽). 대조적으로 니코틴 길항제는 닫힌 상태로 통로를 안정화시키지만 수용체를 탈민감화시키지는 않는다(그림 13-11, 오른쪽). NPA는 탈민감화되지 않은 중간 상태에서 니코틴 수용체를 안정화시키며, 통로가 완전작용제보다는 덜 자주 열리지만 길항제보다는 더 자주 열린다(그림 13-11, 가운데).

담배는 얼마나 중독성이 있으며, NPA는 금연을 달성하는 데 얼마나 효과적일까? 흡연자의 약 3분의 2가 금연을 원하고, 3분의 1이 금연을 시도하지만, 단지 2~3%만이 장기적으로 성공한다. 일부 조사에 따르면, 모든 남용물질 중에서 최소한 한 번이라도 물질을 시도해본 적이 있는 경우 의존이 생길 확률이 가장 높은 것은 담배로 나타났다. 그러므로 니코틴이 알려진 물질 중 가장 중독성이 강한 물질이라고 주장할 수 있다. 좋은 소식은 NPA인 바레니클린이 위약에 비해 1개월, 6개월, 1년 금연율이 3배 또는 4배 높다는 것이며, 나쁜 소식은 바레니클린을 복용한 흡연자 중 약 10%만이 1년 후에도 여전히 금연을 유지하고 있다는 것이다. 이러한 환자 중 상당수는 바레니클린을 12주 동안만 처방받았는데, 이는 효과를 최대화하기에는 너무 짧은 기간일 수 있다.

금연 치료에 대한 또 다른 접근법은 노르에피네프린 도파민 재흡수 억제제(NDRI)인 부프로피온bupropion으로 도

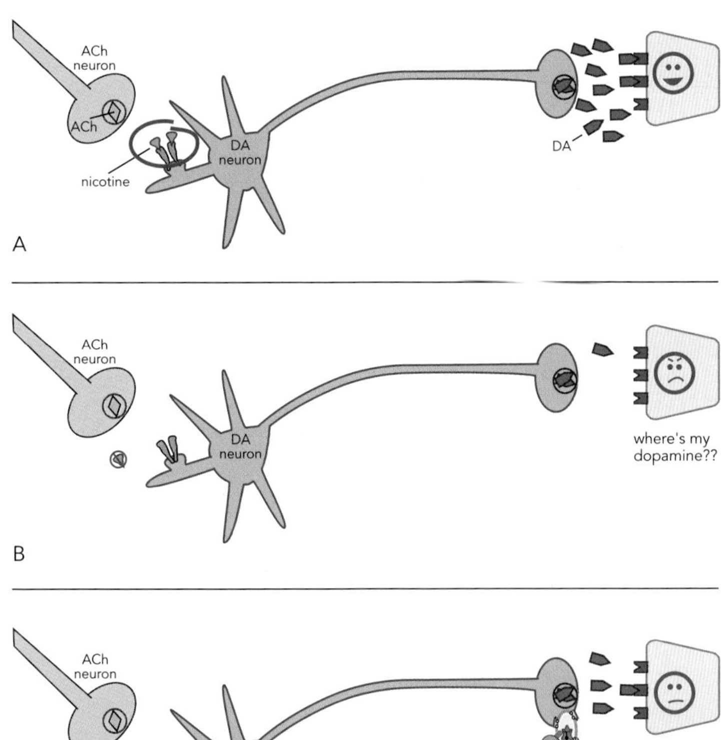

그림 13-13 금연에서 부프로피온의 작용기전. (A) 정기적인 흡연자는 니코틴의 착실한 공급(원으로 표시)을 통해 변연영역에서 도파민(DA)을 잦은 간격으로 방출시키며, 이는 오른쪽의 변연 도파민 D_2 수용체에 보상으로 작용한다. (B) 그러나 금연을 시도하는 동안 니코틴이 중뇌변연 뉴런에서 더 이상 도파민을 방출하지 않으면 도파민은 끊어진다. 이는 시냅스후 D_2 변연 수용체를 뒤흔들고 갈망과 일부에서 '니코틴 발작nicotine fit'이라고 불리는 현상으로 이어진다. (C) 금연 초기 단계 동안 갈망을 줄이기 위한 치료적 접근은 부프로피온으로 신경 종말에서 직접 도파민 재흡수를 차단하여 도파민 자체를 약간 공급하는 것이다. 이는 니코틴만큼 강력하지는 않더라도 갈망을 무디게 하고 금연을 더 잘 견딜 수 있게 해준다.

파민을 증가시켜 금연 중에 발생하는 갈망을 줄이는 것이다(제7장 및 그림 7-34부터 7-36까지 참조). 이는 최근의 니코틴 중단으로 인한 도파민 '마약' 부족에 재적응하는 동안 도파민의 일부를 기대핵에 있는 갈망하는 시냅스후 D_2 수용체에 되돌려준다는 아이디어이다(그림 13-13). 흡연을 하는 동안에는 VTA 도파민 뉴런의 $\alpha_4\beta_2$ 수용체에 대한 니코틴의 작용으로 인해 도파민이 기댐핵에서 행복하게 방출된다(그림 13-13A 참조). 금연하는 동안에는 더 이상 니코틴을 받지 못하는 재민감화된 니코틴 수용체가 기댐핵에서 도파민 방출 부재로 인해 갈망하게 된다(내 도파민은 어디에 있을까?)(그림 13-13B). NDRI인 부프로피온을 투여하면 이론상으로 약간의 도파민이 기댐핵에서 방출되어 갈망은 줄어들지만, 보통은 갈망을 없애지는 못한다(그림 13-13C). 부프로피온은 금연에 얼마나 효과적일까? 부프로피온의 금연성공률은 NPA인 바레니클린의 약 절반 정도이다. 피부경유 패치와 같은 대체 투여 경로에서 니코틴의 금

Possible Binding Sites for Sedative Hypnotic Drugs

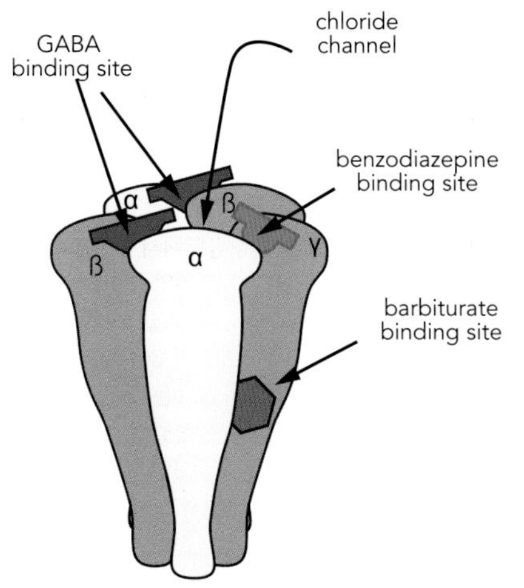

그림 13-14 진정수면제의 결합 부위. (A) 벤조디아제핀과 바비튜르산염은 모두 $GABA_A$ 수용체에서 양성 알로스테릭 조절제로 작용하지만, 서로 다른 부위에 결합한다. 벤조디아제핀은 *모든* $GABA_A$ 수용체에 작용하는 것이 아니라, γ 아단위는 포함하지만 δ 아단위는 포함하지 않는 α_1, α_2, α_3, α_5 아형에 선택적으로 작용한다. (B) 전신마취제, 알코올, 신경활성 스테로이드는 다른 유형의 $GABA_A$ 수용체, 특히 δ 아단위를 포함하는 수용체와 결합할 수 있다.

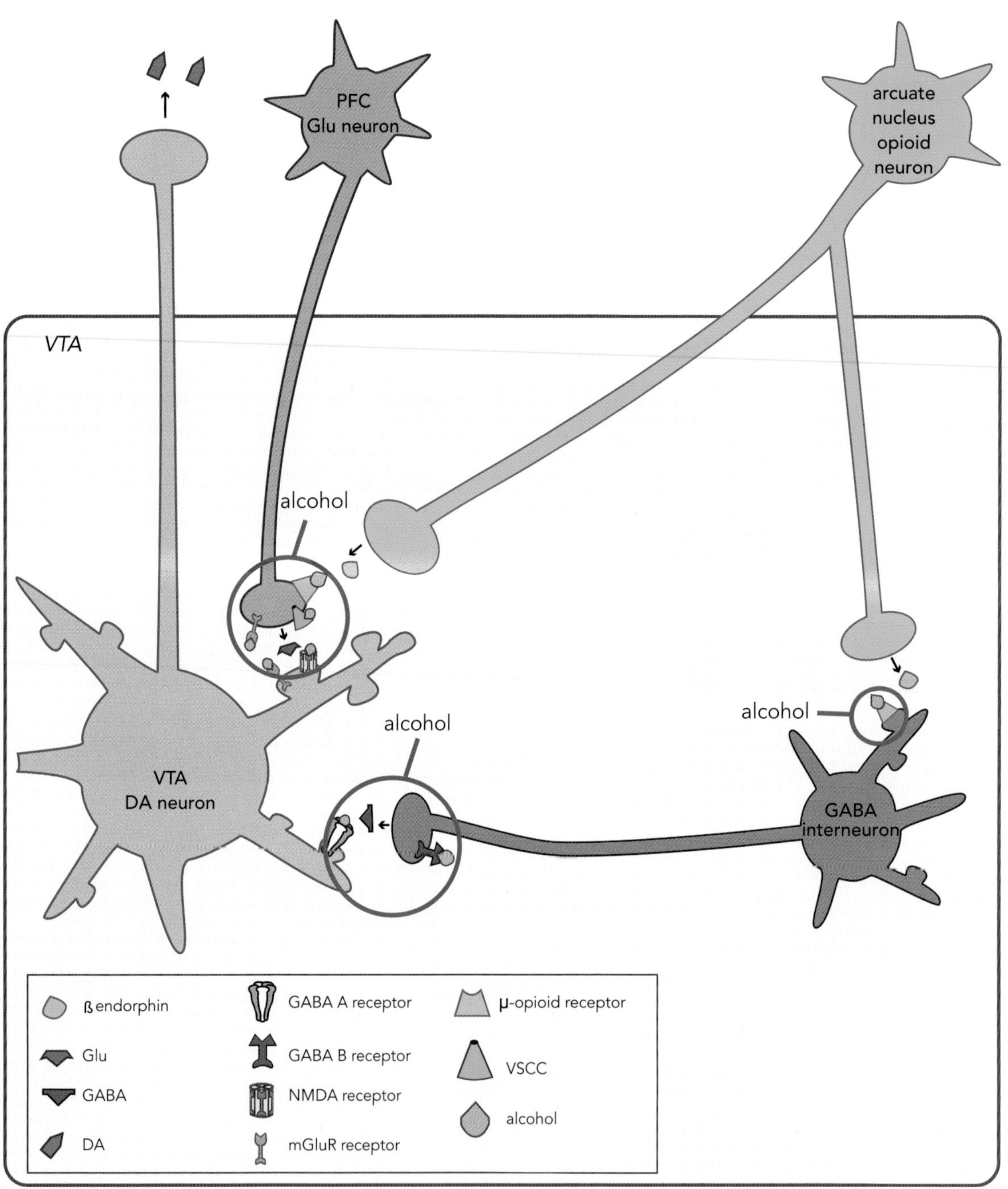

그림 13-15 배쪽뒤판구역(VTA)에서 알코올의 작용. 알코올은 가설상으로 $GABA_A$와 $GABA_B$ 수용체 모두에 결합하여 GABA 시냅스에서의 억제를 강화하고, 시냅스전 대사성 글루타메이트 수용체(mGluR)와 시냅스전 전압민감 칼슘통로(VSCC)에 작용하여 글루타메이트 시냅스에서의 흥분을 감소시킨다. 또한 알코올은 시냅스후 NMDA 수용체와 시냅스후 mGluR 수용체에서 글루타메이트의 작용을 감소시킬 수 있다. 이 외에도 알코올의 강화효과는 VTA 내 아편유사제 시냅스에서의 작용에 의해서도 매개될 수 있다. 이곳에서 μ-아편유사제 수용체가 자극되면 기댐핵에서 도파민 방출이 유발된다. 알코올은 μ 수용체에 직접 작용하거나 엔케팔린처럼 내인성 아편유사제의 방출을 유발할 수 있다.

연율은 부프로피온과 비슷하다. 니코틴 중독 치료를 위한 새로운 접근법은 니코틴 백신 및 직접 작용하는 다른 니코틴 콜린 약제에 대한 연구를 포함한다.

알코올

유명한 예술가인 빈센트 반 고흐는 술을 감당할 수 없을 정도로 많이 마셨던 것으로 알려졌으며, 일부에서는 자신의 양극성장애를 이런 식으로 자가치료했다고 추측하는데, 이는 "내면의 폭풍이 너무 거세게 울부짖으면 술을 많이 마셔서 스스로를 기절시킨다"는 그의 변명으로 뒷받침되는 견해이다. 알코올은 기절시킬 수는 있지만 정신질환을 적응적으로 장기간 치료하지는 못한다. 안타깝게도 정신질환을 동반한 많은 알코올 중독자는 더 적절한 정신약리학적 치료를 받기보다는 알코올로 자가치료를 계속한다. 정신질환의 잦은 동반이환 이외에도 알코올 중독자의 85%는 흡연도 하는 것으로 추정된다. 많은 알코올 중독자가 벤조디아제핀, 대마, 아편유사제 등 다른 물질도 역시 남용한다.

알코올이 실제로 어떻게 향정신성 작용을 하는지 이해하는 데 아직 어려움을 겪고 있기는 하지만, 알코올의 작용기전을 매우 단순화하면 감마아미노뷰티르산(GABA) 시냅스에서 억제를 강화시키고, 글루타메이트 시냅스에서는 흥분을 감소시킨다는 것이다. GABA 시냅스에서 작용하는 알코올은 이론상으로 시냅스전 $GABA_B$ 수용체를 차단하고, 또한 시냅스후 $GABA_A$ 수용체, 특히 신경활성 스테로이드에는 반응하지만 벤조디아제핀에는 반응하지 않는 δ 아단위가 포함된 수용체의 양성 알로스테릭 조절을 통해서 GABA 방출을 향상시킨다(그림 13-14 및 13-15). δ 아단위를 포함하는 비벤조디아제핀 민감성 $GABA_A$ 수용체는 제7장에서 논의하였고 그림 7-56에 삽화로 설명하였다. 또한 알코올은 가설상으로 시냅스전 대사성 글루타메이트 수용체metabotropic glutamate receptor, mGluR와 시냅스전 전압민감 칼슘통로voltage-sensitive calcium channel, VSCC에도 작용하여 글루타메이트 방출을 억제한다(그림 13-15). mGluR는 제4장에서 소개하였으며 그림 4-23 및 4-24까지에 삽화로 설명되어 있다. VSCC와 글루타메이트 방출에서 VSCC의 역할은 제3장에서 소개하였으며 그림 3-22부터 3-24까지에 삽화로 설명되어 있다. 또한 알코올은 시냅스후 *N*-메틸-D-아스파르트산(NMDA) 수용체와 시냅스후 mGluR 수용체에서도 글루타메이트의 작용을 감소시킬 수 있다(그림 13-15).

알코올의 강화효과는 이론상으로 중뇌변연 경로에서 후속 도파민 방출을 유발하는 GABA 및 글루타메이트 시냅스에서의 효과뿐만 아니라 중뇌변연 보상회로 내의 아편유사제 시냅스에서의 작용에 의해서도 매개된다(그림 13-15). 아편유사제 뉴런은 활꼴핵arcuate nucleus에서 시작하여 VTA로 투사되며, 글루타메이트 뉴런과 GABA 뉴런 모두에서 시냅스를 형성한다. 아편유사제 시냅스에 대한 알코올 작용의 최종 결과는 기댐핵에서의 도파민 방출로 생각된다(그림 13-15). 알코올은 μ-아편유사제 수용체에 직접 작용하거나 β-엔도핀과 같은 내인성 아편유사제의 방출을 통해 이러한 작용을 할 수 있다.

알코올 중독의 치료

아편유사제 시냅스에 대한 알코올의 작용은 날트렉손naltrexone이나 날메펜nalmefene과 같은 길항제로 μ-아편유사제 수용체를 차단하는 근거가 된다(그림 13-16). 날트렉손과 날메펜(미국 외 국가에서 승인됨)은 μ-아편유사제 길항제이며, 가설상으로 과음으로 인한 이상행복감euphoria과 '황홀감high'을 차단하는 약물이다. 이 가설은 경구 또는 30일 지속작용 주사제로 날트렉손을 투여했을 때 과음(남성의 경우 하루 5잔 이상, 여성의 경우 4잔 이상) 일수가 줄어들고 완전한 단주에 도달할 가능성도 높아진다는 임상시험 결과를 통해 지지된다. 만약 아편유사제 길항제를 복용할 때 술을 마신다면, 알코올에 의해 방출되는 아편유사제가 쾌락으로 이어지지 않는다. 그런데 왜 굳이 술을 마실까? 물론 일부 환자는 "왜 굳이 아편유사제 길항제를 복용할까?"라고 말하며 다시 음주로 되돌아갈 수도 있다. 따라서 장기지속형 주사제가 바람직할 수 있으나 안타깝게도 거

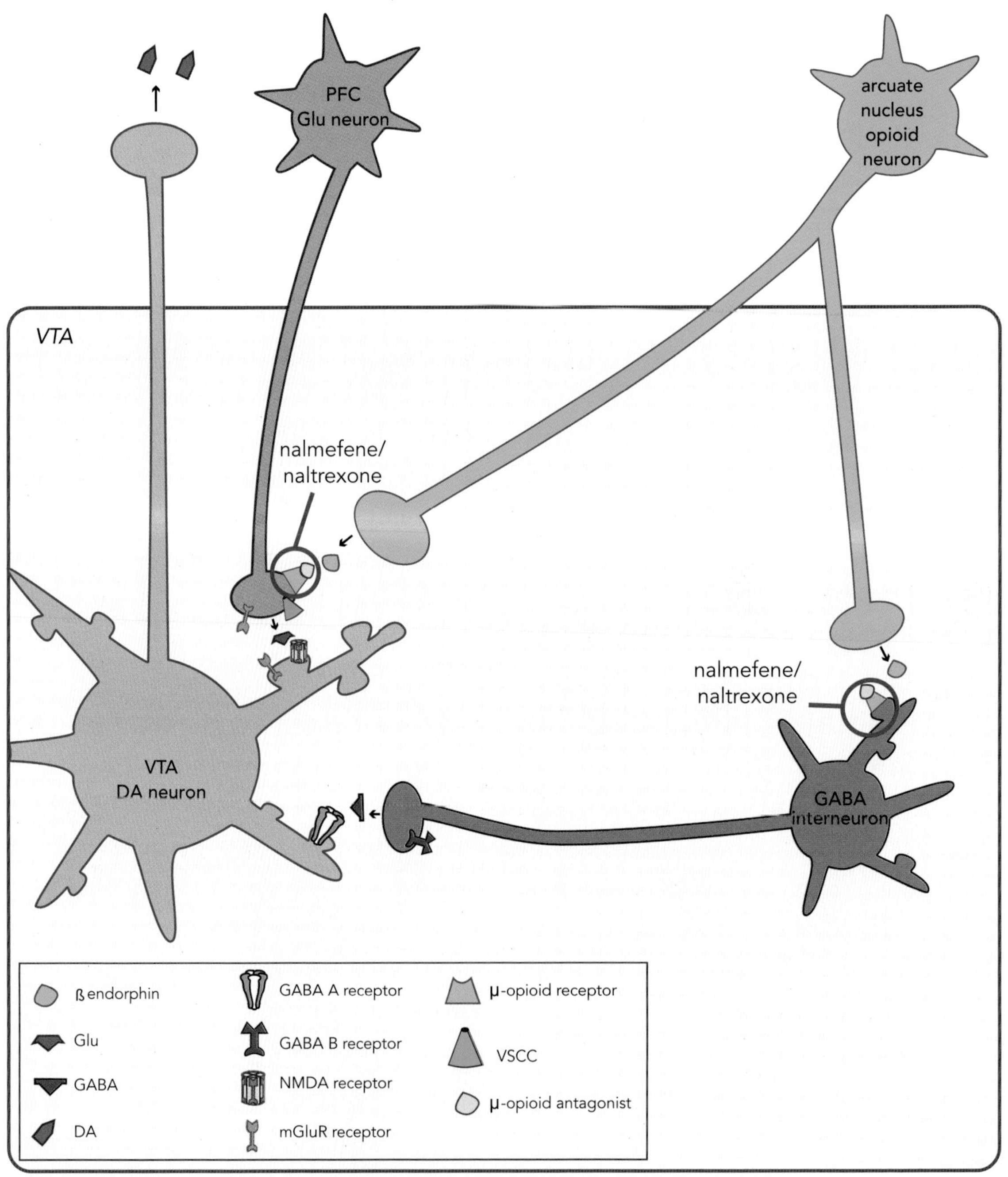

그림 13-16 배쪽뒤판구역(VTA)에서 μ-아편유사제 길항제의 작용. 아편유사제 뉴런은 VTA에서 GABA 사이신경세포 및 글루타메이트(Glu) 뉴런의 시냅스전 신경 종말과 함께 시냅스를 형성한다. 알코올은 μ-아편유사제 수용체에 직접 작용하거나 엔케팔린처럼 내인성 아편유사제의 방출을 유발하며, 어떤 경우든 기댐핵으로의 도파민(DA) 방출이 증가된다. 날트렉손이나 날메펜과 같은 μ-아편유사제 수용체 길항제는 μ-아편유사제 수용체에 의해 매개되는 알코올의 쾌락 효과를 차단한다.

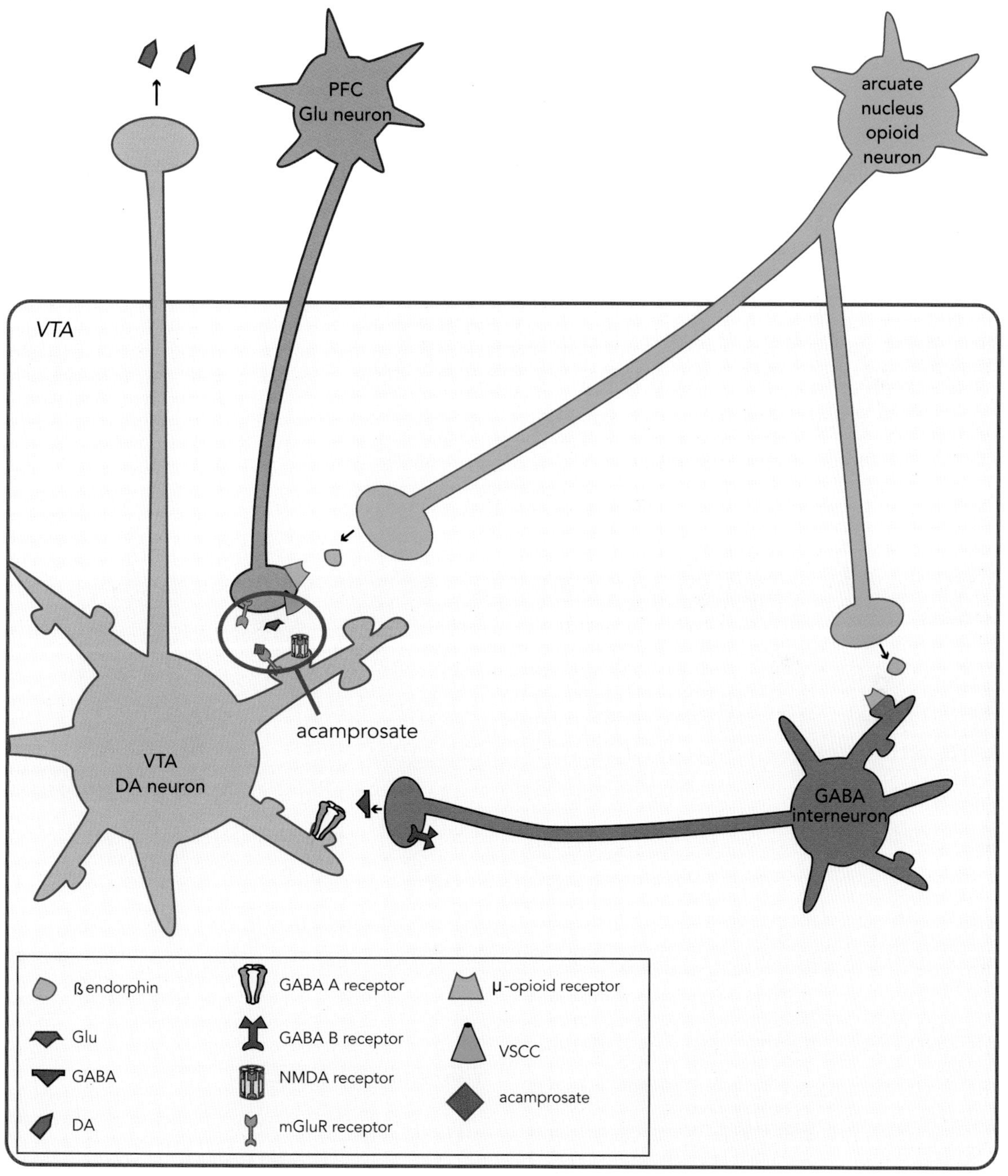

그림 13-17 배쪽뒤판구역(VTA)에서 아캄프로세이트의 작용. 알코올을 만성적으로 마시다가 중단하면, 알코올이 글루타메이트 시스템과 GABA 시스템 모두에서 일으키는 적응적 변화가 글루타메이트 과잉흥분뿐만 아니라 GABA 결핍 상태를 만들어낸다. 아캄프로세이트는 추정하건대 대사성 글루타메이트 수용체(mGluR)를 차단하여 알코올 금단과 관련된 글루타메이트 방출을 감소시키는 것으로 보인다.

의 처방되지 않고 있다.

아캄프로세이트acamprosate는 아미노산인 타우린의 유도체이며, 글루타메이트 시스템과의 상호작용을 통해 이를 억제하고, GABA 시스템과 상호작용을 통해서는 이를 강화하는 일종의 '인공 알코올'과 약간 비슷하다(그림 13-15와 13-17 비교). 알코올을 만성적으로 복용했다가 중단할 경우, 글루타메이트 시스템과 GABA 시스템 모두에서 가설상으로 유발되는 적응적 변화는 글루타메이트 과잉흥분과 심지어 흥분독성뿐만 아니라 GABA 결핍 상태를 만든다. 아캄프로세이트의 작용은 금단기간 동안 환자의 알코올을 아캄프로세이트가 대체할 수 있을 정도까지 글루타메이트 과활성과 GABA 결핍을 완화시킨다(그림 13-17). 이는 아캄프로세이트가 특정 글루타메이트 수용체, 그중에서도 mGluR 수용체(특히 mGlu5 및 아마도 mGlu2)에 직접적인 차단작용을 하기 때문에 발생하는 것으로 생각된다. 아캄프로세이트는 어떻게 해서든 알코올 금단과 관련된 글루타메이트 방출을 분명히 감소시킨다(그림 13-17). NMDA 수용체에서의 작용은, 만약에 있다면 GABA 시스템에서의 작용과 마찬가지로 간접적일 수 있으며, 이 두 가지는 아캄프로세이트의 mGluR 수용체에 대한 작용으로 인한 2차적인 후속 효과일 가능성이 있다(그림 13-17). 아캄프로세이트는 승인되었지만 매우 자주 처방되는 약물은 아니다.

디설피람disulfiram은 알코올 중독을 치료하는 고전적인 약물이다. 이는 알코올을 정상적으로 대사시키는 간 효소인 알데하이드 탈수소효소aldehyde dehydrogenase의 비가역적 억제제이다. 디설피람이 있는 상태에서 알코올을 섭취할 경우, 알코올 대사가 억제되고 그 결과 독성 수준의 아세트알데하이드acetaldehyde가 축적된다. 이것은 홍조, 메스꺼움, 구토, 저혈압과 같은 혐오스러운 경험을 만들어, 바라건대 음주에 대해 긍정적인 반응보다 부정적인 반응을 보이도록 환자를 조건화시킨다. 당연히 이 약제의 순응도는 문제가 될 수 있으며, 이 약제의 혐오반응은 때때로 위험하다. 디설피람은 과거에는 많이 사용되었지만 현재는 자주 처방되지 않는다.

알코올 중독 치료에 효과적일 수 있는 미승인 약제로는 항경련제인 토피라메이트topiramate와 $5HT_3$ 길항제 온단세트론ondansetron이 있다. 특히 유럽에서는 몇몇 다른 약제가 '허가사항 외off-label'로 사용되고 있다. 알코올 남용과 의존을 치료하는 방법은 확실히 복잡하며, 알코올 중독에 대한 어떤 정신약리학적 치료도 동반된 정신질환에 대한 적절한 정신약리학적 치료뿐만 아니라 12단계 프로그램과 같은 구조화된 치료가 함께 통합될 때 더 효과적이다. 다만 이것은 이 책의 범위를 벗어나는 주제이다.

진정수면제

진정수면제에는 바비튜르산염barbiturate과 에트클로르비놀ethchlorvynol 및 에티나메이트ethinamate, 염소수화물chloral hydrate 및 유도체, 글루테티미드glutethimide 및 메티프릴론methyprylon과 같은 피페리디네디온piperidinedione 유도체 등의 관련 약제가 포함된다. 전문가들은 종종 알코올, 벤조디아제핀(제8장), Z약물 수면제(제10장)도 이 분류에 포함시킨다. 진정수면제의 작용기전은 제7장(우울증 치료제), 제8장(불안 치료제), 제10장(불면증 치료제)에서 설명하고 그림 13-14, 즉 벤조디아제핀 민감성(그림 13-14A) 및/또는 벤조디아제핀 둔감성(그림 13-14B) $GABA_A$ 수용체의 양성 알로스테릭 조절제로 작용하는 것으로 설명한 내용과 기본적으로 동일한 것으로 생각된다. 바비튜르산염은 과다복용 시 벤조디아제핀보다 안전성이 훨씬 떨어지고, 의존성을 더 자주 유발하며, 남용 빈도가 높고, 훨씬 더 위험한 금단 반응을 일으킨다. 이 때문에 오늘날에는 진정수면제나 항불안제로 거의 처방되지 않는다.

감마-하이드록시뷰티르산

감마-하이드록시뷰티르산γ-hydroxybutyrate, GHB은 기면병/탈력발작 치료제로서 제10장에서 논의되었다. 또한 황홀감을 얻고 싶은 사람이나 데이트 상대를 중독시키기 위한 범죄자에 의해 가끔 남용되기도 한다(GHB는 '데이트 강간' 약물 중 하나이며, 제10장의 자세한 논의 참조). GHB의 작용기전은 자체 GHB 수용체와 $GABA_B$ 수용체에서의 작용제 작용이다(그림 10-68 참조).

아편제제 또는 아편유사제

아편유사제opioid와 아편제제opiate 사이의 차이점은 미묘하지만 중요하다. **아편제제**는 꽃이 피는 아편 양귀비 식물에서 천연으로 유래된 약물이다. 아편제제의 예로는 헤로인heroin과 그 유도체인 모르핀morphine 및 코데인codeine이 있다. 반면 **아편유사제**란 아편제제 및 관련된 다른 물질을 포함하는 광범위한 용어로, 통증, 보상, 중독성 행동을 조절하는 뇌의 부분인 아편유사제 수용체에 결합하는 천연 또는 합성된 물질을 의미한다. 합성 아편유사제의 예로는 펜타닐fentanyl과 메타돈methadone뿐만 아니라 처방 진통제인 하이드로코돈hydrocodone(바이코딘Vicodin)과 옥시코돈oxycodone(옥시콘틴OxyContin) 등이 있다.

내인성 아편유사제 신경전달물질 시스템

우리 몸에는 세 가지 유사한 아편유사제 시스템이 존재하며, 각각은 고유의 신경전달물질과 수용체를 가진다. '뇌의 자체 모르핀'이라고도 불리는 β-엔도핀을 방출하는 뉴런은 μ-아편유사제 수용체를 포함하는 시냅스후 부위와 시냅스를 형성하고, 엔케팔린enkephalin을 방출하는 뉴런은 시냅스후 δ-아편유사제 수용체와 시냅스를 형성하며, 다이노핀dynorphin을 방출하는 뉴런은 시냅스후 κ-아편유사제 수용체와 시냅스를 형성한다(그림 13-18). 세 가지 아편유사제 펩타이드는 모두 각각 프로오피오멜라노코르틴pro-opiomelanocortin, POMC, 프로엔케팔린proenkephalin, 프로다이노핀prodynorphin이라는 전구체 단백질에서 유래된다(그림 13-18). 이러한 전구체 단백질의 일부가 절단되어 엔도핀, 엔케팔린, 다이노핀을 형성한 다음, 아편유사제 뉴런에 저장되고, 신경전달 중에 방출되어 아편유사제 작용을 매개한다.

아편유사제 중독

양귀비에서 추출한 불법 아편유사제는 수 세기 동안 중독 특성이 알려져 왔긴 했지만, 현대인의 삶과 사회에 치명적인 영향을 미치는 아편유사제 남용이 최근 심각하게 유행하면서 통증 완화를 위해 합법적으로 처방되는 경구 아편유사제의 강력하고 파괴적인 잠재력을 제대로 실감하게 되었다. 최근 조사에 따르면 미국은 전 세계 합법 및 불법 아편유사제 공급량의 85%를 소비하는 것으로 나타났다. 매년 미국에서는 6,000만 명 이상이 아편유사제를 한 번 이상 처방받고, 그중 20%는 처방과는 다른 방식으로 아편유사제를 사용하고, 또 다른 20%는 약을 공유하며, 200만 명 이상이 의학적 치료에 의해iatrogenic 중독된다. 처방전이나 길거리에서 구할 수 있는 약을 초과하여 점점 더 많은 양을 복용해야

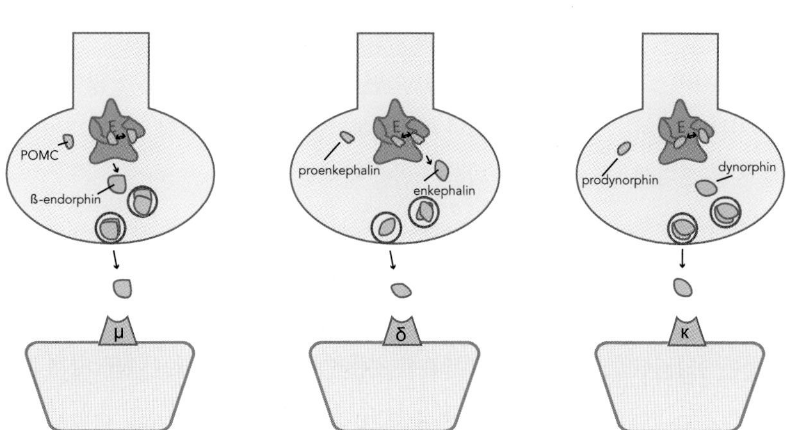

그림 13-18 내인성 아편유사제 신경전달물질. 내인성 아편유사제는 프로오피오멜라노코르틴(POMC), 프로엔케팔린, 프로다이노핀이라는 전구체 단백질에서 유래된 펩타이드이다. 이러한 전구체 단백질의 일부가 절단되어 엔도핀, 엔케팔린, 다이노핀을 형성한 다음, 아편유사제 뉴런에 저장되고, 강화와 쾌락을 매개하기 위해 신경전달 중에 방출된다. 엔도핀을 방출하는 뉴런은 μ-아편유사제 수용체를 포함하는 부위와 시냅스를, 엔케팔린을 방출하는 뉴런은 δ-아편유사제 수용체를 포함하는 부위와 시냅스를, 다이노핀을 방출하는 뉴런은 κ-아편유사제를 포함하는 부위와 시냅스를 형성한다.

할 필요성이 커지면서, 많은 환자들이 아편유사제 중독의 '쾌락 쫓기chase the dragon'를 위해 더 저렴한 길거리 헤로인을 흡입하거나 주사하는 방법에 의존하고 있다. 최근 길거리에서 공급되는 헤로인에 모르핀보다 100배 더 강력한 펜타닐fentanyl을 섞어 넣는 경우가 점점 더 늘어나고 있다. 코끼리 신경안정제로 사용되는 카르펜타닐carfentanil과 같은 펜타닐 유도체는 모르핀보다 1만 배 더 강력하다. 실제로 펜타닐과 그 유도체는 매우 강력하여 날록손과 같은 아편유사제 길항제로는 역전시킬 수 없으며, 미국에서는 매년 아편유사제 과다복용으로 인한 6만 명의 사망자 중 1/3이 펜타닐과 그 유도체로 인해 발생하는 것으로 추정된다. 급성 통증에 대한 합법적인 치료로 시작되었을 수도 있는 일이 매우 슬픈 결과를 초래한 것이다.

최근 아편유사제 중독의 유행은 경구용 제어방출 제형이 중독의 부담을 줄여준다는 오류도 박살 내었다. 모든 유형의 경구용 통증완화 아편유사제에 의해 촉발된 지속적이고 광범위한 확산은, 다소 놀랍게도 아편유사제가 단기적으로만 효과가 있고 장기적으로는 매우 효과적인 진통제가 아닐 수 있으며, 내성tolerance, 의존, 중독이 진행되면서 며칠에서 수 주 내에 진통효과를 잃을 수 있다는 사실을 알려주었다. 따라서 통증 환자의 의존을 줄이고 다른 사람에게 아편유사제가 전달되는 것을 방지하기 위해 처방되는 아편유사제의 양과 기간을 점점 더 제한하고 있다.

통증완화 용량 및 그 이상의 용량에서 아편유사제는 강력한 강화 특성인 이상행복감을 유발한다. 아편유사제는 중뇌변연 쾌락중추mesolimbic pleasure center에서 자극제보다 도파민 방출이 적지만 확실히 쾌감이 적은 것은 아니며, 그래서 아편유사제의 '황홀감'이 어떻게 매개되는지는 완전히 명확하게 확인되지 않았다. 아마도 아편유사제 사용 초기에 충동적인 배쪽 회로가 쾌락적인 강화 작업을 시작할 가능성이 높다. 아편유사제는 '러시rush'라고도 불리는 매우 강렬하지만 짧은 이상행복감을 유발한 다음, 몇 시간 동안 지속될 수 있는 깊은 고요함을 느끼게 하고, 이후에는 졸음('꾸벅거림nodding'), 기분동요mood swing, 정신혼미, 무감동, 운동움직임 둔화 등이 차례로 이어진다. 아편유사제를 과다복용하면 호흡을 억제하는 작용을 하며 혼수상태를 유발할 수도 있다. 펜타닐 및 그 유도체를 제외한 아편유사제의 급성 작용은 μ-아편유사제 수용체에서 길항제로서 경쟁하는 날록손naloxone과 같은 합성 아편유사제 길항제를 충분한 양으로 빨리 투여할 경우 역전될 수 있다. 또한 아편유사제 길항제는 아편유사제 의존 환자에게 금단증후군의 발생을 재촉할 수 있다.

아편유사제를 만성적으로 복용하면 아편유사제 수용체의 적응이 매우 쉽게 일어나기 때문에 내성과 의존이 모두 쉽게 유발될 수 있다. 이러한 적응은 가설상으로 배쪽 회로에서 등쪽 습관회로로 행동통제가 이동하는 것과 관련이 있다. 이것의 첫 번째 징후는 통증을 완화하거나 원하는 이상행복감을 유발하기 위해 점점 더 많은 양의 아편유사제를 복용하려는 환자의 요구이다. 결국 이상행복감을 유발하는 용량과 과다복용으로 인한 독성효과를 만드는 용량 사이에는 거의 차이가 없게 될 수 있다. 의존이 발생하고 아편유사제 수용체가 적응했다는 또 다른 징후는 일단 만성적으로 투여되었던 아편유사제가 점점 약해지면 금단증후군이 나타나는 것이다. 아편유사제 금단증후군은 환자가 불쾌감을 느끼고, 아편유사제의 추가 용량을 갈망하며, 흥분, 빈맥, 떨림, 발한과 같은 자율신경 과활성의 징후가 나타나는 것이 특징이다. 털 세움pilo-erection('goose-bumps')은 종종 아편유사제 금단과 관련이 있으며, 특히 약물을 갑자기 중단할 때('cold turkey') 나타난다. 이는 주관적으로 매우 끔찍하기 때문에 아편유사제 남용자는 금단증상을 완화하기 위해 아편유사제를 더 얻으려고 어떤 일도 서슴지 않는 경우가 많다. 따라서 통증완화나 이상행복감을 추구하기 위해 시작한 것이 금단증상을 피하기 위한 것으로 끝날 수도 있다.

아편유사제 중독의 치료

아편유사제 중독의 치료는 금단의 관리에서 시작된다. 돈과 약물공급이 부족한 것뿐만 아니라 수감되는 것도 강제적인 금단의 한 형태가 될 수 있지만, 더 부드러운 방법은 금단증상을 줄이거나 피하는 것이다. 이를 위한 한 가지 방법은 처방된 아편유사제를 알려진 용량의 다른 약물로 대체하고 정맥 투여를 피하는 것이다. 여기에는 메타돈methadone 또는 부프레노르핀buprenorphine이라는 두 가지 선택사항이 있다. 메타돈은 μ-아편유사제 수용체에 대한 완전작용제이며 경구 투여로 금단증상을 완전히 억제할 수 있고, 보통은 병원에서 매일 투여가 이루어진다. 부프레노르핀은 μ-아편유사제 부분작용제로서 작용제 효과는 덜 강력하지만, 특히 남용된 아편유사제를 중단한 후 가벼운 금단증상이 이미 시작된 경우 금단증상을 억제할 수 있다. 부프레노르핀은 삼키면 잘 흡수되지 않기 때문에 설하로 투여한다. 또한 병원을 매일 방문하는 대신 외래환자로서 며칠 분량으로 처방받아 복용할 수도 있다. 부프레노르핀은 일반적으로 날록손과 함께 병용한다. 날록손은 경구 또는 설하로 흡수되지 않지만, 주사를 통해 활성화되기 때문에 정맥내 남용을 예방한다. 부프레노르핀과 날록손을 병용 주사하면 황홀감이 없으며 금단을 촉진할 수도 있으므로 설하 조합제preparation가 정맥내 남용으로 전환되는 것을 예방한다. 부프레노르핀은 또한 삽입형 6개월 제형 또는 1개월 데포주사depot injection로도 투여할 수 있다.

메타돈이나 부프레노르핀을 점차 줄여서 곧바로 아편유사제 단약abstinence 상태에 이르는 것은 이론상으로는 가능할지라도, 장기적으로 성공하는 경우는 드물다. 일부 분석에서는 모든 약물을 끊고 30~90일 동안 주거재활 및 치료에 들어간 아편유사제 중독자 중에서 한 달 이내에 다시 아편유사제 남용으로 재발하는 비율은 60~80%이며, 3개월 내에는 90~95%에 이를 만큼 높다는 결과를 제시하였다. 특히 이전 아편유사제 남용과 연관된 사람, 장소, 용품과 같은 환경적 단서에 재노출되는 경우, 중독자의 습관회로에서 발생하는 길거리 아편유사제를 다시 시작하고 싶은 욕동은 파블로프의 개가 종소리가 크고 분명하게 울리는 상황에 처하는 것과 유사하다. 비자발적이고, 아무 생각이 없으며, 강력한 습관 욕동이 반사적으로 작용하여, 자발적인 의지력을 우회하고, 더 이상 약물추구와 약물복용을 억제할 수 없게 한다. 이러한 결과는 아편유사제 중독자가 메타돈, 부프레노르핀, 길거리 아편유사제를 중단하려고 시도할 때 발생한다.

이러한 암울한 결과를 어떻게 피할 수 있을까? 첫째, 아

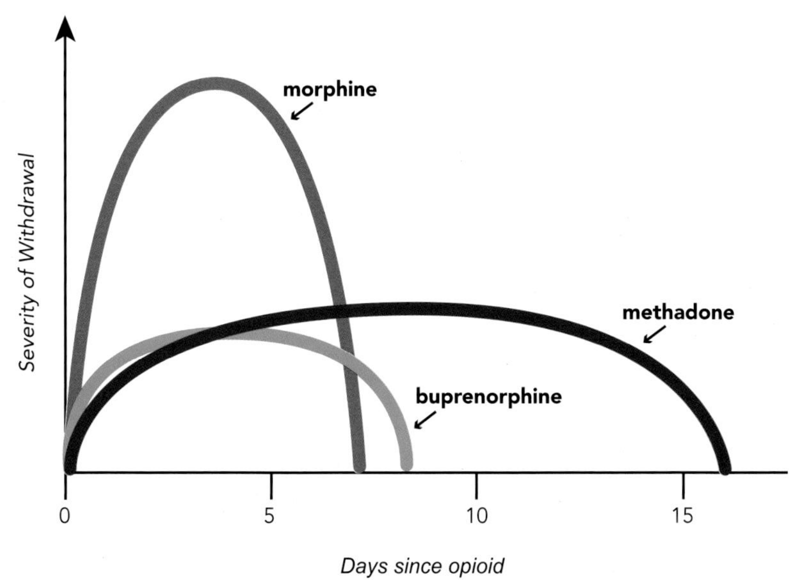

그림 13-19 아편유사제 금단의 중증도와 지속시간 비교. 갑작스러운 사용중단 후 최대 금단증상이 시작되는 시간과 지속시간은 관련 약물의 반감기에 의존한다. 모르핀(및 헤로인) 금단의 경우, 36~72시간 이내에 증상이 최고점에 이르고 7~10일 동안 지속된다. 메타돈 금단의 경우, 증상은 덜 심하고 72~96시간에 최고점에 이르지만 14일 이상 지속될 수 있다. 부프레노르핀 금단의 경우, 며칠 후 증상이 최고점에 이르고 모르핀/헤로인보다 덜 심하며 지속시간은 모르핀/헤로인과 비슷하다.

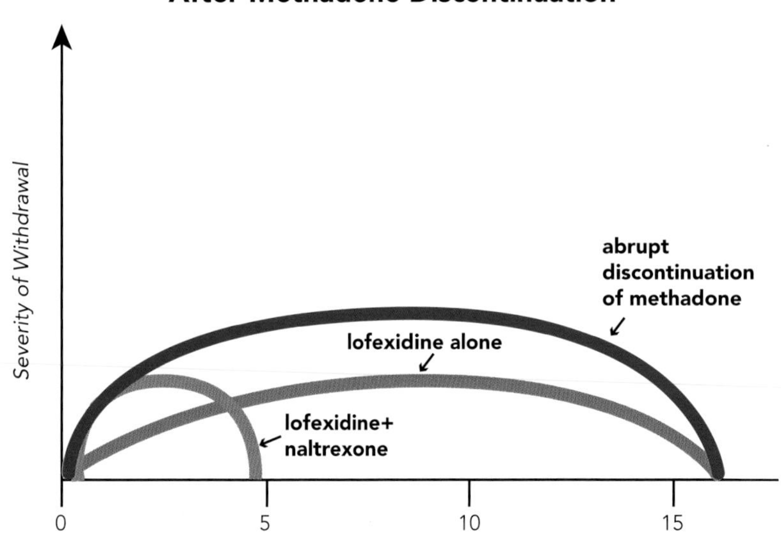

그림 13-20 메타돈 중단 후 금단의 중증도와 지속시간. 메타돈을 갑자기 중단한 경우, 금단증상은 72~96시간에 최고점에 이르지만 14일 이상 지속될 수 있다. 로펙시딘이나 클로니딘과 같은 α_2 아드레날린 작용제를 추가하면, 금단증상의 지속시간은 그대로지만 강도는 줄일 수 있다. 특히 이러한 약제는 자율신경계 증상을 완화할 수 있다. α_2-아드레날린 작용제와 날트렉손처럼 μ-아편유사제 수용체 길항제를 모두 추가하면, 금단증상의 중증도뿐만 아니라 지속시간을 줄일 수 있다.

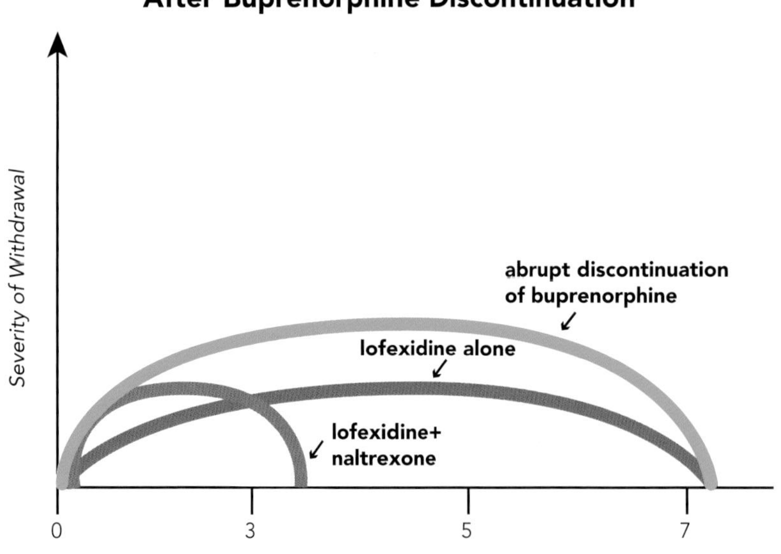

그림 13-21 부프레노르핀 중단 후 금단의 중증도와 지속시간. 부프레노르핀을 갑자기 중단한 경우, 금단증상은 약 72시간에 최고점에 이르고 일주일 정도 지속된다. 로펙시딘이나 클로니딘과 같은 α_2 아드레날린 작용제를 추가하면, 금단증상의 지속시간은 그대로지만 강도는 줄일 수 있다. 특히 이러한 약제는 자율신경계 증상을 완화할 수 있다. α_2-아드레날린 작용제와 날트렉손처럼 μ-아편유사제 수용체 길항제를 모두 추가하면, 금단증상의 중증도뿐만 아니라 지속시간을 줄일 수 있다.

편유사제를 포함한 대부분의 약물에서 금단의 강도와 지속시간은 약물 반감기와 관련이 있으며, 모르핀이나 헤로인과 같은 반감기가 짧은 완전작용제는 매우 강렬하지만 짧게 지속되는 금단증상을 유발하고, 반감기가 긴 메타돈은 강도가 덜하지만 기간이 무척 긴 금단증상을 가지며, 부프레노르핀은 강도도 덜하고 짧은 기간의 금단증상을 가진다는 사실을 인식하는 것이 중요하다(그림 13-19). 둘째, 메타돈(그림 13-20)과 부프레노르핀(그림 13-21)에 α_{2A} 작용제를 추가하면 금단의 기간은 그대로지만 강도를 줄일 수 있다. 클로니딘clonidine과 로펙시딘lofexidine은 모두 α_2 아드레날린

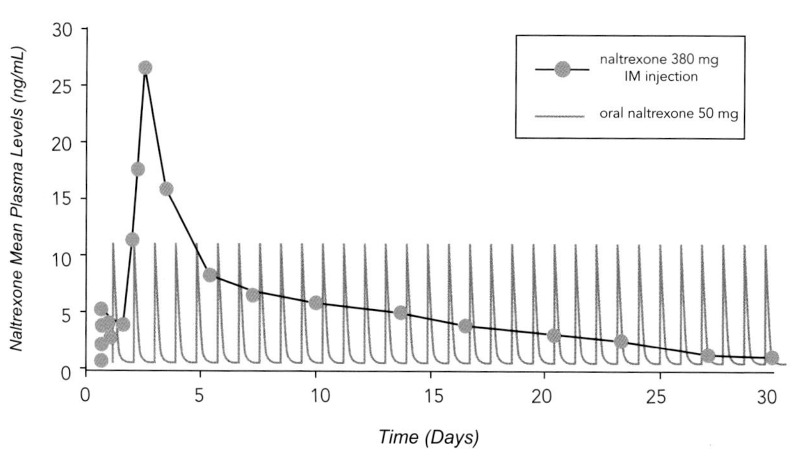

그림 13-22 날트렉손 제형. μ-아편유사제 수용체 길항제인 날트렉손은 경구용 제형과 월 1회 근육내(IM) 주사 제형을 모두 사용할 수 있다. 경구용 날트렉손의 경우 용량의존적인 혈장 농도의 변동이 발생한다. 또한 치료를 계속할지 여부를 매일 결정해야 한다. 1개월 지속형 주사제의 경우 혈장 농도가 증가하고 지속되며, 매 30일에 한 번만 치료를 결정하면 된다.

작용제로 금단기간 동안 자율신경 과활성의 징후를 줄이고 해독 과정을 돕는다. 마지막으로 성공적인 장기 단약을 향상하기 위한 시도로, 아편유사제 중독에서 단약으로의 전환이 아니라 날트렉손과 같은 아편유사제 길항제의 장기지속형 주사 유지치료로 전환할 수 있다. 단기적으로 보면, 날트렉손은 메타돈(그림 13-20) 또는 부프레노르핀(그림 13-21)과 함께 투여된 α_2 작용제의 금단 기간을 단축시킨다. 날트렉손 장기지속형 주사의 장점은 경구 투여와 대조적으로 하루 종일 치료적 농도로 약물이 존재한다는 것이다(그림 13-22). 게다가 날트렉손을 매달 주사하면 아편유사제 단약 대상자는 이제 30일에 30번 대신 30일에 한 번만 치료를 결정하면 된다. 더 좋은 점은 충동적인 환자가 재발하기 위한 수단으로 날트렉손 주사를 쉽게 중단할 수 없다는 것이다.

메타돈이나 부프레노르핀과 같은 작용제 대체치료(흔히 약물보조치료medication-assisted therapy, MAT이라고 함)는 무작위 소변약물검사와 집중적인 심리, 의료, 직업 서비스를 포함하는 체계적인 유지치료 프로그램이 설정되었을 때 가장 성공적이다. 이는 날트렉손 장기지속형 주사를 맞고 있는 환자에게도 마찬가지이다. 안타깝게도 아편유사제 중독자 중 소수만이 치료를 받고, 치료 중인 중독자 중 소수만이 MAT를 받으며, 그들 중 날트렉손 주사제를 투여받는 사람은 거의 없다. 다양한 치료시설의 철학적 차이, 경제적 인센티브, 치료 허무주의 등 어떤 이유 때문인지는 알 수 없지만, 현재 이용 가능한 최선의 치료법이 충분히 처방되지 않는 것으로 보인다.

대마

우리는 실제로 흡입하지 않고도 마약에 취할 수 있다(그림 13-5의 엔도카나비노이드endocannabinoid 방출 참조). 뇌는 대마cannabis와 유사한 신경전달물질인 아난다마이드anandamide와 2-아라키도노일글리세롤2-arachidonoylglycerol, 2-AG을 자체적으로 생성한다(그림 13-23 및 13-24). 신체도 마찬가지이다. 이러한 신경전달물질과 그 수용체인 카나비노이드 1cannabinoid 1, CB1 및 카나비노이드 2cannabinoid 2, CB2는 내인성 카나비노이드 시스템인 '엔도카나비노이드' 시스템을 구성한다(그림 13-23). 뇌에서 고전적 신경전달물질의 방출은 시냅스후 지질막에 저장된 전구체로부터 엔도카나비노이드의 합성을 자극할 수 있다(그림 13-24A). 이러한 엔도카나비노이드가 시냅스로 방출되면 시냅스전 CB1 수용체로 역행하여 시냅스전 뉴런에 '응답'을 해서 고전적 신경전달물질의 방출을 억제할 수 있다(그림 13-24B). 역행성 신경전달retrograde neurotransmission은 제1장에서 소개하였으며 그림 1-5에 삽화로 설명되어 있다. CB1 수용체와 CB2 수용체는 모두 뇌에 국한되어 있으며, CB1 수용체가 더 높은 밀도로 존재한다. 두 수용체는 두 엔도카나비노이드, 즉 효능이 높은 2-

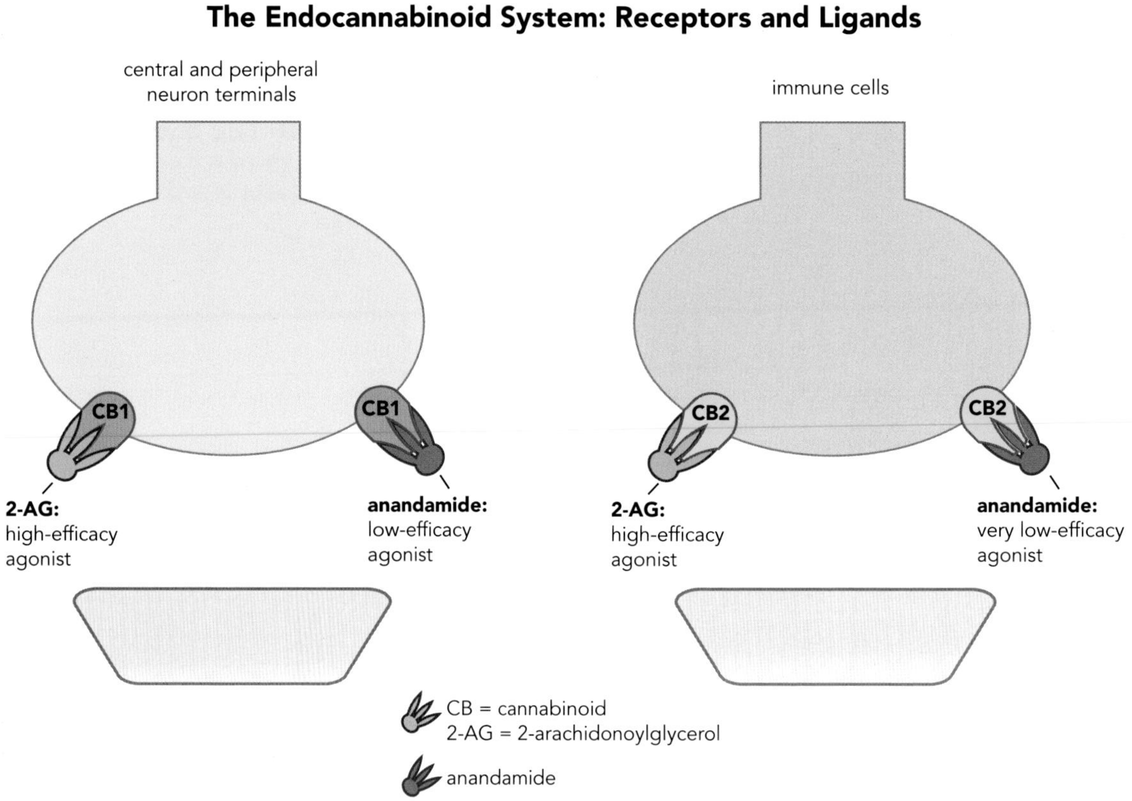

The Endocannabinoid System: Receptors and Ligands

central and peripheral neuron terminals

immune cells

CB1 CB1 CB2 CB2

2-AG: high-efficacy agonist

anandamide: low-efficacy agonist

2-AG: high-efficacy agonist

anandamide: very low-efficacy agonist

CB = cannabinoid
2-AG = 2-arachidonoylglycerol

anandamide

그림 13-23 엔도카나비노이드 시스템: 수용체와 리간드. 카나비노이드(CB) 수용체에는 두 가지 주요 유형이 있다. CB1 수용체는 가장 풍부하며, 중추 및 말초신경계 전반에 걸쳐 신경 종말에 존재한다. CB2 수용체는 신경교세포와 뇌간에 존재하지만, 뇌에서 널리 발현되지는 않는다. 대신 CB2 수용체는 주로 면역세포에서 발견되며, 세포 이동과 사이토카인 방출을 조절한다. 여러 내인성 카나비노이드 중에서 가장 잘 알려진 것은 아난다마이드와 2-아라키도노일글리세롤(2-AG)이다. 아난다마이드는 CB1 수용체에서 낮은 효능을 가지는 작용제이고, CB2 수용체에서는 매우 낮은 효능을 가지는 작용제이다. 2-AG는 CB1 및 CB2 수용체 모두에서 높은 효능을 가지는 작용제이다.

AG 및 효능이 낮은 아난다마이드와 결합한다(그림 13-23). CB2 수용체는 말초(주로 면역세포)에도 존재하며, 동일한 두 가지 엔도카나비노이드와 결합한다(그림 13-23).

대마는 수백 가지의 화학물질과 100가지 이상의 알칼로이드 카나비노이드의 혼합물이다. 이 중 가장 중요한 것은 테트라히드로카나비놀tetrahydrocannabinol, THC 및 카나비디올cannabidiol, CBD이다(그림 13-25). THC는 CB1 및 CB2 수용체와 상호작용하며 정신활성psychoactive 특성을 가지고 있다. CBD는 THC의 이성질체isomer이며, CB1 및 CB2 수용체에서 상대적으로 비활성을 보인다(그림 13-25). CBD는 정신활성 특성이 없으며, 그 작용기전은 실제로 알려지지 않았다(그림 13-25). 대마는 THC와 CBD의 다양한 혼합물로 제공된다(그림 13-26). CBD 함량이 높을수록 환각, 망상, 기억장애의 위험이 낮다(그림 13-26). 순수 CBD는 오히려 항정신병 및 항불안 물질일 수도 있다(그림 13-26). 오랜 시간 동안 대마는 더 많은 THC와 더 적은 CBD에 기초를 두고 더 강력해졌으며, 그 결과 환각, 망상, 불안, 기억장애에 대한 위험이 더 높아졌다(그림 13-26). 현재로서는 대마로 인한 조현병의 촉진에 취약하거나 정신병에 취약한 사람들을 사전에 미리 식별하는 것은 불가능하다. 그럼에도 불구하고 최근의 영향력 있는 연구는 만약 고역가 대마를 아무도 피우지 않는다면 유럽 전역의 모든 초발삽화 정신병first-episode psychosis 사례 중 12%가 예방될 수 있으며, 런던에서는 32%, 암스테르담에서는 50%까지 그 비율이 증가한다고 결론지었다. 또한 대마는 이미 정신질환을 가진 환자에게서 정신병을 악화시킬 수도 있다.

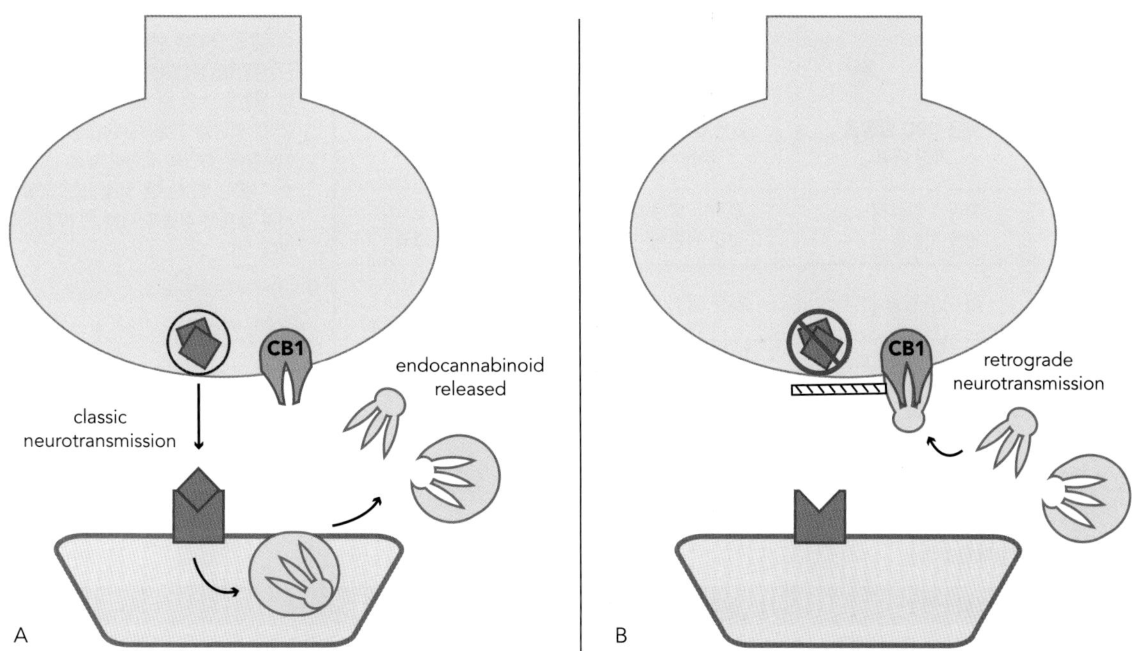

그림 13-24 엔도카나비노이드 시스템: 역행성 신경전달. (A) 시냅스후 뉴런의 지질막에는 엔도카나비노이드 전구체가 저장되어 있다. 뉴런이 탈분극 또는 G단백질연결 수용체에 결합하는 신경전달물질의 존재를 통해 활성화되면, 효소반응이 촉발되어 엔도카나비노이드를 형성하고 방출한다. (B) 그런 다음 엔도카나비노이드는 시냅스전 카나비노이드 수용체에 결합하여 신경전달물질 방출을 억제한다. 이러한 형태의 신경전달을 역행성 신경전달이라고 한다.

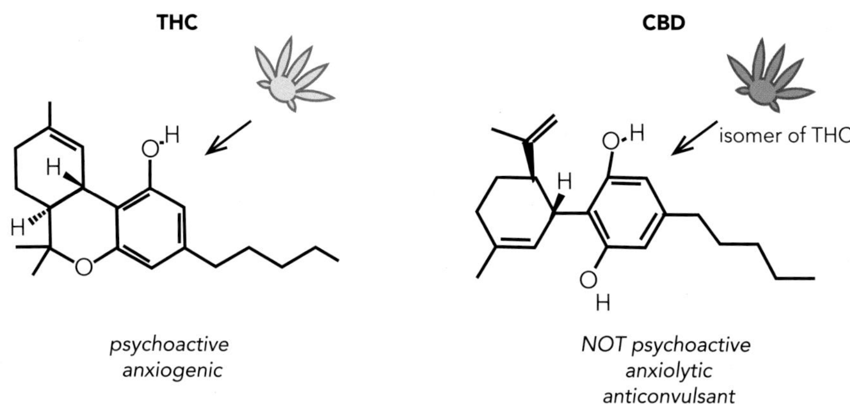

그림 13-25 테트라히드로카나비놀 대 카나비디올. 잘 알려져 있고 비교적 잘 연구된 두 가지 외인성 카나비노이드가 있다. (1) 테트라히드로카나비놀(THC)은 정신활성 물질로 간주되고, CB1 및 CB2 수용체에서 부분작용제로 결합하여 신경전달물질 방출을 억제한다. (2) 카나비디올(CBD)은 정신활성 물질로 간주되지 않으며, CB 수용체에서의 결합은 세로토닌 시스템과 같은 다른 신경전달물질 시스템과 상호작용하는 것으로 보이기는 하나 완전히 명확하지는 않다.

정신병의 위험이 없는 대부분의 사람들에게 일반적인 중독성 용량의 대마는 안녕감, 이완, 친근감, 과거와 현재를 혼동하는 것을 포함한 시간인식의 상실, 사고과정의 둔화, 단기기억장애, 특별한 통찰을 성취한 느낌을 만들어낸다. 고용량의 대마는 특히 취약성이 있는 사람에게 공황, 독성 섬망, 정신병을 유발할 수 있다. 장기적인 대마사용의 합병증 중 한 가지는 빈번한 사용자에게서 나타나는 '무동기 증후군amotivational syndrome'이다. 이 증후군은 주로 매일 대마를 많이 사용하는 사람에게서 나타나며, 욕동과 야망의 감소가 나타나서 '동기가 없는' 특징을 나타낸다. 또한

THC 대 CBD: 정신적 효과

	 낮은 CBD 함량을 가진 대마	 높은 CBD 함량을 가진 대마	 CBD 단독
정신병 증상	환각과 망상의 높은 위험성	환각과 망상의 낮은 위험성	가능성 있는 항정신병 효과
정신병적 장애	더 이른 발병 연령	늦은 발병 연령	
인지	급성 기억장애의 높은 위험성	급성 기억장애의 낮은 위험성	
불안	불안 유발 편도 활성 증가		불안 완화 편도 활성 감소

그림 13-26 **THC 대 CBD: 정신적 효과.** 대마의 각 종류에는 알려진 60~100가지 카나비노이드의 여러 가지 조합이 포함될 수 있다. THC와 함께 낮은 CBD 함량을 가진 대마는 정신병적 증상, 기억장애, 불안의 위험을 높일 수 있다. THC와 함께 높은 CBD 함량을 가진 대마는 정신병적 증상, 기억장애, 불안의 위험이 낮을 수 있다. 순수 CBD는 항정신병 약제 또는 항불안제로서의 잠재적 사용에 대해 연구가 이루어져 왔다.

표 13-2 **대마의 다양한 혜택과 위험**

	다음의 혜택과 연관됨	다음의 위험과 연관됨
상당한 근거	만성 통증 화학요법으로 유발된 메스꺼움 다발경화증의 경직(환자 보고)	호흡 증상 자동차 충돌 저체중 출생 정신병
중등도 근거	폐쇄수면무호흡, 섬유근통, 만성 통증, 다발경화증의 수면 기도 역학 강제 폐활량 정신병의 인지	소아 집단의 과량투여 손상 학습, 기억, 주의의 저하 양극성장애의 (경)조증 증가 우울장애 자살경향성과 자살사망 사회불안장애 다른 물질에 대한 물질사용장애의 발생
제한된 근거	HIV/AIDS에서 식욕 증가/체중감소 저하 다발경화증의 경직(임상의사 보고) 뚜렛증후군 불안 PTSD	고환암 급성 심근경색 지주막하 출혈의 허혈뇌졸중 당뇨병 전단계 만성 폐쇄폐질환 임신 합병증 신생아 중환자실에 영아 입원 학업 성취도 저하 실업 증가 사회적 기능 저하 조현병에서 양성증상 증가 양극성장애 불안장애(사회불안장애 이외) PTSD 증상의 중증도 증가

주의지속 시간의 감소, 판단력 저하, 쉽게 산만해짐, 의사소통기술의 장애, 내향성, 대인관계 상황에서의 효율성 저하를 포함한 사회적 및 직업적 장애 증상과도 관련이 있다. 개인적인 습관도 악화될 수 있으며, 병식의 상실 및 이인증 depersonalization의 느낌까지도 있을 수 있다.

최근 몇 년 동안 잠재적인 치료적 목적의 전반적인 대마

표 13-3 대마의 혜택 또는 위험에 대한 불충분한 근거

	다음의 혜택과 연관됨	다음의 위험과 연관됨
불충분한 근거	치매 녹내장과 연관된 안압 만성 통증 또는 다발경화증에서의 우울증 암 신경성 식욕부진증 과민대장증후군 뇌전증 척수손상의 경직 근위축축삭경화증 헌팅턴병 파킨슨병 근긴장이상증 중독 정신병	폐암, 두경부암 식도암 전립선암 및 자궁경부암 특정 백혈병 천식 C형 간염 환자의 간섬유증 또는 간질환 면역세포 이상반응 HIV의 면역 상태에 대한 부작용 사람유두종바이러스 모든 원인에 의한 사망 업무상 사고/부상 과량투여로 인한 사망 자손에게 미치는 향후 결과(예: 영아돌연사증후군, 학업성취도, 향후 약물남용) 조현병의 음성증상 악화

표 13-4 THC 및 CBD의 승인된 사용

	활성 성분	제형	승인	일정
드로나비놀Dronabinol	합성 THC	경구 캡슐 또는 용액	화학요법으로 유발된 메스꺼움 및 구토(미국) AIDS 소모증후군(미국)	III
나비론Nabilone	합성 THC 유사물질	경구 캡슐	화학요법으로 유발된 메스꺼움 및 구토(미국)	II(효능 때문)
나비시몰Nabiximols	정제~1:1 THC 및 CBD	분무	다발경화증에 의한 경직(영국, 캐나다, 유럽, 호주, 뉴질랜드, 이스라엘) 다발경화증과 암의 통증(캐나다, 이스라엘)	없음
에피디올렉스Epidiolex	마리화나로부터 정제된 CBD	분무	두 가지 드물고 심한 형태의 뇌전증 (레녹스-가스토증후군 및 드라베증후군)과 연관된 발작, 2세 이상 환자(미국)	규제 대상 물질 아님

사용, 특히 THC와 CBD에 대한 연구가 이어지고 있다. '의료용 대마'의 문제점은 처방 약물의 기준에 따라 개발될 수 있는 처방 선택사항이 아니라는 점이다. 처방 약물 기준은 치료제의 일관되고 순수하며 잘 정의된 화학적 제형을 요구하지만, 의료용 대마는 100가지 이상의 카나비노이드가 포함된 500가지 화학물질을 함유한 가공되지 않은 식물이다. 처방 약물은 이중맹검, 위약대조, 무작위 임상시험에 의한 안전성 및 효능 자료, 일관되고 잘 정의된 약동학 프로필, 게다가 모든 잠재적 부작용에 대한 경고가 요구된다. 그러나 의료용 대마는 식물마다 서로 다른 화합물을 함유하고 있으며, 살충제 및 곰팡이 오염물질과 같은 잔류 불순물이 함께 있고, 복용량도 제대로 조절할 수 없다. 그렇다 하더라도 의료용 대마에 대한 수많은 연구가 있으며, 최근에는 상당한 근거부터 중등도의 근거, 제한된 근거, 불충분한 근거에 이르기까지 여러 범위의 근거에 따른 다양한 혜택 및 위험에 대해 보고한 전문가 패널에 의해서 의료용 대마가 검토되었다(표 13-2 및 13-3).

그러나 순수 THC와 순수 CBD는 모두 다양한 적응증에서 전통적인 의약품 기준에 따라 FDA 승인을 받았다(표 13-4). 대마에 대해 어느 정도의 효능과 안전성이 설명된 일부 영역(표 13-2 참조)이 결국 특정 적응증에 대한 순수화합물의 정식 FDA 승인으로 이어질지는 현재 연구 중이다.

환각제

가끔 환각을 일으키는 물질뿐만 아니라 더 흔하게는 심리상태 및 의식의 각성상태를 비정상적으로 변화시키는 다양한 물질을 분류하는 것은 어려운 일일 수 있다. 이러한 물질에 대한 용어는 계속 진화하고 있으며 과학적이라기보다는 설명적인 측면이 더 강하다. 여기에서 우리는 환각제 hallucinogen라는 범주를 사용할 것이며, 이는 적어도 부분적으로 $5HT_{2A}$ 수용체에서 작용제 역할을 하는 세 가지 종류의 약제들을 의미한다(그림 13-27). 이들은 다음과 같다.

- 트립타민tryptamine(실로시빈psilocybin 등)
- 에르골린ergoline(리서직산 디에틸아마이드lysergic acid diethylamide, LSD 등)
- 펜에틸아민phenethylamine(메스칼린mescaline 등)

환각제는 $5HT_{2A}$ 수용체에만 선택적으로 작용하지 않으며, 다른 세로토닌 수용체 아형에서의 작용은 환각제의 향정신작용 상태에 기여할 수 있다(제7장 및 그림 7-88 참조). 실로시빈(4-디포스포릴록시-*N*,*N*-디메틸트립타민 4-diphosphoryloxy-*N*,*N*-dimethyltryptamine)은 환각유발 버섯에서 유래된 환각제의 원형이다. 이는 활성약물이자 실로신psilocin(*N*,*N*-디메틸트립타민 또는 4-하이드록시 디메틸트립타민)이라는 또 다른 환각제의 전구약물이기도 하다. 실로시빈, 실로신, 그리고 이 범주에 속하는 다른 트립타민, 에르골린, 펜에틸아민은 모두 $5HT_{2A}$ 수용체뿐만 아니라 $5HT_{2B}$, $5HT_7$, $5HT_{1D}$, $5HT_{1E}$, $5HT_{2C}$, $5HT_6$, 그리고 훨씬 더 많은 세로토닌 수용체 아형에도 작용한다(그림 7-88 참조). 일부 증거에 따르면 D_2 도파민 길항제가 아니라 $5HT_{2A}$ 길항제가 인간에서 환각제의 작용을 역전시키는 것으로 확인되었으며, 이는 환각제의 주된 작용기전이 $5HT_{2A}$ 수용체에 대한 작용제라는 것을 뒷받침한다(그림 13-27).

때로는 단 한 번의 환각제 복용으로도 놀라운 내성이 생길 수 있다. 이러한 빠른 임상적 및 약리학적 내성의 기저에는 $5HT_{2A}$ 수용체의 탈민감화desensitization가 관여한다는 가설이 있다. 환각제 사용의 또 다른 독특한 측면은 '환각재현flashback'이 있다는 것인데, 즉 최근 환각제를 투여하지 않았음에도 불구하고 몇 초에서 몇 시간 동안 중독 intoxication 증상의 일부가 자연스럽게 반복되는 것으로, 대부분 LSD에서 보고된다. 이는 마지막 약물 경험 후 며칠에서 몇 달 후에 발생하며, 많은 환경적 자극에 의해 분명히 촉발될 수 있다. 환각재현의 기초를 이루는 정신약리학적 기전은 알려지지 않았지만, 현상학적 관점에서는 믿을 수 없을 만큼 오래 지속되는 내성을 역전시키는 것과 관련된 세로토닌 시스템과 그 수용체의 신경화학적 적응 가능성이 제시된다. 그 대신에 환각재현은 편도에 내장된 감정조건화의 한 형태일 수 있으며, 환각제를 복용하지 않았을 때의 감

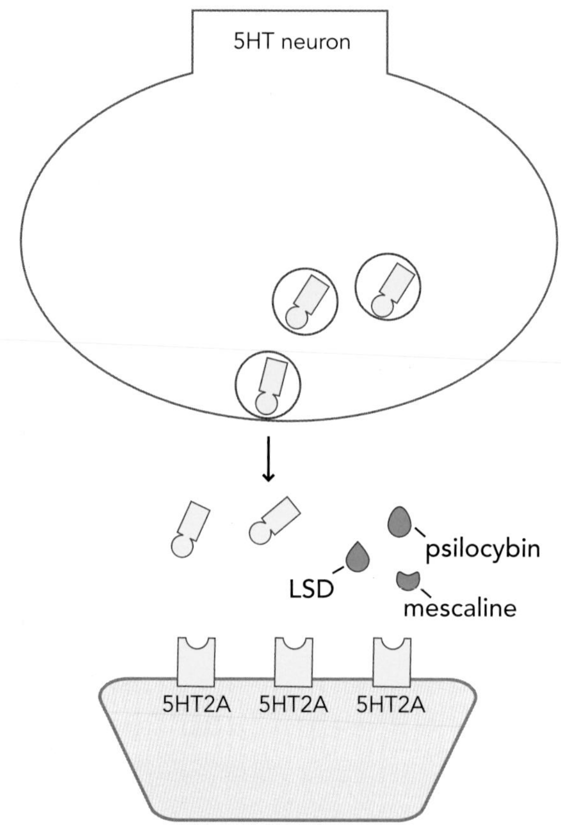

그림 13-27 $5HT_{2A}$ 수용체에서 환각제의 기전. 실로시빈, 리서직산 디에틸아마이드(LSD), 메스칼린과 같은 환각제의 주요 작용은 $5HT_{2A}$ 수용체에서의 효현작용agonism이다. 이러한 환각제는 다른 세로토닌 수용체에도 부가적인 작용을 할 수 있다.

정적 경험이 환각제에 취했을 때 일어났던 경험의 일부를 떠올리게 할 때 촉발될 수 있다. 이는 환각제에 취한 동안 나타났던 감정의 전체 연쇄반응을 갑자기 생기게 할 수 있다. 이것은 외상후 스트레스장애(PTSD) 환자에게 약물 없이 발생하는 회상의 재경험 유형과 유사하며, 현재 환각유발 약물 및 공감유발 약물이 PTSD의 치료 목적으로 조심스럽게 사용되고 있는 이유이다(아래 참조).

환각제 중독intoxication 상태는 때때로 '여행trip'이라고 불리며, 착시 및 때로는 환각을 포함한 감각 경험의 변화와 관련이 있다. 실제로 환각제는 **환각**(실제로 존재하지 않는 것의 명백한 인식)을 유발하기보다는 **착각**(실제로 존재하는 감각 경험의 왜곡)을 유발할 가능성이 훨씬 더 높다. 이러한 경험은 의식수준이 명확하고 혼란스럽지 않은 상태에서 만들어지며, 사이키델릭psychedelic 및 정신병유사psychotomimetic 둘 다일 수도 있다. **사이키델릭**은 감각 인식이 높아져 마음이 확장되거나 인류 또는 우주와 하나가 되어 일종의 종교적 체험을 하고 있다고 느끼는 주관적인 경험을 일컫는 용어이다. **정신병유사**는 정신병 상태와 흡사한 경험을 의미하지만, 여행과 정신병 사이의 유사성은 기껏해야 피상적인 수준에 그친다. 자극제인 코카인과 암페타민(제4장의 논의 및 이 장의 자극제에 대한 앞선 논의를 참조), 클럽 약물인 펜사이클리딘phencyclidine, PCP(제4장과 아래에서 논의)은 환각제보다 훨씬 더 그럴듯하게 정신병을 모방한다. 대신 환각제 중독은 착시를 포함한다. 착시에는 이미지가 시각적 흔적을 따라 이동하면서 이미지의 줄무늬가 번지는 시각적 '흔적trail', 크게보임증macropsia 및 작게보임증micropsia, 감정 및 기분 불안정성, 주관적인 시간 느려짐, 색이 들리고 소리가 보이는 감각, 소리 지각의 증강, 이인증 및 비현실감 등이 있으며, 그럼에도 불구하고 완전히 깨어있고 각성 상태가 유지된다. 다른 변화로는 판단장애, 미쳐버릴 것에 대한 두려움, 불안, 메스꺼움, 빈맥, 혈압상승, 체온 상승 등이 있을 수 있다. 놀랄 것도 없이 환각제 중독은 흔히 '나쁜 여행'이라고 불리는 공황발작으로 인식되는 증상을 유발할 수 있다. 중독이 심해짐에 따라 남용자가 지남력을 잃고 초조해지는 섬망이라는 급성 혼동상태를 경험할 수 있다. 이는 드물게 망상과 편집증을 동반한 명백한 정신병으로 발전할 수도 있다.

공감제

정신활성 약물의 또 다른 범주에는 공감제empathogen 또는 엔탁토겐entactogen이라는 물질이 있다. 공감제는 감정적 교감, 일체감, 관계성, 감정적 개방성, 즉 공감empathy 또는 동정sympathy의 경험으로 묘사되는 변화된 의식상태를 만들어낸다. 공감제의 원형은 3,4-메틸렌디옥시메스암페타민3,4-methylenedioxymethamphetamine, MDMA이다. MDMA는 합성 암페타민 유도체로, 도파민 수송체(DAT)와 노르에피네프린 수송체(NET)보다 세로토닌 수송체(SERT)에 더 선택적으로 작용한다. 반면에 암페타민 자체는 SERT보다 DAT와 NET에 더 선택적으로 작용한다. 도파민과 노르에피네프린 시냅스에 대한 암페타민의 주요 작용은 제11장 및 그림 11-32에 설명되어 있다.

보다 중요한 세로토닌 작용의 경우, MDMA는 SERT를 표적으로 하는 **경쟁적** 억제제 및 거짓기질(그림 13-28, 왼쪽 위)로서 세로토닌이 수송체와 결합하는 것과 **동일한** 부위에 결합하여 세로토닌 재흡수를 억제한다(그림 13-28, 왼쪽 위). MDMA는 정신활성 용량에서 SERT의 경쟁적 억제(그림 13-28, 왼쪽 위)에 이어 실제로 시냅스전 세로토닌 종말로 편승자hitch-hiker처럼 수송된다. MDMA는 충분한 양이 있으면 세로토닌에 대한 소포성 모노아민 수송체(VMAT)의 경쟁적 억제제이기도 하다(그림 13-28, 오른쪽 위). 일단 MDMA가 다른 수송체에 편승하여 시냅스 소포에 수송되면 그곳에서 세로토닌을 대체하고, 시냅스 소포에서 시냅스전 세포질cytoplasm로 세로토닌 방출을 유발하며(그림 13-28, 왼쪽 아래), 시냅스전 세포질에서 시냅스로 세로토닌이 이동하여 세로토닌 수용체에 작용한다(그림 13-28, 오른쪽 아래). 시냅스에 도달한 세로토닌은 그곳에 있는 모든 세로토닌 수용체에 작용할 수 있지만, 환각제와 마찬가지로 주로 $5HT_{2A}$ 수용체에 작용하는 근거가 제시되었다. 그

13

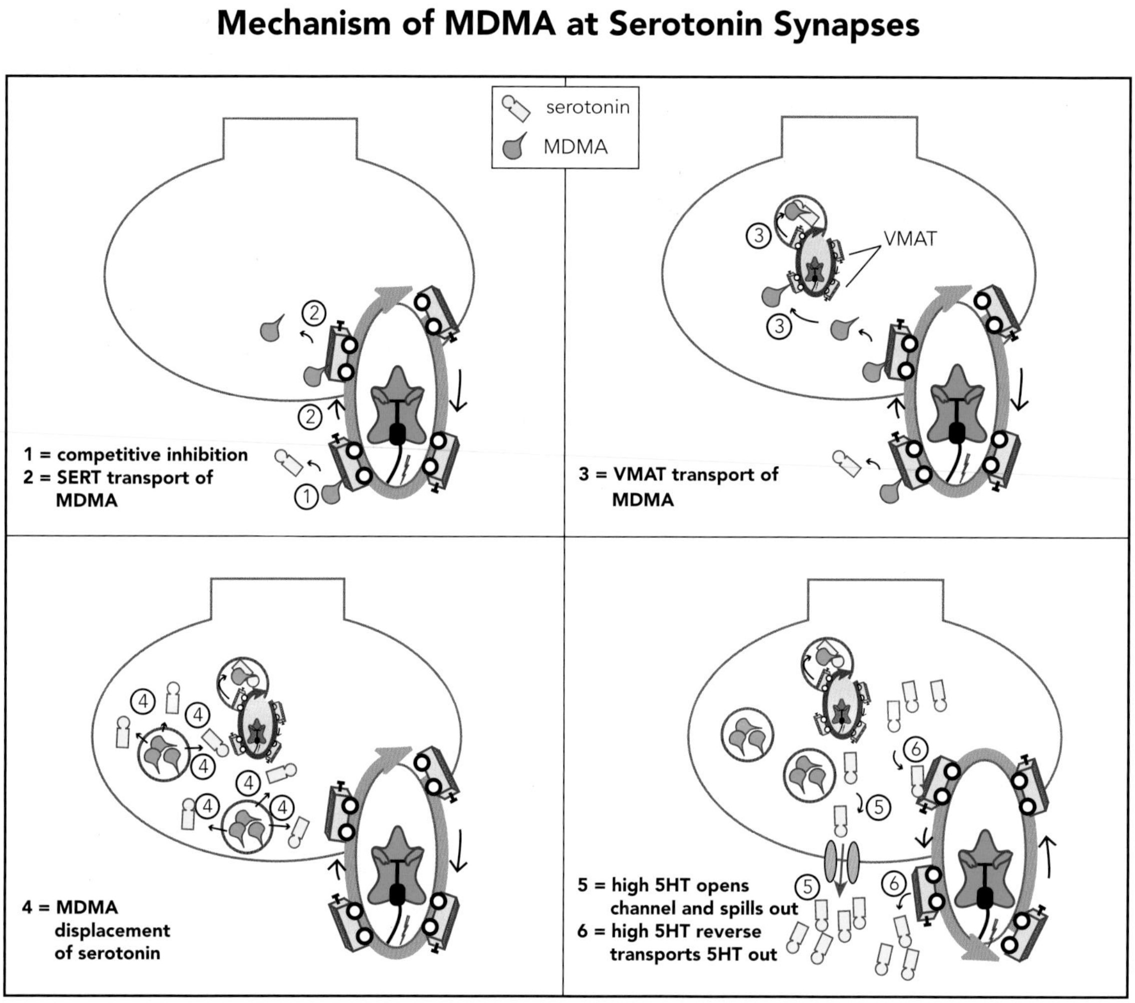

그림 13-28 세로토닌 시냅스에서 MDMA의 기전. MDMA는 합성 암페타민 유도체로, 도파민 수송체(DAT)보다 세로토닌 수송체(SERT)에 더 선택적으로 작용한다. MDMA는 SERT에서 경쟁적 억제제 및 거짓기질로 작용하며, 세로토닌이 결합하는 것을 차단하고(1) MDMA 자체가 SERT를 통해 세로토닌 종말 내로 들어간다(2). 또한 MDMA는 소포성 모노아민 수송체(VMAT)의 경쟁적 억제제이며 소포에 포장될 수 있다(3). 높은 농도의 MDMA는 세로토닌이 소포에서 종말로 이동하도록 유도한다(4). 게다가 세로토닌이 임계 역치에 도달하면 시냅스로 세로토닌을 대량 방출할 수 있도록 통로가 열리고(5) SERT를 역전시키는(6) 두 가지 기전을 통해서 세로토닌이 종말에서 배출된다.

러나 MDMA 복용 후의 임상상태가 환각제 복용 후의 임상상태와 다소 다르다는 점을 고려할 때, 세로토닌 수용체에서의 작용 양상도 다소 다를 가능성이 있다. 인간과 동물 연구 모두에서 선택적 세로토닌 재흡수 억제제(SSRI)에 의해 MDMA 작용이 차단될 수 있음이 확인되었으며, 이는 MDMA가 세로토닌을 방출하기 위해 SERT를 타고 시냅스전 뉴런에 들어간다는 개념을 뒷받침한다.

환각제라고 불리는 실로시빈과 공감제라고 불리는 MDMA의 경험은 분명 겹치는 부분이 있기는 하지만, 차이점의 일부는 과학적이라기보다는 문화적으로 더 큰 영향을 받는다. 사용자들이 강조하는 MDMA의 주관적 효과에는 안녕감, 기분상승, 이상행복감, 타인과의 친밀감, 사회성 증가가 포함된다. MDMA는 때때로 '엑스터시Ecstasy'라고 표현되는 복잡한 주관적인 상태를 만들 수 있으며, 사용자들은 MDMA 자체를 이렇게 부르기도 한다. 또한 '몰리Molly'라고도 불리는데, 이는 추정하건대 '분자molecular'를 뜻하는 속어일 것이다. MDMA는 처음에는 나이트클럽과 밤새도록 이어지는 댄스파티('레이브rave')에서 인기를 끌었는데, 밀폐된 공간에서 춤을 너무 많이 추다가 탈수 및 지나친 흥분으로 인해 일부에서 고열로 사망하는 경우로 이어졌다. 일부 MDMA 사용자는 환시, 거짓환각/착각, 동반감각synesthesia, 촉진된 회상 또는 공상, 시간과 공간에 대한 지각 변화를 경험한다고 보고하였다. MDMA를 복용하는 다른 사람들은 불쾌한 조증유사 경험, 불안한 비현실감, 사고장애, 생각 및 신체의 통제상실에 대한 두려움을 가질 수 있다.

해리제

해리제dissociatives는 *N*-메틸-D-아스파르트산(NMDA) 수용체 길항제인 펜사이클리딘phencyclidine, PCP과 케타민ketamine이다. 두 약물은 NMDA 수용체의 동일한 부위에 작용한다(제4장에서 논의하였고 그림 4-1, 4-29B, 4-30부터 4-33까지, 표 4-1에서 설명함). 이들 약제는 원래 마취제로 개발되었는데, 그 이유는 강경증catalepsy, 기억상실, 진통으로 특징지어지는 해리상태를 유발하기 때문이었다. 환자는 이 상태에서 보이는 것과 들리는 것에 대한 왜곡된 지각과 주변 환경으로부터 분리된 느낌(해리)을 경험한다. 이는 뇌로부터 의식적 마음과 신체로 전달되는 신호가 차단된 것처럼 보일 수 있다. 만약 수술이나 고통스러운 시술을 위해 충분히 깊게 해리된다면, 이는 **해리성 마취**라고 불리는 마취의 한 형태로 간주되며 환자가 반드시 의식을 잃는 것은 아니다. 그러나 환자는 환경 및 자신의 신체로부터 분리된 의식적 해리의 감각을 경험하게 되고, 그들은 생각, 기억, 주변 환경, 행동, 정체성 사이의 연속성이 결여되는 경험을 하게 된다. 이러한 해리상태는 환각, 감각박탈감, 꿈과 유사한 상태, 무아지경trance과 연관될 수 있다.

고용량의 PCP와 케타민은 전반적인 억제효과가 있으며, 진정, 호흡억제, 진통, 마취, 실조ataxia뿐만 아니라 인지 및 기억장애, 기억상실을 만들 수 있다. PCP는 흔히 마취상태에서 깨어날 때 조현병과 매우 유사한 강력하고 독특한 정신병유사/환각 경험을 유도하기 때문에 마취제로 사용하기에는 전혀 적합하지 않은 것으로 밝혀졌다(제4장 및 그림 4-1, 4-30부터 4-33까지, 표 4-1 참조).

따라서 PCP에 의해 유발된 NMDA 수용체 저활성은 조현병의 밑바탕이 되는 것으로 추정되는 동일한 신경전달물질 이상에 대한 모형이 되었다. 또한 PCP는 강력한 진통, 기억상실, 섬망, 자극 및 억제작용, 비틀거리는 걸음걸이, 어눌한 말투, 독특한 형태의 안진nystagmus(예: 수직 안진)을 유발한다. 더 높은 수준의 PCP 중독은 긴장증catatonia(혼미stupor와 강경증catalepsy이 흥분과 번갈아 나타남), 환각, 망상, 편집증, 지남력 상실, 판단력 결핍을 유발할 수 있다. 과다복용 시에는 혼수 상태, 극도의 고열, 경련, 근육파괴(횡문근융해증rhabdomyolysis) 등이 나타날 수 있다.

PCP의 구조 및 기전과 관련성을 가진 유사물질인 케타민은 특히 어린이에게 해리성 마취제로 여전히 사용되고 있으며, PCP 투여 후와 비교했을 때 정신병유사/환각 경험을 훨씬 덜 유발한다. 케타민은 동물용 신경안정제tranquilizer로 수의학에서도 사용된다. 일부 사람들은 '클럽마약' 중 하나로 케타민을 남용하며, '스페셜 K'라고 불리기도 한다. 해리제는 마취 용량 이하에서 메스칼린, LSD, 실로시빈과 같은 다른 환각유발 약물에 의해 영향을 받는 동일한 인지 및 지각 과정의 많은 부분을 변경한다. 그러므로 환각유발 및 사이키델릭 약물로 간주되기도 한다.

그러나 우울증 치료에 사용되는 마취 용량 이하 케타민에서는 환각이 훨씬 덜 흔하며, 이러한 용량에서 해리제와 환각제(예: LSD, 실로시빈, 메스칼린) 사이의 가장 중요한 주관적 차이점은 케타민의 해리효과이다. 여기에는 이인증depersonalization(비현실적인 느낌, 자기 자신과 단절된 느낌, 자신의 행동을 통제할 수 없는 느낌)과 비현실감derealization(외부세계가 비현실적이거나 꿈을 꾸는 것 같은 느낌)이 포함된다.

마취 용량 이하를 주사로 주입하거나 비강 스프레이로 투여하는 케타민과 케타민의 거울상체인 에스케타민은 치료저항성 우울증에 대한 혁신적인 속효성 신약으로 제7장에서 논의하였고 그림 7-59부터 7-63까지에 삽화로 설명되어 있다. 또한 이러한 약제들이 자살 생각을 빠르게 없앨 수 있는지에 대한 임상시험도 진행 중이며, 다양한 질환에서 케타민/에스케타민과 정신치료 회기를 병행하는 몇몇 연구도 이루어지고 있다. 해리의 느낌은 아래에서 논의되는 것처럼 정신치료적 결과를 구체화하기 위해 가설상으로 사용될 수 있다.

중단하기 위해 남용하라

본질적으로 물질중독에 대한 현재의 모든 치료는 **충동적으로** 보상을 추구하는 중독의 첫 단계인 약물을 '좋아하고' '원하는' 상태를 목표로 한다(그림 13-29A). 이러한 치료는 모두 급성 수용체 작용(즉 니코틴, 알코올, 아편유사제에 대해, 그리고 자극제에 대해 승인된 치료는 없음)을 차단하여 이루어진다. 그러나 현재 승인된 물질남용 치료 중 어느 것도 배쪽에서 등쪽으로(그림 13-1 및 13-2), 충동성에서 강박성으로(그림 13-29A) 통제가 이동하는 것을 차단할 수는 없다. 이는 우리가 이러한 뉴런 적응의 기전을 알지 못하기 때문이며, 따라서 (아직은) 차단이 불가능하다.

더욱더 중요한 것은 중독 환자는 아직 중독이 진행 중이며 약물의 수용체 차단작용이 **자극-반응 조건화**stimulus-response conditioning를 예방하는 데 가장 유용할 수 있는 **충동성** 단계에서 치료를 받지 않는 경우가 많다는 것이다. 대신에 물질중독 환자는 거의 항상 자극-반응 조건화가 이미 일어나고 **습관회로**가 확고하게 장악된 **강박성** 단계 동안 치료하려고 한다. 안타깝게도 현재로서는 이 현상을 약리적으로 되돌릴 수 없으며, 시간이 지나면서 자극-반응 조건화의 반전이 일어나기를 기대하면서 장기간 중단abstinence하는 방법밖에 없다. 물론 중독에 빠진 상태에서 이러한 현상이 일어날 수 있을 만큼 충분히 오랫동안 중단을 유지하는 것은 어떤 효과적인 치료에서도 어려운 일이다.

반면에 남용약물을 차단할 수 있는 정신약리학적 치료와 해당 약물을 더 남용하여 보상을 소거시키는 치료를 병용하면 약물 습관의 역전을 촉진할 수 있다는 일화적인 보고도 있다. 약물을 더 남용하는 것이 어떻게 약물을 남용하지 않는 것으로 이어질 수 있는가? 이 기발한 개념은 중독된 환자가 중단하는 과정에 종종 '실수'와 '속임수'를 저지른다는 관찰에서 비롯되었다. 회복의 본질은 재발하는 것이기 때문에 그들은 '마차에서 떨어진다.' 재사용과 관련된 여러 다른 표현을 얼마든지 추가할 수 있다. 만약 당신이 승마를 즐기는 사람이라면 "말에서 일곱 번 떨어지기 전까지는 기수가 아니다"라는 표현에 익숙할 것이다. 이는 승마의 본질이 안타깝게도 떨어지는 것이기 때문이다. 특히 당신이 배우는 중이라면 더욱 그럴 것이다. 마찬가지로 회복의 본질은 재발하는 것이며, 실제로 진정한 중단이 되기 전까지 일곱 번 이상 재발할 수도 있다. 여기에서 설명하는 기발한 개념은 이러한 여러 번 재발의 불가피함을 활용하여 재발이 더 이상 보상이 되지 않는다는 것을 학습함으로써 습관회로를 역전시키는 것이다.

단주하기 위해 마셔라

이 아이디어는 충동-강박회로에서 신경가소성, 학습, 통제 이동의 뇌 자체 기전을 사용하여 **약리적 소거**extinction를 유도한다. 약물남용은 학습된 행동의 한 형태이므로 알코올 중독 환자는 술을 마실 때 아편유사제 시스템을 통해 증가된 강화를 경험하게 된다(위에서 논의하였고 그림 13-15 및 13-16에서 삽화로 설명함). 이전의 믿음과 상반되게, 해독detoxification과 알코올 박탈alcohol deprivation은 알코올에 대한 갈망을 멈추지 못하고, 오히려 뒤이은 음주를 증가시킨다. 회복된 알코올 중독자들은 마지막 술을 마신 후 수년이 지난 후에도 자주 가는 술집 앞만 지나가면 알코올에 대한 갈망이 솟구친다라고 자주 언급하며, 이는 불완전하게 소거된 알코올 습관의 흔적이다.

그래서 이 아이디어는 알코올 중독 환자에게 알코올을 투여하여 일반적인 음주 및 특히 과음으로 인해 발생하는 즐거움의 결여, 이상행복감의 결여, 갈망의 상실을 경험하게 하는 것이다. 이 프로그램은 알코올을 섭취하기 약 1시간

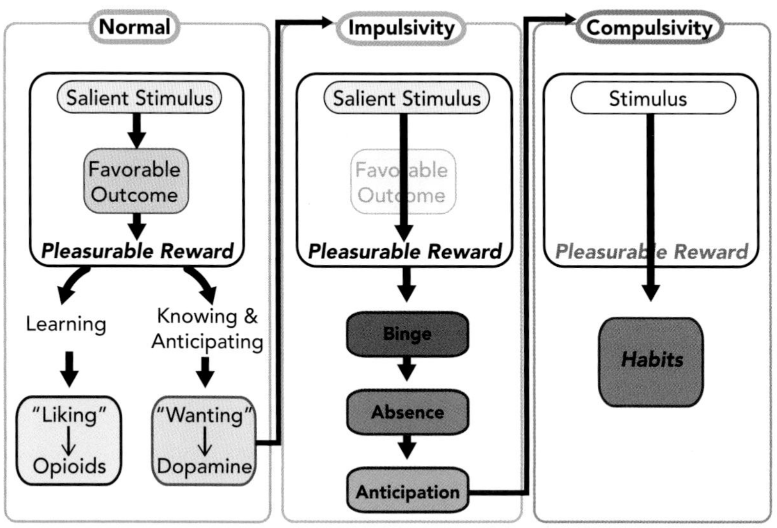

그림 13-29A 보상경로의 부적응. 왼쪽: 정상적인 조건화에서는 현저한 자극이 호의적인 결과를 초래하면 이 행동은 쾌락적 보상으로 부호화된다. 이러한 쾌락적 보상을 학습하는 것은 '선호liking'라고 불리며, 아편유사제 의존적 과정에 해당된다. 이 쾌락적 보상에 대한 지식과 기대는 '원함wanting'이라고 하며, 도파민 의존적 과정이다. 가운데: '원함'의 증가는 충동성의 기저에 있는 것으로 생각되며, 쾌락적 보상에 대한 욕동이 실제 결과보다 더 우세하고 계획성 없는 행동이 반복된다. 충동적인 행동의 반복은 항상 일어나는 것은 아니며, 행동이 없으면 보상에 대한 더 강한 욕망 또는 기대가 이어질 수 있다. 이러한 폭주-결여-기대의 순환이 강박성으로 이어질 수 있다. 오른쪽: 어떤 행동이 강박적으로 변하면 보상은 더 이상 중요하지 않게 되고 행동은 오로지 자극에만 이끌리게 된다. 이러한 기전을 통해 습관이 형성된다.

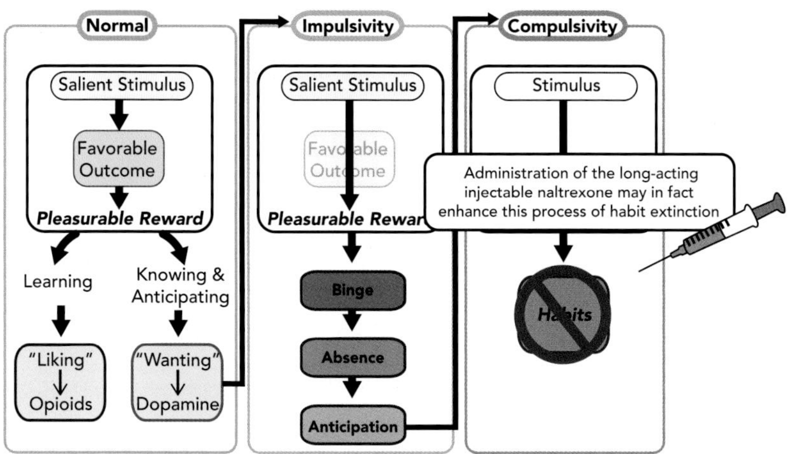

그림 13-29B 습관 학습의 역전. 약물남용은 학습된 행동의 한 형태이므로 이론상으로 약리적 소거를 유도하는 것이 가능하다. 알코올 또는 아편유사제 의존의 경우, 이론상으로 중단 상태보다는 오히려 알코올 또는 아편유사제 사용과 동시에 μ-아편유사제 길항제를 투여함으로써 이를 달성할 수 있다. 이렇게 하면 물질 사용과 관련된 즐거움이나 이상행복감을 예방할 수 있다. 이러한 접근방식이 단기간에 성공하고 계속 반복되면 소거 또는 습관의 역전 과정이 시작된다. 결국 조건 자극(금단 및 환경적 단서)에 반응하여 알코올을 섭취하거나 아편유사제를 사용하는 조건 반응이 소멸된다. 뇌는 이론상으로 '재학습'을 통해 알코올 또는 아편유사제 사용을 과거의 촉발요인으로부터 분리하고, 비자발적 습관회로에서 벗어나 자발적 행동 회로로 돌아가도록 통제한다.

전에 경구용 아편유사제 길항제(예: 날트렉손 또는 날메펜)를 복용하는 것을 포함한다. 아편유사제 길항제로 인해 알코올이 더 이상 원하는 효과를 내지 못할 때 알코올은 더 이상 강화되지 않는다. 이 접근법이 단기간에 성공하고 계속 반복되면, 소거 과정이 시작된다. 환자는 아편유사제 길항제를 '넘어서 음주'할 수 없으며, 음주가 더 이상 보상이 아니라는 것을 서서히 배우게 된다. 또는 적어도 보상이 현저히 둔화되고 결국 알코올 섭취 습관이 부분적으로 소거되어, 최소한 이론상으로는 궁극적인 단주에 도달하기가 더 쉬워진다. 알코올의 강화 특성을 차단하면 음주와 관련된 환경 신호에 대한 아무 생각 없는 자동적 반응이 약해진다. 음주가 강화되지 않는다면 음주가 감소한다는 이론이 있다. 조건화된 파블로프의 개처럼 종소리에 침을 흘리지만, 더 이상 음식이 종소리와 연관되지 않으면 조만간 무의식적인 군침이 소멸되고, 이제 종소리는 군침을 유발하지 않는다.

때로는 싱클레어Sinclair 방법이라고 불리며, 처음에는 스칸디나비아에서 옹호되었던 알코올 중독을 위한 이 치료적 중재는 많은 임상연구에서 좋은 성과를 거두었다. 여기서 흥미로운 점은 아편유사제 길항제가 음주와 짝을 이룰 때는 특히 효과적이지만 단주 중에 투여될 때는 상대적으로 효과가 없다는 관찰결과이다. 이 결과는 음주의 '습관'을 역전시키기 위해서는 알코올 남용에 대한 보상과 알코올 섭취가 짝지어지지 않는 소거학습이 일어나야 한다는 개념과 일치한다(그림 13-29B). 이는 날트렉손 장기지속형 주사를 '넘어서 음주'하려고 시도하고 실패했을 때에도 마찬가지이다. 안타깝게도 알코올사용장애에서 아편유사제 길항제는 거의 처방되지 않는다. 그 이유 중 하나는 아편유사제 길항제 치료가 과음을 줄이는 데에는 가장 효과적이지만, 완전한 단주를 촉진하는 데에는 반드시 효과적이지는 않기 때문일 수 있다.

헤로인 단약으로 가기 위해 주사하라

스칸디나비아 및 기타 연구자들은 아편유사제사용장애 환자가 아편유사제 길항제 치료에 대해 알코올사용장애 환자의 반응과 유사하게 행동한다는 사실도 지적했다. 즉 아편유사제에 의존하는 사람에게 불법적인 길거리 아편유사제를 날트렉손 장기지속주사를 '넘어서 주사'하도록 시도해도 더 이상 아편유사제가 강화되지 않는다는 것을 발견하였다. 이후 더 많은 횟수를 시도하지만 황홀감에 실패할수록 주사가 보상과 관련이 없다는 것을 학습하여 습관이 더 빨리 소거된다(그림 13-29B). 아편유사제를 주입하는 행위가 보상이 되지 않기 때문에 아편유사제로부터 학습된 강화행동은 이제 서서히 역전된다. 결국 조건 자극(금단 및 환경 단서)에 대한 반응으로 아편유사제를 복용하던 조건 반응이 소거된다(그림 13-29B). 이론상으로 뇌는 아편유사제 사용을 과거의 촉발 요인으로부터 분리하고, 비자발적 습관회로에서 벗어나 자발적 행동 회로로 돌아가도록 통제하는 것을 '재학습'한다. 안타깝게도 아편유사제 중독자에게 아편유사제 길항제가 거의 처방되지 않는다.

금연으로 가기 위해 흡연하라

행동적 및 약리학적 소거로 인해 중단의 발달을 돕는 동일한 '속임수' 현상이 금연 치료에서도 마찬가지로 나타난다. 금연 치료를 받는 많은 흡연자가 치료와 동시에 담배를 피운다. 따라서 이러한 환자들은 니코틴 패치나 부프로피온을 '넘어서 흡연'하여 갈망을 가라앉힐 수 있고, 치료에도 불구하고 습관을 지속할 수 있다. 그러나 니코틴 부분작용제인 바레니클린은 니코틴 자체보다 니코틴 수용체에 대한 친화력이 더 높으므로 이 치료를 '넘어서 흡연'할 수 없고, 그 결과 바레니클린을 복용하는 동안에는 속임수로부터 강화가 결핍된다. 바레니클린 복용 중 흡연이 더 이상 강화되지 않고 이 상황이 되풀이해서 반복되면, 알코올 및 아편유사제 때처럼 뇌가 흡연 습관을 '잊어버림'에 따라 조건 반응으로 흡연이 소거된다(그림 13-29B).

'치료적' 해리, 환각, 공감

신비로운 경험을 만들어내는 해리제, 환각제, 공감제의 능력은 고대문화와 원주민에 의해서 수 세기 동안 종교 및 치유 목적으로 활용되어 왔다. 현대에는 정신치료자와 함께 통제된 환경에서 이와 동일한 경험을 만들어내기 위해 '해리보조 정신치료dissociation-assisted psychotherapy'라고 불리는 과정에서 이러한 약제들이 사용되기 시작했다. 이 아이디어는 정신의학에서 가장 치료저항성인 질환 중 일부를 잠재적으로 '치유'하기 위해서, 바다의 무한함, 내적통일감, 외적통일감, 신성함, '순수 지성에 입각한' 통찰, 시간과 공간의 초월, 깊은 긍정적 기분, 형언할 수 없음을 느끼는 신비로운 상태를 정신치료로 유도할 수 있다는 것이다.

이 접근법은 아직 초기 단계이며, 성공적인 결과를 이끌어낼 수 있는 매개 변수가 여전히 정의되고 있는 중이다. 일부 변수는 '태도set', '설정setting', '출연진cast'이다. 즉 환자의 '마음가짐mind-set'은 어떠한지, 이 경험이 일어나는 치료실의 소리를 포함한 '설정'이나 환경은 어떠한지, 치료자 및 함께 있는 다른 사람들을 포함한 '출연진'은 누구인지 등에 대한 것이다. 환자와 치료자 간에 사전에 신뢰관계를 구축했는지, 환자에게 예상되는 사항을 설명했는지, 어떤 약물, 용량, 수반되는 정신치료를 선택했는지가 명확히 해야 할 준비 변수에 포함된다. 이러한 변수 중 아직까지 잘 정립된 것은 거의 없다. 현재까지 이러한 접근법의 대부분은 케타민, 실로시빈, MDMA를 사용하여 치료자의 진료실에서 해리 또는 신비주의적 심리상태를 유도하고 최대 몇 시간 동안의 정신치료를 진행한다. 연구된 정신치료에는 무지향성/자기지향성nondirectedness/self-directedness, 마음챙김기반 행동수정mindfulness-based behavioral modification, 동기강화치료motivational enhancement therapy 등이 포함된다.

케타민보조 정신치료

치료저항성 우울증에서 정신치료 없이 케타민 및 에스케타민을 사용하는 방법은 제7장에서 논의하였고 그림 7-59부터 7-62까지에 삽화로 설명하였다. 현재 연구자들은 코카인, 니코틴, 알코올을 포함한 다양한 범위의 물질에 대한 갈망과 남용을 치료하기 위해 마취 용량 이하의 케타민을 주입하는 방법을 평가하고 있으며, 어느 정도 성공을 거두고 있다. 케타민 사용과 관련된 아이디어 중 하나는 전전두엽 신경가소성을 촉진하고(그림 7-61 및 7-62 참조), 이 장에서 광범위하게 논의했던 약물과 관련된 배쪽에서 등쪽으로의 신경 통제 이동을 역전시키고(그림 13-29A 참조), 정신치료자의 지도를 통해 이를 촉진하는 것이다.

실로시빈보조 정신치료

원래 말기 암과 관련된 불안의 치료에 사용되던 실로시빈은 다른 저항성 불안장애 및 특히 치료저항성 우울증의 치료에도 사용이 확대되었으며, 일부에서 가능성이 높은 예비결과가 나왔다. 실로시빈은 OCD, 통증, 다양한 중독, 성기능장애, 군발두통cluster headache, 경미한 외상성 뇌 손상, 기타 여러 질환에 대한 연구도 진행 중이다. 실로시빈에 의해 유도된 심리상태나 실로시빈의 약리가 어떤 치료효과를 가져오는지, 이러한 변수와 케타민 또는 MDMA에 의해 유발된 변수 간의 차이가 어떤 질환을 가진 환자에게서 특정 반응과 관련된 역할을 할 수 있는지 여부는 알려지지 않았다. 케타민에서 볼 수 있는 것과 유사한 잠재적 이점을 가진 신경가소성 변화를 촉발하는 데 있어 $5HT_{2A}$ 수용체의 역할은 아직 밝혀지지 않았다.

MDMA보조 정신치료

여기서의 아이디어는 MDMA로 유도된 공감 상태는 실로시빈으로 유도된 신비로운 상태나 케타민으로 유도된 해리 상태보다 환자가 고통스러운 기억을 잘 탐색할 수 있게 한다는 점에서 더 효과적일 수 있다는 것이다. MDMA는 주로 PTSD에서 외상성 기억과 그로 인해 촉발되는 증상을 줄이기 위해 연구되어 왔다. PTSD의 1차 치료는 노출치료exposure therapy(공포 소거fear extinction)이지만, 외상성 기억에 반복적으로 노출되는 것이 어렵거나 너무 고통스러운 환자들이 많다. 공포스러운 기억의 소거는 제8장 불안장애에서 논의하였으며 그림 8-21 및 8-22에서 삽화로 설명하였다. MDMA는 치료자의 존재 속에서 고통스러운 외상성 기억을 자기주도적으로 탐색하여 맥락화하고 감소시킬 수 있는 안전한 심리상태를 잠재적으로 제공할 수 있다. 제8장에서 외상성 기억이 재강화reconsolidation되는 과정을 논의하였고 그림 8-21 및 8-22에서 삽화로 설명하였다. 이 공식에서 감정적 기억은 재경험할 때 약화되거나 심지어 지워질 수 있는 것으로 생각되었다. 즉 MDMA로 유도된 안전한 심리상태에서 신뢰할 수 있고 경험이 풍부한 치료자와 함께 외상성 기억을 재경험하면 고통스러운 감정적 기억의 재강화를 차단하거나 약화를 촉진할 수 있다는 개념이다.

행위중독

폭식장애

음식에 중독될 수 있을까? 뇌 회로가 음식을 먹게 만들 수 있을까? '음식중독food addiction'은 아직 공식 진단으로 인정되지 않았지만, 폭식장애binge eating disorder, BED는 이제 공식적인 DSM 진단이 되었다. 명백한 포만감과 건강에 대한 악영향에도 불구하고 실행하는 부적응적 식사 습관을 외

13

부 자극이 촉발할 때, 이를 약물중독과 유사한 방식으로 비정상적인 식사 행위를 형성하는 강박과 습관으로 정의한다. 폭식장애와 신경성폭식증bulimia에서의 강박적 식사는 신경성식욕부진증anorexia nervosa에서와 같이 음식에 대한 강박적 거부와 아주 닮았을 수 있다. 폭식장애는 마치 물질남용이 물질을 추구하고 복용하는 것에 대한 통제를 상실하는 것과 마찬가지로 식사에 대한 통제를 상실하는 것이 특징이다. 폭식장애의 공식적인 진단 기준과 임상적 설명뿐만 아니라 관련 질환인 신경성폭식증과의 구별은 표준 참고서적을 참조하기 바란다. 여기에서는 폭식장애의 구성 개념을 충동강박장애의 범주에 속하는 것으로 간주한다.

간단히 말해 폭식장애는 반복적인 폭식 삽화가 있는 것으로 정의되며, 일정 시간 동안 대부분의 사람들이 유사한 상황에서 비슷한 시간 동안 먹는 것보다 더 많은 양의 음식을 먹는 것으로 정의된다. 한때는 아마도 배고픔과 식욕을 충족시키기 위한 즐거운 식사였던 것이 이제는 아무 생각이 없고 강박적이며 통제불능의 심각한 고통과 연관된다. 비록 폭식장애 환자의 약 절반이 비만이기는 하지만, 폭식장애 환자가 모두 비만은 아니며, 비만 환자가 모두 폭식장애는 아니다. 폭식장애는 가장 흔한 섭식장애이지만 진단되지 않는 경우가 많다. 많은 임상의사들은 환자가 비만할지라도 이에 대해 묻지 않는데, 아마 질문이 환자에게 모욕적으로 받아들여지는 것에 대한 우려 때문일 것이다. 의료 전문가를 만나러 오는 폭식장애 환자의 대부분은 동반정신질환을 앓고 있으며, 일반적으로 폭식보다는 정신질환에 대한 치료를 찾고 있는 것이 현실이다. 실제로 폭식장애 환자의 80%는 기분장애, 불안장애, 기타 물질남용장애, ADHD의 기준을 충족한다. 임상의사가 기억해야 할 한 가지는 이러한 질환을 가진 환자들에게 폭식에 대해 질문해야 한다는 것이다. 폭식은 치료가 가능하며, 비만과 관련된 심각한 장기적인 합병증을 가지기 때문이다(제5장 정신병 치료제에서 논의함). 실제로 제11장 ADHD에서 논의하고 그림 11-31에서 삽화로 설명한 D-암페타민 전구체인 리스덱스암페타민lisdexamfetamine은 현재 승인된 유일한 폭식장애 치료제이다.

허가사항 외로 사용되는 몇몇 약제는 효능이 제한되고 부작용이 있으며, 토피라메이트, 우울증 치료에 사용되는 여러 약물, 날트렉손이 포함된다. 폭식장애는 중독장애군에 속하는 또 다른 질환이며, 충동성(그림 13-1)에서 강박성(그림 13-2)으로 이어지는 피질 선조체 회로의 이상과 관련이 있다는 가설이 있기 때문에 충동강박장애에 속하기도 한다. D-암페타민이 폭식 증상을 역전시키는 기전은 식욕억제에 의한 것이 아닐 수 있다. 왜냐하면 식욕이 강박적이 되면 더 이상 폭식장애를 유발하지 않기 때문이다. 대신에 자극제는 특히 선조체에서 신경가소성을 유도하는 것으로 알려져 있다. 가설상으로 선조체 신경가소성의 촉진은 충동적 식사가 강박적이 되었을 때 통제력이 배쪽에서 등쪽으로 이동했던 음식 관련 행동을 역전시키는 데 도움이 될 수 있다. 대부분의 충동강박장애처럼, 폭식장애의 약물치료에 다양한 정신치료를 추가한 대부분의 연구는 효능 향상을 보고하고 있다.

기타 행위중독

도박이나 과도한 인터넷 게임과 같은 행위는 폭식장애 및 물질남용장애와 유사한 점이 많기는 하나, 아직까지 공식적으로 행위 '중독'으로 인정되지는 않는다. 인터넷중독은 행위를 멈추지 못하고, 내성, 금단증상이 존재하며, 행위를 다시 시작할 때 느끼는 안도감을 동반할 수 있다. 많은 전문가들은 도박장애를 약물중독 및 폭식장애와 함께 비물질남용/행위중독장애로 분류해야 한다고 생각한다. 도박장애는 부정적인 결과에도 불구하고 도박을 중단하려는 노력이 반복적으로 실패하고, 내성(점점 더 높은 금액의 도박), 도박을 하지 않을 때의 심리적 금단증상, 도박을 다시 시작할 때의 안도감 등이 특징이다. 도박은 도파민 작용제 및 부분작용제 치료 후에 관찰되며, 이는 중뇌변연 도파민 보상 체계를 자극하면 일부 환자에서 도박을 유발할 수 있음을 시사한다. 표 13-1에 나열된 다른 행위장애의 신경생물학 및 치료는 모두 충동성에서 강박성으로, 따라서 비정상적이거나 원치 않는 행위에 대한 통제력이 배쪽에서 등쪽으로 이동했을 가능성과 관련하여 연구가 이루어지고 있다. 충동강박장애 중 하나에 유용한 치료법이 있다면 충동강박장애군의 다른 질환의 스펙트럼에 걸쳐서도 도움이 될 수 있을 것이다.

강박장애 및 관련 장애

강박장애obsessive-compulsive disorder, OCD는 한때 불안장애로 분류되었지만(그림 13-30), 현재는 DSM-5와 같은 일부 진단체계에서 독자적인 범주로 분류되고 있다. OCD를 가진 많은 환자들은 자신이 하는 행위가 얼마나 무의미하고 과도한지 충분히 인지하고 있으며, 이러한 행동의 결과에 대한 진정한 욕구가 없음에도 불구하고 상동적이고 의례적인 행동을 하고 싶은 강렬한 충동을 경험한다. 가장 흔한 강박행위의 유형은 확인과 청소이다. OCD의 경우 습관에 대한 일반적인 성향은 동반된 불안에서 비롯된 회피로만 표현될 수 있다. 불안이 심한 상황에서 미신적인 회피반응은 안도감을 제공하여 행위를 강화할 수 있다. 스트레스와 불안은 긍정적으로 동기부여가 되든 부정적으로 동기부여가 되든 습관 형성을 촉진할 수 있다. 그러나 습관이 점차 강박적으로 변하면 안도감이 더 이상 원동력이 되지 못하고, 조건반응이 되어서 외부의 통제를 받게 될 수 있다. 융통성 없는 과도한 행위는 종종 특정 강박사고로 인해 유발되는 불안이나 고통을 무력화하기 위해 수행되는 것으로 여겨진다. 역설적이게도 OCD 환자들은 이러한 행위를 할 수 없이 해야 한다고 느끼지만, 도움이 되기보다는 오히려 지장을 준다는 것을 인식하고 있는 경우가 많다. 그렇다면 왜 그런 행동을 할까? 강박행위를 불안을 줄이기 위한 목표지향적 행동으로 개념화하기보다는(그림 13-30), 이러한 의식을 환경의 자극에 의해 아무 생각없이 유발되는 습관으로 이해하는 것이 더 나을 수 있다. 이것이 일부 진단체계가 OCD를 더 이상 불안장애로 분류하지 않는 이유이다.

OCD에서 환경적 자극에 의해 유발되는 강박적 습관은 가설상으로 이 장에서 중독에 대해 설명한 것과 동일한 신경회로 내에서 일어나는 동일한 현상이다. 그렇다면 OCD 환자들은 강박사고와 강박행위에 중독된 것일까? 물론 그것도 OCD 증상을 바라보는 한 가지 방법이다. OCD 환자는 안와전두피질orbitofrontal cortex(그림 13-2)에서 효율적인 정보처리가 부족하고 인지적 유연성이 부족하여 강박반응/습관을 억제하지 못하는 것으로 입증되었다. 이는 마치 약물중독과 비슷하다. 약물, 도박, 폭식에 적용하면 중독이라고 부를 수 있는 OCD의 이러한 가설적 습관 학습은, 불안유발 자극/상황에 대한 단계적 노출 및 관련된 회피 강박행위의 예방을 포함한 노출 및 반응 예방을 통해 감소하거나 역전시킬 수 있다. 이러한 유형의 인지행동치료는 외부

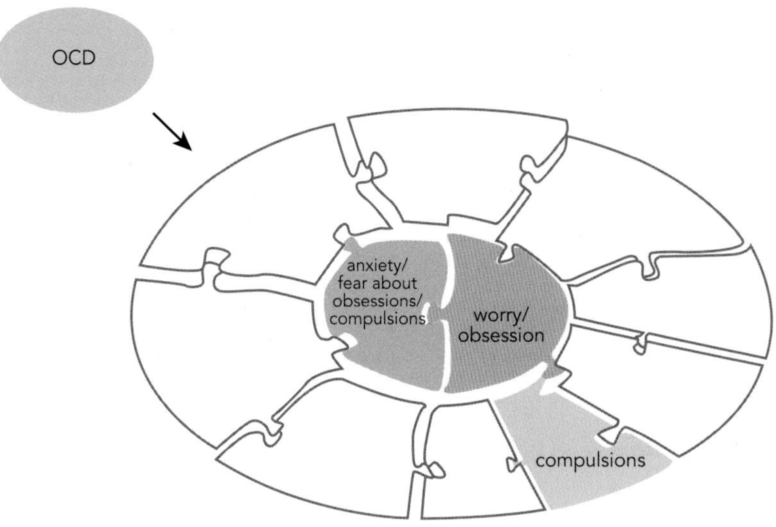

그림 13-30 강박장애. 강박장애(OCD)와 관련된 일반적인 증상이 여기에 나와 있으며, 침습적이고 원하지 않으며 현저한 불안이나 고통을 유발하는 강박사고뿐만 아니라 이와 관련된 고통을 방지하거나 억제하기 위한 강박행위가 포함된다. 강박행위는 반복적인 행동(예: 손씻기, 확인)이나 정신적 행위(예: 기도하기, 숫자 세기)일 수 있다.

13

환경(예: 문을 보면 확인을 유도함)에 대한 지배적 통제권을 가지고 부적절한 불안을 유지시키는 강박적 회피 양상을 깨뜨리는 것을 통해서 치료효과가 있는 것으로 생각된다. 강박행위를 비정상적인 강박사고에 대한 행동반응으로 간주할 수도 있지만, 그 반대인 경우도 가능하다. OCD에서의 강박사고는 사실 설명할 수 없는 강박적 충동에 대한 사후 합리화일 수 있다. 안타깝게도 이런 동일한 유형의 인지행동치료는 약물 및 행위중독에서는 효과가 떨어지는 것으로 입증된 경우가 많다. 만약 인지행동치료가 성공하면, OCD 행동을 통제하는 신경회로를 등쪽에서 배쪽으로 이동시키는 데 치료적으로 도움이 되므로 OCD의 습관이 역전된다. 이와 동일한 치료를 여러 가지 다른 형태로 제공하는 것은 중독에 대한 강력한 치료법을 개발하기 위한 열쇠가 될 수 있지만, 대부분은 매우 효과적인 치료제나 중재가 거의 또는 전혀 없다.

오늘날 OCD의 1차 약물치료는 SSRI 중 하나이지만, 그 효과는 보통이며 이 약제로 치료받은 환자의 절반은 부족한 반응을 보인다. 반응 예방을 동반한 노출치료와 같은 행동치료는 종종 세로토닌 치료보다 더 큰 효과가 있다. 세로토닌 치료가 비정상적인 신경회로를 억제한다고 하면, 노출치료는 실제로 비정상적인 신경회로를 역전시킬 수 있는 것으로 보이는데, 이는 SSRI를 중단한 후에는 증상이 개선되지 않지만 노출치료를 중단한 후에도 증상이 개선되기 때문이다. 세로토닌 특성을 가진 삼환계 항우울제 중 하나인 클로미프라민, 세로토닌 노르에피네프린 재흡수 억제제(SNRI), 모노아민 산화효소 억제제(MAOI)를 사용하는 2차 치료는 모두 고려해볼 만한 가치가 있지만, 여러 SSRI에 실패한 환자에서 최선의 약리적 선택은 매우 고용량의 SSRI 사용 또는 SSRI와 세로토닌-도파민 차단제의 증강치료를 고려하는 경우가 많다. 이러한 모든 약제의 작용기전은 제5장과 7장에 자세히 설명되어 있다. 벤조디아제핀이나 리튬 또는 부스피론으로 SSRI를 증강하는 것도 고려할 수 있다. 반복두개경유자기자극술repetitive transcranial magnetic stimulation, rTMS은 OCD에 승인된 치료법이다. OCD에 대한 실험적 치료법에는 심부뇌자극술deep brain stimulation, 치료저항성이 굉장히 심한 경우에는 그림 13-1 및 13-2에 표시된 충동-강박 경로의 정위절제술stereotactic ablation도 포함된다.

수집광, 강박쇼핑, 피부 뜯기, 신체이형장애body dysmorphic disorder 등 OCD와 관련된 질환은 SSRI에 어느 정도 반응할 수 있지만, 특히 발모광trichotillomania(강박적 머리카락 뽑기)은 효과가 없을 수 있다. 이러한 질환에 대해 공식적으로 승인된 약물은 없다(표 13-1). 예를 들어 신체이형장애는 거울 보기, 몸단장, 안심되는 부분 찾기와 같은 반복적인 행동을 유발하는 외모의 인지된 결손이나 결함에 대한 집착을 말한다. 건강, 신체기능, 통증에 대한 집착은 건강염려증hypochondriasis과 신체화장애somatization disorder에 존재하며, 일부 전문가들은 이러한 유형의 강박사고에 주의를 기울인다. 다른 작용기전을 가진 보다 강력한 치료가 강박관련 질환군을 위해 필요한 것은 분명하다.

충동조절장애

충동성 조절이 안 되는 다양한 질환이 표 13-1에 나열되어 있다. 이 중에서 얼마나 많은 질환을 피질 선조체 회로 이상으로 충동-강박 스펙트럼 내에서 개념화할 수 있는지는 아직 밝혀지지 않았지만, 여러 가지 다양한 질환의 충동 증상 사이의 설명적 유사성은 이 개념에 타당성을 부여한다. 이러한 질환의 충동성에는 승인된 치료법이 없기 때문에, 충동강박장애 중 하나에 효과가 있는 개입이 같은 차원의 정신병리를 공유하는 질환의 스펙트럼에 걸쳐 효과적일 수 있다는 희망을 가지고 있다. 그러나 이는 아직 입증되지 않았으며, 매우 복잡하고 매우 다른 질환을 지나치게 단순화할 위험이 있다(표 13-1). 이처럼 다양하고 많은 장애의 가장자리에 걸쳐 적용해볼 수 있는 것으로 시험 중인 한 가지 일반적인 원칙은, 단기보상 충동행동의 빈번한 반복을 막을 수 있는 개입이 기능적 결과를 악화시키는 장기적 습관으로의 전환을 방지하는 데 도움이 될 수 있다는 것이다.

공격성과 폭력은 정신의학에서 오랫동안 논란이 되어온

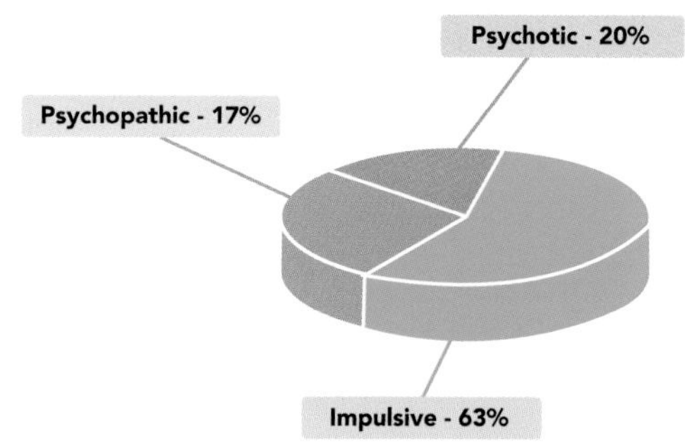

그림 13-31 폭력의 이질성. 폭력은 정신병적, 충동적, 사이코패스 유형으로 분류된다. 가장 흔한 형태는 충동적 폭력이며, 가장 흔하지 않은 형태는 사이코패스 폭력이다. 폭력행위의 약 20%는 정신병적 유형에 속한다.

문제이다. 전문가들은 폭력을 정신병적psychotic, 충동적impulsive, 사이코패스psychopathic 유형으로 분류하는데, 가장 흔한 유형은 충동적 폭력이다(그림 13-31). 다소 놀랍게도 가장 빈도가 낮은 유형의 폭력 행위는 냉정하고 계산적인 사이코패스 폭력이다. 사이코패스 폭력은 가장 치명적이고 치료에 대한 반응도 가장 낮은 것으로 보인다. 폭력 행위의 약 20%는 정신병적 유형으로, 기저에 있는 정신병적 질환에 대해 적극적인 치료까지는 아니더라도 표준적인 치료가 필요하다. 가장 빈번한 유형의 폭력행위는 충동적 폭력이며, 특히 시설 환경에 있거나 정신병적 질환이 있는 환자에서 더 흔하다(그림 13-31).

각 유형의 공격성은 별개의 신경회로의 기능장애에 기인할 수 있으며, 충동적 폭력은 제12장 치매의 초조에서 논의하고 그림 12-43 및 12-44에서 삽화로 설명했던 것처럼 하향식 억제와 상향식 감정 욕동의 균형의 문제와 관련이 있다. 충동적 폭력은 약물로 유발된 정신병, 조현병, 양극성조증을 포함한 다양한 유형의 정신병적 장애에서뿐만 아니라 경계성 성격장애 및 기타 충동강박장애에서 발생할 수 있다(표 13-1). 정신병 치료제(제5장에서 논의)를 비롯한 기저질환에 대한 치료가 도움이 될 수 있다. 이러한 질환의 공격성과 폭력은 치매(그림 12-43 및 12-44)와 몇몇 기타 충동강박장애(표 13-1)에서 이미 설명한 것처럼 하향식 '중단' 신호와 상향식 욕동 및 '진행' 신호 사이의 불균형을 보여주는 사례로 간주될 수 있다. 충동적 공격성은 교묘하게 조종하고 계획된 것이기보다 점점 더 강박적으로 변하면서 일종의 중독성 행동으로 간주될 수 있으며, 순수한 정신약리학적 접근보다는 행동 개입을 통해 소거시켜야만 하는 습관일 수 있다.

요약

우리는 다양한 정신질환을 가로지르는 정신병리 차원에서 충동성과 강박성에 대한 현재의 개념화에 대해 논의했다. 보상행동과 약물중독은 가설상으로 동일한 기저 회로를 공유한다. 이러한 질환들은 처음에는 충동성이 특징이며, 충동성은 장기적인 이익보다 단기적인 보상을 선택하기 때문에 예방하기 어려운 행동으로 정의된다. 충동성은 가설상으로 전전두엽 배쪽선조체 보상회로와 연관되어 있다. 충동성은 강박성으로 전환될 수 있다. 강박성은 원래는 보상을 주는 행동이 긴장과 금단효과를 감소시키기 때문에 멈추기 어려운 습관이 되는 것으로 정의된다. 강박성은 가설상으로 전전두엽 등쪽 운동반응억제 회로와 연관되어 있다. 충동성과 충동성이 강박성으로 전환되는 과정의 기저에 있는 공통적인 신경생물학적 기전은 하향식 억제와 상향식 욕동 사이의 균형이 깨지는 것이다.

약물과 행동은 모두 충동성/강박성과 관련이 있을 수 있으며, 광범위한 약물중독 및 정신질환의 정신병리학적 차원을 구성할 수 있다. 이 장에서는 보상의 정신약리학과 보상을 조절하는 뇌 회로에 대해 논의하였다. 니코틴부터 알코올, 아편유사제, 자극제, 진정수면제, 대마, 환각제, 공감제, 해리제에 이르기까지 다양한 남용약물의 정신약리학적 작용기전을 설명하려고 시도하였다. 니코틴과 알코올의 경우 다양한 새로운 정신약리학적 치료가 논의되었으며, 여기에는 금연을 위한 $\alpha_4\beta_2$ 선택적 니코틴 부분작용제인 바레니클린, 아편유사제 중독에 대한 아편유사제 대체치료, 알코올과 아편유사제 중독에 대한 아편유사제 길항제 등이 포함되었다. 치료저항성 질환에 대한 해리제/환각제보조 정신치료의 발전된 사용과 마찬가지로 중독 치료에서 습관 소거의 사용이 탐구되고 있다. 전형적인 행위중독으로서의 폭식장애와 자극제를 이용한 폭식장애의 치료에 대해서 논의하였다. 충동적 폭력 또한 충동강박장애의 가능한 형태로서 언급하였다.

추천 도서 및 참고문헌

General References: Specialty Textbooks

Brunton LL (ed.) (2018) *Goodman and Gilman's The Pharmacological Basis of Therapeutics*, 13th edition. New York, NY: McGraw Medical.

Schatzberg AF, Nemeroff CB (eds.) (2017) *Textbook of Psychopharmacology*, 5th edition. Washington, DC: American Psychiatric Publishing.

General References:Textbooks in the *Stahl's Essential Psychopharmacology* Series

Cummings M, Stahl SM (2021) *Management of Complex, Treatment-Resistant Psychiatric Disorders*. Cambridge: Cambridge University Press.

Goldberg J, Stahl SM (2021) *Practical Psychopharmacology*. Cambridge: Cambridge University Press.

Kalali A, Kwentus J, Preskorn S, Stahl SM (eds.) (2012) *Essential CNS Drug Development*. Cambridge: Cambridge University Press.

Marazzitti D, Stahl SM (2019) *Evil, Terrorism and Psychiatry*. Cambridge: Cambridge University Press.

Moutier C, Pisani A, Stahl SM (2021) *Stahl's Handbooks: Suicide Prevention Handbook*. Cambridge: Cambridge University Press.

Pappagallo M, Smith H, Stahl SM (2012) *Essential Pain Pharmacology: the Prescribers Guide*. Cambridge: Cambridge University Press.

Reis de Oliveira I, Schwartz T, Stahl SM. (2014) *Integrating Psychotherapy and Psychopharmacology*. New York, NY: Routledge Press.

Silberstein SD, Marmura MJ, Hsiangkuo Y, Stahl SM (2016) *Essential Neuropharmacology: the Prescribers Guide*, 2nd edition. Cambridge: Cambridge University Press.

Stahl SM (2009) *Stahl's Illustrated: Antidepressants*. Cambridge: Cambridge University Press.

Stahl SM (2009) *Stahl's Ilustrated: Mood Stabilizers*. Cambridge: Cambridge University Press.

Stahl SM (2009) *Stahl's Illustrated: Chronic Pain and Fibromyalgia*. Cambridge: Cambridge University Press.

Stahl SM, Mignon L (2009) *Stahl's Illustrated: Attention Deficit Hyperactivity Disorder*. Cambridge: Cambridge University Press.

Stahl SM, Mignon L (2010) *Stahl's Illustrated: Antipsychotics*, 2nd edition. Cambridge: Cambridge University Press.

Stahl SM, Grady MM (2010) *Stahl's Illustrated: Anxiety and PTSD*. Cambridge: Cambridge University Press.

Stahl SM (2011) *Essential Psychopharmacology Case Studies*. Cambridge: Cambridge University Press.

Stahl SM (2018) *Stahl's Essential Psychopharmacology: the Prescribers Guide Children and Adolescents*. Cambridge: Cambridge University Press.

Stahl SM (2019) *Stahl's Self-Assessment Examination in Psychiatry: Multiple Choice Questions for Clinicians*, 3rd edition. Cambridge: Cambridge University Press.

Stahl SM (2021) *Stahl's Essential Psychopharmacology: the Prescribers Guide*, 7th edition. Cambridge: Cambridge University Press.

Stahl SM, Davis RL (2011) *Best Practices for Medical Educators*, 2nd edition. Cambridge: Cambridge University Press.

Stahl SM, Grady MM (2012) *Stahl's Illustrated: Substance Use and Impulsive Disorders*. Cambridge: Cambridge University Press.

Stahl SM, Moore BA (eds.) (2013) *Anxiety Disorders: a Concise Guide and Casebook for Psychopharmacology and Psychotherapy Integration*. New York, NY: Routledge Press.

Stahl SM, Morrissette DA (2014) *Stahl's Illustrated: Violence: Neural Circuits, Genetics and Treatment*. Cambridge: Cambridge University Press.

Stahl SM, Morrissette DA (2016) *Stahl's Illustrated: Sleep and Wake Disorders*, Cambridge: Cambridge University Press.

Stahl SM, Morrissette DA (2018) *Stahl's Illustrated: Dementia*. Cambridge: Cambridge University Press..

Stahl SM, Schwartz T (2016) *Case Studies: Stahl's Essential Psychopharmacology*, Volume 2. Cambridge: Cambridge University Press.

Stein DJ, Lerer B, Stahl SM (eds.) (2012) *Essential Evidence Based Psychopharmacolgy*, 2nd edition. Cambridge: Cambridge University Press.

Warburton KD, Stahl SM (2016) *Violence in Psychiatry*. Cambridge: Cambridge University Press.

Warburton KD, Stahl SM (2021) *Decriminalizing Mental Illness*. Cambridge: Cambridge University Press.

Chapters 1–3 (Basic Neuroscience): Textbooks

Byrne JH, Roberts JL (eds.) (2004) *From Molecules to Networds: An Introduction to Cellular and Molecular Neuroscience*. New York, NY: Elsevier.

Charney DS, Buxbaum JD, Sklar P, Nestler EJ (2018) *Charney and Nestler's Neurbiology of Mental Illness*, 5th edition. New York, NY: Oxford University Press.

Iversen LL, Iversen SD, Bloom FE, Roth RH (2009) *Introduction to Neuropsychopharmacology*. New York, NY: Oxford University Press.

Meyer JS, Quenzer LF (2019) *Psychopharmacology: Drugs, the Brain, and Behavior*, 3rd edition. New York, NY: Sinauer Associates, Oxford University Press.

Nestler EJ, Kenny PJ, Russo SJ, Schaefer A (2020) *Molecular Neuropharmacology: A Foundation for Clinical Neuroscience*, 4th edition. New York, NY: McGraw Medical.

Purves D, Augustine GJ, Fitzpatrick D, et al. (2018) *Neuroscience*, 6th edition. New York, NY: Sinauer Associates, Oxford University Press.

Squire LR, Berg D, Bloom FE, et al. (eds.) (2012) *Fundamental Neuroscience*, 4th edition. San Diego, CA: Academic Press.

Chapters 4 (Psychosis, Schizophrenia, and the Neurotransmitter Networks Dopamine, Serotonin, and Glutamate) and 5 (Targeting Dopamine and Serotonin Receptors for Psychosis, Mood, and Beyond: So-called "Antipsychotics")

Neuronal Networks – Serotonin, Dopamine, and Glutamate: Selected References

Alex KD, Pehak EA (2007) Pharmacological mechanisms of serotoninergic regulation of dopamine neurotransmission. *Pharmacol Ther* 113: 296–320.

Amargos-Bosch M, Bortolozzi A, Buig MV, et al. (2004) Co-expression and in vivo interaction of serotonin 1A and serotonin 2A receptors in pyramidal neurons of prefrontal cortex. *Cerbral Cortex* 14: 281–99.

Baez MV, Cercata MC, Jerusalinsky DA (2018) NMDA receptor subunits change after synaptic plasticity induction and learning and memory acquisition. *Neural Plast*, doi.org/10,1155/2018/5093048.

Beaulier JM, Gainetdinov RR (2011) The physiology, signaling and pharmacology of dopamine receptors. *Pharmacol Rev* 63: 182–217.

Belmer A, Quentin E, Diaz SL, et al. (2018) Positive regulation of raphe serotonin neurons by serotonin 2B receptors. *Neuropsychopharmacology* 42: 1623–32.

Calabresi P, Picconi B, Tozzi A, Ghiglieri V, Di Fillippo M (2014) Direct and indirect pathways of basal ganglia: a critical reappraisal. *Nature Neurosci* 17: 1022–30.

Cathala A, Devroye C, Drutel G, et al. (2019) Serotonin 2B receptors in the rat dorsal raphe nucleus exert a GABA-mediated tonic inhibitor control on serotonin neurons. *Exp Neurol* 311: 57–66.

De Bartolomeis A, Fiore G, Iasevoli F (2005) Dopamine glutamate interaction and antipsychotics mechanism of action: implication for new pharmacologic strategies in psychosis. *Curr Pharmaceut Design* 11: 3561–94.

DeLong MR, Wichmann T (2007) Circuits and Ciruit disorders of the basal ganglia. *Arch Neurol* 64: 20–4.

Fink KB, Gothert M (2007) 5HT receptor regulation of neurotransmitter release. *Pharmacol Rev* 59: 360–417.

Hansen KB, Yi F, Perszyk RE, et al (2018) Structure, function and allosteric modulation of NMDA receptors. *J Gen Physiol* 150: 1081–105.

Homayoun H, Moghaddam B (2007) NMDA receptor hypofunction produces opposite effects on prefrontal cortex interneurons and pyramidal neurons. *J Neurosci* 27: 11496–500.

Nicoll RA (2017) A brief history of long-term potentiation. *Neuron* 93: 281–99.

Paoletti P, Neyton J (2007) NMDA receptor subunits: function and pharmacology. *Curr Opin Pharmacol* 7: 39–47.

Scheefhals N, MacGillavry HD (2018) Functional organization of postsynaptic glutamate receptors. *Mol Cell Neurosci* 91: 82–94.

Sokoloff P, Le Foil B (2017) The dopamine D_3 receptor: a quarter century later. *Eur J Neurosci* 45: 2–19.

Stahl SM (2017) Dazzled by the dominions of dopamine: clinical roles of D_3, D_2, and D_1 receptors. *CNS Spectrums* 22: 305–11.

Dopamine, Serotonin, and Glutamate Theories of Psychosis, Including Schizophrenia, Parkinson's Disease Psychosis, and Dementia-Related Psychosis

Aghajanian GK, Marek GJ (2000) Serotonin model of schizophrenia: emerging role of glutamate mechanisms. *Brain Res Rev* 31: 302–12.

Bloomfield MAP, Morgan CJA, Egerton A, et al. (2014) Dopaminergic function in cannabis users and its relationship to cannabis-induced psychotic symptoms. *Biol Psychiatry* 75: 470–8.

Brugger SP, Anelescu I, Abi-Dargham A, et al. (2020) Heterogeneity and striatal dopamine function in schizophrenia: meta analysis of variance. *Biol Psychiatry* 67: 215–24.

Bubenikova-Valesova V, Horacek J, Vrajova M, et al. (2008) Models of schizophrenia in humans and animals based on inhibition of NMDA receptors. *Neurosci Biobehav Rev* 32: 1014–23.

Demjaha A, Murray RM, McGuire PK (2012) Dopamine synthesis capacity in patients with treatment resistant schizophrenia. *Am J Psychiatry* 169: 1203–10.

Driesen N, McCarthy G, Bhagwagar Z, et al (2013) The impact of NMDA receptor blockade on human working memory-related prefrontal function and connectivity. *Neuropsychopharmacol* 38: 2613–22.

Egerton A, Chaddock CA, Winton-Brown TT, et al. (2013) Presynaptic striatal dopamine dysfunction in people at ultra high risk for psychosis: findings in a second cohort. *Biol Psychiatry* 74: 106–12.

Gellings Lowe N, Rapagnani MP, Mattei C, Stahl SM (2012)The psychopharmacology of hallucinations: ironic insights into mechanisms of action. In *The Neuroscience of Hallucinations*, Jardri R, Thomas P, Cachia A and Pins D. (eds.), Berlin: Springer, 471–92.

Howes OD, Bose SK, Turkheimer F, et al. (2011) Dopamine synthsis capacity before onset of psychosis: a prospective ^{18}F-DOPA PET imaging study. *Am J Psychiatry* 169: 1311–17.

Howes OD, Montgomery AJ, Asselin MC, et al. (2009) Elevated striatal dopamine function linked to prodromal signs of schizophrenia. *Arch Gen Psychiatry* 66: 13–20.

Juahar S, Nour MM, Veronese M, et al. (2017) A test of the transdiagnostic dopamine hypothesis of psychosis using positron emission tomographic imaging in bipolar affective disorder and schizophrenia. *JAMA Psychiatry* 74: 1206–13.

Lodge DJ, Grace AA (2011) Hippocampal dysregulation of dopamine system function and the pathophysiology of schizophrenia. *Trends Pharmacol Sci* 32: 507–13.

McCutcheon RA, Abi-Dargham A, Howes OD (2019) Schizophrenia, dopamine and the striatum: from biology to symptoms. *Trends Neurosci* 42: 205–20.

Mizrahi R, Kenk M, Suridjan I, et al (2014) Stress induced dopamine response in subjects at clinical high risk for schizophrenia with and without concurrent cannabis use. *Neuropsychopharmacology* 39: 1479–89.

Paz RD, Tardito S, Atzori M (2008) Glutamatergic dysfunction in schizophrenia: from basic neuroscience to clinical psychopharmacology. *Eur Neuropsychopharmacol* 18: 773–86.

Stahl SM (2016) Parkinson's disease psychosis as a serotonin–dopamine imbalance syndrome. *CNS Spectrums* 21: 355–9.

Stahl SM (2018) Beyond the dopamine hypothesis of schizophrenia to three neural networks of psychosis: dopamine, serotonin, and glutamate. *CNS Spectrums* 23: 187–91.

Weinstein JJ, Chohan MO, Slifstein M, et al. (2017) Pathway-specific dopamine abnormalities in schizophrenia. *Biol Psychiatry* 81: 31–42.

General Schizophrenia: Selected and Recent References

Alphs LD, Summerfelt A, Lann H, Muller RJ (1989) The Negative Symptom Assessment: A new instrument to assess negative symptoms of schizophrenia. *Psychopharmacol Bull* 25: 159–63.

Arango C, Rapado-Castro M, Reig S, et al. (2012) Progressive brain changes in children and adolescents with first-episode psychosis. *Arch Gen Psychiatry* 69: 16–26.

Cruz DA, Weawver CL, Lovallo EM, Melchitzky DS, Lewis DA. (2009) Selective alterations in postsynaptic markers of chandelier cell inputs to cortical pyramidal neurons in subjects with schizophrenia. *Neuropsychopharmacology* 34: 2112–24.

Dragt S, Nieman DH, Schultze-Lutter F, et al. (2012) Cannabis use and age at onset of symptoms in subjects at clinical high risk for psychosis. *Acta Psychiatr Scand* 125: 45–53.

Eisenberg DP, Berman KF (2010) Executive function, neural circuitry, and genetic mechanisms in schizophrenia. *Neuropsychopharmacology* 35: 258–77.

Foti DJ, Kotov R, Guey LT, Bromet EJ (2010) Cannabis use and the course of schizophrenia: 10-year follow-up after first hospitalization. *Am J Psychiatry* 167: 987–93.

Fusar-Poli P, Bonoldi I, Yung AR, et al. (2012) Predicting psychosis: meta-analysis of transition outcomes in individuals at high clinical risk. *Arch Gen Psychiatry* 69: 220–9.

Goff DC, Zeng B, Ardelani BA, et al. (2018) Association of hippocampal atrophy with duration of untreated psychosis and molecular biomarkers during initial antipsychotic treatment of first episode psychosis. *JAMA Psychiatry* 75: 370–8.

Henry LP, Amminger GP, Harris MG, et al. (2010) The EPPIC follow up study of first episode psychosis: longer term clinical and functional outcome 7 years after index admission. *J Clin Psychiatry* 71: 716–28.

Kane JM, Robinson DG, Schooler NR, et al. (2016) Comprehensive versus usual community care for first-episode psychosis: 2-year outcomes from the NIMH RAISE early treatment program. *Am J Psychiatry* 173: 362–72.

Kendler KS, Ohlsson H, Sundquist J, et al. (2019) Prediction of onset of substance induced psychotic disorder and its progression to schizophrenia in a Swedish National Sample. *Am J Psychiatry* 176: 711–19.

Large M, Sharma S, Compton MT, Slade T, Nielssen O (2011) Cannabis use and earlier onset of psychosis. *Arch Gen Psychiatry* 68: 555–61.

Lieberman JA, Small SA, Girgis RR (2019) Early detection and preventive intervention in schizophrenia: from fantasy to reality. *Am J Psychiatry* 176: 794–810.

Mechelli A, Riecher-Rossler A, Meisenzahl EM, et al. (2011) Neuroanatomical abnormalities that predate the onset of psychosis. *Arch Gen Psychiatry* 68: 489–95.

Morrissette DA, Stahl SM (2014) Treating the violent patient with psychosis or impulsivity utilizing antipsychotic polypharmacy and high-dose monotherapy. *CNS Spectrums* 19: 439–48.

Stahl SM (2014) Deconstructing violence as a medical syndrome: mapping psychotic, impulsive, and predatory subtypes to malfunctioning brain circuits. *CNS Spectrums* 19: 357–65.

Stahl SM (2015) Is impulsive violence an addiction? The habit hypothesis. *CNS Spectrums* 20: 165–9.

Stahl SM, Morrissette DA, Cummings M (2014) California State Hospital Violence Assessment and Treatment (Cal-VAT) guidelines. *CNS Spectrums* 19: 449–65.

Wykes T, Huddy V, Cellard C, McGurk SR, Czobar P (2011) A meta-analysis of cognitive remediation for schizophrenia: methodology and effect sizes. *Am J Psychiatry* 168: 472–85.

Tardive Dyskinesia and Treatments

Artukoglu BB, Li F, Szejko N, et al. (2020) Pharmacologic treatment of tardive dyskinesia: a meta analysis and systematic review. *J Clin Psychiatry* 81: e1–11.

Bhidayasin R, Jitkretsandakul O, Friedman JH (2018) Updating the recommendations for treatment of tardive syndromes: a systematic review of new evidence and practical treatment algorithm. *J Neurol Sci* 389: 67–75.

Carbon M, Kane JM, Leucht S, et al. (2018) Tardive dyskinesia risk with first- and second-generation antipsychotics in comparative randomized controlled trials: a meta analysis. *World Psychiatry* 173: 330–40.

Citrome L (2017) Valbenazine for tardive dyskinesia: a systematic review of the efficacy and safety profile for this newly approved novel medication – what is the number needed to treat, number needed to harm and likelihood to be helped or harmed? *Int J Clin Practice*, doi.org 10.1111/ijcp.12964.

Citrome L (2017) Deutetrabenazine for tardive dyskinesia: a systematic review of the efficacy and safety profile for this newly approved novel medication – what is the number needed to treat, number needed to harm and likelihood to be helped or harmed? *Int J Clin Practice*, doi.org 10.1111/ijcp.13030.

Jacobsen FM (2015) Second generation antipsychotics and tardive syndromes in affective illness: a public health problem with neuropsychiatric consequences. *Am J Public Health* 105: e10–16.

Niemann N, Jankovic J (2018) Treatment of tardive dyskinesia: a general overview with focus on the vesicular monoamine transporter 2 inhibitors. *Drugs* 78: 525–41.

Stahl SM (2017) Neuronal traffic signals in tardive dyskinesia: not enough "stop" in the motor striatum. *CNS Spectrums* 22: 427–34.

Stahl SM (2018) Mechanism of action of vesicular monoamine transporter 2 (VMAT2) inhibitors in tardive dyskinesia: reducing dopamine leads to less "go" and more "stop" from the motor striatum for robust therapeutic effects. *CNS Spectrums* 23: 1–6.

Stahl SM (2018) Comparing pharmacological mechanism of action for the vesicular monoamine transporter 2 (VMAT2) inhibitors valbenazine and deutetrabenazine in treating tardive dyskinesia: does one have advantages over the other? *CNS Spectrums* 23: 239–47.

Woods SW, Morgenstern H, Saksa JR, et al. (2010) Incidence of tardive dyskinesia with atypical versus conventional antipsychotic medications: a prospective cohort study. *J Clin Psychiatry* 71: 463–74.

Long-Acting Injectables

Brissos S, Veguilla MR, Taylor D, et al. (2014) The role of long-acting injectable antipsychotics in schizophrenia: a critical appraisal. *Ther Adv Psychopharmacol* 4: 198–219.

Kishimoto T, Nitto M, Borenstein M, et al. (2013) Long acting injectable versus oral antipsychotics in schizophrenia: a systematic review and meta analysis of mirror image studies. *J Clin Psychiatry* 74: 957–65.

MacEwan JP, Kamat SA, Duffy RA, et al. (2016) Hospital readmission rates among patients with schizophrenia treated with long acting injectables or oral antipsychotics. *Psychiatr Serv* 67: 1183–8.

Meyer JM (2013) Understanding depot antipsychotics: an illustrated guide to kinetics. *CNS Spectrums* 18: 58–68.

Meyer JM (2017) Converting oral to long acting injectable antipsychotics: a guide for the perplexed. *CNS Spectrums* 22: 17–27.

Stahl SM (2014) Long-acting injectable antipsychotics: shall the last be first? *CNS Spectrums* 19: 3–5.

Tiihonen J, Haukka J, Taylor M, et al. (2011) A nationwide cohort study of oral and depot antipsychotics after first hospitalization for schizophrenia. *Am J Psychiatry* 168: 603–9.

Serotonin Dopamine Drugs for Psychosis and Mood: Updates and Newer Drugs

Berry MD, Gainetdinov RR, Hoener MC, et al. (2017) Pharmacology of human trace amine-associated receptors: therapeutic opportunities and challenges. *Pharmacol Ther* 180: 161–80.

Brannan S (2020) KarXT (a new mechanism antipsychotic based on xanomeline) is superior to placebo in patients with schizophrenia: phase 2 clinical trial results. Abstract, American Society of Clinical Psychopharmacology Annual Meeting.

Citrome L (2015) Brexpiprazole for schizophrenia and as adjunct for major depressive disorder: a systematic review of the efficacy and safety profile for the newly approved antipsychotic – what is the number needed to treat, number needed to harm and likelihood to be helped or harmed? *Int J Clin Pract* 69: 978–97.

Correll CU, Davis RE, Weingart M, et al. (2020) Efficacy and safety of lumateperone for treatment of schizophrenia: a randomized clinical trial. *JAMA Psychaitry* 77: 349–58.

Dedic N, Jones PG, Hopkins SC, et al. (2019) SEP363856: a novel psychotropic agent with unique non D_2 receptor mechanism of actions. *J Pharmacol Exp Ther* 371: 1–14.

Earley W, Burgess MV, Rekeda L, et al. (2019) Cariprazine treatment of bipolar depression: a randomized double-blind placebo-controlled phase 3 study, *Am J Psychiatry* 176: 439–48.

Gainetdinov RR, Hoener MC, Berry MD (2018) Trace amines and their receptors. *Pharmacol Rev* 70: 549–620.

Koblan KS, Kent J, Hopkins SC, Krystal JH, et al. (2020) A non-D_2-receptor-binding drug for the treatment of schizophrenia. *New Engl J Med* 382: 1407–506.

TD and Its Treatment

Lieberman JA, Davis RE, Correll CU, et al. (2016) ITI-007 for the treatment of schizophrenia: a 4-week randomized, double-blind, controlled trial. *Biol Psychiatry* 79: 952–6.

Loebel A, Cucchiaro J, Silva R, et al. (2014) Lurasidone monotherapy in the treatment of bipolar I depression: a randomized double-blind, placebo-controlled study. *Am J Psychiatry* 171: 160–8.

Loebel A, Cucchiaro J, Silva R, et al. (2014) Lurasidone as adjunctive therapy with lithium or valproate for the treatment of bipolar I depression: a randomized, double blind, placebo-controlled study. *Am J Psychiatry* 171: 169–77.

Marder SR, Davis JM, Couinard G (1997) The effects of risperidone on the five dimensions of schizophrenia derived by factor analysis: combined results of the north American trials. *J Clin Psychiatry* 58: 538–46.

McIntyre RS, Suppes T, Early W, Patel M, Stahl SM (2020) Cariprazine efficacy in bipolar I depression with and without concurrent manic symptoms: post hoc analysis of three randomized, placebo-controlled studies. *CNS Spectrums* 25: 502–10.

Meyer JM, Cummings MA, Proctor G, Stahl SM (2016) Psychopharmacology of persistent violence and aggression. *Psychiatr Clin N Am* 39: 541–56.

Meyer JM, Stahl SM (2020) *Stahl's Handbooks: the Clozapine Handbook*. Cambridge: Cambridge University Press.

Nemeth G, Laszlovszky I, Czoboar P, et al. (2017) Cariprazine versus risperidone monotherapy for treatment of predominant negative symptoms in patients with schizophrenia: a randomized double-blind controlled trial. *Lancet* 389: 1103–13.

Pei Y, Asif-Malik A, Canales JJ (2016) Trace amines and the trace amine-associated receptor 1: pharmacology, neurochemistry and clinical implications. *Front Neurosci* 10: 148.

Perkins DO, Gu H, Boteva K, Lieberman JA (2005) Relationship between duration of untreated psychosis and outcome in first episode schizophrenia: a critical review and meta-analysis. *Am J Psychiatry* 162: 1785–804.

Roth BL. Ki determinations, receptor binding profiles, agonist and/or antagonist functional data, HERG data, MDR1 data, etc. as appropriate was generously provided by the National Institute of Mental Health's Psychoactive Drug Screening Program, Contract # HHSN-271-2008-00025-C (NIMH PDSP). The NIMH PDSP is directed by Bryan L. Roth MD, PhD at the University of North Carolina at Chapel Hill and Project Officer Jamie Driscol at NIMH, Bethesda MD, USA. For experimental details please refer to the PDSP website http://pdsp.med.unc.edu/

Schwartz MD, Canales JJ, Zucci R, et al. (2018) Trace amine associated receptor 1: a multimodal therapeutic target for neuropsychiatric diseases. *Expert Opin Ther Targets* 22: 513–26.

Shekar A, Potter WZ, Lightfoot J, et al. (2008) Seletive muscarinic receptor agonist xanomeline as a novel treatment approach for schizophrenia. *Am J Psychiatry* 165: 1033–9.

Snyder GL, Vanover KE, Zhu H, et al. (2014) Functional profile of a novel modulator of serotonin, dopamine and glutamate neurotransmission. *Psychopharmacology* 232: 605–21.

Stahl SM (2013) Classifying psychotropic drugs by mode of action and not by target disorder. *CNS Spectrums* 18: 113–17.

Stahl SM (2013) Role of α1 adrenergic antagonism in the mechanism of action of iloperidone: reducing extrapyramidal symptoms. *CNS Spectrums* 18: 285–8.

Stahl SM (2014) Clozapine: is now the time for more clinicians to adopt this orphan? *CNS Spectrums* 19: 279–81.

Stahl SM (2016) Mechanism of action of brexpiprazole: comparison with aripiprazole. *CNS Spectrums* 21: 1–6.

Stahl SM (2016) Mechanism of action of cariprazine. *CNS Spectrums* 21: 123–7.

Stahl SM (2016) Mechanism of action of pimavanserin in Parkinson's disease psychosis: targeting serotonin $5HT_{2A}$ and $5HT_{2C}$ receptors. *CNS Spectums* 21: 271–5.

Stahl SM (2017) Drugs for psychosis and mood: unique actions at D_3, D_2, and D_1 dopamine receptor subtypes. *CNS Spectrums* 22: 375–84.

Stahl SM, Cucchiaro J, Sinonelli D, et al. (2013) Effectiveness of lurasidone for patients with schizophrenia following 6 weeks of acute treatment with lurasidone, olanazapine, or placebo: a 6-month, open-label study. *J Clin Psychiatry* 74: 507–15.

Stahl SM, Laredo SA, Morrissette DA (2020) Cariprazine as a treatment across the bipolar I spectrum from depression to mania: mechanism of action and review of clinical data. *Ther Adv Psychopharmacol* 10: 1–11.

Stahl SM, Morrissette DA, Citrome L, et al. (2013) "Meta-guidelines" for the management of patients with schizophrenia. *CNS Spectrums* 18: 150–62.

Suppes T, Silva R, Cuccharino J, et al. (2016) Lurasidone for the treatment of major depressive disorder with mixed features: a randomized, double blind placebo controlled study. *Am J Psychiatry* 173: 400–7.

Tarazi F, Stahl SM (2012) Iloperidone, asenapine and lurasidone: a primer on their current status. *Expert Opin Pharmacother* 13: 1911–22.

Thase ME, Youakim JM, Skuban A, et al. (2015) Efficacy and safety of adjunctive brexpiprazole 2 mg in major depressive disorder. *J Clin Psychiatry* 76: 1224–31.

Zhang L, Hendrick JP (2018) The presynaptic D2 partial agonist lumateperone acts as a postsynaptic D2 antagonist. *Matters*: doi: 10.19185/matters.201712000006.

Chapters 6 (Mood Disorders) and 7 (Treatment of Mood Disorders), including Norepinephrine and GABA

Neuronal Networks – Norepinephrine, GABA, and Neuroactive Steroids: Selected References

Alvarez LD, Pecci A, Estrin DA (2019) In searach of GABA A receptor's neurosteroid binding sites. *J Med Chem* 62: 5250–60.

Belelli D, Hogenkamp D, Gee KW, et al. (2020) Realising the therapeutic potential of neuroactive steroid modulators of the GABA A receptor. *Neurobiol Stress* 12: 100207.

Botella GM, Salitur FG, Harrison BL, et al. (2017) Neuroactive steroids. 2. 3α-hydroxy-3β-methyl-21-(4-cyano-1H-pyrazol-1′-yl)-19-nor-5β-pregnan-20-one (SAGE 217): a clinical next generation neuroactive steroid positive allosteric modulator of the GABA A receptor. *J Med Chem* 60: 7810–19.

Chen ZW, Bracomonies JR, Budelier MM, et al. (2019) Multiple functional neurosteroid binding sites on GABA A receptors. *PLOS Biol* 17: e3000157; doi.org/10.137/journal.pbio.3000157.

Gordon JL, Girdler SS, Meltzer-Brody SE, et al. (2015) Ovarian hormone fluctuation, neurosteroids and HPA axis dysregulation in perimenopausal depression: a novel heuristic model. *Am J Psychiatry* 172: 227–36.

Gunduz-Bruce H, Silber C, Kaul I, et al. (2019) Trial of SAGE 217 in patients with major depressive disorder. *New Engl J Med* 381: 903–11.

Luscher B, Mohler H (2019) Brexanolone, a neurosteroid antidepressant, vindicates the GABAergic deficit hypothesis of depression and may foster reliance. *F1000Research* 8: 751.

Marek GJ, Aghajanian GK (1996) Alpha 1B-adrenoceptor-mediated excitation of piriform cortical interneurons. *Eur J Pharmacol* 305: 95–100.

Marek GJ, Aghajanian GK (1999) $5HT_{2A}$ receptor or alpha 1-adrenoceptor activation induces excitatory postsynaptic currents in layer V pyramidal cells of the medial prefrontal cortex. *Eur J Pharmacol* 367: 197–206.

Meltzer-Brody S, Kanes SJ (2020) Allopregnanolone in postpartum depression: role in pathophysiology and treatment. *Neurobiol Stress* 12: 100212.

Pieribone VA, Nicholas AP, Dagerlind A, et al. (1994) Distribution of alpha 1 adrenoceptors in rat brain revealed by in situ hybridization experiments utilizing subtype specific probes. *J Neurosci* 14: 4252–68.

Price DT, Lefkowitz RJ, Caron MG, et al. (1994) Localization of mRNA for three distinct alpha1 adrenergic receptor sybtypes in human tissues: implications for human alpha adrenergic physiology. *Mol Pharmacol* 45: 171–5.

Ramos BP, Arnsten AFT (2007) Adrenergic pharmacology and cognition: focus on the prefrontal cortex. *Pharmacol Ther* 113: 523–36.

Santana N, Mengod G, Artigas F (2013) Expression of alpha1 adrenergic receptors in rat prefrontal cortex: cellular colocalization with $5HT_{2A}$ receptors. *Int J Neuropsychopharmacol* 16: 1139–51.

Zorumski CF, Paul SM, Covey DF, et al. (2019) Neurosteroids as novel antidepressants and anxiolytics: GABA A receptors and beyond. *Neurobiol Stress* 11: 100196.

Mood Disorders – Depression, Bipolar Disorder: Selected and Recent References

Bergink V, Bouvy PF, Vervoort JSP, et al. (2012) Prevention of postpartum psychosis and mania in women at high risk. *Am J Psychiatry* 169: 609–16.

Bogdan R, Williamson DE, Hariri AR. (2012) Mineralocorticoid receptor Iso/Val (rs5522) genotype moderates the association between previous childhood emotional neglect and amygdala reactivity. *Am J Psychiatry* 169: 515–22.

Brites D, Fernandes A (2015) Neuroinflammation and depression: microglia activion, extracellular microvesicles and micro RNA dysregulation. *Front Cell Neurosci* 9: 476.

Fiedorowicz JG, Endicott J, Leon AC, et al. (2011) Subthreshold hypomanic symptoms in progression from unipolar major depression to bipolar disorder. *Am J Psychiatry* 168: 40–8.

Goldberg JF, Perlis RH, Bowden CL, et al. (2009) Manic symptoms during depressive episodes in 1,380 patients with bipolar disorder: findings from the STEP-BD. *Am J Psychiatry* 166: 173–81.

McIntyre RS, Anderson N, Baune BT, et al. (2019) Expert consensus on screening assessment of cognition in psychiatry. *CNS Spectrums* 24: 154–62.

Price JL, Drevets WC (2010) Neurocircuitry of mood disorders. *Neuropsychopharmacology* 35: 192–216.

Rao U, Chen LA, Bidesi AS, et al. (2010) Hippocampal changes associated with early-life adversity and vulnerability to depression. *Biol Psychiatry* 67: 357–64.

Roiser JP, Elliott R, Sahakian BJ (2012) Cognitive mechanisms of treatment in depression. *Neuropsychopharmacology* 37: 117–36.

Roiser JP, Sahakian BJ (2013) Hot and cold cognition in depression. *CNS Spectrums* 18: 139–49.

Roy A, Gorodetsky E, Yuan Q, Goldman D, Enoch MA (2010) Interaction of *FKBP5*, a stress-related gene, with childhood trauma increases the risk for attempting suicide. *Neuropsychopharmacology* 35: 1674–83.

Semkovska M, Quinlivan L, Ogrady T, et al. (2019) Cognitive function following a major depressive episode: a systematic review and meta-analysis. *Lancet Psychiatry* 6: 851–61.

Stahl SM (2017) Psychiatric pharmacogenomics: how to integrate into clinical practice. *CNS Spectrums* 22: 1–4.

Stahl SM (2017) Mixed-up about how to diagnose and treat mixed features in major depressive episodes. *CNS Spectrums* 22: 111–15.

Stahl SM, Morrissette DA (2017) Does a "whiff" of mania in a major depressive episode shift treatment from a classical antidepressant to an atypical/second-generation antipsychotic? *Bipolar Disord* 19: 595–6.

Stahl SM, Morrissette DA (2019) Mixed mood states: baffled, bewildered, befuddled and bemused.*Bipolar Disord* 21: 560–1.

Stahl SM, Morrissette DA, Faedda G, et al. (2017) Guidelines for the recognition and management of mixed depression. *CNS Spectrums* 22: 203–19.

Yatham LN, Liddle PF, Sossi V, et al. (2012) Positron emission tomography study of the effects of tryptophan depletion on brain $serotonin_2$ receptors in subjects recently remitted from major depression. *Arch Gen Psychiatry* 69: 601–9.

Serotonin Dopamine Drugs for Mood

See above references for Chapters 4 and 5

Ketamine/Esketamine and NMDA Antagonists (Dextromethorphan, Dextromethadone)

Aan het Rot M, Collins KA, Murrough JW, et al. (2010) Safety and efficacy of repeated dose intravenous ketamine for treatment resistant depression. *Biol Psychiatry* 67: 139–45.

Abdallah CG, DeFeyter HM, Averill LA, et al. (2018) The effects of ketamine on prefrontal glutamate neurotransmission in healthy and depressed subjects. *Neuropsychopharmacology* 43: 2154–60.

Anderson A, Iosifescu DV, Macobsen M, et al. (2019) Efficacy and safety of AXS-05, an oral NMDA receptor antagonist with multimodal activity, in major depressive disorder: results of a phase 2, double blind active controlled trial. Abstract, American Society of Clincal Psychopharmacology Annual Meeting.

Deyama S, Bang E, Wohleb ES, et al. (2019) Role of neuronal VEGF signaling in the prefrontal cortex in the rapid antidepressant effects of ketamine. *Am J Psychiatry* 176: 388-400.

DiazGranados N, Ibrahim LA, Brutsche NE, et al. (2010) Rapid resolution of suicidal ideation after a single infusion of an *N*-methyl-D-aspartate antagonist in patients with treatment-resistant depressive disorder. *J Clin Psychiatry* 71: 1605–11.

Duman RS, Voleti B (2012) Signaling pathways underlying the pathophysiology and treatment of depression: novel mechanisms for rapid-acting agents. *Trends Neurosci* 35: 47–56.

Dwyer JM, Duman RS (2013) Activation of mammalian target of rapamycin and synaptogenesis: role in the actions of rapid acting antidepressants. *Biol Psychiatry* 73: 1189–98.

Fu DJ, Ionescu DF, Li X, et al. (2020) Esketamine nasal spray for rapid reduction of major depressive disorder symptoms in patients who have active suicidal ideation with intent: double blind randomized study (ASPIRE K). *J Clin Psychiatry* 61: doi.org/10.4088/JCP.19m13191.

Hanania T, Manfredi P, Inturrisi C, et al. (2020) The NMDA antagonist dextromethadone acutely improves depressive like behavior in the forced swim test performance of rats. *AA Rev Public Health* 34: 119–38.

Hasler G (2020) Toward specific ways to combine ketamine and psychotherapy in treating depression. *CNS Spectrums* 25: 445–7.

Ibrahim L, Diaz Granados N, Franco-Chaves J (2012) Course of improvement in depressive symptoms to a single intravenous infusion of ketamine vs. add-on riluzole: results from a 4-week, double-blind, placebo-controlled study. *Neuropsychopharmacology* 37: 1526–33.

Li N, Lee, Lin RJ, et al. (2010) mTor-dependent synapse formation underlies the rapid antidepressant effects of NMDA antgonists. *Science* 329: 959–64.

Monteggia LM, Gideons E, Kavalali EG (2013) The role of eukaryotic elongation factor 2 kinase in rapid antidepressant action of ketamine. *Biol Psychiatry* 73: 1199–203.

Mosa-Sava RN, Murdock MH, Parekh PK, et al. (2019) Sustained rescue of prefrontal circuit dysfunction by antidepressant induced spine formation. *Science* 364: doi: 10.1126/Science.aat80732019.

Murrough JW, Perez AM, Pillemer S, et al. (2013) Rapid and longer-term antidepressant effects of repeated ketamine infusions in treatment resistant major depression. *Biol Psychiatry* 74: 250–6.

O'Gorman C, Iosifescu DV, Jones A, et al. (2018) Clinical development of AXS-05 for treatment resistant depression and agitation associated with Alzheimer's disease. Abstract, American Society of Clinical Psychopharmacology Annual Meeting.

O'Gorman C, Jones A, Iosifescu DV, et al. (2020) Efficacy and safety of AXS-05, an oral NMDA receptor antagonist with multimodal activity in major depressive disorder: results from the GEMINI phase 3, double blind placebo-controlled trial. Abstract, American Society of Clinical Psychopharmacology Annual Meeting.

Phillips JL, Norris S, Talbot J, et al. (2019) Single, repeated and maintenance ketamine infusions for treatment resistant depression: a randomized controlled trial. *Am J Psychiatry* 176: 401–9.

Price RB, Nock MK, Charney DS, Mathew SJ (2009) Effects of intravenous ketamine on explicit and implicit measures of suicidality in treatment-resistant depression. *Biol Psychiatry* 66: 522–6.

Salvadore G, Cornwell BR, Sambataro F, et al. (2010) Anterior cingulate desynchronization and functional connectivity with the amygdala during a working memory task predict rapid antidepressant response to ketamine. *Neuropsychopharmacology* 35: 1415–22.

Stahl SM (2013) Mechanism of action of ketamine. *CNS Spectrums* 18: 171–4.

Stahl SM (2013) Mechanism of action of dextromethorphan/quinidine: comparison with ketamine. *CNS Spectrums* 18: 225–7.

Stahl SM (2016) Dextromethorphan–quinidine-responsive pseudobulbar affect (PBA): psychopharmacological model for wide-ranging disorders of emotional expression? *CNS Spectrums* 21: 419–23.

Stahl SM (2019) Mechanism of action of dextromethorphan/bupropion: a novel NMDA antagonist with multimodal activity. *CNS Spectrums* 24: 461–6.

Wajs E, Aluisio L, Holder R, et al. (2020) Esketamine nasal spray plus oral antidepressant in patients with treatment resistant depression: assessment of long term safety in a phase 3 open label study (SUSTAIN2). *J Clin Psychiatry* 81: 19m12891.

Williams NR, Heifets B, Blasey C, et al. (2018) Attenuation of antidepressant effects of ketamine by opioid receptor antagonism. *Am J Psychiatry* 175: 1205–15

Zarate Jr. CA, Brutsche NE, Ibrahim L (2012) Replication of ketamine's antidepressant efficacy in bipolar depression: a randomized controlled add-on trial. *Biol Psychiatry* 71: 939–46.

Mood Disorder Treatments: Updates and Other Newer Drugs

Alvarez E, Perez V, Dragheim M, Loft H, Artigas F (2012) A double-blind, randomized, placebo-controlled, active reference study of Lu AA21004 in patients with major depressive disorder. *Int J Neuropsychopharmacol* 15: 589–600.

BALANCE investigators and collaborators, et al. (2010) Lithium plus valproate combination therapy versus monotherapy for relapse prevention in bipolar I disorder (BALANCE): a randomized open-label trial. *Lancet* 375: 385–95.

Baldessarini RJ, Tondo L, Vazquez GH (2019) Pharmacological treatment of adult bipolar disorder. *Mol Psychiatry* 24: 198–217.

Bang-Andersen B, Ruhland T, Jorgensen M, et al. (2011) Discovery of 1-[2-(2,4-dimethylphenylsulfanyl)phenyl] piperazine (LuAA21004): a novel multimodal compound for the treatment of major depressive disorder. *J Med Chem* 54: 3206–21.

Carhart-Harris RL, Bolstridge M, Day CMG, et al. (2018) Psilocybin with psychological support for treatment-resistant depression: six month follow up. *Psychopharmacology* 235: 399–408.

Carhart-Harris RL, Bolstridge M, Rucker J, et al. (2016) Psilocybin with psychological support for treatment resistant depression: an open label feasibility study. *Lancet Psychiatry* 3: 619–27.

Carhart-Harris RL, Goodwin GM (2017) The therapeutic potential of psychedelic drugs: past, present and future, *Neuropsychopharmacology* 42: 2105–13.

Carhart-Harris RL, Leech R, Williams TM, et al. (2012) Implications for psychedelic assisted psychotherapy: a functional magnetic resonance imaging study with psilocybin. *Br J Psychiatry*: doi:10.1192/bjp.bp.111.103309.

Chiu CT, Chuan DM (2010) Molecular actions and therapeutic potential of lithium in preclinical and clinical studies of CNS disorders. *Pharmacol Ther* 128: 281–304.

Cipriani A, Pretty H, Hawton K, Geddes JR (2005) Lithium in the prevention of suicidal behavior and all-cause mortality in patients with mood disorders: a systematic review of randomized trials. *Am J Psychiatry* 162: 1805–19.

Frye MA, Grunze H, Suppes T, et al. (2007) A placebo-controlled evaluation of adjunctive modafinil in the treatment of bipolar depression. *Am J Psychiatry* 164: 1242–9.

Grady M, Stahl SM (2012) Practical guide for prescribing MAOI: Debunking myths and removing barriers. *CNS Spectrums* 17: 2–10.

Mork A, Pehrson A, Brennum LT, et al. (2012) Pharmacological effects of Lu AA21004: a novel multimodal compound for the treatment of major depressive disorder. *J Pharmacol Exp Ther* 340: 666–75.

Pasquali L, Busceti CL, Fulceri F, Paparelli A, Fornai F (2010) Intracellular pathways underlying the effects of lithium. *Behav Pharmacol* 21: 473–92.

Perlis RH, Ostacher MJ, Goldberg JF, et al. (2010) Transition to mania during treatment of bipolar depression. *Neuropsychopharmacology* 35: 2545–52.

Pompili M, Vazquez GH, Forte A, Morrissette DA, Stahl SM (2020) Pharmacological treatment of mixed states. *Psychiatr Clin N Am* 43: 157–86. doi:10.1016/j.psc.2019.10.015

Schwartz TL, Siddiqui US, Stahl SM (2011) Vilazodone: a brief pharmacologic and clinical review of the novel SPARI (serotonin partial agonist and reuptake inhibitor). *Ther Adv Psychopharmacol* 1: 81–7.

Settimo L, Taylor D (2018) Evaluating the dose-dependent mechanism of action of trazodone by estimation of occupancies for different brain neurotransmitter targets. *J Psychopharmacol* 32: 960104.

Stahl SM (2009) Mechanism of action of trazodone: a multifunctional drug. *CNS Spectrums* 14: 536–46.

Stahl SM (2012) Psychotherapy as an epigenetic "drug": psychiatric therapeutics target symptoms linked to malfunctioning brain circuits with psychotherapy as well as with drugs. *J Clin Pharm Ther* 37: 249–53.

Stahl SM (2014) Mechanism of action of the SPARI vilazodone: (serotonin partial agonist reuptake inhibitor). *CNS Spectrums* 19: 105–9.

Stahl SM (2014) Mechanism of action of agomelatine: a novel antidepressant exploiting synergy between monoaminergic and melatonergic properties. *CNS Spectrums* 19: 207–12.

Stahl SM (2015) Modes and nodes explain the mechanism of action of vortioxetine, a multimodal agent (MMA): enhancing serotonin release by combining serotonin (5HT) transporter inhibition with actions at 5HT receptors ($5HT_{1A}$, $5HT_{1B}$, $5HT_{1D}$, $5HT_7$ receptors). *CNS Spectrums* 20: 93–7.

Stahl SM (2015) Modes and nodes explain the mechanism of action of vortioxetine, multimodal agent (MMA): actions at serotonin receptors may enhance downstream release of four pro-cognitive neurotransmitters. *CNS Spectrums* 20: 515–19.

Stahl SM, Fava M, Trivedi M (2010) Agomelatine in the treatment of major depressive disorder: an 8 week, multicenter, randomized, placebo-controlled trial. *J Clin Psychiatry* 71: 616–26.

Undurraga J, Baldessarini RJ, Valenti M, et al. (2012) Bipolar depression: clinical correlates of receiving antidepressants. *J Affect Disord* 139: 89–93.

Zajecka J, Schatzberg A, Stahl SM, et al. (2010) Efficacy and safety of agomelatine in the treatment of major depressive disorder: a multicenter, randomized, double-blind, placebo-controlled trial. *J Clin Psychopharmacol* 30: 135–44.

Chapter 8 (Anxiety and Trauma)

Anxiety Disorders: Psychopharmacology and Psychotherapy

Batelaan NM, Van Balkom AJLM, Stein DJ (2010) Evidence-based pharmacotherapy of panic disorder: an update. *Int J Neuropsychopharmacol* 15: 403–15.

De Oliveira IR, Schwartz T, Stahl SM (eds.) (2014) *Integrating Psychotherapy and Psychopharmacology*. New York, NY: Routledge Press.

Etkin A, Prater KE, Hoeft F, et al. (2010) Failure of anterior cingulate activation and connectivity with the amygdala during implicit regulation of emotional processing in generalized anxiety disorder. *Am J Psychiatry* 167: 545–54.

Monk S, Nelson EE, McClure EB, et al. (2006) Ventrolateral prefrontal cortex activation and attentional bias in response to angry faces in adolescents with generalized anxiety disorder. *Am J Psychiatry* 163: 1091–7.

Otto MW, Basden SL, Leyro TM, McHugh K, Hofmann SG (2007) Clinical perspectives on the combination of D-cycloserine and cognitive behavioral therapy for the treatment of anxiety disorders. *CNS Spectrums* 12: 59–61.

Otto MW, Tolin DF, Simon NM, et al. (2010) Efficacy of D-cycloserine for enhancing response to cognitive-behavior therapy for panic disorder. *Biol Psychiatry* 67: 365–70.

Stahl SM (2010) *Stahl's Illustrated: Anxiety and PTSD*. Cambridge: Cambridge University Press.

Stahl SM (2012) Psychotherapy as an epigenetic "drug": psychiatric therapeutics target symptoms linked to malfunctioning brain circuits with psychotherapy as well as with drugs. *J Clin Pharm Ther* 37: 249–53.

Stahl SM, Moore BA (eds.) (2013) *Anxiey Disorders: A Guide for Integrating Psychopharmacology and Psychotherapy*. New York, NY: Routledge Press.

Stress/Early Life Adversity

Chen Y, Baram TZ (2016) Toward understanding how early life stress reprograms cognitive and emotional brain networks. *Neuropsychopharm Rev* 41: 187–296.

Hanson JL, Nacewicz BM, Suggerer MJ, et al. (2015) Behavioral problems after early life stress: contributions of the hippocampus and amygdala. *Biol Psychiatry* 77: 314–23.

Kundakavic M, Champagne FA (2015) Early life experience, epigenetics and the developing brain. *Neuropsychopharmacol Rev* 40: 141–53.

Marusak HA, Martin K, Etkin A, et al. (2015) Childhood trauma exposure disrupts the automatic regulation of emotional processing. *Neuropsychopharmacology* 40: 1250–8.

McEwen BS, Nasca C, Gray JD (2016) Stress effects on neuronal structure: hippocampus, amygdala and prefrontal cortex. *Neuropsychopharm Rev* 41: 3–23.

McLaughlin KA, Sheridan MA, Gold AL, et al. (2016) Maltreatment exposure, brain structure and fear conditioning in children and adolescents. *Neuropsychopharmacology* 41: 1956–65.

Teicher MH, Anderson CM, Ohashi K, et al. (2014) Childhood maltreatment: altered network centrality of cingulate precuneus, temporal pole and insula. *Biol Psychiatry* 76: 297–305.

Tyrka AR, Burgers DE, Philip NS (2013) The neurobiological correlates of childhood adversity and implications for treatment. *Acta Psychiatr Scand* 138: 434–47.

Zhang JY, Liu TH, He Y, et al. (2019) Chronic stress remodels synapses in an amygdala circuit-specific manner. *Biol Psychiatry* 85: 189–201.

Fear Conditioning/Fear Extinction/Reconsolidation/Circuitry

Anderson KC, Insel TR (2006) The promise of extinction research for the prevention and treatment of anxiety disorders. *Biol Psychiatry* 60: 319–21.

Barad M, Gean PW, Lutz B. (2006) The role of the amygdala in the extinction of conditioned fear. *Biol Psychiatry* 60: 322–8.

Bonin RP, De Koninck Y (2015) Reconsolidation and the regulation of plasticity: moving beyond memory. *Trends Neurosci* 38: 336–44.

Dejean C, Courtin J, Rozeaske RR, et al. (2015) Neuronal circuits for fear expression and recovery: recent advances and potential therapeutic strategies. *Biol Psychiatry* 78: 298–306.

Feduccia AA, Mithoefer MC (2018) MDMA-assisted psychotherapy for PTSD: are memory reconsolidation and fear extinction underlying mechanisms. *Prog Neuropsychopharmacol Biol Psychiatry* 84: 221–8.

Fox AS, Oler JA, Tromp DPM, et al. (2015) Extending the amygdala in theories of threat processing. *Trends Neurosci* 38: 319–29.

Giustino RF, Seemann JR, Acca GM, et al. (2017) Beta adrenoceptor blockade in the basolateral amygdala, but not the medial prefrontal cortex, rescues the immediate extinction deficit. *Neuropsychopharmacol* 42: 2537–44.

Graham BM, Milad MR (2011) The study of fear extinction: implications for anxiety disorder. *Am J Psychiatry* 168: 1255–65.

Hartley CA, Phelps EA (2010) Changing fear: the neurocircuitry of emotion regulation. *Neuropsychopharmacol Rev* 35: 136–46.

Haubrich J, Crestani AP, Cassini LF, et al. (2015) Reconsolidation allows fear memory to be updated to a less aversive level through the incorporation of appetitive information. *Neuropsychopharmacology* 40: 315–26.

Hermans D, Craske MG, Mineka S, Lovibond PF (2006) Extinction in human fear conditioning. *Biol Psychiatry* 60: 361–8.

Holbrook TL, Galarneau ME, Dye JL, et al. (2010) Morphine use after combat injury in Iraq and post traumatic stress disorder. *New Engl J Med* 362: 110–17.

Keding TJ, Herringa RJ (2015) Abnormal structure of fear circuitry in pediatric post traumatic stress disorder. *Neuropsychopharmacology* 40: 537–45.

Krabbe S, Grundemann J, Luthi A (2018) Amygdala inhibitory circuits regulate associative fear conditioning. *Biol Psychiatry* 83: 800–9.

Kroes MCW, Tona KD, den Ouden HEM, et al. (2016) How administration of the beta blocker propranolol before extinction can prevent the return of fear. *Neuropsychopharmacology* 41: 1569–78.

Kwapis JL, Wood MA (2014) Epigenetic mechanisms in fear conditioning: implications for treating post traumatic stress disorder. *Trends Neurosci* 37: 706–19.

Lin HC, Mao SC, Su CL, et al. (2010) Alterations of excitatory transmission in the lateral amygdala during expression and extinction of fear memory. *Int J Neuropsychopharmacol* 13: 335–45.

Linnman C, Zeidan MA, Furtak SC, et al. (2012) Resting amygdala and medial prefrontal metabolism predicts functional activation of the fear extinction circuit. *Am J Psychiatry* 169: 415–23.

Mahan AL, Ressler KJ (2012) Fear conditioning, synaptic plasticity and the amygdala: implications for post traumatic stress disorder. *Trends Neurosci* 35: 24–35.

Mithoefer MC, Wagner MT, Mithoefer AT, et al. (2011) The safety and efficacy of {+/−} 3,4-methylenedioxymethamphetamine-assisted psychotherapy in subjects with chronic, treatment-resistant posttraumatic stress disorder: the first randomized controlled pilot study. *J Psychopharmacol* 25: 439–52.

Myers KM, Carlezon WA Jr. (2012) D-Cycloserine effects on extinction of conditioned responses to drug-related cues. *Biol Psychiatry* 71: 947–55.

Onur OA, Schlaepfer TE, Kukolja J, et al. (2010) The *N*-methyl-D-aspartate receptor co-agonist D-cycloserine facilitates declarative learning and hippocampal activity in humans. *Biol Psychiatry* 67: 1205–11.

Otis JM, Werner CR, Muelier D (2015) Noradrenergic regulation of fear and drug-associated memory reconsolidation. *Neuropsychopharmacology* 40: 793–803.

Ressler KJ (2020) Translating across circuits and genetics toward progress in fear- and anxiety-related disorders. *Am J Psychiatry* 177: 214–22.

Sandkuher J, Lee J (2013) How to erase memory traces of pain and fear. *Trends Neurosci* 36: 343–52.

Schwabe L, Nader K, Pruessner JC (2011) Reconsolidation of human memory: brain mechanisms and clinical relevance. *Biol Psychiatry* 76: 274–80.

Schwabe L, Nader K, Wold OT (2012) Neural signature of reconsolidation impairments by propranolol in humans. *Biol Psychiatry* 71: 380–6.

Shin LM, Liberzon I (2010) The neurocircuitry of fear, stress and anxiety disorders. *Neuropsychopharmacol Rev* 35: 169–91.

Soeter M, Kindt M (2012) Stimulation of the noradrenergic system during memory formation impairs extinction learning but not the disruption of reconsolidation. *Neuropsychopharmacology* 37: 1204–15.

Stern CAJ, Gazarini L, Takahashi RN, et al. (2012) On disruption of fear memory by reconsolidation blockade: evidence from cannabidiol treatment. *Neuropsychopharmacology* 37: 2132–42.

Tamminga CA (2006) The anatomy of fear extinction. *Am J Psychiatry* 163: 961.

Tronson NC, Corcoran KA, Jovasevic V, et al. (2011) Fear conditioning and extinction: emotional states encoded by distinct signaling pathways. *Trends Neurosci* 35: 145–55.

PTSD

Aupperle RL, Allard CB, Grimes EM, et al. (2012) Dorsolateral prefrontal cortex activation during emotional anticipation and neuropsychological performance in posttraumatic stress disorder. *Arch Gen Psychiatry* 69: 360–71.

Bonne O, Vythilingam M, Inagaki M, et al. (2008) Reduced posterior hippocampal volume in posttraumatic stress disorder. *J Clin Psychiatry* 69: 1087–91.

De Kleine RA, Hendriks GJ, Kusters WJC, Broekman TG, van Minnen A (2012) A randomized placebo-controlled trial of D-cycloserine to enhance exposure therapy for posttraumatic stress disorder. *Biol Psychiatry* 71: 962–8.

Feduccia AA, Mithoefer MC (2018) MDMA-assisted psychotherapy for PTSD: are memory reconsolidation and fear extinction underlying mechanisms. *Prog Neuropsychopharmacol Biol Psychiatry* 84: 221–8.

Ipser JC, Stein DJ (2012) Evidence-based pharmacotherapy of post-traumatic stress disorder (PTSD). *Int J Neuropsychopharmacol* 15: 825–40.

Jovanovic T, Ressler KJ (2010) How the neurocircuitry and genetics of fear inhibition may inform our understanding of PTSD. *Am J Psychiatry* 167: 648–62.

Mercer KB, Orcutt HK, Quinn JF, et al. (2012) Acute and posttraumatic stress symptoms in a prospective gene X environment study of a university campus shooting. *Arch Gen Psychiatry* 69: 89–97.

Mithoefer MC, Wagner MT, Mithoefer AT, et al. (2011) The safety and efficacy of {+/−} 3,4-methylenedioxymethamphetamine-assisted psychotherapy in subjects with chronic, treatment-resistant posttraumatic stress disorder: the first randomized controlled pilot study. *J Psychopharmacol* 25: 439–52.

Orr SP, Milad MR, Metzger LJ (2006) Effects of beta blockade, PTSD diagnosis, and explicit threat on the extinction and retention of an aversively conditioned response. *Biol Psychol* 732: 262–71.

Perusini JN, Meyer EM, Long VA, et al. (2016) Induction and expression of fear sensitization caused by acute traumatic stress. *Neuropsychopharm Rev* 41: 45–57.

Raskind MA, Peskind ER, Hoff DJ (2007) A parallel group placebo controlled study of prazosin for trauma nightmares and sleep disturbance in combat veterans with post-traumatic stress disorder. *Biol Psychiatry* 61: 928–34.

Rauch SL, Shin LM, Phelps EA. (2006) Neurocircuitry models of posttraumatic stress disorder and extinction: human neuroimaging research – past, present and future. *Biol Psychiatry* 60: 376–82.

Reist C, Streja E, Tang CC, et al. (2020) Prazocin for treatment of post traumatic stress disorder: a systematic review and met analysis. *CNS Spectrums*: doi.org/10.1017/S1092852920001121.

Sandweiss DA, Slymen DJ, Leardmann CA, et al. (2011) Preinjury psychiatric status, injury severity, and postdeployment posttraumatic stress disorder. *Arch Gen Psychiatry* 68: 496–504.

Sauve W, Stahl SM (2019) Psychopharmacological and neuromodulation treatment of PTSD. In *Treating PTSD in Military Personnel*, 2nd edition, Moore BA and Penk WE (eds.), Guilford Press: 155–72.

Shin LM, Bush G, Milad MR, et al. (2011) exaggerated activation of dorsal anterior cingulate cortex during cognitive interference: a monozygotic twin study of posttraumatic stress disorder. *Am J Psychiatry* 168: 979–85.

Stein MB, McAllister TW (2009) Exploring the convergence of posttraumatic stress disorder and mild traumatic brain injury. *Am J Psychiatry* 166: 768–76.

Vaiva G, Ducrocq F, Jezequel K, et al. (2003) Immediate treatment with propranolol decreases postraumatic stress disorder two months after trauma. *Biol Psychiatry* 54: 947–9.

van Zuiden M, Geuze E, Willemen HLD, et al. (2011) Pre-existing high glucocorticoid receptor number predicting development of posttraumatic stress symptoms after military deployment. *Am J Psychiatry* 168: 89–96.

Chapter 9 (Pain)

Apkarian AV, Sosa Y, Sonty S, et al. (2004) Chronic back pain is associated with decreased prefrontal and thalamic gray matter density. *J Neurosci* 24: 10410–15.

Bar KJ, Wagner G, Koschke M, et al. (2007) Increased prefrontal activation during pain perception in major depression. *Biol Psychiatry* 62: 1281–7.

Benarroch EE (2007) Sodium channels and pain. *Neurology* 68: 233–6.

Brandt MR, Beyer CE, Stahl SM (2012) TRPV1 antagonists and chronic pain: beyond thermal perception. *Pharmaceuticals* 5: 114–32.

Davies A, Hendrich J, Van Minh AT, et al. (2007) Functional biology of the alpha 2 beta subunits of voltage gated calcium channels. *Trends Pharmacol Sci* 28: 220–8.

Descalzi G, Ikegami D, Ushijima T, et al. (2015) Epigenetic mechanisms of chronic pain *Trends Neurosci* 38: 237–46.

Dooley DJ, Taylor CP, Donevan S, Feltner D (2007) Ca^{2+} Channel alpha 2 beta ligands: novel modulators of neurotransmission. *Trends Pharmacol Sci* 28: 75–82.

Farrar JT (2006) Ion channels as therapeutic targets in neuropathic pain. *J Pain* 7 (Suppl 1): S38–47.

Gellings-Lowe N, Stahl SM (2012) *Antidepressants in pain, anxiety and depression.* In *Pain Comorbidities*, Giamberardino MA and Jensen TS (eds.), Washington, DC: IASP Press, 409–23.

Gracely RH, Petzke F, Wolf JM, Clauw DJ (2002) Functional magnetic resonance imaging evidence of augmented pain processing in fibromyalgia. *Arthritis Rheum* 46: 1222–343.

Khoutorsky A, Price TJ (2018) Translational control mechanism in persistent pain. *Trends Neuosci* 41: 100–14.

Luo C, Kuner T, Kuner R (2014) Synaptic plasticity in pathological pain. *Trends Neurosci* 37: 343–55.

McLean SA, Williams DA, Stein PK, et al. (2006) Cerebrospinal fluid corticotropin-releasing factor concentration is associated with pain but not fatigue symptoms in patients with fibromyalgia. *Neuropsychopharmacology* 31: 2776–82.

Nickel FT, Seifert F, Lanz S, Maihofner C (2012) Mechanisms of neuropathic pain. *Eur Neuropsychopharmacol* 22: 81–91.

Norman E, Potvin S, Gaumond I, et al. (2011) Pain inhibition is deficient in chronic widespread pain but normal in major depressive disorder. *J Clin Psychiatry* 72: 219–24.

Ogawa K, Tateno A, Arakawa R, et al. (2014) Occupancy of serotonin transporter by tramadol: a positron emission tomography study with ^{11}C-DSDB. *Int J Neuropsychopharmacol* 17: 845–50.

Stahl SM (2009) Fibromyalgia: pathways and neurotransmitters. *Hum Psychopharmacol* 24: S11–17.

Stahl SM, Eisenach JC, Taylor CP, et al. (2013) The diverse therapeutic actions of pregabalin: is a single mechanism responsible for several pharmacologic activities. *Trends Pharmacol Sci* 34: 332–9.

Wall PD, Melzack R (eds.) (1999) *Textbook of Pain*, 4th edition. London: Harcourt Publishers Limited.

Williams DA, Gracely RH (2006) Functional magnetic resonance imaging findings in fibromyalgia. *Arthritis Res Ther* 8: 224–32.

Chapter 10 (Sleep/Wake Disorders and Their Treatment Including Histamine and Orexin)

Histamine

Broderick M, Masri T (2011) Histamine H_3 receptor (H_{3R}) antagonists and inverse agonists in the treatment of sleep disorders. *Curr Pharm Design* 17: 1426–9.

Kotanska M, Kuker KJ, Szcaepanska K, et al. (2018) The histamine H_3 receptor inverse agonist pitolisant reduces body weight in obese mice. *Arch Pharmacol* 391: 875–81.

Nomura H, Mizuta H, Norimoto H, et al. (2019) Central histamine boosts perirhinal cortex activity and restores forgotten object memories. *Biol Psychiatry* 86: 230–9.

Romig A, Vitran G, Giudice TL, et al. (2018) Profile of pitolisant in the management of narcolepsy: design, development and place in therapy. *Drug Des Devel Ther* 12: 2665–75.

Schwartz JC (2011) The histamine H_3 receptor: from discovery to clinical trials with pitolisant. *Br J Pharmacol* 163: 713–21.

Szakacs Z, Dauvilliers Y, Mikhaulov V, et al. (2017) Safety and efficacy of pitolisant on cataplexy in patients with narcolepsy: a randomized, double-blind placebo controlled trial. *Lancet Neurol* 16: 200–7.

Orexin

Bennett T, Bray D, Neville MW (2014) Suvorexant, a dual orexin receptor antagonist for the management of insomnia. *PT* 39: 264–6.

Bettica P, Squassante L, Groeger JA, et al. (2012) Differential effects of a dual orexin receptor antagonist (SB-649868) and zolpidem on sleep initiation and consolidation, SWS, REM sleep, and EEG power spectra in a model of situational insomnia. *Neuropsychopharmacology* 37: 1224–33.

Beuckmann CT, Suzuki M, Ueno T, et al. (2017) In vitro and in silico characterization of lemborexant (E2006), a novel dual orexin receptor antagonist. *J Pharmacol Exp Ther* 362: 287–95.

Beuckmann CT, Ueno T, Nakagawa M, et al. (2019) Preclinical in vivo characterization of lemborexant (E2006) a novel dual orexin receptor antagonist for sleep/wake regulation. *Sleep*: doi 10.1093/sleep/zsz076.

Bonnavion P, de Lecea L (2010) Hypocretins in the control of sleep and wakefulness. *Curr Neurol Neurosci Rep* 10: 174–9.

Bourgin P, Zeitzer JM, Mignot E (2008) CSF hypocretin-1 assessment in sleep and neurological disorders. *Lancet Neurol* 7: 649–62.

Brisbare-Roch C, Dingemanse J, Koberstein R, et al. (2007) Promotion of sleep by targeting the orexin system in rats, dogs and humans. *Nat Med* 13: 150–5.

Cao M, Guilleminault C (2011) Hypocretin and its emerging role as a target for treatment of sleep disorders. *Curr Neurol Neurosci Rep* 11: 227–34.

Citrome L (2014) Suvorexant for insomnia: a systematic review of the efficacy and safety profile for this newly approved hypnotic – what is the number needed to treat, number needed to harm and likelihood to be helped or harmed? *Int J Clin Pract* 68: 1429–41.

Coleman PJ, Schreier JD, Cox CD, et al. (2012) Discovery of [(2R, 5R)-5-{[(5-fluoropyridin-2-yl)oxy]methyl}-2-methylpiperidin-1-yl] [5-methyl-2-(pyrimidin-2-yl)phenyl] methanone (MK-6096): a dual orexin receptor antagonist with potent sleep-promoting properties. *Chem Med* 7, 415–24.

Dauvilliers Y, Abril B, Mas E, et al. (2009) Normalization of hypocretin-1 in narcolepsy after intravenous immunoglobulin treatment. *Neurology* 73: 1333–4.

de Lecea L, Huerta R (2015) Hypocretin (orexin) regulation of sleep-to-wake transitions. *Front Pharmacol* 5: 1–7.

DiFabio R, Pellacani A, Faedo S (2011) Discovery process and pharmacological characterization of a novel dual orexin 1 and orexin 2 receptor antagonist useful for treatment of sleep disorders. *Bioorg Med Chem Lett* 21: 5562–7.

Dubey AK, Handu SS, Mediratta PK (2015) Suvorexant: the first orexin receptor antagonist to treat insomnia. *J Pharmacol Pharmacother* 6: 118–21.

Equihua AC, De la Herran-Arita AK, Drucker-Colin R (2013) Orexin receptor antagonists as therapeutic agents for insomnia. *Front Pharmacol* 4: 1–10.

Gentile TA, Simmons SJ, Watson MN, et al. (2018) Effects of suvorexant, a dual orexin hypocretin receptor antagonist on impulsive behavior associated with cocaine. *Neuropsychopharmacology* 43: 1001–9.

Gotter AL, Winrow CJ, Brunner J, et al. (2013) The duration of sleep promoting efficacy by dual orexin receptor antagonists is dependent upon receptor occupancy threshold. *BMC Neurosci* 14: 90.

Griebel G, Decobert M, Jacquet A, et al. (2012) Awakening properties of newly discovered highly selective H_3 receptor antagonists in rats. *Behav Brain Res* 232: 416–20.

Herring WJ, Connor KM, Ivgy-May N, et al. (2016) Suvorexant in patients with insomnia: results from two 3-month randomized controlled clinical trials. *Biol Psychiatry* 79: 136–48.

Hoever P, Dorffner G, Benes H, et al. (2012) Orexin receptor antagonism, a new sleep-enabling paradigm: a proof-of-concept clinical trial. *Clin Pharmacol Ther* 91: 975–85.

Hoyer D, Jacobson LH (2013) Orexin in sleep, addiction, and more: is the perfect insomnia drug at hand? *Neuropeptides* 47: 477–88.

Jones BE, Hassani OK (2013) The role of Hcrt/Orx and MCH neurons in sleep–wake state regulation. *Sleep* 36: 1769–72.

Krystal AD, Benca RM, Kilduff TS (2013) Understanding the sleep–wake cycle: sleep, insomnia, and the orexin system. *J Clin Psychiatry* 74 (Suppl 1): 3–20.

Mahler SV, Moorman DE, Smith RJ, et al. (2014) Motivational activation: a unifying hypothesis of orexin/hypocretin function. *Nat Neurosci* 17: 1298–303.

Michelson D, Snyder E, Paradis E, et al. (2014) Safety and efficacy of suvorexant during 1-year treatment of insomnia with subsequent abrupt treatment discontinuation: a phase 3 randomised, double-blind, placebo-controlled trial. *Lancet Neurol* 13: 461–71.

Nixon JP, Mavanji V, Butterick TA, et al. (2015) Sleep disorders, obesity, and aging: the role of orexin. *Aging Res Rev* 20: 63–73.

Rosenberg R, Murphy P, Zammit G, et al. (2019) Comparison of lemborexant with placebo and zolpidem tartrate extended release for the treatment of older adults with insomnia disorder: a phase 3 randomized clinical trial. *JAMA Network Open* 2: e1918254

Ruoff C, Cao M, Guilleminault C (2011) Hypocretin antagonists in insomnia treatment and beyond. *Curr Pharm Design* 17: 1476–82.

Sakurai T, Mieda M (2011) Connectomics of orexin-producing neurons: interface of systems of emotion, energy homeostasis and arousal. *Trends Pharmacol Sci* 32: 451–62.

Scammel TE, Winrow CJ (2011) Orexin receptors: pharmacology and therapeutic opportunities. *Annu Rev Pharmacol Toxicol* 51: 243–66.

Stahl SM (2016) Mechanism of action of suvorexant. *CNS Spectrums* 21: 215–18.

Steiner MA, Lecourt H, Strasser DS, Brisbare-Roch C, Jenck F (2011) Differential effects of the dual orexin receptor antagonist almorexant and the $GABA_A$-α1 receptor modulator zolpidem, alone or combined with ethanol, on motor performance in the rat. *Neuropsychopharmacology* 36: 848–56.

Vermeeren A, Jongen S, Murphy P, et al. (2019) On the road driving performance the morning after bedtime administration of lemborexant in healthy adult and elderly volunteers. *Sleep*: doi: 10.1093.sleep/zsy260.

Willie JT, Chemelli RM, Sinton CM, et al. (2003) Distinct narcolepsy syndromes in *orexin recepter-2* and *orexin* null mice: molecular genetic dissection of non-REM and REM sleep regulatory processes. *Neuron* 38: 715–30.

Winrow CJ, Gotter AL, Cox CD, et al. (2012) Pharmacological characterization of MK-6096: a dual orexin receptor antagonist for insomnia. *Neuropharmacology* 62: 978–87.

Yeoh JW, Campbell EJ, James MH, et al. (2014) Orexin antagonists for neuropsychiatric disease: progress and potential pitfalls. *Front Neurosci* 8: 1–12.

Sleep/General/Disorders/Insomia/Restless Legs

Abadie P, Rioux P, Scatton B, et al. (1996) Central benzodiazepine receptor occupancy by zolpidem in the human brain as assessed by positron emission tomography. *Science* 295: 35–44.

Allen RP, Burchell BJ, MacDonald B, et al. (2009) Validation of the self-completed Cambridge–Hopkins questionnaire (CH-RLSq) for ascertainment of restless legs syndrome (RLS) in a population survey. *Sleep Med* 10: 1079–100.

Bastien CH, Vallieres A, Morin CM (2001) Validation of the Insomnia Severity Index as an outcome measure for insomnia research. *Sleep Med* 2: 297–307.

Bonnet MH, Burton GG, Arand DL (2014) Physiological and medical findings in insomnia: implications for diagnosis and care. *Sleep Med Rev* 18: 95–8.

Burke RA, Faulkner MA (2011) Gabapentin enacarbil for the treatment of restless legs syndrome (RLS). *Expert Opin Pharmacother* 12: 2905–14.

Buysse DJ, Reynolds CF III, Monk TH, et al. (1989) The Pittsburgh Sleep Quality Index: a new instrument for psychiatric practice and research. *Psychiatry Res* 28: 193–213.

Cappuccio FP, D'Elia L, Strazzullo P, et al. (2010) Sleep duration and all-cause mortality: a systematic review and meta-analysis of prospective studies. *Sleep* 33: 585–92.

Chahine LM, Chemali ZN (2006) Restless legs syndrome: a review. *CNS Spectrums* 11: 511–20.

Dawson GR, Collinson N, Atack JR (2005) Development of subtype selective $GABA_A$ modulators. *CNS Spectrums* 10: 21–7.

De Lecea L, Winkelman JW (2020) Sleep and neuropsychiatric illness. *Neuropsychopharmacol Rev* 45: 1–216.

Drover DR (2004) Comparative pharmacokinetics and pharmacodynamics of short-acting hypnosedatives – zaleplon, zolpidem and zopiclone. *Clin Pharmacokinet* 43: 227–38.

Durmer JS, Dinges DF (2005) Neurocognitive consequences of sleep deprivation. *Semin Neurol* 25: 117–29.

Espana RA, Scammell TE (2011) Sleep neurobiology from a clinical perspective. *Sleep* 34: 845–58.

Fava M, McCall WV, Krystal A, et al. (2006) Eszopiclone co-administered with fluoxetine in patients with insomnia coexisting with major depressive disorder. *Biol Psychiatry* 59: 1052–60.

Freedom T (2011) Sleep-related movement disorders. *Dis Mon* 57: 438-47.

Frenette E (2011) Restless legs syndrome in children: a review and update on pharmacological options. *Curr Pharm Design* 17: 1436–42.

Garcia-Borreguero D, Allen R, Kohnen R, et al. (2010) Loss of response during long-term treatment of restless legs syndrome: guidelines approved by the International Restless Legs Syndrome Study Group for use in clinical trials. *Sleep Med* 11: 956–9.

Green CB, Takahashi JS, Bass J (2008) The meter of metabolism. *Cell* 134: 728–42.

Harris J, Lack L, Kemo K, et al. (2012) A randomized controlled trial of intensive sleep retraining (ISR): a brief conditioning treatment for chronic insomnia. *Sleep* 35: 49–60.

Hening W, Walters AS, Allen RP, et al. (2004) Impact, diagnosis and treatment of restless legs syndrome (RLS) in a primary care population: the REST (RLS Epidemiology, Symptoms, and Treatment) Primary Care Study. *Sleep Med* 5: 237–46.

Koffel EA, Koffel JB, Gehrman PR (2015) A meta-analysis of group cognitive behavioral therapy for insomnia. *Sleep Med Rev* 19: 6–16.

Krystal AD, Walsh JK, Laska E, et al. (2003) Sustained efficacy of eszopiclone over 6 months of nightly treatment: results of a randomized, double-blind, placebo-controlled study in adults with chronic insomnia. *Sleep* 26: 793–9.

Morin CM, Benca R (2012) Chronic insomnia. *Lancet* 379: 1129–41.

Nofzinger EA, Buysse DJ, Germain A, et al. (2004) Functional neuroimaging evidence for hyperarousal in insomnia. *Am J Psychiatry* 161: 2126–9.

Nutt D, Stahl SM (2010) Searching for perfect sleep: the continuing evolution of $GABA_A$ receptor modulators as hypnotics. *J Psychopharmacol* 24: 1601–2.

Orzel-Gryglewska J (2010) Consequences of sleep deprivation. *Int J Occup Med Environ Health* 23: 95–114.

Palma JA, Urrestarazu E, Iriarte J (2013) Sleep loss as a risk factor for neurologic disorders: a review. *Sleep Med* 14: 229–36.

Parthasarathy S, Vasquez MM, Halonen M, et al. (2015) Persistent insomnia is associated with mortality risk. *Am J Med* 128: 268–75.

Pinto Jr LR, Alves RC, Caixeta E, et al. (2010) New guidelines for diagnosis and treatment of insomnia. *Arq Neuropsiquiatr* 68: 666–75.

Plante DT (2017) Sleep propensity in psychiatric hypersomnolence: a systematic review and meta-analysis of multiple sleep latency findings. *Sleep Med Rev* 31: 48–57.

Reeve K, Bailes B. (2010) Insomnia in adults: etiology and management. *JNP* 6: 53–60.

Richey SM, Krystal AD (2011) Pharmacological advances in the treatment of insomnia. *Curr Pharm Design* 17: 1471–5.

Roth T, Roehrs T (2000) Sleep organization and regulation. *Neurology* 54 (Suppl 1): S2–7.

Sahar S, Sassone-Corsi P (2009) Metabolism and cancer: the circadian clock connection. *Nature* 9: 886–96.

Schutte-Rodin S, Broch L, Buysse D, et al. (2008) Clinical guideline for the evaluation and management of chronic insomnia in adults. *J Clin Sleep Med* 4: 487–504.

Sehgal A, Mignot E (2011) Genetics of sleep and sleep disorders. *Cell* 146: 194–207.

Tafti M (2009) Genetic aspects of normal and disturbed sleep. *Sleep Med* 10: S17–21.

Thorpe AJ, Clair A, Hochman S, et al. (2011) Possible sites of therapeutic action in restless legs syndrome: focus on dopamine and α2δ ligands. *Eur Neurol* 66: 18–29.

Vgontzas AN, Fernadez-Mendoza J, Bixler EO, et al. (2012) Persistent insomnia: the role of objective short sleep duration. *Sleep* 35: 61–8.

Wu JC, Gillin JC, Buchsbaum MS, et al. (2006) Frontal lobe metabolic decreases with sleep deprivation not totally reversed by recovery sleep. *Neuropsychopharmacology* 31: 2783–92.

Zeitzer JM, Morales-Villagran A, Maidment NT (2006) Extracellular adenosine in the human brain during sleep and sleep deprivation: an in vivo microdialysis study. *Sleep* 29: 455–61.

Wake Disorders/Sleepiness/OSA/ Narcolepsy/Circadian/Shift Work

Abad VC, Guilleminault C (2011) Pharmacological treatment of obstructive sleep apnea. *Curr Pharm Design* 17: 1418–25.

Adenuga O, Attarian H (2014) Treatment of disorders of hypersomnolence. *Curr Treat Options Neurol* 16: 302.

Ahmed I, Thorpy M (2010) Clinical features, diagnosis and treatment of narcolepsy. *Clin Chest Med* 31: 371–81.

Aloia MS, Arnedt JT, Davis JD, Riggs RL, Byrd D (2004) Neuropsychological sequelae of obstructive sleep apnea–hypopnea syndrome: a critical review. *J Int Neuropsychol Soc* 10: 772–85.

Arallanes-Licea E, Caldelas I, De Ita-Perez D, et al. (2014) The circadian timing system: a recent addition in the physiological mechanisms underlying pathological and aging processes. *Aging Dis* 5: 406–18.

Artioli P, Lorenzi C, Priovano A, et al. (2007) How do genes exert their role? Period 3 gene variants and possible influences on mood disorder phenotypes. *Eur Neuropsychopharmacol* 17: 587–94.

Aurora RN, Chowdhuri S, Ramar K, et al. (2012) The treatment of central sleep apnea syndromes in adults: practice parameters with an evidence-based literature review and meta-analyses. *Sleep* 35: 17–40.

Banerjee S, Wang Y, Solt LA, et al. (2014) Pharmacological targeting of the mammalian clock regulates sleep architecture and emotional behaviour. *Nat Commun* 5: 5759.

Barger LK, Ogeil RP, Drake CL, et al. (2012) Validation of a questionnaire to screen for shift work disorder. *Sleep* 35: 1693–703.

Benedetti F, Serretti A, Colombo C, et al. (2003) Influence of *CLOCK* gene polymorphisms on circadian mood fluctuation and illness recurrence in bipolar depression. *Am J Med Genet B, Neuropsychiatr Genet* 123 : 23–6.

Black JE, Hull SG, Tiller J, et al. (2010) The long-term tolerability and efficacy of armodafinil in patients with excessive sleepiness associated with treated obstructive sleep apnea, shift work disorder, or narcolepsy: an open-label extension study. *J Clin Sleep Med* 6: 458–66.

Bogan RK (2010) Armodafinil in the treatment of excessive sleepiness. *Expert Opin Pharmacother* 11: 993–1002.

Bonacci JM, Venci JV, Ghandi MA (2015) Tasimelteon (HetliozTM): a new melatonin receptor agonist for the treatment of non-24 sleep-wake disorder. *J Pharm Pract* 28: 473–8.

Brancaccio M, Enoki R, Mazuki CN, et al. (2014) Network-mediated encoding of circadian time: the suprachiasmatic nucleus (SCN) from genes to neurons to circuits, and back. *J Neurosci* 34: 15192–9.

Carocci A, Catalano A, Sinicropi MS (2014) Melatonergic drugs in development. *Clin Pharmacol Adv Applications* 6: 127–37.

Cauter EV, Plat L, Scharf MB, et al. (1997) Simultaneous stimulation of slow-wave sleep and growth hormone secretion by gamma-hydroxybutyrate in normal young men. *J Clin Invest* 100: 745–53.

Cermakian N, Lange T, Golombek D, et al. (2013) Crosstalk between the circadian clock circuitry and the immune system. *Chronobiol Int* 30: 870–88.

Cirelli C (2009) The genetic and molecular regulation of sleep: from fruit flies to humans. *Nat Rev Neurosci* 10: 549–60.

Colwell CS (2011) Linking neural activity and molecular oscillators in the SCN. *Nat Rev Neurosci* 12: 553–69.

Cook H et al. (2003) A 12-month, open-label, multicenter extension trial of orally administered sodium oxybate for the treatment of narcolepsy. *Sleep* 26: 31–5.

Crowley SJ, Lee C, Tseng CY, et al. (2004) Complete or partial circadian re-entrainment improves performance, alertness, and mood during night-shift work. *Sleep* 27: 1077–87.

Czeisler CA, Walsh JK, Roth T, et al. (2005) Modafinil for excessive sleepiness associated with shift-work sleep disorder. *New Engl J Med* 353: 476–86.

Dallaspezia S, Benedetti F (2011) Chronobiological therapy for mood disorders. *Expert Rev Neurother* 11: 961–70.

Darwish M, Bond M, Ezzet F (2012) Armodafinil in patients with excessive sleepiness associated with shift work disorder: a pharmacokinetic/pharmacodynamic model for predicting and comparing their concentration-effect relationships. *J Clin Pharmacol* 52: 1328–42.

Darwish M, Kirby M, D'Andrea DM, et al. (2010) Pharmacokinetics of armodafinil and modafinil after single and multiple doses in patients with excessive sleepiness associated with treated obstructive sleep apnea: a randomized, open-label, crossover study. *Clin Ther* 32: 2074–87.

Dauvilliers Y, Tafti M (2006) Molecular genetics and treatment of narcolepsy. *Ann Med* 38: 252–62.

De la Herran-Arita AK, Garcia-Garcia F (2014) Narcolepsy as an immune-mediated disease. *Sleep Disord* 2014: 792687.

Dinges DF, Weaver TE (2003) Effects of modafinil on sustained attention performance and quality of life in OSA patients with residual sleepiness while being treated with CPAP. *Sleep Med* 4: 393–402.

Dresler M, Spoormaker VI, Beitinger P, et al. (2014) Neuroscience-driven discovery and development of sleep therapeutics. *Pharmacol Ther* 141: 300–34.

Eckel-Mahan KL, Patel VR, de Mateo S, et al. (2013) Reprogramming of the circadian clock by nutritional challenge. *Cell* 155: 1464–78.

Ellis CM, Monk C, Simmons A, et al. (1999) Functional magnetic resonance imaging neuroactivation studies in normal subjects and subjects with the narcoleptic syndrome. Actions of modafinil. *J Sleep Res* 8: 85–93.

Epstein LJ, Kristo D, Strollo PJ, et al. (2009) Clinical guideline for the evaluation, management and long-term care of obstructive sleep apnea in adults. *J Clin Sleep Med* 5: 263–76.

Erman MK, Seiden DJ, Yang R, et al. (2011) Efficacy and tolerability of armodafinil: effect on clinical condition late in the shift and overall functioning of patients with excessive sleepiness associated with shift work disorder. *J Occup Environ Med* 53: 1460–5.

Froy O (2010) Metabolism and circadian rhythms: implications for obesity. *Endocr Rev* 31: 1–24.

Golombek DA, Casiraghi LP, Agostino PV, et al. (2013) The times they are a-changing: effects of circadian desynchronization on physiology and disease. *J Physiol Paris* 107: 310–22.

Guo X, Zheng L, Wang J, et al. (2013) Epidemiological evidence for the link between sleep duration and high blood pressure: a systematic review and meta-analysis. *Sleep Med* 14: 324–32.

Hampp G, Ripperger JA, Houben T, et al. (2008) Regulation of monoamine oxidase A by circadian-clock components implies influence on mood. *Curr Biol* 18: 678–83.

Harrison EM, Gorman MR (2012) Changing the waveform of circadian rhythms: considerations for shift-work. *Front Neurol* 3: 1–7.

Hart CL, Haney M, Vosburg SK, et al. (2006) Modafinil attentuates disruptions in cognitive performance during simulated night-shift work. *Neuropsychopharmacology* 31: 1526–36.

He B, Peng H, Zhao Y, et al. (2011) Modafinil treatment prevents REM sleep deprivation-induced brain function impairment by increasing MMP-9 expression. *Brain Res* 1426: 38–42.

Hirai N, Nishino S (2011) Recent advances in the treatment of narcolepsy. *Curr Treat Options Neurol* 13: 437–57.

Horne JA, Ostberg O (1976) A self-assessment questionnaire to determine morningness–eveningness in human circadian rhythms. *Int J Chronobiol* 4: 97–100.

Johansson C, Willeit M, Smedh C, et al. (2003) Circadian clock-related polymorphisms in seasonal affective disorder and their relevance to diurnal preference. *Neuropsychopharmacology* 28: 734–9.

Khalsa SB, Jewett ME, Cajochen C, et al. (2003) A phase response curve to single bright light pulses in human subjects. *J Physiol* 549(pt 3): 945–52.

Knudsen S, Biering-Sorensen B, Kornum BR, et al. (2012) Early IVIg treatment has no effect on post-H1N1 narcolepsy phenotype or hypocretin deficiency. *Neurology* 79: 102–3.

Krakow B, Ulibarri VA (2013) Prevalence of sleep breathing complaints reported by treatment-seeking chronic insomnia disorder patients on presentation to a sleep medical center: a preliminary report. *Sleep Breath* 17: 317–22.

Kripke DE, Nievergelt CM, Joo E, et al. (2009) Circadian polymorphisms associated with affective disorders. *J Circadian Rhythms* 27: 2.

Krystal AD, Harsh JR, Yang R et al. (2010) A double-blind, placebo-controlled study of armodafinil for excessive sleepiness in patients with treated obstructive sleep apnea and comorbid depression. *J Clin Psychiatry* 71: 32–40.

Lallukka T, Kaikkonen R, Harkanen T, et al. (2014) Sleep and sickness absence: a nationally representative register-based follow-up study. *Sleep* 37: 1413–25.

Landrigan CP, Rothschild JM, Cronin JW, et al. (2004) Effect of reducing interns work hours on serious medical errors in intensive care units. *New Engl J Med* 351: 1838–48.

Larson-Prior LJ, Ju Y, Galvin JE (2014) Cortical–subcortical interactions in hypersomnia disorders: mechanisms underlying cognitive and behavioral aspects of the sleep–wake cycle. *Front Neurol* 5: 1–13.

Laudon M, Frydman-Marom A (2014) Therapeutic effects of melatonin receptor agonists on sleep and comorbid disorders. *Int J Mol Sci* 15: 15924–50.

Liira J, Verbeek JH, Costa G, et al. (2014) Pharmacological interventions for sleepiness and sleep disturbances caused by shift work. *Cochrane Database Syst Rev* 8: CD009776.

Lim DC, Veasey SC (2010) Neural injury in sleep apnea. *Curr Neurol Neurosci Rep* 10: 47–52.

Liu Y, Wheaton AG, Chapman DP, et al. (2013) Sleep duration and chronic disease among US adults age 45 years and older: evidence from the 2010 behavioral risk factor surveillance system. *Sleep* 36: 1421–7.

Madras BK, Xie Z, Lin Z, et al. (2006) Modafinil occupies dopamine and norepinephrine transporters in vivo and modulates the transporters and trace amine activity in vitro. *J Pharmacol Exp Ther* 319: 561–9.

Makris AP, Rush CR, Frederich RC, Kelly TH (2004) Wake-promoting agents with different mechanisms of action: comparison of effects of modafinil and amphetamine on food intake and cardiovascular activity. *Appetite* 42: 185–95.

Mansour HA, Wood J, Logue T, et al. (2006) Association of eight circadian genes with bipolar I disorder, schizoaffective disorder and schizophrenia. *Genes Brain Behav* 5: 150–7.

Martin JL, Hakim AD (2011) Wrist actigraphy. *Chest* 139: 1514–27.

Masri S, Kinouchi K, Sassone-Corsi P (2015) Circadian clocks, epigenetics, and cancer. *Curr Opin Oncol* 27: 50–6.

Mignot EJM (2012) A practical guide to the therapy of narcolepsy and hypersomnia syndromes. *Neurotherapeutics* 9: 739–52.

Miletic V, Relja M (2011) Restless legs syndrome. *Coll Antropol* 35: 1339–47.

Morgenthaler TI, Kapur VK, Brown T, et al. (2007) Practice parameters for the treatment of narcolepsy and other hypersomnias of central origin. *Sleep* 30: 1705–11.

Morgenthaler TI, Lee-Chiong T, Alessi C, et al. (2007) Practice parameters for the clinical evaluation and treatment of circadian rhythm sleep disorders. *Sleep* 30: 1445–59.

Morrissette DA (2013) Twisting the night away: a review of the neurobiology, genetics, diagnosis, and treatment of shift work disorder. *CNS Spectrums* 18 (Suppl 1): 45–53.

Niervergelt CM, Kripke DF, Barrett TB, et al. (2006) Suggestive evidence for association of circadian genes *PERIOD3* and *ARNTL* with bipolar disorder. *Am J Med Genet B, Neuropsychiatr Genet* 141: 234–41.

Norman D, Haberman PB, Valladares EM (2012) Medical consequences and associations with untreated sleep-related breathing disorders and outcomes of treatments. *J Calif Dent Assoc* 40: 141–9.

O'Donoghue FJ, Wellard RM, Rochford PD, et al. (2012) Magnetic resonance spectroscopy and neurocognitive dysfunction in obstructive sleep apnea before and after CPAP treatment. *Sleep* 35: 41–8.

Ohayon MM (2012) Determining the level of sleepiness in the American population and its correlates. *J Psychiatr Res* 46: 422–7.

Oosterman JE, Kalsbeek A, la Fleur SE, et al. (2015) Impact of nutrition on circadian rhythmicity. *Am J Physiol Regul Integr Comp Physiol* 308: R337–50.

Pail G, Huf W, Pjrek E, et al. (2011) Bright-light therapy in the treatment of mood disorders. *Neuropsychobiology* 64: 152–62.

Palagini L, Biber K, Riemann D (2014) The genetics of insomnia: evidence for epigenetic mechanisms? *Sleep Med Rev* 18: 225–35.

Partonen T, Treutlein J, Alpman A, et al. (2007) Three circadian clock genes *Per2*, *Arntl*, and *Npas2* contribute to winter depression. *Ann Med* 39: 229–38.

Pigeon WR, Pinquart M, Conner K (2012) Meta-analysis of sleep disturbance and suicidal thoughts and behaviors. *J Clin Psychiatry* 73: e1160–7.

Qureshi IA, Mehler MF (2014) Epigenetics of sleep and chronobiology. *Curr Neurol Neurosci Rep* 14: 432.

Rogers RR (2012) Past, present, and future use of oral appliance therapies in sleep-related breathing disorders. *J Calif Dent Assoc* 40: 151–7.

Sangal RB, Thomas L, Mitler MM (1992) Maintenance of wakefulness test and multiple sleep latency test. Measurement of different abilities in patients with sleep disorders. *Chest* 101: 898–902.

Saper CB, Lu J, Chou TC, Gooley J (2005) The hypothalamic integrator for circadian rhythms. *Trends Neurosci* 3: 152–7.

Saper CB, Scammell TE, Lu J (2005) Hypothalamic regulation of sleep and circadian rhythms. *Nature* 437: 1257–63.

Schwartz JRL, Nelson MT, Schwartz ER, Hughes RJ (2004) Effects of modafinil on wakefulness and executive function in patients with narcolepsy experiencing late-day sleepiness. *Clin Neuropharmacol* 27: 74–9.

Severino G, Manchia M, Contu P, et al. (2009) Association study in a Sardinian sample between bipolar disorder and the nuclear receptor REV-ERBalpha gene, a critical component of the circadian clock system. *Bipolar Disord* 11: 215–20.

Soria V, Martinez-Amoros E, Escaramis G, et al. (2010) Differential association of circadian genes with mood disorders: CRY1 and NPAS2 are associated with unipolar major depression and CLOCK and VIP with bipolar disorder. *Neuropsychopharmacology* 35: 1279–89.

Stahl SM (2014) Mechanism of action of tasimelteon in non-24 sleep–wake syndrome: treatment for a circadian rhythm disorder in blind patients. *CNS Spectrums* 19: 475–87.

Stippig A, Hubers U, Emerich M (2015) Apps in sleep medicine. *Sleep Breath* 19: 411–17.

Tafti M, Dauvilliers Y, Overeem S (2007) Narcolepsy and familial advanced sleep-phase syndrome: molecular genetics of sleep disorders. *Curr Opin Genet Dev* 17: 222–7.

Tahara Y, Shibata S (2014) Chrono-biology, chrono-pharmacology, and chrononutrition. *J Pharmacol Sci* 124: 320–35.

Takahashi S, Hong HK, McDearmon EL (2008) The genetic of mammalian circadian order and disorder: implications for physiology and disease. *Nat Rev Genet* 9: 764–75.

Takao T, Tachikawa H, Kawanishi Y, et al. (2007) *CLOCK* gene *T3111C* polymorphism is associated with Japanese schizophrenics: a preliminary study. *Eur Neuropsychopharmacol* 17: 273–6.

Tarasiuk A, Reuveni H (2013) The economic impact of obstructive sleep apnea. *Curr Opin Pulm Med* 19: 639–44.

Thaiss CA, Zeevi D, Levy M, et al. (2014) Transkingdom control of microbiota diurnal oscillations promotes metabolic homeostasis. *Cell* 159: 514–29.

Thomas RJ, Kwong K (2006) Modafinil activates cortical and subcortical sites in the sleep-deprived state. *Sleep* 29: 1471–81.

Thomas RJ, Rosen BR, Stern CE, Weiss JW, Kwong KK (2005) Functional imaging of working memory in obstructive sleep-disordered breathing. *J Appl Physiol* 98: 2226–34.

Thorpy MJ, Dauvilliers Y (2015) Clinical and practical consideration in the pharmacologic management of narcolepsy. *Sleep Med* 16: 9–18.

Trotti LM, Saini P, Bliwise DL, et al. (2015) Clarithromycin in gamma-aminobutyric acid-related hypersomnolence: a randomized, crossover trial. *Ann Neurol* 78: 454–65.

Trotti LM, Saini P, Freeman AA, et al. (2013) Improvement in daytime sleepiness with clarithromycin in patients with GABA-related hypersomnia: clinical experience. *J Psychopharmacol* 28: 697–702.

Van Someren EJ, Riemersma-Van Der Lek RF (2007) Live to the rhythm, slave to the rhythm. *Sleep Med Rev* 11: 465–84.

Wulff K, Gatti S, Wettstein JG, Foster RG (2010) Sleep and circadian rhythm disruption in psychiatric and neurodegenerative disease. *Nat Rev Neurosci* 11: 589–99.

Zaharna M, Dimitriu A, Guilleminault C (2010) Expert opinion on pharmacotherapy of narcolepsy. *Expert Opin Pharmacother* 11: 1633–45.

Zawilska JB, Skene DJ, Arendt J. (2009) Physiology and pharmacology of melatonin in relation to biological rhythms. *Pharmacol Rep* 61: 383–410.

Chapter 11 (Attention Deficit Hyperactivity Disorder)

Arnsten AFT (2006) Fundamentals of attention deficit/hyperactivity disorder: circuits and pathways. *J Clin Psychiatry* 67 (Suppl 8): 7–12.

Arnsten AFT (2006) Stimulants: therapeutic actions in ADHD. *Neuropsychopharmacology* 31: 2376–83.

Arnsten AFT (2009) Stress signaling pathways that impair prefrontal cortex structure and function. *Nat Rev Neurosci* 10: 410–22.

Arnsten AFT, Li BM (2005) Neurobiology of executive functions: catecholamine influences on prefrontal cortical functions. *Biol Psychiatry* 57: 1377–84.

Avery RA, Franowicz JS, Phil M, et al. (2000) The alpha 2a adrenoceptor agonist, guanfacine, increases regional cerebral blood flow in dorsolateral prefrontal cortex of monkeys performing a spatial working memory task. *Neuropsychopharmacology* 23: 240–9.

Berridge CW, Devilbiss DM, Andrzejewski ME, et al. (2006) Methylphenidate preferentially increases catecholamine neurotransmission within the prefrontal cortex at low doses that enhance cognitive function. *Biol Psychiatry* 60: 1111–20.

Berridge CW, Shumsky JS, Andrzejewski ME, et al. (2012) Differential sensitivity to psychostimulants across prefrontal cognitive tasks: differential involvement of noradrenergic α_1- and α_2-receptors. *Biol Psychiatry* 71: 467–73.

Biederman J (2004) Impact of comorbidity in adults with attention deficit/hyperactivity disorder. *J Clin Psychiatry* 65 (Suppl 3): 3–7.

Biederman J, Petty CR, Fried R, et al. (2007) Stability of executive function deficits into young adult years: a prospective longitudinal follow-up study of grown up males with ADHD. *Acta Psychiatr Scand* 116: 129–36.

Clerkin SM, Schulz KP, Halperin JM (2009) Guanfacine potentiates the activation of prefrontal cortex evoked by warning signals. *Biol Psychiatry* 66: 307–12.

Cortese S, Adamo N, Del Giovane C, et al. (2018) Comparative efficacy and tolerability of medications for attention deficit hyperactivity disorder in children, adolescents, and adults: a systematic review and network meta-analysis. *Lancet Psychiatry* 5: 727–38.

Easton N, Shah YB, Marshall FH, Fone KC, Marsden CA (2006) Guanfacine produces differential effects in frontal cortex compared with striatum: assessed by phMRI BOLD contrast. *Psychopharmacology* 189: 369–85.

Faraone SV, Biederman J, Spencer T (2006) Diagnosing adult attention deficit hyperactivity disorder: are late onset and subthreshold diagnoses valid? *Am J Psychiatry* 163: 1720–9.

Franke B, Nucgekubu G, Asherson P, et al. (2018) Live fast, die young? A review on the developmental trajectories of ADHD across the lifespan. *Eur Neuropsychopharmacol* 28: 1059–88.

Fusar-Poli P, Rubia K, Rossi G, Sartori G, Balottin U (2012) Striatal dopamine transporter alterations in ADHD: pathophysiology or adaptation to psychostimulants? a meta-analysis. *Am J Psychiatry* 169: 264–72.

Grady M, Stahl SM (2012) A horse of a different color: how formulation influences medication effects. *CNS Spectrums* 17: 63–9.

Hannestad J, Gallezot JD, Planeta-Wilson B, et al. (2010) Clinically relevant doses of methylphenidate significantly occupy norepinephrine transporters in humans in vivo. *Biol Psychiatry* 68: 854–60.

Jakala P, Riekkinen M, Sirvio J, et al. (1999) Guanfacine, but not clonidine, improves planning and working memory performance in humans. *Neuropsychopharmacology* 20: 460–70.

Johnson K, Liranso T, Saylor K, et al. (2020) A phase II double blind placebo controlled efficacy and safety study of SPN-812 (extended release vilaxazine) in children with ADHD. *J Atten Disord* 24: 348–58.

Kessler RC, Adler L, Barkley R (2006) The prevalence and correlates of adult ADHD in the United States: results from the National Comorbidity Survey Replication. *Am J Psychiatry* 163: 716–23.

Kessler RC, Green JG, Adler LA, et al. (2010) Structure and diagnosis of adult attention-deficit/hyperactivity disorder. *Arch Gen Psychiatry* 67: 1168–78.

Kollins SH, McClernon JM, Fuemmeler BF (2005) Association between smoking and attention deficit/hyperactivity disorder symptoms in a population based sample of young adults. *Arch Gen Psychiatry* 62: 1142–7.

Madras BK, Miller GM, Fischman AJ (2005) The dopamine transporter and attention deficit/hyperactivity disorder. *Biol Psychiatry* 57: 1397–409.

Matthijssen AFM, Dietrich A, Bierens M, et al. (2019) Continued benefits of methylphenidate in ADHD after 2 years in clinical practice: a randomized placebo-controlled discontinuation study. *Am J Psychiatry* 176: 754–62.

Mattingly G, Anderson RH (2016) Optimizing outcomes of ADHD treatment: from clinical targets to novel delivery systems. *CNS Spectrums* 21: 48–58.

Pinder RM, Brogden RN, Speight TM, et al. (1977) Voloxazine: a review of its pharmacological properties and therapeutic efficacy in depressive illness. *Drugs* 13: 401–21.

Pingault JB, Tremblay RE, Vitaro F, et al. (2011) Childhood trajectories of inattention and hyperactivity and prediction of educational attainment in early adulthood: a 16-year longitudinal population-based study. *Am J Psychiatry* 168: 1164–70.

Seidman LJ, Valera EM, Makris N, et al. (2006) Dorsolateral prefrontal and anterior cingulate cortex volumetric abnormalities in adults with attention-deficit/hyperactivity disorder identified by magnetic resonance imaging. *Biol Psychiatry* 60: 1071–80.

Shaw P, Stringaris A, Nigg J, et al. (2014) Emotion dysregulation in attention deficit hyperactivity disorder. *Am J Psychiatry* 171: 276–93.

Spencer TJ, Biederman J, Madras BK, et al. (2005) In vivo neuroreceptor imaging in attention deficit/hyperactivity disorder: a focus on the dopamine transporter. *Biol Psychiatry* 57: 1293–300.

Spencer TJ, Bonab AA, Dougherty DD, et al. (2012) Understanding the central pharmacokinetics of spheroidal oral drug absorption system (SODAS) dexmethylphenidate: a positron emission tomography study of dopamine transporter receptor occupancy measured with C-11 altropane. *J Clin Psychiatry* 73: 346–52.

Stahl SM (2009) The prefrontal cortex is out of tune in attention-deficit/hyperactivity disorder. *J Clin Psychiatry* 70: 950–1.

Stahl SM (2009) Norepinephrine and dopamine regulate signals and noise in the prefrontal cortex. *J Clin Psychiatry* 70: 617–18.

Stahl SM (2010) Mechanism of action of stimulants in attention deficit/hyperactivity disorder. *J Clin Psychiatry* 71: 12–13.

Stahl SM (2010) Mechanism of action of α2A-adrenergic agonists in attention-deficit/hyperactivity disorder with or without oppositional symptoms. *J Clin Psychiatry* 71: 223–24.

Steere JC, Arnsten AFT (1997) The alpha 2A noradrenergic receptor agonist guanfacine improves visual object discrimination reversal performance in aged rhesus monkeys. *Behav Neurosci* 111: 883–91.

Surman CBH, Biederman J, Spencer T (2011) Deficient emotional self regulation and adult attention deficit hyperactivity disorder: a family risk analysis. *Am J Psychiatry* 168: 617–23.

Swanson J, Baler RD, Volkow ND (2011) Understanding the effects of stimulant medications on cognition in individuals with attention-deficit hyperactivity disorder: a decade of progress. *Neuropsychopharmacology* 36: 207–26.

Turgay A, Goodman DW, Asherson P, et al. (2012) Lifespan persistance of ADHD: the lift transition model and its application. *J Clin Psychiatry* 73: 192–201.

Turner DC, Clark L, Dowson J, Robbins TW, Sahakian BJ (2004) Modafinil improves cognition and response inhibition in adult attention deficit/hyperactivity disorder. *Biol Psychiatry* 55: 1031–40.

Turner DC, Robbins TW, Clark L, et al. (2003) Cognitive enhancing effects of modafinil in healthy volunteers. *Psychopharmacology* 165: 260–9.

Vaughan BS, March JS, Kratochvil CJ (2012) The evidence-based pharmacological treatment of pediatric ADHD. *Int J Neuropsychopharmacol* 15: 27–39.

Volkow ND, Wong GJ, Kollins SH, et al. (2009) Evaluating dopamine reward pathway in ADHD: Clinical implications. *JAMA* 302: 1084–91.

Wang M, Ramos BP, Paspalas CD, et al. (2007) α2A-Adrenoceptors strengthen working memory networks by inhibiting cAMP-HCN channel signaling in prefrontal cortex. *Cell* 129: 397–410.

Wigal T, Brams M, Gasior M, et al. (2010) Randomized, double-blind, placebo-controlled, crossover study of the efficacy and safety of lisdexamfetamine dimesylate in adults with attention-deficit/hyperactivity disorder: novel findings using a simulated adult workplace environment design. *Behav Brain Funct* 6: 34–48.

Wilens TE (2007) Lisdexamfetamine for ADHD. *Curr Psychiatry* 6: 96–105.

Yang L, Cao Q, Shuai L (2012) Comparative study of OROS-MPH and atomoxetine on executive function improvement in ADHD: a randomized controlled trial. *Int J Neuropsychopharmacol* 15: 15–16.

Zang YF, Jin Z, Weng XC, et al. (2005) Functional MRI in attention deficit hyperactivity disorder: evidence for hypofrontality. *Brain Dev* 27: 544–50.

Zuvekas SH, Vitiello B (2012) Stimulant medication use in children: a 12-year perspective. *Am J Psychiatry* 169: 160–6.

Chapter 12 (Dementia) and Acetylcholine

Neuronal Networks: Acetylcholine

Bacher I, Rabin R, Woznica A, Sacvco KA, George TP (2010) Nicotinic receptor mechanisms in neuropsychiatric disorders: therapeutic implications. *Prim Psychiatry* 17: 35–41.

Fryer AD, Christopoulos A, Nathanson NM (eds.) (2012) *Muscarinic Receptors*. Berlin: Springer-Verlag.

Geldmacher DS, Provenano G, McRae T, et al. (2003) Donepezil is associated with delayed nursing home placement in patients with Alzheimer's disease. *J Am Geriatr Soc* 51: 937–44.

Grothe M, Heinsen H, Teipel SF (2012) Atrophy of the cholinergic basal forebrain over the adult age range and in early states of Alzheimer's disease. *Biol Psychiatry* 71: 805–13.

Hasselmo ME, Sarter M (2011) Nodes and models of forebrain cholinergic neuromodulation of cognition. *Neuropsychopharmacology* 36: 52–73.

Lane RM, Potkin SG, Enz A (2006) Targeting acetylcholinesterase and butyrylcholinesterase in dementia. *Int J Neuropsychopharmacol* 9: 101–24.

Ohta Y, Darwish M, Hishikawa N, et al. (2017) Therapeutic effects of drug switching between acetylcholinesterase inhibitors in patients with Alzheimer's disease. *Geriatr Gerontol Int* 17: 1843–8.

Pepeu G, Giovannini M (2017) The fate of the brain cholinergic neurons in neurodegenerative diseases. *Brain Res* 1670: 173–84.

Tariot PN, Farlow MR, Grossberg GT, et al. (2004) Memantine treatment in patients with moderate to severe Alzheimer's disease already receiving donepezil. *JAMA* 291: 317–24.

Diet/Exercise/Genetics/Aging

Anastasiou CA, Yannakoulia M, Kosmidis MH, et al. (2017) Mediterranean diet and cognitive health: initial results from the Hellenic Longitudinal Investigation of ageing and diet. *PLOS ONE* 12: e0182048.

Aridi YS, Walker JL, Wright ORL (2017) The association between the Mediterranean dietary pattern and cognitive health: a systematic review. *Nutrients* 9: E674.

Ballard C, Khan Z, Clack H, et al. (2011) Nonpharmacological treatment of Alzheimer disease. *Can J Psychiatry* 56: 589–95.

Buchman AS, Boyle PA, Yu L, et al. (2012) Total daily physical activity and the risk of AD and cognitive decline in older adults. *Neurology* 78: 1323–9.

Burmester B, Leathem J, Merrick P (2016) Subjective cognitive complaints and objective cognitive function in aging: a systematic review and meta-analysis of recent cross-sectional findings. *Neuropsychol Rev* 26: 376–93.

Cederholm T (2017) Fish consumption and omega-3 fatty acid supplementation for prevention or treatment of cognitive decline, dementia or Alzheimer's disease in older adults: any news? *Curr Opin Clin Nutr Metab Care* 20: 104–9.

Cepoiu-Martin M, Tam-Tham H, Patten S, et al. (2016) Predictors of long-term care placement in persons with dementia: a systematic review and metaanalysis. *Int J Geriatr Psychiatry* 31: 1151–71.

Ercoli L, Siddarth P, Huang SC, et al. (2006) Perceived loss of memory ability and cerebral metabolic decline in persons with the apolipoprotein E-IV genetic risk for Alzheimer disease. *Arch Gen Psychiatry* 63: 442–8.

Gu Y, Brickman AM, Stern Y, et al. (2015) Mediterranean diet and brain structure in a multiethnic elderly cohort. *Neurology* 85: 1744–51.

Hardman RJ, Kennedy G, Macpherson H, et al. (2016) Adherence to a Mediterranean-style diet and effects on cognition in adults: a qualitative evaluation and systematic review of longitudinal and prospective trials. *Front Nutr* 3: 1–13.

Hinz FI, Geschwind DH (2017) Molecular genetics of neurodegenerative dementias. *Cold Spring Harb Perspect Biol* 9: a023705.

Knight A, Bryan J, Murphy K (2016) Is the Mediterranean diet a feasible approach to preserving cognitive function and reducing risk of dementia for older adults in Western countries? New insights and future directions. *Ageing Res Rev* 25: 85–101.

Kullmann S, Heni M, Hallschmid M, et al. (2016) Brain insulin resistance at the crossroads of metabolic and cognitive disorders in humans. *Physiol Rev* 96: 1169–209.

Larson EB, Wang L, Bowen JD, et al. (2006) Exercise is associated with reduced risk for incident dementia among persons 65 years of age and older. *Ann Intern Med* 144: 73–81.

Lee HS, Park SW, Park YJ (2016) Effects of physical activity programs on the improvement of dementia symptom: a meta-analysis. *Biomed Res Int* 2016: 2920146.

Lee SH, Zabolotny JM, Huang H, et al. (2016) Insulin in the nervous system and the mind: functions in metabolism, memory, and mood. *Mol Metab* 5: 589–601.

Li Y, Sekine T, Funayama M, et al. (2014) Clinicogenetic study of GBA mutations in patients with familial Parkinson's disease. *Neurobiol Aging* 35: 935.e3–8.

Lim SY, Kim EJ, Kim A, et al. (2016) Nutritional factors affecting mental health. *Clin Nutr Res* 5: 143–52.

Marcason W (2015) What are the components of the MIND diet? *J Acad Nutr Diet* 115: 1744.

Matsuzaki T, Sasaki K, Tanizaki Y, et al. (2010) Insulin resistance is associated with the pathology of Alzheimer disease. *Neurology* 75: 764–70.

Ngandu T, Lehtisalo J, Solomon A, et al. (2015) A 2 year multidomain intervention of diet, exercise, cognitive training, and vascular risk monitoring versus control to prevent cognitive decline in at-risk elderly people (FINGER): a randomized controlled trial. *Lancet* 385: 2255–63.

O'Donnell CA, Browne S, Pierce M, et al. (2015) Reducing dementia risk by targeting modifiable risk factors in mid-life: study protocol for the Innovative Midlife Intervention for Dementia Deterrence (In-MINDD) randomized controlled feasibility trial. *Pilot Feasibility Stud* 1: 40.

Olszewska DA, Lonergan R, Fallon EM, et al. (2016) Genetics of frontotemporal dementia. *Curr Neurol Neurosci Rep* 16: 107.

Petersson SD, Philippou E (2016) Mediterranean diet, cognitive function, and dementia: a systematic review of the evidence. *Adv Nutr* 7: 889–904.

Qosa H, Mohamed LA, Batarseh YS, et al. (2015) Extra-virgin olive oil attenuates amyloid-β and tau pathologies in the brains of *TgSwD1* mice. *J Nutr Biochem* 26: 1479–90.

Rigacci S (2015) Olive oil phenols as promising multi-targeting agents against Alzheimer's disease. *Adv Exp Med Biol* 863: 1–20.

Rosenberg RN, Lambracht-Washington D, Yu G, et al. (2016) Genomics of Alzheimer disease: a review. *JAMA Neurol* 73: 867–74.

Schellenberg GD, Montine TJ (2012) The genetics and neuropathology of Alzheimer's disease. *Acta Neuropathol* 124: 305–23.

Valenzuela MJ, Matthews FE, Brayne C, et al. for the Medical Research Council Cognitive Function and Ageing Study (2012) Multiple biological pathways link cognitive lifestyle to protection from dementia. *Biol Psychiatry* 71: 783–91.

Yang T, Sun Y, Lu Z, et al. (2017) The impact of cerebrovascular aging on vascular cognitive impairment and dementia. *Ageing Res Rev* 34: 15–29.

Zillox LA, Chadrasekaran K, Kwan JY, et al. (2016) Diabetes and cognitive impairment. *Curr Diab Rep* 16: 1–11.

Alzheimer Disease/Vascular Dementia/Dementia with Lewy Bodies/Parkinson's Disease Dementia/Frontotemporal Dementia/Other Dementias/General Dementia

Annus A, Csati A, Vecsei L (2016) Prion diseases: new considerations. *Clin Neurol Neurosurg* 150: 125–32.

Arai T (2014) Significance and limitation of the pathological classification of TDP-43 proteinopathy. *Neuropathology* 34: 578–88.

Arendt T, Steiler JT, Holzer M (2016) Tau and tauopathies. *Brain Res Bull* 126: 238–92.

Asken BM, Sullan MJ, Snyder AR, et al. (2016) Factors influencing clinical correlates of chronic traumatic encephalopathy (CTE): a review. *Neuropsychol Rev* 26: 340–63.

Atri A (2016) Imaging of neurodegenerative cognitive and behavioral disorders: practical considerations for dementia clinical practice. *Handb Clin Neurol* 136: 971–84.

Azizi SA, Azizi SA (2018) Synucleinopathies in neurodegenerative diseases: accomplices, an inside job and selective vulnerability. *Neurosci Lett* 672: 150–2.

Ballard C, Mobley W, Hardy J, Williams G, Corbett A (2016) Dementia in Down's syndrome. *Lancet Neurol* 15: 622–36.

Ballard C, Ziabreva I, Perry R, et al. (2006) Differences in neuropathologic characteristics across the Lewy body dementia spectrum. *Neurology* 67: 1931–4.

Benskey MJ, Perez RG, Manfredsson FP (2016) The contribution of alpha synuclein to neuronal survival and function: implications for Parkinson's disease. *J Neurochemistry* 137: 331–59.

Bonifacio G, Zamboni G (2016) Brain imaging in dementia. *Postgrad Med J* 92: 333–40.

Boxer AL, Yu JT, Golbe LI, et al. (2017) Advances in progressive supranuclear palsy: new diagnostic criteria, biomarkers, and therapeutic approaches. *Lancet Neurol* 166: 552–63.

Braak H, Del Tredici K, Rub U, et al. (2003) Staging of brain pathology related to sporadic Parkinson's disease. *Neurobiol Aging* 24: 197–211.

Burchell JT, Panegyres PK (2016) Prion diseases: immunotargets and therapy. *ImmunoTargets Ther* 5: 57–68.

Cheung CY, Ikram MK, Chen C, et al. (2017) Imaging retina to study dementia and stroke. *Prog Brain Retinal Eye Res* 57: 89–107.

Chutinet A, Rost NS (2014) White matter disease as a biomarker for long-term cerebrovascular disease and dementia. *Curr Treat Options Cardiovasc Med* 16: 292.

Dugger BN, Dickson DW (2017) Pathology of neurodegenerative diseases. *Cold Springs Harb Perspect Biol* 9: a028035.

Eddy CM, Parkinson EG, Rickards HE (2016) Changes in mental state and behavior in Huntington's disease. *Lancet Psychiatry* 3: 1079–86.

Emre M (2007) Treatment of dementia associated with Parkinson's disease. *Parkinsonism Relat Disord* 13 (Suppl 3): S457–61.

Eusebio A, Koric L, Felician O, et al. (2016) Progressive supranuclear palsy and corticobasal degeneration: diagnostic challenges and clinicopathological considerations. *Rev Neurol (Paris)* 172: 488–502.

Foo H, Mak E, Yong TT (2017) Progression of subcortical atrophy in mild Parkinson's disease and its impact on cognition. *Eur J Neurol* 24: 341–8.

Ford AH (2016) Preventing delirium in dementia: managing risk factors. *Maturitas* 92: 35–40.

Galvin JE (2015) Improving the clinical detection of Lewy body dementia with the Lewy Body Composite Risk Score. *Alzheimers Dement (Amst)* 1: 316–24.

Giri M, Zhang M, Lu Y (2016) Genes associated with Alzheimer's disease: an overview and current status. *Clin Interv Aging* 11: 665–81.

Goetz CG, Emre M, Dubois B (2008) Parkinson's disease dementia: definitions, guidelines, and research perspectives in diagnosis. *Ann Neurol* 64 (Suppl 2): S81–92.

Goodman RA, Lochner KA, Thambisetty M, et al. (2017) Prevalence of dementia subtypes in United States Medicare fee-for-service beneficiaries, 2011-2013. *Alzheimers Dement* 13: 28–37.

Gordon E, Rohrer JD, Fox NC (2016) Advances in neuroimaging in frontotemporal dementia. *J Neurochem* 138 (Suppl 1): 193–210.

Gray SL, Hanlon JT (2016) Anticholinergic medication use and dementia: latest evidence and clinical implications. *Ther Adv Drug Saf* 7: 217–24.

Harper L, Barkhof F, Scheltens P, et al. (2014) An algorithmic approach to structural imaging in dementia. *J Neurol Neurosurg Psychiatry* 85: 692–8.

Hasegawa M, Nonaka T, Masuda-Suzukake M (2017) Prion-like mechanisms and potential therapeutic targets in neurodegenerative disorders. *Pharmacol Ther* 172: 22–33.

Hithersay R, Hamburg S, Knight B, et al. (2017) Cognitive decline and dementia in Down syndrome. *Curr Opin Psychiatry* 30: 102–7.

Huey ED, Putnam KT, Grafman J (2006) A systematic review of neurotransmitter deficits and treatments in frontotemporal dementia. *Neurology* 66: 17–22.

Ince PG, Perry EK, Morris CM (1998) Dementia with Lewy bodies: a distinct non-Alzheimer dementia syndrome? *Brain Pathol* 8: 299–324.

Jellinger KA (2018) Dementia with Lewy bodies and Parkinson's disease-dementia: current concepts and controversies. *J Neural Transm* 125: 615–50.

Jena A, Renjen PN, Taneja S, et al. (2015) Integrated (18) F-fluorodeoxyglucose positron emission tomography magnetic resonance imaging (^{18}F-FDG PET/MRI), a multimodality approach for comprehensive evaluation of dementia patients: a pictorial essay. *Indian J Radiol Imaging* 25: 342–52.

Jennings LA, Palimaru A, Corona MG, et al. (2017) Patient and caregiver goals for dementia care. *Qual Life Res* 26: 685–93.

Johnson BP, Westlake KP (2018) Link between Parkinson disease and rapid eye movement sleep behavior disorder with dream enactment: possible implications for early rehabilitation. *Arch Phys Med Rehab* 99: 410–15.

Kapasi A, DeCarli C, Schneider JA (2017) Impact of multiple pathologies on the threshold for clinically overt dementia. *Acta Neuropathol* 134: 171–86.

Karantzoulis S, Galvin JE (2011) Distinguishing Alzheimer's disease from other major forms of dementia. *Expert Rev Neurother* 11: 1579–91.

Kertesz A, Munoz DG (2002) Frontotemporal dementia. *Med Clin North Am* 86: 501–18.

Knopman DS, Kramer JH, Boeve BF, et al. (2008) Development of methodology for conducting clinical trials in frontotemporal lobar degeneration. *Brain* 131 (Pt 11): 2957–68.

Kobylecki C, Jones M, Thompson JC, et al. (2015) Cognitive-behavioural features of progressive supranuclear palsy syndrome overlap with frontotemporal dementia. *J Neurol* 262: 916–22.

Kolb HC, Andres JI (2017) Tau positron emission tomography imaging. *Cold Spring Harb Perspect Biol* 9: a023721.

Koronyo Y, Biggs D, Barron E, et al. (2017) Retinal amyloid pathology and proof-of-concept imaging trial in Alzheimer's disease. *JCI Insight* 2: 93621.

Landin-Romero R, Tan R, Hodges HR, et al. (2016) An update on semantic dementia: genetics, imaging, and pathology. *Alz Res Ther* 8: 52.

Levy RH, Collins C (2007) Risk and predictability of drug interactions in the elderly. *Int Rev Neurobiol* 81: 235–51.

Ling H (2016) Clinical approach to progressive supranuclear palsy. *J Mov Disord* 9: 3–13.

Lippmann S, Perugula ML (2016) Delirium or dementia? *Innov Clin Neurosci* 13: 56–7.

Liscic RM, Srulijes K, Groger A, et al. (2013) Differentiation of progressive supranuclear palsy: clinical, imaging and laboratory tools. *Acta Neurol Scand* 127: 361–70.

Llorens F, Karch A, Golanska E, et al. (2017) Cerebrospinal fluid biomarker-based diagnosis of sporadic Creutzfeldt–Jakob disease: a validation study for previously established cutoffs. *Dement Geriatr Cogn Disord* 43: 71–80.

Mackenzie IR, Neumann M (2016) Molecular neuropathology of frontotemporal dementia: insights into disease mechanisms from postmortem studies. *J Neurochem* 138 (Suppl 1): 54–70.

Mackenzie IR, Munoz DG, Kusaka H, et al. (2011) Distinct subtypes of FTLD-FUS. *Acta Neuropathol* 121: 207–18.

Maloney B, Lahiri DK (2016) Epigenetics of dementia: understanding the disease as a transformation rather than a state. *Lancet Neurol* 15: 760–74.

McCarter S, St Louis EK, Boeve BF (2016) Sleep disturbances in frontotemporal dementia. *Curr Neurol Neurosci Rep* 16: 85.

McCleery J, Cohen DA, Sharpley AL (2016) Pharmacotherapies for sleep disturbances in dementia (review). *Cochrane Database Syst Rev* 11: CD009178.

McGirt MJ, Woodworth G, Coon AL, et al. (2005) Diagnosis, treatment, and analysis of long-term outcomes in idiopathic normal-pressure hydrocephalus. *Neurosurgery* 57: 699–705.

McKeith IG, Dickson DW, Lowe J, et al. (2005) Diagnosis and management of dementia with Lewy bodies: third report of the DLB consortium. *Neurology* 65: 1863–72.

Meyer PT, Frings L, Rucker G, et al. (2017) ^{18}F-FDG PET in Parkinsonism: differential diagnosis and evaluation of cognitive impairment. *J Nucl Med* 58: 1888–98.

Michel J-P (2016) Is it possible to delay or prevent age-related cognitive decline? *Korean J Fam Med* 37: 263–6.

Mioshi E, Flanagan E, Knopman D (2017) Detecting change with the CDR-FTLD: differences between FTLD and AD dementia. *Int J Geriatr Psychiatry* 32: 977–82.

Mioshi E, Hsieh S, Savage S, et al. (2010) Clinical staging and disease progression in frontotemporal dementia. *Neurology* 74: 1591–7.

Montenigro PH, Baugh CM, Daneshvar DH, et al. (2014) Clinical subtypes of chronic traumatic encephalopathy: literature review and proposed research diagnostic criteria for traumatic encephalopathy syndrome. *Alz Res Ther* 6: 68.

Nalbandian A, Donkervoort S, Dec E, et al. (2011) The multiple faces of valosin-containing protein-associated diseases: inclusion body myopathy with Paget's disease of bone, frontotemporal dementia, and amyotrophic lateral sclerosis. *J Mol Neurosci* 45: 522–31.

Noe E, Marder K, Bell KL, et al. (2004) Comparison of dementia with Lewy bodies to Alzheimer's disease and Parkinson's disease with dementia. *Movement Disorders* 19: 60–7.

Pandya SY, Clem MA, Silva LM, et al. (2016) Does mild cognitive impairment always lead to dementia? A review. *J Neurol Sci* 369: 58–62.

Paoli RA, Botturi A, Ciammola A, et al. (2017) Neuropsychiatric burden in Huntington's disease. *Brain Sci* 7: 67.

Park HK, Park KH, Yoon B, et al. (2017) Clinical characteristics of parkinsonism in frontotemporal dementia according to subtypes. *J Neurol Sci* 372: 51–6.

Purandare N, Burns A, Morris J, et al. (2012) Association of cerebral emboli with accelerated cognitive deterioration in Alzheimer's disease and vascular dementia. *Am J Psychiatry* 169: 300–8.

Ransohoff RM (2016) How neuroinflammation contributes to neurodegeneration. *Science* 353: 777–83.

Raz L, Knoefel J, Bhaskar K (2016) The neuropathology and cerebrovascular mechanisms of dementia. *J Cereb Blood Flow Metab* 36: 179–86.

Roalf D, Moberg MJ, Turetsky BI, et al. (2017) A quantitative meta-analysis of olfactory dysfunction in mild cognitive impairment. *J Neurol Neurosurg Psychiatry* 88: 226–32.

Sachdeva A, Chandra M, Choudhary M, et al. (2016) Alcohol-related dementia and neurocognitive impairment: a review study. *Int J High Risk Behav Addict* 5: e27976.

Sarro L, Tosakulwong N, Schwarz CG, et al. (2017) An investigation of cerebrovascular lesions in dementia with Lewy bodies compared to Alzheimer's disease. *Alzheimers Dement* 13: 257–66.

Schott JM, Warren JD, Barhof F, et al. (2011) Suspected early dementia. *BMJ* 343: d5568.

Schroek JL, Ford J, Conway EL, et al. (2016) Review of safety and efficacy of sleep medicines in older adults. *Clin Ther* 38: 2340–72.

Schwartz M, Deczkowska A (2016) Neurological disease as a failure of brain-immune crosstalk: the multiple faces of neuroinflammation. *Trends Immunol* 37: 668–79.

Stahl SM (2017) Does treating hearing loss prevent or slow the progress of dementia? Hearing is not all in the ears, but who's listening? *CNS Spectrums* 22: 247–50.

Takada LT, Kim MO, Cleveland RW, et al. (2017) Genetic prion disease: experience of a rapidly progressive dementia center in the United States and a review of the literature. *Am J Med Genet B Neuropsychiatr Genet* 174: 36–69.

Tartaglia MC, Rosen JH, Miller BL (2011) Neuroimaging in dementia. *Neurotherapeutics* 8: 82–92.

Thomas AJ, Attems J, Colloby SJ, et al. (2017) Autopsy validation of ^{123}I-FP-CIT dopaminergic neuroimaging for the diagnosis of DLB. *Neurology* 88: 1–8.

Thomas AJ, Taylor JP, McKeith I, et al. (2017) Development of assessment toolkits for improving the diagnosis of Lewy body dementias: feasibility study within the DIAMOND Lewy study. *Int J Geriatr Psychiatry* 32: 1280–304.

Todd TW, Petrucelli L (2016) Insights into the pathogenic mechanisms of chromosome 9 open reading frame 72 (C9orf72) repeat expansions. *J Neurochem* 138 (Suppl 1): 145–62.

Togo T, Isojima D, Akatsu H, et al. (2005) Clinical features of argyrophilic grain disease: a retrospective survey of cases with neuropsychiatric symptoms. *Am J Geriatr Psychiatry* 13: 1083–91.

Tsai RM, Boxer AL (2016) Therapy and clinical trials in frontotemporal dementia: past, present, and future. *J Neurochem* 138 (Suppl 1): 211–21.

Tyebi S, Hannan AJ (2017) Synaptopathic mechanisms of neurodegeneration and dementia: insights from Huntington's disease. *Prog Neurobiol* 153: 18–45.

Weishaupt JH, Hyman T, Dikic I (2016) Common molecular pathways in amyotrophic lateral sclerosis and frontotemporal dementia. *Trends Mol Med* 22: 769–83.

Wenning GK, Tison F, Seppi K, et al. (2004) Development and validation of the Unified Multiple System Atrophy Rating Scale (UMSARS). *Mov Disord* 19: 1391–402.

Williams DR, Holton JL, Strand C, et al. (2007) Pathological tau burden and distribution distinguishes progressive supranuclear palsy-parkinsonism from Richardson's syndrome. *Brain* 130 (Pt 6): 1566–76.

Wimo A, Guerchet M, Ali GC, et al. (2017) The worldwide costs of dementia 2015 and comparisons with 2010. *Alzheimers Dement* 13: 1–7.

Xu Y, Yang J, Shang H (2016) Meta-analysis of risk factors for Parkinson's disease dementia. *Transl Neurodegen* 5: 1–8.

Yang L, Yan J, Jin X, et al. (2016) Screening for dementia in older adults: comparison of Mini-Mental State Examination, Min-Cog, Clock Drawing Test and AD8. *PLOS ONE* 11: e0168949.

Yang W, Yu S (2017) Synucleinopathies: common features and hippocampal manifestations. *Cell Mol Life Sci* 74: 8466–80.

Dementia/Memory/Cognition/Amyloid/Alzheimer

Albert MS, DeKosky ST, Dickson D, et al. (2011) The diagnosis of mild cognitive impairment due to Alzheimer's disease: recommendations from the National Institute on Aging and Alzheimer's Association Workgroup. *Alzheimers Dement* 7: 270–9.

Arbor SC, LaFontaine M, Cumbay M (2016) Amyloid-beta Alzheimer targets: protein processing, lipid rafts, and amyloid-beta pores. *Yale J Biol Med* 89: 5–21.

Bronzuoli MR, Iacomino A, Steardo L, et al. (2016) Targeting neuroinflammation in Alzheimer's disease. *J Inflamm Res* 9: 199–208.

Cardenas-Aguayo M. del C, Silva-Lucero, M. del C, Cortes-Ortiz M, et al. (2014) Physiological role of amyloid beta in neural cells: the cellular trophic activity. In *Neurochemistry*, Heinbockel T (ed.) InTech Open Access Publisher, doi:10.5772/57398.

Chakraborty A, de Wit NM, van der Flier WM, et al. (2017) The blood brain barrier in Alzheimer's disease. *Vasc Pharmacol* 89: 12–18.

Chetelat G, Villemagne VL, Villain N, et al. (2012) Accelerated cortical atrophy in cognitively normal elderly with high β-amyloid deposition. *Neurology* 78: 477–84.

Citron M (2004) β-Secretase inhibition for the treatment of Alzheimer's disease: promise and challenge. *Trends Pharmacol Services* 25: 92–7.

Clark CM, Schneider JA, Bedell BJ, et al. (2011) Use of florbetapir-PET for imaging β-amyloid pathology. *JAMA* 305: 275–83.

Cummings JL (2011) Biomarkers in Alzheimer's disease drug development. *Alzheimers Dement* 7: e13–44.

Cummings J (2011) Alzheimer's disease: clinical trials and the amyloid hypothesis. *Ann Acad Med Singapore* 40: 304–6.

Deutsch SI, Rosse RB, Deutsch LH (2006) Faulty regulation of tau phosphorylation by the reelin signal transduction pathway is a potential mechanism of pathogenesis and therapeutic target in Alzheimer's disease. *Eur Neuropsychopharmacol* 16: 547–51.

Dickerson BC, Stoub TR, Shah RC, et al. (2011) Alzheimer-signature MRI biomarker predicts AD dementia in cognitively normal adults. *Neurology* 76: 1395–402.

Ewers M, Sperling RA, Klunk WE, Weiner MW, Hampel H (2011) Neuroimaging markers for the prediction and early diagnosis of Alzheimer's disease dementia. *Trends Neurosci* 34: 430–42.

Fajardo VA, Fajardo VA, LeBlanc PJ, et al. (2018) Examining the relationship between trace lithium in drinking water and the rising rates of age-adjusted Alzheimer's disease mortality in Texas. *J Alzheimers Dis* 61: 425–34.

Fleisher AS, Chen K, Liu X, et al. (2011) Using positron emission tomography and florbetapir F 18 to image amyloid in patients with mild cognitive impairment or dementia due to Alzheimer disease. *Arch Neurol* 68: 1404–11.

Forster S, Grimmer T, Miederer I, et al. (2012) Regional expansion of hypometabolism in Alzheimer's disease follows amyloid deposition with temporal delay. *Biol Psychiatry* 71: 792–7.

Gehres SW, Rocha A, Leuzy A, et al. (2016) Cognitive intervention as an early nonpharmacological strategy in Alzheimer's disease: a translational perspective. *Front Aging Neurosci* 8: 1–4.

Gitlin LN, Hodgson NA (2016) Who should assess the needs of and care for a dementia patient's caregiver? *AMA J Ethics* 18: 1171–81.

Godyn J, Jonczyk J, Panek D, et al. (2016) Therapeutic strategies for Alzheimer's disease in clinical trials. *Pharmacol Rep* 68: 127–38.

Gomar JJ, Bobes-Bascaran MT, Conejero-Goldberg C, et al. (2011) Utility of combinations of biomarkers, cognitive markers, and risk factors to predict conversion from mild cognitive impairment to Alzheimer disease in patients in the Alzheimer's Disease Neuroimaging Initiative. *Arch Gen Psychiatry* 68: 961–9.

Grimmer T, Tholen S, Yousefi BH, et al (2010) Progression of cerebral amyloid load is associated with the apolipoprotein E ε4 genotype in Alzheimer's disease. *Biol Psychiatry* 68: 879–84.

Gurnani AS, Gavett BE (2017) The differential effects of Alzheimer's disease and Lewy body pathology on cognitive performance: a meta-analysis. *Neuropsychol Rev* 27: 1–17.

Harrison JR, Owen MJ (2016) Alzheimer's disease: the amyloid hypothesis on trial. *Br J Psychiatry* 208: 1–3.

Herukka SK, Simonsen AH, Andreasen N, et al. (2017) Recommendations for CSF AD biomarkers in the diagnostic evaluation of MCI. *Alzheimers Dement* 13: 285–95.

Jack CR Jr., Albsert MS, Knopman DS, et al. (2011) Introduction to the recommendations from the National Institute on Aging and the Alzheimer's Association Workgroup on diagnostic guidelines for Alzheimer's disease. *Alzheimers Dement* 7: 257–62.

Jack CR Jr., Lowe VJ, Weigand SD, et al. (2009) Serial PIB and MRI in normal, mild cognitive impairment and Alzheimer's disease: implications for sequence of pathological events in Alzheimer's disease. *Brain* 132: 1355–65.

Jonsson T, Atwal JK, Steinberg S, et al. (2012) A mutation in APP protects against Alzheimer's disease and age-related cognitive decline. *Nature* 488: 96–9.

Kokjohn TA, Maarouf CL, Roher AE (2012) Is Alzheimer's disease amyloidosis a result of a repair mechanism gone astray? *Alzheimers Dement* 8: 574–83.

Kovari E, Herrmann FR, Hof PR, et al. (2013) The relationship between cerebral amyloid angiopathy and cortical microinfarcts in brain ageing and Alzheimer's disease. *Neuropathol Appl Neurobiol* 39: 498–509.

Li Y, Li Y, Li X, et al. (2017) Head injury as a risk factor for dementia and Alzheimer's disease: a systematic review and meta-analysis of 32 observational studies. *PLOS ONE* 12: e0169650.

Lieberman A, Deep A, Shi J, et al. (2018) Downward finger displacement distinguishes Parkinson disease dementia from Alzheimer disease. *Int J Neurosci* 128: 151–4.

Lim JK, Li QX, He Z, et al. (2016) The eye as a biomarker for Alzheimer's disease. *Front Neurosci* 10: 1–14.

MacLeod R, Hillert EK, Cameron RT, et al. (2015) The role and therapeutic targeting of α-, β-, and γ-secretase in Alzheimer's disease. *Future Sci OA* 1: FS011.

Mallik A, Drzezga A, Minoshima S (2017) Clinical amyloid imaging. *Semin Nucl Med* 47: 31–43.

Marciani DJ (2015) Alzheimer's disease vaccine development: a new strategy focusing on immune modulation. *J Neuroimmunol* 287: 54–63.

McKhann GM, Knopman DS, Chertkow H (2011) The diagnosis of dementia due to Alzheimer's disease: recommendations from the National Institute on Aging and the Alzheimer's Association Workgroup. *Alzheimers Dement* 7: 263–9.

Mendiola-Precoma J, Berumen LC, Padilla K, et al. (2016) Therapies for prevention and treatment of Alzheimer's disease. *BioMed Res Int* 2016: 2589276.

Panza F, Solfrizzi V, Seripa D, et al. (2016) Tau-centric targets and drugs in clinical development for the treatment of Alzheimer's disease. *BioMed Res Int* 2016: 3245935.

Pascoal TA, Mathotaarachchi S, Shin M, et al. (2017) Synergistic interaction between amyloid and tau predicts the progression to dementia. *Alzheimers Dement* 13: 644–53.

Rabinovici GD, Rosen HJ, Alkalay A, et al. (2011) Amyloid vs. FDG-PET in the differential diagnosis of AD and FTLD. *Neurology* 77: 2034–42.

Rapp MA, Schnaider-Beeri M, Grossman HT, et al. (2006) Increased hippocampal plaques and tangles in patients with Alzheimer disease with a lifetime history of major depression. *Arch Gen Psychiatry* 63: 161–7.

Reisberg B, Doody R, Stöffle A, et al. (2003) Memantine in moderate-to-severe Alzheimer's disease. *New Engl J Med* 348: 1333–41.

Ritter AR, Leger GC, Miller JB, et al. (2017) Neuropsychological testing in pathologically verified Alzheimer's disease and frontotemporal dementia. *Alzheimer Dis Assoc Disord* 31: 187–91.

Rodrigue KM, Kennedy KM, Devous MD Sr., et al. (2012) Β-Amyloid burden in healthy aging. Regional distribution and cognitive consequences. *Neurology* 78: 387–95.

Ruthirakuhan M, Herrmann N, Seuridjan I, et al. (2016) Beyond immunotherapy: new approaches for disease modifying treatments for early Alzheimer's disease. *Expert Opin Pharmacother* 17: 2417–29.

Sabbagh MN, Schauble B, Anand K, et al. (2017) Histopathology and florbetaben PET in patients incorrectly diagnosed with Alzheimer's disease. *J Alzheimers Dis* 56: 441–6.

Scheinin NM, Aalto S, Kaprio J, et al. (2011) Early detection of Alzheimer disease. *Neurology* 77: 453–60.

Sharma N, Singh AN (2016) Exploring biomarkers for Alzheimer's disease. *J Clin Diag Res* 10: KE01–06.

Simonsen AH, Herukka SK, Andreasen N, et al. (2017) Recommendations for CSF AD biomarkers in the diagnostic evaluation of dementia. *Alzheimers Dement* 13: 285–95.

Sperling RA, Aisen PS, Beckett LA, et al. (2011) Toward defining the preclinical stages of Alzheimer's disease: recommendations from the National Institute on Aging and the Alzheimer's Association Workgroup. *Alzheimers Dement* 7: 280–92.

Spies PE, Claasen JA, Peer PG, et al. (2013) A prediction model to calculate probability of Alzheimer's disease using cerebrospinal fluid biomarkers. *Alzheimers Dement* 9: 262–8.

Spies PE, Verbeek MM, van Groen T, et al. (2012) Reviewing reasons for the decreased CSF Abeta42 concentration in Alzheimer disease. *Front Biosci (Landmark Ed)* 17: 2024–34.

Spira AP, Gottesman RF (2017) Sleep disturbance: an emerging opportunity for Alzheimer's disease prevention? *Int Psychogeriatr* 29: 529–31.

Tarawneh R, Holtzman DM (2012) The clinical problem of symptomatic Alzheimer disease and mild cognitive impairment. *Cold Spring Harbor Perspect Med* 2: a006148.

Tariot PN, Aisen PS (2009) Can lithium or valproate untie tangles in Alzheimer's disease? *J Clin Psychiatry* 70: 919–21.

Uzun S, Kozumplik O, Folnegovic-Smalc V (2011) Alzheimer's dementia: current data review. *Coll Antropol* 35: 1333–7.

Venkataraman A, Kalk N, Sewell G, et al. (2017) Alcohol and Alzheimer's disease: does alcohol dependence contribute to beta-amyloid deposition, neuroinflammation and neurodegeneration in Alzheimer's disease? *Alcohol Alcoholism* 52: 151–8.

Villemagne VL, Doré V, Bourgeat P, et al. (2017) Aβ-amyloid and tau imaging in dementia. *Semin Nucl Med* 47: 75–88.

Wagner M, Wolf S, Reischies FM, et al. (2012) Biomarker validation of a cued recall memory deficit in prodromal Alzheimer disease. *Neurology* 78: 379–86.

Weintraub S, Wicklund AH, Salmon DP (2012) The neuropsychological profile of Alzheimer disease. *Cold Spring Harb Perspect Med* 2 :a006171.

Williams MM, Xiong C, Morris JC, Galvin JE (2006) Survival and mortality differences between dementia with Lewy bodies vs. Alzheimer's disease. *Neurology* 67: 1935–41.

Wishart HA, Saykin AJ, McAllister TW, et al. (2006) Regional brain atrophy in cognitively intact adults with a single APOE ε4 allele. *Neurology* 67: 1221–4.

Wolk DA, Grachev ID, Buckley C, et al. (2011) Association between in vivo fluorine 18-labeled flutemetamol amyloid positron emission tomography imaging and in vivo cerebral cortical histopathology. *Arch Neurol* 68: 1398–403.

Yaffe K, Tocco M, Petersen RC, et al. (2012) The epidemiology of Alzheimer's disease: laying the foundation for drug design, conduct, and analysis of clinical trials. *Alzheimers Dement* 8: 237–42.

Yan R (2016) Stepping closer to treating Alzheimer's disease patients with BACE1 inhibitor drugs. *Transl Neurodegen* 5: 13.

Yeh HL, Tsai SJ (2008) Lithium may be useful in the prevention of Alzheimer's disease in individuals at risk of presenile familial Alzheimer's disease. *Med Hypotheses* 71: 948–51.

Behavioral Symptoms of Dementia

Alexopoulos GS (2003) Role of executive function in late life depression. *J Clin Psychiatry* 64 (Suppl 14): 18–23.

Ballard C, Oyebode F (1995) Psychotic symptoms in patients with dementia. *Int J Geriatr Psychiatry* 10: 743–52.

Ballard C, Neill D, O'Brien J, et al. (2000) Anxiety, depression and psychosis in vascular dementia: prevalence and associations. *J Affect Disord* 59: 97–106.

Bao AM, Meynen G, Swaab DF (2008) The stress system in depression and neurodegeneration: focus on the human hypothalamus. *Brain Res Rev* 57: 531–53.

Barnes DE, Yaffe K, Byers AL, et al. (2012) Midlife vs. late-life depressive symptoms and risk of dementia. *Arch Gen Psychiatry* 6: 493–8.

Bassetti CL, Bargiotas P (2018) REM sleep behavior disorder. *Front Neurol Neurosci* 41: 104–16.

Bennett S, Thomas AJ (2014) Depression and dementia: cause, consequence or coincidence? *Maturita* 79:184–90.

Buoli M, Serati M, Caldiroli A, et al. (2017) Pharmacological management of psychiatric symptoms in frontotemporal dementia: a systematic review. *J Geriatr Psychiatry* 30: 162–9.

Burns A, Jacoby R, Levy R (1990) Psychiatric phenomena in Alzheimer's disease. II: disorders of perception. *Br J Psychiatry* 157: 76–81, 92–4.

Canevelli M, Valleta M, Trebbastoni A, et al. (2016) Sundowning in dementia: clinical relevance, pathophysiological determinants, and therapeutic approaches. *Front Med (Lausanne)* 3: 73.

Caraci F, Copani A, Nicoletti F, et al. (2010) Depression and Alzheimer's disease: neurobiological links and common pharmacological targets. *Eur J Pharmacol* 626: 64–71.

Cohen-Mansfield J, Billig N (1986) Agitated behaviors in the elderly. I. A conceptual review. *J Am Geriatr Soc* 34: 711–21.

Corcoran C, Wong ML, O'Keane V (2004) Bupropion in the management of apathy. *J Psychopharm* 18: 133–5.

Cummings J, Kohegyi E, Mergel V, et al. (2018) Efficacy and safety of flexibly dosed brexpiprazole for the treatment of agitation in Alzheimer type dementia: a randomized, double blind fixed dose 12 week placebo controlled global clinical trial. Abstract for the American Association of Geriatric Psychiatry, Honolulu, Hawaii.

Cummings JL, Lyketsos CG, Peskind ER, et al. (2015) Effect of dextromethorphan–quinidine on agitation in patients with Alzheimer's disease dementia: a randomized clinical trial. *JAMA* 314: 1242–54.

Dennis M, Shine L, John A, et al. (2017) Risk of adverse outcomes for older people with dementia prescribed antipsychotic medication: a population based e-cohort study. *Neurol Ther* 6: 57–77.

Ducharme S, Price BH, Dickerson BC (2018) Apathy: a neurocircuitry model based on frontotemporal dementia. *J Neural Neurosurg Psychiatry* 89: 389–96.

Evan C, Weintraub D (2010) Case for and against specificity of depression in Alzheimer's disease. *Psychiatry Clin Neurosci* 64: 358–66.

Farina N, Morrell L, Banerjee S (2017) What is the therapeutic value of antidepressants in dementia? A narrative review. *Geriatr Psychiatry* 32: 32–49.

Fernandez-Matarrubia M, Matias-Guiu JA, Cabrera-Martin MN, et al. (2018) Different apathy clinical profile and neural correlates in behavioral variant frontotemporal dementia and Alzheimer's disease. *Int J Geriatr Psychiatry* 33: 141–50.

Fernandez-Matarrubia M, Matias-Guiu JA, Moreno-Ramos T, et al. (2016) Validation of the Lille's Apathy Rating Scale in very mild to moderate dementia. *Am J Geriatr Psychiatry* 24: 517–27.

Ford AH, Almeida OP (2017) Management of depression in patients with dementia: is pharmacological treatment justified? *Drugs Aging* 34: 89–95.

Fraker J, Kales HC, Blazek M (2014) The role of the occupational therapist in the management of neuropsychiatric symptoms of dementia in clinical settings. *Occup Ther Health Care* 28: 4–20.

Frakey LL, Salloway S, Buelow M, Malloy P (2012) A randomized, double-blind, placebo-controlled trial of modafinil for the treatment of apathy in individuals with mild-to-moderate Alzheimer's disease. *J Clin Psychiatry* 73: 796–801.

Garay RP, Grossberg GT (2017) AVP-786 for the treatment of agitation in dementia of the Alzheimer's type. *Expert Opin Invest Drugs* 26: 121–32.

Geerlings MI, den Hijer T, Koudstaal PJ, et al. (2008) History of depression, depressive symptoms, and medial temporal lobe atrophy and the risk of Alzheimer's disease. *Neurology* 70: 1258–64.

Gessing LV, Sondergard L, Forman JL, et al. (2009) Antidepressants and dementia. *J Affect Disord* 117: 24–9.

Goldman JG, Holden S (2014) Treatment of psychosis and dementia in Parkinson's disease. *Curr Treat Options Neurol* 16: 281.

Goodarzi Z, Mele B, Guo S, et al. (2016) Guidelines for dementia or Parkinson's disease with depression or anxiety: a systematic review. *BMC Neurol* 16(1): 244.

Grossberg G, Kohegyi E, Amatniek J, et al. (2018) Efficacy and safety of fixed dose brexpiprazole for the treatment of agitation in Alzheimer type dementia: a randomized, double blind fixed dose 12-week placebo controlled global clinical trial. Abstract for the American Association of Geriatric Psychiatry, Honolulu, Hawaii.

Hacksell U, Burstein ES, McFarland K, et al. (2014) On the discovery and development of pimavanserin: a novel drug candidate for Parkinson's disease. *Neurochem Res* 39: 2008–17.

Hongiston K, Hallikainen I, Seldander T, et al. (2018) Quality of life in relation to neuropsychiatric symptoms in Alzheimer's disease: 5-year prospective ALSOVA cohort study. *Int J Geriatr Psychiatry* 33: 47–57.

Jack Jr. CR, Wiste HJ, Weigland SD, et al. (2017) Defining imaging biomarker cut point for brain aging and Alzheimer's disease. *Alzheimers Dement* 13: 205–16.

Johnson DK, Watts AS, Chapin BA, et al. (2011) Neuropsychiatric profiles in dementia. *Alzheimer Dis Assoc Disord* 25: 326–32.

Kales, HC, Kim HM, Zivin K, et al. (2012) Risk of mortality among individual antipsychotics in patients with dementia. *Am J Psychiatry* 169: 71–9.

Kales HC, Lyketsos CG, Miller EM, et al. (2019) Management of behavioral and psychological symptoms in people with Alzheimer's disease: an international Delphi consensus. *Int Psychogeriatr* 31: 83–90.

Kok RM, Reynolds CF (2017) Management of depression in older adults: a review. *JAMA* 317: 2114–22.

Kong EH (2005) Agitation in dementia: concept clarification. *J Adv Nurs* 52: 526–36.

Kumfor F, Zhen A, Hodges JR, et al. (2018) Apathy in Alzheimer's disease and frontotemporal dementia: distinct clinical profiles and neural correlates. *Cortex* 103: 350–9.

Lanctot KL, Amatniek J, Ancoli-Israel S, et al. (2017) Neuropsychiatric signs and symptoms of Alzheimer's disease: new treatment paradigms. *Alzheimers Dement (NY)* 3: 440–9.

Lee GJ, Lu PH, Hua X, et al. (2012) Depressive symptoms in mild cognitive impairment predict greater atrophy in Alzheimer's disease-related regions. *Biol Psychiatry* 71: 814–21.

Leroi I, Voulgari A, Breitner JC, et al. (2003) The epidemiology of psychosis in dementia. *Am J Geriatr Psychiatry* 11: 83–91.

Lochhead JD, Nelson MA, Maguire GA (2016) The treatment of behavioral disturbances and psychosis associated with dementia. *Psychiatr Pol* 50: 311–22.

Lopez OL, Becker JT, Sweet RA, et al. (2003) Psychiatric symptoms vary with the severity of dementia in probable Alzheimer's disease. *J Neuropsychiatry Clin Neurosci* 15: 346–53.

Lyketsos CG, Carillo MC, Ryan JM, et al. (2011) Neuropsychiatric symptoms in Alzheimer's disease. *Alzheimers Dement* 7: 532–9.

Lyketsos CG, Lopez O, Jones B, et al. (2002) Prevalence of neuropsychiatric symptoms in dementia and mild cognitive impairment: results from the cardiovascular health study. *JAMA* 288: 1475–83.

Lyketsos CG, Steinberg M, Tschanz JT, et al. (2000) Mental and behavioral disturbances in dementia: findings from the Cache County Study on memory in aging. *Am J Psychiatry* 157: 704–7.

Macfarlane S, O'Connor D (2016) Managing behavioural and psychological symptoms in dementia. *Aust Prescr* 39: 123–5.

Marin RS, Fogel BS, Hawkins J, et al. (1995) Apathy: a treatable symptom. *J Neuropsychiatry* 7: 23–30.

Maust DT, Kim HM, Seyfried LS, et al. (2015) Antipsychotics, other psychotropics, and the risk of death in patients with dementia: number needed to harm. *JAMA Psychiatry* 72: 438–45.

Moraros J, Nwankwo C, Patten SB, et al. (2017) The association of antidepressant drug usage with cognitive impairment or dementia, including Alzheimer disease: a systematic review and meta-analysis. *Depress Anxiety* 34: 217–26.

Mossello E, Boncinelli M, Caleri V, et al. (2008) Is antidepressant treatment associated with reduced cognitive decline in Alzheimer's disease? *Dement Geriatr Cogn Disord* 25: 372–9.

Norgaard A, Jensen-Dahm C, Gasse C, et al. (2017) Psychotropic polypharmacy in patients with dementia: prevalence and predictors. *J Alz Dis* 56: 707–16.

O'Gorman C (2020) Advance 1 phase 2/3 trial of AXS-05 in Alzheimer's disease agitation, personal communication.

Porsteinsson AP, Antonsdottir IM (2017) An update on the advancements in the treatment of agitation in Alzheimer's disease. *Expert Opin Pharmacother* 18: 611–20.

Preuss UW, Wong JW, Koller G (2016) Treatment of behavioral and psychological symptoms of dementia: a systematic review. *Psychiatr Pol* 50: 679–715.

Rosenberg PB, Nowrangi MA, Lyketsos CG (2015) Neuropsychiatric symptoms in Alzheimer's disease: what might be associated brain circuits? *Mol Aspects Med* 43–44: 25–37.

Sadowsky CH, Galvin JE (2012) Guidelines for the management of cognitive and behavioral problems in dementia. *J Am Board Fam Med* 25: 350–66.

Schneider LS, Dagerman KS, Insel P (2005) Risk of death with atypical antipsychotic drug treatment for dementia. *JAMA* 294: 1935–43.

Siever LJ (2008) Neurobiology of aggression and violence. *Am J Psychiatry* 165: 429–42.

Sink KM, Holden KF, Yaffe K (2005) Pharmacological treatment of neuropsychiatric symptoms of dementia. *JAMA* 293: 596–608.

Stahl SM (2016) Parkinson's disease psychosis as a serotonin-dopamine imbalance syndrome. *CNS Spectrums* 21: 271–5.

Stahl SM (2016) Mechanism of action of pimavanserin in Parkinson's disease psychosis: targeting serotonin $5HT_{2A}$ and $5HT_{2C}$ receptors. *CNS Spectrums* 21: 271–5.

Stahl SM (2018) New hope for Alzheimer's dementia as prospects for disease modification fade: symptomatic treatments for agitation and psychosis. *CNS Spectrums* 23: 291–7.

Stahl SM, Morrissette DA, Cummings M, et al. (2014) California State Hospital violence assessment and treatment (Cal-VAT) guidelines. *CNS Spectrums* 19: 449–65.

Torrisi M, Cacciola A, Marra A, et al. (2017) Inappropriate behaviors and hypersexuality in individuals with dementia: an overview of a neglected issue. *Geriatr Gerontol Int* 17: 865–74.

Tsuno N, Homma A (2009) What is the association between depression and Alzheimer's disease? *Exp Rev Neurother* 9: 1667–76.

Van der Linde RM, Dening T, Stephan BC, et al. (2016) Longitudinal course of behavioural and psychological symptoms of dementia: systematic review. *Br J Psychiatry* 209: 366–77.

Van der Spek K, Gerritsen DL, Smallbrugge M, et al. (2016) Only 10% of the psychotropic drug use for neuropsychiatric symptoms in patients with dementia is fully appropriate: the PROPER I-study. *Int Psychogeriatr* 28: 1589–95.

Vigen CLP, Mack WJ, Keefe RSE, et al. (2011) Cognitive effects of atypical antipsychotic medications in patients with Alzheimer's disease: outcomes from CATIE-AD. *Am J Psychiatry* 168: 831–9.

Volicer L, Citrome L, Volavka J (2017) Measurement of agitation and aggression in adult and aged neuropsychiatric patients: review of definitions and frequently used measurement scales. *CNS Spectrums* 22: 407–14.

Wisniewski T, Drummond E (2016) Developing therapeutic vaccines against Alzheimer's disease. *Expert Rev Vaccines* 15: 401–15.

Wuwongse S, Chang RC, Law AC (2010) The putative neurodegenerative links between depression and Alzheimer's disease. *Prog Neurobiol* 92: 362–75.

Zhang Y, Cai J, An L, et al. (2017) Does music therapy enhance behavioral and cognitive function in elderly dementia patients? A systematic review and metaanalysis.*Ageing Res Rev* 35: 1–11.

Chapter 13 (Impulsivity, Compulsivity, and Addiction)

OCD

Bloch MH, Wasylink S, Landeros A, et al. (2012) Effects of ketamine in treatment refractory obsessive compulsive disorder. *Biol Psychiatry* 72: 964–70.

Chamberlain SR, Menzies L, Hampshire A, et al. (2008) Orbitofrontal dysfunction in patients with obsessive-compulsive disorder and their unaffected relatives. *Science* 321: 421–2.

Dougherty DD, Brennan BP, Stewart SE, et al. (2018) Neuroscientifically informed formulation and treatment planning for patients with obsessive compulsive disorder: a review. *JAMA Psychiatry* 75: 1081–7.

Fineberg NA, Potenza MN, Chamberlain SR, et al. (2010) Probing compulsive and impulsive behaviors, from animal models to endophenotypes: a narrative review. *Neuropsychopharmacology* 35: 591–604.

Gillan CM, Papmeyer M, Morein-Zamir S, et al. (2011) Disruption in the balance between goal-directed behavior and habit learning in obsessive–compulsive disorder. *Am J Psychiatry* 168: 719–26.

Greenberg BD, Malone DA, Friehs GM, et al. (2006) Three year outcomes in deep brain stimulation for highly resistant obsessive–compulsive disorder. *Neuropsychopharmacology* 31: 2384–93.

Greenberg BD, Rauch SL, Haber SN (2010) Invasive circuitry-based neurotherapeutics: stereotactic ablation and deep brain stimulation for OCD. *Neuropsychopharmacology* 35: 317–36.

Greeven A, van Balkom AJLM, van Rood YR, van Oppen P, Spinhoven P (2006) The boundary between hypochondriasis and obsessive–compulsive disorder: a cross-sectional study from the Netherlands. *J Clin Psychiatry* 67: 1682–9.

Kisely S, Hall K, Siskind D, et al. (2014) Deep brain stimulation for obsessive compulsive disorder: a systematic review and meta analysis. *Psychol Med* 44: 3533–42.

Menzies L, Chamberlain SR, Laird AR, et al. (2008) Integrating evidence from neuroimaging and neuropsychological studies of obsessive–compulsive disorder: the orbito-fronto-striatal model revisited. *Neurosci Biobehav Rev* 32: 525–49.

Milad MR, Rauch SL (2012) Obsessive–compulsive disorder: beyond segregated cortico-striatal pathways. *Trends Cogn Sci* 16: 43–51.

Rasmussen SA, Noren G, Greenberg BD (2018) Gamma ventral capsulotomy in intractable obsessive–compulsive disorder. *Biol Psychiatry* 84: 355–64.

Richter MA, de Jesus DR, Hoppenbrouwers S, et al. (2012) Evidence for cortical inhibitory and excitatory dysfunction in obsessive compulsive disorder. *Neuropsychopharmacology* 37: 1144–51.

Wilhelm S, Buhlmann U, Tolin DF (2008) Augmentation of behavior therapy with D-cycloserine for obsessive compulsive disorder. *Am J Psychiatry* 165: 335–41.

Yin D, Zhang C, Lv Q, et al. (2018) Dissociable frontostriatal connectivity: mechanism and predictor of the clinical efficacy of capsulotomy in obsessive compulsive disorder. *Biol Psychiatry* 84: 926–36.

Substance Abuse: General

Bedi G (2018) 3, 4-Methylenedioxymethamphetamine as a psychiatric treatment. *JAMA Psychiatry* 75: 419–20.

Clark L, Robbins TW, Ersche KD, Sahakian BJ (2006) Reflection impulsivity in current and former substance users. *Biol Psychiatry* 60: 515–22.

Dalley JW, Everitt BJ (2009) Dopamine receptors in the learning, memory and drug reward circuitry. *Semin Cell Dev Biol* 20: 403–10.

Ersche KD, Turton AJ, Pradhan S, Bullmore ET, Robbins TW (2010) Drug addiction endophenotypes: impulsive versus sensation-seeking personality traits. *Biol Psychiatry* 68: 770–3.

Field M, Marhe R, Franken I (2014) The clinical relevance of attentional bias in substance use disorders. *CNS Spectrums* 19: 225–30.

Haber SN, Knutson B (2010) The reward circuit: linking primate anatomy and human imaging. *Neuropsychopharmacology* 35: 4–26.

Koob GF, Le Moal M (2008) Addiction and the brain antireward system. *Ann Rev Psychol* 59: 29–53.

Koob GF, Volkow ND (2010) Neurocircuitry of addiction. *Neuropsychopharmacology* 35: 217–38.

Mandyam CD, Koob GF (2012) The addicted brain craves new neurons: putative role for adult-born progenitors in promoting recovery. *Trends Neurosci* 35: 250–60.

Nestler EJ (2005) Is there a common molecular pathway for addiction? *Nat Neurosci* 11: 1445–9.

Nutt DJ, Hughes AL, Erritzoe D, et al. (2015) The dopamine theory of addiction: 40 years of highs and lows. *Nat Rev Neurosci* 16: 305–22.

Schneider S, Peters J, Bromberg U, et al. (2012) Risk taking and the adolescent reward system: a potential common link to substance abuse. *Am J Psychiatry* 169: 39–46.

Solway A, Gu X, Montague PR (2017) Forgetting to be addicted: reconsolidation and the disconnection of things past. *Biol Psychiatry* 82: 774–5

Volkow ND, Wang GJ, Fowler JS, Tomasi D, Telang F (2011) Addiction: beyond dopamine reward circuitry. *Proc Natl Acad Sci USA* 108: 15037–42.

Substance Abuse: Alcohol

Anton RF, O'Malley SS, Ciraulo DA, et al. (2006) Combined pharmacotherapies and behavioral interventions for alcohol dependence. The combine study: a randomized controlled trial. *JAMA* 295: 2003–17.

Anton RF, Pettinati H, Zweben A, et al. (2004) A multi site dose ranging study of nalmefene in the treatment of alcohol dependence. *J Clin Psychopharmacol* 24: 421–8.

Braus DH, Schumann G, Machulla HJ, Bares R, Mann K (2005) Correlation of stable elevations in striatal μ-opioid receptor availability in detoxified alcoholic patients with alcohol craving. A positron emission tomography study using carbon 11-labeled carfentanil. *Arch Gen Psychiatry* 62: 57–64.

Crevecoeur D, Cousins SJ, Denering L, et al. (2018) Effectiveness of extended release naltrexone to reduce alcohol cravings and use behaviors during treatment and at follow-up. *J Subst Abuse Treat* 85: 105–8.

Dahchour A, DeWitte P (2003) Effects of acamprosate on excitatory amino acids during multiple ethanol withdrawal periods. *Alcohol Clin Exp Res* 3: 465–70.

Dakwar E, Levin F, Hart CL, et al. (2020) A single ketamine infusion combined with motivational enhancement therapy for alcohol use disorder: a randomized midazolam controlled pilot study. *Am J Psychiatry* 172: 125–33.

DeWitte P (2004) Imbalance between neuroexcitatory and neuroinhibitory amino acids causes craving for ethanol. *Addict Behav* 29: 1325–39.

DeWitte P, Littleton J, Parot P, Koob G (2005) Neuroprotective and abstinence-promoting effects of acamprosate. Elucidating the mechanism of action. *CNS Drugs* 6: 517–37.

Garbutt JC, Kranzler HR, O'Malley SS, et al. (2005) Efficacy and tolerability of long-acting injectable naltrexone for alcohol dependence. A randomized controlled trial. *JAMA* 293: 1617–25.

Kiefer F, Wiedemann K (2004) Combined therapy: what does acamprosate and naltrexone combination tell us? *Alcohol Alcohol* 39: 542–7.

Kiefer F, Jahn H, Tarnaske T, et al. (2003) Comparing and combining naltrexone and acamprosate in relapse prevention of alcoholism. *Arch Gen Psychiatry* 60: 92–9.

Mann K, Bladstrom A, Torup T, et al. (2013) Extending the treatment options in alcohol dependence: a randomized controlled study of as-needed nalmefene. *Biol Psychiatry* 73: 706–13.

Martinez D, Gil R, Slifstein M, et al. (2005) Alcohol dependence is associated with blunted dopamine transmission in the ventral striatum. *Biol Psychiatry* 58: 779–86.

Mason BJ (2003) Acamprosate and naltrexone treatment for alcohol dependence: an evidence-based risk-benefits assessment. *Eur Neuropsychopharmacol* 13: 469–75.

Mason BJ (2005) Acamprosate in the treatment of alcohol dependence. *Expert Opin Pharmacother* 6: 2103–15.

Mason BJ, Goodman AM, Chabac S, Lehert P (2006) Effect of oral acamprosate on abstinence in patients with alcohol dependence in a double-blind, placebo-controlled trial: the role of patient motivation. *J Psychiatr Res* 40: 382–92.

Netzeband JG, Gruol DL (1995) Modulatory effects of acute ethanol on metabotropic glutamate responses in cultured Purkinje neurons. *Brain Res* 688: 105–13.

O'Brien CO (2015) In treating alcohol use disorders, why not use evidence-based treatment? *Am J Psychiatry* 172: 305–7.

Palpacuer C, Duprez R, Huneau A, et al. (2017) Pharmacologically controlled drinking in the treatment of alcohol dependence or alcohol use disorders: a systematic review with direct and network meta analyses on nalmefene, naltrexone, acamprosate, baclofen and topiramate. *Addiction* 113: 220–37.

Petrakis IL, Poling J, Levinson C (2005) Naltrexone and disulfiram in patients with alcohol dependence and comorbid psychiatric disorders. *Biol Psychiatry* 57: 1128–37.

Pettinati HM, O'Brien CP, Rabinowitz AR (2006) The status of naltrexone in the treatment of alcohol dependence. Specific effects on heavy drinking. *J Clin Psychopharmacol* 26: 610–25.

Roozen HG, de Waart R, van der Windt DAW, et al. (2005) A systematic review of the effectiveness of naltrexone in the maintenance treatment of opioid and alcohol dependence. *Eur Neuropsychopharmacol* 16: 311–23.

Smith-Bernardin S, Rowe C, Behar E, et al. (2018) Low threshold extended release naltrexone for high utilizers of public services with severe alcohol use disorder: a pilot study. *J Subst Abuse Treat* 85: 109–15.

Soyka M (2014) Nalmefene for the treatment of alcohol dependence: a current update. *Int J Neuropsychopharmacol* 17: 675–84.

Van Amsterdam J, van den Brink W (2013) Reduced risk drinking as a viable treatment goal in problematic alcohol use and alcohol dependence. *J Psychopharmacol* 27: 987–97.

Wiers CE, Stelzel C, Gladwin TE, et al. (2015) Effects of cognitive bias modification training on neural alcohol cue reactivity in alcohol dependence. *Am J Psychiatry* 172: 334–43.

Substance Abuse: Cannabis

Black N, Stockings E, Campbell G, et al. (2019) Cannabinoids for the treatment of mental disorders and symptoms of mental disorders: a systematic review and meta analysis. *Lancet Psychiatry* 6: 995–1010.

Haney M, Hill MN (2018) Cannabis and cannabinoids: from synapse to society. *Neuropsychopharm Rev* 43: 1–212.

Hindley G, Beck K, Borgan B (2020) Psychiatric symptoms caused by cannabis constituents: a systematic review and meta-analysis. *Lancet Psychiatry* 7: 344–53.

Hines LA, Freeman TP, Gage SH, et al. (2020) Association of high potency cannabis use with mental and substance use in adolescence. *JAMA Psychiatry* 77: 1044–51.

Hurd YL, Spriggs S, Alishayev J, et al. (2019) Cannabidiol for the reduction of cue-induced craving and anxiety in drug abstinent individuals with heroin use disorder: a double blind randomized placebo controlled trial. *Am J Psychiatry* 176: 911–22.

James S (2020) *A Clinician's Guide to Cannabinoid Science.* Cambridge: Cambridge University Press.

Kovacs FE, Knop T, Urbanski MJ, et al. (2012) Exogenous and endogenous cannabinoids suppress inhibitory neurotransmission in the human neocortex. *Neuropsychopharmacology* 37: 1104–14.

Mason BJ, Crean R, Goodell V, et al. (2012) A proof-of-concept randomized controlled study of gabapentin: effects on cannabis use, withdrawal and executive function deficits in cannabis-dependent adults. *Neuropsychopharmacology* 37: 1689–98.

Nugent SM, Morasco BJ, O'Neil ME, et al. (2017) The effects of cannabis among adults with chronic pain and an overview of general harms: a systematic review. *Ann Intern Med* 167: 319–31.

Substance Abuse: Nicotine

Akkus F, Ametamey SM, Treyer V, et al. (2013) Market global reduction in mGlutR5 receptor binding in smokers and ex smokers determined by ^{11}C-ABP688 positron emission tomography. *Proc Natl Acad Sci USA* 10: 737–42.

Akkus F, Treyer V, Johayem A, et al. (2016) Association of long-term nicotine abstinence with normal metabotropic glutamate receptor 5 binding. *Biol Psychiatry* 79: 474–80.

Crunelle CL, Miller ML, Booij J, van den Rink W (2010) The nicotinic acetylcholine receptor partial agonist varenicline and the treatment of drug dependence: a review. *Eur Neuropsychopharmacol* 20: 69–79.

Culbertson CS, Bramen J, Cohen MS (2011) Effect of bupropion treatment on brain activation induced by cigarette-related cues in smokers. *Arch Gen Psychiatry* 68: 505–15.

Evins AE, Culhane MA, Alpert JE, et al. (2008) A controlled trial of bupropion added to nicotine patch and behavioral therapy for smoking cessation in adults with unipolar depressive disorders. *J Clin Psychopharmacol* 28: 660–6.

Franklin T, Wang Z, Suh JJ, et al. (2011) Effects of varenicline on smoking cue-triggered neural and craving responses. *Arch Gen Psychiatry* 68: 516–26.

King DP, Paciga S, Pickering E, et al. (2012) Smoking cessation pharmacogenetics: analysis of varenicline and bupropion in placebo-controlled clinical trials. *Neuropsychopharmacology* 37: 641–50.

Lotipour S, Mandelkern M, Alvarez-Estrada M, Brody AL (2012) A single administration of low-dose varenicline saturates $\alpha 4\beta 2^*$ nicotinic acetylcholine receptors in the human brain. *Neuropsychopharmacology* 37: 1738–48.

Steinberg MB, Greenhaus S, Schmelzer AC, et al. (2009) Triple-combination pharmacotherapy for medically ill smokers. A randomized trial. *Ann Intern Med* 150: 447–54.

Substance Abuse: Opioids

Bell J, Strang J (2020) Medication treatment of opioid use disorder. *Biol Psychiatry* 87: 82–8.

Chutuape MA, Jasinski DR, Finerhood MI, Stitzer ML (2001) One-, three-, and six-month outcomes after brief inpatient opioid detoxification. *Am J Drug Alcohol Abuse* 27: 19–44.

Davids E, Gastpar M (2004) Buprenorphine in the treatment of opioid dependence. *Eur Neuropsychopharmacol* 14: 209–16.

Elkader A, Sproule B (2005) Buprenorphine: clinical pharmacokinetics in the treatment of opioid dependence. *Clin Pharmacokinet* 44: 661–80.

Han B, Compton WM, Blanco C, et al. (2017) Prescription opioid use, misuse and use disorders in US adults: 2015 national survey on drug use and health. *Ann Intern Med* 167: 293–301.

Johansson J, Hirvonen J, Lovro Z, et al. (2019) Intranasal naloxone rapidly occupies brain mu opioid receptors in human subjects. *Neuropsychopharmacology* 44: 1667–73.

Kowalczyk WJ, Phillips KA, Jobes ML, et al. (2015) Clonidine maintenance prolongs opioid abstinence and decouples stress from craving in daily life: a randomized controlled trial with ecological momentary assessment. *Am J Psychiatry* 172: 760–7.

Krupitsky E, Nunes EV, Ling W, et al. (2011) Injectable extended-release naltrexone for opioid dependence: a double-blind, placebo-controlled, multicenter randomized trial. *Lancet* 377: 1506–13.

Lee JD, Nunes EV, Novo P, et al. (2018) Comparative effectiveness of extended-release naltrexone versus buprenorphine–naloxone for opioid relapse prevention (X:BOT): a multicentre, open label, randomized controlled trial. *Lancet* 391: 309–18.

Marquet P (2002) Pharmacology of high-dose buprenorphine. In *Buprenorphine Therapy of Opiate Addiction*, Kintz P and Marquet P (eds.), Totawa, NJ: Humana Press, 1–11.

National Institute on Drug Abuse. Drugs, brains, and behavior. www.drugabuse.gov/sites/default/files/soa_2014.pdf. Accessed January 2018.

Patel B, Koston TR (2019) Keeping up with clinical advances: opioid use disorder. *CNS Spectrums* 24: 17–23.

Saanijoki T, Tuominen L, Tuulari JJ et al. (2018) Opioid release after high intensity interval training in healthy human subjects. *Neuropsychopharmacology* 43: 246–54.

Smyth BP, Barry J, Keenan E, Ducray K (2010) Lapse and relapse following inpatient treatment of opiate dependence. *Ir Med J* 103: 176–9.

Spagnolo PA, Kimes A, Schwandt ML, et al. (2019) Striatal dopamine release in response to morphine: a ^{11}C-raclopride positron emission tomography study in healthy men. *Biol Psychiatry* 86: 356–64.

Stahl SM (2018) Antagonist treatment is just as effective as replacement therapy for opioid addition but neither is used often enough. *CNS Spectrums* 23: 113–16.

Substance Abuse and Mental Health Services Administration. Key substance use and mental health indicators in the United States: results from the 2016 National Survey on Drug Use and Health. www.samhsa.gov/data/sites/default/files/NSDUH-FFR1-2016/NSDUH-FFR1-2016.htm#opioid1. Accessed January 2018.

Sullivan MA, Bisage A, Bavlicova M, et al. (2019) A randomized trial comparing extended release injectable suspension and oral naltrexone, both combined with behavioral therapy, for the treatment of opioid use disorder. *Am J Psychiatry* 176: 129–37.

Tanum L, Solli KK, Latif ZE, et al. (2017) Effectiveness of injectable extended-release naltrexone vs. daily buprenorphine–naloxone for opioid dependence: a randomized clinical noninferiority trial. *JAMA Psychiatry* 74: 1197–205.

Tiihonen J, Krupitsky E, Verbitskaya E, et al. (2012) Naltrexone implant for the treatment of polydrug dependence: a randomized controlled trial. *Am J Psychiatry* 169: 531–6.

Volkow ND (2014) America's addiction to opioids: Heroin and prescription drug abuse. Presented at the Senate Caucus on International Narcotics Control. https://archives.drugabuse.gov/testimonies/2014/americas-addiction-to-opioids-heroin-prescription-drug-abuse.

Volkow ND, Frieden TR, Hyde PS, Cha SS (2014) Medication-assisted therapies: tackling the opioid-overdose epidemic. *N Engl J Med* 370: 2063–6.

World Health Organization (2009) *Guidelines for the Psychosocially Assisted Pharmacological Treatment of Opioid Dependence*. Geneva: World Health Organization.

Substance Abuse: Stimulants

Bauman MH, Ayestas MA Jr., Partilla JS, et al. (2012) The designer methcathinone analogs, mephedrone and methylone, are substrates for monoamine transporters in brain tissue. *Neuropsychopharmacology* 37, 1192–203.

Bradberry CW (2002) Dose-dependent effect of ethanol on extracellular dopamine in mesolimbic striatum of awake rhesus monkeys: comparison with cocaine across individuals. *Psychopharmacology* 165: 67–76.

Collins GT, Narasimhan D, Cunningham AR, et al. (2012) Long-lasting effects of a PEGylated mutant cocaine esterase (CocE) on the reinforcing and discriminative stimulus effects of cocaine in rats. *Neuropsychopharmacology* 37: 1092–103.

Dakwar E, Nunes EV, Hart CL, et al. (2019) A single ketamine infusion combined with mindfulness based behavioral modification to treat cocaine dependence: a randomized clinical trial. *Am J Psychiatry* 176: 923–30.

Ersche KD, Bullmore ET, Craig KJ, et al. (2010) Influence of compulsivity of drug abuse on dopaminergic modulation of attentional bias in stimulant dependence. *Arch Gen Psychiatry* 67: 632–44.

Ersche KD, Jones PS, Williams GB, et al. (2012) Abnormal brain structure implicated in stimulant drug addiction. *Science* 335: 601–4.

Ferris MJ, Calipari ES, Mateo Y, et al. (2012) Cocaine self-administration produces pharmacodynamic tolerance: differential effects on the potency of dopamine transporter blockers, releasers, and methylphenidate. *Neuropsychopharmacology* 37: 1708–16.

Hart CL, Marvin CB, Silver R, Smith EE (2012) Is cognitive functioning impaired in methamphetamine users? A critical review. *Neuropsychopharmacology* 37: 586–608.

Heinz A, Reimold M, Wrase J, et al. (2005) Stimulant actions in rodents: implications for attention-deficit/hyperactivity disorder treatment and potential substance abuse. *Biol Psychiatry* 57: 1391–6.

Leyton M, Boileau I, Benkelfat C, et al. (2002) Amphetamine-induced increases in extracellular dopamine, drug wanting, and novelty seeking: a PET/[^{11} C]raclopride study in healthy men. *Neuropsychopharmacology* 27: 1027–35.

Lindsey KP, Wilcox KM, Votaw JR, et al. (2004) Effect of dopamine transporter inhibitors on cocaine self-administration in rhesus monkeys: relationship to transporter occupancy determined by positron emission tomography neuroimaging. *J Pharmacol Exp Ther* 309: 959–69.

Little KY, Krolewski DM, Zhang L, Cassin BJ (2003) Loss of striatal vesicular monoamine transporter protein (VMAT2) in human cocaine users. *Am J Psychiatry* 160: 47–55.

Livni E, Parasrampuria DA, Fischman AJ (2006) PET study examining pharmacokinetics, detection and likeability, and dopamine transporter receptor occupancy of short- and long-acting oral methylphenidate. *Am J Psychiatry* 163: 387–95.

Martinez D, Narendran R, Foltin RW, et al. (2007) Amphetamine-induced dopamine release: markedly blunted in cocaine dependence and predictive of the choice to self-administer cocaine. *Am J Psychiatry* 164: 622–9.

Narendran R, Lopresti BJ, Martinez D, et al. (2012) In vivo evidence for low striatal vesicular monoamine transporter 2 (VMAT2) availability in cocaine abusers. *Am J Psychiatry* 169: 55–63.

Overtoom CCE, Bekker EM, van der Molen MW, et al. (2009) Methylphenidate restores link between stop-signal sensory impact and successful stopping in adults with attention deficit/hyperactivity disorder. *Biol Psychiatry* 65: 614–19.

Peng, XO, Xi ZX, Li X, et al. (2010) Is slow-onset long-acting monoamine transport blockade to cocaine as methadone is to heroin? Implication for anti-addiction medications. *Neuropsychopharmacology* 35: 2564–78.

Santos MD, Salery M, Forget B, et al. (2017) Rapid synaptogenesis in the nucleus accumbens is induced by a single cocaine administration and stabilized by mitogen-activated protein kinase interacting kinase-1 activity. *Biol Psychiatry* 82: 806–18.

Selzer J (2006) Buprenorphine: reflections of an addictions psychiatrist. *J Clin Psychiatry* 67: 1466–7.

Spencer TJ, Biederman J, Ciccone PE, et al. (2006) Stimulant medications: how to minimize their reinforcing effects? *Am J Psychiatry* 163: 359–61.

Wee S, Hicks MJ, De BP, et al. (2012) Novel cocaine vaccine linked to a disrupted adenovirus gene transfer vector blocks cocaine psychostimulant and reinforcing effects. *Neuropsychopharmacology* 37: 1083–91.

Substance Abuse: Hallucinogens, Entactogens, Dissociatives

Brawley P, Dufield JC (1972) The pharmacology of hallucinogens. *Pharmacol Rev* 34: 31–66.

Carhart-Harris RL, Goodwin GM (2017) The therapeutic potential of psychedelic drugs: past, present and future. *Neuropsychopharmacology* 42: 2105–13.

Carhart-Harris RL, Bolstridge M, Day CMG, et al. (2018) Psilocybin with psychological support for treatment-resistant depression: six month follow up. *Psychopharmacology* 235: 399–408.

Carhart-Harris RL, Bolstridge M, Rucker J, et al. (2016) Psilocybin with psychological support for treatment-resistant depression: an open label feasibility study. *Lancet Psychiatry* 3: 619–27.

Carhart-Harris RL, Erritzoe D, Williams T, et al. (2012) Neural correlates of the psychedelic state as determined by fMRI studies with psilocybin. *Proc Natl Acad Sci USA* 109: 2138–43.

Carhart-Harris RL, Leech R, Williams TM, et al. (2012) Implications for psychedelic assisted psychotherapy: a functional magnetic resonance imaging study with psilocybin. *Br J Psychiatry* 200: 238–44.

DiIorio CR, Watkins TJ, Dietrich MS (2012) Evidence for chronically altered serotonin function in the cerebral cortex of female 3,4-methylenedioxymethamphetamine polydrug users. *Arch Gen Psychiatry* 69: 399–409.

Erritzoe D, Frokjaer VG, Holst KK, et al. (2011) In vivo imaging of cerebral serotonin transporter and serotonin 2a receptor binding in 3,4-methylenedioxymethamphetamine (MDMA or "Ecstasy") and hallucinogen users. *Arch Gen Psychiatry* 68: 562–76.

Fantegrossi WE, Murnane KS, Reissig CJ (2008) The behavioral pharmacology of hallucinogens. *Biochem Pharmacol* 25: 17–33.

Feduccia AA, Mithoefer MC (2018) MDMA-assisted psychotherapy for PTSD: are memory reconsolidation and fear extinction underlying mechanisms. *Prog Neuropsychopharmacol Biol Psychiatry* 84: 221–8.

Liechti ME (2017) Modern clinical research on LSD. *Neuropsychopharmacology* 42: 2114–27.

Madsen MK, Fisher PM, Burmester D, et al. (2019) Psychedelic effects of psilocybin correlate with serotonin 2A receptor occupancy and plasma psilocin levels. *Neuropsychopharmacology* 44: 1328–34.

Mithoefer MC, Wagner MT, Mithoefer AT, et al. (2011) The safety and efficacy of {+/−} 3,4-methylenedioxymethamphetamine-assisted psychotherapy in subjects with chronic, treatment-resistant posttraumatic stress disorder: the first randomized controlled pilot study. *J Psychopharmacol* 25: 439–52.

Passie T, Halpern JH, Stichtenoth DO, et al. (2008) The pharmacology of lysergic acid diethylamide: a review. *CNS Neurosci Ther* 14: 295–314.

Pitts EG, Minerva AR, Chandler EB, et al. (2017) 3,4-Methylenedioxymethamphetamine increases affiliative behaviors in squirrel moneys in a serotonin 2A receptor dependent manner. *Neuropsychopharmacology* 42: 1962–71.

Quednow BB, Komeer M, Geyer MA, et al. (2012) Psilocybin induced deficits in autonomic and controlled inhibition are attenuated by ketanserin in healthy human volunteers. *Neuropsychopharmacology* 37: 630–40.

Schmid Y, Enzler F, Gasser P, et al. (2015) Acute effects of lysergic acid diethylamine in healthy subjects. *Biol Psychiatry* 78: 544–53.

Titeler M, Lyon RA, Gleenon RA (1988) Radioligand binding evidence implicates the brain $5HT_2$ receptor as a site of action for LSD and phenylisopropylamine hallucinogens. *Psychopharmacology* 94: 213–16.

Urban NBL, Girgis RR, Talbot PS, et al. (2012) Sustained recreational use of Ecstasy is associated with altered pre and postsynaptic markers of serotonin transmission in neocortical areas: a PET study with [^{11}C]DASB and [^{11}C] MDL 100907. *Neuropsychopharmacology* 37: 1465–73.

Binge Eating/Gambling

Balodis IM, Kober H, Worhunsky PD, et al. (2012) Diminished frontostriatal activity during processing of monetary rewards and losses in pathological gambling. *Biol Psychiatry* 71: 749–57.

Gearhardt AN, Yokum S, Orr PT, et al. (2011) Neural correlates of food addiction. *Arch Gen Psychiatry* 68: 808–16.

Grant JE, Kim SW, Hartman BK (2008) A double-blind, placebo-controlled study of the opiate antagonist naltrexone in the treatment of pathological gambling urges. *J Clin Psychiatry* 69: 783–9.

Lawrence AJ, Luty J, Bogdan NA, Sahakian BJ, Clark L (2009) Impulsivity and response inhibition in alcohol dependence and problem gambling. *Psychopharmacology* 207: 163–72.

Lobo DSS, Kennedy JL (2006) The genetics of gambling and behavioral addictions. *CNS Spectrums* 11: 931–9.

McElroy SL, Hudson JI, Capece JA, et al. (2007) Topiramate for the treatment of binge eating disorder associated with obesity: a placebo-controlled study. *Biol Psychiatry* 61: 1039–48.

Miedl SF, Peters J, Buchel C (2012) Altered neural reward representations in pathological gamblers revealed by delay and probability discounting. *Arch Gen Psychiatry* 69: 177–86.

Salamone JD, Correa M, Mingote S, Weber SM (2002) Nucleus accumbens dopamine and the regulation of effort in food-seeking behavior: implications for studies of natural motivation, psychiatry, and drug abuse. *J Pharmacol Exp Ther* 305: 1–8.

Van Holst RJ, Veltman DJ, Buchel C, van den Brink W, Goudriaan AE. (2012) Distorted expectancy coding in problem gambling: is the addictive in the anticipation? *Biol Psychiatry* 71: 741–8.

Zack M, Poulos CX (2007) A D_1 antagonist enhances the rewarding and priming effects of a gambling episode in pathological gamblers. *Neuropsychopharmacology* 32: 1678–86.

Impulsivity/Compulsivity

Berlin HA, Rolls ET, Iversen SD (2005) Borderline personality disorder, impulsivity, and the orbitofrontal cortex. *Am J Psychiatry* 162: 2360–73.

Chamberlain SR, del Campo N, Dowson J, et al. (2007) Atomoxetine improved response inhibition in adults with attention deficit/hyperactivity disorder. *Biol Psychiatry* 62: 977–84.

Chamberlain SR, Muller U, Blackwell AD, et al. (2006) Neurochemical modulation of response inhibition and probabilistic learning in humans. *Science* 311: 861–3.

Chamberlain SR, Robbins TW, Winder-Rhodes S, et al. (2011) Translational approaches to frontostriatal dysfunction in attention-deficit/hyperactivity disorder using a computerized neuropsychological battery. *Biol Psychiatry* 69: 1192–203.

Dalley JW, Everitt BJ, Robbins TW (2011) Impulsivity, compulsivity, and top-down cognitive control. *Neuron* 69: 680–94.

Dalley JW, Mar AC, Economidou D, Robbins TW (2008) Neurobehavioral mechanisms of impulsivity: fronto-striatal systems and functional neurochemistry. *Pharmacol Biochem Behav* 90: 250–60.

Fineberg NA, Chamberlain SR, Goudriaan AR (2014) New developments in human neurocognition: clinical, genetic, and brain imaging correlates of impulsivity and compulsivity. *CNS Spectrums* 19: 69–89.

Lodge DJ, Grace AA (2006) The hippocampus modulates dopamine neuron responsivity by regulating the intensity of phasic neuron activation. *Neuropsychopharmacology* 31: 1356–61.

Robbins TW, Gillan CM, Smith DG, de Wit S, Ersche KD (2012) Neurocognitive endophenotypes of impulsivity and compulsivity: towards dimensional psychiatry. *Trends Cogn Sci* 16: 81–91.

Shaw P, Gilliam M, Liverpool M, et al. (2011) Cortical development in typically developing children with symptoms of hyperactivity and impulsivity: support for a dimensional view of attention deficit hyperactivity disorder. *Am J Psychiatry* 168: 143–51.

Sugam JA, Day JJ, Wightman RM, Carelki RM (2012) Phasic nucleus accumbens dopamine encodes risk-based decision-making behavior. *Biol Psychiatry* 71: 199–205.

Weathers JD, Stringaris AR, Deveney CM, et al. (2012) A development study of the neural circuitry mediating motor inhibition in bipolar disorder. *Am J Psychiatry* 16: 633–41.

찾아보기

ㅇ

ㅈ

ㅊ

ㅋ

영문

기타